U0856330

# 2020

# 广西统计年鉴

# GUANGXI STATISTICAL YEARBOOK

广西壮族自治区统计局　编

Compiled By Guangxi Statistical Bureau

**图书在版编目（CIP）数据**

广西统计年鉴．2020 = Guangxi Statistical Yearbook 2020：汉英对照 / 广西壮族自治区统计局编．--北京：中国统计出版社，2020.10

ISBN 978-7-5037-9270-0

Ⅰ．①广… Ⅱ．①广… Ⅲ．①统计资料—广西—2020—年鉴—汉、英 Ⅳ．①C832.67-54

中国版本图书馆CIP数据核字（2020）第177095号

# 广西统计年鉴 2020

作　　者/ 广西壮族自治区统计局
责任编辑/ 钟　钰
装帧设计/ 江　悦
出版发行/ 中国统计出版社有限公司
地　　址/ 北京市丰台区西三环南路甲6号
邮政编码/ 100073
电　　话/ 邮购（010）63376909　　书店（010）68783171
网　　址/ http://www.zgtjcbs.com
印　　刷/ 广西彩丰印务有限公司
经　　销/ 新华书店
开　　本/ 890 mm × 1240 mm　1/16
字　　数/ 1500千字
印　　张/ 40.75
版　　别/ 2020年10月第1版
版　　次/ 2020年10月第1次印刷
定　　价/ 360.00元　　Price：360.00 yuan（RMB）

本书附同版本CD-ROM一张，光盘内容以书面文字为准。
如有印装差错，由本社发行部调换。

# 《广西统计年鉴2020》编辑委员会及编辑人员

# Editorial Board and Staff of Guangxi Statistical Yearbook 2020

# 编者说明

一、《广西统计年鉴2020》是一部全面反映广西壮族自治区国民经济和社会发展情况的大型资料性年刊。本书收录了全自治区2019年和1978年以来重要年份的主要统计数据，各市县（区）2019年的主要统计数据。

二、全书内容分为23个篇章，即：1.综合；2.人口；3.国民经济核算；4.从业人员和职工工资；5.物价；6.人民生活；7.财政、金融和保险；8.资源与环境；9.能源生产与消费；10.固定资产投资；11.城市概况；12.对外经济贸易；13.农业；14.工业；15.建筑业；16.批发和零售业；17.住宿餐饮业和旅游业；18.交通、运输和邮电通信；19.教育、科技和文化；20.体育、卫生、社会福利及服务业；21.区域经济；22.各市基本情况；23.县（市、区）基本情况。为便于读者更直观地了解全书内容和正确使用资料，每篇章末尾附有主要统计指标解释。附录内容为《2019年广西国民经济和社会发展统计公报》。

三、资料中所使用的度量衡单位均采用国际统一标准计量单位。

四、本年鉴部分数据合计数或相对数由于单位取舍不同产生的计算误差均未作机械调整。

五、年鉴所涉及到的历史数据，凡与本年鉴资料有所出入的，均以最新出版的为准。

六、年鉴的资料来源：主要来自自治区统计局的常规统计年报、各类抽样调查、普查；部分篇章和表格的内容由相关区直单位提供。

七、本年鉴表中的符号使用说明：

“…”表示数据不足本表最小计量单位数；

“空格”表示该项统计数据不详或无该项统计数据；

“#”表示其中的主要项。

八、2003-2018年地区生产总值核算（支出法部分除外）和社会消费品零售总额等指标数据依据全国第四次经济普查结果进行了修订,与其相关的部分计算指标数据也随之调整。2019年地区生产总值数据为快报数。

九、在本年鉴的编辑过程中，得到了许多单位和同志的大力支持，在此我们深表谢意。限于时间仓促和水平有限，年鉴中的错误和不足之处在所难免，恳请广大读者给予批评指正。

# EDITOR' S NOTES

I. *Guangxi Statistical Yearbook* 2020 is an annual statistics publication, which covers very comprehensive data in 2019 and some selected data series in historically important years since 1978 of the whole autonomous region, the main statistical data of city, county (district) in 2019 and therefore, reflects various aspects of Guangxi' s social and economic development.

II. This book contains the following twenty-three parts, 1. General Survey; 2. Population; 3. National Accounting; 4. Employment and Wages; 5. Prices; 6. People' s Livelihood; 7. Finance, Banking and Insurance; 8. Natural Resources and Environment; 9. Energy Production and Consumption; 10. Investment in Fixed Assets; 11. General Survey of Cities; 12. Foreign Economy and Trades; 13. Agriculture; 14. Industry; 15. Construction; 16. Wholesale and Retail Trades; 17. Hotel,Catering Services and Tourism; 18. Transportation, Postal and Telecommunication Services; 19. Education, Science and Culture; 20. Sport, Public Health, Social Welfare and Service Industry; 21. Regional Economy; 22. Basic Statistics of Cities; 23. Basic Statistics of Counties (Cities, Districts). In order to make readers understand the whole content of this book and use the materials correctly, most of the chapters are equipped with explanatory notes on main statistical indicators at the end. Moreover, appendix (Statistical Communique on National Economic and Social Development of Guangxi in 2019) are attached at the end of the book.

III. The international standard unit of measurement is applied in this book.

IV. Statistical discrepancies on totals and relative figures in this book due to rounding are not adjusted.

V. In this yearbook, the statistical materials published before have been verified again, and the data that not tally with this book should take the data of this book as standard.

VI. The major data sources of this publication are obtained from annual statistical reports and some from sample surveys. And some from other Departments of Autonomous Region.

VII. Notations used in this yearbook:

"…" indicates that the figure is not large enough to be measured with the smallest unit in the table;

"Blank space" indicates that the data are unknown or not available;

"#" indicates the major items of the table.

VIII. The data of Gross Domestic Product (except part of Expenditure Approach) and Total Retail Sales of Consumer Goodsfrom 2003 to 2018 has been recalculated with The Fouth National Economic Census,and so as the related indicators of them. Au the data of GDP in 2019's are from quick statistics data.

IX. Acknowledgements: our great gratitude goes to relevant departments and staffs, from which we have received tremendous support when compiling the Yearbook. Mistakes may appear due to limited time for compiling. Please point out for correction if any.

# 广西地区生产总值及增长速度

Guangxi Gross Domestic Product & Its Growth Rate

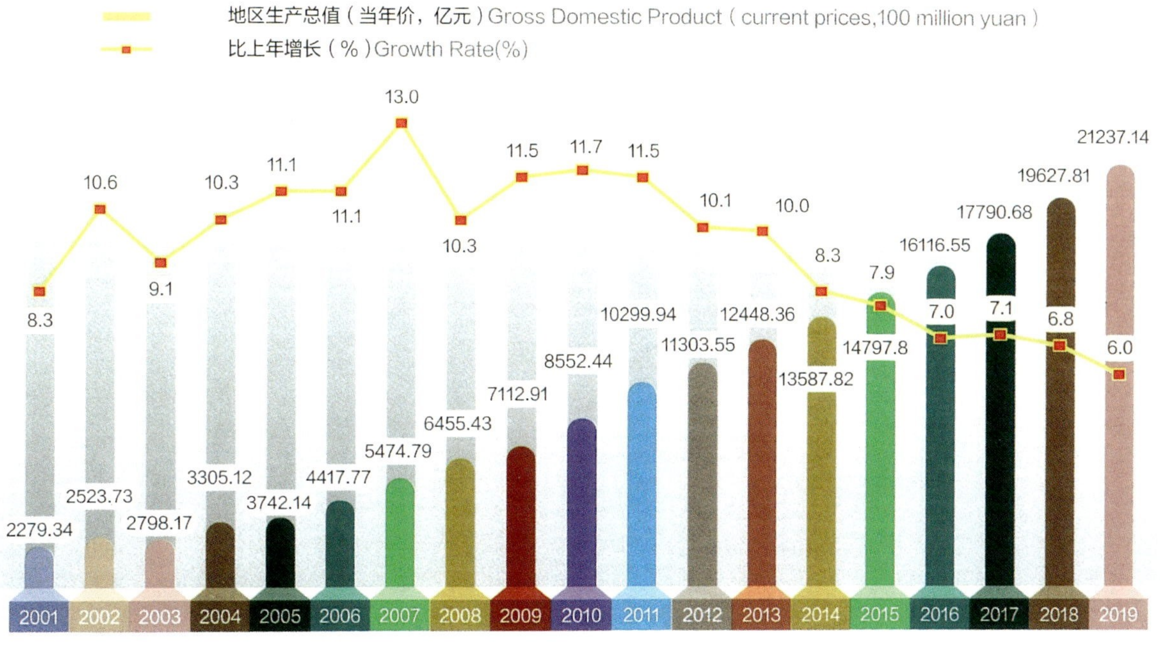


# 广西地区生产总值构成（%）

Composition of Guangxi Gross Domestic Product（%）

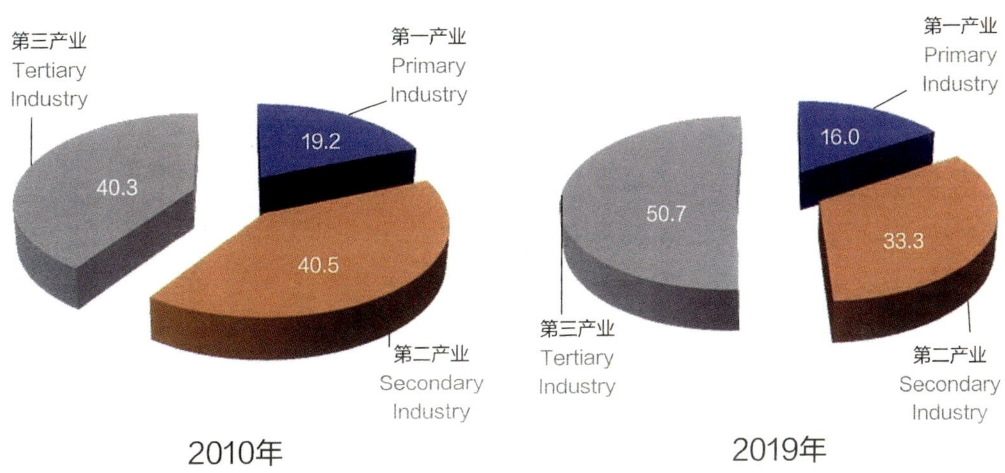

## 人均地区生产总值（元）
Per Capita Gross Domestic Product ( yuan )

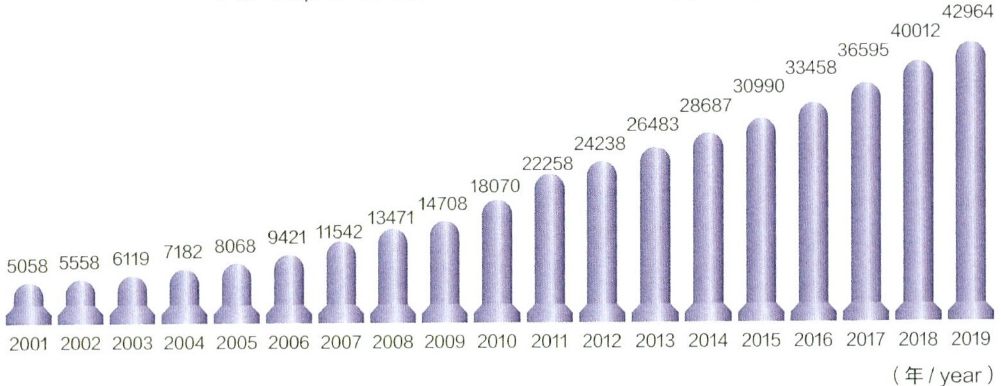


## 年末总人口（万人）
Total Population at year-end（10 000 persons）

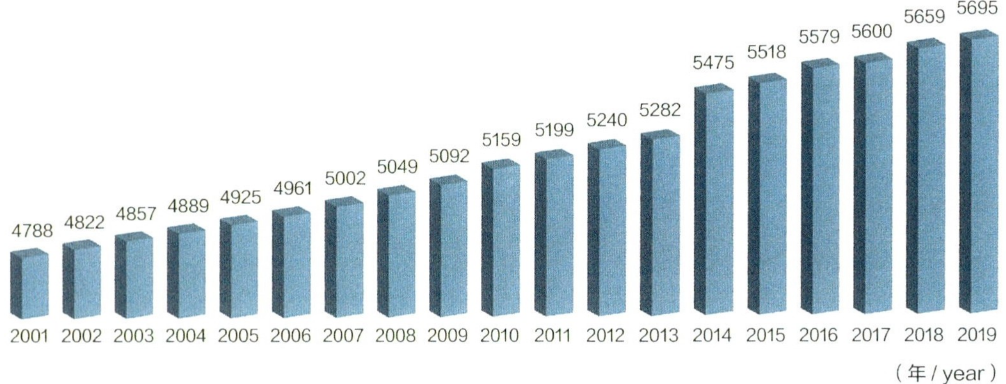


## 性别比（以女性为100）
Sex Ratio（Female=100）

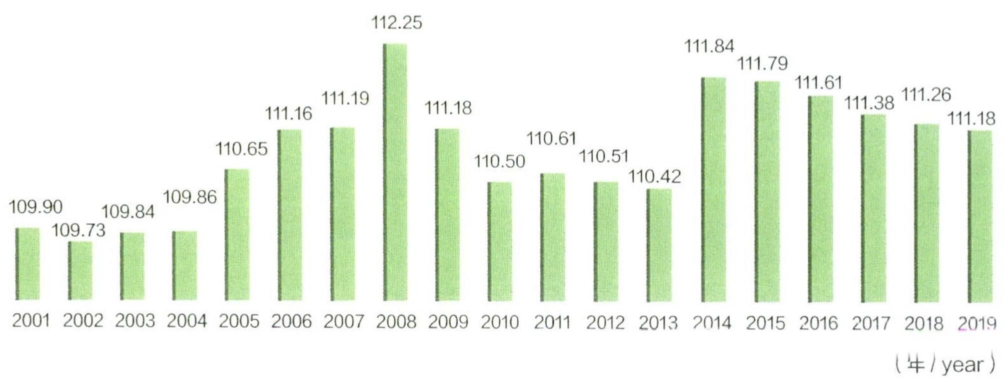

## 人口增长（‰）
Growth of Population（‰）

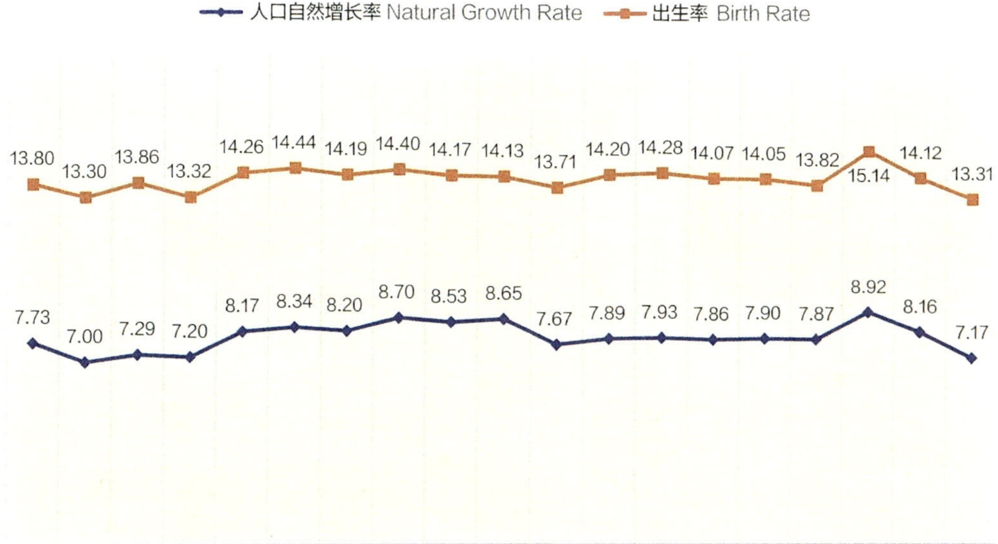


## 全社会从业人员（万人）
Total Employed Persons（10 000 persons）

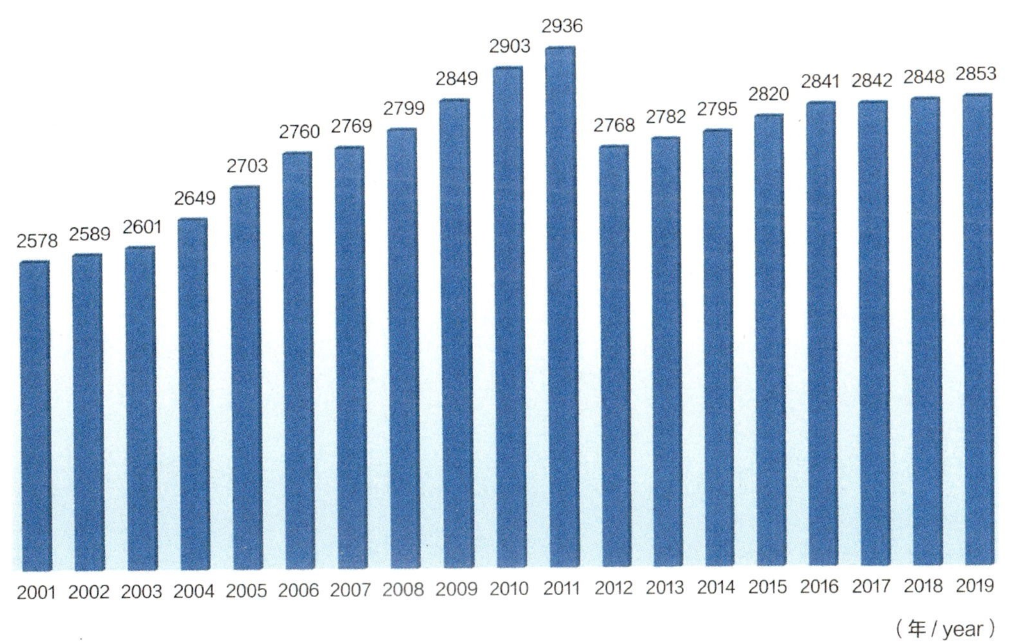

## 全社会从业人员构成（%）
Composition of Employment（%）

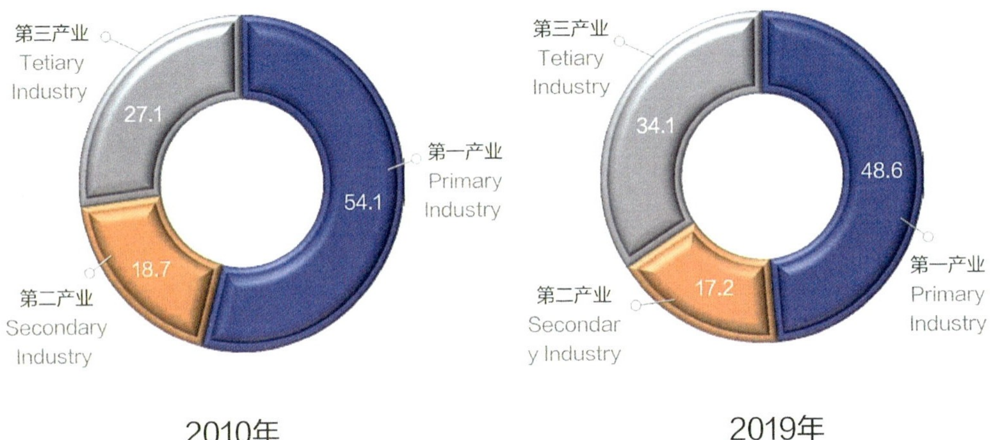


## 城镇单位在岗职工平均工资（元）
Average Wages of Staff and Workers at Post in Urban Units（yuan）

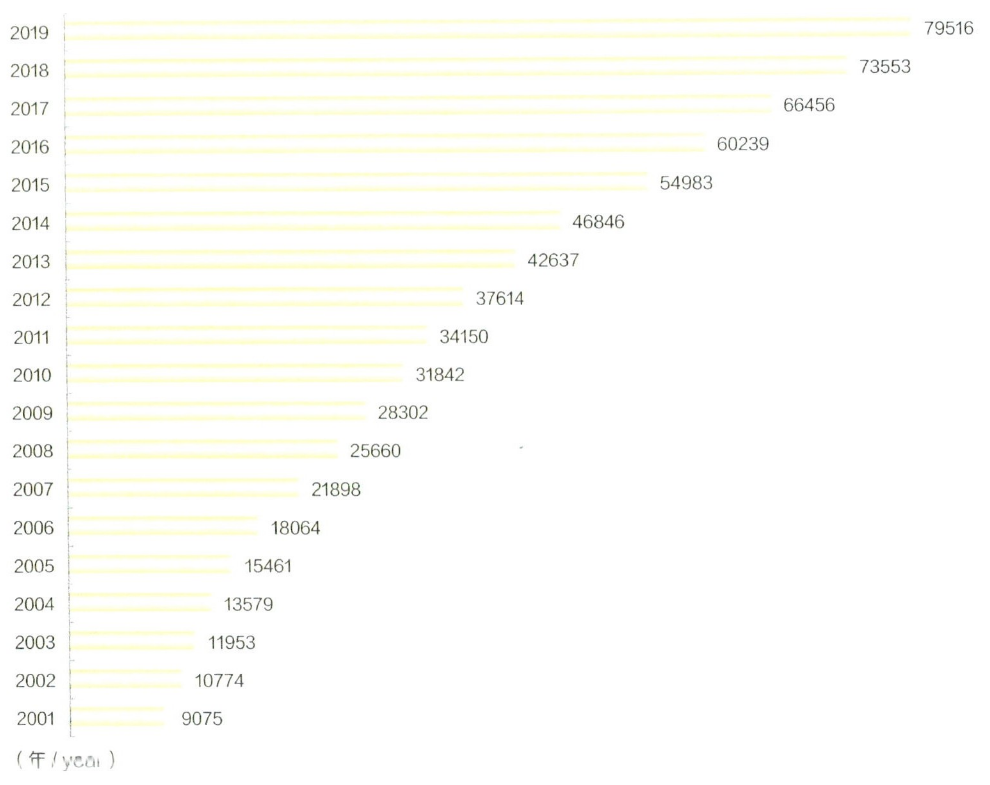

# 财政收入（亿元）

Financial Revenue（100 million yuan）

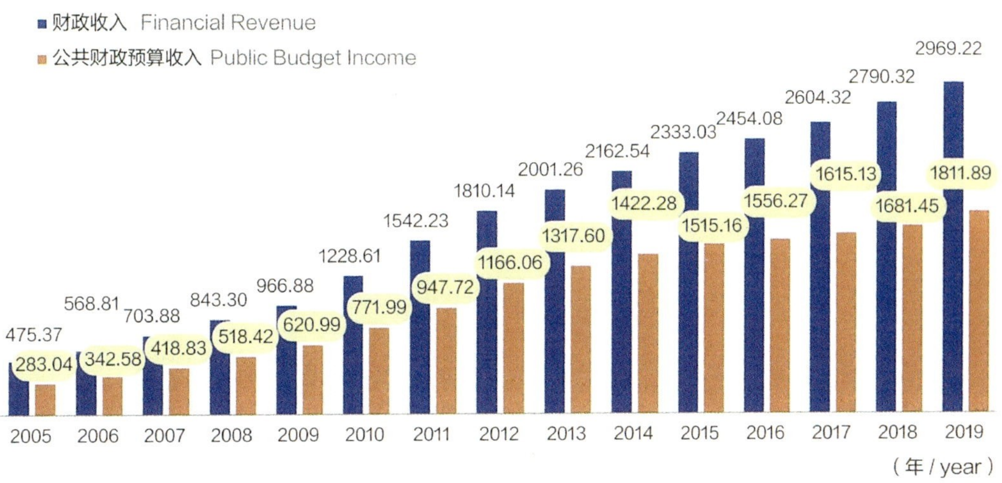


# 公共财政预算支出构成（%）

Composition of Public Budget Expenditure（%）

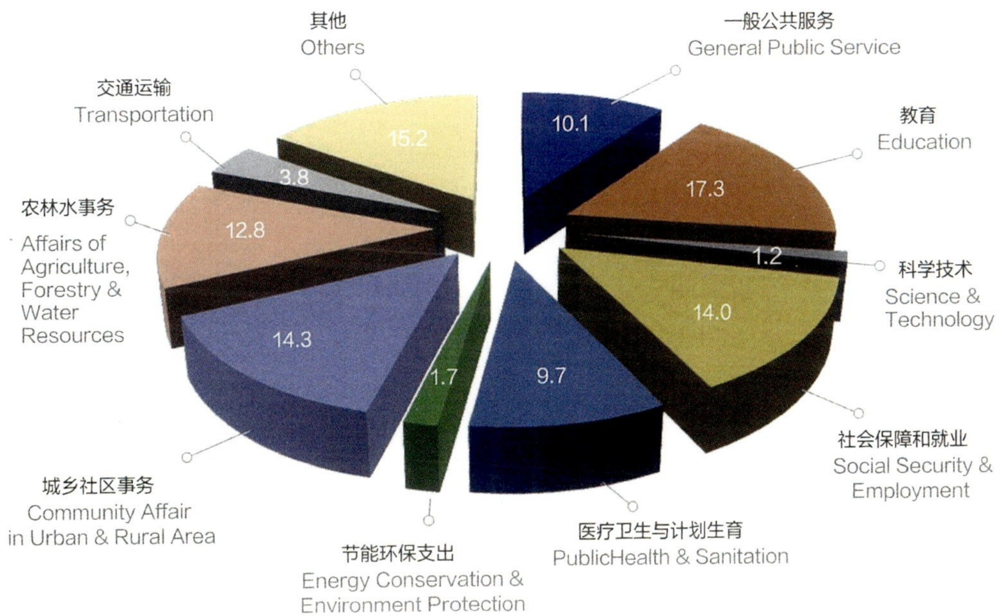


2019年

## 农林牧渔业总产值（当年价，亿元）

Gross Output Value of Agriculture, Forestry, Animal Husbandry and Fishery
( at current prices, 100 million yuan )

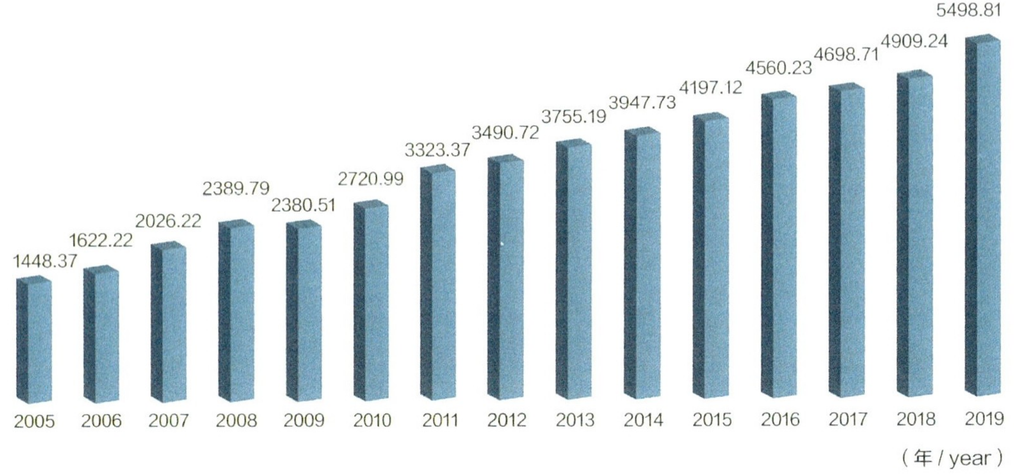


## 农林牧渔业总产值构成（%）

Composition of Gross Output Value of Farming,Forestry,Animal Husbandry and Fishery（%）

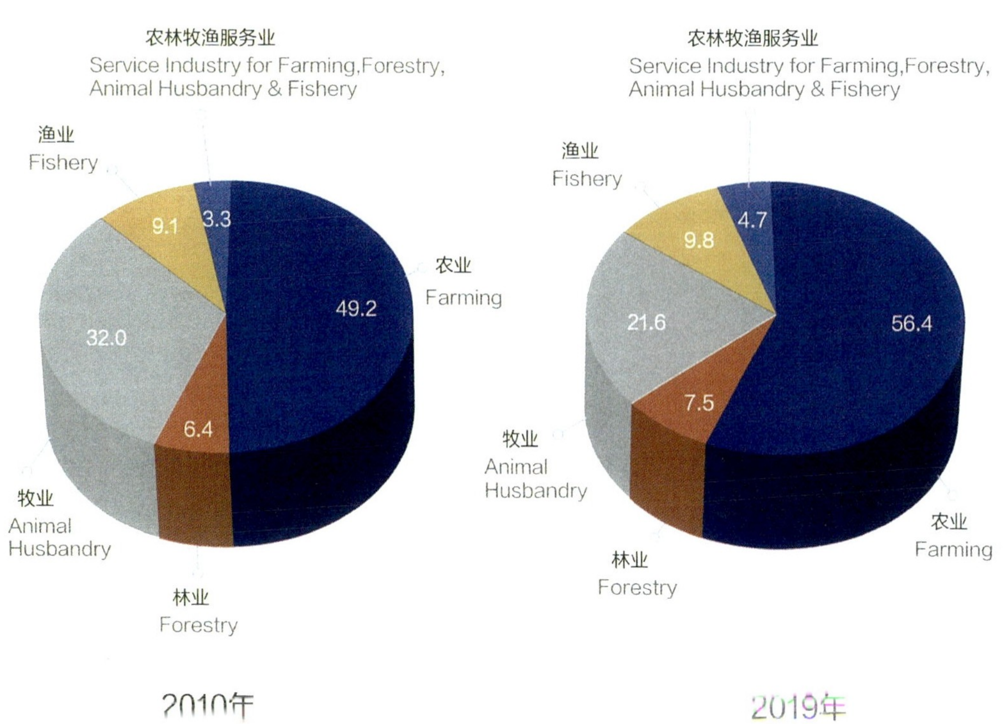

## 人均农产品产量（公斤）

Per Capita Major Agricultural Products ( kg )

■粮食 Grain ■甘蔗 Sugarcane ■园林水果 Fruits ■猪牛羊肉 Meat ■水产品 Aquatic Products

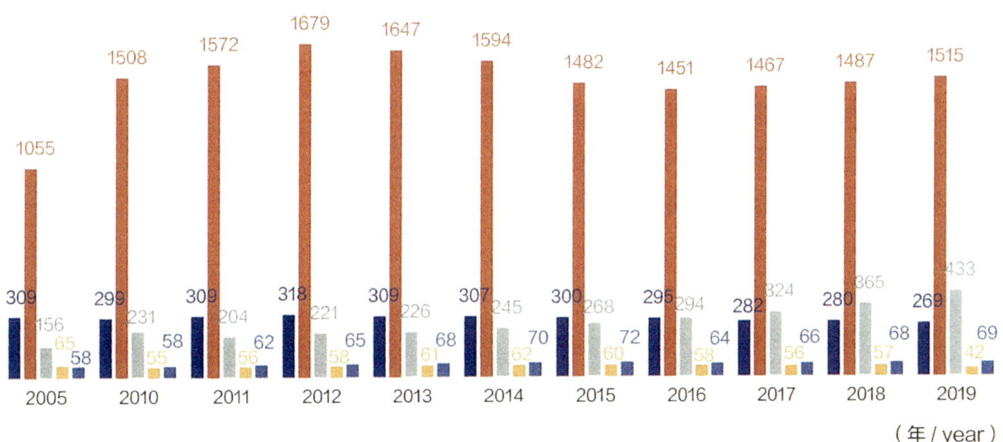


## 规模以上工业利润总额（亿元）

Total Profits of Industrial Enterprises above Designated Size (100 million yuan)

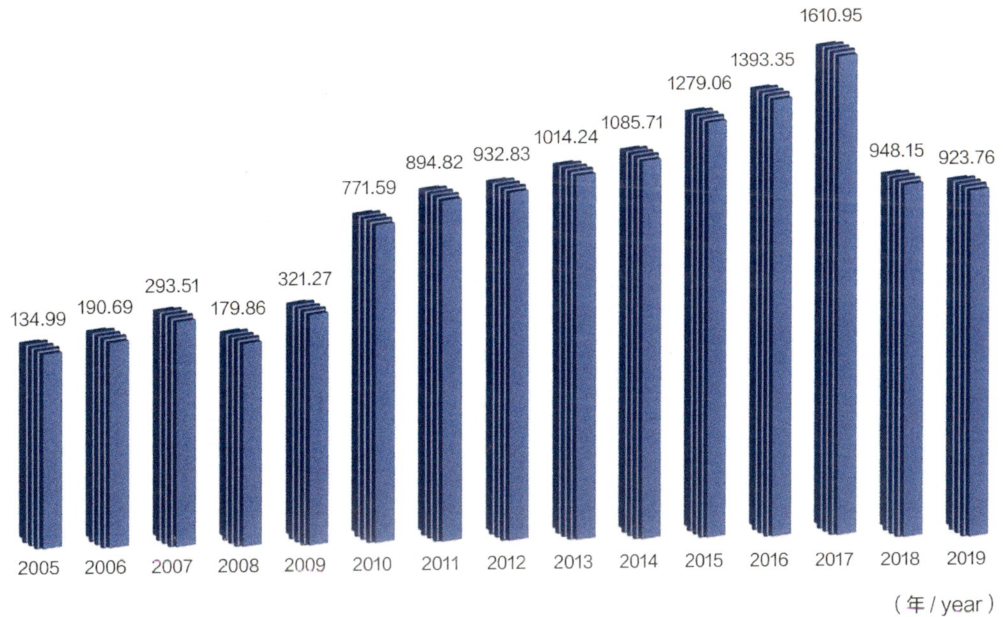

## 建筑业总产值（三级及三级以上，亿元）

Gross Output Value of Construction Enterprises
（Third and Higher Grade,100 million yuan）

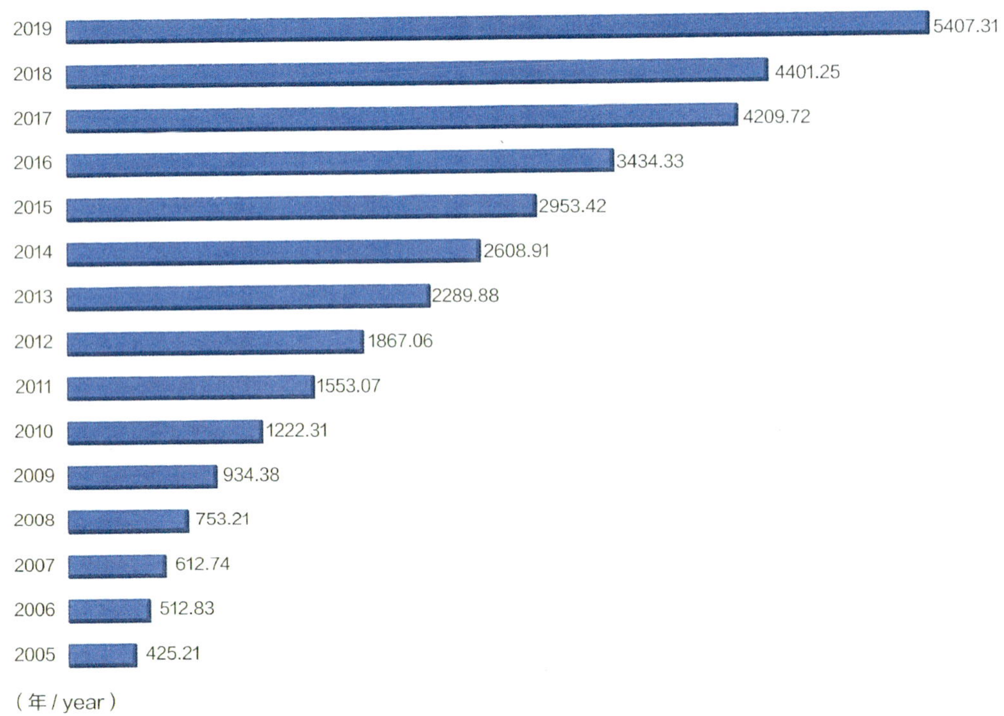


## 建筑业从业人员（三级及三级以上企业，万人）

Number of Employed Persons in Construction Enterprises
（Third and Higher Grade,10 000 persons）

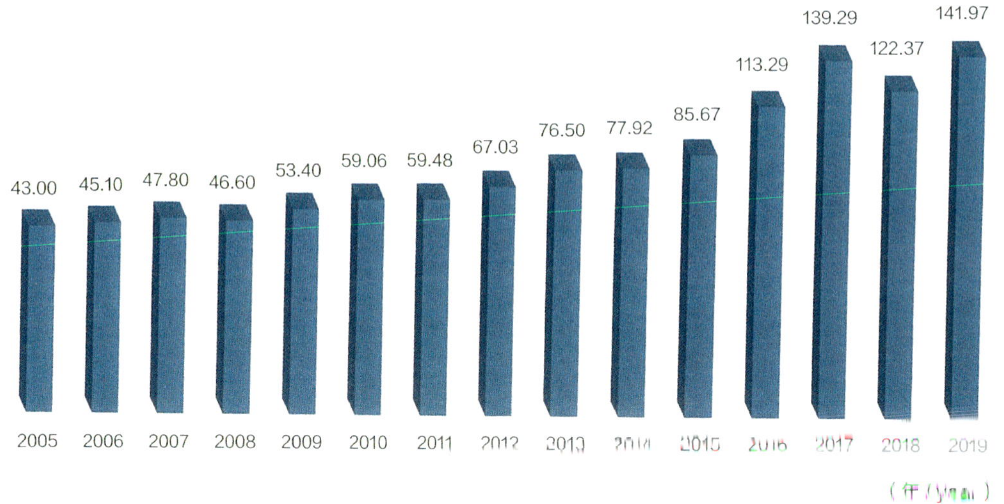

## 房地产投资完成额（亿元）

Real Estate Development（100 million yuan）

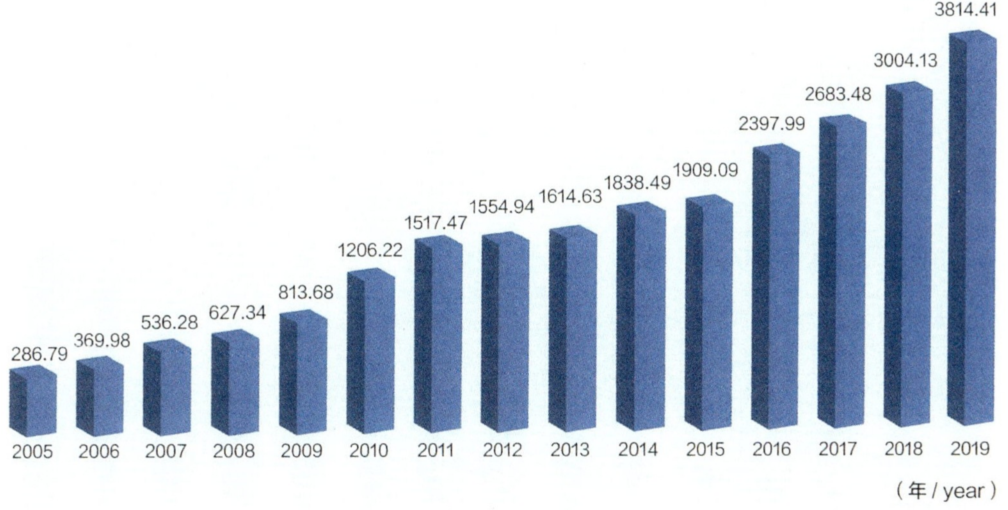


## 社会消费品零售总额（亿元）

Total Retail Sales of Consumer Goods（100 million yuan）

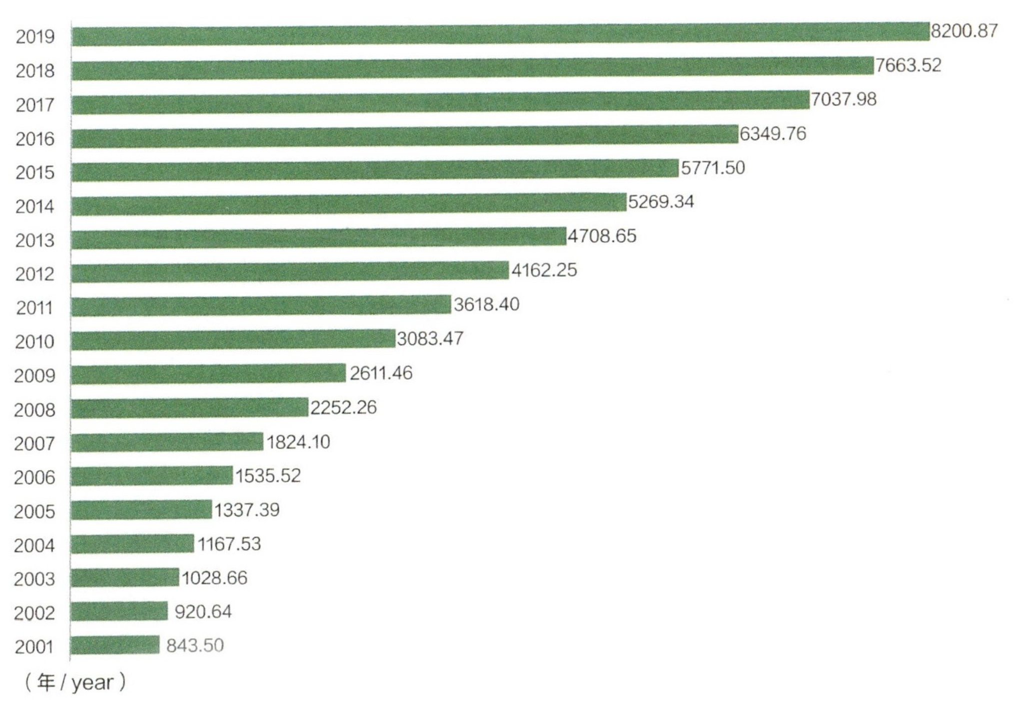

## 进出口总额（亿美元）
Total Import and Export Value（USD 100 million）

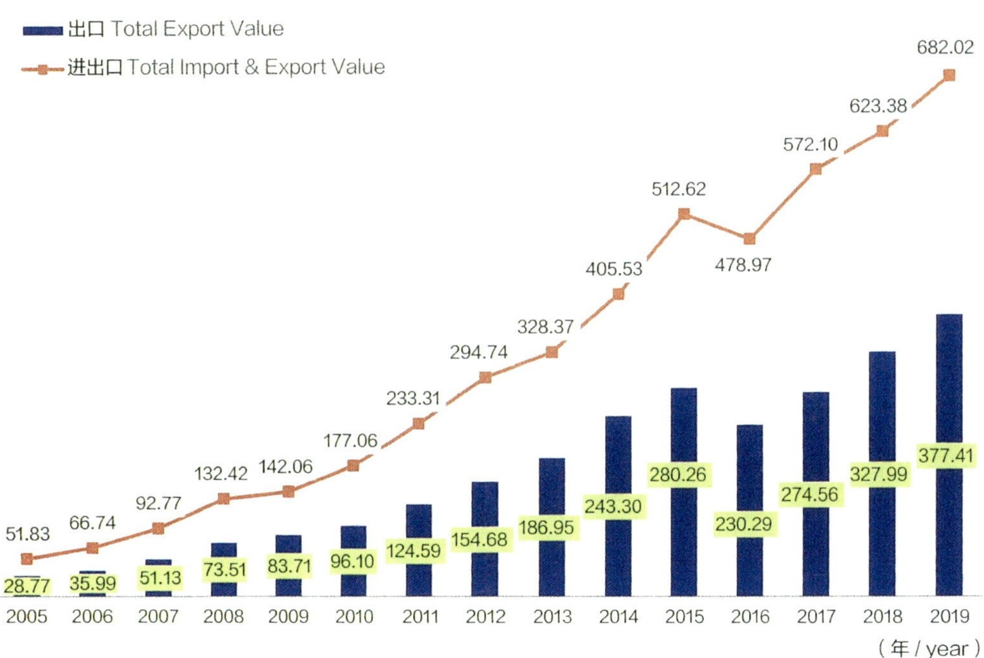


## 外商直接投资（亿美元）
Foreign Direct Investment（USD 100 million）

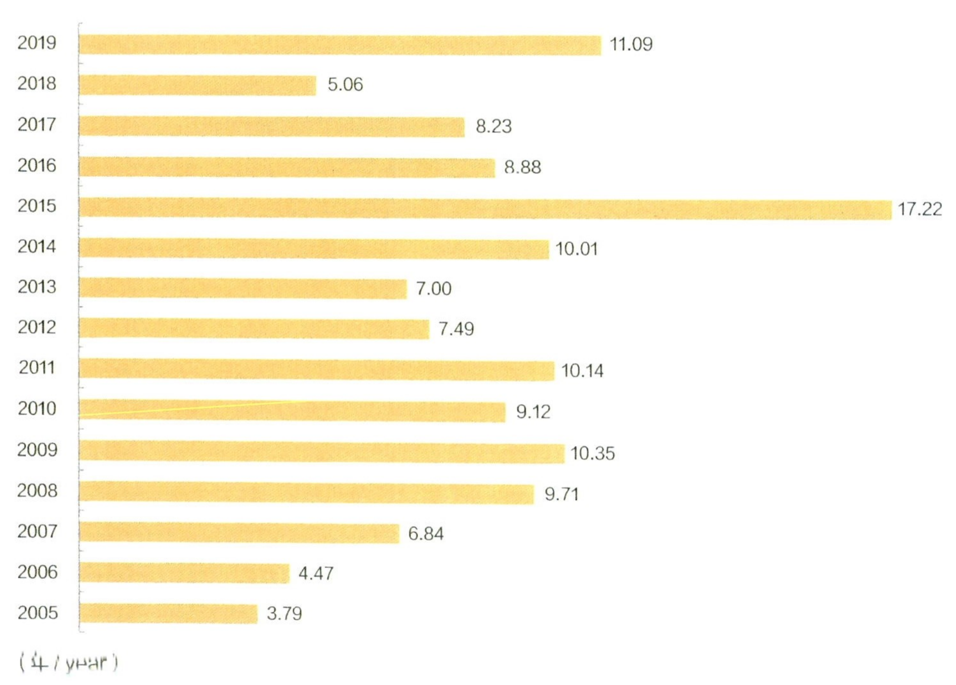

## 国际旅游人数（万人次）

Number of International Tourism ( 10 000 person-times )

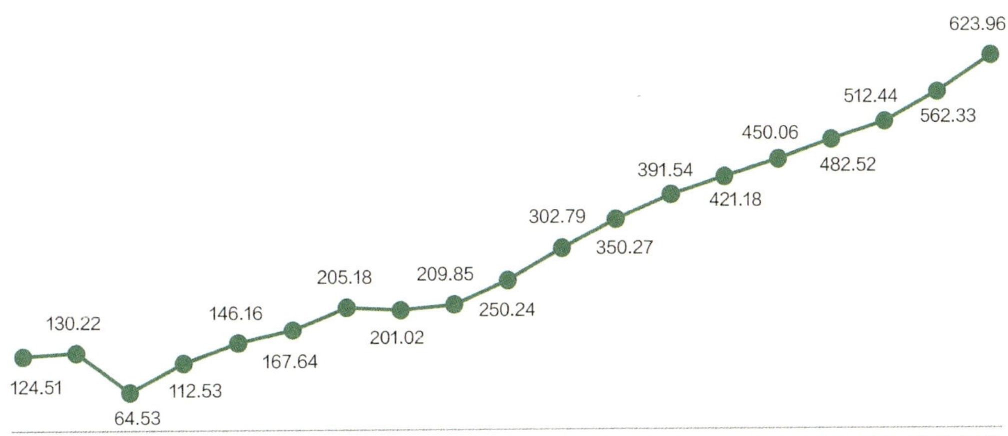


## 国际旅游外汇收入（亿美元）

Foreign Exchange Income of International Tourism ( USD 100 million )

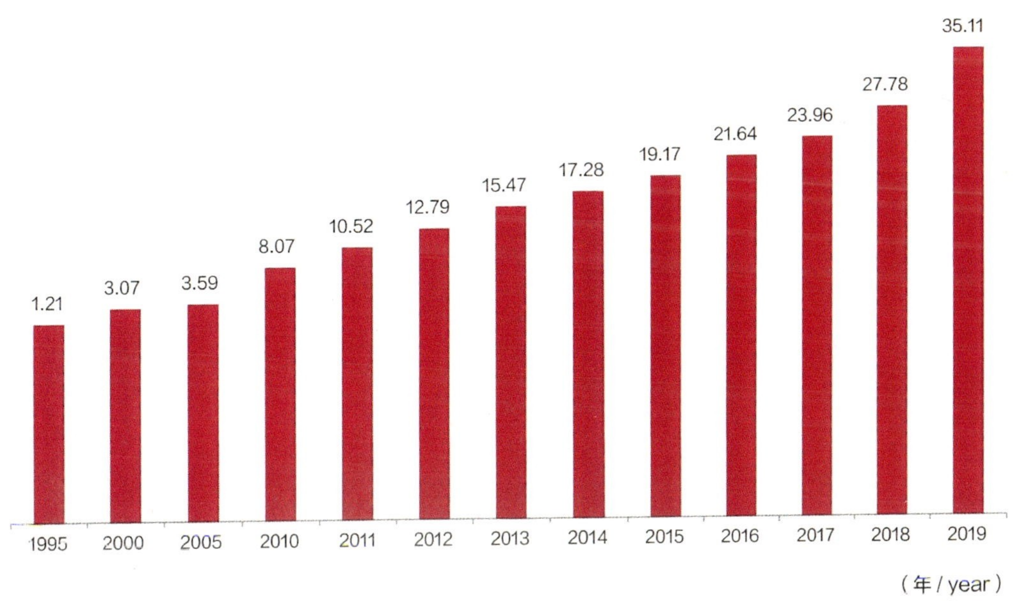

## 物价指数（上年=100）

Price Indices（preceding year = 100）

居民消费价格指数 Consumer Price Index
商品零售价格指数 Retail Price Index

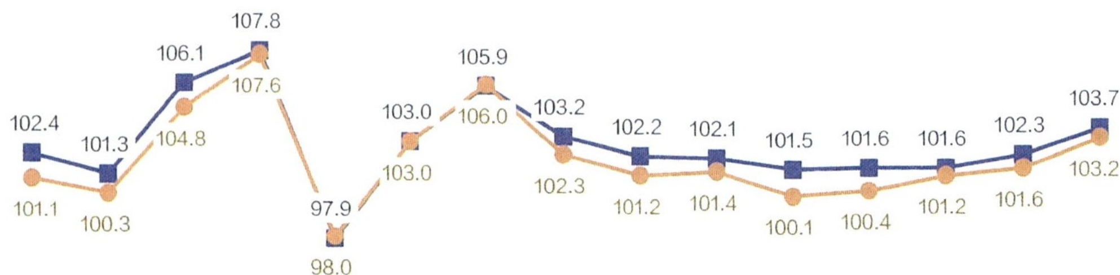


2005 2006 2007 2008 2009 2010 2011 2012 2013 2014 2015 2016 2017 2018 2019

（年 / year）

## 居民消费价格指数（上年=100）

Consumer Price Index（preceding year = 100）

城市 Urban Area　农村 Rural Area

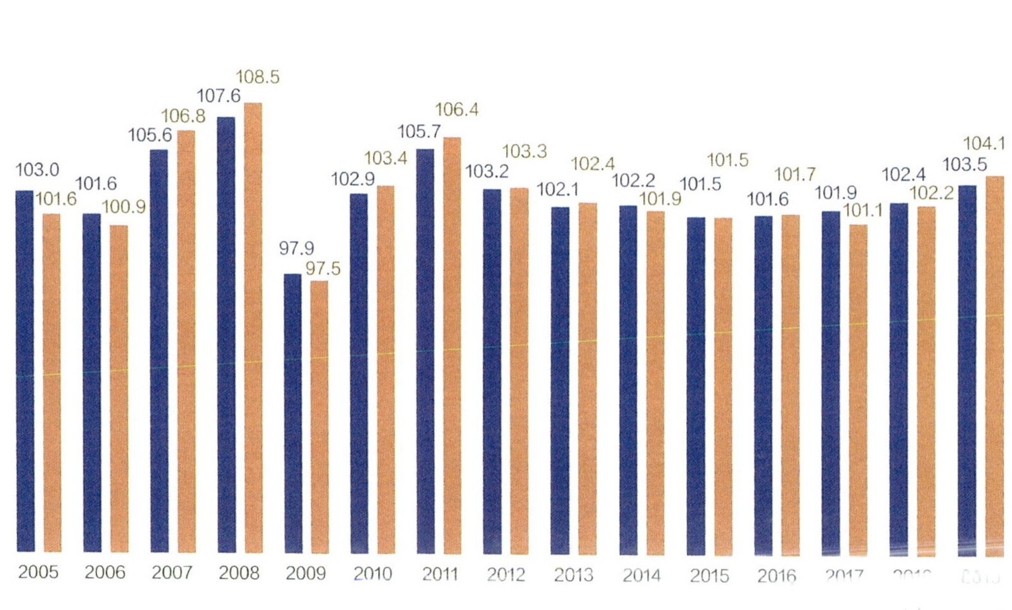


（年 / year）

## 工业生产者出厂价格指数、工业生产者购进价格指数（上年=100）

Producer Price Indices for Industrial Products, Purchasing Price Indices for Industrial Producers（preceding year = 100）

■ 工业生产者出厂价格指数 Producer Price Indices for Industrial Products
■ 工业生产者购进价格指数 Purchasing Price Indices for Industrial Producers

## 个人存款（亿元）

Personal Deposits（100 million yuan）

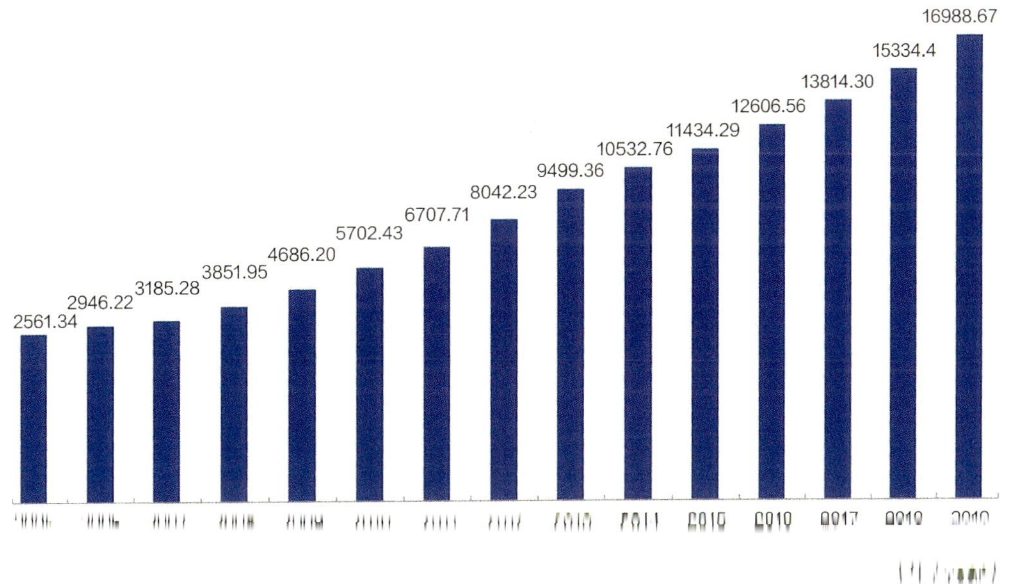

# 城镇居民人均可支配收入和农村居民人均可支配收入（元）

Per Capita Disposable Income of Urban Households & Per Capita Net Income of Rural Households（yuan）

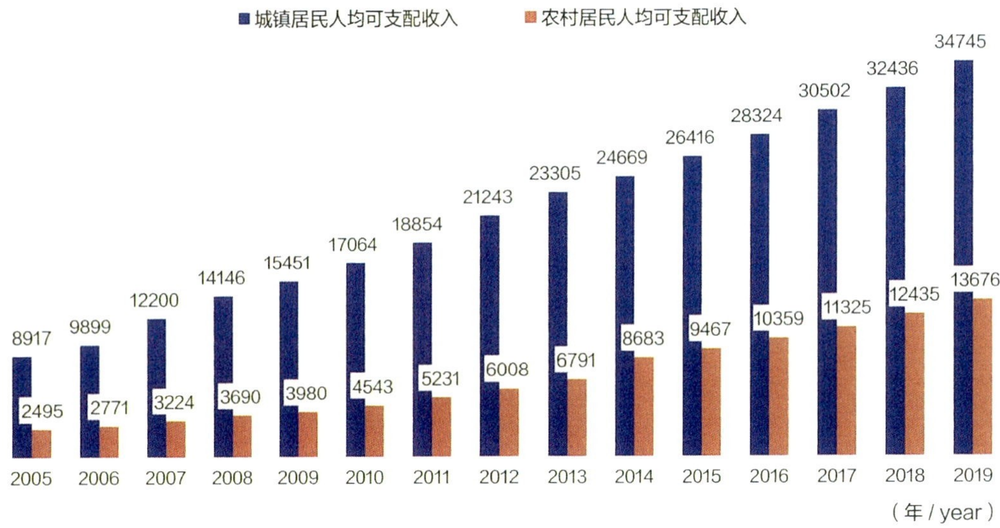


# 城乡居民人均消费构成（%）

Composition of Per Capita Consumption Expenditure of Urban and Rural Households（%）

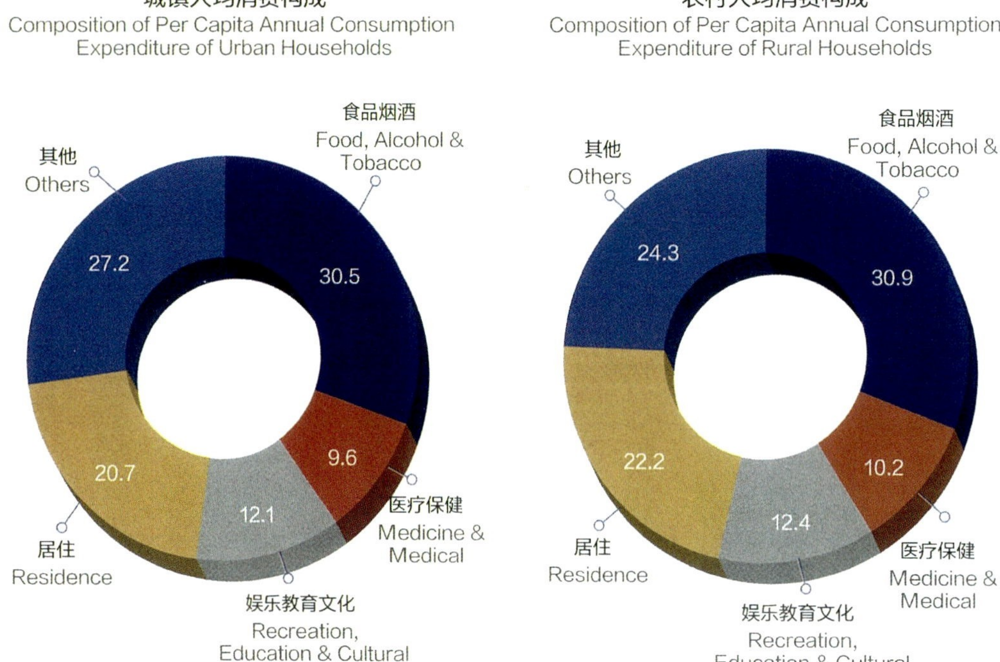


2019年

## 城市公园绿地面积（公顷）

Area of Green Space of Park in City ( hectare )

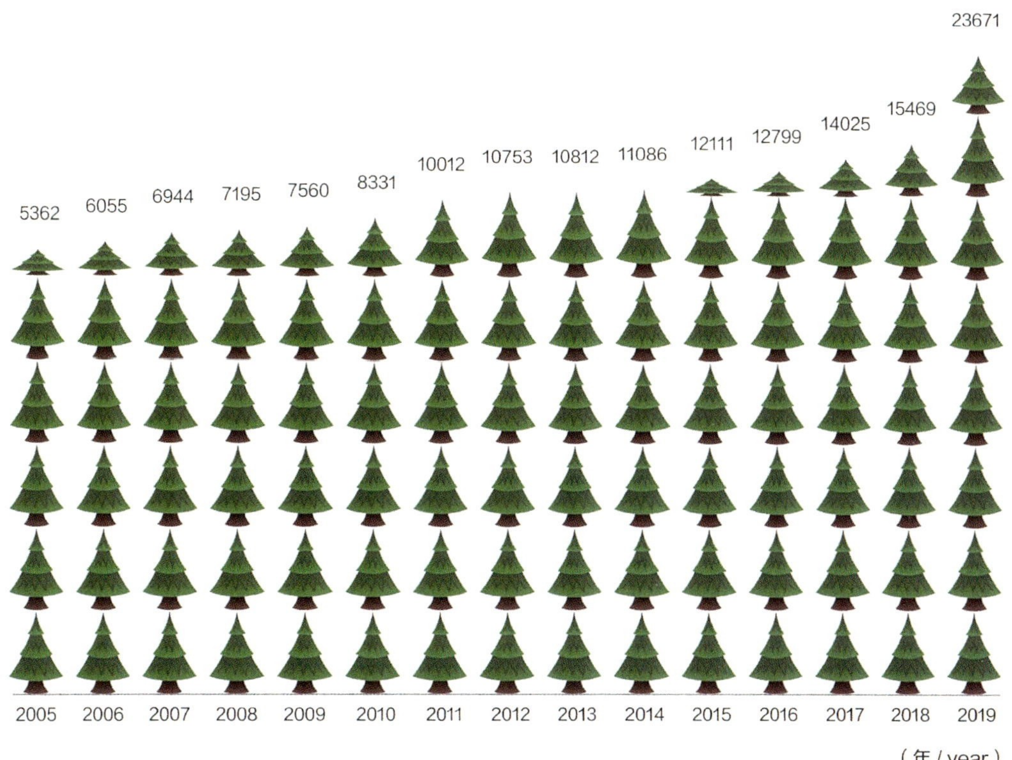


## 城市污水处理能力（万立方米/日）

Treatment Ca pacity of Polluted Water ( 10 000 cu.m/day )

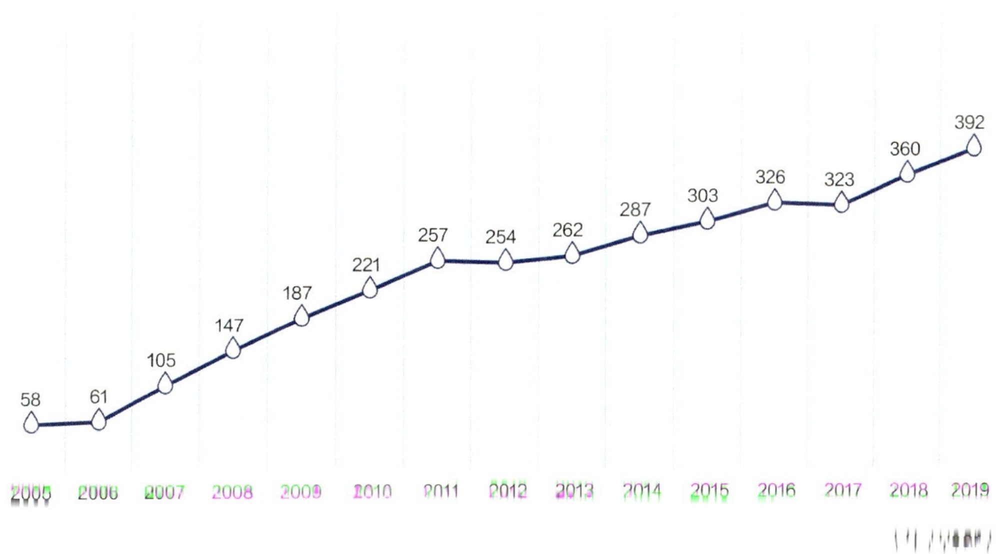

## 每万元GDP消费能源（吨标准煤）

Per 10 000 Yuan GDP Energy Consumption (ton of SCE)

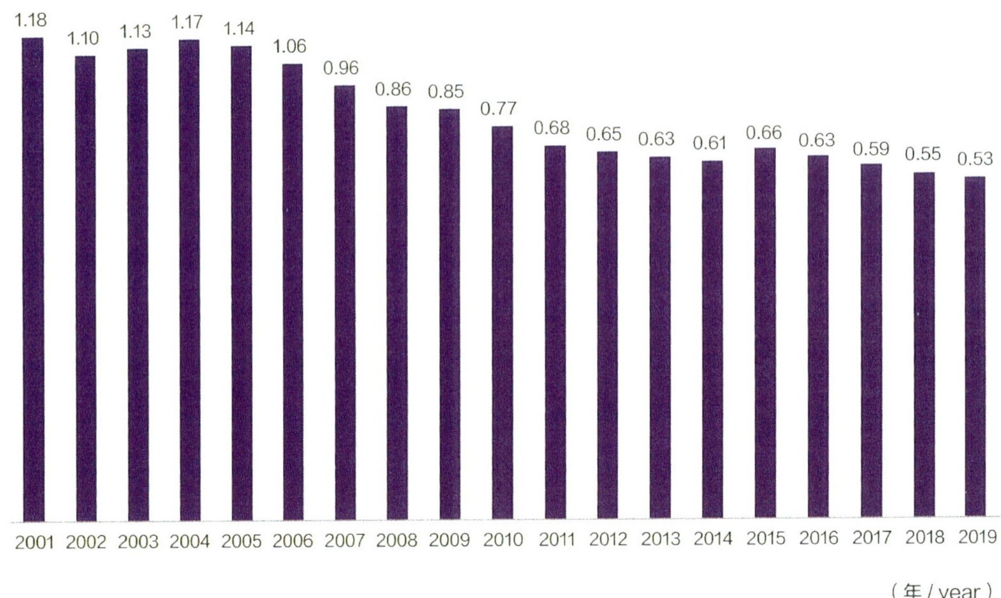


## 消费弹性系数

Elasticity Ratio of Energy Consumption

能源消费弹性系数 Elasticity Ratio of Energy Consumption
电力消费弹性系数 Elasticity Ratio of Electricity Consumption

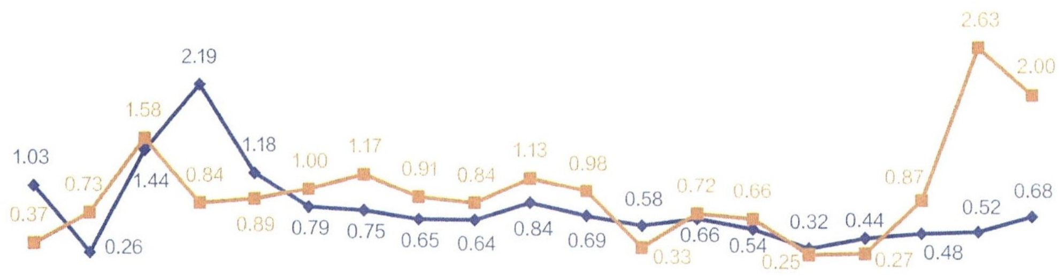


2001 2002 2003 2004 2005 2006 2007 2008 2009 2010 2011 2012 2013 2014 2015 2016 2017 2018 2019

（年 / year）

## 客货运输量
Total Passenger and Freight Traffic

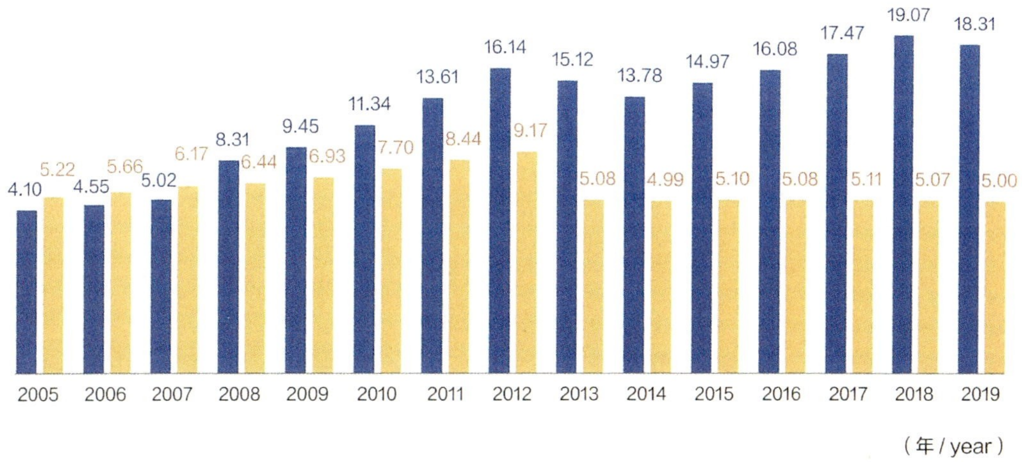


## 高速公路里程（公里）
Lenth of Expressway（km）

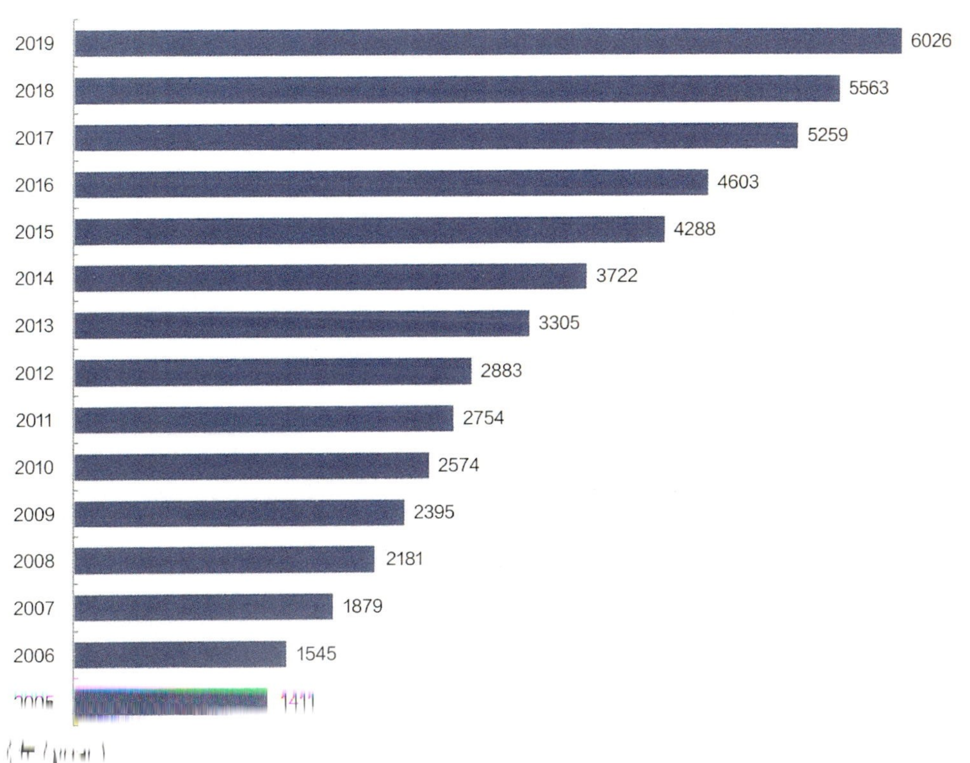

## 平均每万人拥有电话机（部）

Average Number of Telephone Subscribers per 10 000 Persons Owned （set）

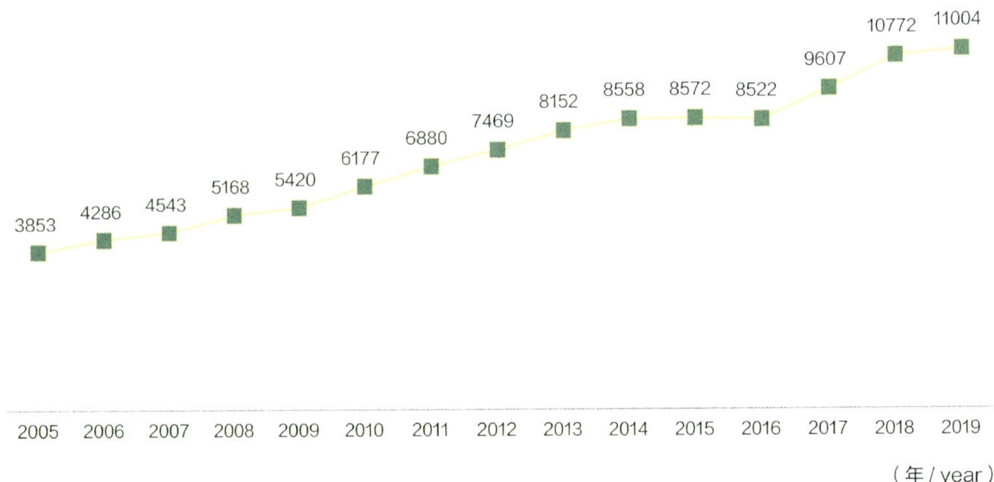


## 每万人在校大学生（人）

Number of University & College Students per 10 000 Persons（person）

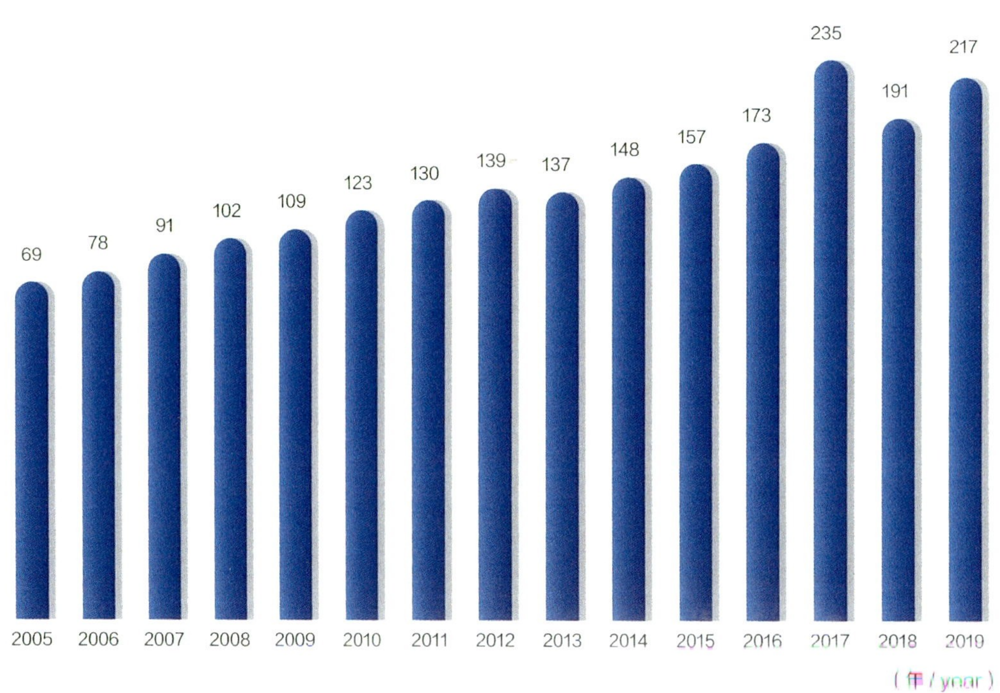

## 报纸、图书出版数量

Number of Publications of Newspaper & Books

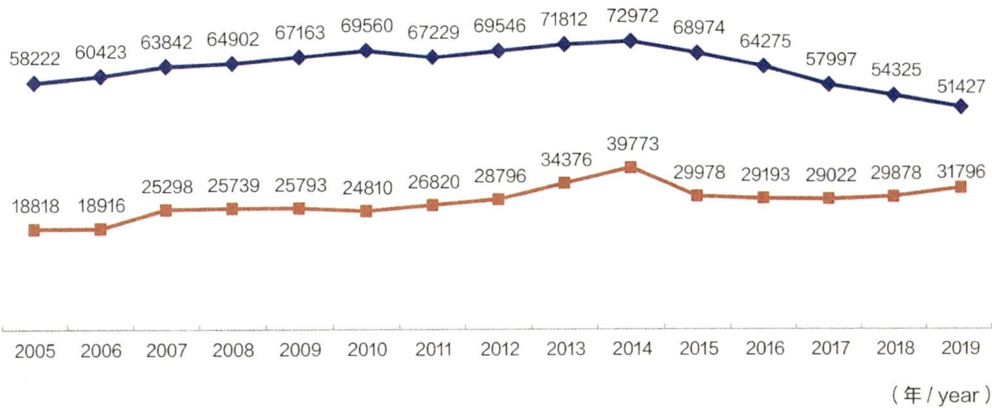


## 每万人医院、卫生院病床（张）

Number of Hospital Beds per 10 000 Persons（bed）

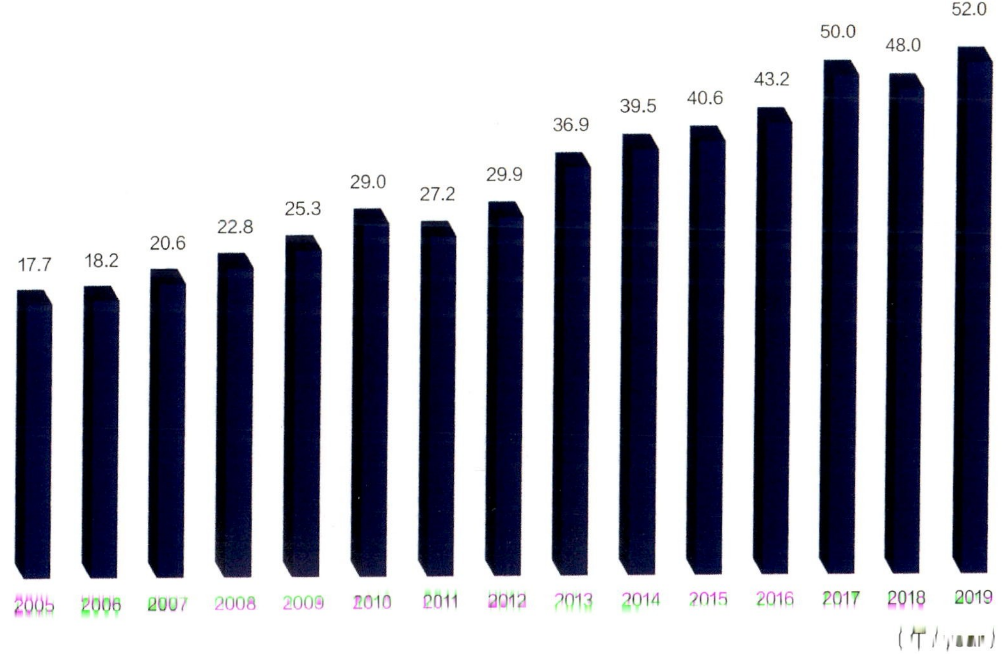

## 每万人卫生技术人员（人）
Number of Medical Technical Personnnel per 10 000 Persons （person）

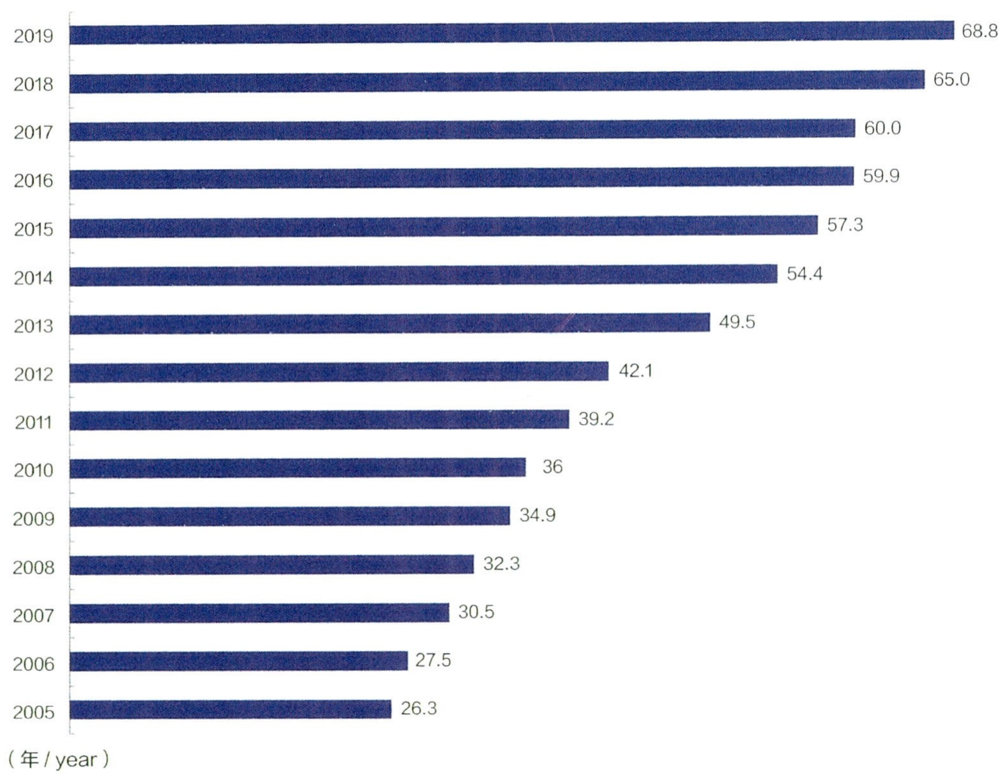


## 城乡居民生活最低保障人数（万人）
Population Receiving Lowest Cost-of-Living in Urban & Rural Area（10000 persons）

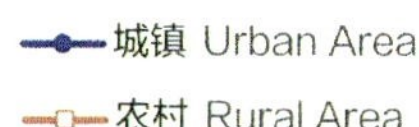


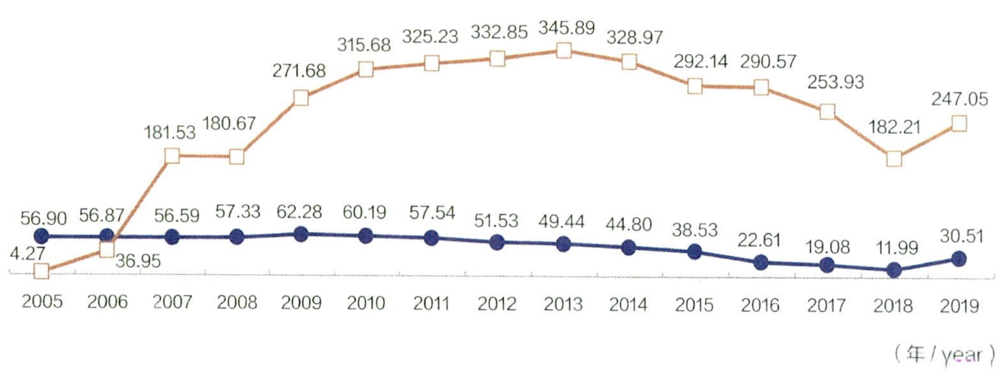

# 目　录

# CONTENTS

## 第一篇　综　合

## CHAPTER 1　GENERAL SURVEY

## 第二篇　人　口

## CHAPTER 2　POPULATION



## 第三篇　国民经济核算

## CHAPTER 3　NATIONAL ECONOMIC ACCOUNTING

## 第四篇　从业人员和职工工资

## CHAPTER 4　EMPLOYMENT AND WAGES

## 第五篇　物　价

## CHAPTER 5　PRICES



## 第六篇　人民生活

## CHAPTER 6　PEOPLE' S LIVELIHOOD

## 第七篇　财政、金融和保险

## CHAPTER 7　FINANCE，BANKING AND INSURANCE

## 第八篇 资源与环境

## CHAPTER 8 NATURAL RESOURCES AND ENVIRONMENT

## 第九篇 能源生产与消费

## CHAPTER 9 ENERGY PRODUCTION AND CONSUMPTION



## 第十篇 固定资产投资

## CHAPTER 10 INVESTMENT IN FIXED ASSETS

**第十一篇 城市概况**

**CHAPTER 11 GENERAL SURVEY OF CITIES**

## 第十二篇　对处经济贸易

## CHAPTER 12　FOREIGN ECONOMY AND TRADES



## 第十三篇　农　业

## CHAPTER 13　AGRICULTURE

## 第十四篇 工 业

## CHAPTER 14 INDUSTRY

## 第十五篇　建筑业

## CHAPTER 15　CONSTRUCTION



## 第十六篇　批发和零售业

## CHAPTER 16　WHOLESALE AND RETAIL TRADES

**第十七篇　住宿餐饮业和旅游**

**CHAPTER 17　HOTELS，CATERING SERVICES AND TOURISM**



**第十八篇　交通、运输和邮电通信业**

**CHAPTER 18　TRANSPORTATION，POSTAL AND TELECOMMUNICATION SERVICES**

## 第十九篇 教育、科技和文化

## CHAPTER 19 EDUCATION，SCIENCE，TECHNOLOGY AND CULTURE

## 第二十篇 体育、卫生与社会福利

## CHAPTER 20 SPORT, PUBLIC HEALTH AND SOCIAL WELFARE

**第二十一篇　区域经济**

**CHAPTER 21　ECONOMIC ZONES**



**第二十二篇　各市基本情况**

**CHAPTER 22　BASIC STATISTICS OF CITIES**

**第二十三篇　县（市、区）基本情况**

**CHAPTER 23　BASIC STATISTICS OF COUNTIES（CITIES，DISTRICTS）**



**附　录**

**APPENDIX**

第一篇

# 综 合

# GENERAL SURVEY

（编辑：黄浩洲　焦　夕）

# 简要说明

（本篇资料由自治区统计局综合处、普查中心整理，电话：0771-5848296，5868062）

**一、本篇资料主要内容及来源**

（一）广西行政区划（2019年末）（广西壮族自治区民政厅）

（二）国民经济和社会发展主要指标，主要指标的发展速度、结构、比例和效益（广西壮族自治区统计局综合处）

（三）各类型基本单位现状及变化情况（广西壮族自治区统计局普查中心）

**二、数据来源及调查方法**

本制度的资料来源是各部门的单位审批登记资料、经济普查和经常性统计调查中查到的新增、变更和注销单位情况。在经济普查年份，依据全国经济普查方案开展全面调查；非普查年份依据基本单位统计报表制度和其他相关制度开展重点调查。

**三、其他情况说明**

地区生产总值、社会消费品零售总额等的历史数据及相关计算数均根据第四次全国经济普查结果进行了修订。

# 1—1 行政区划（2019年末）

## Division of Administrative Areas（End of 2019）

单位：个 (unit)

| 年 份 | 地级单位合计<br>Number of Regions at Prefecture Level | 县级单位合计<br>Number of Regions at County Level | 市辖区<br>Districts under the Jurisdiction of Cities | 县级市<br>Cities at County Level | 县<br>Counties | 自治县<br>Autonomous Counties |
|---|---|---|---|---|---|---|
| 1978 | 14 | 84 | 2 | 2 | 73 | 7 |
| 1980 | 14 | 99 | 17 | 2 | 73 | 7 |
| 1985 | 14 | 110 | 22 | 6 | 73 | 9 |
| 1990 | 14 | 111 | 21 | 7 | 71 | 12 |
| 1995 | 14 | 117 | 28 | 9 | 68 | 12 |
| 2000 | 14 | 120 | 29 | 10 | 69 | 12 |
| 2001 | 14 | 119 | 28 | 10 | 69 | 12 |
| 2002 | 14 | 115 | 32 | 7 | 64 | 12 |
| 2003 | 14 | 109 | 33 | 7 | 57 | 12 |
| 2004 | 14 | 109 | 33 | 7 | 57 | 12 |
| 2005 | 14 | 109 | 34 | 7 | 56 | 12 |
| 2006 | 14 | 109 | 34 | 7 | 56 | 12 |
| 2007 | 14 | 109 | 34 | 7 | 56 | 12 |
| 2008 | 14 | 109 | 34 | 7 | 56 | 12 |
| 2009 | 14 | 109 | 34 | 7 | 56 | 12 |
| 2010 | 14 | 109 | 34 | 7 | 56 | 12 |
| 2011 | 14 | 109 | 34 | 7 | 56 | 12 |
| 2012 | 14 | 109 | 34 | 7 | 56 | 12 |
| 2013 | 14 | 110 | 36 | 7 | 55 | 12 |
| 2014 | 14 | 110 | 36 | 7 | 55 | 12 |
| 2015 | 14 | 110 | 37 | 8 | 53 | 12 |
| 2016 | 14 | 111 | 40 | 7 | 52 | 12 |
| 2017 | 14 | 111 | 40 | 7 | 52 | 12 |
| 2018 | 14 | 111 | 40 | 8 | 51 | 12 |
| 2019 | 14 | 111 | [illegible] | [illegible] | [illegible] | [illegible] |

注：本表资料由自治区民政厅提供。
Note：The data in this table is provided by Department of Civil Affairs of Guangxi Zhuang Autonomous Region.

# 1—1 续表1 continued

单位：个 (unit)

| 年 份 | 乡镇级单位合计 Number of Regions at Township Level | 镇 Towns | 乡 Townships | 民族乡 Nationality Townships | 街道 Sub-districts | 居民委员会 Neighborhood Committees | 村民委员会 Village Committees |
|---|---|---|---|---|---|---|---|
| 1978 | | 66 | | | | | |
| 1980 | | | | | | | |
| 1985 | 1248 | 265 | 962 | 60 | 21 | 937 | 13873 |
| 1990 | 1412 | 359 | 1012 | 58 | 41 | 1154 | 76073 |
| 1995 | 1442 | 627 | 738 | 60 | 77 | 1233 | 28243 |
| 2000 | 1422 | 745 | 616 | 63 | 61 | 1250 | 14750 |
| 2001 | 1410 | 749 | 598 | 61 | 63 | 1261 | 14743 |
| 2002 | 1388 | 750 | 576 | 61 | 62 | 1555 | 14443 |
| 2003 | 1395 | 748 | 576 | 61 | 71 | 1621 | 14398 |
| 2004 | 1396 | 748 | 576 | 61 | 72 | 1611 | 14333 |
| 2005 | 1232 | 700 | 426 | 61 | 106 | 1644 | 14359 |
| 2006 | 1230 | 700 | 426 | 58 | 104 | 1649 | 14363 |
| 2007 | 1230 | 702 | 424 | 58 | 104 | 1648 | 14361 |
| 2008 | 1230 | 702 | 424 | 58 | 104 | 1701 | 14353 |
| 2009 | 1232 | 702 | 424 | 58 | 106 | 1701 | 14345 |
| 2010 | 1234 | 702 | 424 | 58 | 108 | 1714 | 14355 |
| 2011 | 1235 | 702 | 424 | 58 | 109 | 1725 | 14336 |
| 2012 | 1243 | 715 | 411 | 58 | 117 | 1791 | 14345 |
| 2013 | 1247 | 722 | 405 | 59 | 120 | 1835 | 14313 |
| 2014 | 1243 | 773 | 350 | 59 | 120 | 1891 | 14323 |
| 2015 | 1251 | 773 | 350 | 59 | 128 | 1924 | 14273 |
| 2016 | 1246 | 788 | 330 | 59 | 128 | 1931 | 14276 |
| 2017 | 1251 | 799 | 319 | 59 | 133 | 1969 | 14258 |
| 2018 | 1251 | 806 | 312 | 59 | 133 | 2055 | 14229 |
| 2019 | 1250 | 806 | 312 | 59 | 132 | 2156 | 14221 |

注：居民委员会和村民委员会不属于行政区划，为基层群众性自治组织。
Note: Neighborhood and Village Committees are not division of administrative areas, but are organizations at the Grassroots Level.

# 1—2 县级以上行政区划（2019年末）
# Division of Administrative Areas at & above County Level（End of 2019）

| 市 | City | 县（市、区）名称 | Name of County（City，District）Level |
|---|---|---|---|
| 南宁市 | Nanning | 兴宁区 青秀区 江南区 西乡塘区 良庆区 邕宁区 武鸣区 隆安县 马山县 上林县 宾阳县 横县 | Xingning，Qingxiu，Jiangnan，Xixiangtang，Liangqing，Yongning，Wuming，Long'an，Mashan，Shanglin，Binyang，Hengxian |
| 柳州市 | Liuzhou | 城中区 鱼峰区 柳南区 柳北区 柳江区 柳城县 鹿寨县 融安县 融水苗族自治县 三江侗族自治县 | Chengzhong，Yufeng，Liunan，Liubei，Liujiang，Liucheng，Luzhai，Rong'an，Rongshui Miao Autonomous County，Sanjiang Dong Autonomous County |
| 桂林市 | Guilin | 秀峰区 叠彩区 象山区 七星区 雁山区 临桂区 阳朔县 灵川县 全州县 兴安县 永福县 灌阳县 龙胜各族自治县 资源县 平乐县 恭城瑶族自治县 荔浦市 | Xiufeng，Diecai，Xiangshan，Qixing，Yanshan，Lingui，Yangshuo，Lingchuan，Quanzhou，Xing'an，Yongfu，Guanyang，Longsheng all of Nationality Autonomous County，Ziyuan，Pingle，Gongcheng Yao Autonomous County，Lipu |
| 梧州市 | Wuzhou | 万秀区 长洲区 龙圩区 苍梧县 藤县 蒙山县 岑溪市 | Wanxiu，Changzhou，Longxu，Cangwu，Tengxian，Mengshan，Cenqi |
| 北海市 | Beihai | 海城区 银海区 铁山港区 合浦县 | Haicheng，Yinhai，Tieshangang，Hepu |
| 防城港市 | Fangchenggang | 港口区 防城区 上思县 东兴市 | Gangkou，Fangcheng，Shangsi，Dongxing |
| 钦州市 | Qinzhou | 钦南区 钦北区 灵山县 浦北县 | Qinnan，Qinbei，Lingshan，Pubei |
| 贵港市 | Guigang | 港北区 港南区 覃塘区 平南县 桂平市 | Gangbei，Gangnan，Qintang，Pingnan，Guiping |
| 玉林市 | Yulin | 玉州区 福绵区 容县 陆川县 博白县 兴业县 北流市 | Yuzhou，Fumian，Rongxian，Luchuan，Bobai，Xingye，Beiliu |
| 百色市 | Baise | 右江区 田阳区 田东县 德保县 那坡县 凌云县 乐业县 田林县 西林县 隆林各族自治县 靖西市 平果市 | Youjiang，Tianyang，Tiandong，Debao，Napo，Lingyun，Leye，Tianlin，Xilin，Longlin all of Nationality Autonomous County，Jingxi，Pingguo |
| 贺州市 | Hezhou | 八步区 平桂区 昭平县 钟山县 富川瑶族自治县 | Babu，Pinggui，Zhaoping，Zhongshan，Fuchuan Yao Autonomous County |
| 河池市 | Hechi | 金城江区 宜州区 南丹县 天峨县 凤山县 东兰县 罗城仫佬族自治县 环江毛南族自治县 巴马瑶族自治县 都安瑶族自治县 大化瑶族自治县 | Jinchengjiang，Yizhou，Nandan，Tian'e，Fengshan，Donglan，Luocheng Molao Autonomous County，Huanjiang Maonan Autonomous County，Bama Yao Autonomous County，Du'an Yao Autonomous County，Dahua Yao Autonomous County |
| 来宾市 | Laibin | 兴宾区 忻城县 象州县 武宣县 金秀瑶族自治县 合山市 | Xingbin，Xincheng，Xiangzhou，Wuxuan，Jinxiu Yao Autonomous County，Heshan |
| [illegible] | [illegible] | [illegible] | [illegible] |

注：本表资料由自治区民政厅提供。
Note：The data in this table is provided by Department of Civil Affairs of Guangxi Zhuang Autonomous Region.

# 1—2 续表

单位：个

| 地区 | Region | 地级单位合计 Numberof Regions at prefecture Level | 县级单位合计 Number of Regions at County Level | 市辖区 Districts under the Jurisdiction of Cities | 县级市 Cities at County Level | 县 Counties | 自治县 Autonomous Counties |
|---|---|---|---|---|---|---|---|
| 全区合计 | Total | 14 | 111 | 41 | 9 | 49 | 12 |
| 南宁市 | Nanning | 1 | 12 | 7 | | 5 | |
| 柳州市 | Liuzhou | 1 | 10 | 5 | | 3 | 2 |
| 桂林市 | Guilin | 1 | 17 | 6 | 1 | 8 | 2 |
| 梧州市 | Wuzhou | 1 | 7 | 3 | 1 | 3 | |
| 北海市 | Beihai | 1 | 4 | 3 | | 1 | |
| 防城港市 | Fangchenggang | 1 | 4 | 2 | 1 | 1 | |
| 钦州市 | Qinzhou | 1 | 4 | 2 | | 2 | |
| 贵港市 | Guigang | 1 | 5 | 3 | 1 | 1 | |
| 玉林市 | Yulin | 1 | 7 | 2 | 1 | 4 | |
| 百色市 | Baise | 1 | 12 | 2 | 2 | 7 | 1 |
| 贺州市 | Hezhou | 1 | 5 | 2 | | 2 | 1 |
| 河池市 | Hechi | 1 | 11 | 2 | | 4 | 5 |
| 来宾市 | Laibin | 1 | 6 | 1 | 1 | 3 | 1 |
| 崇左市 | Chongzuo | 1 | 7 | 1 | 1 | 5 | |

注：居民委员会和村民委员会不属于行政区划，为基层群众性自治组织。
Note：Neighborhood and Village Committees are not division of administrative areas，but are organizations at the Grassroots Level.

# continued

(unit)

| 乡镇级单位合计 Number of Regions at Township Level | 镇 Towns | 乡 Townships | 民族乡 Nationality Townships | 街道 Sub-districts | 居民委员会 Neighborhood Committees | 村民委员会 Village Committees |
|---|---|---|---|---|---|---|
| 1250 | 806 | 312 | 59 | 132 | 2156 | 14221 |
| 127 | 89 | 13 | 3 | 25 | 412 | 1385 |
| 117 | 53 | 33 | 6 | 31 | 289 | 935 |
| 147 | 88 | 46 | 15 | 13 | 250 | 1653 |
| 66 | 53 | 5 | 2 | 8 | 140 | 861 |
| 30 | 22 | 1 | | 7 | 93 | 337 |
| 30 | 17 | 6 | 2 | 7 | 60 | 278 |
| 66 | 54 | 0 | | 12 | 122 | 916 |
| 74 | 55 | 12 | 2 | 7 | 104 | 1066 |
| 110 | 102 | 0 | | 8 | 168 | 1332 |
| 135 | 75 | 58 | 13 | 2 | 93 | 1796 |
| 61 | 47 | 10 | 5 | 4 | 53 | 707 |
| 139 | 65 | 73 | 11 | 1 | 172 | 1490 |
| 70 | 45 | 21 | | 4 | 97 | 713 |
| [illegible] | 41 | 34 | | 3 | 103 | 752 |

# 1—3 主要年份国民经济和社会发展主要指标

## Major Indicators on National Economic and Social Development in Main Years

| 指 标 | Indicators | 2000 | 2005 | 2010 | 2015 | 2016 | 2017 | 2018 | 2019 |
|---|---|---|---|---|---|---|---|---|---|
| 人口与就业 | Population and Employment | | | | | | | | |
| 人口（万人） | Population（10 000 persons） | | | | | | | | |
| 年末总人口 | Year-end Population | 4751 | 4925 | 5159 | 5518 | 5579 | 5600 | 5659 | 5695 |
| 男性 | Male | 2484 | 2587 | 2708 | 2913 | 2943 | 2951 | 2980 | 2998 |
| 女性 | Female | 2267 | 2338 | 2451 | 2605 | 2636 | 2649 | 2679 | 2697 |
| 常住人口 | Permanent Population | 4489 | 4660 | 4610 | 4796 | 4838 | 4885 | 4926 | 4960 |
| 市镇人口 | Urban Population | 1337 | 1567 | 1849 | 2257 | 2326 | 2404 | 2474 | 2534 |
| 乡村人口 | Rural Population | 3414 | 3093 | 2761 | 2539 | 2512 | 2481 | 2452 | 2426 |
| 就 业（万人） | Employment（10 000 persons） | | | | | | | | |
| 从业人员 | Employment | 2566 | 2703 | 2903 | 2820 | 2841 | 2842 | 2848 | 2853 |
| 城镇登记失业人数 | Number of Registered Unemployed Persons in Urban Area | 11.30 | 18.51 | 19.07 | 18.13 | 18.13 | 14.72 | 16.71 | 19.66 |
| 宏观经济 | Macroeconomic Indicators | | | | | | | | |
| 国民核算（亿元） | National Accounting（100 millionyuan） | | | | | | | | |
| 地区生产总值 | Gross Domestic Product | 2080.04 | 3742.14 | 8552.44 | 14797.80 | 16116.55 | 17790.68 | 19627.81 | 21237.14 |
| 第一产业 | Primary Industry | 557.38 | 904.80 | 1639.67 | 2565.45 | 2800.29 | 2878.3 | 3021.09 | 3387.74 |
| 第二产业 | Secondary Industry | 732.76 | 1324.25 | 3465.20 | 5391.00 | 5620.96 | 6138.25 | 6692.87 | 7077.43 |
| 第三产业 | Tertiary Industry | 789.90 | 1513.09 | 3447.57 | 6841.35 | 7695.30 | 8774.13 | 9913.85 | 10771.97 |
| # 工业 | Industry | 612.33 | 1098.38 | 2875.51 | 4159.05 | 4307.32 | 4680.06 | 5101.92 | 5277.57 |
| 人均地区生产总值（元/人） | Per Capita GDP（yuan/person） | 4652 | 8068 | 18070 | 30990 | 33458 | 36595 | 40012 | 42964 |
| 支出法地区生产总值 | Gross Demestic Product by Expenditure Approach | 2080.04 | 3984.10 | 9604.01 | 16870.04 | 18317.64 | | | |
| #最终消费 | Final Consumption Expenditure | 1448.30 | 2463.52 | 4936.44 | 8873.15 | 9834.45 | | | |
| 居民消费 | Resident Consumption | 1091.00 | 1808.47 | 3745.84 | 6645.66 | 7231.78 | | | |
| 政府消费 | Government Consumption | 357.30 | 655.05 | 1190.60 | 2227.49 | 2602.67 | | | |
| 资本形成总额 | Total Capital Formation | 676.10 | 1798.25 | 7974.75 | 11524.47 | 12363.85 | | | |
| 固定资本 | Fixed Assets | 670.70 | 1749.87 | 7825.45 | 11336.95 | 12114.06 | | | |
| 存货增加 | Inventory Increasement | 5.50 | 48.38 | 149.30 | 187.52 | 249.79 | | | |
| 固定资产投资（亿元） | Investment in Fixed Assets（100 million yuan） | | | | | | | | |
| 全社会固定资产投资 | Total Investment in Fixed Assets | 660.01 | 1769.07 | 7859.07 | 16227.78 | 18236.78 | 20499.11 | - | - |
| # 基本建设 | Capital Counstruction | 281.54 | 900.87 | 3479.48 | 6680.15 | 8141.87 | 11438.26 | - | - |
| 更新改造 | Innovation | 80.16 | 274.73 | 2215.90 | 5897.85 | 6523.26 | 5322.28 | - | - |
| 房地产开发 | Real Estate Development | 38.67 | 286.79 | 1206.22 | 1909.09 | 2397.99 | 2683.48 | - | - |
| 其他 | Others | 59.26 | 59.97 | 260.24 | 360.46 | 589.83 | 464.25 | - | - |

注：1.总人口中，2000年、2010年为人口普查数，其他年份为人口变动抽样调查推算数。2012年从业人员按常住人口口径统计。

2.根据国家统计制度要求，2013年我区固定资产投资统计起点由项目计划总投资50万元提高到500万元；2013年各增长数据根据2012年度国家口径数据作为基数计算；2013年度全区固定资产投资与国家公布的各省数据口径完全一致（不包括跨省项目投资），各市投资包含跨省项目投资，因此各市投资合计与全区固定资产投资不一致。其他投资2015年起包含农村投资。

3.2003-2018年GDP核算数据（支出法部分除外）根据全国第四次经济普查结果进行了修订。

Note：1. The data on the total population in 2000 and 2010 is taken from the National Population Census，and the data on the total population in other years is estimated by the sample survey of population variation. The employment in 2012 is calculated by the permanent population.

2. According to the National Statistical System，the statistical floor level of total planned projects investment in fixed assets of Guangxi has been raised from 500 000 Yuan to 5 000 000 Yuan. The data on growth rates in 2013 is calculated on the data of national statistical range in 2012. The statistical range of data on investment in fixed assets of Guangxi in 2013 is completely the same as the data of other provinces published by National Bureau of Statistic（excluding investment in inter-provincial projects）. Due to the investment in inter-provincial projects is included in the investment of cities separately，there are difference between the summary of investment of cities and investment of Guangxi. Investment of "Others" include one from rural areas.

3.Data of GDP（except part of Expenditure Approach）from 2003 to 2018 has been recalculated with The Fouth National Economic Census.

# 1—3 续表1 continued

| 指 标 | Indicators | 2000 | 2005 | 2010 | 2015 | 2016 | 2017 | 2018 | 2019 |
|---|---|---|---|---|---|---|---|---|---|
| **财政（亿元）** | **Public Finance（100 million yuan）** | | | | | | | | |
| 财政收入 | Financial Revenue | 220.01 | 475.37 | 1228.61 | 2333.03 | 2454.08 | 2604.32 | 2790.32 | 2969.22 |
| #公共财政预算收入 | Public Budget Income | 147.05 | 283.04 | 771.99 | 1515.16 | 1556.27 | 1615.13 | 1681.45 | 1811.89 |
| 公共财政预算支出 | Public Budget Expenditure | 258.49 | 611.48 | 2007.59 | 4065.51 | 4441.70 | 4908.55 | 5310.74 | 5850.96 |
| **物价总指数（上年=100）** | **Price Indices（preceding year =100）** | | | | | | | | |
| 居民消费价格总指数 | General Consumer Price Index | 99.7 | 102.4 | 103.0 | 101.5 | 101.6 | 101.6 | 102.3 | 103.7 |
| 城 市 | Urban Area | 100.0 | 103.0 | 102.9 | 101.5 | 101.6 | 101.9 | 102.4 | 103.5 |
| 农 村 | Rural Area | 99.5 | 101.6 | 103.4 | 101.5 | 101.7 | 101.1 | 102.2 | 104.1 |
| 商品零售价格总指数 | General Retail Price Index | 98.6 | 101.1 | 103.0 | 100.1 | 100.4 | 101.2 | 101.6 | 103.2 |
| **利用外资（亿美元）** | **Utilization of Foreign Capital（100 million USD）** | | | | | | | | |
| 外商直接投资 | Foreign Direct Investment | 5.25 | 3.79 | 9.12 | 17.22 | 8.88 | 8.23 | 5.06 | 11.09 |
| **能源生产与消费（万吨标准煤）** | **Production and Consumption of Energy（10 000 tons of SCE）** | | | | | | | | |
| 能源生产总量 | Total Energy Production | 833.28 | 1220.99 | 1951.85 | 3274.39 | 3147.49 | 3255.17 | 3756.69 | 3604.68 |
| 能源消费总量 | Total energy Consumption | 2487.40 | 4536.74 | 7379.23 | 9760.65 | 10092.36 | 10458.46 | 10823.39 | 11270.05 |
| **产 业** | **Industry** | | | | | | | | |
| **农 业** | **Agriculture** | | | | | | | | |
| 农林牧渔业劳动力（万人） | Labor Force of Agriculture, Forestry, Animal Husbandry and Fishery（10 000 persons） | 1557 | 1503 | 1571 | 1427 | 1423 | 1415 | 1404 | 1388 |
| 农林牧渔业总产值（亿元） | Gross Output Value of Agriculture, Forestry, Animal Husbandry and Fishery（100 million yuan） | 828.97 | 1448.37 | 2720.99 | 4197.12 | 4560.23 | 4698.71 | 4909.24 | 5498.81 |
| 主要农产品产量（万吨） | Output of Major Agricutural Products（10 000 tons） | | | | | | | | |
| 粮 食 | Grain | 1667.24 | 1516.29 | 1374.08 | 1433.15 | 1419.09 | 1370.49 | 1372.8 | 1332 |
| 油 料 | Oil-bearing Crops | 58.61 | 63.18 | 44.04 | 59.21 | 62.50 | 64.93 | 66.66 | 71.63 |
| 甘 蔗 | Sugar Cane | 2937.89 | 5154.69 | 6936.77 | 7078.19 | 6991.45 | 7132.35 | 7292.76 | 7490.65 |
| 园林水果 | Fruits（grove） | 360.14 | 571.58 | 816.63 | 1279.41 | 1413.83 | 1577.07 | 1790.27 | 2140.17 |
| 肉 类 | Meat | 287.26 | 418.60 | 387.77 | 441.00 | 437.49 | 420.50 | 426.85 | 380.01 |
| 水产品 | Aquatic Products | 239.86 | 284.19 | 275.09 | 345.62 | 307.47 | 320.77 | 329.81 | 340.33 |
| **工 业** | **Industry** | | | | | | | | |
| 主要工业产品产量 | Output of Major Industrial Products | | | | | | | | |
| 成品糖（万吨） | Machine-made Sugar（10 000 tons） | 325.76 | 504.34 | 705.46 | 925.74 | 914.69 | 936.20 | 647.44 | 792.20 |
| 机制纸及纸板（万吨） | Machine-made Paper and Paperboard（10 000 tons） | 82.55 | 125.37 | 225.11 | 284.05 | 289.03 | 301.21 | 281.44 | 324.16 |
| 粗钢（万吨） | Steel（10 000 tons） | 104.73 | 496.29 | 1204.57 | 2146.05 | 2109.57 | 2265.26 | 2243.43 | 2662.71 |
| 钢材（万吨） | Steel Products（10 000 tons） | 102.63 | 519.88 | 1506.34 | 3545.75 | 3645.08 | 3271.11 | 3194.09 | 3346.74 |
| 十种有色金属（万吨） | Nonferrous Metal（10 000 tons） | 60.59 | 66.63 | 140.55 | 157.67 | 180.45 | 230.21 | 285.92 | 373.79 |
| 发电量（亿千瓦时） | Electricity（100 million kwh） | 289.09 | 446.04 | 1032.15 | 1299.90 | 1346.50 | 1401.11 | 1752.02 | 1846.27 |
| 原 煤（万吨） | Coal（10 000 tons） | [illegible] | 700.24 | 757.57 | 425.50 | 432.50 | 442.68 | 487.90 | 406.16 |
| 农用化肥（折纯100%，万吨） | Chemical Fertilizer（10 000 tons） | [illegible] | [illegible] | [illegible] | [illegible] | [illegible] | [illegible] | [illegible] | [illegible] |
| 水 泥（万吨） | Cement（10 000 tons） | 2198.35 | 3306.13 | 7516.51 | 11144.43 | 12056.42 | 12210.75 | [illegible] | [illegible] |
| 汽 车（万辆） | Motor Vehicles（10 000 sets） | 13.12 | 37.72 | 136.61 | 229.40 | 245.45 | 248.61 | 214.89 | 183.03 |

# 1—3 续表2 continued

| 指 标 | Indicators | 2000 | 2005 | 2010 | 2015 | 2016 | 2017 | 2018 | 2019 |
|---|---|---|---|---|---|---|---|---|---|
| 建筑业（三级及三级以上企业） | Construction (Three Grade and Above Enterprises) | | | | | | | | |
| 建筑企业年末从业人数（万人） | Number of Employed Persons (10 000 persons) | 33.30 | 43.00 | 59.06 | 85.67 | 113.29 | 139.29 | 122.37 | 141.97 |
| 建筑业总产值（亿元） | Gross Output Value (100 million yuan) | 150.92 | 425.21 | 1222.31 | 2953.42 | 3434.33 | 4209.72 | 4401.25 | 5407.31 |
| 交通运输业 | Transportation | | | | | | | | |
| 货运量（万吨） | Freight Traffic (10 000 tons) | 31270 | 41025 | 113445 | 149727 | 160774 | 174656 | 190668 | 183052 |
| #铁路 | Railways | 5843 | 8517 | 7052 | 5779 | 5898 | 6634 | 7140 | 8405 |
| 客运量（万人） | Passenger Traffic (10 000 persons) | 42952 | 52197 | 76967 | 50986 | 50765 | 51056 | 50696 | 49990 |
| #铁路 | Railways | 2508 | 2037 | 3163 | 7046 | 8388 | 9838 | 11100 | 11777 |
| 公路里程（公里） | Length of Highways (km) | 52910 | 62003 | 101782 | 117993 | 120547 | 123259 | 125449 | 127819 |
| 规模以上港口货物吞吐量（万吨） | Volume of Freight Handled Above the Designated Size (10 000 tons) | 2879 | 6877 | 18575 | 31421 | 32041 | 34449 | 37866 | 37916 |
| 邮电通信业 | Post and Telecommunication Ser - vices | | | | | | | | |
| 年末电话用户数（万户） | Number of Subscribers of Telephone (10 000 subscribers) | 485.96 | 1890.4 | 2923.4 | 4034.63 | 4123.09 | 4692.79 | 5306.14 | 5458.2 |
| 固定电话年末用户（万户） | Number of Subscribers of Fixed-line Telephone (10 000 subscribers) | 319.10 | 869.40 | 708.9 | 439.67 | 348.94 | 307.71 | 260.81 | 330.7 |
| 城 市 | Urban | 233.48 | 557.70 | 430.3 | 312.01 | 244.36 | 221.31 | 188.70 | - |
| 农 村 | Rural | 85.64 | 311.70 | 278.6 | 127.65 | 104.58 | 86.40 | 72.00 | - |
| 移动电话用户数 | Motor Telephone (10 000 sets) | 167 | 1021 | 2215 | 3594.96 | 3774.15 | 4385.08 | 5045.33 | 5127.5 |
| 邮电业务总量（亿元） | Business Volume of Post and Telecommunication Services (100 million yuan) | 96.36 | 322.87 | 807.81 | 651.74 | 452.66 | 799.92 | 2178.27 | 3747.18 |
| 国内商业 | Domestic Trade | | | | | | | | |
| 社会消费品零售总额（亿元） | Total Retail Sales of Consumer Goods (100 million yuan) | 777.80 | 1337.39 | 3083.47 | 5771.50 | 6349.76 | 7037.98 | 7663.52 | 8200.87 |
| 对外经济贸易和国际旅游 | Foreign Trade and International Tourism | | | | | | | | |
| 进出口总额（亿美元） | Total Exports and Imports (100 million USD) | 20.38 | 51.83 | 177.06 | 512.62 | 478.97 | 572.10 | 623.38 | 682.02 |
| 出口总额 | Exports | 14.93 | 28.77 | 96.1 | 280.26 | 230.29 | 274.56 | 327.99 | 377.41 |
| 进口总额 | Imports | 5.45 | 23.05 | 80.96 | 232.36 | 248.68 | 297.54 | 295.39 | 304.62 |
| 接待入境旅游者人数（万人次） | Number of International Tourists (10 000 persons) | 124.03 | 146.16 | 250.24 | 450.06 | 482.52 | 512.44 | 562.33 | 623.96 |
| 国际旅游消费收入（亿元） | Earnings from International Tourism (100 million yuan) | 21.78 | 25.93 | 54.85 | 117.79 | 143.71 | 161.75 | 183.83 | 242.14 |
| 金融、保险（亿元） | Finance and Insurance (100 million yuan) | | | | | | | | |
| 金融机构本外币存款余额 | Total Saving Deposit in RMB and Foreign Currency of Financial Institutions | 2269.07 | 4262.30 | 11813.90 | 22793.54 | 25477.80 | 27899.64 | 29789.78 | 31646.01 |
| 金融机构本外币贷款余额 | Total Loan Balances in RMB and Foreign Currency of Financial Institutions | 1613.25 | 3104.60 | 8979.87 | 18119.30 | 20640.54 | 23226.14 | 26688.31 | 30497.39 |
| 财产险保费收入 | Premium Income from Property Insurance | 12.16 | 23.88 | 69.19 | 160.68 | 179.86 | 213.21 | 245.34 | 252.02 |
| 人身险保费收入 | Premium Income from Life Insurance | 18.82 | 49.24 | 109.86 | 225.07 | 289.31 | 351.89 | 383.69 | 412.90 |

注：1. 2016年起，外贸进出口数据以人民币计价。
2. 2003-2018年社会消费品零售总额数据根据全国第四次经济普查结果进行了修订。

Note: 1. Data of imports and exports of foreign trade has been calculated in Renminbi since 2016.
2. Data of total retail sales of consumer goods 2003-2018 in this chapter was revised with The Fouth National Economic Census.

# 1—3 续表3 continued

| 指 标 | Indicators | 2000 | 2005 | 2010 | 2015 | 2016 | 2017 | 2018 | 2019 |
|---|---|---|---|---|---|---|---|---|---|
| **教育、科技、文化** | **Education, Science and Technology, Culture** | | | | | | | | |
| **教 育** | **Education** | | | | | | | | |
| 专任教师数（万人） | Full-time Teachers（10 000 persons） | | | | | | | | |
| 普通高等学校 | Institutions of Higher Education | 0.93 | 1.96 | 3.17 | 3.86 | 4.15 | 4.32 | 4.52 | 4.87 |
| 普通中等专业学校 | Special Secondary Schools | 0.88 | 0.70 | 2.05 | 2.02 | 2.07 | 2.09 | 2.03 | 2.04 |
| 普通中学 | Secondary Schools | 12.67 | 15.24 | 16.08 | 16.97 | 17.68 | 18.57 | 19.69 | 20.55 |
| 小 学 | Primary Schools | 19.90 | 20.48 | 22.02 | 22.20 | 22.43 | 23.78 | 25.77 | 26.71 |
| 在校学生数（万人） | Student Enrollment（10 000 persons） | | | | | | | | |
| 普通高等学校 | Institutions of Higher Education | 11.79 | 33.83 | 56.75 | 75.12 | 81.03 | 86.67 | 94.2 | 107.64 |
| 普通中等专业学校 | Special Secondary Schools | 15.87 | 17.04 | 80.95 | 73.64 | 69.86 | 68.68 | 67.8 | 68.03 |
| 普通中学 | Secondary Schools | 285.63 | 303.87 | 275.79 | 282.88 | 290.64 | 300.94 | 316.2 | 329.59 |
| 小 学 | Primary Schools | 536.79 | 452.79 | 430.06 | 440.10 | 451.37 | 463.75 | 476.8 | 495.03 |
| **科 技** | **Science and Technology** | | | | | | | | |
| 科技活动人员数（万人） | Personnel in Scientific and Technological Activities（10 000 persons） | 4.86 | 5.67 | 8.91 | 11.37 | 12.08 | | | |
| 研究与发展经费内部支出（亿元） | Inner Expenditure of Funds for Research and Development（100 million yuan） | 8.36 | 14.67 | 62.52 | 105.91 | 117.75 | 142.18 | 144.85 | 167.13 |
| **文 化** | **Culture** | | | | | | | | |
| 图书出版数量（万册） | Number of Books Published（10 000 copies） | 23691 | 18818 | 24810 | 29978 | 29193 | 29022 | 29878 | 31796 |
| 期刊出版数量（万册） | Number of Magazines Issued（10 000 copies） | 5242 | 5571 | 4268 | 4754 | 4236 | 4090 | 3772 | 3644 |
| 报纸出版数量（万份） | Number of Newspapers Issued（10 000 copies） | 56008 | 58222 | 69560 | 68974 | 64275 | 57997 | 54325 | 51427 |
| **家庭 生活 环境** | **Family, Livelihood and Environment** | | | | | | | | |
| **家 庭** | **Family** | | | | | | | | |
| 家庭总户数（万户） | Total Number of Households（10 000 households） | 1140 | 1329 | 1347 | 1575 | 1586 | 1586 | 1600 | 1607 |
| 城镇居民平均每户家庭人口（人） | Average Persons Per Household in Urban Areas（person） | 3.19 | 3.09 | 3.15 | 3.46 | 3.35 | 3.38 | 3.31 | 3.17 |
| 农村居民平均每户家庭人口（人） | Average Persons Per Household in Rural Areas（person） | [illegible] | [illegible] | [illegible] | [illegible] | [illegible] | [illegible] | [illegible] | [illegible] |

注：2006以后中等专业学校在校学生包括中等职业学校学生。
Note: The "Student Enrollment of Special Secondary Schools" after 2006 includes the students of vocational schools for secondary education.

# 1—3 续表4 continued

| 指 标 | Indicators | 2000 | 2005 | 2010 | 2015 | 2016 | 2017 | 2018 | 2019 |
|---|---|---|---|---|---|---|---|---|---|
| 居 住 | Housing | | | | | | | | |
| 城镇居民人均居住面积（平方米） | Per Capita Floor Space of Urban Residents (sq.m) | 18.91 | 25.20 | 28.88 | 38.63 | 39.24 | 39.54 | 40.55 | 41.65 |
| 农村居民人均生活用房面积（平方米） | Per Capita Floor Space of Rural Residents (sq.m) | 23.40 | 28.67 | 33.94 | 45.22 | 46.28 | 47.23 | 49.71 | 52.5 |
| 生 活 | Livelihood | | | | | | | | |
| 城镇居民人均可支配收入（元） | Per Capita Disposable Income of Urban Households (yuan) | 5834 | 8917 | 17064 | 26416 | 28324 | 30502 | 32436 | 34745 |
| 农村居民人均可支配纯收入（元） | Per Capita Disposable Income of Rural Residents (yuan) | 1865 | 2495 | 4543 | 9467 | 10359 | 11325 | 12435 | 13676 |
| 工资和福利 | Wages and Welfare | | | | | | | | |
| 城镇单位在岗职工平均工资（元） | Average Annual Wages of Staff and Workers (yuan) | 7650 | 15461 | 31842 | 54983 | 60239 | 66456 | 73553 | 79516 |
| 离退休退职职工保险福利费用（亿元） | Insurance and Welfare Funds of VCSR, Retired and Resigned (100 million yuan) | 52.89 | 127.22 | 324.40 | 710.44 | 599.56 | 829.63 | 904.32 | - |
| 卫 生 | Health Care | | | | | | | | |
| 卫生机构数（个） | Health Institution (unit) | 13707 | 9432 | 10341 | 11770 | 11991 | 12288 | 12477 | 12837 |
| #医院、卫生院 | Hospital | 1868 | 1753 | 1728 | 1794 | 1810 | 1853 | 1888 | 1939 |
| 医院、卫生院病床数（万张） | Hospital Beds (10 000 beds) | 8.30 | 8.71 | 13.39 | 19.97 | 20.90 | 22.41 | 23.85 | 25.82 |
| 卫生技术人员（万人） | Medical Technical Personnel (10 000 persons) | 12.70 | 12.92 | 18.57 | 27.47 | 28.99 | 30.53 | 32.09 | 34.14 |
| 市政建设 | City Construction | | | | | | | | |
| 全年供水总量（亿吨） | Volume of Tap Water Supply (100 million tons) | 13.58 | 13.29 | 14.73 | 17.33 | 17.67 | 18.36 | 17.72 | 18.13 |
| 排水管道长度（公里） | Length of Sewer Pipelines (km) | 2885 | 4116 | 6417 | 10588 | 11480 | 12305 | 13257 | 17571 |
| 园林绿地面积（公顷） | Area of Gardens and Green Land (hectare) | 44149 | 29689 | 60225 | 82382 | 84484 | 88789 | 92127 | 100426 |
| 环 境 | Environment | | | | | | | | |
| 工业污染治理本年完成投资额（亿元） | Actual Investment for Industrial Pollution Treatment in the Year (100 million yuan) | 7.37 | 10.37 | 9.28 | 24.72 | 13.04 | 8.65 | 6.65 | |
| 工业污染治理本年施工项目（个） | Implementation Project of Industrial Pollution Treatment in the Year (unit) | 1270 | 389 | 175 | 137 | 119 | 102 | 98 | |
| 工业废水排放量（万吨） | Volume of Industrial Waste Water Discharged (10 000 tons) | 81571 | 145609 | 165211 | 63253 | 32554 | 35950 | 34255 | |
| 工业废气排放总量（亿标立方米） | Volume of Industrial Waste Gas Discharged (100 million cu.m) | 4607 | 8339 | 14520 | 16773 | 13485 | 14158 | 16010 | |

注：1. 因城乡住户一体化改革造成指标变动，2014-2015年居住类指标名称为期内城镇居民人均自有现住房面积和农村居民人均自有现住房面积，2014-2015年生活类指标名称为城镇常住居民人均可支配收入和农村常住居民人均可支配收入，与上年数据不可比。
2. 2003年以后职工工资及平均工资为在岗职工。
3. 市政建设指标为全区22个设市城市合计数。

Note: 1. According to the change of indicators caused by the integrate reforming on the survey of urban and rural residents, The indicators of housing in 2014 and 2015 are "Per Capita Self-owned Floor Space of Urban Residents" and "Per Capita Self-owned Floor Space of Rural Residents", and the indicators of livelihood in 2014 and 2015 are "Per Capita Annual Disposable Income of Urban Households" and "Per Capita Annual Disposable Income of Rural Households" uses the new statistical range of integration, and the data of them is not comparable with the data in preceding years.
2. Since 2003, the total wages and average annual wages of staff and workers refers to the ones at work
3. The data on city construction refers to the summary of 22 cities in Guangxi.

# 1—4 主要年份国民经济和社会发展速度指标

# Growth Rates of Major Indicators on National Economic and Social Development in Main Years

单位：%　　　　　　　　　　　　　　　　　　　　　　　　　　　　　　　　　%

| 指 标 | Indicators | 指数（2019年为下列各年）Index（2019 as Percentage of the Following Years） | | | | 平均增长速度 Average Annual Growth Rate | | | |
|---|---|---|---|---|---|---|---|---|---|
| | | 2000 | 2005 | 2010 | 2015 | 2001-2005 | 2006-2010 | 2011-2015 | 2016-2019 |
| **人口与就业** | Population and Employment | | | | | | | | |
| **人 口** | Population | | | | | | | | |
| 年末总人口 | Year-end Population | 119.9 | 115.6 | 110.4 | 103.2 | 0.7 | 0.9 | 1.4 | 0.8 |
| 男性 | Male | 120.7 | 115.9 | 110.7 | 102.9 | 0.8 | 0.9 | 1.5 | 0.7 |
| 女性 | Female | 119.0 | 115.4 | 110.0 | 103.5 | 0.6 | 0.9 | 1.2 | 0.9 |
| 常住人口 | Permanent Population | 110.5 | 106.4 | 107.6 | 103.4 | -0.4 | -0.2 | 0.8 | 0.8 |
| 市镇人口 | Urban Population | 189.5 | 161.7 | 137.0 | 112.3 | 3.2 | 3.4 | 4.1 | 2.9 |
| 乡村人口 | Rural Population | 71.1 | 78.4 | 87.9 | 95.5 | -2.0 | -2.2 | -1.7 | -1.1 |
| **就 业** | Employment | | | | | | | | |
| 从业人数 | Employment | 111.2 | 105.6 | 98.3 | 101.2 | 1.0 | 1.4 | -0.6 | 0.3 |
| 城镇登记失业人数 | Number of Registered Unemployed Persons | 174.0 | 106.2 | 103.1 | 108.4 | 10.4 | 0.6 | -1.0 | 2.0 |
| **宏观经济** | Macroeconomic Indicators | | | | | | | | |
| **国民核算** | National Accounting | | | | | | | | |
| 地区生产总值 | Gross Domestic Product | 1021.0 | 567.5 | 248.3 | 143.5 | 9.9 | 11.5 | 9.6 | 6.7 |
| 第一产业 | Primary Industry | 607.8 | 374.4 | 206.6 | 132.1 | 5.2 | 5.1 | 4.4 | 4.7 |
| 第二产业 | Secondary Industry | 968.3 | 534.4 | 204.2 | 131.3 | 11.4 | 14.9 | 9.7 | 4.6 |
| #工业 | Industry | 1360.5 | 711.9 | 312.5 | 157.5 | 11.3 | 11.7 | 11.6 | 8.9 |
| 第三产业 | Tertiary Industry | 861.9 | 480.5 | 183.5 | 126.9 | 11.1 | 14.9 | 9.0 | 4.2 |
| 人均地区生产总值 | Per Capita GDP | 923.6 | 532.5 | 237.8 | 138.6 | 9.1 | 11.0 | 9.4 | 5.8 |
| 支出法地区生产总值 | Gross Domestic Product by Expenditures | | | | | 10.8 | 14.0 | 10.1 | |
| #最终消费 | Total Consumption | | | | | 9.5 | 11.3 | 9.4 | |
| 居民消费 | Resident Consumption | | | | | 8.9 | 12.0 | 9.2 | |
| 政府消费 | Public Consumption | | | | | 11.4 | 9.3 | 10.2 | |
| 资本形成总额 | Total Investment | | | | | 19.1 | 31.5 | 6.4 | |
| 固定资本 | Fixed Assets | | | | | 18.7 | 31.8 | 6.3 | |
| 存货增加 | Inventory Increasement | | | | | 47.0 | 20.2 | 13.0 | |
| **固定资产投资** | Investment in Fixed Assets | | | | | | | | |
| 全社会固定资产投资 | Total Investment in Fixed Assets | | | | | 21.8 | 34.7 | 21.6 | 11.0 |
| #基本建设 | Capital Construction | | | | | 26.2 | 31.0 | 20.1 | 20.1 |
| 更新改造 | Innovation | | | | | [illegible] | [illegible] | 27.8 | -7.3 |
| 房地产开发 | Real Estate Development | | | | | [illegible] | [illegible] | [illegible] | 18.9 |
| 其他 | Others | | | | | 0.2 | 34.1 | 28.1 | 14.9 |

# 1—4 续表1 continued

单位：% %

| 指 标 | Indicators | 指数（2019年为下列各年）Index（2019 as Percentage of the Following Years） | | | | 平均增长速度 Average Annual Growth Rate | | | |
|---|---|---|---|---|---|---|---|---|---|
| | | 2000 | 2005 | 2010 | 2015 | 2001-2005 | 2006-2010 | 2011-2015 | 2016-2019 |
| **财 政** | Public Finance | | | | | | | | |
| 财政收入 | Financial Revenue | 1349.6 | 624.6 | 241.7 | 127.3 | 16.7 | 20.9 | 13.7 | 6.2 |
| #公共财政预算收入 | Public Budget Income | 1232.2 | 640.2 | 234.7 | 119.6 | 14.0 | 22.2 | 14.4 | 4.6 |
| 公共财政预算支出 | Public Budget Expenditure | 2263.5 | 956.9 | 291.4 | 143.9 | 18.8 | 26.8 | 15.2 | 9.5 |
| **利用外资** | Utilization of Foreign Capital | | | | | | | | |
| #外商直接投资 | Foreign Direct Investment | 211.2 | 292.6 | 121.6 | 64.4 | -6.3 | 19.2 | 13.6 | -10.4 |
| **能源生产与消费** | Production and Consumption of Energy | | | | | | | | |
| 能源生产总量 | Total Energy Production | 432.6 | 295.2 | 184.7 | 110.1 | 7.9 | 9.8 | 10.9 | 2.4 |
| 能源消费总量 | Total energy Consumption | 453.1 | 248.4 | 152.7 | 115.5 | 12.8 | 10.2 | 5.8 | 3.7 |
| **产 业** | **Industry** | | | | | | | | |
| **农 业** | Agriculture | | | | | | | | |
| 农林牧渔业总产值 | Gross Output Value of Agriculture, Forestry, Animal, Husbandry and Fishery | 663.3 | 379.7 | 202.1 | 131.0 | 6.1 | 5.7 | 4.5 | 4.5 |
| 主要农产品产量 | Output of Major Agricultural Products | | | | | | | | |
| 粮 食 | Grain | 79.9 | 87.8 | 96.9 | 92.9 | -1.9 | -1.4 | 1.5 | -1.8 |
| 油 料 | Oil-bearing Crops | 122.2 | 113.4 | 150.0 | 121.0 | 1.5 | -6.2 | 7.1 | 4.9 |
| 甘 蔗 | Sugar Cane | 255.0 | 145.3 | 108.0 | 105.8 | 11.9 | 6.7 | 1.1 | 1.4 |
| 园林水果 | Fruits | 594.3 | 374.4 | 262.1 | 167.3 | 9.7 | 8.0 | 10.2 | 13.7 |
| 肉 类 | Meat | 132.3 | 90.8 | 98.0 | 86.2 | 7.8 | -1.5 | 1.5 | -3.7 |
| 水产品 | Aquatic Products | 141.9 | 119.8 | 123.7 | 98.5 | 3.4 | -0.6 | 4.7 | -0.4 |
| **工 业** | **Industry** | | | | | | | | |
| 主要工业产品产量 | Output of Major Industrial Products | | | | | | | | |
| 成品糖 | Machine-made Sugar | 243.2 | 157.1 | 112.3 | 85.6 | 9.1 | 6.9 | 5.6 | -3.8 |
| 机制纸及纸板 | Machine-made Paper and Paperboard | 392.7 | 258.6 | 144.0 | 114.1 | 8.7 | 12.4 | 4.8 | 3.4 |
| 粗 钢 | Steel | 2542.5 | 536.5 | 221.1 | 124.1 | 36.5 | 19.4 | 12.2 | 5.5 |
| 钢 材 | Steel Products | 3261.0 | 643.8 | 222.2 | 94.4 | 38.3 | 23.7 | 18.7 | -1.4 |
| 十种有色金属 | Nonferrous Metal | 616.9 | 561.0 | 265.9 | 237.1 | 1.9 | 16.1 | 2.3 | 24.1 |
| 发电量 | Electricity | 638.6 | 413.9 | 178.9 | 142.0 | 9.1 | 18.3 | 4.7 | 9.2 |
| 原 煤 | Coal | 57.5 | 58.0 | 53.6 | 95.5 | -0.2 | 1.6 | -10.9 | -1.2 |
| 农用化肥 | Chemical Fertilizer | 57.3 | 36.3 | 35.1 | 26.1 | 9.5 | 0.7 | 6.1 | -28.5 |
| 水 泥 | Cement | 543.1 | 361.1 | 158.8 | 107.1 | 8.5 | 17.9 | 8.2 | 1.7 |
| 汽 车 | Motor Vehicles | 1395.0 | 485.2 | 134.0 | 79.8 | 23.5 | 29.4 | 10.9 | -5.5 |

# 1—4 续表2 continued

单位：% %

| 指 标 | Indicators | 指数（2019年为下列各年）Index（2019 as Percentage of the Following Years） | | | | 平均增长速度 Average Annual Growth Rate | | | |
|---|---|---|---|---|---|---|---|---|---|
| | | 2000 | 2005 | 2010 | 2015 | 2001-2005 | 2006-2010 | 2011-2015 | 2016-2019 |
| **建筑业** | Construction | | | | | | | | |
| 建筑企业年末从业人数 | Number of Employed Persons at year-end | 426.3 | 330.2 | 240.4 | 165.7 | 5.2 | 6.6 | 7.7 | 13.5 |
| 交通运输业 | Transportation | | | | | | | | |
| 货运量 | Freight Traffic | 585.4 | 446.2 | 161.4 | 122.3 | 5.6 | 22.6 | 5.7 | 5.2 |
| #铁路 | Railways | 143.8 | 98.7 | 119.2 | 145.4 | 7.8 | -3.7 | -3.9 | 9.8 |
| 客运量 | Passenger Traffic | 116.4 | 95.8 | 64.9 | 98.0 | 4.0 | 8.1 | -7.9 | -0.5 |
| #铁路 | Railways | 469.6 | 578.2 | 372.3 | 167.1 | -4.1 | 9.2 | 17.4 | 13.7 |
| 公路里程 | Length of Highways | 241.6 | 206.1 | 125.6 | 108.3 | 3.2 | 10.4 | 3.0 | 2.0 |
| 规模以上港口货物吞吐量 | Volume of Freight Handled Above the Designated Size | 1317.0 | 551.3 | 204.1 | 120.7 | 19.0 | 22.0 | 11.1 | 4.8 |
| **邮电通信业** | Post and Telecommunication Services | | | | | | | | |
| 年末电话用户数 | Number of Subscribers of Telephone | 1123.2 | 288.7 | 186.7 | 135.3 | 31.2 | 9.1 | 6.7 | 7.8 |
| 固定电话年末用户 | Number of Subscribers of Fixed-line Telephone | 103.6 | 38.0 | 46.6 | 75.2 | 22.2 | -4.0 | -9.1 | -6.9 |
| 城 市 | Urban | | | | | 19.0 | -5.1 | -6.2 | |
| 农 村 | Rural | | | | | 29.5 | -2.2 | -14.5 | |
| 移动电话用户数 | Motor Telephone | 3072.9 | 502.2 | 231.5 | 142.6 | 43.7 | 16.7 | 10.2 | 9.3 |
| **国内商业** | Domestic Trade | | | | | | | | |
| 社会消费品零售总额 | Total Retail Sales of Consumer Goods | 1019.8 | 613.2 | 266.0 | 142.1 | 11.7 | 18.7 | 13.9 | 9.2 |
| **对外经济贸易** | Foreign Trade | | | | | | | | |
| 进出口总额 | Total Exports and Imports | 3346.5 | 1315.9 | 385.2 | 133.0 | 20.5 | 27.9 | 23.7 | 7.4 |
| 出口总额 | Exports | 2527.9 | 1311.8 | 392.7 | 134.7 | 14.0 | 27.3 | 23.9 | 7.7 |
| 进口总额 | Imports | 5589.4 | 1321.6 | 376.3 | 131.1 | 33.4 | 28.6 | 23.5 | 7.0 |
| **国际旅游** | International Tourism | | | | | | | | |
| 接待入境旅游者人数 | Number of International Tourists | [illegible] | [illegible] | [illegible] | [illegible] | [illegible] | [illegible] | [illegible] | [illegible] |
| 国际消费旅游收入 | Earnings from International Tourism | [illegible] | 934.1 | 441.6 | 202.9 | 3.5 | 16.2 | 16.8 | 19.3 |

# 1—4 续表3 continued

单位：% %

| 指 标 | Indicators | 指数（2019年为下列各年）Index（2019 as Percentage of the Following Years） | | | | 平均增长速度 Average Annual Growth Rate | | | |
|---|---|---|---|---|---|---|---|---|---|
| | | 2000 | 2005 | 2010 | 2015 | 2001-2005 | 2006-2010 | 2011-2015 | 2016-2019 |
| **金融、保险** | Finance and Insurance | | | | | | | | |
| 金融机构存款余额 | Total Saving Deposit in RMB and Foreign Currency of Financial Institutions | 1394.7 | 742.5 | 267.9 | 138.8 | | 22.6 | 14.0 | 8.5 |
| 金融机构贷款余额 | Total Loan Balances in RMB and Foreign Currency of Financial Institutions | 1890.4 | 982.3 | 339.6 | 168.3 | | 23.7 | 15.1 | 13.9 |
| 财产险保费收入 | Premium Income from Property Insurance | 2072.5 | 1055.4 | 364.2 | 156.8 | 14.5 | 23.7 | 18.4 | 11.9 |
| 人身险保费收入 | Premium Income from Life Insurance | 2193.9 | 838.5 | 375.8 | 183.5 | 21.2 | 17.4 | 15.4 | 16.4 |
| **教育、科技、文化** | Education, Science and Technology, Culture | | | | | | | | |
| **教 育** | Education | | | | | | | | |
| 专任教师数 | Full-time Teachers | | | | | | | | |
| 普通高等学校 | Institutions of Higher Education | 523.7 | 248.5 | 153.6 | 126.1 | 16.1 | 10.1 | 4.0 | 6.0 |
| 普通中等专业学校 | Special Secondary Schools | 231.8 | 291.4 | 99.5 | 101.2 | -4.5 | 24.0 | -0.3 | 0.3 |
| 普通中学 | Secondary Schools | 162.2 | 134.8 | 127.8 | 121.1 | 3.8 | 1.1 | 1.1 | 4.9 |
| 小 学 | Primary Schools | 134.2 | 130.4 | 121.3 | 120.3 | 0.6 | 1.5 | 0.2 | 4.7 |
| 在校学生数 | Student Enrollment | | | | | | | | |
| 普通高等学校 | Institutions of Higher Education | 913.0 | 318.2 | 189.7 | 143.3 | 23.5 | 10.9 | 5.8 | 9.4 |
| 普通中等专业学校 | Special Secondary Schools | 428.7 | 399.2 | 84.0 | 92.4 | 1.4 | 36.6 | -1.9 | -2.0 |
| 普通中学 | Secondary Schools | 115.4 | 108.5 | 119.5 | 116.5 | 1.2 | -1.9 | 0.5 | 3.9 |
| 小 学 | Primary Schools | 92.2 | 109.3 | 115.1 | 112.5 | -3.3 | -1.0 | 0.5 | 3.0 |
| **科 技** | Science and Technology | | | | | | | | |
| 科技活动人员数 | Personnel in Scientific and Technological Activities | | | | | 3.1 | 9.5 | 5.0 | |
| 研究与发展经费内部支出 | Inner Expenditure of Funds for Research and Development | 2001.3 | 1140.5 | 267.6 | 158.0 | 18.8 | 33.6 | 11.1 | 12.1 |
| **文 化** | Culture | | | | | | | | |
| 图书出版数量 | Number of Books Published | 134.2 | 169.0 | 128.2 | 106.1 | -4.5 | 5.7 | 3.9 | 1.5 |
| 期刊出版数量 | Number of Magazines Issued | 69.5 | 65.4 | 85.4 | 76.7 | 1.2 | -5.2 | 2.2 | -6.4 |
| 报纸出版数量 | Number of Newspapers Issued | 91.8 | 88.3 | 73.9 | 74.6 | 0.8 | 3.6 | -0.2 | -7.1 |
| **家庭 生活 环境** | Family, Livelihood and Environment | | | | | | | | |
| **家 庭** | Family | | | | | | | | |
| 家庭总户数 | Total Number of Households | 141.0 | 120.9 | 119.3 | 102.0 | 2.9 | 0.3 | 3.2 | 0.5 |
| 城镇居民平均每户家庭人口 | Average Persons Per Household in Urban Areas | 99.4 | 102.6 | 100.6 | 91.6 | | | 1.9 | -2.2 |
| 农村居民平均每户家庭人口 | Average Persons Per Household in Rural Areas | 67.2 | 68.2 | 93.4 | 89.5 | | | 0.8 | -2.7 |

# 1—4 续表4 continued

单位：% %

| 指 标 | Indicators | 指数（2019年为下列各年）Index（2019 as Percentage of the Following Years） | | | | 平均增长速度 Average Annual Growth Rate | | | |
|---|---|---|---|---|---|---|---|---|---|
| | | 2000 | 2005 | 2010 | 2015 | 2001-2005 | 2006-2010 | 2011-2015 | 2016-2019 |
| **居 住** | Housing | | | | | | | | |
| 城镇居民人均居住面积 | Per Capita Floor Space of Urban Residents | 220.3 | 165.3 | 144.2 | 107.8 | 5.9 | 2.8 | 6.0 | 1.9 |
| 农村居民人均生活用房面积 | Per Capita Floor Space of Rural Residents | 224.4 | 183.1 | 154.7 | 116.1 | 4.1 | 3.4 | 5.9 | 3.8 |
| **生 活** | Livelihood | | | | | | | | |
| 城镇居民人均可支配收入 | Per Capita Annual Disposable Income of Urban Households | 595.6 | 389.6 | 203.6 | 131.5 | 8.9 | 13.9 | 9.7 | 7.1 |
| 农村居民人均可支配收入 | Per Capita Disposable Income of Rural Residents | 733.3 | 548.1 | 301.0 | 144.5 | 6.0 | 12.7 | 12.6 | 9.6 |
| **工资和福利** | Wages and Welfare | | | | | | | | |
| 城镇单位在岗职工平均工资 | Average Annual Wages of Staff and Workers | 1174.2 | 514.3 | 249.7 | 144.6 | 18.0 | 15.5 | 11.5 | 9.7 |
| 离退休退职职工保险福利费用 | Insurance and Welfare Funds of VCSR, Retired and Resigned | - | - | - | - | 19.2 | 20.6 | 17.0 | - |
| **卫 生** | Health Care | | | | | | | | |
| 卫生机构数 | Health Institution | 93.7 | 136.1 | 124.1 | 109.1 | -7.2 | 1.9 | 2.6 | 2.2 |
| #医院、卫生院 | Hospital | 103.8 | 110.6 | 112.2 | 108.1 | -1.3 | -0.3 | 0.8 | 2.0 |
| 医院、卫生院病床数 | Hospital Beds | 311.2 | 296.5 | 192.8 | 129.3 | 1.0 | 9.0 | 8.3 | 6.6 |
| 卫生技术人员 | Medical Technical Personnel | 268.7 | 264.2 | 183.8 | 124.3 | 0.3 | 7.5 | 8.1 | 5.6 |
| **市政建设** | City Construction | | | | | | | | |
| 全年供水总量 | Volume of Tap Water Supply | 133.5 | 136.4 | 123.1 | 104.6 | 5.2 | 2.1 | 3.3 | 1.1 |
| 排水管道长度 | Length of Sewer Pipelines | 609.0 | 426.9 | 273.8 | 165.9 | 17.7 | 9.3 | 10.5 | 13.5 |
| 园林绿地面积 | Area of Gardens and Green Land | 227.5 | 338.3 | 166.8 | 121.9 | -2.0 | 15.2 | 6.5 | 5.1 |
| **环 境** | Environment | | | | | | | | |
| 工业污染治理本年完成投资额 | Actual Investment for Industrial Pollution Treatment in the Year | | | | | 7.1 | -2.2 | 21.6 | |
| 工业污染治理本年施工项目 | Implementation Project of Industrial Pollution Treatment in the Year | | | | | -21.1 | -14.8 | -4.8 | |
| [illegible] | [illegible] | | | | | | | | |

说明：因2015年起农村居民人均纯收入改为农村居民人均可支配收入，相关年份数据不可比。

Note: Since the indicator "Per Capita Net Income of Rural Residents" is changed into "Per Capita Disposable Income of Rural Households" in 2015, the data in relevant year is incomparable.

# 1—5 主要年份国民经济和社会发展结构指标

## Composition Indicators on National Economic and Social Development in Main Years

单位：% %

| 指 标 | Indicators | 2000 | 2005 | 2010 | 2015 | 2016 | 2017 | 2018 | 2019 |
|---|---|---|---|---|---|---|---|---|---|
| **人口与就业** | Population and Employment | | | | | | | | |
| **人 口** | Population | | | | | | | | |
| 城乡结构（常住人口口径） | Structure of Urban and Rural（Permanent Population） | | | | | | | | |
| 市镇人口 | Urban | 28.1 | 33.6 | 40.1 | 47.1 | 48.1 | 49.2 | 50.2 | 51.1 |
| 乡村人口 | Rural | 71.9 | 66.4 | 59.9 | 52.9 | 51.9 | 50.8 | 49.8 | 48.9 |
| 性别结构 | Sexual Structure | | | | | | | | |
| 男 | Male | 52.6 | 52.5 | 52.5 | 52.8 | 52.8 | 52.7 | 52.7 | 52.6 |
| 女 | Female | 47.7 | 47.5 | 47.5 | 47.2 | 47.2 | 47.3 | 47.3 | 47.4 |
| **就 业** | Employment | | | | | | | | |
| 从业人员结构 | Employment Structure of Industry | | | | | | | | |
| 第一产业 | Primary Industry | 61.2 | 56.2 | 54.1 | 50.6 | 50.1 | 49.8 | 49.3 | 48.6 |
| 第二产业 | Secondary Industry | 10.8 | 11.9 | 18.7 | 18.2 | 17.6 | 17.5 | 17.3 | 17.2 |
| 第三产业 | Tertiary Industry | 28.0 | 31.9 | 27.1 | 31.2 | 32.3 | 32.7 | 33.4 | 34.1 |
| **宏观经济** | Macroeconomic Indicators | | | | | | | | |
| **国民核算** | National Accounting | | | | | | | | |
| 地区生产总值产业结构 | Industrial Structure of GDP | | | | | | | | |
| 第一产业 | Primary Industry | 26.8 | 24.2 | 19.2 | 17.3 | 17.4 | 16.2 | 15.4 | 16.0 |
| 第二产业 | Secondary Industry | 35.1 | 35.4 | 40.5 | 36.4 | 34.9 | 34.5 | 34.1 | 33.3 |
| 第三产业 | Tertiary Industry | 38.1 | 40.4 | 40.3 | 46.2 | 47.7 | 49.3 | 50.5 | 50.7 |
| 地区生产总值支出结构 | Expenditure Structure of GDP | | | | | | | | |
| 最终消费 | Final Consumption | 69.6 | 61.8 | 51.4 | 52.6 | 53.7 | | | |
| 居民消费 | Personal Consumption | 52.5 | 45.4 | 39.0 | 39.4 | 39.5 | | | |
| 农村居民 | Urban Households | 24.4 | 18.3 | 11.3 | 11.2 | 11.3 | | | |
| 城镇居民 | Rural Households | 28.1 | 26.5 | 27.7 | 28.2 | 28.2 | | | |
| 政府消费 | Government Consumption | 17.2 | 16.4 | 12.4 | 13.2 | 14.2 | | | |
| 资本形成总额 | Gross Capital Formation | 32.5 | 45.1 | 83.0 | 68.3 | 67.5 | | | |
| 固定资本 | Fixed Assets | 32.2 | 43.9 | 81.5 | 67.2 | 66.1 | | | |
| 存货增加 | Inventory Increasement | 0.3 | 1.2 | 1.6 | 1.1 | 1.4 | | | |
| **固定资产投资** | Investment in Fixed Assets | | | | | | | | |
| 全社会投资管理渠道结构 | Administrative Channels of Total Investment | | | | | | | | |
| 基本建设 | Capital Construction | 42.7 | 50.9 | 44.3 | 41.2 | 44.6 | 55.8 | | |
| 更新改造 | Innovation | 12.2 | 15.5 | 28.2 | 36.3 | 35.8 | 26.0 | | |
| 房地产开发 | Real Estate Development | 5.9 | 16.2 | 15.3 | 11.8 | 13.1 | 13.1 | | |
| 其他投资 | Other Investment | 9.0 | 3.4 | 3.3 | 10.7 | 6.4 | 5.1 | | |

# 1—5 续表1 continued

单位：%　　　　　　　　　　　　　　　　　　　　　　　　　　　　　　　　　　　%

| 指 标 | Indicators | 2000 | 2005 | 2010 | 2015 | 2016 | 2017 | 2018 | 2019 |
|---|---|---|---|---|---|---|---|---|---|
| 资金来源结构 | Structure of Funded Sources | | | | | | | | |
| 国家预算内资金 | State Budgetary Appropriation | 9.0 | 8.7 | 5.0 | 6.8 | 9.3 | 9.2 | | |
| 国内贷款 | Domestic Loans | 24.5 | 18.9 | 15.4 | 14.1 | 12.2 | 12.5 | | |
| 利用外资 | Foreign Investment | 3.7 | 3.9 | 0.9 | 0.2 | 0.1 | 0.1 | | |
| 自筹和其他投资 | Fundraising and Others Investment | 45.3 | 68.5 | 78.7 | 78.9 | 78.4 | 78.2 | | |
| 财 政 | Government Finance | | | | | | | | |
| 财政收入结构 | Structure of Government Revenue | | | | | | | | |
| 中央 | Central Government | 33.2 | 40.5 | 37.2 | 35.1 | 36.6 | 38.0 | 39.7 | 39.0 |
| 地方 | Local Government | 66.8 | 59.5 | 62.8 | 64.9 | 63.4 | 62.0 | 60.3 | 61.0 |
| 财政支出结构 | Structure of Government Expenditures | | | | | | | | |
| #社会保障和就业 | Social Security and Employment | | | 10.8 | 11.3 | 12.1 | 13.8 | 14.5 | 14.0 |
| 农林水事务 | Affairs of Agriculture，Forestry and Water Resources | | | 13.0 | 12.2 | 12.9 | 13.2 | 12.4 | 12.8 |
| 教育 | Education | | | 18.3 | 19.4 | 19.2 | 18.7 | 17.6 | 17.3 |
| 能源生产和消费 | Production and Consumption of Energy | | | | | | | | |
| 能源生产总量结构 | Structure of Energy Production | | | | | | | | |
| 原 煤 | Coal | 36.0 | 29.4 | 22.0 | 6.9 | 7.2 | 6.3 | 6.0 | 5.0 |
| 原 油 | Petroleum Crude Oil | 0.6 | 0.4 | 0.2 | 2.4 | 2.2 | 1.9 | 2.0 | 2.0 |
| 电及其他 | Hydropower | 63.4 | 70.2 | 77.9 | 90.7 | 90.6 | 91.8 | 92.0 | 93.0 |
| 能源消费总量结构 | Structure of Energy Consumption | | | | | | | | |
| 煤 炭 | Coal | 49.3 | 56.0 | 53.9 | 46.0 | 47.0 | 45.4 | 47.1 | 48.8 |
| 石 油 | Petroleum Crude Oil | 15.2 | 17.6 | 16.6 | 18.0 | 18.4 | 18.4 | 15.9 | 13.8 |
| 电及其他 | Hydropower | 20.5 | 17.6 | 19.2 | 35.9 | 34.6 | 36.2 | 37.0 | 37.4 |
| 产 业 | Industry | | | | | | | | |
| 农 业 | Agriculture | | | | | | | | |
| 农林牧渔业产值结构 | Structure of Gross Output Value of Agriculture | | | | | | | | |
| 农 业 | Agriculture | 50.5 | 49.1 | 49.2 | 51.1 | 51.4 | 54.0 | 55.4 | 56.4 |
| 林 业 | Forestry | 4.7 | 4.3 | 6.4 | 7.5 | 7.1 | 7.4 | 7.7 | 7.5 |
| 牧 业 | Animal Husbandry | 33.2 | 35.3 | 32.0 | 27.2 | 28.1 | 24.0 | 21.8 | 21.6 |
| 渔 业 | Fishery | 11.6 | 9.9 | 9.1 | 10.2 | 9.3 | 10.0 | 10.4 | 9.8 |
| 农林牧渔服务业 | Service Industry for Agriculture，Forestry，Animal Husbandry and Fishery | | 1.4 | 3.3 | 4.0 | 4.2 | 4.6 | 4.8 | 4.7 |
| 工 业 | Industry | | | | | | | | |

# 1—5 续表2 continued

单位：%　　　　　　　　　　　　　　　　　　　　　　　　　　　%

| 指 标 | Indicators | 2000 | 2005 | 2010 | 2015 | 2016 | 2017 | 2018 | 2019 |
|---|---|---|---|---|---|---|---|---|---|
| **建筑业（三级及三级以上企业）** | Construction (Three Grade and Above Enterprises) | | | | | | | | |
| 建筑业总产值结构 | Structure of Gross Output Value of Construction Industry | | | | | | | | |
| #国有及国有控股企业 | State-owned Enterprises | 58.9 | 58.4 | 52.8 | 45.2 | 44.2 | 40.6 | 44.4 | 43.5 |
| 城镇集体企业 | Urban Collective-owned Enterprises | 30.9 | 15.0 | 9.6 | 6.5 | 5.9 | 5.6 | 5.0 | 4.8 |
| **交通运输业** | Transportation | | | | | | | | |
| 货运量结构 | Structure of Freight Traffic | | | | | | | | |
| #铁路 | Railways | 18.7 | 20.8 | 6.2 | 3.9 | 3.7 | 3.8 | 3.7 | 4.6 |
| 公路 | Highways | 75.2 | 67.9 | 82.5 | 79.6 | 79.8 | 79.9 | 80.5 | 78.0 |
| 水运 | Waterways | 6.1 | 11.3 | 11.3 | 16.5 | 16.6 | 16.3 | 15.8 | 17.4 |
| 客运量结构 | Structure of Passenger Traffic | | | | | | | | |
| #铁路 | Railways | 5.8 | 3.9 | 4.1 | 13.8 | 16.5 | 19.3 | 21.9 | 23.6 |
| 公路 | Highways | 91.6 | 93.4 | 93.8 | 81.4 | 78.3 | 74.6 | 71.3 | 69.1 |
| 水运 | Waterways | 1.8 | 1.7 | 0.5 | 1.0 | 1.1 | 1.3 | 1.4 | 1.5 |
| **对外经济贸易** | Foreign Trade | | | | | | | | |
| 进出口结构 | Structure of Imports and Exports | | | | | | | | |
| 出口 | Structure of Exports | 73.3 | 55.5 | 54.3 | 54.7 | 48.1 | 48.0 | 52.6 | 55.3 |
| 进口 | Structure of Imports | 26.7 | 44.5 | 45.7 | 45.3 | 51.9 | 52.0 | 47.4 | 44.7 |
| **国际旅游** | International Tourism | | | | | | | | |
| 来华旅游人数结构 | Structure of Tourists | | | | | | | | |
| 外国人 | Foreigners | 40.8 | 59.7 | 56.5 | 53.2 | 52.2 | 49.8 | 48.0 | 47.2 |
| 港澳台同胞 | Compatriots from Hongkong, Macao and Taiwan | 58.9 | 40.1 | 43.5 | 46.8 | 47.8 | 50.2 | 52.0 | 52.8 |
| **教育、科技、文化** | Education, Science and Technology, Culture | | | | | | | | |
| **教 育** | Education | | | | | | | | |
| 在校学生结构 | Structure of Students Enrollment | | | | | | | | |
| 大学生 | College and University Students | 1.4 | 4.2 | 6.7 | 8.5 | 9.0 | 9.3 | 9.7 | 10.6 |
| 中学生 | Secondary School Students | 35.5 | 40.3 | 42.3 | 41.6 | 41.1 | 41.0 | 41.0 | 40.5 |
| 小学生 | Primary School Students | 63.1 | 55.5 | 51.0 | 49.9 | 49.9 | 49.7 | 49.3 | 48.9 |
| 专任教师结构 | Structure of Full-time Teachers | | | | | | | | |
| 大学 | Colleges and Universities | 2.7 | 5.1 | 7.3 | 8.5 | 8.9 | 8.8 | 8.6 | 8.9 |
| 中学 | Secondary School | 39.4 | 42.1 | 41.9 | 42.7 | 43.2 | 42.9 | 42.3 | 42.2 |
| 小学 | Primary School | 57.9 | 52.8 | 50.8 | 48.8 | 47.9 | 48.3 | 49.1 | 48.9 |
| **科 技** | Science and Technology | | | | | | | | |
| 政府部门从事科技活动人员结构 | Structure of Personnel in Scientific and Technological Activities in Government Department | | | | | | | | |
| 自然科学 | Natural Sciences | | 8.5 | 9.8 | 10.9 | 10.4 | 10.4 | 10.9 | 15.2 |

注：本表在校生和专任教师结构自2013年起，大学生包括研究生和普通高等学校在在校生，专任教师仅指普通高校专任教师，中学包括普通中等专业学校、技工学校和普通中学（高中、初中）。科技活动人员结构范围为县及县以上政府部门。

Note: Since 2013, the "College and University Students" includes postgraduate students and internal students of regular higher education institutions, the "Full-time Teachers" only includes full-time teachers in regular institutions of higher education, the "Secondary School" includes specialized secondary schools, skilled workers schools and regular secondary schools (senior, junior). The range of data in "Structure of Personnel in Scientific and Technological Activities" is in governmental departments at and above county level.

## 1—5 续表3 continued

单位：% | %

| 指 标 | Indicators | 2000 | 2005 | 2010 | 2015 | 2016 | 2017 | 2018 | 2019 |
|---|---|---|---|---|---|---|---|---|---|
| 农业科学 | Agricultural Sciences | | 39.6 | 36.3 | 33.2 | 39.4 | 40.9 | 42.8 | 35.7 |
| 医药科学 | Medical Sciences | | 13.1 | 15.9 | 17.4 | 23.9 | 24.2 | 24.4 | 16.8 |
| 工程与技术科学 | Engineering and Technology Sciences | | 28.6 | 28.7 | 29.9 | 14.6 | 13.9 | 11.5 | 24.6 |
| 人文与社会科学 | Humanities and Social Sciences | | 10.2 | 9.3 | 8.6 | 11.7 | 10.5 | 10.3 | 7.7 |
| **生活 环境** | Livelihood and Environment | | | | | | | | |
| **生 活** | Livelihood | | | | | | | | |
| 城镇居民消费结构 | Consumption Structure of Urban Residents | | | | | | | | |
| #食品类 | Food | 39.9 | 42.5 | 38.1 | 34.4 | 34.4 | 33.2 | 30.7 | 30.5 |
| 衣着类 | Clothing | 6.5 | 7.3 | 8.1 | 5.2 | 5.1 | 4.9 | 4.8 | 4.5 |
| 家庭设备用品及服务 | Household Facilities, Articles and Services | 9.0 | 5.9 | 7.4 | 5.8 | 6.0 | 6.0 | 6.2 | 5.8 |
| 居住 | Residence | 15.5 | 11.5 | 10.2 | 22.2 | 21.9 | 21.2 | 21.0 | 20.7 |
| 农村居民消费结构 | Consumption Structure of Rural Residents | | | | | | | | |
| #食品类 | Food | 55.4 | 50.5 | 48.5 | 35.4 | 34.5 | 32.2 | 30.1 | 30.9 |
| 衣着类 | Clothing | 3.5 | 3.4 | 3.2 | 3.1 | 3.0 | 3.0 | 3.1 | 3.1 |
| 家庭设备用品及服务 | Household Facilities, Articles and Services | 4.2 | 4.1 | 5.6 | 6.0 | 5.5 | 5.2 | 5.7 | 5.6 |
| 居住 | Residence | 13.5 | 16.2 | 20.0 | 22.8 | 22.8 | 22.5 | 23.3 | 22.2 |
| **卫 生** | Health Care | | | | | | | | |
| 卫生技术人员结构 | Structure of Medical Technical Personnel | | | | | | | | |
| #执业（助理执业）医师 | Licensed Doctors and Licensed Assistant Doctors | 36.2 | 42.3 | 36.2 | 33.3 | 33.4 | 33.1 | 33.0 | 33.7 |
| 注册护士 | Registered Nurses | 31.8 | 34.5 | 37.6 | 41.2 | 42.3 | 43.1 | 43.8 | 44.6 |
| **环 境** | Environment | | | | | | | | |
| 工业污染治理投资结构 | Used of Funds in Industrial Pollution Treatment | | | | | | | | |
| 治理废水 | Waste Water Treatment | 54.3 | 32.5 | 51.0 | 6.4 | 8.4 | 10.7 | | |
| 治理废气 | Waste Gas Treatment | 36.5 | 54.8 | 29.3 | 75.9 | 80.2 | 53.6 | | |
| 治理固体废物 | Solid Waste Treatment | 3.7 | 1.8 | 18.3 | 10.8 | 10.8 | 0.3 | | |
| 治理噪声 | Noise Treatment | 0.1 | 0.5 | 0.1 | 0 | 0 | 0 | | |
| 其他 | Others | [illegible] | [illegible] | [illegible] | [illegible] | [illegible] | [illegible] | | |

注：[illegible]

Note: According to the change of indicators caused by the integrate reforming on the survey of urban and rural residents, the data on "Household Facilities, Articles and Services" of urban and rural livelihood is changed into "Daily Necessities and Services" since 2015.

# 1—6 主要年份国民经济和社会发展比例和效益指标

# Indicators on Proportions and Efficiency in National Economic and Social Development in Main Years

| 指 标 | Indicators | 2000 | 2005 | 2010 | 2015 | 2016 | 2017 | 2018 | 2019 |
|---|---|---|---|---|---|---|---|---|---|
| 人口与就业 | Population and Employment | | | | | | | | |
| 人 口 | Population | | | | | | | | |
| 人口出生率（‰） | Birth Rate（‰） | 13.6 | 14.3 | 14.1 | 14.05 | 13.82 | 15.14 | 14.12 | 13.31 |
| 人口死亡率（‰） | Death Rate（‰） | 5.7 | 6.1 | 5.5 | 6.15 | 5.95 | 6.22 | 5.96 | 6.14 |
| 人口自然增长率（‰） | Natural Growth Rate（‰） | 7.9 | 8.2 | 8.7 | 7.90 | 7.87 | 8.92 | 8.16 | 7.17 |
| 就 业 | Employment | | | | | | | | |
| 三次产业就业者比例（以第一产业为100） | Employment Ratio by Types of Industry (Employment in primary industry=100) | | | | | | | | |
| 第一产业 | Primary Industry | 100.0 | 100.0 | 100.0 | 100.0 | 100.0 | 100.0 | 100.0 | 100.0 |
| 第二产业 | Secondary Industry | 17.7 | 21.2 | 34.6 | 35.9 | 35.1 | 35.2 | 35.2 | 35.4 |
| 第三产业 | Tertiary Industry | 45.6 | 56.7 | 50.1 | 61.7 | 64.5 | 65.7 | 67.6 | 70.1 |
| 城镇登记失业率（%） | Unemployment Rate in Urban Area（%） | 3.2 | 4.2 | 3.7 | 2.9 | 2.9 | 2.2 | 2.3 | 2.6 |
| 宏观经济 | Macroeconomic Indicators | | | | | | | | |
| 国民核算 | National Accounting | | | | | | | | |
| 三次产业增加值比例（以第一产业为100） | Ratio of Value-added by Types of Industry（Value-added in primary industry=100） | | | | | | | | |
| 第一产业 | Primary Industry | 100.0 | 100.0 | 100.0 | 100.0 | 100.0 | 100.0 | 100.0 | 100.0 |
| 第二产业 | Secondary Industry | 131.5 | 146.4 | 211.3 | 210.1 | 200.7 | 213.3 | 221.5 | 208.9 |
| 第三产业 | Tertiary Industry | 142.1 | 167.2 | 210.3 | 266.7 | 274.8 | 304.8 | 328.2 | 318.0 |
| 全社会劳动生产率（元/人） | Overall Labor Productivity (yuan / person) | 8106 | 13844 | 29461 | 52708 | 56939 | 62610 | 68987 | 74497 |
| 第一产业 | Primary Industry | 3548 | 5957 | 10437 | 17834 | 19651 | 20284 | 21431 | 24265 |
| 第二产业 | Secondary Industry | 26358 | 41126 | 63699 | 102393 | 110975 | 123009 | 134937 | 143558 |
| 第三产业 | Tertiary Industry | 11017 | 17553 | 43751 | 81203 | 85615 | 95028 | 105523 | 112021 |
| 固定资产投资 | Investment in Fixed Assets | | | | | | | | |
| 全社会固定资产投资相当于地区生产总值比例（%） | Proportion of Investment in Fixed Assets to GDP（%） | 31.7 | 44.4 | 81.8 | 96.2 | 99.6 | 100.5 | - | - |

## 1—6 续表1 continued

| 指 标 | Indicators | 2000 | 2005 | 2010 | 2015 | 2016 | 2017 | 2018 | 2019 |
|---|---|---|---|---|---|---|---|---|---|
| **财政** | Government Finance | | | | | | | | |
| 财政收入相当于地区生产总值比例（%） | Proportion of Financial Revenue to GDP（%） | 10.6 | 12.7 | 14.4 | 15.8 | 15.2 | 14.6 | 14.2 | 14.0 |
| 公共财政预算收入相当于地区生产总值比例（%） | Proportion of Public Budget Income to GDP（%） | 7.1 | 7.6 | 9.0 | 10.2 | 9.7 | 9.1 | 8.6 | 8.5 |
| 公共财政预算支出相当于地区生产总值比例（%） | Proportion of Public Budget Expenditure to GDP（%） | 12.4 | 16.3 | 23.5 | 27.5 | 27.6 | 27.6 | 27.1 | 27.6 |
| **能源生产与消费** | Production and Consumption of Energy | | | | | | | | |
| 能源消费弹性系数 | Elasticity Ratio of Energy Consumption | 1.01 | 1.18 | 0.84 | 0.32 | 0.47 | 0.49 | 0.51 | 0.68 |
| 每万元地区生产总值消耗的能源（吨标准煤） | Energy Consumption per 10 000 yuan GDP（ton of SCE） | 1.28 | 1.22 | 0.83 | 0.58 | 0.55 | 0.51 | 0.53 | 0.53 |
| **产 业** | **Industry** | | | | | | | | |
| **农 业** | Agriculture | | | | | | | | |
| 每公顷播种面积农产品产量（公斤） | Output of Farm Crops Per Hectare of Sown Area（kg） | | | | | | | | |
| 粮食 | Grain | 4563 | 4525 | 4614 | 4857 | 4898 | 4804 | 4899 | 4849 |
| 甘蔗 | Sugarcane | 57756 | 68950 | 66583 | 77073 | 78455 | 81409 | 82274 | 84146 |
| **工 业** | Industry | | | | | | | | |
| 产值利税率（%） | Ratio of Per-tax Profits to Gross Output Value（%） | 11.67 | 11.51 | 13.7 | 10.3 | 9.9 | - | - | - |
| 成本费用利润率（%） | Ratio of Profits to Cost（%） | 3.86 | 5.82 | 8.8 | 6.7 | 6.8 | 7.3 | 6.2 | 5.8 |
| **建筑业** | **Construction** | | | | | | | | |
| 技术装备率（元/人） | Value of Machinery per Laborer（yuan/person） | 7784 | 8843 | 6960 | 5292 | 3726 | 3139 | 2686 | 2419 |
| 产值利税率（%） | Ratio of Per-tax Profits to Gross Output Value（%） | 3.4 | 3.8 | 3.9 | 3.8 | 2.4 | 2.1 | 2.1 | 1.9 |
| 全员劳动生产率（元/人，按总产值计算） | Overall Labor Productivity（yuan/person，in terms of gross output value） | 56937 | 125917 | 257132 | 344720 | 373289 | 368255 | 404019 | 484409 |
| **运输邮电业** | Transportation, Post and Telecommunication Services | | | | | | | | |
| 铁路网密度（公里/万平方公里） | Railway Density（km/10 000 sq.km） | 115 | [illegible] | [illegible] | 214 | 216 | 216 | 219 | 219 |

# 1—6 续表2 continued

| 指 标 | Indicators | 2000 | 2005 | 2010 | 2015 | 2016 | 2017 | 2018 | 2019 |
|---|---|---|---|---|---|---|---|---|---|
| 公路网密度（公里/万平方公里） | Highway Density（km/10 000 sq.km） | 2235 | 2619 | 4284 | 4966 | 5074 | 5188 | 5280 | 5380 |
| 电话普及率（部/万人，含移动电话） | Access to Telephones（set/10 000 persons, including mobilephone） | 1102 | 3853 | 6177 | 8572 | 8522 | 9607 | 10772 | 11004 |
| **对外贸易** | Foreign Trade | | | | | | | | |
| 进出口总额相当于地区生产总值比例（%） | Proportion of Total Exports and Imports to GDP（%） | 8.1 | 11.2 | 13.8 | 21.6 | 19.7 | 21.7 | 20.9 | 22.1 |
| **金 融** | Finance | | | | | | | | |
| 金融机构存款相当于地区生产总值比例（%） | Financial Institutions Deposits as Percentage of GDP（%） | 109.1 | 113.9 | 138.1 | 154.0 | 158.1 | 156.8 | 151.8 | 149.0 |
| 金融机构贷款相当于地区生产总值比例（%） | Financial Institutions Loans as Percentage of GDP（%） | 77.6 | 83.0 | 105.0 | 122.4 | 128.1 | 130.6 | 136.0 | 143.6 |
| **教育、科技、文化** | **Education, Science and Technology, Culture** | | | | | | | | |
| **教 育** | Education | | | | | | | | |
| 学龄儿童入学率（%） | Rate of School-age Children Enrollment（%） | 98.7 | 99.1 | 99.4 | 99.4 | 99.6 | 99.8 | 99.8 | 99.8 |
| 每万人在校小学生（人） | Number of Primary School Students per 10 000 Persons（person） | 1139 | 926 | 934 | 918 | 933 | 949 | 968 | 998 |
| 每万人在校中学生（人） | Number of Secondary School Students per 10 000 Persons（person） | 693 | 711 | 799 | 768 | 768 | 757 | 780 | 802 |
| 每万人在校大学生（人） | Number of University and College Students per 10 000 Persons（person） | 25 | 69 | 123 | 157 | 173 | 235 | 191 | 217 |
| **科 技** | Science and Technology | | | | | | | | |
| **研究与发展经费内部支出相当于地区生产总值比例（%）** | **R&D Expenditures at and above County Level as Percentage of GDP（%）** | 0.4 | 0.4 | 0.7 | 0.7 | 0.7 | 0.8 | 0.7 | 0.8 |
| **文 化** | Culture | | | | | | | | |
| 广播人口覆盖率（%） | Listener Rating（%） | 85.0 | 88.7 | 95.0 | 96.7 | 96.9 | 97.2 | 97.6 | 97.8 |
| 电视人口覆盖率（%） | Viewer Rating（%） | 90.0 | 93.5 | 97.0 | 98.3 | 98.4 | 98.6 | 98.8 | 98.9 |
| **卫 生** | Health Care | | | | | | | | |
| 每万人卫生技术人员（人） | Number of Medical Technical Personnel per 10 000 Persons（person） | 26.7 | 26.3 | 36.0 | 57.3 | 59.9 | 60.0 | 65.0 | 68.8 |
| 每万人医院、卫生院病床数（张） | Number of Hospital Beds per 10 000 Persons（unit） | 17.4 | 17.7 | 26.0 | 40.6 | 43.2 | 50.0 | 48.0 | 52.0 |

# 1—7 各个时期主要经济指标合计

## Total of Main Economic Indicators of Each Period

单位：亿元 (100 million yuan)

| 时期 | Periods | 地区生产总值 Gross Domestic Product | 第一产业 Primary Industry | 第二产业 Secondary Industry | # 工业 Industry | 第三产业 Tertiary Industry | 固定资产投资 Investment in Fixed Assets |
|---|---|---|---|---|---|---|---|
| "一五"时期 | "First Five-Year Plan" Period (1953-1957) | 88.96 | 50.35 | 22.59 | 19.89 | 16.02 | 6.19 |
| "二五"时期 | "Second Five-Year Plan" Period (1958-1962) | 125.03 | 57.92 | 37.65 | 31.64 | 29.46 | 19.58 |
| | 1963—1965 | 83.12 | 43.66 | 22.42 | 19.26 | 17.04 | 7.21 |
| "三五"时期 | "Third Five-Year Plan" Period (1966-1970) | 165.90 | 89.17 | 41.41 | 36.68 | 35.32 | 19.42 |
| "四五"时期 | "Fourth Five-Year Plan" Period (1971-1975) | 287.04 | 133.80 | 91.39 | 82.80 | 61.85 | 32.87 |
| "五五"时期 | "Fifth Five-Year Plan" Period (1976-1980) | 393.84 | 172.14 | 132.55 | 119.91 | 89.15 | 48.79 |
| "六五"时期 | "Sixth Five-Year Plan" Period (1981-1985) | 708.45 | 321.87 | 202.77 | 175.97 | 183.81 | 120.68 |
| "七五"时期 | "Seventh Five-Year Plan" Period (1986-1990) | 1592.80 | 627.12 | 479.93 | 417.65 | 485.75 | 337.65 |
| "八五"时期 | "Eighth Five-Year Plan" Period (1991-1995) | 4732.74 | 1465.25 | 1655.27 | 1423.97 | 1612.19 | 1314.72 |
| "九五"时期 | "Ninth Five-Year Plan" Period (1996-2000) | 9477.90 | 2829.42 | 3283.83 | 2772.24 | 3364.65 | 2808.14 |
| "十五"时期 | "Tenth Five-Year Plan" Period (2001-2005) | 14648.50 | 3552.86 | 5044.50 | 4179.12 | 6051.14 | 5586.27 |
| "十一五"时期 | "Eleventh Five-Year Plan" Period (2006-2010) | 32013.34 | 6726.64 | 12325.16 | 10310.25 | 12961.54 | 22565.56 |
| "十二五"时期 | "Twelfth Five-Year Plan" Period (2011-2015) | 62137.17 | 11102.07 | 23990.14 | 19030.47 | 27044.96 | 64774.33 |
| "十三五"时期 | "Thirteenth Five-Year Plan" Period (2016-2019) | 74772.18 | 12087.42 | 25529.51 | 19366.87 | 37155.25 | - |

# 1—7 续表1 continued

| 时期 | Periods | 公共财政预算收入(亿元) Public Budget Income (100 million yuan) | 公共财政预算支出(亿元) Public Budget Expenditure (100 million yuan) | 外贸进出口总额(亿美元) Total Exports and Imports (100 million USD) | #出口总额 Total Exports | 社会消费品零售总额(亿元) Total Retail Sales of Consumer Goods (100 million yuan) | 货运量(万吨) Freight Traffic (10 000 tons) |
|---|---|---|---|---|---|---|---|
| "一五"时期 | "First Five-Year Plan" Period (1953-1957) | 15.33 | 12.61 | 1.74 | 1.74 | 41.80 | 4344 |
| "二五"时期 | "Second Five-Year Plan" Period (1958-1962) | 23.66 | 34.70 | 1.48 | 1.48 | 59.36 | 12595 |
| | 1963—1965 | 12.64 | 15.92 | 1.24 | 1.21 | 42.88 | 5191 |
| "三五"时期 | "Third Five-Year Plan" Period (1966-1970) | 25.24 | 34.25 | 2.37 | 2.19 | 84.47 | 11523 |
| "四五"时期 | "Fourth Five-Year Plan" Period (1971-1975) | 48.32 | 61.57 | 7.77 | 7.21 | 114.48 | 21750 |
| "五五"时期 | "Fifth Five-Year Plan" Period (1976-1980) | 61.72 | 87.53 | 13.66 | 12.82 | 177.10 | 26379 |
| "六五"时期 | "Sixth Five-Year Plan" Period (1981-1985) | 72.99 | 105.13 | 21.12 | 17.46 | 321.52 | 30448 |
| "七五"时期 | "Seventh Five-Year Plan" Period (1986-1990) | 177.90 | 265.93 | 37.97 | 28.32 | 720.45 | 94604 |
| "八五"时期 | "Eighth Five-Year Plan" Period (1991-1995) | 354.75 | 923.09 | 104.11 | 71.14 | 1656.07 | 138187 |
| "九五"时期 | "Ninth Five-Year Plan" Period (1996-2000) | 589.95 | 1009.68 | 126.74 | 91.87 | 3433.48 | 155717 |
| "十五"时期 | "Tenth Five-Year Plan" Period (2001-2005) | 1089.87 | 2334.06 | 168.91 | 99.86 | 5540.13 | 178259 |
| "十一五"时期 | "Eleventh Five-Year Plan" Period (2006-2010) | 2672.81 | 6641.98 | 611.05 | 340.44 | 12051.51 | 389077 |
| "十二五"时期 | "Twelfth Five-Year Plan" Period (2011-2015) | 6368.82 | 16284.48 | 1774.57 | 989.78 | 25678.80 | 736188 |
| "十三五"时期 | "Thirteenth Five-Year Plan" Period (2016-2019) | 8279.87 | 25420.50 | 2869.09 | 1490.51 | 35023.62 | 858877 |

注："十三五"起，外贸进出口数据以人民币计价。
Note: Data of imports and exports of foreign trade has been calculated in Renminbi since "Thirteenth Five-Year Plan" Period.

# 1—8 各个时期主要经济指标平均增长率
## Average Growth Rate of Main Economic Indicators of Each Period

| 时 期 | Period | 地区生产总值 Gross Domestic Product | 第一产业 Primary Industry | 第二产业 Secondary Industry | #工业 Industry | 第三产业 Tertiary Industry | 固定资产投资 Investment in Fixed Assets |
|---|---|---|---|---|---|---|---|
| "一五"时期 | "First Five-Year Plan" Period (1953-1957) | 10.8 | 6.5 | 11.2 | 12.1 | 27.5 | 41.7 |
| "二五"时期 | "Second Five-Year Plan" Period (1958-1962) | 1.2 | -4.5 | 3.9 | 4.7 | 8.4 | -0.9 |
| | 1963—1965 | 7.5 | 11.5 | 9.5 | 8.4 | 0.0 | 27.8 |
| "三五"时期 | "Third Five-Year Plan" Period (1966-1970) | 5.1 | 2.6 | 5.3 | 5.1 | 8.7 | 15.6 |
| "四五"时期 | "Fourth Five-Year Plan" Period (1971-1975) | 9.6 | 6.2 | 15.0 | 16.5 | 9.9 | 5.3 |
| "五五"时期 | "Fifth Five-Year Plan" Period (1976-1980) | 6.2 | 3.9 | 4.8 | 5.5 | 12.2 | 10.5 |
| "六五"时期 | "Sixth Five-Year Plan" Period (1981-1985) | 8.3 | 4.4 | 9.9 | 9.2 | 13.3 | 27.4 |
| "七五"时期 | "Seventh Five-Year Plan" Period (1986-1990) | 6.1 | 5.0 | 8.7 | 9.7 | 4.4 | 10.2 |
| "八五"时期 | "Eighth Five-Year Plan" Period (1991-1995) | 15.1 | 8.4 | 24.3 | 24.2 | 13.6 | 43.9 |
| "九五"时期 | "Ninth Five-Year Plan" Period (1996-2000) | 8.5 | 6.5 | 8.6 | 8.5 | 9.7 | 9.3 |
| "十五"时期 | "Tenth Five-Year Plan" Period (2001-2005) | 9.9 | 5.2 | 11.4 | 11.1 | 11.3 | 21.8 |
| "十一五"时期 | "Eleventh Five-Year Plan" Period (2006-2010) | 11.5 | 5.1 | 14.9 | 14.9 | 11.7 | 34.7 |
| "十二五"时期 | "Twelfth Five-Year Plan" Period (2011-2015) | 9.6 | 4.4 | 9.7 | 9.0 | 11.6 | 21.6 |
| "十三五"时期 | "Thirteenth Five-Year Plan" Period (2016-2019) | 6.7 | 4.7 | 4.6 | 4.2 | 8.9 | |

注：本表增长率按可比价格计算。
Note: The average growth rates in this table are calculated at comparable prices.

# 1—8 续表1 continued

| 时 期 | Period | 公共财政预算收入 Public Budget Income | 公共财政预算支出 Public Budget Expenditure | 外贸进出口总额 Total Exports and Imports | #出口总额 Total Exports | 社会消费品零售总额 Total Retail Sales of Consumer Goods | 货运量 Freight Traffic |
|---|---|---|---|---|---|---|---|
| "一五"时期 | "First Five-Year Plan" Period (1953-1957) | 6.4 | 14.7 | 47.1 | 47.1 | 13.2 | 39.8 |
| "二五"时期 | "Second Five-Year Plan" Period (1958-1962) | 2.7 | 2.0 | -20.3 | -20.3 | 6.1 | 1.7 |
| | 1963—1965 | 12.9 | 18.7 | 37.1 | 33.5 | 7.1 | 19.9 |
| "三五"时期 | "Third Five-Year Plan" Period (1966-1970) | 8.5 | 8.3 | 0.3 | 0.4 | 2.9 | 5.9 |
| "四五"时期 | "Fourth Five-Year Plan" Period (1971-1975) | 8.6 | 7.5 | 33.5 | 33.2 | 8.1 | 11.5 |
| "五五"时期 | "Fifth Five-Year Plan" Period (1976-1980) | 2.1 | 5.8 | 11.4 | 12.7 | 11.9 | -2.4 |
| "六五"时期 | "Sixth Five-Year Plan" Period (1981-1985) | 10.4 | 11.3 | 6.7 | 0.3 | 14.1 | 23.5 |
| "七五"时期 | "Seventh Five-Year Plan" Period (1986-1990) | 18.3 | 16.9 | 11.4 | 14.4 | 14.6 | 9.0 |
| "八五"时期 | "Eighth Five-Year Plan" Period (1991-1995) | 11.1 | 16.7 | 29.0 | 25.2 | 23.2 | 7.5 |
| "九五"时期 | "Ninth Five-Year Plan" Period (1996-2000) | 13.1 | 13.0 | -8.7 | -7.8 | 10.1 | 1.8 |
| "十五"时期 | "Tenth Five-Year Plan" Period (2001-2005) | 14.0 | 18.8 | 20.5 | 14.0 | 11.7 | 5.6 |
| "十一五"时期 | "Eleventh Five-Year Plan" Period (2006-2010) | 22.2 | 26.8 | 27.9 | 27.3 | 18.7 | 22.6 |
| "十二五"时期 | "Twelfth Five-Year Plan" Period (2011-2015) | 14.4 | 15.2 | 23.7 | 23.9 | 13.9 | 5.7 |
| "十三五"时期 | "Thirteenth Five-Year Plan" Period (2016-2019) | 4.6 | 9.5 | 7.4 | 7.7 | 9.2 | 5.2 |

注：本表增长率按可比价格计算。
Note: The average growth rates in this table are calculated at comparable prices.

# 1—9 主要年份人均主要工农业产品产量

## Per Capita Output of Major Industrial and Agricultural Products in Main Years

| 指 标 | Indicators | 2000 | 2005 | 2010 | 2015 | 2016 | 2017 | 2018 | 2019 |
|---|---|---|---|---|---|---|---|---|---|
| 粮食产量（公斤） | Grain（kg） | 352 | 309 | 298 | 300 | 295 | 282 | 280 | 269 |
| 油料产量（公斤） | Oil-bearing Crops（kg） | 12 | 13 | 10 | 12 | 13 | 13 | 14 | 14 |
| 甘蔗产量（公斤） | Sugarcane Crops（kg） | 621 | 1050 | 1504 | 1482 | 1451 | 1467 | 1487 | 1515 |
| 水果产量（公斤） | Fruits（kg） | 76 | 156 | 178 | 334 | 359 | 391 | 431 | 500 |
| 猪牛羊肉（公斤） | Pork，Beef and Mutton（kg） | 49 | 65 | 55 | 60 | 58 | 56 | 57 | 42 |
| 水产品（公斤） | Aquatic Products（kg） | 51 | 58 | 58 | 72 | 64 | 66 | 67 | 69 |
| 原煤（吨） | Coal（ton） | 0.15 | 0.14 | 0.16 | 0.09 | 0.09 | 0.09 | 0.10 | 0.08 |
| 发电量（千瓦时） | Electricity（kwh） | 611 | 909 | 2181 | 2722 | 2795 | 2882 | 3572 | 3735 |
| 水泥（公斤） | Cement（kg） | 465 | 674 | 1588 | 2334 | 2503 | 2513 | 2309 | 2415 |
| 糖产量（公斤） | Sugar（kg） | 69 | 103 | 149 | 194 | 190 | 193 | 132 | 160 |
| 机制纸及纸板（公斤） | Machine-made Paper and Paperboard（kg） | 17 | 26 | 48 | 59 | 60 | 62 | 57 | 66 |

注：本表2007年起按[illegible]平均常住人口计算，[illegible]。
Note：The data from 2007 in this table is calculated with the average permanent population in this year，[illegible]

# 1—10 主要年份平均每天主要社会经济活动

## Selected Indicators on Average Daily Social and Economic Activities in Main Years

| 指 标 | Indicators | 2000 | 2005 | 2010 | 2015 | 2016 | 2017 | 2018 | 2019 |
|---|---|---|---|---|---|---|---|---|---|
| **每天创造的财富** | Daily Production | | | | | | | | |
| 地区生产总值（亿元） | Gross Domestic Product（100 million yuan） | 5.70 | 10.92 | 23.43 | 40.54 | 44.03 | 48.74 | 53.77 | 58.18 |
| 第一产业 | Primary Industry | 1.53 | 2.50 | 4.49 | 7.03 | 7.65 | 7.89 | 8.28 | 9.28 |
| 第二产业 | Secondary Industry | 2.01 | 4.14 | 9.49 | 14.77 | 15.36 | 16.82 | 18.34 | 19.39 |
| #工业 | Industry | 1.68 | 3.47 | 9.45 | 18.74 | 21.03 | 24.04 | 27.16 | 29.51 |
| 第三产业 | Tertiary Industry | 2.16 | 4.28 | 7.88 | 11.39 | 11.77 | 12.82 | 13.98 | 14.46 |
| #运输、仓储及邮政业 | Transport, Storage and Post | 0.44 | 0.59 | 1.17 | 1.89 | 2.01 | 2.20 | 2.38 | 2.47 |
| 批发零售、餐饮业 | Wholesale, Retail and Catering Businesses | 0.76 | 1.25 | 2.41 | 4.23 | 4.51 | 4.95 | 5.34 | 5.85 |
| 公共财政预算收入（亿元） | Public Budget Income（100 million yuan） | 0.40 | 0.78 | 2.12 | 4.15 | 4.25 | 4.43 | 4.61 | 4.96 |
| 公共财政预算支出（亿元） | Public Budget Expenditure （100 million yuan） | 0.71 | 1.68 | 5.50 | 11.14 | 12.14 | 13.45 | 14.55 | 16.03 |
| 粮 食（万吨） | Grain（10 000 tons） | 4.57 | 4.15 | 3.87 | 3.93 | 3.88 | 3.75 | 3.76 | 3.65 |
| 油 料（万吨） | Oil-bearing Grops（10 000 tons） | 0.16 | 0.17 | 0.13 | 0.16 | 0.17 | 0.18 | 0.18 | 0.20 |
| 甘 蔗（万吨） | Sugar Cane | 8.03 | 14.12 | 19.51 | 19.39 | 19.10 | 19.54 | 19.98 | 20.52 |
| 猪牛羊肉（万吨） | Meat（10 000 tons） | 0.63 | 0.88 | 0.71 | 0.79 | 0.76 | 0.74 | 0.77 | 0.57 |
| 水产品（万吨） | Aquatic Products（10 000 tons） | 0.66 | 0.78 | 0.75 | 0.95 | 0.84 | 0.88 | 0.90 | 0.93 |
| 成品糖（万吨） | Machine-made Sugar（10 000 tons） | 0.89 | 1.38 | 1.93 | 2.54 | 2.50 | 2.56 | 1.77 | 2.17 |
| 原 煤（万吨） | Coal（10 000 tons） | 1.94 | 1.92 | 2.08 | 1.17 | 1.18 | 1.21 | 1.34 | 1.11 |
| 发电量（亿千瓦时） | Electricity（100 million kwh） | 0.79 | 1.22 | 2.83 | 3.56 | 3.68 | 3.84 | 4.80 | 5.06 |
| 粗 钢（万吨） | Stee（10 000 tons） | 0.29 | 1.36 | 3.30 | 5.88 | 5.76 | 6.21 | 6.15 | 7.30 |
| 钢 材（万吨） | Steel Products（10 000 tons） | 0.28 | 1.42 | 4.13 | 9.71 | 9.96 | 8.96 | 8.75 | 9.17 |
| 水 泥（万吨） | Cement（10 000 tons） | 6.02 | 9.06 | 20.59 | 30.53 | 32.94 | 33.48 | 31.03 | 32.71 |

# 1—10 续表1 continued

| 指 标 | Indicators | 2000 | 2005 | 2010 | 2012 | 2013 | 2014 | 2015 | 2016 | 2017 | 2018 | 2019 |
|---|---|---|---|---|---|---|---|---|---|---|---|---|
| **每天消费量** | **Daily Consumption** | | | | | | | | | | | |
| 最终消费（亿元） | Final Consumption Expenditure (100 million yuan) | 3.97 | 6.75 | 13.52 | 17.88 | 20.55 | 22.42 | 24.31 | 26.87 | | | |
| 居民消费 | Resident Consumption | 2.99 | 4.95 | 10.26 | 13.49 | 15.35 | 16.80 | 18.21 | 19.76 | | | |
| 农村居民 | Rural Resident | 1.39 | 1.99 | 2.98 | 3.95 | 4.24 | 4.71 | 5.17 | | | | |
| 城镇居民 | Urban Resident | 1.60 | 2.96 | 7.28 | 9.54 | 11.11 | 12.09 | 13.03 | 14.08 | | | |
| 政府消费 | Government Consumption | 0.98 | 1.79 | 3.26 | 4.39 | 5.20 | 5.62 | 6.10 | 7.11 | | | |
| 能源消费量（万吨标准煤） | Energy Consumption (10 000 tons of SCE) | 7.31 | 13.34 | 21.70 | 25.01 | 24.93 | 26.07 | 26.74 | 27.57 | 28.65 | 29.65 | 30.88 |
| 社会消费品零售总额（亿元） | Total Retail Sales of Consumer Goods (100 million yuan) | 2.20 | 3.66 | 8.45 | 11.37 | 12.90 | 14.44 | 15.81 | 17.35 | 19.28 | 21.00 | 22.47 |
| **每天其他经济活动** | **Other Daily Economic Activities** | | | | | | | | | | | |
| 资本形成总额（亿元） | Gross Capital Formation (100 million yuan) | 2.04 | 4.89 | 21.85 | 25.99 | 27.94 | 29.77 | 31.57 | 33.78 | | | |
| 固定资产形成 | Fixed Assets Formation | 2.03 | 4.80 | 21.44 | 24.56 | 26.83 | 28.87 | 31.06 | 33.10 | | | |
| 存货增加 | Inventory Increasement | 0.88 | 6.05 | 0.41 | 1.43 | 1.11 | 0.90 | 0.51 | 0.68 | | | |
| 货运量（万吨） | Freight Traffic (10 000 tons) | 85.67 | 112.40 | 310.81 | 440.90 | 492.59 | 446.69 | 410.21 | 439.27 | 478.51 | 522.38 | 501.51 |
| 客运量（万人） | Passenger Traffic (10 000 persons) | 117.68 | 143.01 | 210.87 | 250.43 | 267.89 | 147.62 | 139.69 | 138.70 | 139.88 | 138.89 | 136.96 |
| 规模以上港口货物吞吐量（万吨） | Volume of Freight Handled Above the Designated Size (10 000 tons) | 7.89 | 18.84 | 50.89 | 73.59 | 80.21 | 85.00 | 86.08 | 87.57 | 94.38 | 103.74 | 103.88 |
| 邮电业务总量（万元） | Revenue from Postal and Telecommunication Services (10 000 yuan) | 2640 | 8846 | 22132 | 10012 | 10762 | 13787 | 17856 | 12402 | 21916 | 59679 | 10.27 |
| 进出口总额（万美元） | Total Exports and Imports (10 000 USD) | 558 | 1420 | 4851 | 8053 | 8996 | 11110 | 14044 | 13122 | 15674 | 17079 | 1.87 |
| 出口总额 | Exports | 409 | 788 | 2633 | 4226 | 5122 | 6666 | 7678 | 6309 | 7522 | 8986 | 1.03 |
| 进口总额 | Imports | 149 | 632 | 2218 | 3827 | 3875 | 4445 | 6366 | 6813 | 8158 | 8093 | 0.83 |
| 外商直接投资（万美元） | Foreign Direct Investments (10 000 USD) | 143.74 | 103.74 | 249.86 | 204.52 | 191.80 | 274.25 | 471.80 | 243.41 | 225.40 | 138.60 | 303.96 |
| 来华旅游人数（人次） | Number of International Tourists (10 000 persons-time) | 3398 | 4004 | 6856 | 9570 | 10727 | 11539 | 12330 | 13184 | 14039 | 15406 | 17095 |
| **每天人口变动和婚姻** | **Daily Population Changes and Marriages** | | | | | | | | | | | |
| 出生（人） | Births (person) | 1753 | 1918 | 1973 | 2022 | 2055 | 1973 | 1973 | 2110 | 2247 | 1945 | 1808 |
| 死亡（人） | Deaths (person) | 712 | 822 | 605 | [illegible] | 904 | 822 | 822 | 796 | 877 | 822 | 849 |
| 结婚（对） | Marriages (couple) | 873 | 862 | 1439 | 1338 | 1288 | 1294 | 1150 | 1073 | 1032 | 992 | 895 |
| 离 婚（对） | Divorces (couple) | 80 | 133 | 200 | 235 | 255 | 221 | 228 | 231 | [illegible] | [illegible] | [illegible] |

# 1—11 按行业分组的法人单位数

单位：个

| 行业门类 | Sector | 2005 | 2006 | 2007 |
|---|---|---|---|---|
| 总计 | Total | 130209 | 139566 | 149472 |
| 农、林、牧、渔业 | Farming, Forestry, Animal Husbandry and Fishery | 3536 | 4034 | 4306 |
| 采矿业 | Mining | 1639 | 1935 | 2225 |
| 制造业 | Manufacturing | 17110 | 18752 | 20307 |
| 电力、热力、燃气及水生产和供应业 | Production and Supply of Electricity, Heat, Gas and Water | 1723 | 1865 | 1999 |
| 建筑业 | Construction | 1821 | 2131 | 2455 |
| 批发和零售业 | Wholesale and Retail Trades | 16291 | 18775 | 22034 |
| 交通运输、仓储和邮政业 | Transport, Storage and Post | 2068 | 2282 | 2586 |
| 住宿和餐饮业 | Hotels and Catering Services | 2056 | 2258 | 2445 |
| 信息传输、软件和信息技术服务业 | Information Transmission, Software and Information Technology | 2721 | 3044 | 3479 |
| 金融业 | Financial Intermediation | 1191 | 1241 | 1280 |
| 房地产业 | Real Estate | 3644 | 4402 | 5218 |
| 租赁和商务服务业 | Leasing and Business Services | 5406 | 6140 | 7238 |
| 科学研究和技术服务业 | Scientific Research and Technical Services | 5083 | 5310 | 5573 |
| 水利、环境和公共设施管理业 | Management of Water Conservancy, Environment and Public Facilities | 1582 | 1626 | 1698 |
| 居民服务、修理和其他服务业 | Service to Household, Repair and Other Services | 1124 | 1339 | 1552 |
| 教育 | Education | 17477 | 17643 | 17786 |
| 卫生和社会工作 | Health and Social Service | 6204 | 6405 | 6480 |
| 文化、体育和娱乐业 | Culture, Sports and Entertainment | 2559 | 2667 | 2760 |
| 公共管理、社会保障和社会组织 | Public Management, Social Security and Social Organization | 36974 | 37717 | 38051 |

注：1. 2008年、2013年及2018年农、林、牧、渔业法人单位数为兼营第二、三产业的农、林、牧、渔业法人单位。
2. 本表2008年、2013年及2018年均为普查数据，其余为年报数据。
3. 本表数据2011年以前按GB/T4754-2002标准分类，2012年至2017年按GB/T4754-2011标准分类，2018年以后按GB/T4754-2017标准分类。

Note: 1. Theindicatorof "Farming, Forestry, AnimalHusbandryandFishery" in2008, 2013 and 2018 refers to the juridical entities operating primary industry also operating secondary industry or tertiary industry on the side.
2. The data of this table in 2008, 2013 and 2018 is based on the Economic Census, data in other years is based on the annual reports.
3.The data in and before 2011 in this table is sorted out by the standard of GB/T4754-2002,2012-2017 by the standard of GB/T4754-2011.,and by the standard of GB/T4754-2017 since 2018.

# Num ber of Legal Entities Grouped by Sector

(unit)

| 2008 | 2009 | 2010 | 2011 | 2012 | 2013 | 2014 | 2015 | 2016 | 2017 | 2018 | 2019 |
|---|---|---|---|---|---|---|---|---|---|---|---|
| 154748 | 180744 | 204970 | 238483 | 274666 | 238440 | 334564 | 402586 | 474480 | 539342 | 490286 | 641499 |
| 210 | 2630 | 4486 | 10310 | 23041 | 3420 | 49601 | 61109 | 76497 | 85439 | 6683 | 83238 |
| 2258 | 2716 | 3079 | 3396 | 3656 | 2988 | 3386 | 3443 | 3686 | 3854 | 2672 | 3257 |
| 19683 | 22156 | 24381 | 27106 | 27725 | 24215 | 28087 | 31491 | 34750 | 38027 | 37559 | 44771 |
| 2271 | 2508 | 2628 | 2700 | 2771 | 2587 | 2750 | 2885 | 3055 | 3328 | 3290 | 3399 |
| 2329 | 3130 | 3951 | 5035 | 5713 | 4730 | 7516 | 10728 | 15299 | 20038 | 23669 | 29992 |
| 21560 | 33174 | 42384 | 54820 | 67375 | 64262 | 84623 | 106962 | 131838 | 153421 | 142714 | 165972 |
| 3178 | 3929 | 4634 | 5459 | 6107 | 5092 | 6647 | 8512 | 10650 | 12514 | 13253 | 15801 |
| 2152 | 2378 | 2764 | 3177 | 3466 | 3472 | 4103 | 5172 | 6264 | 7266 | 8451 | 10205 |
| 5040 | 5610 | 5997 | 6508 | 6952 | 2546 | 3851 | 6486 | 9612 | 13404 | 18658 | 23516 |
| 636 | 938 | 1249 | 1649 | 1643 | 1610 | 2321 | 2972 | 2509 | 2703 | 2387 | 2781 |
| 5628 | 7084 | 9013 | 10224 | 11034 | 8447 | 11513 | 13475 | 16006 | 18677 | 21498 | 26061 |
| 10535 | 12964 | 15394 | 18798 | 22108 | 18610 | 25498 | 35285 | 46247 | 56993 | 68961 | 81127 |
| 7141 | 7627 | 8397 | 9020 | 9959 | 10361 | 12613 | 15433 | 18547 | 21935 | 28686 | 32566 |
| 2081 | 2227 | 2376 | 2571 | 2748 | 2762 | 3129 | 3496 | 3887 | 4344 | 4524 | 6432 |
| 1607 | 2152 | 2666 | 3417 | 4093 | 3541 | 4709 | 6487 | 7572 | 8590 | 11192 | 13569 |
| 16435 | 16776 | 17126 | 17497 | 17788 | 18301 | 20043 | 21541 | 22010 | 23151 | 26800 | 28171 |
| 6207 | 6363 | 6446 | 6573 | 6644 | 5387 | 5745 | 6059 | 5021 | 5059 | 5822 | 6148 |
| 2600 | 2795 | 3005 | 3180 | 3489 | 6665 | 7302 | 7962 | 8818 | 9168 | 11599 | 12679 |
| 43197 | 43587 | 44994 | 47043 | 48354 | 49444 | 51127 | 53089 | 52212 | 51431 | 51868 | 51814 |

# 1—12 各市按机构类型分组的法人单位数（2019年）

单位：个

| 地区 | Region | 法人单位数 Number of Legal Entities | 企业 Enterprise | 事业单位 Institution |
|---|---|---|---|---|
| 广西 | Guangxi | 641499 | 497218 | 42799 |
| 南宁市 | Nanning | 169547 | 152560 | 4791 |
| 柳州市 | Liuzhou | 66178 | 54681 | 3032 |
| 桂林市 | Guilin | 67931 | 52114 | 4412 |
| 梧州市 | Wuzhou | 27736 | 20495 | 2575 |
| 北海市 | Beihai | 30357 | 26518 | 1434 |
| 防城港市 | Fangchenggang | 17775 | 13991 | 1123 |
| 钦州市 | Qinzhou | 29759 | 21621 | 2611 |
| 贵港市 | Guigang | 38432 | 26520 | 3203 |
| 玉林市 | Yulin | 55617 | 42174 | 4485 |
| 百色市 | Baise | 39425 | 26331 | 3842 |
| 贺州市 | Hezhou | 21235 | 14226 | 2420 |
| 河池市 | Hechi | 32638 | 18589 | 3994 |
| 来宾市 | Laibin | 20861 | 12576 | 2125 |
| 崇左市 | Chongzuo | 24008 | 14822 | 2752 |

# Number of Legal Entities Groupedby Regionand Type of Institutions (2019)

(unit)

| 机关<br>Agency | 社会团体<br>Social Organization | 农民专业合作社<br>Farmer Specialized Cooperation | 其他法人<br>Others |
|---|---|---|---|
| 8772 | 10864 | 47028 | 34818 |
| 899 | 1979 | 4020 | 5298 |
| 786 | 900 | 3720 | 3059 |
| 1185 | 1327 | 5272 | 3621 |
| 492 | 687 | 1919 | 1568 |
| 306 | 249 | 871 | 979 |
| 336 | 487 | 1018 | 820 |
| 436 | 501 | 2994 | 1596 |
| 437 | 543 | 4607 | 3122 |
| 621 | 730 | 4335 | 3272 |
| 940 | 885 | 4133 | 3294 |
| 438 | 601 | 2010 | 1540 |
| 831 | 1019 | 5204 | 3001 |
| [illegible] | 442 | [illegible] | 1739 |
| 591 | 514 | 3420 | 1909 |

# 1—13 各市按主要行业分组的法人单位数（2019年）

单位：个

| 地区 | Region | 合计 Total | 农、林、牧、渔业 Farming, Forestry, Animal Husbandry and Fishery | 采矿业 Mining | 制造业 Manu-fac-tur-ing | 电力、热力、燃气及水生产和供应业 Production and Supply of Electricity, Heat, Gasand Water | 建筑业 Construction | 批发和零售业 Wholesale and Retail Trades | 交通运输、仓储和邮政业 Transport, Storage and Post | 住宿和餐饮业 Hotel and Catering Services |
|---|---|---|---|---|---|---|---|---|---|---|
| 广西 | Guangxi | 641499 | 83238 | 3257 | 44771 | 3399 | 29992 | 165972 | 15801 | 10205 |
| 南宁市 | Nanning | 169547 | 9111 | 282 | 8681 | 285 | 9871 | 49498 | 3700 | 3349 |
| 柳州市 | Liuzhou | 66178 | 5860 | 172 | 5794 | 276 | 2509 | 20448 | 1838 | 1072 |
| 桂林市 | Guilin | 67931 | 8258 | 334 | 4950 | 934 | 3507 | 17061 | 1173 | 1561 |
| 梧州市 | Wuzhou | 27736 | 4215 | 248 | 2082 | 204 | 1258 | 7157 | 629 | 316 |
| 北海市 | Beihai | 30357 | 1795 | 46 | 1491 | 64 | 1895 | 8538 | 848 | 795 |
| 防城港市 | Fangchenggang | 17775 | 1840 | 112 | 762 | 66 | 987 | 4193 | 1033 | 281 |
| 钦州市 | Qinzhou | 29759 | 4318 | 180 | 2318 | 138 | 1300 | 7273 | 1395 | 360 |
| 贵港市 | Guigang | 38432 | 6277 | 167 | 5341 | 143 | 1496 | 8278 | 1018 | 329 |
| 玉林市 | Yulin | 55617 | 11348 | 253 | 4996 | 335 | 2345 | 14550 | 1112 | 632 |
| 百色市 | Baise | 39425 | 7651 | 372 | 2314 | 256 | 1336 | 8963 | 819 | 594 |
| 贺州市 | Hezhou | 21235 | 4191 | 191 | 1556 | 286 | 897 | 4421 | 371 | 208 |
| 河池市 | Hechi | 32638 | 8302 | 457 | 1741 | 171 | 908 | 6175 | 544 | 304 |
| 来宾市 | Laibin | 20861 | 5212 | 264 | 1382 | 120 | 935 | 3952 | 437 | 147 |
| 崇左市 | Chongzuo | 24008 | 4860 | 179 | 1363 | 121 | 748 | 5465 | 884 | 257 |

## NumberofLegalEntitiesGroupedbyRegionandMajorSector（2019）

（unit）

| 信息传输、软件和信息技术服务业 Information Transmis-sion, Software and Information Technology | 金融业 Financial Interme-di-ation | 房地产业 Real Estate | 租赁和商务服务业 Leasingand Business Services | 科学研究和技术服务业 Scientific Research and Tech-nical Ser-vices | 水利、环境和公共设施管理业 Management of Water Conservan-cy, Envi-ronment and Public Facil-ities | 居民服务、修理和其他服务业 Serviceto-Household, Repairand Other Services | 教育 Education | 卫生和社会工作 Health and Social Service | 文化、体育和娱乐业 Culture, Sports and Entertain-ment | 公共管理、社会保障和社会组织 Public Man-agement, Social Securityand Social Orga-nization |
|---|---|---|---|---|---|---|---|---|---|---|
| 23516 | 2781 | 26061 | 81127 | 32566 | 6432 | 13569 | 28171 | 6148 | 12679 | 51814 |
| 10749 | 1367 | 8079 | 29505 | 12333 | 1169 | 4691 | 5616 | 909 | 4190 | 6162 |
| 2904 | 206 | 2295 | 8948 | 3455 | 630 | 1549 | 1955 | 619 | 1351 | 4297 |
| 2896 | 206 | 2547 | 8360 | 3414 | 794 | 1358 | 2359 | 690 | 1342 | 6187 |
| 631 | 71 | 958 | 2655 | 1110 | 261 | 539 | 1684 | 291 | 454 | 2973 |
| 1333 | 111 | 3301 | 4347 | 1306 | 316 | 720 | 1089 | 189 | 640 | 1533 |
| 370 | 71 | 1732 | 2289 | 724 | 261 | 334 | 541 | 140 | 321 | 1718 |
| 620 | 102 | 1046 | 3166 | 1377 | 346 | 546 | 1637 | 271 | 559 | 2807 |
| 775 | 102 | 1233 | 4066 | 1338 | 402 | 675 | 2644 | 373 | 699 | 3076 |
| 946 | 108 | 1538 | 4663 | 2025 | 512 | 982 | 3771 | 464 | 927 | 4110 |
| 541 | 142 | 923 | 4231 | 1692 | 394 | 723 | 1804 | 668 | 631 | 5371 |
| 720 | 65 | 490 | 1908 | 756 | 304 | 243 | 1266 | 294 | 343 | 2725 |
| 409 | 75 | 745 | 2593 | 1381 | 500 | 510 | 1467 | 577 | 579 | 5200 |
| 272 | 92 | 531 | 1700 | [illegible] | 259 | 307 | 1177 | 262 | 319 | 2669 |
| [illegible] | [illegible] | 613 | 2696 | 831 | 284 | 392 | 1161 | 401 | [illegible] | [illegible] |

# 1—14 按行业、运营状态分组的企业法人单位数（2019年）

单位：个

| 行业 | Sector | 单位数 Num ber of Legal Entities | 正常运营 Operating |
|---|---|---|---|
| **总计** | **Total** | 497218 | 385293 |
| 农、林、牧、渔业 | Farming，Forestry，Animal Husbandry and Fishery | 40964 | 34506 |
| 采矿业 | Mining | 3257 | 2058 |
| 制造业 | Manufacturing | 44351 | 35459 |
| 电力、热力、燃气及水生产和供应业 | Production and Supply of Electricity，Heat，Gas and Water | 3383 | 2964 |
| 建筑业 | Construction | 29991 | 23418 |
| 批发和零售业 | Wholesale and Retail Trades | 164008 | 129858 |
| 交通运输、仓储和邮政业 | Transport，Storage and Post | 15391 | 12319 |
| 住宿和餐饮业 | Hotels and Catering Services | 10170 | 8070 |
| 信息传输、软件和信息技术服务业 | Information Transmission，Software and Information Technology | 23035 | 16555 |
| 金融业 | Financial Intermediation | 2759 | 2042 |
| 房地产业 | Real Estate | 25981 | 19199 |
| 租赁和商务服务业 | Leasing and Business Services | 72754 | 52422 |
| 科学研究和技术服务业 | Scientific Research and Technical Services | 25802 | 18342 |
| 水利、环境和公共设施管理业 | Management of Water Conservancy，Environment and Public Facilities | 4306 | 3420 |
| 居民服务、修理和其他服务业 | Service to Household，Repair and Other Services | 13339 | 10834 |
| 教育 | Education | 5490 | 4427 |
| 卫生和社会工作 | Health and Social Service | 1485 | 1164 |
| 文化、体育和娱乐业 | Culture，Sports and Entertainment | 10752 | 8236 |
| 公共管理、社会保障和社会组织 | Public Management，Social Security and Social Organization | | |

# Number of Legal Entities Grouped by Sectorand Operating State（2019）

（unit）

| 停业（歇业）<br>Shutout（closed） | 筹建<br>Preparing to Construct | 当年关闭<br>Closedown in the Present Year | 当年破产<br>Bankrupted in the Present Year | 当年注销<br>Write-off in the Present Year | 当年吊销<br>Revoked in the Present Year | 其他<br>Others |
|---|---|---|---|---|---|---|
| 61212 | 46779 | 16 | 4 | 7 | | 3907 |
| 4000 | 1817 | 1 | | | | 640 |
| 626 | 525 | | | | | 48 |
| 3741 | 4862 | 3 | 1 | 2 | | 283 |
| 180 | 221 | | | | | 18 |
| 3036 | 3373 | 1 | | 2 | | 161 |
| 19852 | 12920 | 3 | 1 | 1 | | 1373 |
| 1551 | 1427 | 1 | | | | 93 |
| 1062 | 988 | | | | | 50 |
| 3660 | 2688 | | | 1 | | 131 |
| 482 | 219 | | | | | 16 |
| 3593 | 2941 | 5 | 2 | | | 241 |
| 11753 | 8085 | 2 | | 1 | | 491 |
| 3957 | 3340 | | | | | 163 |
| 357 | 492 | | | | | 37 |
| 1330 | 1113 | | | | | 62 |
| 514 | 516 | | | | | 33 |
| 93 | 218 | | | | | 10 |
| 1423 | [illegible] | | | | | 77 |

# 1—15 按行业、登记注册类型分组的企业法人单位数（2019年）

单位：个

| 行业 | Sector | 合计 Total | 内资 Domestic Funded | 国有 State-owned | 集体 Collective-owned | 股份合作 Cooperative-Share Holding |
|---|---|---|---|---|---|---|
| 总计 | Total | 497218 | 494795 | 2990 | 3935 | 322 |
| 农、林、牧、渔业 | Farming, Forestry, Animal Husb and ryand Fishery | 40964 | 40868 | 183 | 578 | 14 |
| 采矿业 | Mining | 3257 | 3238 | 25 | 27 | 5 |
| 制造业 | Manufacturing | 44351 | 43646 | 338 | 533 | 74 |
| 电力、热力、燃气及水生产和供应业 | Production and Supply of Electricity, Heat, Gas and Water | 3383 | 3313 | 223 | 183 | 24 |
| 建筑业 | Construction | 29991 | 29957 | 86 | 180 | 5 |
| 批发和零售业 | Wholesale and Retail Trades | 164008 | 163641 | 631 | 1078 | 50 |
| 交通运输、仓储和邮政业 | Transport, Storage and Post | 15391 | 15319 | 274 | 130 | 8 |
| 住宿和餐饮业 | Hotels and Catering Services | 10170 | 10100 | 117 | 68 | 11 |
| 信息传输、软件和信息技术服务业 | Information Transmission, Software and Information Technology | 23035 | 22931 | 11 | 6 | 1 |
| 金融业 | Financial Intermediation | 2759 | 2596 | 21 | 2 | 62 |
| 房地产业 | Real Estate | 25981 | 25736 | 365 | 429 | 25 |
| 租赁和商务服务业 | Leasing and Business Services | 72754 | 72507 | 280 | 410 | 15 |
| 科学研究和技术服务业 | Scientific Research and Technical Services | 25802 | 25676 | 238 | 161 | 13 |
| 水利、环境和公共设施管理业 | Management of Water Conservancy, Environment and Public Facilities | 4306 | 4274 | 61 | 61 | 1 |
| 居民服务、修理和其他服务业 | Service to Household, Repair and Other Services | 13339 | 13316 | 34 | 51 | 10 |
| 教育 | Education | 5490 | 5479 | 14 | 27 | 3 |
| 卫生和社会工作 | Health and Social Service | 1485 | 1478 | 11 | 9 | 1 |
| 文化、体育和娱乐业 | Culture, Sports and Entertainment | 10752 | 10720 | 78 | 2 | |
| 公共管理、社会保障和社会组织 | PublicManagement, SocialSecurityand-SocialOrganization | | | | | |

## Number of Legal Entities Grouped by Sectorand Registration Status（2019）

（unit）

| 联营 Joint-owned | 国有联营 State Joint-owned | 集体联营 Collective Joint-owned | 国有与集体联营 State and Collective-Joint-owned | 其他联营 Other Joint-owned | 有限责任公司 Limited Liability Company | 国有独资公司 State Sole Invest-ment | 其他有限责任公司 Other Limited Companies | 股份有限公司 Share Holding Limited |
|---|---|---|---|---|---|---|---|---|
| 62 | 11 | 22 | 6 | 23 | 25269 | 2116 | 23153 | 1376 |
| 17 | 1 | 5 | 1 | 10 | 1212 | 53 | 1159 | 75 |
| | | | | | 220 | 22 | 198 | 12 |
| 7 | | 3 | 1 | 3 | 2781 | 158 | 2623 | 228 |
| 7 | 1 | 1 | 2 | 3 | 818 | 129 | 689 | 65 |
| | | | | | 1024 | 78 | 946 | 45 |
| 7 | 2 | 4 | | 1 | 4434 | 294 | 4140 | 207 |
| 2 | 1 | 1 | | | 1083 | 141 | 942 | 33 |
| 2 | 1 | | | 1 | 659 | 26 | 633 | 31 |
| | | | | | 1034 | 41 | 993 | 60 |
| | | | | | 356 | 39 | 317 | 340 |
| 6 | 3 | 1 | | 2 | 2975 | 244 | 2731 | 71 |
| 4 | 1 | 3 | | | 5350 | 632 | 4718 | 114 |
| 1 | | 1 | | | 1615 | 89 | 1526 | 42 |
| | | | | | 466 | 102 | 364 | 13 |
| 3 | | 1 | | 2 | 388 | 12 | 376 | 9 |
| 1 | | | 1 | | 202 | 4 | 198 | 15 |
| 4 | | 2 | 1 | 1 | 147 | 6 | 141 | 10 |
| 1 | 1 | | | | 505 | 46 | 459 | 6 |

# 1—15 续表

单位：个

| 行业 | Sector | 私营 Individual | 私营独资 Individual Sole Investment | 私营合伙 Private Partnership | 私营有限责任公司 Private Limited Liability Company | 私营股份有限公司 Private Share Holding Limited | 其他内资 Other Domestic Funded | 港澳台商投资 Fundedby Enterpris-esfrom Hong Kong, Macaoand Taiwan |
|---|---|---|---|---|---|---|---|---|
| **总计** | Total | 460820 | 61633 | 4180 | 393597 | 1410 | 21 | 1215 |
| 农、林、牧、渔业 | Farming, Forestry, Animal Husb and ryand Fishery | 38777 | 22066 | 340 | 16304 | 67 | 12 | 59 |
| 采矿业 | Mining | 2949 | 654 | 155 | 2126 | 14 | | 12 |
| 制造业 | Manufacturing | 39683 | 8011 | 694 | 30754 | 224 | 2 | 416 |
| 电力、热力、燃气及水生产和供应业 | Production and Supply of Electricity, Heat, Gas and Water | 1992 | 354 | 724 | 908 | 6 | 1 | 36 |
| 建筑业 | Construction | 28617 | 302 | 21 | 28231 | 63 | | 11 |
| 批发和零售业 | Wholesale and Retail Trades | 157233 | 22263 | 408 | 134258 | 304 | 1 | 187 |
| 交通运输、仓储和邮政业 | Transport, Storage and Post | 13789 | 319 | 41 | 13389 | 40 | | 37 |
| 住宿和餐饮业 | Hotels and Catering Services | 9212 | 988 | 94 | 8099 | 31 | | 48 |
| 信息传输、软件和信息技术服务业 | Information Transmission, Software and Information Technology | 21819 | 309 | 91 | 21317 | 102 | | 40 |
| 金融业 | Financial Intermediation | 1815 | 7 | 117 | 1600 | 91 | | 12 |
| 房地产业 | Real Estate | 21865 | 115 | 56 | 21589 | 105 | | 129 |
| 租赁和商务服务业 | Leasing and Business Services | 66332 | 1216 | 1023 | 63897 | 196 | 2 | 109 |
| 科学研究和技术服务业 | Scientific Research and Technical Services | 23605 | 391 | 117 | 23011 | 86 | 1 | 67 |
| 水利、环境和公共设施管理业 | Management of Water Conservancy, Environment and Public Facilities | 3672 | 70 | 10 | 3578 | 14 | | 21 |
| 居民服务、修理和其他服务业 | Service to Household, Repair and Other Services | 12821 | 1176 | 92 | 11528 | 25 | | 11 |
| 教育 | Education | 5216 | 453 | 62 | 4689 | 12 | 1 | 3 |
| 卫生和社会工作 | Health and Social Service | 1295 | 397 | 71 | 821 | 6 | 1 | 4 |
| 文化、体育和娱乐业 | Culture, Sports and Entertainment | 10128 | 2542 | 64 | 7498 | 24 | | 13 |
| 公共管理、社会保障和社会组织 | PublicManagement, SocialSecurityandSocialOrganization | | | | | | | |

continued

(unit)

| 与港澳台商合资经营 Joint Venture | 与港澳台商合作经营 Coopera-tive Operation | 港澳台商独资 Sole In-vest-ment | 港澳台商投资股份有限公司 Share Hold-ing Limited | 其他港澳台商投资 Others Fundedby Enterprises from Hong Kong, Macao and Taiwan | 外商投资 Foreign-funded | 中外合资经营 Joint Venture | 中外合作经营 Coopera-tive Operation | 外资企业 Sole In-vest-ment | 外商投资股份有限公司 Share Hold-ing Limited | 其他外商投资 Other Foreign-funded |
|---|---|---|---|---|---|---|---|---|---|---|
| 438 | 33 | 716 | 15 | 13 | 1208 | 366 | 25 | 566 | 235 | 16 |
| 24 | 1 | 32 | 2 | | 37 | 7 | 1 | 18 | 11 | |
| 6 | 1 | 5 | | | 7 | 3 | 1 | 2 | | 1 |
| 111 | 5 | 293 | 2 | 5 | 289 | 126 | 4 | 136 | 17 | 6 |
| 14 | 2 | 19 | 1 | | 34 | 15 | 3 | 15 | 1 | |
| 2 | 1 | 8 | | | 23 | 11 | 1 | 7 | 3 | 1 |
| 70 | 4 | 105 | 2 | 6 | 180 | 32 | 4 | 124 | 17 | 3 |
| 11 | 9 | 17 | | | 35 | 16 | 3 | 12 | 3 | 1 |
| 22 | 1 | 24 | 1 | | 22 | 10 | | 8 | 3 | 1 |
| 13 | 1 | 22 | 3 | 1 | 64 | 16 | | 31 | 17 | |
| 5 | | 7 | | | 151 | 10 | | 30 | 111 | |
| 62 | 6 | 60 | 1 | | 116 | 39 | 3 | 65 | 8 | 1 |
| 42 | 2 | 65 | | | 138 | 39 | 1 | 69 | 27 | 2 |
| 33 | | 31 | 2 | 1 | 59 | 23 | 2 | 24 | 10 | |
| 11 | | 9 | 1 | | 11 | 3 | 1 | 7 | | |
| 2 | | 9 | | | 12 | 2 | 1 | 6 | 3 | |
| 2 | | 1 | | | 8 | 4 | | 3 | 1 | |
| 3 | | 1 | | | 3 | 2 | | 1 | | |
| 7 | | 8 | | | 19 | 8 | | 8 | 3 | |

# 1—16 各市按三次产业分组的法人单位数（2019年）

## Number of Legal Entities Grouped by Three Strata of Industry（2019）

单位：个 (unit)

| 地区 | Region | 法人单位数 NumberofLegalEntities | 第一产业 PrimaryIndustry | 第二产业 SecondaryIndustry | 第三产业 TertiaryIndustry |
|---|---|---|---|---|---|
| 广西 | Guangxi | 641499 | 75900 | 80676 | 484923 |
| 南宁市 | Nanning | 169547 | 7654 | 18844 | 143049 |
| 柳州市 | Liuzhou | 66178 | 5452 | 8615 | 52111 |
| 桂林市 | Guilin | 67931 | 7227 | 9667 | 51037 |
| 梧州市 | Wuzhou | 27736 | 4025 | 3764 | 19947 |
| 北海市 | Beihai | 30357 | 1581 | 3439 | 25337 |
| 防城港市 | Fangchenggang | 17775 | 1636 | 1909 | 14230 |
| 钦州市 | Qinzhou | 29759 | 3905 | 3903 | 21951 |
| 贵港市 | Guigang | 38432 | 5697 | 7111 | 25624 |
| 玉林市 | Yulin | 55617 | 10801 | 7908 | 36908 |
| 百色市 | Baise | 39425 | 7091 | 4248 | 28086 |
| 贺州市 | Hezhou | 21235 | 3947 | 2919 | 14369 |
| 河池市 | Hechi | 32638 | 7703 | 3254 | 21681 |
| 来宾市 | Laibin | 20861 | 4741 | 2689 | 13431 |
| 崇左市 | Chongzuo | 24008 | 4440 | 2406 | 17162 |

## 主要统计指标解释

**发展速度** 是表示某一时期内某一指标发展程度的相对数，它是报告期与基期水平之比，一般用百分数表示，即把基期水平定为1（或100%），以报告期的指标数值除以基期指标数值的商乘100%，即得发展速度。由于比较的标准时期不同，发展速度可分为定期发展速度和环比发展速度两种。发展速度的计算公式为：

发展速度=（指标当期数值/指标基期数值）×100%

**增长速度** 是反映社会经济增长程度的指标，它是报告期增长量与基期水平之比，又称增长率。其计算公式为：

增长速度=（指标当期数值/指标基期数值-1）×100%

或=发展速度-1（或100%）。

**平均每年增长速度** 我国计算平均增长速度有两种方法，一种是习惯上经常使用的“水平法”，又称几何平均法，是以间隔最后一年的水平同基期水平对比来计算平均每年增长（或下降）的速度；另一种是“累计法”又称代数平均法或方程法，是以间隔年内各年水平的总和同基期水平对比来计算平均每年增长（或下降）的速度。

在一般正常情况下，两种方法计算的平均每年增长速度比较接近，但在经济发展不平衡出现大起大落时，两种方法计算的结果差别较大。

本年鉴内所列的平均每年增长速度都是用水平法计算的。从某年到某年平均增长速度的年份，均不包基期年在内。如1981-2004年平均每年增长速度，是以1980年为基期，2004年为报告期，年份从1981年算起，共24年。

**当年价格** 是报告期当年的实际价格，也称现价或现行价格。使用当年价格计算的以货币表现的物量指标，反映当年的实际情况，可用于考核社会经济效益，便于对生产、流通、分配、消费之间进行经济核算和综合平衡。

**可比价格** 亦称固定价格。指在不同时期的价值指标对比时，扣除了价格变动因素，以确切反映物量的变化。按可比价格计算有两种方法：一种是直接用于产品产量乘其不变价格；一种是指数法换算。

**不变价格** 用某一时期的同类产品的平均价格作为固定价格，来计算各个时期的产品价值。目的是为了消除各个时期价格变动的影响，保证各时期间、地区间的可比性。

## Explanatory Notes on Main Statistical Indicators

**Development Rate** is a relative indicator that reflects the development extends of a certain indicator in a certain period. It is calculated by comparing the level of report period to the level of base period, and is expressed with percentage. Namely to set the value of base period for 1 (or 100%), the development rate equals to multiply the quotient that the indicator valve in report period comparing to base period by 100%. Development rate can be classified into fixed-base development rate and chain-base development rate because of the different standard period of comparison. The formula is:

Development Rate = (Value of Indicator in Report Period / Value of Indicator in Base Period) ×100%

**Growth Rate** is an indicator that reflects the growth of social economy, and is calculated by growth level of report period to base period. The formula is:

Growth Rate = (Value of Indicator in Report Period/ Value of Indicator in Base Period - 1) ×100%

or=Development Rate - 1 (or 100%)

**Average Annual Growth Rate** Two methods for calculating average annual growth rate are applied in China, one is often called level approach or the method of calculating geometric average, which is derived by comparing the level of the last year of the interval with that of the beginning year. The other is called "accumulative approach" or algebraic average or equation method, which is derived by the summation of the actual figure of each year in the interval divided by the figure in the base year.

Usually the results calculated by the two methods are fairly close, but they differed sharply when uneven economic development occurred with striking fluctuation in growth.

The average annual growth rates listed in this statistical yearbook are calculated by "level approach". The base year are not listed when the year are listed for average annual growth rates. For instance, the average annual growth rate of 24 years since 1981 is listed as average annual growth rate of 1981-2004, among which 1980 is the base year and 2004 is the reference year.

**Current Price** refers to the actual price in the reference period. The quantum indicators calculated in accordance with actual prices in current year can reflect the actual situation in the reference year. It can be used to check the social economic effect, and to carry though economic accounting and comprehensive balance during production, circulation, distribution and consumption.

**Comparable Price** also called fixed price. It is applied when comparing indicators of value over time and deducting factors of price changes to reflect accurately the changes in real them. Two methods are used for calculating comparable prices: (1) multiplying the output of products by their constant prices of certain year; (2) conversion of the data in current prices by relevant price index.

**指数** 指数是一种表明社会经济现象动态的相对数，一般用百分数表示。运用指数可以测定不能直接相加和直接对比的社会经济现象的总动态；可以分析社会经济现象总变动中各因素变动的影响程度；可以研究总平均指标变动中各组标志水平和总体结构变动的作用。它是在把各个年份的产值换算成可比价格的基础上，根据定基数等于相应各个环比指数的连乘积这个换算关系计算出来的。

本《年鉴》所列"国内生产总值指数"等都是按可比价格计算的，如计算有关年份产值增长情况，可用定期指数（即简称年度为100的定基指数）直接进行对比。例如，求2000年国内生产总值为1980年的百分比，按表上2000年指数，1980年指数，两者相除即得，其余以此类推。

**Index** is a kind of relative indicator that reflects the trends of social economic phenomena, and is usually expressed with percentage. Using indexes can determine the whole trend of social economic phenomena that cannot be added up or compared directly; can analysis the degree of various factors impacting during the whole variation of social economic phenomena; and also can research the actions of levels and general construction movements of groups of indicators during the variation of total average indicator. It is calculated on the converting relation that fixed cardinal number equal to continues product of corresponding chain index, when the output value in various years has been converted into comparable prices.

All of the indexes of GDP listed in this yearbook are calculated at comparable prices. The situation of output value growth in certain years can be calculated by comparing term indexes (fixed base indexes that set annual data =100) directly. For instance, the GDP in 2000 as the percentage of in 1980 can be calculated by multiplying index of 2000 to index of 1980 listed in table, and this method by analogy apply to others.

**各个计划时期** 本年鉴表内所用各个"时期"代表的年份如下：第一个五年计划时期（简称"一五"时期）为1953到1957年；第二个五年计划时期（简称"二五"时期）为1958到1962年；第三个五年计划时期（简称"三五"时期）为1966到1970年；第四个五年计划时期（简称"四五"时期）为1971到1975年；第五个五年计划时期（简称"五五"时期）为1976到1980年；第六个五年计划时期（简称"六五"时期）为1981到1985年；第七个五年计划时期（简称"七五"时期）为1986到1990年；第八个五年计划时期（简称"八五"时期）为1991到1995年；第九个五年计划的时期（简称"九五"时期）为1996到2000年；第十个五年计划时期（简称"十五"时期）为2001到2005年；第十一个五年计划时期（简称"十一五"时期）为2006到2010年；第十二个五年计划时期（简称"十二五"时期）为2011年到2015年；第十三个五年计划时期（简称"十三五"时期）为2016年到2020年。

**Various Plan Periods** The years represented by the various "periods" in tables of this yearbook are as follows: First Five-year Plan Period refers to 1953-1957; Second Five-year Plan Period refers to 1958-1962; Third Five-year Plan Period refers to 1966-1970; Fourth Five-year Plan Period refers to 1971-1975; Fifth Five-year Plan Period refers to 1976-1980; Sixth Five-year Plan Period refers to 1981-1985; Seventh Five-year Plan Period refers to 1986-1990; Eighth Five-year Plan Period refers to 1991-1995; Ninth Five-year Plan Period refers to 1996-2000; Tenth Five-year Plan Period refers to 2001-2005; Eleventh Five-year plan period refers to 2006-2010; Twelfth Five-year Plan Period refers to 2011-2015; Thirteenth Five-year Plan Period refers to 2016-2020.

第二篇

# 人　口

# POPULATION

（编辑：周慧妮）

# 简要说明

（本篇资料由自治区统计局人口和就业处调查提供，电话：0771-5867222）

**一、本篇资料主要内容**

广西及各市、县（市、区）主要人口指标数据。

**二、调查方法**

按国家统计报表制度规定的调查方法获取，包括户籍统计年报统计制度、人口普查数据资料、人口变动情况抽样调查制度。

**三、其他情况说明**

户籍统计年报表数据口径为户籍人口，人口普查及人口变动情况抽样调查数据口径为常住人口。

# 2—1　总人口及其构成

## Total Population and Its Composition

| 年 份 Year | 总户数（万户） Total Households (10 000 households) | 总人口（万人） Total Population (10 000 persons) | 男 性 Male | 女 性 Female | 性别比（以女性为100） Sex Ratio (Female=100) | 常住人口（万人） Permanent Population (10 000 persons) | 人口密度（人/平方公里） Population Density (person/sq.km) |
|---|---|---|---|---|---|---|---|
| 1978 | 661 | 3402 | 1753 | 1649 | 106.31 | | 144 |
| 1980 | 676 | 3538 | 1822 | 1716 | 106.18 | | 149 |
| 1985 | 757 | 3873 | 2005 | 1868 | 107.33 | | 164 |
| 1990 | 896 | 4242 | 2205 | 2037 | 108.25 | | 179 |
| 1991 | 918 | 4324 | 2250 | 2074 | 108.49 | | 183 |
| 1992 | 950 | 4380 | 2285 | 2095 | 109.07 | | 185 |
| 1993 | 973 | 4438 | 2317 | 2121 | 109.24 | | 187 |
| 1994 | 997 | 4493 | 2346 | 2147 | 109.27 | | 190 |
| 1995 | 1020 | 4543 | 2377 | 2166 | 109.74 | | 192 |
| 1996 | 1040 | 4589 | 2398 | 2191 | 109.45 | | 194 |
| 1997 | 1069 | 4633 | 2421 | 2212 | 109.45 | | 196 |
| 1998 | 1092 | 4675 | 2442 | 2233 | 109.37 | | 198 |
| 1999 | 1110 | 4713 | 2463 | 2250 | 109.51 | | 199 |
| 2000 | 1140 | 4751 | 2484 | 2267 | 109.56 | | 201 |
| 2001 | 1178 | 4788 | 2506 | 2282 | 109.90 | | 202 |
| 2002 | 1197 | 4822 | 2521 | 2301 | 109.73 | | 204 |
| 2003 | 1235 | 4857 | 2542 | 2315 | 109.84 | | 205 |
| 2004 | 1285 | 4889 | 2559 | 2330 | 109.86 | | 206 |
| 2005 | 1329 | 4925 | 2587 | 2338 | 110.65 | 4660 | 208 |
| 2006 | 1374 | 4961 | 2612 | 2349 | 111.16 | 4719 | 209 |
| 2007 | 1416 | 5002 | 2634 | 2368 | 111.19 | 4768 | 201 |
| 2008 | 1459 | 5049 | 2659 | 2390 | 111.25 | 4816 | 203 |
| 2009 | 1499 | 5092 | 2681 | 2411 | 111.18 | 4856 | 205 |
| 2010 | 1347 | 5159 | 2708 | 2451 | 110.50 | 4610 | 195 |
| 2011 | 1359 | 5199 | 2730 | 2469 | 110.54 | 4645 | 196 |
| 2012 | 1361 | 5240 | 2759 | 2481 | 110.51 | 4682 | 197 |
| 2013 | 1383 | 5282 | 2772 | 2510 | 110.42 | 4719 | 199 |
| 2014 | 1567 | 5475 | 2891 | 2584 | 111.84 | 4754 | 201 |
| 2015 | 1575 | 5518 | 2913 | 2605 | 111.79 | 4796 | 202 |
| 2016 | 1586 | 5579 | 2943 | 2636 | 111.61 | 4838 | 204 |
| 2017 | 1586 | 5600 | 2951 | 2649 | 111.38 | 4885 | 206 |
| 2018 | 1600 | 5659 | 2980 | 2679 | 111.26 | 4926 | 207 |
| 2019 | 1607 | 5695 | 2998 | 2697 | 111.18 | 4960 | 209 |

注：本表数据按当年行政区划计算，2000年总人口根据第五次人口普查资料推算，2010年为人口普查数，2011-2013年为人口抽样调查推算数。其余年份为户籍统计年报数，[illegible]起按常住人口计[illegible]。

Note: The data in this table is calculated on the administrative division of the year, the total population in 2000 [illegible] Population Census, the data in 2010 is estimated by the population census, the data from 2011 to 2013 is estimated by population sample survery, and total population in other years is based on the annual reports of the household registration. Population density has been calculated by permanent population since 2007.

# 2—2 人口自然变动情况

## Natural Changes of Population

| 年 份 Year | 总人口比上年增减 Total Population Increases or Decreases Over the Previou Year | | 出生人口（万人）Birth Population（10 000 persons） | 出生率（‰）Birth Rate（‰） | 死亡人口（万人）Death Population（10 000 persons） | 死亡率（‰）Death Rate（‰） | 自然增长率（‰）Natural Growth Rate（‰） |
|---|---|---|---|---|---|---|---|
| | 绝对数（万人）Absolute Population（10 000 persons） | 增长速度（%）Growth Rate（%） | | | | | |
| 1978 | 73 | 2.19 | 83 | 24.69 | 19 | 5.79 | 18.90 |
| 1980 | 68 | 1.96 | 88 | 25.17 | 20 | 5.80 | 19.37 |
| 1985 | 67 | 1.76 | 98 | 25.51 | 22 | 5.60 | 19.91 |
| 1990 | 92 | 2.22 | 85 | 20.20 | 28 | 6.60 | 13.60 |
| 1991 | 63 | 1.48 | 93 | 21.89 | 31 | 7.24 | 14.65 |
| 1992 | 56 | 1.30 | 87 | 20.19 | 32 | 7.28 | 12.91 |
| 1993 | 58 | 1.32 | 86 | 19.58 | 28 | 6.35 | 13.23 |
| 1994 | 55 | 1.24 | 84 | 18.84 | 29 | 6.60 | 12.24 |
| 1995 | 50 | 1.11 | 79 | 17.54 | 29 | 6.53 | 11.01 |
| 1996 | 46 | 1.01 | 77 | 16.83 | 31 | 6.82 | 10.01 |
| 1997 | 44 | 0.96 | 74 | 15.93 | 30 | 6.40 | 9.53 |
| 1998 | 42 | 0.91 | 74 | 15.87 | 32 | 6.86 | 9.01 |
| 1999 | 38 | 0.81 | 70 | 14.96 | 32 | 6.93 | 8.03 |
| 2000 | 38 | 0.81 | 64 | 13.60 | 26 | 5.70 | 7.90 |
| 2001 | 37 | 0.78 | 66 | 13.80 | 29 | 6.07 | 7.73 |
| 2002 | 34 | 0.71 | 64 | 13.30 | 30 | 6.30 | 7.00 |
| 2003 | 35 | 0.73 | 67 | 13.86 | 32 | 6.57 | 7.29 |
| 2004 | 32 | 0.66 | 65 | 13.32 | 30 | 6.12 | 7.20 |
| 2005 | 36 | 0.74 | 70 | 14.26 | 30 | 6.09 | 8.17 |
| 2006 | 36 | 0.73 | 71 | 14.44 | 30 | 6.10 | 8.34 |
| 2007 | 41 | 0.83 | 71 | 14.19 | 30 | 5.99 | 8.20 |
| 2008 | 47 | 0.94 | 72 | 14.40 | 29 | 5.70 | 8.70 |
| 2009 | 43 | 0.85 | 72 | 14.17 | 29 | 5.64 | 8.53 |
| 2010 | 67 | 1.32 | 72 | 14.13 | 25 | 5.48 | 8.65 |
| 2011 | 40 | 0.78 | 71 | 13.71 | 31 | 6.04 | 7.67 |
| 2012 | 41 | 0.79 | 74 | 14.20 | 33 | 6.31 | 7.89 |
| 2013 | 42 | 0.80 | 75 | 14.28 | 33 | 6.35 | 7.93 |
| 2014 | 53 | 0.98 | 72 | 14.07 | 30 | 6.21 | 7.86 |
| 2015 | 43 | 0.79 | 72 | 14.05 | 30 | 6.15 | 7.90 |
| 2016 | 61 | 1.11 | 77 | 13.82 | 29 | 5.95 | 7.87 |
| 2017 | 21 | 0.37 | 82 | 15.14 | 32 | 6.22 | 8.92 |
| 2018 | 59 | 1.06 | 71 | 14.12 | 30 | 5.96 | 8.16 |
| 2019 | 36 | 0.64 | 66 | 13.31 | 31 | 6.14 | 7.17 |

注：1. 1978、1980年的"三率"数字，根据第三次人口普查资料进行了调整。2000年、2010年为人口普查数，其余年份为人口抽样调查数。

2. 1990年以前和2014-2019年的总人口增减绝对数、增长速度为户籍统计年报数，其余年份为人口抽样调查数。

Note：1. The Third Population Census adjusted the data of birth rate，death rate and natural growth rate in 1978 and 1980，and the data in 2000 and 2010 is from the population census，data in other years is based on population sample survey.

2. The absolute figures of the total population variation，the growth rate before 1990 and from 2014 to 2018 are based on the annual reports of household registration，and the rest are based on the population sample survey.

# 2—3　主要年份少数民族人口数量
## Population of Ethnic Groups in Main Year

单位：万人　　(10 000 persons)

| 年　份 Year | 总人口中 Total Population | | | | 常住人口中 Permanent Population | | | |
|---|---|---|---|---|---|---|---|---|
| | 少数民族人口数量 Population of Ethnic Groups | 占总人口比重（%） Proportion of Total Population (%) | 壮族人口数量 Population of Zhuang Nationality | 占总人口比重（%） Proportion of Total Population (%) | 少数民族人口数量 Population of Ethinc Groups | 占常住人口比重（%） Proportion of Permanent Population (%) | 壮族人口数量 Population of Zhuang Nationality | 占常住人口比重（%） Proportion of Permanent Population (%) |
| 1953 | | | | | 741.49 | 37.9 | 650.33 | 33.3 |
| 1964 | | | | | 874.27 | 37.7 | 770.70 | 33.2 |
| 1982 | 1405.41 | 38.2 | 1243.14 | 33.7 | 1393.59 | 38.3 | 1232.40 | 33.8 |
| 1990 | 1649.86 | 38.9 | 1423.62 | 33.6 | 1657.69 | 39.2 | 1421.54 | 33.7 |
| 2000 | 1809.97 | 38.3 | 1553.11 | 32.9 | 1722.26 | 38.4 | 1454.54 | 32.4 |
| 2010 | 1957.56 | 37.9 | 1658.72 | 32.2 | 1711.05 | 37.2 | 1444.84 | 31.4 |
| 2011 | 1972.50 | 37.9 | 1671.48 | 32.2 | 1727.01 | 37.2 | 1458.07 | 31.4 |
| 2012 | 1988.00 | 37.9 | 1684.66 | 32.2 | 1740.77 | 37.2 | 1469.68 | 31.4 |
| 2013 | 2004.00 | 37.9 | 1698.16 | 32.2 | 1754.52 | 37.2 | 1481.29 | 31.4 |
| 2014 | 2077.21 | 37.9 | 1760.21 | 32.2 | 1777.05 | 37.4 | 1497.03 | 31.5 |
| 2015 | 2140.87 | 38.8 | 1795.96 | 32.6 | 1781.03 | 37.1 | 1508.82 | 31.5 |
| 2016 | 2185.32 | 39.2 | 1809.36 | 32.4 | 1807.48 | 37.4 | 1521.55 | 31.5 |
| 2017 | 2179.48 | 38.9 | 1821.11 | 32.5 | 1828.94 | 37.4 | 1540.73 | 31.5 |
| 2018 | 2204.51 | 39.0 | 1839.74 | 32.5 | 1847.38 | 37.5 | 1557.15 | 31.6 |
| 2019 | 2220.28 | 39.0 | 1850.95 | 32.5 | [illegible] | [illegible] | [illegible] | [illegible] |

注：本表数字按当年行政区划计算，总人口均为户籍统计年报数，2011-2019年常住人口为人口抽样调查推算数，其余为人口普查数。

# 2—4 主要年份按居住地分的城乡人口

## Population of Urban and Rural by Living Areas in Main Years

单位：万人 (10 000 persons)

| 年 份<br>Year | 按城乡分<br>Population by Urban and Rural | | 占总人口比例（%）<br>Percentage to Total Population （%） | |
|---|---|---|---|---|
| | 市镇人口<br>Urban | 乡村人口<br>Rural | 市镇人口<br>Urban | 乡村人口<br>Rural |
| 1990 | 641 | 3601 | 15.10 | 84.90 |
| 1995 | 838 | 3705 | 18.45 | 81.55 |
| 2000 | 1337 | 3414 | 28.15 | 71.85 |
| 2001 | 1350 | 3438 | 28.20 | 71.80 |
| 2002 | 1365 | 3457 | 28.30 | 71.70 |
| 2003 | 1411 | 3446 | 29.06 | 70.94 |
| 2004 | 1550 | 3339 | 31.70 | 68.30 |
| 2005 | 1567 | 3093 | 33.62 | 66.38 |
| 2006 | 1635 | 3084 | 34.64 | 65.36 |
| 2007 | 1728 | 3040 | 36.24 | 63.76 |
| 2008 | 1838 | 2978 | 38.16 | 61.84 |
| 2009 | 1904 | 2952 | 39.20 | 60.80 |
| 2010 | 1849 | 2761 | 40.11 | 59.89 |
| 2011 | 1942 | 2703 | 41.80 | 58.20 |
| 2012 | 2038 | 2644 | 43.53 | 56.47 |
| 2013 | 2115 | 2604 | 44.81 | 55.19 |
| 2014 | 2187 | 2567 | 46.01 | 53.99 |
| 2015 | 2257 | 2539 | 47.06 | 52.94 |
| 2016 | 2326 | 2512 | 48.08 | 51.92 |
| 2017 | 2404 | 2481 | 49.21 | 50.79 |
| 2018 | 2474 | 2452 | 50.22 | 49.78 |
| 2019 | 2534 | 2426 | 51.09 | 48.91 |

注：本表1990、2000、2010年为人口普查数，其余年份为人口抽样调查推算数。2005年起为常住人口数。

Note: The data in 1990, 2000 and 2010 is estimated by the population census, and the data since 2005 is based on permanent population, while the data in the other years is estimated by the population sample survey.

# 2—5　主要年份各市按居住地分的城乡人口

## Population of Urban and Rural By Living Areas by City in Main Years

单位：万人　　　　(10 000 persons)

| 地区 Region | 按城乡分 Population by Urban and Rural | 2005 | 2010 | 2015 | 2016 | 2017 | 2018 | 2019 |
|---|---|---|---|---|---|---|---|---|
| 南宁市 Nanning | 市镇人口 Urban | 286.58 | 350.52 | 414.32 | 425.34 | 438.83 | 452.62 | 467.88 |
| | 乡村人口 Rural | 359.74 | 315.64 | 284.29 | 280.88 | 276.50 | 272.79 | 266.60 |
| 柳州市 Liuzhou | 市镇人口 Urban | 166.89 | 206.91 | 243.64 | 249.44 | 256.03 | 261.67 | 266.80 |
| | 乡村人口 Rural | 200.30 | 168.96 | 148.63 | 146.43 | 143.97 | 142.50 | 141.00 |
| 桂林市 Guilin | 市镇人口 Urban | 165.36 | 184.02 | 231.29 | 238.48 | 247.34 | 254.28 | 260.20 |
| | 乡村人口 Rural | 314.78 | 290.78 | 264.87 | 262.46 | 258.41 | 254.27 | 251.03 |
| 梧州市 Wuzhou | 市镇人口 Urban | 109.43 | 123.87 | 149.18 | 152.71 | 156.88 | 160.96 | 163.02 |
| | 乡村人口 Rural | 187.84 | 164.35 | 150.76 | 149.13 | 146.86 | 145.15 | 144.68 |
| 北海市 Beihai | 市镇人口 Urban | 71.16 | 74.82 | 89.96 | 92.52 | 96.01 | 98.45 | 101.09 |
| | 乡村人口 Rural | 79.02 | 79.11 | 72.61 | 71.85 | 70.32 | 69.55 | 68.98 |
| 防城港市 Fangchenggang | 市镇人口 Urban | 31.82 | 41.85 | 50.63 | 52.36 | 53.94 | 55.67 | 57.52 |
| | 乡村人口 Rural | 46.52 | 44.84 | 41.21 | 40.54 | 40.08 | 39.66 | 38.84 |
| 钦州市 Qinzhou | 市镇人口 Urban | 79.73 | 94.57 | 118.84 | 122.59 | 127.77 | 132.16 | 136.41 |
| | 乡村人口 Rural | 233.43 | 213.40 | 202.09 | 201.71 | 200.23 | 198.28 | 196.00 |
| 贵港市 Guigang | 市镇人口 Urban | 113.51 | 165.65 | 199.75 | 207.78 | 214.46 | 220.85 | 225.77 |
| | 乡村人口 Rural | 302.29 | 246.23 | 229.62 | 225.42 | 223.08 | 220.07 | 217.31 |
| 玉林市 Yulin | 市镇人口 Urban | 177.95 | 217.32 | 265.45 | 272.07 | 280.02 | 288.31 | 294.47 |
| | 乡村人口 Rural | 372.48 | 331.42 | 305.27 | 303.53 | 301.06 | 296.66 | 293.31 |
| 百色市 Baise | 市镇人口 Urban | 88.33 | 92.23 | 122.66 | 127.40 | 132.35 | 136.00 | 138.34 |
| | 乡村人口 Rural | 264.14 | 254.45 | 237.01 | 234.62 | 232.30 | 230.94 | 230.40 |
| 贺州市 Hezhou | 市镇人口 Urban | 60.31 | 68.95 | 86.36 | 89.66 | 92.95 | 95.76 | 97.70 |
| | 乡村人口 Rural | 144.13 | 126.46 | 116.23 | 114.21 | 112.72 | 111.50 | 110.83 |
| 河池市 Hechi | 市镇人口 Urban | 104.13 | 92.14 | 121.97 | 126.16 | 130.60 | 135.39 | 138.09 |
| | 乡村人口 Rural | 265.79 | 244.79 | 225.71 | 223.74 | 221.75 | 219.18 | 218.27 |
| 来宾市 Laibin | 市镇人口 Urban | 57.80 | 69.65 | 88.76 | 92.83 | 97.08 | 99.51 | 102.60 |
| | 乡村人口 Rural | 164.85 | 140.32 | 129.44 | 127.22 | 124.78 | 123.88 | 121.83 |
| 崇左市 Chongzuo | 市镇人口 Urban | 54.15 | 59.36 | 74.54 | 77.00 | 79.88 | 82.37 | 84.41 |
| | 乡村人口 Rural | 157.55 | 140.07 | 130.91 | 129.92 | 128.80 | 127.57 | 126.62 |

注：本表按常住人口口径统计，2010年为人口普查数，其余年份为人口抽样调查推算数。

Note: The data in this table is based on permanent population, the data in 2010 is from the population census, while the data in the other years is estimatel by the population sample survey.

# 2—6 各市县人口数（2019年）

# Population by City and County （2019）

单位：万人 （10 000 persons）

| 市、县 | City and County | 户籍户数（万户）Total House-holds (10 000 households) | 户籍人口 Total Household Registered Population | 男性 Male | 女性 Female | #城镇户籍人口 Urban Household Registered Population | 常住人口 Permanent Population | #城镇常住人口 Urban Permanent Population |
|---|---|---|---|---|---|---|---|---|
| 全广西 | Guangxi | 1607 | 5695 | 2998 | 2697 | 1850 | 4960 | 2534.30 |
| 南宁市 | Nanning | 236.02 | 781.97 | 406.23 | 375.74 | 353.11 | 734.48 | 467.88 |
| 市辖区 | District | 127.10 | 397.77 | 201.94 | 195.84 | 252.24 | 449.23 | 356.8 |
| 兴宁区 | Xingning District | 11.85 | 36.47 | 18.26 | 18.22 | 25.88 | 45.80 | 40.04 |
| 青秀区 | Qingxiu District | 26.30 | 79.63 | 39.24 | 40.40 | 67.46 | 82.86 | 77.35 |
| 江南区 | Jiangnan District | 18.10 | 55.96 | 28.36 | 27.60 | 39.35 | 67.13 | 54.85 |
| 西乡塘区 | Xixiangtang District | 26.85 | 82.75 | 41.35 | 41.40 | 64.75 | 126.20 | 116.27 |
| 良庆区 | Liangqing District | 9.76 | 32.32 | 16.75 | 15.57 | 16.87 | 39.30 | 28.87 |
| 邕宁区 | Yongning District | 10.90 | 37.93 | 20.09 | 17.85 | 16.16 | 29.70 | 12.63 |
| 武鸣区 | Wuming District | 23.34 | 72.70 | 37.90 | 34.80 | 21.78 | 58.24 | 26.79 |
| 隆安县 | Long'an | 11.75 | 42.45 | 22.57 | 19.87 | 9.18 | 32.02 | 10.34 |
| 马山县 | Mashan | 15.79 | 57.44 | 30.28 | 27.16 | 10.68 | 41.68 | 12.04 |
| 上林县 | Shanglin | 14.83 | 50.26 | 26.49 | 23.77 | 10.38 | 36.83 | 12.59 |
| 宾阳县 | Binyang | 30.60 | 106.22 | 56.88 | 49.34 | 33.62 | 83.08 | 36.85 |
| 横　县 | Hengxian | 35.94 | 127.82 | 68.05 | 59.77 | 37.02 | 91.64 | 39.26 |
| 柳州市 | Liuzhou | 115.67 | 393.52 | 202.81 | 190.71 | 197.90 | 407.80 | 266.80 |
| 市辖区 | District | 57.18 | 185.33 | 93.30 | 92.04 | 137.87 | 229.80 | 195.49 |
| 城中区 | Chengzhong District | 5.88 | 17.69 | 8.60 | 9.09 | 17.26 | 17.95 | 17.90 |
| 鱼峰区 | Yufeng District | 13.06 | 42.34 | 21.14 | 21.21 | 33.90 | 54.81 | 50.55 |
| 柳南区 | Liunan District | 13.75 | 41.61 | 20.91 | 20.70 | 36.88 | 57.87 | 54.05 |
| 柳北区 | Liubei District | 11.62 | 35.71 | 17.79 | 17.92 | 32.25 | 45.85 | 44.24 |
| 柳江区 | Liujiang District | 12.87 | 47.98 | 24.86 | 23.12 | 17.58 | 53.32 | 28.75 |
| 柳城县 | Liucheng | 12.39 | 41.14 | 21.24 | 19.90 | 16.91 | 37.56 | 16.90 |
| 鹿寨县 | Luzhai | 11.66 | 41.30 | 21.73 | 19.57 | 17.17 | 35.66 | 17.46 |
| 融安县 | Rong'an | 10.41 | 32.82 | 17.49 | 15.33 | 9.97 | 30.56 | 12.16 |
| 融水苗族自治县 | Rongshui | 13.22 | 52.46 | 27.68 | 24.79 | 10.53 | 42.75 | 15.65 |
| 三江侗族自治县 | Sanjiang | 10.81 | 40.47 | 21.37 | 19.10 | 5.46 | 31.47 | 9.14 |
| 桂林市 | Guilin | 165.65 | 540.60 | 279.50 | 261.10 | 206.62 | 511.23 | 260.20 |
| 市辖区 | District | 42.17 | 134.15 | 66.81 | 67.34 | 94.97 | 159.27 | 126.25 |
| 秀峰区 | Xiufeng District | 3.86 | 11.57 | 5.56 | 6.02 | 11.57 | 16.73 | 16.73 |
| 叠彩区 | Diecai District | 5.30 | 15.62 | 7.52 | 8.10 | 14.23 | 19.05 | 17.63 |
| 象山区 | Xiangshan District | 8.65 | 24.38 | 11.81 | 12.57 | 22.99 | 29.74 | 29.72 |
| 七星区 | Qixing District | 7.85 | 22.74 | 10.97 | 11.77 | 21.96 | 31.01 | 30.90 |

# 2—6 续表1 continued

单位：万人 (10 000 persons)

| 市、县 | City and County | 户籍户数（万户） Total House-holds (10 000 households) | 户籍人口 Total Household Registered Population | 男性 Male | 女性 Female | #城镇户籍人口 Urban Household Registered Population | 常住人口 Permanent Population | #城镇常住人口 Urban Permanent Population |
|---|---|---|---|---|---|---|---|---|
| 雁山区 | Yanshan District | 1.85 | 7.02 | 3.50 | 3.52 | 1.16 | 14.17 | 10.25 |
| 临桂区 | Lingui District | 14.66 | 52.82 | 27.46 | 25.36 | 23.06 | 48.57 | 21.02 |
| 阳朔县 | Yangshuo | 9.57 | 33.14 | 17.11 | 16.03 | 7.18 | 29.15 | 10.45 |
| 灵川县 | Lingchuan | 11.91 | 39.59 | 19.97 | 19.62 | 9.71 | 37.81 | 17.98 |
| 全州县 | Quanzhou | 24.61 | 84.50 | 45.55 | 38.95 | 17.85 | 66.98 | 23.64 |
| 兴安县 | Xing'an | 12.40 | 39.28 | 20.20 | 19.07 | 11.24 | 34.83 | 13.54 |
| 永福县 | Yongfu | 8.35 | 29.14 | 15.38 | 13.76 | 7.32 | 24.96 | 9.26 |
| 灌阳县 | Guanyang | 10.76 | 29.72 | 15.89 | 13.83 | 8.40 | 24.53 | 9.38 |
| 龙胜各族自治县 | Longsheng | 4.84 | 17.37 | 8.83 | 8.54 | 2.81 | 16.28 | 5.77 |
| 资源县 | Ziyuan | 5.67 | 18.15 | 9.47 | 8.68 | 3.13 | 15.75 | 5.25 |
| 平乐县 | Pingle | 14.89 | 46.51 | 24.62 | 21.89 | 18.15 | 39.01 | 12.82 |
| 恭城瑶族自治县 | Gongcheng | 9.09 | 30.53 | 15.86 | 14.67 | 7.94 | 26.17 | 8.53 |
| 荔浦市 | Lipu | 11.40 | 38.51 | 19.79 | 18.71 | 17.92 | 36.49 | 17.33 |
| **梧州市** | **Wuzhou** | **99.86** | **353.30** | **187.86** | **165.44** | **165.87** | **307.70** | **163.02** |
| 市辖区 | District | 25.12 | 80.58 | 41.29 | 39.29 | 60.52 | 83.43 | 62.97 |
| 万秀区 | Wanxiu District | 10.07 | 29.13 | 14.66 | 14.48 | 23.05 | 32.55 | 29.34 |
| 长洲区 | Changzhou District | 6.35 | 19.82 | 9.84 | 9.98 | 15.96 | 21.43 | 19.61 |
| 龙圩区 | Longxu District | 8.69 | 31.63 | 16.79 | 14.84 | 21.51 | 29.45 | 14.02 |
| 苍梧县 | Cangwu | 10.44 | 41.28 | 22.16 | 19.12 | 12.14 | 33.40 | 10.35 |
| 藤 县 | Tengxian | 30.35 | 111.91 | 60.60 | 51.32 | 43.81 | 88.68 | 38.48 |
| 蒙山县 | Mengshan | 7.39 | 22.49 | 11.87 | 10.62 | 5.99 | 20.52 | 7.72 |
| 岑溪市 | Cenxi | 26.56 | 97.04 | 51.94 | 45.09 | 43.42 | 81.67 | 43.50 |
| **北海市** | **Beihai** | **45.59** | **180.21** | **94.23** | **85.98** | **58.94** | **170.07** | **101.09** |
| 市辖区 | District | 19.75 | 69.97 | 35.18 | 34.79 | 39.30 | 75.37 | 60.55 |
| 海城区 | Haicheng District | 10.23 | 32.65 | 16.13 | 16.52 | 29.01 | 38.43 | 38.39 |
| 银海区 | Yinhai District | 5.13 | 18.54 | 9.39 | 9.16 | 8.08 | 21.14 | 16.34 |
| 铁山港区 | Tieshangang District | 4.39 | 18.77 | 9.66 | 9.11 | 2.20 | 15.80 | 5.82 |
| 合浦县 | Hepu | 25.84 | 110.24 | 59.05 | 51.19 | 19.64 | 94.70 | 40.54 |
| **防城港市** | **Fangchenggang** | **25.78** | **100.37** | **54.10** | **46.26** | **39.73** | **96.36** | **57.52** |
| 市辖区 | District | 14.84 | 59.44 | 31.85 | 27.58 | 25.29 | 57.99 | 38.07 |
| 港口区 | Gangkou District | 4.32 | 14.52 | 7.49 | 7.02 | 10.37 | 18.22 | 16.04 |
| 防城区 | Fangcheng District | 10.52 | 44.92 | 24.36 | 20.56 | 14.92 | 39.77 | 22.03 |
| 上思县 | Shangsi | 6.91 | 25.22 | 14.09 | 11.13 | 6.04 | 21.83 | 7.52 |
| 东兴市 | Dongxing | 4.03 | 15.71 | 8.16 | 7.55 | 8.40 | 16.34 | 11.93 |
| **钦州市** | **Qinzhou** | **100.04** | **417.66** | **227.60** | **190.06** | [illegible] | [illegible] | [illegible] |

# 2—6 续表2 continued

单位：万人 (10 000 persons)

| 市、县 | City and County | 户籍户数（万户）Total House-holds (10 000 households) | 户籍人口 Total Household Registered Population | 男性 Male | 女性 Female | #城镇户籍人口 Urban Household Registered Population | 常住人口 Permanent Population | #城镇常住人口 Urban Permanent Population |
|---|---|---|---|---|---|---|---|---|
| 市辖区 | District | 35.11 | 153.73 | 84.35 | 69.38 | 40.37 | 130.57 | 69.27 |
| 钦南区 | Qinnan District | 15.96 | 65.98 | 35.22 | 30.75 | 24.17 | 58.36 | 35.55 |
| 钦北区 | Qinbei District | 19.15 | 87.76 | 49.13 | 38.63 | 16.20 | 72.21 | 33.72 |
| 灵山县 | Lingshan | 41.36 | 168.32 | 91.45 | 76.87 | 23.41 | 123.33 | 41.31 |
| 浦北县 | Pubei | 23.57 | 95.61 | 51.81 | 43.80 | 19.72 | 78.51 | 25.83 |
| 贵港市 | Guigang | 158.07 | 564.58 | 299.90 | 264.68 | 128.78 | 443.08 | 225.77 |
| 市辖区 | District | 61.13 | 205.42 | 107.33 | 98.09 | 56.35 | 163.05 | 96.64 |
| 港北区 | Gangbei District | 22.60 | 73.62 | 37.92 | 35.70 | 35.77 | 63.34 | 49.81 |
| 港南区 | Gangnan District | 21.16 | 70.64 | 37.40 | 33.24 | 14.72 | 55.49 | 24.02 |
| 覃塘区 | Qintang District | 17.36 | 61.16 | 32.01 | 29.16 | 5.86 | 44.22 | 22.81 |
| 平南县 | Pingnan | 42.93 | 154.75 | 83.40 | 71.35 | 34.92 | 120.33 | 57.87 |
| 桂平市 | Guiping | 54.01 | 204.41 | 109.17 | 95.24 | 37.51 | 159.70 | 71.26 |
| 玉林市 | Yulin | 209.79 | 736.97 | 394.91 | 342.05 | 249.13 | 587.78 | 294.47 |
| 市辖区 | District | 31.88 | 115.48 | 60.68 | 54.80 | 60.17 | 115.32 | 76.88 |
| 玉州区 | Yuzhou District | 20.07 | 71.08 | 36.51 | 34.57 | 45.73 | 74.79 | 60.48 |
| 福绵区 | Fumian District | 11.81 | 44.40 | 24.17 | 20.23 | 14.44 | 40.53 | 16.40 |
| 容 县 | Rongxian | 28.79 | 87.74 | 46.54 | 41.20 | 23.67 | 67.72 | 29.82 |
| 陆川县 | Luchuan | 33.64 | 111.18 | 59.35 | 51.83 | 31.80 | 81.18 | 36.27 |
| 博白县 | Bobai | 52.65 | 191.46 | 104.77 | 86.69 | 63.61 | 142.60 | 58.77 |
| 兴业县 | Xingye | 21.36 | 76.13 | 41.24 | 34.89 | 18.91 | 59.43 | 23.36 |
| 北流市 | Beiliu | 41.48 | 154.98 | 82.33 | 72.65 | 50.96 | 121.53 | 69.37 |
| 百色市 | Baise | 110.06 | 422.68 | 219.82 | 202.86 | 110.10 | 368.74 | 138.34 |
| 右江区 | Youjiang District | 10.13 | 37.16 | 18.70 | 18.46 | 15.39 | 40.61 | 26.11 |
| 田阳区 | Tianyang | 10.05 | 35.86 | 18.07 | 17.79 | 11.06 | 33.26 | 13.49 |
| 田东县 | Tiandong | 11.14 | 44.06 | 23.00 | 21.06 | 10.40 | 38.03 | 15.20 |
| 平果市 | Pingguo | 14.07 | 52.27 | 27.32 | 24.95 | 17.06 | 46.50 | 22.96 |
| 德保县 | Debao | 10.15 | 36.99 | 19.71 | 17.29 | 8.78 | 31.12 | 10.29 |
| 那坡县 | Napo | 6.03 | 21.92 | 11.53 | 10.39 | 4.47 | 16.37 | 4.62 |
| 凌云县 | Lingyun | 5.74 | 22.83 | 11.90 | 10.93 | 5.30 | 19.80 | 5.44 |
| 乐业县 | Leye | 4.96 | 18.15 | 9.59 | 8.56 | 3.46 | 15.79 | 4.45 |
| 田林县 | Tianlin | 6.82 | 26.79 | 13.78 | 13.01 | 6.01 | 23.64 | 6.06 |
| 西林县 | Xilin | 4.17 | 16.44 | 8.55 | 7.89 | 1.68 | 14.84 | 4.82 |
| 隆林各族自治县 | Longlin | 10.60 | 43.79 | 22.56 | 21.23 | 9.33 | 36.15 | 9.41 |
| 靖西市 | Jingxi | 16.18 | 66.42 | 35.12 | 31.30 | 17.17 | 52.63 | 15.49 |
| 贺州市 | Hezhou | 65.39 | 247.59 | 130.53 | 117.06 | 35.14 | 208.53 | 97.70 |

# 2—6 续表3 continued

单位：万人 (10 000 persons)

| 市、县 | City and County | 户籍户数(万户) Total House-holds (10 000 households) | 户籍人口 Total Household Registered Population | 男性 Male | 女性 Female | #城镇户籍人口 Urban Household Registered Population | 常住人口 Permanent Population | #城镇常住人口 Urban Permanent Population |
|---|---|---|---|---|---|---|---|---|
| 市辖区 | District | 32.44 | 122.54 | 63.82 | 58.72 | 17.94 | 107.69 | 53.98 |
| 八步区 | Babu District | 20.19 | 75.79 | 39.32 | 36.48 | 13.94 | 65.85 | 33.00 |
| 平桂区 | Pinggui District | 12.25 | 46.75 | 24.50 | 22.25 | 4.00 | 41.84 | 20.98 |
| 昭平县 | Zhaoping | 12.77 | 45.27 | 24.35 | 20.91 | 5.42 | 36.06 | 16.77 |
| 钟山县 | Zhongshan | 11.20 | 45.61 | 24.36 | 21.24 | 6.55 | 37.31 | 15.76 |
| 富川瑶族自治县 | Fuchuan | 8.98 | 34.17 | 17.99 | 16.18 | 5.23 | 27.47 | 11.19 |
| **河池市** | **Hechi** | **125.39** | **433.80** | **225.96** | **207.83** | **100.39** | **356.36** | **138.09** |
| 市辖区 | District | 31.63 | 101.85 | 52.66 | 49.19 | 31.84 | 94.30 | 48.44 |
| 金城江区 | Jinchengjiang District | 11.14 | 34.83 | 17.97 | 16.86 | 17.41 | 35.30 | 25.01 |
| 宜州区 | Yizhou District | 20.48 | 67.02 | 34.69 | 32.33 | 14.44 | 59.00 | 23.43 |
| 南丹县 | Nandan | 9.66 | 32.72 | 17.18 | 15.54 | 8.16 | 29.59 | 13.69 |
| 天峨县 | Tian'e | 5.04 | 17.69 | 9.30 | 8.39 | 3.57 | 16.50 | 6.42 |
| 凤山县 | Fengshan | 5.98 | 22.14 | 11.65 | 10.49 | 3.58 | 17.22 | 4.54 |
| 东兰县 | Donglan | 8.47 | 31.35 | 16.57 | 14.77 | 3.96 | 22.66 | 5.58 |
| 罗城仫佬族自治县 | Luocheng | 12.20 | 38.88 | 20.10 | 18.78 | 10.76 | 31.41 | 10.20 |
| 环江毛南族自治县 | Huanjiang | 11.83 | 37.95 | 20.11 | 17.83 | 5.17 | 28.46 | 9.10 |
| 巴马瑶族自治县 | Bama | 7.82 | 29.83 | 15.54 | 14.29 | 4.16 | 23.80 | 7.04 |
| 都安瑶族自治县 | Du'an | 19.45 | 72.63 | 37.66 | 34.97 | 20.34 | 54.28 | 21.38 |
| 大化瑶族自治县 | Dahua | 13.33 | 48.78 | 25.19 | 23.59 | 8.86 | 38.14 | 11.70 |
| **来宾市** | **Laibin** | **78.99** | **269.79** | **141.82** | **127.97** | **68.19** | **224.43** | **102.60** |
| 兴宾区 | Xingbin District | 31.71 | 114.64 | 60.55 | 54.09 | 31.29 | 98.04 | 50.44 |
| 忻城县 | Xincheng | 12.83 | 43.06 | 22.40 | 20.66 | 8.10 | 33.32 | 11.10 |
| 象州县 | Xiangzhou | 11.36 | 37.08 | 19.52 | 17.56 | 8.19 | 30.26 | 12.23 |
| 武宣县 | Wuxuan | 13.34 | 45.86 | 24.37 | 21.50 | 11.72 | 37.53 | 15.93 |
| 金秀瑶族自治县 | Jinxiu | 5.09 | 15.74 | 8.08 | 7.65 | 3.98 | 13.33 | 5.02 |
| 合山市 | Heshan | 4.67 | 13.41 | 6.90 | 6.51 | 4.90 | 11.95 | 7.88 |
| **崇左市** | **Chongzuo** | **71.01** | **252.32** | **133.17** | **119.15** | **53.01** | **211.03** | **84.41** |
| 江州区 | Jiangzhou District | 11.11 | 37.97 | 20.34 | 17.63 | 11.41 | 34.85 | 17.89 |
| 扶绥县 | Fusui | 14.94 | 46.18 | 24.64 | 21.54 | 12.28 | 40.65 | 18.47 |
| 宁明县 | Ningming | 11.35 | 44.48 | 23.73 | 20.76 | 8.32 | 35.76 | 11.25 |
| 龙州县 | Longzhou | 8.03 | 27.50 | 14.07 | 13.43 | 5.47 | 22.97 | 8.78 |
| 大新县 | Daxin | 10.24 | 38.55 | 19.94 | 18.61 | 5.66 | 31.00 | 9.10 |
| 天等县 | Tiandeng | [illegible] | [illegible] | 24.39 | 21.56 | 6.06 | 33.64 | 10.00 |
| 凭祥市 | Pingxiang | [illegible] | 11.69 | 6.06 | 5.63 | 3.80 | 12.16 | [illegible] |

注：本表为公安统计年报数，常住人口为人口抽样调查推算数。

Note: The data in this table is based on the annual report from Public Security Bureau of Guangxi, and the permanent population is estimated by the population sample survey.

# 2—7 主要年份婚姻情况

## Marital Status in Main Years

| 项 目 | Item | 2000 | 2005 | 2010 | 2012 | 2013 | 2014 | 2015 | 2016 | 2017 | 2018 | 2019 |
|---|---|---|---|---|---|---|---|---|---|---|---|---|
| 内地居民登记结婚（万对） | Registered Marriages of Inland Residents (10 000 couples) | 31.86 | 31.47 | 52.51 | 48.98 | 47.01 | 47.22 | 41.97 | 39.18 | 37.66 | 35.71 | 32.66 |
| 涉外婚姻（对） | Registered Foreign Marriage (couple) | 3700 | 3411 | 2018 | 1881 | 1747 | 1653 | 1613 | 2366 | 2984 | 5036 | 4258 |
| #国内公民（人） | Domestic Individuals (person) | 3700 | 3411 | 2017 | 1872 | 1747 | 1653 | 1611 | 2366 | 2984 | 5036 | 4258 |
| 初婚（万人） | First Marriage (10 000 persons) | 43.53 | 56.53 | 96.35 | 89.39 | 85.12 | 83.76 | 73.30 | 66.65 | 63.41 | 58.8 | 52.36 |
| 再婚（万人） | Remarriage (10 000 persons) | 1.40 | 2.67 | 6.83 | 8.79 | 9.39 | 10.38 | 10.64 | 11.70 | 11.91 | 12.6 | 12.95 |
| 离婚人数（万对） | Divorces (10 000 couples) | 0.98 | 2.96 | 5.49 | 6.71 | 7.40 | 8.06 | 8.33 | 9.27 | 9.91 | 10.78 | 12.14 |

注：本表为民政部门统计数。

Note: The data in this table is provided by Civil Affairs Department.

# 2—8　主要年份各种规模家庭户构成
## Composition of Various Size of Family Household in Main Years

单位：%　　　　　　　　　　　　　　　　　　　　　　　　(%)

| 年份 Year | 合计 Total | 1人户 One Person | 2人户 Two Persons | 3人户 Three Persons | 4人户 Four Persons | 5人户 Five Persons | 6人户 Six Persons | 7人户 Seven Persons | 8人及以上户 Eight Persons and Over | 家庭户平均每户人数（人） Average Population of One Family (person) | 城镇家庭户平均每户人数 Average Population of One Urban Family | 农村家庭户平均每户人数 Average Population of One Rura Family |
|---|---|---|---|---|---|---|---|---|---|---|---|---|
| 1995 | 100 | 6.50 | 9.58 | 16.84 | 23.75 | 19.30 | 12.50 | 6.40 | 5.12 | 4.31 | | |
| 2000 | 100 | 10.05 | 13.86 | 21.67 | 23.43 | 17.54 | 7.63 | 3.34 | 2.48 | 3.81 | | |
| 2005 | 100 | 11.18 | 20.45 | 24.71 | 21.82 | 13.02 | 5.25 | 1.98 | 1.59 | 3.37 | | |
| 2007 | 100 | 6.75 | 18.06 | 26.33 | 26.67 | 13.29 | 5.67 | 1.89 | 1.34 | 3.56 | | |
| 2008 | 100 | 6.87 | 19.17 | 26.56 | 26.69 | 12.62 | 5.31 | 1.66 | 1.12 | 3.48 | | |
| 2009 | 100 | 4.79 | 9.97 | 20.81 | 28.04 | 20.11 | 9.28 | 3.92 | 3.09 | 3.53 | | |
| 2010 | 100 | 11.30 | 12.98 | 20.23 | 23.41 | 16.35 | 7.97 | 4.00 | 3.76 | 3.34 | 3.15 | |
| 2011 | 100 | 13.82 | 22.09 | 24.87 | 19.70 | 10.99 | 5.29 | 1.64 | 1.61 | 3.24 | 3.19 | |
| 2012 | 100 | 13.27 | 21.01 | 23.86 | 20.68 | 11.75 | 5.86 | 1.87 | 1.70 | 3.32 | 3.03 | |
| 2013 | 100 | 14.43 | 20.73 | 23.32 | 21.09 | 10.99 | 5.61 | 2.03 | 1.80 | 3.29 | 3.25 | |
| 2014 | 100 | 13.73 | 21.13 | 24.41 | 19.78 | 11.29 | 5.77 | 2.08 | 1.81 | 3.30 | 3.22 | |
| 2015 | 100 | 12.57 | 18.72 | 22.70 | 20.96 | 12.74 | 6.55 | 2.81 | 2.95 | 3.51 | 3.46 | |
| 2016 | 100 | 12.90 | 19.34 | 22.91 | 21.01 | 12.32 | 6.36 | 2.62 | 2.55 | 3.46 | 3.35 | 3.56 |
| 2017 | 100 | 13.30 | 19.96 | 22.16 | 20.85 | 12.17 | 6.40 | 2.63 | 2.53 | 3.44 | 3.38 | 3.50 |
| 2018 | 100 | 15.16 | 20.33 | 21.44 | 20.13 | 11.41 | 6.47 | 2.62 | 2.44 | 3.37 | 3.31 | 3.45 |
| 2019 | 100 | 17.71 | 22.13 | [illegible] | 18.66 | 10.38 | 5.66 | 2.20 | 1.90 | 3.20 | 3.17 | 3.21 |

注：本表为按常住人口口径统计。2000、2010年为人口普查数，其余年份为人口抽样调查推算数。

Note: The data in this table is based on permanent population. The data in 2000 and 2010 is based on the population census, while the data in other years is estimated by the population sample survey.

# 2—9 主要年份人口年龄构成

## Population Composition by Age in Main Years

单位：%　　　　　　　　　　　　　　　　　　　　　　　　　　(%)

| 年份<br>Year | 0～14岁占总人口的比重<br>Ages Ranging from 0 to 14 as Percentage of Total Population | 15-64岁占总人口的比重<br>Ages Ranging from 15 to 64 as Percentage of Total Population | 65岁及以上占总人口的比重<br>Ages in & above 65 as Percentage of Total Population |
|---|---|---|---|
| 1990 | 33.38 | 61.20 | 5.42 |
| 2000 | 26.20 | 66.49 | 7.31 |
| 2005 | 23.76 | 66.67 | 9.57 |
| 2007 | 22.28 | 68.45 | 9.27 |
| 2008 | 22.07 | 68.48 | 9.45 |
| 2009 | 22.10 | 68.50 | 9.40 |
| 2010 | 21.71 | 69.05 | 9.24 |
| 2011 | 21.80 | 68.37 | 9.83 |
| 2012 | 21.96 | 68.30 | 9.74 |
| 2013 | 21.57 | 68.77 | 9.66 |
| 2014 | 21.58 | 68.75 | 9.67 |
| 2015 | 22.09 | 67.94 | 9.97 |
| 2016 | 22.08 | 67.97 | 9.95 |
| 2017 | 22.11 | 67.94 | 9.95 |
| 2018 | 22.06 | 67.98 | 9.96 |
| 2019 | 22.03 | 67.97 | 10.00 |

注：本表为按常住人口口径统计。1990、2000、2010年为人口普查数，其余年份为人口抽样调查数。

Note: The data in this table is based on permanent population. The data in 1990, 2000 and 2010 is based on the population census, while the data in other years is based on the population sample survey.

# 2—10　6岁及以上人口受教育程度构成

## Population Aged in 6 and Over Composition of Educational Attainment

单位：%　　　　　　　　　　　　　　　　　　　　　　(%)

| 年份<br>Year | 小　学<br>Primary Schools | 初　中<br>Junior Secondary Schools | 高中（含中职）<br>Senior Secondary Schools (including specialized secondary schools) | 大专及以上<br>Junior Colleges & above |
|---|---|---|---|---|
| 2000 | 45.60 | 35.20 | 10.40 | 2.60 |
| 2005 | 39.84 | 38.19 | 9.89 | 3.96 |
| 2007 | 34.64 | 42.50 | 12.37 | 4.64 |
| 2008 | 34.70 | 43.63 | 11.39 | 4.51 |
| 2009 | 33.30 | 44.42 | 11.38 | 5.06 |
| 2010 | 34.85 | 42.64 | 12.14 | 6.58 |
| 2011 | 34.80 | 42.60 | 12.20 | 6.60 |
| 2012 | 33.28 | 43.97 | 12.40 | 6.63 |
| 2013 | 32.57 | 44.17 | 12.72 | 6.92 |
| 2014 | 32.32 | 44.17 | 12.79 | 7.10 |
| 2015 | 31.20 | 41.10 | 13.65 | 9.21 |
| 2016 | 31.12 | 41.08 | 13.98 | 9.21 |
| 2017 | 30.75 | 41.07 | 14.50 | 9.22 |
| 2018 | 30.34 | 41.05 | 15.10 | 9.26 |
| 2019 | 30.26 | 40.88 | 15.75 | 9.26 |

注：本表为按常住人口口径统计。2000、2010年为人口普查数据，其余年份为人口抽样调查数据。

Note: The data in this table is based on permanent population. The data in 2000 and 2010 is based on the population census, while the data in other years is based on the population sample survey.

## 主要统计指标解释

**户数**　包括家庭户（含单身独居）和集体户。

**人口数**　指一定时点、一定地区范围内有生命的个人的总和。

**人口出生率**　指在一定时期内（通常为一年）一定地区的出生人数与同期平均人数（或期中人数）之比，一般用千分率表示。计算公式：

$$人口出生率=\frac{年出生人口}{年平均人口}\times 1000‰$$

式中：出生人数指活产婴儿，即胎儿脱离母体时（不管怀孕月数），有过呼吸或其他生命现象。年平均人数指年初、年底人口数的平均数，也可用年中人口数代替。

**出生人数**　指活产婴儿，即胎儿脱离母体时（不管怀孕月数），有过呼吸或其他生命现象。

**人口死亡率（又称粗死亡率）**　指在一定时期内（通常为一年）一定地区的死亡人数与同期平均人数（或期中人数）之比，一般用千分率表示。计算公式：

$$人口死亡率=\frac{年死亡人口}{年平均人口}\times 1000‰$$

**人口自然增长率**　指在一定时期内（通常为一年）人口自然增加数（出生人数减死亡人数）与该时期内平均人数（或期中人数）之比，一般用千分率表示。计算公式：

$$人口自然增长率=\frac{本年出生人数-本年死亡人数}{年平均人口}\times 1000‰$$

或人口自然增长率=人口出生率－人口死亡率

**性别比**　反映两性人口间比例的指标，指在总人口中或各年龄组人口中，男性人数与女性人数之比。通常以每100个女性人口相对应的男性人口数来表示。计算公式：

$$性别比=\frac{男性人口}{女性人口}\times 100\%$$

**常住人口**　包括：

（一）居住在本乡、镇、街道，并已在本乡、镇、街道办理常住户口登记的人；

（二）已在本乡、镇、街道居住半年以上，常住户口在本乡、镇、街道以外的人；

（三）在本乡、镇、街道居住不满半年，但已离开常住户口登记地半年以上的人；

## Explanatory Notes on Main Statistical Indicators

**Households**　include family household (including single household) and collective households.

**Total Population**　refers to the total number of people alive at a certain point of time within a given area.

**Birth Rate**　refers to the ratio of the number of births to the average population (or mid-period population) during a certain period of time (usually a year) in a certain region, which is often expressed in ‰. The following formula is used:

$$\text{Birth Rate}=\frac{\text{Number of Births}}{\text{Annual Average Number of Population}}\times 1000‰$$

In this formula, number of births refers to live births, i.e. the births babies had breathed or showed any vital phenomena regardless of the length of pregnancy, and annual average number of population refers to the average number of population at the beginning and end of the year. Sometimes it is substituted by the mid-year population.

**Number of Births**　refers to live births, i. e. the births babies had breathed or showed any vital phenomena regardless of the length of pregnancy.

**Death Rate**　refers to the ratio of the number of deaths to the average population (or mid-period population) during a certain period of time (usually a year) which is often expressed in ‰. The following formula is used:

$$\text{Death Rate}=\frac{\text{Number of Deaths}}{\text{Annual Aver age Population}}\times 1000‰$$

**Natural Growth Rate of Population**　refers to the ratio of natural increase in population (number of births minus number of deaths) in a certain period of time (usually a year) to the average population (or mid-period population) to the same period which is often expressed in ‰. The following formula is applied:

$$\text{Natural Growth Rate of Population}=\frac{\text{Number of Births}-\text{Number of Deaths}}{\text{Average Number of Population}}\times 1000‰$$

or: Natural Growth Rate of Population = Birth Rate - Death Rate

**Sex Ratio**　is the indicator reflects the ratio of the population of male to female in total population or various age groups. Generally, it is often expressed in the ratio of male population to 100 female. The calculating formula:

$$\text{Sex Ratio}=\frac{\text{Male Population}}{\text{Female Population}}\times 100\%$$

**Permanent Population**　includes:

1. The population living in the local countries, towns or streets, and registered as permanent residences in the local countries, towns or streets.

2. The population having been living in the local countries, towns or streets for more than half a year, with the permanent residences outside the local countries, towns or streets.

3. The population having been living in the local countries, towns or streets for less than half a year, but having been apart from the countries, towns or streets where registered their permanent residences for more than half a year.

（四）居住本乡、镇、街道，户口待定的人；

（五）原住本乡、镇、街道，在国外工作或者学习，暂无常住户口的人。

4. The population living in the local countries, towns or streets, with undetermined residences.

5. The population once living in the local countries, towns or streets, working or studying in foreign countries now, and without permanent residences temporarily.

**市人口** 指居住在城区区域上的人口。城区是指在市辖区和不设区的市，区、市政府驻地的实际建设连接到的居民委员会和其他区域。

**City Population** refers to the population living in the urban area. Urban area refers to the municipal districts, the cities without district being set up, the neighborhood committees connected with the actual construction of governments of districts and cities and other areas.

**镇人口** 指居住在镇区区域上的人口。镇区是指在城区以外的县人民政府驻地和其他镇，政府驻地的实际建设连接到的居民委员会和其他区域。

**Town Population** refers to the population living in the town areas. The town area refers to the seat of town governments and other town beside the urban areas, the neighborhood committees connected with the seat of governments and other areas.

**户籍人口** 是指公民依照《中华人民共和国户口登记条例》，已在其经常居住地的公安户籍管理机关登记了常住户口的人。这类人口不管其是否外出，也不管外出时间长短，只要在某地注册有常住户口，则为该地区的户籍人口。

**Total Household Registered Population** refers to the population of citizen registered permanent residence in the public security household registration authorities of their permanent living places in accordance with the Regulations of the People`s Republic of China on Residence Registration. Those who registered permanent residence are counted as household registered population, whether and how long they go out.

**城镇户籍人口** 指城镇区域范围内的户籍人口。

**Urban Household Registered Population** refers to the household registered population in the urban areas.

**家庭户规模** 家庭的大小，亦即家庭成员的多少。

**Household Size** refers to the size of a family, or the number of family members.

第三篇

# 国民经济核算

# NATIONAL ECONOMIC ACCOUNTING

（编辑：袁夏莹）

# 简要说明

（本篇资料由自治区统计局国民经济核算处提供，电话：0771-2441350）

**一、本篇资料主要内容**

本篇资料反映广西生产总值的基本情况，包括广西生产总值总量、构成及指数，人均生产总值总量及指数，三次产业贡献率，支出法生产总值总量、构成及指数，广西各市生产总值总量、人均生产总值及指数等指标。

**二、数据来源和统计方法**

省、自治区、直辖市生产总值核算由国家统计局国民经济核算司组织实施，由各省、自治区、直辖市统计局依据国家统计局统一制定的国民经济核算统计报表制度和方法，利用政府有关部门的行政记录以及统计局相关统计调查的数据资料进行核算。广西各市生产总值由广西壮族自治区统计局依据广西生产总值核算制度和方法进行核算。

**三、其他情况说明**

本年鉴的生产总值有关数据如无特殊说明，均为年度核算数据。

# 3—1 广西生产总值（1978—2019年）
## Gross Domestic Product （1978—2019）

（按当年价格计算）(calculated at current prices)

单位：亿元 （100 million yuan）

| 年份 Year | 广西生产总值 Gross Domestic Product | 第一产业 Primary Industry | 第二产业 Secondary Industry | 第三产业 Tertiary Industry | #工业 Industry | #建筑业 Construction | #交通运输、仓储及邮政业 Transport, Storage and Post | #批发、零售和住宿餐饮业 Wholesale, Retail Trade, Hotel and Catering Services | 人均地区生产总值（元/人）Per Capita GDP (yuan/person) |
|---|---|---|---|---|---|---|---|---|---|
| 1978 | 75.85 | 31.01 | 25.81 | 19.03 | 23.29 | 2.52 | 2.91 | 4.43 | 225 |
| 1979 | 84.59 | 37.57 | 27.98 | 19.04 | 25.12 | 2.86 | 2.94 | 3.98 | 246 |
| 1980 | 97.33 | 44.07 | 30.79 | 22.47 | 27.78 | 3.01 | 3.80 | 5.00 | 278 |
| 1981 | 113.46 | 52.58 | 33.01 | 27.87 | 29.71 | 3.30 | 4.01 | 10.40 | 317 |
| 1982 | 129.15 | 63.15 | 34.72 | 31.28 | 30.98 | 3.74 | 4.25 | 11.36 | 354 |
| 1983 | 134.60 | 63.59 | 37.09 | 33.92 | 32.39 | 4.70 | 4.70 | 11.17 | 363 |
| 1984 | 150.27 | 66.26 | 43.26 | 40.75 | 36.97 | 6.29 | 5.46 | 12.31 | 399 |
| 1985 | 180.97 | 77.49 | 54.69 | 48.79 | 45.92 | 8.77 | 6.11 | 14.56 | 471 |
| 1986 | 205.46 | 85.62 | 69.03 | 50.81 | 58.41 | 10.62 | 7.17 | 12.30 | 525 |
| 1987 | 241.56 | 99.94 | 81.79 | 59.83 | 70.96 | 10.83 | 9.14 | 13.55 | 607 |
| 1988 | 313.28 | 118.25 | 100.69 | 94.34 | 86.38 | 14.31 | 12.46 | 28.23 | 770 |
| 1989 | 383.44 | 149.98 | 109.97 | 123.49 | 97.11 | 12.86 | 16.21 | 44.41 | 927 |
| 1990 | 449.06 | 176.77 | 118.45 | 153.84 | 104.79 | 13.66 | 20.45 | 57.53 | 1066 |
| 1991 | 518.59 | 195.17 | 141.02 | 182.40 | 123.66 | 17.36 | 30.65 | 62.03 | 1211 |
| 1992 | 646.60 | 233.03 | 186.99 | 226.58 | 161.44 | 26.04 | 38.96 | 74.92 | 1490 |
| 1993 | 871.70 | 250.11 | 320.26 | 301.33 | 273.03 | 48.07 | 48.49 | 101.66 | 1982 |
| 1994 | 1198.29 | 333.79 | 468.57 | 395.93 | 404.59 | 65.22 | 55.12 | 130.96 | 2675 |
| 1995 | 1497.56 | 453.15 | 534.45 | 509.96 | 461.25 | 74.61 | 73.76 | 168.97 | 3304 |
| 1996 | 1697.90 | 534.88 | 585.83 | 577.19 | 503.32 | 84.05 | 88.77 | 200.72 | 3706 |
| 1997 | 1817.25 | 582.74 | 612.46 | 622.05 | 524.49 | 89.58 | 95.20 | 223.52 | 3928 |
| 1998 | 1911.30 | 586.70 | 665.57 | 659.03 | 561.34 | 105.95 | 98.65 | 247.04 | 4346 |
| 1999 | 1971.41 | 567.72 | 680.59 | 723.10 | 570.76 | 111.58 | 114.07 | 267.96 | 4444 |
| 2000 | 2080.04 | 557.38 | 730.88 | 791.78 | 612.33 | 120.43 | 125.36 | 290.02 | 4652 |
| 2001 | 2279.34 | 576.34 | 769.22 | 933.78 | 639.54 | 131.64 | 145.86 | 312.68 | 5058 |
| 2002 | 2523.73 | 601.99 | 844.75 | 1076.99 | 699.15 | 147.74 | 174.63 | 342.28 | 5558 |
| 2003 | 2798.17 | 659.59 | 955.14 | 1183.44 | 788.41 | 169.15 | 182.20 | 376.89 | 6119 |
| 2004 | 3305.12 | 810.14 | 1151.14 | 1343.84 | 953.64 | 200.42 | 201.05 | 425.46 | 7182 |
| 2005 | 3742.14 | 904.80 | 1324.25 | 1513.09 | 1098.38 | 229.24 | 207.27 | 445.35 | 8068 |
| 2006 | 4417.77 | 1024.31 | 1604.68 | 1788.78 | 1343.19 | 265.61 | 215.42 | 493.31 | 9421 |
| 2007 | 5474.79 | 1214.87 | 2073.99 | 2185.93 | 1762.12 | 317.27 | 247.82 | 572.21 | 11542 |
| 2008 | 6455.43 | 1422.25 | 2466.03 | 2567.15 | 2088.03 | 384.40 | 308.75 | 649.41 | 13471 |
| 2009 | 7112.91 | 1425.54 | 2715.26 | 2972.11 | 2241.40 | 480.73 | 342.35 | 743.30 | 14708 |
| 2010 | 8552.44 | 1639.67 | 3465.20 | 3447.57 | 2875.51 | 598.50 | 427.94 | 878.62 | 18070 |
| 2011 | 10299.94 | 2006.43 | 4241.18 | 4052.33 | 3504.07 | 747.85 | 515.73 | 1081.09 | 22258 |
| 2012 | 11303.55 | 2126.41 | 4503.08 | 4674.06 | 3643.80 | 870.44 | 541.43 | 1296.31 | 24238 |
| 2013 | 12448.36 | 2290.64 | 4709.33 | 5448.39 | 3699.72 | 1013.03 | 580.43 | 1418.15 | 26483 |
| 2014 | 13587.82 | 2413.44 | 5145.55 | 6028.83 | 4023.83 | 1125.97 | 624.32 | 1463.35 | 28687 |
| 2015 | 14797.80 | 2565.45 | 5391.00 | 6841.35 | 4159.05 | 1232.81 | 689.28 | 1542.28 | 30990 |
| 2016 | 16116.55 | 2800.29 | 5620.96 | 7695.30 | 4307.32 | 1315.03 | 737.16 | 1652.14 | 33458 |
| 2017 | 17790.68 | 2878.30 | 6138.25 | 8774.13 | 4680.06 | 1465.96 | 804.61 | 1808.49 | 36595 |
| 2018 | 19627.81 | 3021.09 | 6692.87 | 9913.85 | 5101.92 | 1606.58 | 867.14 | 1950.26 | 40012 |
| 2019 | 21237.14 | 3387.74 | 7077.43 | 10771.97 | 5277.57 | 1816.05 | 902.04 | 2135.82 | 42964 |

注：1.表中数据行业分类依据《国民经济行业分类》(GB/T4754-2017)确定。三次产业分类依据国家统计局2018年修订的《三次产业划分规定》确定。
2. 2003-2018年数据依据全国第四次经济普查结果进行修订。

Note: 1. The data in this table has been adjusted by 《National Economical Industry Classification》(GB/T4754-2017).Classification of three industries was based on 《Regulations on the division of three industries》 by National Bureau of statistics 2018.
2.The data 2003-2018 in this chapter was revised with The Fouth National Economic Census.

# 3—2 广西生产总值构成（1978—2019年）

## Composition of Gross Domestic Product （1978—2019）

（按当年价格计算）（calculated at current prices） 单位：%

| 年份 Year | 广西生产总值 Gross Domestic Product | 第一产业 Primary Industry | 第二产业 Secondary Industry | 第三产业 Tertiary Industry | #工业 Industry | #建筑业 Construction | #交通运输、仓储及邮政业 Transport, Storage and Post | #批发、零售和住宿餐饮业 Wholesale, Retail Trade, Hotel and Catering Services |
|---|---|---|---|---|---|---|---|---|
| 1978 | 100.0 | 40.9 | 34.0 | 25.1 | 30.7 | 3.3 | 3.8 | 5.8 |
| 1979 | 100.0 | 44.4 | 33.1 | 22.5 | 29.7 | 3.4 | 3.5 | 4.7 |
| 1980 | 100.0 | 45.3 | 31.6 | 23.1 | 28.5 | 3.1 | 3.9 | 5.1 |
| 1981 | 100.0 | 46.3 | 29.1 | 24.6 | 26.2 | 2.9 | 3.5 | 9.2 |
| 1982 | 100.0 | 48.9 | 26.9 | 24.2 | 24.0 | 2.9 | 3.3 | 8.8 |
| 1983 | 100.0 | 47.2 | 27.6 | 25.2 | 24.1 | 3.5 | 3.5 | 8.3 |
| 1984 | 100.0 | 44.1 | 28.8 | 27.1 | 24.6 | 4.2 | 3.6 | 8.2 |
| 1985 | 100.0 | 42.8 | 30.2 | 27.0 | 25.4 | 4.8 | 3.4 | 8.0 |
| 1986 | 100.0 | 41.7 | 33.6 | 24.7 | 28.4 | 5.2 | 3.5 | 6.0 |
| 1987 | 100.0 | 41.4 | 33.9 | 24.8 | 29.4 | 4.5 | 3.8 | 5.6 |
| 1988 | 100.0 | 37.7 | 32.1 | 30.1 | 27.6 | 4.6 | 4.0 | 9.0 |
| 1989 | 100.0 | 39.1 | 28.7 | 32.2 | 25.3 | 3.4 | 4.2 | 11.6 |
| 1990 | 100.0 | 39.4 | 26.4 | 34.3 | 23.3 | 3.0 | 4.6 | 12.8 |
| 1991 | 100.0 | 37.6 | 27.2 | 35.2 | 23.8 | 3.3 | 5.9 | 12.0 |
| 1992 | 100.0 | 36.0 | 28.9 | 35.0 | 25.0 | 4.0 | 6.0 | 11.6 |
| 1993 | 100.0 | 28.7 | 36.7 | 34.6 | 31.3 | 5.5 | 5.6 | 11.7 |
| 1994 | 100.0 | 27.9 | 39.1 | 33.0 | 33.8 | 5.4 | 4.6 | 10.9 |
| 1995 | 100.0 | 30.3 | 35.7 | 34.1 | 30.8 | 5.0 | 4.9 | 11.3 |
| 1996 | 100.0 | 31.5 | 34.5 | 34.0 | 29.6 | 5.0 | 5.2 | 11.8 |
| 1997 | 100.0 | 32.1 | 33.7 | 34.2 | 28.9 | 4.9 | 5.2 | 12.3 |
| 1998 | 100.0 | 30.7 | 34.8 | 34.5 | 29.4 | 5.5 | 5.2 | 12.9 |
| 1999 | 100.0 | 28.8 | 34.5 | 36.7 | 29.0 | 5.7 | 5.8 | 13.6 |
| 2000 | 100.0 | 26.8 | 35.1 | 38.1 | 29.4 | 5.8 | 6.0 | 13.9 |
| 2001 | 100.0 | 25.3 | 33.7 | 41.0 | 28.1 | 5.8 | 6.4 | 13.7 |
| 2002 | 100.0 | 23.9 | 33.5 | 42.7 | 27.7 | 5.9 | 6.9 | 13.6 |
| 2003 | 100.0 | 23.6 | 34.1 | 42.3 | 28.2 | 6.0 | 6.5 | 13.5 |
| 2004 | 100.0 | 24.5 | 34.8 | 40.7 | 28.9 | 6.1 | 6.1 | 12.9 |
| 2005 | 100.0 | 24.2 | 35.4 | 40.4 | 29.4 | 6.1 | 5.5 | 11.9 |
| 2006 | 100.0 | 23.2 | 36.3 | 40.5 | 30.4 | 6.0 | 4.9 | 11.2 |
| 2007 | 100.0 | 22.2 | 37.9 | 39.9 | 32.2 | 5.8 | 4.5 | 10.5 |
| 2008 | 100.0 | 22.0 | 38.2 | 39.8 | 32.3 | 6.0 | 4.8 | 10.1 |
| 2009 | 100.0 | 20.0 | 38.2 | 41.8 | 31.5 | 6.8 | 4.8 | 10.5 |
| 2010 | 100.0 | 19.2 | 40.5 | 40.3 | 33.6 | 7.0 | 5.0 | 10.3 |
| 2011 | 100.0 | 19.5 | 41.2 | 39.3 | 34.0 | 7.3 | 5.0 | 10.5 |
| 2012 | 100.0 | 18.8 | 39.8 | 41.4 | 32.2 | 7.7 | 4.8 | 11.5 |
| 2013 | 100.0 | 18.4 | 37.8 | 43.8 | 29.7 | 8.1 | 4.7 | 11.4 |
| 2014 | 100.0 | 17.8 | 37.9 | 44.4 | 29.6 | 8.3 | 4.6 | 10.8 |
| 2015 | 100.0 | 17.3 | 36.4 | 46.2 | 28.1 | 8.3 | 4.7 | 10.4 |
| 2016 | 100.0 | 17.4 | 34.9 | 47.7 | 26.7 | 8.2 | 4.6 | 10.3 |
| 2017 | 100.0 | 16.2 | 34.5 | 49.3 | 26.3 | 8.2 | 4.5 | 10.2 |
| 2018 | 100.0 | 15.4 | 34.1 | 50.5 | 26.0 | 8.2 | 4.4 | 9.9 |
| 2019 | 100.0 | 16.0 | 33.3 | 50.7 | 24.9 | 8.6 | 4.2 | 10.1 |

# 3—3　广西生产总值指数（1978—2019年）
# Indices of Gross Domestic Product （1978—2019）

（按可比价格计算，以上年为100）　　(calculated at comparable prices, preceding year = 100)

| 年份 Year | 广西生产总值 Gross Domestic Product | 第一产业 Primary Industry | 第二产业 Secondary Industry | 第三产业 Tertiary Industry | #工业 Industry | #建筑业 Construction | #交通运输、仓储及邮政业 Transport, Storage and Post | #批发、零售和住宿餐饮业 Wholesale, Retail Trade, Hotel and Catering Services | 人均地区生产总值 Per Capita GDP |
|---|---|---|---|---|---|---|---|---|---|
| 1978 | 111.7 | 102.3 | 100.2 | 148.2 | 100.0 | 103.6 | 119.5 | 123.6 | 109.1 |
| 1979 | 103.4 | 105.5 | 105.4 | 98.3 | 105.2 | 109.1 | 100.7 | 91.8 | 101.3 |
| 1980 | 110.2 | 112.6 | 107.5 | 110.2 | 108.5 | 92.1 | 129.2 | 114.9 | 108.2 |
| 1981 | 108.0 | 102.5 | 105.5 | 123.0 | 106.9 | 92.7 | 106.2 | 205.2 | 105.9 |
| 1982 | 112.5 | 118.5 | 105.0 | 110.6 | 104.1 | 114.7 | 106.9 | 106.8 | 110.5 |
| 1983 | 103.3 | 99.3 | 106.9 | 107.0 | 105.0 | 125.6 | 104.0 | 100.6 | 101.5 |
| 1984 | 106.9 | 97.8 | 113.6 | 115.5 | 112.6 | 122.0 | 117.8 | 108.0 | 105.2 |
| 1985 | 111.0 | 105.0 | 119.0 | 111.1 | 117.8 | 128.2 | 107.7 | 109.2 | 108.9 |
| 1986 | 106.4 | 105.7 | 118.1 | 93.7 | 119.4 | 109.2 | 106.5 | 79.8 | 104.6 |
| 1987 | 109.2 | 105.7 | 112.0 | 110.8 | 114.5 | 92.6 | 119.7 | 103.3 | 107.3 |
| 1988 | 104.5 | 93.8 | 108.8 | 114.2 | 108.1 | 115.0 | 117.6 | 137.3 | 102.3 |
| 1989 | 103.6 | 112.4 | 99.2 | 99.0 | 100.7 | 86.1 | 102.4 | 82.9 | 101.8 |
| 1990 | 107.0 | 108.5 | 106.4 | 105.8 | 106.6 | 104.3 | 93.3 | 96.8 | 105.2 |
| 1991 | 112.7 | 108.8 | 115.9 | 114.8 | 114.8 | 125.0 | 131.7 | 106.2 | 110.9 |
| 1992 | 118.3 | 112.9 | 128.0 | 116.6 | 127.9 | 128.5 | 119.7 | 112.8 | 116.8 |
| 1993 | 118.3 | 99.6 | 144.9 | 115.2 | 145.1 | 143.8 | 108.4 | 116.9 | 116.7 |
| 1994 | 115.2 | 106.0 | 127.3 | 110.8 | 128.3 | 120.0 | 111.7 | 104.2 | 113.2 |
| 1995 | 111.4 | 115.6 | 108.6 | 111.1 | 108.2 | 111.4 | 116.0 | 111.2 | 110.0 |
| 1996 | 108.3 | 107.2 | 109.3 | 108.2 | 109.4 | 108.8 | 113.5 | 113.3 | 107.2 |
| 1997 | 108.0 | 111.2 | 106.3 | 107.2 | 106.4 | 106.1 | 106.6 | 111.3 | 107.0 |
| 1998 | 110.0 | 106.8 | 112.8 | 109.8 | 112.7 | 113.7 | 101.9 | 117.8 | 115.7 |
| 1999 | 107.9 | 107.6 | 106.6 | 109.8 | 106.1 | 109.5 | 113.9 | 109.6 | 107.0 |
| 2000 | 107.6 | 100.2 | 108.3 | 113.4 | 108.2 | 108.9 | 112.1 | 108.6 | 106.8 |
| 2001 | 108.3 | 103.4 | 108.0 | 111.8 | 108.0 | 108.2 | 107.2 | 109.7 | 107.4 |
| 2002 | 110.6 | 107.3 | 111.3 | 112.0 | 110.9 | 113.1 | 110.6 | 110.1 | 109.7 |
| 2003 | 109.1 | 104.0 | 111.5 | 110.3 | 111.1 | 113.9 | 112.5 | 109.2 | 108.4 |
| 2004 | 110.3 | 104.4 | 112.6 | 111.7 | 112.0 | 115.2 | 116.8 | 103.8 | 109.6 |
| 2005 | 111.1 | 107.2 | 113.8 | 110.8 | 113.8 | 113.6 | 107.3 | 110.3 | 110.2 |
| 2006 | 111.1 | 106.6 | 114.2 | 111.1 | 114.7 | 111.8 | 104.4 | 104.9 | 109.9 |
| 2007 | 113.0 | 104.0 | 117.6 | 113.9 | 119.0 | 110.6 | 102.1 | 107.0 | 111.7 |
| 2008 | 110.3 | 104.9 | 113.2 | 110.4 | 114.2 | 107.6 | 116.9 | 104.2 | 109.1 |
| 2009 | 111.5 | 105.1 | 114.7 | 111.5 | 112.6 | 126.8 | 107.4 | 113.3 | 110.4 |
| 2010 | 111.7 | 104.8 | 114.9 | 111.8 | 114.3 | 118.0 | 118.7 | 111.2 | 114.2 |
| 2011 | 111.5 | 104.9 | 115.3 | 110.8 | 115.3 | 115.1 | 108.1 | 115.5 | 114.0 |
| 2012 | 110.1 | 105.4 | 110.4 | 112.0 | 109.5 | 114.7 | 100.2 | 114.0 | 109.3 |
| 2013 | 110.0 | 104.0 | 109.4 | 113.2 | 107.6 | 116.7 | 110.3 | 108.9 | 109.1 |
| 2014 | 108.3 | 103.9 | 108.0 | 110.4 | 108.0 | 108.2 | 107.4 | 105.5 | 107.5 |
| 2015 | 107.9 | 103.9 | 105.6 | 111.7 | 104.7 | 109.4 | 109.0 | 103.5 | 107.1 |
| 2016 | 107.0 | 103.4 | 104.9 | 110.0 | 104.3 | 107.3 | 105.9 | 106.4 | 106.1 |
| 2017 | 107.1 | 104.2 | 104.1 | 110.3 | 104.0 | 105.0 | 105.4 | 108.0 | 106.1 |
| 2018 | 106.8 | 105.5 | 103.8 | 109.3 | 104.2 | 103.1 | 106.9 | 106.3 | 105.8 |
| 2019 | 106.0 | 105.6 | 105.7 | 106.2 | 104.3 | 110.4 | 105.8 | 106.1 | 105.1 |

# 3—4 广西生产总值指数（1978—2019年）

# Indices of Gross Domestic Product （1978—2019）

（按可比价格计算，以1978年为100）（calculated at comparable prices，1978 = 100）

| 年份 Year | 广西生产总值 Gross Domestic Product | 第一产业 Primary Industry | 第二产业 Secondary Industry | 第三产业 Tertiary Industry | #工业 Industry | #建筑业 Construction | #交通运输、仓储及邮政业 Transport, Storage and Post | #批发、零售和住宿餐饮业 Wholesale, Retail Trade, Hotel and Catering Services | 人均地区生产总值 Per Capita GDP |
|---|---|---|---|---|---|---|---|---|---|
| 1978 | 100.0 | 100.0 | 100.0 | 100.0 | 100.0 | 100.0 | 100.0 | 100.0 | 100.0 |
| 1979 | 103.4 | 105.5 | 105.4 | 98.3 | 105.2 | 109.1 | 100.7 | 91.8 | 101.3 |
| 1980 | 113.9 | 118.8 | 113.3 | 108.3 | 114.2 | 100.5 | 130.2 | 105.4 | 109.4 |
| 1981 | 123.1 | 121.8 | 119.6 | 133.3 | 122.1 | 93.2 | 138.2 | 216.4 | 115.8 |
| 1982 | 138.4 | 144.3 | 125.6 | 147.3 | 127.2 | 106.9 | 147.7 | 231.1 | 127.7 |
| 1983 | 143.0 | 143.2 | 134.3 | 157.7 | 133.5 | 134.2 | 153.6 | 232.5 | 129.8 |
| 1984 | 152.9 | 140.1 | 152.6 | 182.1 | 150.2 | 163.8 | 181.0 | 251.1 | 136.5 |
| 1985 | 169.7 | 147.2 | 181.6 | 202.2 | 177.0 | 210.0 | 194.8 | 274.3 | 148.8 |
| 1986 | 180.6 | 155.6 | 214.6 | 189.5 | 211.4 | 229.4 | 207.5 | 218.8 | 155.5 |
| 1987 | 197.2 | 164.4 | 240.2 | 209.8 | 242.1 | 212.6 | 248.3 | 226.0 | 166.8 |
| 1988 | 206.0 | 154.2 | 261.3 | 239.6 | 261.8 | 244.3 | 292.1 | 310.3 | 170.5 |
| 1989 | 213.5 | 173.3 | 259.2 | 237.2 | 263.5 | 210.4 | 299.0 | 257.3 | 173.8 |
| 1990 | 228.4 | 188.0 | 275.7 | 251.1 | 280.9 | 219.4 | 279.1 | 249.1 | 182.6 |
| 1991 | 257.5 | 204.5 | 319.6 | 288.2 | 322.3 | 274.3 | 367.5 | 264.4 | 202.4 |
| 1992 | 304.7 | 230.9 | 409.1 | 336.1 | 412.3 | 352.5 | 440.0 | 298.4 | 236.3 |
| 1993 | 360.5 | 230.0 | 592.8 | 387.2 | 598.2 | 506.9 | 477.0 | 348.8 | 275.8 |
| 1994 | 415.3 | 243.8 | 754.6 | 429.0 | 767.6 | 608.3 | 532.8 | 363.5 | 312.2 |
| 1995 | 462.6 | 281.8 | 819.5 | 476.6 | 830.5 | 677.6 | 618.1 | 404.3 | 343.4 |
| 1996 | 501.0 | 302.1 | 895.7 | 515.7 | 908.6 | 737.2 | 701.5 | 458.0 | 368.1 |
| 1997 | 541.1 | 335.9 | 952.2 | 552.8 | 966.7 | 782.2 | 747.8 | 509.8 | 393.9 |
| 1998 | 595.2 | 358.8 | 1074.0 | 607.0 | 1089.5 | 889.4 | 761.9 | 600.5 | 455.7 |
| 1999 | 642.2 | 386.0 | 1144.9 | 666.5 | 1155.9 | 973.9 | 867.9 | 658.2 | 487.6 |
| 2000 | 691.0 | 386.8 | 1240.0 | 755.8 | 1250.7 | 1060.6 | 972.8 | 714.7 | 520.8 |
| 2001 | 748.3 | 400.0 | 1339.1 | 845.0 | 1350.8 | 1147.5 | 1042.9 | 784.1 | 559.3 |
| 2002 | 827.7 | 429.2 | 1490.5 | 946.4 | 1498.0 | 1297.8 | 1153.5 | 863.3 | 613.6 |
| 2003 | 903.0 | 446.3 | 1661.9 | 1043.9 | 1664.3 | 1478.2 | 1297.6 | 942.9 | 665.1 |
| 2004 | 996.0 | 466.0 | 1871.3 | 1166.0 | 1864.0 | 1702.9 | 1515.6 | 978.3 | 728.9 |
| 2005 | 1106.6 | 499.5 | 2129.5 | 1291.9 | 2121.2 | 1934.5 | 1626.3 | 1078.8 | 803.3 |
| 2006 | 1229.4 | 532.5 | 2431.9 | 1435.3 | 2433.1 | 2162.8 | 1698.0 | 1131.1 | 882.8 |
| 2007 | 1389.2 | 553.8 | 2859.9 | 1634.9 | 2895.3 | 2392.1 | 1734.1 | 1210.7 | 986.1 |
| 2008 | 1532.3 | 580.9 | 3237.4 | 1804.9 | 3306.5 | 2573.9 | 2028.0 | 1262.0 | 1075.8 |
| 2009 | 1708.5 | 610.5 | 3713.3 | 2012.4 | 3723.1 | 3263.7 | 2177.9 | 1429.4 | 1187.7 |
| 2010 | 1908.4 | 639.8 | 4266.6 | 2249.9 | 4255.5 | 3851.1 | 2585.9 | 1589.7 | 1356.4 |
| 2011 | 2127.9 | 671.2 | 4919.4 | 2492.9 | 4906.6 | 4432.6 | 2796.0 | 1835.8 | 1546.3 |
| 2012 | 2342.8 | 707.4 | 5431.0 | 2792.1 | 5372.7 | 5084.2 | 2801.0 | 2092.6 | 1690.1 |
| 2013 | 2577.0 | 735.7 | 5941.5 | 3160.6 | 5781.0 | 5933.3 | 3088.4 | 2278.1 | 1843.9 |
| 2014 | 2790.9 | 764.4 | 6416.8 | 3489.3 | 6243.5 | 6419.8 | 3316.3 | 2403.2 | 1982.2 |
| 2015 | 3011.4 | 794.3 | 6776.2 | 3897.6 | 6537.0 | 7023.3 | 3615.1 | 2488.4 | 2122.9 |
| 2016 | 3222.2 | 821.3 | 7108.2 | 4287.3 | 6818.1 | 7536.0 | 3826.8 | 2647.9 | 2252.4 |
| 2017 | 3451.0 | 855.7 | 7399.7 | 4728.9 | 7090.8 | 7912.8 | 4034.5 | 2859.0 | 2389.8 |
| 2018 | 3685.7 | 902.8 | 7680.8 | 5168.7 | 7388.6 | 8158.1 | 4311.7 | 3039.8 | 2528.4 |
| 2019 | 3906.8 | 953.4 | 8118.7 | 5489.2 | 7706.3 | 9006.5 | 4561.7 | 3225.8 | 2657.4 |

# 3—5 三次产业贡献率（1990—2019年）
# Contribution Rate of the Three Strata of Industry （1990—2019）

（按可比价格计算）（calculated at comparable prices）　　单位：%

| 年份 Year | 地区生产总值 Gross Domestic Product | 第一产业 Primary Industry | 第二产业 Secondary Industry | 第三产业 Tertiary Industry | #工业 Industry |
|---|---|---|---|---|---|
| 1990 | 100.0 | 48.3 | 31.1 | 20.7 | 28.1 |
| 1991 | 100.0 | 27.2 | 33.0 | 39.8 | 27.1 |
| 1992 | 100.0 | 26.8 | 41.5 | 31.7 | 36.3 |
| 1993 | 100.0 | -0.8 | 72.1 | 28.7 | 63.5 |
| 1994 | 100.0 | 12.0 | 64.3 | 23.7 | 58.6 |
| 1995 | 100.0 | 38.6 | 29.9 | 31.5 | 25.3 |
| 1996 | 100.0 | 25.2 | 43.2 | 31.6 | 38.4 |
| 1997 | 100.0 | 40.2 | 30.8 | 29.0 | 27.3 |
| 1998 | 100.0 | 20.0 | 48.9 | 31.1 | 42.8 |
| 1999 | 100.0 | 27.8 | 32.6 | 39.6 | 27.0 |
| 2000 | 100.0 | 0.8 | 42.3 | 57.0 | 36.8 |
| 2001 | 100.0 | 11.2 | 34.3 | 54.6 | 28.6 |
| 2002 | 100.0 | 17.7 | 37.4 | 44.9 | 30.3 |
| 2003 | 100.0 | 10.8 | 44.5 | 44.7 | 35.6 |
| 2004 | 100.0 | 10.1 | 44.0 | 45.9 | 35.0 |
| 2005 | 100.0 | 14.6 | 45.6 | 39.8 | 37.8 |
| 2006 | 100.0 | 14.3 | 45.3 | 40.4 | 39.0 |
| 2007 | 100.0 | 7.2 | 49.3 | 43.5 | 44.4 |
| 2008 | 100.0 | 10.2 | 48.6 | 41.2 | 44.3 |
| 2009 | 100.0 | 9.1 | 50.0 | 40.9 | 36.4 |
| 2010 | 100.0 | 7.8 | 51.0 | 41.1 | 40.9 |
| 2011 | 100.0 | 8.2 | 53.8 | 38.0 | 44.8 |
| 2012 | 100.0 | 9.7 | 42.8 | 47.5 | 32.5 |
| 2013 | 100.0 | 6.9 | 39.5 | 53.7 | 26.2 |
| 2014 | 100.0 | 7.6 | 40.2 | 52.2 | 32.5 |
| 2015 | 100.0 | 7.8 | 29.4 | 62.8 | 20.0 |
| 2016 | 100.0 | 8.5 | 25.8 | 65.8 | 17.1 |
| 2017 | 100.0 | 9.9 | 20.8 | 69.3 | 15.5 |
| 2018 | 100.0 | 13.1 | 19.6 | 67.2 | 16.5 |
| 2019 | 100.0 | 15.1 | 32.6 | 52.3 | 18.8 |

# 3—6 各市生产总值、人均地区生产总值（2019年）
## GDP and Per Capita GDP by City （2019）

（按当年价格计算）（calculated at current prices） 单位：亿元（100 million yuan）

| 城市 | City | 地区生产总值 Gross Domestic Product | 第一产业 Primary Industry | 第二产业 Secondary Industry | 第三产业 Tertiary Industry | #工业 Industry | 人均地区生产总值（元/人） Per Capita GDP （yuan/person） |
|---|---|---|---|---|---|---|---|
| 南宁市 | Nanning | 4506.56 | 507.27 | 1044.97 | 2954.32 | 583.48 | 61738 |
| 柳州市 | Liuzhou | 3128.35 | 223.47 | 1551.91 | 1352.96 | 1338.69 | 77056 |
| 桂林市 | Guilin | 2105.56 | 486.90 | 474.98 | 1143.68 | 285.29 | 41294 |
| 梧州市 | Wuzhou | 991.40 | 162.03 | 341.56 | 487.82 | 280.61 | 32303 |
| 北海市 | Beihai | 1300.80 | 211.70 | 557.82 | 531.28 | 499.61 | 76955 |
| 防城港市 | Fangchenggang | 701.23 | 109.42 | 330.83 | 260.98 | 273.08 | 73163 |
| 钦州市 | Qinzhou | 1356.27 | 279.78 | 451.77 | 624.72 | 319.88 | 40922 |
| **贵港市** | **Guigang** | **1257.53** | **215.35** | **459.79** | **582.38** | **358.32** | **28451** |
| 玉林市 | Yulin | 1679.77 | 323.00 | 469.29 | 887.48 | 297.33 | 28647 |
| 百色市 | Baise | 1257.78 | 245.18 | 508.46 | 504.14 | 417.39 | 34194 |
| 贺州市 | Hezhou | 700.11 | 134.28 | 244.88 | 320.95 | 157.65 | 33676 |
| 河池市 | Hechi | 878.10 | 188.99 | 247.32 | 441.78 | 194.79 | 24703 |
| 来宾市 | Laibin | 654.15 | 164.50 | 182.20 | 307.45 | 122.87 | 29215 |
| 崇左市 | Chongzuo | 760.46 | 170.20 | 213.70 | 376.56 | 148.83 | 36129 |

# 3—7 各市生产总值、人均地区生产总值指数（2019年）

# Indices of GDP and Per Capita GDP by City （2019）

（按可比价格计算，以上年为100）（calculated at comparable prices, preceding year = 100）

| 城 市 | City | 地区生产总值 Gross Domestic Product | 第一产业 Primary Industry | 第二产业 Secondary Industry | 第三产业 Tertiary Industry | #工业 Industry | 人均地区生产总值 Per Capita GDP |
|---|---|---|---|---|---|---|---|
| 南宁市 | Nanning | 105.0 | 105.3 | 104.4 | 105.2 | 101.0 | 103.6 |
| 柳州市 | Liuzhou | 102.4 | 105.1 | 99.3 | 105.8 | 98.2 | 101.4 |
| 桂林市 | Guilin | 106.5 | 106.0 | 107.2 | 106.5 | 105.5 | 105.9 |
| 梧州市 | Wuzhou | 104.2 | 105.4 | 99.7 | 107.2 | 96.9 | 103.5 |
| 北海市 | Beihai | 108.1 | 104.1 | 109.2 | 108.6 | 109.3 | 106.9 |
| 防城港市 | Fangchenggang | 105.4 | 105.1 | 105.9 | 104.8 | 105.2 | 104.1 |
| 钦州市 | Qinzhou | 107.8 | 105.3 | 107.2 | 109.3 | 107.2 | 107.1 |
| **贵港市** | **Guigang** | **109.0** | **104.9** | **114.2** | **106.6** | **115.0** | **108.3** |
| 玉林市 | Yulin | 107.2 | 103.6 | 109.0 | 107.7 | 108.5 | 106.6 |
| 百色市 | Baise | 109.0 | 107.1 | 110.6 | 108.3 | 10.1 | 108.4 |
| 贺州市 | Hezhou | 111.8 | 104.4 | 119.7 | 109.5 | 15.6 | 111.0 |
| 河池市 | Hechi | 106.0 | 107.8 | 106.6 | 104.9 | 105.6 | 105.4 |
| 来宾市 | Laibin | 104.3 | 104.5 | 104.7 | 104.0 | 100.8 | 103.7 |
| 崇左市 | Chongzuo | 108.5 | 104.9 | 114.1 | 107.2 | 113.9 | 107.9 |

## 主要统计指标解释

**国内生产总值（GDP）** 指按市场价格计算的一个国家所有常住单位在一定时期内生产活动的最终成果。国内生产总值有三种表现形态，即价值形态、收入形态和产品形态。从价值形态看，它是所有常住单位在一定时期内生产的全部货物和服务价值与同期投入的全部非固定资产货物和服务价值的差额，即所有常住单位的增加值之和；从收入形态看，它是所有常住单位在一定时期内创造并分配给常住单位和非常住单位的初次收入之和；从产品形态看，它是所有常住单位在一定时期内最终使用的货物和服务价值与货物和服务净出口价值之和。在实际核算中，国内生产总值有三种计算方法，即生产法、收入法和支出法。三种方法分别从不同的方面反映国内生产总值及其构成。

对于一个地区来说，称为地区生产总值或地区GDP。

**三次产业** 三次产业的划分是世界上较为常用的产业结构分类，但各国的划分不尽一致。根据国家统计局《三次产业划分规定》和《国民经济行业分类》（GB/T 4754-2017），我国的三次产业划分是：

第一产业是指农、林、牧、渔业（不含农、林、牧、渔专业及辅助性活动业）。

第二产业是指采矿业（不含开采专业及辅助活动），制造业（不含金属制品、机械和设备修理业），电力、热力、燃气及水生产和供应业，建筑业。

第三产业即服务业，是指除第一、二产业以外的其他行业。

**增加值** 是指常住单位生产过程中创造的新增价值和固定资产的转移价值。它可以按生产法计算，也可以按收入法计算。按生产法计算，它等于总产出减去中间投入后的差额；按收入法计算，它等于劳动者报酬、生产税净额、固定资产折旧和营业盈余之和。

**劳动者报酬** 指劳动者因从事生产活动所获得的全部报酬。包括劳动者获得的各种形式的工资、奖金和津贴，既包括货币形式的，也包括实物形式的，还包括劳动者所享受的公费医疗和医药卫生费、上下班交通补贴、单位支付的社会保险费、住房公积金等。对于个体经济来说，其所有者所获得的劳动报酬和经营利润不易区分，这两部分统一作为劳动者报酬处理。

## Explanatory Notes on Main Statistical Indicators

**Gross Domestic Product in Guangxi** refers to the final products of all resident units in a region during a certain period of time. Gross domestic product (GDP) is expressed in three different forms, i.e. value, income, and products respectively. The form of value refers to the balance of total value of all goods and services produced by all resident units during a certain period of time minus total value of input of materials and services of the nature of non-fixed assets of the summation of the value added of all resident units; the form of income includes all the income created by all resident units and distributed primarily to all resident and non-resident units; the form of products refers to all final goods and services minus imports of goods and services. In the practice of national accounting, gross domestic product is calculated with three approaches, i.e. product approach, income approach, and expenditure approach respectively to reflect gross domestic product and its composition from different aspects. According to the provisions of National Bureau of Statistics of China (NBS) on GDP accounting and data dissemination system, gross domestic product in Guangxi has renamed to GDP in Guangxi since 2004.

**Three Industries** Industry structure has been classified according to the historical sequence of development. Primary industry refers to extraction of natural resources; secondary industry involves processing of primary products; and tertiary industry provides services of various kinds for production and consumption. Industry in China comprises:

Primary industry: agriculture (including farming, forestry, animal husbandry and fishery).

Secondary industry: industry (including mining and quarrying, manufacturing, and electricity, gas and water production and supply) and construction industry.

Tertiary industry: all other industries not included in primary or secondary industry. Since tertiary industry includes various trades and is with extensive coverage, it is divided into two parts according to our country' s actual situation: circulation department and service department.

**Value Added** refers to the newly increased value and the transfer value of fixed assets created by all resident units in a country (or a region) during a certain period of time. It can be calculated by production approach and income approach. In terms of product approach, it is the total output minus intimidates input. In terms of income approach, it is the summation of laborers remuneration, net taxes on production, depreciation of fixes assets and operating surplus.

**Laborers Remuneration** refers to the whole payment of various forms earned by the laborers from the productive activities they are engaged in. It includes wages, bonuses and allowance the laborers earned in monetary form and in kind. It also includes the free medical services provided to the laborers and the medicine expenses, traffic subsidies and social insurance free paid by the laborers working units for them. Social insurance free paid by the laborers working units refers to the social insurance directly paid by units to government institutions (generally refer to labor department) in charge of social insurance, or premiums paid by units for retired employees, death, invalidity and medical treatment of workers and staff in this unit. As the individual economy is concerned, since the laborers remuneration is not easily distinguished from the operating profit, both are treated as laborers remuneration.

**生产税净额** 指生产税减生产补贴后的余额。生产税指政府对生产单位从事生产、销售和经营活动以及因从事生产活动使用某些生产要素（如固定资产、土地、劳动力）所征收的各种税、附加费和规费。生产补贴与生产税相反，指政府对生产单位的单方面转移支出，因此视为负生产税，包括政策亏损补贴、价格补贴等。

**Net Taxes on Production** refers to the residual of the taxes on production minus the subsidies on production. The taxes on production refer to the various taxes, extra charges and fees levied on the production units on their production, sail and business activities as well as on some factors of production, such as fixed assets, land and labor force, used in the production activities they are engaged in. Concretely, they include taxes on sales, additional tax, value added tax, various taxes from expense for administration, way maintenance fee, waste discharging fee and electricity and water bills should be paid, and specific income from monopoly tobacco and liquor turned in government. In contrast to the taxes on production, the subsidies on production refer to the unilateral transfer of part of the government' s revenue to the production units and are therefore regarded as negative taxes on production. They include subsidies on the loss due to implementation of government policies, price subsidies to the grain institutions, foreign trade corporate receipts from drawback, etc.

**固定资产折旧** 是指一定时期内为弥补固定资产损耗按照核定的固定资产折旧率提取的固定资产折旧，或按国民经济核算统一规定的折旧率虚拟计算的固定资产折旧。它反映了固定资产在当期生产中的转移价值。各类企业和企业化管理的事业单位的固定资产折旧是指实际计提的折旧费；不计提折旧的政府机关、非企业化管理的事业单位和居民住房的固定资产折旧是按照统一规定的折旧率和固定资产原值计算的虚拟折旧。原则上，固定资产折旧应按固定资产的重置价值计算，但是目前我国尚不具备对全社会固定资产进行重估价的基础，所以暂时只能采用上述办法。

**Depreciation of Fixes Assets** refers to the depreciation of fixed assets of a given period, drawn in accordance with the stipulated depreciation rate for purpose of compensating the wear loss of the fixed assets or the depreciation of fixed assets calculated in a fictitious way in accordance with the stipulated unified depreciation rate in the national economic accounting system. It reflects the value of transfer of the fixed assets in the production of the current period.

**营业盈余** 是指常住单位创造的增加值扣除劳动者报酬、生产税净额和固定资产折旧后的余额。它相当于企业的营业利润加上生产补贴，但要扣除从利润中开支的工资和福利等。

**Operating Surplus** refers to the balance of the value added created by the resident units after deducting the laborers remuneration, net taxes on production and the depreciation of fixed assets. It is equivalent to the business profit of the enterprises plus subsidies on production, but the wages and welfare expenses paid from the profits should be deducted.

第四篇

# 从业人员和职工工资

# EMPLOYMENT AND WAGES

（编辑：韦　昆）

# 简 要 说 明

（本篇资料由自治区统计局人口和就业统计处整理编辑，电话：0771-5858494）

**一、本篇资料主要内容**

本篇主要反映广西年度就业及职工工资（劳动报酬）水平情况。

**二、数据来源及调查方法：**

（一）4-1表中的"劳动力资源总数"、"从业人员合计"、"城镇从业人员、""乡村从业人员"为推算指标，根据人口变动调查及有关统计数据综合推算得出。

"城镇登记失业人数（万人）"、"城镇登记失业率（%）"数据来源为自治区人力资源和社会保障厅。

（二）从4-2表至4-15表的数据来源于工资统计调查，调查方法为全面调查，调查范围是城镇地域非私营单位。

（三）4-19表的数据来源于工资统计调查，调查方法主要为抽样调查，调查范围是城镇地域私营单位。抽样代表性仅为省（自治区）一级，没有地级市、县（区）数据。

（四）原4-16主要年份离休、退休、退职人员和保险福利费用情况表（2019及以前年份统计年鉴），数据来源单位为自治区人力资源和社会保障厅，因人社机构改革职能发生变动，根据数据来源单位提出的要求，该表自2020年鉴起取消。

（五）4-17、4-18表关于基本医疗保险的数据来源为自治区医保局，其他数据来源为自治区人力资源和社会保障厅。

# 4—1 主要年份就业和劳动报酬基本情况

| 指 标 | Items | 1995 |
|---|---|---|
| **劳动力资源总数（万人）** | Total Resource of Labor Force（10 000 persons） | 2907 |
| 占人口总数比重（%） | Proportion in Total Population （%） | 64.0 |
| 劳动力资源利用率（%） | Utilization Ratio of Resource of Labor Force （%） | 82.0 |
| **从业人员合计（万人）** | Employed Persons （10 000 persons） | 2383 |
| 第一产业 | Primary Industry | 1583 |
| 第二产业 | Secondary Industry | 282 |
| 第三产业 | Tertiary Industry | 518 |
| **从业人员构成（%）** | Composition of Employment Person （%） | |
| 第一产业 | Primary Industry | 66.4 |
| 第二产业 | Secondary Industry | 11.8 |
| 第三产业 | Tertiary Industry | 21.8 |
| **按城乡分从业人员** | Employed Persons by Urban and Rural Areas | |
| 城镇从业人员（万人） | Urban Employed （10 000 persons） | 405 |
| 国有单位 | State Owned Units | 293.45 |
| 城镇集体单位 | Urban Collective Owned Units | 48.72 |
| 股份合作单位 | Cooperative Share Holding Units | |
| 联营单位 | Joint-owned Units | 0.42 |
| 有限责任公司 | Limited-liability Companies | |
| 股份有限公司 | Share Holding Limited Companies | 6.00 |
| 港澳台商投资单位 | Enterprises Funded by Hong Kong，Macao and Taiwan | 1.62 |
| 外商投资单位 | Foreign-funded Enterprises | 5.66 |
| 私营企业 | Private Enterprises | 9.01 |
| 个体 | Individual | 52.99 |
| 在岗职工人数（万人） | Number of Staff and Workers at Post （10 000 persons） | 343.00 |
| 国有单位 | State-owned Units | 283.00 |
| 城镇集体单位 | Urban Collective Owned Units | 47.00 |
| 其他类型单位 | Others | 13.00 |
| 乡村从业人员（万人） | Rural （10 000 persons） | 1965 |
| **城镇单位从业人员劳动报酬** | Remuneration of Staff and Workers in Urban Units | |
| 非私营单位从业人员平均劳动报酬（元） | Average Remuneration of Staff and Workers in Non-private Enterprise （Yuan） | 5105 |
| 国有单位 | State-owned Units | 5226 |
| 城镇集体单位 | Urban Collective owned Units | 4064 |
| **城镇私营单位从业人员平均劳动报酬（元）** | Average Remuneration of Staff and Workers in Private Enterprise （Yuan） | |
| **城镇登记失业人数（万人）** | Registered Unemployment in Urban Areas （10 000 persons） | 10.10 |
| **城镇登记失业率（%）** | Registered Unemployment Rate in Urban Areas （%） | 2.4 |

注：1.2002年以后城镇从业人员数含农村进城从业人员。2012年按常住人口口径统计，劳动力资源总数、从业人员人数不包括外出自治区以外半年以上的人员。

2.根据国家劳动统计报表制的统一规定，从2013年年报起，将原属于乡镇企业的“四上”企业（即规模以上工业企业，有资质的建筑业及全部房地产开发经营企业，限额以上批发和零售业、限额以上住宿餐饮业企业，部分规模以上服务业企业）纳入城镇单位从业人员与工资统计范围。

3.本篇“城镇单位”均指“城镇非私营单位”（下同）

Note：1. Employed population in urban areas since 2002 include employed persons entering urban areas from rural areas. According to the statistical range of permanent population in 2012，total resource of labor force and employed persons exclude the persons leaving Guangxi for more than half a year.

2. Accoding to the standard of National Statistical System of Labour Report，the onterprises of “four Aboves” （industrial enterprises above designated size，qualified construction enterprises and all of the enterprises of real estate development and management，whloe sale and retail trade hotels and catering above designated size，and some service enterprises above designated size） which belonged to rural enterprises have been included to the statistical range of employment and wages of urban units since 2013.

3.In this chapter，urban corporate units refers to urban corporate unit excluding private units. （The same as the continued）

## Employment and Remuneration in Main Years

| 2000 | 2005 | 2010 | 2015 | 2016 | 2017 | 2018 | 2019 |
|---|---|---|---|---|---|---|---|
| 3203 | 3536 | 3732 | 3438 | 3465 | 3498 | 3528 | 3555 |
| 67.4 | 71.8 | 72.3 | 71.7 | 71.6 | 71.6 | 71.6 | 71.7 |
| 80.1 | 76.4 | 77.8 | 82.0 | 82.0 | 81.3 | 80.7 | 80.3 |
| 2566 | 2703 | 2903 | 2820 | 2841 | 2842 | 2848 | 2853.2 |
| 1571 | 1519 | 1571 | 1427 | 1423 | 1415 | 1404 | 1388.0 |
| 278 | 322 | 544 | 513 | 500 | 498 | 494 | 492.0 |
| 717 | 862 | 788 | 880 | 918 | 929 | 950 | 973.2 |
| | | | | | | | |
| 61.2 | 56.2 | 54.1 | 50.6 | 50.1 | 49.8 | 49.3 | 48.7 |
| 10.8 | 11.9 | 18.7 | 18.2 | 17.6 | 17.5 | 17.3 | 17.2 |
| 28.0 | 31.9 | 27.1 | 31.2 | 32.3 | 32.7 | 33.4 | 34.1 |
| | | | | | | | |
| 421 | 785 | 1003 | 1198 | 1236 | 1247 | 1282 | 1314.8 |
| 234.52 | 199.00 | 203.32 | 202.37 | 201.82 | 201.61 | 199.10 | 195.52 |
| 28.36 | 20.00 | 17.27 | 13.27 | 13.21 | 12.44 | 10.85 | 10.20 |
| 1.39 | 2.00 | 2.96 | 2.06 | 1.88 | 1.67 | 1.51 | 1.55 |
| 0.34 | 1.00 | 0.75 | 0.14 | 0.11 | 0.07 | 0.07 | 0.04 |
| 15.09 | 34.00 | 49.82 | 125.21 | 123.25 | 125.95 | 125.28 | 146.88 |
| 8.79 | 11.00 | 15.15 | 27.55 | 27.41 | 24.62 | 25.41 | 22.33 |
| 2.97 | 5.50 | 8.23 | 16.36 | 16.17 | 16.38 | 11.27 | 10.06 |
| 3.83 | 6.20 | 8.99 | 12.92 | 12.98 | 11.39 | 10.49 | 12.26 |
| 22.14 | 54.00 | 100.00 | 168.00 | 247.00 | 248.67 | 282.72 | 292.15 |
| 67.86 | 90.00 | 141.00 | 212.00 | 252.00 | 270.30 | 304.27 | 350.54 |
| 283.00 | 269.00 | 291.98 | 329.60 | 325.50 | 316.73 | 304.44 | 319.81 |
| 225.00 | 189.00 | 187.53 | 178.60 | 178.36 | 175.28 | 173.45 | 175.55 |
| 26.00 | 18.00 | 13.57 | 10.08 | 9.62 | 8.78 | 7.45 | 6.95 |
| 32.00 | 62.00 | 90.87 | 140.72 | 137.50 | 132.67 | 123.54 | 137.32 |
| 2145 | 2275 | 2387 | 1622 | 1605 | 1595 | 1566 | 1538.4 |
| | | | | | | | |
| 6772 | 15079 | 30673 | 52982 | 57878 | 63821 | 70606 | 76479 |
| 7081 | 15668 | 32587 | 57247 | 63751 | 70407 | 76904 | 82203 |
| 4471 | 10392 | 21533 | 40510 | 43064 | 46457 | 51855 | 55747 |
| | | | | 36089 | 38227 | 39948 | 42949 |
| 11.30 | 18.51 | 19.07 | 18.13 | 18.13 | 14.72 | 16.71 | 19.66 |
| 3.2 | 4.2 | 3.7 | 2.9 | 2.9 | 2.2 | 2.3 | 2.6 |

# 4—2 城乡从业人员及城镇单位在岗职工平均工资（1978—2019年）

## Urban and Rural Employed Persons，Average Wages of Staff and Workers at Post in Urban Units（1978—2019）

| 年 份 | 从业人员（万人）<br>Employed Persons（10 000 persons） | | | 城镇单位在岗职工平均工资<br>Average Wages of Staff and Workers at Post in Urban Units | |
|---|---|---|---|---|---|
| | 第一产业<br>Primary Industry | 第二产业<br>Secondary Industry | 第三产业<br>Tertiary Industry | 绝对数（元）<br>Absolute Number（yuan） | 指数（上年=100）<br>Indices<br>（Preceding year=100） |
| 1978 | 1171 | 153 | 132 | 462 | 104.5 |
| 1980 | 1283 | 125 | 142 | 609 | 108.5 |
| 1985 | 1463 | 160 | 207 | 1077 | 99.9 |
| 1986 | 1501 | 177 | 218 | 1282 | 128.6 |
| 1987 | 1529 | 193 | 239 | 1438 | 108.1 |
| 1988 | 1548 | 205 | 259 | 1720 | 106.9 |
| 1989 | 1575 | 203 | 269 | 1819 | 108.9 |
| 1990 | 1614 | 207 | 288 | 2049 | 137.2 |
| 1991 | 1643 | 215 | 313 | 2262 | 105.7 |
| 1992 | 1628 | 235 | 355 | 2634 | 111.8 |
| 1993 | 1594 | 253 | 428 | 3368 | 111.0 |
| 1994 | 1589 | 268 | 479 | 4468 | 130.4 |
| 1995 | 1583 | 282 | 518 | 5105 | 121.4 |
| 1996 | 1600 | 283 | 534 | 5397 | 118.2 |
| 1997 | 1606 | 283 | 565 | 5540 | 107.5 |
| 1998 | 1620 | 283 | 596 | 5779 | 108.2 |
| 1999 | 1619 | 276 | 619 | 6254 | 108.1 |
| 2000 | 1571 | 278 | 717 | 7650 | 118.9 |
| 2001 | 1570 | 275 | 733 | 9075 | 117.1 |
| 2002 | 1571 | 270 | 748 | 10774 | 121.6 |
| 2003 | 1556 | 279 | 766 | 11953 | 108.7 |
| 2004 | 1532 | 283 | 817 | 13579 | 110.1 |
| 2005 | 1519 | 322 | 862 | 15461 | 115.1 |
| 2006 | 1521 | 334 | 905 | 18064 | 118.8 |
| 2007 | 1521 | 419 | 829 | 21898 | 116.3 |
| 2008 | 1528 | 424 | 847 | 25660 | 115.0 |
| 2009 | 1561 | 516 | 771 | 28302 | 121.0 |
| 2010 | 1571 | 544 | 788 | 31842 | 107.0 |
| 2011 | 1565 | 562 | 809 | 34150 | 104.0 |
| 2012 | 1481 | 520 | 767 | 37614 | 113.0 |
| 2013 | 1478 | 529 | 775 | 42637 | 114.5 |
| 2014 | 1451 | 540 | 805 | 46846 | 110.0 |
| 2015 | 1427 | 513 | 880 | 54983 | 118.0 |
| 2016 | 1423 | 500 | 918 | 60239 | 109.5 |
| 2017 | 1415 | 498 | 929 | 66456 | 108.6 |
| 2018 | 1404.3 | 494 | 950 | 73553 | [illegible] |
| 2019 | 1388.0 | 492.0 | [illegible] | 79516 | 104.2 |

# 4—3 按产业、经济类型分组的从业人员（2019年）

# Number of Employed Persons Grouped by Industry and the Categories of Economy （2019）

单位：万人 （10 000 persons）

| 行 业 | Sector | 从业人员 Employed Persons | 国有单位 State-owned Units | 城镇集体单位 Urban Collective Owned Units | 其他类型单位 Others |
|---|---|---|---|---|---|
| 总 计 | Total | 2853.20 | 195.53 | 10.20 | 198.39 |
| 第一产业 | Primary Industry | 1388.00 | 4.35 | 0.03 | 1.05 |
| 农、林、牧、渔业 | Agriculture, Forestry, Animal Husbandry and Fishery | | 4.35 | 0.03 | 1.05 |
| 第二产业 | Secondary Industry | 492.00 | 3.58 | 7.05 | 122.60 |
| 工业 | Industry | | 2.25 | 0.57 | 58.56 |
| 采矿业 | Mining | | 0.02 | 0.01 | 1.34 |
| 制造业 | Manufacturing | | 0.88 | 0.53 | 48.58 |
| 电力、热力、燃气及水生产和供应业 | Electricity, Gas and Water Production and Supply | | 1.35 | 0.02 | 8.64 |
| 建筑业 | Construction | | 1.33 | 6.49 | 64.04 |
| 第三产业 | Tertiary Industry | 973.20 | 187.60 | 3.11 | 74.75 |
| 批发和零售业 | Wholesale and Retail Sales | | 1.42 | 0.32 | 11.22 |
| 交通运输、仓储和邮政业 | Transportation, Storage and Postal Services | | 3.25 | 0.11 | 15.69 |
| 住宿和餐饮业 | Hotel and Catering Service | | 0.61 | 0.04 | 3.72 |
| 信息传输、软件和信息技术服务业 | Information Transmission, Computer Service and Software Industries | | 0.32 | | 4.20 |
| 金融业 | Finance | | 5.92 | 1.33 | 12.34 |
| 房地产业 | Real Estate | | 0.51 | 0.14 | 8.45 |
| 租赁和商务服务业 | Leasing and Business Service | | 2.06 | 0.58 | 8.63 |
| 科学研究和技术服务业 | Scientific Research, Technology Service and Geological Prospecting | | 5.05 | 0.09 | 2.26 |
| 水利、环境和公共设施管理业 | Water Conservancy, Environment and Public Facility Management | | 6.12 | 0.10 | 1.14 |
| 居民服务、修理和其他服务业 | Residents and Other Services | | 0.34 | 0.10 | 0.55 |
| 教育 | Education | | 64.29 | 0.24 | 4.17 |
| 卫生和社会工作 | Public Health, Social Security and Social Welfare | | 34.05 | 0.03 | 1.25 |
| 文化、体育和娱乐业 | Culture, Sports and Entertainment | | 2.21 | 0.00 | 0.99 |
| 公共管理、社会保障和社会组织 | Public Administration and Social Organizations | | 61.44 | 0.04 | 0.13 |

# 4—4 城镇单位从业人员（2019年）

## Number of Employed Persons in Urban Units (2019)

单位：人 (persons)

| 项 目 | Item | 从业人员年末人数 Total Employed Persons at Year End | 在岗职工 Staff and Workers at Post | 劳务派遣工 Labor-dispatched Workers | 其他从业人员 Others |
|---|---|---|---|---|---|
| 总 计 | Total | 4041163 | 3198113 | 537361 | 305689 |
| **按登记注册类型分** | By Registered Style | | | | |
| 国有单位 | State-owned Units | 1955260 | 1755471 | 59767 | 140022 |
| 城镇集体单位 | Urban Collective Owned Units | 101960 | 69475 | 7158 | 25327 |
| 其他类型单位 | Others | 1983943 | 1373167 | 470436 | 140340 |
| 内资 | Domestic Capital | 1760773 | 1172474 | 458943 | 129356 |
| 外商投资 | Foreign Investment | 122616 | 110200 | 5632 | 6784 |
| 港、澳、台投资 | Enterprise Funded by Hong Kong, Macao and Taiwan | 100554 | 90493 | 5861 | 4200 |
| **按企业、事业、机关分** | By Enterprise, Institution and Agency | | | | |
| 企业 | Enterprise | 2242381 | 1559250 | 483830 | 199301 |
| 事业 | Institution | 1234914 | 1143070 | 23919 | 67925 |
| 机关 | Agency | 529225 | 463326 | 29424 | 36475 |
| 民间非营利组织 | Nongovernmental Nonprofit Organizations and Others | 28204 | 27285 | 102 | 817 |
| 其他 | others | 6439 | 5182 | 86 | 1171 |
| **按国民经济行业分** | By Sector | | | | |
| 农、林、牧、渔业 | Agriculture, Forestry, Animal Husbandry and Fishery | 54293 | 45305 | 367 | 8621 |
| 采矿业 | Mining | 13677 | 12896 | 666 | 115 |
| 制造业 | Manufacturing | 499975 | 454449 | 27611 | 17915 |
| 电力、热力、燃气及水生产和供应业 | Electricity, Gas and Water Production and Supply | 100094 | 95683 | 1382 | 3029 |
| 建筑业 | Construction | 718537 | 238735 | 402936 | 76866 |
| 批发和零售业 | Wholesale and Retail Sales | 129596 | 119787 | 4364 | 5445 |
| 交通运输、仓储和邮政业 | Transportation, Storage and Postal Services | 190555 | 163051 | 16963 | 10541 |
| 住宿和餐饮业 | Hotel and Catering Service | 43678 | 41622 | 563 | 1493 |
| 信息传输、软件和信息技术服务业 | Information Transmission, Computer Service and Software Industries | 45243 | 41736 | 1758 | 1749 |
| 金融业 | Finance | 195976 | 127384 | 8052 | 60540 |
| 房地产业 | Real Estate | 90944 | 82679 | 5212 | 3053 |
| 租赁和商务服务业 | Leasing and Business Service | 112717 | 91674 | 11962 | 9081 |
| 科学研究和技术服务业 | Scientific Research, Technology Service and Geological Prospecting | 73981 | 67014 | 1876 | 5091 |
| 水利、环境和公共设施管理业 | Water Conservancy, Environment and Public Facility Management | 73613 | 63436 | 4898 | 5279 |
| 居民服务、修理和其他服务业 | Residents and Other Services | 9913 | 8198 | 759 | 956 |
| 教育 | Education | 687030 | 636269 | 10188 | 40573 |
| 卫生和社会工作 | Public Health, Social Security and Social Welfare | 353294 | 340685 | 2726 | 9883 |
| 文化、体育和娱乐业 | Culture, Sports and Entertainment | 31996 | 29291 | 749 | 1956 |
| 公共管理、社会保障和社会组织 | Public Administration and Social Organizations | 616051 | 538219 | 34329 | [illegible] |

# 4—5 按行业、经济类型分组的城镇单位女性从业人数（2019年）

# Number of Female Employed in Urban Units Grouped by Industry and the Categories of Economy （2019）

单位：人 (persons)

| 行 业 | Sector | 合 计 Total | 国有单位 State-owned Units | 城镇集体单位 Urban Collective owned Units | 其他类型单位 Others |
|---|---|---|---|---|---|
| 总 计 | Total | 1643976 | 1009662 | 24977 | 609337 |
| 按企业、事业、机关分 | By Enterprise，Institution and Agency | | | | |
| 企业 | Enterprise | 690087 | 86745 | 22276 | 581066 |
| 事业 | Institution | 740024 | 732875 | 1462 | 5687 |
| 机关 | Agency | 189385 | 188911 | 22 | 452 |
| 民间非营利组织 | Nongovernmental Nonprofit Organizations | 20622 | 554 | 1014 | 19054 |
| 其他 | Others | 3858 | 577 | 203 | 3078 |
| 按国民经济行业分 | By Sector | | | | |
| 第一产业 | Primary Industry | 17504 | 13632 | 85 | 3787 |
| 农、林、牧、渔业 | Agriculture，Forestry，Animal Husbandry and Fishery | 17504 | 13632 | 85 | 3787 |
| 第二产业 | Secondary Industry | 287567 | 9665 | 12190 | 265712 |
| 工业 | Industry | 223176 | 7739 | 2776 | 212661 |
| 采矿业 | Mining | 3907 | 44 | 19 | 3844 |
| 制造业 | Manufacturing | 191531 | 3091 | 2717 | 185723 |
| 电力、热力、燃气及水生产和供应业 | Electricity，Gas and Water Production and Supply | 27738 | 4604 | 40 | 23094 |
| 建筑业 | Construction | 64391 | 1926 | 9414 | 53051 |
| 第三产业 | Tertiary Industry | 1338905 | 986365 | 12702 | 339838 |
| 批发和零售业 | Wholesale and Retail Sales | 67809 | 4423 | 1162 | 62224 |
| 交通运输、仓储和邮政业 | Transportation，Storage and Postal Services | 49303 | 12570 | 487 | 36246 |
| 住宿和餐饮业 | Hotel and Catering Service | 27162 | 3370 | 260 | 23532 |
| 信息传输、软件和信息技术服务业 | Information Transmission，Computer Service and Software Industries | 18798 | 1139 | | 17659 |
| 金融业 | Finance | 112995 | 35771 | 5432 | 71792 |
| 房地产业 | Real Estate | 40606 | 2098 | 552 | 37956 |
| 租赁和商务服务业 | Leasing and Business Service | 39144 | 8487 | 1334 | 29323 |
| 科学研究和技术服务业 | Scientific Research，Technology Service and Geological Prospecting | 26281 | 18779 | 282 | 7220 |
| 水利、环境和公共设施管理业 | Water Conservancy，Environment and Public Facility Management | 38601 | 32002 | 505 | 6094 |
| 居民服务、修理和其他服务业 | Residents and Other Services | 4747 | 1388 | 618 | 2741 |
| 教育 | Education | 428185 | 395879 | 1685 | 30621 |
| 卫生和社会工作 | Public Health，Social Security and Social Welfare | 248543 | 239308 | 257 | 8978 |
| 文化、体育和娱乐业 | Culture，Sports and Entertainment | 15605 | 10626 | 10 | 4969 |
| 公共管理、社会保障和社会组织 | Public Administration and Social Organizations | 221126 | 220525 | 118 | 483 |

## 4—6 城镇单位从业人员工资总额（2019年）

## Total Wages of Employed Persons in Urban Units （2019）

单位：万元　　　　　　　　　　　　　　　　　　　　　　　　　　　　　　（10 000 yuan）

| 指　标 | Item | 从业人员全年工资总额 Total Remunerationl | 在岗职工工资总额 Wages of Staff and Workers at Post | 劳务派遣工工资总额 Total Wages of Labor-dispatched Workers | 其他从业人员工资总额 Remuneration Payment to Other Employed Persons |
|---|---|---|---|---|---|
| 总　计 | Total | 30175464 | 26153163 | 2899159 | 1123142 |
| 按登记注册类型分 | By Registered Style | | | | |
| 国有单位 | State Owned Units | 15860190 | 15186743 | 237320 | 436127 |
| 城镇集体单位 | Urban Collective Owned Units | 539157 | 397971 | 28227 | 112958 |
| 内资 | Domestic Funds | 12295554 | 9184903 | 2572551 | 538100 |
| 外商投资 | Foreign Investment | 906104 | 856525 | 31174 | 18405 |
| 港、澳、台投资 | Enterprises Funded by Hong Kong, Macao and Taiwan | 574460 | 527021 | 29887 | 17552 |
| 按企业、事业、机关分 | By Enterprise, Institution and Agency | | | | |
| 企业 | Enterprise | 15631736 | 12138424 | 2707209 | 786104 |
| 事业 | Institution | 10203367 | 9905668 | 81192 | 216507 |
| 机关 | Agency | 4177728 | 3953130 | 110064 | 114535 |
| 民间非营利组织及其他 | Nongovernmental Nonprofit Organizations and Others | 162633 | 155942 | 695 | 5996 |
| 按国民经济行业分 | By Sector | | | | |
| 农、林、牧、渔业 | Agriculture, Forestry, Animal Husbandry and Fishery | 262895 | 236326 | 1543 | 25025 |
| 采矿业 | Mining | 98278 | 92989 | 4685 | 605 |
| 制造业 | Manufacturing | 3261636 | 3047962 | 144822 | 68853 |
| 电力、热力、燃气及水生产和供应业 | Electricity, Gas and Water Production and Supply | 1022493 | 1002993 | 10369 | 9131 |
| 建筑业 | Construction | 4034698 | 1423502 | 2265860 | 345336 |
| 批发和零售业 | Wholesale and Retail Sales | 849352 | 810595 | 20218 | 18539 |
| 交通运输、仓储和邮政业 | Transportation, Storage and Postal Services | 1702489 | 1512257 | 128314 | 61918 |
| 住宿和餐饮业 | Hotel and Catering Service | 179542 | 173070 | 2234 | 4239 |
| 信息传输、软件和信息技术服务业 | Information Transmission, Computer Service and Software Industries | 484506 | 466694 | 8672 | 9140 |
| 金融业 | Finance | 1960543 | 1722089 | 39062 | 199392 |
| 房地产业 | Real Estate | 707664 | 673708 | 22215 | 11741 |
| 租赁和商务服务业 | Leasing and Business Service | 701663 | 628494 | 47505 | 25665 |
| 科学研究和技术服务业 | Scientific Research, Technology Service and Geological Prospecting | 695039 | 665523 | 10203 | 19312 |
| 水利、环境和公共设施管理业 | Water Conservancy, Environment and Public Facility Management | 369818 | 338368 | 16251 | 15199 |
| 居民服务、修理和其他服务业 | Resident and Other Services | 55552 | 48446 | 3455 | 3652 |
| 教育 | Education | 5254285 | 5111877 | 33065 | 109343 |
| 卫生和社会工作 | Public Health, Social Security and Social Welfare | 3496076 | 3432562 | 9756 | 53758 |
| 文化、体育和娱乐业 | Culture, Sports and Entertainment | 250243 | 240842 | 2849 | 6551 |
| 公共管理、社会保障和社会组织 | Public Administration and Social Organizations | 4788694 | 4524867 | [illegible] | [illegible] |

# 4-7 城镇单位从业人员平均工资（2019年）

## Average Earning of Staff and Workers in Urban Units （2019）

单位：元 (yuan)

| 指 标 | Item | 单位从业人员平均工资 Average Remuneration of Staff and Workers | 国有单位 State-owned Units | 城镇集体单位 Urban Collective owned Units | 其他类型单位 Others |
|---|---|---|---|---|---|
| 总 计 | Total | 76479 | 82203 | 55747 | 71770 |
| 按企业、事业、机关分 | By Enterprise，Institution and Agency | | | | |
| 企业 | Enterprise | 72052 | 79060 | 55350 | 72130 |
| 事业 | Institution | 83805 | 83853 | 58373 | 85805 |
| 机关 | Agency | 79650 | 79672 | 81906 | 69415 |
| 按国民经济行业分 | By Sector | | | | |
| 农、林、牧、渔业 | Agriculture，Forestry，Animal Husbandry and Fishery | 48490 | 47364 | 50967 | 53206 |
| 采矿业 | Mining | 63921 | 55878 | 76333 | 63972 |
| 制造业 | Manufacturing | 65825 | 56848 | 54489 | 66116 |
| 电力、热力、燃气及水生产和供应业 | Electricity，Gas and Water Production and Supply | 101726 | 88491 | 30828 | 103962 |
| 建筑业 | Construction | 61181 | 79249 | 45048 | 62418 |
| 批发和零售业 | Wholesale and Retail Sales | 65962 | 112309 | 37905 | 60787 |
| 交通运输、仓储和邮政业 | Transportation，Storage and Postal Services | 89805 | 87080 | 50148 | 90666 |
| 住宿和餐饮业 | Hotel and Catering Service | 40913 | 47253 | 48147 | 39771 |
| 信息传输、软件和信息技术服务业 | Information Transmission，Computer Service and Software Industries | 107824 | 86594 | | 109484 |
| 金融业 | Finance | 103138 | 97208 | 113265 | 104743 |
| 房地产业 | Real Estate | 78247 | 64053 | 33036 | 79850 |
| 租赁和商务服务业 | Leasing and Business Service | 63424 | 64726 | 53449 | 63782 |
| 科学研究和技术服务业 | Scientific Research，Technology Service and Geological Prospecting | 95268 | 89114 | 58273 | 110692 |
| 水利、环境和公共设施管理业 | Water Conservancy，Environment and Public Facility Management | 50297 | 50548 | 42013 | 49725 |
| 居民服务、修理和其他服务业 | Resident and Other Services | 55714 | 77242 | 60227 | 41764 |
| 教育 | Education | 77881 | 79844 | 57360 | 48632 |
| 卫生和社会工作 | Public Health，Social Security and Social Welfare | 100523 | 101291 | 69534 | 80489 |
| 文化、体育和娱乐业 | Culture，Sports and Entertainment | 78402 | 81470 | 52111 | 71511 |
| 公共管理、社会保障和社会组织 | Public Administration and Social Organizations | 78328 | 78337 | 77070 | 74481 |

# 4—8 城镇单位在岗职工平均工资（2019年）
# Average Earning of Staff and Workers in Urban Units （2019）

单位：元 （yuan）

| 项　目 | Item | 在岗职工 Staff and Workers at Post | 国有单位 State-owned Units | 城镇集体单位 Urban Collective owned Units | 其他类型单位 Others |
|---|---|---|---|---|---|
| 总　计 | Total | 79516 | 85909 | 58120 | 73965 |
| 按企业、事业、机关分 | By Enterprise，Institution and Agency | | | | |
| 企业 | Enterprise | 74899 | 88067 | 57429 | 74342 |
| 事业 | Institution | 86765 | 86784 | 68060 | 89560 |
| 机关 | Agency | 83178 | 83207 | 82942 | 70659 |
| 按国民经济行业分 | By Sector | | | | |
| 农、林、牧、渔业 | Agriculture，Forestry，Animal Husbandry and Fishery | 51891 | 50495 | 50944 | 58626 |
| 采矿业 | Mining | 64153 | 56513 | 77000 | 64196 |
| 制造业 | Manufacturing | 66589 | 58385 | 55421 | 66857 |
| 电力、热力、燃气及水生产和供应业 | Electricity，Gas and Water Production and Supply | 103987 | 90125 | 31422 | 106342 |
| 建筑业 | Construction | 62884 | 88256 | 42197 | 63854 |
| 批发和零售业 | Wholesale and Retail Sales | 67517 | 114563 | 38713 | 62170 |
| 交通运输、仓储和邮政业 | Transportation，Storage and Postal Services | 91430 | 88584 | 51983 | 92301 |
| 住宿和餐饮业 | Hotel and Catering Service | 41288 | 48191 | 48230 | 40078 |
| 信息传输、软件和信息技术服务业 | Information Transmission，Computer Service and Software Industries | 110273 | 88719 | | 111955 |
| 金融业 | Finance | 131571 | 131809 | 114825 | 134020 |
| 房地产业 | Real Estate | 79769 | 69168 | 34940 | 80764 |
| 租赁和商务服务业 | Leasing and Business Service | 65609 | 68903 | 53644 | 65699 |
| 科学研究和技术服务业 | Scientific Research，Technology Service and Geological Prospecting | 99134 | 93317 | 58868 | 113545 |
| 水利、环境和公共设施管理业 | Water Conservancy，Environment and Public Facility Management | 51936 | 52136 | 64112 | 50364 |
| 居民服务、修理和其他服务业 | Resident and Other Services | 58061 | 79460 | 61968 | 43231 |
| 教育 | Education | 81011 | 83183 | 57635 | 49480 |
| 卫生和社会工作 | Public Health，Social Security and Social Welfare | 101795 | 102612 | 69918 | 80754 |
| 文化、体育和娱乐业 | Culture，Sports and Entertainment | 81412 | 84620 | 52111 | 74098 |
| 公共管理、社会保障和社会组织 | Public Administration and Social Organizations | 81891 | [illegible] | [illegible] | [illegible] |

# 4—9 分市城镇单位在岗职工人数（2019年）

## Number of Employed Persons in Urban Units by City （2019）

单位：人 （persons）

| 市　别 | Region | 在岗职工人数 Staff and Workers at Post | 国有单位 State-owned Units | 城镇集体单位 Urban Collective-owned Units | 其他类型单位 Others |
|---|---|---|---|---|---|
| 总　计 | Total | 3198113 | 1755471 | 69475 | 1373167 |
| 南宁市 | Nanning | 784033 | 346380 | 6824 | 430829 |
| 柳州市 | Liuzhou | 377734 | 155371 | 3967 | 218396 |
| 桂林市 | Guilin | 313052 | 175858 | 7622 | 129572 |
| 梧州市 | Wuzhou | 151094 | 90952 | 3229 | 56913 |
| 北海市 | Beihai | 115851 | 62432 | 2984 | 50435 |
| 防城港市 | Fangchenggang | 64328 | 40175 | 301 | 23852 |
| 钦州市 | Qinzhou | 196602 | 110430 | 9587 | 76585 |
| 贵港市 | Guigang | 162184 | 112708 | 3051 | 46425 |
| 玉林市 | Yulin | 264165 | 158294 | 16526 | 89345 |
| 百色市 | Baise | 202191 | 145495 | 5711 | 50985 |
| 贺州市 | Hezhou | 98319 | 71613 | 1101 | 25605 |
| 河池市 | Hechi | 174419 | 125976 | 2694 | 45749 |
| 来宾市 | Laibin | 102687 | 70096 | 3688 | 28903 |
| 崇左市 | Chongzuo | 121742 | 80391 | 1772 | 39579 |

注：总计包含自治区直管单位。

Note: The total data includes departments directly under Autonomous Region

# 4—10 分市城镇单位在岗职工平均工资（2019年）

## Average Wages of Staff and Workers at Post in Urban Units by City （2019）

单位：元 (yuan)

| 市别 | Region | 在岗职工 Staff and Workers at Post | 国有单位 State-owned Units | 城镇集体单位 Urban Collective-owned Units | 其他类型单位 Others |
|---|---|---|---|---|---|
| 总　计 | Total | 79516 | 85909 | 58120 | 73965 |
| 南宁市 | Nanning | 90986 | 102912 | 62362 | 84089 |
| 柳州市 | Liuzhou | 77035 | 93847 | 78750 | 70243 |
| 桂林市 | Guilin | 78252 | 85883 | 59967 | 70742 |
| 梧州市 | Wuzhou | 69643 | 77039 | 58298 | 58439 |
| 北海市 | Beihai | 74639 | 87589 | 57018 | 60470 |
| 防城港市 | Fangchenggang | 78165 | 76098 | 22671 | 82369 |
| 钦州市 | Qinzhou | 66847 | 77403 | 49363 | 54426 |
| 贵港市 | Guigang | 73816 | 81592 | 63620 | 56115 |
| 玉林市 | Yulin | 71968 | 77812 | 54278 | 65026 |
| 百色市 | Baise | 76420 | 80310 | 62834 | 67450 |
| 贺州市 | Hezhou | 76481 | 79469 | 66871 | 68861 |
| 河池市 | Hechi | 78486 | 85214 | 61178 | 62214 |
| 来宾市 | Laibin | 69576 | 75474 | 62457 | 58032 |
| 崇左市 | Chongzuo | 70650 | 75835 | 37536 | 61774 |

注：总计包含自治区直管单位。

Note: The total data includes departments directly under Autonomous Region

# 4—11 分市城镇单位从业人员工资总额（2019年）

# Earning of Employed Persons in Urban Units by City （2019）

单位：万元　　　　（10 000 yuan）

| 市 别 | Region | 单位从业人员工资总额 Wages of Employed Persons in Urban Units at the Year-end | 国有单位 State-owned Units | 城镇集体单位 Urban Collective-owned Units | 其他类型单位 Others |
|---|---|---|---|---|---|
| 总 计 | Total | 30175464 | 15860190 | 539157 | 13776118 |
| 南宁市 | Nanning | 9173753 | 3814343 | 51857 | 5307553 |
| 柳州市 | Liuzhou | 4442288 | 1547928 | 37222 | 2857138 |
| 桂林市 | Guilin | 2907809 | 1624802 | 51717 | 1231290 |
| 梧州市 | Wuzhou | 1118788 | 735748 | 25089 | 357951 |
| 北海市 | Beihai | 961825 | 577840 | 50786 | 333198 |
| 防城港市 | Fangchenggang | 548651 | 331421 | 739 | 216490 |
| 钦州市 | Qinzhou | 1358064 | 864192 | 54086 | 439786 |
| 贵港市 | Guigang | 1262038 | 948400 | 29853 | 283786 |
| 玉林市 | Yulin | 2011783 | 1283747 | 133262 | 594774 |
| 百色市 | Baise | 1600430 | 1185165 | 38447 | 376817 |
| 贺州市 | Hezhou | 798255 | 593963 | 7463 | 196829 |
| 河池市 | Hechi | 1464878 | 1111640 | 20893 | 332345 |
| 来宾市 | Laibin | 851237 | 596342 | 26538 | 228357 |
| 崇左市 | Chongzuo | 881039 | 619752 | 6570 | 254718 |

注：总计包含自治区直管单位。

Note：The total data includes departments directly under Autonomous Region

# 4—12 分市城镇单位从业人员平均工资（2019年）

# Average Wage of Employed Persons in Urban Units by City （2019）

单位：元 （yuan）

| 市别 | Region | 单位从业人员平均工资 Average Wages of Employed Persons | 国有单位 State-owned Units | 城镇集体单位 Urban Collective-owned Units | 其他类型单位 Others |
|---|---|---|---|---|---|
| 总计 | Total | 76479 | 82203 | 55747 | 71770 |
| 南宁市 | Nanning | 86632 | 96806 | 62857 | 80826 |
| 柳州市 | Liuzhou | 75130 | 90059 | 69237 | 69009 |
| 桂林市 | Guilin | 74339 | 83041 | 56658 | 66069 |
| 梧州市 | Wuzhou | 66677 | 72652 | 56417 | 57665 |
| 北海市 | Beihai | 70333 | 80565 | 54080 | 59887 |
| 防城港市 | Fangchenggang | 75905 | 73092 | 21997 | 81381 |
| 钦州市 | Qinzhou | 65894 | 75910 | 49115 | 54134 |
| 贵港市 | Guigang | 71119 | 78846 | 48126 | 55681 |
| 玉林市 | Yulin | 69667 | 74754 | 54258 | 64313 |
| 百色市 | Baise | 74379 | 78956 | 62567 | 63950 |
| 贺州市 | Hezhou | 71206 | 73395 | 66105 | 65503 |
| 河池市 | Hechi | 74961 | 81739 | 52574 | 59940 |
| 来宾市 | Laibin | 67063 | 72524 | 61874 | 56503 |
| 崇左市 | Chongzuo | 68185 | 72900 | 37306 | 60020 |

注：总计包含自治区直管单位。

Note: The total data includes departments directly under Autonomous Region

# 4—13　城镇单位分市分行业从业人员（2019年）

## Number of Employed Persons in Urban Units by City and Sector （2019）

单位：人　　　　(persons)

| 市 别 | Region | 合计 Total | 农、林、牧、渔业 Agriculture，Forestry，Animal Husbandry andFishery | 采矿业 Mining | 制造业 Manufacturing | 电力、热力、燃气及水生产和供应业 Electricity，Gas and Water Production and Supply | 建筑业 Construction | 批发和零售业 Wholesale and Retail Sales | 交通运输、仓储和邮政业 Transportation，Storage and Postal Services | 住宿和餐饮业 Hotel and Catering Service | 信息传输、软件和信息技术服务业 Information Transmission，Computer Service and Software Industries |
|---|---|---|---|---|---|---|---|---|---|---|---|
| 总　计 | Total | 4041163 | 54293 | 13677 | 499975 | 100094 | 718537 | 129596 | 190555 | 43678 | 45243 |
| 南宁市 | Nanning | 1090054 | 8261 | 284 | 94370 | 44794 | 263876 | 53864 | 48305 | 21704 | 18179 |
| 柳州市 | Liuzhou | 625973 | 3175 | 78 | 123435 | 3974 | 235464 | 15849 | 14040 | 4447 | 2727 |
| 桂林市 | Guilin | 395468 | 3942 | 118 | 51268 | 8280 | 65981 | 13743 | 10411 | 6234 | 3834 |
| 梧州市 | Wuzhou | 169785 | 842 | 476 | 33614 | 4525 | 5776 | 5357 | 5465 | 876 | 1730 |
| 北海市 | Beihai | 138268 | 5493 | 500 | 25224 | 1912 | 12080 | 3742 | 3528 | 2201 | 2210 |
| 防城港市 | Fangcheng-gang | 73565 | 674 | 26 | 3973 | 2790 | 7747 | 1154 | 6436 | 717 | 943 |
| 钦州市 | Qinzhou | 210161 | 2570 | 75 | 21089 | 2521 | 48285 | 5526 | 6153 | 1026 | 1565 |
| 贵港市 | Guigang | 179625 | 1179 | 89 | 23587 | 1192 | 7166 | 4045 | 4852 | 539 | 1910 |
| 玉林市 | Yulin | 295114 | 4467 | 21 | 43273 | 5610 | 38583 | 7034 | 4873 | 1781 | 3321 |
| 百色市 | Baise | 215177 | 2052 | 1309 | 21602 | 7743 | 8008 | 5877 | 5964 | 1260 | 2377 |
| 贺州市 | Hezhou | 113121 | 1717 | 1132 | 10141 | 4029 | 1301 | 2185 | 1517 | 352 | 1526 |
| 河池市 | Hechi | 197722 | 2828 | 5460 | 15443 | 5944 | 7894 | 6648 | 6990 | 1289 | 2020 |
| 来宾市 | Laibin | 128516 | 5333 | 46 | 16858 | 2820 | 12619 | 2120 | 2621 | 223 | 1594 |
| 崇左市 | Chongzuo | 132409 | 3698 | 4063 | 15960 | 3960 | 3757 | 2400 | 3246 | 961 | 1307 |

注：总计包含自治区直管单位。

Note：The total data includes departments directly under Autonomous Region

## 4-13 续表 (continued)

单位：人 (persons)

| 市别 | Region | 合计 Total | 农、林、牧、渔业 Agriculture, Forestry, Animal Husbandry and Fishery | 采矿业 Mining | 制造业 Manufacturing | 电力、热力、燃气及水生产和供应业 Electricity, Gas and Water Production and Supply | 建筑业 Construction | 批发和零售业 Wholesale and Retail Sales | 交通运输、仓储和邮政业 Transportation, Storage and Postal Services | 住宿和餐饮业 Hotel and Catering Service | 信息传输、软件和信息技术服务业 Information Transmission, Computer Service and Software Industries |
|---|---|---|---|---|---|---|---|---|---|---|---|
| 总计 | Total | 195976 | 90944 | 112717 | 73981 | 73613 | 9913 | 687030 | 353294 | 31996 | 616051 |
| 南宁市 | Nanning | 81325 | 33862 | 35687 | 37172 | 16997 | 2782 | 135508 | 67269 | 13658 | 112157 |
| 柳州市 | Liuzhou | 19350 | 14000 | 19346 | 7780 | 10930 | 672 | 52962 | 36949 | 3389 | 57406 |
| 桂林市 | Guilin | 18539 | 9949 | 15210 | 5569 | 9309 | 1168 | 67052 | 36455 | 4408 | 63998 |
| 梧州市 | Wuzhou | 6783 | 3033 | 2462 | 2249 | 2459 | 164 | 38479 | 21888 | 1312 | 32295 |
| 北海市 | Beihai | 5897 | 4636 | 4068 | 2719 | 5358 | 467 | 24358 | 11489 | 975 | 21411 |
| 防城港市 | Fangcheng-gang | 3265 | 2366 | 1439 | 861 | 2232 | 136 | 12430 | 6532 | 357 | 19487 |
| 钦州市 | Qinzhou | 6454 | 3926 | 4981 | 2270 | 2906 | 273 | 46245 | 23128 | 426 | 30742 |
| 贵港市 | Guigang | 6231 | 3112 | 3422 | 1708 | 3497 | 628 | 57004 | 22598 | 594 | 36272 |
| 玉林市 | Yulin | 10481 | 5682 | 5487 | 4900 | 6490 | 287 | 73516 | 34028 | 2396 | 42884 |
| 百色市 | Baise | 10944 | 3156 | 3152 | 2102 | 5744 | 992 | 49763 | 26915 | 1051 | 55166 |
| 贺州市 | Hezhou | 6631 | 1926 | 3754 | 923 | 1009 | 237 | 29928 | 12549 | 722 | 31542 |
| 河池市 | Hechi | 8106 | 1555 | 7431 | 929 | 2552 | 84 | 45802 | 25066 | 799 | 50882 |
| 来宾市 | Laibin | 5319 | 2150 | 1808 | 1339 | 1604 | 103 | 26492 | 14514 | 1028 | 29925 |
| 崇左市 | Chongzuo | 6651 | 1519 | 4360 | 3460 | 2526 | 371 | 27491 | 13914 | 881 | 31084 |

# 4—14 城镇单位分市分行业女性从业人数（2019年）

## Number of Female Employed Persons in Urban Units by City and Sector （2019）

单位：人　　　　　　　　　　　　　　　　　　　　　　　　　　　　　　　　　　　　　　(persons)

| 市别 | Region | 合计 Total | 农、林、牧、渔业 Agriculture, Forestry, Animal Husbandry andFishery | 采矿业 Mining | 制造业 Manufacturing | 电力、热力、燃气及水生产和供应业 Electricity, Gas and Water Production and Supply | 建筑业 Construction | 批发和零售业 Wholesale and Retail Sales | 交通运输、仓储和邮政业 Transportation, Storage and Postal Services | 住宿和餐饮业 Hotel and Catering Service | 信息传输、软件和信息技术服务业 Information Transmission, Computer Service and Software Industries |
|---|---|---|---|---|---|---|---|---|---|---|---|
| 总　计 | Total | 1643976 | 17504 | 3907 | 191531 | 27738 | 64391 | 67809 | 49303 | 27162 | 18798 |
| 南宁市 | Nanning | 425532 | 2643 | 55 | 38561 | 11735 | 23962 | 28525 | 13649 | 13273 | 6792 |
| 柳州市 | Liuzhou | 181873 | 794 | 19 | 31761 | 1071 | 12361 | 9616 | 4470 | 2755 | 1308 |
| 桂林市 | Guilin | 168425 | 1723 | 41 | 20863 | 2675 | 7364 | 7958 | 3433 | 3776 | 1793 |
| 梧州市 | Wuzhou | 82589 | 204 | 55 | 15441 | 1312 | 1195 | 2882 | 1679 | 509 | 656 |
| 北海市 | Beihai | 65689 | 1570 | 64 | 12216 | 636 | 1608 | 1972 | 1146 | 1373 | 1044 |
| 防城港市 | Fangcheng-gang | 30871 | 134 | 5 | 1152 | 550 | 1948 | 463 | 1452 | 422 | 433 |
| 钦州市 | Qinzhou | 89285 | 561 | 25 | 10712 | 723 | 4724 | 2596 | 1810 | 679 | 624 |
| 贵港市 | Guigang | 91220 | 399 | 18 | 11425 | 384 | 1705 | 1779 | 1705 | 379 | 826 |
| 玉林市 | Yulin | 135227 | 1418 | 3 | 19489 | 1477 | 4528 | 3332 | 1738 | 1286 | 1387 |
| 百色市 | Baise | 97142 | 629 | 397 | 6700 | 2520 | 1421 | 2498 | 2217 | 874 | 1036 |
| 贺州市 | Hezhou | 54856 | 553 | 218 | 4019 | 1130 | 332 | 1116 | 525 | 219 | 638 |
| 河池市 | Hechi | 90008 | 751 | 1556 | 7621 | 1684 | 892 | 2965 | 2855 | 847 | 952 |
| 来宾市 | Laibin | 57344 | 1764 | 15 | 6259 | 689 | 1972 | 931 | 895 | 131 | 762 |
| 崇左市 | Chongzuo | 59213 | 1105 | 1436 | 5256 | 1152 | 379 | 1132 | 1237 | 608 | 547 |

注：总计包含自治区直管单位。

Note: The total data includes departments directly under Autonomous Region

# 4-14 续表 (continued)

单位：人 (persons)

| 市别 Region | 金融业 Finance | 房地产业 Real Estate | 租赁和商务服务业 Leasing and Business Service | 科学研究和技术服务业 Scientific Research, Technology Service and Geological Prospecting | 水利、环境和公共设施管理业 Water Conservancy, Environment and Public Facility Management | 居民服务、修理和其他服务业 Resident and Other Services | 教育 Education | 卫生和社会工作 Public Health, Social Security and Social Welfare | 文化、体育和娱乐业 Culture, Sports and Entertainment | 公共管理、社会保障和社会组织 Public Administration and Social Organizations |
|---|---|---|---|---|---|---|---|---|---|---|
| 总 计 Total | 112995 | 40606 | 39144 | 26281 | 38601 | 4747 | 428185 | 248543 | 15605 | 221126 |
| 南宁市 Nanning | 50640 | 15602 | 13699 | 14009 | 9360 | 1368 | 85028 | 48045 | 6671 | 41915 |
| 柳州市 Liuzhou | 11477 | 6569 | 7764 | 2556 | 6176 | 287 | 34620 | 26050 | 1778 | 20441 |
| 桂林市 Guilin | 10336 | 3929 | 4111 | 1871 | 4416 | 653 | 42099 | 26060 | 2064 | 23260 |
| 梧州市 Wuzhou | 3663 | 1300 | 872 | 725 | 1247 | 81 | 23307 | 15055 | 616 | 11790 |
| 北海市 Beihai | 3311 | 2289 | 1353 | 936 | 2809 | 183 | 16280 | 8185 | 484 | 8230 |
| 防城港市 Fangcheng-gang | 1620 | 1032 | 497 | 269 | 1228 | 45 | 7885 | 4285 | 179 | 7272 |
| 钦州市 Qinzhou | 3706 | 1753 | 2196 | 713 | 1459 | 100 | 30520 | 15774 | 201 | 10409 |
| 贵港市 Guigang | 2627 | 1410 | 858 | 473 | 1573 | 148 | 36817 | 15649 | 278 | 12767 |
| 玉林市 Yulin | 5062 | 2390 | 1869 | 1627 | 3019 | 91 | 47635 | 23309 | 1165 | 14402 |
| 百色市 Baise | 6112 | 1244 | 912 | 749 | 3123 | 627 | 27451 | 19185 | 495 | 18952 |
| 贺州市 Hezhou | 3793 | 798 | 1310 | 346 | 461 | 111 | 18671 | 9044 | 420 | 11152 |
| 河池市 Hechi | 4075 | 630 | 1667 | 343 | 1676 | 36 | 26011 | 17696 | 377 | 17374 |
| 来宾市 Laibin | 2921 | 1018 | 718 | 500 | 571 | 40 | 15861 | 10427 | 450 | 11420 |
| 崇左市 Chongzuo | 3652 | 612 | 1289 | 1164 | 1483 | 213 | 16000 | 9779 | 427 | 11742 |

# 4—15 城镇单位分市分行业从业人员平均工资（2019年）

## Average Earning of Staff and Workers at Work in Urban Units by City and Sector (2019)

单位：元 (yuan)

| 市别 Region | 合计 Total | 农、林、牧、渔业 Agriculture, Forestry, Animal Husbandry and Fishery | 采矿业 Mining | 制造业 Manufacturing | 电力、热力、燃气及水生产和供应业 Electricity, Gas and Water Production and Supply | 建筑业 Construction | 批发和零售业 Wholesale and Retail Sales | 交通运输、仓储和邮政业 Transportation, Storage and Postal Services | 住宿和餐饮业 Hotel and Catering Service | 信息传输、软件和信息技术服务业 Information Transmission, Computer Service and Software Industries |
|---|---|---|---|---|---|---|---|---|---|---|
| 总　计 Total | 76479 | 48490 | 63921 | 65825 | 101726 | 61181 | 65962 | 89805 | 40913 | 107824 |
| 南宁市 Nanning | 86632 | 66869 | 51495 | 64721 | 117668 | 75140 | 71046 | 83689 | 40565 | 116343 |
| 柳州市 Liuzhou | 75130 | 65453 | 79203 | 87770 | 86798 | 58124 | 62470 | 61899 | 44530 | 106621 |
| 桂林市 Guilin | 74339 | 42069 | 49248 | 58024 | 94920 | 58710 | 58885 | 73383 | 42429 | 93667 |
| 梧州市 Wuzhou | 66677 | 56574 | 42998 | 51320 | 68922 | 50917 | 52715 | 65683 | 32961 | 109449 |
| 北海市 Beihai | 70333 | 48849 | 59974 | 49412 | 95993 | 49664 | 58419 | 89806 | 46463 | 102116 |
| 防城港市 Fangcheng-gang | 75905 | 42715 | 35385 | 64361 | 158591 | 49162 | 79527 | 89256 | 50131 | 107409 |
| 钦州市 Qinzhou | 65894 | 43766 | 51078 | 60452 | 110216 | 39419 | 64909 | 79730 | 37585 | 114353 |
| 贵港市 Guigang | 71119 | 55262 | 44888 | 47307 | 71870 | 41835 | 62243 | 68219 | 36215 | 86011 |
| 玉林市 Yulin | 69667 | 45058 | 17810 | 64213 | 70647 | 44262 | 62573 | 66303 | 38801 | 111915 |
| 百色市 Baise | 74379 | 65514 | 70462 | 65118 | 80642 | 43493 | 60505 | 79012 | 35147 | 98774 |
| 贺州市 Hezhou | 71206 | 59635 | 54384 | 54527 | 93288 | 49504 | 88050 | 67951 | 37006 | 90978 |
| 河池市 Hechi | 74961 | 52757 | 59715 | 51309 | 88124 | 45018 | 62969 | 60596 | 34750 | 106726 |
| 来宾市 Laibin | 67063 | 51713 | 40465 | 53995 | 97701 | 38538 | 74112 | 58181 | 32724 | 99979 |
| 崇左市 Chongzuo | 68185 | 48636 | 72667 | 54818 | 71005 | 41149 | 66452 | 72632 | 36515 | 103512 |

注：总计包含自治区直管单位。
Note: The total data includes departments directly under Autonomous Region

# 4-15 续表 (continued)

单位：元 (yuan)

| 市 别 | Region | 金融业 Finance | 房地产业 Real Estate | 租赁和商务服务业 Leasing and Business Service | 科学研究和技术服务业 Scientific Research, Technology Service and Geological Prospecting | 水利、环境和公共设施管理业 Water Conservancy, Environment and Public Facility Management | 居民服务、修理和其他服务业 Resident and Other Services | 教育 Education | 卫生和社会工作 Public Health, Social Security and Social Welfare | 文化、体育和娱乐业 Culture, Sports and Entertainment | 公共管理、社会保障和社会组织 Public Administration andSocial Organizations |
|---|---|---|---|---|---|---|---|---|---|---|---|
| 总 计 | Total | 103138 | 78247 | 63424 | 95268 | 50297 | 55714 | 77881 | 100523 | 78402 | 78328 |
| 南宁市 | Nanning | 110117 | 94769 | 73769 | 111232 | 61255 | 58446 | 88710 | 126254 | 99043 | 86980 |
| 柳州市 | Liuzhou | 98425 | 71891 | 52785 | 87989 | 47541 | 53454 | 84914 | 112779 | 71032 | 87379 |
| 桂林市 | Guilin | 119709 | 74280 | 64939 | 83193 | 49279 | 43113 | 81169 | 97539 | 56880 | 81743 |
| 梧州市 | Wuzhou | 96742 | 56326 | 49715 | 86589 | 41095 | 30659 | 70388 | 82657 | 55001 | 68246 |
| 北海市 | Beihai | 96919 | 85988 | 83435 | 79286 | 43940 | 48164 | 81556 | 92291 | 65240 | 77337 |
| 防城港市 | Fangchenggang | 118996 | 69818 | 57717 | 77042 | 44396 | 61541 | 72285 | 82072 | 65846 | 70927 |
| 钦州市 | Qinzhou | 93703 | 64967 | 52874 | 75707 | 48288 | 50526 | 72241 | 91173 | 65237 | 73001 |
| 贵港市 | Guigang | 105603 | 62624 | 49608 | 81727 | 53922 | 66374 | 69515 | 98782 | 70320 | 77260 |
| 玉林市 | Yulin | 114722 | 66031 | 55837 | 77478 | 44144 | 56469 | 71525 | 97894 | 55916 | 68694 |
| 百色市 | Baise | 83948 | 56503 | 54381 | 78173 | 45546 | 32055 | 78701 | 88822 | 63563 | 76342 |
| 贺州市 | Hezhou | 76179 | 68296 | 65058 | 79265 | 48995 | 51324 | 66763 | 93997 | 63317 | 70000 |
| 河池市 | Hechi | 84592 | 48559 | 62018 | 92226 | 45831 | 84183 | 78475 | 89468 | 79573 | 83272 |
| 来宾市 | Laibin | 88631 | 63113 | 67460 | 74077 | 56534 | 57042 | 72602 | 85916 | 70547 | 67478 |
| 崇左市 | Chongzuo | 76483 | 63332 | 51119 | 51677 | 45236 | 38238 | 71633 | 83225 | 59343 | 73443 |

# 4—16 参加社会保险人员

## Number of Persons Joined Social Insurance in Main Years

单位：人　　　　(persons)

| 项　目 | Item | 2017 | 2018 | 2019 |
|---|---|---|---|---|
| 一、截止年末参加城镇职工基本养老保险人员总数 | Total Number of Persons Joined Urban Employees Basic Pension Insurance at Year End | 7777915 | 8258753 | 8695229 |
| #离休退休退职人数 | Total Retired, VCSR & RRSW | 2518653 | 2603388 | 2683603 |
| （一）执行企业养老保险制度 | The Enterprise Basic Pension Insurance System | 6136654 | 6544217 | 2057647 |
| 1.企业 | Enterprise | 3982133 | 4238809 | 1037232 |
| 国有企业 | State-enterprise | 1895141 | 1917679 | 621688 |
| 集体企业 | Collective Enterprise | 187094 | 203263 | 76410 |
| 其他企业 | Other Enterprise | 1821902 | 2009663 | 334286 |
| 港、澳、台及外资企业 | Foreign Investment and Enterprise Funded by Hong Kong, Macau and Taiwan | 77996 | 108204 | 4848 |
| 2.其他人员 | Other Staffs | 2154521 | 2305408 | 1004682 |
| （二）执行机关事业单位养老保险制度 | The Institution and Agency Basic Pension Insurance System | 1641261 | 1714536 | 625956 |
| 1.机关 | Institution | 557110 | 484530 | 171248 |
| 2.事业 | Agency | 1080890 | 1224647 | 452058 |
| 3.其他单位 | Others | 3261 | 5359 | 2650 |
| 二、截止年末参加失业保险人员总数 | Total Number of Persons Joined Unemployment Insurance atYear End | 3021320 | 3235181 | 3629553 |
| （一）企业 | Enterprise | 1934096 | 2079279 | 2398787 |
| 1.内资企业 | Domestic Capital | 1814430 | 1953831 | 2262550 |
| 2.港、澳、台及外资企业 | Foreign Investment and Enterprise Funded by Hong Kong, Macau and Taiwan | 119666 | 125448 | 136237 |
| （二）事业单位 | Agency | 1006020 | 1045809 | 1101704 |
| （三）其他单位 | Other Units | 81204 | 110093 | 129062 |
| 三、截止年末参加基本医疗保险人员总数 | Total Number of Persons Joined the Basic Health Care Program at Year End | 51732858 | 51366880 | 52071526 |
| （一）城镇职工基本医疗保险参保人数 | Urban Staff and Workers | 5567460 | 5884697 | 6205149 |
| #退休人数 | Total Number of VCSR | 1601656 | 1674729 | 1760341 |
| 1.企业 | Enterprise | 2994696 | 3224052 | 3415994 |
| 2.事业 | Institution | 1468665 | 1483509 | 1588218 |
| 3.机关 | Agency | 509646 | 500106 | 518881 |
| 4.其他人员 | Other Staffs | 594453 | 677030 | 682056 |
| （二）城乡居民基本医疗保险参保人数 | Urban and Rural Residents | 46165398 | 45482183 | 45866377 |
| 四、截止年末参加工伤保险人员总数 | Total Number of Persons Joined the Industrial Injury Insurance at Year End | 3887915 | 4126025 | 4422273 |
| 五、截止年末参加生育保险人员总数 | Total Number of Persons Joined the Bearing Insurance at Year End | 3385751 | 3661959 | 4059275 |
| 六、截止年末参加城乡居民基本养老保险人数 | Total Number of Residents joined The Urban and Rural Basic Pension Insurance at Year End | 18059399 | 18896170 | 19836785 |

注：1.此表关于基本医疗保险数据由自治区医保局提供，其余数据由自治区人社厅提供。

2.因社会保险制度改革，城镇居民基本医疗保险与新农合从2017年起整合为城乡居民基本医疗保险。

Note: 1.The data in this table is provided by Department of Human Resources and Social Security of Guangxi and Healthcare Security Adminstration.

2. Due to the reform on social insurance system, urban residents basic health care insurance and new rural cooperative medical system have been adjusted to urban and rural residents basic health care insurance since 2017.

# 4—17 分市社会保险参保人数（2019年）

## Number of Persons Joined Social Security by City （2019）

单位：人 （persons）

| 地区 | City | 城镇基本养老保险人数 Number of Persons Participating in The Basic Pension Insurance in Urban Employees | 执行企业职工基本养老保险制度 The Enterprise Basic Pension Insurance System | 执行机关事业单位职工基本养老保险制度 The Institution and Agency Basic Pension Insurance System | 失业保险人数 Number of Persons Participating in the Unemployment Insurance Program | 基本医疗保险人数 Number of Person Participating in the Basic Health Care Program | 工伤保险人数 Number of Person Participating in the Industrial Injury Insurance | 生育保险人数 Number of Person Participating in the Bearing Insurance | 城乡居民基本养老保险参保人数 Number of Residents Participating in The Urban and Rural Basic Pension Insurance |
|---|---|---|---|---|---|---|---|---|---|
| 总计 | Total | 8695229 | 6926001 | 1769228 | 3629553 | 52071526 | 4422273 | 4059275 | 19836785 |
| 南宁市 | Nanning | 1583980 | 1390706 | 193274 | 621565 | 7020227 | 700430 | 676841 | 2280164 |
| 柳州市 | Liuzhou | 1133848 | 1003378 | 130470 | 483842 | 3729270 | 521840 | 492788 | 1185276 |
| 桂林市 | Guilin | 1003911 | 829662 | 174249 | 451415 | 5073626 | 527918 | 497697 | 2069824 |
| 梧州市 | Wuzhou | 453411 | 359925 | 93486 | 161570 | 3240557 | 220182 | 196086 | 1309058 |
| 北海市 | Beihai | 319618 | 262311 | 57307 | 140826 | 1623801 | 185926 | 161266 | 422101 |
| 防城港市 | Fangcheng-gang | 179958 | 147614 | 32344 | 75110 | 905566 | 112081 | 76264 | 312191 |
| 钦州市 | Qinzhou | 295446 | 208481 | 86965 | 102898 | 3608886 | 139450 | 121899 | 1310457 |
| 贵港市 | Guigang | 339071 | 228228 | 110843 | 112828 | 4861704 | 182359 | 60117 | 1926774 |
| 玉林市 | Yulin | 588598 | 431735 | 156863 | 180716 | 6126210 | 227232 | 224825 | 2270172 |
| 百色市 | Baise | 405259 | 281845 | 123414 | 179591 | 4068470 | 248781 | 247933 | 2003321 |
| 贺州市 | Hezhou | 229769 | 160427 | 69342 | 105832 | 2331301 | 154259 | 120590 | 920695 |
| 河池市 | Hechi | 403957 | 276566 | 127391 | 150144 | 4077354 | 183956 | 141616 | 1744063 |
| 来宾市 | Laibin | 250141 | 177453 | 72688 | 109931 | 2454932 | 127984 | 254762 | 991452 |
| 崇左市 | Chongzuo | 255604 | 177696 | 77908 | 93704 | 2427202 | 144522 | 119370 | 1091237 |

注：1.此表关于基本医疗保险数据由自治区医保局提供，其余数据由自治区人社厅提供。
2.总计包括自治区本级。
3.基本医疗保险人数包括城镇职工基本医疗保险与城镇居民基本医疗保险能参保人数之和。
4.执行机关事业单位基本养老保险制度的统计指标从2016年起建立。

Note: 1.The data in this table s provided by Department of Human Resources and Social Security of Guangxi and Healthcare Security Administration.
2.The total item include the Autonomous Region itself.
3.The number of persons participating in the Basic Health Care Program include the number of persons in the urban staff and workers' Basic Health Care Program and the urban residents' Basic Health Care Program.
4. The items about "The Institution & Agency Basic Pension Insurance System" start at 2016.

# 4—18 城镇私营单位从业人员平均工资（2019年）

## Average Wages of Employed Persons in Urban Private Units （2019）

单位：元 （yuan）

| 行 业 | Sector | 2018 | 2019 |
|---|---|---|---|
| 总计 | Total | 39948 | 42949 |
| 农、林、牧、渔业 | Agriculture，Forestry，Animal Husbandry and Fishery | 33700 | 36244 |
| 采矿业 | Mining | 43167 | 45326 |
| 制造业 | Manufacturing | 41201 | 44638 |
| 电力、热力、燃气及水生产和供应业 | Electricity，Gas and Water Production and Supply | 40541 | 44467 |
| 建筑业 | Construction | 39776 | 43060 |
| 批发和零售业 | Wholesale and Retail Sales | 38881 | 40765 |
| 交通运输、仓储和邮政业 | Transportation，Storage and Postal Services | 40128 | 46049 |
| 住宿和餐饮业 | Hotel and Catering Service | 33157 | 35900 |
| 信息传输、软件和信息技术服务业 | Information Transmission，Computer Service and Software Industries | 46841 | 51501 |
| 金融业 | Finance | 47627 | 53144 |
| 房地产业 | Real Estate | 45846 | 43464 |
| 租赁和商务服务业 | Leasing and Business Service | 40350 | 44522 |
| 科学研究和技术服务业 | Scientific Research，Technology Service and Geological Prospecting | 46948 | 49129 |
| 水利、环境和公共设施管理业 | Water Conservancy，Environment and Public Facility Management | 33753 | 39311 |
| 居民服务、修理和其他服务业 | Residents and Other Services | 34950 | 38980 |
| 教育 | Education | 33871 | 34159 |
| 卫生和社会工作 | Public Health，Social Security and Social Welfare | 41713 | 52859 |
| 文化、体育和娱乐业 | Culture，Sports and Entertainment | 32223 | 35667 |

注：城镇私营单位工资统计采取抽样调查方式，样本代表性仅为省（自治区）级，无市、县（区）数据。

Note：The data of "Average Wages of Employed Persons in Urban Private Units" comes from sample survey，with the population of that in Autonomous Region，doesn't involve cities and counties.

## 主要统计指标解释

**劳动力资源总数** 指在劳动年龄内人口（16周岁及以上）总数中，具有劳动能力，在正常情况下，可能或实际参加社会劳动的人口数。

**从业人员** 指从事一定社会劳动并取得劳动报酬或经营收入的人员。从业人员按从业身份分组包括：（1）职工；（2）再就业的离退休人员；（3）私营业主；（4）个体户主；（5）私营企业和个体从业人员；（6）乡镇企业从业人员；（7）农村从业人员；（8）其他从业人员（包括现役军人）。

**职工** 指在国有、城镇集体、联营、股份制、外商和港、澳、台投资、其他单位及其附属机构中工作，并由其支付工资的各类人员。不包括下列人员：（1）乡镇企业从业人员；（2）私营企业从业人员；（3）城镇个体劳动者；（4）离休、退休、退职人员；（5）再就业的离、退休人员；（6）民办教师；（7）其他按有关规定不列入职工统计范围的人员。

**城镇登记失业人员** 指有非农业户口，在一定的劳动年龄内（16岁及以上男50岁以下，女45岁以下），有劳动能力，无业而要求就业，并在当地就业服务机构进行求职登记的人员。

**城镇登记失业率** 城镇登记失业人员与城镇单位从业人员（扣除使用的农村劳动力、聘用的离退休人员、港澳台及外方人员）、城镇单位中的不在岗职工、城镇私营业主、个体户主、城镇私营企业和个体从业人员、城镇登记失业人员之和的比。计算公式为：

$$\text{城镇登记失业率}=\frac{\text{城镇登记失业人数}}{\text{（城镇登记单位从业人员-使用的农村劳动力-聘用的离退休人员-聘用的港澳台及外方人员）+不在岗职工+城镇私营业主+城镇个体户主+城镇私营企业及个人体从业人员+城镇登记失业人数}}\times 100$$

**工资总额** 指各单位在一定时期内直接支付给本单位全部职工的劳动报酬总额。工资总额的计算应以直接支付给职工的全部劳动报酬为根据。各单位支付给职工的劳动报酬以及其他根据有关规定支付的工资，不论是计入成本的还是不计入成本的，不论是以货币形式支付的还是以实物形式支付的，均应列入工资总额的计算范围。工资总额包括计时工资、计件工资、奖金、津贴和补贴、加班加点工资、特殊情况下支付的工资。

## Explanatory Notes on Main Statistical Indicators

**Total Resource of Labor Force** refers to the population aged 16 and over who are capable to work , are willing to participate in or participating in social labor.

**Employees** refers to the persons who are engaged in social labor and receive remuneration payment or earn business income, including: (1) staff and workers at work; (2) re-employed retirees; (3) employers of private enterprises; (4) self-employed workers; (5) employers in private and individual economy; (6) employees in township; (7) employed persons in the rural areas; (8) other employed persons (including the servicemen) .

**Staff and Workers** refer to the persons who work in and receive payment there from enterprise and institutions of state ownership, collective ownership, joint ownership, share holding, foreign ownership, and ownership by entrepreneurs from Hong Kong, Macao, and Taiwan, and other types of ownership and their affiliated units, excluding: (1) employed persons in rural enterprises; (2) employed persons in private enterprises; (3) urban individual laborers; (4) retired persons, VCSR and RRSW; (5) re-employed retirees and VCSR; (6) teachers in the schools run by the local people; (7) other persons aren' t included in the statistic range of staff and workers according to related rules.

**Registered Urban Unemployed Persons** refer to the persons who are registered as permanent residents in the urban areas engaged in non-agricultural activities, aged within the range of working age (16 age and over, while male below 50 and female below 45), capable to labor, unemployed but desirous to be employed and have been registered at the local employment service agencies to apply for a job.

**Registered Urban Unemployment Rate** refers to the ratio of the number of the registered unemployed persons to the sum of the number of persons employed in various units and in private enterprises in urban areas, urban self-employed individuals and the registered urban unemployed persons (excluding the employed rural labor force, re-employed retirees, and Hong Kong, Macao, Taiwan or foreign employees) . The formula is as follows:

$$\text{Registered urban unemployment rate}=\frac{\text{Number of registered urban unemployed persons}}{\text{(Number of persons employed in urban units-employed rural labor forceremployed retirees-HongKong, Macao, Taiwan or foreign employees)+number of staff and workers out of post+number of urban self-employed individuals+number of personnel in urban privately enterprises and selfemployed individuals+number of personnel in urban privately enterprises and self-employed laborers+number of the registered urban unemployed persons}}\times 100$$

**Total Wages of Staff and Workers** refer to the total remuneration payment to staff and workers in various units during a certain period of time. The calculation of total wages is based on the total remuneration payment to the staff and workers. Therefore, all the wages and salaries and other payments to staff and workers are included in the total wages regardless of their sources, category, and forms (in kind or cash) . Total wages of staff and workers includes the wage calculated by time, wage calculated by volume, bonus, subsidies and allowances, wage paid in special.

**平均工资** 指企业、事业、机关等单位的职工在一定时期内平均每人所得的货币工资额。其计算公式为：

$$平均工资 = \frac{报告期实际支付的全部职工工资总额}{报告期全部职工平均人数(人)}$$

**平均实际工资** 是指扣除物价变动因素后的职工平均工资。其计算公式为：

$$平均实际工资 = \frac{报告期职工平均工资}{报告期城市居民消费价格指数}$$

**参加城镇职工基本养老保险的职工人数** 指报告期末参加城镇职工基本养老保险并在社会保险经办机构已建立缴费记录档案的职工人数，包括中断缴费但未终止养老保险关系的职工人数，不包括只登记未建立缴费记录档案的人数。

**参加城镇职工基本养老保险的离休、退休、退职人员人数** 指报告期末参加城镇职工基本养老保险并由养老保险基金支付养老金的离休人员、退休人员、退职人员人数（包括扩面工作中增加的人员），其中离休人员指离休干部。

**参加失业保险人员总数** 指报告期末城镇企业、事业单位职工参加失业保险的人数及按地方规定参加失业保险的其他人员人数之和。

**参加职工基本医疗保险人员人数** 指报告期末参加职工基本医疗保险（实施统帐结合和单建统筹基金）的职工人数和退休人数的合计。

**Average Wage of Staff and Workers** refers to the average wage in money terms per person during a certain period of time for staff and workers in enterprises, institutions and government agencies. The formula for calculating Average Wage of Staff and Workers is as follows:

$$\text{Average Wage of Staff and Workers} = \frac{\text{Total Wages of Staff and Workers in Reference Period}}{\text{Average Number of Staff and Workers in Reference Period}} \times 100$$

**Average Real Wage of Staff and Workers** refers to the average wage, which has removed the factor of price change. The formula is as follows:

$$\text{Average Real Wage of Staff and Worke} = \frac{\text{Average Wage of Staff and Workers in Reference Period}}{\text{Urban Consumer Prices Index in Reference Period}}$$

**Total Number of Employees Participating in Basic Old-age Insurance for Urban Workers** Refers to the number of workers who participated in the for urban employees at the end of the reporting period and who have set up payment records in the social insurance agencies, including those who interrupted payment but did not terminate the endowment insurance relationship, excluding those who only registered but did not set up payment records.

**Number of retirees, retirees and retirees participating in basic pension insurance for urban workers** Refers to the number of retirees, retirees and retirees (including those who have increased in the expansion work) who participated in the basic old-age insurance for urban workers and paid pensions by the old-age insurance fund at the end of the reporting period. Among them, retirees refer to retired cadres.

**Total number of persons participating in unemployment insurance** Refers to the total number of employees of urban enterprises and institutions participating in unemployment insurance and other persons participating in unemployment insurance according to local regulations at the end of the reporting period.

**Number of employees participating in basic medical insurance** Refers to the total number of employees and retirees who participated in the basic medical insurance (Implementing the integration of unified accounts and the unified fund for individual construction) at the end of the reporting period.

第五篇

# 物　价

# PRICES

（编辑：蒋志华　骆　洁）

# 简要说明

**一、本篇资料主要内容**

本篇价格指数资料，反映生产、流通、消费与投资等环节的价格变动趋势和变动幅度。主要包括居民消费价格指数、商品零售价格指数、农业生产资料价格指数、农产品生产者价格指数、工业生产者出厂价格指数、工业生产者购进价格指数、固定资产投资价格指数、房地产价格指数、农产品集贸市场价格及指数等。

**二、资料来源及说明**

本篇所有数据均来源于国家统计局广西调查总队。价格指数编制由国家统计局城市社会经济调查司和农村社会经济调查司组织实施。由各省、自治区、直辖市及抽选出的市、县调查队依据国家统计局统一制定的价格统计调查制度从基层采集原始数据汇总后上报。

# 5—1　居民消费及商品零售价格总指数（1978—2019年）
## Consumer and Retail General Price Indices（1978—2019）

（上年=100）　　　　　　（preceding year=100）

| 年　份<br>Year | 居民消费价格总指数<br>Consumer Price Index | | | 商品零售价格总指数<br>Retail Price Index | | |
|---|---|---|---|---|---|---|
| | 全　区<br>Total | 城　市<br>Urban Areas | 农　村<br>Rural Areas | 全　区<br>Total | 城　市<br>Urban Areas | 农　村<br>Rural Areas |
| 1978 | 99.8 | 99.8 | | 100.0 | 99.8 | 100.1 |
| 1979 | 102.8 | 102.8 | | 102.3 | 102.9 | 101.7 |
| 1980 | 112.6 | 112.6 | | 109.2 | 113.1 | 106.1 |
| 1981 | 102.7 | 102.7 | | 101.7 | 103.0 | 100.5 |
| 1982 | 104.1 | 104.1 | | 103.1 | 104.4 | 102.4 |
| 1983 | 103.0 | 103.0 | | 102.8 | 103.0 | 102.7 |
| 1984 | 103.3 | 104.6 | 102.4 | 104.2 | 104.5 | 104.1 |
| 1985 | 113.0 | 114.7 | 111.8 | 111.2 | 114.5 | 109.3 |
| 1986 | 106.2 | 106.2 | 106.2 | 105.1 | 106.0 | 104.4 |
| 1987 | 108.2 | 110.2 | 105.8 | 108.0 | 110.5 | 105.5 |
| 1988 | 120.8 | 123.3 | 118.4 | 121.0 | 123.2 | 119.4 |
| 1989 | 121.1 | 119.7 | 123.3 | 121.3 | 119.1 | 123.5 |
| 1990 | 101.1 | 98.3 | 104.4 | 100.1 | 97.4 | 102.4 |
| 1991 | 102.8 | 102.7 | 103.0 | 102.5 | 102.5 | 102.5 |
| 1992 | 105.9 | 107.0 | 105.4 | 104.6 | 106.2 | 103.9 |
| 1993 | 122.0 | 123.3 | 119.1 | 118.9 | 121.9 | 114.8 |
| 1994 | 126.0 | 125.4 | 126.5 | 124.4 | 122.7 | 125.6 |
| 1995 | 118.4 | 118.0 | 118.6 | 116.4 | 115.0 | 117.7 |
| 1996 | 106.5 | 105.5 | 107.4 | 104.5 | 104.1 | 104.9 |
| 1997 | 100.8 | 100.7 | 100.8 | 99.6 | 99.9 | 99.4 |
| 1998 | 97.0 | 97.1 | 96.8 | 96.3 | 96.7 | 95.9 |
| 1999 | 97.7 | 97.2 | 98.2 | 97.2 | 96.8 | 97.6 |
| 2000 | 99.7 | 100.0 | 99.5 | 98.6 | 98.4 | 98.8 |
| 2001 | 100.6 | 101.3 | 99.6 | 97.8 | 97.3 | 99.0 |
| 2002 | 99.1 | 98.9 | 99.3 | 98.1 | 98.2 | 98.0 |
| 2003 | 101.1 | 100.9 | 101.3 | 100.2 | 99.6 | 100.8 |
| 2004 | 104.4 | 104.1 | 104.9 | 103.9 | 103.4 | 104.4 |
| 2005 | 102.4 | 103.0 | 101.6 | 101.1 | 101.3 | 101.0 |
| 2006 | 101.3 | 101.6 | 100.9 | 100.3 | 100.8 | 99.8 |
| 2007 | 106.1 | 105.6 | 106.8 | 104.8 | 104.2 | 105.3 |
| 2008 | 107.8 | 107.6 | 108.5 | 107.6 | 107.6 | 108.3 |
| 2009 | 97.9 | 97.9 | 97.5 | 98.0 | 98.1 | 96.9 |
| 2010 | 103.0 | 102.9 | 103.4 | 103.0 | 103.0 | 103.2 |
| 2011 | 105.9 | 105.7 | 106.4 | 106.0 | 105.7 | 106.6 |
| 2012 | 103.2 | 103.2 | 103.3 | 102.3 | 102.2 | 102.4 |
| 2013 | 102.2 | 102.1 | 102.4 | 101.2 | 101.1 | 101.3 |
| 2014 | 102.1 | 102.2 | 101.9 | 101.4 | 101.5 | 101.1 |
| 2015 | 101.5 | 101.5 | 101.5 | 100.1 | 100.1 | 100.1 |
| 2016 | 101.6 | 101.6 | 101.7 | 100.4 | 100.4 | 100.3 |
| 2017 | 101.6 | 101.9 | 101.1 | 101.2 | 101.2 | 100.8 |
| 2018 | 102.3 | 102.4 | 102.2 | 101.6 | 101.6 | 101.7 |
| 2019 | 103.7 | 103.5 | 104.1 | 103.2 | 103.1 | 103.5 |

注：1994年起商品零售价格总指数不包括农资。

Note：Retail General Price Index since 1994 has excluded agricultural means of production.

# 5—2 各地区商品零售和农业生产资料价格指数（2019年）

（上年=100）

| 地 区 | Region | 总指数 General Index | 一、食品类 Food | 粮食 Grain | 食用油 Edible Oil and Fats | 菜 Vegetables | 畜肉 Livestock Meat | 禽肉 Poultry Meat | 水产品 Aquatic Products | 干鲜瓜果 Dried and Fresh Melons and Fruits |
|---|---|---|---|---|---|---|---|---|---|---|
| 全区平均 | Average of the Whole Autonomous Region | 103.2 | 111.5 | 100.7 | 100.6 | 107.0 | 137.0 | 112.8 | 105.2 | 114.4 |
| 南宁市 | Nanning | 103.1 | 112.0 | 97.5 | 101.4 | 107.6 | 133.6 | 115.5 | 108.5 | 124.2 |
| 柳州市 | Liuzhou | 102.8 | 110.6 | 106.0 | 101.0 | 102.3 | 132.9 | 112.9 | 102.3 | 103.9 |
| 桂林市 | Guilin | 103.2 | 111.6 | 102.7 | 101.4 | 111.0 | 136.5 | 110.5 | 103.3 | 113.1 |
| 梧州市 | Wuzhou | 104.0 | 111.2 | 101.1 | 99.6 | 103.9 | 134.6 | 111.7 | 103.1 | 112.0 |
| 北海市 | Beihai | 102.6 | 108.3 | 98.5 | 99.6 | 105.1 | 133.0 | 110.7 | 107.7 | 112.4 |
| 防城港市 | Fangchenggang | 103.5 | 111.1 | 100.2 | 103.9 | 104.9 | 142.2 | 110.8 | 100.2 | 118.2 |
| 钦州市 | Qinzhou | 103.4 | 112.2 | 100.9 | 100.1 | 106.3 | 142.0 | 109.0 | 106.5 | 117.8 |
| 贵港市 | Guigang | 104.1 | 113.3 | 100.9 | 99.3 | 106.2 | 139.1 | 112.0 | 105.7 | 114.2 |
| 玉林市 | Yulin | 103.0 | 112.7 | 101.0 | 99.0 | 113.9 | 136.6 | 113.0 | 102.3 | 115.0 |
| 百色市 | Baise | 103.0 | 109.1 | 100.5 | 102.7 | 109.4 | 127.6 | 108.5 | 105.2 | 113.1 |
| 贺州市 | Hezhou | 103.0 | 112.4 | 99.6 | 98.3 | 106.1 | 140.2 | 114.9 | 104.0 | 110.6 |
| 河池市 | Hechi | 103.3 | 111.6 | 99.7 | 100.0 | 104.4 | 137.0 | 110.5 | 102.4 | 103.8 |
| 来宾市 | Laibin | 103.6 | 112.5 | 100.4 | 100.7 | 105.8 | 149.6 | 113.4 | 105.4 | 118.2 |
| 崇左市 | Chongzuo | 102.7 | 111.7 | 100.4 | 103.4 | 103.2 | 138.8 | 113.4 | 103.1 | 111.1 |
| 城市平均 | Average of Urban Areas | 103.1 | 111.2 | 100.8 | 100.8 | 106.9 | 135.9 | 112.9 | 105.4 | 115.1 |
| 农村平均 | Average of Rural Areas | 103.5 | 113.1 | 100.1 | 99.4 | 107.5 | 143.7 | 112.2 | 103.3 | 100.7 |

## Price Indices for Retail and Means of Agricultural Production by Region （2019）

(preceding year=100)

| 其他食品 Other Foods | 二、饮料、烟酒类 Beverages, Tobacco and Liquor | 三、服装、鞋帽类 Garments, Shoes and Hats | 服装 Garments | 鞋袜帽 Shoes, Socks and Hats | 四、纺织品类 Textiles | 五、家用电器及音像器材 Household Appliances, Music and Video Equipments | 家庭设备 Household Appliances | 文娱用耐用消费品 Durable Consumer Goods for Recreational Use | 专业音像器材类 Professional Music and Video Equipments |
|---|---|---|---|---|---|---|---|---|---|
| 100.4 | 101.0 | 101.8 | 102.0 | 101.5 | 100.4 | 98.9 | 98.7 | 99.1 | 98.9 |
| 99.0 | 100.4 | 101.3 | 101.4 | 101.6 | 100.0 | 97.0 | 95.7 | 98.2 | 99.2 |
| 97.8 | 102.3 | 105.2 | 105.4 | 104.8 | 106.1 | 94.7 | 93.8 | 95.7 | 97.0 |
| 107.1 | 99.9 | 100.5 | 100.6 | 101.0 | 98.9 | 100.3 | 99.6 | 102.7 | 99.5 |
| 103.3 | 102.1 | 102.0 | 102.8 | 99.7 | 101.1 | 101.7 | 101.0 | 103.3 | 98.0 |
| 97.7 | 99.8 | 102.7 | 102.5 | 103.5 | 97.3 | 102.1 | 102.5 | 102.3 | 97.1 |
| 103.4 | 101.7 | 101.6 | 101.7 | 101.5 | 103.2 | 101.2 | 102.0 | 100.3 | 98.2 |
| 98.0 | 101.1 | 101.1 | 101.0 | 101.2 | 98.8 | 96.5 | 96.7 | 95.5 | 99.0 |
| 91.7 | 101.1 | 101.7 | 101.4 | 102.8 | 94.3 | 103.3 | 106.0 | 100.1 | 96.9 |
| 100.8 | 99.7 | 101.3 | 102.0 | 100.3 | 98.0 | 100.8 | 100.8 | 101.0 | 100.1 |
| 98.6 | 102.3 | 99.1 | 99.6 | 97.7 | 100.6 | 99.8 | 100.1 | 99.6 | 98.2 |
| 101.1 | 101.4 | 100.7 | 100.6 | 100.6 | 99.8 | 100.3 | 99.8 | 101.2 | 99.1 |
| 102.5 | 102.2 | 101.4 | 101.4 | 101.4 | 101.2 | 97.0 | 96.6 | 97.5 | 96.9 |
| 100.3 | 100.9 | 101.1 | 101.5 | 99.8 | 102.6 | 100.7 | 101.3 | 100.2 | 97.8 |
| 98.3 | 101.7 | 99.4 | 101.1 | 93.0 | 101.8 | 101.2 | 102.5 | 99.6 | 100.0 |
| 100.0 | 101.0 | 101.7 | 102.0 | 101.5 | 100.3 | 98.7 | 98.4 | 99.1 | 99.0 |
| 102.7 | 101.0 | 102.1 | 102.4 | 101.6 | 101.0 | 100.0 | 100.5 | 99.5 | 97.2 |

## 5—2 续表 1

（上年=100）

| 地 区 | Region | 六、文化办公用品 Culture and Office Appliances | 七、日用品 Articles for Daily Use | 八、体育娱乐用品 Sports and Recreation Goods | 体育户外用品 Sports Articles | 娱乐用品 Recreation Goods | 九、交通、通信用品 Transportation and Communication Appliances | 交通运输机械 Transportation Appliances | 通讯器材类 Communication Appliances |
|---|---|---|---|---|---|---|---|---|---|
| 全区平均 | Average of the Whole Autonomous Region | 99.8 | 101.0 | 99.6 | 98.6 | 100.3 | 98.6 | 99.6 | 96.5 |
| 南宁市 | Nanning | 99.3 | 101.8 | 98.9 | 96.7 | 100.4 | 102.0 | 102.2 | 101.5 |
| 柳州市 | Liuzhou | 99.4 | 99.6 | 98.1 | 95.2 | 99.9 | 96.2 | 98.1 | 92.0 |
| 桂林市 | Guilin | 99.3 | 101.1 | 98.3 | 95.8 | 99.3 | 99.4 | 100.4 | 97.1 |
| 梧州市 | Wuzhou | 101.9 | 101.5 | 101.0 | 102.3 | 100.1 | 101.7 | 99.6 | 106.2 |
| 北海市 | Beihai | 99.2 | 99.7 | 100.0 | 99.0 | 100.7 | 99.7 | 100.5 | 97.5 |
| 防城港市 | Fangchenggang | 99.5 | 103.0 | 101.1 | 101.9 | 100.7 | 100.1 | 100.8 | 94.4 |
| 钦州市 | Qinzhou | 100.1 | 100.6 | 99.9 | 101.3 | 99.4 | 98.4 | 99.3 | 97.1 |
| 贵港市 | Guigang | 99.8 | 100.5 | 103.3 | 103.2 | 103.4 | 98.8 | 98.4 | 100.0 |
| 玉林市 | Yulin | 98.9 | 99.2 | 100.4 | 100.6 | 100.2 | 96.7 | 99.1 | 91.8 |
| 百色市 | Baise | 101.1 | 102.8 | 100.1 | 100.0 | 100.1 | 97.2 | 98.1 | 95.3 |
| 贺州市 | Hezhou | 99.2 | 100.5 | 98.9 | 100.0 | 98.1 | 97.6 | 98.4 | 95.9 |
| 河池市 | Hechi | 101.4 | 101.8 | 99.9 | 101.0 | 99.1 | 96.1 | 97.7 | 93.5 |
| 来宾市 | Laibin | 99.7 | 101.7 | 99.8 | 96.0 | 102.2 | 100.0 | 100.5 | 99.3 |
| 崇左市 | Chongzuo | 100.7 | 100.2 | 98.3 | 100.3 | 97.1 | 96.5 | 98.4 | 92.9 |
| 城市平均 | Average of Urban Areas | 99.8 | 100.9 | 99.4 | 98.4 | 100.1 | 98.9 | 99.6 | 97.2 |
| 农村平均 | Average of Rural Areas | 99.8 | 101.4 | 101.9 | 100.7 | 102.9 | 96.4 | 99.3 | 91.7 |

## 5—2 续表 2 continued

（上年=100） (preceding year=100)

| 地 区 | Region | 农业生产资料价格指数 Price Index of Agricultural Means of Production | 农用手工工具 Farm Handtools | 饲料 Forage | 仔畜幼禽及产品畜 Newborn and Commodity Animals | 半机械化农具 emi-mechanized Farm Tools |
|---|---|---|---|---|---|---|
| 全区平均 | Average of the Whole Autonomous Region | 104.6 | 102.8 | 99.5 | 156.2 | 101.0 |
| 贵港市 | Guigang | 104.2 | 101.2 | 102.7 | 133.1 | 100.0 |
| 百色市 | Baise | 106.5 | 100.5 | 101.5 | 179.5 | 101.0 |
| 贺州市 | Hezhou | 102.2 | 101.8 | 101.7 | 115.1 | 100.0 |

continued

(preceding year=100)

| 十、家具 Furnitures | 十一、化妆品类 Cosmetics | 十二、金银饰品 Gold and Silver Ornaments | 十三、中西药品及医疗保健用品类 Traditianal Chinese and Western Medicines and Health Care Articles | | | | |
|---|---|---|---|---|---|---|---|
| | | | | 医疗卫生器具 Medical Instrument | 中药 Traditional Chinese Medicines | 西药 Western Medicines | 保健器具及用品 Health Care Articles |
| 100.7 | 100.5 | 109.4 | 104.7 | 100.2 | 105.3 | 105.3 | 102.7 |
| 99.2 | 99.0 | 105.9 | 102.7 | 98.8 | 102.2 | 103.7 | 101.7 |
| 101.2 | 98.3 | 110.7 | 103.9 | 100.5 | 103.2 | 104.9 | 103.6 |
| 102.1 | 102.0 | 112.0 | 103.7 | 100.0 | 107.2 | 103.3 | 101.1 |
| 101.2 | 100.6 | 109.3 | 105.5 | 103.0 | 111.7 | 102.7 | 103.4 |
| 100.2 | 101.0 | 112.0 | 103.2 | 99.5 | 103.2 | 103.3 | 104.3 |
| 101.2 | 101.8 | 108.6 | 102.8 | 103.9 | 104.9 | 101.7 | 103.5 |
| 102.4 | 102.3 | 114.1 | 107.6 | 103.4 | 108.2 | 106.8 | 112.0 |
| 105.5 | 103.5 | 110.1 | 107.3 | 100.0 | 105.5 | 112.0 | 102.1 |
| 101.4 | 98.8 | 107.7 | 106.7 | 98.7 | 109.0 | 107.8 | 101.3 |
| 101.2 | 101.9 | 110.7 | 110.7 | 97.5 | 107.3 | 115.4 | 100.0 |
| 100.1 | 100.5 | 108.6 | 102.1 | 100.0 | 102.8 | 101.8 | 102.4 |
| 98.9 | 100.8 | 110.3 | 102.2 | 94.5 | 103.9 | 102.0 | 101.4 |
| 101.9 | 100.7 | 103.4 | 106.7 | 110.6 | 113.1 | 103.9 | 102.3 |
| 94.2 | 101.5 | 105.7 | 103.2 | 100.0 | 101.2 | 105.2 | 100.0 |
| 100.8 | 100.5 | 109.6 | 104.7 | 100.1 | 105.3 | 105.4 | 102.7 |
| 100.1 | 100.9 | 106.7 | 104.5 | 102.0 | 105.4 | 104.3 | 103.3 |

| 十四、书报杂志及电子出版物类 Books, Newspapers, Magazines andElectronic Publications | 十五、燃料 Fuels | 十六、建筑材料及五金电料 Building Materials and Hardware |
|---|---|---|
| 103.5 | 98.4 | 101.1 |
| 104.6 | 97.8 | 100.0 |
| 101.5 | 100.2 | 99.8 |
| 101.9 | 99.5 | 100.5 |
| 104.6 | 95.1 | 103.4 |
| 104.2 | 95.2 | 104.0 |
| 104.4 | 97.8 | 101.9 |
| 102.2 | 99.0 | 102.5 |
| 103.0 | 96.0 | 101.3 |
| 100.3 | 98.0 | 101.3 |
| 103.6 | 98.8 | 101.2 |
| 102.0 | 96.5 | 101.2 |
| 104.2 | 103.5 | 104.7 |
| 102.4 | 95.4 | 102.9 |
| 100.6 | 101.0 | 101.1 |
| 103.2 | 98.6 | 101.0 |
| 105.9 | 97.2 | 101.8 |

## 5—2 续表3 continued

(上年=100) (preceding year=100)

| 地 区 | Region | 机械化农具 Mechanized Farm Machinery | 化学肥料 Chemical Fertilizer | 农药及农药械 Pesticide and Its Appliances | 农用机油 Oil for Farm Machinery | 其他农业生产资料 Others Means of Agricultureal Production |
|---|---|---|---|---|---|---|
| 全区平均 | Average of the Whole Autonomous Region | 102.6 | 102.3 | 102.6 | 94.7 | 101.0 |
| 贵港市 | Guigang | 100.2 | 101.4 | 100.1 | 94.4 | 101.6 |
| 百色市 | Baise | 109.5 | 103.4 | 106.9 | 94.3 | 100.5 |
| 贺州市 | Hezhou | 101.6 | 102.9 | 102.6 | 94.8 | 100.0 |

# 5—3　各地区居民消费价格指数（2019年）

（上年=100）

| 地　区 | Region | 总指数 General Index | 一、食品烟酒 Food, Tobacco and Liquor | 1.食品 Food | (1)粮食 Grain | (2)薯类 Tubers | (3)豆类 Beans | (4)食用油 Edible Oil and Fats | (5)蔬菜 Vegetables | (6)畜肉类 Livestock Meat |
|---|---|---|---|---|---|---|---|---|---|---|
| 全区平均 | Average of the Whole Autonomous Region | 103.7 | 109.5 | 112.9 | 100.5 | 106.3 | 101.8 | 100.3 | 107.2 | 138.4 |
| 南宁市 | Nanning | 103.4 | 109.5 | 113.6 | 97.8 | 106.9 | 105.6 | 101.4 | 107.6 | 133.5 |
| 柳州市 | Liuzhou | 103.1 | 107.9 | 110.8 | 105.3 | 105.7 | 104.5 | 101.0 | 102.3 | 132.9 |
| 桂林市 | Guilin | 103.4 | 109.5 | 113.2 | 102.7 | 108.1 | 101.2 | 101.4 | 111.0 | 136.5 |
| 梧州市 | Wuzhou | 103.9 | 109.3 | 111.9 | 101.1 | 108.0 | 102.5 | 99.6 | 103.9 | 134.6 |
| 北海市 | Beihai | 103.1 | 107.3 | 110.7 | 98.6 | 112.1 | 100.4 | 99.6 | 105.2 | 133.0 |
| 防城港市 | Fangchenggang | 103.6 | 108.9 | 111.9 | 100.5 | 103.1 | 101.9 | 103.9 | 104.9 | 142.2 |
| 钦州市 | Qinzhou | 103.7 | 108.8 | 112.7 | 101.0 | 100.4 | 101.8 | 100.1 | 106.3 | 142.0 |
| 贵港市 | Guigang | 104.1 | 110.2 | 112.4 | 100.9 | 104.5 | 99.5 | 99.3 | 106.2 | 138.4 |
| 玉林市 | Yulin | 103.6 | 109.2 | 113.3 | 100.9 | 105.8 | 102.3 | 99.0 | 113.9 | 136.3 |
| 百色市 | Baise | 103.4 | 107.9 | 110.9 | 100.6 | 118.0 | 100.0 | 102.7 | 109.4 | 128.4 |
| 贺州市 | Hezhou | 103.0 | 109.1 | 112.5 | 99.7 | 101.3 | 101.0 | 98.3 | 106.1 | 140.2 |
| 河池市 | Hechi | 103.7 | 107.8 | 111.1 | 99.7 | 104.2 | 98.1 | 100.0 | 104.4 | 137.0 |
| 来宾市 | Laibin | 104.2 | 111.2 | 115.1 | 100.5 | 107.3 | 99.9 | 100.7 | 105.8 | 148.0 |
| 崇左市 | Chongzuo | 103.8 | 109.6 | 112.4 | 100.4 | 105.1 | 98.9 | 103.4 | 103.2 | 138.8 |
| 城市平均 | Average of Urban Areas | 103.5 | 109.1 | 112.6 | 100.5 | 106.1 | 102.1 | 100.7 | 106.9 | 136.1 |
| 农村平均 | Average of Rural Areas | 104.1 | 110.3 | 113.5 | 100.4 | 106.5 | 101.4 | 99.9 | 107.7 | 142.0 |

# Consumer Price Indices by Region （2019）

（preceding year=100）

| (7)禽肉类 Poultry Meat | (8)水产品 Aquatic Products | (9)蛋类 Eggs | (10)奶类 Milk | (11)干鲜瓜果类 Dried and Fresh Melons and Fruits | (12)糖果糕点类 Candy and Cake | (13)调味品 Flavoring | (14)其他食品类 Other Foods | 2.茶及饮料 Tea and Beverages | 3.烟酒 Tobacco and Liquor | (1)烟草 Tobacco | (2)酒类 Liquor | 4.在外餐饮 Dining Out |
|---|---|---|---|---|---|---|---|---|---|---|---|---|
| 112.5 | 104.7 | 104.7 | 101.3 | 113.1 | 101.9 | 100.5 | 101.0 | 101.2 | 100.8 | 100.0 | 101.9 | 104.1 |
| 115.5 | 108.5 | 103.0 | 99.3 | 124.2 | 100.4 | 99.9 | 99.0 | 100.6 | 100.3 | 100.0 | 100.8 | 103.7 |
| 112.9 | 102.4 | 110.2 | 100.7 | 103.9 | 102.2 | 99.6 | 97.8 | 103.3 | 101.1 | 100.0 | 103.7 | 102.9 |
| 110.5 | 103.3 | 95.9 | 103.8 | 113.1 | 101.8 | 101.7 | 107.1 | 99.5 | 99.9 | 100.0 | 99.9 | 103.9 |
| 111.7 | 102.5 | 103.3 | 103.2 | 112.0 | 99.1 | 100.1 | 103.3 | 105.0 | 100.7 | 100.0 | 102.5 | 106.6 |
| 110.7 | 107.2 | 102.9 | 99.8 | 112.4 | 99.4 | 97.1 | 97.7 | 99.8 | 99.9 | 100.0 | 99.7 | 102.7 |
| 110.8 | 100.2 | 104.4 | 100.8 | 118.2 | 101.2 | 102.3 | 103.4 | 102.6 | 101.1 | 100.0 | 102.8 | 103.9 |
| 109.0 | 106.5 | 107.3 | 106.5 | 117.8 | 103.5 | 99.4 | 98.0 | 101.0 | 100.8 | 100.3 | 101.4 | 102.3 |
| 112.0 | 105.7 | 108.2 | 99.3 | 114.2 | 104.9 | 98.9 | 91.7 | 99.9 | 101.4 | 100.0 | 103.9 | 108.0 |
| 113.1 | 101.6 | 105.8 | 102.6 | 115.0 | 99.6 | 102.2 | 100.8 | 100.8 | 99.3 | 100.0 | 98.0 | 102.5 |
| 108.5 | 105.2 | 105.0 | 100.2 | 113.1 | 105.1 | 100.8 | 98.6 | 104.2 | 101.3 | 100.0 | 102.5 | 102.3 |
| 114.9 | 104.0 | 101.7 | 102.8 | 110.6 | 100.1 | 99.8 | 101.1 | 102.6 | 100.7 | 100.0 | 102.0 | 102.8 |
| 110.5 | 102.4 | 107.7 | 99.1 | 103.8 | 101.5 | 100.8 | 102.5 | 106.8 | 100.3 | 100.0 | 100.7 | 101.6 |
| 113.4 | 105.2 | 105.3 | 100.1 | 118.2 | 101.1 | 98.9 | 100.3 | 99.8 | 100.9 | 100.0 | 102.2 | 105.6 |
| 113.4 | 103.1 | 104.4 | 103.5 | 111.1 | 98.8 | 99.7 | 98.3 | 104.2 | 100.6 | 100.0 | 101.4 | 106.4 |
| 112.6 | 105.1 | 104.6 | 101.2 | 115.2 | 101.6 | 100.2 | 99.7 | 101.5 | 100.6 | 100.0 | 101.4 | 103.9 |
| 112.2 | 104.0 | 104.9 | 101.5 | 108.7 | 102.3 | 100.9 | 103.2 | 100.7 | 101.1 | 100.0 | 102.5 | 104.7 |

# 5—3 续表1 continued

（上年=100）

| 地 区 | Region | 二、衣着 Clothing | 1.服装 Garments | 2.服装材料 Clothing Material | 3.其他衣着及配件 Other Clothing and Parts | 4.衣着加工服务 Clothing Manufacturing Services | 5.鞋类 Footwear | 三、居住 Residence | 1.租赁房房租 Rent of Rental Housing | 2.住房保养维修及管理 Housing Maintenance and Management | 3.水电燃料 Water, Electricity and Fuels |
|---|---|---|---|---|---|---|---|---|---|---|---|
| 全区平均 | Average of the Whole Autonomous Region | 101.7 | 101.6 | 99.9 | 100.5 | 106.6 | 101.5 | 101.7 | 103.0 | 102.1 | 100.9 |
| 南宁市 | Nanning | 101.8 | 101.4 | 97.0 | 100.6 | 110.4 | 102.7 | 100.7 | 104.6 | 99.9 | 101.7 |
| 柳州市 | Liuzhou | 104.9 | 105.3 | 101.4 | 100.5 | 100.7 | 104.4 | 102.5 | 101.9 | 100.3 | 103.0 |
| 桂林市 | Guilin | 100.7 | 100.7 | 102.4 | 95.6 | 105.2 | 101.0 | 101.9 | 104.2 | 101.9 | 101.6 |
| 梧州市 | Wuzhou | 102.9 | 102.8 | 100.0 | 98.1 | 115.1 | 102.5 | 100.9 | 100.3 | 106.1 | 98.4 |
| 北海市 | Beihai | 102.4 | 102.5 | 97.2 | 104.5 | 102.2 | 102.6 | 101.3 | 106.4 | 103.6 | 98.8 |
| 防城港市 | Fangchenggang | 101.7 | 101.7 | 100.9 | 101.6 | 101.9 | 101.7 | 102.6 | 101.6 | 105.6 | 100.2 |
| 钦州市 | Qinzhou | 101.1 | 101.0 | 101.1 | 103.4 | 99.0 | 101.2 | 102.2 | 106.2 | 101.3 | 101.7 |
| 贵港市 | Guigang | 102.0 | 101.5 | 97.0 | 101.6 | 114.9 | 103.0 | 102.1 | 100.8 | 103.6 | 99.7 |
| 玉林市 | Yulin | 101.5 | 102.0 | 100.1 | 101.5 | 103.0 | 99.8 | 102.7 | 103.7 | 103.4 | 101.0 |
| 百色市 | Baise | 99.5 | 99.6 | 100.0 | 101.5 | 108.8 | 98.3 | 102.7 | 105.1 | 103.0 | 101.9 |
| 贺州市 | Hezhou | 100.8 | 100.6 | 100.1 | 101.7 | 105.5 | 100.7 | 101.0 | 99.2 | 102.8 | 99.6 |
| 河池市 | Hechi | 101.5 | 101.4 | 108.8 | 102.3 | 103.1 | 101.4 | 103.3 | 100.0 | 106.9 | 105.4 |
| 来宾市 | Laibin | 101.8 | 101.5 | 106.6 | 101.3 | 114.4 | 101.3 | 100.9 | 101.9 | 102.4 | 98.7 |
| 崇左市 | Chongzuo | 99.7 | 101.1 | 100.0 | 101.4 | 114.2 | 92.6 | 102.7 | 101.8 | 104.3 | 103.7 |
| 城市平均 | Average of Urban Areas | 101.8 | 101.7 | 99.5 | 100.6 | 107.5 | 101.8 | 101.7 | 103.2 | 102.1 | 101.1 |
| 农村平均 | Average of Rural Areas | 101.4 | 101.4 | 102.0 | 100.9 | 104.0 | 100.9 | 101.7 | 101.0 | 102.1 | 100.4 |

(preceding year=100)

| 4.自有住房 Private Housing | 四、生活用品及服务 Articles for Daily Use and Services | 1.家具及室内装饰品 Furniture and Interior Decorations | 2.家用器具 Home Appliances | 3.家用纺织品 Home Textiles | 4.家庭日用杂品 Household Articles for Daily Use | 5.个人护理用品 Personal Care Supplies | 6.家庭服务 Household Services | 五、交通和通信 Transportation and Communication | 1.交通 Transportation | 2.通信 Communication |
|---|---|---|---|---|---|---|---|---|---|---|
| 101.8 | 101.1 | 100.7 | 99.6 | 100.6 | 101.7 | 100.8 | 105.0 | 98.1 | 98.1 | 98.3 |
| 99.8 | 99.9 | 99.4 | 96.6 | 101.4 | 102.4 | 100.4 | 100.7 | 98.1 | 98.6 | 97.1 |
| 103.2 | 99.1 | 100.7 | 94.1 | 105.3 | 99.3 | 99.6 | 103.6 | 96.8 | 97.0 | 96.4 |
| 101.7 | 101.3 | 101.9 | 99.7 | 99.1 | 98.0 | 102.1 | 108.6 | 97.7 | 97.1 | 98.8 |
| 100.3 | 101.7 | 101.1 | 100.9 | 101.5 | 102.1 | 100.5 | 105.1 | 98.4 | 98.4 | 98.2 |
| 100.9 | 101.6 | 100.1 | 102.4 | 99.0 | 101.1 | 100.3 | 108.6 | 98.8 | 98.4 | 99.5 |
| 102.6 | 102.5 | 101.2 | 102.1 | 103.6 | 104.1 | 101.7 | 101.8 | 98.5 | 98.3 | 98.9 |
| 102.2 | 100.1 | 102.3 | 96.6 | 97.7 | 99.4 | 101.7 | 107.7 | 97.6 | 97.2 | 98.4 |
| 103.1 | 102.3 | 105.0 | 105.4 | 96.0 | 100.1 | 101.3 | 104.2 | 98.1 | 97.5 | 99.6 |
| 103.3 | 101.3 | 101.6 | 100.2 | 97.6 | 101.2 | 98.8 | 109.2 | 98.0 | 97.9 | 98.2 |
| 102.6 | 102.2 | 101.1 | 100.1 | 101.5 | 103.1 | 101.8 | 108.3 | 98.5 | 98.3 | 99.2 |
| 101.5 | 100.2 | 100.1 | 99.7 | 99.8 | 100.6 | 100.4 | 100.2 | 98.4 | 97.7 | 99.6 |
| 101.0 | 100.6 | 99.1 | 97.5 | 100.8 | 102.9 | 100.5 | 107.1 | 98.7 | 98.3 | 99.5 |
| 101.4 | 103.4 | 101.8 | 101.4 | 103.7 | 102.8 | 101.2 | 114.3 | 98.7 | 98.1 | 100.0 |
| 101.5 | 101.1 | 94.6 | 101.7 | 102.6 | 101.5 | 101.6 | 107.3 | 97.6 | 97.3 | 98.3 |
| 101.6 | 101.0 | 100.9 | 99.1 | 100.6 | 101.2 | 100.8 | 105.1 | 98.0 | 97.9 | 98.2 |
| 102.2 | 101.3 | 100.5 | 100.4 | 100.6 | 102.4 | 100.6 | 104.8 | 98.4 | 98.4 | 98.4 |

# 5—3 续表2 continued

(上年=100) (preceding year=100)

| 地 区 Region | | 六、教育文化和娱乐 Education, Culture and Recreation | 1.教育 Education | 2.文化娱乐 Culture and Recreation | 七、医疗保健 Health Care | 1.药品及医疗器具 Medicine and Medical Instrument | 2.医疗服务 Medical Services | 八、其他用品和服务 Others Articles and Services | 1.其他用品类 Other Articles | 2.其他服务类 Other Services |
|---|---|---|---|---|---|---|---|---|---|---|
| 全区平均 | Average of the Whole Autonomous Region | 102.1 | 103.3 | 100.2 | 101.8 | 104.2 | 100.4 | 103.0 | 103.1 | 102.9 |
| 南宁市 | Nanning | 103.3 | 106.0 | 99.8 | 100.9 | 102.3 | 100.0 | 102.3 | 104.0 | 100.9 |
| 柳州市 | Liuzhou | 100.1 | 101.0 | 98.9 | 101.3 | 103.3 | 100.0 | 102.3 | 102.4 | 102.3 |
| 桂林市 | Guilin | 100.5 | 101.5 | 99.1 | 102.1 | 103.4 | 100.5 | 105.0 | 105.0 | 105.1 |
| 梧州市 | Wuzhou | 103.6 | 102.1 | 105.6 | 102.0 | 105.2 | 100.0 | 104.5 | 104.5 | 104.6 |
| 北海市 | Beihai | 101.1 | 103.2 | 100.8 | 101.6 | 103.4 | 100.2 | 103.7 | 104.2 | 103.3 |
| 防城港市 | Fangchenggang | 101.1 | 101.6 | 100.4 | 101.1 | 103.3 | 100.0 | 102.8 | 103.6 | 102.1 |
| 钦州市 | Qinzhou | 102.6 | 102.4 | 102.9 | 103.3 | 107.8 | 100.0 | 107.2 | 103.8 | 109.6 |
| 贵港市 | Guigang | 101.8 | 102.9 | 100.1 | 102.6 | 106.4 | 100.0 | 102.7 | 104.7 | 101.0 |
| 玉林市 | Yulin | 100.8 | 102.9 | 97.8 | 102.5 | 105.5 | 100.7 | 103.2 | 101.3 | 104.4 |
| 百色市 | Baise | 101.3 | 102.9 | 99.1 | 103.0 | 108.4 | 99.8 | 104.0 | 104.5 | 103.6 |
| 贺州市 | Hezhou | 99.0 | 101.2 | 95.9 | 101.9 | 102.1 | 101.8 | 102.4 | 102.9 | 102.1 |
| 河池市 | Hechi | 103.5 | 106.9 | 98.9 | 102.3 | 101.5 | 102.8 | 101.9 | 100.5 | 103.1 |
| 来宾市 | Laibin | 101.4 | 102.3 | 100.3 | 102.6 | 106.5 | 100.0 | 103.5 | 101.7 | 104.7 |
| 崇左市 | Chongzuo | 103.7 | 105.7 | 100.4 | 101.2 | 102.8 | 100.3 | 101.3 | 98.5 | 103.3 |
| 城市平均 | Average of Urban Areas | 101.9 | 103.4 | 99.9 | 101.7 | 104.1 | 100.2 | 103.2 | 103.4 | 103.1 |
| 农村平均 | Average of Rural Areas | 102.6 | 103.3 | 101.1 | 101.9 | 104.2 | 100.7 | 102.6 | 102.5 | 102.6 |

# 5—4 主要年份工业品出厂价格（工业生产者出厂价格）分类指数

## Ex-Factory Price Indices of Industrial Products in Main Years

（上年=100） （preceding year=100）

| 指 标 | Item | 2000 | 2005 | 2010 | 2011 | 2012 | 2013 | 2014 | 2015 | 2016 | 2017 | 2018 | 2019 |
|---|---|---|---|---|---|---|---|---|---|---|---|---|---|
| 总指数 | General Index | 105.5 | 104.9 | 112.0 | 108.5 | 97.8 | 98.2 | 98.4 | 97.0 | 99.1 | 107.6 | 103.2 | 99.3 |
| 按轻重工业分 | Grouped by Light and Heavy Industry | | | | | | | | | | | | |
| 轻工业 | Light Industry | 109.0 | 105.8 | 115.0 | 114.7 | 98.6 | 97.7 | 97.4 | 100.6 | 101.8 | 104.8 | 98.8 | 99.9 |
| 以农产品为原料 | Using Farm Products as Raw Materials | 109.9 | 107.5 | 118.9 | 116.1 | 98.0 | 97.1 | 97.0 | 100.8 | 102.2 | 105.1 | 98.3 | 99.8 |
| 以非农产品为原料 | Using Non-farm Products as Raw Materials | 100.4 | 101.8 | 105.6 | 106.2 | 102.6 | 100.9 | 99.8 | 99.7 | 100.0 | 103.3 | 101.2 | 100.0 |
| 重工业 | Heavy Industry | 103.1 | 104.2 | 110.3 | 106.3 | 97.5 | 98.4 | 98.7 | 95.7 | 98.2 | 108.6 | 104.7 | 99.0 |
| 采掘 | Mining and Quarrying | 106.1 | 126.5 | 129.1 | 121.2 | 101.7 | 96.3 | 96.6 | 97.9 | 100.8 | 115.9 | 103.8 | 97.8 |
| 原材料 | Raw Materials Industry | 106.1 | 105.2 | 113.0 | 106.3 | 98.5 | 98.9 | 99.6 | 96.2 | 96.7 | 108.4 | 105.2 | 96.7 |
| 加工 | Manufacturing Industry | 96.0 | 101.5 | 106.3 | 105.2 | 96.6 | 98.2 | 98.3 | 95.3 | 98.7 | 108.1 | 104.6 | 100.3 |
| 按两大部类分 | Grouped by Production and Living Materials | | | | | | | | | | | | |
| 生产资料 | Production Materials | 103.2 | 104.0 | 110.3 | 107.2 | 97.4 | 98.4 | 98.7 | 95.5 | 98.1 | 109.1 | 104.9 | 98.6 |
| 生活资料 | Living Materials | 110.4 | 106.8 | 118.2 | 112.0 | 99.0 | 97.5 | 97.5 | 101.3 | 102.4 | 103.1 | 97.7 | 101.2 |
| 按工业部门分 | Grouped by Department of Industry | | | | | | | | | | | | |
| 冶金工业 | Metallurgical Industry | 108.5 | 106.4 | 118.1 | 110.1 | 90.9 | 94.3 | 94.4 | 89.2 | 99.0 | 123.0 | 106.0 | 96.4 |
| 电力工业 | Power Industry | 112.5 | 100.9 | 102.0 | 99.3 | 106.3 | 100.5 | 100.4 | 99.4 | 98.0 | 99.4 | 99.9 | 97.7 |
| 煤炭及炼焦工业 | Coal and Coking Industry | 104.1 | 133.1 | 111.0 | 130.5 | 113.6 | 99.0 | 94.2 | 93.1 | 94.6 | 120.3 | 103.9 | 101.9 |
| 化学工业 | Chemical Industry | 95.6 | 108.0 | 114.7 | 113.4 | 95.8 | 99.9 | 100.3 | 97.7 | 98.4 | 105.3 | 105.5 | 99.8 |
| 机械工业 | Machine Building Industry | 95.7 | 100.6 | 102.3 | 101.4 | 100.0 | 99.7 | 100.1 | 99.8 | 99.0 | 100.3 | 100.5 | 100.7 |
| 建筑材料工业 | Building Materials Industry | 100.6 | 98.3 | 106.6 | 110.7 | 98.1 | 100.4 | 103.3 | 97.4 | 94.5 | 107.0 | 109.1 | 102.9 |
| 森林工业 | Timber Industry | 101.4 | 100.5 | 106.4 | 105.7 | 105.4 | 102.8 | 100.6 | 99.4 | 101.6 | 101.5 | 102.3 | 100.2 |
| 食品工业 | Food Industry | 111.1 | 109.4 | 120.3 | 118.2 | 97.5 | 96.0 | 95.7 | 101.0 | 102.9 | 104.6 | 96.0 | 100.4 |
| 纺织工业 | Textile Industry | 115.5 | 99.9 | 126.8 | 118.0 | 95.2 | 103.1 | 98.9 | 95.3 | 101.7 | 115.4 | 108.0 | 89.3 |
| 造纸工业 | Paper Making Industry | 111.2 | 102.0 | 113.5 | 102.7 | 96.1 | 96.2 | 101.1 | 101.2 | 100.3 | 109.2 | 105.9 | 99.2 |
| 其他工业 | Others | 98.4 | 103.8 | 117.0 | 108.9 | 102.4 | 103.6 | 102.1 | 98.3 | 97.6 | 103.4 | 103.0 | 99.6 |

# 5—4 续表 continued

(上年=100) (preceding year=100)

| 指 标 | Item | 2016 | 2017 | 2018 | 2019 |
|---|---|---|---|---|---|
| 按工业行业分 | Grouped by Industrial Sector | | | | |
| 煤炭开采和洗选业 | Coal Mining and Washing | 94.6 | 120.3 | 103.9 | 101.9 |
| 石油和天然气开采业 | Extraction of Petrolenum and Natural Gas | 84.9 | 136.8 | 125.1 | 103.2 |
| 黑色金属矿采选业 | Mining and Processing of Ferrous Metals Ores | 97.2 | 101.7 | 99.0 | 98.8 |
| 有色金属矿采选业 | Mining and Processing of Non-ferrous Metals Ores | 103.2 | 130.5 | 101.8 | 92.5 |
| 非金属矿采选业 | Mining and Processing of Non-metal Ores | 103.5 | 102.2 | 110.5 | 104.2 |
| 农副食品加工业 | Processing of Food from Agricultural Products | 103.8 | 105.7 | 94.2 | 100.0 |
| 食品制造业 | Food Manufacturing | 100.3 | 102.3 | 100.6 | 100.8 |
| 酒、饮料和精制茶制造业 | Wine, Drink and Refined Tea Manufacturing | 99.8 | 101.1 | 101.7 | 101.6 |
| 烟草制品业 | Tobacco Industry | 100.0 | 100.0 | 100.6 | 102.0 |
| 纺织业 | Textile Industry | 101.7 | 115.4 | 108.0 | 89.3 |
| 纺织服装、服饰业 | Textiles, Clothing and Accessories Manufacturing | 100.3 | 100.4 | 99.3 | 99.6 |
| 皮革、毛皮、羽毛及其制品和制鞋业 | Leather, Fur, Feather and Related Products and Shoes Manufacturing | 97.4 | 103.1 | 103.4 | 103.7 |
| 木材加工和木、竹、藤、棕、草制品业 | Timber Processing, Wood, Bamboo, Rattan, Palm Fiber and Straw Products Manufacturing | 101.5 | 101.4 | 102.3 | 100.0 |
| 家具制造业 | Furniture Manufacturing | 102.3 | 102.0 | 101.2 | 101.3 |
| 造纸及纸制品业 | Paper and Paper Products Manufacturing | 100.3 | 109.2 | 105.9 | 99.2 |
| 印刷和记录媒介复制业 | Printing and Reproduction of Record Media | 98.5 | 101.3 | 104.7 | 101.4 |
| 文教、工美、体育和娱乐用品制造业 | Manufacturing of Articles for Culture, Education, Arts, Sports and Entertainment | 100.1 | 99.2 | 102.5 | 100.4 |
| 石油加工、炼焦和核燃料加工业 | Processing of Petroleum, Coking and Nuclear Fuel | 94.0 | 116.4 | 117.8 | 96.4 |
| 化学原料和化学制品制造业 | Maunfacturing of Raw Chemical Materials and Chemical Products | 97.1 | 106.7 | 105.0 | 97.2 |
| 医药制造业 | Manufacturing of Medical and Pharmaceutical Products | 103.4 | 103.1 | 103.3 | 104.9 |

续表

| 指 标 | Item | 2016 | 2017 | 2018 | 2019 |
|---|---|---|---|---|---|
| 橡胶和塑料制品业 | Maunfacutring of Rubber and Plastic Products | 96.7 | 104.4 | 108.7 | 101.7 |
| 非金属矿物制品业 | Manufacturing of Non-metallic Minerals Products | 93.8 | 107.8 | 109.3 | 102.5 |
| 黑色金属冶炼和压延加工业 | Smelting and Pressing of Ferrous Metals | 100.1 | 125.8 | 109.5 | 96.7 |
| 有色金属冶炼和压延加工业 | Smelting and Pressing of Non-ferrous Metals | 95.6 | 122.0 | 103.2 | 95.3 |
| 金属制品业 | Manufacturing of Metal Products | 103.0 | 102.8 | 101.5 | 100.2 |
| 通用设备制造业 | General Equipment Manufacturing | 95.2 | 105.8 | 100.5 | 101.3 |
| 专用设备制造业 | Manufacturing of Special Purposes Equipment | 99.4 | 100.3 | 100.6 | 99.9 |
| 汽车制造业 | Automobiles Manufacturing | 99.1 | 99.8 | 100.8 | 100.8 |
| 铁路、船舶、航空航天和其他运输设备制造业 | Railway, Ship, Aerospace and Other Transportation Equipments Manufacturing | 104.7 | 99.9 | 100.0 | 104.5 |
| 电气机械和器材制造业 | Electric Equipment and Apparatus | 98.3 | 101.7 | 100.6 | 100.0 |
| 计算机、通信和其他电子设备制造业 | Computer, Communication and Other Electronic Equipment Manufacturing | 100.3 | 98.9 | 99.2 | 101.3 |
| 仪器仪表制造业 | Measuring Instruments and Machinery Manufacturing | 101.6 | 100.8 | 105.7 | 102.8 |
| 其他制造业 | Other Manufacturing | 94.2 | 100.3 | 97.2 | 99.5 |
| 废弃资源综合利用业 | Utilization of Waste Resources | 92.1 | 99.6 | 98.5 | 97.2 |
| 电力、热力的生产和供应业 | Electricity and Heating Power Production and Supply | 98.0 | 99.4 | 99.9 | 97.7 |
| 燃气生产和供应业 | Gas Production and Supply | 90.9 | 100.4 | 101.1 | 103.0 |
| 水的生产和供应业 | Water Production and Supply | 101.0 | 100.4 | 101.0 | 98.9 |

说明：2011年基期轮换后，工业生产者出厂价格行业数据计算有新行业和旧行业之分，但数据对外公布均使用新行业数据，2016年基期轮换后，行业数据计算均为新行业。

Note: The data calculation of producer ex-factory price indices of industrial products is classified by new industry and old indsutry, and published in new industry after the base period rotation in 2011. The data is calculated completely in new industry after the base period rotation in 2016.

# 5—5 主要年份工业生产者购进价格指数

## Purchasing Price Indices for Industrial Producers in Main Years

（上年=100） (preceding year=100)

| 指 标 | Item | 2000 | 2005 | 2010 | 2012 | 2013 | 2014 | 2015 | 2016 | 2017 | 2018 | 2019 |
|---|---|---|---|---|---|---|---|---|---|---|---|---|
| **总指数** | General Index | 100.9 | 108.2 | 111.2 | 99.2 | 98.9 | 98.2 | 95.7 | 98.3 | 106.5 | 103.4 | 99.5 |
| 燃料、动力类 | Fuel and Power | 98.9 | 112.1 | 109.3 | 104.0 | 97.8 | 98.4 | 95.1 | 94.8 | 108.2 | 106.9 | 100.9 |
| 黑色金属材料类 | Ferrous Metals | 103.0 | 111.3 | 103.7 | 95.2 | 97.6 | 96.0 | 90.9 | 96.4 | 109.4 | 102.0 | 99.7 |
| 其中：钢材 | Steel | 105.0 | 105.9 | 105.7 | 96.4 | 97.4 | 96.3 | 93.1 | 96.1 | 108.1 | 102.0 | 98.3 |
| 有色金属材料及电线类 | Non-ferrous Metals and Wire | 123.8 | 114.5 | 128.6 | 95.2 | 95.5 | 96.7 | 95.4 | 99.8 | 112.5 | 99.7 | 96.2 |
| 化工原料类 | Raw Chemical Materials | 104.5 | 110.0 | 112.3 | 98.3 | 98.1 | 99.6 | 98.0 | 97.6 | 105.8 | 103.8 | 98.0 |
| 木材及纸浆类 | Timber and Paper Pulp | 99.8 | 94.4 | 111.2 | 97.5 | 100.2 | 100.3 | 99.6 | 100.6 | 103.8 | 104.4 | 97.2 |
| 建筑材料及非金属类 | Building Materials and Nonmetal Mineral | 92.6 | 103.6 | 114.6 | 98.3 | 98.6 | 100.2 | 95.7 | 98.0 | 107.2 | 109.3 | 102.4 |
| 其他工业原材料及半成品类 | OtherIndustrialRawMaterials and Semi-manufactured Products | 104.7 | 103.7 | 110.3 | 98.5 | 98.6 | 98.2 | 97.9 | 99.5 | 103.5 | 102.1 | 99.9 |
| 农副产品类 | Agricultural Products | 90.3 | 116.8 | 116.6 | 101.3 | 103.4 | 98.1 | 93.8 | 102.9 | 105.6 | 99.7 | 98.3 |
| 纺织原料类 | Textile Materials | 106.3 | 90.6 | 121.4 | 92.1 | 98.5 | 99.8 | 99.7 | 98.2 | 101.4 | 101.1 | 100.8 |

# 5—6 主要年份固定资产投资价格指数

## Price Indices of Investment in Fixed Assets in Main Years

（上年=100） (preceding year=100)

| 指 标 | Item | 2000 | 2005 | 2010 | 2012 | 2013 | 2014 | 2015 | 2016 | 2017 | 2018 | 2019 |
|---|---|---|---|---|---|---|---|---|---|---|---|---|
| **总指数** | General Index | 101.4 | 101.4 | 103.0 | 100.6 | 100.1 | 101.6 | 98.8 | 99.5 | 104.4 | 104.5 | 102.4 |
| 建筑安装、装饰工程 | Construction, Installation and Decoration | 102.4 | 101.3 | 103.8 | 100.8 | 99.9 | 102.2 | 98.0 | 99.4 | 106.2 | 106.3 | 102.4 |
| 设备、工器具购置 | Purchase of Equipment, Tools and Instruments | 95.7 | 100.8 | 101.2 | 99.3 | 99.6 | 100.4 | 99.8 | 99.4 | 100.8 | 100.6 | 100.6 |
| 其他费用 | Others Expenses | 104.5 | 102.0 | 102.5 | 101.5 | 101.3 | 100.7 | 100.4 | 100.0 | 100.0 | 100.3 | 103.1 |

## 主要统计指标解释

**居民消费价格指数** 是反映一定时期内居民所消费商品及服务项目的价格水平变动趋势和变动程度的相对数。居民消费价格水平的变动率在一定程度上反映了通货膨胀（或紧缩）的程度。编制居民消费价格指数的目的，在于分析消费品价格和服务价格变动对社会经济和居民生活的影响，满足各级政府制定政策和计划、进行宏观调控的需要，以及为国民经济核算提供参考依据。

**商品零售价格指数** 是反映市场商品零售价格的变动趋势和变动程度的相对数。编制商品零售价格指数，其目的在于掌握商品价格的变动趋势，为国家宏观调控和国民经济核算提供参考依据。

**工业生产者出厂价格指数** 反映工业企业产品第一次出售时的出厂价格的变化趋势和变动幅度。

**工业生产者购进价格指数** 反映工业企业产品作为中间投入产品的购进价格的变化趋势和变动幅度。

**固定资产投资价格指数** 是反映固定资产投资价格变动幅度和变动趋势的相对数。编制固定资产投资价格指数，其目的是用于消除按现价计算的固定资产投资指标中的价格变动因素，真实地反映全社会及各类工程固定资产投资的规模、速度、结构和效益，为国家及相关部门科学地安排固定资产投资以及国民经济核算提供科学可靠的依据。

## Explanatory Notes on Main Statistical Indicators

**Consumer Price Indices** reflect the trend and degree of changes in prices of consumer goods and services purchased by households during a given period. The rate of change of Consumer Price Index （CPI） reflects the degree of currency inflation （or deflation） to a certain extent. The purpose of working out CPI is analyzing the effect of the price changes of consumer goods and services on the social economy and household livelihood, meeting the needs of all levels of governments’ policy and plants making, carrying out macroeconomic control, and providing reference for national accounting.

**Retail Price Indices** reflect the trend and degree of changes in prices of retail goods in market. The purpose of working out RPI is obtaining the trend of the price changes of goods, and providing reference for macroeconomic control and national accounting.

**Producer Price Indices for Industrial Products** reflects the trend and degree of the ex-factory prices of industrial products in the first sale.

**Purchasing Price Indices for Industrial Producers** reflects the trend and degree of the purchasing prices of industrial products as intermediate inputs.

**Price Indices for Investment in Fixed Assets** reflect the change trend and degree of change in prices of investment goods and projects in fixed assets. The purpose of working out prices indices for investment in fixed assets is eliminating the price change factor in fixed asset investment index calculated at current price and truly reflects the scale, speed, structure and benefit of the whole society and fixed asset investment for all kinds of engineering, so as to provide scientific and reliable basis for the state and relevant departments to arrange fixed asset investment and national accounting scientifically.

# 第六篇

# 人民生活

# PEOPLE’S LIVELIHOOD

（编辑：李兰澜　谢定杰　陆　海）

# 简要说明

**一、本篇资料主要内容**

本篇资料反映广西人民生活现状及变化情况，主要有城镇居民收支情况和消费情况、农村居民收支情况和消费情况。

从2012年四季度起，国家统计局对分别进行的城乡住户调查实施了一体化改革，统一了城乡居民收入指标名称、分类和统计标准，建立了城乡统一的一体化住户调查。广西从2014年开始，正式发布此项改革后的一体化城乡住户收支与生活状况调查数据。

**二、资料来源及调查方式**

本篇所有数据均来源于国家统计局广西调查总队。

（一）城镇住户调查数据来源在2012年及以前，由国家统计局城市司组织开展城镇住户调查。调查内容主要包括家庭人口及其构成、家庭现金收支、主要商品购买数量及支出金额、劳动就业状况、居住状况和耐用消费品的拥有量等。调查对象在2001年以前为全国非农业住户，2002至2012年改为全国城市市区和县城关镇区住户。城镇调查户的抽选工作分两步进行。第一步进行一次性的大样本调查；第二步从大样本调查中抽出一个小样本，作为经常性调查户，开展记账工作。

（二）农村住户调查数据在2012年及以前，由国家统计局农村司组织开展农村住户调查。主要内容包括农村居民家庭基本情况、住房情况、收入、生活消费支出、主要食品消费量、耐用消费品拥有量等。为解决调查户的厌烦情绪及样本老化问题，增强抽样调查网点的代表性，更加准确、及时地反映农村社会经济情况，对农村住户调查网点实行样本轮换制度，每五年为一个周期。

# 6—1 城乡居民家庭人均收入及恩格尔系数（1978-2019年）

## Per Capita Income and Engle Coefficient of Urban and Rural Households（1978—2019）

| 年 份 Year | 全区居民人均可支配收入 Per Capita Disposable Income of Households | | 城镇居民人均可支配收入 Per Capita Disposable Income of Urban Households | | 农村居民人均可支配收入 Per Capita Disposable Income of Rural Households | | 城镇居民家庭恩格尔系数（%） | 农村居民家庭恩格尔系数（%） |
|---|---|---|---|---|---|---|---|---|
| | 绝对数(元) Value（yuan） | 比上年±% Growth Rate Over Previous Year（%） | 绝对数(元) Value（yuan） | 比上年±% Growth Rate Over Previous Year（%） | 绝对数(元) Value（yuan） | 比上年±% Growth Rate Over Previous Year（%） | Engle Coefficient of Urban Households（%） | Engle Coefficient of Rural Households（%） |
| 1980 | | | 455 | | 173 | | 57.3 | 63.5 |
| 1981 | | | 429 | -5.7 | 204 | 17.9 | 58.7 | 67.6 |
| 1982 | | | 427 | -0.6 | 235 | 15.2 | 61.5 | 66.2 |
| 1983 | | | 444 | 4.1 | 262 | 11.5 | 59.2 | 66.2 |
| 1984 | | | 563 | 26.8 | 267 | 1.9 | 57.2 | 64.6 |
| 1985 | | | 683 | 21.4 | 303 | 13.5 | 56.6 | 62.2 |
| 1986 | | | 784 | 14.7 | 316 | 4.3 | 58.0 | 61.9 |
| 1987 | | | 899 | 14.7 | 354 | 12.0 | 59.1 | 62.1 |
| 1988 | | | 1159 | 28.9 | 424 | 19.8 | 54.6 | 59.6 |
| 1989 | | | 1304 | 12.5 | 483 | 13.9 | 59.3 | 58.3 |
| 1990 | | | 1448 | 11.0 | 639 | 3.5 | 58.6 | 64.4 |
| 1991 | | | 1614 | 11.4 | 658 | 3.0 | 55.3 | 62.0 |
| 1992 | | | 2104 | 30.4 | 732 | 11.2 | 55.9 | 61.8 |
| 1993 | | | 2895 | 37.6 | 885 | 20.9 | 53.7 | 63.6 |
| 1994 | | | 3981 | 37.5 | 1107 | 25.1 | 50.4 | 59.0 |
| 1995 | | | 4792 | 20.4 | 1446 | 30.6 | 51.0 | 61.3 |
| 1996 | | | 5033 | 5.0 | 1703 | 17.8 | 50.4 | 58.2 |
| 1997 | | | 5110 | 1.5 | 1875 | 10.1 | 47.4 | 58.2 |
| 1998 | | | 5412 | 5.9 | 1972 | 5.2 | 46.3 | 57.2 |
| 1999 | | | 5620 | 3.8 | 2048 | 3.9 | 44.3 | 58.3 |
| 2000 | | | 5834 | 3.8 | 1865 | -9.0 | 39.9 | 55.4 |
| 2001 | | | 6666 | 14.3 | 1944 | 4.3 | 37.7 | 52.3 |
| 2002 | | | 7315 | 9.8 | 2013 | 3.5 | 40.7 | 51.9 |
| 2003 | | | 7785 | 6.4 | 2095 | 4.1 | 40.0 | 51.3 |
| 2004 | | | 8177 | 5.0 | 2305 | 10.0 | 44.0 | 54.3 |
| 2005 | | | 8917 | 9.0 | 2495 | 8.2 | 42.5 | 50.5 |
| 2006 | | | 9899 | 11.0 | 2771 | 11.1 | 42.1 | 49.5 |
| 2007 | | | 12200 | 23.2 | 3224 | 16.3 | 41.7 | 50.2 |
| 2008 | | | 14146 | 16.0 | 3690 | 14.5 | 42.4 | 53.4 |
| 2009 | | | 15451 | 9.2 | 3980 | 7.9 | 39.9 | 48.7 |
| 2010 | | | 17064 | 10.4 | 4543 | 14.1 | 38.1 | 48.5 |
| 2011 | | | 18854 | 10.5 | 5231 | 15.1 | 39.5 | 43.8 |
| 2012 | | | 21243 | 12.7 | 6008 | 14.8 | 39.0 | 42.8 |
| 2013 | 14082 | | 23305 | 9.7 | 6791 | 13.0 | 37.9 | 40.0 |
| 2014 | 15557 | 10.5 | 24669 | 8.7 | 8683 | 11.4 | 35.2 | 36.9 |
| 2015 | 16873 | 8.5 | 26416 | 7.1 | 9467 | 9.0 | 34.4 | 35.4 |
| 2016 | 18305 | 8.5 | 28324 | 7.2 | 10359 | 9.4 | 34.4 | 34.5 |
| 2017 | 19905 | 8.7 | 30502 | 7.7 | 11325 | 9.3 | 33.2 | 32.2 |
| 2018 | 21485 | 7.9 | 32436 | 6.3 | 12435 | 9.8 | 30.7 | 30.1 |
| 2019 | 23328 | 8.6 | 34745 | 7.1 | 13676 | 10.0 | 30.5 | 30.9 |

注：自2014年起为一体化城乡住户收支调查后新口径数据，与2013年及以前数据不可比。下同。
从2014年开始为农村常住居民可支配收入。

Note: Since 2014, the data is based on the new statistical range of the intergation survey of urban and rural residents' income and expenses, and it is not comparable with the data in and before 2013. The same as the following tables. Sincw 2014, the data is disposable income of permanent rural households.

# 6—2 主要年份城镇居民家庭基本情况

## Basic Conditions of Urban Households in Main Years

单位：人 (person)

| 项目 | Item | 2013 | 2014 | 2015 | 2016 | 2017 | 2018 | 2019 |
|---|---|---|---|---|---|---|---|---|
| 期内住户常住成员数 | Number of Permanent Residents | 8770 | 8794 | 9218 | 9531 | 9494 | 8340 | 8245 |
| 调查样本住户数（户） | Number of Households Surveyed (household) | 2575 | 2611 | 2701 | 2746 | 2733 | 2330 | 2330 |
| 期内人均自有现住房面积（平方米） | Per Capita Living Floor Space of Period (sq.m) | 36.07 | 37.72 | 38.63 | 39.24 | 39.54 | 40.55 | 41.65 |
| 常住成员从业人数 | Number of Employees of Permanent Residents | 4843 | 4983 | 5036 | 5129 | 5049 | 4103 | 3983 |
| 户主文化程度 | Education of Household | | | | | | | |
| 1.未上过学 | Not on school | 35 | 32 | 31 | 23 | 22 | 18 | 15 |
| 2.小学 | Primary School | 371 | 339 | 319 | 320 | 315 | 400 | 385 |
| 3.初中 | Junior Secondary School | 924 | 932 | 1001 | 1014 | 1007 | 868 | 873 |
| 4.高中 | Senior Secondary School | 663 | 682 | 696 | 736 | 743 | 565 | 566 |
| 5.大学专科 | Junior College | 341 | 367 | 386 | 388 | 384 | 296 | 308 |
| 6.大学本科 | Undergraduate | 219 | 237 | 241 | 244 | 238 | 169 | 170 |
| 7.研究生 | Postgraduate | 23 | 23 | 27 | 22 | 24 | 14 | 13 |
| 本年度就业类型 | Type of Employment in the Current Year | | | | | | | |
| 1.雇主 | Employer | 98 | 86 | 86 | 64 | 61 | 50 | 44 |
| 2.公职人员 | Public Officials | 246 | 259 | 256 | 273 | 273 | 158 | 135 |
| 3.事业单位人员 | Institutions Personnel | 554 | 529 | 501 | 479 | 480 | 307 | 295 |
| 4.国有企业雇员 | Employees of Nationalized Business | 289 | 260 | 244 | 235 | 213 | 151 | 151 |
| 5.其他雇员 | Other Employees | 1558 | 1801 | 2182 | 2348 | 2399 | 2102 | 2160 |
| 6.农业自营 | Farming Self-employed | 1142 | 1055 | 903 | 814 | 741 | 749 | 616 |
| 7.非农自营 | Not Farming Self-employed | 956 | 993 | 864 | 915 | 882 | 586 | 582 |
| 本年度从事主要行业 | Engage Major Industries in the Current Year | | | | | | | |
| 1.第一产业 | Primary Industry | 1229 | 1138 | 969 | 870 | 796 | 804 | 686 |
| 2.第二产业 | Secondary Industry | 832 | 862 | 954 | 948 | 938 | 725 | 754 |
| 3.第三产业 | Tertiary Industry | 2782 | 2983 | 3114 | 3312 | 3315 | 2574 | 2543 |

注：国家统计局对城乡住户调查实施了一体化改革，统一了城乡居民收入指标名称、分类和统计标准，建立了城乡统一的一体化住户调查。广西从2014年开始，正式发布此项改革后的一体化城乡住户收支与生活状况调查数据。表11-2至11-22内的数据均来源于一体化城乡住户收支调查。与2013年及以前公布的年鉴数据不可比。

Note: National Bureau of Statistics has carried out the integrate reforming on the survey of urban and rural residents, unified the names, classification and statistical standards of the indicators on urban and rural residents' income, and built up the integration survey for urban and rural residents. Since 2014, Guangxi has formally released the data on the integration survey of urban and rural residents' income, expenses and livelihood after this reforming. The data in tables from 11-2 to 11-22 is based on the integration survey of urban and rural residents' income and expenses, and it is not comparable with the data released before 2013.

# 6—3 主要年份城镇居民人均可支配收入及构成

# Per Capita Disposable Income of Urban Households and Its Composition in Main Years

单位：元　　(yuan)

| 项　目 | Item | 2013 | 2014 | 2015 | 2016 | 2017 | 2018 | 2019 |
|---|---|---|---|---|---|---|---|---|
| 可支配收入 | Disposable Income | 23305 | 24669 | 26416 | 28324 | 30502 | 32436 | 34745 |
| 一、工资性收入 | Income of Wages and Salaries | 13346 | 13893 | 15163 | 16493 | 17943 | 18084 | 19344 |
| （一）工资 | Wages and Salaries | 12090 | 12730 | 14051 | 15357 | 16625 | 16980 | 18138 |
| （二）实物福利 | Physical Benefits | 60 | 54 | 63 | 56 | 74 | 110 | 156 |
| （三）其他 | Other Income | 1196 | 1109 | 1050 | 1079 | 1244 | 994 | 1050 |
| 二、经营净收入 | Net Business Income | 2504 | 3431 | 3665 | 4805 | 4904 | 5595 | 5965 |
| （一）第一产业经营净收入 | Net Business Income of Primary Industry | 502 | 551 | 563 | 856 | 908 | 960 | 966 |
| 1.农业 | Farming | 386 | 377 | 397 | 498 | 540 | 424 | 567 |
| 2.林业 | Forestry | 24 | 6 | 19 | 47 | 42 | 109 | 104 |
| 3.牧业 | Animal Husbandry | 55 | 91 | 82 | 137 | 140 | 405 | 280 |
| 4.渔业 | Fishery | 37 | 78 | 64 | 174 | 187 | 22 | 15 |
| （二）第二产业经营净收入 | Net Business Income of Secondary Industry | 329 | 461 | 371 | 422 | 425 | 761 | 822 |
| （三）第三产业经营净收入 | Net Business Income of Tertiary Industry | 1674 | 2419 | 2731 | 3527 | 3572 | 3874 | 4177 |
| 三、财产净收入 | Property Net Income | 1973 | 2235 | 2308 | 2229 | 2390 | 2889 | 2932 |
| 四、转移净收入 | Transfer Net Income | 4866 | 5110 | 5280 | 4798 | 5265 | 5868 | 6504 |
| （一）转移性收入 | Transfer Income | 5759 | 6132 | 6630 | 6432 | 6980 | 7767 | 8519 |
| #养老金或离退休金 | Pensions for Old People and Retirement | 5017 | 5185 | 5490 | 5282 | 5716 | 5945 | 6054 |
| （二）转移性支出 | Transfer Expenditures | 893 | 1022 | 1351 | 1635 | 1715 | 1899 | 2015 |
| #社会保障支出 | Social Relief Expenditures | 627 | 732 | 1006 | 1245 | 1324 | 1466 | 1666 |

# 6—4 主要年份城镇居民人均现金可支配收入及构成

# Per Capita Cash Disposable Income of Urban Households and Its Composition in Main Years

单位：元　　(yuan)

| 项　目 | Item | 2013 | 2014 | 2015 | 2016 | 2017 | 2018 | 2019 |
|---|---|---|---|---|---|---|---|---|
| 现金可支配收入 | Cash Disposable income | 21641 | 23435 | 25146 | 27120 | 29200 | 30856 | 32596 |
| 一、现金工资性收入 | Cash Income of Wages and Salaries | 13286 | 13839 | 15100 | 16437 | 17869 | 17973 | 19187 |
| （一）工资 | Wages and Salaries | 12090 | 12730 | 14051 | 15357 | 16625 | 16979 | 18138 |
| （二）其他工资性收入 | Other Income | 1196 | 1109 | 1050 | 1079 | 1244 | 994 | 1049 |
| 二、现金经营净收入 | Cash Net Income from Business | 2773 | 3595 | 3895 | 5115 | 5250 | 5966 | 6165 |
| （一）第一产业现金经营净收入 | Cash Net Income from Business of Primary Industry | 452 | 444 | 469 | 764 | 847 | 862 | 841 |
| 1.农业 | Farming | 340 | 281 | 263 | 391 | 462 | 325 | 470 |
| 2.林业 | Forestry | 9 | −10 | 1 | 43 | 40 | 101 | 93 |
| 3.牧业 | Animal Husbandry | 44 | 75 | 74 | 118 | 119 | 415 | 266 |
| 4.渔业 | Fishery | 50 | 98 | 132 | 212 | 225 | 21 | 12 |
| （二）第二产业现金经营净收入 | Cash Net Income from Business of Secondary Industry | 445 | 554 | 451 | 496 | 490 | 982 | 978 |
| （三）第三产业现金经营净收入 | Cash Net Income from Management of Tertiary Industry | 1876 | 2597 | 2974 | 3854 | 3914 | 4122 | 4346 |
| 三、现金财产净收入 | Cash Property Net Income | 875 | 1065 | 1098 | 1005 | 1158 | 1502 | 1528 |
| 四、现金转移净收入 | Cash Transfer Net Income | 4707 | 4935 | 5053 | 4564 | 4923 | 5415 | 5716 |
| （一）现金转移性收入 | Cash Transfer Income | 5599 | 5958 | 6417 | 6198 | 6638 | 7315 | 7731 |
| #养老金或离退休金 | Pensions for Old People and Retirement | 5017 | 5185 | 5490 | 5282 | 5716 | 5945 | 6054 |
| （二）现金转移性支出 | Cash Transfer Expenditures | 893 | 1022 | 1364 | 1635 | 1715 | 1900 | 2015 |
| #个人缴纳的社会保障支出 | Social Relief Expenditures paid by individuals | 628 | 732 | 1006 | 1245 | 1324 | 1466 | 1666 |

# 6—5 主要年份城镇居民人均消费支出

## Per Capita Consumption Expenditure of Urban Households in Main Years

单位：元 (yuan)

| 项　目 | Item | 2013 | 2014 | 2015 | 2016 | 2017 | 2018 | 2019 |
|---|---|---|---|---|---|---|---|---|
| 消费支出 | Consumption Expenditure | 14470 | 15046 | 16321 | 17268 | 18349 | 20159 | 21591 |
| 一、食品烟酒 | Food, Tobacco and Liquor | 4934 | 5293 | 5610 | 5937 | 6099 | 6180 | 6578 |
| 二、衣着 | Clothing | 765 | 794 | 846 | 886 | 908 | 968 | 974 |
| 三、居住 | Residence | 3263 | 3390 | 3629 | 3784 | 3885 | 4236 | 4468 |
| 四、生活用品及服务 | Daily Necessities and Services | 856 | 906 | 952 | 1033 | 1093 | 1254 | 1256 |
| 五、交通通信 | Transportation and Communication | 1911 | 1846 | 2249 | 2260 | 2607 | 2903 | 3176 |
| 六、教育文化娱乐 | Education Cultural and Recreation Services | 1666 | 1689 | 1845 | 2003 | 2152 | 2467 | 2609 |
| 七、医疗保健 | Health Care and Medical Services | 803 | 846 | 866 | 1066 | 1254 | 1699 | 2071 |
| 八、其他用品和服务 | Other Supplies and Services | 272 | 282 | 323 | 299 | 351 | 452 | 459 |

# 6—6 主要年份城镇居民人均现金消费支出

## Per Capita Cash Consumption Expenditure of Urban Households in Main Years

单位：元 (yuan)

| 项　目 | Item | 2013 | 2014 | 2015 | 2016 | 2017 | 2018 | 2019 |
|---|---|---|---|---|---|---|---|---|
| 现金消费支出 | Cash Consumption Expenditure | 12277 | 12698 | 13808 | 14654 | 15560 | 16966 | 17910 |
| 一、食品烟酒 | Food, Tobacco and Liquor | 4823 | 5143 | 5461 | 5785 | 5914 | 5968 | 6305 |
| 二、衣着 | Clothing | 764 | 794 | 846 | 886 | 908 | 967 | 973 |
| 三、居住 | Residence | 1339 | 1367 | 1485 | 1555 | 1615 | 1729 | 1844 |
| 四、生活用品及服务 | Daily necessities and services | 852 | 901 | 942 | 1023 | 1076 | 1212 | 1197 |
| 五、交通通信 | Transportation and Communication | 1909 | 1844 | 2243 | 2250 | 2599 | 2899 | 3173 |
| 六、教育文化娱乐 | Education Cultural and Recreation Services | 1662 | 1689 | 1843 | 2002 | 2151 | 2465 | 2608 |
| 七、医疗保健 | Health Care and Medical Services | 667 | 683 | 668 | 860 | 956 | 1284 | 1361 |
| 八、其他用品和服务 | Other Supplies and Services | 261 | 276 | 319 | 292 | 341 | 442 | 449 |

# 6—7　主要年份城镇居民人均消费支出细项

# Per Capita Consumption Expenditure of Urban Households in Main Years

单位：元　(yuan)

| 项　目 | Item | 2013 | 2014 | 2015 | 2016 | 2017 | 2018 | 2019 |
|---|---|---|---|---|---|---|---|---|
| 消费支出 | Consumption Expenditure | 14470 | 15046 | 16321 | 17268 | 18349 | 20159 | 21591 |
| 一、食品烟酒 | Food, Tobacco and Liquor | 4934 | 5293 | 5610 | 5937 | 6099 | 6180 | 6578 |
| （一）食品 | Food | 4043 | 4231 | 4470 | 4739 | 4784 | 4499 | 4657 |
| （二）烟酒 | Tobacco and Liquor | 258 | 273 | 272 | 280 | 302 | 317 | 328 |
| （三）饮料 | Beverages |  | 84 | 84 | 80 | 92 | 94 | 101 |
| （四）饮食服务 | Catering Services | 633 | 705 | 784 | 838 | 921 | 1270 | 1492 |
| 二、衣着 | Clothing | 765 | 794 | 846 | 886 | 908 | 968 | 974 |
| （一）衣类 | Garments | 609 | 630 | 666 | 700 | 725 | 796 | 808 |
| （二）鞋类 | Shoes | 156 | 164 | 179 | 186 | 184 | 172 | 166 |
| 三、居住 | Residence | 3263 | 3390 | 3629 | 3784 | 3885 | 4236 | 4468 |
| （一）租赁房房租 | Rent | 170 | 149 | 139 | 125 | 142 | 190 | 144 |
| （二）住房维修及管理 | Housing Maintenance and Management | 346 | 338 | 489 | 560 | 576 | 717 | 881 |
| （三）水电燃料及其他 | Water, Electricity, Fuels Fee and Others | 844 | 909 | 884 | 877 | 901 | 831 | 834 |
| （四）自有住房折算租金 | Conversion Rent of Owner-occupied Housing | 1903 | 1995 | 2118 | 2223 | 2265 | 2498 | 2609 |
| 四、生活用品及服务 | Daily Necessities and Services | 856 | 906 | 952 | 1033 | 1093 | 1254 | 1256 |
| （一）家具及室内装饰品 | Furniture and Interior Decoration | 138 | 145 | 162 | 169 | 185 | 201 | 175 |
| （二）家用器具 | Household Appliances | 252 | 254 | 279 | 277 | 292 | 298 | 336 |
| （三）家用纺织品 | Home Textiles | 68 | 72 | 72 | 88 | 83 | 110 | 112 |
| （四）家庭日用杂品 | Goods for Daily Use | 257 | 255 | 263 | 273 | 282 | 309 | 288 |
| （五）个人用品 | Personal Items | 91 | 125 | 131 | 165 | 184 | 239 | 231 |
| （六）家庭服务 | Household Services | 50 | 55 | 45 | 61 | 67 | 97 | 114 |
| 五、交通通信 | Transportation and Communication | 1911 | 1846 | 2249 | 2260 | 2607 | 2903 | 3176 |
| （一）交通 | Transportation | 1283 | 1143 | 1513 | 1498 | 1840 | 2170 | 2514 |
| （二）通信 | Communication | 628 | 703 | 737 | 761 | 767 | 733 | 662 |
| 六、教育文化娱乐 | Education, Cultural and Recreation Services | 1666 | 1689 | 1845 | 2003 | 2152 | 2467 | 2609 |
| （一）教育 | Education | 999 | 955 | 1009 | 1202 | 1346 | 1552 | 1779 |
| （二）文化娱乐 | Consumption Goods for Cultural and Recreational Use | 668 | 734 | 836 | 801 | 806 | 915 | 830 |
| 七、医疗保健 | Health Care and Medical Services | 803 | 846 | 866 | 1066 | 1254 | 1699 | 2071 |
| （一）医疗器具及药品 | Medical Apparatus and Medicine | 271 | 282 | 308 | 377 | 405 | 473 | 417 |
| （二）医疗服务 | Medical Services | 532 | 564 | 558 | 689 | 849 | 1226 | 1654 |
| 八、其他用品和服务 | Other Supplies and Services | 272 | 282 | 323 | 299 | 351 | 452 | 459 |
| （一）其他用品 | Other Supplies | 149 | 150 | 172 | 152 | 144 | 182 | 185 |
| （二）其他服务 | Other Services | 123 | 132 | 151 | 147 | 207 | 270 | 274 |

# 6—8 主要年份城镇居民人均现金消费支出细项

## Per Capita Cash Consumption Expenditure of Urban Households in Main Years

单位：元 (yuan)

| 项　目 | Item | 2013 | 2014 | 2015 | 2016 | 2017 | 2018 | 2019 |
|---|---|---|---|---|---|---|---|---|
| 现金消费支出 | Cash Consumption Expenditure | 12277 | 12698 | 13808 | 14654 | 15560 | 16966 | 17910 |
| 一、食品烟酒 | Food, Tobacco and Liquor | 4823 | 5143 | 5461 | 5785 | 5914 | 5968 | 6305 |
| （一）食品 | Food | 3944 | 4102 | 4345 | 4612 | 4631 | 4344 | 4475 |
| （二）烟酒 | Tobacco and Liquor | 258 | 273 | 272 | 280 | 302 | 317 | 328 |
| （三）饮料 | Beverages |  | 84 | 84 | 80 | 92 | 94 | 101 |
| （四）饮食服务 | Catering Services | 621 | 684 | 760 | 814 | 890 | 1213 | 1401 |
| 二、衣着 | Clothing | 764 | 794 | 846 | 886 | 908 | 967 | 973 |
| （一）衣类 | Garments | 594 | 630 | 666 | 699 | 724 | 795 | 808 |
| （二）鞋类 | Shoes | 156 | 164 | 179 | 186 | 184 | 172 | 165 |
| 三、居住 | Residence | 1339 | 1367 | 1485 | 1555 | 1615 | 1729 | 1844 |
| （一）租赁房房租 | Tenancy | 170 | 149 | 139 | 125 | 142 | 190 | 143 |
| （二）住房维修及管理 | Housing Maintenance and Management | 346 | 338 | 489 | 560 | 576 | 717 | 881 |
| （三）水电燃料及其他 | Water, Electricity, Fuels Fee, ect. | 805 | 881 | 857 | 870 | 896 | 822 | 820 |
| 四、生活用品及服务 | Daily Necessities and Services | 852 | 901 | 942 | 1023 | 1076 | 1212 | 1197 |
| （一）家具及室内装饰品 | Furniture and Interior Decoration | 125 | 145 | 162 | 169 | 184 | 201 | 176 |
| （二）家用器具 | Household Appliances | 252 | 254 | 279 | 277 | 292 | 298 | 336 |
| （三）家用纺织品 | Home Textiles | 68 | 72 | 72 | 88 | 83 | 110 | 112 |
| （四）家庭日用杂品 | Goods for Daily Use | 257 | 251 | 253 | 263 | 265 | 267 | 228 |
| （五）个人用品 | Personal Items | 91 | 125 | 131 | 165 | 184 | 239 | 231 |
| （六）家庭服务 | Household Services | 50 | 55 | 45 | 61 | 67 | 97 | 114 |
| 五、交通通信 | Transportation and Communication | 1909 | 1844 | 2243 | 2250 | 2599 | 2899 | 3173 |
| （一）交通 | Transportation | 1282 | 1141 | 1507 | 1489 | 1832 | 2166 | 2511 |
| （二）通信 | Communication | 627 | 703 | 737 | 761 | 767 | 733 | 662 |
| 六、教育文化娱乐 | Education, Cultural and Recreation Services | 1662 | 1689 | 1843 | 2002 | 2151 | 2465 | 2608 |
| （一）教育 | Education | 999 | 955 | 1009 | 1202 | 1346 | 1552 | 1779 |
| （二）文化娱乐 | Consumption Goods for Cultural and Recreational Use | 663 | 734 | 834 | 800 | 805 | 913 | 829 |
| 七、医疗保健 | Health Care and Medical Services | 667 | 683 | 668 | 860 | 956 | 1284 | 1361 |
| （一）医疗器具及药品 | Medical Apparatus and Medicine | 271 | 282 | 308 | 376 | 405 | 473 | 416 |
| （二）医疗服务 | Medical Services | 532 | 401 | 360 | 484 | 551 | 811 | 945 |
| 八、其他用品和服务 | Other Supplies and Services | 261 | 276 | 319 | 292 | 341 | 442 | 449 |
| （一）其他用品 | Other Supplies | 142 | 150 | 171 | 151 | 140 | 177 | 182 |
| （二）其他服务 | Other Services | 119 | 127 | 147 | 141 | 202 | 265 | 267 |

# 6—9 主要年份城镇居民人均消费主要食品数量

## Per Capita Consumption of Major Foods of Urban Households in Main Years

单位：公斤 (kg)

| 项　目 | Item | 2013 | 2014 | 2015 | 2016 | 2017 | 2018 | 2019 |
|---|---|---|---|---|---|---|---|---|
| **食品消费情况（含自产自用）** | Conditions of Foods Consumption (including self production and consumption) | | | | | | | |
| 一、粮食消费量 | Grain Consumption | 112.42 | 110.31 | 106.25 | 102.18 | 97.69 | 97.15 | 95.61 |
| （一）谷物消费量 | Cereal Consumption | 103.90 | 101.74 | 97.84 | 93.34 | 89.13 | 89.53 | 87.27 |
| （二）薯类消费量 | Tuber Consumption | 0.93 | 1.07 | 1.20 | 1.25 | 1.36 | 1.31 | 1.29 |
| （三）豆类消费量 | Beans Consumption | 7.60 | 7.50 | 7.22 | 7.59 | 7.20 | 6.31 | 7.05 |
| 1.大豆 | Soybean | 0.62 | 0.57 | 0.64 | 0.57 | 0.54 | 0.43 | 0.38 |
| 二、油脂类消费量 | Edible Oil and Fat | 9.19 | 9.22 | 9.25 | 8.46 | 8.81 | 7.62 | 7.90 |
| （一）植物油 | Edible Vegetable Oil | 8.67 | 8.73 | 8.71 | 7.91 | 8.12 | 6.84 | 7.26 |
| 三、蔬菜及菜制品消费量 | Vegetables and Its Products Consumption | 99.03 | 101.82 | 100.06 | 100.07 | 99.08 | 92.81 | 94.56 |
| （一）鲜菜 | Fresh Vegetables | 94.21 | 96.91 | 95.31 | 94.84 | 94.33 | 89 | 90.71 |
| 四、肉类 | Meat | 32.87 | 36.66 | 36.65 | 36.34 | 36.63 | 38.31 | 31.47 |
| （一）猪肉 | Pork | 29.82 | 30.38 | 30.26 | 29.00 | 29.25 | 31.63 | 25.16 |
| （二）牛肉 | Beef | 2.45 | 2.27 | 2.55 | 2.95 | 3.16 | 2.92 | 3.16 |
| （三）羊肉 | Mutton | 0.60 | 0.64 | 0.77 | 1.17 | 1.24 | 0.94 | 0.81 |
| 五、禽类 | Poultry | 16.41 | 19.74 | 19.96 | 20.76 | 20.06 | 19.77 | 24.76 |
| 六、水产品 | Aquatic Products | 14.73 | 14.30 | 14.23 | 14.10 | 14.28 | 12.95 | 16.60 |
| 七、蛋类及蛋制品 | Eggs and Its Products | 6.05 | 6.22 | 6.45 | 6.42 | 6.45 | 6.48 | 6.90 |
| 八、奶和奶制品 | Milk and Its Products | 14.73 | 10.62 | 10.38 | 9.83 | 9.58 | 9.20 | 8.14 |
| 九、干鲜瓜果类 | Dried and Fresh Melons and Fruits | 42.74 | 47.44 | 49.35 | 50.73 | 51.55 | 50.87 | 52.15 |
| （一）鲜瓜果 | Fresh Meions and Fruits | 21.24 | 44.25 | 45.84 | 47.03 | 47.84 | 47.14 | 48.81 |
| （三）坚果类 | Nuts and Processed Products | 2.38 | 2.50 | 2.69 | 2.86 | 2.83 | 2.86 | 2.59 |
| 十、糖果糕点类 | Sweets and Cakes | 5.89 | 5.60 | 5.87 | 5.45 | 5.46 | 5.59 | 5.48 |
| #食糖 | Sugar | 1.74 | 1.77 | 1.75 | 1.66 | 1.56 | 1.41 | 1.22 |

# 6—10 主要年份城镇居民每百户主要耐用消费品拥有量
# Major Durable Consumer Goods Owned Per 100 Urban Households in Main Years

| 项　目 | Item | 2013 | 2014 | 2015 | 2016 | 2017 | 2018 | 2019 |
|---|---|---|---|---|---|---|---|---|
| **耐用消费品拥有情况** | Major Durable Consumer Goods Owned | | | | | | | |
| 1.家用汽车（辆） | Automobile (unit) | 19.91 | 24.03 | 30.90 | 36.06 | 38.48 | 40.34 | 43.34 |
| 2.摩托车（辆） | Motorcycle (unit) | 54.69 | 58.32 | 46.34 | 43.81 | 41.80 | 32.71 | 31.83 |
| 3.助力车（辆） | Electric Bicycle (unit) | 57.45 | 63.55 | 70.47 | 81.04 | 87.17 | 89.36 | 98.79 |
| 4.洗衣机（台） | Washing Machine (set) | 83.92 | 87.59 | 92.59 | 96.51 | 98.79 | 98.59 | 101.52 |
| 5.电冰箱（台） | Refrigerator (set) | 87.38 | 90.06 | 94.66 | 97.97 | 99.78 | 102.82 | 105.09 |
| 6.微波炉（台） | Microwave Oven (set) | 51.02 | 52.87 | 64.92 | 65.39 | 66.43 | 65.00 | 67.59 |
| 7.彩色电视机（台） | Color Television Set (set) | 116.20 | 120.39 | 115.87 | 112.90 | 113.89 | 110.31 | 112.37 |
| 8.空调器（台） | Air Conditioner (set) | 85.17 | 94.81 | 121.13 | 128.57 | 133.84 | 158.49 | 170.03 |
| 9.淋浴热水器（台） | Water Heater (set) | 85.00 | 90.93 | 95.54 | 100.43 | 103.31 | 103.41 | 107.03 |
| 10.排油烟机（台） | Exhaust Fan (set) | 49.09 | 51.29 | 61.19 | 62.29 | 64.41 | 65.21 | 69.27 |
| 11.固定电话（部） | Telephone (set) | 37.07 | 44.10 | 38.91 | 31.93 | 24.23 | 19.59 | 9.05 |
| 12.移动电话（部） | Mobile Telephone (set) | 240.42 | 250.45 | 249.87 | 260.09 | 267.69 | 269.13 | 276.99 |
| 13.家用电脑（台） | Computer (set) | 68.67 | 75.88 | 88.10 | 88.69 | 88.28 | 79.73 | 79.23 |
| 14.照相机（架） | Camera (set) | 24.67 | 26.25 | 33.36 | 24.98 | 23.46 | 20.51 | 18.81 |

## 6—11 主要年份城镇居民人均第二、三产业生产经营收支情况

## Production and Management Income and Expenditure Conditions of per Capita Secondary and Tertiary Industryof Urban Households in Main Years

单位：元 (yuan)

| 项 目 | Item | 2013 | 2014 | 2015 | 2016 | 2017 | 2018 | 2019 |
|---|---|---|---|---|---|---|---|---|
| **第二产业经营收入** | Operating Income of Secondary Industry | 583 | 675 | 717 | 971 | 805 | 1800 | 1628 |
| 第二产业经营现金收入 | Operating Cash Income from Management of Secondary Industry | 583 | 675 | 717 | 971 | 805 | 1800 | 1628 |
| 第二产业经营费用支出 | Operating Expenditures of Secondary Industry | 138 | 121 | 266 | 474 | 315 | 819 | 650 |
| 第二产业经营现金费用支出 | Operating Cash Expenditures of Secondary Industry | 138 | 121 | 266 | 474 | 315 | 819 | 650 |
| **第三产业经营收入** | Operating Income of Tertiary Industry | 2128 | 2879 | 3767 | 4832 | 4764 | 4974 | 5060 |
| 第三产业经营现金收入 | Operating Cash Income of Tertiary industries | 2150 | 2879 | 3767 | 4832 | 4764 | 4974 | 5060 |
| 第三产业经营费用支出 | Operating Expenditures of Tertiary Industry | 240 | 283 | 793 | 978 | 850 | 852 | 715 |
| 第三产业经营现金费用支出 | Operating Cash Expenditures of Tertiary Industry | 240 | 283 | 793 | 978 | 850 | 852 | 715 |

## 6—12 主要年份城镇居民人均可支配收入分五等份收入组

## Per Capita Disposable Income of Urban Households by Income Quintile in Main Years

单位：元 (yuan)

| 年 份 | Year | 低收入户（20%） Low Income Households | 中等偏下户（20%） Lower Middle Income Households | 中等收入户（20%） Middle Income Households | 中等偏上户（20%） Upper Middle Income Households | 高收入户（20%） High Income Households |
|---|---|---|---|---|---|---|
| **城镇居民人均可支配收入（元）** | Per Capita Disposable Income of Urban Households (yuan) | | | | | |
| 2013 | | 9314 | 15704 | 20897 | 28387 | 49602 |
| 2014 | | 10339 | 16958 | 23205 | 30723 | 51950 |
| 2015 | | 10400 | 18489 | 25792 | 33950 | 54483 |
| 2016 | | 11283 | 19331 | 27006 | 35973 | 60881 |
| 2017 | | 11759 | 20852 | 29414 | 39352 | 66417 |
| 2018 | | 12288 | 21623 | 29646 | 42609 | 75550 |
| 2019 | | 12891 | 22432 | 31752 | 44710 | 81383 |

# 6—13 主要年份农村居民家庭基本情况

## Basic Conditions of Rural Households in Main Years

单位：元 (yuan)

| 项　　目 | Item | 2013 | 2014 | 2015 | 2016 | 2017 | 2018 | 2019 |
|---|---|---|---|---|---|---|---|---|
| 期内住户常住成员数 | Number of Permanent Residents | 8382 | 8202 | 8361 | 8685 | 8616 | 9787 | 9643 |
| 调查样本住户数（户） | Number of Households Surveyed (household) | 2298 | 2307 | 2345 | 2365 | 2365 | 2670 | 2670 |
| 期内人均自有现住房面积（㎡） | Per Capita Living Floor Space of Period (sq.m) | 40.49 | 43.25 | 45.22 | 46.28 | 47.23 | 49.71 | 52.5 |
| 常住成员从业人数 | Number of Employees of Permanent Residents | 4957 | 4810 | 4907 | 4965 | 4819 | 5327 | 5144 |
| 户主文化程度 | Education of Household | | | | | | | |
| 1.未上过学 | Not on school | 46 | 46 | 29 | 25 | 25 | 40 | 29 |
| 2.小学 | Primary School | 740 | 716 | 712 | 749 | 755 | 859 | 833 |
| 3.初中 | Junior Secondary School | 1155 | 1174 | 1246 | 1288 | 1281 | 1325 | 1340 |
| 4.高中 | Senior Secondary School | 335 | 350 | 343 | 281 | 280 | 403 | 423 |
| 5.大学专科 | Junior College | 22 | 22 | 15 | 21 | 23 | 38 | 41 |
| 6.大学本科 | Undergraduate | | | | 1 | 1 | 5 | 4 |
| 7.研究生 | Postgraduate | | | | | | | |
| 本年度就业类型 | Type of Employment in the Current Year | | | | | | | |
| 一、雇主 | Employer | 38 | 31 | 32 | 20 | 15 | 14 | 10 |
| 二、公职人员 | Public Officials | 27 | 15 | 8 | 12 | 9 | 18 | 14 |
| 三、事业单位人员 | Institutions Personnel | 46 | 35 | 31 | 42 | 45 | 71 | 77 |
| 四、国有企业雇员 | Employees of Nationalized Business | 10 | 3 | 5 | 9 | 7 | 10 | 10 |
| 五、其他雇员 | Other Employees | 664 | 723 | 910 | 1179 | 1216 | 1514 | 1630 |
| 六、农业自营 | Farming Self-employed | 3796 | 3600 | 3566 | 3320 | 3133 | 3246 | 2915 |
| 七、非农自营 | Not Farming Self-employed | 376 | 403 | 355 | 383 | 394 | 454 | 488 |
| 本季度从事主要行业 | Engage Major industries in the Current Year | | | | | | | |
| 一、第一产业 | Primary Industry | 3817 | 3648 | 3578 | 3391 | 3198 | 3261 | 3032 |
| 二、第二产业 | Secondary Industry | 519 | 476 | 604 | 763 | 745 | 941 | 901 |
| 三、第三产业 | Tertiary Industry | 621 | 686 | 725 | 811 | 876 | 1125 | 1211 |

# 6—14 主要年份农村居民人均可支配收入及构成

## Per Capita Disposable Income of Rural Households and Its Composition in Main Years

单位：元 (yuan)

| 项 目 | Item | 2013 | 2014 | 2015 | 2016 | 2017 | 2018 | 2019 |
|---|---|---|---|---|---|---|---|---|
| 可支配收入 | Disposable Income | 6791 | 8683 | 9467 | 10359 | 11325 | 12435 | 13676 |
| 一、工资性收入 | Income of Wages and Salaries | 2135 | 2335 | 2549 | 2848 | 3242 | 3691 | 4259 |
| （一）工资 | Wages and Salaries | 1551 | 1934 | 2057 | 2482 | 2853 | 3432 | 4055 |
| （二）实物福利 | Physical Benefits | 3 | 5 | 10 | 14 | 23 | 17 | 52 |
| （三）其他 | Other Income | 581 | 397 | 481 | 352 | 366 | 242 | 152 |
| 二、经营净收入 | Net Business Income | 3794 | 4048 | 4359 | 4759 | 5103 | 5393 | 5619 |
| （一）第一产业经营净收入 | Net Business Income of Primary Industry | 3116 | 3260 | 3509 | 3788 | 4010 | 3961 | 4016 |
| 1.农业 | Farming | 2065 | 2171 | 2299 | 2417 | 2433 | 2436 | 2405 |
| 2.林业 | Forestry | 296 | 325 | 326 | 367 | 435 | 517 | 626 |
| 3.牧业 | Animal Husbandry | 691 | 695 | 754 | 851 | 930 | 837 | 830 |
| 4.渔业 | Fishery | 65 | 69 | 130 | 154 | 212 | 171 | 155 |
| （二）第二产业经营净收入 | Net Business Income of Secondary Industry | 112 | 129 | 135 | 118 | 130 | 177 | 220 |
| （三）第三产业经营净收入 | Net Business Income of Tertiary Industry | 566 | 659 | 715 | 852 | 963 | 1255 | 1383 |
| 三、财产净收入 | Property Net Income | 51 | 75 | 116 | 149 | 185 | 242 | 340 |
| 四、转移净收入 | Transfer Net Income | 1813 | 2225 | 2442 | 2603 | 2795 | 3109 | 3458 |
| （一）转移性收入 | Transfer Income | 1937 | 2343 | 2594 | 2805 | 3057 | 3435 | 3871 |
| #养老金或离退休金 | Pensions for Old People and Retirement | 301 | 387 | 424 | 517 | 569 | 793 | 856 |
| （二）转移性支出 | Transfer Expenditures | 124 | 118 | 152 | 202 | 262 | 326 | 413 |
| #社会保障支出 | Social Relief Expenditures | 106 | 90 | 125 | 161 | 214 | 259 | 328 |

# 6—15 主要年份农村居民人均现金可支配收入及构成

# Per Capita Cash disposable Income of Rural Households and Its Composition in Main Years

单位：元 (yuan)

| 项　目 | Item | 2013 | 2014 | 2015 | 2016 | 2017 | 2018 | 2019 |
|---|---|---|---|---|---|---|---|---|
| 现金可支配收入 | Cash Disposable income | 6959 | 7365 | 8330 | 9378 | 10320 | 11534 | 12449 |
| 一、现金工资性收入 | Cash Income of Wages and Salaries | 2132 | 2331 | 2539 | 2834 | 3219 | 3674 | 4207 |
| （一）工资 | Wages and Salaries | 1551 | 1934 | 2057 | 2482 | 2853 | 3432 | 4055 |
| （二）其他工资性收入 | Other Income | 581 | 397 | 481 | 352 | 366 | 242 | 152 |
| 二、现金经营净收入 | Cash Net Income from Business | 3108 | 2930 | 3439 | 4015 | 4397 | 4954 | 4905 |
| （一）第一产业现金经营净收入 | Cash Net Income from Business of Primary Industry | 2439 | 2046 | 2498 | 2946 | 3203 | 3340 | 3135 |
| 1.农业 | Farming | 1418 | 1206 | 1447 | 1692 | 1740 | 1817 | 1739 |
| 2.林业 | Forestry | 167 | 153 | 250 | 333 | 387 | 458 | 485 |
| 3.牧业 | Animal Husbandry | 691 | 620 | 678 | 775 | 875 | 900 | 765 |
| 4.渔业 | Fishery | 61 | 67 | 124 | 147 | 201 | 165 | 146 |
| （二）第二产业现金经营净收入 | Cash Net Income from Business of Secondary Industry | 123 | 141 | 149 | 131 | 144 | 215 | 244 |
| （三）第三产业现金经营净收入 | Cash Net Income from Business of Tertiary Industry | 546 | 743 | 791 | 939 | 1050 | 1399 | 1526 |
| 三、现金财产净收入 | Cash Property Net Income | 52 | 76 | 116 | 149 | 185 | 241 | 340 |
| 四、现金转移净收入 | Cash Transfer Net Income | 1668 | 2027 | 2236 | 2380 | 2519 | 2665 | 2997 |
| （一）现金转移性收入 | Cash Transfer Income | 1792 | 2145 | 2388 | 2581 | 2781 | 2991 | 3410 |
| #.养老金或离退休金 | Pensions for Old People and Retirement | 301 | 387 | 424 | 517 | 569 | 793 | 856 |
| （二）现金转移性支出 | Cash Transfer Expenditures | 124 | 118 | 152 | 202 | 262 | 326 | 413 |
| #.个人缴纳的社会保障支出 | Social Relief Expenditures Paid by Individuals | 106 | 90 | 125 | 161 | 214 | 259 | 328 |

## 6—16 主要年份农村居民人均消费支出

## Per Capita Consumption Expenditure of Rural Households in Main Years

单位：元 (yuan)

| 项 目 | Item | 2013 | 2014 | 2015 | 2016 | 2017 | 2018 | 2019 |
|---|---|---|---|---|---|---|---|---|
| 消费支出 | Consumption Expenditure | 6035 | 6675 | 7582 | 8351 | 9437 | 10617 | 12045 |
| 一、食品烟酒 | Food, Tobacco and Liquor | 2215 | 2463 | 2681 | 2880 | 3043 | 3195 | 3724 |
| 二、衣着 | Clothing | 195 | 209 | 237 | 252 | 287 | 327 | 373 |
| 三、居住 | Residence | 1369 | 1551 | 1730 | 1904 | 2120 | 2469 | 2669 |
| 四、生活用品及服务 | Daily Necessities and Services | 367 | 395 | 456 | 456 | 495 | 604 | 680 |
| 五、交通通信 | Transportation and Communication | 641 | 710 | 822 | 972 | 1288 | 1528 | 1716 |
| 六、教育文化娱乐 | Education Cultural and Recreation Services | 624 | 682 | 842 | 1001 | 1128 | 1247 | 1498 |
| 七、医疗保健 | Health Care and Medical Services | 526 | 554 | 710 | 782 | 931 | 1088 | 1231 |
| 八、其他用品和服务 | Other Supplies and Services | 99 | 112 | 106 | 105 | 145 | 159 | 154 |

## 6—17 主要年份农村居民人均现金消费支出

## Per Capita Cash Consumption Expenditure of Rural Households in Main Years

单位：元 (yuan)

| 项 目 | Item | 2013 | 2014 | 2015 | 2016 | 2017 | 2018 | 2019 |
|---|---|---|---|---|---|---|---|---|
| 现金消费支出 | Cash Consumption Expenditure | 4448 | 4715 | 5577 | 6277 | 7119 | 8201 | 9297 |
| 一、食品烟酒 | Food, Tobacco and Liquor | 1571 | 1646 | 1931 | 2151 | 2248 | 2579 | 2964 |
| 二、衣着 | Clothing | 195 | 208 | 237 | 252 | 285 | 326 | 373 |
| 三、居住 | Residence | 546 | 566 | 634 | 738 | 834 | 1021 | 1081 |
| 四、生活用品及服务 | Daily necessities and services | 358 | 385 | 446 | 449 | 463 | 555 | 605 |
| 五、交通通信 | Transportation and Communication | 641 | 710 | 819 | 965 | 1284 | 1527 | 1713 |
| 六、教育文化娱乐 | Education Cultural and Recreation Services | 624 | 682 | 842 | 1000 | 1127 | 1246 | 1497 |
| 七、医疗保健 | Health Care and Medical Services | 420 | 408 | 563 | 623 | 748 | 802 | 921 |
| 八、其他用品和服务 | Other Supplies and Services | 92 | 110 | 104 | 101 | 130 | 145 | 143 |

# 6—18 主要年份农村居民人均消费支出明细

# Per Capita Consumption Expenditure of Rural Households in Main Years

单位：元 (yuan)

| 项目 | Item | 2013 | 2014 | 2015 | 2016 | 2017 | 2018 | 2019 |
|---|---|---|---|---|---|---|---|---|
| 消费支出 | Consumption Expenditure | 6035 | 6675 | 7582 | 8351 | 9437 | 10617 | 12045 |
| 一、食品烟酒 | Food, Tobacco and Liquor | 2215 | 2463 | 2681 | 2880 | 3043 | 3195 | 3724 |
| （一）食品 | Food | 1969 | 2154 | 2327 | 2502 | 2640 | 2672 | 3027 |
| （二）烟酒 | Tobacco and Liquor | 178 | 187 | 211 | 212 | 233 | 292 | 332 |
| （三）饮料 | Beverages |  | 40 | 44 | 45 | 53 | 54 | 69 |
| （四）饮食服务 | Catering Services | 68 | 83 | 100 | 120 | 117 | 177 | 296 |
| 二、衣着 | Clothing | 195 | 209 | 237 | 252 | 287 | 327 | 373 |
| （一）衣类 | Garments | 150 | 157 | 180 | 193 | 220 | 258 | 295 |
| （二）鞋类 | Shoes | 45 | 52 | 57 | 59 | 67 | 69 | 78 |
| 三、居住 | Residence | 1369 | 1551 | 1730 | 1904 | 2120 | 2469 | 2669 |
| （一）租赁房房租 | Rent | 6 | 7 | 12 | 17 | 18 | 30 | 39 |
| （二）住房维修及管理 | Housing Maintenance and Management | 320 | 306 | 321 | 398 | 451 | 599 | 605 |
| （三）水电燃料及其他 | Water, Electricity, Fuels Fee and Others | 349 | 409 | 375 | 362 | 415 | 519 | 605 |
| （四）自有住房折算租金 | Conversion Rent of Owner-occupied Housing | 695 | 829 | 1021 | 1127 | 1236 | 1321 | 1420 |
| 四、生活用品及服务 | Daily Necessities and Services | 367 | 395 | 456 | 456 | 495 | 604 | 680 |
| （一）家具及室内装饰品 | Furniture and Interior Decoration | 77 | 74 | 84 | 72 | 79 | 109 | 115 |
| （二）家用器具 | Household Appliances | 112 | 111 | 131 | 130 | 129 | 157 | 174 |
| （三）家用纺织品 | Home Textiles | 30 | 27 | 36 | 31 | 26 | 35 | 42 |
| （四）家庭日用杂品 | Goods for Daily Use | 123 | 134 | 140 | 143 | 171 | 210 | 236 |
| （五）个人用品 | Personal Items | 18 | 41 | 56 | 70 | 82 | 81 | 96 |
| （六）家庭服务 | Household Services | 7 | 8 | 9 | 10 | 8 | 12 | 17 |
| 五、交通通信 | Transportation and Communication | 641 | 710 | 822 | 972 | 1288 | 1528 | 1716 |
| （一）交通 | Transportation | 457 | 496 | 560 | 667 | 943 | 1118 | 1307 |
| （二）通信 | Communication | 185 | 214 | 262 | 305 | 345 | 410 | 409 |
| 六、教育文化娱乐 | Education, Cultural and Recreation Services | 624 | 682 | 842 | 1001 | 1128 | 1247 | 1498 |
| （一）教育 | Education | 522 | 563 | 693 | 844 | 963 | 1047 | 1287 |
| （二）文化娱乐 | Consumption Goods for Cultural and Recreational Use | 102 | 119 | 149 | 157 | 165 | 200 | 211 |
| 七、医疗保健 | Health Care and Medical Services | 526 | 554 | 710 | 782 | 931 | 1088 | 1231 |
| （一）医疗器具及药品 | Medical Apparatus and Medicine | 116 | 129 | 134 | 150 | 200 | 245 | 219 |
| （二）医疗服务 | Medical Services | 410 | 425 | 576 | 632 | 731 | 843 | 1012 |
| 八、其他用品和服务 | Other Supplies and Services | 99 | 112 | 106 | 105 | 145 | 159 | 154 |
| （一）其他用品 | Other Supplies | 75 | 72 | 72 | 67 | 83 | 91 | 84 |
| （二）其他服务 | Other Services | 23 | 41 | 33 | 38 | 62 | 68 | 70 |

# 6—19 主要年份农村居民人均现金消费支出明细

## Per Capita Cash Consumption Expenditure of Rural Households in Main Years

单位：元 (yuan)

| 项目 | Item | 2013 | 2014 | 2015 | 2016 | 2017 | 2018 | 2019 |
|---|---|---|---|---|---|---|---|---|
| **现金消费支出** | Cash Consumption Expenditure | 4448 | 4715 | 5577 | 6277 | 7119 | 8201 | 9297 |
| 一、食品烟酒 | Food, Tobacco and Liquor | 1571 | 1646 | 1931 | 2151 | 2248 | 2579 | 2964 |
| （一）食品 | Food | 1327 | 1341 | 1586 | 1784 | 1859 | 2067 | 2307 |
| （二）烟酒 | Tobacco and Liquor | 178 | 186 | 210 | 212 | 233 | 292 | 332 |
| （三）饮料 | Beverages | | 39 | 44 | 45 | 53 | 53 | 67 |
| （四）饮食服务 | Catering Services | 67 | 80 | 92 | 110 | 103 | 167 | 258 |
| 二、衣着 | Clothing | 195 | 208 | 237 | 252 | 285 | 326 | 373 |
| （一）衣类 | Garments | 150 | 157 | 180 | 193 | 219 | 257 | 295 |
| （二）鞋类 | Shoes | 45 | 52 | 57 | 59 | 66 | 69 | 78 |
| 三、居住 | Residence | 546 | 566 | 634 | 738 | 834 | 1021 | 1081 |
| （一）租赁房房租 | Tenancy | 6 | 7 | 12 | 17 | 18 | 30 | 39 |
| （二）住房维修及管理 | Housing Maintenance and Management | 320 | 306 | 321 | 398 | 451 | 599 | 605 |
| （三）水电燃料及其他 | Water, Electricity, Fuels Fee, ect. | 221 | 253 | 301 | 323 | 365 | 392 | 437 |
| 四、生活用品及服务 | Daily Necessities and Services | 358 | 385 | 446 | 449 | 463 | 555 | 605 |
| （一）家具及室内装饰品 | Furniture and Interior Decoration | 69 | 70 | 82 | 69 | 68 | 100 | 113 |
| （二）家用器具 | Household Appliances | 112 | 111 | 131 | 130 | 129 | 157 | 174 |
| （三）家用纺织品 | Home Textiles | 30 | 27 | 36 | 31 | 26 | 35 | 42 |
| （四）家庭日用杂品 | Goods for Daily Use | 123 | 129 | 132 | 138 | 150 | 170 | 163 |
| （五）个人用品 | Personal Items | 18 | 41 | 56 | 70 | 82 | 81 | 96 |
| （六）家庭服务 | Household Services | 7 | 8 | 9 | 10 | 8 | 12 | 17 |
| 五、交通通信 | Transportation and Communication | 641 | 710 | 819 | 965 | 1284 | 1527 | 1713 |
| （一）交通 | Transportation | 457 | 496 | 557 | 660 | 939 | 1117 | 1305 |
| （二）通信 | Communication | 185 | 214 | 262 | 305 | 345 | 410 | 408 |
| 六、教育文化娱乐 | Education, Cultural and Recreation Services | 624 | 682 | 842 | 1000 | 1127 | 1246 | 1497 |
| （一）教育 | Education | 522 | 563 | 693 | 844 | 962 | 1046 | 1287 |
| （二）文化娱乐 | Consumption Goods for Cultural and Recreational Use | 102 | 119 | 149 | 157 | 165 | 200 | 210 |
| 七、医疗保健 | Health Care and Medical Services | 420 | 408 | 563 | 623 | 748 | 802 | 921 |
| （一）医疗器具及药品 | Medical Apparatus and Medicine | 116 | 129 | 134 | 150 | 200 | 245 | 219 |
| （二）医疗服务 | Medical Services | 410 | 279 | 429 | 472 | 548 | 557 | 702 |
| 八、其他用品和服务 | Other Supplies and Services | 92 | 110 | 104 | 101 | 130 | 145 | 143 |
| （一）其他用品 | Other Supplies | 69 | 69 | 71 | 65 | 74 | 83 | 83 |
| （二）其他服务 | Other Services | 23 | 40 | 33 | 36 | 56 | 62 | 60 |

# 6—20 主要年份农村居民人均消费主要食品数量
# Per Capita Consumption of Major Foods by Rural Households in Main Years

单位：公斤 (kg)

| 项　目 | Item | 2013 | 2014 | 2015 | 2016 | 2017 | 2018 | 2019 |
|---|---|---|---|---|---|---|---|---|
| **食品消费情况（含自产自用）** | Conditions of Foods Consumption (including self production and consumption) | | | | | | | |
| 一、粮食消费量 | Grain Consumption | 182.68 | 183.62 | 172.21 | 168.27 | 163.27 | 154.01 | 165.74 |
| （一）谷物消费量 | Cereal Consumption | 178.22 | 178.52 | 167.04 | 162.56 | 157.48 | 148.43 | 158.93 |
| （二）薯类消费量 | Tuber Consumption | 0.62 | 0.74 | 0.65 | 0.77 | 0.70 | 1.02 | 0.83 |
| （三）豆类消费量 | Beans Consumption | 3.85 | 4.36 | 4.52 | 4.94 | 5.05 | 4.55 | 5.98 |
| 1.大豆 | Soybean | 0.89 | 0.92 | 0.74 | 0.90 | 0.77 | 0.64 | 0.53 |
| 二、油脂类消费量 | Edible Oil and Fat | 9.96 | 10.19 | 7.39 | 6.80 | 7.99 | 8.42 | 8.66 |
| （一）植物油 | Edible Vegetable Oil | 7.36 | 8.13 | 5.30 | 4.92 | 5.90 | 6.61 | 7.24 |
| 三、蔬菜及菜制品消费量 | Vegetables and Its Products Consumption | 87.09 | 95.42 | 87.44 | 79.98 | 78.15 | 78.83 | 79.01 |
| （一）鲜菜 | Fresh Vegetables | 86.19 | 94.28 | 86.41 | 78.88 | 76.96 | 77.61 | 77.62 |
| 四、肉类 | Meat | 25.72 | 27.41 | 27.69 | 27.44 | 28.35 | 33.61 | 27.45 |
| （一）猪肉 | Pork | 25.28 | 25.74 | 26.10 | 25.49 | 26.26 | 30.99 | 24.81 |
| （二）牛肉 | Beef | 0.33 | 0.31 | 0.38 | 0.53 | 0.62 | 0.96 | 1.07 |
| （三）羊肉 | Mutton | 0.12 | 0.12 | 0.18 | 0.36 | 0.39 | 0.51 | 0.41 |
| 五、禽类 | Poultry | 14.64 | 16.79 | 17.58 | 18.44 | 19.21 | 17.52 | 24.87 |
| 六、水产品 | Aquatic Products | 5.72 | 6.62 | 7.01 | 7.59 | 7.66 | 7.29 | 10.62 |
| 七、蛋类及蛋制品 | Eggs and Its Products | 3.88 | 4.41 | 5.19 | 4.49 | 4.92 | 4.63 | 5.72 |
| 八、奶和奶制品 | Milk and Its Products | 5.72 | 2.20 | 1.99 | 2.23 | 2.44 | 2.56 | 2.33 |
| 九、干鲜瓜果类 | Dried and Fresh Melons and Fruits | 20.66 | 25.14 | 27.86 | 30.99 | 31.08 | 29.12 | 30.78 |
| （一）鲜瓜果 | Fresh Melons and Fruits | 9.54 | 24.25 | 26.83 | 29.43 | 29.39 | 27.32 | 28.86 |
| （二）坚果类 | Nuts and Processed Products | 0.76 | 0.76 | 0.87 | 1.35 | 1.40 | 1.55 | 1.68 |
| 十、糖果糕点类 | Sweets and Cakes | 3.41 | 3.45 | 3.45 | 3.47 | 3.48 | 3.55 | 4.11 |
| #食糖 | Sugar | 1.02 | 1.16 | 1.20 | 1.12 | 1.08 | 1.04 | 1.12 |

# 6—21 主要年份农村居民每百户主要耐用消费品拥有量

# Major Durable Consumer Goods Owned Per 100 Rural Households in Main Years

| 项 目 | Item | 2013 | 2014 | 2015 | 2016 | 2017 | 2018 | 2019 |
|---|---|---|---|---|---|---|---|---|
| 耐用消费品拥有情况 | Major Durable Consumer Goods Owned | | | | | | | |
| 一、家用汽车（辆） | Automobile (unit) | 6.92 | 7.15 | 6.77 | 9.98 | 12.23 | 15.46 | 20.41 |
| 二、摩托车（辆） | Motorcycle (unit) | 92.71 | 100.87 | 100.51 | 101.77 | 100.50 | 91.26 | 92.66 |
| 三、助力车（辆） | Electric Bicycle (unit) | 24.10 | 29.70 | 31.26 | 39.88 | 46.17 | 54.14 | 67.08 |
| 四、洗衣机（台） | Washing Machine (set) | 45.22 | 51.90 | 54.48 | 65.40 | 68.12 | 73.09 | 82.77 |
| 五、电冰箱（台） | Refrigerator (set) | 70.17 | 75.87 | 79.56 | 86.23 | 88.82 | 94.56 | 100.00 |
| 六、微波炉（台） | Microwave Oven (set) | 14.76 | 16.29 | 14.89 | 16.63 | 18.84 | 20.86 | 26.25 |
| 七、彩色电视机（台） | Color Television Set (set) | 111.13 | 114.49 | 110.74 | 112.33 | 113.28 | 104.02 | 108.84 |
| 八、空调（台） | Air Conditioner (set) | 12.52 | 15.34 | 16.86 | 24.40 | 28.86 | 37.39 | 53.33 |
| 九、热水器（台） | Water Heater (set) | 40.81 | 47.48 | 50.32 | 62.33 | 68.33 | 73.90 | 84.00 |
| 十、排油烟机（台） | Exhaust Fan (set) | 5.75 | 6.67 | 6.29 | 8.62 | 10.38 | 11.44 | 16.89 |
| 十一、固定电话（部） | Telephone (set) | 20.19 | 25.53 | 18.56 | 15.16 | 9.13 | 8.94 | 5.06 |
| 十二、移动电话（部） | Mobile Telephone (set) | 237.77 | 252.26 | 261.97 | 274.12 | 284.27 | 294.45 | 295.16 |
| 十三、计算机（台） | Computer (set) | 13.96 | 17.42 | 17.15 | 20.24 | 21.79 | 19.97 | 22.77 |
| 十四、照相机（架） | Camera (set) | 2.70 | 2.95 | 1.78 | 1.21 | 1.23 | 0.89 | 0.86 |

# 6—22 主要年份农村居民人均第一产业生产经营收支情况

## Production and Management Income and Expenditure Conditions of Per Capita Primary Industry of Rural Households in Main Years

单位：元 (yuan)

| 项　目 | Item | 2013 | 2014 | 2015 | 2016 | 2017 | 2018 | 2019 |
|---|---|---|---|---|---|---|---|---|
| 第一产业经营收入 | Operating Income of Primary industry | 5505 | 6072 | 6078 | 6706 | 7289 | 7232 | 7430 |
| 一、农业 | Farming | 3244 | 3543 | 3551 | 3706 | 3798 | 4092 | 4379 |
| 二、林业 | Forestry | 376 | 435 | 450 | 594 | 599 | 638 | 771 |
| 三、牧业 | Animal Husbandry | 1747 | 1927 | 1828 | 2152 | 2562 | 2184 | 2029 |
| 四、渔业 | Fishery | 117 | 167 | 249 | 254 | 330 | 318 | 251 |
| 第一产业现金经营收入 | Operating Cash Income of Primary industry | 4413 | 4482 | 4721 | 5498 | 6091 | 6187 | 6175 |
| 一、农业 | Farming | 2455 | 2389 | 2503 | 2795 | 2919 | 3289 | 3545 |
| 二、林业 | Forestry | 246 | 261 | 374 | 554 | 551 | 578 | 627 |
| 三、牧业 | Animal Husbandry | 1590 | 1675 | 1605 | 1908 | 2307 | 2015 | 1768 |
| 四、渔业 | Fishery | 111 | 157 | 239 | 241 | 314 | 305 | 235 |
| 第一产业经营费用支出 | Operating Expenditures of Primary industry | 2226 | 2606 | 2413 | 2745 | 3124 | 3092 | 3222 |
| 一、农业 | Farming | 1059 | 1241 | 1139 | 1178 | 1262 | 1542 | 1856 |
| 二、林业 | Forestry | 79 | 108 | 123 | 220 | 163 | 120 | 143 |
| 三、牧业 | Animal Husbandry | 1006 | 1167 | 1035 | 1253 | 1586 | 1289 | 1132 |
| 四、渔业 | Fishery | 50 | 90 | 116 | 94 | 113 | 141 | 91 |
| 第一产业经营现金费用支出 | Operating Cash Expenditures of Primary industry | 2087 | 2435 | 2223 | 2552 | 2887 | 2848 | 3041 |
| 一、农业 | Farming | 1041 | 1182 | 1056 | 1103 | 1179 | 1472 | 1806 |
| 二、林业 | Forestry | 79 | 108 | 123 | 220 | 163 | 120 | 142 |
| 三、牧业 | Animal Husbandry | 906 | 1055 | 927 | 1134 | 1432 | 1115 | 1003 |
| 四、渔业 | Fishery | 50 | 90 | 116 | 94 | 113 | 141 | 90 |

# 6—23 主要年份农村居民人均可支配收入五等份收入分组

## Per Capita Disposable Income of Rural Households by Income Quintile in Main Years

| 年 份 | Year | 低收入户（20%） Low Income Households | 中等偏下户（20%） Lower Middle Income Households | 中等收入户（20%） Middle Income Households | 中等偏上户（20%） Upper Middle Income Households | 高收入户（20%） High Income Households |
|---|---|---|---|---|---|---|
| 农村居民人均可支配收入（元） | Per Capita Disposable Income of Rural Households (yuan) | | | | | |
| | 2013 | 3245 | 5477 | 7392 | 9857 | 15121 |
| | 2014 | 3252 | 5835 | 7911 | 10647 | 18307 |
| | 2015 | 4016 | 6566 | 8922 | 12183 | 21396 |
| | 2016 | 5001 | 6990 | 9547 | 13420 | 24606 |
| | 2017 | 5670 | 7546 | 10504 | 14699 | 25972 |
| | 2018 | 6318 | 8291 | 11525 | 16464 | 27983 |
| | 2019 | 6866 | 9258 | 12818 | 17466 | 30118 |

## 6—24　各市城镇居民人均可支配收入和农村居民可支配收入

## Per Capita Disposable Income of Urban and Rural Households by City

单位：元　　　　(yuan)

| 地区 Region | | 城乡居民人均可支配收入 Per Capita Disposable Income of Urban and Rural Households | | | | | 城镇居民人均可支配收入 Per Capita Disposable Income of Urban Households | | | | | | 农村居民人均可支配收入 Per Capita Disposable Income of Rural Households | | | | | |
|---|---|---|---|---|---|---|---|---|---|---|---|---|---|---|---|---|---|---|
| | | 2015年 | 2016年 | 2017年 | 2018年 | 2019年 | 2014年 | 2015年 | 2016年 | 2017年 | 2018年 | 2019年 | 2014年 | 2015年 | 2016年 | 2017年 | 2018年 | 2019年 |
| 南宁市 | Nanning | 20990 | 22862 | 24984 | 26798 | 28929 | 26540 | 28531 | 30728 | 33217 | 35276 | 37675 | 9489 | 10409 | 11398 | 12515 | 13654 | 15047 |
| 柳州市 | Liuzhou | 21152 | 23009 | 25075 | 27041 | 29209 | 26193 | 28184 | 30270 | 32661 | 34849 | 37358 | 9221 | 10125 | 11107 | 12151 | 13451 | 14715 |
| 桂林市 | Guilin | 18840 | 20543 | 22480 | 24289 | 26381 | 26189 | 28101 | 30124 | 32534 | 34649 | 37178 | 10090 | 11089 | 12176 | 13345 | 14626 | 16045 |
| 梧州市 | Wuzhou | 17260 | 18657 | 20330 | 21936 | 23827 | 23944 | 25548 | 27260 | 29359 | 31209 | 33518 | 8592 | 9322 | 10142 | 11085 | 12238 | 13474 |
| 北海市 | Beihai | 19822 | 21467 | 23536 | 25374 | 27684 | 25618 | 27514 | 29412 | 31912 | 33954 | 36602 | 9719 | 10623 | 11622 | 12749 | 13998 | 15510 |
| 防城港市 | Fangchenggang | 19959 | 21841 | 23916 | 25824 | 27679 | 25727 | 27579 | 29758 | 32079 | 34325 | 36385 | 10038 | 10992 | 12113 | 13373 | 14617 | 15962 |
| 钦州市 | Qinzhou | 16282 | 17765 | 19215 | 20749 | 22556 | 25501 | 27363 | 29360 | 31415 | 33488 | 35732 | 9172 | 10016 | 10947 | 11801 | 12816 | 14149 |
| 贵港市 | Guigang | 17093 | 18642 | 20344 | 21894 | 23930 | 23252 | 24880 | 26771 | 28806 | 30506 | 32916 | 9624 | 10558 | 11572 | 12544 | 13786 | 15289 |
| 玉林市 | Yulin | 19012 | 20726 | 22371 | 24041 | 25882 | 25984 | 28089 | 30083 | 32159 | 33960 | 36133 | 10320 | 11404 | 12590 | 13597 | 14984 | 16348 |
| 百色市 | Baise | 13884 | 15340 | 16841 | 18065 | 19669 | 23359 | 25041 | 26919 | 29126 | 30611 | 32784 | 7677 | 8452 | 9348 | 10171 | 11086 | 12195 |
| 贺州市 | Hezhou | 15639 | 16940 | 18590 | 20160 | 21975 | 23613 | 25219 | 26883 | 28899 | 30864 | 33179 | 8033 | 8820 | 9552 | 10498 | 11548 | 12737 |
| 河池市 | Hechi | 12033 | 13175 | 14529 | 15865 | 17379 | 20880 | 22237 | 23660 | 25647 | 27468 | 29665 | 6432 | 6927 | 7509 | 8260 | 9177 | 10141 |
| 来宾市 | Laibin | 16132 | 17607 | 19269 | 20844 | 22498 | 25391 | 27067 | 28962 | 31047 | 32910 | 34950 | 8319 | 8993 | 9820 | 10674 | 11752 | 12810 |
| 崇左市 | Chongzuo | 14474 | 15897 | 17541 | 19140 | 20967 | 23152 | 24634 | 26605 | 28813 | 30916 | 33297 | 8273 | 8918 | 9801 | 10860 | 12000 | 13320 |

## 主要统计指标解释

**住户** 指居住在一个住宅内，共同分享生活开支或收入的一群人。居住在同一房间内、不共同分享生活开支的人群，每个人都视为一个住户。住家保姆、住家家庭帮工视为单独的住户。

**常住居民** 指住户成员中，经常在家居住、或者调查期内居住时间超过一半的人员，以及本住户供养的学生。常住居民是住户收支的调查对象。

**居民人均可支配收入** 指居民可用于最终消费支出和储蓄的总和，即居民可用于自由支配的收入，既包括现金收入，也包括实物收入。按照收入的来源，可支配收入包含四项，分别为：工资性收入、经营净收入、财产净收入、转移净收入。

**工资性收入** 指就业人员通过各种途径得到的全部劳动报酬和各种福利，包括受雇于单位或个人、从事各种自由职业、兼职和零星劳动得到的全部劳动报酬和福利。

**经营净收入** 指住户或住户成员从事生产经营活动所获得的净收入，是全部经营收入中扣除经营费用、生产性固定资产折旧和生产税净额（生产税减去生产补贴）之后得到的净收入。计算公式具体为：

经营净收入=经营收入—经营费用—生产性固定资产折旧—生产税净额（生产税—生产补贴）

**财产净收入** 指住户或住户成员将其所拥有的金融资产和自然资源交由其他机构单位、住户或个人支配而获得的回报并扣除相关的费用之后得到的净收入。计算公式为：

财产净收入＝财产性收入—财产性支出

**转移净收入** 指国家、单位、社会团体对住户的各种经常性转移支付和住户之间的经常性收入转移。包括政府、非行政事业单位、社会团体对居民转移的养老金或退休金、社会救济和补助、政策性生活补贴、救灾款、经常性捐赠和赔偿以及报销医疗费等；住户之间的赡养收入、经常性捐赠和赔偿以及农村地区（村委会）在外（含国外）工作的本住户非常住成员寄回带回的收入等。计算公式为：转移净收入=转移性收入—转移性支出

**居民收入五等份分组** 指将所有调查户按人均收入水平从低到高顺序排列，平均分为五个等份，处于最高20%的收入群体为高收入组，依此类推依次为中高收入组、中等收入组、中低收入组、低收入组。

**居民人均生活消费支出** 指居民用于满足家庭日常生活消费需要的全部支出，既包括现金消费支出，也包括实物消费支出。根据用途不同，消费支出可划分为食品烟酒、衣着、居住、生活用品及服务、交通通信、教育文化娱乐、医疗保健、其他用品及服务八大类。

## Explanatory Notes on Main Statistical Indicators

**Household** refers to a group of people living in the same residence, sharing the living expenses or incomes together. If the group of people living in the same residence, but not sharing the living expenses or incomes together, then each people in this group is count as one household. The live-in caregiver or live-in journeyman is count as one simply household.

**Permanent Resident** refers to the personnel living at home permanently or more than a half survey period in a household, and the students provided by this household. The permanent residents are the objects of the household income and expenses survey.

**Disposable Income of Households** refers to the income of households for purpose of final expenditure and savings, namely the income can be arranged freely by household, which includes the incomes in cash and in kind. By sources of income, the disposable income includes four categories: income of wages and salaries, net business income, property net income and net income from transfer.

**Income of Wages and Salaries** refers to the total labor reward and various welfares earned by employment in various ways, including the total labor reward and welfares earned by being employed by institutions or individuals, working freelance, working part-time jobs and odd jobs.

**Net Business Income** refers to the net income earned by household or member of household with business working, and it is the net income gained after deducting the operating costs, productive depreciation of fixed assets and net amount of productive taxes (deducting productive subsidy from productive taxes) from the total operating income. Its calculating formulation is:

Net Business Income = Total Operating Income−Operating Costs−Productive Depreciation of Fixed Assets−Net Amount of Productive Taxes (Productive Taxes−Productive Subsidy)

**Property Net Income** refers to the net income after deducting the relevant costs from the return, which is gained through organizing the financial assets and natural assets owned by the household or member of household by other institutions, households or individuals. Its calculating formulation is:

Property Net Income = Property Income − Property Expenses

**Net Income from Transfer** refers to the various usually transferring of incomes from nation, units, and social groups to household and between households. It includes the pension or retirement pay from governments, non-administrative institutions and social groups to household, social relieves and subsidy, policy subsidy for livelihood, relief money, regularly donations, compensations and applies for medical fee, etc. It also includes the supporting income, regularly donations and compensations between households, and the income sent back or brought back by the non-permanent member of the household working out of the rural area (village committee) or overseas. Its calculating formulation is:

Net Income from Transfer = Transfer Income − Transfer Expenses

**Five Equal Divides of Residents' Income** refers to equally divide the total survey households into 5 groups according to the capita income degrees, and rank them from low to high. The group whose income in the highest 20% is called high income households, and by analogy are the upper middle income households, middle income households, lower middle income households, and low income households.

**Per Capita Consumption Expenditure for Livelihood of Household** refers to the total expenses meeting the households' needs of daily livelihood consumption, including the consumption expenses in cash and in kind. According to the use, consumption expenses can be divided into 8 broad categories: food, alcohol and tobacco, clothing, residence, daily necessities and services, transportation and communication, education, cultural and recreation services, medical appliances and articles and other supplies and services.

第七篇

# 财政、金融和保险

## FINANCE，BANKING AND INSURANCE

（编辑：黄浩洲）

# 简要说明

（本篇资料由自治区统计局综合处整理，电话：0771-5848296）

**一、本篇资料主要内容及来源**

（一）一般公共预算收支总额及指数、主要年份财政分项目收入及支出（广西壮族自治区财政厅）。

（二）主要年份金融机构期末存贷款情况、当年全社会金融机构信贷收支平衡表（中国人民银行南宁中心支行）。

（三）主要年份保险业务（中国保险监督管理委员会广西监管局）。

# 7—1　一般公共预算收支总额及指数（1978—2019年）

## Total Volume and Index of Public Budget Revenue and Expenditure （1978—2019）

单位：万元　　(10 000 yuan)

| 年份 Year | 一般公共预算收入 Public Budget Reveue | 一般公共预算支出 Public Budget Expenditure | 收支差额 Revenue and Expenditure Balance | 指数（以上年为100） Index（preceding year =100） | |
|---|---|---|---|---|---|
| | | | | 一般公共预算收入 Public Budget Revenue | 一般公共预算支出 Public Budget Expenditure |
| 1978 | 149029 | 207838 | -58809 | 123.4 | 143.2 |
| 1979 | 123898 | 205987 | -82089 | 83.1 | 99.1 |
| 1980 | 125791 | 174440 | -48649 | 101.5 | 84.7 |
| 1981 | 130329 | 160412 | -30083 | 103.6 | 92.0 |
| 1982 | 133183 | 174422 | -41239 | 102.2 | 108.7 |
| 1983 | 138862 | 188416 | -49554 | 104.3 | 108.0 |
| 1984 | 137567 | 230558 | -92991 | 99.1 | 122.4 |
| 1985 | 201773 | 297485 | -95712 | 146.7 | 129.0 |
| 1986 | 252306 | 422199 | -169893 | 125.0 | 141.9 |
| 1987 | 305368 | 476958 | -171590 | 121.0 | 113.0 |
| 1988 | 338871 | 532723 | -193852 | 111.0 | 111.7 |
| 1989 | 414130 | 577433 | -163303 | 122.2 | 108.4 |
| 1990 | 468305 | 650005 | -181700 | 113.1 | 112.6 |
| 1991 | 559225 | 716089 | -156864 | 119.4 | 110.2 |
| 1992 | 611953 | 784754 | -172801 | 109.4 | 109.6 |
| 1993 | 959269 | 1074853 | -115584 | 156.8 | 137.0 |
| 1994 | 622617 | 1249283 | -626666 | 64.9 | 116.2 |
| 1995 | 794422 | 1405892 | -611470 | 127.6 | 112.5 |
| 1996 | 905102 | 1570121 | -665019 | 113.9 | 111.7 |
| 1997 | 991568 | 1708345 | -716777 | 109.6 | 108.8 |
| 1998 | 1196720 | 1983609 | -786889 | 120.7 | 116.1 |
| 1999 | 1335647 | 2249775 | -914128 | 111.6 | 113.4 |
| 2000 | 1470539 | 2584866 | -1114327 | 110.1 | 114.9 |
| 2001 | 1786706 | 3516498 | -1729792 | 121.5 | 136.0 |
| 2002 | 1867320 | 4198575 | -2331255 | 104.5 | 119.4 |
| 2003 | 2036578 | 4436023 | -2399445 | 109.1 | 105.7 |
| 2004 | 2377721 | 5074721 | -2697000 | 116.8 | 114.4 |
| 2005 | 2830359 | 6114806 | -3284447 | 119.0 | 120.5 |
| 2006 | 3425788 | 7295172 | -3869384 | 121.0 | 119.3 |
| 2007 | 4188265 | 9859433 | -5671168 | 122.3 | 135.2 |
| 2008 | 5184245 | 12971100 | -7786855 | 123.8 | 131.6 |
| 2009 | 6209888 | 16218218 | -10008330 | 119.8 | 125.0 |
| 2010 | 7719918 | 20075907 | -12355989 | 124.3 | 123.8 |
| 2011 | 9477209 | 25452778 | -15975569 | 122.8 | 126.8 |
| 2012 | 11660614 | 29852261 | -18191647 | 123.0 | 117.3 |
| 2013 | 13176035 | 32086656 | -18910621 | 113.0 | 107.5 |
| 2014 | 14222803 | 34797922 | -20575119 | 107.9 | 108.4 |
| 2015 | 15151562 | 40655144 | -25503582 | 106.5 | 116.8 |
| 2016 | 15562677 | 44417035 | -28854358 | 102.7 | 109.3 |
| 2017 | 16151273 | 49085507 | -32934234 | 103.8 | 110.5 |
| 2018 | 16814466 | 53107410 | -36292944 | 104.1 | 108.2 |
| 2019 | 18118934 | 58509609 | -40390675 | 107.8 | 110.2 |

说明：本表中一般公共预算收入和一般公共预算支出2010年以前为地方财政收入和地方财政支出。

Note: The indicator of "Public Revenue" and "Public Budget Expanditure" refer to Local Financial Revenue and Local Financial Expenditure Before 2010.

# 7—2 主要年份财政分项目收入

单位：万元

| 指 标 | Item | 2007 | 2008 | 2009 | 2010 |
|---|---|---|---|---|---|
| 组织财政收入 | Total Financial Revenue | 7038810 | 8433036 | 9668808 | 12286122 |
| #上划中央收入 | Revenue to the Central Government | 2850545 | 3248791 | 3458920 | 4566204 |
| 一般公共预算收入 | Public Budget Revenue | 4188265 | 5184245 | 6209888 | 7719918 |
| 税收收入 | Total Tax Revenue | 2826809 | 3464935 | 4176820 | 5338656 |
| 增值税 | Value-Added Tax | 588429 | 658507 | 650089 | 774782 |
| 营业税 | Business Tax | 1031216 | 1219700 | 1548621 | 2074387 |
| 企业所得税 | Enterprises Income Tax | 300304 | 372285 | 360607 | 589533 |
| 个人所得税 | Individual Income Tax | 192112 | 194782 | 200448 | 258422 |
| 资源税 | Resource Tax | 31740 | 41411 | 53448 | 69713 |
| 城市维护建设税 | City Maintenance and Construction Tax | 185412 | 217927 | 240827 | 296697 |
| 房产税 | House Property Tax | 86254 | 102785 | 113070 | 116542 |
| 印花税 | Stamp Tax | 26670 | 43831 | 53965 | 70265 |
| 城镇土地使用税 | Urban Land Use Tax | 39211 | 85333 | 94409 | 95713 |
| 土地增值税 | Land Appreciation Tax | 105211 | 157758 | 151990 | 222740 |
| 车船税 | Tax on Vehicles and Boat Operation | 8734 | 19452 | 32987 | 43253 |
| 耕地占用税 | Farm Land Occupation Tax | 39951 | 131219 | 336245 | 309510 |
| 契税 | Deed Tax | 184189 | 212325 | 330283 | 411765 |
| 烟叶税 | Tobacco Leaf Tax | 6703 | 7574 | 9798 | 5670 |
| 环境保护税 | Environment Protection Tax | | | | |
| 其他税收收入 | Other Tax Revenue | 139 | 168 | 35 | |
| 非税收入 | Total Non-tax Revenue | 1361456 | 1719310 | 2033068 | 2381262 |
| 专项收入 | Special Program Receipts | 163642 | 220854 | 180871 | 226704 |
| 行政事业性收费收入 | Charge of Administrative and Institutional Units | 404737 | 615911 | 593492 | 650728 |
| 罚没收入 | Penalty Receipts | 229299 | 251511 | 243914 | 312924 |
| 国有资本经营收入 | Government Capital Operating Income | 372212 | 404895 | 593341 | 661566 |
| 国有资源（资产）有偿使用收入 | Use of Stated-owned Resources Income | 141731 | 133138 | 265671 | 358740 |
| 其他收入 | Other Non-tax Receipts | 49835 | 93001 | 155779 | 170600 |

注：1.上划中央收入包括上划中央的增值税、消费税、企业所得税、个人所得税、成品油价格和税费改革城市维护建设税划入及成品油价格和税费改革教育费附加收入等。

2.“非税收入”下“其他收入”包括捐赠收入、政府住房基金收入、其他收入（款）等。

Note: 1. Revenue to the Central Government includes value-added tax, consumption tax, enterprises income tax, individual income tax, tax on refined petroleum price, tax on tax and fees reformed urban maintainance and establishment, tax on added refined petroleum price and value-added of tax and fees reformed education expenses.

2.Under total non-tax revenue, other non-tax receipts include donation income, governmental housing fund income and other incomes, etc.

# Local Government Revenue by Items in Main Years

(10 000 yuan)

| 2011 | 2012 | 2013 | 2014 | 2015 | 2016 | 2017 | 2018 | 2019 |
|---|---|---|---|---|---|---|---|---|
| 15422300 | 18101386 | 20012643 | 21625355 | 23330330 | 24540771 | 26043209 | 27903173 | 29692233 |
| 5945091 | 6440772 | 6836608 | 7402552 | 8178768 | 8978094 | 9891936 | 11088707 | 11573299 |
| 9477209 | 11660614 | 13176035 | 14222803 | 15151562 | 15562677 | 16151273 | 16814466 | 18118934 |
| 6448003 | 7624567 | 8757432 | 9780659 | 10316473 | 10362194 | 10576905 | 11220870 | 11467823 |
| 861253 | 848105 | 987547 | 1264512 | 1399850 | 2854605 | 4289926 | 4677376 | 4978566 |
| 2407465 | 2623212 | 3041956 | 3212611 | 3219044 | 1560017 | | | |
| 856453 | 859532 | 940375 | 1093533 | 1097392 | 1170262 | 1277460 | 1512423 | 1678853 |
| 294069 | 241900 | 277433 | 302214 | 347596 | 401563 | 501884 | 608237 | 385634 |
| 85553 | 101929 | 119681 | 171015 | 180612 | 172170 | 167753 | 166851 | 166389 |
| 405098 | 420483 | 495948 | 531407 | 635556 | 611496 | 682807 | 735014 | 758724 |
| 142581 | 173472 | 211833 | 235635 | 275218 | 307071 | 326690 | 331671 | 500633 |
| 81757 | 100136 | 116984 | 139617 | 142669 | 142017 | 191137 | 212241 | 234534 |
| 118644 | 128883 | 159986 | 234488 | 260456 | 261403 | 311135 | 266135 | 251568 |
| 339912 | 593007 | 651611 | 683037 | 570897 | 625848 | 727915 | 846525 | 950580 |
| 54222 | 74962 | 90121 | 105881 | 124882 | 146200 | 172217 | 187407 | 206972 |
| 339006 | 906846 | 917856 | 1041784 | 1282505 | 1220729 | 904305 | 411623 | 384375 |
| 453475 | 540723 | 731220 | 752373 | 771470 | 880330 | 1013488 | 1229226 | 918373 |
| 8525 | 11377 | 14881 | 12552 | 8326 | 8483 | 10188 | 8008 | 6526 |
| | | | | | | | 28133 | 38801 |
| | | | | | | 0 | 0 | 7295 |
| 3029206 | 4036047 | 4418603 | 4442144 | 4835089 | 5200483 | 5574368 | 5593596 | 6651111 |
| 303745 | 314887 | 407379 | 429901 | 1273125 | 1201637 | 1347960 | 1379025 | 1306557 |
| 956031 | 1214518 | 1202154 | 1140393 | 978068 | 1051235 | 971369 | 894727 | 924108 |
| 297410 | 381689 | 381520 | 352951 | 400054 | 409964 | 450768 | 550860 | 684268 |
| 756247 | 991353 | 966988 | 1038912 | 882447 | 857632 | 690621 | 560521 | 454963 |
| 531203 | 833992 | 1163824 | 1067260 | 965871 | 1150319 | 1616865 | 1651521 | 2836298 |
| 184570 | 299608 | 296738 | 412727 | 335524 | 529696 | 496785 | 556942 | 444917 |

# 7—3 主要年份财政分项目支出

单位：万元

| 指　标 | Item | 2007 | 2008 | 2009 |
|---|---|---|---|---|
| 一般公共预算支出 | Public Budget Expenditure | 9859433 | 12971100 | 16218218 |
| 一般公共服务 | General Public Services | 1933693 | 2245366 | 2370751 |
| 外交 | Foreign Affairs | 82 | | |
| 国防 | National Defense | 34323 | 31057 | 51815 |
| 公共安全 | Public Security | 824496 | 956563 | 1077044 |
| 教育 | Education | 1893837 | 2512210 | 2965980 |
| #普通教育 | Regular Education | 1543495 | 2074491 | 2390167 |
| 职业教育 | Vocational Education | 157548 | 225549 | 334877 |
| 科学技术 | Science and Technology | 131873 | 162149 | 180741 |
| #应用研究 | Application Research | 22223 | 23349 | 30712 |
| 技术研究与开发 | Technological Research and Development | 44628 | 66849 | 70661 |
| 科学技术普及 | Popularization of Science and Technology | 10766 | 14592 | 11115 |
| 文化、旅游、体育与传媒 | Culture，Tourism，Sport and Media | 214101 | 292467 | 292731 |
| 社会保障和就业 | Social Security and Employment | 1106700 | 1289769 | 2036887 |
| #财政对基本养老保险基金的补助 | Subsidy of Finance to the Fund of Social Security | 198138 | 142628 | 432047 |
| 财政对其他社会保险基金的补助 | Subsidy of Finance to the Fund of others Social Security | | | |
| 行政事业单位离退休 | Retire of Administrative Department | 399340 | 458704 | 512987 |
| 最低生活保障 | Minimum Subsistence Allowances | | | |
| #城市居民最低生活保障 | Lowest Cost-of-Living of Citizens in Urban Area | 59818 | 97871 | 116540 |
| 农村最低生活保障 | Lowest Cost-of-Living of Peasants in Rural Area | 12753 | 84622 | 144463 |
| 卫生健康 | Medical and Health Care and Family Planning | 507547 | 787683 | 1161466 |
| 节能环保支出 | Energy Conservation and Environment Protection | 135469 | 279740 | 499221 |
| #污染防治 | Pollution Prevention and Treatment | 39033 | 106564 | 161690 |
| 退耕还林 | Returning Land for Farming to Forestry | 71327 | 79393 | 118652 |
| 城乡社区支出 | Community Affair in Urban and Rural Area | 586447 | 723033 | 1040811 |
| 农林水支出 | Expenditure of Agriculture，Forestry and Water Resources | 898179 | 1393970 | 2107419 |
| #农业 | Agriculture | 404699 | 640248 | 1135962 |
| 扶贫 | Poverty Alleviation | 130868 | 174651 | 171991 |
| 交通运输 | Transportation | 412666 | 584781 | 815499 |
| 其他支出（类） | Other Expenditures | 462058 | 645738 | 552905 |

注：1.财政对基本养老保险基金的补助，2017年前该指标及数据为“财政对社会保险基金的补助”，与2018年后不可比较。
2.原“文化、体育与传媒”指标从2019年起调整为“文化、旅游、体育与传媒”，与往年不可比。
3.原“医疗卫生与计划生育”指标自2019年起调整为“卫生健康”，与往年不可比。

# Local Government Expenditure by Items in Main Years

(10 000 yuan)

| 2010 | 2011 | 2012 | 2013 | 2014 | 2015 | 2016 | 2017 | 2018 | 2019 |
|---|---|---|---|---|---|---|---|---|---|
| 20075907 | 25452778 | 29852261 | 32086656 | 34797922 | 40655144 | 44417035 | 49085507 | 53107410 | 58509609 |
| 2687583 | 3221799 | 3863708 | 4131959 | 4059911 | 3952989 | 4507770 | 4553497 | 5272465 | 5923605 |
| | | | | | 4569 | 1103 | 107 | -135 | 25 |
| 72561 | 82131 | 76619 | 79199 | 99268 | 98706 | 90216 | 87757 | 82208 | 90830 |
| 1251395 | 1394382 | 1523891 | 1788149 | 1922172 | 2205544 | 2632819 | 2831720 | 3133761 | 3121799 |
| 3668362 | 4568882 | 5892383 | 6099303 | 6605347 | 7896904 | 8545468 | 9202033 | 9332207 | 10145198 |
| 2982905 | 3719736 | 4887114 | 5022462 | 5578061 | 6498328 | 7012212 | 7558151 | 7758862 | 8370338 |
| 349163 | 355561 | 406955 | 424441 | 473987 | 789090 | 784253 | 862985 | 808957 | 917548 |
| 216554 | 282470 | 428120 | 543579 | 599250 | 496321 | 451977 | 600392 | 644335 | 723268 |
| 31212 | 32775 | 39412 | 55164 | 50772 | 65724 | 59836 | 57799 | 59145 | 62699 |
| 89541 | 126866 | 263396 | 354225 | 414686 | 266765 | 231450 | 338843 | 373275 | 303765 |
| 12345 | 13656 | 16724 | 18462 | 19347 | 27401 | 23707 | 24509 | 26209 | 29306 |
| 327718 | 374814 | 455212 | 498502 | 685192 | 790041 | 710815 | 643565 | 635936 | 763287 |
| 2170733 | 2506400 | 2823276 | 3481154 | 3871792 | 4606296 | 5389523 | 6786517 | 7697002 | 8167574 |
| 446204 | 687335 | 988788 | 1265318 | 1417965 | 1882014 | 2094332 | | 2530358 | 2524988 |
| | | | | | | | | 18070 | 10741 |
| 577000 | 530725 | 483010 | 588726 | 709171 | 876652 | 1218638 | 2081257 | 2787202 | 2842839 |
| | | | | | | | | 521578 | 586940 |
| 129143 | 158387 | 137102 | 146328 | 139813 | 133889 | 148491 | 83568 | 85981 | 83446 |
| 254607 | 353717 | 309049 | 408039 | 408318 | 417310 | 472009 | 452122 | 435597 | 503494 |
| 1654911 | 2328800 | 2531744 | 2856114 | 3553263 | 4138687 | 4681866 | 5123130 | 5465216 | 5652862 |
| 639887 | 538979 | 600090 | 642258 | 839981 | 986801 | 906993 | 851119 | 794489 | 998405 |
| 181610 | 113020 | 146243 | 145133 | 155892 | 179542 | 241227 | 272591 | 230514 | 373088 |
| 123239 | 98495 | 94228 | 91273 | 78883 | 86536 | 66376 | 55834 | 35643 | 28400 |
| 1038717 | 1187324 | 1620715 | 2123282 | 2693394 | 3175179 | 3649854 | 5296946 | 6488388 | 8350912 |
| 2602616 | 3148555 | 3690650 | 3718964 | 3912868 | 4975252 | 5734793 | 6468687 | 6565799 | 7472063 |
| 1233650 | 1099138 | 1347723 | 1356624 | 1397472 | 1642166 | 1669941 | 1564502 | 1489377 | 1562341 |
| 182179 | 200648 | 270335 | 302349 | 367640 | 590863 | 1570837 | 2403265 | 2740156 | 3210432 |
| 937145 | 2489779 | 2427442 | 2389886 | 2049153 | 2378280 | 2171215 | 2440922 | 2820316 | 2194908 |
| 640716 | 395567 | 451465 | 517669 | 393346 | 267313 | 265715 | 84927 | 99067 | 11391 |

# 7—4 金融机构存贷款情况（期末余额，2005—2019年）
# Deposits and Loans of Financial Institutions （Year-end， 2005—2019）

单位：亿元 (100 million yuan)

| 年份<br>Year | 本外币存款<br>Deposits in RMB and Foreign Currencies | 本外币贷款<br>Loans in RMB and Foreign Currencies |
|---|---|---|
| 2005 | 4262.30 | 3104.60 |
| 2006 | 5029.47 | 3636.90 |
| 2007 | 5801.04 | 4331.03 |
| 2008 | 7075.02 | 5110.06 |
| 2009 | 9638.89 | 7360.43 |
| 2010 | 11813.90 | 8979.87 |
| 2011 | 13527.97 | 10646.43 |
| 2012 | 15966.65 | 12355.52 |
| 2013 | 18400.48 | 14081.01 |
| 2014 | 20298.54 | 16070.95 |
| 2015 | 22793.54 | 18119.30 |
| 2016 | 25477.80 | 20640.54 |
| 2017 | 27899.64 | 23226.14 |
| 2018 | 29789.78 | 26688.31 |
| 2019 | 31646.01 | 30497.39 |

# 7—5　2019年全社会金融机构本外币信贷收支平衡表（期末余额）

## Balance Sheet of Credit Funds in RMB and Foreign Currencies of Total Financial Institutions in 2019 （Year-end）

单位：亿元　　(100 million yuan)

| 资金来源项目 | Sources of Capital | 余额 Balance | 比年初增加 Increase Compared to the Beginning of the Year |
|---|---|---|---|
| 一、各项存款 | Total Deposits | 31646.01 | 1883.22 |
| （一）境内存款 | Domestic Deposits | 31601.34 | 1887.59 |
| 1.住户存款 | Household Deposits | 16988.67 | 1644.46 |
| （1）活期存款 | Current Deposits | 8671.54 | 707.30 |
| （2）定期及其他存款 | Fixed Deposits and Others | 8317.13 | 937.17 |
| 2.非金融企业存款 | Non-financial Enterprises Deposits | 8102.54 | -15.24 |
| （1）活期存款 | Current Deposits | 4595.69 | -452.65 |
| （2）定期及其他存款 | Fixed deposits & Others | 3506.84 | 437.41 |
| 3.机关团体存款 | Organization Financial Deposits | 5271.58 | 225.13 |
| 4.财政性存款 | Financial Deposits | 520.89 | 32.52 |
| 5.非银行业金融机构存款 | Non-banking Financial Institution Financial Deposits | 717.67 | 0.72 |
| （二）境外存款 | Overseas Deposits | 44.66 | -4.37 |
| 二、金融债券 | Financial Bonds | 146.93 | 100.00 |
| 其中：境外发行 | Overseas Issue | | |
| 三、卖出回购资产 | Financial Assets Sold for Repurchase | 2.74 | -14.60 |
| 四、借款及非银行业金融机构拆入 | Borrowing and Loans from Non-banking Financial Institutions | 23.09 | 3.67 |
| 五、联行往来（净） | Interbank Transactions （net） | 1601.50 | 1601.50 |
| 六、应付及暂收款 | Accounts Payable and Receivable | 542.39 | 22.46 |
| 七、各项准备 | Other Reserve Funds | 780.78 | 53.89 |
| 八、所有者权益 | Creditor' s Equity | 1651.43 | 185.92 |
| #实收资本 | Paid-in Capital | 467.93 | 58.03 |
| 九、其他 | Others | -2055.77 | 20.18 |
| 资金来源总计 | Total Capital Sources | 34339.09 | 3856.25 |

## 7—5 续表（continued）

单位：亿元 （100 million yuan）

| 资金运用项目 | Application of Funds | 余额 Balance | 比年初增加 Increase Compared to the Beginning of the Year |
|---|---|---|---|
| 一、各项贷款 | Total Deposits | 30497.39 | 3691.24 |
| （一）境内贷款 | Domestic Loans | 30107.15 | 3690.35 |
| 1. 住户贷款 | Household Loans | 12232.91 | 1705.86 |
| （1）短期贷款 | Short-term Loans | 1603.36 | 129.82 |
| 消费贷款 | Consumption Loans | 973.28 | 110.66 |
| 经营贷款 | Operating Loans | 630.08 | 19.16 |
| （2）中长期贷款 | Medium and Long-term Loans | 10629.55 | 1576.04 |
| 消费贷款 | Consumption Loans | 8676.16 | 1540.86 |
| 经营贷款 | Operating Loans | 1953.38 | 35.18 |
| 2. 非金融企业及机关团体贷款 | Non-financial Enterprises and Organizations Loans | 17874.24 | 1984.48 |
| （1）短期贷款 | Short-term Loans | 4106.27 | 372.57 |
| （2）中长期贷款 | Medium and Long-term Loans | 12679.25 | 1448.57 |
| （3）票据融资 | Bill Financing | 1030.31 | 181.76 |
| （4）融资租赁 | Finance Lease | 32.39 | -7.51 |
| （5）各项垫款 | Advance Money | 26.02 | -10.89 |
| 3. 非银行业金融机构贷款 | Non-banking Financial Institution Financial Loans | | |
| （二）境外贷款 | Overseas Loans | 390.24 | 0.90 |
| 二、债券投资 | Investment in Bonds | 1608.12 | 361.49 |
| 其中：境外债券 | Overseas Bonds | | |
| 三、股权及其他投资 | Stock Rights and Other Investments | 1452.12 | -134.05 |
| 四、买入返售资产 | Buying Back Assets | 257.70 | 213.73 |
| 五、存放非银行业金融机构款项 | Deposits of Non-banking Financial Institutions | 21.74 | 7.41 |
| 六、联行往来（净） | Interbank Transactions (net) | | -280.22 |
| 其中：境内存放二级准备金 | Domestic Deposits of Secondary Reserves | 416.90 | -65.58 |
| 七、金银占款 | Funds Outstanding for Gold and Silver | | |
| 八、中央银行外汇占款 | Funds Outstanding for Foreign Exchange | | |
| 九、应收及预付款 | Accounts Payable and Suspense Credit | 231.54 | -17.62 |
| 十、投资性房地产 | Investment Real Estate | 2.65 | -0.01 |
| 十一、固定资产 | Fixed Assets | 267.83 | 14.28 |
| 资金运用总计 | Total Assets | 34339.09 | 0050.25 |

# 7—6 2019年全社会金融机构人民币信贷收支平衡表（期末余额）
## Balance Sheet of Credit Funds in RMB of Total Financial Institutions in 2019 （Year-end）

单位：亿元 （100 million yuan）

| 资金来源项目 | Sources of Capital | 余额 Balance | 比年初增加 Increase Compared to the Beginning of the Year |
|---|---|---|---|
| 一、各项存款 | Total Deposits | 31504.98 | 1912.07 |
| （一）境内存款 | Domestic Deposits | 31465.58 | 1909.51 |
| 1.住户存款 | Deposits of Households | 16939.19 | 1647.43 |
| （1）活期存款 | Current Deposits | 8641.84 | 709.99 |
| （2）定期及其他存款 | Fixed deposits and Others | 8297.35 | 937.43 |
| 2.非金融企业存款 | Non-financial Enterprises Deposits | 8038.98 | 9.45 |
| （1）活期存款 | Current Deposits | 4547.04 | -434.73 |
| （2）定期及其他存款 | Fixed Deposits and Others | 3491.94 | 444.18 |
| 3.机关团体存款 | Organization Financial Deposits | 5249.75 | 219.78 |
| 4.财政性存款 | Financial Deposits | 520.89 | 32.52 |
| 5.非银行业金融机构存款 | Non-banking Financial Institution Financial Deposits | 716.78 | 0.34 |
| （二）境外存款 | Overseas Deposits | 39.40 | 2.55 |
| 二、金融债券 | Financial Bonds | 146.93 | 100.00 |
| 其中：境外发行 | Overseas Issue | | |
| 三、卖出回购资产 | Financial Assets Sold for Repurchase | 2.74 | -14.60 |
| 四、借款及非银行业金融机构拆入 | Borrowing and Loans from Non-banking Financial Institutions | 19.83 | 17.82 |
| 五、联行往来（净） | Interbank Transactions (net) | 1294.11 | 1294.11 |
| 六、应付及暂收款 | Accounts Payable and Receivable | 539.31 | 51.56 |
| 八、各项准备 | Other Reserve Funds | 766.71 | 55.12 |
| 九、所有者权益 | Creditor's Equity | 1639.16 | 182.36 |
| #实收资本 | Paid-in Capital | 467.93 | 58.03 |
| 十、其他 | Others | -2095.29 | 15.08 |
| 资金来源总计 | Total Capital Sources | 33818.47 | 3613.52 |

## 7—6 续表（continued）

单位：亿元 （100 million yuan）

| 资金运用项目 | Application of Funds | 余额 Balance | 比年初增加 Increase Compared to the Beginning of the Year |
|---|---|---|---|
| 一、各项贷款 | Total Deposits | 29988.52 | 3727.52 |
| （一）境内贷款 | Domestic Loans | 29941.11 | 3715.46 |
| 1.住户贷款 | Household Loans | 12232.48 | 1705.89 |
| （1）短期贷款 | Short-term Loans | 1602.94 | 129.84 |
| 消费贷款 | Consumption Loans | 972.85 | 110.68 |
| 经营贷款 | Operating Loans | 630.08 | 19.16 |
| （2）中长期贷款 | Medium and Long-term Loans | 10629.54 | 1576.05 |
| 消费贷款 | Consumption Loans | 8676.16 | 1540.87 |
| 经营贷款 | Operating Loans | 1953.38 | 35.18 |
| **2.非金融企业及机关团体贷款** | **Non-financial Enterprises and Organizations Loans** | **17708.63** | **2009.57** |
| （1）短期贷款 | Short-term Loans | 3977.09 | 388.21 |
| （2）中长期贷款 | Medium and Long-term Loans | 12643.22 | 1457.96 |
| （3）票据融资 | Bill Financing | 1030.31 | 181.76 |
| （4）融资租赁 | Finance Lease | 32.39 | -7.51 |
| （5）各项垫款 | Advance Money | 25.61 | -10.84 |
| 3.非银行业金融机构贷款 | Non-banking Financial Institution Financial Loans | | |
| （二）境外贷款 | Overseas Loans | 47.41 | 12.05 |
| 二、债券投资 | Investment in Bonds | 1602.53 | 355.90 |
| 其中：境外债券 | Overseas Bonds | | |
| **三、股权及其他投资** | **Stock Rights and Other Investments** | **1452.12** | **-134.05** |
| 四、买入返售资产 | Buying Back Assets | 257.70 | 213.73 |
| 五、存放非银行业金融机构款项 | Deposits of Non-banking Financial Institutions | 20.52 | 7.14 |
| 六、联行往来（净） | Interbank Transactions （net） | | -583.96 |
| 其中：境内存放二级准备金 | Domestic Deposits of Secondary Reserves | 416.17 | -64.67 |
| 七、金银占款 | Funds Outstanding for Gold and Silver | | |
| 八、中央银行外汇占款 | Funds Outstanding for Foreign Exchange | | |
| 九、应收及预付款 | Accounts Payable and Suspense Credit | 226.61 | 12.98 |
| 十、投资性房地产 | Investment Real Estate | 2.65 | -0.01 |
| 十一、固定资产 | Fixed Assets | 267.83 | 14.28 |
| 资金运用总计 | Total Capital Applications | 33818.47 | 3613.52 |

# 7—7　主要年份保险业务

## Major Indictors of Insurance Business in Main Years

单位：万元　　　　(10 000 yuan)

| 项　目 | Item | 2005 | 2010 | 2015 | 2016 | 2017 | 2018 | 2019 |
|---|---|---|---|---|---|---|---|---|
| 全部业务 | All Insurance Business | | | | | | | |
| 保费收入 | Premium Income | 731142 | 1790516 | 3857457 | 4691738 | 5650988 | 6290312 | 6649211 |
| 保险密度（元） | Insurance Density (yuan) | 149.39 | 389.02 | 804.31 | 969.76 | 1157 | 1277 | 1341 |
| 保险深度（%） | Insurance Depth (%) | 1.8 | 1.9 | 2.3 | 2.6 | 2.8 | 3.1 | 3.1 |
| 财产保险公司业务 | Property Insurance Company Business | | | | | | | |
| 保费收入 | Premium Income | 238790 | 691943 | 1606792 | 1798638 | 2132131 | 2453435 | 2520244 |
| 企业财产保险 | Enterprise Property Insurance | 31204 | 44305 | 56043 | 53926 | 54973 | 56075 | 61859 |
| 机动车辆保险 | Automobile Insurance | 160592 | 529660 | 1172478 | 1329670 | 1517534 | 1577950 | 1476015 |
| 货物运输保险 | Cargo Transportation Insurance | 9228 | 13727 | 19597 | 17223 | 17925 | 15472 | 13138 |
| 其他财产保险 | Other Property Insurance | 9084 | 16228 | 55889 | 59886 | 69013 | 82407 | 87021 |
| 责任保险 | Liability Insurance | 8060 | 23152 | 52424 | 58643 | 68476 | 98679 | 119888 |
| 信用保证保险 | Credit and Guarantee Insurance | 7878 | 12005 | 51578 | 48964 | 106576 | 191714 | 217564 |
| 农业保险 | Agriculture Insurance | 347 | 7454 | 63413 | 88822 | 125307 | 168845 | 192354 |
| 短期健康保险 | Short-term Health Insurance | 308 | 10517 | 76974 | 76096 | 94539 | 155181 | 222513 |
| 意外伤害险 | Accident Injury Insurance | 12089 | 24078 | 58395 | 65409 | 77788 | 107113 | 129892 |
| 储金 | Deposits From Insured | 5611 | 4901 | 133093 | 283871 | 192791 | 35476 | 4352 |
| 赔案件数（万件） | Number of Claims (10 000 cases) | 28.24 | 79.93 | 294.21 | 265.23 | 295 | 433 | 623 |
| 赔款支出 | Indemnity Paid | 117165 | 270387 | 791312 | 841977 | 960917 | 1170145 | 1458485 |
| 企业财产保险 | Enterprise Property Insurance | 13173 | 10984 | 42648 | 28701 | 29901 | 26224 | 28529 |
| 机动车辆保险 | Automobile Insurance | 72637 | 217688 | 549783 | 598909 | 678761 | 740799 | 782432 |
| 货物运输保险 | Cargo Transportation Insurance | 18904 | 4831 | 10080 | 10948 | 10794 | 10906 | 8626 |
| 其他财产保险 | Other Property Insurance | 3322 | 5270 | 28066 | 26367 | 36465 | 34810 | 36677 |
| 责任保险 | Liability Insurance | 2571 | 9114 | 20546 | 23291 | 27124 | 45113 | 66668 |
| 信用保证保险 | Credit and Guarantee Insurance | 1921 | 765 | 19682 | 18688 | 13915 | 40954 | 89628 |
| 农业保险 | Agriculture Insurance | 116 | 7148 | 52591 | 52916 | 52816 | 83090 | 179385 |
| 短期健康保险 | Short-term Health Insurance | 61 | 5523 | 49320 | 62158 | 86365 | 155054 | 220942 |
| 意外伤害险 | Personal Accident Insurance | 4459 | 6860 | 18596 | 20000 | 24776 | 33195 | 45595 |
| 未决赔款 | Outstanding Insurance | 55668 | 158487 | 349303 | 378654 | 405587 | 430752 | 496453 |

注：2001-2007年保险密度使用平均总人口计算，2008年及以后保险密度使用平均常住人口计算，请使用时注意口径区别。
Note: The data on "Insurance Density" from 2001 to 2007 was calculated by average total population, while the data in 2008 and after was calculated by average permanent population, please pay attention to the difference of coverage while using.

# 7—7 续 continued

单位：万元 (10 000 yuan)

| 项 目 | Item | 2005 | 2010 | 2015 | 2016 | 2017 | 2018 | 2019 |
|---|---|---|---|---|---|---|---|---|
| 人身保险公司业务 | Life Insurance Company Business | | | | | | | |
| 保费收入 | Premium Income | 492352 | 1098573 | 2250665 | 2893100 | 3518857 | 3836877 | 4128968 |
| 个人业务 | Personal Business | | | | | | | |
| 人寿保险 | Life Insurance | 383881 | 970539 | 1848424 | 2380223 | 2831182 | 2921723 | 2982826 |
| 分红产品 | Participation in Profit Product | 250131 | 837623 | 882007 | 1000947 | 1272621 | 1442280 | 1477903 |
| 投资连接产品 | Investmentlink Product | | 603 | 969 | 1177 | 1425 | 1662 | 1842 |
| 其他产品 | Others | 133750 | 132314 | 965448 | 1378099 | 1557136 | 1477780 | 1503081 |
| 意外伤害险 | Accident Injury Insurance | 6847 | 21642 | 59499 | 61707 | 80228 | 90156 | 87085 |
| 健康险 | Health Insurance | 21642 | 57851 | 193886 | 287417 | 424683 | 594855 | 713573 |
| 团体业务 | Group Insurance | | | | | | | |
| 人寿保险 | Life Insurance | 43950 | 15804 | 5773 | 5724 | 4310 | 4465 | 6801 |
| 分红产品 | Participation in Profit Product | 33443 | 0 | 18 | 32 | 43 | 60 | 663 |
| 投资连接产品 | Investmentlink Product | | | | | | 0 | 0 |
| 其他产品 | Others | 10507 | 15804 | 5755 | 5691 | 4267 | 4405 | 6138 |
| 意外伤害险 | Accident Injury Insurance | 17875 | 14765 | 34242 | 34852 | 36785 | 35500 | 36640 |
| 健康险 | Health Insurance | 18157 | 17972 | 108841 | 115587 | 141669 | 190179 | 302043 |
| #新单保费 | New Insurance Premium | 244075 | 615763 | 1257626 | 1663922 | 1821750 | 1555713 | 1577401 |
| 有效保单件数（万件） | Number of Policies In Force (10 000 cases) | 590 | 1063 | 1594 | 1958 | 2361 | 2494 | 2759 |
| 赔款和给付支出 | Reparations and Payment Expenditure | 52123 | 173078 | 536356 | 747528 | 857383 | 1068416 | 920826 |
| 个人业务 | Personal Business | | | | | | | |
| 年金给付 | Annuity Payment | 11836 | 24995 | 81108 | 108692 | 137041 | 190595 | 166695 |
| 满期给付 | Maturity Benefit | 6972 | 90873 | 313774 | 417729 | 465295 | 478463 | 288438 |
| 死伤医疗给付 | Benefit of Deaths, Injury and Medical Treatment | 7936 | 14436 | 43817 | 54187 | 66134 | 86640 | 107235 |
| 团体业务 | Group Insurance | | | | | | | |
| 年金给付 | Annuity Payment | 2952 | 6904 | 8346 | 9025 | 9952 | 8608 | 7547 |
| 满期给付 | Maturity Benefit | 313 | 3182 | 3615 | 6852 | 7242 | 3787 | 1696 |
| 死伤医疗给付 | Benefit of Deaths, Injury and Medical Treatment | 934 | 1085 | 12720 | 11696 | 11668 | 11208 | 12413 |
| 退保 | Insurance Cancellation | 83367 | 82797 | 417756 | 413876 | 797509 | 737414 | 633196 |

注：1. 本表由中国银行保险监督管理委员会广西监管局提供。
2. 2005年人身保险公司业务中人寿保险的个人业务和团体业务"投资连接保险"并入其他产品中统计。
3. 2005年赔款和给付支出中"赔款支出"从"死伤医疗给付"中剔除，但包含在赔款和给付支出总额中。

Note: 1. The data in this table is provided by Guangxi Management and Supervision Bureau of Chinese Insurance Management and Supervision Committee.
2. The "Investment-link Insurance", which belonging to personal insurance and group insurance of life insurance business in life insurance company business, was merged into the other business in 2005.
3. The "Reparation Expenditure" was eliminated from "Benefit of Deaths, Injury and Medical Treatment" in "Benefit Paid" in 2005, but it is still included in the "Reparation and Payment Expenditure".

## 主要统计指标解释

**组织财政收入** 指一般公共预算收入与上划中央收入之和，反映本地区当你组织的财政收入中规模。

**一般公共预算收入** 2011年以前统称为"一般预算收入"，指以税收为主体的财政收入。包括各项税收收入、行政事业性收费收入、国有资源（资产）有偿使用收入、其他收入等。

**一般公共预算资产** 以税收为主体的财政收入安排用于保障和改善民生、推动经济社会发展、维护国家安全、维持国家机构正常运转等反面的支出。一般公共预算支出，按照其功能分类，包括一般公共服务支出，外交、公共安全、国防支出，农业、环境保护支出，教育、科技、文化、卫生体育支出，社会保障及就业支出和其他支出；按照其经济性质分类，包括工资福利支出、商品和服务支出、资本性支出和其他支出。

**信贷资金** 指金融机构以信用方式积聚和分配的货币资金。金融机构信贷资金的来源有各项存款，对省外（国际）金融机构负债、流通中货币、银行自有资金及当年结益等；信贷资金的运用有各项贷款、黄金占款、外汇占款、财政借款及在省外（国际）金融机构中的资产等。

**存款** 机构或个人在保留资金或货币所有权的条件下，以不可流通的存款凭证为依据，暂时让渡或接受资金使用权所形成的债权或债务。

**贷款** 机构或个人在保留资金或货币所有权的条件下，以不可流通的贷款凭证或类似凭证为依据，暂时让渡或接受资金使用权所形成的债权或债务。

**保险公司** 在中国境内的、经过保险监督部门批准设立，并依法登记注册的各类商业保险公司。

**保险金额** 又叫承保额，是指保险人对被保险人负提损失补偿或约定给付的金额。它是保险合同上的最高责任额，也是计算保费的依据。

**保费** 又叫保险费，是指投保人为取得保险人在约定范围内所承担赔偿责任而支付给保险人的费用。

**赔款** 指保险人根据保险合同的规定，向被保险人支付的赔偿保险责任损失的金额。

**给付** 包括死伤医疗给付和满期给付。死伤医疗给付是指保险人根据人寿保险及长期健康保险合同的规定，因被保险人在保险期内发生保险责任范围内的保险事故支付给被保险人（或受益人）的金额。满期给付是指被保险人生存期满，保险人按人寿保险合同规定支付给被保险人的满期保险金额。

## Explanatory Notes on Main Statistical Indicators

**Revenue of the Local Governments** The revenue of the local governments includes business tax, income tax of the enterprises subordinate to the local government, personal income tax, tax on the use of urban land, tax on the adjustment of the investment in fixed assets, tax on town maintenance and construction, tax on real estates, tax on the use of vehicles and ships, stamp tax, slaughter tax, tax on animal husbandry, tax on the occupancy of cultivated land, contract tax, 25% of the value added tax, 50% of the tax on stock dealing (stamp tax) and tax on resources other than the ocean petroleum resources.

**Expenditure of the Local Governments** The expenditure of the local governments includes mainly the administrative expenses and various operating expenses at the vel of local governments, the expenditure for capital construction and technological innovation with the funds raised by the local government, expenditure for supporting rural production, expenditure for city maintenance and construction and expenditure for price subsidies, etc.

**Credit Funds** refer to the monetary fund accumulated and distributed in the means of credit by the financial institutions. The sources of credit funds of the financial institutions included various deposits, liabilities to other provinces autonomous regions and municipalities (international) financial institutions, currency in circulation, self-owned funds and current retained profits, etc. The credit funds can be used in forms of loans, gold, foreign exchange, government debt and assets in the other provinces, autonomous regions and municipalities (international) financial institutions.

**Deposit** refers to creditor' s right or debts formed by temporarily transfer or accept the right to use the funds in the reservation of funds or currency ownership, which institutions or individuals take the non-negotiable deposit certificates as the basis.

**Loan** refers to creditor' s right or debts formed by temporarily transfer or accept the right to use the funds in the retention of funds or monetary ownership, which institutions or individuals take the non-negotiable loan documents or similar document as the basis.

**Insurance Companies** refer to commercial insurance companies of various forms registered by law and established in China with the approval of insurance regulatory agencies.

**Amount Insured** refers to the amount value for insurer taking responsibilities of losses compensation or agreed payment to the insured, which also called insurance value. It is the highest liability value on insurance contract and the basis of insurance cost calculation.

**Premium** is the fee paid by the insurant to the insurer to obtain the obligation of compensation from insurance within the agreed terms.

**Settle Claim** is the compensation paid by the insurer to the insurant in accordance with the insurance contact.

**Payment** includes payment for death, injury or medical treatment and payment at maturity. Payment for death, injury or medical treatment refers to the money paid to the insurant (of the beneficiary) in accordance with the life or health insurance contract when the insurant encounters accidents within the insured period covered in the contract. Payment at maturity refers to the payment to the insurant in accordance with the life insurance contract at the end of the insured period.

第八篇

# 资源与环境

NATURAL RESOURCES AND ENVIRONMENT

（编辑：黄浩洲　朱旭芳）

# 简要说明

（本篇资料由自治区统计局综合处整理，电话：0771-5848296）

**一、本篇资料主要内容及来源**

（一）自然资源情况（广西壮族自治区自然资源厅、海洋局、林业局）。

（二）水及河流资源（广西壮族自治区水利厅）。

（三）气象情况（广西壮族自治区气象局）。

（四）城市市政情况（广西壮族自治区住房城乡建设厅）。

（五）城市交通情况（广西壮族自治区交通运输厅）。

（六）污染及治理情况（广西壮族自治区生态环境厅）。

# 8—1　自然资源（2019年）
## Natural Resources（2019）

| 指　标 | Indicators | 2015 | 2016 | 2017 | 2018 | 2019 |
|---|---|---|---|---|---|---|
| 一、土地 | Land | | | | | |
| 土地面积（万平方公里） | Land Area （10 000 sq.km） | 23.76 | 23.76 | 23.76 | 23.76 | 23.76 |
| 按土地特征分：（平方公里） | By Land Use （10 000 hectares） | | | | | |
| 林地面积 | Area of Forests Land | 133153 | 133064 | 132994 | 132949 | 132949 |
| 牧草地面积 | Grassland Area | 52 | 52 | 52 | 52 | 52 |
| 水域及水利设施用地面积 | Water Area and Water Conservancy Facilities Area | 8620 | 8600 | 8585 | 8576 | 8576 |
| 二、海洋 | Sea | | | | | |
| 海岸线长度（公里） | Length of Coastline （km） | 1629 | 1629 | 1629 | 1629 | 1629 |
| 浅海面积（平方公里） | Shallow Sea Area （sq.km）（Data in 2011） | 6488 | 6488 | 6488 | 6488 | 6488 |
| 滩涂面积（平方公里） | Mud Flat Area （sq.km）（Data in 2011） | 1005 | 833 | 1005 | 903 | 900 |
| 三、气候 | Climate | | | | | |
| 年平均气温（℃） | Annual Average Temperature （℃） | 21.4 | 21.4 | 21.1 | 21.0 | 21.1 |
| 年日照时数（小时） | Annual Sunshine Time （hour） | 1354 | 1604 | 1433 | 1452 | 1398 |
| 年降水量（毫米） | Annual Precipitation （mm） | 1943 | 1660 | 1810 | 1517 | 1609 |
| 四、森林 | Forest | | | | | |
| 森林面积（万公顷） | Forest Area （10 000 hectares） | 1478 | 1479 | 1480 | 1482 | 1484 |
| 人均森林面积（亩，按常住人口平均） | Per Capita Forest Area （mu， Average by Permanent Population） | 4.64 | 4.61 | 4.54 | 4.51 | 4.50 |
| 活立木蓄积量（万立方米） | Stock Volume of Living Stumpage （10 000 cu.m） | 70308 | 76194 | 77500 | 79000 | 80711 |

注：本表资料由自治区自然资源厅、海洋局、林业局、气象局提供。

Note：The data in this table were Provided by Guangxi Zhuang Autonomous Region Department of Natural Resources， Bureau of Oceanic， Depart-ment of Forestry and Meteorological Bureau.

## 8—1 续表 countinued

| 指 标 | Indicators | 2016 | 2017 | 2018 | 2019 |
|---|---|---|---|---|---|
| 森林覆盖率（%） | Forest Coverage Rate （%） | 62.3 | 62.3 | 62.4 | 62.5 |
| 按市分 | Grouped by City | | | | |
| 南宁市 | Nanning | 47.7 | 48.3 | 48.7 | 48.8 |
| 柳州市 | Liuzhou | 65.0 | 66.4 | 66.7 | 66.8 |
| 桂林市 | Guilin | 70.9 | 71.2 | 71.6 | 71.6 |
| 梧州市 | Wuzhou | 75.9 | 75.0 | 75.2 | 75.3 |
| 北海市 | Beihai | 36.3 | 31.8 | 32.5 | 32.6 |
| 防城港市 | Fangchenggang | 58.7 | 60.2 | 60.9 | 61.9 |
| 钦州市 | Qinzhou | 54.2 | 57.1 | 57.3 | 57.4 |
| 贵港市 | Guigang | 46.3 | 46.4 | 46.8 | 46.9 |
| 玉林市 | Yulin | 61.0 | 61.9 | 62.2 | 62.3 |
| 百色市 | Baise | 67.4 | 68.5 | 70.6 | 72.5 |
| 贺州市 | Hezhou | 72.9 | 72.5 | 72.6 | 72.7 |
| 河池市 | Hechi | 68.7 | 69.7 | 70.1 | 71.0 |
| 来宾市 | Laibin | 51.8 | 52.2 | 52.9 | 53.0 |
| 崇左市 | Chongzuo | 54.7 | 54.9 | 55.2 | 55.4 |
| 五、矿产资源（保有资源储量，万吨） | Mineral Ensured Reserves （10 000 tons） | | | | |
| 锰矿（矿石） | Manganese （ore） | 47449 | 47634 | 44424 | |
| 锡（Sn） | Tin | 70 | 70 | 70 | |
| 砷（As） | Arsenic | 41 | 41 | 42 | |
| 钨（Wo3） | Wolfram | 36 | 41 | 41 | |
| 锑（Sb） | Stibium | 50 | 50 | 52 | |
| 铝土矿（矿石） | Bauxite （ore） | 88625 | 102606 | 102088 | |
| 滑石（矿石） | Talcum （ore） | 1620 | 1817 | 1525 | |
| 重晶石（矿石） | Barite （ore） | 5249 | 5349 | 5517 | |
| 镁（白云岩、矿石） | Magnesium （dolomite、ore） | 161 | 161 | 161 | |
| 硫铁矿（矿石） | Troilite （ore） | 25980 | 26094 | 32383 | |
| 煤矿（矿石） | Coal （ore） | 208861 | 207305 | 206120 | |

# 8-2　主要河流基本情况（2019年）
## Major Rivers（2019）

| 河流名称 | River | 流域面积（万平方公里）Drainage Area（10 000 sq.km） | 年径流量（亿立方米）Annual Flow（100 million sq.m） | 水力资源蕴藏量（万千瓦）Water Power Resource（10 000 kw） | 流域面积占全区总面积的比重（%）As Percentage of Total Drainage Area of Guangxi（%） |
|---|---|---|---|---|---|
| 全自治区 | Total | 23.67 | 1830 | 2173.90 | 100.00 |
| #红水河 | Hongshuihe River | 3.86 | 314 | 969.00 | 16.30 |
| 郁　江 | Yujiang River | 6.81 | 458 | 365.70 | 28.80 |
| 西江下游区 | Lower Reaches of Xijiang River | 2.14 | 165 | | 9.00 |
| 桂　江 | Guijiang River | 1.82 | 111 | 171.90 | 7.70 |
| 南流江 | Nanliujiang River | 0.92 | 74 | 23.76 | 3.90 |
| 柳　江 | Liujiang River | 4.20 | 320 | 408.20 | 17.70 |
| 贺　江 | Hejiang River | 0.84 | 104 | 79.70 | 3.50 |

注：本表数据由自治区水利厅提供，下表同。
Note：The data in this table and the below one is provided by Guangxi Zhuang Autonomous Region Water Conservancy Department.

# 8-3 水资源基本情况
## Water Resources of Guangxi

| 年份与市别 | Year and City | 地表水资源量（亿立方米）Volume of Surface Water Resources（100 million cu.m） | 地下水资源量（亿立方米）Volume of Underground Water Resources（100 million cu.m） | 人均水资源量（立方米/人）Per Capita Water Resources（cu.m/person） |
|---|---|---|---|---|
| 2000 | | 1592.10 | 385.01 | 3375 |
| 2001 | | 2415.10 | 438.78 | 5031 |
| 2002 | | 2372.60 | 514.50 | 4942 |
| 2003 | | 1807.10 | 575.30 | 3740 |
| 2004 | | 1604.52 | 321.53 | 3282 |
| 2005 | | 1720.82 | 365.69 | 3494 |
| 2006 | | 1881.00 | 453.20 | 3792 |
| 2007 | | 1377.83 | 341.30 | 2891 |
| 2008 | | 2282.45 | 504.77 | 4739 |
| 2009 | | 1484.31 | 256.84 | 3069 |
| 2010 | | 1823.60 | 355.80 | 3962 |
| 2011 | | 1350.02 | 271.21 | 2909 |
| 2012 | | 2086.36 | 587.34 | 4476 |
| 2013 | | 2057.33 | 478.12 | 4360 |
| 2014 | | 1978.06 | 402.97 | 4163 |
| 2015 | | 2432.20 | 467.28 | 5074 |
| 2016 | | 2177.00 | 529.15 | 4503 |
| 2017 | | 2386.05 | 426.57 | 4889 |
| 2018 | | 1830.0 | 441.0 | 3717 |
| 2019 | | 2103.83 | 444.96 | 4244 |
| 南宁市 | Nanning | 123.98 | 45.93 | 1688 |
| 柳州市 | Liuzhou | 215.85 | 31.00 | 5293 |
| 桂林市 | Guilin | 395.89 | 62.144 | 7744 |
| 梧州市 | Wuzhou | 110.31 | 26.65 | 3585 |
| 北海市 | Beihai | 25.81 | 6.67 | 1592 |
| 防城港市 | Fangchenggang | 73.16 | 22.77 | 7592 |
| 钦州市 | Qinzhou | 73.75 | 14.92 | 2219 |
| 贵港市 | Guigang | 95.1 | 28.41 | 2146 |
| 玉林市 | Yulin | 109.47 | 24.14 | 1862 |
| 百色市 | Baise | 216.72 | 44.83 | 5877 |
| 贺州市 | Hezhou | 145.63 | 24.14 | 6984 |
| 河池市 | Hechi | 293.36 | 61.25 | 8232 |
| 来宾市 | Laibin | 105.78 | 26.02 | 4713 |
| 崇左市 | Chongzuo | 119.02 | 26.09 | 5640 |

# 8—4　供水用水情况（2019年）
## Water Supply and Water Use （2019）

单位：亿立方米　　(100 million cu.m)

| 地区 | Region | 供水总量 Total Volume of Water Supply | #地表水 Surface Water | 用水总量 Total Volume of Water Use | #农田灌溉用水 Water for Irrigation of Agricultural Land | 工业用水 Water Use for Industry | 居民生活用水 Water Use for Household |
|---|---|---|---|---|---|---|---|
| 全自治区 | Total | 283.44 | 272.13 | 283.44 | 189.94 | 49.01 | 41.23 |
| 南宁市 | Nanning | 42.28 | 40.19 | 42.28 | 25.05 | 9.02 | 7.43 |
| 柳州市 | Liuzhou | 19.97 | 18.46 | 19.97 | 11.98 | 4.00 | 3.78 |
| 桂林市 | Guilin | 37.38 | 36.42 | 37.38 | 28.88 | 3.39 | 4.73 |
| 梧州市 | Wuzhou | 13.22 | 13.11 | 13.22 | 8.04 | 2.26 | 2.82 |
| 北海市 | Beihai | 10.40 | 9.12 | 10.40 | 6.77 | 1.79 | 1.67 |
| 防城港市 | Fangchenggang | 5.88 | 5.78 | 5.88 | 3.43 | 1.56 | 0.78 |
| 钦州市 | Qinzhou | 15.01 | 14.65 | 15.01 | 10.93 | 1.89 | 2.15 |
| 贵港市 | Guigang | 30.71 | 29.57 | 30.71 | 20.28 | 6.77 | 3.46 |
| 玉林市 | Yulin | 24.20 | 23.46 | 24.20 | 16.75 | 3.00 | 4.41 |
| 百色市 | Baise | 19.86 | 19.06 | 19.86 | 13.79 | 3.20 | 2.76 |
| 贺州市 | Hezhou | 14.29 | 13.96 | 14.29 | 11.84 | 0.78 | 1.53 |
| 河池市 | Hechi | 15.31 | 14.61 | 15.31 | 11.81 | 0.89 | 2.58 |
| 来宾市 | Laibin | 23.20 | 22.58 | 23.20 | 11.70 | 9.13 | 1.68 |
| 崇左市 | Chongzuo | 11.72 | 11.17 | 11.72 | 8.68 | 1.32 | 1.44 |

注：本表由自治区水利厅提供。
Note: The data in this table is provided by Guangxi Zhuang Autonomous Region Water Conservancy Department.

# 8—5 主要城市气象站点平均气温（2019年）

单位：℃

| 城 市 | City | 1月<br>Jan. | 2月<br>Feb. | 3月<br>Mar. | 4月<br>Apr. | 5月<br>May | 6月<br>Jun. |
|---|---|---|---|---|---|---|---|
| 南 宁 | Nanning | 12.4 | 14.1 | 17.9 | 23.8 | 24.8 | 27.9 |
| 柳 州 | Liuzhou | 8.9 | 9.3 | 14.9 | 21.0 | 22.9 | 26.4 |
| 桂 林 | Guilin | 8.5 | 8.7 | 14.9 | 20.4 | 23.5 | 27.2 |
| 梧 州 | Wuzhou | 12.5 | 14.4 | 17.9 | 22.9 | 24.7 | 27.5 |
| 北 海 | Beihai | 15.3 | 20.0 | 20.7 | 26.2 | 27.0 | 30.0 |
| 防城港 | Fangchenggang | 14.7 | 17.7 | 19.5 | 25.3 | 26.2 | 29.2 |
| 钦 州 | Qinzhou | 13.6 | 16.4 | 18.9 | 24.8 | 25.6 | 28.7 |
| 贵 港 | Guigang | 12.1 | 13.7 | 17.7 | 24.1 | 25.4 | 28.4 |
| 玉 林 | Yulin | 13.6 | 16.9 | 19.0 | 24.6 | 25.5 | 28.5 |
| 百 色 | Baise | 14.1 | 17.3 | 19.6 | 25.3 | 25.9 | 28.8 |
| 贺 州 | Hezhou | 9.5 | 9.8 | 15.1 | 21.2 | 23.8 | 27.2 |
| 河 池 | Hechi | 10.5 | 11.6 | 16.3 | 23.2 | 24.1 | 27.7 |
| 来 宾 | Laibin | 11.1 | 11.9 | 16.6 | 23.1 | 24.6 | 27.9 |
| 崇 左 | Chongzuo | 13.1 | 16.6 | 18.5 | 24.9 | 25.5 | 28.5 |

## Monthly Average Temperature at Meteorological Stations of Major Cities （2019）

单位：℃

| 7月<br>Jul. | 8月<br>Aug. | 9月<br>Sept. | 10月<br>Oct. | 11月<br>Nov. | 12月<br>Dec. | 年平均<br>Annual Average |
|---|---|---|---|---|---|---|
| 28.1 | 28.6 | 27.5 | 23.8 | 19.9 | 15.8 | 22.1 |
| 27.0 | 28.6 | 26.9 | 21.9 | 17.3 | 13.1 | 19.9 |
| 28.6 | 30.1 | 28.3 | 22.2 | 17.4 | 12.6 | 20.3 |
| 28.5 | 28.6 | 27.1 | 23.8 | 19.7 | 15.3 | 21.9 |
| 29.8 | 29.1 | 28.5 | 26.0 | 22.4 | 18.2 | 24.5 |
| 29.3 | 29.1 | 28.5 | 25.6 | 21.7 | 17.6 | 23.7 |
| 29.0 | 28.7 | 27.5 | 24.4 | 20.7 | 16.7 | 22.9 |
| 28.7 | 29.3 | 28.1 | 24.4 | 20.4 | 15.8 | 22.4 |
| 28.8 | 28.5 | 27.5 | 24.5 | 20.8 | 16.5 | 22.9 |
| 28.6 | 28.9 | 26.6 | 23.8 | 19.8 | 14.9 | 22.8 |
| 28.3 | 28.6 | 26.4 | 22.2 | 17.4 | 12.6 | 20.2 |
| 27.8 | 28.8 | 26.7 | 22.6 | 17.9 | 13.3 | 20.9 |
| 28.4 | 29.1 | 27.1 | 22.8 | 18.4 | 13.7 | 21.3 |
| 28.1 | 28.0 | 26.6 | 23.7 | 20.0 | 15.7 | 22.5 |

注：本表资料由自治区气象局提供。

Note: The data on this table is provided by Meteorological Bureau of Guangxi.

# 8—6 主要城市气象站点降水量（2019年）

单位：毫米（mm）

| 城 市 | City | 1月 Jan. | 2月 Feb. | 3月 Mar. | 4月 Apr. | 5月 May | 6月 Jun. |
|---|---|---|---|---|---|---|---|
| 南 宁 | Nanning | 40.3 | 57.9 | 112.0 | 95.9 | 126.7 | 289.0 |
| 柳 州 | Liuzhou | 100.3 | 119.1 | 143.6 | 198.9 | 72.4 | 236.3 |
| 桂 林 | Guilin | 85.0 | 110.6 | 297.5 | 356.6 | 141.5 | 608 |
| 梧 州 | Wuzhou | 11.1 | 117.6 | 191.1 | 217.6 | 254.5 | 198.2 |
| 北 海 | Beihai | 5.2 | 33.4 | 78.3 | 173.6 | 136.9 | 119.9 |
| 防城港 | Fangchenggang | 13.9 | 67.5 | 59.0 | 57.5 | 203.5 | 353.2 |
| 钦 州 | Qinzhou | 25.3 | 80.9 | 54.5 | 84.4 | 191.8 | 214.3 |
| 贵 港 | Guigang | 24.4 | 92.5 | 112.1 | 160.0 | 150.5 | 217.6 |
| 玉 林 | Yulin | 8.0 | 106.4 | 185.9 | 119.8 | 241.7 | 184.6 |
| 百 色 | Baise | 39.6 | 42.9 | 114.0 | 85.0 | 184.7 | 203.1 |
| 贺 州 | Hezhou | 28.7 | 167.0 | 275.3 | 339.3 | 181.5 | 324.4 |
| 河 池 | Hechi | 69.6 | 75.6 | 112.6 | 116.8 | 166.4 | 285.0 |
| 来 宾 | Laibin | 44.0 | 79.8 | 117.3 | 148.4 | 144.2 | 159.9 |
| 崇 左 | Chongzuo | 34.7 | 55.5 | 48.0 | 65.5 | 147.3 | 200.2 |

## Monthly Precipitation at Meteorological Stations of Major Cities （2019）

单位：毫米（mm）

| 7月 Jul. | 8月 Aug. | 9月 Sept. | 10月 Oct. | 11月 Nov. | 12月 Dec. | 年平均 Annual |
|---|---|---|---|---|---|---|
| 235.2 | 210.6 | 12.8 | 31.4 | 7.0 | 3.6 | 1222.4 |
| 379.6 | 75.5 | 95.2 | 68.4 | 20.0 | 18.8 | 1528.1 |
| 738.1 | 85.7 | 12.9 | 59.0 | 14.2 | 24.3 | 2533.4 |
| 168.5 | 299.5 | 66.1 | 19.2 | 0.6 | 0.9 | 1544.9 |
| 147.0 | 690.0 | 33.9 | 90.3 | 0 | 0.7 | 1509.2 |
| 415.3 | 528.8 | 68.3 | 159.6 | 8.8 | 1.5 | 1936.9 |
| 257.5 | 528.3 | 151.9 | 74.0 | 2.7 | 6.9 | 1672.5 |
| 335.5 | 181.2 | 51.3 | 28.6 | 2.3 | 1.1 | 1357.1 |
| 188.1 | 263.8 | 45.4 | 58.7 | 2.3 | 1.0 | 1405.7 |
| 197.6 | 77.6 | 42.4 | 54.9 | 2.07 | 1.9 | 1070.7 |
| 190.8 | 227.6 | 35.9 | 46.5 | 5.0 | 9.7 | 1831.7 |
| 321.8 | 169.9 | 61.6 | 57.1 | 33.3 | 12.7 | 1482.4 |
| 164.6 | 123.6 | 18.8 | 61.5 | 3.0 | 4.5 | 1069.6 |
| 113.7 | 219.2 | 70.5 | 54.5 | 16.1 | 1.3 | 1026.5 |

注：本表资料由自治区气象局提供。

Note：The data on this table is provided by Meteorological Bureau of Guangxi.

# 8—7 主要年份城市公用事业基本情况
## Basic Statistics on Urban Public Utilities in Main Years

| 指 标 | Item | 2010 | 2015 | 2016 | 2017 | 2018 | 2019 |
|---|---|---|---|---|---|---|---|
| 全年供水总量（万吨） | Total Volume of Tap Water Supply（10 000 tons） | 147291 | 173266 | 176719 | 183563 | 177183 | 181326 |
| #生活用水量 | Households | 72823 | 93869 | 99385 | 103344 | 111077 | 118418 |
| 人均日生活用水量（升） | Per Capita Daily Water Consumption（liter） | 250 | 256 | 256 | 257 | 264 | 269 |
| 用水普及率（%） | Percentage of Population with Access Tap Water（%） | 94.7 | 97.5 | 97.7 | 97.6 | 97.8 | 98.9 |
| 人均城市道路面积（平方米） | Area of Roads Owned per 10 000 Persons（sq.m） | 14.31 | 16.28 | 17.06 | 17.56 | 19.22 | 19.86 |
| 建成区路网密度（公里/平方公里） | Road Network Density of Developed Area（km/sq.km） | | | 6 | 6 | 7 | 7 |
| 建成区道路面积率（%） | Road Area Ratio of Developed Area（%） | | | 13.9 | 13.9 | 15.0 | 15.2 |
| 排水管道总长度（公里） | Length of Drainpipes（km） | 6417 | 10588 | 11480 | 12305 | 13257 | 17571 |
| 污水处理厂座数（座） | Number of Effluent Treatment Plants（unit） | 32 | 41 | 47 | 46 | 52 | 56 |
| 污水处理厂能力（万立方米/日） | Treatment Capacity of Polluted Water（10 000 cu.m/day） | 221 | 303 | 326 | 323 | 360 | 392 |
| 污水处理厂集中处理率（%） | Rate of Centralized Treatment of Polluted Water（%） | 46.8 | 67.8 | 70.6 | 72.8 | 80.9 | 88.6 |
| 液化石油气供气总量（吨） | Total Liquefied Petroleum Gas Supply（ton） | 303804 | 262313 | 255863 | 264066 | 306242 | 304973 |
| #家庭用量 | Used by Residential Households | 263720 | 212108 | 217047 | 237457 | 234011 | 226697 |
| 人工煤气供气总量（万立方米） | Total Manufactured Gas Supply（10 000 cu.m） | 4517 | 4439 | 4428 | 3495 | 3588 | 4199 |
| #家庭用量 | Used by Residential Households | 3993 | 3671 | 3517 | 2468 | 2590 | 2919 |
| 天然气供气总量（万立方米） | Total Natural Gas Supply（10 000 cu.m） | 10320 | 38789 | 48713 | 69676 | 73588 | 87444 |
| #家庭用量 | Used by Residential Households | 4403 | 15726 | 20792 | 24436 | 30461 | 35767 |
| 用气普及率（%） | Rate of Households with Access to Natural Gas（%） | 92.4 | 94.5 | 95.9 | 98.0 | 98.2 | 98.8 |
| 园林绿地面积（公顷） | Area of Gardens and Green Space（hectare） | 60225 | 82382 | 84484 | 88789 | 92127 | 100426 |
| 公园绿地面积（公顷） | Area of Green Space of Parks（hectare） | 8331 | 12111 | 12799 | 14025 | 15469 | 23671 |
| 人均公园绿地面积（平方米） | Per Capita Public Green Space of Parks（sq.m） | 9.83 | 11.60 | 11.77 | 12.42 | 13.15 | 13.41 |
| 建成区绿化覆盖率（%） | Coverage Area of Forestation of Developed Area（%） | 35.0 | 37.6 | 37.6 | 39.1 | 40.0 | 40.5 |
| 公园个数（个） | Number of Parks（unit） | 146 | 216 | 239 | 254 | 294 | 619 |
| 公园面积（公顷） | Area of Parks（hectare） | 5842 | 8579 | 8928 | 10296 | 11716 | 20078 |
| 道路清扫保洁面积（万平方米） | Area Under Cleaning Program（10 000 sq.m） | 11005 | 18189 | 19713 | 21686 | 23202 | 25962 |
| 生活垃圾及粪便清运量（万吨） | Volume of Garbage, Excrement and Urine Disposal（10 000 tons） | 268 | 394 | 419 | 438.32 | | |
| 公共厕所数（座） | Number of Public Lavatories（unit） | 1487 | 1496 | 1503 | 1557 | 1644 | 1784 |
| 生活垃圾无害化处理率（%） | Rate of Garbage No Harmful Disposal（%） | 91.1 | 98.7 | 99.0 | 99.9 | 100 | 100 |

注：1.本篇7至13表2018、2019年数据指14个地级市市辖区（城区，不含所辖各县）和8个县级市（荔浦市、岑溪市、东兴市、桂平市、北流市、靖西市、合山市和凭祥市）等22个城市数据或平均水平。

2.城市建设资料由自治区住房和城乡建设厅提供；有关公共交通的三个指标由自治区交通厅提供。

Note: 1. Data in Table 7 to 13 of 2018&2019 refers to 14 cities（Only urban area and exclude their counties）and 8 county-level cities（including Lipu, Cenxi, Dongxing, Guiping, Beiliu, Jingxi, Heshan and Pingxiang）.

2. The data on city construction is provided by the Guangxi Housing and Urban and Rural Construction Department.The data on public transportation is provided by the Guangxi Transportation Department.

# 8—8　城市市政公用设施水平（2019年）
# Level of Urban Public Utilities in Cities （2019）

| 地 区 | Region | 人口密度（人/平方公里）Population Density（person/sq.km） | 人均日生活用水量（升）Per Capita Daily Consumption of Tap Water for Residential Use（litre） | 用水普及率（%）Rate of Population with Access to Water （%） | 用气普及率（%）Rate of Population with Access to Gas （%） | 建成区排水管道密度公里/平方公里）Density of Drainpipes of Developed Area | 人均城市道路面积（平方米）Area of Roads Owned by per Persons（sq.m） | 建成区路网密度（公里/平方公里）Road Network Density of Developed Area（km/sq.kmw） |
|---|---|---|---|---|---|---|---|---|
| **全区城市** | **All Cities** | 2097 | 269 | 98.9 | 98.8 | 10.97 | 19.86 | 10.97 |
| 南宁市 | Nanning | 4386 | 311 | 99.9 | 99.9 | 15.22 | 14.32 | 5.68 |
| 柳州市 | Liuzhou | 3769 | 259 | 98.3 | 95.8 | 7.79 | 17.15 | 6.02 |
| 桂林市 | Guilin | 1594 | 307 | 99.6 | 99.5 | 6.94 | 17.10 | 7.51 |
| 梧州市 | Wuzhou | 1326 | 235 | 90.2 | 99.6 | 7.24 | 19.60 | 8.07 |
| 北海市 | Beihai | 555 | 313 | 98.5 | 98.7 | 10.65 | 24.97 | 8.01 |
| 防城港市 | Fangchenggang | 1080 | 304 | 100 | 99.9 | 12.06 | 36.04 | 6.84 |
| 钦州市 | Qinzhou | 1086 | 300 | 96.1 | 98.1 | 12.25 | 38.50 | 6.41 |
| 贵港市 | Guigang | 1444 | 215 | 100 | 100 | 9.40 | 33.23 | 8.54 |
| 玉林市 | Yulin | 2551 | 190 | 100 | 99.9 | 11.15 | 16.00 | 8.67 |
| 百色市 | Baise | 765 | 266 | 100 | 98.8 | 11.40 | 28.76 | 7.55 |
| 贺州市 | Hezhou | 3042 | 232 | 100 | 100 | 11.35 | 32.93 | 8.97 |
| 河池市 | Hechi | 2805 | 262 | 100 | 100 | 10.39 | 23.99 | 10.47 |
| 来宾市 | Laibin | 3655 | 228 | 99.9 | 99.5 | 12.83 | 25.15 | 4.66 |
| 崇左市 | Chongzuo | 3840 | 291 | 100 | 100 | 11.33 | 21.37 | 6.85 |

注：本表为22个设市城市平均水平。
Note：The data in this table refers to the average level of the 22 cities of Guangxi .

# 8—8 续表 continued

| 地 区 | Region | 建成区道路面积率（%）Road Area Ratio of Developed Area（%） | 人均公园绿地面积（平方米）Public Green Space of Parks per Population（sq.m） | 建成区绿地率（%）Rate of Green Land of Developed Area（%） | 建成区绿化覆盖率（%）Coverage Area of Forestation of Developed Area（%） | 污水处理率（%）Treatment Rate of Polluted Water（%） | #污水处理厂集中处理率（%）Concentrated Treatment Rate by Factory（%） | 生活垃圾无害化处理率（%）Rate of Garbage No Harmful Disposal（%） |
|---|---|---|---|---|---|---|---|---|
| 全区城市 | All Cities | 97.5 | 13.41 | 35.2 | 40.5 | 97.5 | 88.6 | 100 |
| 南宁市 | Nanning | 16.5 | 11.86 | 34.1 | 39.8 | 98.4 | 98.4 | 100 |
| 柳州市 | Liuzhou | 13.1 | 13.88 | 36.7 | 44.0 | 95.4 | 82.9 | 100 |
| 桂林市 | Guilin | 13.0 | 14.67 | 35.7 | 40.8 | 98.8 | 98.8 | 100 |
| 梧州市 | Wuzhou | 15.2 | 11.91 | 39.2 | 41.1 | 96.0 | 80.7 | 100 |
| 北海市 | Beihai | 15.4 | 11.39 | 35.0 | 41.2 | 98.8 | 98.8 | 100 |
| 防城港市 | Fangchenggang | 17.1 | 26.13 | 37.7 | 42.6 | 99.0 | 46.0 | 100 |
| 钦州市 | Qinzhou | 15.8 | 12.25 | 34.3 | 40.0 | 97.0 | 88.7 | 100 |
| 贵港市 | Guigang | 16.8 | 13.91 | 37.2 | 41.8 | 98.2 | 72.1 | 100 |
| 玉林市 | Yulin | 16.1 | 13.40 | 33.8 | 38.2 | 99.2 | 91.1 | 100 |
| 百色市 | Baise | 14.4 | 13.19 | 33.6 | 38.0 | 93.2 | 60.1 | 100 |
| 贺州市 | Hezhou | 14.3 | 16.60 | 37.7 | 41.8 | 100.0 | 96.5 | 100 |
| 河池市 | Hechi | 18.6 | 10.92 | 34.1 | 38.0 | 96.2 | 86.5 | 100 |
| 来宾市 | Laibin | 16.3 | 11.41 | 31.9 | 38.2 | 95.5 | 95.5 | 100 |
| 崇左市 | Chongzuo | 10.8 | 22.00 | 34.4 | 39.0 | 95.3 | 27.9 | 100 |

# 8—9　城市人口和建设用地（2019年）
# Population and Construction Areas in Cities（2019）

| 地区 | Region | 市区人口（万人）Urban Population（10 000 persons） | 市区面积（平方公里）Area of Urban（sq.km） | 城区人口（万人）Population of Cities（10 000 persons） | 城区（县城）暂住人口（万人）Transient Population of cities（counties）（10 000 persons） | 城区面积（平方公里）Area of Cities（sq.km） | 建成区面积（平方公里）Developed Area（sq.km） | 城市建设用地面积（平方公里）Land for Construction in Cities（sq.km） | #居住用地 Land for Residence | 公共管理与公共服务用地 Land for Public Utilities | 工业用地 Land for IndustryW |
|---|---|---|---|---|---|---|---|---|---|---|---|
| 全区城市 | All Cities | 2417.75 | 70298.38 | 930.87 | 288.39 | 5814.43 | 1542.78 | 1493.78 | 435.16 | 143.21 | 206.46 |
| 南宁市 | Nanning | 397.70 | 9947.00 | 241.47 | 137.98 | 865.08 | 319.69 | 315.24 | 99.27 | 35.67 | 19.23 |
| 柳州市 | Liuzhou | 184.35 | 3555.16 | 130.84 | 58.28 | 501.78 | 240.23 | 240.23 | 64.58 | 22.46 | 57.90 |
| 桂林市 | Guilin | 134.14 | 2767.00 | 90.68 | 6.97 | 612.63 | 128.13 | 121.86 | 37.75 | 16.28 | 14.99 |
| 梧州市 | Wuzhou | 80.58 | 1850.20 | 48.91 | 15.42 | 485.01 | 66.34 | 62.50 | 19.82 | 6.16 | 9.82 |
| 北海市 | Beihai | 69.97 | 957.00 | 35.39 | 17.70 | 957.00 | 85.97 | 84.89 | 28.65 | 7.30 | 8.32 |
| 防城港市 | Fangchenggang | 59.40 | 2816.40 | 19.20 | 6.54 | 238.33 | 50.73 | 49.99 | 11.55 | 2.99 | 9.04 |
| 钦州市 | Qinzhou | 153.73 | 4767.20 | 32.70 | 5.80 | 354.38 | 90.51 | 89.99 | 18.12 | 6.75 | 21.68 |
| 贵港市 | Guigang | 205.46 | 3533.00 | 42.33 | 1.21 | 301.50 | 86.09 | 84.14 | 24.38 | 7.02 | 15.53 |
| 玉林市 | Yulin | 115.48 | 1251.30 | 59.40 | 17.66 | 302.04 | 76.50 | 71.95 | 26.76 | 9.70 | 0.42 |
| 百色市 | Baise | 37.16 | 3702.00 | 21.71 | 6.03 | 362.60 | 55.32 | 51.32 | 16.43 | 5.47 | 7.39 |
| 贺州市 | Hezhou | 122.54 | 5676.60 | 21.88 | 1.85 | 78.00 | 54.74 | 54.11 | 14.72 | 6.42 | 8.40 |
| 河池市 | Hechi | 101.84 | 6209.00 | 33.40 | 1.38 | 124.00 | 44.89 | 41.87 | 9.24 | 2.81 | 6.00 |
| 来宾市 | Laibin | 114.63 | 4363.00 | 31.33 | 2.30 | 92.00 | 51.92 | 51.43 | 12.38 | 2.75 | 7.07 |
| 崇左市 | Chongzuo | 37.97 | 2951.00 | 17.65 | 1.55 | 50.00 | 38.00 | 26.43 | 6.60 | 2.32 | 2.60 |

注：1.本表为22个设市城市数据。
2.市区、城区人口及面积统计范围以国家建设部城市（县城）建设统计报表制度为准。即市区面积指的是城市行政区域内的全部土地面积（包括水域面积），城区面积指的是设市城市的城建统计的范围面积，市区、城区人口统计范围同。

Note：1. The data in this table refers to the average level of the 22 cities of Guangxi .
2. The statistical ranges of population and area of urban area and cities subject to the statistical report system of city （county seat） construction from the Ministry of Construction. The area of city district refers to the total land area （including the area of water） in the administrative areas of city， and the urban area refers to the statistical range of city construction in a city. And so as thestatistical range of the population of city district and urban area.

# 8—10 城市供水情况（2019年）
# Water Supply in Cities（2019）

| 地区 | Region | 供水综合生产能力（万立方米/日）Comprehensive Productive Capacity of Water Supply（10 000 cu.m/day） | 供水管道长度（公里）Length of Water Supply Pipelines（km） | 供水总量（万立方米）Total Volume of Water Supply（10 000 cu.m） | #家庭用量 Households | 用水人口（万人）Number of Residents withAccess to Tap Water（10 000 persons） |
|---|---|---|---|---|---|---|
| 全区城市 | All Cities | 661.91 | 22001.03 | 181326.40 | 93247.37 | 1205.62 |
| #南宁市 | Nanning | 169.00 | 4957.70 | 60637.28 | 33572.09 | 378.96 |
| 柳州市 | Liuzhou | 88.10 | 2786.26 | 30637.68 | 13422.50 | 185.90 |
| 桂林市 | Guilin | 46.50 | 2327.34 | 16350.12 | 8387.74 | 97.21 |
| 梧州市 | Wuzhou | 49.04 | 520.84 | 7876.90 | 3548.82 | 58.01 |
| 北海市 | Beihai | 32.54 | 1624.22 | 8427.87 | 4136.63 | 52.29 |
| 防城港市 | Fangchenggang | 19.20 | 554.82 | 5272.29 | 2168.90 | 25.74 |
| 钦州市 | Qinzhou | 30.00 | 1220.24 | 6872.79 | 3335.18 | 37.00 |
| 贵港市 | Guigang | 33.50 | 1227.98 | 7713.11 | 3079.81 | 43.54 |
| 玉林市 | Yulin | 37.50 | 973.24 | 8420.90 | 4837.52 | 77.06 |
| 百色市 | Baise | 20.00 | 658.92 | 4191.35 | 2215.72 | 27.74 |
| 贺州市 | Hezhou | 10.00 | 960.95 | 2789.08 | 1500.86 | 23.73 |
| 河池市 | Hechi | 31.67 | 565.31 | 4238.82 | 3068.20 | 34.78 |
| 来宾市 | Laibin | 12.00 | 1069.80 | 3598.00 | 2243.93 | 33.60 |
| 崇左市 | Chongzuo | 12.00 | 345.17 | 2540.41 | 1386.83 | 19.20 |

注：本表为22个设市城市数据。
Note: The data in this table refers to the average level of the 22 cities of Guangxi .

# 8—11　城市园林绿化情况（2019年）

## Basic Statistics on Parks， Gardens and Green Areas in Cities （2019）

| 地区 | Region | 绿化覆盖面积（公顷）Coverage Area of Forestation（hectare） | #建成区 Developed Area | 园林绿地面积（公顷）Area of Gardens and Green Area（hectare） | #建成区 Developed Area | 公园绿地面积 Area of Parks and Green Area（hectare） | 公园面积（公顷）Area of Parks（hectare） |
|---|---|---|---|---|---|---|---|
| 全区城市 | All Cities | 151822.32 | 89351.13 | 100426.20 | 77673.55 | 23670.53 | 20077.78 |
| #南宁市 | Nanning | 52547.62 | 12726.38 | 13520.29 | 10895.52 | 4498.99 | 4784.22 |
| 柳州市 | Liuzhou | 11440.50 | 10564.50 | 10316.80 | 8803.75 | 2625.09 | 2015.43 |
| 桂林市 | Guilin | 5662.75 | 5229.10 | 4983.51 | 4574.16 | 1432.57 | 1111.37 |
| 梧州市 | Wuzhou | 3627.00 | 2724.00 | 3506.00 | 2603.00 | 766.00 | 858.00 |
| 北海市 | Beihai | 6005.49 | 3543.38 | 5368.04 | 3004.91 | 604.69 | 550.49 |
| 防城港市 | Fangchenggang | 2288.92 | 2159.92 | 2064.37 | 1914.51 | 672.58 | 676.65 |
| 钦州市 | Qinzhou | 13042.38 | 3622.45 | 11288.14 | 3107.31 | 471.80 | 433.43 |
| 贵港市 | Guigang | 3615.97 | 3597.48 | 3214.93 | 3199.42 | 605.62 | 317.56 |
| 玉林市 | Yulin | 3204.19 | 2920.42 | 3002.99 | 2582.27 | 1032.61 | 994.92 |
| 百色市 | Baise | 2902.93 | 2102.71 | 2085.99 | 1855.99 | 365.96 | 161.00 |
| 贺州市 | Hezhou | 2391.41 | 2289.96 | 2144.32 | 2062.92 | 394.01 | 394.01 |
| 河池市 | Hechi | 1771.99 | 1707.20 | 1597.32 | 1531.33 | 379.92 | 379.92 |
| 来宾市 | Laibin | 2053.38 | 1983.34 | 1728.48 | 1658.44 | 383.67 | 61.24 |
| 崇左市 | Chongzuo | 1562.69 | 1482.89 | 1357.60 | 1306.80 | 422.37 | 256.39 |

注：本表为22个设市城市数据。

Note：The data in this table refers to the average level of the 22 cities of Guangxi .

# 8—12 城市市政设施情况（2019年）
# Basic Statistics on Municipal Utilities in Cities （2019）

| 地区 | Region | 城市道路长度（公里）Length of Roads（km） | 城市道路面积（万平方米）Area of Roads（10 000 sq.m） | 路灯盏数（盏）Number of Street Lights（unit） | 排水管道长度（公里）Length of Drainpipes（km） | 污水年排放量（万吨）Discharged Volume of Polluted Water（10 000 tons） | 污水处理厂集中处理能力（万吨/日）Concentrated Treatment Capacity of Polluted Water by Factory（10 000 tons/day） | 污水处理总量（万吨）Processed Total Volume of Polluted Water（10 000 tons） |
|---|---|---|---|---|---|---|---|---|
| 全区城市 | All Cities | 11499.23 | 24215.05 | 654416 | 17571.49 | 137264.72 | 391.75 | 133790.99 |
| #南宁市 | Nanning | 1895.72 | 5433.53 | 106889 | 4865.03 | 42446.47 | 106.00 | 41755.00 |
| 柳州市 | Liuzhou | 1478.60 | 3243.92 | 85750 | 1876.01 | 24510.62 | 72.00 | 20321.50 |
| 桂林市 | Guilin | 970.42 | 1669.72 | 63152 | 892.85 | 11453.26 | 41.50 | 11311.88 |
| 梧州市 | Wuzhou | 645.32 | 1260.93 | 89519 | 494.00 | 6302.00 | 19.30 | 5086.58 |
| 北海市 | Beihai | 688.38 | 1325.42 | 27037 | 948.53 | 7079.00 | 20.00 | 6994.00 |
| 防城港市 | Fangchenggang | 373.87 | 927.63 | 23721 | 680.62 | 4165.11 | 8.00 | 1917.59 |
| 钦州市 | Qinzhou | 593.66 | 1482.11 | 26047 | 1109.18 | 5936.10 | 22.50 | 5263.00 |
| 贵港市 | Guigang | 734.84 | 1446.78 | 27974 | 812.88 | 5767.53 | 17.40 | 4156.09 |
| 玉林市 | Yulin | 663.14 | 1233.33 | 33593 | 852.93 | 7532.06 | 20.00 | 6859.80 |
| 百色市 | Baise | 417.42 | 797.88 | 16153 | 631.36 | 3143.51 | 6.00 | 1890.61 |
| 贺州市 | Hezhou | 490.86 | 781.54 | 13091 | 623.70 | 2231.26 | 7.00 | 2153.31 |
| 河池市 | Hechi | 469.78 | 834.35 | 32203 | 839.94 | 3566.00 | 9.50 | 3082.76 |
| 来宾市 | Laibin | 242.07 | 845.87 | 15691 | 666.18 | 2730.28 | 9.00 | 2608.23 |
| 崇左市 | Chongzuo | 260.46 | 410.30 | 14002 | 430.41 | 1778.29 | 3.00 | 496.80 |

注：本表为22个设市城市数据。

Note: The data in this table refers to the average level of the 22 cities of Guangxi .

# 8—13　城市公共交通、清洁卫生和供气情况（2019年）

# Basic Statistics on Public Traffic, Urban Sanitation and Gas Supply in Cities（2019）

| 地 区 | Region | 年末实有公共汽车营运车辆（辆）Year-end Operating Public Buses (vehicle) | 年末实有公共汽车标台营运车辆（标台）Year-end Operating Public Buses (standard vehicle) | 运营线路总长度（公里）Length of Public Transportation Routes (km) | 公共汽车客运总量（万人次）Total Passenger Traffic (10 000 person-times) | 出租汽车运营车数（辆）Taxis (vehicle) | 道路清扫保洁面积（万平方米）Area Under Cleaning Program (10 000 sq.m) | 生活垃圾运量（万吨）Volume of Garbage Disposal (10 000 tons) |
|---|---|---|---|---|---|---|---|---|
| 全区城市 | All Cities | 14911 | 16334.7 | 32936.3 | 110880.4 | 20935 | 25962 | 497.69 |
| #南宁市 | Nanning | 3761 | 4805.6 | 4633.1 | 32000.1 | 6820 | 8223 | 142.41 |
| 柳州市 | Liuzhou | 1206 | 1462.1 | 3035.0 | 17081.1 | 2680 | 4615 | 69.68 |
| 桂林市 | Guilin | 1118 | 1502.9 | 1362.0 | 19119.0 | 2205 | 1902 | 44.52 |
| 梧州市 | Wuzhou | 581 | 626.0 | 896.7 | 6750.5 | 620 | 845 | 21.80 |
| 北海市 | Beihai | 602 | 659.8 | 480.1 | 1514.5 | 555 | 1666 | 41.76 |
| 防城港市 | Fangchenggang | 284 | 249.7 | 864.2 | 1227.7 | 337 | 900 | 11.84 |
| 钦州市 | Qinzhou | 268 | 287.5 | 1017.3 | 1525.0 | 380 | 1383 | 26.63 |
| 贵港市 | Guigang | 498 | 520.8 | 660.8 | 1613.7 | 517 | 885 | 15.50 |
| 玉林市 | Yulin | 271 | 268.0 | 593.1 | 2884.0 | 638 | 874 | 18.38 |
| 百色市 | Baise | 180 | 192.0 | 373.0 | 1762.6 | 450 | 582 | 11.35 |
| 贺州市 | Hezhou | 302 | 329.0 | 463.0 | 1224.7 | 240 | 521 | 14.28 |
| 河池市 | Hechi | 225 | 225.0 | 429.0 | 2320.7 | 475 | 319 | 11.39 |
| 来宾市 | Laibin | 381 | 386.4 | 328.1 | 1344.1 | 442 | 650 | 21.73 |
| 崇左市 | Chongzuo | 78 | 75.6 | 431.0 | 219.3 | 61 | 283 | 5.36 |

注：本表为22个设市城市数据。

Note: The data in this table refers to the average level of the 22 cities of Guangxi.

# 8-13 续表 continued

| 地 区 | Region | 垃圾无害化处理量（万吨）Volume of Garbage & Urine No Harmful Disposal (10 000 tons) | 公共厕所座数（座）Number of Public Lavatories (unit) | 市容环卫专用车辆设备总数（辆）Environmental Sanitation Equipment (unit) | 液化石油气供气总量（吨）Total Volume of Liquid Petrol Gas Supply (ton) | 人工煤气供气总量（万立方米）Total Volume of Manufactured Gas Supply (10 000 cu.m) | 天然气供气总量（万立方米）Total Volume of Natural Gas Supply (10 000 cu.m) |
|---|---|---|---|---|---|---|---|
| 全区城市 | All Cities | 497.69 | 1784 | 10318 | 304973 | 4199.28 | 87444.08 |
| #南宁市 | Nanning | 142.41 | 265 | 5261 | 110753 | | 28642.48 |
| 柳州市 | Liuzhou | 69.68 | 261 | 694 | 29071 | 4199.28 | 12610.78 |
| 桂林市 | Guilin | 44.52 | 312 | 414 | 16166 | | 9716.00 |
| 梧州市 | Wuzhou | 21.8 | 67 | 479 | 9298 | | 10662.33 |
| 北海市 | Beihai | 41.76 | 172 | 227 | 21602 | | 4240.00 |
| 防城港市 | Fangchenggang | 11.84 | 56 | 323 | 4302 | | 2085.19 |
| 钦州市 | Qinzhou | 26.63 | 96 | 942 | 19476 | | 3551.69 |
| 贵港市 | Guigang | 15.5 | 114 | 278 | 15388 | | 1848.69 |
| 玉林市 | Yulin | 18.38 | 85 | 183 | 19000 | | 3850.06 |
| 百色市 | Baise | 11.35 | 40 | 382 | 6689 | | 2095.00 |
| 贺州市 | Hezhou | 14.28 | 56 | 94 | 11765 | | 1600.63 |
| 河池市 | Hechi | 11.39 | 51 | 78 | 10238 | | 529.90 |
| 来宾市 | Laibin | 21.73 | 34 | 51 | 2888 | | 2311.16 |
| 崇左市 | Chongzuo | 5.36 | 18 | 130 | 3351 | | 453.00 |

# 8—14　主要年份工业污染治理项目建设情况
## Construction of Industrial Pollution Management Projects in Main Years

| 指　标 | Item | 2000 | 2005 | 2010 | 2015 | 2016 | 2017 | 2018 | 2019 |
|---|---|---|---|---|---|---|---|---|---|
| 汇总工业企业数（个） | Total Number of Industrial Enterprises (unit) | | 255 | 126 | 108 | 139 | 128 | 151 | |
| 施工项目本年投资来源合计（万元） | Total Funds of Projects under Construction in This Year (10 000 yuan) | | 103730 | 92845 | 247151 | 130433 | 75847 | 58273 | |
| 排污费补助 | Pollution Charges Subsidies | | 9533 | 770 | 168 | 801 | 155 | 0 | |
| 政府其他补助 | Other Government Subsidies | | 284 | 388 | 2367 | 832 | 1040 | 128 | |
| 企业自筹 | Self-raising Funds | | 93914 | 91687 | 244616 | 128800 | 74652 | 58145 | |
| #银行贷款 | Loans | | 32665 | 30 | 1260 | 35 | 10096 | 9 | |
| 施工项目本年完成投资额（万元） | Completed Investment in Construction Projects in This Year (10 000 yuan) | 73659 | 103730 | 92845 | 247151 | 130442 | 86468 | 66467 | |
| 治理废水 | Treatment of Waste Water | 40020 | 33678 | 47388 | 15939 | 10906 | 9247 | 4025 | |
| 治理废气 | Treatment of Waste Gas | 26895 | 56863 | 27250 | 187490 | 104600 | 46342 | 14370 | |
| 治理固体废物 | Treatment of Solid Wastes | 2716 | 1849 | 17024 | 26722 | 14096 | 237 | 35763 | |
| 治理噪声 | Treatment of Noise Pollution | 102 | 505 | 80 | 50 | 0 | 0 | 0 | |
| 治理污染搬迁 | Treatment of Moving away for Pollution | | 10 | 0 | 0 | 0 | 0 | 0 | |
| 治理其他 | Treatment of Other Pollution | 3927 | 10824 | 1104 | 16950 | 840 | 30642 | 3306 | |
| 施工和竣工项目（个） | Projects under Construction and Projects Completed (unit) | | | | | 0 | 180 | | |
| 当年施工项目（个） | Projects under Construction (unit) | 1270 | 389 | 175 | 137 | 119 | 102 | 98 | |
| #治理废水 | Treatment of Waste Water | | 166 | 109 | 36 | 36 | 25 | 16 | |
| 治理废气 | Treatment of Waste Gas | | 174 | 36 | 65 | 60 | 61 | 63 | |
| 治理固体废物 | Treatment of Solid Wastes | | 34 | 22 | 7 | 9 | 3 | 5 | |
| 治理噪声 | Treatment of Noise Pollution | | 7 | 1 | 2 | 0 | 0 | 0 | |
| 治理污染搬迁 | Treatment of Moving away for Pollution | | 1 | 0 | 0 | 0 | 0 | 0 | |
| 治理其他 | Treatment of Other Pollution | | 7 | 7 | 27 | 14 | 13 | 14 | |
| 当年竣工项目（个） | Projects Completed (unit) | 1060 | 307 | 166 | 99 | 79 | 78 | 84 | |
| #治理废水 | Treatment of Waste Water | 443 | 124 | 104 | 29 | 24 | 17 | 11 | |
| 治理废气 | Treatment of Waste Gas | 553 | 138 | 34 | 45 | 41 | 53 | 57 | |
| 治理固体废物 | Treatment of Solid Wastes | 32 | 30 | 20 | 5 | 7 | 0 | 4 | |
| 治理噪声 | Treatment of Noise Pollution | 4 | 7 | 1 | 1 | 0 | 0 | 0 | |
| 治理污染搬迁 | Treatment of Moving away for Pollution | | 1 | 0 | 0 | 0 | 0 | 0 | |
| 治理其他 | Treatment of Other Pollution | 28 | 7 | 7 | 19 | 7 | 8 | 12 | |

注：环保类数据为自治区生态环境厅提供，2018年为初步核定数。
Note: The environmental protection data were privided by Guangxi Zhuang Autonomous Region Ecological Environment Department. It is quick datas in 2018.

# 8—15 主要年份工业污染排放及处理利用情况

## Discharge, Treatment and Utilization of Industrial Pollution in Main Years

| 指 标 | Item | 2000 | 2005 | 2010 | 2015 | 2016 | 2017 | 2018 | 2019 |
|---|---|---|---|---|---|---|---|---|---|
| 汇总工业企业数（个） | Total Number of Industrial Enterprises （unit） | | 1738 | 4443 | 3543 | 3298 | 2630 | 2670 | |
| 工业废水排放量（万吨） | Volume of Industrial Waste Water Discharged （10 000 tons） | 81571 | 145609 | 165211 | 63253 | 32554 | 35950 | 34255 | |
| #经过处理达标 | Treated Waste Water up to Discharge Standard | 30303 | 121873 | 160139 | | | | | |
| 工业废气排放总量（亿标立方米） | Volume of Industrial Waste Gas Discharged （100 million cu.m） | 4607 | 8339 | 14520 | 16773 | 13485 | 14158 | 16010 | |
| #燃料燃烧过程中废气排放量 | Volume of Waste Gas in the Process of Fuel Burning | 1787 | 4370 | 8584 | | | | | |
| 生产工艺过程中废气排放量 | Volume of Waste Gas in the Process of Production | 2820 | 3969 | 5936 | | | | | |
| 二氧化硫排放总量（万吨） | Volume of Sulfur Dioxide Discharged （10 000 tons） | 83 | 97 | 85 | 39 | 13 | 12 | 10 | |
| 烟（粉）尘排放量（万吨） | Volume of Smoke （dust） Discharged （10 000 tons） | | | | 33 | 21 | 18 | 16 | |
| 烟尘排放总量（万吨） | Volume of Soot Discharged （10 000 tons） | 59 | 54 | 26 | | | | | |
| 工业粉尘排放量（万吨） | Volume of Dust Discharged （10 000 tons） | 57 | 56 | 32 | | | | | |
| 工业固体废物产生量（万吨） | Volume of Industrial Solid Waste Product （10 000 tons） | 2108 | 3489 | 6232 | 7023 | 6476 | 6503 | 7629 | |
| 工业固体废物处置量（万吨） | Volume of Industrial Solid Waste Treated （10 000 tons） | 227 | 109 | 1563 | 546 | 259 | 1009 | 1042 | |
| 工业固体废物综合利用量（万吨） | Volume of Comprehensive Utilization of Industrial Solid Waste （10 000 tons） | 1058 | 2165 | 4231 | 4433 | 4152 | 3693 | 4184 | |
| 工业固体废物排放量（万吨） | Volume of Industrial Solid Wastes Discharged （10 000 tons） | 127 | 110 | 9 | 0 | 0 | 0 | 0 | |
| “三废”综合利用产品产值（万元） | Output Value of Products Made from Utilization of Waste Gas, Waste Water and Waste Residues （10 000 yuan） | 84856 | 238923 | 510233 | | | | | |

# 8—16　环境污染治理投资情况
# Investment in Environment Pollution Treatment

| 指标 | Item | 2014 | 2015 | 2016 | 2017 | 2018 | 2019 |
|---|---|---|---|---|---|---|---|
| 环境污染源治理投资总额（万元） | Total Investment in Treatment of Environmental Pollution（10 000 yuan） | 2045292 | 2329068 | 1908757 | 1997742 | 1205798 | |
| 一、工业污染源治理项目本年完成投资 | Completed Investment in Treatment of I ndustrial Pollution Sources Projects in This Year | 178909 | 247151 | 130433 | 75847 | 58273 | |
| 二、当年完成环保验收项目环保投资 | Environmental Protection Investment in the Environmental Protection Acceptance Projects in the Year | 387683 | 596962 | 176712 | 419467 | | |
| 三、城市环境基础设施建设本年完成投资额 | Investment in Urban Environment Basic Facilities Construction Completed in the Year | 1478700 | 1484955 | 1601612 | 1502428 | 1147525 | |
| 燃气工程建设 | Engineering Construction of Gas | 147347 | 115689 | 117135 | 124129 | 93414 | |
| 排水工程建设 | Engineering Construction of Drainage | 395776 | 546952 | 517550 | 463399 | 456252 | |
| 园林绿化工程建设 | Engineering Construction of Landscaping | 825240 | 754666 | 831305 | 793495 | 450495 | |
| 市容环境卫生 | Sanitation of Cities | 110337 | 67648 | 135622 | 121405 | 147364 | |

## 主要统计指标解释

**自然资源** 指人类可以直接从自然界获得，并用于生产和生活的物质资源。自然资源一般可以分成可再生资源和非再生资源两大类。可再生资源指在较短时间内可以再生、可以循环利用的资源，包括土地资源、水资源、气候资源、生物资源和海洋资源等。非再生资源指在使用后不能再生的资源，包括矿产资源和地热能源。

**土地资源** 土地是指陆地的表层部分，它主要由岩石、岩石的风化物和土壤构成。土地资源按利用类型可以分为农用地、建筑用地和未利用地。农用地包括耕地、园地、林地、牧草地和水面。建筑用地包括居民点及工矿用地、交通用地和水利设施用地。未利用地指家用地和建筑用地以外的土地，包括滩涂、荒漠、戈壁、冰川和石山等。

**林业用地面积** 指生长乔木、竹类、灌木、沿海红树林等林木的土地面积，包括有林地、灌木林、疏林地、未成林造林地、迹地、苗圃等。

**草地面积** 指牧区和农区用于放牧牲畜或割草，植被盖度在5%以上的草原、草坡、草山等面积。包括天然的和人工种植或改良的草地面积。

**海洋** 是海和洋的统称。洋为地球表面上相连接的广大咸水水体的主体部分。海为地球表面相连接的广大咸水水体被陆地、岛礁、半岛包围或分隔的边缘部分。

**海岸线** 指平均大潮高潮时水路分界线的痕迹线。

**浅海** 未有国标定义，在海洋管理部门中一般指0m-10m等深线的海域。

**滩涂** 未有国标定义，在海洋管理部门中一般指大潮高潮位与低潮位之间的潮侵地带。

**森林面积** 指由乔木树种构成，郁闭度0.2以上（含0.2）的林地或冠幅宽度10米以上的林带的面积，即有林地面积。森林面积包括天然起源和人工起源的针叶林面积、阔叶林面积、针阔混交林面积和竹林面积，不包括灌木林地面积的疏林地面积。

**活立木蓄积量** 指一定范围内土地上全部树木蓄积的总量，包括森林蓄积、疏林蓄积、散生木蓄积和四旁树蓄积。

## Explanatory Notes on Main Statistical Indicators

**Natural Resources** refer to the material resources that can be get from nature directly and used for production and life. Natural resources usually can be divided into two kinds, renewable resources and non-renewable resources. Renewable resources refer to the resources that can reproduce or recycle in a comparatively short time, including land resource, water resource, climate resource, biology resource, ocean and sea resource and so on. Non-renewable resources refer to the resources that cannot reproduce after using, including mineral resources and geothermal resource.

**Land Resource** Land refers to the surface of the earth, consisting of mainly rocks and its weathering and earth. Land resource can be classified, by its utilization, as land for agriculture, land for construction and unused land. Land for agriculture includes cultivated land, plantation land, forestland, grassland and waters. Land for construction includes land for residential purpose, for manufacturing and mining, for transportation and for water conservancy projects. Unused land refers to land exclude land for agriculture and construction, including mud beaches, deserts, Gobi, glaciers and tor.

**Area of Afforested Land** refers to land for trees, bamboo, bushes and mangrove, including forest-covered land, bush-covered land, sparse forest land, land planned for forestation and nurseries of young trees.

**Area of Grassland** refers to areas of grassland, grass-slopes and grass-covered hills with vegetation covering rate of over 5% that are used for animal husbandry or harvesting of grass. It includes natural, cultivated and improved grassland area.

**Oceans and Seas** Oceans refer to the principal part of the large bodies of saltwater connecting on the surface of the earth. Seas refer to the edges that the large bodies of saltwater connecting on the surface of the earth encircled or isolated by land, islands, reefs and peninsulas.

**Coastline** refers to the trace line of waterway dividing line at the average high tide of mean spring.

**Shallow Sea** There is no national standard definition. It refers to the sea area with isobaths of 0-10 meter in marine management departments.

**Mud Beaches** There is no national standard definition. It generally refers to the tidal invasion zone between high and low tide in marine management departments.

**Forest Area** refers to the area of forest where arbor species grow with canopy density at and above 0.2 or canopy width 10 meters, that is area of trees planted. It includes coniferous forest area of natural and planted, coniferous and broad-leaved mixed forest area and bamboo forest area, but excluding bush land and thin forestland.

**Total Standing Stock Volume** refers to total stock volume of wood growing in land, including trees in forest, trees in sparse forest, scattered trees and trees planted by the side of villages, farm houses and along roads and rivers.

**森林覆盖率** 指一个国家或地区森林面积占土地总面积的百分比。森林覆盖率是反映森林资源的丰富程度和生态平衡善的重要指标。在计算森林覆盖率时，森林面积包括郁闭度0.2以上的乔木林地面积和竹林地面积，国家特别规定的灌木林地面积、农田林网以及四旁（村旁、路旁、水旁、宅旁）林木的覆盖面积。计算公式为：

森林覆盖率（%）=×100%

**矿产资源保有储量** 指探明的矿产储量（包括工业储量和远景储量）扣除已开采部分和地下损失量后的年底实有储量。它反映国家矿产资源的现状。

**径流量** 指在一定时段内通过河流某一过水断面的水量，用以反映一个国家或地区水资源的丰歉程度。计算公式为：

径流量=降水量-蒸发量

**气温** 指地面气象观测中测定百叶箱等防辐射装置内距地面1.5m高度的空气温度，简称气温。单位为摄氏度（℃）。

**月平均气温** 由该月逐日平均气温的总和除以该月总日数求得。

**年平均气温** 由一年12个月的月平均气温相加除以12求得。

**降水量** 指某段时间内的未经蒸发、渗透、流失的降水，在地面上积聚的深度。

月降水量由该月逐日降水量相加求得。

年降水量由一年12个月的月降水总量相加求得。

**日照时数** 指在一给定时段内太阳直接辐照度大于或等于120W/m²的各分段时间的总和。统计方法与降水量相同。

**工业废水排放量** 指经过企业厂区所有排放口排到企业外部的工业废水量。包括生产废水、外排的直接冷却水、超标排放的矿井地下水和与工业废水混排的厂区生活污水，不包括外排的间接冷却水（清污不分流的间接冷却水应计算在内）。

**工业废气排放量** 指企业厂内燃料燃烧和生产工艺过程中产生的各种排入空气的含有污染物的气体总量，按标准状态（273K，101325Pa）计算。

**Forest Coverage Rate** refers to the percentage of area of forested land to the area of total land. It is a very important indicator that reflects the status of abundance of forest resource and ecosystem balance. Forest area includes the area of trees and bamboo grow with canopy density above 0.2, the area of shrubby tree according to regulations of the government, the area of forest land inside farm land and the area of trees planted by the side of villages, farm houses and along roads and rivers. The formula for calculating forest coverage rate is as follows:

Forest Coverage Rate （%） = （Area of Forested Land / Area of Total Land） ×100%

**Ensured Reserves of Mineral Resources** refer to the proven reserves of mineral resources（including industrial reserves and future reserves）, which equal to the basic reserves and volume of resources minus the part mined and underground losses. They reflect the situation of mineral resources of countries.

**Volume of Runoff** refers to the total volume of water that run through a certain cross section of a river during a given period, and it reflects the abundance of water resource in a country or region. The formula for calculating the volume of runoff is as follows:

Volume of Runoff = Amount of Precipitation−Amount of Evaporation

**Air Temperature** refers to the temperature of the air as observed in an instrument shelter or other radiation protection devices at 1.5m above the ground surface. It is measured in degrees Celsius.

**The Monthly Average Temperature** is calculated by dividing the sum of the average daily air temperature of the month by the total number of days in the month.

**The Annual Average Temperature** is calculated by dividing the sum of the monthly average temperature of 12 months in a year by 12.

**Precipitation Amount** refers to the depth of the precipitation gathered on the ground without evaporation, infiltration and loss.

The Monthly precipitation amounts to the sum of the daily precipitation of the month.

The Annual Precipitation amounts to the sum of the monthly precipitation in a year.

**Sunshine Duration** refers to the sum of the time of the solar direct irradiance greater than or equal to 120 W/m2 in a given period. The statistical calculating method is the same as precipitation amount.

**Volume of Industrial Waste Water Discharged** refers to the volume of industrial waste water discharged through all outlets to the outside of industrial enterprises, including waste water produced, direct-cooling water, underground water from mines from mines that does not meet the standard of discharge, and the domestic sewage mixed up with industrial waste water when discharged, but excluding discharged indirect-cooling water （including indirect-cooling water of pollution clearance and not diffluent）.

**Volume of Industrial Waste Gas Emission** refers to waste gas emitted from burning of fuels and from production process in the area of factory, and is measured by 10 000 standard cubic meters each year under normal condition （273K, 101325Pa）.

**二氧化硫排放量** 指企业在燃料燃烧和生产工艺过程中排入大气的二氧化硫数量。

**烟尘排放量** 指企业厂内燃料燃烧产生的烟气中夹带的颗粒物数量。

**工业粉尘排放量** 指企业在生产工艺过程中排放的颗粒物重量，如钢铁企业的耐火材料粉尘、焦化企业的筛焦系统粉尘、烧结机的粉尘、石灰窑的粉尘、建材企业的水泥粉尘等。不包括电厂排入大气的烟尘。

**工业固体废物产生量** 指企业在生产过程中产生的固体状、半固体状和高浓度液体废弃物的总量，包括危险废物、冶炼废渣、粉煤灰、炉渣、煤矸石、尾矿、放射性废物和其他废物等；不包括矿山开采的剥离废石和掘进废石（煤矸石和呈酸性或碱性的废石除外）。酸性或碱性废石指采掘的废石其流经水、雨淋水的pH值小于4或pH值大于10.5者。

**工业固体废物综合利用量** 指通过回收、加工、循环、交换等方式，从固体废物中提取或者使其转化为可以利用的资源、能源和其他原材料的固体废物量（包括当年利用往年的工业固体废物累计贮存量），如用作农业肥料、生产建筑材料、筑路等。综合利用量由原产生固体废物的单位统计。

**工业固体废物处置量** 指将固体废物焚烧或者最终置于符合环境保护规定要求的场所，并不再回取的工业固体废物量（包括当年处置往年的工业固体废物累计贮存量）。处置方法有填埋（其中危险废物应安全填埋）、焚烧、专业贮存场（库）封场处理、深层灌注、回填矿井等。

**工业固体废物排放量** 指将所产生的固体废物排到固体废物污染防治设施、场所以外的数量，不包括矿山开采的剥离废石和掘进废石（煤矸石和呈酸性或碱性的废石除外）。

**“三废”综合利用产品产值** 指利用“三废”（废液、废气、废渣）作为主要原料生产的产品价值（现行价）；已经销售或准备销售的应计算产品价值，留作生产自用的不应计算产品价值。

**Volume of Industrial Sulphur Dioxide Discharged** refers to the volume of sulphur dioxide to the air in the process of fuel burning and in the production process.

**Volume of Industrial Soot Discharged** refers to the volume solid soot in the smoke discharged in the process of fuel burning in the area of the factory.

**Industrial Dust Discharged** refers to the total weight of solid dust discharged by industrial enterprises in the production process, such as dust of refractory materials form iron plants, dust from coke-screening systems or from sintering machines of coking plants, dust form lime kilns, cements dust from building material enterprises, etc., but excluding smoke and dust discharged by power plants.

**Volume of Industrial Solid Wastes Produced** refers to the total volume of solid, semi-solid and high-concentration liquid residue produced by industrial enterprises in their production process, including dangerous wastes, residues from melting, fly ash, slag, gangue, tailings, radioactive residues and other residues, but excluding stripped and dug stones in mining (except gangue and acid or alkali stones which are stones washed or soaked by water with a PH value smaller than 4 or larger than 10.5).

**Volume of Industrial Solid Wastes Comprehensively Utilized** refers to the volume of solid wastes form which useful materials can be extracted or which can be changed to be utilizable resources, energy or other materials through ways of reclamation, processing, recycling and exchanging (including the volume of industrial solid wastes stored up in the previous years and utilized in the current year), such as the solid wastes utilized as fertilizers, building materials, for making roads or for other purpose. Solid wastes producing units collect statistical data on comprehensive utilization of industrial solid wastes.

**Volume of Industrial Solid Wastes Disposed** refers to solid wastes incinerated or disposed of in a place that meet the requirement of environmental protection and the volume of non-recoverable solid wastes (Including treatment of solid wastes piled up in the previous years), such as burying (The dangerous wastes should be buried safely), burning, piling in designated sites, pouring water into the deep strata, filing of old mines, etc..

**Volume of Industrial Solid Wastes Discharged** refers to the volume of industrial solid wastes produced and discharged at the places outside the special facilities or special sites for preventing against pollution, excluding stripped and dug stones in mining (except gangue and acid or alkali waste stones).

**Output Value of Products Made from Utilization of Waste Gas, Waste Water and Industrial Solid Wastes** refers to the value of products (calculated at current prices) made by industrial enterprises using recovered waste water, waste gas or solid wastes as main raw materials. The value of the products, which have been sold or are ready, to be sold should be included. The value of the products, which will be used in the production of the enterprises, should not be included.

**城市统计范围**　根据建设部的新规定，设市城市按城区范围统计，县的统计范围为县城。

**设市城市的城区**　包括：

（一）街道办事处所辖地域；

（二）城市公共设施、居住设施和市政公用设施等连接到的其他镇（乡）地域；

（三）常住人口在3000人以上独立的工矿区、开发区、科研单位、大专院校等特殊区域。

**县城**　包括：

（一）县政府驻地的镇（城关镇）或街道办事处地域；

（二）县城公共设施、居住设施和市政公用设施等连接到的其他镇（乡）地域；

（三）常住人口在3000人以上独立的工矿区、开发区、科研单位、大专院校等特殊区域。

**市区面积**　指城市行政区域内的全部土地面积（包括水域面积）。地级城市行政区不包括市辖县（市），以国务院批准的行政区划面积为准。

**城区面积**　指设市城市的城建统计的范围面积。

**市区（县）人口**　指城市（县）行政区域内有常住户口和未落常住户口的人，以及被注销户口的在押犯、劳改、劳教人员。未落常住户口是指持出生、迁移、复员转业、劳改释放、解除劳教等证件未落常住户口的、无户口的人员以及户口情况不明且定居一年以上的流入人口。

**城区（县城）人口**　指划定的城区（县城）范围的人口数。

**Statistical Range of City**　According to the new regulation of Ministry of Construction, the statistical range of administratively designated city refers to the urban area, and the statistical range of county refers to the county seat.

**Urban Area of Administratively Designated City**　includes:

1. The area ruled by sub-district offices;

2. The area of other towns (villages) joint by city public facilities, living facilities and municipal facilities;

3. The special area of independent industrial and mining areas, development zones, institutions of scientific research and universities and colleges, with the permanent population above 3000 persons.

**County**　includes:

1. The area of towns of county governments or sub-district offices;

2. The area of other towns (villages) joint by public facilities of county seats, living facilities and municipal facilities;

3. The special area of independent industrial and mining areas, development zones, institutions of scientific research and universities and colleges, with the permanent population above 3000 persons.

**Area of City District**　refers to the total land area (including water area) in the administrative areas of the city. The administrative areas of the prefecture-level city excludes the under counties (county-level cities), and subject to the area of administrative divisions authorized by the State Council.

**Urban Area**　refers to the area of the statistical range of the administratively designated cities' construction.

**Population of City District (County)**　refers to the population with permanent residences and not yet with permanent residences, and the residence-canceled population of criminals in custody, reform- through-labor personnel and reeducation- through-labor personnel. The population not yet with permanent residences refers to the personnel that without residences or have not registered their identifications, such as for birth, transferring, demobilization and returning to civilian work, reform- through-labor personnel released and reeducation - through-labor personnel released as permanent residences yet, and also includes the influx of population that have uncertain residences and settle for more than one year.

**Population of Urban Area (County)**　refers to the population in the range of the circumscribed urban area (county).

第九篇

# 能源生产与消费

# ENERGY PRODUCTION AND CONSUMPTION

（编辑：甘艳华）

# 简要说明

（本篇资料由自治区统计局能源处调查提供，电话：0771-2448506）

**一、本篇资料主要内容**

本篇资料包括的主要内容有能源生产、消费及品种构成，能源利用效益和能源消费水平，能源消费弹性系数和电力消费弹性系数，分行业、分主要能源品种的消费，生活用能源消费量和能源可供量，分行业、分行政区划电力消费量等。从2020年起增加能源加工转换效率等指标。

**二、本篇资料的统计范围**

9-6表规模以上工业统计范围为年主营业务收入2000万元以上工业企业。其他表的数据统计范围为全社会。

**三、本篇的资料来源**

规模以上工业综合能源消费量由统计范围内企业在联网直报平台报送，自治区统计局、各市统计局按能源统计报表制度汇总整理；电力数据取自广西电网公司统计数据，进口量和出口量采用海关统计数据，其他数据由自治区统计局汇总整理。

**四、关于数据口径与计算方法的说明**

1.能源加工转换效率表中，电力折标煤系数采用当量值计算。

2.2018年起数据行业分类按2017年《国民经济行业分类》（GB/T4754-2017）标准执行。

3.价值指标按当年价格计算，因1998年后价值指标作调整，故相关数据资料相应变化。

# 9—1 能源生产、消费总量（1978-2019年）

## Production and Consumption of Energy (1978-2019)

单位：万吨标准煤 (10 000 tons of SCE)

| 年份 Year | 能源生产总量 Total Production of Energy | 原煤 Coal | 原油 Crude Oil | 电力及其他能源 Electricity and Other Energy | 能源消费总量 Total Consumption of Energy | 煤炭 Coal | 石油 Oil | 电力及其他能源 Electricity and Other Energy |
|---|---|---|---|---|---|---|---|---|
| 1978 | 508.59 | 382.26 | | 126.33 | 781.00 | 479.53 | 175.14 | 126.33 |
| 1979 | 475.57 | 341.44 | | 134.13 | 765.00 | 437.58 | 193.29 | 134.13 |
| 1980 | 415.21 | 287.79 | | 127.42 | 730.00 | 413.91 | 188.69 | 127.40 |
| 1981 | 440.82 | 288.59 | | 152.23 | 717.00 | 391.55 | 173.22 | 152.23 |
| 1982 | 481.92 | 306.91 | | 175.01 | 769.00 | 439.95 | 154.04 | 175.01 |
| 1983 | 524.21 | 333.76 | 3.07 | 187.38 | 810.00 | 461.21 | 161.41 | 187.38 |
| 1984 | 526.19 | 324.50 | 4.50 | 197.19 | 854.00 | 487.63 | 169.18 | 197.19 |
| 1985 | 638.52 | 330.16 | 5.13 | 303.23 | 1008.21 | 530.60 | 125.70 | 351.91 |
| 1986 | 571.19 | 264.64 | | 306.55 | 1022.77 | 542.36 | 125.89 | 354.52 |
| 1987 | 628.55 | 315.04 | 5.39 | 308.12 | 1135.66 | 648.80 | 133.47 | 353.39 |
| 1988 | 684.25 | 417.56 | 5.20 | 261.49 | 1160.21 | 728.76 | 121.75 | 309.70 |
| 1989 | 706.28 | 465.87 | 4.67 | 235.74 | 1200.28 | 776.59 | 127.22 | 296.47 |
| 1990 | 704.63 | 416.27 | 17.14 | 271.22 | 1308.21 | 820.62 | 151.81 | 335.78 |
| 1991 | 693.59 | 426.95 | 4.49 | 262.15 | 1386.88 | 903.22 | 155.70 | 327.96 |
| 1992 | 783.88 | 492.88 | 4.59 | 286.41 | 1549.30 | 1034.80 | 157.16 | 357.34 |
| 1993 | 958.47 | 502.35 | 4.40 | 451.72 | 1809.21 | 1068.67 | 179.18 | 561.36 |
| 1994 | 1064.73 | 575.91 | 4.61 | 484.21 | 2047.95 | 1232.19 | 193.60 | 622.16 |
| 1995 | 1103.39 | 561.90 | 14.53 | 526.96 | 2256.52 | 1261.41 | 227.49 | 767.62 |
| 1996 | 1035.50 | 531.33 | 5.14 | 499.03 | 2301.11 | 1303.05 | 244.90 | 753.16 |
| 1997 | 1065.84 | 472.81 | 5.60 | 587.43 | 2327.74 | 1190.25 | 245.92 | 891.57 |
| 1998 | 975.93 | 430.71 | 4.50 | 540.72 | 2417.68 | 1218.87 | 318.95 | 879.86 |
| 1999 | 855.47 | 346.25 | 5.00 | 504.22 | 2472.73 | 1299.03 | 327.89 | 845.81 |
| 2000 | 833.28 | 300.26 | 4.70 | 528.32 | 2487.40 | 1226.29 | 378.09 | 883.02 |
| 2001 | 838.35 | 260.31 | 4.64 | 573.21 | 2700.97 | 1372.09 | 461.87 | 867.01 |
| 2002 | 770.23 | 185.31 | 5.00 | 579.93 | 2778.58 | 1322.61 | 536.27 | 919.71 |
| 2003 | 729.67 | 188.12 | 4.69 | 651.15 | 3187.66 | 1632.08 | 678.97 | 876.61 |
| 2004 | 908.43 | 267.06 | 5.13 | 636.24 | 4014.56 | 1971.15 | 863.13 | 1180.28 |
| 2005 | 1220.99 | 358.78 | 4.90 | 857.31 | 4536.74 | 2540.57 | 798.47 | 1197.70 |
| 2006 | 1359.27 | 288.54 | 4.84 | 1065.88 | 5022.95 | 2697.33 | 863.95 | 1461.67 |
| 2007 | 1467.60 | 305.91 | 4.11 | 1157.58 | 5588.61 | 3297.28 | 927.71 | 1363.62 |
| 2008 | 1926.42 | 191.30 | 4.09 | 1730.91 | 6054.22 | 3396.42 | 974.73 | 1683.07 |
| 2009 | 1820.23 | 259.86 | 4.13 | 1556.24 | 6592.74 | 3876.53 | 1068.02 | 1648.19 |
| 2010 | 1951.85 | 428.48 | 3.84 | 1519.53 | 7379.23 | 3977.40 | 1224.95 | 2176.88 |
| 2011 | 1777.24 | 445.37 | 3.24 | 1328.63 | 8005.79 | 4315.12 | 1377.00 | 2313.67 |
| 2012 | 2129.80 | 440.96 | 3.27 | 1685.57 | 8530.55 | 4555.32 | 1408.13 | 2567.11 |
| 2013 | 2517.35 | 369.26 | 62.50 | 2084.26 | 9100.37 | 5229.98 | 1443.41 | 2426.98 |
| 2014 | 2869.84 | 341.29 | 83.86 | 2444.69 | 9515.34 | 5025.22 | 1593.11 | 2897.01 |
| 2015 | 3274.39 | 224.60 | 79.30 | 2970.49 | 9805.66 | 4523.03 | 1559.77 | 3722.86 |
| 2016 | 3147.49 | 227.45 | 67.72 | 2852.32 | 10110.15 | 4657.47 | 1757.00 | 3695.67 |
| 2017 | 3255.17 | 206.45 | 62.96 | 2985.76 | 10456.02 | 4744.37 | 1774.17 | 3937.48 |
| 2018 | 3756.69 | 224.80 | 74.12 | 3457.77 | 10823.39 | 5094.24 | 1720.49 | 4008.66 |
| 2019 | 3604.68 | 180.07 | 71.80 | 3352.81 | 11270.05 | 5502.72 | 1555.31 | 4212.02 |

注：1.本表指标均为常规能源折合标准煤。

2.从1988年起电力折标系数调整，2000年—2013年因第三次经济普查数据作调整。2015年-2018年部分数据依据第四次经济普查调整。

Note: 1.The items in this table are converted into SCE.

2.Since 1988, the ratio of Hydro-Power converted into SCE has been adjusted. The data from 2000 to 2013 has been adjusted by the 3rd Economic Census.And 2015 to 2018 has been adjusted by the 4th Economic Census.

# 9—2　能源生产、消费构成（1978-2019年）

## Composition of Energy Production and Consumption（1978-2019）

单位：%　　　　（%）

| 年份 Year | 能源生产总量 Total Production of Energy | 原煤 Coal | 原油 Crude Oil | 电力及其他能源 Electricity and Other Energy | 能源消费总量 Total Consumption of Energy | 煤炭 Coal | 石油 Oil | 电力及其他能源 Electricity and Other Energy |
|---|---|---|---|---|---|---|---|---|
| 1978 | 100 | 75.2 | | 24.8 | 100 | 61.4 | 22.4 | 16.2 |
| 1979 | 100 | 71.8 | | 28.2 | 100 | 57.2 | 25.3 | 17.5 |
| 1980 | 100 | 69.3 | | 30.7 | 100 | 56.7 | 25.9 | 17.4 |
| 1981 | 100 | 65.5 | | 34.5 | 100 | 54.6 | 24.2 | 21.2 |
| 1982 | 100 | 63.7 | | 36.3 | 100 | 57.2 | 20.0 | 22.8 |
| 1983 | 100 | 63.7 | 0.5 | 35.8 | 100 | 56.9 | 19.9 | 23.2 |
| 1984 | 100 | 61.7 | 0.8 | 37.5 | 100 | 57.1 | 19.8 | 23.1 |
| 1985 | 100 | 51.7 | 0.8 | 47.5 | 100 | 52.6 | 12.4 | 35.0 |
| 1986 | 100 | 46.3 | 0.9 | 53.7 | 100 | 53.0 | 12.3 | 34.7 |
| 1987 | 100 | 50.1 | 0.9 | 49.0 | 100 | 57.1 | 11.8 | 31.1 |
| 1988 | 100 | 61.0 | 0.8 | 38.2 | 100 | 62.8 | 10.5 | 26.7 |
| 1989 | 100 | 66.0 | 0.7 | 33.4 | 100 | 64.7 | 10.6 | 24.7 |
| 1990 | 100 | 59.1 | 2.4 | 38.5 | 100 | 62.7 | 11.6 | 25.7 |
| 1991 | 100 | 61.6 | 0.6 | 37.8 | 100 | 65.1 | 11.2 | 23.7 |
| 1992 | 100 | 62.9 | 0.6 | 36.5 | 100 | 66.8 | 10.1 | 23.1 |
| 1993 | 100 | 52.4 | 0.5 | 47.1 | 100 | 59.1 | 9.9 | 31.0 |
| 1994 | 100 | 54.1 | 0.4 | 45.5 | 100 | 60.2 | 9.5 | 30.3 |
| 1995 | 100 | 50.9 | 1.3 | 47.8 | 100 | 55.9 | 10.1 | 34.0 |
| 1996 | 100 | 51.3 | 0.5 | 48.2 | 100 | 56.6 | 10.6 | 32.8 |
| 1997 | 100 | 44.4 | 0.5 | 55.1 | 100 | 51.1 | 10.6 | 38.3 |
| 1998 | 100 | 44.1 | 0.5 | 55.4 | 100 | 50.4 | 13.2 | 36.4 |
| 1999 | 100 | 40.5 | 0.6 | 58.9 | 100 | 52.5 | 13.6 | 33.9 |
| 2000 | 100 | 36.0 | 0.6 | 63.4 | 100 | 49.3 | 15.2 | 35.5 |
| 2001 | 100 | 31.1 | 0.6 | 68.3 | 100 | 50.8 | 17.1 | 32.1 |
| 2002 | 100 | 24.1 | 0.7 | 75.2 | 100 | 47.6 | 19.3 | 33.1 |
| 2003 | 100 | 25.8 | 0.6 | 73.6 | 100 | 51.2 | 21.3 | 27.5 |
| 2004 | 100 | 32.3 | 0.8 | 66.9 | 100 | 49.1 | 21.5 | 29.4 |
| 2005 | 100 | 29.4 | 0.4 | 70.2 | 100 | 56.0 | 17.6 | 26.4 |
| 2006 | 100 | 21.2 | 0.4 | 78.4 | 100 | 53.7 | 17.2 | 29.1 |
| 2007 | 100 | 20.8 | 0.3 | 78.9 | 100 | 59.0 | 16.6 | 24.4 |
| 2008 | 100 | 9.9 | 0.2 | 89.9 | 100 | 56.1 | 16.1 | 27.8 |
| 2009 | 100 | 14.3 | 0.2 | 85.5 | 100 | 58.8 | 16.2 | 25.0 |
| 2010 | 100 | 22.0 | 0.2 | 77.9 | 100 | 53.9 | 16.6 | 29.5 |
| 2011 | 100 | 25.1 | 0.2 | 74.8 | 100 | 53.9 | 17.2 | 28.9 |
| 2012 | 100 | 20.7 | 0.2 | 79.1 | 100 | 53.4 | 16.5 | 30.1 |
| 2013 | 100 | 18.7 | 3.2 | 78.3 | 100 | 57.5 | 15.9 | 26.6 |
| 2014 | 100 | 15.6 | 3.5 | 82.1 | 100 | 52.8 | 16.7 | 30.5 |
| 2015 | 100 | 6.9 | 2.4 | 90.7 | 100 | 46.1 | 15.9 | 38.0 |
| 2016 | 100 | 7.2 | 2.2 | 90.6 | 100 | 46.1 | 17.4 | 36.6 |
| 2017 | 100 | 6.3 | 1.9 | 91.8 | 100 | 45.4 | 17.0 | 37.7 |
| 2018 | 100 | 6.0 | 2.0 | 92.0 | 100 | 47.1 | 15.9 | 37.0 |
| 2019 | 100 | 5.0 | 2.0 | 93.0 | 100 | 48.8 | 13.8 | 37.4 |

# 9—3 能源利用效益主要指标

## Economic Results Indicators for the Utilization of Energy

| 年份<br>Year | 每万元地区生产总值消费能源（吨标准煤）<br>Per 10 000 Yuan GDP Energy Consumption （ton of SCE） | 每吨能源消费实现的地区生产总值（元）<br>Per Ton Energy Consumption Format Gross Domestic Product （yuan） |
|---|---|---|
| 1985 | 5.57 | 1795 |
| 1990 | 2.91 | 3431 |
| 1991 | 2.67 | 3739 |
| 1992 | 2.40 | 4173 |
| 1993 | 2.08 | 4818 |
| 1994 | 1.71 | 5851 |
| 1995 | 1.51 | 6637 |
| 1996 | 1.36 | 7379 |
| 1997 | 1.28 | 7807 |
| 1998 | 1.27 | 7906 |
| 1999 | 1.27 | 7973 |
| 2000 | 1.20 | 8362 |
| 2001 | 1.18 | 8439 |
| 2002 | 1.10 | 9083 |
| 2003 | 1.13 | 8850 |
| 2004 | 1.17 | 8553 |
| 2005 | 1.14 | 8182 |
| 2006 | 1.06 | 9449 |
| 2007 | 0.96 | 10420 |
| 2008 | 0.86 | 11597 |
| 2009 | 0.85 | 11769 |
| 2010 | 0.77 | 12969 |
| 2011 | 0.68 | 14640 |
| 2012 | 0.65 | 15280 |
| 2013 | 0.63 | 15799 |
| 2014 | 0.61 | 16156 |
| 2015 | 0.66 | 15091 |
| 2016 | 0.63 | 15941 |
| 2017 | 0.59 | 17015 |
| 2018 | 0.55 | 18135 |
| 2019 | 0.53 | 18844 |

注：1.价值指标按当年价格计算。因1998年后价值指标作调整，故本表资料相应变化。

2.2000年-2013年数据根据第三次经济普查调整。2015年-2018年数据依据第四次经济普查调整。

Note: 1. The data in value terms in this table are calculated at current prices. Due to the indicators of value have been readjusted since 1998, the data in this table have been relatively changed.

2.The data from 2000 to 2013 has been adjusted by the 3rd Economic Census.And 2015 to 2018 has been adjusted by the 4th Economic Census.

# 9—4　能源消费弹性系数

## Elasticity Ratio of Energy Consumption

| 年份<br>Year | 能源消费<br>比上年增长（%）<br>Growth Rate of Energy Consumption over Preceding Year（%） | 电力消费<br>比上年增长（%）<br>Growth Rate of Electricity Consumption over Preceding Year（%） | 地区生产总值<br>比上年增长（%）<br>Growth Rate of GDP over Preceding Year（%） | 能源消费<br>弹性系数<br>Elasticity Ratio of Energy Consumption | 电力消费<br>弹性系数<br>Elasticity Ratio of Electricity Consumption |
|---|---|---|---|---|---|
| 1985 | 6.4 | 15.1 | 11.0 | 0.58 | 1.37 |
| 1990 | 8.2 | 11.8 | 7.0 | 1.17 | 1.69 |
| 1991 | 6.0 | 7.8 | 12.7 | 0.47 | 0.61 |
| 1992 | 11.7 | 13.1 | 18.3 | 0.64 | 0.72 |
| 1993 | 16.8 | 10.1 | 18.3 | 0.92 | 0.55 |
| 1994 | 13.2 | 13.0 | 15.2 | 0.87 | 0.85 |
| 1995 | 10.2 | 19.8 | 11.4 | 0.90 | 1.74 |
| 1996 | 2.0 | 7.5 | 8.3 | 0.24 | 0.90 |
| 1997 | 1.2 | 3.3 | 8.0 | 0.15 | 0.41 |
| 1998 | 3.9 | 7.9 | 10.0 | 0.39 | 0.79 |
| 1999 | 2.3 | 5.7 | 8.0 | 0.29 | 0.71 |
| 2000 | 8.0 | 11.4 | 7.9 | 1.01 | 1.44 |
| 2001 | 8.6 | 3.1 | 8.3 | 1.03 | 0.37 |
| 2002 | 2.8 | 7.5 | 10.6 | 0.26 | 0.73 |
| 2003 | 14.7 | 16.5 | 10.2 | 1.44 | 1.58 |
| 2004 | 25.9 | 9.9 | 11.8 | 2.19 | 0.84 |
| 2005 | 15.6 | 11.7 | 13.2 | 1.18 | 0.89 |
| 2006 | 10.7 | 13.6 | 13.6 | 0.79 | 1.00 |
| 2007 | 11.3 | 17.6 | 15.1 | 0.75 | 1.17 |
| 2008 | 8.3 | 11.7 | 12.8 | 0.65 | 0.91 |
| 2009 | 8.9 | 11.7 | 13.9 | 0.64 | 0.84 |
| 2010 | 11.9 | 16.0 | 14.2 | 0.84 | 1.13 |
| 2011 | 8.5 | 12.0 | 12.3 | 0.69 | 0.98 |
| 2012 | 6.6 | 3.7 | 11.3 | 0.58 | 0.33 |
| 2013 | 6.7 | 7.3 | 10.2 | 0.66 | 0.72 |
| 2014 | 4.6 | 5.6 | 8.5 | 0.54 | 0.66 |
| 2015 | 2.6 | 2.0 | 8.1 | 0.32 | 0.25 |
| 2016 | 3.1 | 1.9 | 7.0 | 0.44 | 0.27 |
| 2017 | 3.4 | 6.1 | 7.1 | 0.48 | 0.87 |
| 2018 | 3.5 | 17.8 | 6.8 | 0.52 | 2.63 |
| 2019 | 4.1 | 12.0 | 6.0 | 0.68 | 2.00 |

# 9—5 主要年份分行业能源消费量和构成

| 行业名称 | Sector | 1995 | | 2000 | | 2005 | |
|---|---|---|---|---|---|---|---|
| | | 消费总量（万吨标准煤）Total Consumption（10 000 tce） | 构成（%）Composition（%） | 消费总量（万吨标准煤）Total Consumption（10 000 tce） | 构成（%）Composition（%） | 消费总量（万吨标准煤）Total Consumption（10 000 tce） | 构成（%）Composition（%） |
| 消费总计 | Total Consumption | 2256.52 | 100.0 | 2487.40 | 100.0 | 4536.74 | 100.0 |
| 农、林、牧、渔业 | Agriculture, Forestry, Animal Husbandry, Fishery and Conservancy | 45.37 | 2.0 | 52.73 | 2.1 | 96.18 | 2.1 |
| 工业 | Industry | 1848.24 | 81.9 | 1893.66 | 76.1 | 3341.76 | 73.7 |
| 采矿业 | Mining and Quarrying | 92.03 | 4.1 | 83.58 | 3.4 | 92.10 | 2.0 |
| 煤炭开采和洗选业 | Mining and Washing of Coal | 34.62 | 1.5 | 25.87 | 1.0 | 14.06 | 0.3 |
| 石油和天然气开采业 | Extraction of Petroleum and Natural Gas | | | 0.50 | … | 0.45 | … |
| 黑色金属矿采选业 | Mining and Processing of Ferrous Metal Ores | 10.55 | 0.5 | 7.96 | 0.3 | 21.78 | 0.5 |
| 有色金属矿采选业 | Mining and Processing of Non-Ferrous Metal Ores | 32.46 | 1.4 | 40.30 | 1.6 | 39.02 | 0.9 |
| 非金属矿采选业 | Mining and Processing of Nonmetal Ores | 9.74 | 0.4 | 6.47 | 0.3 | 13.16 | 0.3 |
| 开采辅助活动 | Support Activities for Mining | | | | | | |
| 其他采矿业 | Mining of Other Ores | 4.66 | 0.2 | 2.49 | 0.1 | 3.18 | 0.1 |
| 制造业 | Manufacturing | 1568.96 | 69.5 | 1679.99 | 67.5 | 3104.04 | 68.4 |
| 农副食品加工业 | Processing of Food from Agricultural Products | 187.26 | 8.3 | 239.29 | 9.6 | 286.72 | 6.3 |
| 食品制造业 | Manufacture of Foods | 36.78 | 1.6 | 20.65 | 0.8 | 12.70 | 0.3 |
| 酒、饮料和精制茶制造业 | Liquor, Beverages and Refined Tea Manufacturing | 29.40 | 1.3 | 12.93 | 0.5 | 24.04 | 0.5 |
| 烟草制品业 | Manufacture of Tobacco | 4.18 | 0.2 | 3.73 | 0.2 | 6.35 | 0.1 |
| 纺织业 | Manufacture of Textile | 34.56 | 1.5 | 16.17 | 0.7 | 20.87 | 0.5 |
| 纺织服装、服饰业 | Manufacture of Textile, Wearing Apparel and Accessories | 2.80 | 0.1 | 0.99 | … | 1.36 | … |
| 皮革、毛皮、羽毛及其制品业和制鞋业 | Manufacture of Leather, Fur, Feather, Related Products and Footwear | 2.33 | 0.1 | 2.24 | 0.1 | 4.54 | 0.1 |
| 木材加工及木、竹、藤、棕、草制品业 | Processing of Timber, Manufacture of Wood, Bamboo, Rattan, Palm and Sreaw Products | 14.27 | 0.6 | 16.91 | 0.7 | 25.41 | 0.6 |
| 家具制造业 | Manufacture of Furniture | 4.56 | 0.2 | 1.49 | 0.1 | 3.18 | 0.1 |
| 造纸及纸制品业 | Manufacture of Paper and Paper Products | 66.99 | 3.0 | 61.94 | 2.5 | 120.22 | 2.7 |
| 印刷业和记录媒介的复制 | Printing, Reproduction of Recording Media | 1.92 | 0.1 | 1.74 | 0.1 | 6.35 | 0.1 |
| 文教、工美、体育和娱乐用品制造业 | Manufacture of Articles For Culture, Education, Sport and Entertainment Activities | 0.29 | … | 0.25 | … | 0.45 | … |

注：2000年、2005年、2011年、2012年和2013年数据根据第三次经济普查作调整。2018年起行业分类按2017年《国民经济行业分类》（GB/T4754-2017）标准。2015年-2018年数据依据第四次经济普查调整。

# Consumption and Composition of Energy by Sector in Main Years

| | 2011 | | 2015 | | 2016 | | 2017 | | 2018 | | 2019 | |
|---|---|---|---|---|---|---|---|---|---|---|---|---|
| | 消费总量（万吨标准煤） Total Consumption（10 000 tce） | 构成（%） Composition（%） | 消费总量（万吨标准煤） Total Consumption（10 000 tce） | 构成（%） Composition %） | 消费总量（万吨标准煤） Total Consumption（10 001 tce） | 构成（%） Composition（%） | 消费总量（万吨标准煤） Total Consumption（10 001 tce） | 构成（%） Composition %） | 消费总量（万吨标准煤） Total Consumption（10 002 tce） | 构成（%） Composition（%） | 消费总量（万吨标准煤） Total Consumption（10 003 tce） | 构成（%） Composition（%） |
| | 8005.79 | 100.0 | 9805.66 | 100.0 | 10110.15 | 100.0 | 10456.02 | 100.0 | 10823.39 | 100.0 | 11270.05 | 100.0 |
| | 129.69 | 1.6 | 192.23 | 2.4 | 255.13 | 2.5 | 234.47 | 2.2 | 210.45 | 1.9 | 208.95 | 1.9 |
| | 5802.60 | 72.5 | 7097.92 | 70.3 | 6983.35 | 69.2 | 7237.33 | 69.2 | 7641.35 | 70.6 | 7737.41 | 68.7 |
| | 86.46 | 1.1 | 87.74 | 0.9 | 94.52 | 0.9 | 116.57 | 1.1 | 115.02 | 1.1 | 127.11 | 1.1 |
| | 9.61 | 0.1 | 5.41 | 0.1 | 24.83 | 0.2 | 23.40 | 0.2 | 5.94 | 0.1 | 10.17 | 0.1 |
| | | | 1.42 | … | 1.51 | … | 0.53 | … | 0.10 | … | 0.06 | 0.0 |
| | 32.82 | 0.4 | 12.51 | 0.1 | 13.69 | 0.1 | 15.25 | 0.1 | 14.57 | 0.1 | 6.8 | 0.1 |
| | 30.42 | 0.4 | 34.78 | 0.4 | 26.06 | 0.3 | 25.11 | 0.2 | 23.55 | 0.2 | 33.77 | 0.3 |
| | 13.61 | 0.2 | 33.53 | 0.3 | 28.32 | 0.3 | 39.15 | 0.4 | 47.35 | 0.4 | 52.66 | 0.5 |
| | | | | | | | 13.03 | 0.1 | 0.00 | … | 0 | 0.0 |
| | | | 0.09 | … | 0.10 | … | 0.10 | … | 23.51 | 0.2 | 23.65 | 0.2 |
| | 5343.06 | 66.7 | 6512.78 | 64.2 | 6410.29 | 63.5 | 6655.98 | 63.6 | 7036.03 | 65.0 | 6947.74 | 61.6 |
| | 502.76 | 6.3 | 425.05 | 4.3 | 225.98 | 2.2 | 257.49 | 2.5 | 405.19 | 3.7 | 443.7 | 3.9 |
| | 32.02 | 0.4 | 64.88 | 0.7 | 58.51 | 0.6 | 57.24 | 0.5 | 46.25 | 0.4 | 47.63 | 0.4 |
| | 52.04 | 0.7 | 61.42 | 0.6 | 59.40 | 0.6 | 55.50 | 0.5 | 27.89 | 0.3 | 28.25 | 0.3 |
| | 3.20 | … | 3.85 | … | 3.60 | … | 3.66 | … | 5.22 | 0.0 | 5.03 | 0.0 |
| | 32.82 | 0.4 | 34.24 | 0.3 | 19.59 | 0.2 | 20.32 | 0.2 | 27.14 | 0.3 | 39.78 | 0.4 |
| | 3.20 | … | 9.00 | 0.1 | 8.84 | 0.1 | 5.02 | … | 4.34 | 0.0 | 6.55 | 0.1 |
| | 4.80 | 0.1 | 7.36 | 0.1 | 5.99 | 0.1 | 4.83 | … | 6.20 | 0.1 | 6.58 | 0.1 |
| | 100.07 | 1.3 | 129.65 | 1.4 | 105.49 | 1.0 | 112.05 | 1.1 | 146.63 | 1.4 | 188.21 | 1.7 |
| | 4.00 | 0.1 | 6.70 | 0.1 | 6.87 | 0.1 | 6.17 | 0.1 | 1.81 | 0.0 | 1.93 | 0.0 |
| | 220.96 | 2.8 | 220.10 | 2.3 | 263.17 | 2.6 | 284.06 | 2.7 | 203.85 | 1.9 | 220.71 | 2.0 |
| | 3.20 | … | 4.95 | 0.1 | 3.75 | … | 3.45 | … | 3.19 | 0.0 | 3.46 | 0.0 |
| | 0.80 | … | 3.03 | … | 2.34 | … | 0.70 | … | 3.88 | 0.0 | 4.05 | 0.0 |

Note: The data in 2000, 2005, 2011, 2012 and 2013 has been adjusted by the 3rd Economic Census, and the industry classification is based on the standard of National Economic Industry Classification (GB/T4754-2011) in 2011.And 2015 to 2018 has been adjusted by the 4th Economic Census.

## 9—5 续表

| 行业名称 | Sector | 1995 | | 2000 | | 2005 | |
|---|---|---|---|---|---|---|---|
| | | 消费总量（万吨标准煤）Total Consumption（10 000 tce） | 构成（%）Composition（%） | 消费总量（万吨标准煤）Total Consumption（10 000 tce） | 构成（%）Composition（%） | 消费总量（万吨标准煤）Total Consumption（10 000 tce） | 构成（%）Composition（%） |
| 石油加工、炼焦和核燃料加工业 | Processing of Petroleum, Coking, Processing of Nuclear Fuel | 8.64 | 0.4 | 9.45 | 0.4 | 33.12 | 0.7 |
| 化学原料及化学制品制造业 | Manufacture of Raw Chemical Materials and Chemical Products | 225.44 | 10.0 | 221.63 | 8.9 | 355.23 | 7.8 |
| 医药制造业 | Manufacture of Medicines | 19.76 | 0.9 | 9.95 | 0.4 | 19.51 | 0.4 |
| 化学纤维制造业 | Manufacture of Chemical Fibers | 18.37 | 0.8 | 11.94 | 0.5 | 5.44 | 0.1 |
| 橡胶和塑料制品业 | Rubber and Plastic Products | 22.83 | 0.7 | 12.19 | 0.5 | 9.53 | 0.2 |
| 非金属矿物制品业 | Manufacture of Non-metallic Mineral Products | 448.60 | 19.9 | 493.00 | 19.8 | 587.05 | 12.9 |
| 黑色金属冶炼及压延加工业 | Smelting and Pressing of Ferrous Metals | 216.38 | 9.6 | 242.52 | 9.8 | 1043.45 | 23.0 |
| 有色金属冶炼及压延加工业 | Smelting and Pressing of Nonferrous Metals | 86.10 | 3.8 | 211.18 | 8.5 | 370.65 | 8.2 |
| 金属制品业 | Manufacture of Metal Products | 20.91 | 0.9 | 13.18 | 0.5 | 21.78 | 0.5 |
| 通用设备制造业 | Manufacture of General Purpose Machinery | 24.95 | 1.1 | 13.93 | 0.6 | 19.96 | 0.4 |
| 专用设备制造业 | Manufacture of Special Purpose Machinery | 9.15 | 0.4 | 4.48 | 0.2 | 7.26 | 0.2 |
| 汽车制造业 | Manufacture of Automobiles | 13.76 | 0.6 | 9.20 | 0.4 | 40.38 | 0.9 |
| 铁路、船舶、航空航天和其他运输设备制造业 | Railway, Ship, Aerospace and Other Transportation Equipments Manufacturing | | | | | | |
| 电气机械及器材制造业 | Manufacture of Electrical Machinery & Equipment | 6.60 | 0.3 | 7.71 | 0.3 | 9.53 | 0.2 |
| 通信设备、计算机及其他电子设备制造业 | Manufacture of Communication Equipments, Computers and Other Electronic Equipment | 1.63 | 0.1 | 1.49 | 0.1 | 3.18 | 0.1 |
| 仪器仪表制造业 | Manufacture of Measuring Instruments and Machinery | 0.85 | … | 0.50 | … | 0.91 | … |
| 其他制造业 | Other Manufacturing | | | | | 51.72 | 1.1 |
| 废弃资源综合利用业 | Recycling and Disposal of Waste | | | | | 5.44 | 0.1 |
| 金属制品业、机械和设备修理业 | Metal Product, Machinery and Equipment Repair Services | | | | | | |
| **电力、燃气及水的生产和供应业** | **Electric Power, Gas and Water Production and Supply** | 187.26 | 8.3 | 130.09 | 5.2 | 145.63 | 3.2 |
| 电力、热力的生产和供应业 | Production and Distribution of Electric Power and Heat Power | 173.48 | 7.7 | 118.90 | 4.8 | 119.77 | 2.6 |
| 燃气生产和供应业 | Production and Distribution of Gas | 1.77 | 0.1 | 0.25 | … | 8.17 | 0.2 |
| 水的生产和供应业 | Production and Distribution of Water | 12.00 | 0.5 | 10.70 | 0.4 | 17.69 | 0.4 |
| **建筑业** | **Construction** | 12.34 | 0.6 | 7.46 | 0.3 | 33.12 | 0.7 |
| **交通运输储运业和邮政业** | **Transportation, Storage and Post** | 106.17 | 4.7 | 213.67 | 8.6 | 382.90 | 8.4 |
| **批发、零售业和住宿、餐饮业** | **Wholesale and Retail Trade, Hotel and Catering** | 23.76 | 1.1 | 35.32 | 1.4 | 109.34 | 2.4 |
| **其他行业** | **Others** | 46.06 | 2.0 | 46.76 | 1.9 | 117.96 | 2.6 |
| **生活消费** | **Residential Consumption** | 174.69 | 7.7 | 237.80 | 9.6 | 455.49 | 10.0 |

continued

| 2011 | | 2015 | | 2016 | | 2017 | | 2018 | | 2019 | |
|---|---|---|---|---|---|---|---|---|---|---|---|
| 消费总量（万吨标准煤）Total Consumption（10 000 tce） | 构成（%）Composition（%） | 消费总量（万吨标准煤）Total Consumption（10 000 tce） | 构成（%）Composition %） | 消费总量（万吨标准煤）Total Consumption（10 001 tce） | 构成（%）Composition（%） | 消费总量（万吨标准煤）Total Consumption（10 001 tce） | 构成（%）Composition %） | 消费总量（万吨标准煤）Total Consumption（10 002 tce） | 构成（%）Composition（%） | 消费总量（万吨标准煤）Total Consumption（10 003 tce） | 构成（%）Composition（%） |
| 154.51 | 1.9 | 222.97 | 2.3 | 236.68 | 2.3 | 356.33 | 3.4 | 286.79 | 2.6 | 317.59 | 2.8 |
| 448.32 | 5.6 | 544.19 | 5.6 | 434.71 | 4.3 | 347.11 | 3.3 | 316.10 | 2.9 | 249.19 | 2.2 |
| 25.62 | 0.3 | 32.29 | 0.3 | 102.18 | 1.0 | 30.18 | 0.3 | 23.95 | 0.2 | 24.07 | 0.2 |
| | | 0.03 | … | 2.64 | … | 2.03 | … | 1.43 | 0.0 | 1.12 | 0.0 |
| 7.21 | 0.1 | 49.30 | 0.5 | 35.15 | 0.3 | 115.72 | 1.1 | 115.75 | 1.1 | 34.96 | 0.3 |
| 1185.66 | 14.8 | 1374.95 | 14.1 | 1422.38 | 14.1 | 1394.23 | 13.3 | 1484.91 | 13.7 | 1522.91 | 13.5 |
| 1488.28 | 18.6 | 2030.19 | 20.8 | 2151.72 | 21.3 | 2307.03 | 22.1 | 2338.49 | 21.6 | 2119.11 | 18.8 |
| 875.03 | 10.9 | 776.67 | 8.0 | 984.01 | 9.8 | 1001.54 | 9.6 | 1379.41 | 12.7 | 1459.13 | 12.9 |
| 22.42 | 0.3 | 50.95 | 0.5 | 94.83 | 0.9 | 92.93 | 0.9 | 54.97 | 0.5 | 59.04 | 0.5 |
| 41.63 | 0.5 | 28.67 | 0.3 | 34.30 | 0.3 | 33.98 | 0.3 | 33.20 | 0.3 | 30.5 | 0.3 |
| 14.41 | 0.2 | 19.25 | 0.2 | 23.64 | 0.2 | 32.84 | 0.3 | 16.81 | 0.2 | 6.28 | 0.1 |
| 63.25 | 0.8 | 89.72 | 0.9 | 78.53 | 0.8 | 80.27 | 0.8 | 28.97 | 0.3 | 38.31 | 0.3 |
| | | 5.53 | 0.1 | 5.51 | 0.1 | 7.69 | 0.1 | 11.30 | 0.1 | 9.39 | 0.1 |
| 28.82 | 0.4 | 43.34 | 0.4 | 20.38 | 0.2 | 20.45 | 0.2 | 2.63 | 0.0 | 6.39 | 0.1 |
| 8.81 | 0.1 | 15.61 | 0.2 | 12.10 | 0.1 | 12.15 | 0.1 | 15.14 | 0.1 | 15.78 | 0.1 |
| 0.80 | … | 1.89 | … | 2.03 | … | 3.91 | … | 1.32 | 0.0 | 0.72 | 0.0 |
| 4.00 | 0.1 | 3.88 | … | 3.98 | … | 2.99 | … | 33.69 | 0.3 | 44.02 | 0.4 |
| 0.80 | … | 1.44 | … | 1.85 | … | 4.11 | … | 3.99 | 0.0 | 6.16 | 0.1 |
| | | 0.16 | … | 0.16 | … | … | … | 5.60 | 0.1 | 7.19 | 0.1 |
| 373.07 | 4.7 | 505.11 | 5.2 | 478.54 | 4.7 | 464.79 | 4.4 | 490.29 | 4.5 | 662.56 | 5.9 |
| 361.86 | 4.5 | 487.54 | 5.0 | 439.61 | 4.4 | 424.34 | 4.1 | 456.36 | 4.2 | 623.97 | 5.5 |
| | | 1.34 | … | 11.33 | 0.1 | 10.79 | 0.1 | 4.31 | 0.0 | 4.18 | 0.0 |
| 11.21 | 0.1 | 16.23 | 0.2 | 27.60 | 0.3 | 29.65 | 0.3 | 29.62 | 0.3 | 34.41 | 0.3 |
| 40.83 | 0.5 | 59.90 | 0.6 | 62.06 | 0.6 | 69.00 | 0.7 | 97.78 | 0.9 | 117.2 | 1.0 |
| 759.75 | 9.5 | 932.88 | 9.6 | 979.94 | 9.7 | 1078.80 | 10.3 | 1078.12 | 10.0 | 1115.76 | 9.9 |
| 200.14 | 2.5 | 233.90 | 2.4 | 244.26 | 2.4 | 257.26 | 2.5 | 250.56 | 2.3 | 286.0 | 2.5 |
| 252.98 | 3.2 | 310.49 | 3.2 | 340.10 | 3.4 | 354.32 | 3.4 | 420.04 | 3.9 | 450.38 | 4.0 |
| 819.79 | 10.2 | 1125.77 | 11.5 | 1227.52 | 12.2 | 1227.29 | 11.7 | 1293.11 | 11.9 | 1354.36 | 12.0 |

# 9—6 主要年份规模以上工业分行业综合能源消费量

单位：万吨标准煤

| 指标 | Sector |
|---|---|
| **规模以上工业企业合计** | Industry above Designated Size |
| **采矿业** | Mining and Quarrying |
| 煤炭开采和洗选业 | Mining and Washing of Coal |
| 石油和天然气开采业 | Extraction of Petroleum and Natural Gas |
| 黑色金属矿采选业 | Mining and Processing of Ferrous Metal Ores |
| 有色金属矿采选业 | Mining and Processing of Non-Ferrous Metal Ores |
| 非金属矿采选业 | Mining and Processing of Nonmetal Ores |
| 开采辅助活动 | Support Activities for Mining |
| 其他采矿业 | Mining of Other Ores |
| **制造业** | Manufacturing |
| 农副食品加工业 | Processing of Food from Agricultural Products |
| 食品制造业 | Manufacture of Foods |
| 酒、饮料和精制茶制造业 | Liquor, Beverages and Refined Tea Manufacturing |
| 烟草制品业 | Manufacture of Tobacco |
| 纺织业 | Manufacture of Textile |
| 纺织服装、服饰业 | Manufacture of Textile, Wearing Apparel and Accessories |
| 皮革、毛皮、羽毛及其制品和制鞋业 | Manufacture of Leather, Fur, Feather, Related Products and Footwear |
| 木材加工和木、竹、藤、棕、草制品业 | Processing of Timber, Manufacture of Wood, Bamboo, Rattan, Palm and Sreaw Products |
| 家具制造业 | Manufacture of Furniture |
| 造纸和纸制品业 | Manufacture of Paper and Paper Products |
| 印刷和记录媒介复制业 | Printing, Reproduction of Recording Media |
| 文教、工美、体育和娱乐用品制造业 | Manufacture of Articles For Culture, Education, Sport and Entertainment Activities |
| 石油加工、炼焦和核燃料加工业 | Processing of Petroleum, Coking, Processing of Nuclear Fuel |
| 化学原料和化学制品制造业 | Manufacture of Raw Chemical Materials and Chemical Products |
| 医药制造业 | Manufacture of Medicines |
| 化学纤维制造业 | Manufacture of Chemical Fibers |
| 橡胶和塑料制品业 | Rubber and Plastic Products |
| 非金属矿物制品业 | Manufacture of Non-metallic Mineral Products |
| 黑色金属冶炼和压延加工业 | Smelting and Pressing of Ferrous Metals |
| 有色金属冶炼和压延加工业 | Smelting and Pressing of Nonferrous Metals |
| 金属制品业 | Manufacture of Metal Products |
| 通用设备制造业 | Manufacture of General Purpose Machinery |
| 专用设备制造业 | Manufacture of Special Purpose Machinery |
| 汽车制造业 | Manufacture of Automobiles |
| 铁路、船舶、航空航天和其他运输设备制造业 | Railway, Ship, Aerospace and Other Transportation Equipments Manufacturing |
| 电气机械和器材制造业 | Manufacture of Electrical Machinery and Equipment |
| 计算机、通信和其他电子设备制造业 | Manufacture of Communication Equipment, Computers and Other Electronic Equipments |
| 仪器仪表制造业 | Manufacture of Measuring Instruments and Machinery |
| 其他制造业 | Other Manufacturing |
| 废弃资源综合利用业 | Recycling and Disposal of Waste |
| 金属制品、机械和设备修理业 | Metal Product, Machinery and Equipment Repair Services |
| **电力、燃气及水的生产和供应业** | Electric Power, Gas and Water Production and Supply |
| 电力、热力生产和供应业 | Production and Distribution of Electric Power and Heat Power |
| 燃气生产和供应业 | Production and Distribution of Gas |
| 水的生产和供应业 | Production and Distribution of Water |

注：本表中数据统计范围为年主营业务收入2000万元以上工业企业。数据采用电热当量计算法。

# Consumption of Comprehensive Energy by Sector above Designated Size in Main Years

(10 000 tons of SCE)

| 2010 | 2011 | 2012 | 2013 | 2014 | 2015 | 2016 | 2017 | 2018 | 2019 |
|---|---|---|---|---|---|---|---|---|---|
| 4549.11 | 5138.94 | 5545.10 | 6084.62 | 6116.29 | 5802.01 | 5929.64 | 6148.87 | 6543.56 | 6967.68 |
| 35.91 | 45.89 | 48.91 | 51.76 | 55.01 | 60.39 | 58.80 | 58.27 | 59.54 | 48.00 |
| 3.85 | 4.08 | 4.18 | 3.47 | 2.39 | 2.83 | 1.68 | 2.44 | 1.99 | 1.78 |
|  |  |  | 1.33 | 2.12 | 2.17 | 2.66 | 2.76 | 2.52 | 3.12 |
| 11.08 | 17.76 | 20.51 | 18.95 | 20.36 | 23.26 | 25.10 | 21.43 | 25.08 | 19.12 |
| 12.99 | 14.98 | 13.83 | 14.51 | 14.71 | 15.48 | 11.36 | 12.32 | 9.69 | 7.38 |
| 7.91 | 9.08 | 10.39 | 13.49 | 15.43 | 16.55 | 17.84 | 19.16 | 20.19 | 16.61 |
|  |  |  | 0.01 | 0.01 | 0.01 | 0.02 | 0.01 | … | 0.00 |
| 0.09 |  |  |  |  | 0.10 | 0.15 | 0.13 | 0.08 | 0.00 |
| 3583.14 | 4026.94 | 4357.38 | 4762.61 | 4966.20 | 4904.69 | 4972.24 | 5148.87 | 5167.11 | 5317.79 |
| 350.12 | 368.43 | 399.33 | 429.13 | 433.79 | 386.23 | 366.50 | 363.11 | 355.06 | 317.75 |
| 19.59 | 23.72 | 31.24 | 33.38 | 38.62 | 37.64 | 38.02 | 35.31 | 30.48 | 29.28 |
| 44.71 | 47.01 | 54.06 | 53.57 | 45.21 | 44.96 | 43.24 | 43.63 | 27.74 | 25.75 |
| 2.76 | 2.31 | 2.16 | 2.31 | 2.15 | 2.11 | 1.85 | 1.88 | 1.98 | 1.80 |
| 20.19 | 19.76 | 21.44 | 20.23 | 21.56 | 25.15 | 22.59 | 21.69 | 21.34 | 23.98 |
| 0.94 | 1.50 | 2.93 | 3.14 | 3.53 | 3.63 | 3.60 | 3.88 | 3.95 | 3.67 |
| 4.08 | 3.47 | 3.52 | 3.59 | 3.09 | 3.26 | 2.87 | 2.87 | 2.54 | 2.25 |
| 43.69 | 51.65 | 57.90 | 67.91 | 75.37 | 79.74 | 83.34 | 82.93 | 75.54 | 77.17 |
| 1.17 | 1.86 | 2.01 | 2.08 | 2.40 | 2.62 | 2.66 | 2.76 | 2.07 | 0.62 |
| 123.52 | 160.22 | 175.39 | 197.88 | 198.64 | 176.69 | 172.85 | 196.36 | 186.84 | 188.47 |
| 1.25 | 1.15 | 2.02 | 2.28 | 1.66 | 1.90 | 2.10 | 2.38 | 1.94 | 0.96 |
| 0.25 | 0.24 | 0.74 | 0.95 | 1.18 | 1.38 | 1.27 | 1.50 | 1.24 | 1.02 |
| 84.78 | 144.49 | 213.60 | 213.60 | 264.13 | 247.17 | 253.73 | 275.83 | 299.89 | 250.96 |
| 302.90 | 352.02 | 345.87 | 376.84 | 381.40 | 342.58 | 286.50 | 269.53 | 233.23 | 170.21 |
| 18.89 | 19.29 | 20.21 | 22.57 | 20.84 | 20.46 | 22.01 | 20.85 | 17.16 | 15.71 |
| 0.01 |  |  |  | 0.00 | 0.01 | 0.01 | 0.02 | 0.00 | 0.00 |
| 13.43 | 13.22 | 15.88 | 18.68 | 19.66 | 22.78 | 21.12 | 18.50 | 10.45 | 10.81 |
| 896.25 | 1040.47 | 1134.40 | 1180.43 | 1163.39 | 1146.94 | 1261.36 | 1337.57 | 1318.04 | 1388.50 |
| 1077.81 | 1159.04 | 1269.53 | 1518.67 | 1635.54 | 1621.92 | 1649.38 | 1678.14 | 1623.82 | 1707.53 |
| 500.08 | 525.00 | 519.41 | 521.56 | 553.60 | 628.51 | 626.29 | 673.56 | 863.36 | 1022.42 |
| 11.54 | 12.46 | 20.27 | 19.37 | 20.71 | 24.85 | 24.57 | 24.87 | 12.84 | 9.65 |
| 16.80 | 20.96 | 4.78 | 11.80 | 11.32 | 10.24 | 12.19 | 12.24 | 8.62 | 7.69 |
| 6.72 | 6.92 | 7.31 | 7.46 | 7.88 | 7.78 | 8.46 | 9.54 | 7.87 | 4.45 |
| 27.44 | 31.73 | 30.94 | 32.06 | 32.73 | 35.80 | 36.24 | 38.20 | 34.05 | 28.91 |
|  |  | 2.11 | 2.15 | 2.29 | 2.19 | 2.03 | 1.41 | 1.61 | 1.29 |
| 7.64 | 12.99 | 13.39 | 14.25 | 17.44 | 18.24 | 16.14 | 16.79 | 13.68 | 12.71 |
| 2.77 | 3.55 | 4.54 | 4.47 | 5.37 | 6.10 | 7.06 | 8.78 | 7.73 | 7.83 |
| 0.47 | 0.46 | 0.32 | 0.29 | 0.43 | 0.68 | 0.66 | 1.16 | 0.40 | 0.22 |
| 1.99 | 2.35 | 1.25 | 1.21 | 1.54 | 2.39 | 2.43 | 1.99 | 1.07 | 0.95 |
| 1.35 | 0.65 | 0.80 | 0.74 | 0.71 | 0.71 | 1.15 | 0.95 | 1.88 | 4.54 |
|  |  | 0.01 | 0.01 | 0.00 | 0.01 | 0.01 | 0.64 | 0.69 | 0.68 |
| 930.06 | 1066.11 | 1138.82 | 1270.25 | 1095.08 | 836.92 | 898.59 | 941.74 | 1316.90 | 1601.89 |
| 924.48 | 1061.45 | 1133.27 | 1264.50 | 1088.66 | 829.85 | 888.21 | 933.84 | 1307.13 | 1590.31 |
| 0.14 | 0.12 | 0.38 | 0.42 | 0.64 | 0.76 | 3.70 | 0.87 | 1.73 | 2.43 |
| 5.45 | 4.54 | 5.17 | 5.33 | 5.78 | 6.31 | 6.69 | 7.03 | 8.04 | 9.14 |

Note: The data refer to industrial enterprises with annual income of the major business over 20 million yuan.The data of this table was calculated by using the Electro-thermal Equivalent Calculation Method.

# 9—7 主要年份电力消费量

| 指 标 | Item |
|---|---|
| 消费总计 | Total Consumption |
| 农、林、牧、渔业 | Agriculture, Forestry, Animal Husbandry, Fishery and Conservancy |
| 工业 | Industry |
| 采矿业 | Mining and Quarrying |
| 煤炭开采和洗选业 | Mining and Washing of Coal |
| 石油和天然气开采业 | Extraction of Petroleum and Natural Gas |
| 黑色金属矿采选业 | Mining & Processing of Ferrous Metal Ores |
| 有色金属矿采选业 | Mining and Processing of Non-Ferrous Metal Ores |
| 非金属矿采选业 | Mining and Processing of Nonmetal Ores |
| 开采辅助活动 | Mining Assist Activities |
| 其他采矿业 | Support Activities for Mining |
| 制造业 | Manufacturing |
| 农副食品加工业 | Processing of Food from Agricultural Products |
| 食品制造业 | Manufacture of Foods |
| 酒、饮料和精制茶制造业 | Liquor, Beverages and Refined Tea Manufacturing |
| 烟草制品业 | Manufacture of Tobacco |
| 纺织业 | Manufacture of Textile |
| 纺织服装、服饰业 | Manufacture of Textile, Wearing Apparel and Accessories |
| 皮革、毛皮、羽毛及其制品业和制鞋业 | Manufacture of Leather, Fur, Feather, Related Products and Footwear |
| 木材加工及木、竹、藤、棕、草制品业 | Processing of Timber, Manufacture of Wood, Bamboo, Rattan, Palm and Sreaw Products |
| 家具制造业 | Manufacture of Furniture |
| 造纸及纸制品业 | Manufacture of Paper and Paper Products |
| 印刷和记录媒介的复制 | Printing, Reproduction of Recording Media |
| 文教、工美、体育和娱乐用品制造业 | Manufacture of Articles For Culture, Education, Sport and Entertainment Activities |
| 石油加工、炼焦及核燃料加工业 | Processing of Petroleum, Coking, Processing of Nuclear Fuel |
| 化学原料及化学制品制造业 | Manufacture of Raw Chemical Materials and Chemical Products |
| 医药制造业 | Manufacture of Medicines |
| 化学纤维制造业 | Manufacture of Chemical Fibers |
| 橡胶和塑料制品业 | Rubber and Plastic Products |
| 非金属矿物制品业 | Manufacture of Non-metallic Mineral Products |
| 黑色金属冶炼及压延加工业 | Smelting and Pressing of Ferrous Metals |
| 有色金属冶炼及压延加工业 | Smelting and Pressing of Nonferrous Metals |
| 金属制品业 | Manufacture of Metal Products |
| 通用设备制造业 | Manufacture of General Purpose Machinery |
| 专用设备制造业 | Manufacture of Special Purpose Machinery |
| 汽车制造业 | Manufacture of Automobiles |
| 铁路、船舶、航空航天和其他运输设备制造业 | Railway, Ship, Aerospace and Other Transportation Equipments Manufacturing |
| 电气机械及器材制造业 | Manufacture of Electrical Machinery and Equipment |
| 通信设备、计算机和其他电子设备制造业 | Manufacture of Communication Equipment, Computers and Other Electronic Equipments |
| 仪器仪表制造业 | Manufacture of Measuring Instruments and Machinery |
| 其他制造业 | Other Manufacturing |
| 废弃资源综合利用业 | Recycling and Disposal of Waste |
| 金属制品、机械和设备修理业 | Metal Product, Machinery and Equipment Repair Services |
| 电力、燃气及水的生产和供应业 | Electric Power, Gas and Water Production and Supply |
| 电力、热力的生产和供应业 | Production and Distribution of Electric Power and Heat Power |
| 燃气生产和供应业 | Production and Distribution of Gas |
| 水的生产和供应业 | Production and Distribution of Water |
| 建筑业 | Construction |
| 交通运输储运业和邮政业 | Transportation, Storage and Post |
| 批发、零售业和住宿、餐饮业 | Wholesale and Retail Trade, Hotel and Catering |
| 其他行业 | Others |
| 生活消费 | Residential Consumption |

注：2018年起行业分类按2017年《国民经济行业分类》(GB/T4754-2017)标准。

# Consumption of Electricity in Main Years

| 1995 | 2000 | 2005 | 2010 | 2015 | 2016 | 2017 | 2018 | 2019 |
|---|---|---|---|---|---|---|---|---|
| 228.08 | 322.02 | 510.15 | 993.24 | 1334.32 | 1359.64 | 1422.34 | 1702.75 | 1907.17 |
| 8.68 | 13.17 | 14.01 | 20.09 | 26.61 | 28.63 | 30.38 | 32.56 | 34.29 |
| 155.51 | 211.41 | 384.44 | 737.55 | 892.63 | 880.88 | 917.88 | 1096.56 | 1234.10 |
| 14.97 | 14.80 | 16.56 | 18.91 | 20.58 | 14.31 | 22.23 | 29.03 | 33.63 |
| 5.86 | 4.30 | 2.53 | 2.94 | 1.52 | 1.28 | 1.37 | 1.83 | 1.87 |
|  | 0.16 | 0.13 | 0.50 | 0.32 | 0.35 | 0.53 | 0.03 | 0.02 |
| 1.26 | 0.87 | 2.96 | 1.80 | 1.32 | 0.78 | 6.45 | 2.60 | 1.19 |
| 5.99 | 9.00 | 8.11 | 8.54 | 9.97 | 7.19 | 7.62 | 6.62 | 10.25 |
| 1.47 | 0.22 | 1.80 | 3.87 | 7.45 | 4.71 | 6.26 | 10.57 | 12.89 |
|  |  |  |  |  |  |  |  |  |
| 0.39 | 0.25 | 0.83 | 1.26 |  |  | 0.35 | 7.39 | 7.42 |
| 118.75 | 179.80 | 306.51 | 618.13 | 732.21 | 736.57 | 777.12 | 905.11 | 1056.60 |
| 13.68 | 15.03 | 18.13 | 34.14 | 35.50 | 32.51 | 32.93 | 41.21 | 44.48 |
| 2.61 | 1.26 | 1.56 | 4.32 | 8.19 | 9.43 | 9.23 | 7.84 | 8.93 |
| 1.71 | 0.89 | 1.40 | 6.59 | 6.86 | 6.86 | 6.71 | 2.09 | 2.89 |
| 0.31 | 0.33 | 0.89 | 1.14 | 0.75 | 0.75 | 0.73 | 1.27 | 1.23 |
| 3.96 | 3.58 | 4.01 | 3.55 | 5.82 | 3.43 | 3.68 | 3.74 | 3.62 |
| 0.43 | 0.21 | 0.35 | 0.58 | 2.73 | 2.69 | 1.69 | 1.29 | 2.04 |
| 0.30 | 0.45 | 0.65 | 1.15 | 1.53 | 1.40 | 0.88 | 1.53 | 1.66 |
| 1.76 | 3.35 | 4.73 | 10.71 | 19.55 | 22.68 | 22.85 | 27.55 | 30.15 |
| 1.04 | 0.38 | 0.76 | 0.27 | 1.72 | 1.77 | 1.78 | 0.41 | 0.57 |
| 5.29 | 7.67 | 9.95 | 15.86 | 31.92 | 27.62 | 32.34 | 34.25 | 36.12 |
| 0.38 | 0.54 | 0.96 | 0.57 | 1.51 | 1.10 | 1.01 | 0.99 | 1.04 |
| 0.04 | 0.05 | 0.05 | 0.04 | 0.92 | 0.70 | 0.14 | 1.17 | 1.25 |
| 0.50 | 0.83 | 0.92 | 4.03 | 14.73 | 14.38 | 15.98 | 16.81 | 17.60 |
| 18.46 | 26.18 | 36.01 | 50.77 | 61.00 | 48.42 | 43.77 | 38.85 | 38.09 |
| 0.93 | 0.65 | 1.86 | 1.99 | 5.40 | 3.02 | 3.60 | 3.54 | 3.95 |
| 2.43 | 3.73 | 1.21 | 2.14 | 0.01 | 0.83 | 0.02 | 0.45 | 0.35 |
| 2.11 | 1.99 | 3.12 | 5.96 | 12.07 | 8.15 | 8.16 | 8.13 | 9.69 |
| 20.01 | 24.27 | 40.98 | 89.03 | 111.26 | 111.73 | 107.52 | 121.95 | 132.90 |
| 14.86 | 30.56 | 94.12 | 192.27 | 225.49 | 223.42 | 211.24 | 240.19 | 280.04 |
| 13.06 | 41.74 | 52.62 | 148.67 | 117.64 | 161.18 | 215.54 | 292.17 | 375.95 |
| 2.27 | 2.50 | 5.06 | 9.08 | 13.12 | 11.28 | 10.09 | 16.73 | 17.83 |
| 3.01 | 3.11 | 3.77 | 4.52 | 6.64 | 7.69 | 5.81 | 9.19 | 9.00 |
| 1.34 | 1.00 | 1.16 | 2.37 | 5.66 | 5.96 | 4.50 | 2.11 | 1.68 |
| 2.09 | 2.18 | 6.45 | 8.45 | 20.79 | 16.63 | 20.68 | 9.06 | 8.69 |
|  |  |  |  | 1.41 | 1.39 | 1.73 | 3.55 | 2.84 |
| 0.87 | 1.63 | 2.06 | 4.63 | 13.39 | 5.92 | 7.36 | 0.82 | 1.71 |
| 0.33 | 0.49 | 0.68 | 1.29 | 4.89 | 3.74 | 4.65 | 4.75 | 4.94 |
| 0.14 | 0.12 | 0.22 | 0.25 | 0.51 | 0.55 | 0.68 | 0.23 | 0.22 |
| 0.13 | 5.07 | 11.73 | 13.38 | 0.74 | 0.75 | 0.93 | 10.35 | 13.59 |
|  |  | 1.10 | 0.38 | 0.41 | 0.54 | 0.82 | 1.12 | 1.45 |
|  |  |  |  | 0.05 | 0.05 | 0.06 | 1.76 | 2.12 |
| 21.79 | 16.81 | 61.37 | 100.51 | 139.84 | 130.00 | 118.54 | 162.41 | 143.86 |
| 18.61 | 13.45 | 56.73 | 94.65 | 134.54 | 120.46 | 108.46 | 152.10 | 131.99 |
| 0.11 | 0.02 | 0.94 | 0.19 | 0.21 | 0.93 | 1.09 | 1.02 | 1.10 |
| 3.07 | 3.34 | 3.70 | 5.68 | 5.09 | 8.61 | 8.99 | 9.30 | 10.77 |
| 2.04 | 1.00 | 5.02 | 9.84 | 16.79 | 18.43 | 20.43 | 21.14 | 25.76 |
| 2.09 | 4.39 | 6.87 | 11.52 | 23.29 | 27.12 | 34.35 | 40.00 | 43.93 |
| 3.49 | 5.97 | 13.11 | 23.92 | 43.13 | 45.94 | 50.07 | 54.09 | 37.94 |
| 6.06 | 9.67 | 17.26 | 46.20 | 80.86 | 88.43 | 101.63 | 122.78 | 160.85 |
| 31.19 | 49.58 | 69.44 | 144.12 | 251.01 | 270.21 | 287.61 | 335.62 | 370.30 |

Note: The industry classification is based on the standard of National Economic Industry Classification (GB/T4754-2017) from 2018.

# 9—8 按行政区域分广西全社会用电量（2019年）

## Consumption of Electricity by City （2019）

单位：亿千瓦时 (100 million kwh)

| 各市名称 | City | 全社会用电量 Total Electricity Consumption |
|---|---|---|
| 全 区 | Total | 1907.17 |
| 南 宁 市 | Nanning | 250.31 |
| 柳 州 市 | Liuzhou | 189.18 |
| 桂 林 市 | Guilin | 146.03 |
| 梧 州 市 | Wuzhou | 80.13 |
| 北 海 市 | Beihai | 88.1 |
| 防城港市 | Fangchenggang | 94.02 |
| 钦 州 市 | Qinzhou | 102.28 |
| 贵 港 市 | Guigang | 106.96 |
| 玉 林 市 | Yulin | 99.52 |
| 百 色 市 | Baise | 397.56 |
| 贺 州 市 | Hezhou | 80.26 |
| 河 池 市 | Hechi | 84.46 |
| 来 宾 市 | Laibin | 133.59 |
| 崇 左 市 | Chongzuo | 84.48 |

说明：数据来源于广西电网公司。

Note：Data is from GuangXi Power Grid Company.

# 9—9 能源加工转换效率（2019年）

## Energy Conversion Efficiency of Proces（2019）

单位：% (%)

| 指标 | Item | 效率 efficiency |
|---|---|---|
| 总效率 | Total | 70.8 |
| 发电及电站供热 | Electric Power and Heating | 43.38 |
| 炼焦 | coke-making; | 96.51 |
| 炼油 | oil refining | 98.55 |

注：本表中数据采用电热当量计算法。

Note： The data of this table was calculated by using the Electro-thermal Equivalent Calculation Method.

# 9—10　能源消费水平

## Annual Average per Capita Energy Consumption

| 年份<br>Year | 每人每年平均用能（千克标准煤）<br>Annual Average per Capita Energy Consumption (kilo of SCE) | 每人每年平均用电（千瓦小时）<br>Annual Average per Capita Electricity Consumption (kwh) | 每人每年平均生活用能（千克标准煤）<br>Annual Average per Capita Household Energy Consumption (kilo of SCE) | 每人每年生活用电（千瓦小时）<br>Annual Average per Capita Household Electricity Consumption (kwh) |
|---|---|---|---|---|
| 1985 | 251 | 197 | 25 | 27 |
| 1990 | 299 | 275 | 25 | 41 |
| 1991 | 313 | 293 | 31 | 48 |
| 1992 | 345 | 327 | 31 | 51 |
| 1993 | 408 | 379 | 38 | 59 |
| 1994 | 456 | 424 | 36 | 64 |
| 1995 | 497 | 502 | 38 | 69 |
| 1996 | 501 | 535 | 42 | 73 |
| 1997 | 502 | 547 | 48 | 78 |
| 1998 | 517 | 585 | 49 | 84 |
| 1999 | 525 | 613 | 51 | 92 |
| 2000 | 526 | 678 | 52 | 104 |
| 2001 | 566 | 696 | 56 | 101 |
| 2002 | 578 | 743 | 60 | 115 |
| 2003 | 659 | 857 | 63 | 127 |
| 2004 | 824 | 938 | 69 | 123 |
| 2005 | 974 | 1095 | 98 | 149 |
| 2006 | 1071 | 1228 | 102 | 171 |
| 2007 | 1178 | 1429 | 112 | 195 |
| 2008 | 1263 | 1580 | 120 | 226 |
| 2009 | 1363 | 1771 | 140 | 267 |
| 2010 | 1559 | 2099 | 152 | 305 |
| 2011 | 1730 | 2405 | 177 | 367 |
| 2012 | 1829 | 2474 | 194 | 393 |
| 2013 | 1936 | 2633 | 213 | 450 |
| 2014 | 2009 | 2760 | 217 | 503 |
| 2015 | 2044 | 2794 | 236 | 526 |
| 2016 | 2095 | 2823 | 255 | 561 |
| 2017 | 2151 | 2926 | 252 | 592 |
| 2018 | 2206 | 3471 | 264 | 684 |
| 2019 | 2280 | 3858 | 274 | 749 |

注：从2005年起按常住人口调整，2000年-2013年因第三经济普查数据作相应调整。2015年-2018年数据依据第四次经济普查调整。

Note: The data in this table is adjusted by permanent population since 2005. The data from 2000 to 2013 has been adjusted by the 3rd Economic Census.And 2015 to 2018 has been adjusted by the 4th Economic Census.

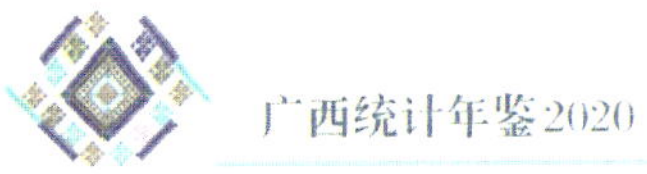


# 9—11 能源主要产品生活消费量
## Household Energy Consumption of Main Energy Products

| 年份<br>Year | 生活用能合计（万吨标准煤）<br>Total Household Energy Consumption（10 000 tons of SCE） | 液化石油气（万吨）<br>Liquefied Gas（10 000 tons） | 煤气（亿立方米）<br>Gas（101 million cu.m） | 电力（亿千瓦时）<br>Electricity（100 million kwh） |
|---|---|---|---|---|
| 1985 | 76.12 | 0.07 | 0.00 | 10.56 |
| 1990 | 106.83 | 0.09 | 0.09 | 17.45 |
| 1991 | 133.21 | 6.03 | 0.12 | 20.59 |
| 1992 | 135.10 | 6.06 | 0.15 | 22.14 |
| 1993 | 169.27 | 7.89 | 0.21 | 25.97 |
| 1994 | 161.79 | 8.46 | 0.53 | 28.66 |
| 1995 | 174.69 | 15.66 | 0.60 | 31.19 |
| 1996 | 193.14 | 22.42 | 0.22 | 33.31 |
| 1997 | 221.23 | 24.40 | 0.37 | 36.30 |
| 1998 | 228.79 | 27.81 | 0.34 | 39.50 |
| 1999 | 238.00 | 32.26 | 0.30 | 43.27 |
| 2000 | 255.07 | 32.24 | 0.37 | 49.58 |
| 2001 | 273.02 | 38.94 | 0.25 | 48.44 |
| 2002 | 296.32 | 43.11 | 0.27 | 55.31 |
| 2003 | 316.72 | 45.76 | 0.36 | 61.48 |
| 2004 | 372.42 | 50.26 | 0.39 | 60.07 |
| 2005 | 493.28 | 54.26 | 0.41 | 69.44 |
| 2006 | 552.73 | 65.70 | 0.49 | 80.53 |
| 2007 | 582.82 | 70.04 | 0.58 | 93.01 |
| 2008 | 635.55 | 74.57 | 0.94 | 109.09 |
| 2009 | 682.64 | 75.80 | 1.10 | 129.00 |
| 2010 | 772.44 | 79.52 | 1.70 | 144.12 |
| 2011 | 878.67 | 84.56 | 0.40 | 169.89 |
| 2012 | 969.77 | 96.58 | 0.83 | 183.43 |
| 2013 | 1003.04 | 50.46 | 0.45 | 211.56 |
| 2014 | 1028.90 | 51.61 | 0.68 | 238.50 |
| 2015 | 1064.58 | 62.45 | 0.37 | 251.01 |
| 2016 | 1148.17 | 64.66 | 1.89 | 270.21 |
| 2017 | 1173.78 | 51.04 | 0.35 | 287.61 |
| 2018 | 1292.98 | 38.62 | 0.36 | 335.62 |
| 2019 | 1354.36 | 44.76 | 0.42 | 370.30 |

注：2000年-2013年数据因第三次经济普查调整。2015年-2018年数据依据第四次经济普查调整。

Note: The data from 2000 to 2013 has been adjusted by the 3rd Economic Census.And from 2015 to 2018 has been adjusted by the 4th Economic Census.

## 9—12 主要年份石油及燃料消费量
## Consumption of Petroleum and Fuel in Main Years

| 品 名 | Type | 1995 | 2000 | 2005 | 2010 | 2015 | 2016 | 2017 | 2018 | 2019 |
|---|---|---|---|---|---|---|---|---|---|---|
| 原油（万吨） | Crude Oil（10 000 tons） | 42.44 | 61.41 | 97.71 | 396.02 | 1428.77 | 1340.43 | 1563.03 | 1599.33 | 1110.58 |
| 汽油（万吨） | Gasoline（10 000 tons） | 41.32 | 65.87 | 127.75 | 182.68 | 270.89 | 335.03 | 356.97 | 334.15 | 256.68 |
| 煤油（万吨） | Kerosene（10 000 tons） | 5.60 | 3.79 | 7.00 | 2.73 | 56.36 | 62.51 | 50.95 | 52.2 | 46.36 |
| 柴油（万吨） | Diesel Oil（10 000 tons） | 72.43 | 136.82 | 234.06 | 332.37 | 485.34 | 538.43 | 535.01 | 486.67 | 487.19 |
| 燃料油（万吨） | Fuel Oil（10 000 tons） | 13.57 | 7.67 | 20.96 | 24.64 | 24.10 | 10.54 | 10.45 | 16.28 | 17.99 |
| 液化石油气（万吨） | Liquefied Gas（10 000 tons） | 15.89 | 35.27 | 50.70 | 84.85 | 91.32 | 92.52 | 88.65 | 84.23 | 83.26 |
| 煤气（亿立方米） | Gas（100 million cu.m） | 1.16 | 5.83 | 12.31 | 228.97 | 337.40 | 337.59 | 393.92 | 400.42 | 448.98 |

注：2015-2018年部分数据依据第四次经济普查调整。
Note：The data from 2015 to 2018 has been adjusted by the 4th Economic Census.

## 9—13 能源可供量（2019年）
## Energy Available for Consumption（2019）

| 品 名 | Type | 综合能源可供量 Total Energy Available | 生产量 Output | 调入量 Transfer From Other Regions | 进口量 Imports | 调出量 Transfer to Other Province Regions | 年初年末库存差额 Stock Balance in This Year |
|---|---|---|---|---|---|---|---|
| 综合能源（万吨标准煤） | Total Energy（10 000 tons of SCE） | 11270.05 | 3604.68 | 9676.16 | 577.10 | 2551.03 | 36.04 |
| 煤炭（万吨） | Coal（10 000 tons） | 8021.91 | 406.16 | 6883.52 | 826.45 | 20.27 | 73.95 |
| 原油（万吨） | Crude Oil（10 000 tons） | 1637.82 | 50.26 | 1560.88 | | | 26.68 |
| 电力（亿千瓦时） | Electricity 100 million kwh） | 1907.17 | 1846.27 | 190.96 | | 110.60 | |

注：电力可供生产量为水电、火电可供生产量，未包括回收能。
Note： Data on electricity available output refers to the total available output of hydro-power and thermal power， excluding the recycled energy.

## 主要统计指标解释

**能源生产总量** 指一定时期内一个国家或地区一次能源生产量的总和，是观察全国能源生产水平、规模、构成和发展速度的总量指标。一次能源生产量包括原煤、原油、天然气、水电、核能及其他动力能（如风能、地热能等）发电量，不包括低热值燃料生产量、生物质能、太阳能等的利用和由一次能源加工转换而成的二次能源产量。

**能源消费总量** 指一定时期内一个国家或地区物质生产部门、非物质生产部门和生活消费的各种能源的总和，是观察能源消费水平、构成和增长速度的总量指标。能源消费总量包括原煤和原油及其制品、天然气、电力，不包括低热值燃料、生物质能和太阳能等的利用。能源消费总量分为终端能源消费量、能源加工转换损失量和损失量三部分。

（1）终端能源消费量：指一定时期内一个国家或地区生产和生活消费的各种能源在扣除了用于加工转换二次能源消费量和损失量以后的数量。

（2）能源加工转换损失量：指一定时期内一个国家或地区投入加工转换的各种能源数量之和与产出各种能源产品之和的差额，是观察能源在加工转换过程中损失量变化的指标。

（3）能源损失量：指一定时期内一个国家或地区能源在输送、分配、储存过程中发生的损失和由客观原因造成的各种损失量，不包括各种气体能源放空、放散量。

**能源加工转换效率** 指一定时期内，能源经过加工、转换后，产出的各种能源产品的数量与同期内投入加工转换的各种能源数量的比率。该指标是观察能源加工转换装置和生产工艺先进与落后、管理水平高低等的重要指标。

**能源消费弹性系数** 是反映能源消费增长速度与国民经济增长速度之间比例关系的指标。计算公式为：

$$\text{能源消费弹性系数} = \frac{\text{能源消费量年平均增长速度}}{\text{国民经济年平均增长速度}}$$

**电力消费弹性系数** 反映电力消费增长速度与国民经济增长速度之间比例关系的指标。计算公式为：

$$\text{电力消费弹性系数} = \frac{\text{电力消费量年平均增长速度}}{\text{国民经济年平均增长速度}}$$

**发电煤耗计算方法** 指电力按当年平均火力发电煤耗换算成标准煤。

**电热当量计算法** 指电力按自身热功当量换算成标准煤。

## Explanatory Notes on Main Statistical Indicators

**Total Energy Production** refers to the total production of primary energy by all energy production enterprises in a country or region in a given period of time. It is a comprehensive indicator to show the capacity, scale, composition and pace of development of energy production of the country. The production of primary energy includes that of coal, crude oil, natural gas, hydro-power and electricity generated by nuclear energy and other means such as wind power and geothermal power. However, it excludes the production of fuels of low calorific value, bio-energy and solar energy and the secondary energy converted from the primary energy.

**Total Energy Consumption** refers to the total consumption of energy of various kinds by material production sectors, non-material production sectors and households in a country or region in a given period of time. It is a comprehensive indicator to show the scale, composition and pace of development of energy consumption. The total energy consumption includes that of coal, crude oil and their products, natural gas and electricity. However, it excludes the consumption of fuel of low calorific value, bio-energy and solar energy. Total energy consumption can be divided into three parts: end-use energy consumption, loss during the process of energy conversion and energy loss.

(1) Volume of End-use Energy Consumption: refers to the total energy consumption by the production sectors and the households in a country or region during a given period. It does not include the consumption during the conversion of primary energy into secondary energy and the loss in the process of energy conversion.

(2) Volume of Loss During the Process of Energy Conversion: refers to the total input of various kinds of energy for conversion, minus the total output of various kinds of energy in the country or region in a given period of time. It is an indicator to show the loss that occurs during the process of energy conversion.

(3) Volume of Energy Loss: refers to the total loss of energy in transportation, distribution and storage and the loss caused by any objective reason in a given period of time. It excludes the loss of various kinds of gas due to gas discharges and stocktaking.

Energy Conversion Efficiency of Proces

**Elasticity Ratio of Energy Consumption** is an indicator to show the relationship between the growth rate of energy consumption and the growth rate of the national economy. The formula is:

$$\text{Elasticity Ratio of Energy Consumption} = \frac{\text{Average Annual Growth Rate of Energy Consumption}}{\text{Average Annual Growth Rate of National Economy}}$$

**Elasticity Ratio of Electricity Consumption** is an indicator to show the relationship between the growth rate of electricity consumption and the growth rate of the national economy. The formula is:

$$\text{Elasticity Ratio of Electricity Consumption} = \frac{\text{Average Annual Growth Rate of Electricity Consumption}}{\text{Average Annual Growth Rate of National Economy}}$$

**Calculation Method of Generation Electricity and Coal Consumption** Electricity is converted into standard coal (SCE) according to the average coal-fired power consumption of the year.

**Electro-thermal Equivalent Calculation Method** Electricity is converted into SCE according to its own thermal equivalent. Using the ratio of: 10 000 kWh = 1.229 tons of SCE.

第十篇

# 固定资产投资

# INVESTMENT IN FIXED ASSETS

（编辑：何志雄　吴　凯）

# 简要说明

（本篇资料由自治区统计局投资处调查提供，电话：0771-5876651）

**一、本篇资料主要内容**

本篇资料反映广西固定资产投资的基本情况，包括全社会固定资产投资增长速度、国有单位固定资产投资增长速度、按登记注册类型分的固定资产投资增长速度、按登记注册类型分的固定资产投资增长速度、按登记注册类型分的投资资金来源增长速度、按登记注册类型分的新增固定资产增长速度、分行业固定资产投资增长速度、工业分行业固定资产投资增长速度、基本建设分行业固定资产投资增长速度、工业行业基本建设投资增长速度、基本建设分行业投资项目和新增固定资产、分行业更新改造投资增长速度、工业分行业更新改造投资增长速度、分行业更新改造投资项目和新增固定资产、国有单位分行业投资项目和新增固定资产、集体分行业投资项目和新增固定资产、私营个体固定资产投资和新增固定资产及主要年份房地产开发主要指标等。

**二、数据来源及调查方法：**

固定资产投资统计由国家统计局投资司组织实施。由各省、自治区、直辖市统计局依据国家统计局统一制定的固定资产投资统计报表制度和房地产开发统计报表制度从基层采集原始数据后上报。

固定资产投资统计的统计起点为辖区内计划总投资500万元及以上项目的投资情况，不包括农户投资。其中计划总投资500万元至5000万元的项目由企业填报纸质报表后交由县区统计局通过中国投资信息管理及监测系统报送，计划总投资5000万元及以上项目由企业直接通过联网直报平台报送。

**三、其他情况说明：**

根据国家统计局制度规定，2018年起固定资产投资项目到位资金统计范围由计划总投资500万元及以上调整为5000万元及以上项目（不包含房地产开发）。

# 10—1 全社会固定资产投资增长速度（1978-2019年）

## Investment in Fixed Assets Growth Rate （1978-2019）

增长速度（上年=100） Growth Rate（preceding year=100）

| 年份 Year | 全社会投资总额 Total Investment | 按管理渠道分 By Channel of Management | | | | | 农村投资 Village Investment | 全社会投资总额中住宅 Residential Buildings |
|---|---|---|---|---|---|---|---|---|
| | | 城镇投资 Urban Investment | 基本建设投资 Basic Investment | 更新改造投资 Innovation | 其他固定资产投资 Others | 房地产开发投资 Real Estate Development | | |
| 1978 | 22.1 | | 22.1 | | | | | 17.2 |
| 1980 | 24.2 | | 7.4 | 809.7 | | | | 84.2 |
| 1985 | 49.9 | | 54.9 | 55.9 | 129.4 | | | 72.7 |
| 1990 | -4.6 | | 2.5 | -13.1 | -33.5 | | | 16.4 |
| 1991 | 30.7 | 32.1 | 35.7 | 30.1 | 19.8 | 6.3 | 27.8 | 29.1 |
| 1992 | 57.3 | 68.7 | 80.7 | 54.9 | 79.1 | 94.8 | 31.3 | 32.5 |
| 1993 | 97.2 | 117.8 | 110.6 | 54.4 | 173.7 | 596.8 | 36.9 | 79.9 |
| 1994 | 37.6 | 22.4 | 28.0 | 24.8 | -30.4 | 3.8 | 108.3 | 62.0 |
| 1995 | 10.7 | 14.5 | 11.6 | 4.1 | 11.2 | 56.8 | 0.2 | 9.7 |
| 1996 | 12.5 | 6.2 | 11.1 | 4.0 | -35.4 | -16.1 | 32.2 | 27.2 |
| 1997 | 0.7 | 0.9 | 4.9 | -17.1 | 38.1 | -22.4 | 0.3 | 8.3 |
| 1998 | 19.2 | 23.2 | 31.5 | 18.0 | 8.1 | -2.5 | 9.0 | 11.3 |
| 1999 | 8.5 | 10.1 | 9.3 | 0.5 | 151.0 | 0.9 | 3.9 | 3.6 |
| 2000 | 6.4 | 12.5 | 7.0 | 14.4 | 50.4 | 17.3 | -11.9 | -14.3 |
| 2001 | 10.8 | 13.6 | 15.2 | 8.0 | 9.2 | 43.7 | 0.0 | 5.5 |
| 2002 | 14.2 | 16.4 | 14.9 | 21.9 | -6.2 | 58.8 | 4.4 | 15.7 |
| 2003 | 18.2 | 22.3 | 20.5 | 35.3 | 2.7 | 58.9 | -1.5 | 27.0 |
| 2004 | 28.0 | 32.3 | 39.6 | 39.1 | 36.0 | 50.9 | 1.6 | 12.3 |
| 2005 | 40.0 | 35.7 | 43.7 | 38.3 | -29.2 | 35.5 | 73.9 | 19.3 |
| 2006 | 27.0 | 31.1 | 29.9 | 35.5 | 38.0 | 29.0 | 1.7 | 16.5 |
| 2007 | 32.2 | 31.6 | 22.9 | 41.6 | 51.4 | 44.9 | 36.7 | 39.8 |
| 2008 | 27.2 | 27.6 | 25.5 | 45.9 | 20.7 | 15.9 | 25.5 | 19.8 |
| 2009 | 50.8 | 53.9 | 44.8 | 101.9 | 18.1 | 29.7 | 27.2 | 38.1 |
| 2010 | 37.7 | 38.8 | 33.1 | 42.7 | 45.7 | 48.2 | 27.4 | 33.5 |
| 2011 | 29.3 | 29.6 | 20.3 | 37.9 | 100.8 | 25.8 | 26.2 | 26.7 |
| 2012 | 24.4 | 23.7 | 18.9 | 39.4 | 32.9 | 2.5 | 31.0 | 3.0 |
| 2013 | 21.4 | 19.8 | 17.8 | 30.0 | 14.6 | 3.8 | 38.5 | 7.3 |
| 2014 | 16.3 | 17.2 | 20.4 | 16.7 | -2.7 | 13.9 | 7.2 | 10.2 |
| 2015 | 17.2 | 17.8 | 23.3 | 17.0 | 15.9 | 3.8 | 11.6 | 7.1 |
| 2016 | 12.4 | 12.8 | 21.9 | 10.6 | 63.6 | 25.6 | 1.9 | 17.0 |
| 2017 | 12.4 | 12.8 | 40.5 | -18.4 | -21.3 | 11.9 | 1.2 | -6.9 |
| 2018 | 10.2 | 10.8 | 16.9 | -9.7 | -6.6 | 11.9 | 0.9 | 12.0 |
| 2019 | 9.2 | 9.5 | 3.8 | -9.6 | 44.9 | 27.0 | 3.9 | 24.4 |

注：1. 1978年至1981年为全民投资总额，1982年以后为全社会投资总额。2008年的数据根据经济普查数予以调整。

2. 根据相关制度要求，2013年我区固定资产投资统计起点由项目计划总投资50万元提高到500万元；2013年各增长数据根据2012年度国家口径作为基数计算；2013年度全区固定资产投资与国家公布的各省数据口径完全一致（不包含跨省项目投资），各市投资包含跨省项目投资，因此各市投资合计与全区固定资产投资不一致。

3. 根据制度设计，2016年制度取消城乡分组，故农村投资仅包含农村居民家庭固定资产，增速为同口径增速。

Note：1. Investment in fixed assets during the years 1978 to 1981 refer to total people investment, and since 1982 are total social investment in fixed assets. The data in 2008 has been adjusted according to the 2nd Economic Census.

2. According to the National Statistical System, the statistical floor level of total planned projects investment in fixed assets of Guangxi has been raised from 500 000 Yuan to 5 000 000 Yuan in 2013. The data on growth rates in 2013 is calculated on the data of national statistical range in 2012. The statistical range of data on investment in fixed assets of Guangxi is completely the same as the data of other provinces published by National Bureau of Statistic (excluding investment in inter-provincial projects). Due to the investment in inter-provincial projects is included in the investment of cities separately, there are differences between the summary of investment of cities and investment of Guangxi.

3. According to the National Statistical System, group of urban and rural area investment was cancelled in 2016. So village investment only includes fixed assets of residential in rural area. Growth rate is the same as caliber growth rate.

# 10—2 国有单位固定资产投资增长速度（1978-2019年）

# Investment in Fixed Assets of State-owned Units Growth Rate（1978-2019）

投资额（万元） Investment（10 000 yuan）

| 年份 Year | 投资总额 Total Investment | 中央项目 Central | 地方项目 Local | 地方投资占总额比重（%） Proportion of Local Investment in Total Investment （%） | 新增固定资产 Newly Increased Fixed Assets |
|---|---|---|---|---|---|
| 1978 | 20.9 | 32.3 | 18.8 | | -8.5 |
| 1980 | 24.2 | -4.3 | 36.5 | | 13.0 |
| 1985 | 50.6 | 57.4 | 47.0 | | 19.6 |
| 1990 | -0.6 | -8.0 | 1.6 | | 2.5 |
| 1991 | 31.7 | 44.4 | 28.3 | | 11.8 |
| 1992 | 70.9 | 79.6 | 68.2 | | 45.5 |
| 1993 | 82.7 | 71.3 | 86.5 | | 57.5 |
| 1994 | 14.5 | 31.6 | 9.3 | | 13.5 |
| 1995 | 11.5 | 20.2 | 8.3 | | 76.0 |
| 1996 | 9.2 | -11.7 | 17.6 | | -8.6 |
| 1997 | -5.6 | -15.1 | -2.8 | | 11.0 |
| 1998 | 24.1 | 24.4 | 24.0 | | 10.0 |
| 1999 | 9.7 | 18.6 | 7.4 | | -1.4 |
| 2000 | 8.3 | 44.3 | -2.2 | | 48.7 |
| 2001 | 8.8 | -7.3 | 15.7 | | -25.7 |
| 2002 | 12.5 | 7.4 | 14.3 | | -2.7 |
| 2003 | 11.7 | 6.3 | 13.4 | | 38.4 |
| 2004 | 20.1 | -11.5 | 29.7 | | 4.9 |
| 2005 | 31.2 | 21.8 | 33.2 | | 28.9 |
| 2006 | 16.2 | 4.8 | 18.4 | | -3.3 |
| 2007 | 22.3 | -1.9 | 26.3 | | 24.4 |
| 2008 | 26.3 | 23.8 | 26.6 | | 7.5 |
| 2009 | 85.1 | 166.4 | 74.7 | | 92.1 |
| 2010 | 30.4 | 44.5 | 27.7 | | 6.9 |
| 2011 | 13.6 | -6.6 | 18.1 | | 41.1 |
| 2012 | 10.1 | 4.2 | 11.1 | | 17.0 |
| 2013 | 9.1 | -48.3 | 18.5 | | 28.3 |
| 2014 | 13.7 | 7.6 | 14.1 | | 12.8 |
| 2015 | 18.7 | -8.5 | 20.6 | | 16.3 |
| 2016 | 10.5 | 11.2 | 10.4 | | 12.6 |
| 2017 | 20.2 | -42.9 | 23.4 | | 23.2 |
| 2018 | 9.3 | 22.4 | 8.9 | | 10.7 |
| 2019 | 6.6 | 191.4 | -15.8 | | -26.3 |

注：2006年以后国有单位固定资产投资包含了农村非农户投资，2006年数据做相应调整。根据经普对2008年数据进行调整。

Note：Investment in fixed assets of state-owned units has included investment from rural non-agriculture households in fixed assets since 2006，and the data of 2006 is adjusted relevantly. The data in 2008 has been adjusted according to the 2nd Economic Census.

# 10—3 按登记注册类型分的固定资产投资增长速度（2019年）

单位：%

| 指 标 | Item | 投资合计<br>Total Investment |
|---|---|---|
| 合 计 | Total | 9.5 |
| 内资 | Domestic Fund | 10.1 |
| 国有 | State-owned | 10.6 |
| 集体 | Collective-owned | -17.2 |
| 股份合作 | Cooperative Share Holding | 10.5 |
| 国有联营 | State Joint-owned | 2412.1 |
| 集体联营 | Collective Joint-owned | -42.9 |
| 国有与集体联营 | State and Collective Joint-owned | |
| 其他联营 | Other Joint-owned | 141.5 |
| 国有独资公司 | State Sole Investment | 5.4 |
| 其他有限责任公司 | Other Limited Companies | 26.3 |
| 股份有限公司 | Share Holding Limited | -23.7 |
| 私营 | Individual | -2.2 |
| 其他 | Others | 25.9 |
| 港澳台商投资 | Funds from Hong Kong，Macao and Taiwan | 15.6 |
| 合资经营 | Joint Venture | 8.1 |
| 合作经营 | Cooperative Operation | 31.0 |
| 独资 | Sole Investment | 17.7 |
| 股份有限 | Share Holding Limited | -44.6 |
| 其他 | Others | |
| 外商投资 | Foreign-funded | -23.3 |
| 合资经营 | Joint Venture | -19.1 |
| 合作经营 | Cooperative Operation | 22.4 |
| 独资 | Sole Investment | -20.1 |
| 股份有限 | Share Holding Limited | 23.9 |
| 其他 | Others | |
| 个体经营 | Individual | 58.7 |
| 个体户 | Private | 55.5 |
| 个人合伙 | Individual Partnership | 103.9 |

## Growth Rate of Investment in Fixed Assets Grouped by Registration Status （2019）

（%）

| 基本建设<br>Basic Construction | 更新改造<br>Innovation | 其他<br>Others | 房地产<br>Real Estate Development |
|---|---|---|---|
| 3.8 | -9.6 | 44.9 | 27.0 |
| 4.3 | -10.6 | 47.3 | 29.1 |
| 16.3 | -25.4 | 78.7 | -8.3 |
| -22.3 | 67.8 | -55.5 | -69.7 |
| -8.5 | 300.3 | | |
| 2412.1 | | | |
| -62.1 | 5411.9 | | |
| | | | |
| 180.7 | -100.0 | | |
| 2.0 | -2.4 | -30.4 | 64.9 |
| 6.1 | -3.1 | -11.7 | 50.5 |
| -0.6 | 7.0 | 393.5 | -70.8 |
| -11.7 | -11.0 | 54.6 | 8.5 |
| 23.0 | 32.4 | 73.9 | |
| 15.0 | -17.5 | -55.9 | 26.8 |
| 58.2 | 5.4 | -2.9 | -4.1 |
| -100.0 | | | |
| 3.8 | -19.2 | -85.2 | 42.0 |
| 299.5 | -86.7 | | |
| | | | |
| -43.0 | 17.8 | -14.7 | 7.0 |
| -52.5 | 17.9 | | 20.9 |
| 32.4 | -100.0 | | |
| -27.8 | -0.3 | 53.8 | -20.6 |
| -23.7 | 307.2 | -49.1 | 64.6 |
| | | | |
| 67.9 | 49.8 | 4.0 | |
| 70.0 | 41.4 | -11.6 | |
| 49.2 | 566.8 | | |

注：本表数据合计含城镇基建、更改、其他和房地产四部分。
Note：Total investment in this table includes basic construction，innovation，other investment and real tate development over designated size.

# 10—4 按登记注册类型分的投资资金来源增长速度（2019年）

单位：%

| 指 标 | Item | 本年资金来源小计 Sources of Fund in This Year |
|---|---|---|
| 合 计 | Total | -5.9 |
| 内资企业 | Domestic Fund | -6.8 |
| 国有企业 | State-owned | -5.9 |
| 集体企业 | Collective-owned | -21.7 |
| 股份合作企业 | Cooperative Share Holding | 49.0 |
| 联营企业 | Joint-owned | -100.0 |
| 国有联营企业 | State Joint-owned | -100.0 |
| 集体联营企业 | Collective Joint-owned | |
| 国有与集体联营企业 | State & Collective Joint-owned | |
| 其他联营企业 | Other Joint-owned | |
| 有限责任公司 | Limited Companies | -4.3 |
| 国有独资公司 | State Sole Investment | -15.1 |
| 其他有限责任公司 | Other Limited Companies | 4.9 |
| 股份有限公司 | Share Holding Limited | 1.9 |
| 私营企业 | Individual | -15.2 |
| 其他企业 | Others | 22.1 |
| 港、澳、台商投资企业 | Funds from Hong Kong，Macao and Taiwan | 12.4 |
| 合资经营企业（港或澳、台资） | Joint Venture | 5.2 |
| 合作经营企业（港或澳、台资） | Cooperative Operation | |
| 港、澳、台商独资经营企业 | Sole Investment | 20.8 |
| 港、澳、台商投资股份有限公司 | Share Holding Limited | -75.1 |
| 外商投资企业 | Foreign invested enterprises | 28.2 |
| 中外合资经营企业 | Joint Venture | -35.0 |
| 中外合作经营企业 | Cooperative Operation | |
| 外资企业 | Foreign Operation | 272.4 |
| 外商投资股份有限公司 | Share Holding Limited | 70.8 |
| 个体经营 | Individual | |
| 个体户 | Private | |
| 个人合伙 | Individual Partnership | |

## Growth Rate of Sources of Sources of Funds for Investment in Fixed Assets Grouped by Registration Status (2019)

(%)

| 预算内资金<br>Budgetary Appropriation | 国内贷款<br>Domestic Loans | 利用外资<br>Foreign Investment | 自筹资金<br>Fundraising | 其他资金<br>Others |
|---|---|---|---|---|
| -10.0 | -16.8 | 428.3 | -5.9 | 0.5 |
| -10.0 | -18.3 | -26.6 | -5.4 | 1.3 |
| -6.7 | -13.5 | 186.2 | -2.0 | -8.1 |
| | | | 24.2 | -87.0 |
| | | | 39.1 | |
| -100.0 | | | | |
| -100.0 | | | | |
| | | | | |
| | | | | |
| | | | | |
| -20.2 | -18.8 | -12.3 | -4.1 | 22.5 |
| -13.9 | -25.1 | 33.8 | -24.6 | 14.6 |
| -26.5 | -11.5 | -26.8 | 9.8 | 30.3 |
| 677.4 | -14.9 | -100.0 | 22.2 | -51.5 |
| 77.1 | -37.4 | -50.4 | -12.0 | -32.0 |
| -100.0 | 24.5 | 115.7 | 34.6 | -28.9 |
| -100.0 | 178.1 | 368.5 | 4.3 | -58.7 |
| -100.0 | 79.7 | 7483.3 | -9.5 | -100.0 |
| | | | | |
| | 425.5 | -58.4 | 14.4 | -53.7 |
| | | | -75.1 | |
| | 168.3 | 4603.7 | -31.1 | -29.0 |
| | | -100.0 | -41.1 | 3.7 |
| | | | | |
| | 120.0 | 6455.5 | 22.9 | -100.0 |
| | | | 41.7 | -100.0 |

# 10—5 按登记注册类型分的新增固定资产增长速度（2019年）

# Growth Rate of Sources of Newly Increased Fixed Assets Grouped by Registration Status （2019）

单位：% (%)

| 指 标 | Item | 新增固定资产合计 Newly Increased Fixed Assets | 基本建设 Basic Construction | 更新改造 Innovation | 其他 Others | 房地产 Real Estate Development |
|---|---|---|---|---|---|---|
| 合 计 | Total | -16.5 | -15.6 | -25.5 | 29.3 | -13.0 |
| 内资 | Domestic Fund | -17.8 | -16.9 | -27.7 | 34.0 | -17.6 |
| 国有 | State-owned | -19.4 | -13.1 | -50.3 | 26.1 | -99.9 |
| 集体 | Collective-owned | -88.8 | -97.9 | | | -70.5 |
| 股份合作 | Cooperative Share Holding | -99.6 | -99.7 | | | |
| 国有联营 | State Joint-owned | -100.0 | -100.0 | | | |
| 集体联营 | Collective Joint-owned | | | | | |
| 国有与集体联营 | State and Collective Joint-owned | | | | | |
| 其他联营 | Other Joint-owned | | | | | |
| 国有独资公司 | State Sole Investment | -13.3 | -21.3 | 46.4 | -20.8 | 20.8 |
| 其他有限责任公司 | Other Limited Companies | -14.4 | -8.1 | -78.5 | -4.0 | -22.0 |
| 股份有限公司 | Share Holding Limited | -6.8 | -17.0 | 25.8 | | -48.4 |
| 私营 | Individual | -18.9 | -17.5 | -37.8 | 763.3 | -13.8 |
| 其他 | Others | -70.1 | -72.8 | -12.4 | | |
| 港澳台商投资 | Funds from Hong Kong, Macao and Taiwan | 22.8 | 23.8 | 37.4 | -97.4 | 58.6 |
| 合资经营 | Joint Venture | 919.6 | 2292.2 | 95.3 | -97.4 | 22971.0 |
| 合作经营 | Cooperative Operation | | | | | |
| 独资 | Sole Investment | -73.8 | -78.7 | -2.0 | | -77.9 |
| 股份有限 | Share Holding Limited | | | | | |
| 其他 | Others | | | | | |
| 外商投资 | Foreign-funded | 45.0 | 40.5 | 78.0 | | 93.9 |
| 合资经营 | Joint Venture | 9.8 | 2.4 | 145.5 | | 27.6 |
| 合作经营 | Cooperative Operation | | | | | |
| 独资 | Sole Investment | -41.4 | -73.2 | 8.1 | | -100.0 |
| 股份有限 | Share Holding Limited | 1916.2 | 1247.1 | | | |
| 其他 | Others | | | | | |
| 个体经营 | Individual | | | | | |
| 个体户 | Private | | | | | |
| 个人合伙 | Individual Partnership | | | | | |

注：本表仅含城镇基建、更改、其他和房地产四部分。

Note: The investment in fixed assets in this table just contains four parts by urban areas, including investment in basic construction, innovation, others and real estate development.

# 10—6 分行业固定资产投资增长速度（2019）
# Growth Rate of Sources of Investment in Fixed Assets by Sector （2019）

单位：% (%)

| 指标 | Item | 投资总额 Total Investment | 按隶属关系分 By Administrative Relationship 中央 Central | 地方 Local |
|---|---|---|---|---|
| 总 计 | Total | 2.1 | 86.7 | -19.9 |
| 按三次产业分 | Grouped By Three Strata of Industry | | | |
| 第一产业 | Primary Industry | -17.9 | 282.2 | -36.4 |
| 第二产业 | Secondary Industry | 5.3 | -3.2 | -6.8 |
| 第三产业 | Tertiary Industry | 1.9 | 263.5 | -21.9 |
| 按国民经济行业分 | By Sector | | | |
| 农、林、牧、渔业 | Agriculture, Forestry, Animal Husbandry and Fishery | -17.9 | 282.2 | -36.4 |
| #农业 | Farming | -23.2 | -28.8 | -48.7 |
| 林业 | Forestry | -30.4 | 1531.9 | -14.3 |
| 工业 | Industry | 11.1 | 0.6 | 6.7 |
| 采矿业 | Mining | 34.3 | | -19.9 |
| 制造业 | Manufacturing | 9.2 | -19.0 | -0.9 |
| 电力燃气及水的生产供应业 | Power, Gas and Water Production and Supply | 14.0 | 8.0 | 21.8 |
| 建筑业 | Construction | -67.8 | -99.7 | -74.3 |
| 交通运输、仓储及邮政业 | Transportation, Storage and Postal | 14.4 | 104.0 | -0.4 |
| 交通运输业 | Transportation | 14.4 | 121.6 | -0.1 |
| 仓储业 | Storage | 14.4 | -41.4 | -17.6 |
| 邮政业 | Postal | 54.2 | -100.0 | -8.2 |
| 信息传输、计算机服务和软件业 | Information Transmission, Computer Service and Software Industries | 28.4 | 263.2 | 12.4 |
| 批发和零售业 | Wholesale and Retail Trades | -35.0 | -78.9 | -67.9 |
| 批发业 | Wholesale Trade | -37.2 | -79.5 | -62.3 |
| 零售业 | Retail Trade | -33.3 | -76.3 | -71.9 |
| 住宿和餐饮业 | Hotel and Catering Services | -3.6 | | -39.3 |
| #餐饮业 | Catering Services | 15.0 | | 6475.5 |
| 金融业 | Finance | -13.3 | 13.1 | -46.3 |
| 房地产业 | Real Estate | 3.3 | 336.4 | -22.5 |
| 租赁和商务服务业 | Leasing and Business Services | -7.2 | 147.6 | -38.9 |
| 科学研究、技术服务地质勘查业 | Scientific Research, Technical Services and Geological Prospecting | -3.6 | 37.6 | -28.2 |
| 水利、环境和公共设施管理业 | Management of Water Conservancy, Environment and Public Facilities | -10.0 | 457.5 | -43.8 |
| 水利管理业 | Water Conservancy | 9.8 | 50.5 | -9.7 |
| 公共设施管理业 | Management of Public Facilities | -16.0 | 759.7 | -50.5 |
| 居民服务和其他服务业 | Services to Households and Others | -32.8 | | -64.8 |
| 教育事业 | Education | 18.6 | 289.6 | -2.1 |
| 卫生、社会保障和社会福利业 | Public Health, Social Security and Social Welfare | 23.0 | 2790.2 | -16.1 |
| 卫生事业 | Public Health | 26.2 | 2790.2 | -15.6 |
| 文化、体育和娱乐业 | Culture, Sports and Entertainment | -14.7 | | -49.3 |
| 公共管理和社会组织 | Public Management and Social Organizations | 32.1 | 135.8 | 11.9 |
| 国际组织 | International Organizations | | | |

注：本表仅含城镇基建、更改、其他三部分，不含房地产开发投资。
Note: The investment in fixed assets in this table just contains three parts by urban areas: investment in basic construction, innovation and others. It excludes real estate development.

# 10—7 工业分行业固定资产投资增长速度（2019年）
# Growth Rate of Sources of Investment in Fixed Assets by Industrial Sector （2019）

单位：% (%)

| 指 标 | Item | 投资总额 Total Invest-ment | 按隶属关系分 By Administrative Relationship | |
|---|---|---|---|---|
| | | | 中央 Central | 地方 Local |
| 合 计 | Total | 11.1 | 0.6 | 6.7 |
| 煤炭采选业 | Coal Mining and Processing | -38.8 | | -47.2 |
| 石油和天然气开采 | Extraction of Petroleum and Natural Gas | -100.0 | | |
| 黑色金属矿采选业 | Mining and Processing of Ferrous Metal Ores | 49.9 | | -100.0 |
| 有色金属矿采选业 | Nonferrous Metals Mining and Processing | 1.4 | | -13.4 |
| 非金属矿采选业 | Mining and Processing of Non-metal Ores | 90.2 | | -3.0 |
| 开采辅助活动 | Support Activities for Mining | -81.7 | | -100.0 |
| 其他采矿业 | Mining of Other Ores | -36.9 | | |
| 农副食品加工 | Major Grain and Sideline Food Processing | -17.5 | -12.5 | -29.5 |
| #制糖业 | Sugar Production | -60.9 | -34.9 | -86.1 |
| 食品制造业 | Food Production | 35.3 | | -64.9 |
| 饮料制造业 | Beverage Production | 22.6 | -100.0 | -36.8 |
| 烟草加工业 | Tobacco Processing | -11.3 | 0.6 | -98.2 |
| 纺织业 | Textile Industry | 22.5 | | 4.4 |
| 纺织服装、鞋帽制造业 | Textile Clothes, Shoes and Caps Producing | -0.6 | | 75.4 |
| 皮革、毛皮、羽毛（绒）及其制品业 | Leathers, Furs, Down and Related Products | 131.6 | | |
| 木材加工及竹、藤、棕、草制品业 | Timber, Bamboo, Rattan, Palm Fiber, Straw Products | -3.9 | | 3.2 |
| 家具制造业 | Furniture Manufacturing | 7.5 | | -98.1 |
| 造纸及纸制品业 | Papermaking and Paper Products | -16.3 | | -63.7 |
| 印刷业、记录、媒介的复制 | Printing, Record and Medium Reproduction | 7.5 | | -97.2 |
| 文教体育用品制造业 | Culture, Education and Sports Facilities Producing | -27.5 | | -55.8 |
| 石油、煤炭及其他燃料加工业 | Petroleum , Coking and other Fuel Processing | 64.2 | 16.8 | 210.3 |
| 化学原料及化学制品制造业 | Raw Chemical Materials and Chemical Products | 22.1 | | -38.9 |
| 医药制造业 | Medical and Pharmaceutical Products | -2.2 | | 14.5 |
| 化学纤维制造业 | Chemical Fiber | 59.1 | | |
| 橡胶和塑料制品业 | Rubber and Plastic Products | 14.3 | -100.0 | -70.0 |

# 10—7 续表1 continued

单位：% (%)

| 指 标 | Item | 投资总额 Total Investment | 按隶属关系分 By Administrative Relationship | |
|---|---|---|---|---|
| | | | 中央 Central | 地方 Local |
| 非金属矿物制品业 | Nonmetal Mineral Products | 3.1 | 63.2 | -50.1 |
| #水泥制造业 | Cements Products | 11.4 | 65.4 | -80.3 |
| 黑色金属冶练及压延加工业 | Smelting and Pressing of Ferrous Metals | 102.2 | -98.6 | 550.5 |
| 有色金属冶练及压延加工业 | Smelting and Pressing of Nonferrous Metals | -19.6 | -88.3 | -33.8 |
| 金属制品业 | Metal Products | 14.9 | | -53.0 |
| 通用机械制造业 | General Machinery Manufacturing | 22.6 | | -1.9 |
| 专用设备制造业 | Special Purpose Equipment | 10.6 | | 21.5 |
| 汽车制造业 | Automobile manufacturing industry | -16.1 | 34.6 | -52.7 |
| 交通运输设备制造业 | Transport Equipment | 126.8 | 4.1 | -100.0 |
| 电气、机械及器材制造业 | Electric Equipment and Machinery Manufacturing | -26.4 | 162.2 | -19.9 |
| 通信设备、计算机及其他电子设备制造业 | Communications Equipment，Computer and Other Electric Equipment Manufacturing | 39.5 | 65.3 | 31.9 |
| 仪器仪表及文化、办公用机械制造业 | Instruments，Meters，Cultural and Clerical Machinery | 84.8 | | 253.2 |
| 工艺品及其他制造业 | Artworks and Other Products Manufacturing | 48.5 | | -65.1 |
| 废弃资源和废旧材料回收加工业 | Abandoned Resources and Junk Materials Recycling and Processing | 23.2 | | -11.0 |
| 金属制品、机械和设备修理业 | Metal Products，Machinery and Equipment Repair Services | 37.6 | | 34.4 |
| 电力、蒸气、热水的生成和供 应业 | Electricity，Steam，Hot Water Production and Supply | 12.6 | 9.2 | 35.7 |
| #水电 | Hydropower | -9.2 | -41.6 | -60.9 |
| 火电 | Thermal Power | 51.0 | 187.1 | -21.1 |
| 煤气生成和供应业 | Gas Production and Supply | 14.0 | -35.5 | -11.0 |
| 自来水的生成和供应业 | Tap Water Production and Supply | 19.4 | 12.6 | 3.8 |

注：本表仅含基建、更改、其他三部分。
Note: The investment in fixed assets in this table just contains three parts: investment in basic construction, innovation & others.

# 10—8 基本建设分行业固定资产投资增长速度（2019年）
# Growth Rate of Sources of Investment in Fixed Assets in Basic Construction by Sector （2019）

单位：% (%)

| 指 标 | Item | 投资总额 Total Investment | 按隶属关系分 By Administrative Relationship | |
|---|---|---|---|---|
| | | | 中央 Central | 地方 Local |
| 总 计 | Total | 3.8 | 138.4 | -18.9 |
| 按三次产业分 | Grouped By Three Strata of Industry | | | |
| 第一产业 | Primary Industry | -19.1 | 282.2 | -36.2 |
| 第二产业 | Secondary Industry | 8.1 | -4.7 | 5.0 |
| 第三产业 | Tertiary Industry | 3.8 | 345.3 | -22.2 |
| 按国民经济行业分 | By Sector | | | |
| 农、林、牧、渔业 | Agriculture，Forestry，Animal Husbandry and Fishery | -19.1 | 282.2 | -36.2 |
| #农业 | Farming | -23.4 | -28.8 | -48.6 |
| 林业 | Forestry | -28.9 | 1531.9 | -12.2 |
| 工业 | Industry | 15.5 | 2.0 | 21.9 |
| 采矿业 | Mining | 28.7 | 0.0 | -28.8 |
| 制造业 | Manufacturing | 13.9 | -46.1 | 21.2 |
| 电力燃气及水的生产供应业 | Power，Gas and Water Production and Supply | 18.3 | 32.3 | 25.2 |
| 建筑业 | Construction | -65.6 | -99.7 | -70.6 |
| 交通运输、仓储及邮政业 | Transportation，Storage and Postal | 22.2 | 194.1 | 6.6 |
| 交通运输业 | Transportation | 22.4 | 244.2 | 7.1 |
| 仓储业 | Storage | 15.6 | -41.4 | -16.1 |
| 邮政业 | Postal | 77.2 | -100.0 | -94.4 |
| 信息传输、计算机服务和软件业 | Information Transmission，Computer Service and Software Industries | 36.9 | 361.4 | 14.4 |

# 10—8 续表1 continued

单位：% (%)

| 指 标 | Item | 投资总额 Total Investment | 按隶属关系分 By Administrative Relationship 中央 Central | 地方 Local |
|---|---|---|---|---|
| 批发和零售业 | Wholesale and Retail Trades | -37.1 | -41.3 | -76.4 |
| 批发业 | Wholesale Trade | -36.2 | 11.9 | -78.5 |
| 零售业 | Retail Trade | -37.7 | -76.3 | -74.8 |
| 住宿和餐饮业 | Hotel and Catering Services | -5.8 | | -41.9 |
| #餐饮业 | Catering Services | 6.2 | | 6475.5 |
| 金融业 | Finance | -9.4 | 13.1 | -43.6 |
| 房地产业 | Real Estate | 5.1 | 531.4 | -25.6 |
| 租赁和商务服务业 | Leasing and Business Services | -9.1 | 123.9 | -36.2 |
| 科学研究、技术服务地质勘查业 | Scientific Research, Technical Services and Geological Prospecting | 2.6 | 0.8 | -24.5 |
| 水利、环境和公共设施管理业 | Management of Water Conservancy, Environment and Public Facilities | -9.0 | 463.1 | -46.4 |
| 水利管理业 | Water Conservancy | 11.8 | 50.3 | -8.6 |
| 公共设施管理业 | Management of Public Facilities | -15.4 | 774.8 | -54.1 |
| 居民服务和其他服务业 | Services to Households and Others | -35.8 | | -64.8 |
| 教育事业 | Education | 26.1 | 304.7 | 4.5 |
| 卫生、社会保障和社会福利业 | Public Health, Social Security and Social Welfare | 12.4 | 2435.2 | -35.4 |
| 卫生事业 | Public Health | 14.2 | 2435.2 | -36.4 |
| 文化、体育和娱乐业 | Culture, Sports and Entertainment | -14.5 | | -49.0 |
| 公共管理和社会组织 | Public Management and Social Organizations | 28.3 | 261.3 | 4.9 |
| 国际组织 | International Organizations | | | |

# 10—9 工业行业基本建设投资增长速度（2019年）

## Growth Rate of Sources of Investment in Basic Construction by Industrial Sector(2019)

单位：%　　　　(%)

| 指　标 | Item | 投资总额 Total Investment | 按隶属关系分 By Administrative Relationship | |
|---|---|---|---|---|
| | | | 中央 Central | 地方 Local |
| 合　计 | Total | 15.5 | 2.0 | 21.9 |
| 煤炭采选业 | Coal Mining and Processing | -41.4 | | -47.1 |
| 石油和天然气开采 | Extraction of Petroleum and Natural Gas | -100.0 | | |
| 黑色金属矿采选业 | Mining and Processing of Ferrous Metal Ores | 930.6 | | -100.0 |
| 有色金属矿采选业 | Nonferrous Metals Mining and Processing | -3.0 | | -35.2 |
| 非金属矿采选业 | Mining and Processing of Non-metal Ores | 88.7 | | 201.5 |
| 开采辅助活动 | Support Activities for Mining | -80.7 | | -100.0 |
| 其他采矿业 | Mining of Other Ores | -36.7 | | |
| 农副食品加工 | Major Grain and Sideline Food Processing | -26.6 | -58.3 | -29.4 |
| #制糖业 | Sugar Production | -70.6 | -100.0 | -93.8 |
| 食品制造业 | Food Production | 25.4 | | -59.4 |
| 饮料制造业 | Beverage Production | 28.8 | -100.0 | -33.6 |
| 烟草加工业 | Tobacco Processing | -98.2 | | -98.2 |
| 纺织业 | Textile Industry | 23.7 | | -5.9 |
| 纺织服装、鞋帽制造业 | Textile Clothes, Shoes and Caps Producing | -14.6 | | 2462.2 |
| 皮革、毛皮、羽毛（绒）及其制品业 | Leathers, Furs, Down and Related Products | 193.2 | | |
| 木材加工及竹、藤、棕、草制品业 | Timber, Bamboo, Rattan, Palm Fiber, Straw Products | 7.8 | | 792.9 |
| 家具制造业 | Furniture Manufacturing | 5.3 | | -98.1 |
| 造纸及纸制品业 | Papermaking and Paper Products | -9.6 | | -64.0 |
| 印刷业、记录、媒介的复制 | Printing, Record and Medium Reproduction | -4.4 | | -97.2 |
| 文教体育用品制造业 | Culture, Education and Sports Facilities Producing | -17.4 | | -55.8 |
| 石油、煤炭及其他燃料加工业 | Petroleum , Coking and other Fuel Processing | 62.4 | -63.6 | 215.6 |
| 化学原料及化学制品制造业 | Raw Chemical Materials and Chemical Products | 25.8 | | -37.8 |
| 医药制造业 | Medical and Pharmaceutical Products | -8.0 | | 25.9 |
| 化学纤维制造业 | Chemical Fiber | 91.4 | | |
| 橡胶和塑料制品业 | Rubber and Plastic Products | 6.2 | | -70.3 |

# 10—9　续表1　continued

单位：%　　　　　　　　　　　　　　　　　　　　　　　　(%)

| 指　标 | Item | 投资总额 Total Invest-ment | 按隶属关系分 By Administrative Relationship | |
|---|---|---|---|---|
| | | | 中央 Central | 地方 Local |
| 非金属矿物制品业 | Nonmetal Mineral Products | -0.2 | 9.4 | -48.5 |
| #水泥制造业 | Cements Products | 37.7 | | -64.5 |
| 黑色金属冶练及压延加工业 | Smelting and Pressing of Ferrous Metals | 352.5 | -100.0 | 2327.9 |
| 有色金属冶练及压延加工业 | Smelting and Pressing of Nonferrous Metals | -16.1 | -100.0 | -29.4 |
| 金属制品业 | Metal Products | 18.8 | | -69.0 |
| 通用机械制造业 | General Machinery Manufacturing | 7.8 | | -0.4 |
| 专用设备制造业 | Special Purpose Equipment | 10.5 | | 27.6 |
| 汽车制造业 | Automobile manufacturing industry | -26.8 | 12.5 | -33.1 |
| 交通运输设备制造业 | Transport Equipment | 181.1 | | -100.0 |
| 电气、机械及器材制造业 | Electric Equipment and Machinery Manufacturing | -13.6 | 162.2 | -14.9 |
| 通信设备、计算机及其他电子设备制造业 | Communications Equipment, Computer and Other Electric Equipment Manufacturing | 53.7 | -99.2 | 98.2 |
| 仪器仪表及文化、办公用机械制造业 | Instruments, Meters, Cultural and Clerical Machinery | 104.7 | | 253.2 |
| 工艺品及其他制造业 | Artworks and Other Products Manufacturing | 30.8 | | -65.1 |
| 废弃资源和废旧材料回收加工业 | Abandoned Resources and Junk Materials Recycling and Processing | 30.5 | | -5.0 |
| 金属制品、机械和设备修理业 | Metal Products, Machinery and Equipment Repair Services | 7.7 | | 21.9 |
| 电力、蒸气、热水的生成和供应业 | Electricity, Steam, Hot Water Production and Supply | 20.8 | 37.3 | 55.8 |
| #水电 | Hydropower | -9.9 | -64.7 | -66.1 |
| 火电 | Thermal Power | 25.4 | 1593.5 | -100.0 |
| 煤气生成和供应业 | Gas Production and Supply | 4.3 | -35.5 | 3.9 |
| 自来水的生成和供应业 | Tap Water Production and Supply | 13.6 | 0.4 | -7.2 |

# 10—10 基本建设分行业投资项目和新增固定资产（2019年）
# Sources of Basic Construction Projects and Newly Increased Fixed Assets by Sector (2019)

单位：%　　(%)

| 项　目 | Item | 施工项目（个）Project under Construction (unit) | 全部建成投产项目（个）Projects Fully Completed Put into Operation (unit) | 项目建成投产率（%）Rate of Investment of Projects Completed (%) |
|---|---|---|---|---|
| 总　计 | Total | 13414 | 4256 | 31.7 |
| 按三次产业分 | Grouped By Three Strata of Industry | | | |
| 第一产业 | Primary Industry | 1402 | 551 | 39.3 |
| 第二产业 | Secondary Industry | 3130 | 959 | 30.6 |
| 第三产业 | Tertiary Industry | 8882 | 2746 | 30.9 |
| 按国民经济行业分 | By Sector | | | |
| 农、林、牧、渔业 | Agriculture, Forestry, Animal Husbandry and Fishery | 1402 | 551 | 39.3 |
| #农业 | Farming | 605 | 261 | 43.1 |
| 林业 | Forestry | 115 | 30 | 26.1 |
| 工业 | Industry | 3066 | 938 | 30.6 |
| 采矿业 | Mining | 126 | 46 | 36.5 |
| 制造业 | Manufacturing | 2166 | 693 | 32.0 |
| 电力燃气及水的生产供应业 | Power, Gas and Water Production and Supply | 774 | 199 | 25.7 |
| 建筑业 | Construction | 64 | 21 | 32.8 |
| 交通运输、仓储及邮政业 | Transportation, Storage, Postal and Telecommunication Services | 1509 | 412 | 27.3 |
| 交通运输业 | Transportation | 1373 | 378 | 27.5 |
| 仓储业 | Storage | 127 | 31 | 24.4 |
| 邮政业 | Postal | 9 | 3 | 33.3 |
| 信息传输、计算机服务和软件业 | Information Transmission, Computer Service and Software Industries | 139 | 44 | 31.7 |

# 10—10 续表1 continued

单位：% (%)

| 项 目 | Item | 施工项目（个） Project under Construction (unit) | 全部建成投产项目（个） Projects Fully Completed Put into Operation (unit) | 项目建成投产率（%） Rate of Investment of Projects Completed (%) |
|---|---|---|---|---|
| 批发和零售业 | Wholesale and Retail Trades | 313 | 145 | 46.3 |
| 批发业 | Wholesale Trade | 121 | 59 | 48.8 |
| 零售业 | Retail Trade | 192 | 86 | 44.8 |
| 住宿和餐饮业 | Hotel and Catering Services | 261 | 134 | 51.3 |
| #餐饮业 | Catering Services | 56 | 30 | 53.6 |
| 金融业 | Finance | 24 | 3 | 12.5 |
| 房地产业 | Real Estate | 672 | 156 | 23.2 |
| 租赁和商务服务业 | Leasing and Business Services | 369 | 131 | 35.5 |
| 科学研究、技术服务地质勘查业 | Scientific Research, Technical Services and Geological Prospecting | 108 | 24 | 22.2 |
| 水利、环境和公共设施管理业 | Management of Water Conservancy, Environment and Public Facilities | 2891 | 776 | 26.8 |
| 水利管理业 | Water Conservancy | 620 | 197 | 31.8 |
| 公共设施管理业 | Management of Public Facilities | 2098 | 521 | 24.8 |
| 居民服务和其他服务业 | Services to Households and Others | 98 | 47 | 48.0 |
| 教育事业 | Education | 1075 | 310 | 28.8 |
| 卫生、社会保障和社会福利业 | Public Health, Social Security and Social Welfare | 371 | 98 | 26.4 |
| 卫生事业 | Public Health | 320 | 82 | 25.6 |
| 文化、体育和娱乐业 | Culture, Sports and Entertainment | 409 | 146 | 35.7 |
| 公共管理和社会组织 | Public Management and Social Organizations | 643 | 320 | 49.8 |
| 国际组织 | International Organizations | | | |

# 10—11 分行业更新改造投资增长速度（2019年）

## Growth Rate of Sources of Investment in Innovation by Sector （2019）

单位：%　　　　　　　　　　　　　　　　　　　　　　　　　　　　　　　　　　　　　　　　　　　　　　　（%）

| 指 标 | Item | 投资总额 Total Investment | 按隶属关系分 By Administrative Relationship | |
|---|---|---|---|---|
| | | | 中央 Central | 地方 Local |
| 总 计 | Total | -9.6 | -6.2 | -33.0 |
| 按三次产业分 | Grouped By Three Strata of Industry | | | |
| 第一产业 | Primary Industry | 5.9 | | -41.6 |
| 第二产业 | Secondary Industry | -2.7 | -2.4 | -38.8 |
| 第三产业 | Tertiary Industry | -17.6 | -24.9 | -31.0 |
| 按国民经济行业分 | By Sector | | | |
| 农、林、牧、渔业 | Agriculture，Forestry，Animal Husbandry and Fishery | 5.9 | | -41.6 |
| #农业 | Farming | -23.0 | | -50.3 |
| 林业 | Forestry | -59.0 | | -50.6 |
| 工业 | Industry | 0.1 | -2.4 | -31.6 |
| 采矿业 | Mining | 54.0 | | 0.8 |
| 制造业 | Manufacturing | -2.6 | 76.1 | -60.2 |
| 电力燃气及水的生产供应业 | Power，Gas and Water Production and Supply | 2.2 | -13.7 | 13.2 |
| 建筑业 | Construction | -82.7 | | -93.6 |
| 交通运输、仓储及邮政业 | Transportation，Storage，Postal and Telecommunication Services | -26.2 | -38.8 | -40.2 |
| 交通运输业 | Transportation | -26.8 | -38.8 | -40.4 |
| 仓储业 | Storage | 2.1 | | -24.5 |
| 邮政业 | Postal | 134.0 | | |
| 信息传输、计算机服务和软件业 | Information Transmission，Computer Service and Software Industries | 10.4 | 27.7 | 10.4 |

## 10—11　续表1　continued

单位：%　　(%)

| 指　标 | Item | 投资总额 Total Investment | 按隶属关系分 By Administrative Relationship 中央 Central | 地方 Local |
|---|---|---|---|---|
| 批发和零售业 | Wholesale & Retail Trades | -0.6 | | 219.4 |
| 批发业 | Wholesale Trade | -21.6 | | 2743.3 |
| 零售业 | Retail Trade | 61.8 | | -2.7 |
| 住宿和餐饮业 | Hotel and Catering Services | 4.4 | | 21.7 |
| #餐饮业 | Catering Services | 51.5 | | |
| 金融业 | Finance | -26.6 | | -61.5 |
| 房地产业 | Real Estate | -18.6 | -100.0 | -10.4 |
| 租赁和商务服务业 | Leasing and Business Services | -10.8 | | -54.1 |
| 科学研究、技术服务地质勘查业 | Scientific Research, Technical Services and Geological Prospecting | -35.9 | | -75.6 |
| 水利、环境和公共设施管理业 | Management of Water Conservancy, Environment and Public Facilities | -17.0 | 437.1 | -27.6 |
| 水利管理业 | Water Conservancy | -7.0 | 98.7 | -18.0 |
| 公共设施管理业 | Management of Public Facilities | -18.7 | 1017.6 | -28.8 |
| 居民服务和其他服务业 | Services to Households and Others | -20.4 | | -57.1 |
| 教育事业 | Education | -26.9 | -100.0 | -50.5 |
| 卫生、社会保障和社会福利业 | Public Health, Social Security and Social Welfare | 57.0 | | 34.3 |
| 卫生事业 | Public Health | 59.5 | | 35.2 |
| 文化、体育和娱乐业 | Culture, Sports and Entertainment | -10.8 | | -49.8 |
| 公共管理和社会组织 | Public Management and Social Organizations | 33.4 | | 26.5 |
| 国际组织 | International Organizations | | | |

# 10—12 工业分行业更新改造投资增长速度（2019年）
# Growth Rate of Sources of Investment in Innovation by Industrial Sector（2019）

单位：% (%)

| 指 标 | Item | 投资总额 Total Investment | 按隶属关系分 By Administrative Relationship | |
|---|---|---|---|---|
| | | | 中央 Central | 地方 Local |
| 合 计 | Total | 0.1 | -2.4 | -31.6 |
| 煤炭采选业 | Coal Mining and Processing | -32.3 | | -100.0 |
| 石油和天然气开采 | Extraction of Petroleum and Natural Gas | | | |
| 黑色金属矿采选业 | Mining and Processing of Ferrous Metal Ores | -36.2 | | |
| 有色金属矿采选业 | Nonferrous Metals Mining and Processing | 43.7 | | 66.4 |
| 非金属矿采选业 | Mining and Processing of Non-metal Ores | 106.5 | | -51.1 |
| 开采辅助活动 | Support Activities for Mining | -83.1 | | |
| 其他采矿业 | Mining of Other Ores | -37.2 | | |
| 农副食品加工 | Major Grain and Sideline Food Processing | 6.8 | 26.2 | -23.4 |
| #制糖业 | Sugar Production | -21.9 | 20.1 | -73.2 |
| 食品制造业 | Food Production | 46.9 | | -77.0 |
| 饮料制造业 | Beverage Production | 20.8 | | -14.7 |
| 烟草加工业 | Tobacco Processing | -3.1 | 0.6 | |
| 纺织业 | Textile Industry | 14.9 | | 274.4 |
| 纺织服装、鞋帽制造业 | Textile Clothes, Shoes and Caps Producing | 20.2 | | -100.0 |
| 皮革、毛皮、羽毛（绒）及其制品业 | Leathers, Furs, Down and Related Products | 9.0 | | |
| 木材加工及竹、藤、棕、草制品业 | Timber, Bamboo, Rattan, Palm Fiber, Straw Products | -24.9 | | -68.1 |
| 家具制造业 | Furniture Manufacturing | 22.9 | | |
| 造纸及纸制品业 | Papermaking and Paper Products | -33.7 | | -62.0 |
| 印刷业、记录、媒介的复制 | Printing, Record and Medium Reproduction | 90.3 | | |
| 文教体育用品制造业 | Culture, Education and Sports Facilities Producing | -48.3 | | |
| 石油、煤炭及其他燃料加工业 | Petroleum, Coking and other Fuel Processing | 74.7 | 260.4 | 42.2 |
| 化学原料及化学制品制造业 | Raw Chemical Materials and Chemical Products | 1.6 | | -41.0 |

# 10—12　续表1　continued

单位：%　　　　(%)

| 指　标 | Item | 投资总额 Total Investment | 按隶属关系分 By Administrative Relationship | |
|---|---|---|---|---|
| | | | 中央 Central | 地方 Local |
| 医药制造业 | Medical and Pharmaceutical Products | 13.6 | | 2.2 |
| 化学纤维制造业 | Chemical Fiber | -53.6 | | |
| 橡胶和塑料制品业 | Rubber Products | 38.4 | -100.0 | |
| 非金属矿物制品业 | Nonmetal Mineral Products | 5.8 | 36.8 | -56.8 |
| #水泥制造业 | Cements Products | -8.3 | 65.4 | -86.2 |
| 黑色金属冶练及压延加工业 | Smelting and Pressing of Ferrous Metals | -10.7 | | -91.6 |
| 有色金属冶练及压延加工业 | Smelting and Pressing of Nonferrous Metals | -29.1 | -57.8 | -50.4 |
| 金属制品业 | Metal Products | 4.6 | | |
| 通用机械制造业 | General Machinery Manufacturing | 67.8 | | 5.5 |
| 专用设备制造业 | Special Purpose Equipment | 14.7 | | 41.0 |
| 汽车制造业 | Automobile manufacturing industry | -0.9 | 651.7 | -76.1 |
| 交通运输设备制造业 | Transport Equipment | 0.7 | | |
| 电气、机械及器材制造业 | Electric Equipment and Machinery Manufacturing | -46.0 | | -42.8 |
| 通信设备、计算机及其他电子设备制造业 | Communications Equipment，Computer and Other Electric Equipment Manufacturing | -7.2 | 215.9 | -81.9 |
| 仪器仪表及文化、办公用机械制造业 | Instruments，Meters，Cultural and Clerical Machinery | 76.2 | | |
| 工艺品及其他制造业 | Artworks and Other Products Manufacturing | | | |
| 废弃资源和废旧材料回收加工业 | Abandoned Resources and Junk Materials Recycling and Processing | -8.3 | | -55.8 |
| 金属制品、机械和设备修理业 | Metal Products，Machinery and Equipment Repair Services | | | |
| 电力、蒸气、热水的生成和供应业 | Electricity，Steam，Hot Water Production and Supply | -4.3 | -13.9 | 5.7 |
| #水电 | Hydropower | -4.3 | | -41.9 |
| 火电 | Thermal Power | 71.8 | 119.3 | 155.9 |
| 煤气生成和供应业 | Gas Production and Supply | 29.2 | | -82.4 |
| 自来水的生成和供应业 | Tap Water Production and Supply | 38.3 | | 45.2 |

# 10—13 分行业更新改造投资项目和新增固定资产（2019年）

# Investment in Innovation Projects and Newly Increased Fixed Assets by Sector (2019)

单位：% (%)

| 指标 | Item | 施工项目（个） Project under Construction (unit) | 全部建成投产项目（个） Projects Fully Completed Put into Operation (unit) | 项目建成投产率（%） Rate of Investment of Projects Completed (%) |
|---|---|---|---|---|
| 总计 | Total | 4119 | 1811 | 44.0 |
| 按三次产业分 | Grouped By Three Strata of Industry | | | |
| 第一产业 | Primary Industry | 159 | 88 | 55.3 |
| 第二产业 | Secondary Industry | 2317 | 1038 | 44.8 |
| 第三产业 | Tertiary Industry | 1643 | 685 | 41.7 |
| 按国民经济行业分 | By Sector | | | |
| 农、林、牧、渔业 | Agriculture, Forestry, Animal Husbandry and Fishery | 159 | 88 | 55.3 |
| #农业 | Farming | 57 | 32 | 56.1 |
| 林业 | Forestry | 11 | 6 | 54.5 |
| 工业 | Industry | 2301 | 1028 | 44.7 |
| 采矿业 | Mining | 150 | 73 | 48.7 |
| 制造业 | Manufacturing | 1834 | 850 | 46.3 |
| 电力燃气及水的生产供应业 | Power, Gas and Water Production and Supply | 317 | 105 | 33.1 |
| 建筑业 | Construction | 16 | 10 | 62.5 |
| 交通运输、仓储及邮政业 | Transportation, Storage, Postal and Telecommunication Services | 446 | 151 | 33.9 |
| 交通运输业 | Transportation | 429 | 143 | 33.3 |
| 仓储业 | Storage | 15 | 8 | 53.3 |
| 邮政业 | Postal | 2 | 0 | 0.0 |
| 信息传输、计算机服务和软件业 | Information Transmission, Computer Service and Software Industries | 32 | 12 | 37.5 |

## 10—13 续表1 continued

单位：%　　(%)

| 指 标 | Item | 施工项目（个）Project under Construction (unit) | 全部建成投产项目（个）Projects Fully Completed Put into Operation (unit) | 项目建成投产率（%）Rate of Investment of Projects Completed (%) |
|---|---|---|---|---|
| 批发和零售业 | Wholesale and Retail Trades | 82 | 43 | 52.4 |
| 批发业 | Wholesale Trade | 41 | 19 | 46.3 |
| 零售业 | Retail Trade | 41 | 24 | 58.5 |
| 住宿和餐饮业 | Hotel and Catering Services | 61 | 39 | 63.9 |
| #餐饮业 | Catering Services | 24 | 16 | 66.7 |
| 金融业 | Finance | 6 | 1 | 16.7 |
| 房地产业 | Real Estate | 77 | 23 | 29.9 |
| 租赁和商务服务业 | Leasing and Business Services | 75 | 50 | 66.7 |
| 科学研究、技术服务地质勘查业 | Scientific Research, Technical Services and Geological Prospecting | 16 | 11 | 68.8 |
| 水利、环境和公共设施管理业 | Management of Water Conservancy, Environment and Public Facilities | 484 | 198 | 40.9 |
| 水利管理业 | Water Conservancy | 100 | 25 | 25.0 |
| 公共设施管理业 | Management of Public Facilities | 367 | 165 | 45.0 |
| 居民服务和其他服务业 | Services to Households and Others | 14 | 7 | 50.0 |
| 教育事业 | Education | 143 | 50 | 35.0 |
| 卫生、社会保障和社会福利业 | Public Health, Social Security and Social Welfare | 89 | 32 | 36.0 |
| 卫生事业 | Public Health | 84 | 31 | 36.9 |
| 文化、体育和娱乐业 | Culture, Sports and Entertainment | 49 | 30 | 61.2 |
| 公共管理和社会组织 | Public Management and Social Organizations | 69 | 38 | 55.1 |
| 国际组织 | International Organizations | | | |

# 10—14 国有单位分行业投资项目和新增固定资产（2019年）

# Investment Projects and Newly Increased Fixed Assets of States-owned Units（2019）

单位：%　　（%）

| 指　标 | Item | 施工项目（个）Project under Construction（unit） | 全部建成投产项目（个）Projects Fully Completed Put into Operation（unit） | 项目建成投产率（%）Rate of Investment of Projects Completed（%） |
|---|---|---|---|---|
| 总　计 | Total | 8866 | 2823 | 31.8 |
| 按三次产业分 | Grouped By Three Strata of Industry | | | |
| 第一产业 | Primary Industry | 372 | 153 | 41.1 |
| 第二产业 | Secondary Industry | 876 | 244 | 27.9 |
| 第三产业 | Tertiary Industry | 7618 | 2426 | 31.8 |
| 按国民经济行业分 | By Sector | | | |
| 农、林、牧、渔业 | Agriculture, Forestry, Animal Husbandry and Fishery | 372 | 153 | 41.1 |
| #农业 | Farming | 144 | 80 | 55.6 |
| 林业 | Forestry | 83 | 23 | 27.7 |
| 工业 | Industry | 851 | 236 | 27.7 |
| 采矿业 | Mining | 10 | 3 | 30.0 |
| 制造业 | Manufacturing | 235 | 80 | 34.0 |
| 电力燃气及水的生产供应业 | Power, Gas and Water Production and Supply | 606 | 153 | 25.2 |
| 建筑业 | Construction | 25 | 8 | 32.0 |
| 交通运输、仓储及邮政业 | Transportation, Storage, Postal and Telecommunication Services | 1545 | 463 | 30.0 |
| 交通运输业 | Transportation | 1502 | 454 | 30.2 |
| 仓储业 | Storage | 39 | 8 | 20.5 |
| 邮政业 | Postal | 4 | 1 | 25.0 |
| 信息传输、计算机服务和软件业 | Information Transmission, Computer Service and Software Industries | 68 | 25 | 36.8 |

# 10—14 续表1 continued

单位：%　　　　(%)

| 指 标 | Item | 施工项目（个）Project under Construction (unit) | 全部建成投产项目（个）Projects Fully Completed Put into Operation (unit) | 项目建成投产率（%）Rate of Investment of Projects Completed (%) |
|---|---|---|---|---|
| 批发和零售业 | Wholesale and Retail Trades | 50 | 20 | 40.0 |
| 批发业 | Wholesale Trade | 23 | 9 | 39.1 |
| 零售业 | Retail Trade | 27 | 11 | 40.7 |
| 住宿和餐饮业 | Hotel and Catering Services | 26 | 13 | 50.0 |
| #餐饮业 | Catering Services | 3 | 1 | 33.3 |
| 金融业 | Finance | 8 | 1 | 12.5 |
| 房地产业 | Real Estate | 485 | 99 | 20.4 |
| 租赁和商务服务业 | Leasing and Business Services | 173 | 60 | 34.7 |
| 科学研究、技术服务地质勘查业 | Scientific Research, Technical Services and Geological Prospecting | 65 | 16 | 24.6 |
| 水利、环境和公共设施管理业 | Management of Water Conservancy, Environment and Public Facilities | 2718 | 815 | 30.0 |
| 水利管理业 | Water Conservancy | 678 | 210 | 31.0 |
| 公共设施管理业 | Management of Public Facilities | 1887 | 554 | 29.4 |
| 居民服务和其他服务业 | Services to Households and Others | 36 | 15 | 41.7 |
| 教育事业 | Education | 1099 | 345 | 31.4 |
| 卫生、社会保障和社会福利业 | Public Health, Social Security and Social Welfare | 527 | 199 | 37.8 |
| 卫生事业 | Public Health | 485 | 188 | 38.8 |
| 文化、体育和娱乐业 | Culture, Sports and Entertainment | 241 | 91 | 37.8 |
| 公共管理和社会组织 | Public Management and Social Organizations | 577 | 264 | 45.8 |
| 国际组织 | International Organizations | | | |

注：本表仅含基建、更改、其他三部分。
Note: The investment in fixed assets in this table just contains three parts: investment in basic construction, innovation and others.

# 10—15 集体分行业投资项目和新增固定资产（2019年）

# Investment Projects by Sector and Newly Increased Fixed Assets of Collective Owned Units（2019）

单位：%　　(%)

| 指　标 | Item | 施工项目（个）Project under Construction (unit) | 全部建成投产项目（个）Projects Fully Completed Put into Operation (unit) | 项目建成投产率（%）Rate of Investment of Projects Completed (%) |
|---|---|---|---|---|
| 总　计 | Total | 150 | 63 | 42.0 |
| 按三次产业分 | Grouped By Three Strata of Industry | | | |
| 第一产业 | Primary Industry | 38 | 13 | 34.2 |
| 第二产业 | Secondary Industry | 22 | 12 | 54.5 |
| 第三产业 | Tertiary Industry | 90 | 38 | 42.2 |
| 按国民经济行业分 | By Sector | | | |
| 农、林、牧、渔业 | Agriculture, Forestry, Animal Husbandry and Fishery | 38 | 13 | 34.2 |
| #农业 | Farming | 24 | 4 | 16.7 |
| 林业 | Forestry | | | |
| 工业 | Industry | 20 | 11 | 55.0 |
| 采矿业 | Mining | 2 | 2 | 100.0 |
| 制造业 | Manufacturing | 15 | 8 | 53.3 |
| 电力燃气及水的生产供应业 | Power, Gas and Water Production and Supply | 3 | 1 | 33.3 |
| 建筑业 | Construction | 2 | 1 | 50.0 |
| 交通运输、仓储及邮政业 | Transportation, Storage, Postal and Telecommunication Services | 9 | 4 | 44.4 |
| 交通运输业 | Transportation | 8 | 4 | 50.0 |
| 仓储业 | Storage | 1 | | |
| 邮政业 | Postal | | | |

# 10—15　续表1　continued

单位：%　　(%)

| 指　标 | Item | 施工项目（个）Project under Construction (unit) | 全部建成投产项目（个）Projects Fully Completed Put into Operation (unit) | 项目建成投产率（%）Rate of Investment of Projects Completed (%) |
|---|---|---|---|---|
| 信息传输、计算机服务和软件业 | Information Transmission, Computer Service and Software Industries | | | |
| 批发和零售业 | Wholesale and Retail Trades | 12 | 4 | 33.3 |
| 批发业 | Wholesale Trade | 3 | | |
| 零售业 | Retail Trade | 9 | 4 | 44.4 |
| 住宿和餐饮业 | Hotel and Catering Services | 3 | 2 | 66.7 |
| #餐饮业 | Catering Services | 1 | | |
| 金融业 | Finance | 1 | | |
| 房地产业 | Real Estate | 25 | 11 | 44.0 |
| 租赁和商务服务业 | Leasing and Business Services | 3 | 2 | 66.7 |
| 科学研究、技术服务地质勘查业 | Scientific Research, Technical Services and Geological Prospecting | | | |
| 水利、环境和公共设施管理业 | Management of Water Conservancy, Environment and Public Facilities | 15 | 7 | 46.7 |
| 水利管理业 | Water Conservancy | 4 | 2 | 50.0 |
| 公共设施管理业 | Management of Public Facilities | 11 | 5 | 45.5 |
| 居民服务和其他服务业 | Services to Households and Others | | | |
| 教育事业 | Education | 1 | | |
| 卫生、社会保障和社会福利业 | Public Health, Social Security and Social Welfare | 3 | 1 | 33.3 |
| 卫生事业 | Public Health | 2 | | |
| 文化、体育和娱乐业 | Culture, Sports and Entertainment | 5 | 3 | 60.0 |
| 公共管理和社会组织 | Public Management and Social Organizations | 13 | 4 | 30.8 |
| 国际组织 | International Organizations | | | |

注：本表仅含基建、更改、其他三部分。
Note: The investment in fixed assets in this table just contains three parts: investment in basic construction, innovation and others.

# 10—16 私营个体固定资产投资和新增固定资产（2019年）

# Investment in Fixed Assets and Newly Increased Fixed Assets of Private and Individual Units（2019）

单位：%　　　　(%)

| 指　标 | Item | 施工项目（个） Project under Construction (unit) | 全部建成投产项目(个) Projects Fully Completed Put into Operation (unit) | 项目建成投产率(%) Rate of Investment of Projects Completed (%) |
|---|---|---|---|---|
| 总　计 | Total | 4999 | 2113 | 42.3 |
| 按三次产业分 | Grouped By Three Strata of Industry | | | |
| 第一产业 | Primary Industry | 658 | 245 | 37.2 |
| 第二产业 | Secondary Industry | 2879 | 1167 | 40.5 |
| 第三产业 | Tertiary Industry | 1462 | 701 | 47.9 |
| 按国民经济行业分 | By Sector | | | |
| **农、林、牧、渔业** | **Agriculture，Forestry，Animal Husbandry and Fishery** | **658** | **245** | **37.2** |
| #农业 | Farming | 278 | 101 | 36.3 |
| 林业 | Forestry | 21 | 5 | 23.8 |
| 工业 | Industry | 2866 | 1155 | 40.3 |
| 采矿业 | Mining | 197 | 90 | 45.7 |
| 制造业 | Manufacturing | 2580 | 1036 | 40.2 |
| 电力燃气及水的生产供应业 | Power，Gas and Water Production and Supply | 89 | 29 | 32.6 |
| **建筑业** | **Construction** | **13** | **12** | **92.3** |
| 交通运输、仓储及邮政业 | Transportation，Storage，Postal and Telecommunication Services | 212 | 98 | 46.2 |
| 交通运输业 | Transportation | 150 | 79 | 52.7 |
| 仓储业 | Storage | 57 | 18 | 31.6 |
| 邮政业 | Postal | 5 | 1 | 20.0 |
| 信息传输、计算机服务和软件业 | Information Transmission，Computer Service & Software Industries | 23 | 10 | 43.5 |

# 10—16　续表1　continued

单位：%　　　　(%)

| 指　标 | Item | 施工项目(个) Project under Construction (unit) | 全部建成投产项目(个) Projects Fully Completed Put into Operation (unit) | 项目建成投产率(%) Rate of Investment of Projects Completed (%) |
|---|---|---|---|---|
| 批发和零售业 | Wholesale and Retail Trades | 260 | 143 | 55.0 |
| 批发业 | Wholesale Trade | 101 | 58 | 57.4 |
| 零售业 | Retail Trade | 159 | 85 | 53.5 |
| 住宿和餐饮业 | Hotel and Catering Services | 211 | 118 | 55.9 |
| #餐饮业 | Catering Services | 70 | 47 | 67.1 |
| 金融业 | Finance Intermediation | 2 | 2 | 100.0 |
| 房地产业 | Real Estate | 82 | 31 | 37.8 |
| 租赁和商务服务业 | Leasing and Business Services | 155 | 85 | 54.8 |
| 科学研究、技术服务地质勘查业 | Scientific Research, Technical Services and Geological Prospecting | 41 | 17 | 41.5 |
| 水利、环境和公共设施管理业 | Management of Water Conservancy, Environment and Public Facilities | 137 | 43 | 31.4 |
| 水利管理业 | Water Conservancy | 5 | | |
| 公共设施管理业 | Management of Public Facilities | 122 | 39 | 32.0 |
| 居民服务和其他服务业 | Services to Households & Others | 63 | 35 | 55.6 |
| 教育事业 | Education | 79 | 29 | 36.7 |
| 卫生、社会保障和社会福利业 | Public Health, Social Security and Social Welfare | 51 | 23 | 45.1 |
| 卫生事业 | Public Health | 42 | 19 | 45.2 |
| 文化、体育和娱乐业 | Culture, Sports and Entertainment | 145 | 66 | 45.5 |
| 公共管理和社会组织 | Public Management and Social Organizations | 1 | 1 | 100.0 |
| 国际组织 | International Organizations | | | |

注：本表仅含基建、更改、其他三部分。
Note: The investment in fixed assets in this table just contains three parts: investment in basic construction, innovation and others.

# 10—17 主要年份房地产开发主要指标

| 指 标 | Item | 1995 | 2000 | 2005 |
|---|---|---|---|---|
| 一、企业（单位）个数（个） | Number of Enterprises (unit) | 626 | 528 | 1730 |
| 内资企业 | Domestic Funds | 473 | 407 | 1542 |
| #国有 | State-owned | 251 | 164 | 205 |
| 集体 | Collective-owned | 152 | 78 | 74 |
| 港澳台商投资企业 | Funded by Enterprises form Hongkong, Macao and Taiwan | 64 | 92 | 112 |
| 外商投资企业 | Foreign Funded | 86 | 29 | 76 |
| 二、土地开发及购置（万平方米） | Land Development and Purchase (10 000 sq.m) | | | |
| 购置土地面积 | Land Space Purchased | 682.18 | 195.30 | 1218.06 |
| 三、完成投资（万元） | Investment Completed (10 000 yuan) | 515050 | 386747 | 2867915 |
| #住宅 | Residential Building | 260541 | 207861 | 1907662 |
| 四、本年实际到位资金（万元） | Sources of Funds (10 000 yuan) | 566735 | 502039 | 3395656 |
| #国内贷款 | Domestic Loans | 168318 | 92998 | 555493 |
| 利用外资 | Foreign Investment | 53886 | 12916 | 59114 |
| 自筹资金 | Fundraising | 137817 | 131654 | 1128707 |
| 五、房屋建筑面积及价值 | Floor Space and Value of Buildings | | | |
| 施工面积（万平方米） | Floor Space under Construction (10 000 sq.m) | 867.27 | 766.19 | 4082.76 |
| #住宅 | Residential Building | 625.77 | 595.25 | 3164.96 |
| 竣工面积（万平方米） | Floor Space Completed (10 000 sq.m) | 276.09 | 226.74 | 1330.74 |
| #住宅 | Residential Building | 231.99 | 191.17 | 1090.30 |
| 竣工价值（万元） | Value of Floor Space Completed (10 000 yuan) | 188746 | 164650 | 1167764 |
| #住宅 | Residential Building | 148492 | 131042 | 913452 |
| 六、商品房屋销售 | Sales of Commercial Buildings | | | |
| 销售面积（万平方米） | Floor Space of Sales (10 000 sq.m) | 156.84 | 191.36 | 1438.40 |
| #住宅 | Residential Building | 133.98 | 177.80 | 1314.37 |
| 销售额（万元） | Total Sales of Commercial Buildings (10 000 yuan) | 158387 | 277384 | 2896410 |
| #住宅 | Residential Building | 133779 | 245721 | 2398083 |
| 七、商品房待售面积（万平方米） | Space of Commercial Buildings for Sale (10 000 sq.m) | 109.98 | 119.29 | 269.86 |
| #住宅 | Residential Building | 85.83 | 74.15 | 145.09 |
| 八、新增固定资产（万元） | Newly Increased Fixed Assets (10 000 yuan) | 226874 | 183837 | 1635726 |
| 九、实收资本（万元） | Total Capital Hold (10 000 yuan) | 502690 | 543513 | 2099130 |
| 十、营业收入（万元） | Total Revenue (10 000 yuan) | 205908 | 338043 | 192426 |
| #土地转让收入 | Land Transferred | 38567 | 44056 | 79030 |

注：2018年为快报数据。

## Major Indicators of Real Estate Development in Main Years

| 2010 | 2011 | 2012 | 2013 | 2014 | 2015 | 2016 | 2017 | 2018 | 2019 |
|---|---|---|---|---|---|---|---|---|---|
| 3212 | 3154 | 2934 | 2685 | 2491 | 2423 | 2470 | 2451 | 2684 | 3056 |
| 3035 | 2993 | 2793 | 2558 | 2379 | 2329 | 2377 | 2368 | 2622 | 2985 |
| 159 | 141 | 141 | 104 | 94 | 52 | 35 | 32 | 27 | 21 |
| 42 | 32 | 26 | 22 | 126 | 11 | 10 | 7 | 6 | 6 |
| 99 | 93 | 85 | 75 | 66 | 57 | 58 | 48 | 37 | 36 |
| 78 | 68 | 56 | 52 | 46 | 37 | 35 | 35 | 25 | 35 |
| | | | | | | | | | |
| 1193.71 | 978.86 | 541.71 | 4319584 | 610.01 | 415.94 | 639.10 | 675.19 | 602.95 | 1186.93 |
| 12062211 | 15174656 | 15549388 | 16146322 | 18384942 | 19090933 | 23979862 | 26834830 | 30041257 | 38144125 |
| 8788924 | 10789954 | 10696420 | 11666137 | 12926348 | 14077508 | 17252858 | 19835172 | 22174998 | 29241851 |
| 15383429 | 17835008 | 20073616 | 21552380 | 24107471 | 23392870 | 31597167 | 35180380 | 39895083 | 50538887 |
| 2473098 | 2557343 | 2638371 | 3243473 | 3400275 | 3320395 | 4683828 | 4866248 | 5048379 | 6932708 |
| 85861 | 70124 | 3294 | 6150 | 2056 | 15667 | | 3400 | 502 | 9097 |
| 5417241 | 7117514 | 7884479 | 8156908 | 9016015 | 8237208 | 11150353 | 10650091 | 10678283 | 14229356 |
| | | | | | | | | | |
| 12048.73 | 14264.02 | 15018.46 | 16040.17 | 17472.15 | 18608.36 | 21134.65 | 22689.62 | 25399.02 | 29807.03 |
| 9767.64 | 11407.86 | 11846.86 | 12419.68 | 13065.65 | 13750.52 | 15339.29 | 16453.90 | 18522.84 | 22061.19 |
| 1564.31 | 2303.35 | 2333.58 | 1712.68 | 1865.98 | 1675.18 | 1735.05 | 1856.24 | 2192.94 | 2037.85 |
| 1342.87 | 1936.94 | 1956.57 | 1385.37 | 1441.84 | 1310.52 | 1373.27 | 1478.96 | 1654.54 | 1515.99 |
| 2306901 | 3931192 | 4903501 | 3908901 | 4560135 | 4704296 | 4337348 | 5181252 | 6198818 | 5824455 |
| 1922323 | 3262656 | 4077306 | 3101989 | 3388647 | 3589766 | 3350444 | 3958877 | 4663146 | 4268624 |
| | | | | | | | | | |
| 2793.92 | 2964.15 | 2759.26 | 2995.58 | 3156.55 | 3523.41 | 4215.39 | 5170.99 | 6212.90 | 6711.77 |
| 2607.15 | 2749.33 | 2546.96 | 2765.15 | 2869.32 | 3181.51 | 3864.01 | 4687.41 | 5589.89 | 6076.88 |
| 9951860 | 11182159 | 11598322 | 13757948 | 15320544 | 17477650 | 22074664 | 30166388 | 38265045 | 43662356 |
| 8817021 | 9771009 | 9958158 | 11667241 | 12745691 | 14594268 | 19482272 | 26357435 | 33307489 | 39134020 |
| 192.49 | 540.60 | 926.02 | 1225.46 | 1507.45 | 1677.60 | 1772.74 | 1598.85 | 1380.19 | 1268.96 |
| 181.02 | 377.18 | 643.07 | 857.94 | 1024.32 | 1124.51 | 1187.21 | 989.74 | 792.46 | 702.44 |
| 3164161 | 5410764 | 6923890 | 5584193 | 5888753 | 5858064 | 507952 | 6638749 | 8507388 | 7400453 |
| 4812635 | 5554412 | 7352140 | 6662477 | | 10763586 | 10421965 | 10314624 | 12303602 | 14874143 |
| 643311 | 711708 | 7919996 | 9067538 | | 11496584 | 13950467 | 15926898 | 21682105 | 24368725 |
| 45917 | 52231 | 163012 | 142461 | | 80760 | 221189 | 238491 | 110334 | 169482 |

## 主要统计指标解释

**全社会固定资产投资** 是以货币形式表现的在一定时期内全社会建造和购置固定资产活动的工作量以及与此有关的费用的总称，它是反映固定资产投资规模、结构和发展速度的综合性指标，又是观察工程进度和考核投资效果的重要依据。全社会固定资产投资按登记注册类型可分为国有、集体、个体、联营、股份制、外商、港澳台商、其他等。按照管理渠道可分为：基本建设、更新改造、房地产开发和其他固定资产投资四个部分。

**基本建设投资** 基本建设指企业、事业、行政单位以扩大生产能力或工程效益为主要目的的新建、扩建工程及有关工作。其范围为总投资500万元以上（含500万元）的基本建设项目。

**更新改造投资** 更新改造指企业、事业单位对原有设施进行技术改造（包括固定资产更新）以及相应配套的辅助性生产、生活福利设施等工程和有关工作。其范围为总投资500万元以上的更新改造单位（或项目）。

**其他固定资产投资** 指全社会固定资产投资中未列入基本建设、更新改造和房地产开发投资的建造和购置固定资产的活动。

**固定资产投资的资金来源** 根据固定资产投资的资金来源不同，分为国家预算内资金、国内贷款、利用外资、自筹资金和其他资金来源。2018年起固定资产投资项目到位资金统计范围由计划总投资500万元及以上调整为5000万元及以上项目（不包含房地产开发）。

（1）国家预算内资金：指中央财政和地方财政中由国家统筹安排的基本建设拨款和更新改造拨款，以及中央财政安排的专项拨款中用于基本建设的资金和基本建设拨款改贷款的资金等。

（2）国内贷款：指报告期内企、事业单位向银行及非银行金融机构借入的用于固定资产投资的各种国内借款。

（3）利用外资：指报告期内收到的用于固定资产投资的国外资金，包括统借统还、自借自还的国外贷款，中外合资项目中的外资，以及对外发行债券和股票等。国家统借统还的外资指由我国政府出面同外国政府、团体或金融组织签订贷款协议、并负责偿还本息的国外贷款。

（4）自筹资金：指建设单位报告期内收到的，用于进行固定资产投资的上级主管部门、地方和企、事业单位自筹资金。

## Explanatory Notes on Main Statistical Indicators

**Total Investment in Fixed Assets** refers to the volume of activities in construction and purchases of fixed assets and related fees, expressed in monetary terms during the reference period. It is a comprehensive indicator, which shows the size, composition and pace of the investment in fixed assets, providing basis for observing the progress of construction projects and evaluating results of investment. Total investment in fixed assets includes, by registration type of ownership, the investment by the state-owned units, collective units, individuals, joint ownership units, share-holding units, as well as investment by businessmen from foreign countries and from Hong Kong, Macao and Taiwan, and by other units. According to Chinese current management systems, the investment in fixed assets is classified into the following four parts: investment in capital construction, investment in innovation, investment in real estate development and other investment in fixed assets.

**Investment in Capital Construction** refers to the new construction projects or extension projects and the related work of the enterprises, institutions or administrative units mainly for the purpose of expanding production capacity or improving project efficiency covering only projects each with a total investment of 5, 000, 000 RMB and over.

**Investment in Renovation and Reformation** refers to technological innovation (including the renewal of fixed assets) of the original facilities by the enterprises and institutions as well as the corresponding accessory facilities projects for production or for living and welfare purpose and the related work covering only projects each with a total investment of 5, 000, 000 RMB and over.

**Other Investment in Fixed Assets** refers to the construction and purchases of fixed assets not listed in the investment capital construction, investment in innovation and investment in real estate development.

**Sources of Funds for Investment in Fixed Assets** According to various sources of funds of investment in fixed assets, it is divided into funds from the State budget, domestic loans, foreign investment, self-raised funds, and other sources of funds.。

(1) Funds from the State budget refers to appropriation in the budget of the central and local governments earmarked for capital construction and for innovation projects, and the special appropriation from the budget of the central government for capital construction and for the transfer fund to banks to be issued as loans for capital construction projects.

(2) Domestic loans refer to various funds borrowed by enterprises and institutions from banks and non-bank financial institutions during the reference period for the purpose of investment in fixed assets.

(3) Foreign investment refers to foreign funds received during the reference period for the purpose of investment in fixed assets, including foreign funds borrowed and managed by the government, by individual units, foreign fund in joint venture program, and issue of bonds and stocks at the international financial markets. The foreign funds borrowed and managed by the government refer to foreign loans borrowed by the government from foreign governments, organizations, or financial institutions under official agreements signed by both parties, under which government is responsible for the repayment of both the principal and interests of the foreign loans.

(4) Self-raised funds refer to funds received by construction enterprises from their higher responsible authorities, local governments, or raised by enterprises or institutions themselves for the purpose of investment in fixed assets during the reference period.

（5）其他资金来源：指报告期内收到的除以上各种拨款、借款、自筹资金以外其他用于固定资产投资的资金。

**固定资产投资按国民经济行业分** 建设项目归哪个行业，按其建成投产后的主要产品或主要用途及社会经济活动性质来确定。基本建设按建设项目划分国民经济行业，更新改造、国有单位其他固定资产投资根据整个企业、事业单位所属的行业来划分。一般情况下，一个建设项目或一个企业、事业单位只能属于一种国民经济行业。为了更准确地反映国民经济各行业之间的比例关系，联合企业（总厂）所属分厂属于不同行业的，原则上按分厂划分行业。

**固定资产投资按建设性质分** 建设项目的性质一般分为新建、扩建、改建、迁建、恢复。基本建设按建设项目划分建设性质，更新改造、国有单位其他固定资产投资等按整个企业、事业单位的建设情况确定建设性质，房地产开发单位、农村投资等投资不划分建设性质。

（1）新建：一般是指从无到有、"平地起家"新开始建设的单位。有的单位原有的基础很小，经过建设后其新增加的固定资产价值超过原有固定资产价值（原值）三倍以上的也算新建。

（2）扩建：一般是指为扩大原有产品的生产能力，在厂内或其他地点增建主要生产车间（或主要工程）、独立的生产线或分厂的企业，事业单位和行政单位在原单位增建业务用房（如学校增建教学用房、医院增建门诊部或病床用房、行政机关增建办公楼等）也作为扩建。

（3）改建：一般是指现有企业、事业单位为了技术进步，提高产品质量，增加花色品种，促进产品升级换代，降低消耗和成本，加强资源综合利用和三废治理、劳保安全等，采用新技术、新工艺、新设备、新材料等对现有设施、工艺条件进行技术改造或更新（包括相应配套的辅助性生产、生活福利设施）。有的企业为充分发挥现有生产能力，进行填平补齐而增建不增加本单位主要产品生产能力的车间等，也属于改建。

**大中小型基本建设项目划分** 是根据基本建设项目的建设总规模（设计生产能力或工程效益）或计划总投资，按照《基本建设项目大中小型划分标准》划分的建设项目类型。建设项目总规模或计划总投资划分标准原则上应按照上级批准的设计任务书或初步设计所确定的总规模或总投资为准；没有正式批准设计任务书或初步设计的，按国家或省、自治区、直辖市基本建设投资计划中所列的总规模或总投资划分；上述两条均不具备的，按本年计划施工工程的建设总规模或总投资划分。

（5）Others refer to funds received during the reference period, which are not included in the above-mentioned sources.

**Investment in Fixed Assets by Sector** The classification of construction projects by sector is determined by the major products or the purpose of the projects when they are put into production or use, and by the nature of their social economic activities. The investment in capital construction is classified by construction projects, while investment in innovation, other investment by state-owned units are classified according to the sector which the whole enterprises or institution belongs to. In general, one project or one enterprise or institution can only belong to one sector. In order to reflect more accurately the proportions among various sectors, the branch factories of integrated complex are classified into different sectors according to their economic activities. Industries are divided by branch factory in principle.

**Investment in Fixed Assets by Type of Construction** The construction projects in general can be classified by the type of construction into new construction, expansion, reconstruction, moving and restoration. In capital construction, the type of construction is determined by the condition of the project. In investment, in innovation, in other investment by state-owned units and investment by collective-owned units, the type of construction is determined by the condition of the whole enterprise or institution. Investment by type of construction is not applied to investment by real-estate development units, investment in rural areas.

（1）New construction in general refers to newly constructed units. In the case in which the value of the original fixed assets is quite small, and the value of newly added fixed assets exceeds the original ones by three times, the expansion construction is considered as new construction.

（2）Expansion refers to construction of new major production workshop or independent production line within a factory or in other locations, or construction of a branch factory so as to increase the production capacity of the original products. Newly constructed business houses in institutions and administrative organizations (such as the newly constructed teaching buildings in schools, clinics or bed building in hospitals, and office buildings in administrative agencies, etc.) are also classified as expansion.

（3）Reconstruction refers to technical conditions undertaken by enterprises and institutions for the purposes of technological advancement, improvement in product quality, enlarging variety of products, promoting new generation of products, reducing production consumption and cost, promoting comprehensive utilization of resources, strengthening treatment of waste gas, waste water and solid wastes, and safety in production, etc. through application of new technologies and techniques, use of new equipment and new materials (including accessory facilities for production or for living and welfare purposes). Construction of new workshops for improving existing production capacity rather than increasing production capacity is also considered as reconstruction.

**Capital Construction Projects by Size** is the types of construction projects based on the total scale (designed producing capacity or project efficiency) or total investment set, according to Standards for the Classification of Construction Projects into Large, Medium-sized and Small Ones. The classification of size of construction projects or total plan investment should be determined according to the total scale or total investment set in the approved construction plan by higher responsible authorities or in the tentative design, otherwise according to the total scale or total investment set in the current capital construction plan of the state, provinces, autonomous regions, and municipalities directly under central government. If not equipped the above, it is divided by the total construction scale or total investment of planned construction project in current year.

**施工项目** 指报告期内曾进行建筑或安装工程施工活动的建设项目，凡是报告期内施过工的建设项目，不论施工时间长短，均作为施工项目统计。施工项目个数可以反映一定时期固定资产投资的实际规模，与同期建成投产的建设项目个数相比，可以从建设速度的角度反映固定资产投资的效果。根据建设项目施工活动的不同性质，施工项目又分为本年正式施工项目，本年收尾项目和以前年度全部停缓建项目。

**Projects Under Construction** refer to projects having construction and installation activities undertaken in the reference period, irrespective of the length of construction. The number of projects under construction can reflect the actual size of investment in fixed assets during a certain period, and when compared with the number of projects completed and put into use, it can reflect the efficiency of investment in fixed assets from the perspective of the speed of construction. Depending on the nature of construction activities, projects under construction can also be classified into projects under construction in current year, winding-up projects in current year and stopped or suspended projects in previous years.

**全部建成投产项目** 工业项目是指设计文件规定形成生产能力的主体工程及其相应配套的辅助设施全部建成，经负荷试运转，证明具备生产设计规定合格产品的条件，并经过验收鉴定合格或达到竣工验收标准，与生产性工程配套的生活福利设施可以满足近期正常生产的需要，正式移交生产的建设项目。非工业项目是指设计文件规定的主体工程和相应的配套工程全部建成，能够发挥设计规定的全部效益，经验收鉴定合格或达到竣工验收标准，正式移交使用的建设项目。

**Projects Completed and Put into Use** Industrial projects refer to the major projects and accessory facilities completed which result in forming production capacity and have been checked and accepted while the living and welfare facilities have been completed and can ensure normal production and formally put into production. Non-industrial projects refer to the major projects and accessory facilities completed which posses the designed capacity and have been checked, accepted and formally put into production.

**新增生产能力** 指通过固定资产投资活动而增加的设计能力或工程效益，它是用实物形态表示的固定资产投资的成果的指标，也是考核投资经济效果的重要依据之一。

**Newly Increased Production Capacity** refers to the increase of designed capacity and project efficiency through investment in fixed assets, which reflects the accomplishment of investment in fixed assets in kind and is one of the important indicators of observing efficiency the economic efficiency of investment.

**房屋建筑面积** 指从房屋外墙线算起的各层平面面积的总和，包括可供使用的有效面积和房屋结构（如柱、墙）占用的面积。多层建筑按各层（包括地下室）面积总和计算。

**Floor Space of Buildings Under Construction and Completed** refers to total floor space in each story of buildings calculated from the outside line of building walls, including both usable space and the space occupied by constructions like pillars or walls. The floor space of multi-story buildings includes the total floor space of each story (including basement).

**住宅建筑面积** 指施工和竣工房屋建筑面积中供居住用的施工和竣工房屋建筑面积。

**Floor Space of Residential Buildings** refers to the floor space of the residential buildings under construction and completed among the total space of buildings under construction and completed.

**施工面积** 指报告期内施工的全部房屋建筑面积。包括本期新开工的面积、上期跨入本期继续施工的房屋面积、上期停建在本期恢复施工的房屋面积、本期竣工及本期施工后又停缓建的房屋面积。

**Floor Space under Construction** refers to total floor space of all buildings under construction during the reference period, including floor space of newly started buildings during the reference period, floor space of construction extended from the previous period to the current period, floor space of construction suspended during the previous period and resumed in the current period, floor space of construction completed in the current period, and floor space of construction started and the suspended in the current period.

**竣工面积** 指在报告期内房屋建筑按照设计要求已全部完工，达到住人和使用条件，经验收鉴定合格（或达到竣工验收标准），正式移交使用单位的各栋房屋建筑面积的总和。

**Floor Space of Buildings Completed** refers to the total floor space of buildings completed in the reference period, which have come up to the designed standards and have been put into use. It is the summation of floor space of each building that is formally transferred to the using unit after inspection and getting acceptance certificate (or reaches the completion acceptance standard).

**房屋建筑面积竣工率** 指一定时期内房屋竣工面积占同期房屋施工面积的比率。它是从房屋建筑施工速度的角度反映投资效果和建筑业经济效益的指标。

**Completed Rate of Floor Space of Buildings** refers to the ratio of the floor space of buildings completed in certain period of time to the floor space of buildings under construction in the same period that reflects the investment result and economic efficiency of the construction industry from the angle of the speed of project construction.

**新增固定资产** 指报告期内已经完成建造和购置过程，并已交付生产或使用单位的固定资产价值。该指标是表示固定资产投资成果的价值指标，也是反映建设进度，计算固定资产投资效果的指标。

**Newly Increased Fixed Assets** refers to the value of investment in fixed assets which completed the construction and purchases and put into production or use. It is a value indicator of achievements of investment in fixed assets, reflecting the progress of construction and calculating the efficiency of investment in fixed assets.

**建设项目投产率** 指一定时期内全部建成投入生产项目个数与同期正式施工项目个数的比率。它是从项目建设速度的角度反映投资效果的指标。

**固定资产交付使用率** 指一定时期新增固定资产与同期完成投资额的比率。它是反映各个时期固定资产动用速度，衡量建设过程中投资效果的一个综合性指标。

**房地产开发投资** 指各种登记注册类型的房地产开发公司、商品房建设公司及其他房地产开发法人单位和附属于其他法人单位实际从事房地产开发或经营的活动单位统一开发的包括统代建、拆迁还建的住宅、厂房、仓库、饭店、宾馆、度假村、写字楼、办公楼等房屋建筑物和配套的服务设施，土地开发工程（如道路、给水、供电、供热、通讯、平整场地等基础设施工程）的投资，不包括单纯的土地交易活动。

**商品房建设投资额** 是指房地产开发企业（单位）开发建设的供出售、出租用的商品住宅、厂房、仓库、饭店、度假村、写字楼、办公楼、拆迁、回迁还建用房等房屋工程及其配套的服务设施所完成的投资额。

**住宅** 是指专供居住的房屋，包括别墅、公寓、职工家属宿舍和集体宿舍、职工单身宿舍和学生宿舍等。但不包括住宅楼中作为人防用、不住人的地下室等。

**商业营业用房** 是指商业、粮食、供销、饮食服务业等部门对外营业的用房，如度假村、饭店、商店、门市部、粮店、书店、供销店、饮食店、菜店、加油站、日杂等房屋。

**完成开发土地面积** 是指报告期内对土地进行开发并已完成七通一平等前期开发工程，具备进行房屋建筑物施工或出让条件的土地面积。

**购置土地面积** 是指报告期内通过各种方式获得土地使用权的土地面积。

**商品房销售面积** 指报告期内出售商品房屋合同总面积（即双方签署的正式买卖合同中所确定的建筑面积），由现房销售建筑面积和期房销售建筑面积两部分组成。

**商品房销售额** 指报告期内出售商品房屋的合同总价款（即双方签署的正式买卖合同中所确定的合同总价）。该指标与商品房销售面积同口径，由现房销售额和期房销售额两部分组成。

**商品房待售面积** 指报告期末已竣工的可供销售或出租的商品房屋建筑面积中，尚未销售或出租的商品房屋面积，包括以前年度竣工和本期竣工的房屋面积，但不包括报告期已竣工的拆迁还建、统建代建、公共配套建筑、房地产公司自用及周转房等不可销售或出租的房屋面积。

**实收资本** 是指企业实际收到的所有投资人投入的资本，包括以实物形式、货币形式、发明创造或技术成果等无形资产投入企业的资本。

**Rate of Construction Projects Completed and Put into Use** refers to the ratio of the number of construction projects completed and put into use in certain period of time to the number of projects under construction in the same period. This reflects the investment efficiency from the angle of the speed of projects construction.

**Rate of Projects of Fixed Assets Completed and Put into Operation** refers to the ratio of the newly increase fixed assets to the total investment made in the same period. This is a comprehensive indicator, reflecting the speed of the employment of fixed assets and the investment efficiency.

**Real Estate Development and Investment** It includes the investment by the real estate development companies of various registration types, commercial buildings construction companies and other real estate development units of various types of ownership in the construction of house buildings, such as residential buildings, factory buildings, warehouses, hotels, guesthouses, holiday villages, office buildings, and the complementary service facilities and land development projects, such as roads, water supply, power supply, heating, telecommunications, land leveling and other projects of infrastructure. It excludes the activities in simple land transactions.

**Investment in Commercial Buildings** refers to the investment in residential buildings, workshops, warehouses, hotels, official buildings, houses completed pulled down and returned, unified construction buildings and related service establishment for sale or rent by real estate development enterprises.

**Residential Buildings** refers to houses simply for resident, including villas, apartments, dormitory for staff and workers and students. It excludes the basements without people living in residential buildings.

**Commercial Buildings** refer to buildings for external business belongs to commercial, grain, supply-sales and catering departments and so on. Such as buildings of holiday villages, hotels, shops, grain shops, bookstores, supply-sales stores, catering restaurants, vegetable stores, gas stations and daily facilities stores.

**Developed Land Area Completed** refers to the land area of land development and prophase development projects completed, which can carry out construction or remise.

**Purchased Land Area** refers to the land area accessible by various means in reporting period.

**Area of Commercialized Housing Sold** refers to total contracted area of commercialized housing (i.e. area of floor space as designated in the formal contracts signed by both sides) during the reference time. It constitutes floor space of completed housing and floor space of future housing.

**Value of Commercialized Housing Sold** refers to the total contracted value (i.e. value of sales/purchase for selling/purchase of commercialized housing as designated in the contract signed by both sides) during the reference time. This indicator has the same coverage as the area of commercialized housing sold, which constitutes as the area of commercialize housing sold, which constitutes floor space of completed housing and floor space of future housing.

**Space of Commercial Houses for Sale** refers to the space of commercial houses which are completed, for sale or rent but not yet in report period. It includes space of houses completed in former years and this period, but excludes space of houses completed during report period but unable to be sell or rent, such as houses completed pulled down and returned, unified construction buildings, public complementary buildings, houses for real estate companies owner-occupied and houses for turnover.

**Actually Got Capital** refers to capital that enterprises actually got from all the investors, including capital in kind, in form of money, as intangible assets participating enterprises such as inventions or technological achievements.

第十一篇

# 城市概况

# GENERAL SURVEY OF CITIES

（编辑：赵一洁）

# 简要说明

（本篇资料由自治区统计局城市处整理，电话：0771-5855876）

**一、本篇资料主要内容及来源**

（一）广西各市市辖区主要社会经济指标。

（二）根据国家城市年报统计报表制度收集整理。

**二、其他情况说明**

因城市统计报表年报数时间与统计年鉴出版时间存在时间差，本篇收录的数据为初步统计数，截止出版前尚未经国家统计局核定，仅供参考，请谨慎使用。

# 11—1 广西各市市辖区社会经济主要指标（2019）

| 指标 | Item | 南宁市 Nanning | 柳州市 Liuzhou | 桂林市 Guilin |
|---|---|---|---|---|
| 一、人口规模 | Population Size | | | |
| 常住人口（万人） | Permanent Population（10 000 persons） | 449.23 | 229.80 | 159.27 |
| 其中：城镇常住人口（万人） | Urban population（10 000 persons） | 356.80 | 195.51 | 126.25 |
| 年末户籍人口（万人） | Total Household Population at the Year-end（10 000 persons） | 397.77 | 185.33 | 134.15 |
| 其中：城镇户籍人口（万人） | Urban Household Registered Population（10 000 persons） | 252.24 | 137.87 | 94.97 |
| 年平均人口（万人） | Annual Average Population（10 000 persons） | 392.00 | 184.03 | 133.24 |
| 年出生人口（人） | Annual Birth Population（person） | 57723 | 22486 | 15897 |
| 年死亡人口（人） | Annual Mortality Population（person） | 12261 | 7273 | 5136 |
| 年末总户数（万户） | Total Households at the Year-end（10 000 households） | 127.1 | 57.18 | 42.17 |
| 二、资源环境 | Natural Resources and Environment | | | |
| 行政区域土地面积（平方公里） | Gross Area（sq.km） | 9947 | 3554 | 2805 |
| 建成区面积（平方公里） | Developed Area（sq.km） | 320 | 240 | 128 |
| 城市现状建设用地面积（平方公里） | Area of Construction of City（sq.km） | 315.00 | 240.23 | 100.08 |
| 其中：居住用地（平方公里） | Area of Living Space（sq.km） | 99.00 | 64.58 | 37.75 |
| 绿化覆盖面积（公顷） | Area of Forestation（hectare） | 52548 | 11441 | 5662.75 |
| 绿地面积（公顷） | Area of Green Space（hectare） | 13520 | 10317 | 4983.51 |
| 公园绿地面积（公顷） | Park Green Area（hectare） | 4499 | 2625 | 1433 |
| 公园面积（公顷） | Area of Park（hectare） | 4787 | 2015 | 1111 |
| 三、经济发展 | Economic Development | | | |
| （一）地区生产总值（当年价格，亿元） | Gross Domestic Product（current prices, 100 million yuan） | 3668 | 2482 | 914 |
| 其中：第一产业增加值 | Value Added of Primary Industry | 280.43 | 71.40 | 57.39 |
| 第二产业增加值 | Value Added of Secondary Industry | 792.34 | 1331.07 | 256.35 |
| #工业增加值 | Industrial Added Value | 408.58 | 1170.22 | 156.14 |
| 第三产业增加值 | Value Added of Tertiary Industry | 2595.63 | 1080.02 | 600.71 |
| 人均地区生产总值（元） | Per Capita Gross Domestic Product（yuan） | 82344 | 108619 | 57582 |
| 地区生产总值（2015年价格，亿元） | Gross Domestic Product（Prices in the year of 2015, 10 thousand yuan） | 3241.58 | 2222.40 | 813.14 |
| 地区生产总值增长率 | Growth Rate of Gross Domestic Product（%） | 5.1 | 1.4 | 6.5 |
| （二）财政 | Convernment Finance | | | |

注：本篇为上报数，出版前尚未经国家统计局审核反馈（数据搜集时间：2020年9月15日）。

Note：The data in this chapter are report statistics data, has not yet to be verified by National Bureau of Statistics（Time of data collection is September 15th, 2020）.

# Main Social and Economic Indicators of Municipal Districts of Cities（2019）

| 梧州市 Wuzhou | 北海市 Beihai | 防城港市 Fangcheng-gang | 钦州市 Qinzhou | 贵港市 Guigang | 玉林市 Yulin | 百色市 Baise | 贺州市 Hezhou | 河池市 Hechi | 来宾市 Laibin | 崇左市 Chongzuo |
|---|---|---|---|---|---|---|---|---|---|---|
| 83.43 | 75.37 | 57.99 | 130.57 | 163.05 | 115.32 | 40.61 | 107.69 | 94.30 | 98.04 | 34.85 |
| 62.97 | 60.55 | 38.07 | 69.27 | 96.64 | 76.88 | 26.11 | 53.98 | 48.44 | 50.44 | 17.89 |
| 80.58 | 69.97 | 59.44 | 153.73 | 205.42 | 115.48 | 37.16 | 122.54 | 101.85 | 114.64 | 37.97 |
| 60.52 | 39.29 | 25.29 | 40.37 | 56.35 | 60.17 | 15.39 | 17.94 | 31.84 | 31.29 | 11.41 |
| 80.35 | 67.84 | 59.12 | 153.11 | 204.68 | 114.65 | 36.98 | 122.05 | 101.70 | 114.39 | 37.85 |
| 6366 | 9230 | 8899 | 20005 | 26231 | 16573 | 4649 | 17927 | 10966 | 13687 | 5128 |
| 2502 | 1998 | 2830 | 6084 | 8547 | 5736 | 2401 | 6516 | 6308 | 5399 | 1842 |
| 25.12 | 19.74 | 14.84 | 35.11 | 61.1271 | 31.8769 | 10.13 | 32.44 | 31.62 | 31.7057 | 11.11 |
| | | | | | | | | | | |
| 1793 | 1227 | 2836 | 4839 | 3533 | 1265 | 3718 | 5517 | 6204 | 4403 | 2918 |
| 72 | 86 | 51 | 91 | 86 | 77 | 55 | 55 | 45 | 52 | 38 |
| 62.30 | 84.89 | 49.99 | 89.99 | 84.14 | 71.95 | 51.32 | 54.11 | 41.87 | 51.43 | 26.43 |
| 20.89 | 28.65 | 11.55 | 18.12 | 24.38 | 26.76 | 16.43 | 14.72 | 9.24 | 12.38 | 6.60 |
| 3627 | 3543 | 2289 | 12857 | 3615.97 | 3204.19 | 2903 | 2391 | 1772 | 2053 | 1563 |
| 3506 | 3005 | 2064 | 11288 | 3214.93 | 3002.99 | 2086 | 2144 | 1597 | 1728 | 1538 |
| 766 | 605 | 673 | 472 | 605.62 | 1033 | 366 | 394 | 380 | 384 | 422 |
| 858 | 550 | 677 | 433 | 317.56 | 995 | 161 | 394 | 380 | 61 | 256 |
| 468 | 1000 | 549 | 640 | 642 | 571 | 313 | 412 | 317 | 336 | 198 |
| 19.94 | 106.14 | 59.97 | 137.71 | 75.42 | 48.77 | 35.85 | 61.38 | 65.18 | 69.11 | 31.79 |
| 186.66 | 491.90 | 298.15 | 172.27 | 272.20 | 165.68 | 136.68 | 156.09 | 65.53 | 115.63 | 57.26 |
| 162.43 | 449.36 | 253.19 | 77.13 | 211.65 | 104.81 | 111.47 | 105.35 | 54.98 | 80.77 | 38.76 |
| 261.43 | 401.66 | 190.58 | 330.77 | 294.37 | 356.95 | 140.72 | 193.67 | 186.34 | 151.34 | 108.53 |
| 56221 | 133990 | 95114 | 49166 | 39523 | 49730 | 77373 | 38300 | 33707 | 34350 | 56898 |
| 424.99 | 912.67 | 516.31 | 562.22 | 577.83 | 511.73 | 280.18 | 366.19 | 284.01 | 303.79 | 179.00 |
| 4.9 | 8.4 | 5.8 | 7.7 | 11.8 | 6.9 | 8.1 | 14.3 | 6.6 | 6.0 | 9.0 |

# 11—1 续表1

| 指 标 | Item | 南宁市 Nanning | 柳州市 Liuzhou | 桂林市 Guilin |
|---|---|---|---|---|
| 地方一般公共预算收入（万元） | Local Government Revenue（10 000 yuan） | 3376980 | 1924571 | 974980 |
| 其中：税收收入 | Various Taxes | 2518091 | 1131797 | 500058 |
| 地方一般公共预算支出（万元） | General Public Budget Expenditure of Local Government | 5659280 | 3263843 | 1927399 |
| 其中：一般公共服务支出 | Expenditure for General Public Services | 491973 | 256409 | 240236 |
| 科学技术支出 | Expenditure for Science and Technology | 100001 | 49490 | 16988 |
| 教育支出 | Expenditure for Education | 965305 | 477717 | 285266 |
| 文化体育与传媒支出 | Expenditure for Culture, Sport and Media | 100458 | 46605 | 13929 |
| 医疗卫生与计划生育支出 | Expenditure for Health Care and Birth Control | 428148 | 204637 | 163854 |
| 节能环保支出 | Expenditure for Energy Conservation and Environment Protection | 198988 | 90609 | 53940 |
| 城乡社区支出 | Expenditure for Community Affair in Urban and Rural Area | 1288660 | 1102716 | 463244 |
| 交通运输支出 | Expenditure for Transpotation | 85274 | 20371 | 17361 |
| 社会保障和就业支出 | Expenditure for Social Security and Employment | 599433 | 404041 | 277928 |
| 住房保障支出 | Housing Security Expenditure | 147432 | 117071 | 32981 |
| （三）金融 | Finance | | | |
| 年末金融机构人民币各项存款余额（万元） | Year-end Deposit Balance of Financial Institutions in RMB（10 000 yuan） | 98437593 | 32676846 | 21983100 |
| 其中：住户存款余额 | Household Savings Deposits | 32548147 | 13535400 | 11005936 |
| 年末金融机构人民币各项贷款余额（万元） | Year-end Loans Balance of Financial Institutions in RMB（10 000 yuan） | 133898647 | 27390599 | 16911194 |
| （四）房地产 | Real Estate Development | | | |
| 房地产开发投资（万元） | Investment in Real Estate Development | 13785572 | 4226589 | 2409511 |
| 其中：住宅 | Residential Buildings | 9674147 | 3319450 | 1850886 |
| 商品房销售面积（万平方米） | Floor Space of Selling Commercial Houses（10 000 sq.m） | 1590.37 | 514.94 | 454.34 |
| 其中：住宅 | Residential Building | 1343.98 | 451.91 | 423.55 |
| 商品房销售额（万元） | Total Sales of Commercial Buildings（10 000 yuan） | 14170893 | 4491326 | 3249321 |
| 其中：住宅 | Residential Building | 12330007 | 4001366 | 2982295 |
| 待售面积（万平方米） | Space of Commercial Buildings for Sale（10 000 sq.m） | 204.45 | 48.03 | 62.44 |
| （五）对外经济贸易 | Foreign Economic Relations and trade | | | |
| 外商直接投资合同项目（个） | Number of Projects for Contracted Foreign Direct Investment（unit） | 96 | 22 | 24 |
| 当年实际使用外资金额（万美元） | Amount of Foreign Capital Actually Utilized（USD 10 000） | 29763 | 8627 | 5520 |

continued

| 梧州市 Wuzhou | 北海市 Beihai | 防城港市 Fangcheng-gang | 钦州市 Qinzhou | 贵港市 Guigang | 玉林市 Yulin | 百色市 Baise | 贺州市 Hezhou | 河池市 Hechi | 来宾市 Laibin | 崇左市 Chongzuo |
|---|---|---|---|---|---|---|---|---|---|---|
| 476345 | 684620 | 389116 | 431368 | 404647 | 510421 | 233547 | 132903 | 77986 | 176250 | 122339 |
| 179698 | 469168 | 268449 | 286357 | 328035 | 304491 | 115308 | 108213 | 55513 | 97830 | 75820 |
| 1129294 | 1467422 | 1002696 | 1214315 | 1407492 | 1299668 | 836357 | 669090 | 520318 | 736940 | 992428 |
| 99958 | 171968 | 104698 | 129447 | 151744 | 116505 | 100575 | 66719 | 57361 | 76270 | 77486 |
| 5665 | 22889 | 2710 | 9515 | 15532 | 9159 | 2676 | 659 | 1548 | 1145 | 1696 |
| 145599 | 244941 | 123960 | 237237 | 277190 | 245452 | 129639 | 140306 | 115053 | 120844 | 99400 |
| 10077 | 21108 | 10200 | 13618 | 13001 | 7526 | 26002 | 6362 | 3891 | 5591 | 9764 |
| 54774 | 100889 | 86586 | 117356 | 134598 | 125038 | 59233 | 87142 | 84093 | 70550 | 59872 |
| 16032 | 13978 | 17291 | 10007 | 24088 | 39640 | 30822 | 7117 | 7234 | 6392 | 8523 |
| 499024 | 350131 | 268636 | 236721 | 225196 | 279406 | 36960 | 111005 | 30080 | 133189 | 270149 |
| 15692 | 34226 | 55357 | 32054 | 23222 | 77404 | 24878 | 11704 | 12470 | 9223 | 6732 |
| 55980 | 101868 | 101700 | 147127 | 151541 | 138562 | 76201 | 79090 | 77101 | 92893 | 62556 |
| 47017 | 26434 | 27198 | 26439 | 36496 | 23727 | 59410 | 26763 | 4662 | 22382 | 28496 |
| | | | | | | | | | | |
| 7530546 | 9197273 | 5406588 | 7063826 | 7328891 | 8525136 | 4517945.64 | 4780154 | 4698271 | 3448868 | 2409201 |
| 3937583 | 4716548 | 2555686 | 3980224 | 4687259 | 4924763 | 1975681.886 | 2723796 | 2268905 | 1826724 | 1073105 |
| 6043461 | 6682007 | 5652030 | 5989911 | 6294311 | 7094282 | 3941974.487 | 3713460 | 2979128 | 3595268 | 1833409 |
| | | | | | | | | | | |
| 5877769 | 1862356 | 956675 | 922297 | 1354311 | 1600122 | 455856 | 633793 | 199523 | 603577 | 213307 |
| 538674 | 1472092 | 800981 | 797455 | 1148873 | 1320286 | 342971 | 493854 | 164961 | 438038 | 162544 |
| 161.33 | 298.30 | 260.86 | 226.73 | 179.18 | 345.00 | 130.23 | 119.91 | 69.14 | 78.83 | 51.10 |
| 157.39 | 280.08 | 236.10 | 212.67 | 167.50 | 330.00 | 103.74 | 114.22 | 58.36 | 72.53 | 42.55 |
| 877642 | 2436248 | 1608927 | 1170831 | 1221116 | 1880503 | 703454 | 677042 | 332214 | 337646 | 280969 |
| 850117 | 2261400 | 1457104 | 1083193 | 1101109 | 1760286 | 539129 | 634995 | 263996 | 302380 | 237518 |
| 58.70 | 113.66 | 21.21 | 70.02 | 16.72 | 33.00 | 28.10 | 16.45 | 24.14 | 65.30 | 3.61 |
| | | | | | | | | | | |
| 9 | 18 | 14 | 28 | 5 | 7 | 2 | 6 | 3 | 2 | 4 |
| 1354 | 9132 | 2040 | 12805 | 2858 | 6739 | 0 | 594 | 677 | 26 | 148 |

# 11—1 续表2

| 指 标 | Item | 南宁市 Nanning | 柳州市 Liuzhou | 桂林市 Guilin |
| --- | --- | --- | --- | --- |
| （六）规模以上工业 | Industrial Enterprises above Designated Size | | | |
| 工业企业数（个） | Number Industrial Enterprises（unit） | 708 | 705 | 188 |
| 其中：内资企业 | Domestic Investment | 638 | 670 | 171 |
| #国有企业 | State-owned Enterprises | 10 | 2 | 3 |
| 私营企业 | Private Enterprises | 401 | 473 | 70 |
| 港、澳、台商投资企业 | Enterprises with Funds from Hong Kong, Macao and Taiwan | 40 | 11 | 5 |
| 外商投资企业 | Foreign Funded Enterprises | 30 | 24 | 12 |
| 资产总计（万元） | Annual Average Balance of Net Value of Fixed Assets（10 000 yuan） | 22539228 | 29353816 | 6703398 |
| 流动资产合计（万元） | Annual Average Balance of Value of Circulating Funds（10 000 yuan） | 12939786 | 17710891 | 3323797 |
| **营业收入（万元）** | **Business income（10 000 yuan）** | **18807511** | **37137296** | **4160908** |
| 营业成本（万元） | Operating cost（10 000 yuan） | 15445741 | 31981194 | 3245787 |
| 税金及附加（万元） | Tax and Extra Charges | 716411 | 1056360 | 43677 |
| 利润总额（万元） | Total After-tax Profits（10 000 yuan） | 742300 | 1098786 | 378909 |
| 应交增值税（万元） | Value Added Taxes Receivable（10 000 yuan） | 406331 | 823701 | 91695 |
| （七）贸易 | Trade | | | |
| 社会消费品零售总额（万元） | Total Retail Sales of Consumer Goods（10 000 yuan） | | 10531374 | 5386138 |
| 限额以上批发零售业法人企业数（个） | Number of Enterprises above Designated Size in Wholesale and Retail Trades（unit） | 846 | 496 | 232 |
| 其中：零售业 | Retail Trade | 388 | 237 | 153 |
| 限额以上批发零售业商品销售额（万元） | Total Sales of Enterprises above Designated Size in Wholesale and Retail Trades（10 000 yuan） | 47985500 | 13568848 | 3752376 |
| **四、人民生活** | **People's Living Conditions** | | | |
| （一）就业 | Employment | | | |
| 从业人员期末人数（城镇单位，人） | Total Employment at the Year-end（Urban, person） | 961554 | 547415 | 254802 |
| 第一产业（农、林、牧、渔业） | Primary Industry（Agriculture, Forestry, Animal Husbandry and Fishery） | 4817 | 1780 | 1067 |
| 第二产业 | Secondary Industry | 376879 | 350173 | 104786 |
| 其中：采矿业 | Mining | 221 | 78 | 20 |
| 制造业 | Manufacturing | 74664 | 116175 | 42707 |
| 电力、热力、燃气及水生产和供应业 | Electricity, Gas and Water Production and Supply | 42941 | 1697 | 3347 |

continued

| 梧州市 Wuzhou | 北海市 Beihai | 防城港市 Fangcheng-gang | 钦州市 Qinzhou | 贵港市 Guigang | 玉林市 Yulin | 百色市 Baise | 贺州市 Hezhou | 河池市 Hechi | 来宾市 Laibin | 崇左市 Chongzuo |
|---|---|---|---|---|---|---|---|---|---|---|
| 192 | 173 | 97 | 158 | 471 | 134 | 47 | 153 | 78 | 104 | 67 |
| 163 | 143 | 83 | 141 | 456 | 124 | 44 | 144 | 75 | 98 | 56 |
| 1 | 19 | 1 | 3 | 1 | 4 | 1 | 1 | 0 | 1 | 2 |
| 90 | 117 | 46 | 94 | 374 | 83 | 21 | 105 | 39 | 60 | 39 |
| 21 | 20 | 6 | 13 | 10 | 3 | 3 | 5 | 2 | 3 | 1 |
| 8 | 10 | 8 | 4 | 5 | 7 | 0 | 4 | 1 | 3 | 10 |
| 5130729 | 9826547 | 16710762 | 8964888 | 5499820 | 4710728 | 4202446 | 3433492 | 2742949 | 4255374 | 2194691 |
| 2504050 | 5505816 | 5810706 | 3929947 | 2923592 | 2743966 | 1621610 | 1608167 | 1224465 | 1810965 | 972264 |
| 6072155 | 16729164 | 10468909 | 10769325 | 7646059 | 3599734 | 2238567 | 3004332 | 1514842 | 2850757 | 1735629 |
| 4851353 | 14532699 | 9527782 | 8984176 | 6884835 | 3036733 | 2060932 | 2684744 | 1373662 | 2653773 | 1528158 |
| 45647 | | 36392 | | 32944 | 25466 | 8260 | 21632 | 11715 | 10928 | 7494 |
| 668043 | 773087 | 415279 | 368581 | 500753 | 231847 | 53011 | 72701 | 25934 | -13676 | 93449 |
| 334264 | | 325042 | | 166745 | 64200 | 102443 | 133311 | 34970 | 44564 | 36143 |
| | | | | | | | | | | |
| 2803549 | 1805304 | 838530 | 2561702 | 2389953 | 3818502 | 1001357 | 1139908 | 1535061 | 744138 | 366515 |
| 157 | 122 | 52 | 104 | 122 | 167 | 91 | 66 | 147 | 51 | 40 |
| 105 | 88 | 34 | 66 | 67 | 77 | 70 | 48 | 89 | 30 | 28 |
| 1968167 | 2068403 | 2329854 | 4204339 | 2223897 | 3161459 | 3555502 | 2047117 | 1917684 | 1039833 | 768484 |
| | | | | | | | | | | |
| 89496 | 102319 | 53955 | 133681 | 94373 | 107576 | 62181 | 63769 | 81302 | 64357 | 42638 |
| 160 | 3525 | 178 | 1215 | 445 | 776 | 273 | 926 | 499 | 3000 | 313 |
| 25097 | 32104 | 12730 | 54879 | 20035 | 27288 | 10529 | 9619 | 16103 | 18016 | 10762 |
| 4 | 170 | 26 | 75 | 9 | 20 | 297 | 415 | 3997 | 0 | 4024 |
| 21206 | 24410 | 3532 | 13129 | 16088 | 16625 | 4446 | 6681 | 6700 | 12637 | 4521 |
| 1272 | 1781 | 1955 | 2221 | 704 | 2457 | 2104 | 2301 | 2257 | 1423 | 728 |

# 11—1 续表3

| 指标 | Item | 南宁市 Nanning | 柳州市 Liuzhou | 桂林市 Guilin |
|---|---|---|---|---|
| 建筑业 | Construction | 259053 | 232223 | 58712 |
| 第三产业 | Tertiary Industry | 579858 | 195462 | 148949 |
| 其中：批发和零售业 | Wholesale and Retail Trade | 52777 | 15046 | 11014 |
| 交通运输、仓储及邮政业 | Transportation, Storage and Postal | 47002 | 13065 | 7482 |
| 住宿和餐饮业 | Hotel and Catering Trade | 21615 | 3915 | 4838 |
| 信息传输、软件和信息技术服务业 | Information Transmission, Software Industries and Information Technology Services | 18096 | 2667 | 3708 |
| 金融业 | Finance | 77549 | 17842 | 14989 |
| 房地产业 | Real Estate | 32749 | 12864 | 7876 |
| 租赁和商业服务业 | Leasing and Commercial Services | 33579 | 16658 | 12561 |
| 科学研究和技术服务业 | Scientific Research and Technology Services | 35830 | 6768 | 4327 |
| 水利、环境和公共设施管理业 | Water Conservancy, Environment and Public Facility Management | 14440 | 9585 | 4269 |
| 居民服务、修理和其他服务业 | Resident and Other Services | 2498 | 575 | 699 |
| 教育 | Education | 97687 | 33496 | 31192 |
| 卫生和社会工作 | Public Health and Social Work | 49145 | 25443 | 17614 |
| 文化、体育和娱乐业 | Culture, Sports and Entertainment | 12976 | 2851 | 3186 |
| 公共管理、社会保障和社会组织 | Public Administration, Social Security and Organizations | 83915 | 34687 | 25194 |
| 国际组织 | International Organization | 0 | 0 | 0 |
| 城镇私营和个体从业人员（人） | Private and Self-employed Individuals（person） | 735681 | 570870 | 408105 |
| 城镇登记失业人数（人） | Registered Unemployment in Urban Areas（person） | 26602 | 23701 | 15774 |
| （二）收入 | Income | | | |
| 在岗职工平均人数（万人） | Average Number of Working Staff and Workers（10 000 persons） | 84.55 | 40.26 | 22.89 |
| 在岗职工工资总额（万元） | Total Wages of Working Staff and Workers（10 000 yuan） | 7855551 | 2890918 | 1880460 |
| 五、公共服务 | Public Service | | | |
| （一）教育 | Education | | | |
| 中等职业教育学校数（所） | Number of Secondary Schools for Vocational Education（unit） | 54 | 21 | 14 |
| 普通中学学校数（所） | Number of Regular Secondary Schools（unit） | 219 | 88 | 63 |
| 普通小学学校数（所） | Number of Primary Schools（unit） | 536 | 191 | 163 |

continued

| 梧州市 Wuzhou | 北海市 Beihai | 防城港市 Fangcheng-gang | 钦州市 Qinzhou | 贵港市 Guigang | 玉林市 Yulin | 百色市 Baise | 贺州市 Hezhou | 河池市 Hechi | 来宾市 Laibin | 崇左市 Chongzuo |
|---|---|---|---|---|---|---|---|---|---|---|
| 2615 | 5743 | 7217 | 39454 | 3234 | 8186 | 3682 | 222 | 3149 | 3956 | 1489 |
| 64326 | 66690 | 41047 | 77587 | 73893 | 79512 | 51379 | 53224 | 64886 | 43341 | 31563 |
| 4104 | 3431 | 876 | 4013 | 3203 | 5284 | 3232 | 1560 | 2932 | 1409 | 1162 |
| 4163 | 3188 | 6333 | 5087 | 3622 | 2968 | 3646 | 1306 | 5978 | 1526 | 2051 |
| 793 | 2158 | 574 | 773 | 284 | 981 | 398 | 186 | 502 | 190 | 274 |
| 1526 | 2210 | 939 | 1509 | 1363 | 3314 | 2377 | 1456 | 2008 | 1263 | 1297 |
| 4459 | 5177 | 2810 | 3943 | 4587 | 7066 | 7952 | 4955 | 6062 | 3100 | 5398 |
| 1778 | 4413 | 1827 | 2939 | 2102 | 3508 | 1131 | 1335 | 1092 | 1745 | 533 |
| 1757 | 3047 | 1113 | 4387 | 1389 | 3231 | 1097 | 2700 | 5296 | 978 | 1428 |
| **1979** | **1746** | **717** | **1819** | **1258** | **2318** | **1187** | **753** | **659** | **719** | **367** |
| 1592 | 4120 | 1722 | 2012 | 1878 | 2961 | 2496 | 505 | 1343 | 763 | 832 |
| 60 | 435 | 52 | 176 | 524 | 136 | 342 | 237 | 75 | 101 | 30 |
| 12435 | 13841 | 6823 | 20355 | 22038 | 17664 | 9421 | 15185 | 12746 | 12163 | 7211 |
| 11715 | 6737 | 4630 | 11473 | 10374 | 13603 | 7575 | 7126 | 10796 | 6850 | 2975 |
| 1052 | 724 | 307 | 249 | 443 | 1159 | 550 | 545 | 436 | 331 | 301 |
| 16826 | 15463 | 12324 | 18852 | 20828 | 15319 | 9975 | 15375 | 14775 | 12203 | 7704 |
| 0 | 0 | 0 | 0 | 0 | 0 | 0 | 0 | 0 | 0 | 0 |
| 152297 | 30635 | 91966 | 239165 | 313999 | 249686 | 106452 | 169707 | 101831 | 213039 | 38877 |
| 6452 | 5261 | 2652 | 6883 | 6038 | 6459 | 2410 | 4892 | 2729 | 5352 | 1235 |
| | | | | | | | | | | |
| 8.27 | 9.29 | 4.88 | 12.71 | 8.76 | 10.25 | 5.72 | 5.80 | 7.47 | 5.90 | 3.77 |
| 629818 | 697604 | 401190 | 864292 | 669973 | 852585 | 466086 | 466086.2 | 601790 | 416178 | 288725 |
| | | | | | | | | | | |
| 8 | 4 | 1 | 6 | 7 | 13 | 8 | 9 | 5 | 6 | 5 |
| 37 | 63 | 32 | 59 | 83 | 59 | 20 | 56 | 46 | 42 | 14 |
| 140 | 100 | 191 | 336 | 353 | 225 | 50 | 158 | 175 | 115 | 18 |

# 11—1 续表4

| 指 标 | Item | 南宁市 Nanning | 柳州市 Liuzhou | 桂林市 Guilin |
|---|---|---|---|---|
| 中等职业教育专任教师数（人） | Number of Full-time Teachers of Secondary Schools for Vocational Education（person） | 5743 | 2709 | 813 |
| 普通中学专任教师数（人） | Number of Full-time Teachers of Regular Secondary Schools（person） | 18538 | 9369 | 6007 |
| 普通小学专任教师数（人） | Number of Full-time Teachers of Primary Schools（person） | 25876 | 9333 | 7620 |
| 中等职业教育在校学生数（人） | Student Enrollment of Secondary Schools for Vocational Education | 175047 | 75404 | 19961 |
| 普通中学在校学生数（万人） | Student Enrollment of Regular Secondary Schools（10 000 persons） | 26.91 | 14.80 | 8.46 |
| 普通小学在校学生数（万人） | Student Enrollment of Primary Schools（10000 persons） | 45.84 | 19.42 | 12.71 |
| （二）文体 | Culture and Sports | | | |
| 剧场、影剧院数（个） | Cinemas and Theatres（unit） | 26 | 22 | 18 |
| 公共图书馆数（个） | Number of Public Libraries（unit） | 10 | 6 | 3 |
| 公共图书馆图书藏量（万册） | Total Collection of Public Libraries（10000 copies） | 964.22 | 145.01 | 347.41 |
| 体育场馆数（个） | Gymnasiums（unit） | 41 | 8 | 19 |
| （三）医疗 | Health Care | | | |
| 医疗卫生机构数（个） | Number of Hospitals and Health Institutions（unit） | 3019 | 1179 | 1078 |
| 其中：医院数（个） | Number of Hospitals | 94 | 47 | 31 |
| 医疗卫生机构床位数（张） | Total Number of Beds in Hospitals and Health Institutions（bed） | 39156 | 17049 | 10711 |
| 其中：医院床位数（张） | Number of Beds in Hospitals | 32319 | 14682 | 9077 |
| 卫生技术人员数（人） | Number of Health Technical Personnel（person） | 59045 | 24885 | 16772 |
| 其中：执业（助理）医师数（人） | Number of Doctors（Licensed and licensed assistant doctors） | 21767 | 8825 | 5959 |
| 注册护士（人） | Registered Nurses（person） | 27262 | 12091 | 8058 |
| （四）社会保障 | Social Security | | | |
| 城镇职工基本养老保险参保人数（人） | Number of Urban Staff and Workers Joined Basic Pension Insurance（person） | 1290658 | 894682 | 578928 |
| 城乡居民基本养老保险参保人数（人） | Number of Persons Joined the Urban Basic Basic Pension Insurance（person） | 814279 | 295665 | 284219 |
| 城镇职工基本医疗保险参保人数（人） | Number of Workers Joined the Urban Basic Health Care Program（person） | 924728 | 760688 | 456086 |
| 城乡居民基本医疗保险参保人数（人） | Number of Persons Joined the Urban Basic Health Care Program（person） | 1893074 | 1093587 | 453810 |
| 失业保险参保人数（人） | Number of Persons Joined Unemployment Insurance（person） | 528811 | 407708 | 299602 |
| 工伤保险参保人数（人） | Number of Persons Joined Industrial Injury Insurance（person） | 591459 | 433651 | 355775 |

continued

| 梧州市 Wuzhou | 北海市 Beihai | 防城港市 Fangcheng-gang | 钦州市 Qinzhou | 贵港市 Guigang | 玉林市 Yulin | 百色市 Baise | 贺州市 Hezhou | 河池市 Hechi | 来宾市 Laibin | 崇左市 Chongzuo |
|---|---|---|---|---|---|---|---|---|---|---|
| 416 | 611 | 136 | 641 | 433 | 1448 | 413 | 535 | 584 | 548 | 244 |
| 3374 | 4122 | 2443 | 6553 | 9381 | 5566 | 2066 | 5219 | 3595 | 1717 | 1621 |
| 4245 | 4642 | 3123 | 8590 | 9065 | 5592 | 2222 | 6051 | 4598 | 4697 | 1221 |
| 15445 | 19343 | 7732 | 13466 | 25140 | 45966 | 18915 | 10588 | 17450 | 15581 | 6140 |
| 5.09 | 5.82 | 3.93 | 9.99 | 15.71 | 8.79 | 2.01 | 6.48 | 6.38 | 7.11 | 2.43 |
| 7.86 | 8.98 | 6.21 | 16.61 | 18.61 | 13.29 | 3.77 | 12.25 | 8.49 | 9.71 | 2.36 |
| 8 | 12 | 10 | 11 | 6 | 14 | 5 | 4 | 4 | 3 | 1 |
| 1 | 2 | 3 | 3 | 4 | 3 | 2 | 2 | 2 | 2 | 1 |
| 64.39 | 53.467 | 71.99 | 45.2 | 75.01 | 86.5 | 65.97 | 38.86 | 41.79 | 68.75 | 20.17 |
| 9 | 6 | 1 | 9 | 3 | 5 | 4 | 6 | 3 | 7 | 12 |
| 958 | 606 | 391 | 589 | 1685 | 832 | 255 | 608 | 606 | 514 | 220 |
| 29 | 18 | 10 | 16 | 29 | 17 | 9 | 20 | 14 | 8 | 9 |
| 10500 | 3914 | 2778 | 9314 | 8675 | 10797 | 5600 | 5503 | 9024 | 5065 | 1915 |
| 8379 | 3150 | 1870 | 5764 | 6674 | 8721 | 4791 | 3944 | 8679 | 2796 | 1265 |
| 13841 | 7061 | 4196 | 10974 | 9721 | 11894 | 6721 | 6940 | 12067 | 6083 | 2803 |
| 4501 | 2545 | 1449 | 3524 | 3310 | 3921 | 2092 | 2423 | 3277 | 1920 | 838 |
| 6515 | 3163 | 1822 | 5103 | 4467 | 5697 | 3285 | 3216 | 4695 | 2616 | 1292 |
| | | | | | | | | | | |
| 275774 | 228161 | 108290 | 81265 | 163753 | 199762 | 45507 | 140267 | 101620 | 107770 | 64050 |
| 178084 | 135584 | 163301 | 504080 | 671971 | 301721 | 126197 | 389826 | 355424 | 345906 | 152121 |
| 205466 | 185671 | 86363 | 137739 | 123210 | 173948 | 39005 | 121430 | 67107 | 98328 | 62891 |
| 558283 | 504000 | 455663 | 1214339 | 1692194 | 826600 | 271526 | 1036718 | 829672 | 883880 | 314488 |
| 90901 | 111222 | 54072 | 22159 | 51878 | 71901 | 18394 | 69024 | 39628 | 59768 | 26221 |
| 116318 | 141392 | 74559 | 38394 | 98679 | 109617 | 19353 | 111529 | 43870 | 63468 | 45148 |

# 11—1 续表5

| 指 标 | Item | 南宁市 Nanning | 柳州市 Liuzhou | 桂林市 Guilin |
|---|---|---|---|---|
| 生育保险参保人数（人） | Number of Persons Joined Bearing Insurance（person） | 576659 | 410985 | 285802 |
| 城镇居民最低生活保障人数（人） | Number of Urban Residents under Lowest Cost-of-living Level（person） | 34732 | 24360 | 8818 |
| （五）公共安全 | Public Safety | | | |
| 交通事故死亡人数（人） | Death of Traffic Accidents（person） | 384 | 171 | 92 |
| 交通事故直接财产损失（万元） | Losses of Traffic Accidents（10 000 yuan） | 1120 | 71 | 243.73 |
| 火灾事故死亡人数（人） | Death of Fire Accidents（person） | 7 | 1 | 10 |
| 火灾事故直接财产损失（万元） | Losses of Fire Accidents（10 000 yuan） | 1350 | 1648 | 328 |
| 刑事案件立案数（起） | Number of Criminal Cases Registered（case） | 56030 | 13087 | 7801 |
| 刑事罪犯总数（人） | Number of Criminals（person） | 2460 | 4516 | 1670 |
| 其中：青少年罪犯人数（年龄14-25周岁）（人） | Youth（14- 25 years old） | 1276 | 792 | 318 |
| 六、基础设施 | Infrastructure | | | |
| （一）交通运输 | Transportation | | | |
| 年末实有公共汽（电）车营运车辆数（辆） | Year-end Total Operating Public Buses and Trolleys（unit） | 3834 | 1206 | 1118 |
| 公共汽（电）车客运总量（万人次） | Passenger Traffic Volume of Public Buses and Trolleys（10 000 person-times） | 33106.68 | 17099.73 | 19119.00 |
| 年末实有出租汽车运营车数（辆） | Year-end Total Number of Taxi（unit） | 6282 | 2998 | 2205 |
| （二）邮电 | Postal and Telecommunication | | | |
| 年末邮政局（所）数（处） | Number of Post Offices in the Year-end（unit） | 113 | 24 | 53 |
| （三）生活设施 | Living Facilities | | | |
| 年末排水管道长度（公里） | Length of Sewer Pipelines at the Year-end（km） | 4865.03 | 1876 | 892.85 |
| 年末公共供水管道长度（公里） | Length of Public Water Supply Pipelines（km） | 4958 | 1999 | 2327 |
| 公共供水综合生产能力（万立方米/日） | Public Comprehensive Productive Capacity of Water Supply（10 000 cu.m/day） | 169.00 | 66.10 | 46.50 |
| 公共供水总量（万立方米） | Public Volume of Water Supply（10 000 cu.m） | 60637.28 | 22620.28 | 16350.12 |
| 供气总量（人工煤气、天然气）（万立方米） | Total Volume of Gas Supply Including Manufactured and Natural Gas（10 000 cu.m） | 28642.48 | 16810.06 | 9716.00 |
| 其中：居民家庭用量（万立方米） | Residential Use | 13225.77 | 7561.47 | 4837.42 |
| 液化石油气供气总量（吨） | Total Volume of Liquid Petrol Gas Supply（ton） | 110753 | 29071 | 16166 |
| 其中：居民家庭用量（吨） | Residential Use | 59653 | 20939 | 15993 |

continued

| 梧州市 Wuzhou | 北海市 Beihai | 防城港市 Fangcheng-gang | 钦州市 Qinzhou | 贵港市 Guigang | 玉林市 Yulin | 百色市 Baise | 贺州市 Hezhou | 河池市 Hechi | 来宾市 Laibin | 崇左市 Chongzuo |
|---|---|---|---|---|---|---|---|---|---|---|
| 112378 | 117888 | 50524 | 71419 | 73988 | 101100 | 24193 | 80337 | 40837 | 66358 | 36135 |
| 5785 | 3871 | 3160 | 6503 | 6901 | 10812 | 2611 | 4200 | 5825 | 3538 | 1758 |
| 45 | 61 | 72 | 88 | 162 | 107 | 23 | 109 | 49 | 49 | 8 |
| 2442310 | 153 | 65 | 39 | 341 | 392 | 79 | 178 | 63 | 76 | 10 |
| 1 | 1 | 0 | 0 | 2 | 0 | 0 | 0 | 0 | 3 | 0 |
| 122 | 2630 | 520 | 169 | 297 | 485 | 62 | 118 | 118 | 141 | 184 |
| 2626 | 4090 | 2064 | 3529 | 4152 | 3381 | 1357 | 2202 | 750 | 1732 | 854 |
| 630 | 2253 | 1364 | 1124 | 1325 | 2008 | 582 | 797 | 619 | 989 | 1292 |
| 160 | 513 | 121 | 274 | 244 | 475 | 141 | 234 | 121 | 120 | 40 |
| 581 | 602 | 284 | 268 | 498 | 271 | 214 | 264 | 225 | 339 | 78 |
| 6984.00 | 1514.50 | 1227.70 | 1525.00 | 1613.70 | 2884.00 | 1585.08 | 1199.15 | 2321.70 | 1350.40 | 358.44 |
| 620 | 555 | 337 | 380 | 517 | 638 | 419 | 240 | 475 | 442 | 51 |
| 15 | 16 | 22 | 33 | 32 | 19 | 16 | 29 | 43 | 30 | 11 |
| 494 | 949 | 681 | 1109 | 813 | 853 | 631 | 624 | 840 | 666 | 430 |
| 521 | 1624 | 555 | 1219 | 1228 | 973 | 659 | 961 | 565 | 1070 | 289 |
| 49.04 | 32.40 | 19.20 | 30.00 | 33.50 | 37.50 | 20.00 | 10.00 | 32.00 | 12.00 | 10.00 |
| 7876.90 | 8389.71 | 5272.29 | 6872.79 | 7713.11 | 8420.90 | 4191.35 | 2789.08 | 4138.75 | 3298.00 | 2259.41 |
| 9213.63 | 4240.00 | 2085.19 | 3551.69 | 1848.69 | 3850.06 | 2095.00 | 1600.63 | 529.90 | 2311.16 | 453.00 |
| 1452.12 | 3300.00 | 770.27 | 1321.39 | 1105.68 | 2014.69 | 357.36 | 35.16 | 282.39 | 959.46 | 449.00 |
| 9298 | 21602 | 4302 | 19476 | 15388 | 19000 | 6689 | 11765 | 10238 | 2888 | 3351 |
| 8635 | 15000 | 3768 | 17750 | 15382 | 17000 | 6666 | 6451 | 9254 | 2808 | 3350 |

## 主要统计指标解释

**建成区面积** 指城市行政区内实际已成片开发建设、市政公用设施和公共设施基本具备的区域。对核心城市，它包括集中连片的部分以及分散的若干个已经成片建设起来，市政公用设施和公共设施基本具备的地区；对一城多镇来说，它包括由几个连片开发建设起来的，市政公用设施和公共设施基本具备的地区组成。因此建成区范围，一般是指建成区外轮廓线所能包括的地区，也就是这个城市实际建设用地所达到的范围。

**居住用地** 指住宅和相应服务设施的用地。

**绿地面积** 指报告期末用作园林和绿化的各种绿地面积。包括公园绿地、生产绿地、防护绿地、附属绿地和其他绿地的面积。

**公园绿地面积** 指城市中向公众开放的、以游憩为主要功能，有一定的游憩设施和服务设施，同时有健全生态、美化景观、防灾减灾等综合作用的绿化用地面积总和。

**绿化覆盖面积** 指城市中的乔木、灌木、草坪等所有植被的垂直投影面积。包括公园绿地、防护绿地、生产绿地、附属绿地、其他绿地的绿化种植覆盖面积、屋顶绿化覆盖面积以及零散树木的覆盖面积，不含各类绿地中的水域面积以及没有被植被覆盖的面积（硬化道路、无屋顶绿化的建筑物等）。乔木树冠下重迭的灌木和草本植物不能重复计算。

**城市居民最低生活保障人数** 指在报告期末，家庭平均收入在当地规定的最低生活保障线以下的城市居民数。包括“三无对象”，失业人员和在职、下岗、退休人员等。

**年末排水管道长度** 指年末所有排水总管、干管、支管、检查井及连接井进出口等长度之和。计算时应按单管计算，即在同一条街道上如有两条或两条以上并排的排水管道时，应按每条排水管道的长度相加计算。

**年末供水综合生产能力** 指年末按供水设施取水、净化、送水、出厂输水干管等环节设计能力计算的综合生产能力。包括在原设计能力的基础上，经挖、革、改增加的生产能力。计算时，以四个环节中最薄弱的环节为主确定能力。原则上按设计能力填报，对于经过更新改造后，实际生产能力与设计能力相差很大的，按实际能力填报。

## Explanatory Notes on Main Statistical Indicators

**Developed Area** refers to an area within an urban administrative district that has been actually developed and constructed, and where municipal public facilities are basically available. For core city, it includes areas where concentrated parts and several decentralized parts have been developed and equipped with municipal public facilities. And for a city with many towns, it includes area where several contiguous parts have been developed and equipped with municipal public facilities. The range of developed area generally refers to the area that the contour can include outside the developed area. That is the range reached by the city actually developed area.

**Area of Land for Residence** refers to lands for residential buildings corresponding service facilities.

**Area of Green Areas** refers to the area of all kinds of green land used as gardens and green areas by the end of reporting period, including the area of park green land, production green land, protection green land, accessorial green land and other kinds of green land.

**Park Green Area** refers to green areas open to the public for amusement and rest with the facilities of amusement, rest and services. Its function includes perfecting ecology, beautifying landscape, and preventing and reducing disaster.

**Coverage Area of Green land** refers to the area of vertical projections of trees, shrubs and lawn, including green plantation coverage area of park green land, protection green land, production green land accessorial green land and other kinds of green land, roof green coverage area and scattered trees coverage area. It excludes water area in various green lands and land without vegetational covering（such as hardening of road, buildings without roof green）. Shrubs and herbs that overlap under the canopy of trees cannot be calculated repeatedly.

**Number of Residents with Lowest Cost-of-living Protected in Urban Area** refers to number of residents whose average household income is below the minimum subsistence level stipulated by the local government at the end of the reporting period. It includes persons without fixed habitation and work and effective identity, unemployed persons, in-service and lay-off staff, retired persons and so on.

**Year-end Total Length of Drainage Pipelines** refers to the summation of length of all drainage main pipes, trunk pipes, branch pipes, inspection wells and connection wells inlet and outlet. The calculation shall be based on a single pipe, that is, if there are two or more parallel drainage pipes on the same street, the calculation shall be based on the added length of each drainage pipe.

**Comprehensive Productive Capacity of Water Supply** refers to the comprehensive productive capacity which calculated by capacity in all parts, including catching water, cleaning, transportation and supply of water sources at the year-end. It includes the productive capacity increased by digging, leathering and modifying on the basis of original design capacity. When being calculated, it gives priority to the weakest link of these four links. In generally, it is filled in according to design capability. But after renewal and transformation, it is filled in according to actual capability because of the large gap between actual productive capability and design capability.

**公共供水总量** 指报告期内供水企业（单位）供出的全部水量，包括有效供水量和漏损水量。有效供水量指水厂将水供出厂外后，各类用户实际使用到的水量，包括售水量和免费供水量。

**年末实有公共汽（电）车营运车辆数** 指年末实际运营的公共汽车、公共电车的数量。

**公共汽（电）车客运总量** 指一年内公共汽车、公共电车总共搭载的人次。

**年末实有出租汽车运营车数** 指已经领取出租汽车专用牌照的运营车辆，包括技术完好的、在修的、长期行驶的以及拟报废尚未经上级机关批准的车辆。

**Volume of Water Supply** refers to the total volume of water supply by the tap water works, including the effective water supply and loss.

**Effective Water Supply** refers to the amount of water actually unsed by various users after water supplied by the water works, including water supply for sale and free.

**Year-end Total Operating Public and Trolley Buses** refers to total number of buses and trams in actual operation at the end of the year.

**Total Passenger Transportation of Public and Trolley Buses** refers to total person-times of passengers by public and trolley buses in a year.

**Year-end Total Number of Taxi** refers to the total number of operating vehicles approved by relevant departments and has been issued with a special taxi license, including vehicles with technically sound, under repairing and long-term driving, as well as plan to scrap but not approved by higher authorities.

# 第十二篇

# 对外经济贸易

# FOREIGN ECONOMY AND TRADES

（编辑：张　茵）

# 简要说明

（本篇资料由自治区统计局贸经处整理，电话：0771-5851921）

**本篇资料主要内容及来源**

（一）主要年份广西外贸进出口总额、广西同主要国家（地区）进出口商品总值、广西与东盟进出口商品总值、各市进出口商品总值、主要出口商品、进口商品的数量及金额（南宁海关）。

（二）外商直接投资额、主要年份实际利用外资及对外承包工程情况、主要年份分市新签外商直接投资项目和金额（广西壮族自治区商务厅）。

# 12—1 外贸进出口总额（1978—2019年）
# Total Import and Export Value of Foreign Trade （1978—2019）

| 年 份 Year | 按人民币计算（万元） Calculated by RMB （10 000 yuan） | | | | 按美元计算（万美元） Calculated by USD （USD 10 000） | | | |
|---|---|---|---|---|---|---|---|---|
| | 进出口总额 Total Import and Export Value | 出口总额 Total Export Value | 进口总额 Total Import Value | 差额顺差+、逆差− Balance +，− | 进出口总额 Total Import and Export Value | 出口总额 Total Export Value | 进口总额 Total Import Value | 差额顺差+、逆差− Balance +，− |
| 1978 | 45783 | 42305 | 3478 | 38827 | 26931 | 24885 | 2046 | 22839 |
| 1980 | 57112 | 55234 | 1878 | 53356 | 37823 | 36579 | 1244 | 35335 |
| 1985 | 153619 | 109260 | 44359 | 64901 | 52310 | 37205 | 15105 | 22100 |
| 1990 | 429517 | 348906 | 80611 | 268295 | 89797 | 72944 | 16853 | 56091 |
| 1991 | 544732 | 443062 | 101670 | 341392 | 102351 | 83248 | 19103 | 64145 |
| 1992 | 903567 | 611189 | 292378 | 318811 | 163850 | 110831 | 53019 | 57812 |
| 1993 | 1197113 | 763413 | 433700 | 329713 | 207760 | 132491 | 75269 | 57222 |
| 1994 | 2119857 | 1380777 | 739080 | 641697 | 245983 | 160222 | 85761 | 74461 |
| 1995 | 2689369 | 1880944 | 808425 | 1072519 | 321111 | 224585 | 96526 | 128059 |
| 1996 | 2349656 | 1590216 | 759440 | 830776 | 283132 | 191620 | 91512 | 100108 |
| 1997 | 2543484 | 1975177 | 568307 | 1406870 | 306821 | 238266 | 68555 | 169711 |
| 1998 | 2469994 | 2001785 | 468209 | 1533576 | 298377 | 241817 | 56560 | 185257 |
| 1999 | 1451332 | 1032287 | 419045 | 613242 | 175322 | 124701 | 50621 | 74080 |
| 2000 | 1686986 | 1236078 | 450908 | 785170 | 203789 | 149319 | 54470 | 94849 |
| 2001 | 1487461 | 1022629 | 464832 | 557797 | 179715 | 123554 | 56161 | 67393 |
| 2002 | 2011854 | 1248137 | 763717 | 484420 | 243032 | 150775 | 92257 | 58518 |
| 2003 | 2642161 | 1630853 | 1011308 | 619545 | 319173 | 197007 | 122166 | 74841 |
| 2004 | 3550058 | 1983071 | 1566987 | 416084 | 428847 | 239554 | 189293 | 50261 |
| 2005 | 4182696 | 2322127 | 1860569 | 461558 | 518289 | 287741 | 230548 | 57193 |
| 2006 | 5257761 | 2835001 | 2422761 | 412240 | 667398 | 359863 | 307535 | 52328 |
| 2007 | 6915250 | 3811510 | 3103740 | 707770 | 927686 | 511317 | 416369 | 94948 |
| 2008 | 9041850 | 5019577 | 4022274 | 997303 | 1324179 | 735117 | 589062 | 146055 |
| 2009 | 9699570 | 5715622 | 3983955 | 1731667 | 1420599 | 837110 | 583490 | 253620 |
| 2010 | 11808365 | 6408922 | 5399443 | 1009480 | 1770609 | 960988 | 809621 | 151367 |
| 2011 | 14818350 | 7912949 | 6905395 | 1007554 | 2333084 | 1245859 | 1087224 | 158635 |
| 2012 | 18525688 | 9722669 | 8803012 | 919657 | 2947369 | 1546841 | 1400527 | 146314 |
| 2013 | 20020330 | 11398148 | 8622181 | 2775967 | 3283690 | 1869499 | 1414191 | 455308 |
| 2014 | 24911476 | 14947146 | 9964330 | 4982816 | 4055305 | 2433004 | 1622301 | 810703 |
| 2015 | 31903077 | 17398601 | 14504476 | 2894125 | 5126215 | 2802570 | 2323645 | 478925 |
| 2016 | 31704215 | 15238340 | 16465875 | −1227535 | 4789694 | 2302934 | 2486760 | −183826 |
| 2017 | 38663414 | 18552015 | 20111398 | −1559383 | 5721023 | 2745579 | 2975444 | −229865 |
| 2018 | 41043509 | 21755161 | 19288348 | 2466813 | 6233834 | 3279902 | 2953932 | 325970 |
| 2019 | 46947028 | 25971475 | 20975553 | 4995922 | 6820238 | 3774054 | 3046184 | 727870 |

注：1.外贸进出口数自1999年起（含1999年）采用海关统计数据；外贸进出口数据自2015年起（含2015年）包含边民互市贸易数据。
2.按当年12月汇率计算。

Note：1. The imports and exports figure of the foreign trade have adopted customs statistics data since 1999 （including 1999）. The total import and export value has included the border trade since 2015 （including 2015）.
2.The change rate of RMB yuan to US dollar is calculated as the change rate of December of current year.

# 12—2　主要年份外贸进出口总额（按贸易方式分）

# Total Import and Export Value of Foreign Trade in Main Years （by Type of Trade）

单位：万美元　　　　　　　　　　　　　　　　　　　　　　　　　　　　　(USD 10 000)

| 项　目 | Item | 2000 | 2005 | 2010 | 2015 | 2016（万元） | 2017（万元） | 2018（万元） | 2019（万元） |
|---|---|---|---|---|---|---|---|---|---|
| 合 计 | Total | 203789 | 518289 | 1770609 | 5126215 | 31704215 | 38663414 | 41043509 | 46947028 |
| 一般贸易 | Original Trade | 149839 | 358142 | 1068883 | 1426519 | 8284297 | 14235946 | 13807716 | 16566188 |
| 国家间、国际组织无偿援助和赠送的物资 | Donation between Countries and from International Organizations | 2 | 2 | 24 |  | 83 |  |  | 257 |
| 华侨、港澳台同胞、外籍华人捐赠物资 | Donation from Overseas Chinese Compatriots in Hong Kong，Macao and Foreign Chinese | 3 |  | 11 |  |  |  |  |  |
| 补偿贸易 | Compensation Trade |  |  |  |  |  |  |  |  |
| 来料加工装配贸易 | Processing and Assembly Trade with Customers Materials | 16317 | 31841 | 23579 | 327683 | 1889135 | 1766039 | 760655 | 232026 |
| 进料加工贸易 | Processing Trade with Imported Materials | 21221 | 44497 | 151060 | 729633 | 4640842 | 6276506 | 8395240 | 7894855 |
| 寄售、代销贸易 | Consign and Commission Trade | 8 | 20 |  |  |  |  |  |  |
| 边境小额贸易 | Frontier Small Value Trade | 15013 | 70140 | 424094 | 1700124 | 7868045 | 8363041 | 10762344 | 10908276 |
| 来料加工装配进口的设备 | Import Equipments for Processing and Assembly Trade with Customers Materials | 7 | 311 |  | 22 |  |  |  |  |
| 对外承包工程出口货物 | Export Commodities for Contracted Projects with Foreign Countries and Regions | 18 | 40 | 4675 | 7392 | 41508 | 30116 | 48867 | 110130 |
| 租赁贸易 | Leasing Trade |  | 2 |  |  | 1 | 33866 | 32342 |  |
| 外商投资企业作为投资进口的设备物资 | Import Equipments and Materials as Investment of Foreign Investment Enterprises | 1134 | 9842 | 8697 | 433 | 3556 | 26227 | 1402 | 2470 |
| 易货贸易 | Barter Trade | 5 |  |  |  |  |  |  |  |
| 免税外汇商品 | Tax Free Foreign Exchange Commodities | 6 |  |  |  |  |  |  |  |
| 保税监管场所进出境货物 | Import and Export Commodities in Bonded Supervision Areas | 156 | 3349 | 55857 | 127079 | 591498 | 680892 | 843649 | 1135956 |
| 海关特殊监管区域物流货物 | Logistics Goods in Customs Special Supervision Areas |  |  |  | 241867 | 1686912 | 880359 | 981467 | 6066877 |
| 海关特殊监管区域进口设备 | Imported Equipment in Customs Special Supervision Areas |  |  |  | 263 | 2269 | 16779 | 16496 | 28925 |
| 其它 | Others | 60 | 103 | 33729 | 565200 | 6696069 | 6353643 | 5416917 | 4001068 |

注：2016年起，外贸进出口数据以人民币计价。

Note：The data of import and export value of foreign trade was calculated by RMB since 2016.

# 12—3 主要年份外贸出口总额（按贸易方式分）

# Total Import and Export Value of Foreign Trade in Main Years （by Type of Trade）

单位：万美元 （USD 10 000）

| 项 目 | Item | 2000 | 2005 | 2010 | 2015 | 2016（万元） | 2017（万元） | 2018（万元） | 2019（万元） |
|---|---|---|---|---|---|---|---|---|---|
| 合计 | Total | 149319 | 287741 | 960988 | 2802570 | 15238340 | 18552015 | 21755161 | 25971475 |
| 一般贸易 | Original Trade | 118392 | 205852 | 462011 | 504131 | 3079074 | 5393717 | 5489430 | 8168811 |
| 国家间、国际组织无偿援助和赠送的物资 | Donation Between Countries and from International Organizations | | 2 | 20 | | 83 | | | 257 |
| 华侨、港澳台同胞、外籍华人捐赠物资 | Donation from Overseas Chinese Compatriots in Hong Kong, Macao and Foreign Chinese | | | | | | | | |
| 补偿贸易 | Compensation Trade | | | | | | | | |
| 来料加工装配贸易 | Processing and Assembly Trade with Customers Materials | 7976 | 16583 | 11645 | 156800 | 847703 | 828798 | 353025 | 152636 |
| 进料加工贸易 | Processing Trade with Imported Materials | 14509 | 27498 | 109523 | 412947 | 2556821 | 3451510 | 4797411 | 4337903 |
| 寄售、代销贸易 | Consign and Commission Trade | 8 | 20 | | | | | | |
| 边境小额贸易 | Frontier Small Value Trade | 8351 | 37729 | 331945 | 1628344 | 7525758 | 7990166 | 10324950 | 10605324 |
| 对外承包工程出口货物 | Export Commodities for Contracted Projects with Foreign Countries and Regions | 18 | 40 | 4675 | 7392 | 41508 | 30116 | 48867 | 110130 |
| 租赁贸易 | Leasing Trade | | 2 | | | 1 | 0 | 206 | |
| 易货贸易 | Barter Trade | 2 | | | | | | | |
| 保税监管场所进出境货物 | Import and Export Commodities in Bonded Supervision Areas | 59 | | 12220 | 38436 | 84085 | 90633 | 98621 | 103402 |
| 海关特殊监管区域物流货物 | Logistics Goods in Customs Special Supervision Areas | | | | 39853 | 348169 | 283448 | 448419 | 2251502 |
| 其它 | Others | 4 | 28949 | 26046 | 14667 | 755138 | 483628 | 200505 | 241512 |

注：2016年起，外贸进出口数据以人民币计价。

Note：The data of import and export value of foreign trade was calculated by RMB since 2016.

# 12—4 主要年份外贸进口总额（按贸易方式分）

## Total Import Value of Foreign Trade in Main Years （by Type of Trade）

单位：万美元　　　　（USD 10 000）

| 项　目 | Item | 2000 | 2005 | 2010 | 2015 | 2016（万元） | 2017（万元） | 2018（万元） | 2019（万元） |
|---|---|---|---|---|---|---|---|---|---|
| 合计 | Total | 54470 | 230548 | 809621 | 2323645 | 16465875 | 20111398 | 19305660 | 20975553 |
| 一般贸易 | Original Trade | 31447 | 152290 | 606872 | 922387 | 5205224 | 8842230 | 8318286 | 8397377 |
| 国家间、国际组织无偿援助和赠送的物资 | Donation between Countries and from International Organizations | 2 | | 3 | | | | | 0 |
| 华侨、港澳台同胞、外籍华人捐赠物资 | Donation from Overseas Chinese Compatriots in Hong Kong, Macao and Foreign Chinese | 3 | | 11 | | | | | |
| 补偿贸易 | Compensation Trade | | | | | | | | |
| 来料加工装配贸易 | Processing and Assembly Trade with Customers Materials | 8341 | 15258 | 11934 | 170884 | 1041432 | 937241 | 407630 | 79391 |
| 进料加工贸易 | Processing Trade with Imported Materials | 6712 | 16999 | 41537 | 316686 | 2084021 | 2824996 | 3597829 | 3556952 |
| 寄售、代销贸易 | Consign and Commission Trade | | | | | | | | |
| 边境小额贸易 | Frontier Small Value Trade | 6662 | 32411 | 92149 | 71780 | 342287 | 372875 | 437394 | 302952 |
| 来料加工装配进口的设备 | Import Equipments for Processing and Assembly Trade with Customers Materials | 7 | 311 | 471 | 22 | | | | |
| 租赁贸易 | Leasing Trade | | | | | | 33866 | 32135 | |
| 外商投资企业作为投资进口的设备物资 | Import Equipments and Materials as Investment of Foreign Investment Enterprises | 1134 | 9842 | 8697 | 433 | 3556 | 26227 | 1402 | |
| 易货贸易 | Barter Trade | 3 | | | | | | | |
| 保税监管场所进出境货物 | Import and Export Commodities in Bonded Supervision Areas | 97 | 3349 | 43638 | 88643 | 507413 | 590259 | 745028 | 1032554 |
| 海关特殊监管区域物流货物 | Logistics Goods in Customs Special Supervision Areas | | | | 202014 | 1338743 | 596911 | 533048 | 3815375 |
| 海关特殊监管区域进口设备 | Imported Equipment in Customs Special Supervision Areas | | | | 263 | 2269 | 16779 | 16496 | 28925 |
| 其它 | Others | 62 | 88 | 4309 | 550533 | 5940931 | 5870015 | 5216412 | 3759557 |

注：2016年起，外贸进出口数据以人民币计价。

Note：The data of import and export value of foreign trade was calculated by RMB since 2016.

# 12—5 主要年份外贸进出口总额（按企业性质分）

单位：万美元

| 项目 | Item | 2010 出口 Export | 2010 进口 Import | 2011 出口 Export | 2011 进口 Import | 2012 出口 Export | 2012 进口 Import | 2013 出口 Export | 2013 进口 Import |
|---|---|---|---|---|---|---|---|---|---|
| 总计 | Total | 960988 | 809621 | 1245859 | 1087224 | 1546841 | 1400527 | 1869499 | 1414191 |
| 国有企业 | State-owned Enterprises | 126064 | 271035 | 195818 | 296411 | 239671 | 410500 | 238576 | 464816 |
| 外商投资企业 | Foreign Funded Enterprises | 203246 | 288202 | 264702 | 429415 | 354236 | 608451 | 366759 | 580622 |
| # 合作企业 | Sino-foreign Cooperation | 2910 | 72 | 3193 | 220 | 2036 | 344 | 2559 | 1222 |
| 合资企业 | Sino-foreign Joint Venture | 65776 | 86702 | 89585 | 156520 | 156513 | 282467 | 173573 | 301040 |
| 独资企业 | Wholly Foreign-owned | 134560 | 201429 | 171923 | 272676 | 195687 | 325640 | 190628 | 278359 |
| 民营企业 | Civilian-owned Enterprises | 631677 | 250187 | 785340 | 361012 | 952935 | 381569 | 1264164 | 368753 |
| # 集体企业 | Collective-owned Enterprises | 17171 | 4812 | 17685 | 6588 | 13316 | 11643 | 10759 | 6944 |
| 私营企业 | Private Enterprises | 614196 | 245375 | 767196 | 354425 | 939203 | 369927 | 1253101 | 361788 |
| 个体工商户 | Individual-owned Business | 311 | 0 | 460 | 0 | 415 | 0 | 304 | 21 |

注：2016年起，外贸进出口数据以人民币计价。

Note: The data of import and export value of foreign trade was calculated by RMB since 2016.

## Total Import and Export Value in Main Years （by Nature of Enterprises）

（USD 10 000）

| 2014 | | 2015 | | 2016（万元） | | 2017（万元） | | 2018（万元） | | 2019（万元） | |
|---|---|---|---|---|---|---|---|---|---|---|---|
| 出口 Export | 进口 Import | 出口 Export | 进口 Import | 出口 Export | 进口 Import | 出口 Export | 进口 Import | 出口 Export | 进口 Import | 出口 Export | 进口 Import |
| 2433004 | 1622301 | 2802570 | 2323645 | 15238340 | 16465875 | 18552015 | 20111398 | 21755161 | 19288348 | 25971475 | 20975553 |
| 309461 | 540816 | 297882 | 562402 | 1645782 | 3486276 | 1258119 | 4985329 | 816036 | 4222599 | 702061 | 4567532 |
| 437073 | 623157 | 442944 | 591354 | 2836282 | 3587751 | 3772075 | 5797114 | 4870790 | 5622486 | 3909770 | 3769010 |
| 2533 | 544 | 1864 | 822 | 12434 | 4272 | 8599 | 2789 | 6526 | 1077 | 7151 | 1642 |
| 217059 | 364417 | 240394 | 343146 | 1518568 | 2272419 | 2187572 | 4079646 | 1715230 | 2728392 | 998811 | 1362894 |
| 217481 | 258196 | 200686 | 247386 | 1305281 | 1311059 | 1575904 | 1714679 | 3149034 | 2893017 | 2903808 | 2404475 |
| 1686470 | 458286 | 2047115 | 619658 | 10001358 | 3464390 | 13055750 | 3458460 | 15874470 | 4236599 | 21118412 | 8877579 |
| 12437 | 1260 | 12761 | 803 | 60764 | 1054 | 52656 | 1515 | 35247 | 1816 | 35617 | 870 |
| 1673675 | 457021 | 2033879 | 618846 | 9937953 | 3463142 | 13000579 | 3456870 | 15837185 | 4234734 | 21081344 | 8876682 |
| 358 | 4 | 475 | 10 | 2640 | 194 | 2515 | 76 | 2039 | 49 | 1451 | 28 |

# 12—6 广西同主要国家（地区）进出口商品总值（2019年）
## Total Import and Export Value by Country and Region （2019）

单位：万元 （RMB 10 000）

| 进口原产国（地）Imported from Countries (Regions) of Origin | 出口最终目的（地）Exported to Final Destination | 进出口 Import and Export | 出口 Export | 进口 Import | 2019年比2018年增减% 2019as % of 2018 | | |
|---|---|---|---|---|---|---|---|
| | | | | | 进出口 Import and Export | 出口 Export | 进口 Import |
| 总　值 | Total | 46947028 | 25971475 | 20975553 | 14.4 | 19.4 | 8.7 |
| 亚洲 | Asia | 33988660 | 20732825 | 13255835 | 16.3 | 17.9 | 13.9 |
| 中国香港 | Hong Kong，China | 5676639 | 4942172 | 734467 | 38.4 | 36.9 | 49.4 |
| 印度 | India | 418169 | 315294 | 102875 | 49.6 | 35.1 | 123.3 |
| 印度尼西亚 | Indonesia | 759054 | 361002 | 398052 | 12.9 | 51.0 | -8.1 |
| 日本 | Japan | 662378 | 280061 | 382317 | 33.5 | 11.4 | 56.1 |
| 马来西亚 | Malaysia | 838804 | 550903 | 287900 | 19.6 | 112.8 | -34.9 |
| 菲律宾 | The Philippines | 274788 | 108878 | 165910 | 7.8 | 33.1 | -4.1 |
| 新加坡 | Singapore | 619325 | 530624 | 88701 | 40.8 | 54.8 | -8.7 |
| 韩国 | Republic of Korea | 473106 | 225382 | 247724 | -1.7 | 6.4 | -8.1 |
| 泰国 | Thailand | 3187084 | 317704 | 2869380 | 249.0 | 72.6 | 293.5 |
| 越南 | Viet Nam | 17539163 | 12045935 | 5493228 | 0.3 | 5.5 | -9.5 |
| 中国台湾 | Taiwan，China | 1331002 | 182948 | 1148053 | 29.9 | 12.0 | 33.2 |
| 非洲 | Africa | 1589075 | 377848 | 1211227 | 17.8 | 3.9 | 22.9 |
| 加蓬 | Gabon | 95509 | 6171 | 89338 | -2.9 | -60.6 | 7.9 |
| 南非 | South Africa | 806091 | 60663 | 745427 | 16.9 | 16.8 | 16.9 |
| 欧洲 | Europe | 2693184 | 1959271 | 733913 | 51.1 | 64.7 | 23.7 |
| 比利时 | Belgium | 147243 | 124881 | 22362 | 111.2 | 94.0 | 317.4 |
| 英国 | United Kingdom | 446913 | 419571 | 27342 | 95.4 | 123.2 | -32.8 |
| 德国 | Germany | 465495 | 322802 | 142693 | 55.9 | 83.8 | 16.1 |
| 法国 | France | 119442 | 107437 | 12005 | 14.1 | 82.3 | -73.8 |
| 意大利 | Italy | 123754 | 92052 | 31702 | 27.3 | 38.7 | 2.8 |
| 荷兰 | Netherlands | 287023 | 279800 | 7223 | 40.7 | 47.0 | -47.1 |
| 西班牙 | Spain | 200953 | 106778 | 94174 | 4.8 | 43.2 | -19.7 |
| 芬兰 | Finland | 19477 | 4107 | 15370 | -13.5 | -2.5 | -16.0 |
| 瑞典 | Sweden | 59883 | 49401 | 10482 | 18.3 | 30.0 | -16.9 |
| 俄罗斯联邦 | Russia Federation | 178131 | 87285 | 90845 | 105.0 | 18.6 | 583.9 |
| 拉丁美洲 | Latin America | 4249564 | 550870 | 3698694 | 8.0 | 37.6 | 4.7 |
| 北美洲 | North America | 2819979 | 2038083 | 781896 | -16.7 | 4.8 | -45.7 |
| 加拿大 | Canada | 832285 | 264781 | 567504 | -7.9 | 124.8 | -27.8 |
| 美国 | United States | 1987691 | 1773299 | 214392 | -19.9 | -2.9 | -67.3 |
| 大洋洲 | Oceanic | 1579438 | 312296 | 1267142 | 15.7 | 14.7 | 16.0 |
| 澳大利亚 | Australia | 1469607 | 283494 | 1186114 | 15.6 | 14.5 | 15.9 |
| 东南亚国家联盟 | Association of Southeast Asia | 23346536 | 14029766 | 9316770 | 13.3 | 11.4 | 16.3 |
| 欧洲联盟 | European Union | 2191880 | 1796942 | 394938 | 46.9 | 70.5 | -10.0 |
| 亚太经济合作组织 | Asia Pacific Economic Cooperation | 38962700 | 22235100 | 16727500 | 14.4 | 15.6 | 12.8 |

注：东南亚国家联盟包括：文莱、印度尼西亚、马来西亚、菲律宾、新加坡、泰国、越南、缅甸、柬埔寨、老挝。
欧洲联盟包括：比利时、丹麦、英国、德国、法国、爱尔兰、意大利、卢森堡、荷兰、希腊、葡萄牙、西班牙、奥地利、芬兰、瑞典、塞浦路斯、匈牙利、马耳他、波兰、爱沙尼亚、拉托维亚、立陶宛、斯洛文尼亚、捷克、斯洛伐克、罗马尼亚、保加利亚、克罗地亚。
亚太经济合作组织包括：文莱、香港、印度尼西亚、日本、马来西亚、菲律宾、新加坡、韩国、泰国、中华人民共和国、台湾省、智利、墨西哥、加拿大、美国、澳大利亚、新西兰、巴布亚新几内亚、越南、俄罗斯、秘鲁。

Note：Association of Southeast Asia includes：Brunei，Indonesia，Malaysia，the Philippines，Singapore，Thailand，Viet Nam，Myanmar，Cambodia，Laos.
European Union includes：Belgium，Denmark，United Kingdom，Germany，France，Ireland，Italy，Luxembourg，Holland，Greece，Portugal，Spain，Portugal，Spain，Austria，Finland，Sweden，Cyprus，Hungary，Malta，Poland，Estonia，Lithuania，Latvia，Slovenia，Czech，Slovakia，Romania，Bulgaria，Croatia.
Asia Pacific Economic Cooperation includes：Brunei，Hong Kong，Indonesia，Japan，Malaysia，the Philippines，Singapore，Republic of Korea，Thailand，People' s Republic of China，Taiwan Province，Chile，Mexico，Canada，United States，Australia，New Zealand，Papua New Guinea，Viet Nam，Russia，Peru.

# 12—7 广西与东盟进出口商品总值（2017-2019年）
# Total Import and Export Value from Guangxi to ASEAN （2017-2019）

单位：万美元 （USD 10 000）

| 主要贸易方式 | Main Form of Trade | 2017 | | | 2018 | | | 2019 | | |
|---|---|---|---|---|---|---|---|---|---|---|
| | | 进出口 Import and Export | 出口 Export | 进口 Import | 进出口 Import and Export | 出口 Export | 进口 Import | 进出口 Import and Export | 出口 Export | 进口 Import |
| 合计 | Total （100 million USD） | 1893.85 | 1062.46 | 831.39 | 2061.49 | 1259.80 | 801.69 | 2334.65 | 1402.98 | 931.68 |
| 边境小额贸易 | Frontier Small Value Trade | 836.31 | 799.02 | 37.29 | 1076.20 | 1032.47 | 43.73 | 1090.81 | 1060.52 | 30.29 |
| 一般贸易 | Original Trade | 250.67 | 142.45 | 108.22 | 281.75 | 146.10 | 135.65 | 418.02 | 246.40 | 171.62 |
| 其他贸易 | Other Trade | 633.56 | 46.71 | 586.85 | 541.52 | 20.02 | 521.50 | 395.367 | 22.05 | 373.32 |
| 海关特殊监管区域物流货物 | Logistics Goods in Customs Special Supervision Areas | 67.22 | 18.72 | 48.50 | — | — | — | 366.64 | 36.62 | 330.02 |
| 主要贸易国别 | Main Countries of Trade | | | | | | | | | |
| #合计 | Total | 1893.85 | 1062.46 | 831.39 | 2061.49 | 1259.80 | 801.69 | 2334.65 | 1402.98 | 931.68 |
| 越南 | Viet Nam | 1626.26 | 930.09 | 696.17 | 1749.37 | 1142.13 | 607.23 | 1753.92 | 1204.59 | 549.32 |
| 印度尼西亚 | Indonesia | 67.31 | 25.90 | 41.42 | 67.40 | 23.91 | 43.49 | 318.71 | 36.1 | 39.81 |
| 新加坡 | Singapore | 51.06 | 40.37 | 10.68 | 43.99 | 34.27 | 9.72 | 61.93 | 53.06 | 8.87 |
| 马来西亚 | Malaysia | 48.60 | 17.87 | 30.73 | 70.19 | 25.91 | 44.29 | 83.88 | 55.09 | 28.79 |
| 泰国 | Thailand | 46.53 | 21.48 | 25.05 | 91.37 | 18.45 | 72.92 | 318.71 | 31.77 | 286.94 |
| 菲律宾 | the Philippines | 43.45 | 20.35 | 23.10 | 25.66 | 8.18 | 17.48 | 27.48 | 10.89 | 16.59 |
| 柬埔寨 | Cambodia | 4.35 | 2.32 | 2.03 | 3.82 | 2.95 | 0.87 | 5 | 4.65 | 0.35 |
| 老挝 | Laos | 3.26 | 1.35 | 1.91 | 6.17 | 1.07 | 5.10 | 1.57 | 1.35 | 0.22 |
| 缅甸 | Myanmar | 2.73 | 2.44 | 0.30 | 3.35 | 2.77 | 0.58 | 5.95 | 5.33 | 0.62 |
| 文莱 | Brunei | 0.30 | 0.30 | 0.00 | 0.17 | 0.16 | 0.01 | 0.32 | 0.14 | 0.17 |

# 12—8 各市进出口商品总值（2017—2019年）
# Total Import and Export Value by City（2017—2019年）

单位：万元 （RMB 10 000）

| 地 区 | Region | 2017 | | | 2018 | | | 2019 | | |
|---|---|---|---|---|---|---|---|---|---|---|
| | | 进出口 Import and Export | 出口 Export | 进口 Import | 进出口 Import and Export | 出口 Export | 进口 Import | 进出口 Import and Export | 出口 Export | 进口 Import |
| 全 区 | Guangxi | 38663414 | 18552015 | 20111398 | 41043509 | 21755161 | 19288348 | 46947028 | 25971475 | 20975552 |
| 南宁市 | Nanning | 6070866 | 2756897 | 3313969 | 7400514 | 3550993 | 3849521 | 7477891 | 3639055 | 3838836 |
| 柳州市 | Liuzhou | 1722399 | 542460 | 1179939 | 1733486 | 602471 | 1131015 | 2191028 | 847800 | 1343228 |
| 桂林市 | Guilin | 700117 | 589491 | 110627 | 724650 | 622935 | 101715 | 705771 | 622966 | 82805 |
| 梧州市 | Wuzhou | 602406 | 294636 | 307770 | 507583 | 301108 | 206476 | 658527 | 347053 | 311473 |
| 北海市 | Beihai | 2308381 | 1162528 | 1145853 | 3205861 | 1663231 | 1542631 | 2941002 | 1288768 | 1652234 |
| 防城港市 | Fangchenggang | 7685445 | 1150625 | 6534820 | 7189848 | 1182788 | 6007060 | 8049484 | 2413149 | 5636335 |
| 钦州市 | Qinzhou | 3404673 | 1162896 | 2241777 | 2273275 | 588076 | 1685199 | 2042392 | 800544 | 1241847 |
| 贵港市 | Guigang | 238816 | 110306 | 128510 | 276299 | 132355 | 143943 | 389127 | 189057 | 200070 |
| 玉林市 | Yulin | 336580 | 247051 | 89529 | 348498 | 257027 | 91472 | 401653 | 250420 | 151232 |
| 百色市 | Baise | 1884397 | 1506642 | 377754 | 2172681 | 1761084 | 411597 | 2618062 | 2313534 | 304528 |
| 贺州市 | Hezhou | 48443 | 39065 | 9377 | 98973 | 38313 | 60660 | 143773 | 104815 | 38958 |
| 河池市 | Hechi | 195498 | 22330 | 173168 | 274767 | 49237 | 225530 | 303147 | 76667 | 226480 |
| 来宾市 | Laibin | 77312 | 42456 | 34856 | 83737 | 76272 | 7466 | 91259 | 75272 | 15987 |
| 崇左市 | Chongzuo | 13388082 | 8924632 | 4463450 | 14753336 | 10929272 | 3824065 | 18933912 | 13002374 | 5931537 |

# 12—9　主要出口商品数量及金额（2019年）
# Volume and Value of Major Export Commodities （2019）

单位：万元　　(RMB 10 000)

| 商品名称 | Item | 2018 数量 Volume | 2018 金额 Value | 2019 数量 Volume | 2019 金额 Value |
|---|---|---|---|---|---|
| 活猪（种猪除外）(万头) | Live Hogs （except for the boar） （10 000 heads） | 341 | 5284 | 164 | 2916 |
| 活家禽（万只） | Live Poultry （10 000 heads） | — | — | — | — |
| 猪肉（吨） | Pork （ton） | 645 | 2034 | 474 | 1530 |
| 水海产品（吨） | Aquatic and Seawater Products （ton） | 38359 | 125057 | 40725 | 124602 |
| 粮食（吨） | Grain （ton） | 130795 | 136735 | 138455 | 141960 |
| 谷物及谷物粉（吨） | Cereals and Cereals Flour （ton） | 1102 | 2776 | 1018 | 2263 |
| 蔬菜（吨） | Vegetables （ton） | 486920 | 464216 | 585889 | 547328 |
| 鲜、干水果及坚果（吨） | Fresh，Dried Fruits and Nuts （ton） | 241672 | 232684 | 70953 | 76743 |
| 食用油籽（吨） | Edible Oil Seeds （ton） | 43751 | 46877 | 39717 | 42612 |
| 茶叶（吨） | Tea （ton） | 1151 | 8306 | 1069 | 15442 |
| 蘑菇罐头（吨） | Canned Mushroom （ton） | 24 | 226 | 49 | 474 |
| 肥料（吨） | Fertilizer （ton） | 81147 | 14733 | 68677 | 13106 |
| 中药材及中式成药（吨） | Medicinal Materials and Medicaments of Chinese Type （ton） | 3227 | 18151 | 6876 | 48063 |
| 生丝（吨） | Raw Silk （ton） | 1353 | 57375 | 1105 | 38128 |
| 黏土及其他耐火矿物（吨） | Clay and Other Refractory Minerals （ton） | 82276 | 1391 | 52069 | 3248 |
| 天然硫酸钡（重晶石）(吨) | Nature barium sulfate （Barite） （ton） | 198053 | 12235 | 276320 | 18161 |
| 滑石（吨） | Talcum （ton） | 160632 | 33287 | 146257 | 32374 |
| 氧化锌及过氧化锌（吨） | Zinc Oxide and Zinc Peroxide （ton） | 126 | 54 | 270 | 118 |
| 锌钡白（立德粉）(吨) | Lithopone （ton） | 931 | 297 | 900 | 342 |
| 医药品（吨） | Medicinal and Pharmaceutical Products （ton） | 2719 | 79159 | 3296 | 84749 |
| 烟花、爆竹（吨） | Fireworks and Firecrackers （ton） | 22539 | 37139 | 13382 | 26048 |
| 松香及树脂酸（吨） | Resin and Resin Acids （ton） | 1876 | 2153 | 1196 | 1225 |
| 家用或装饰用木制品（吨） | Wooden Products for Household Use or Decoration （ton） | 6276 | 14825 | 6580 | 11546 |
| 纸及纸板（未切成形的）(吨) | Paper and Paperboard in Rolls （ton） | 176240 | 175717 | 70305 | 152698 |
| 纺织纱线、织物及制品 | Spin Yarn，Fabric and the Products | — | 1809319 | — | 1681447 |
| 水泥及水泥熟料（吨） | Cement （ton） | 1746 | 172 | 23876 | 1143 |
| 平板玻璃（万平方米） | Plain Glass （10 000 sq.m） | 50 | 157 | 185 | 1554 |
| 家用陶瓷器皿（吨） | Porcelain and Pottery Wares for Family Use （ton） | 118443 | 386371 | 135814 | 606336 |
| 珍珠.钻石.宝石及半宝石 | Pearls，Precious or Semi-Stones | — | 121 | — | 190 |
| 钢材（吨） | Rolled Steel （ton） | 173382 | 148711 | 275086 | 240919 |
| 未锻轧的铜及铜材（吨） | Unwrought Copper and Related Products （ton） | 30488 | 138254 | 10128 | 46499 |

## 12—9 续表 continued

单位：万元 (RMB 10 000)

| 商品名称 | Item | 2018 数量 Volume | 2018 金额 Value | 2019 数量 Volume | 2019 金额 Value |
|---|---|---|---|---|---|
| 未锻轧的铝及铝材 （吨） | Unwrought Aluminum and Related Products (ton) | 131859 | 248297 | 142071 | 270149 |
| 液化石油气及其他烃类气（吨） | Liquified Petroleum Gas and Other Hydrocarbon Gases | | | | |
| 磷酸及多磷酸（吨） | Phosphoric Acid and Polyphosphoric Acid | | | | |
| 未锻轧的锰 （吨） | Unwrought Manganese (ton) | 32947 | 46588 | 13646 | 20171 |
| 手用或机用工具 （吨） | Hand Tools and Tools for Machines (ton) | 17225 | 114622 | 14562 | 104417 |
| 电扇（万台） | Fans (10 000 units) | 463446 | 78926 | 434773 | 102312 |
| 金属加工机床 （台） | Machine Tools (unit) | 43637 | 50466 | 121486 | 90612 |
| 自动数据处理设备及其部件（万台） | Automatic Data Processing Machines and Components (10 000 sets) | 3269 | 1729042 | 5615 | 2161050 |
| 轴承 （万套） | Bearings (10 000 units) | 1805 | 15296 | 1096 | 20187 |
| **原电池 （万个）** | **Primary Cells and Batteries (10 000 units)** | **2599** | **2730** | **3426** | **3292** |
| 蓄电池（万个） | Electric Accumulators (10 000 units) | 4253 | 153478 | 2262 | 105600 |
| 扬声器（万个） | Loudspeakers (10 000 units) | 3181 | 112321 | 25839 | 268645 |
| 电容器 （吨） | Electrical Capacitors (ton) | 1098 | 175073 | 766 | 12081 |
| 电线和电缆 （吨） | Electric Wires and Cables (ton) | 43647 | 210651 | 43207 | 226337 |
| 汽车(包括整套散件)(辆) | Motor Vehicles and Chassis (unit) | 17944 | 116491 | 29993 | 212739 |
| 汽车零件 | Parts of Motor Vehicles | — | 208608 | — | 363384 |
| 摩托车 （辆） | Motorcycle ( unit) | 140134 | 27013 | 169560 | 36596 |
| 船舶（艘） | Ships (unit) | 12 | 1231 | 253 | 398 |
| 家具及其零件 | Furniture and Accessories | — | 154527 | — | 331224 |
| **灯具、照明装置及类似品** | **Lights, Lighting Apparatus and Similar Articles** | **—** | **597752** | **—** | **1036143** |
| 箱包及类似容器 | Boxes, Bags and Similar Container | — | 355556 | — | 435851 |
| 服装及衣着附件 | Garments and Clothing Accessories | — | 2724476 | — | 1854760 |
| 鞋类（吨） | Footwear (ton) | — | 752110 | — | 596246 |
| 塑料制品 （吨） | Plastic Articles (ton) | 80510 | 364356 | 103415 | 615190 |
| 贵金属或包贵金属的首饰 | Precious Metal or Jewelry of Rolled Precious Metal | — | 375870 | — | 454583 |
| 圣诞用品（吨） | Articles for Christmas (ton) | 13372 | 123087 | 19624 | 118078 |
| 竹编结品 （吨） | Bamboo Products (ton) | 783 | 3291 | 727 | 5369 |
| 藤编结品 （吨） | Rattan Products (ton) | 2922 | 9685 | 2763 | 7181 |
| 草编结品 （吨） | Straw Mats and Straw Products (ton) | 1582 | 5301 | 1708 | 6041 |
| **手表（万只）** | **Wrist Watches (10 000 units)** | **2186** | **27320** | **1571** | **19338** |
| 机电产品（包括本目录已具体列名的机电产品） | Mechanical and Electrical Products (including those have been show in this content) | — | 9649523 | — | 13018098 |
| 高新技术产品（包括本目录已具体列名的机电产品） | High and New-tech Products (including those have been show in this content) | — | 4255101 | — | 5283374 |

# 12—10 主要进口商品数量及金额（2019年）
## Volume and Value of Major Import Commodities （2019）

单位：万元 （RMB 10 000）

| 商品名称 | Item | 2018 | | 2019 | |
|---|---|---|---|---|---|
| | | 数量 Volume | 金额 Value | 数量 Volume | 金额 Value |
| 鲜、干水果及坚果 （吨） | Fresh and Dry Fruit，Nuts （ton） | 944010 | 621896 | 904231 | 807868 |
| 大豆（万吨） | Soybean （10 000 tons） | 7326381 | 2097498 | 5524722 | 1549530 |
| 食用植物油 （万吨） | Edible Vegetable Oil （10 000 tons） | 71094 | 32429 | 15399 | 7826 |
| 天然橡胶（包括胶乳，吨） | Natural Rubber （including Latex， ton） | 4906 | 3636 | 5847 | 4639 |
| 合成橡胶（包括胶乳，吨） | Synthetic Rubber （including Latex，ton） | 188 | 354 | 446 | 850 |
| 原木（吨） | Logs （ ton） | 170984 | 18895 | 174380 | 17099 |
| 锯材 （吨） | Wood Sawn （ ton） | 18499 | 7116 | 23515 | 7357 |
| 纸浆 （吨） | Paper Pulp （ton） | 542204 | 265675 | 466643 | 206725 |
| 纺织用合成纤维 （吨） | Synthetic Fibers Suitable for Spinning （ton） | 300 | 510.8 | 413 | 747 |
| 铁矿砂及其精矿 （万吨） | Iron Ore （10 000 tons） | 2127 | 1053675 | 2326 | 1561142 |
| 锰矿砂及其精矿 （万吨） | Manganese Ores and Concentrates （10 000 tons） | 2206452 | 304380 | 2668798 | 347827 |
| 煤及褐煤（万吨） | Coal and Lignite （10 000 tons） | 9690541 | 707049 | 8264565 | 543783 |
| 成品油（万吨） | Petroleum Products Refined （10 000 tons） | 45608 | 22820 | 7327 | 3336 |
| 医药品 （吨） | Pharmaceutical Products （ton） | 244 | 7373 | 223 | 3588 |
| 初级形状的塑料 （吨） | Primary Plastic （ ton） | 67198 | 65626 | 87060 | 75132 |
| 牛皮革及马皮革 （吨） | Cattle Hide and Horsehide （ton） | 43143 | 48313 | 55108 | 46101 |
| 棉纱线（吨） | Cotton Yarn （ton） | 7373 | 7541 | 6219 | 7137 |
| 合成纤维纱线 （吨） | Synthetic Fibers，Continuous Filament and Yarn （ton） | 272 | 952 | 222 | 993 |
| 合成纤维长丝机织物 （万米） | Synthetic Fibers，Continuous Filament Woven Fabrics （10 000 m） | 213 | 2471 | 155 | 2834 |
| 针织或钩编织物 | Garments，knitted or Crocheted | — | 2665 | — | 1843 |
| 原油（吨） | Crude Oil （ton） | 683405 | 248880 | — | — |
| 钢材 （吨） | Rolled Steel （ton） | 7114 | 8126 | 8439 | 8045 |
| 未锻轧的铜及铜材 （吨） | Unwrought Copper and Related Products （ton） | 8253 | 35698 | 49959 | 206522 |
| 未锻轧的铝及铝材（吨） | Unwrought Aluminum and Related Products （ton） | 71 | 353 | 829 | 1116 |
| 液泵及液体提升机 （台） | Liquid Pump and Machine with Liquid Exaltation （unit） | 7500 | 4870 | 7965 | 4113 |
| 活塞式内燃机的零件 （吨） | Accessories of Gas Engine with Liquid Exaltation （ton） | 1316 | 11578 | 1353 | 10701 |
| 空气调节器 （台） | Air Conditioners （set） | — | — | — | — |
| 机械提升搬运装卸设备及零件 | Portage，Load and Unload Equipments and Accessories with Machine Exaltation | — | 7970 | — | 7623 |
| 建筑及采矿用机械及零件 | Building，Mining Machinery and Accessories | — | 22700 | — | 10626 |
| 食品.饮料工业用加工机械及零件 | Food and Drink Processing Machinery and Accessories | — | 882 | — | 149 |
| 制造纸及纸制品用机械及零件 | Papermaking and Paper Products Machinery and Accessories | — | 691 | — | 668 |
| 印刷、装订机械及零件 | Printing and Binding Machinery and Accessories | — | 68664 | — | 48682 |
| 纺织机械及零件 | Spinning Machinery and Accessories | — | 2564 | — | 15789 |
| 金属加工机床 （台） | Machine Tools （unit） | 118 | 14421 | 485 | 36313 |
| 橡胶或塑料加工机械及零件 | Rubber or Plastic Processing Machinery and Accessories | — | 1088 | — | 1535 |
| 阀门（万套） | Valves （10 000 sets） | 10 | 14968 | 10 | 12427 |
| 自动数据处理设备及其部件（万台） | Automatic Data Processing Machines and Components （10 000 sets） | 1146 | 503688 | 4550 | 2212021 |
| 电话机（万台） | Telephone sets （10 000 set） | 0 | 0.1 | 0 | 0 |
| 通断及保护电路装置及零件 | Electrical Apparatus for Switching or Protecting Electrical Circuit | — | 87737 | — | 135386 |
| 电线和电缆 （吨） | Electric Wires and Cables （ton） | 3488 | 51597 | 6275 | 323806 |
| 汽车（包括整套散件） （辆） | Motor Vehicles （including Complete set of spare parts） （unit） | 379 | 15108 | 596 | 20915 |
| 汽车零配件 | Parts of Motor Vehicles | — | 6285 | — | 3572 |
| 机电产品（包括本目录具体列名的机电产品） | Mechanical and Electrical Products （including those have been show in this content） | — | 3794916 | — | 6930253 |
| 高新技术产品（包括本目录已具体列名的机电产品） | High and New-tech Products （including those have been show in this content） | — | 2870905 | — | 4899484 |

# 12—11 外商直接投资额（1979—2019年）
# Foreign Direct Investment （1979—2019）

单位：万美元 （USD 10 000）

| 年 份<br>Year | 外商直接投资<br>Foreign Direct Investments | 年份<br>Year | 外商直接投资<br>rect Investments |
|---|---|---|---|
| 1979-1983 | 1226 | 2006 | 44740 |
| 1985 | 1251 | 2007 | 68396 |
| 1990 | 3025 | 2008 | 97119 |
| | | 2009 | 103533 |
| 1991 | 3871 | 2010 | 91200 |
| 1992 | 18026 | | |
| 1993 | 87203 | 2011 | 101381 |
| 1994 | 81506 | 2012 | 74853 |
| 1995 | 66952 | 2013 | 70008 |
| | | 2014 | 100119 |
| 1996 | 66618 | 2015 | 172208 |
| 1997 | 87986 | | |
| 1998 | 88613 | 2016 | 88845 |
| 1999 | 63730 | 2017 | 82272 |
| 2000 | 52466 | 2018 | 50590 |
| | | 2019 | 110946 |
| 2001 | 38415 | | |
| 2002 | 41726 | | |
| 2003 | 45619 | | |
| 2004 | 29579 | | |
| 2005 | 37866 | | |

# 12—12 主要年份实际利用外资及对外承包工程情况

# Basic Statistics of Foreign Capital Actually Utilized and Overseas Contracted Projects in Main Years

单位：万美元 （USD 10 000）

| 项　目 | Item | 2000 | 2006 | 2010 | 2015 | 2016 | 2017 | 2018 | 2019 |
|---|---|---|---|---|---|---|---|---|---|
| 外商直接投资 | Foreign Direct Investment | 52466 | 44740 | 91200 | 172208 | 88845 | 82272 | 50590 | 110946 |
| 按投资方式分 | By Investment Manner | | | | | | | | — |
| 独资经营 | Sole Investment | 18476 | 25150 | 65377 | 107135 | 39594 | 27971 | 27374 | — |
| 合资经营 | Joint-venture | 16413 | 18120 | 25770 | 64573 | 49251 | 48426 | 23113 | — |
| 合作经营 | Cooperative | 15477 | 1470 | 53 | 500 | 0 | 5864 | 0 | — |
| 股份制 | Share Holding | | | | 0 | 0 | 0 | 103 | — |
| 按国民经济行业分 | By National Economic Sector | | | | | | | | |
| 1. 农林牧渔业 | Agriculture, Forestry, Animal Husbandry and Fishery | 2092 | 2594 | 10090 | 10020 | 9139 | 227 | 44 | 1206 |
| 2. 工业 | Industry | 22697 | 34408 | 46989 | 63835 | 44065 | 69354 | 32907 | 83014 |
| 3. 建筑业 | Construction | 6157 | 221 | 2 | 20 | 0 | 0 | 0 | 0 |
| 4. 交通运输、仓储和邮政业 | Transport, Storage and Post | 2147 | 995 | 3003 | 45137 | 10586 | 664 | 5446 | 1450 |
| 5. 批发和零售贸易、住宿和餐饮业 | Wholesale, Retail Trade, Hotel and Catering Services | 492 | 1458 | 14268 | 4717 | 5537 | 178 | 6145 | 4358 |
| 6. 房地产业 | Real Estate | 11607 | 3806 | 11925 | 36219 | 11791 | 693 | 932 | 7912 |
| 7. 其他行业 | Other Sectors | 7274 | 1258 | 4923 | 12260 | 7727 | 11156 | 5116 | 13006 |
| 按国别、地区分 | By Countries, Region | | | | | | | | |
| # 中国香港 | Hong Kong, China | 20204 | 15559 | 52114 | 54414 | 36358 | 29935 | 22426 | 67827 |
| 中国澳门 | Macao, China | 1321 | 402 | 2579 | 385 | 194 | 500 | 110 | 436 |
| 日本 | Japan | 524 | 1019 | 1347 | 320 | 88 | 53 | — | 0 |
| 新加坡 | Singapore | 1407 | 1817 | 6010 | 44931 | 18251 | 174 | 1770 | 1187 |
| 中国台湾 | Taiwan, China | 4750 | 880 | 990 | 834 | 210 | 121 | 760 | 3189 |
| 泰国 | Thailand | 609 | 12 | 590 | 1056 | 0 | 2 | 1119 | 72 |
| 美国 | United States | 1282 | 935 | 135 | 412 | 56 | 3 | 8 | 130 |
| 英属维尔京群岛 | British Virgin Islands | 6815 | 11704 | 11708 | 7416 | 3545 | 1947 | 3150 | 8901 |
| 对外承包工程 | Overseas Contracted Projects | | | | | | | | |
| 合同项目（个） | Contracted Projects (unit) | 14 | 12 | 39 | 59 | 61 | 47 | 43 | 47 |
| 合同金额 | Contracted Value | 2994 | 1233 | 61019 | 65563 | 79521 | 93726 | 105430 | 24384 |
| 当年完成营业额 | Volume of Business Fulfilled in the Year | 5042 | 2421 | 56429 | 93986 | 84764 | 68825 | 72357 | 68232 |

# 12—13 主要年份分市新签外商直接投资项目和金额
# Items and Value of Utilization of Foreign Direct Investment Through Newly Signed Agreement by City in Main Years

| 城市 | City | 2000 | 2005 | 2010 | 2015 | 2016 | 2017 | 2018 | 2019 |
|---|---|---|---|---|---|---|---|---|---|
| 新签项目个数（个） | Number of Items Newly Signed （unit） | 246 | 351 | 190 | 142 | 139 | 183 | 194 | 388 |
| 南宁市 | Nanning | 31 | 89 | 73 | 69 | 49 | 72 | 62 | 126 |
| 柳州市 | Liuzhou | 8 | 20 | 10 | 4 | 16 | 9 | 8 | 22 |
| 桂林市 | Guilin | 45 | 49 | 18 | 15 | 11 | 21 | 24 | 38 |
| 梧州市 | Wuzhou | 41 | 53 | 19 | 6 | 10 | 10 | 15 | 20 |
| 北海市 | Beihai | 17 | 32 | 21 | 11 | 8 | 11 | 17 | 23 |
| 防城港市 | Fangchenggang | 23 | 11 | 8 | 4 | 2 | 4 | 8 | 20 |
| 钦州市 | Qinzhou | 8 | 24 | 11 | 12 | 9 | 15 | 15 | 35 |
| 贵港市 | Guigang | 9 | 7 | 6 | 1 | 8 | 5 | 9 | 10 |
| 玉林市 | Yulin | 43 | 23 | 14 | 4 | 8 | 11 | 12 | 11 |
| 百色市 | Baise | 3 | 8 | 1 | 1 | 8 | 2 | 9 | 16 |
| 贺州市 | Hezhou | 7 | 19 | 3 | 4 | 2 | 6 | 6 | 21 |
| 河池市 | Hechi | 5 | 4 | 1 | 1 | 2 | 9 | 2 | 12 |
| 来宾市 | Laibin | 5 | 4 | 1 | 4 | 1 | 2 | 3 | 13 |
| 崇左市 | Chongzuo | 1 | 8 | 4 | 6 | 5 | 6 | 4 | 21 |
| 新签项目合同外资额（万美元） | Foreign Capital to Be Utilized through the Newly Signed Agreements and Contracts （USD 10 000） | 71549 | 110182 | 209523 | 335668 | 231861 | 519301 | 444099 | 969060 |
| 南宁市 | Nanning | 10637 | 31704 | 70743 | 97978 | 24838 | 148996 | 128453 | 642940 |
| 柳州市 | Liuzhou | 3380 | 3909 | 6124 | 31925 | 34688 | 134341 | 113410 | 50718 |
| 桂林市 | Guilin | 6550 | 15437 | 1543 | 89319 | 61401 | 37227 | 77755 | 15020 |
| 梧州市 | Wuzhou | 3151 | 12609 | 9325 | 1300 | 16859 | 13829 | 36882 | 6253 |
| 北海市 | Beihai | 821 | 9596 | 30177 | 3715 | 36100 | 22299 | 50586 | 42688 |
| 防城港市 | Fangchenggang | 34536 | 14158 | 5296 | 22916 | 2325 | 792 | 5346 | 16413 |
| 钦州市 | Qinzhou | 3057 | 7127 | 20188 | 55127 | 10367 | 27642 | 7693 | 97507 |
| 贵港市 | Guigang | 521 | 255 | 6246 | 676 | 15376 | 24356 | 6761 | 30841 |
| 玉林市 | Yulin | 2210 | 2834 | 11445 | 1940 | 4017 | 11035 | -214 | 16357 |
| 百色市 | Baise | 412 | 1502 | 354 | 1593 | 7330 | 15 | 3642 | 4777 |
| 贺州市 | Hezhou | 559 | 1331 | 26348 | 11623 | 725 | 3597 | 9313 | 3718 |
| 河池市 | Hechi | 4345 | 1826 | 265 | 8434 | 13338 | 90156 | 1503 | 17368 |
| 来宾市 | Laibin | 530 | 637 | 3435 | 4033 | 1147 | 1327 | 1206 | 6093 |
| 崇左市 | Chongzuo | 840 | 7257 | 18034 | 5089 | 3350 | 3689 | 1763 | 18367 |

## 主要统计指标解释

**进出口总额**　海关进出口总额指实际进出我国国境的货物总金额，它可用以观察一个国家在对外贸易方面的总规模。进出口总额统计范围包括：对外贸易实际进出口货物，来料加工装配进出口货物，国家间、联合国及国际组织无偿援助物资和赠送品，华侨、港澳台同胞和外籍华人捐赠品，租赁期满归承租人所有的租赁货物，进料加工进出口货物，边境地方贸易及边境地区小额贸易进出口货物，中外合资、合作、外商独资企业进出口货物和公用物品，到、离岸价格在规定限额以上的进出口货样和广告品（无商业价值、无使用价值和免费提供出口的除外），从保税仓库提取在中国境内销售的进口货物，以及其他进出口货物。我国规定出口货物按离岸价格统计，进口货物按到岸价格统计。

**外商直接投资**　指外方投资者在我国境内通过设立外商投资企业、合作企业、与中方投资者共同进行石油、天然气和煤层气等资源的合作勘探开发以及设立外国公司分支机构等方式进行投资。外方投资者可以用现金、实物、无形资产、股权等投资。

**对外承包工程**　根据《对外承包工程管理条例》，对外承包工程是指中国的企业或者其他单位承包境外建设工程项目的活动。

对外承包项目分为十一大类：房屋建筑项目、工业建设项目、制造加工设施建设项目、水利建设项目、废水（物）处理项目、交通运输建设项目、危险品处理项目、电力工程建设项目、石油化工项目、通讯工程项目、其他。

## Explanatory Notes on Main Statistical Indicators

**Total Import and Export Value**　refers to the total value of commodities imported into and exported from the boundary of China. It can be used to observe the total scale in foreign trade of a country. It includes: the actual imports and exports through foreign trade, imported and exported goods under the processing and assembling trades and materials, supplies and gifts as aid given gratis between countries and by the United Nations and other international organizations, the donated products of overseas Chinese, compatriot from Hong Kong, Macao and Taiwan and Chinese of foreign nationality, lease goods belonging to lessee after expiring leasing period, the imports and exports of processing with imported materials, the local trade in the border and cargoes imported and exported of small trade of border area, the imported and exported commodities and articles for public use of the Sino-foreign joint ventures, cooperative enterprises and ventures exclusively with foreign own investment, imported and exported sample of regulation and advertising product that are in the stipulated above-norm of the cost insurance and freight (CIF) and free on board (FOB) (excluding which have no commercial value, using value and which export for free), the imports that are picked up from the bonded warehouse and sale in china, and other imports and exports. In our country, exports are calculated according to FOB, and imports are calculated according to CIF.

**Foreign Direct Investment**　refers to the investment made in Chinese area by foreign investors in establishing foreign-funded enterprises, cooperative enterprises, cooperating with Chinese investors on the exploration and development of oil, natural gas and coalbed methane resources, and investment in the form of branches of foreign companies, etc. Foreign investors can invest in cash, real assets, intangible assets and equities.

**Overseas Contracted Projects**　according to The Regulations on the Administration of oversea Contracted Projects, overseas contracted projects refers to the activities of Chinese enterprises or other entities contracting overseas construction projects.

The foreign contracting project is divided into eleven categories: Housing construction projects, industrial construction projects, manufacturing and processing facilities construction projects, water conservancy projects, waste water (material) treatment projects, transportation construction projects, dangerous goods treatment projects, electrical engineering construction projects, petrochemical projects, communication engineering projects, etc.

第十三篇

# 农 业

# AGRICULTURE

（编辑：杨海玲）

# 简要说明

（本篇资料由自治区统计局农村处整理，电话：0771-5862758）

**一、本篇资料主要内容及来源**

（一）农村基本情况及农业生产条件基本情况（从民政厅、自然资源厅、农机局、水利厅等部门获取）。

（二）农林牧渔业总产值及其构成、指数情况，主要农作物播种面积及其构成、主要农作物产品产量、单位面积产量等情况（根据国家统计报表制度规定的调查方法计算获取，为全面调查数据）。

（三）林业生产情况（由统计部门与林业部门共同布置，按国家统计报表制度规定的调查方法获取）。

（四）畜牧水产主要产品生产情况（由统计部门与畜牧、水产等部门共同布置，按国家统计报表制度规定的调查方法获取）。

（六）分市农业总产值、农作物播种面积、主要农作物产量、主要农产品人均占有量等情况（根据国家和自治区统计报表制度规定的调查方法计算）。

**二、其他情况说明**

1. 1995年乡（镇）村从业人员为“乡（镇）村实有劳动力”。

2. 按照国家统计口径，2003年起农林牧渔业总产值包括农业、林业、牧业、渔业以及农林牧渔专业及辅助性活动产值。

3. 2006和2007年农林牧渔业总产值数据根据第二次全国农业普查数据进行了衔接修订，2016和2017年根据第三次全国农业普查数据进行了衔接修订。

4. “农作物播种面积”、“经济和其他农作物”、“蔬菜”中均不包含食用菌面积。

5. 2000年以后的水果产量包括园林水果和果用瓜；2009年起薯类包括马铃薯；2000年以前的木材和毛竹采伐量为村及村以下数量，2005年以后为全社会数量。

6. 1996年以前水产品产量按旧标准统计，即贝类5斤折1斤计量。1997年起按新标准统计，即海蜇按三矾后的成品、海藻按干品计量，其余所有的水产品均按捕捞起水时的鲜活实际重量计量。

7. 2007年-2015年主要农作物播种面积及其构成、主要农作物产品产量、单位面积产量等数据已根据第三次全国农业普查数据进行了衔接修订；肉猪出栏头数、肉类总产量（包括猪肉、牛肉、羊肉、禽肉）、牛奶、禽蛋从2013年至2017年，蜂蜜、蚕茧从2015年至2017年，水产品产量从2016年至2018年，根据第三次全国农业普查数据进行了衔接修订。

# 13—1 主要年份农村和农业生产基本情况

| 指 标 | Item | 2000 | 2005 | 2010 |
|---|---|---|---|---|
| 乡镇个数（个） | Number of Township and Town (unit) | 1360 | 1130 | 1126 |
| #镇个数 | Number of Town | 745 | 698 | 702 |
| 村委会个数（个） | Number of Villagers' Committees (unit) | 14849 | 14453 | 14354 |
| 通汽车村数 | Villages with Bus Services | 14182 | 14017 | 14197 |
| 通电话村数 | Villages with Telephone Communication | 11812 | 13669 | 14178 |
| 自来水受益村数 | Villages with Tap Water | 7832 | 8440 | 9527 |
| 乡（镇）村户数、人口 | Number of Rural (Town) Households and Population | | | |
| 乡（镇）村户数（万户） | Number of Rural (Town) Households (10 000 households) | 913.95 | 986.10 | 1029.14 |
| 乡（镇）村人口（万人） | Rural Population (10 000 persons) | 4026.44 | 4146.19 | 4203.98 |
| 乡（镇）村从业人员（万人） | Number of Rural (Town) Laborers (10 000 persons) | 2145.35 | 2275.39 | 2387.20 |
| 按性别分 | By sex | | | |
| 男 | Male | 1129.86 | 1202.11 | 1262.17 |
| 女 | Female | 1015.49 | 1073.28 | 1125.03 |
| 农用机械总动力（亿瓦特） | Total Agricultural Machinery Power (100 million watts) | 146.79 | 190.97 | 276.77 |
| 农用水泵（台） | Pumps (unit) | 228198 | 550225 | 834025 |
| 农用载重汽车（台） | Trucks for Agricultural use (unit) | 27501 | 33141 | 30137 |
| 机耕面积（千公顷） | Tractor Ploughed Area (1 000 hectares) | | | 3163.7 |
| 农村用电量（亿千瓦小时） | Electricity Consumed in Rural Areas (100 million kwh) | | | 50.22 |
| 化肥施用量（折纯量）（万吨） | Consumption of Chemical Fertilizers (10 000 tons) | | | 237.16 |
| 氮 肥 | Nitrogenous Fertilizer | | | 69.94 |
| 磷 肥 | Phosphate Fertilizer | | | 28.85 |
| 钾 肥 | Potash Fertilizer | | | 53.23 |
| 复合肥 | Compound Fertilizer | | | 85.15 |
| 农田有效灌溉面积（千公顷） | Irrigated Area (1 000 hectares) | | | 1523.0 |

# Basic Statistics of Rural Area and Agricultural Production Conditions in Main Years

| 2011 | 2012 | 2013 | 2014 | 2015 | 2016 | 2017 | 2018 | 2019 |
|---|---|---|---|---|---|---|---|---|
| 1126 | 1126 | 1126 | 1127 | 1129 | 1128 | 1131 | 1125 | 1126 |
| 702 | 715 | 720 | 752 | 773 | 789 | 802 | 804 | 807 |
| 14355 | 14355 | 14337 | 14046 | 14278 | 14278 | 14256 | 14263 | 14221 |
| 14207 | 14246 | 14233 | | | | | | |
| 14213 | 14250 | 14244 | | | | | | |
| 9827 | 10113 | 10140 | 10935 | 10993 | 11354 | 11540 | 12066 | 12310 |
| | | | | | | | | |
| 1039.24 | 1060.83 | 1065.00 | 1092.10 | 1112.03 | 1109.88 | 1124.03 | 1174.86 | 1182.49 |
| 4221.18 | 4243.35 | 4254.00 | 4351.47 | 4403.58 | 4428.34 | 4455.61 | 4589.28 | 4592.23 |
| 2406.67 | 2427.11 | 2436.00 | 2469.46 | 2489.85 | 2488.47 | 2495.60 | 2495.71 | 2495.32 |
| | | | | | | | | |
| 1276.01 | 1288.22 | 1293.00 | 1311.94 | 1323.32 | 1321.18 | 1330.18 | 1334.9 | 1341.24 |
| 1130.66 | 1138.89 | 1143.00 | 1157.52 | 1166.53 | 1167.29 | 1165.42 | 1160.82 | 1154.07 |
| 299.09 | 319.16 | 338.43 | 352.92 | 376.75 | 375.50 | 360.43 | 372.87 | 381.69 |
| 837376 | 845219 | 833951 | 867084 | 890894 | 913233 | 918931 | 937630 | 964085 |
| 30208 | | | | | | | | |
| 3662.9 | 3868.8 | 3865.5 | 4305.5 | 4628.5 | 4683.3 | 4899.0 | 4995.73 | 4814.92 |
| 56.18 | 63.31 | 68.38 | 76.21 | 83.91 | 95.37 | 103.53 | 108.25 | 126.47 |
| 242.71 | 249.04 | 255.70 | 258.67 | 259.86 | 262.14 | 263.83 | 255.05 | 252.04 |
| 70.82 | 72.45 | 74.17 | 74.65 | 74.23 | 74.89 | 76.03 | 73.81 | 72.82 |
| 29.57 | 30.46 | 30.91 | 31.25 | 31.06 | 31.13 | 31.02 | 29.97 | 29.49 |
| 54.82 | 56.04 | 57.28 | 57.39 | 58.34 | 58.96 | 58.45 | 55.95 | 55.09 |
| 87.50 | 90.09 | 93.34 | 95.38 | 96.23 | 97.16 | 98.33 | 95.31 | 94.63 |
| 1529.2 | 1541.3 | 1553.6 | 1600.0 | 1618.8 | 1646.1 | 1669.9 | 1477.59 | 1500.09 |

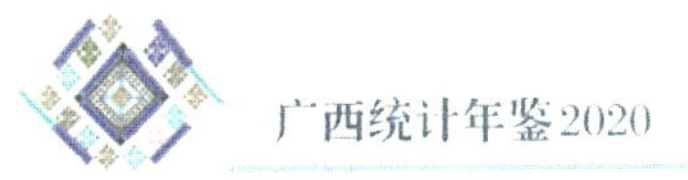


# 13—2 农林牧渔业总产值（1978—2019年）

## Gross Output Value of Agriculture, Forestry, Animal Husbandry and Fishery (1978—2019)

（当年价格）（At current prices）　　　　单位：亿元（100 million yuan）

| 年份 Year | 农林牧渔业总产值 Total | 农业产值 Agriculture | 林业产值 Forestry | 牧业产值 Animal Husbandry | 渔业产值 Fishery | 农林牧渔专业及辅助性活动 Output Value of Service Industry for Agriculture, Forestry, Animal Husbandry and Fishery |
|---|---|---|---|---|---|---|
| 一、总产值 Gross Output Value | | | | | | |
| 1978 | 46.17 | 36.99 | 2.28 | 6.37 | 0.53 | |
| 1980 | 63.31 | 44.41 | 4.39 | 13.64 | 0.87 | |
| 1985 | 108.02 | 66.34 | 8.09 | 30.43 | 3.16 | |
| 1990 | 252.22 | 149.69 | 18.05 | 75.50 | 8.98 | |
| 1991 | 278.15 | 164.73 | 20.87 | 81.99 | 10.56 | |
| 1992 | 333.12 | 188.65 | 26.77 | 100.71 | 16.99 | |
| 1993 | 378.62 | 214.24 | 27.47 | 114.15 | 22.76 | |
| 1994 | 516.46 | 283.71 | 31.78 | 164.02 | 36.95 | |
| 1995 | 698.28 | 384.17 | 32.56 | 225.57 | 55.98 | |
| 1996 | 821.55 | 450.52 | 38.14 | 263.80 | 69.09 | |
| 1997 | 882.60 | 482.48 | 38.64 | 280.67 | 80.81 | |
| 1998 | 865.90 | 476.24 | 37.75 | 263.96 | 87.95 | |
| 1999 | 844.78 | 454.85 | 37.48 | 261.87 | 90.58 | |
| 2000 | 828.97 | 418.83 | 38.76 | 275.33 | 96.05 | |
| 2001 | 872.90 | 439.93 | 39.44 | 292.34 | 101.19 | |
| 2002 | 916.50 | 465.47 | 39.81 | 306.50 | 104.72 | |
| 2003 | 1030.89 | 500.82 | 53.80 | 342.83 | 115.53 | 17.91 |
| 2004 | 1294.53 | 623.09 | 58.07 | 460.68 | 133.78 | 18.91 |
| 2005 | 1448.37 | 711.89 | 61.68 | 511.60 | 143.61 | 19.59 |
| 2006 | 1622.22 | 807.90 | 79.75 | 540.17 | 135.40 | 59.00 |
| 2007 | 2026.22 | 970.55 | 99.78 | 710.17 | 178.32 | 67.40 |
| 2008 | 2389.79 | 1106.74 | 124.26 | 871.66 | 206.98 | 80.15 |
| 2009 | 2380.51 | 1134.98 | 132.27 | 812.46 | 216.95 | 83.85 |
| 2010 | 2720.99 | 1339.58 | 173.47 | 870.73 | 247.16 | 90.05 |
| 2011 | 3323.37 | 1602.48 | 217.41 | 1096.58 | 303.11 | 103.79 |
| 2012 | 3490.72 | 1724.00 | 245.26 | 1072.77 | 331.74 | 116.95 |
| 2013 | 3755.19 | 1868.30 | 287.64 | 1101.23 | 366.65 | 131.37 |
| 2014 | 3947.73 | 1993.98 | 303.17 | 1087.25 | 413.12 | 150.21 |
| 2015 | 4197.12 | 2146.37 | 313.90 | 1140.30 | 429.82 | 166.73 |
| 2016 | 4560.23 | 2342.20 | 323.53 | 1281.46 | 423.70 | 189.31 |
| 2017 | 4698.71 | 2538.87 | 346.43 | 1128.57 | 470.97 | 213.87 |
| 2018 | 4909.24 | 2717.48 | 379.86 | 1072.32 | 504.29 | 235.29 |
| 2019 | 5498.81 | 3102.27 | 410.54 | 1180.68 | 600.33 | 257.39 |

# 13—2 续表 continued

（当年价格） （At current prices） 单位：亿元 （100 million yuan）

| 年份 Year | 农林牧渔业总产值 Total | 农业产值 Agriculture | 林业产值 Forestry | 牧业产值 Animal Husbandry | 渔业产值 Fishery | 农林牧渔专业及辅助性活动 Output Value of Service Industry for Agriculture, Forestry, Animal Husbandry and Fishery |
|---|---|---|---|---|---|---|
| 二、构成（以总产值合计为100） Composition (Gross Output Value=100) | | | | | | |
| 1978 | 100.0 | 80.1 | 4.9 | 13.8 | 1.2 | |
| 1980 | 100.0 | 70.1 | 6.9 | 21.6 | 1.4 | |
| 1985 | 100.0 | 61.4 | 7.5 | 28.2 | 2.9 | |
| 1990 | 100.0 | 59.3 | 7.2 | 29.9 | 3.6 | |
| 1991 | 100.0 | 59.2 | 7.5 | 29.5 | 3.8 | |
| 1992 | 100.0 | 56.6 | 8.1 | 30.2 | 5.1 | |
| 1993 | 100.0 | 56.6 | 7.3 | 30.1 | 6.0 | |
| 1994 | 100.0 | 54.9 | 6.1 | 31.8 | 7.2 | |
| 1995 | 100.0 | 55.0 | 4.7 | 32.3 | 8.0 | |
| 1996 | 100.0 | 54.8 | 4.7 | 32.1 | 8.4 | |
| 1997 | 100.0 | 54.7 | 4.4 | 31.8 | 9.1 | |
| 1998 | 100.0 | 55.0 | 4.4 | 30.5 | 10.1 | |
| 1999 | 100.0 | 53.9 | 4.4 | 31.0 | 10.7 | |
| 2000 | 100.0 | 50.6 | 4.6 | 33.2 | 11.6 | |
| 2001 | 100.0 | 50.4 | 4.5 | 33.5 | 11.6 | |
| 2002 | 100.0 | 50.8 | 4.4 | 33.4 | 11.4 | |
| 2003 | 100.0 | 48.6 | 5.2 | 33.3 | 11.2 | 1.7 |
| 2004 | 100.0 | 48.1 | 4.5 | 35.6 | 10.3 | 1.5 |
| 2005 | 100.0 | 49.1 | 4.3 | 35.3 | 9.9 | 1.4 |
| 2006 | 100.0 | 49.8 | 4.9 | 33.3 | 8.4 | 3.6 |
| 2007 | 100.0 | 47.9 | 4.9 | 35.1 | 8.8 | 3.3 |
| 2008 | 100.0 | 46.3 | 5.2 | 36.5 | 8.7 | 3.3 |
| 2009 | 100.0 | 47.7 | 5.6 | 34.1 | 9.1 | 3.5 |
| 2010 | 100.0 | 49.2 | 6.4 | 32.0 | 9.1 | 3.3 |
| 2011 | 100.0 | 48.2 | 6.6 | 33.0 | 9.1 | 3.1 |
| 2012 | 100.0 | 49.4 | 7.0 | 30.7 | 9.5 | 3.4 |
| 2013 | 100.0 | 49.7 | 7.7 | 29.3 | 9.8 | 3.5 |
| 2014 | 100.0 | 50.5 | 7.7 | 27.5 | 10.5 | 3.8 |
| 2015 | 100.0 | 51.1 | 7.5 | 27.2 | 10.2 | 4.0 |
| 2016 | 100.0 | 51.4 | 7.1 | 28.1 | 9.3 | 4.2 |
| 2017 | 100.0 | 54.0 | 7.4 | 24.0 | 10.0 | 4.6 |
| 2018 | 100.0 | 55.4 | 7.7 | 21.8 | 10.3 | 4.8 |
| 2019 | 100.0 | 56.4 | 7.5 | 21.6 | 9.8 | 4.7 |

注：1.按照国家统计口径，2003年起农林牧渔业总产值包括农业、林业、牧业、渔业以及农林牧渔专业及辅助性活动。
2.本表2006和2007年数据为第二次全国农业普查衔接数；2016和2017年为第三次全国农业普查衔接数。

Note: 1. According to the statistic standard of our country, the gross output value of agriculture, forestry, animal husbandry and fishery has included the output value of the service industry of agriculture, forestry, animal husbandry and fishery since 2003.
2. Data of 2006 and 2007 in this table is in accordance with the Second National Agriculture census.Data of 2016 and 2017 in this table is in accordance with theThird National Agriculture Census.

# 13—3 农林牧渔业总产值指数（1978—2019年）
# Indices of Gross Output Value of Agriculture，Forestry，Animal Husbandry and Fishery （1978—2019）

（按可比价格计算，以上年为100）（at comparable prices，preceding year=100）　　单位：%（%）

| 年份 Year | 农林牧渔业总产值 Total | 农业产值 Agriculture | 林业产值 Forestry | 牧业产值 Animal Husbandry | 渔业产值 Fishery | 农林牧渔专业及辅助性活动 Output Value of Service Industry for Agriculture，Forestry，Animal Husbandry and Fishery |
|---|---|---|---|---|---|---|
| 1978 | 101.8 | 101.9 | 100.8 | 105.0 | 72.8 | |
| 1979 | 104.8 | 106.1 | 109.7 | 96.9 | 85.2 | |
| 1980 | 104.2 | 105.2 | 98.9 | 99.0 | 112.8 | |
| 1981 | 106.0 | 104.1 | 122.7 | 111.7 | 106.4 | |
| 1982 | 116.2 | 115.4 | 104.6 | 123.5 | 126.3 | |
| 1983 | 100.7 | 100.6 | 92.5 | 102.7 | 112.0 | |
| 1984 | 99.7 | 97.0 | 113.7 | 105.6 | 104.2 | |
| 1985 | 102.1 | 99.6 | 110.5 | 107.2 | 112.5 | |
| 1986 | 103.4 | 103.1 | 104.2 | 103.3 | 114.5 | |
| 1987 | 104.9 | 106.6 | 93.1 | 102.7 | 112.5 | |
| 1988 | 98.1 | 96.7 | 102.7 | 100.4 | 107.0 | |
| 1989 | 110.3 | 111.4 | 94.5 | 111.8 | 109.4 | |
| 1990 | 108.0 | 105.4 | 125.1 | 111.3 | 113.9 | |
| 1991 | 108.1 | 105.3 | 113.0 | 112.9 | 112.2 | |
| 1992 | 114.9 | 115.3 | 106.7 | 116.1 | 122.9 | |
| 1993 | 104.7 | 101.3 | 104.2 | 108.9 | 126.6 | |
| 1994 | 107.3 | 102.4 | 108.0 | 111.5 | 136.0 | |
| 1995 | 114.9 | 114.0 | 96.2 | 117.2 | 135.9 | |
| 1996 | 105.0 | 99.6 | 100.3 | 112.5 | 120.4 | |
| 1997 | 109.9 | 110.7 | 97.4 | 107.7 | 120.4 | |
| 1998 | 105.2 | 106.5 | 95.5 | 102.9 | 110.1 | |
| 1999 | 107.9 | 111.4 | 99.8 | 103.6 | 106.2 | |
| 2000 | 100.2 | 94.7 | 101.9 | 109.4 | 105.3 | |
| 2001 | 104.9 | 104.9 | 103.5 | 106.0 | 103.4 | |
| 2002 | 107.8 | 111.2 | 100.7 | 105.2 | 102.7 | |
| 2003 | 104.3 | 100.0 | 114.8 | 109.2 | 106.9 | 104.0 |
| 2004 | 106.3 | 105.8 | 103.4 | 109.0 | 104.8 | 101.6 |
| 2005 | 107.4 | 105.8 | 107.0 | 110.6 | 105.0 | 101.1 |
| 2006 | 107.2 | 105.9 | 121.4 | 107.7 | 105.5 | 104.9 |
| 2007 | 105.8 | 108.1 | 110.3 | 102.0 | 105.2 | 104.7 |
| 2008 | 105.4 | 103.6 | 121.4 | 105.9 | 102.4 | 109.7 |
| 2009 | 105.4 | 105.3 | 102.1 | 105.6 | 106.2 | 106.3 |
| 2010 | 104.7 | 103.0 | 115.8 | 105.1 | 105.8 | 104.3 |
| 2011 | 104.8 | 105.8 | 110.9 | 101.4 | 105.9 | 108.7 |
| 2012 | 105.7 | 106.0 | 109.2 | 104.5 | 105.4 | 109.2 |
| 2013 | 104.4 | 104.7 | 108.2 | 102.3 | 105.4 | 108.9 |
| 2014 | 103.7 | 105.2 | 102.8 | 100.4 | 104.3 | 110.8 |
| 2015 | 103.7 | 105.1 | 106.3 | 99.7 | 104.0 | 107.8 |
| 2016 | 103.3 | 104.7 | 105.9 | 98.3 | 104.3 | 111.3 |
| 2017 | 104.4 | 105.3 | 105.1 | 101.4 | 104.2 | 110.2 |
| 2018 | 105.6 | 106.8 | 106.3 | 102.7 | 104.8 | 107.4 |
| 2019 | 104.8 | 107.4 | 107.3 | 96.1 | 106.2 | 106.8 |

# 13—4 主要年份主要农作物播种面积
## Sown Area of Major Farm Crops in Main Years

单位：千公顷 (1 000 hectares)

| 指 标 | Item | 2000 | 2005 | 2010 | 2011 | 2012 | 2013 | 2014 | 2015 | 2016 | 2017 | 2018 | 2019 |
|---|---|---|---|---|---|---|---|---|---|---|---|---|---|
| 农作物总播种面积 | Total Sown Area | 6258.6 | 6343.9 | 5815.5 | 5900.1 | 5962.6 | 6003.1 | 5780.7 | 5978.0 | 5965.2 | 5969.6 | 5974.7 | 5989.2 |
| #粮食作物 | Grain Crops | 3653.8 | 3350.9 | 3003.7 | 3007.2 | 2991.6 | 2987.5 | 2967.7 | 2950.6 | 2897.1 | 2853.1 | 2802.1 | 2747.0 |
| 占总播种面积比重（%） | Percentage to Total Area （%） | 58.4 | 52.8 | 51.6 | 51.0 | 50.2 | 49.8 | 51.3 | 49.4 | 48.6 | 47.8 | 46.9 | 45.9 |
| #稻 谷 | Rice | 2301.6 | 2099.6 | 2040.8 | 2012.2 | 1979.0 | 1955.7 | 1923.7 | 1871.4 | 1836.7 | 1801.7 | 1752.6 | 1712.9 |
| #早 稻 | Early Rice | 1078.0 | 970.1 | 940.1 | 911.2 | 894.3 | 886.7 | 871.2 | 837.9 | 828.2 | 810.7 | 790.5 | 767.9 |
| 晚 稻 | Late Rice | 1068.7 | 982.3 | 954.6 | 954.8 | 941.8 | 924.5 | 911.2 | 894.1 | 871.8 | 849.9 | 826.6 | 810.9 |
| 玉 米 | Corn | 608.7 | 607.6 | 536.4 | 563.0 | 577.0 | 583.5 | 579.3 | 617.0 | 603.2 | 591.2 | 584.4 | 580.1 |
| 大 豆 | Soybean | 281.4 | 250.4 | 106.1 | 108.4 | 90.9 | 92.8 | 94.7 | 90.7 | 91.3 | 94.3 | 97.7 | 93.9 |
| 薯 类 | Tubers | 341.1 | 294.2 | 244.6 | 238.4 | 256.1 | 265.3 | 274.0 | 274.4 | 269.3 | 267.2 | 267.7 | 263.4 |
| #经济和其他农作物 | Economic and Others Crops |  |  | 2811.8 | 2892.9 | 2971.0 | 3015.6 | 2813.0 | 3027.4 | 3068.1 | 3116.5 | 3172.6 | 3242.2 |
| 花 生 | Peanuts | 240.6 | 243.7 | 163.5 | 170.5 | 177.0 | 181.4 | 188.3 | 195.5 | 199.8 | 206.0 | 211.5 | 218.5 |
| 油菜籽 | Rape Seeds | 89.2 | 60.6 | 14.1 | 13.6 | 14.6 | 15.7 | 19.7 | 19.7 | 20.7 | 20.8 | 24.4 | 28.4 |
| 芝 麻 | Sesame | 7.3 | 4.9 | 4.0 | 3.6 | 3.4 | 3.3 | 3.1 | 3.0 | 2.8 | 2.8 | 3.0 | 3.1 |
| 黄红麻 | Jute and Ambary Hemp | 5.8 | 4.8 | 3.6 | 3.1 | 2.8 | 2.5 | 2.3 | 1.9 | 1.8 | 1.7 | 2.0 | 2.2 |
| 苎 麻 | Ramie | 0.9 | 0.4 | 0.4 | 0.3 | 0.3 | 0.3 | 0.3 | 0.3 | 0.3 | 0.3 | 0.4 | 0.4 |
| 甘 蔗 | Sugarcane | 508.7 | 747.6 | 1041.8 | 1056.7 | 1084.9 | 1075.0 | 1026.7 | 918.4 | 891.1 | 876.1 | 886.4 | 890.2 |
| 烤 烟 | Flue-Cured Tobacco | 11.4 | 13.9 | 11.6 | 12.2 | 14.2 | 17.2 | 16.7 | 12.1 | 11.5 | 9.9 | 8.9 | 8.5 |
| 木 薯 | Cassava | 264.3 | 269.5 | 233.0 | 237.5 | 231.2 | 228.0 | 224.1 | 213.3 | 206.9 | 201.0 | 182.3 | 178.0 |
| 蔬 菜（含菜瓜） | Vegetables （inluding vegetable melons） | 899.5 | 1094.4 | 1033.2 | 1073.8 | 1116.6 | 1154.1 | 1222.2 | 1291.8 | 1351.8 | 1399.7 | 1439.7 | 1485.2 |

注：1. “农作物总播种面积”、“经济和其他农作物”、“蔬菜” 中均不包含食用菌面积。
2. 本表2010-2017年根据第三次全国农业普查数据进行了衔接修订。

Note: The indicators of “Planting Area of Farm Crops”, “Economic and Others Crops” and “Vegetables” do not include the area of eatable mushrooms.
2. Data of 2010-2017 in this table is in accordance with theThird National Agriculture Census.

# 13—5 主要年份主要农作物产品产量

单位：万吨

| 指 标 | Item | 2000 | 2005 | 2010 | 2011 |
|---|---|---|---|---|---|
| 粮食作物 | Grain Crops | 1667.24 | 1516.29 | 1374.08 | 1382.26 |
| #稻 谷 | Rice | 1360.77 | 1188.09 | 1092.60 | 1049.59 |
| #早 稻 | Early Rice | 706.82 | 573.03 | 517.92 | 513.53 |
| 晚 稻 | Late Rice | 570.25 | 533.55 | 496.39 | 456.91 |
| 玉 米 | Corn | 188.44 | 207.26 | 207.63 | 243.15 |
| 大 豆 | Soybean | 36.43 | 36.87 | 15.87 | 19.47 |
| 薯 类 | Tubers | 67.61 | 70.63 | 47.84 | 55.58 |
| 油 料 | Oil-bearing Crops | 58.61 | 63.18 | 44.04 | 47.74 |
| #花 生 | Peanuts | 49.55 | 55.13 | 41.72 | 45.03 |
| 油菜籽 | Rapeseeds | 8.16 | 6.33 | 1.33 | 1.41 |
| 芝 麻 | Sesame | 0.57 | 0.46 | 0.80 | 0.90 |
| 黄红麻 | Jute and Ambary Hemp | 1.15 | 0.96 | 0.84 | 0.79 |
| 苎 麻 | Ramie | 0.17 | 0.11 | 0.11 | 0.10 |
| 甘 蔗 | Sugarcane | 2937.89 | 5154.69 | 6936.77 | 7037.33 |
| 烤 烟 | Flue-Cured Tobacco | 1.69 | 1.97 | 1.97 | 2.12 |
| 蔬 菜（含菌类） | Vegetables （including fungus） | 1620.75 | 2130.60 | 2182.42 | 2316.48 |
| 木 薯 | Cassava | 132.56 | 173.61 | 173.21 | 180.33 |
| 茶 叶 | Tea | 1.79 | 2.62 | 3.89 | 4.40 |
| 水 果（含园林和瓜果类） | Fruits （including grove and melon fruits） | 526.69 | 766.84 | 1057.12 | 1171.20 |
| #园林水果 | Grove Fruits | 360.14 | 571.58 | 816.63 | 908.69 |
| #蕉 类 | Banana | 127.32 | 136.44 | 190.97 | 211.94 |
| 沙田柚 | Shatian Pomeloe | 18.36 | 29.38 | 44.92 | 47.28 |
| 柑桔橙 | Citrus and Orange | 87.99 | 155.08 | 268.29 | 307.70 |
| 菠 萝 | Pineapple | 8.00 | 6.54 | 2.76 | 2.93 |
| 龙 眼 | Longan | 15.67 | 38.17 | 35.07 | 39.51 |
| 荔 枝 | Litchi | 14.55 | 33.48 | 41.42 | 45.93 |
| 芒 果 | Mango | 10.96 | 18.59 | 15.62 | 18.34 |

注：1. 2000年以后的水果产量包括园林水果和果用瓜。2009年起薯类包括马铃薯。

2. 本表2010-2017年根据第三次全国农业普查数据进行了衔接修订。

Note： 1. The output of fruits since 2000 has included grove fruits and fruited melon.The "Tubers" includes potatoes since 2009.

2. Data of 2010-2017 in this table is in accordance with theThird National Agriculture Census.

# Output of Major Farm Crops in Main Years

(10 000 tons)

| 2012 | 2013 | 2014 | 2015 | 2016 | 2017 | 2018 | 2019 |
|---|---|---|---|---|---|---|---|
| 1426.33 | 1450.71 | 1452.63 | 1433.15 | 1419.03 | 1370.49 | 1372.80 | 1332.00 |
| 1098.52 | 1105.00 | 1107.30 | 1073.47 | 1066.00 | 1019.78 | 1016.20 | 991.95 |
| 524.15 | 530.62 | 515.89 | 498.90 | 496.49 | 470.15 | 470.50 | 452.60 |
| 490.29 | 485.54 | 498.81 | 484.08 | 479.05 | 452.80 | 451.40 | 444.81 |
| 248.68 | 263.52 | 263.68 | 277.45 | 275.78 | 271.64 | 273.40 | 261.21 |
| 14.71 | 12.91 | 12.96 | 13.42 | 14.00 | 15.32 | 16.20 | 14.87 |
| 50.77 | 54.82 | 53.23 | 53.67 | 48.02 | 47.83 | 50.71 | 48.69 |
| 50.85 | 53.40 | 56.67 | 59.21 | 62.50 | 64.93 | 66.66 | 71.63 |
| 47.97 | 50.27 | 52.94 | 55.23 | 58.40 | 60.80 | 62.67 | 67.20 |
| 1.47 | 1.59 | 2.04 | 2.08 | 2.16 | 2.16 | 2.34 | 2.80 |
| 1.01 | 1.15 | 1.33 | 1.47 | 1.64 | 1.67 | 1.18 | 1.17 |
| 0.65 | 0.37 | 0.59 | 0.49 | 0.48 | 0.47 | 0.61 | 0.64 |
| 0.10 | 0.10 | 0.10 | 0.11 | 0.11 | 0.11 | 0.08 | 0.09 |
| 7530.03 | 7743.53 | 7549.33 | 7078.19 | 6991.45 | 7132.35 | 7292.76 | 7490.65 |
| 2.59 | 2.96 | 2.59 | 2.01 | 1.94 | 2.10 | 1.43 | 1.26 |
| 2445.21 | 2542.65 | 2741.57 | 2944.78 | 3114.39 | 3282.63 | 3432.16 | 3636.36 |
| 181.31 | 182.75 | 182.82 | 175.94 | 172.12 | 172.05 | 166.67 | 168.56 |
| 4.88 | 5.32 | 5.79 | 6.25 | 6.68 | 7.19 | 7.52 | 8.28 |
| 1258.25 | 1349.73 | 1458.20 | 1592.94 | 1729.80 | 1900.40 | 2116.28 | 2472.14 |
| 985.10 | 1064.60 | 1160.71 | 1279.41 | 1413.83 | 1577.07 | 1790.27 | 2140.17 |
| 238.62 | 258.20 | 271.84 | 311.79 | 339.49 | 371.57 | 351.20 | 343.03 |
| 51.33 | 54.66 | 58.80 | 60.18 | 61.91 | 64.98 | 73.41 | 88.61 |
| 332.72 | 368.39 | 412.79 | 459.07 | 515.46 | 620.41 | 759.12 | 1032.80 |
| 3.05 | 3.27 | 3.43 | 3.43 | 3.42 | 3.55 | 3.60 | 3.69 |
| 40.55 | 41.48 | 41.75 | 41.38 | 41.51 | 41.26 | 51.88 | 50.74 |
| 44.50 | 45.81 | 48.91 | 48.97 | 49.78 | 50.80 | 61.68 | 58.34 |
| 21.76 | 34.04 | 40.84 | 48.98 | 58.44 | 68.41 | 63.57 | 79.81 |

# 13—6 主要年份主要农作物单位面积产量

## Output of Major Farm Crops Per Hectare in Main Years

单位：公斤/公顷 (kg/hectare)

| 指 标 | Item | 2009 | 2010 | 2011 | 2012 | 2013 | 2014 | 2015 | 2016 | 2017 | 2018 | 2019 |
|---|---|---|---|---|---|---|---|---|---|---|---|---|
| 粮食作物 | Grain Crops | 4770 | 4575 | 4596 | 4768 | 4856 | 4895 | 4857 | 4898 | 4804 | 4899 | 4849 |
| #稻 谷 | Rice | 5392 | 5354 | 5216 | 5551 | 5650 | 5756 | 5736 | 5804 | 5660 | 5799 | 5791 |
| #早 稻 | Early Rice | 5596 | 5509 | 5635 | 5861 | 5984 | 5922 | 5954 | 5995 | 5799 | 5952 | 5894 |
| 晚 稻 | Late Rice | 5125 | 5200 | 4785 | 5206 | 5252 | 5474 | 5414 | 5495 | 5328 | 5461 | 5485 |
| 玉 米 | Corn | 4212 | 3870 | 4319 | 4310 | 4516 | 4551 | 4497 | 4572 | 4595 | 4678 | 4503 |
| 大 豆 | Soybean | 1652 | 1497 | 1796 | 1619 | 1392 | 1369 | 1480 | 1533 | 1625 | 1655 | 1584 |
| 薯 类 | Tubers | 2723 | 1956 | 2331 | 1982 | 2066 | 1943 | 1956 | 1783 | 1790 | 1895 | 1849 |
| 花 生 | Peanuts | 2477 | 2551 | 2641 | 2711 | 2771 | 2811 | 2825 | 2923 | 2951 | 2964 | 3076 |
| 甘 蔗 | Sugarcane | 70836 | 66583 | 66599 | 69411 | 72032 | 73530 | 77073 | 78455 | 81409 | 82274 | 84146 |
| 烤 烟 | Flue-Cured Tobacco | 1914 | 1694 | 1734 | 1825 | 1720 | 1548 | 1658 | 1689 | 2122 | 1615 | 1482 |

# 13—7 主要年份农作物播种面积构成
## Sowing Areas Structure of Farm Crops in Main Years

（以总播种面积为100） （Total Planting Structure=100） 单位：%（%）

| 指 标 | Item | 2000 | 2005 | 2010 | 2011 | 2012 | 2013 | 2014 | 2015 | 2016 | 2017 | 2018 | 2019 |
|---|---|---|---|---|---|---|---|---|---|---|---|---|---|
| 农作物播种面积 | Planting Structure of Farm Crops | 100.0 | 100.0 | 100.0 | 100.0 | 100.0 | 100.0 | 100.0 | 100.0 | 100.0 | 100.0 | 100.0 | 100.0 |
| 一、粮食作物 | Grain Crops | 58.4 | 52.8 | 51.6 | 51.0 | 50.2 | 49.8 | 51.3 | 49.4 | 48.6 | 47.8 | 46.9 | 45.9 |
| #稻 谷 | Rice | 36.8 | 33.1 | 35.1 | 34.1 | 33.2 | 32.6 | 33.3 | 31.3 | 30.8 | 30.2 | 29.3 | 28.6 |
| #早 稻 | Early Rice | 17.2 | 15.3 | 16.2 | 15.4 | 15.0 | 14.8 | 15.1 | 14.0 | 13.9 | 13.6 | 13.2 | 12.8 |
| 晚 稻 | Late Rice | 17.1 | 15.5 | 16.4 | 16.2 | 15.8 | 15.4 | 15.8 | 15.0 | 14.6 | 14.2 | 13.8 | 13.5 |
| 小 麦 | Wheat | 0.3 | 0.2 | 0.1 | 0.0 | 0.0 | 0.0 | 0.0 | 0.0 | 0.1 | 0.1 | 0.1 | 0.1 |
| 玉 米 | Corn | 9.7 | 9.6 | 9.2 | 9.5 | 9.7 | 9.7 | 10.0 | 10.3 | 10.1 | 9.9 | 9.8 | 9.7 |
| 大 豆 | Soybean | 4.5 | 3.9 | 1.8 | 1.8 | 1.5 | 1.5 | 1.6 | 1.5 | 1.5 | 1.6 | 1.6 | 1.6 |
| 薯 类 | Tubers | 5.5 | 4.6 | 4.2 | 4.0 | 4.3 | 4.4 | 4.7 | 4.6 | 4.5 | 4.5 | 4.5 | 4.4 |
| 二、经济及其他农作物 | Economic and Others Crops | 41.6 | 47.2 | 48.4 | 49.0 | 49.8 | 50.2 | 48.7 | 50.6 | 51.4 | 52.3 | 53.1 | 54.1 |
| #油料合计 | Total of Oil-bearing Crops | 5.5 | 5.0 | 3.2 | 3.3 | 3.4 | 3.5 | 3.8 | 3.8 | 3.9 | 4.0 | 4.1 | 4.2 |
| #花 生 | Peanuts | 3.8 | 3.8 | 2.8 | 2.9 | 3.0 | 3.0 | 3.3 | 3.3 | 3.3 | 3.5 | 3.5 | 3.6 |
| 油菜籽 | Rapeseeds | 1.4 | 1.0 | 0.2 | 0.2 | 0.2 | 0.3 | 0.3 | 0.3 | 0.3 | 0.3 | 0.4 | 0.5 |
| 芝 麻 | Sesame | 0.1 | 0.1 | 0.1 | 0.1 | 0.1 | 0.1 | 0.1 | 0.1 | 0.0 | 0.0 | 0.0 | 0.1 |
| 麻 类 | Fiber Crops | 0.1 | 0.1 | 0.1 | 0.1 | 0.1 | 0.0 | 0.0 | 0.0 | 0.0 | 0.0 | 0.0 | 0.0 |
| #黄红麻 | Jute and Ambary Hemp | 0.1 | 0.1 | 0.1 | 0.1 | 0.0 | 0.0 | 0.0 | 0.0 | 0.0 | 0.0 | 0.0 | 0.0 |
| 甘 蔗 | Sugarcane and Fruit Canes | 8.1 | 11.8 | 17.9 | 17.9 | 18.2 | 17.9 | 17.8 | 15.4 | 14.9 | 14.7 | 14.8 | 14.9 |
| #糖 蔗 | Sugarcane | 7.8 | 11.4 | 17.8 | 17.8 | 18.1 | 17.9 | 17.0 | 15.4 | 15.0 | 14.7 | 14.4 | 14.4 |
| 烟 叶 | Tobacco | 0.4 | 0.3 | 0.3 | 0.3 | 0.3 | 0.3 | 0.3 | 0.2 | 0.2 | 0.2 | 0.2 | 0.2 |
| #烤 烟 | Flue-Cured Tobacco | 0.2 | 0.2 | 0.2 | 0.2 | 0.2 | 0.3 | 0.3 | 0.2 | 0.2 | 0.2 | 0.1 | 0.1 |
| 木 薯 | Cassava | 4.2 | 4.2 | 4.0 | 4.0 | 3.8 | 3.7 | 3.6 | 3.5 | 3.4 | 3.3 | 3.1 | 3.0 |
| 蔬 菜（含菜用瓜） | Vegetables （inluding vegetable melons） | 14.4 | 17.3 | 17.8 | 18.2 | 18.7 | 19.2 | 21.1 | 21.6 | 22.7 | 23.5 | 24.1 | 24.8 |
| 绿 肥 | Green Manure | 2.5 | 1.5 | 0.9 | 0.9 | 0.9 | 0.9 | 1.0 | 1.1 | 1.1 | 1.2 | 1.2 | 1.2 |

注：1. "农作物总播种面积"、"经济及其他农作物"、"蔬菜" 中均不包含食用菌面积。
2. 本表2010-2017年面积构成根据第三次全国农业普查衔接修订数计算。

Note：1. The indicators of "Planting Area of Farm Crops", "Economic and Others Crops" and "Vegetables" do not include the area of eatable mushrooms.
2. Data of 2010-2017 in this table is in accordance with theThird National Agriculture Census.

# 13—8 主要年份林业生产情况

| 指 标 | Item | 2000 |
|---|---|---|
| 造林面积（年末成活率达85（%）以上，千公顷） | Afforested Area (Survival Rate above 85 (%) at Year-end, 1 000 hectares) | 57.0 |
| #飞机播种 | Sown by Airplane | |
| 用材林 | Timber Forest | 30.5 |
| 经济林 | Economic Forest | 19.5 |
| 防护林 | Shelter-forest | 6.0 |
| 当年迹地更新面积（千公顷） | Slash Reforestation Areas of the Current Year (1 000 hectares) | 100.7 |
| 育苗面积（千公顷） | Grow Seedlings Area (1 000 hectares) | 1.4 |
| 当年四旁零星植树（按实际成活计，万株） | Oddly (all around) Tree Planting of the Current Year (by actual survival rate, 10 000 roots) | 3355.00 |
| 森林抚育面积（千公顷） | | |
| 当年幼林抚育作业面积（千公顷次） | Operative Areas of Young Growth Fostering of the Current Year (1 000 hectares times) | 390.5 |
| 成林抚育实际面积（千公顷） | Actual Areas of Mature Timber Fostering (1 000 hectares) | 280.3 |
| 现有封山育林面积（千公顷） | Close Hillsides to Facilitate Afforesation Areas (1 000 hectares) | 4251.2 |
| 林产品产量（吨） | Output of Forestry Products (ton) | |
| 油茶籽 | Tea-oil Seeds | 118620 |
| 油桐籽 | Tung-oil Seeds | 63002 |
| 松 脂 | Pine Resin | 216015 |
| 八 角 | Anise | 30966 |
| 桂 皮 | Cassia Bark | 16605 |
| 板 栗 | Chestnuts | 22008 |
| 核 桃 | Walnuts | 262 |
| 白 果 | Ginkgo | 3629 |
| 茴 油 | Fennel Oil | 1601 |
| 桂 油 | Laurel Oil | 779 |
| 竹笋干 | Bamboo Shoots | 16208 |
| 橡 胶 | Rubber | 1403 |
| 木材采伐量（万立方米） | Felling Amount of Timber (10 000 cu.m) | 270.27 |
| 毛竹采伐量（万根） | Mao Bamboo (10 000 pieces) | 4655.48 |

注：2000年以前的木材和毛竹采伐量为村及村以下数量，2005年以后为全社会数量。

Note: Felling amount of timber and mao bamboo before 2000 only contains the amount of village and below. The amount after 2005 contains all amounts in every aspect.

# Basic Statistics on Forestry in Main Years

| 2005 | 2010 | 2011 | 2012 | 2013 | 2014 | 2015 | 2016 | 2017 | 2018 | 2019 |
|---|---|---|---|---|---|---|---|---|---|---|
| 124.0 | 143.3 | 147.8 | 148.9 | 161.4 | 163.6 | 159.4 | 120.1 | 129.8 | 140.6 | 113.6 |
| 89.4 | 108 | 113.2 | 99.75 | 93.05 | 91.25 | 76.58 | 50.98 | 40.45 | 27.80 | 38.6 |
| 8.2 | 9.3 | 12.2 | 20.79 | 35.51 | 31.33 | 29.90 | 32.70 | 20.93 | 28.65 | 38.8 |
| 26.3 | 25.6 | 22.2 | 27.0 | 24.3 | 30.27 | 23.30 | 17.70 | 15.48 | 8.02 | 9.73 |
| 53.6 | 119.9 | 135.3 | 151.78 | 153.33 | 130.71 | 141.9 | 125.6 | 159.03 | 154.10 | 148.23 |
| 1.9 | 1.8 | 1.8 | 3.9 | 17.7 | 8.29 | 16.3 | 22.3 | 19.80 | 16.39 | 18.37 |
| 3092.00 | 5052.00 | 5408.00 | 5671.40 | 5989.42 | 6158.37 | 7099.37 | 8187.00 | 7248.43 | 6769.03 | 5076.4 |
| | | | | | | | | | | 728.62 |
| 513.2 | 657.9 | 625.9 | 603.6 | 581.1 | 667.0 | 746.0 | 491.2 | 407.57 | | — |
| 211.3 | 503.9 | 590.3 | 865.1 | 879.2 | 1156.1 | 1488.8 | 1180.1 | 1172.72 | 1224.84 | — |
| 3179.0 | 2151.0 | 2010.7 | 1858.1 | 1926.3 | 1931.8 | 1887.4 | 1704.4 | 1636.87 | 1532.65 | — |
| 117363 | 143749 | 151002 | 163924 | 167688 | 177650 | 192762 | 200383 | 225785 | 233218 | 261593 |
| 60372 | 72536 | 75525 | 77524 | 79935 | 82611 | 83546 | 83272 | 85374 | 85473 | 85851 |
| 301943 | 495750 | 532903 | 557141 | 590021 | 616586 | 651234 | 669185 | 695549 | 704013 | 720900 |
| 76462 | 99626 | 104821 | 114118 | 119632 | 129101 | 135105 | 140264 | 143919 | 148227 | 149254 |
| 20305 | 28655 | 29940 | 31830 | 34896 | 34323 | 36707 | 37278 | 40556 | 35153 | 39228 |
| 45951 | 73059 | 73100 | 82276 | 91897 | 92278 | 100744 | 105853 | 109563 | 109313 | 110609 |
| 339 | 929 | 982 | 1140 | 1219 | 1210 | 1455 | 2239 | 2426 | 2467 | 2546 |
| 5409 | 7878 | 8140 | 8471 | 8615 | 8796 | 9001 | 9196 | 8760 | 8945 | 8913 |
| 2236 | 2973 | 3297 | 3397 | 3729 | 3961 | 4152 | 4474 | 4553 | 4686 | 4652 |
| 701 | 1036 | 1133 | 1192 | 1292 | 1216 | 1330 | 1371 | 1396 | 1186 | 1359 |
| 18770 | 24477 | 26003 | 28014 | 29980 | 32961 | 34046 | 32893 | 35344 | 35726 | 37506 |
| 678 | 378 | 213 | 225 | 999 | 172 | 117 | 160 | 121 | 38 | 10 |
| 762.55 | 1743.02 | 2065.25 | 2239.06 | 2288.03 | 2409.17 | 2980.00 | 3410.00 | 3810.00 | 3100.00 | 3500 |
| 5743.21 | 8712.93 | 9521.68 | 10207.25 | 10694.52 | 12373.63 | 17030.02 | 13949.89 | 14797.57 | 15247.34 | 15884 |

# 13—9 主要年份畜牧水产主要产品生产情况

| 指 标 | Item | 2000 | 2005 | 2010 |
|---|---|---|---|---|
| 一、畜禽产品产量 | Output of Animal Products | | | |
| 肉猪出栏头数（万头） | Number of Slaughtered Fattened Hogs（10 000 heads） | 2756.91 | 3852.82 | 3230.00 |
| 肉类总产量（万吨） | Output of Meat （10 000 tons） | 287.26 | 418.60 | 387.77 |
| #猪 肉 | Pork | 217.87 | 300.02 | 241.50 |
| 牛 肉 | Beef | 9.79 | 16.95 | 13.70 |
| 羊 肉 | Mutton | 2.47 | 3.70 | 3.30 |
| 禽 肉 | Poultry | 55.85 | 95.11 | 124.93 |
| 牛 奶（吨） | Milk （ton） | 16816 | 53540 | 82000 |
| 蜂 蜜（吨） | Honey （ton） | 5563 | 7775 | 9286 |
| 蚕 茧（吨） | Silkworm Cocoons （ton） | 29542 | 148460 | 264716 |
| 禽 蛋（吨） | Eggs （ton） | 144514 | 146271 | 200000 |
| 二、水产品产量（吨） | Aquatic Products（ton） | 2398592 | 2841935 | 2750934 |
| #海水产品产量 | Seawater Aquatic Products | 1594505 | 1739581 | 1540362 |
| 按生产性质分 | By Production Character | | | |
| 天然生产 | Naturally Grow | 888417 | 845786 | 662954 |
| 人工养殖 | Artificially Cultured | 706088 | 893795 | 877408 |
| 淡水产品产量 | Freshwater Aquiculture | 804087 | 1102354 | 1210572 |
| 按生产性质分 | By Production Character | | | |
| 天然生产 | Naturally Grow | 91538 | 113148 | 116871 |
| 人工养殖 | Artificially Cultured | 712549 | 989206 | 1093701 |

注：1996年以前水产品产量按旧标准统计，即贝类5斤折1斤计量。1997年起按新标准统计，即海蜇按三矾后的成品、海藻按干品计量，其余所有的水产品均按捕捞起水时的鲜活实际重量计量。畜禽产品产量从2013年至2017年，其中蜂蜜、蚕茧从2015年至2017年，水产品产量从2016年至2018年，根据第三次全国农业普查数据作了调整衔接。

Note：Output of aquatic products before 1996 was calculated according to old standard，namely 5kg of shellfish were equivalent to 1 kg to count. According to new standard statistics from 1997，the jellyfish was measured according to finished product after three vitriol，marine alga was measured according to the dry product ，and other aquatic products are all measured according to thelifelike actual weight while being caught from water. Output of Animal products in 2013 and 2018 was adjusted according to the third Agricultural Census.

## Basic Statistics on Main Products of Animal Husbandry and Fishery in Main Years

| 2011 | 2012 | 2013 | 2014 | 2015 | 2016 | 2017 | 2018 | 2019 |
|---|---|---|---|---|---|---|---|---|
| | | | | | | | | |
| 3195.12 | 3342.09 | 3585.82 | 3668.56 | 3581.73 | 3456.49 | 3355.06 | 3465.78 | 2505.76 |
| 391.09 | 410.99 | 438.58 | 440.94 | 441.00 | 437.49 | 420.5 | 426.85 | 380.01 |
| 239.79 | 252.50 | 271.08 | 277.66 | 271.27 | 263.18 | 254.97 | 263.89 | 192.11 |
| 14.27 | 13.86 | 12.06 | 11.81 | 11.52 | 11.48 | 11.71 | 12.32 | 12.41 |
| 3.21 | 3.20 | 3.90 | 4.00 | 4.11 | 4.27 | 3.32 | 3.37 | 3.46 |
| 128.84 | 136.00 | 145.75 | 139.59 | 145.80 | 150.10 | 141.96 | 138.83 | 162.85 |
| 88831 | 93600 | 77500 | 78300 | 81500 | 78400 | 81400 | 88700 | 87100 |
| 9752 | 11639 | 12417 | 13093 | 13422 | 14039 | 15044 | 16128 | 18532 |
| 296263 | 315703 | 323448 | 339622 | 327215 | 339553 | 355363 | 368872 | 378657 |
| 210000 | 218200 | 244700 | 241300 | 251700 | 256700 | 242000 | 223100 | 250900 |
| 2888198 | 3034656 | 3190604 | 3321169 | 3456249 | 3074737 | 3207683 | 3298098 | 3403345 |
| 1589085 | 1643851 | 1707060 | 1741574 | 1794194 | 1844908 | 1919010 | 1922233 | 1976790 |
| | | | | | | | | |
| 665281 | 668274 | 651434 | 650599 | 652028 | 648728 | 619658 | 559066 | 552131 |
| 923804 | 975577 | 1055626 | 1090975 | 1142166 | 1196180 | 1299352 | 1363167 | 1424659 |
| 1299113 | 1390805 | 1483544 | 1579595 | 1662055 | 1229829 | 1288673 | 1375865 | 1426555 |
| | | | | | | | | |
| 123259 | 129259 | 132687 | 134602 | 140014 | 101500 | 104605 | 101030 | 97558 |
| 1175854 | 1261546 | 1350857 | 1444993 | 1522041 | 1128329 | 1184068 | 1274835 | 1328997 |

# 13—10 各市农林牧渔业总产值及构成（2019年）

（按当年价格计算）

| 各市名称 | City | 农林牧渔业总产值 Total | 农业 Agriculture |
|---|---|---|---|
| 一、总产值（亿元） | Gross Output Value （100 millon yuan） | 5498.8 | 3102.3 |
| 南 宁 市 | Nanning | 803.7 | 531.6 |
| 柳 州 市 | Liuzhou | 359.4 | 220.3 |
| 桂 林 市 | Guilin | 742.7 | 536.1 |
| 梧 州 市 | Wuzhou | 257.0 | 140.2 |
| 北 海 市 | Beihai | 327.2 | 71.4 |
| 防城港市 | Fangchenggang | 168.6 | 47.6 |
| 钦 州 市 | Qinzhou | 442.6 | 227.9 |
| 贵 港 市 | Guigang | 354.4 | 171.0 |
| 玉 林 市 | Yulin | 546.8 | 254.5 |
| 百 色 市 | Baise | 378.1 | 223.7 |
| 贺 州 市 | Hezhou | 215.4 | 128.3 |
| 河 池 市 | Hechi | 306.0 | 138.0 |
| 来 宾 市 | Laibin | 267.3 | 167.6 |
| 崇 左 市 | Chongzuo | 329.4 | 244.1 |
| 二、构成（%） | Composition （%） | | |
| 南 宁 市 | Nanning | 100.0 | 66.1 |
| 柳 州 市 | Liuzhou | 100.0 | 61.3 |
| 桂 林 市 | Guilin | 100.0 | 72.2 |
| 梧 州 市 | Wuzhou | 100.0 | 54.5 |
| 北 海 市 | Beihai | 100.0 | 21.8 |
| 防城港市 | Fangchenggang | 100.0 | 28.2 |
| 钦 州 市 | Qinzhou | 100.0 | 51.5 |
| 贵 港 市 | Guigang | 100.0 | 48.3 |
| 玉 林 市 | Yulin | 100.0 | 46.5 |
| 百 色 市 | Baise | 100.0 | 59.2 |
| 贺 州 市 | Hezhou | 100.0 | 59.6 |
| 河 池 市 | Hechi | 100.0 | 45.1 |
| 来 宾 市 | Laibin | 100.0 | 62.7 |
| 崇 左 市 | Chongzuo | 100.0 | 74.1 |

# Gross Output Value and Its Composition of Agriculture, Forestry, Animal Husbandry and Fishery by City (2019)

(at current prices)

| 林业<br>Forestry | 牧业<br>Animal Husbandry | 渔业<br>Fishery | 农林牧渔专业及辅助性活动<br>Output Value of Service Industry for Agriculture, Forestry, Animal Husbandry and Fishery |
|---|---|---|---|
| 410.5 | 1189.7 | 538.9 | 257.4 |
| 39.9 | 180.3 | 29.2 | 22.7 |
| 37.4 | 75.6 | 9.6 | 16.5 |
| 29.9 | 135.7 | 13.6 | 27.3 |
| 43.2 | 51.0 | 10.5 | 12.1 |
| 4.6 | 31.8 | 209.6 | 9.8 |
| 22.5 | 12.6 | 77.5 | 8.4 |
| 29.8 | 85.0 | 79.4 | 20.6 |
| 24.4 | 98.5 | 39.6 | 20.9 |
| 27.0 | 198.9 | 22.0 | 44.4 |
| 43.5 | 75.8 | 15.4 | 19.8 |
| 19.6 | 43.2 | 8.1 | 16.2 |
| 32.9 | 113.0 | 8.8 | 13.4 |
| 24.3 | 55.4 | 7.4 | 12.7 |
| 31.5 | 32.9 | 8.2 | 12.5 |
| | | | |
| 5.0 | 22.4 | 3.6 | 2.8 |
| 10.4 | 21.0 | 2.7 | 4.6 |
| 4.0 | 18.3 | 1.8 | 3.7 |
| 16.8 | 19.9 | 4.1 | 4.7 |
| 1.4 | 9.7 | 64.1 | 3.0 |
| 13.3 | 7.5 | 46.0 | 5.0 |
| 6.7 | 19.2 | 17.9 | 4.6 |
| 6.9 | 27.8 | 11.2 | 5.9 |
| 4.9 | 36.4 | 4.0 | 8.1 |
| 11.5 | 20.0 | 4.1 | 5.2 |
| 9.1 | 20.0 | 3.7 | 7.5 |
| 10.7 | 36.9 | 2.9 | 4.4 |
| 9.1 | 20.7 | 2.8 | 4.8 |
| 9.6 | 10.0 | 2.5 | 3.8 |

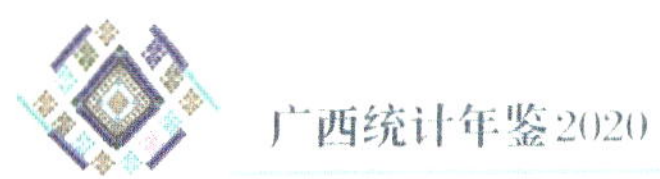


# 13—11 各市农作物播种面积构成（2019年）
## Sowing Areas Structure of Farm Crops by City （2019）

（以总播种面积为100） （Total Planting Area=100） 单位：%（%）

| 各市名称 | City | 农作物播种面积 Planting Area of Farm Crops | 一、粮食作物 Grain Crops | #稻谷 Rice | 玉米 Corn | 二、经济和其他农作物 Economic and Others Crops | #油料 Oil-bearing Crops | 甘蔗 Sugarcane | 木薯 Cassava | 蔬菜（含菜用瓜） Vegetables (inluding vegetable melons) |
|---|---|---|---|---|---|---|---|---|---|---|
| 南宁市 | Nanning | 100.0 | 42.9 | 26.9 | 11.2 | 57.1 | 5.2 | 14.2 | 1.8 | 27.4 |
| 柳州市 | Liuzhou | 100.0 | 37.6 | 29.5 | 4.3 | 62.4 | 3.6 | 21.0 | 0.4 | 30.9 |
| 桂林市 | Guilin | 100.0 | 47.8 | 31.0 | 6.0 | 52.2 | 3.8 | 0.5 | 1.1 | 31.4 |
| 梧州市 | Wuzhou | 100.0 | 48.3 | 35.9 | 3.5 | 51.7 | 5.1 | 0.6 | 6.8 | 34.5 |
| **北海市** | **Beihai** | **100.0** | **37.8** | **22.1** | **5.7** | **62.2** | **8.7** | **18.1** | **7.2** | **25.8** |
| 防城港市 | Fangchenggang | 100.0 | 37.5 | 22.0 | 6.8 | 62.5 | 2.8 | 34.0 | 2.0 | 22.1 |
| 钦州市 | Qinzhou | 100.0 | 50.1 | 37.4 | 4.7 | 49.9 | 2.7 | 12.3 | 7.8 | 22.8 |
| 贵港市 | Guigang | 100.0 | 60.5 | 45.9 | 6.7 | 39.5 | 7.0 | 6.1 | 5.6 | 17.3 |
| 玉林市 | Yulin | 100.0 | 57.9 | 46.1 | 4.2 | 42.1 | 3.6 | 3.0 | 4.8 | 26.7 |
| **百色市** | **Baise** | **100.0** | **55.1** | **17.9** | **26.2** | **44.9** | **2.9** | **10.7** | **0.4** | **25.7** |
| 贺州市 | Hezhou | 100.0 | 47.5 | 34.8 | 5.8 | 52.5 | 5.9 | 0.8 | 3.1 | 32.7 |
| 河池市 | Hechi | 100.0 | 53.3 | 18.5 | 23.4 | 46.7 | 3.2 | 10.8 | 2.8 | 21.4 |
| 来宾市 | Laibin | 100.0 | 38.2 | 25.2 | 7.1 | 61.8 | 4.2 | 30.3 | 1.5 | 18.3 |
| 崇左市 | Chongzuo | 100.0 | 21.7 | 10.9 | 7.2 | 78.3 | 2.4 | 55.6 | 2.3 | 11.3 |

注："农作物总播种面积"、"经济和其他农作物"、"蔬菜"中均不包含食用菌面积。本表为全面调查数据。

Note: The indicators of "Planting Area of Farm Crops", "Economic and Others Crops" and "Vegetables" do not include the area of eatable mushrooms. Data of this table are overall statistical survey.

# 13—12 各市主要农作物播种面积（2019年）
## Sown Area of Major Farm Crops by City （2019）

单位：千公顷 （1 000 hectares）

| 各市名称 | City | 农作物播种面积 Planting Area of Farm Crops | 一、粮食作物 Grain Crops | #稻谷 Rice | 玉米 Corn | 二、经济和其他农作物 Economic and Others Crops | #油料 Oil-bearing Crops | 甘蔗 Sugarcane | 木薯 Cassava | 蔬菜（含菜用瓜） Vegetables (inluding vegetable melons) |
|---|---|---|---|---|---|---|---|---|---|---|
| 广西全区 | Total | 5989.21 | 2747.00 | 1726.35 | 568.74 | 3242.21 | 253.65 | 890.23 | 178.04 | 1485.16 |
| 南宁市 | Nanning | 977.07 | 419.43 | 262.57 | 109.30 | 557.64 | 50.85 | 138.95 | 17.97 | 267.30 |
| 柳州市 | Liuzhou | 381.55 | 143.50 | 112.43 | 16.36 | 238.05 | 13.90 | 80.03 | 1.70 | 117.94 |
| 桂林市 | Guilin | 690.89 | 330.01 | 214.46 | 41.26 | 360.88 | 25.95 | 3.39 | 7.48 | 216.77 |
| 梧州市 | Wuzhou | 281.52 | 135.95 | 101.12 | 9.81 | 145.57 | 14.49 | 1.66 | 19.18 | 97.05 |
| 北海市 | Beihai | 171.91 | 64.97 | 37.92 | 9.74 | 106.94 | 14.92 | 31.16 | 12.32 | 44.41 |
| 防城港市 | Fangchenggang | 116.94 | 43.88 | 25.75 | 7.98 | 73.06 | 3.31 | 39.75 | 2.34 | 25.90 |
| 钦州市 | Qinzhou | 365.47 | 183.18 | 136.57 | 17.30 | 182.29 | 9.98 | 45.07 | 28.57 | 83.21 |
| 贵港市 | Guigang | 443.87 | 268.41 | 203.63 | 29.73 | 175.46 | 30.88 | 27.20 | 24.88 | 76.79 |
| 玉林市 | Yulin | 489.16 | 283.46 | 225.40 | 20.77 | 205.70 | 17.83 | 14.50 | 23.66 | 130.77 |
| 百色市 | Baise | 456.41 | 251.37 | 81.69 | 119.78 | 205.04 | 13.44 | 18.71 | 1.73 | 117.15 |
| 贺州市 | Hezhou | 242.01 | 114.93 | 84.16 | 13.99 | 127.09 | 14.22 | 2.01 | 7.47 | 79.11 |
| 河池市 | Hechi | 460.09 | 245.16 | 85.13 | 107.46 | 214.93 | 14.86 | 49.80 | 12.73 | 98.34 |
| 来宾市 | Laibin | 391.99 | 149.63 | 98.86 | 27.71 | 242.36 | 16.27 | 118.65 | 6.04 | 71.68 |
| 崇左市 | Chongzuo | 520.33 | 113.13 | 56.65 | 37.54 | 407.20 | 12.74 | 289.34 | 11.96 | 58.73 |

注：“农作物总播种面积”、“经济和其他农作物”、“蔬菜”中均不包含食用菌面积。本表为全面调查数据。

Note: The indicators of “Planting Area of Farm Crops”, “Economic and Others Crops” and "Vegetables" do not include the area of eatable mushrooms. Data of this table are overall statistical survey.

# 13—13 各市主要农作物产量（2019年）

单位：万吨

| 各市名称 | City | 粮食作物 Grain Crops | #稻谷 Rice | 玉米 Corn | 大豆 Soybean | 薯类 Tubers |
|---|---|---|---|---|---|---|
| 广西全区 | Total | 1332.00 | 987.23 | 260.07 | 17.64 | 52.26 |
| 南宁市 | Nanning | 205.46 | 143.64 | 53.65 | 2.50 | 4.69 |
| 柳州市 | Liuzhou | 72.01 | 62.16 | 7.11 | 0.39 | 2.09 |
| 桂林市 | Guilin | 169.01 | 132.22 | 19.55 | 3.86 | 9.30 |
| 梧州市 | Wuzhou | 67.79 | 59.21 | 4.07 | 0.84 | 2.72 |
| 北海市 | Beihai | 30.05 | 21.11 | 5.05 | 0.10 | 3.60 |
| 防城港市 | Fangchenggang | 17.00 | 11.40 | 3.49 | 0.17 | 1.74 |
| 钦州市 | Qinzhou | 90.28 | 76.35 | 8.29 | 0.33 | 4.48 |
| 贵港市 | Guigang | 143.98 | 119.22 | 16.13 | 0.55 | 6.84 |
| 玉林市 | Yulin | 158.64 | 139.44 | 10.91 | 0.59 | 6.43 |
| 百色市 | Baise | 107.29 | 46.36 | 53.92 | 2.94 | 2.21 |
| 贺州市 | Hezhou | 59.41 | 49.34 | 6.70 | 0.38 | 2.32 |
| 河池市 | Hechi | 95.03 | 46.19 | 42.42 | 2.94 | 2.61 |
| 来宾市 | Laibin | 68.71 | 52.53 | 12.77 | 0.71 | 1.78 |
| 崇左市 | Chongzuo | 47.34 | 28.05 | 16.03 | 1.33 | 1.44 |

注：本表为全面调查数据。

Note: Data of this table are overall statistical survey.

## Output of Major Farm Crops by City （2019）

（10 000 tons）

| 油料 Oil-bearing Crops | #花生 Peanuts | 麻类 Fiber | 甘蔗 Sugarcane | 烤烟 Tobacco | 木薯 Cassava | 蔬菜（含食用菌） Vegetables（inluding vegetable melons） | 茶叶 Tea | 园林水 Fruits |
|---|---|---|---|---|---|---|---|---|
| 71.63 | 67.20 | 0.74 | 7490.65 | 1.26 | 168.56 | 3636.36 | 8.28 | 2140.17 |
| 15.57 | 15.43 | 0.02 | 1181.82 | 0.00 | 21.97 | 654.67 | 0.45 | 336.96 |
| 3.17 | 2.78 | 0.03 | 642.38 | 0.00 | 1.11 | 271.30 | 1.56 | 107.50 |
| 8.09 | 6.98 | 0.10 | 28.75 | 0.00 | 4.97 | 514.94 | 0.68 | 678.29 |
| 4.35 | 4.27 | 0.00 | 11.26 | 0.00 | 14.00 | 271.61 | 0.37 | 83.27 |
| 4.65 | 4.62 | 0.09 | 261.60 | 0.00 | 25.53 | 107.83 | 0.00 | 13.80 |
| 0.73 | 0.71 | 0.00 | 303.94 | 0.00 | 2.28 | 34.65 | 0.03 | 11.24 |
| 2.82 | 2.76 | 0.00 | 327.65 | 0.00 | 24.37 | 185.25 | 1.44 | 214.56 |
| 12.36 | 12.18 | 0.15 | 253.84 | 0.00 | 23.62 | 214.34 | 0.52 | 43.68 |
| 6.21 | 6.16 | 0.03 | 160.89 | 0.00 | 17.60 | 400.35 | 0.29 | 122.04 |
| 1.97 | 1.15 | 0.00 | 293.14 | 0.81 | 1.36 | 292.18 | 1.37 | 153.60 |
| 3.35 | 3.20 | 0.00 | 13.02 | 0.33 | 6.23 | 221.52 | 1.13 | 107.95 |
| 1.67 | 0.55 | 0.01 | 309.52 | 0.12 | 7.81 | 180.76 | 0.03 | 61.78 |
| 3.94 | 3.69 | 0.02 | 1083.29 | 0.00 | 5.26 | 158.37 | 0.12 | 120.25 |
| 2.76 | 2.73 | 0.29 | 2619.56 | 0.00 | 12.45 | 128.59 | 0.29 | 85.25 |

# 13—14 各市主要农产品人均占有量（2019年）

# Ownership of Per Capita Major Agricultural Products by City (2019)

单位：公斤 (kg)

| 各市名称 | City | 粮食产量 Grain | 油料产量 Oil-bearing Crops | 甘蔗产量 Sugarcane | 蔬菜产量（含菌类） Vegetable | 园林水果产量 Fruits | 肉类产量 Meat | 水产品产量 Aquatic Products |
|---|---|---|---|---|---|---|---|---|
| 全 区 | Total | 269.47 | 14.49 | 1515.41 | 735.66 | 432.97 | 78.73 | 68.85 |
| 南宁市 | Nanning | 281.47 | 21.33 | 1619.06 | 896.88 | 461.63 | 80.56 | 30.13 |
| 柳州市 | Liuzhou | 177.38 | 7.80 | 1582.29 | 668.25 | 264.79 | 49.31 | 16.54 |
| 桂林市 | Guilin | 331.46 | 15.87 | 56.38 | 1009.91 | 1330.27 | 99.13 | 19.77 |
| 梧州市 | Wuzhou | 220.89 | 14.18 | 36.69 | 885.00 | 271.34 | 63.16 | 25.79 |
| 北海市 | Beihai | 177.76 | 27.50 | 1547.58 | 637.89 | 81.63 | 65.25 | 673.56 |
| 防城港市 | Fangchenggang | 177.34 | 7.61 | 3171.14 | 361.54 | 117.27 | 46.48 | 554.32 |
| 钦州市 | Qinzhou | 272.41 | 8.51 | 988.62 | 558.96 | 647.39 | 96.32 | 169.94 |
| 贵港市 | Guigang | 325.75 | 27.97 | 574.30 | 484.92 | 98.82 | 72.85 | 44.60 |
| 玉林市 | Yulin | 270.55 | 10.59 | 274.38 | 682.75 | 208.12 | 131.77 | 23.64 |
| 百色市 | Baise | 291.66 | 5.36 | 796.92 | 794.33 | 417.57 | 63.32 | 33.55 |
| 贺州市 | Hezhou | 285.75 | 16.11 | 62.62 | 1065.56 | 519.27 | 74.65 | 30.43 |
| 河池市 | Hechi | 267.34 | 4.69 | 870.73 | 508.52 | 173.79 | 57.88 | 18.32 |
| 来宾市 | Laibin | 306.88 | 17.59 | 4838.04 | 707.29 | 537.05 | 59.50 | 25.82 |
| 崇左市 | Chongzuo | 224.92 | 13.12 | 12445.35 | 610.91 | 405.01 | 51.33 | 27.48 |

注：本表按两年常住人口平均计算。

Note: Data in the table are calculated by average of permanent population.

## 主要统计指标解释

**农林牧渔业总产值** 农林牧渔业总产值是以货币表现的农林牧渔业的全部产品总量和农林牧渔服务业产值（即对农林牧渔业生产活动进行的各种支持性服务活动的价值）之和。它反映一定时期内农林牧渔业生产总规模和总成果，是观察农林牧渔业生产水平和发展速度，研究农林牧渔业内部比例关系、农林牧渔业与工业、农林牧渔业与国家建设、人民生活比例关系的重要指标，同时也是计算农林牧渔业劳动生产率和农林牧渔业增加值的基础资料。

**农林牧渔业增加值** 指农、林、牧、渔及农林牧渔服务业生产货物或提供服务活动而增加的价值，为农林牧渔业现价总产值扣除农林牧渔业现价中间投入后的余额。

**农业机械总动力** 指全部农业机械动力的额定功率之和。农业机械是指用于农业生产及其产品初加工等相关农事活动的机械和设备。总动力按法定计算单位千瓦计算。（注：1马力=735.5瓦特=0.735千瓦）

**有效灌溉面积** 指具有一定的水源，地块比较平整，灌溉工程或设备已经配套，在一般年景下能够进行正常灌溉的耕地面积。在一般的情况下，有效灌溉面积应等于灌溉工程或设备已经配套，能够进行正常灌溉的水田和水浇地面积之和。

**农用化肥施用量** 指在本年度内实际用于农业生产的化肥数量。包括：氮肥、磷肥、钾肥和复合肥。施用量分为按实物量及折纯量两种方法计算。按折纯量计算化肥数量，即把氮肥、磷肥、钾肥分别按含氮、含五氧化二磷、含氧化钾百分之一百折算。复合肥：是指多营养成分或元素组成的肥料，如磷铵等。其折纯量按所含的主要成分来折算。

**农作物总播种面积** 是指应该在本日历年度内收获农产品的各种农作物播种面积之和。其计算公式为：

农作物播种面积=上年秋冬播作物面积+本年春播作物面积+本年夏播作物面积=本年春收作物播种面积+本年夏收作物播种面积+本年秋收作物播种面积

**粮食产量** 指全社会产量。包括国有经济经营、集体统一经营和农民家庭经营的粮食产量，还包括工矿企业家庭办的农场和其他生产单位的产量。

## Explanatory Notes on Main Statistical Indicators

**Gross Output Value of Agriculture, Forestry, Animal Husbandry and Fishery** refers to the total amount of agriculture, forestry, animal husbandry, fishery products and the output value of services (refer to the supporting activities for agriculture, forestry, animal husbandry and fishery) that behave with the currency. It reflects the total achievement or total scale of agricultural production in form of magnitude of value during a certain period. It is an important synthesis index to observe the agricultural production level and development speed, and study proportionate relationship inside agriculture, proportionate relationship between agriculture and industry, agriculture and national construction, and proportionate relationship of people' s livelihood. And it is also the basic data for calculating the agricultural productivity of labor and agricultural added value.

**The Added Value of Agriculture, Forestry, Animal Husbandry and Fishery** refers to the added value of products of agriculture, forestry, animal husbandry, fishery and relative services, or the added value of providing services. It is calculated by subtracting the intermediate inputs from the gross output value of agriculture, forestry, animal husbandry and fishery which calculated by the current prices.

**Total Power of Farm Machinery** refers to the summary of power rating of total power of agricultural machinery. Agricultural machinery refers to the machines and equipment for relative agricultural activities, which including agricultural producing and primary processing for relative products. The total power of farm machinery is calculated by the statutory unit of measurement: KW (note: 1 horsepower=735.5W=0.735KW).

**Effective Irrigated Area** refers to the cultivated areas whose irrigated project or equipments is in suit, have water source, have been ploughed, and could normally irrigated in usual years. Under normal circumstances, the effective irrigated area should include the total area of paddy fields and irrigated lands which are fitted irrigating projects or equipments and can be irrigated normally.

**Consumption of Chemical Fertilizers** refers to the chemical fertilizers actually used in agricultural production during the year, including nitrogenous fertilizer, phosphate fertilizer, potash fertilizer and compound fertilizer. Consumption of chemical fertilizers is calculated by two methods: practical amount and pure amount. Calculating by pure amount is separately converting the nitrogenous fertilizer, phosphate fertilizer and potash fertilizer into 100% according to their content of nitrogen, phosphorus pent oxide, potassium oxide. Compound fertilizer refers to fertilizer composed by various of nutritional components or elements, such as ammonium phosphate etc. Pure quantity is calculated by the percentage of its content of major component.

**Total Sown Area of Farm Crops** refers to the total sown area of farm crops which supposed to be harvested as products in the calendar year. Its calculation formula is:

Total Sown Area of Farm Crops = Autumn and Winter Sown Area of Last Year + Spring Sown Area of Current Year + Summer Sown Area of Current Year = Spring Harvesting Area of Current Year + Summer Harvesting Area of Current Year + Autumn Harvesting Area of Current Year

**The Output of Grain** refers to the output of the whole society. It includes the grain output from state-owned economy, collective-owned economy and farmer family management, and also includes the output from farms run by industrial and mining enterprises and families and other production units.

粮食：按三大类进行统计，一是谷物，包括稻谷、小麦、玉米、高粱、谷子及其他杂粮，谷物产量一律按脱粒后的原粮（晒干）计算（玉米按脱粒后的干粒计算）；二是豆类，包括大豆、绿豆、红小豆等，按去荚后的干豆计算；三是薯类（包括红薯、马铃薯，不包括芋头、木薯），1963年以前按4公斤鲜薯折1公斤粮食计算，从1964年以后改为按5公斤鲜薯折1公斤粮食计算；按国家制度，2015年开始，薯类按鲜薯重量计算，但在粮食合计中仍按5公斤鲜薯折1公斤粮食计算。2009年以前广西的马铃薯统计在蔬菜中，2009年以后统计在粮食的薯类中；2014年以前的甜玉米按粮食统计，自2014年年报始，甜玉米不在粮食统计中，纳入蔬菜统计。

The statistics of grains is divided into three broad categories. 1. Cereals, including rice, wheat, corn, sorghum, millet and other coarse cereals, the output of cereals are calculated by the threshed and dried grains. 2. Beans, including soybeans, mung beans and red beans etc. Its output is calculated by the dried one without pods. 3. Tubers, including sweet potatoes and potatoes, excluding taros and cassavas, is converted into that of grain at the ratio 4: 1, i.e. 4kg of fresh tubers was equivalent to 1 kg of grain before 1963, since 1964, the ratio for conversion has been 5: 1. According to national system, the tubers are calculated by the fresh weight since 2015, and 5 kg of fresh tubers is still calculated as 1 kg of grain. Potatoes in Guangxi are calculated as vegetable before 2009, and since 2009 it is calculated as tubers of grains. The sweet corn was calculated as grain before 2014, and it' s calculated as vegetables instead of grain since 2014.

**林产品产量** 指从人工栽培的竹木上，不经砍伐竹木的根本而取得的各种林产品产量。包括生漆、棕片、五倍子、松脂、笋干、油茶籽、油桐籽、乌桕子、核桃、板栗等各种林木籽实以及修剪竹木所获得的枝叶（包括荆条、柳条、蒲葵叶5等。不包括桑叶、茶叶和水果。也不包括野生的林产品）。如果某些林产品人工栽培的和野生的混在一起，不易划分，应根据它的主要来源决定其应计入林产品产量还是其他农业的采集野生植物产量，不要两方面都算，以免重复。

**The Output of Forestry** refers to the output of various forestry products which are gained from artificial planted bamboos and trees without felling them down. It includes raw lacquer, palm sheets, Chinese gallnuts, pine resin, bamboo shoots, tea-oil seeds, bancoul nuts, Chinese tallow tree seeds, walnuts, chestnuts and various seeds of trees and branches and leaves trimmed from bamboos and trees (including twigs of the chaste trees, twigs of the willow trees, leaves of palms etc. It excludes leaves of mulberry, leaves of tea trees and fruits and also excludes the products from wild forests) . If it is difficult to discriminate certain kinds of mixed forestry products from artificial ones to wild ones, it should be accounted into the output of forestry or the output of wild plants of other agriculture according to its major resource, and it shouldn' t be calculated in both sides so as to avoiding repetition.

**水果产量** 指农业生产经营者日历年度内生产的乔木类和藤本类水果、多年草本水果及果用瓜。包括园林水果和非园林水果（瓜果类），不包括采集的野生水果。按鲜果产量计算。经脱水、晾干等处理的干果，如干枣、葡萄干、柿饼、桔饼等一律折合成鲜果计算。

园林水果：指农业生产经营者日历年度内在专业性果园、林地及零星种植果树（藤）上生产的水果。包括苹果、梨、柑桔类、热带及亚热带水果和其它园林水果如桃、葡萄、红枣等，不包括采集的野生水果。按实收的鲜果计算产量。经脱水、晾干等处理的干果，如干枣、葡萄干、柿饼、桔饼等一律折合成鲜果计算。

**Output of Fruits** refers to the output of fruits of trees, vines, perennial herbs and fruited melons produced by agricultural operators in the calendar year. It includes grove fruits and non-grove fruits (melons), but excludes collected wild fruits. The output of fruits is calculated with fresh weight. The dried fruits which have been dehydrated or dried out, such as dried dates, raisins, dried persimmon, tangerine cake, etc. should be converted into the fresh fruit and calculated in unison.

The grove fruits: refers to the fruits produced in professional groves, forestlands and sporadically planted trees (vines) by agricultural operators in the calendar year. It includes apples, pears, oranges, tropical and subtropical fruits and other grove fruit such as peaches, grapes and dates, excludes collected wild fruits. The output of fruits is calculated with fresh weight of fruits actually harvested. The dried fruits which have been dehydrated or dried out, such as dried dates, raisins, dried persimmon, tangerine cake, etc. should be converted into the fresh fruit and calculated in unison.

**肉类总产量** 指调查期内各种牲畜及家禽、兔等动物肉产量总计。猪、牛、羊、马、驴、骡、骆驼肉产量按去掉头蹄下水后带骨肉的胴体重量计算，兔禽肉产量按屠宰后去毛和内脏后的重量计算。猪牛羊禽四个品种肉产量由主要畜禽监测抽样调查获得，马、驴、骡、骆驼、兔肉产量由全面统计获得，其它特种养殖肉产量可用住户调查资料推算获得。

**Total Output of Meat** refers to total output of animal meat of various livestock, poultry and rabbits. The output of meat of pigs, cattle, sheep, horses, donkeys, mules and camels is calculated with the weight of carcasses gotten rid of heads, hooves and entrails, and the output of meat of rabbits and poultry is calculated with the weight of carcasses slaughtered and gotten rid of feather and entrails. The output of meat of pigs, cattle, sheep and poultry is gained from the sample monitor investigation of major livestock and poultry, the output of meat of horses, donkeys, mules, camels and rabbits is gained from the full investigation, and the output of meat of other culture of special species could be calculated by the data of household investigation.

**水产品产量** 指渔业（捕捞和养殖）生产活动的最终有效成果，包括全部海水和淡水鱼类、甲壳类（虾、蟹）、贝类、头足类、藻类和其它类渔业产品的最终产量。不包括渔业生产过程中的中间成果，如鱼苗、鱼种、亲鱼、转塘鱼、存塘鱼和自用作饵料的产品等。水产品在上岸前已经腐烂变质，不能供人食用或加工成其它制品的，不统计在水产品产量中。

**Output of Aquatic Products** refers to the final effective products of fishery (fishing and cultivating) producing activities, including the final volume of products of all the marine fishes, freshwater fishes, crustaceans (shrimps, crabs), shellfishes, cephalopods, algae and other fishery products, excluding the intermediate products in the fishery producing activities, such as fries, fingerlings, parent fishes, pond fishes, storage pond fishes and products for self-use of fodder. The aquatic products, which have rotten before shoring and cannot be eaten or processing to other products, should not be calculated as the output, too.

第十四篇

# 工　业

# INDUSTRY

（编辑：胡冬玉　杨明斌）

# 简要说明

（本篇资料由自治区统计局工业处调查提供，电话：0771-5854417/2448090）

**一、本篇资料主要内容**

本篇资料反映广西工业经济的基本情况，包括规模以上工业企业按工业门类、企业规模、企业登记注册类型、工业行业分类和按地区分组的主要经济指标，以及规模以上工业主要工业产品产量等。

**二、调查方法**

本篇工业企业统计数据主要根据工业统计年度报表有关资料整理汇总。

**三、数据使用注意事项**

规模以上工业企业主要指标数据与之前年份所公布的同指标数据之间存在不可比因素：（一）根据统计制度，每年定期对规模以上工业企业调查范围进行调整。每年有部分企业达到规模标准纳入调查范围，也有部分企业因规模变小而退出调查范围，还有新建投产企业、破产、注（吊）销企业等变化。（二）加强统计执法，对统计执法检查中发现的不符合规模以上工业统计要求的企业进行了清理，对相关基数依规进行了修正。（三）加强数据质量管理，剔除跨地区、跨行业重复统计数据。根据国家统计局最新开展的企业组织结构调查情况，对企业集团（公司）跨地区、跨行业重复计算进行了剔重。（四）“营改增”政策实施后，服务业企业改交增值税且税率较低，工业企业逐步将内部非工业生产经营活动剥离，转向服务业，使工业企业财务数据有所减小。

**四、主要修订情况**

与《2019广西统计年鉴》相比较，本年在内容上做了如下修订：根据2018年经济普查数据对2018年数据进行修订；为保持与国家公布数据的一致性，保持指标与快报指标的一致性和可比性，删减了固定资产原价、固定资产净值、实收资本、所有者权益、企业亏损面、百元主营业务收入实现利润、成本费用利润率指标；增加了应收账款、存货、营业成本、销售费用、管理费用、财务费用指标。

# 14—1 主要年份工业企业主要指标

单位：万元

| 指标 | Item | 企业单位数（个）Number of Enterprises (unit) | | | | |
|---|---|---|---|---|---|---|
| | | 2005 | 2010 | 2015 | 2018 | 2019 |
| **总　计** | **Total** | 3687 | 6583 | 5518 | 5975 | 6185 |
| **内资企业** | **Civil Funded Enterprises** | 3297 | 6039 | 5057 | 5592 | 5804 |
| 国有经济 | State-owned | 791 | 384 | 151 | 54 | 47 |
| 中央企业 | Central Enterprises | 49 | 45 | 19 | 0 | 1 |
| 地方企业 | Local Enterprises | 742 | 339 | 132 | 54 | 46 |
| 集体经济 | Collective-owned | 256 | 256 | 98 | 63 | 35 |
| 股份合作企业 | Cooperative Enterprises | 71 | 50 | 16 | 7 | 5 |
| 联营企业 | Joint Ownership Enterprises | 11 | 9 | 3 | 2 | 1 |
| 有限责任公司 | Limited Liability Corporations | 707 | 1128 | 1544 | 1521 | 1513 |
| 股份有限公司 | Share Holding Enterprises | 167 | 212 | 210 | 223 | 189 |
| 私营企业 | Private Enterprises | 1277 | 3931 | 2995 | 3721 | 4013 |
| 其他企业 | Other Enterprises | 17 | 69 | 40 | 1 | 1 |
| **港澳台商投资企业** | **Enterprises with Funds from Hong Kong, Macao and Taiwan** | 207 | 293 | 272 | 221 | 208 |
| **外商投资企业** | **Foreign Funded Enterprises** | 183 | 251 | 189 | 162 | 173 |
| 在总计中： | Of the Total: | | | | | |
| 国有控股企业 | State Holding Enterprises | 1005 | 632 | 570 | 562 | 589 |
| 在总计中： | Of the Total: | | | | | |
| 轻工业 | Light Industry | 1487 | 2442 | 2061 | 1982 | 1847 |
| 重工业 | Heavy Industry | 2200 | 4141 | 3457 | 3993 | 4338 |
| 在总计中： | Of the Total: | | | | | |
| 大型企业 | Large-scale Industrial Enterprises | 25 | 48 | 195 | 99 | 95 |
| 中型企业 | Medium-scale Industrial Enterprises | 419 | 798 | 1270 | 850 | 792 |
| 小型企业 | Small-scale Industrial Enterprises | 3243 | 5737 | 3820 | 4355 | 4767 |
| 微型企业 | Micro-enterprises | | | 233 | 671 | 531 |

注：1. 本表的统计范围2000年为全部国有和年产品销售收入500万元及以上非国有工业法人企业，2005-2010年为年主营业务收入500万元及以上工业法人企业，2011年以后为年主营业务收入2000万元及以上工业法人企业。

Note: The statistic in the table of 2000 refer to all state-owned industrial enterprises and the non-state-owned industrial enterprises with an annual sales income of over 5 million yuan, and data of from 2005 to 2010 refer to industrial enterprises with annual business income of the main products over 5 million yuan, since 2011, the data refer to industrial enterprises with annual income of the major business over 20 million yuan.

# Major Indicators of Industrial Enterprises in Main Years

(10 000 yuan)

| 资产总计（万元） Total Capital (10 000 yuan) | | | | | 流动资产合计（万元） Total Circulating Funds (10 000 yuan) | | | | |
|---|---|---|---|---|---|---|---|---|---|
| 2005 | 2010 | 2015 | 2018 | 2019 | 2005 | 2010 | 2015 | 2018 | 2019 |
| 30099806 | 86674477 | 151222995 | 164608160 | 180209751 | 11761188 | 37005538 | 69815219 | 80655291 | 89458064 |
| 24887344 | 70530596 | 122819897 | 136028096 | 147584933 | 9256625 | 27707681 | 55272118 | 65355457 | 70857505 |
| 7555035 | 17593341 | 9190004 | 754388 | 806802 | 2706580 | 5079458 | 3796361 | 249906 | 261483 |
| 2226965 | 8469133 | 1542788 | 0 | 94077 | 755507 | 1738270 | 777201 | 0 | 57933 |
| 5328071 | 9124209 | 7647216 | 754388 | 712724 | 1951073 | 3341188 | 3019160 | 249906 | 203550 |
| 512860 | 644112 | 664068 | 330028 | 171182 | 259836 | 372093 | 339404 | 180786 | 124267 |
| 244070 | 1382840 | 160513 | 19828 | 20871 | 120509 | 314936 | 66341 | 8813 | 10624 |
| 50474 | 114206 | 23003 | 7311 | 1520 | 20485 | 50299 | 15742 | 5144 | 230 |
| 10034011 | 24963740 | 57366667 | 78743621 | 85631098 | 3142774 | 9029878 | 24256669 | 33273046 | 34923183 |
| 3783620 | 9131153 | 20382381 | 19776289 | 20807192 | 1565042 | 4319642 | 8145931 | 8993051 | 10147614 |
| 2669751 | 16312037 | 34614603 | 36394402 | 40144028 | 1423494 | 8280640 | 18440760 | 22643568 | 25388958 |
| 37525 | 389166 | 418658 | 2229 | 2239 | 17905 | 260736 | 210910 | 1144 | 1145 |
| 1654923 | 5068378 | 8768632 | 8873125 | 10656722 | 653920 | 2206277 | 4101874 | 4078707 | 5232874 |
| 3557538 | 11075503 | 19634467 | 19706939 | 21968096 | 1850644 | 7091581 | 10441228 | 11221127 | 13367685 |
| 17963795 | 43684077 | 66257467 | 77950990 | 86810917 | 6114677 | 15727556 | 25559237 | 29617129 | 33767069 |
| 8283889 | 21304016 | 40505858 | 37070941 | 36304990 | 3445833 | 10784576 | 21275188 | 21697494 | 21613718 |
| 21815916 | 65370461 | 110717137 | 127537219 | 143904760 | 8315355 | 26220962 | 48540031 | 58957797 | 67844346 |
| | | | | | | | | | |
| 8550015 | 25311258 | 55857438 | 62563899 | 69678617 | 3291402 | 10757623 | 26536901 | 28682721 | 32924051 |
| 12026664 | 34583275 | 52394365 | 47797132 | 48507972 | 4671171 | 16173669 | 23140180 | 24624379 | 24505215 |
| 9523127 | 26779945 | 40418920 | 47609752 | 54275333 | 3798615 | 10074246 | 19071854 | 24472184 | 28989544 |
| | | 2552272 | 6637377 | 7747828 | | | 1066285 | 2876006 | 3039253 |

## 14—1 续表1

单位：万元

| 指标 | Item | 应收账款（万元） Account Receivable (10 000 yuan) 2005 | 2010 | 2015 | 2018 | 2019 |
|---|---|---|---|---|---|---|
| 总计 | Total | 2273448 | 6051252 | 13927991 | 16968433 | 20276493 |
| 内资企业 | Civil Funded Enterprises | 1754070 | 4647241 | 11281937 | 14130717 | 15244663 |
| 国有经济 | State-owned | 436854 | 503488 | 580190 | 29613 | 34999 |
| 中央企业 | Central Enterprises | 144828 | 217480 | 215808 | 0 | 15642 |
| 地方企业 | Local Enterprises | 292026 | 286007 | 364382 | 29613 | 19357 |
| 集体经济 | Collective-owned | 68414 | 78884 | 80802 | 47568 | 22800 |
| 股份合作企业 | Cooperative Enterprises | 14466 | 41540 | 12772 | 2873 | 5374 |
| 联营企业 | Joint Ownership Enterprises | 4134 | 12826 | 8146 | 49 | 20 |
| 有限责任公司 | Limited Liability Corporations | 609417 | 1463613 | 4708351 | 6567475 | 6741636 |
| 股份有限公司 | Share Holding Enterprises | 305795 | 780315 | 1221741 | 1384585 | 1367515 |
| 私营企业 | Private Enterprises | 309210 | 1648293 | 4614754 | 6098195 | 7071937 |
| 其他企业 | Other Enterprises | 5781 | 118283 | 55182 | 360 | 383 |
| 港澳台商投资企业 | Enterprises with Funds from Hong Kong, Macao and Taiwan | 160536 | 625567 | 1538277 | 951911 | 1476424 |
| 外商投资企业 | Foreign Funded Enterprises | 358841 | 778444 | 1107777 | 1885804 | 3555405 |
| 在总计中： | Of the Total: | | | | | |
| 国有控股企业 | State Holding Enterprises | 901564 | 1834127 | 3492966 | 4156553 | 5302206 |
| 在总计中： | Of the Total: | | | | | |
| 轻工业 | Light Industry | 665413 | 1528364 | 3857582 | 3323907 | 3267384 |
| 重工业 | Heavy Industry | 1608035 | 4522888 | 10070409 | 13644526 | 17009108 |
| 在总计中： | Of the Total: | | | | | |
| 大型企业 | Large-scale Industrial Enterprises | 311262 | 1173185 | 4236384 | 4529871 | 5962342 |
| 中型企业 | Medium-scale Industrial Enterprises | 1026501 | 2580651 | 4539335 | 4560096 | 4361556 |
| 小型企业 | Small-scale Industrial Enterprises | 935685 | 2297416 | 4918050 | 7223823 | 9049207 |
| 微型企业 | Micro-enterprises | | | 234222 | 654643 | 903388 |

## continued 1

（10 000 yuan）

| 存货（万元） Inventory（10 000 yuan） | | | | | 负债合计（万元） Total Liabilities（10 000 yuan） | | | | |
|---|---|---|---|---|---|---|---|---|---|
| 2005 | 2010 | 2015 | 2018 | 2019 | 2005 | 2010 | 2015 | 2018 | 2019 |
| 3580252 | 10802775 | 16711492 | 18350788 | 19604051 | 18534169 | 54132948 | 94028112 | 104699035 | 114648666 |
| 2734009 | 8459668 | 13329634 | 15366676 | 16133079 | 15496001 | 44287260 | 76601490 | 87932804 | 95383421 |
| 893723 | 1879074 | 1197474 | 41019 | 52544 | 4829643 | 12182305 | 6219571 | 414813 | 438119 |
| 296927 | 622009 | 160252 | 0 | 17542 | 1552760 | 6050848 | 950589 | 0 | 42199 |
| 596796 | 1257065 | 1037222 | 41019 | 35002 | 3276884 | 6131457 | 5268982 | 414813 | 395920 |
| 81835 | 88818 | 81118 | 48216 | 34594 | 439258 | 398331 | 230894 | 108140 | 68033 |
| 57645 | 130958 | 16379 | 2611 | 2122 | 148790 | 784013 | 90743 | 14500 | 12886 |
| 3382 | 17341 | 5162 | 3365 | 138 | 26166 | 64081 | 9004 | 1872 | 814 |
| 751588 | 2550688 | 5601226 | 8319026 | 8198048 | 6285633 | 16144204 | 38223442 | 52448529 | 56150846 |
| 413012 | 1073576 | 1659019 | 1698327 | 1699154 | 2070123 | 5084569 | 11114025 | 10455750 | 11704907 |
| 524800 | 2653638 | 4699929 | 5253973 | 6146309 | 1673542 | 9452050 | 20474977 | 24488847 | 27007422 |
| 8023 | 65575 | 69328 | 139 | 171 | 22845 | 177708 | 238833 | 353 | 396 |
| 211544 | 578210 | 881977 | 1044086 | 1008514 | 927998 | 2774814 | 4899449 | 4292312 | 5187101 |
| 634699 | 1764898 | 2499881 | 1940027 | 2462457 | 2110169 | 7070873 | 12527174 | 12473919 | 14078145 |
| 1714638 | 4847222 | 6390989 | 7468529 | 7868670 | 11301229 | 29019882 | 43679344 | 50699287 | 57067176 |
| 1098158 | 2925383 | 5401978 | 5486426 | 5649104 | 4832793 | 11830719 | 22920311 | 22347920 | 21981050 |
| 2482094 | 7877392 | 11309515 | 12864362 | 13954947 | 13701377 | 42302229 | 71107801 | 82351115 | 92667616 |
| | | | | | | | | | |
| 1108325 | 3598151 | 6382230 | 6759387 | 7264577 | 5106233 | 17013726 | 36771160 | 40375713 | 46585824 |
| 1297233 | 4274481 | 5287498 | 5801003 | 5737860 | 7264774 | 20990158 | 31265998 | 29810860 | 29425923 |
| 1174695 | 2930143 | 4803808 | 5437929 | 6230417 | 6163162 | 16129064 | 23963631 | 30124536 | 33992162 |
| | | 237957 | 352469 | 371197 | | | 2027324 | 4387927 | 4644757 |

# 14—1 续表2

单位：万元

| 指标 | Item | 营业收入 Business Revenue | | | | |
|---|---|---|---|---|---|---|
| | | 2005 | 2010 | 2015 | 2018 | 2019 |
| **总计** | Total | 24667860 | 92358467 | 204425005 | 165011608 | 174411072 |
| **内资企业** | Civil Funded Enterprises | 19225332 | 73048098 | 166875608 | 132929163 | 138899275 |
| 国有经济 | State-owned | 5543125 | 12307051 | 8647019 | 464537 | 484515 |
| 中央企业 | Central Enterprises | 1688826 | 3407872 | 1118161 | 0 | 34157 |
| 地方企业 | Local Enterprises | 3854299 | 8899179 | 7528858 | 464537 | 450357 |
| 集体经济 | Collective-owned | 661895 | 1178772 | 2172943 | 525286 | 374889 |
| 股份合作企业 | Cooperative Enterprises | 251807 | 983230 | 441146 | 18624 | 26827 |
| 联营企业 | Joint Ownership Enterprises | 49302 | 119806 | 42129 | 7262 | 4014 |
| 有限责任公司 | Limited Liability Corporations | 6239953 | 23025787 | 64524536 | 68497326 | 68873830 |
| 股份有限公司 | Share Holding Enterprises | 2734124 | 7091970 | 16610899 | 16592424 | 16285986 |
| 私营企业 | Private Enterprises | 3704471 | 27384971 | 73246126 | 46818908 | 52848027 |
| 其他企业 | Other Enterprises | 40657 | 956511 | 1190809 | 4796 | 1188 |
| **港澳台商投资企业** | Enterpriseswith Fundsfrom Hong Kong，Macaoand Taiwan | 1288361 | 5349221 | 14020883 | 9168670 | 9925874 |
| **外商投资企业** | Foreign Funded Enterprises | 4154166 | 13961148 | 23528515 | 22913776 | 25585924 |
| 在总计中： | Ofthe Total： | | | | | |
| 国有控股企业 | State Holding Enterprises | 12429732 | 36027399 | 56807658 | 69844939 | 71662393 |
| 在总计中： | Ofthe Total： | | | | | |
| 轻工业 | Light Industry | 7485388 | 24893120 | 55354189 | 36113087 | 36343633 |
| 重工业 | Heavy Industry | 17182472 | 67465346 | 149070816 | 128898522 | 138067440 |
| 在总计中： | Ofthe Total： | | | | | |
| 大型企业 | Large-scale Industrial Enterprises | 7593827 | 26390575 | 71744161 | 61986643 | 65274381 |
| 中型企业 | Medium-scale Industrial Enterprises | 8565199 | 32014676 | 66019977 | 48881392 | 48336757 |
| 小型企业 | Small-scale Industrial Enterprises | 8508834 | 33953216 | 65035250 | 49925621 | 56681087 |
| 微型企业 | Micro-enterprises | | | 1625616 | 4217953 | 4118847 |

2017年及以前数据为主营业务收入和主营业务成本，2018年以后为营业收入和营业成本，以下相关表均用。

注：主营业务收入（产品销售收入）栏2000年为产品销售收入，2005-2017年为主营业务收入。

Note：In the table，data of Business Income of the Main Products （Sales Revenue） of 2000 is figure of Sales Revenue，and that from 2005 to 2017 are Business Income of the Main Products.

continued 2

(10 000 yuan)

| 营业成本 Business Cost | | | | | 销售费用 Selling Expenses | | | | |
|---|---|---|---|---|---|---|---|---|---|
| 2005 | 2010 | 2015 | 2018 | 2019 | 2005 | 2010 | 2015 | 2018 | 2019 |
| 20603548 | 77074150 | 171981433 | 141269560 | 149311952 | 704112 | 2390077 | 4730686 | 3743039 | 3917728 |
| 16085531 | 61314675 | 140413864 | 114120103 | 118857655 | 508964 | 1578527 | 3553713 | 2573776 | 2797992 |
| 4341903 | 10631171 | 7994233 | 377459 | 397237 | 99229 | 142464 | 65138 | 17709 | 16968 |
| 1096107 | 2743397 | 998725 | 0 | 25762 | 30676 | 32451 | 7421 | 0 | 1550 |
| 3245797 | 7887774 | 6995508 | 377459 | 371476 | 68554 | 110012 | 57717 | 17709 | 15418 |
| 599368 | 1024794 | 1734908 | 446348 | 314557 | 14010 | 25214 | 52728 | 9913 | 10440 |
| 230461 | 705123 | 337678 | 17230 | 24694 | 4210 | 30883 | 10495 | 152 | 141 |
| 37603 | 91871 | 28405 | 5898 | 3987 | 244 | 2165 | 341 | 498 | 6 |
| 5433503 | 19135167 | 54128371 | 59330385 | 59201141 | 139455 | 461732 | 1473897 | 987252 | 993021 |
| 2119695 | 5602425 | 12610071 | 12748794 | 12421698 | 150911 | 317867 | 492197 | 496648 | 585684 |
| 3286181 | 23338361 | 62554848 | 41189957 | 46493379 | 99876 | 582582 | 1433531 | 1061489 | 1191701 |
| 36817 | 785764 | 1025351 | 4035 | 960 | 1030 | 15622 | 25385 | 115 | 30 |
| 1098297 | 4333197 | 12085639 | 7658991 | 8142162 | 35599 | 127797 | 211924 | 175350 | 173762 |
| 3419720 | 11426278 | 19481929 | 19490465 | 22312135 | 159549 | 683753 | 965049 | 993913 | 945975 |
| 10281862 | 30044929 | 47094313 | 58119515 | 60046717 | 251427 | 982397 | 1250171 | 1525105 | 1572955 |
| 5846005 | 19701759 | 44646236 | 30230433 | 29989942 | 339216 | 803343 | 1675940 | 1250443 | 1349160 |
| 14757543 | 57372391 | 127335197 | 111039126 | 119322010 | 364896 | 1586735 | 3054746 | 2492596 | 2568568 |
| | | | | | | | | | |
| 6224823 | 21947370 | 60688280 | 52779162 | 56013319 | 149085 | 798205 | 1991775 | 1571376 | 1619138 |
| 6952206 | 26539427 | 54296105 | 40851868 | 40140071 | 324435 | 817888 | 1274600 | 885358 | 868527 |
| 7426519 | 28587353 | 55487812 | 43822151 | 49360046 | 230592 | 773984 | 1446817 | 1227884 | 1394849 |
| | | 1509235 | 3816379 | 3798517 | | | 17495 | 58423 | 35214 |

# 14—1 续表3

单位：万元

| 管理费用 Administrative Expenses | | | | | 财务费用 Financial Expenses | | | | |
|---|---|---|---|---|---|---|---|---|---|
| 2005 | 2010 | 2015 | 2018 | 2019 | 2005 | 2010 | 2015 | 2018 | 2019 |
| 1283874 | 6482988 | 8467973 | 5537972 | 4983364 | 384397 | 1347695 | 2402757 | 1809579 | 1750372 |
| 1044900 | 5477603 | 7044572 | 4507580 | 4241591 | 334511 | 1248842 | 2103337 | 1637485 | 1601726 |
| 437816 | 1189017 | 478626 | 43486 | 41206 | 106418 | 368568 | 221504 | 4292 | 3308 |
| 103420 | 484001 | 77571 | 0 | 4070 | 35597 | 168302 | 23163 | 0 | -186 |
| 334397 | 705016 | 401054 | 43486 | 37136 | 70821 | 200266 | 198341 | 4292 | 3494 |
| 27002 | 85737 | 140174 | 28285 | 21665 | 7723 | 9356 | 12181 | 1500 | 652 |
| 7258 | 44597 | 31690 | 1057 | 773 | 2670 | 30430 | 1465 | 216 | 188 |
| 3080 | 3206 | 7130 | 360 | 10 | 650 | 1566 | 10 | 3 | 6 |
| 267174 | 1581042 | 2501329 | 2106455 | 1947899 | 138717 | 464953 | 1066018 | 1027866 | 1010809 |
| 178931 | 484893 | 730143 | 567797 | 460863 | 45347 | 114925 | 261808 | 138149 | 117330 |
| 121327 | 2047321 | 3117130 | 1760020 | 1769124 | 32676 | 255740 | 527666 | 465401 | 469396 |
| 2312 | 41791 | 38350 | 121 | 52 | 311 | 3306 | 12685 | 59 | 37 |
| 54372 | 351299 | 429279 | 319862 | 276732 | 15551 | 65357 | 84018 | 62869 | 60782 |
| 184602 | 654086 | 994122 | 710531 | 465041 | 34334 | 33496 | 215402 | 109225 | 87864 |
| 746497 | 2463436 | 2301143 | 2129469 | 1843631 | 231895 | 765634 | 1076506 | 879348 | 840697 |
| 398148 | 1674655 | 2667869 | 1616068 | 1458035 | 127718 | 282303 | 678297 | 477468 | 419185 |
| 885726 | 4808334 | 5800104 | 3921905 | 3525330 | 256679 | 1065392 | 1724461 | 1332111 | 1331187 |
| | | | | | | | | | |
| 353531 | 1073339 | 2682943 | 1805578 | 1299521 | 117455 | 415770 | 751862 | 535396 | 494671 |
| 529298 | 2749395 | 3157673 | 1831667 | 1696236 | 154967 | 463274 | 835136 | 574216 | 555018 |
| 401044 | 2660254 | 2533678 | 1790546 | 1904506 | 111975 | 468651 | 769772 | 630199 | 637168 |
| | | 93679 | 110182 | 83102 | | | 45987 | 69768 | 63516 |

## continued 3

（10 000 yuan）

| 利润总额 Total Profits | | | | | 全部从业人员年平均人数（人） Average Employed Persons（person） | | | | |
|---|---|---|---|---|---|---|---|---|---|
| 2005 | 2010 | 2015 | 2018 | 2019 | 2005 | 2010 | 2015 | 2018 | 2019 |
| 1349867 | 7715895 | 12790565 | 9481514 | 9237754 | 912102 | 1505050 | 1677994 | 1276335 | 1177347 |
| 1018503 | 5753715 | 9854346 | 7235399 | 6924951 | 773606 | 1263500 | 1398837 | 1083343 | 987454 |
| 357318 | 482639 | -49094 | 19069 | 23637 | 216272 | 150499 | 75162 | 9093 | 7826 |
| 230049 | 227554 | 12800 | 0 | 1242 | 29004 | 28358 | 14730 | 0 | 589 |
| 127269 | 255086 | -61894 | 19069 | 22395 | 187268 | 122141 | 60432 | 9093 | 7237 |
| 10762 | 58512 | 176504 | 35709 | 24773 | 43455 | 37757 | 22233 | 6984 | 5693 |
| 7400 | 139148 | 57940 | -172 | 694 | 12029 | 15680 | 3020 | 475 | 223 |
| 8113 | 22429 | 5484 | 422 | 1 | 2260 | 2031 | 466 | 261 | 52 |
| 302542 | 1900513 | 3923457 | 3829531 | 3630074 | 216067 | 359050 | 498153 | 431663 | 391187 |
| 232651 | 802764 | 933516 | 1136061 | 762943 | 94413 | 118552 | 117878 | 87347 | 75567 |
| 99990 | 2247046 | 4719419 | 2214323 | 2482724 | 186661 | 567856 | 670339 | 547459 | 506863 |
| -271 | 100663 | 87120 | 456 | 105 | 2449 | 12075 | 11586 | 61 | 43 |
| 79737 | 616372 | 1229916 | 932768 | 1099653 | 62082 | 116632 | 157183 | 101755 | 94058 |
| 251627 | 1345808 | 1706303 | 1313347 | 1213150 | 76414 | 124918 | 121974 | 91237 | 95835 |
| 677038 | 2275089 | 2324215 | 4179800 | 3042708 | 372398 | 389784 | 363822 | 306776 | 297040 |
| 504939 | 2683730 | 4052161 | 1268448 | 1559342 | 377389 | 575986 | 649037 | 434225 | 373729 |
| 844928 | 5032165 | 8738405 | 8213066 | 7678412 | 534713 | 929064 | 1028957 | 842110 | 803618 |
| | | | | | | | | | |
| 476527 | 1816122 | 4161190 | 3844606 | 3084807 | 127227 | 265881 | 507829 | 300894 | 281413 |
| 604357 | 2957365 | 4760550 | 3191494 | 2926864 | 303237 | 535571 | 697617 | 478953 | 422177 |
| 268983 | 2942408 | 3927666 | 2348370 | 3081121 | 481638 | 703598 | 465241 | 455774 | 460046 |
| | | -58841 | 97045 | 144961 | | | 7307 | 40714 | 13711 |

# 14—2 工业企业分行业主要指标（2019年）

单位：万元

| 行业 | Sector | 企业单位数（个）Number of Enterprises (unit) | 资产总计 Total Capital | 流动资产合计 Annual Average Balance of Circulating Funds | 应收账款 Account Receivable |
|---|---|---|---|---|---|
| 工业企业 | Industrial Enterprises | 6185 | 180209751 | 89458064 | 20276493 |
| 煤炭的开采和洗选业 | Coal Mining & Dressing | 10 | 876260 | 486937 | 6444 |
| 石油和天然气开采业 | Oil & Gas Mining | 1 | 405182 | 46709 | 81 |
| 黑色金属矿采选业 | Ferrous Metals Mining & Dressing | 23 | 759201 | 441251 | 151831 |
| 有色金属矿采选业 | Nonferrous Metals Mining & Dressing | 54 | 2301145 | 1101371 | 156201 |
| 非金属矿采选业 | Nonmetal Minerals Mining & Dressing | 175 | 1054921 | 564177 | 202451 |
| 开采辅助活动 | Mining Assist Activities | 0 | 0 | 0 | 0 |
| 其他采矿业 | Other Minerals Mining | 1 | 639 | 523 | 0 |
| 农副食品加工业 | Farm & Sideline Products Processing | 503 | 14302977 | 9621175 | 1081964 |
| #制糖业 | Carbohydrate Processing | 82 | 6783600 | 4455713 | 401397 |
| 食品制造业 | Food Production | 147 | 1979970 | 1015474 | 236365 |
| #罐头制造业 | Canned Food Manufacturing | 14 | 107677 | 75223 | 10283 |
| 酒、饮料和精制茶制造业 | Wine, Drink & Refined Tea Manufacturing | 142 | 2617474 | 1264509 | 162224 |
| #酒的制造 | Beverage Manufacturing | 28 | 1318496 | 624954 | 33015 |
| 烟草制品业 | Tobacco Processing | 2 | 2315605 | 1643636 | 58743 |
| #卷烟制造 | Cigarettes Manufacturing | 1 | 2262660 | 1598870 | 58259 |
| 纺织业 | Textile Industry | 152 | 1437605 | 832811 | 135785 |
| 纺织服装、服饰业 | Textiles, Clothing & Dresses Manufacturing | 55 | 316784 | 238289 | 43478 |
| 皮革、毛皮、羽毛及其制品和制鞋业 | Leather, Fur, Feather & Related Products & Shoes Manufacturing | 67 | 320746 | 245346 | 101140 |
| 木材加工及木、竹、藤、棕、草制品业 | Timber Processing, Bamboo, Cane, Palm Fiber & Straw Products | 1059 | 4729816 | 2946380 | 769110 |
| 家具制造业 | Furniture Manufacturing | 41 | 251697 | 148437 | 31867 |
| 造纸及纸制品业 | Papermaking & Paper Products | 143 | 5715440 | 2360819 | 382259 |
| #造纸 | Papermaking | 72 | 4203518 | 1666901 | 224911 |
| 印刷和记录媒介复制业 | Printing & Record Duplicating | 45 | 462102 | 236078 | 72777 |

注：工业企业分行业主要指标统计范围为年主营业务收入2000万元及以上工业法人企业。

Note: The statistic coverage of major indicators of industrial enterprises by industrial sectors is enterprises with business income of the main products of over 20 million yuan. the main products of over 5 million yuan.

# Major Indicators of Industrial Enterprises by Industrial Sector （2019）

(10 000 yuan)

| 存货 Inventory | 负债合计 Total Liabilities | 营业收入 Business Revenue | 营业成本 Business Cost | 销售费用 Selling Expenses | 管理费用 administrative expenses | 财务费用 Financial Expenses | 利润总额 Total Profits |
|---|---|---|---|---|---|---|---|
| 19604051 | 114648666 | 174411072 | 149311952 | 3917728 | 4983364 | 1750372 | 9237754 |
| 35770 | 640854 | 227384 | 195460 | 8304 | 17168 | 5272 | 1662 |
| 1121 | 63734 | 152766 | 19998 | 241 | 833 | 2017 | 120944 |
| 76920 | 360706 | 644047 | 565623 | 6522 | 18372 | 12432 | 29078 |
| 110372 | 1506101 | 1114455 | 888366 | 8749 | 82167 | 36057 | 94705 |
| 56053 | 575351 | 1112273 | 755119 | 107893 | 92721 | 6952 | 106688 |
| 0 | 0 | 0 | 0 | 0 | 0 | 0 | 0 |
| 338 | 177 | 366 | 258 | 25 | 17 | 15 | 22 |
| 2040318 | 9610953 | 17114086 | 15838242 | 282779 | 441515 | 216700 | 331030 |
| 684436 | 4975463 | 5262184 | 4902840 | 83006 | 196959 | 147165 | -27346 |
| 256293 | 985103 | 1599512 | 1234080 | 100198 | 82210 | 25567 | 143104 |
| 15227 | 61385 | 65675 | 49945 | 7993 | 4285 | 1399 | 2369 |
| 567325 | 1261781 | 2216857 | 1583320 | 157235 | 132761 | 28136 | 246795 |
| 350980 | 691311 | 820026 | 547342 | 43265 | 58013 | 17786 | 91132 |
| 858261 | 882495 | 2404420 | 733826 | 48275 | 107026 | -12521 | 146078 |
| 855185 | 878516 | 2397036 | 729999 | 48275 | 103254 | -11185 | 145116 |
| 426817 | 943061 | 1434965 | 1332433 | 13811 | 56338 | 19931 | 21324 |
| 77133 | 108290 | 709493 | 541670 | 15723 | 106946 | 3279 | 33440 |
| 80812 | 188192 | 556494 | 511983 | 8583 | 20732 | 3142 | 9930 |
| 785785 | 2850109 | 10849491 | 9948658 | 148005 | 209745 | 55706 | 486916 |
| 43276 | 157642 | 453922 | 384009 | 15429 | 16178 | 2658 | 39988 |
| 304650 | 4186573 | 3090983 | 2658989 | 107361 | 121310 | 76872 | 93506 |
| 201805 | 2974542 | 1875522 | 1631932 | 55613 | 60954 | 61404 | 36656 |
| 41091 | 182731 | 444231 | 363194 | 7813 | 22422 | 3353 | 42886 |

# 14—2 续表1

单位：万元

| 行业 | Sector | 企业单位数（个）Number of Enterprises（unit） | 资产总计 Total Capital | 流动资产合计 Annual Average Balance of Circulating Funds |
|---|---|---|---|---|
| 文教、工美、体育和娱乐用品制造业 | Culture，Education，Handcraft，Art，Sport and Entertainment Goods Manufacturing | 76 | 282424 | 172727 |
| 石油加工、炼焦及核燃料加工业 | Oil Processing，Coking and Nuclear Fuel Processing | 27 | 4870190 | 2893199 |
| 化学原料及化学制品制造业 | Raw Chemical Materials and Chemical Products | 355 | 5619374 | 3007423 |
| 医药制造业 | Medical and Pharmaceutical Products | 136 | 3102182 | 1790682 |
| 化学纤维制造业 | Chemical Fiber Products | 0 | 0 | 0 |
| 橡胶和塑料制品业 | Rubber and Plastic Products | 139 | 1314402 | 728258 |
| 非金属矿物制品业 | Nonmetal Mineral Products | 1023 | 13737201 | 7593130 |
| #水泥制造 | Cement Products | 102 | 5279682 | 2466357 |
| 黑色金属冶炼及压延加工业 | Smelting and Pressing of Ferrous Metals | 141 | 16859963 | 8029569 |
| 有色金属冶炼及压延加工业 | Smelting and Pressing of Nonferrous Metals | 129 | 15624077 | 7437209 |
| 金属制品业 | Metal Products | 159 | 1408670 | 876641 |
| 通用设备制造业 | General Equipment Manufacturing | 101 | 3555120 | 2540613 |
| 专用设备制造业 | For Special Purposes Equipment Manufacturing | 139 | 5473434 | 3484502 |
| 汽车制造业 | Automobile Manufacturing | 350 | 16019955 | 10271832 |
| #汽车整车制造 | Vehicle manufacturing | 7 | 7221971 | 4529311 |
| 铁路、船舶、航空航天和其他运输设备制造业 | Railway，Ship，Aerospace and Other Transportation Equipment Manufacturing | 47 | 645180 | 363764 |
| 电气机械及器材制造业 | Electrical Machinery and Apparatus Manufacturing | 166 | 2958557 | 1928462 |
| 计算机、通信和其他电子设备制造业 | Computer，Communication and Other Electronic Equipment Manufacturing | 174 | 7707010 | 6462932 |
| 仪器仪表制造业 | Instruments Manufacturing | 24 | 240178 | 164154 |
| 其他制造业 | Other Manufacturing | 8 | 45053 | 22792 |
| 废弃资源综合利用业 | Waste Resources Comprehensive Utilization | 49 | 804976 | 461381 |
| 金属制品、机械和设备修理业 | Metal Product，Machinery and Equipment Repair Services | 5 | 426013 | 236997 |
| 电力、热力的生产和供应业 | Production and Supply of Electric Power and Heat Power | 227 | 35336478 | 6677527 |
| #电力生产 | Electric Power Production | 172 | 20456944 | 3075144 |
| #火力发电 | Thermal Power | 16 | 4200268 | 887621 |
| 水力发电 | Hydropower | 87 | 6602565 | 815972 |
| 燃气生产和供应业 | Production and Supply of Gas | 31 | 1064109 | 346710 |
| 水的生产和供应业 | Production and Supply of Water | 59 | 3267646 | 773640 |

continued

(10 000 yuan)

| 应收账款 Account Receivable | 存货 Inventory | 负债合计 Total Liabilities | 营业收入 Business Revenue | 营业成本 Business Cost | 销售费用 Selling Expenses | 管理费用 administrative expenses | 财务费用 Financial Expenses | 利润总额 Total Profits |
|---|---|---|---|---|---|---|---|---|
| 54202 | 51984 | 126058 | 1138975 | 1055910 | 23846 | 28746 | 3521 | 24002 |
| 280806 | 796548 | 1778690 | 9182407 | 7050569 | 46875 | 102526 | -9752 | 338664 |
| 644642 | 745670 | 3150232 | 5189158 | 4447335 | 146008 | 261759 | 49937 | 75004 |
| 370088 | 371754 | 1498412 | 1839583 | 939209 | 467957 | 138225 | 12390 | 232203 |
| 0 | 0 | 0 | 0 | 0 | 0 | 0 | 0 | 0 |
| 217085 | 197885 | 754407 | 1315849 | 1090462 | 25666 | 60910 | 15612 | 105014 |
| 2471208 | 1116641 | 6793845 | 13399891 | 10357478 | 537674 | 507560 | 102151 | 1781270 |
| 385810 | 223219 | 1871854 | 4282464 | 2829349 | 94823 | 131238 | 23906 | 1152721 |
| 661117 | 2852307 | 10945511 | 21686066 | 19897417 | 160738 | 294379 | 91475 | 922299 |
| 652997 | 2132735 | 11947273 | 14466868 | 13310070 | 99485 | 187850 | 214609 | 459151 |
| 279181 | 246263 | 895887 | 2007099 | 1696456 | 47449 | 117285 | 14989 | 118685 |
| 431018 | 537714 | 1973323 | 2999345 | 2553740 | 138674 | 113695 | 9569 | 143381 |
| 1163145 | 698258 | 3213379 | 3415014 | 2771963 | 156242 | 146268 | 32907 | 251110 |
| 2356207 | 1979032 | 11707051 | 18720968 | 16246451 | 803729 | 579806 | -15854 | 439355 |
| 641505 | 702471 | 5661346 | 10780592 | 9115854 | 640748 | 235201 | -69291 | 248515 |
| 81639 | 77641 | 329857 | 703400 | 547411 | 14085 | 91166 | 1693 | 36164 |
| 713156 | 403286 | 1666404 | 2537918 | 2225340 | 59137 | 116224 | 30775 | 81821 |
| 4141287 | 805275 | 5277484 | 12827947 | 11342031 | 78931 | 154304 | 12879 | 984677 |
| 83966 | 38731 | 171640 | 241734 | 199634 | 5330 | 14576 | 808 | 17206 |
| 6568 | 6170 | 19944 | 44310 | 33408 | 2638 | 4183 | 292 | 3786 |
| 84978 | 193462 | 538115 | 3354303 | 3057292 | 15684 | 31970 | 8406 | 226478 |
| 99213 | 45694 | 271605 | 179281 | 156112 | 2074 | 19975 | 928 | 332 |
| 1774129 | 483927 | 24626359 | 13701872 | 11706627 | 10624 | 408334 | 644462 | 889206 |
| 895028 | 392978 | 14990136 | 4878923 | 3453077 | 587 | 160672 | 468073 | 763454 |
| 292687 | 187903 | 3484304 | 2377194 | 2123170 | 387 | 66498 | 144859 | 38298 |
| 209303 | 8170 | 3872782 | 1242764 | 580824 | 116 | 60873 | 120824 | 441152 |
| 78013 | 33344 | 589693 | 891495 | 777964 | 20107 | 23194 | 8769 | 102085 |
| 39129 | 27397 | 1869049 | 441845 | 293848 | 17830 | 51971 | 34239 | 57770 |

# 14—3 国有控股工业企业主要指标（2019年）

单位：万元

| 行 业 | Sector | 企业单位数（个）Number of Enterprises (unit) | 资产总计 Total Capital | 流动资产合计 Annual Average Balance of Circulating Funds |
|---|---|---|---|---|
| 国有控股工业企业 | State-holding Industrial Enterprises | 589 | 86810917 | 33767069 |
| 在总计中： | Of the Total: | | | |
| 轻工业 | Light Industry | 114 | 8187560 | 4719968 |
| 重工业 | Heavy Industry | 475 | 78623357 | 29047100 |
| 在总计中： | Of the Total: | | | |
| 大型企业 | Large-scale Industrial Enterprises | 40 | 47461245 | 19406852 |
| 中型企业 | Medium-scale Industrial Enterprises | 181 | 20417914 | 8762713 |
| 小型企业 | Small-scale Industrial Enterprises | 323 | 14804301 | 4667361 |
| 微型企业 | Micro-enterprises | 45 | 4127458 | 930143 |
| 煤炭的开采和洗选业 | Coal Mining & Dressing | 2 | 313198 | 156275 |
| 石油和天然气开采业 | Oil & Gas Mining | 1 | 405182 | 46709 |
| 黑色金属矿采选业 | Ferrous Metals Mining & Dressing | 3 | 85718 | 28258 |
| 有色金属矿采选业 | Nonferrous Metals Mining & Dressing | 13 | 1525449 | 727247 |
| 非金属矿采选业 | Nonmetal Minerals Mining & Dressing | 2 | 20811 | 10833 |
| 开采辅助活动 | Mining Assist Activities | 0 | 0 | 0 |
| 其他采矿业 | Other Minerals Mining | 0 | 0 | 0 |
| 农副食品加工业 | Farm & Sideline Products Processing | 51 | 3585860 | 1950086 |
| #制糖业 | Carbohydrate Processing | 35 | 2519003 | 1215075 |
| 食品制造业 | Food Production | 8 | 178959 | 67203 |
| #罐头制造业 | Canned Food Manufacturing | 1 | 23828 | 9742 |
| 酒、饮料和精制茶制造业 | Wine, Drink & Refined Tea Manufacturing | 7 | 452869 | 160049 |
| #酒的制造 | Beverage Manufacturing | 3 | 420165 | 137240 |
| 烟草制品业 | Tobacco Processing | 2 | 2315605 | 1643636 |
| #卷烟制造 | Cigarettes Manufacturing | 1 | 2262660 | 1598870 |
| 纺织业 | Textile Industry | 9 | 236884 | 117837 |
| 纺织服装、服饰业 | Textiles, Clothing & Dresses Manufacturing | 7 | 49295 | 38153 |
| 皮革、毛皮、羽毛及其制品和制鞋业 | Leather, Fur, Feather & Related Products & Shoes Manufacturing | 0 | 0 | 0 |
| 木材加工及木、竹、藤、棕、草制品业 | Timber Processing, Bamboo, Cane, Palm Fiber & Straw Products | 14 | 465105 | 235160 |
| 家具制造业 | Furniture Manufacturing | 0 | 0 | 0 |
| 造纸及纸制品业 | Papermaking & Paper Products | 7 | 205031 | 90344 |
| #造纸 | Papermaking | 2 | 104098 | 44405 |
| 印刷和记录媒介复制业 | Printing & Record Duplicating | 10 | 185889 | 94109 |

## Major Indicators of State-owned and State-holding Industrial Enterprises (2019)

(10 000 yuan)

| 应收账款 Account Receivable | 存货 Inventory | 负债合计 Total Liabilities | 营业收入 Business Revenue | 营业成本 Business Cost | 销售费用 Selling Expenses | 管理费用 administrative expenses | 财务费用 Financial Expenses | 利润总额 Total Profits |
|---|---|---|---|---|---|---|---|---|
| 5302206 | 7868670 | 57067176 | 71662393 | 60046717 | 1572955 | 1843631 | 840697 | 3042708 |
| 389529 | 1640569 | 4480070 | 8117340 | 5589193 | 419341 | 335673 | 70636 | 272817 |
| 4912678 | 6228102 | 52587105 | 63545053 | 54457524 | 1153614 | 1507958 | 770061 | 2769891 |
| 2715397 | 5020658 | 34068473 | 44306227 | 37841335 | 1226024 | 936232 | 338821 | 1627779 |
| 1290418 | 1891264 | 11919596 | 19407137 | 15836939 | 226148 | 634684 | 241692 | 559321 |
| 1166767 | 868809 | 8940215 | 7648287 | 6175522 | 119286 | 265120 | 228795 | 789972 |
| 129624 | 87940 | 2138892 | 300742 | 192922 | 1497 | 7594 | 31389 | 65636 |
| 0 | 21171 | 299209 | 36215 | 35119 | 707 | 11480 | 2714 | -13459 |
| 81 | 1121 | 63734 | 152766 | 19998 | 241 | 833 | 2017 | 120944 |
| 5547 | 5479 | 58256 | 46296 | 37537 | 387 | 4265 | 1583 | 1254 |
| 95519 | 43162 | 959583 | 457607 | 345022 | 1396 | 35606 | 28567 | 60918 |
| 5394 | 137 | 10847 | 19386 | 9512 | 307 | 5743 | 80 | 2564 |
| 0 | 0 | 0 | 0 | 0 | 0 | 0 | 0 | 0 |
| 0 | 0 | 0 | 0 | 0 | 0 | 0 | 0 | 0 |
| 148988 | 592630 | 2520618 | 4051382 | 3831841 | 73605 | 126609 | 74747 | -61334 |
| 74508 | 276282 | 1780472 | 2096355 | 1982622 | 40040 | 98071 | 51175 | -73902 |
| 22009 | 25776 | 91106 | 131456 | 96681 | 7821 | 4780 | 4583 | 16284 |
| 970 | 2818 | 9681 | 13277 | 8348 | 3204 | 1158 | -93 | 749 |
| 18989 | 40668 | 165064 | 392921 | 224408 | 39941 | 30728 | 107 | 63219 |
| 17919 | 24052 | 141000 | 371164 | 210554 | 37376 | 29104 | -466 | 60242 |
| 58743 | 858261 | 882495 | 2404420 | 733826 | 48275 | 107026 | -12521 | 146078 |
| 58259 | 855185 | 878516 | 2397036 | 729999 | 48275 | 103254 | -11185 | 145116 |
| 25819 | 41088 | 148129 | 103041 | 96272 | 1783 | 9567 | 1267 | 1369 |
| 253 | 965 | 6576 | 33711 | 25103 | 139 | 7233 | -832 | 2076 |
| 0 | 0 | 0 | 0 | 0 | 0 | 0 | 0 | 0 |
| 41178 | 95506 | 304858 | 253017 | 234365 | 12942 | 10907 | 10775 | -12405 |
| 0 | 0 | 0 | 0 | 0 | 0 | 0 | 0 | 0 |
| 25198 | 15243 | 203894 | 181477 | 155323 | 2383 | 12569 | 6681 | 3009 |
| 15038 | 3986 | 157957 | 71213 | 63675 | 305 | 3469 | 6004 | -3775 |
| 31882 | 20712 | 70625 | 182720 | 146000 | 2316 | 10569 | -80 | 19387 |

# 14—3 续表1

单位：万元

| 行业 | Sector | 企业单位数（个）Number of Enterprises (unit) | 资产总计 Total Capital |
|---|---|---|---|
| 文教、工美、体育和娱乐用品制造业 | Culture, Education, Handcraft, Art, Sport and Entertainment Goods Manufacturing | 3 | 17493 |
| 石油加工、炼焦及核燃料加工业 | Oil Processing, Coking and Nuclear Fuel Processing | 6 | 4048901 |
| 化学原料及化学制品制造业 | Raw Chemical Materials and Chemical Products | 27 | 1455774 |
| 医药制造业 | Medical and Pharmaceutical Products | 7 | 602509 |
| 化学纤维制造业 | Chemical Fiber Products | 0 | 0 |
| 橡胶和塑料制品业 | Rubber and Plastic Products | 3 | 84539 |
| 非金属矿物制品业 | Nonmetal Mineral Products | 71 | 2855422 |
| #水泥制造 | Cement Products | 22 | 1762783 |
| 黑色金属冶炼及压延加工业 | Smelting and Pressing of Ferrous Metals | 12 | 9926329 |
| 有色金属冶炼及压延加工业 | Smelting and Pressing of Nonferrous Metals | 26 | 8303905 |
| 金属制品业 | Metal Products | 13 | 325190 |
| 通用设备制造业 | General Equipment Manufacturing | 15 | 690675 |
| 专用设备制造业 | For Special Purposes Equipment Manufacturing | 18 | 3385314 |
| 汽车制造业 | Automobile Manufacturing | 18 | 9168278 |
| #汽车整车制造 | Vehicle manufacturing | 3 | 6859242 |
| 铁路、船舶、航空航天和其他运输设备制造业 | Railway, Ship, Aerospace and Other Transportation Equipment Manufacturing | 7 | 318492 |
| 电气机械及器材制造业 | Electrical Machinery and Apparatus Manufacturing | 4 | 216254 |
| 计算机、通信和其他电子设备制造业 | Computer, Communication and Other Electronic Equipment Manufacturing | 8 | 413350 |
| 仪器仪表制造业 | Instruments Manufacturing | 2 | 8031 |
| 其他制造业 | Other Manufacturing | 1 | 4981 |
| 废弃资源综合利用业 | Waste Resources Comprehensive Utilization | 2 | 32011 |
| 金属制品、机械和设备修理业 | Metal Product, Machinery and Equipment Repair Services | 2 | 402380 |
| 电力、热力的生产和供应业 | Production and Supply of Electric Power and Heat Power | 151 | 31035747 |
| #电力生产 | Electric Power Production | 105 | 16548579 |
| #火力发电 | Thermal Power | 12 | 2836888 |
| 水力发电 | Hydropower | 57 | 5612681 |
| 燃气生产和供应业 | Production and Supply of Gas | 8 | 322526 |
| 水的生产和供应业 | Production and Supply of Water | 49 | 3166967 |

## continued

（10 000 yuan）

| 流动资产合计 Annual Average Balance of Circulating Funds | 应收账款 Account Receivable | 存货 Inventory | 负债合计 Total Liabilities | 营业收入 Business Revenue | 营业成本 Business Cost | 销售费用 Selling Expenses | 管理费用 administrative expenses | 财务费用 Financial Expenses | 利润总额 Total Profits |
|---|---|---|---|---|---|---|---|---|---|
| 7573 | 272 | 293 | 3729 | 134896 | 131969 | 38 | 2854 | 89 | 12 |
| 2461703 | 215068 | 693691 | 1156198 | 8390603 | 6373348 | 38047 | 84387 | -25770 | 270878 |
| 743352 | 84196 | 147798 | 789925 | 745522 | 623091 | 32461 | 88367 | 7984 | -153036 |
| 335542 | 41175 | 35658 | 224629 | 417503 | 78524 | 229522 | 14018 | -4144 | 90191 |
| 0 | 0 | 0 | 0 | 0 | 0 | 0 | 0 | 0 | 0 |
| 53587 | 13404 | 9211 | 34172 | 55022 | 38167 | 2416 | 4533 | 75 | 8032 |
| 1363297 | 439793 | 182835 | 1235505 | 2583615 | 1832922 | 92554 | 88444 | 20286 | 519883 |
| 714242 | 145276 | 72979 | 644644 | 1549409 | 971818 | 63200 | 47358 | 11444 | 439261 |
| 4213871 | 258223 | 1717707 | 6504807 | 13686656 | 12643656 | 87782 | 145756 | 46183 | 546061 |
| 3137247 | 210462 | 1110707 | 6648022 | 7614875 | 7036049 | 52413 | 102018 | 127058 | 182248 |
| 211372 | 44195 | 69863 | 246146 | 357014 | 318681 | 1485 | 7663 | 1262 | 23824 |
| 528180 | 172632 | 150039 | 468563 | 477825 | 416052 | 23585 | 18544 | 3761 | 1700 |
| 2169137 | 654481 | 417462 | 1930641 | 1808848 | 1483164 | 105900 | 67547 | 7981 | 125503 |
| 5810026 | 931692 | 986499 | 7244125 | 13132358 | 11269846 | 667848 | 350683 | -64239 | 266563 |
| 4329915 | 566398 | 654121 | 5512059 | 10633708 | 8982486 | 638869 | 229325 | -70100 | 240707 |
| 199506 | 40406 | 30556 | 160545 | 178990 | 150293 | 3164 | 12497 | -136 | 8348 |
| 74229 | 30257 | 12490 | 158342 | 98650 | 86366 | 2760 | 10543 | 6964 | -7082 |
| 329700 | 85191 | 93355 | 190459 | 528151 | 437272 | 6682 | 17117 | 806 | 50284 |
| 7571 | 4038 | 1837 | 6173 | 8351 | 6521 | 326 | 649 | 3 | 504 |
| 4175 | 347 | 2272 | 820 | 1979 | 1366 | 954 | 372 | -1 | -569 |
| 18636 | 4450 | 913 | 12760 | 28050 | 19326 | 0 | 1068 | -12 | 6731 |
| 225014 | 96352 | 43655 | 255559 | 166458 | 145374 | 1845 | 18916 | 161 | 374 |
| 5710878 | 1456135 | 370910 | 22016389 | 12132221 | 10470935 | 9659 | 373739 | 556016 | 683388 |
| 2256904 | 630468 | 303152 | 12587127 | 3726069 | 2597585 | 293 | 131451 | 386146 | 582480 |
| 606726 | 190242 | 108904 | 2672630 | 1625066 | 1504971 | 209 | 56656 | 112529 | -44507 |
| 674296 | 199070 | 7771 | 3325656 | 1130555 | 515831 | 0 | 50622 | 105599 | 417075 |
| 54975 | 2899 | 3246 | 160033 | 262513 | 231577 | 3663 | 8010 | 3242 | 16974 |
| 741598 | 36940 | 25757 | 1834641 | 405881 | 261212 | 17609 | 47993 | 33441 | 51991 |

# 14—4 国有工业企业主要指标（2019年）

单位：万元

| 行 业 | Sector | 企业单位数（个）Number of Enterprises (unit) | 资产总计 Total Capital | 流动资产合计 Annual Average Balance of Circulating Funds |
|---|---|---|---|---|
| 国有工业企业 | State-holding Industrial Enterprises | 47 | 806802 | 261483 |
| 在总计中： | Of the Total: | | | |
| 轻工业 | Light Industry | 14 | 90593 | 45987 |
| 重工业 | Heavy Industry | 33 | 716209 | 215496 |
| 在总计中： | Of the Total: | | | |
| 大型企业 | Large-scale Industrial Enterprises | 0 | 0 | 0 |
| 中型企业 | Medium-scale Industrial Enterprises | 5 | 457383 | 131650 |
| 小型企业 | Small-scale Industrial Enterprises | 39 | 332036 | 126661 |
| 微型企业 | Micro-enterprises | 3 | 17384 | 3173 |
| 煤炭的开采和洗选业 | Coal Mining & Dressing | 0 | 0 | 0 |
| 石油和天然气开采业 | Oil & Gas Mining | 0 | 0 | 0 |
| 黑色金属矿采选业 | Ferrous Metals Mining & Dressing | 0 | 0 | 0 |
| 有色金属矿采选业 | Nonferrous Metals Mining & Dressing | 0 | 0 | 0 |
| 非金属矿采选业 | Nonmetal Minerals Mining & Dressing | 0 | 0 | 0 |
| 开采辅助活动 | Mining Assist Activities | 0 | 0 | 0 |
| 其他采矿业 | Other Minerals Mining | 0 | 0 | 0 |
| 农副食品加工业 | Farm & Sideline Products Processing | 3 | 12478 | 948 |
| #制糖业 | Carbohydrate Processing | 1 | 0 | 0 |
| 食品制造业 | Food Production | 1 | 2592 | 1558 |
| #罐头制造业 | Canned Food Manufacturing | 0 | 0 | 0 |
| 酒、饮料和精制茶制造业 | Wine, Drink & Refined Tea Manufacturing | 0 | 0 | 0 |
| #酒的制造 | Beverage Manufacturing | 0 | 0 | 0 |
| 烟草制品业 | Tobacco Processing | 0 | 0 | 0 |
| #卷烟制造 | Cigarettes Manufacturing | 0 | 0 | 0 |
| 纺织业 | Textile Industry | 0 | 0 | 0 |
| 纺织服装、服饰业 | Textiles, Clothing & Dresses Manufacturing | 0 | 0 | 0 |
| 皮革、毛皮、羽毛及其制品和制鞋业 | Leather, Fur, Feather & Related Products & Shoes Manufacturing | 0 | 0 | 0 |
| 木材加工及木、竹、藤、棕、草制品业 | Timber Processing, Bamboo, Cane, Palm Fiber & Straw Products | 1 | 2654 | 2408 |
| 家具制造业 | Furniture Manufacturing | 0 | 0 | 0 |
| 造纸及纸制品业 | Papermaking & Paper Products | 0 | 0 | 0 |
| #造纸 | Papermaking | 0 | 0 | 0 |
| 印刷和记录媒介复制业 | Printing & Record Duplicating | 6 | 28119 | 16573 |

## Major Indicators of State-owned Industrial Enterprises （2019）

（10 000 yuan）

| 应收账款 Account Receivable | 存货 Inventory | 负债合计 Total Liabilities | 营业收入 Business Revenue | 营业成本 Business Cost | 销售费用 Selling Expenses | 管理费用 administrative expenses | 财务费用 Financial Expenses | 利润总额 Total Profits |
|---|---|---|---|---|---|---|---|---|
| 34999 | 52544 | 438119 | 484515 | 397237 | 16968 | 41206 | 3308 | 23637 |
| 9174 | 9807 | 41357 | 283586 | 246147 | 6264 | 16634 | 436 | 12596 |
| 25825 | 42737 | 396762 | 200929 | 151091 | 10704 | 24572 | 2872 | 11041 |
| 0 | 0 | 0 | 0 | 0 | 0 | 0 | 0 | 0 |
| 17798 | 25138 | 259810 | 175160 | 122406 | 8701 | 21984 | 1820 | 17978 |
| 17164 | 27225 | 174483 | 306798 | 272829 | 8235 | 18763 | 1486 | 5630 |
| 37 | 181 | 3825 | 2556 | 2002 | 31 | 458 | 1 | 28 |
| 0 | 0 | 0 | 0 | 0 | 0 | 0 | 0 | 0 |
| 0 | 0 | 0 | 0 | 0 | 0 | 0 | 0 | 0 |
| 0 | 0 | 0 | 0 | 0 | 0 | 0 | 0 | 0 |
| 0 | 0 | 0 | 0 | 0 | 0 | 0 | 0 | 0 |
| 0 | 0 | 0 | 0 | 0 | 0 | 0 | 0 | 0 |
| 0 | 0 | 0 | 0 | 0 | 0 | 0 | 0 | 0 |
| 0 | 0 | 0 | 0 | 0 | 0 | 0 | 0 | 0 |
| 240 | 14 | 2624 | 87188 | 59940 | 3015 | 12461 | 9 | 10231 |
| 0 | 0 | 0 | 0 | 0 | 0 | 0 | 0 | 0 |
| 644 | 144 | 3603 | 2484 | 1688 | 691 | 142 | 18 | -26 |
| 0 | 0 | 0 | 0 | 0 | 0 | 0 | 0 | 0 |
| 0 | 0 | 0 | 0 | 0 | 0 | 0 | 0 | 0 |
| 0 | 0 | 0 | 0 | 0 | 0 | 0 | 0 | 0 |
| 0 | 0 | 0 | 0 | 0 | 0 | 0 | 0 | 0 |
| 0 | 0 | 0 | 0 | 0 | 0 | 0 | 0 | 0 |
| 0 | 0 | 0 | 0 | 0 | 0 | 0 | 0 | 0 |
| 0 | 0 | 0 | 0 | 0 | 0 | 0 | 0 | 0 |
| 0 | 0 | 0 | 0 | 0 | 0 | 0 | 0 | 0 |
| 158 | 0 | 2584 | 3440 | 3381 | 0 | 98 | -1 | -41 |
| 0 | 0 | 0 | 0 | 0 | 0 | 0 | 0 | 0 |
| 0 | 0 | 0 | 0 | 0 | 0 | 0 | 0 | 0 |
| 0 | 0 | 0 | 0 | 0 | 0 | 0 | 0 | 0 |
| 2569 | 1089 | 8881 | 53911 | 49627 | 846 | 1189 | -5 | 2232 |

# 14—4 续表1

单位：万元

| 行业 | Sector | 企业单位数（个）Number of Enterprises (unit) | 资产总计 Total Capital | 流动资产合计 Annual Average Balance of Circulating Funds |
|---|---|---|---|---|
| 文教、工美、体育和娱乐用品制造业 | Culture, Education, Handcraft, Art, Sport and Entertainment Goods Manufacturing | 1 | 7361 | 1056 |
| 石油加工、炼焦及核燃料加工业 | Oil Processing, Coking and Nuclear Fuel Processing | 0 | 0 | 0 |
| 化学原料及化学制品制造业 | Raw Chemical Materials and Chemical Products | 2 | 20102 | 16045 |
| 医药制造业 | Medical and Pharmaceutical Products | 2 | 28038 | 23339 |
| 化学纤维制造业 | Chemical Fiber Products | 0 | 0 | 0 |
| 橡胶和塑料制品业 | Rubber and Plastic Products | 0 | 0 | 0 |
| 非金属矿物制品业 | Nonmetal Mineral Products | 3 | 25853 | 9632 |
| #水泥制造 | Cement Products | 1 | 1278 | 364 |
| 黑色金属冶炼及压延加工业 | Smelting and Pressing of Ferrous Metals | 0 | 0 | 0 |
| 有色金属冶炼及压延加工业 | Smelting and Pressing of Nonferrous Metals | 0 | 0 | 0 |
| 金属制品业 | Metal Products | 0 | 0 | 0 |
| 通用设备制造业 | General Equipment Manufacturing | 0 | 0 | 0 |
| 专用设备制造业 | For Special Purposes Equipment Manufacturing | 0 | 0 | 0 |
| 汽车制造业 | Automobile Manufacturing | 0 | 0 | 0 |
| #汽车整车制造 | Vehicle manufacturing | 0 | 0 | 0 |
| 铁路、船舶、航空航天和其他运输设备制造业 | Railway, Ship, Aerospace and Other Transportation Equipment Manufacturing | 1 | 94078 | 57933 |
| 电气机械及器材制造业 | Electrical Machinery and Apparatus Manufacturing | 0 | 0 | 0 |
| 计算机、通信和其他电子设备制造业 | Computer, Communication and Other Electronic Equipment Manufacturing | 0 | 0 | 0 |
| 仪器仪表制造业 | Instruments Manufacturing | 0 | 0 | 0 |
| 其他制造业 | Other Manufacturing | 1 | 4981 | 4175 |
| 废弃资源综合利用业 | Waste Resources Comprehensive Utilization | 0 | 0 | 0 |
| 金属制品、机械和设备修理业 | Metal Product, Machinery and Equipment Repair Services | 0 | 0 | 0 |
| 电力、热力的生产和供应业 | Production and Supply of Electric Power and Heat Power | 6 | 54172 | 11547 |
| #电力生产 | Electric Power Production | 5 | 53749 | 11434 |
| #火力发电 | Thermal Power | 0 | 0 | 0 |
| 水力发电 | Hydropower | 5 | 53749 | 11434 |
| 燃气生产和供应业 | Production and Supply of Gas | 0 | 0 | 0 |
| 水的生产和供应业 | Production and Supply of Water | 20 | 526374 | 116271 |

continued

(10 000 yuan)

| 应收账款 Account Receivable | 存货 Inventory | 负债合计 Total Liabilities | 营业收入 Business Revenue | 营业成本 Business Cost | 销售费用 Selling Expenses | 管理费用 administrative expenses | 财务费用 Financial Expenses | 利润总额 Total Profits |
|---|---|---|---|---|---|---|---|---|
| 139 | 225 | 794 | 126574 | 126090 | 38 | 389 | 107 | 11 |
| 0 | 0 | 0 | 0 | 0 | 0 | 0 | 0 | 0 |
| 2473 | 9887 | 21744 | 33389 | 31060 | 600 | 686 | -50 | 896 |
| 5582 | 8193 | 22751 | 11299 | 6992 | 1642 | 2202 | 305 | 119 |
| 0 | 0 | 0 | 0 | 0 | 0 | 0 | 0 | 0 |
| 0 | 0 | 0 | 0 | 0 | 0 | 0 | 0 | 0 |
| 674 | 4852 | 20174 | 14918 | 13511 | 548 | 1504 | 9 | -322 |
| -5 | 39 | 154 | 2761 | 2651 | 0 | 71 | 0 | 59 |
| 0 | 0 | 0 | 0 | 0 | 0 | 0 | 0 | 0 |
| 0 | 0 | 0 | 0 | 0 | 0 | 0 | 0 | 0 |
| 0 | 0 | 0 | 0 | 0 | 0 | 0 | 0 | 0 |
| 0 | 0 | 0 | 0 | 0 | 0 | 0 | 0 | 0 |
| 0 | 0 | 0 | 0 | 0 | 0 | 0 | 0 | 0 |
| 0 | 0 | 0 | 0 | 0 | 0 | 0 | 0 | 0 |
| 0 | 0 | 0 | 0 | 0 | 0 | 0 | 0 | 0 |
| 15642 | 17542 | 42199 | 34157 | 25762 | 1550 | 4070 | -186 | 1242 |
| 0 | 0 | 0 | 0 | 0 | 0 | 0 | 0 | 0 |
| 0 | 0 | 0 | 0 | 0 | 0 | 0 | 0 | 0 |
| 0 | 0 | 0 | 0 | 0 | 0 | 0 | 0 | 0 |
| 347 | 2272 | 820 | 1979 | 1366 | 954 | 372 | -1 | -569 |
| 0 | 0 | 0 | 0 | 0 | 0 | 0 | 0 | 0 |
| 0 | 0 | 0 | 0 | 0 | 0 | 0 | 0 | 0 |
| 2548 | 54 | 34782 | 18684 | 13567 | 0 | 2780 | 595 | 1547 |
| 2519 | 53 | 34509 | 14728 | 9751 | 0 | 2699 | 595 | 1456 |
| 0 | 0 | 0 | 0 | 0 | 0 | 0 | 0 | 0 |
| 2519 | 53 | 34509 | 14728 | 9751 | 0 | 2699 | 595 | 1456 |
| 0 | 0 | 0 | 0 | 0 | 0 | 0 | 0 | 0 |
| 3982 | 8273 | 277165 | 96492 | 64252 | 7084 | 15314 | 2507 | 8317 |

# 14—5 非公经济工业企业主要指标（2019年）

单位：万元

| 行 业 | Sector | 企业单位数（个）Number of Enterprises (unit) | 资产总计 Total Capital | 流动资产合计 Annual Average Balance of Circulating Funds |
|---|---|---|---|---|
| 非公经济工业企业 | Non-public Industrial Enterprises | 5520 | 91584686 | 54598506 |
| 在总计中： | Of the Total: | | | |
| 轻工业 | Light Industry | 1704 | 27335230 | 16415214 |
| 重工业 | Heavy Industry | 3816 | 64249456 | 38183293 |
| 在总计中： | Of the Total: | | | |
| 大型企业 | Large-scale Industrial Enterprises | 55 | 22217372 | 13517199 |
| 中型企业 | Medium-scale Industrial Enterprises | 596 | 27358611 | 15315905 |
| 小型企业 | Small-scale Industrial Enterprises | 4386 | 38447965 | 23674502 |
| 微型企业 | Micro-enterprises | 483 | 3560738 | 2090900 |
| 煤炭的开采和洗选业 | Coal Mining & Dressing | 8 | 563062 | 330662 |
| 石油和天然气开采业 | Oil & Gas Mining | 0 | 0 | 0 |
| 黑色金属矿采选业 | Ferrous Metals Mining & Dressing | 19 | 661908 | 401540 |
| 有色金属矿采选业 | Nonferrous Metals Mining & Dressing | 41 | 775697 | 374124 |
| 非金属矿采选业 | Nonmetal Minerals Mining & Dressing | 171 | 1030048 | 551498 |
| 开采辅助活动 | Mining Assist Activities | 0 | 0 | 0 |
| 其他采矿业 | Other Minerals Mining | 1 | 639 | 523 |
| 农副食品加工业 | Farm & Sideline Products Processing | 445 | 10335946 | 7440771 |
| #制糖业 | Carbohydrate Processing | 46 | 4226116 | 3212261 |
| 食品制造业 | Food Production | 135 | 1773639 | 926611 |
| #罐头制造业 | Canned Food Manufacturing | 13 | 83850 | 65481 |
| 酒、饮料和精制茶制造业 | Wine, Drink & Refined Tea Manufacturing | 133 | 2140512 | 1083186 |
| #酒的制造 | Beverage Manufacturing | 25 | 898330 | 487714 |
| 烟草制品业 | Tobacco Processing | 0 | 0 | 0 |
| #卷烟制造 | Cigarettes Manufacturing | 0 | 0 | 0 |
| 纺织业 | Textile Industry | 142 | 1188454 | 705755 |
| 纺织服装、服饰业 | Textiles, Clothing & Dresses Manufacturing | 48 | 267489 | 200136 |
| 皮革、毛皮、羽毛及其制品和制鞋业 | Leather, Fur, Feather & Related Products & Shoes Manufacturing | 67 | 320746 | 245346 |
| 木材加工及木、竹、藤、棕、草制品业 | Timber Processing, Bamboo, Cane, Palm Fiber & Straw Products | 1044 | 4261021 | 2710974 |
| 家具制造业 | Furniture Manufacturing | 41 | 251697 | 148437 |
| 造纸及纸制品业 | Papermaking & Paper Products | 133 | 5466394 | 2258647 |
| #造纸 | Papermaking | 67 | 4055404 | 1610669 |
| 印刷和记录媒介复制业 | Printing & Record Duplicating | 33 | 268466 | 135125 |

## Major Indicators of Non-public Industrial Enterprises （2019）

（10 000 yuan）

| 应收账款 Account Receivable | 存货 Inventory | 负债合计 Total Liabilities | 营业收入 Business Revenue | 营业成本 Business Cost | 销售费用 Selling Expenses | 管理费用 administrative expenses | 财务费用 Financial Expenses | 利润总额 Total Profits |
|---|---|---|---|---|---|---|---|---|
| 14707204 | 11521225 | 56565194 | 101229263 | 87973804 | 2287363 | 3068656 | 893166 | 6086522 |
| 2822317 | 3941857 | 17066721 | 27677516 | 23968194 | 893853 | 1097283 | 344227 | 1205738 |
| 11884887 | 7579368 | 39498473 | 73551747 | 64005610 | 1393511 | 1971373 | 548939 | 4880784 |
| 3246945 | 2243919 | 12517351 | 20968154 | 18171984 | 393114 | 363289 | 155850 | 1457028 |
| 2961489 | 3741713 | 17094260 | 28176878 | 23677981 | 602438 | 1030218 | 304513 | 2322267 |
| 7726261 | 5255885 | 24473075 | 48269740 | 42521744 | 1258129 | 1600056 | 400677 | 2230942 |
| 772510 | 279708 | 2480509 | 3814492 | 3602095 | 33683 | 75092 | 32126 | 76284 |
| 6444 | 14599 | 341645 | 191169 | 160341 | 7598 | 5688 | 2558 | 15120 |
| 0 | 0 | 0 | 0 | 0 | 0 | 0 | 0 | 0 |
| 146284 | 70416 | 299268 | 590307 | 523255 | 6032 | 13992 | 10882 | 25365 |
| 60682 | 67210 | 546518 | 656849 | 543344 | 7353 | 46562 | 7490 | 33788 |
| 196773 | 55557 | 563085 | 1085176 | 742038 | 106624 | 84158 | 6875 | 103908 |
| 0 | 0 | 0 | 0 | 0 | 0 | 0 | 0 | 0 |
| 0 | 338 | 177 | 366 | 258 | 25 | 17 | 15 | 22 |
| 921076 | 1428714 | 6840690 | 12781846 | 11747535 | 205014 | 306928 | 140546 | 356217 |
| 326809 | 401774 | 3183181 | 3140295 | 2896038 | 42603 | 97541 | 95820 | 46020 |
| 212311 | 223431 | 879536 | 1438951 | 1114266 | 91714 | 76239 | 20813 | 122114 |
| 9313 | 12409 | 51704 | 52398 | 41597 | 4789 | 3128 | 1492 | 1620 |
| 143080 | 514822 | 1086218 | 1800475 | 1343695 | 115881 | 100183 | 28127 | 179072 |
| 15096 | 326928 | 550310 | 448863 | 336788 | 5889 | 28908 | 18252 | 30890 |
| 0 | 0 | 0 | 0 | 0 | 0 | 0 | 0 | 0 |
| 0 | 0 | 0 | 0 | 0 | 0 | 0 | 0 | 0 |
| 107357 | 379169 | 783833 | 1318203 | 1224095 | 11941 | 46118 | 18250 | 19458 |
| 43225 | 76168 | 101714 | 675783 | 516567 | 15584 | 99713 | 4111 | 31364 |
| 101140 | 80812 | 188192 | 556494 | 511983 | 8583 | 20732 | 3142 | 9930 |
| 727830 | 690196 | 2543112 | 10592705 | 9711163 | 135060 | 198830 | 44931 | 498695 |
| 31867 | 43276 | 157642 | 453922 | 384009 | 15429 | 16178 | 2658 | 39988 |
| 354437 | 284458 | 3940777 | 2862327 | 2461728 | 103622 | 106318 | 68597 | 88678 |
| 207249 | 192869 | 2774682 | 1757130 | 1526320 | 53952 | 55061 | 53805 | 38613 |
| 39714 | 20180 | 110409 | 255274 | 211859 | 5322 | 11140 | 3424 | 23453 |

# 14—5 续表1

单位：万元

| 流动资产合计 Annual Average Balance of Circulating Funds | 应收账款 Account Receivable | 存货 Inventory | 负债合计 Total Liabilities | 营业收入 Business Revenue |
|---|---|---|---|---|
| 165153 | 53930 | 51691 | 122328 | 1004079 |
| 431496 | 65738 | 102857 | 622493 | 791805 |
| 2218601 | 549922 | 577274 | 2319351 | 4288175 |
| 1352465 | 319983 | 333125 | 1217098 | 1348640 |
| 0 | 0 | 0 | 0 | 0 |
| 627362 | 180266 | 178615 | 698949 | 1194515 |
| 6212803 | 2033817 | 929517 | 5550524 | 10725759 |
| 1749713 | 243488 | 147339 | 1225285 | 2725740 |
| 3815698 | 402893 | 1134600 | 4440704 | 7999410 |
| 4299962 | 442535 | 1022029 | 5299251 | 6851993 |
| 661659 | 232596 | 176318 | 645818 | 1647990 |
| 1982389 | 251895 | 370279 | 1483336 | 2497679 |
| 1292492 | 506329 | 275880 | 1255476 | 1595299 |
| 4277721 | 1334516 | 953119 | 4270551 | 5395351 |
| 199396 | 75107 | 48350 | 149286 | 146884 |
| 145079 | 32824 | 45612 | 157841 | 475004 |
| 1566373 | 589899 | 333260 | 1241598 | 2042600 |
| 6132990 | 4056096 | 711759 | 5086424 | 12297814 |
| 146574 | 79682 | 33197 | 163781 | 230115 |
| 18617 | 6221 | 3898 | 19124 | 42332 |
| 442745 | 80528 | 192548 | 525355 | 3326254 |
| 11983 | 2862 | 2039 | 16046 | 12823 |
| 959233 | 315153 | 112525 | 2581661 | 1536840 |
| 811463 | 261931 | 89334 | 2375102 | 1122776 |
| 277307 | 99951 | 78508 | 803422 | 728998 |
| 138486 | 10098 | 400 | 527470 | 105261 |
| 291735 | 75114 | 30098 | 429661 | 628982 |
| 32042 | 2189 | 1640 | 35008 | 35964 |

continued

(10 000 yuan)

| 营业成本<br>Business Cost | 销售费用<br>Selling Expenses | 管理费用<br>administrative expenses | 财务费用<br>Financial Expenses | 利润总额<br>Total Profits |
|---:|---:|---:|---:|---:|
| 923941 | 23808 | 25891 | 3432 | 23990 |
| 677221 | 8828 | 18139 | 16018 | 67785 |
| 3692992 | 110741 | 169196 | 41532 | 217239 |
| 844553 | 213090 | 118903 | 16126 | 119554 |
| 0 | 0 | 0 | 0 | 0 |
| 999924 | 20528 | 53291 | 15143 | 89872 |
| 8444439 | 440832 | 415620 | 81451 | 1259039 |
| 1850508 | 31588 | 83467 | 12207 | 713878 |
| 7253761 | 72956 | 148623 | 45293 | 376238 |
| 6274020 | 47071 | 85832 | 87552 | 276903 |
| 1375774 | 45964 | 109578 | 13693 | 94803 |
| 2119939 | 114184 | 92007 | 4901 | 139969 |
| 1278860 | 50261 | 77591 | 24768 | 122392 |
| 4803529 | 129395 | 214389 | 45809 | 177443 |
| 133368 | 1878 | 5876 | 809 | 7808 |
| 355803 | 10388 | 72731 | 1654 | 25464 |
| 1773785 | 51063 | 95628 | 16600 | 80111 |
| 10902839 | 72249 | 137151 | 12069 | 934365 |
| 190199 | 4997 | 12523 | 821 | 16600 |
| 32042 | 1684 | 3811 | 292 | 4354 |
| 3037966 | 15684 | 30901 | 8418 | 219747 |
| 10738 | 230 | 1059 | 767 | -42 |
| 1206321 | 966 | 33833 | 88085 | 202637 |
| 828637 | 294 | 28492 | 81565 | 177977 |
| 595528 | 178 | 9112 | 32181 | 82336 |
| 60809 | 116 | 10251 | 15011 | 21550 |
| 546387 | 16444 | 15185 | 5527 | 85111 |
| 32606 | 221 | 3978 | 798 | 5779 |

# 14—6 私营工业企业主要指标（2019年）

单位：万元

| 行　业 | Sector | 企业单位数（个）Number of Enterprises (unit) | 资产总计 Total Capital |
|---|---|---|---|
| **私营工业企业** | Collective-owned Industrial Enterprises | 4013 | 40144028 |
| **在总计中：** | Of the Total: | | |
| 轻工业 | Light Industry | 1168 | 10982112 |
| 重工业 | Heavy Industry | 2845 | 29161916 |
| **在总计中：** | Of the Total: | | |
| 大型企业 | Large-scale Industrial Enterprises | 15 | 6020142 |
| 中型企业 | Medium-scale Industrial Enterprises | 322 | 10803125 |
| 小型企业 | Small-scale Industrial Enterprises | 3301 | 21356532 |
| 微型企业 | Micro-enterprises | 375 | 1964230 |
| 煤炭的开采和洗选业 | Coal Mining & Dressing | 7 | 188223 |
| 石油和天然气开采业 | Oil & Gas Mining | 0 | 0 |
| 黑色金属矿采选业 | Ferrous Metals Mining & Dressing | 14 | 107599 |
| 有色金属矿采选业 | Nonferrous Metals Mining & Dressing | 29 | 340152 |
| 非金属矿采选业 | Nonmetal Minerals Mining & Dressing | 136 | 720322 |
| 开采辅助活动 | Mining Assist Activities | 0 | 0 |
| 其他采矿业 | Other Minerals Mining | 1 | 639 |
| 农副食品加工业 | Farm & Sideline Products Processing | 295 | 4541076 |
| #制糖业 | Carbohydrate Processing | 14 | 1413773 |
| 食品制造业 | Food Production | 91 | 653612 |
| #罐头制造业 | Canned Food Manufacturing | 7 | 18629 |
| 酒、饮料和精制茶制造业 | Wine, Drink & Refined Tea Manufacturing | 86 | 1203008 |
| #酒的制造 | Beverage Manufacturing | 15 | 627959 |
| 烟草制品业 | Tobacco Processing | 0 | 0 |
| #卷烟制造 | Cigarettes Manufacturing | 0 | 0 |
| 纺织业 | Textile Industry | 103 | 641523 |
| 纺织服装、服饰业 | Textiles, Clothing & Dresses Manufacturing | 38 | 171699 |
| 皮革、毛皮、羽毛及其制品和制鞋业 | Leather, Fur, Feather & Related Products & Shoes Manufacturing | 47 | 160624 |
| 木材加工及木、竹、藤、棕、草制品业 | Timber Processing, Bamboo, Cane, Palm Fiber & Straw Products | 929 | 3075920 |
| 家具制造业 | Furniture Manufacturing | 32 | 191566 |
| 造纸及纸制品业 | Papermaking & Paper Products | 99 | 1077647 |
| #造纸 | Papermaking | 47 | 423904 |
| 印刷和记录媒介复制业 | Printing & Record Duplicating | 25 | 128718 |

# Major Indicators of Private Owned Industrial Enterprises （2019）

（10 000 yuan）

| 流动资产合计 Annual Average Balance of Circulating Funds | 应收账款 Account Receiv-able | 存货 Inventory | 负债合计 Total Liabilities | 营业收入 Business Revenue | 营业成本 Business Cost | 销售费用 Selling Expenses | 管理费用 administrative expenses | 财务费用 Financial Expenses | 利润总额 Total Profits |
|---|---|---|---|---|---|---|---|---|---|
| 25388958 | 7071937 | 6146309 | 27007422 | 52848027 | 46493379 | 1191701 | 1769124 | 469396 | 2482724 |
| 7241497 | 1324693 | 2035783 | 7254249 | 13956025 | 12162211 | 385629 | 605173 | 183057 | 540566 |
| 18147461 | 5747244 | 4110526 | 19753173 | 38892002 | 34331169 | 806072 | 1163951 | 286340 | 1942158 |
| 3392024 | 298156 | 930437 | 4153877 | 5180966 | 4582704 | 93164 | 108978 | 51035 | 212742 |
| 6888429 | 1273861 | 1750644 | 7455358 | 13418845 | 11349606 | 266594 | 569621 | 156807 | 953003 |
| 13914271 | 5118297 | 3284473 | 14111798 | 31845016 | 28293629 | 805076 | 1045072 | 247366 | 1265490 |
| 1194235 | 381623 | 180755 | 1286390 | 2403199 | 2267441 | 26867 | 45453 | 14189 | 51489 |
| 92429 | 5526 | 13867 | 162195 | 151916 | 140364 | 6797 | 3876 | 2533 | -2312 |
| 0 | 0 | 0 | 0 | 0 | 0 | 0 | 0 | 0 | 0 |
| 79137 | 761 | 36821 | 75538 | 215266 | 198898 | 4899 | 4265 | 750 | 5690 |
| 221126 | 41308 | 49335 | 211236 | 369720 | 313007 | 4647 | 22204 | 2448 | 22191 |
| 389764 | 151175 | 39495 | 365714 | 787959 | 537887 | 83213 | 62583 | 6136 | 66576 |
| 0 | 0 | 0 | 0 | 0 | 0 | 0 | 0 | 0 | 0 |
| 523 | 0 | 338 | 177 | 366 | 258 | 25 | 17 | 15 | 22 |
| 3345970 | 405829 | 673161 | 3200466 | 5410375 | 4949386 | 67802 | 144693 | 84445 | 127682 |
| 1221036 | 71828 | 74434 | 1127077 | 659520 | 581707 | 7457 | 29545 | 33791 | 21801 |
| 353839 | 92143 | 124785 | 326276 | 746269 | 590820 | 47515 | 40598 | 7600 | 54738 |
| 12933 | 4337 | 4832 | 13597 | 23996 | 20393 | 2288 | 1604 | 494 | -632 |
| 664028 | 78469 | 386312 | 719225 | 1025692 | 795027 | 54973 | 66777 | 22002 | 66712 |
| 379611 | 7811 | 282627 | 436814 | 299083 | 229667 | 2789 | 18074 | 16932 | 15878 |
| 0 | 0 | 0 | 0 | 0 | 0 | 0 | 0 | 0 | 0 |
| 0 | 0 | 0 | 0 | 0 | 0 | 0 | 0 | 0 | 0 |
| 419602 | 70996 | 205838 | 469261 | 823987 | 763004 | 8338 | 28681 | 11770 | 12536 |
| 121842 | 28144 | 66743 | 64164 | 505954 | 381161 | 12768 | 76864 | 4055 | 23632 |
| 131154 | 46189 | 50466 | 106569 | 333695 | 313782 | 4384 | 6738 | 1753 | 7099 |
| 2007909 | 639147 | 547132 | 2036729 | 9378635 | 8640244 | 99840 | 158396 | 35245 | 424602 |
| 120435 | 26090 | 26406 | 123620 | 375958 | 317899 | 12595 | 11699 | 1936 | 36473 |
| 594929 | 152973 | 114107 | 780079 | 1293280 | 1130983 | 47242 | 54575 | 13977 | 42981 |
| 224343 | 36826 | 46756 | 278437 | 470501 | 440181 | 4378 | 16102 | 4145 | 5584 |
| 76099 | 21302 | 12217 | 73415 | 156461 | 132600 | 3200 | 7949 | 2882 | 10402 |

# 14—6 续表1

单位：万元

| 行业 | Sector | 企业单位数（个）Number of Enterprises (unit) | 资产总计 Total Capital |
|---|---|---|---|
| 文教、工美、体育和娱乐用品制造业 | Culture, Education, Handcraft, Art, Sport and Entertainment Goods Manufacturing | 49 | 161461 |
| 石油加工、炼焦及核燃料加工业 | Oil Processing, Coking and Nuclear Fuel Processing | 11 | 228950 |
| 化学原料及化学制品制造业 | Raw Chemical Materials and Chemical Products | 204 | 1868736 |
| 医药制造业 | Medical and Pharmaceutical Products | 62 | 526165 |
| 化学纤维制造业 | Chemical Fiber Products | 0 | 0 |
| 橡胶和塑料制品业 | Rubber and Plastic Products | 102 | 564731 |
| 非金属矿物制品业 | Nonmetal Mineral Products | 713 | 5646059 |
| #水泥制造 | Cement Products | 44 | 718865 |
| 黑色金属冶炼及压延加工业 | Smelting and Pressing of Ferrous Metals | 86 | 5143824 |
| 有色金属冶炼及压延加工业 | Smelting and Pressing of Nonferrous Metals | 65 | 3024724 |
| 金属制品业 | Metal Products | 108 | 712367 |
| 通用设备制造业 | General Equipment Manufacturing | 59 | 374152 |
| 专用设备制造业 | For Special Purposes Equipment Manufacturing | 79 | 590074 |
| 汽车制造业 | Automobile Manufacturing | 236 | 3474736 |
| #汽车整车制造 | Vehicle manufacturing | 1 | 36459 |
| 铁路、船舶、航空航天和其他运输设备制造业 | Railway, Ship, Aerospace and Other Transportation Equipment Manufacturing | 30 | 209558 |
| 电气机械及器材制造业 | Electrical Machinery and Apparatus Manufacturing | 113 | 1058142 |
| 计算机、通信和其他电子设备制造业 | Computer, Communication and Other Electronic Equipment Manufacturing | 83 | 2223369 |
| 仪器仪表制造业 | Instruments Manufacturing | 13 | 118990 |
| 其他制造业 | Other Manufacturing | 3 | 15388 |
| 废弃资源综合利用业 | Waste Resources Comprehensive Utilization | 36 | 507533 |
| 金属制品、机械和设备修理业 | Metal Product, Machinery and Equipment Repair Services | 3 | 23633 |
| 电力、热力的生产和供应业 | Production and Supply of Electric Power and Heat Power | 20 | 434591 |
| #电力生产 | Electric Power Production | 19 | 431081 |
| #火力发电 | Thermal Power | 1 | 36801 |
| 水力发电 | Hydropower | 10 | 129408 |
| 燃气生产和供应业 | Production and Supply of Gas | 2 | 4011 |
| 水的生产和供应业 | Production and Supply of Water | 4 | 30506 |

continued

（10 000 yuan）

| 流动资产合计 Annual Average Balance of Circulating unds | 应收账款 Account Receivable | 存货 Inventory | 负债合计 Total Liabilities | 营业收入 Business Revenue | 营业成本 Business Cost | 销售费用 Selling Expenses | 管理费用 administrative expenses | 财务费用 Financial Expenses | 利润总额 Total Profits |
|---|---|---|---|---|---|---|---|---|---|
| 97286 | 23378 | 32167 | 75325 | 811877 | 756377 | 19430 | 14982 | 3279 | 15735 |
| 73813 | 15356 | 22694 | 173813 | 161312 | 143104 | 2066 | 4055 | 4212 | 6936 |
| 1125509 | 244601 | 321478 | 1066681 | 2532403 | 2187580 | 61404 | 107480 | 17327 | 130915 |
| 341539 | 85267 | 78712 | 343023 | 425946 | 314037 | 50338 | 40850 | 6661 | 11118 |
| 0 | 0 | 0 | 0 | 0 | 0 | 0 | 0 | 0 | 0 |
| 398284 | 134386 | 91286 | 352656 | 755526 | 629438 | 13177 | 37868 | 11137 | 58102 |
| 3366880 | 1287174 | 589109 | 3502534 | 6318822 | 5233423 | 310500 | 252828 | 58442 | 423294 |
| 401925 | 67448 | 60904 | 467417 | 712739 | 578428 | 20924 | 27589 | 6921 | 75495 |
| 2619065 | 193850 | 760134 | 3103768 | 5410209 | 4923171 | 50269 | 81313 | 27262 | 225562 |
| 2034508 | 262507 | 537218 | 2857249 | 2630033 | 2479137 | 26964 | 52558 | 52193 | -442 |
| 449246 | 141663 | 121233 | 440834 | 1280280 | 1055956 | 34391 | 94118 | 10521 | 77055 |
| 222864 | 78724 | 71135 | 194330 | 436796 | 376193 | 9030 | 25983 | 6994 | 15220 |
| 381943 | 113644 | 81307 | 333934 | 685694 | 554275 | 29049 | 36286 | 6000 | 48047 |
| 2365500 | 784065 | 567379 | 2499734 | 3016027 | 2709532 | 51288 | 127303 | 32700 | 95330 |
| 19269 | 0 | 6260 | 19269 | 13895 | 12293 | 408 | 534 | 119 | 352 |
| 94589 | 14795 | 32671 | 110049 | 418349 | 306029 | 9810 | 69842 | 1632 | 22445 |
| 771293 | 358583 | 163230 | 646596 | 1121177 | 972037 | 27934 | 46469 | 9356 | 48744 |
| 1877038 | 1420317 | 159489 | 1840297 | 2569147 | 2216634 | 20270 | 47041 | 3535 | 218182 |
| 63367 | 23546 | 15830 | 73746 | 157918 | 125386 | 4136 | 8552 | 590 | 15014 |
| 7783 | 1760 | 1522 | 6567 | 15458 | 11721 | 664 | 1567 | 85 | 1283 |
| 322494 | 69406 | 146672 | 353269 | 2348455 | 2154045 | 12298 | 22279 | 5215 | 149848 |
| 11983 | 2862 | 2039 | 16046 | 12823 | 10738 | 230 | 1059 | 767 | -42 |
| 134638 | 54381 | 3431 | 290567 | 138753 | 102531 | 0 | 5906 | 13595 | 17335 |
| 133393 | 53651 | 3365 | 287553 | 135498 | 100038 | 0 | 5654 | 13594 | 16831 |
| 13055 | 11705 | 8 | 16086 | 22086 | 20494 | 0 | 427 | 1616 | -448 |
| 15338 | 1766 | 60 | 100576 | 27567 | 18674 | 0 | 2852 | 4301 | 1582 |
| 2084 | 431 | 287 | 1528 | 7917 | 6650 | 0 | 77 | 1 | 1176 |
| 8464 | 1190 | 266 | 10215 | 17573 | 20068 | 218 | 797 | 349 | 2848 |

# 14—7 大中型工业企业分行业主要指标（2019年）

单位：万元

| 行业 | Sector | 企业单位数（个）Number of Enterprises (unit) | 资产总计 Total Capital |
|---|---|---|---|
| 大中型工业企业 | Large-scale & Medium-scale Industrial Enterprises | 887 | 118186589 |
| 在总计中： | Of the Total: | | |
| 轻工业 | Light Industry | 359 | 23015096 |
| 重工业 | Heavy Industry | 528 | 95171493 |
| 在总计中： | Of the Total: | | |
| 大型企业 | Large-scale Industrial Enterprises | 95 | 69678617 |
| 中型企业 | Medium-scale Industrial Enterprises | 792 | 48507972 |
| 煤炭的开采和洗选业 | Coal Mining & Dressing | 3 | 620013 |
| 石油和天然气开采业 | Oil & Gas Mining | 0 | 0 |
| 黑色金属矿采选业 | Ferrous Metals Mining & Dressing | 3 | 597143 |
| 有色金属矿采选业 | Nonferrous Metals Mining & Dressing | 13 | 1638662 |
| 非金属矿采选业 | Nonmetal Minerals Mining & Dressing | 2 | 54341 |
| 开采辅助活动 | Mining Assist Activities | 0 | 0 |
| 其他采矿业 | Other Minerals Mining | 0 | 0 |
| 农副食品加工业 | Farm & Sideline Products Processing | 106 | 9287623 |
| #制糖业 | Carbohydrate Processing | 73 | 6612044 |
| 食品制造业 | Food Production | 16 | 813292 |
| #罐头制造业 | Canned Food Manufacturing | 3 | 62875 |
| 酒、饮料和精制茶制造业 | Wine, Drink & Refined Tea Manufacturing | 22 | 1146879 |
| #酒的制造 | Beverage Manufacturing | 6 | 792429 |
| 烟草制品业 | Tobacco Processing | 2 | 2315605 |
| #卷烟制造 | Cigarettes Manufacturing | 1 | 2262660 |
| 纺织业 | Textile Industry | 34 | 752628 |
| 纺织服装、服饰业 | Textiles, Clothing & Dresses Manufacturing | 22 | 161498 |
| 皮革、毛皮、羽毛及其制品和制鞋业 | Leather, Fur, Feather & Related Products & Shoes Manufacturing | 13 | 150976 |
| 木材加工及木、竹、藤、棕、草制品业 | Timber Processing, Bamboo, Cane, Palm Fiber & Straw Products | 51 | 680800 |
| 家具制造业 | Furniture Manufacturing | 5 | 44789 |
| 造纸及纸制品业 | Papermaking & Paper Products | 27 | 4410715 |
| #造纸 | Papermaking | 10 | 3592961 |
| 印刷和记录媒介复制业 | Printing & Record Duplicating | 2 | 131005 |

注：工业企业分行业主要指标统计范围为年主营业务收入2000万元及以上工业法人企业。

Note: The statistic coverage of major indicators of industrial enterprises by industrial sectors is enterprises with business income of the main products of over 20 million yuan.

# Major Indicators of Large-scale and Medium-scale Industrial Enterprises by Industrial Sector （2019）

(10 000 yuan)

| 流动资产合计 Annual Average Balance of Circulating Funds | 应收账款 Account Receivable | 存货 Inventory | 负债合计 Total Liabilities | 营业收入 Business Revenue | 营业成本 Business Cost | 销售费用 Selling Expenses | 管理费用 administrative expenses | 财务费用 Financial Expenses | 利润总额 Total Profits |
|---|---|---|---|---|---|---|---|---|---|
| 57429266 | 10323898 | 13002437 | 76011747 | 113611138 | 96153389 | 2487665 | 2995757 | 1049689 | 6011671 |
| | | | | | | | | | |
| 13504761 | 1640040 | 3340163 | 13690964 | 19767682 | 15382450 | 919698 | 850036 | 262220 | 847348 |
| 43924506 | 8683858 | 9662275 | 62320783 | 93843456 | 80770939 | 1567967 | 2145721 | 787469 | 5164323 |
| | | | | | | | | | |
| 32924051 | 5962342 | 7264577 | 46585824 | 65274381 | 56013319 | 1619138 | 1299521 | 494671 | 3084807 |
| 24505215 | 4361556 | 5737860 | 29425923 | 48336757 | 40140071 | 868527 | 1696236 | 555018 | 2926864 |
| 331881 | 917 | 21773 | 458255 | 79464 | 57926 | 1678 | 12725 | 4790 | 3424 |
| 0 | 0 | 0 | 0 | 0 | 0 | 0 | 0 | 0 | 0 |
| 327424 | 140298 | 42382 | 260328 | 361815 | 312007 | 3504 | 13796 | 11950 | 14812 |
| 779758 | 96756 | 48941 | 1037939 | 607608 | 455632 | 4099 | 44021 | 31759 | 81144 |
| 34253 | 10472 | 3482 | 18453 | 61738 | 35040 | 3945 | 5414 | 154 | 16162 |
| 0 | 0 | 0 | 0 | 0 | 0 | 0 | 0 | 0 | 0 |
| 0 | 0 | 0 | 0 | 0 | 0 | 0 | 0 | 0 | 0 |
| 6202337 | 549225 | 1089256 | 6251697 | 9109576 | 8468376 | 146981 | 274591 | 150998 | 109215 |
| 4329731 | 389299 | 674672 | 4692776 | 5142961 | 4786886 | 81799 | 191723 | 138044 | (8802) |
| 426905 | 85520 | 77045 | 397152 | 532041 | 405286 | 31378 | 25035 | 11767 | 47210 |
| 42856 | 1931 | 7572 | 38855 | 28093 | 20619 | 3790 | 1857 | 506 | 1598 |
| 556363 | 77254 | 285026 | 588219 | 1247011 | 846959 | 116121 | 88286 | 10521 | 136076 |
| 367299 | 22293 | 201247 | 413006 | 556513 | 353427 | 38433 | 40840 | 8775 | 71448 |
| 1643636 | 58743 | 858261 | 882495 | 2404420 | 733826 | 48275 | 107026 | (12521) | 146078 |
| 1598870 | 58259 | 855185 | 878516 | 2397036 | 729999 | 48275 | 103254 | (11185) | 145116 |
| 441390 | 72125 | 239587 | 460700 | 768553 | 715875 | 7102 | 27528 | 9814 | 13419 |
| 122512 | 23204 | 58460 | 55301 | 450481 | 345183 | 6417 | 71650 | 1428 | 18515 |
| 109134 | 54363 | 29300 | 82070 | 212340 | 185826 | 5596 | 14751 | 1531 | 2074 |
| 381019 | 78994 | 165651 | 376646 | 1701250 | 1480299 | 25761 | 39842 | 11294 | 141792 |
| 24733 | 6820 | 8595 | 30540 | 120599 | 107984 | 4169 | 6113 | 871 | 1695 |
| 1679035 | 257513 | 202548 | 3164376 | 1903050 | 1586869 | 84785 | 80464 | 67005 | 51953 |
| 1349707 | 165084 | 147522 | 2529285 | 1344745 | 1139139 | 50915 | 45218 | 54322 | 26280 |
| 68285 | 24648 | 14509 | 48849 | 101922 | 77732 | 879 | 6511 | (178) | 13639 |

# 14—7 续表1

单位：万元

| 行业 | Sector | 企业单位数（个）Number of Enterprises (unit) | 资产总计 Total Capital |
|---|---|---|---|
| 文教、工美、体育和娱乐用品制造业 | Culture, Education, Handcraft, Art, Sport and Entertainment Goods Manufacturing | 26 | 98400 |
| 石油加工、炼焦及核燃料加工业 | Oil Processing, Coking and Nuclear Fuel Processing | 7 | 4017991 |
| 化学原料及化学制品制造业 | Raw Chemical Materials and Chemical Products | 34 | 2146598 |
| 医药制造业 | Medical and Pharmaceutical Products | 24 | 2044973 |
| 化学纤维制造业 | Chemical Fiber Products | 0 | 0 |
| 橡胶和塑料制品业 | Rubber and Plastic Products | 17 | 659166 |
| 非金属矿物制品业 | Nonmetal Mineral Products | 99 | 6523928 |
| #水泥制造 | Cement Products | 25 | 3890228 |
| 黑色金属冶炼及压延加工业 | Smelting and Pressing of Ferrous Metals | 27 | 12839403 |
| 有色金属冶炼及压延加工业 | Smelting and Pressing of Nonferrous Metals | 36 | 14007149 |
| 金属制品业 | Metal Products | 16 | 359573 |
| 通用设备制造业 | General Equipment Manufacturing | 12 | 2756095 |
| 专用设备制造业 | For Special Purposes Equipment Manufacturing | 21 | 4266559 |
| 汽车制造业 | Automobile Manufacturing | 69 | 12670783 |
| #汽车整车制造 | Vehicle manufacturing | 4 | 6915130 |
| 铁路、船舶、航空航天和其他运输设备制造业 | Railway, Ship, Aerospace and Other Transportation Equipment Manufacturing | 13 | 348362 |
| 电气机械及器材制造业 | Electrical Machinery and Apparatus Manufacturing | 22 | 1299229 |
| 计算机、通信和其他电子设备制造业 | Computer, Communication and Other Electronic Equipment Manufacturing | 68 | 4590226 |
| 仪器仪表制造业 | Instruments Manufacturing | 5 | 108794 |
| 其他制造业 | Other Manufacturing | 2 | 17842 |
| 废弃资源综合利用业 | Waste Resources Comprehensive Utilization | 8 | 270552 |
| 金属制品、机械和设备修理业 | Metal Product, Machinery and Equipment Repair Services | 2 | 402380 |
| 电力、热力的生产和供应业 | Production and Supply of Electric Power and Heat Power | 47 | 23360305 |
| #电力生产 | Electric Power Production | 16 | 9124564 |
| #火力发电 | Thermal Power | 10 | 3591054 |
| 水力发电 | Hydropower | 5 | 609409 |
| 燃气生产和供应业 | Production and Supply of Gas | 4 | 563133 |
| 水的生产和供应业 | Production and Supply of Water | 7 | 2029184 |

continued

(10 000 yuan)

| 流动资产合计 Annual Average Balance of Circulating Funds | 应收账款 Account Receivable | 存货 Inventory | 负债合计 Total Liabilities | 营业收入 Business Revenue | 营业成本 Business Cost | 销售费用 Selling Expenses | 管理费用 administrative expenses | 财务费用 Financial Expenses | 利润总额 Total Profits |
|---|---|---|---|---|---|---|---|---|---|
| 71454 | 30431 | 19959 | 47336 | 326354 | 277864 | 14700 | 12439 | 2608 | 17035 |
| 2394439 | 183701 | 661243 | 1073346 | 8447584 | 6418800 | 39110 | 88454 | -24844 | 276059 |
| 1151882 | 143242 | 236925 | 1047924 | 1660925 | 1346193 | 52986 | 143334 | 13933 | -62587 |
| 1127427 | 218166 | 208681 | 793731 | 1150617 | 443856 | 402313 | 58308 | 993 | 205510 |
| 0 | 0 | 0 | 0 | 0 | 0 | 0 | 0 | 0 | 0 |
| 258023 | 54802 | 78329 | 328084 | 595597 | 483507 | 11916 | 27449 | 5841 | 53753 |
| 3333880 | 597833 | 501996 | 2456792 | 5115949 | 3485518 | 151326 | 198625 | 32751 | 1186783 |
| 1992646 | 280034 | 134590 | 1095156 | 2956461 | 1792910 | 61386 | 89879 | 11491 | 960610 |
| 6464864 | 481786 | 2465249 | 9011761 | 18929391 | 17284986 | 131893 | 250802 | 85431 | 861065 |
| 6280415 | 434156 | 1816336 | 10747926 | 11709799 | 10675873 | 70831 | 149997 | 194436 | 424411 |
| 215762 | 37209 | 77314 | 233916 | 499527 | 404419 | 8159 | 43339 | 2899 | 32594 |
| 2013649 | 241919 | 399524 | 1540866 | 2195185 | 1860882 | 116407 | 75377 | 2587 | 110428 |
| 2639049 | 915058 | 484769 | 2518787 | 2288765 | 1835915 | 118592 | 87207 | 22505 | 178798 |
| 7949595 | 1533170 | 1479222 | 9393374 | 15290511 | 13132918 | 736671 | 443360 | -39005 | 345466 |
| 4381410 | 594250 | 659028 | 5523092 | 10658462 | 9003164 | 640051 | 231560 | -70622 | 240795 |
| 220507 | 36504 | 42926 | 171838 | 423715 | 310493 | 9876 | 72089 | 172 | 22849 |
| 793642 | 308419 | 189267 | 799069 | 1179947 | 1032963 | 28277 | 44668 | 16472 | 29916 |
| 3741432 | 2268319 | 589174 | 2747579 | 10664669 | 9325299 | 60551 | 106430 | 7404 | 906247 |
| 57334 | 20031 | 17251 | 73830 | 92195 | 67911 | 2862 | 8057 | 387 | 11033 |
| 7879 | 3291 | 1585 | 10326 | 19016 | 14186 | 890 | 1805 | 89 | 2085 |
| 132326 | 23965 | 105951 | 237288 | 1635425 | 1435522 | 7551 | 16064 | 2887 | 161524 |
| 225014 | 96352 | 43655 | 255559 | 166458 | 145374 | 1845 | 18916 | 161 | 374 |
| 4661452 | 1110627 | 417936 | 16883762 | 10998819 | 9937848 | 9612 | 299031 | 395117 | 342612 |
| 1227320 | 281779 | 329812 | 7529795 | 2716349 | 2180596 | 387 | 72278 | 228517 | 229713 |
| 702063 | 215460 | 155949 | 3026215 | 1997416 | 1760963 | 387 | 47991 | 127615 | 55565 |
| 84681 | 21270 | 1306 | 255847 | 227687 | 120873 | 0 | 13222 | 2679 | 83632 |
| 142730 | 29570 | 10168 | 291464 | 315943 | 270122 | 8938 | 9222 | 3121 | 64921 |
| 417848 | 18495 | 10161 | 1234172 | 242883 | 148123 | 11672 | 23032 | 22563 | 43586 |

# 14—8 主要年份主要工业产品产量

| 产品名称 | Item | 1995 | 2000 | 2005 | 2010 |
|---|---|---|---|---|---|
| 锰矿石（万吨） | Manganese Ore （10 000 tons） | 265.40 | 118.65 | 75.18 | 564.39 |
| 铁矿石（万吨） | Iron Ore （10 000 tons） | 272.32 | 68.61 | 62.16 | 353.06 |
| 粗钢（万吨） | Steel （10 000 tons） | 88.78 | 104.73 | 496.29 | 1204.57 |
| 生铁（万吨） | Pig Iron （10 000 tons） | 96.76 | 125.32 | 485.39 | 1113.46 |
| 钢材（万吨） | Rolled Steel （10 000 tons） | 80.50 | 102.63 | 519.88 | 1560.34 |
| 铁合金（万吨） | Ferroalloys （10 000 tons） | 31.14 | 41.58 | 126.28 | 269.44 |
| 十种有色金属（吨） | 10 Nonferrous Metal （ton） | 272700 | 605902 | 666284 | 1405548 |
| #铝 | Aluminum | 64960 | 185867 | 246263 | 667180 |
| 锌 | Zinc | 129076 | 235535 | 170110 | 500762 |
| 锡 | Tin | 23457 | 45874 | 35338 | 29306 |
| 氧化铝（万吨） | Oxide of Aluminum （10 000 tons） |  | 40.81 | 92.46 | 528.84 |
| 发电量（亿千瓦小时） | Electricity （100 million kwh） | 217.29 | 289.09 | 446.04 | 1032.15 |
| #水电 | Hydropower | 136.54 | 168.87 | 195.82 | 475.26 |
| 原煤（万吨） | Coal （10 000 tons） | 1391.42 | 706.67 | 700.34 | 757.57 |
| 硫酸（万吨） | Sulfuric Acid （10 000 tons） | 57.43 | 86.04 | 171.77 | 264.27 |
| 烧碱（吨） | Caustic Soda （ton） | 101700 | 140719 | 240172 | 430064 |
| 农用化肥（折100%，万吨） | Chemical Fertilizers （10 000 tons） | 43.12 | 53.30 | 84.02 | 86.90 |
| 水泥（万吨） | Cement （10 000 tons） | 1980.47 | 2198.35 | 3306.13 | 7516.51 |
| 汽车（辆） | Motor Vehicles （set） | 73824 | 131238 | 377184 | 1366096 |
| #客车 | Buses |  | 59137 | 288683 | 1076891 |
| 小型拖拉机（台） | Mini-tractors （set） | 100900 | 90966 | 117804 | 282254 |
| 纱（万吨） | Yarn （10 000 tons） | 7.70 | 9.22 | 11.87 | 11.01 |
| 布（万米） | Cloth （10 000 m） | 16800 | 8714 | 5472 | 4633 |
| 机制纸及纸板（万吨） | Machine-made Paper and Paperboard （10 000 tons） | 95.02 | 82.55 | 125.37 | 225.11 |
| 成品糖（万吨） | Machine-made Sugar （10 000 tons） | 178.12 | 325.76 | 504.34 | 705.46 |
| 发酵酒精（万吨） | Liquor （10 000 tons） | 13.93 | 21.46 | 22.45 | 55.76 |
| 化学原料药（吨） | Chemical Medicine （ton） | 2804 | 2482 | 5449 | 5920 |
| 中成药（吨） | Traditional Chinese Medicine （ton） | 57071 | 49719 | 74712 | 213336 |
| 表（万只） | Watches （10 000 units） | 86.90 | 1016.88 | 95.34 | 102.15 |
| 原盐（万吨） | Salt （10 000 tons） | 9.69 | 15.62 | 10.72 | 8.80 |
| 卷烟（万箱） | Cigarettes （10 000 cases） | 98.35 | 72.33 | 106.90 | 143.30 |
| 罐头（吨） | Canned Food （ton） | 234700 | 135747 | 171994 | 478805 |
| 饮料酒（千升） | Alcoholic Beverages （kilo-liter） | 314889 | 546848 | 832112 | 1878833 |
| 原油加工量（万吨） | Volume of Crude Oil Processing （10 000 tons） |  |  |  | 418.93 |
| 发动机（万千瓦） | Engine （1000 kw） |  |  |  | 15377.04 |

注：本表统计范围为全部工业产品产量。

Note: The statistical range of this table is the total output of industrial enterprises.

# Output of Major Industrial Products in Main Years

| 2011 | 2012 | 2013 | 2014 | 2015 | 2016 | 2017 | 2018 | 2019 |
|---|---|---|---|---|---|---|---|---|
| 353.41 | 494.77 | 605.79 | 741.45 | 821.99 | 977.48 | 1127.52 | 82.70 | 103.72 |
| 423.25 | 484.03 | 908.40 | 871.15 | 799.28 | 495.82 | 283.32 | 80.35 | 17.15 |
| 1212.11 | 1341.65 | 2223.65 | 2085.62 | 2146.05 | 2109.57 | 2265.26 | 2243.43 | 2662.71 |
| 959.98 | 1302.70 | 1571.63 | 1235.20 | 1222.00 | 1216.59 | 1310.75 | 1426.77 | 1466.12 |
| 1766.40 | 2149.54 | 2791.68 | 3263.68 | 3545.75 | 3645.08 | 3271.11 | 3194.09 | 3346.74 |
| 315.87 | 388.57 | 668.84 | 488.39 | 542.39 | 521.08 | 521.15 | 346.55 | 324.79 |
| 1339961 | 1112295 | 1238592 | 1375375 | 1576687 | 1804491 | 2302130 | 2859201 | 3737872 |
| 631218 | 656208 | 658842 | 515272 | 575629 | 783554 | 1205529 | 1676019 | 2278022 |
| 471706 | 318971 | 410139 | 524798 | 501797 | 462049 | 461717 | 498538 | 502591 |
| 27393 | 15903 | 12846 | 14103 | 11664 | 11028 | 15033 | 9227 | 8036 |
| 529.21 | 672.24 | 727.99 | 796.80 | 846.01 | 906.00 | 1045.80 | 818.58 | 846.46 |
| 1039.01 | 1186.12 | 1249.53 | 1310.03 | 1299.90 | 1346.50 | 1401.11 | 1752.02 | 1846.27 |
| 415.48 | 536.46 | 479.39 | 629.36 | 749.30 | 654.40 | 629.34 | 701.12 | 593.41 |
| 784.52 | 753.61 | 640.34 | 615.43 | 425.50 | 432.50 | 442.68 | 487.90 | 406.16 |
| 269.49 | 284.29 | 281.75 | 330.60 | 368.32 | 367.37 | 385.32 | 337.35 | 383.34 |
| 488177 | 449042 | 434025 | 416681 | 437556 | 462022 | 957397 | 537121 | 617227 |
| 95.67 | 124.41 | 105.71 | 111.49 | 116.91 | 95.56 | 84.90 | 41.15 | 30.54 |
| 8746.48 | 6986.88 | 11202.83 | 10744.58 | 11144.43 | 12056.42 | 12218.75 | 11327.73 | 11938.45 |
| 1423467 | 1673293 | 1869086 | 2092254 | 2294032 | 2454531 | 2486056 | 2148946 | 1830327 |
| 1116201 | 1245007 | 828835 | 617016 | 5340 | 6286 | 4616 | 2910 | 2627 |
| 386795 | 442446 | 457024 | 431257 | 163181 | 150438 | 138258 | 19277 | 6002 |
| 12.45 | 11.78 | 11.77 | 10.81 | 9.76 | 10.08 | 10.44 | 7.64 | 6.85 |
| 5970 | 5550 | 5067 | 4480 | 4506 | 4478 | 21077 | 4005 | 5247 |
| 276.52 | 336.37 | 413.90 | 338.67 | 284.05 | 289.03 | 301.21 | 281.44 | 324.16 |
| 742.28 | 861.47 | 1010.89 | 1077.16 | 925.74 | 914.69 | 936.20 | 647.44 | 792.20 |
| 56.18 | 55.95 | 65.59 | 86.17 | 69.56 | 59.74 | 79.25 | 30.6 | 38.20 |
| 7334 | 6034 | 6915 | 7090 | 7197 | 7237 | 9260 | 28679 | 16598 |
| 189188 | 232036 | 324318 | 293524 | 344856 | 437518 | 502580 | 322078 | 186481 |
| 98.41 | 97.06 | 99.02 | 88.68 | 76.34 | 32.21 | 52.93 | 41.38 | 51.06 |
| 6.54 | 7.14 | 11.08 | 8.94 | 7.90 | 7.08 | 3.84 | 3.02 | 0.00 |
| 148.30 | 150.70 | 153.70 | 156.80 | 156.84 | 147.73 | 144.26 | 140.01 | 140.26 |
| 487164 | 516198 | 559740 | 483416 | 565830 | 541756 | 589115 | 22670 | 185744 |
| 2104674 | 2322123 | 2437584 | 2426751 | 2391867 | 2186628 | 1933313 | 1672929 | 1322559 |
| 1108.01 | 1550.66 | 1296.13 | 1390.47 | 1428.80 | 1339.94 | 1562.50 | 1598.76 | 1637.28 |
| 15505.84 | 14045.63 | 16730.11 | 16973.37 | 18551.83 | 19657.61 | 20585.59 | 19300.72 | 18162.94 |

# 14—9 广西分市规模以上工业企业主要经济指标（2019年）

单位：万元

| 分市名称 | Sector | 企业单位数（个）Number of Enterprises (unit) | 资产总计 Total Capital | 流动资产合计 Annual Average Balance of Circulating Funds | 应收账款 Account Receivable |
|---|---|---|---|---|---|
| 广 西 | Guangxi | 6185 | 180209751 | 89458064 | 20276493 |
| 南宁市 | Nanning | 1000 | 27417101 | 15205506 | 6294443 |
| 柳州市 | Liuzhou | 944 | 32222506 | 19011199 | 3740365 |
| 桂林市 | Guilin | 517 | 11381689 | 4970780 | 1445490 |
| 梧州市 | Wuzhou | 424 | 7435663 | 3544095 | 843557 |
| 北海市 | Beihai | 266 | 11069015 | 6193365 | 1344771 |
| 防城港市 | Fangchenggang | 159 | 17920406 | 6217465 | 598958 |
| 钦州市 | Qinzhou | 311 | 10227284 | 4576730 | 839889 |
| 贵港市 | Guigang | 697 | 7605237 | 4126386 | 873380 |
| 玉林市 | Yulin | 534 | 9186757 | 5085524 | 913632 |
| 百色市 | Baise | 356 | 17929748 | 7724504 | 1014316 |
| 贺州市 | Hezhou | 237 | 5364177 | 2263604 | 517052 |
| 河池市 | Hechi | 221 | 8178050 | 3097115 | 395883 |
| 来宾市 | Laibin | 220 | 6026770 | 2529600 | 597108 |
| 崇左市 | Chongzuo | 313 | 7000532 | 4024593 | 742095 |

## Major Indicators Economic of Industrial Enterprises above Designated Size by City（2019）

（10 000 yuan）

| 存货 Inventory | 负债合计 Total Liabilities | 营业收入 Business Revenue | 营业成本 Business Costs | 销售费用 Selling Expenses | 管理费用 administrative expenses | 财务费用 Financial Expenses | 利润总额 Total Profits |
|---|---|---|---|---|---|---|---|
| 19604051 | 114648666 | 174411072 | 149311952 | 3917728 | 4983364 | 1750372 | 9237754 |
| 2787955 | 18029490 | 23832803 | 19570999 | 509757 | 833500 | 222376 | 1148416 |
| 4657776 | 22073659 | 40879605 | 35387577 | 1221116 | 1178690 | 114264 | 1185554 |
| 1064471 | 6817590 | 7083676 | 5623908 | 367639 | 349619 | 105336 | 569394 |
| 974197 | 4087007 | 8953515 | 7142449 | 359410 | 356022 | 63724 | 952803 |
| 1538856 | 6688738 | 18136060 | 15085179 | 166190 | 232522 | 36603 | 1329931 |
| 1885858 | 11953896 | 11234043 | 10153775 | 149228 | 135221 | 185171 | 493356 |
| 1054523 | 5594701 | 13249992 | 11137865 | 206301 | 237986 | 121618 | 526496 |
| 886307 | 4128856 | 10337141 | 8990318 | 124603 | 358501 | 55440 | 733033 |
| 937928 | 5362539 | 9634960 | 8212588 | 278401 | 357755 | 68440 | 648658 |
| 1264358 | 13017938 | 11128228 | 9783009 | 157815 | 282756 | 205844 | 553259 |
| 404234 | 3474416 | 4367291 | 3777108 | 127731 | 124867 | 70651 | 228656 |
| 767176 | 5832342 | 4800586 | 4011324 | 53319 | 150483 | 151014 | 387655 |
| 525229 | 4970531 | 4094968 | 3676710 | 78037 | 170003 | 117458 | 55765 |
| 824024 | 4355422 | 6028405 | 5252260 | 115316 | 153869 | 98137 | 424610 |

## 主要统计指标解释

**工业** 指从事自然物质资源采掘和对工业品原料及农产品原料进行加工和再加工的物质生产部门。具体包括：（1）对自然资源的开采，如采矿、晒盐等，但不包括禽兽捕猎和水产捕捞；（2）对农副产品的加工、再加工，如粮油加工、食品加工、缫丝、纺织、制革等；（3）对采掘品的加工、再加工，如炼铁、炼钢、化工生产、石油加工、机器制造、木材加工等，以及电力、自来水、煤气的生产和供应等；（4）对工业品的修理、翻新，如机器设备的修理、交通运输工具（如汽车）的修理等。

**独立核算法人工业企业** 指从事工业生产经营活动的单位。独立核算法人工业企业应同时具备以下条件：①依法成立，有自己的名称、组织机构和场所，能够承担民事责任；②独立拥有和使用资产，承担负债，有权与其他单位签订合同；③独立核算盈亏，并能够编制资产负债表。

**集体企业** 指企业资产归集体所有，并按《中华人民共和国企业法人登记管理条例》规定登记注册的经济组织。是社会主义公有制经济的组成部分。包括城乡所有使用集体投资举办的企业，以及部分个人通过集资自愿放弃所有权并依据工商行政管理机关认定为集体所有制的企业。

国有控股：包括：（1）在企业的全部实收资本中，国有经济成分的出资人拥有的实收资本（股本）所占企业全部实收资本（股本）的比例大于50%的国有绝对控股。（2）在企业的全部实收资本中，国有经济成分的出资人拥有的实收资本（股本）所占比例虽未大于50%，但相对大于其他任何一方经济成分的出资人所占比例的国有相对控股；或者虽不大于其他经济成分，但根据协议规定拥有企业实际控制权的国有协议控股。（3）投资双方各占50%，且未明确由谁绝对控股的企业，若其中一方为国有经济成分的，一律按国有控股处理。

**股份制经济** 是指以合作制为基础，由企业职工共同出资入股，吸收一定比例的社会资产投资组建，实行自主经营，自负盈亏，按劳分配与按股分红相结合的一种集体经济组织。

**联营企业** 是指两个及两个以上相同或不同所有制性质的企业法人或事业单位法人，按自愿、平等、互利的原则，共同投资组成的经济组织。包括国有联营、集体联营、国有与集体联营、其他联营等。

## Explanatory Notes on Main Statistical Indicators

**Industry** refers to the material production sector which is engaged in excavation of natural material resources, processing and reprocessing of industrial and agricultural raw materials, including: (1) exploitation of natural resources, such as mining, solar salt, but not including hunting and fishing; (2) processing and reprocessing of farm and sideline products, such as grain and edible oil, silk reeling, spinning and weaving and leather making; (3) manufacture of industrial products, such as steel making, iron smelting, chemicals manufacturing, petroleum processing, machine building, timber processing; water and gas production and electricity generation and supply; (4) repairing of industrial products such as the repairing of machinery and means of transport (such as cars).

**Corporate Industrial Enterprises with Independent Accounting System** refer to enterprises engaging in industrial production activities, which meet the following requirements: 1. They are established legally, having their own names, organizations, location, able to take civil liability; 2. They possess and use their assets independently, assume liabilities, and are entitled to sign contracts with other units; 3. They are financially independent, and compile their own balance sheets.

**Collective-owned Enterprises** refer to economic organization registered in accordance with Regulation of the People's Republic of China on the Registration and Administration of Enterprise Legal Persons, which enterprise asset shall be collectively owned. It is part of socialist public ownership of the economy. It includes urban and rural enterprises invested by collectives and some enterprises which were formerly owned privately but have been registered in industrial and commercial administration agency as collective units through raising fund from the public.

State-holding Enterprises includes: (1) absolutely state-holding enterprises whose state paid-up capital (stock) shares are more than 50%. (2) Relatively state-holding enterprises that state shares are less than 50%, but relatively more than other economic units or no more than other economic units, but according to agreement, the state have actuary controlling ability to the enterprises. (3) Enterprises that one of the two 50-50 investors is state-owned, without conforming which investor is absolute holding.

**Share-holding Enterprises** refer to economic units set up on cooperative basis, with funding party from members of the enterprises and partly from social investment, where the operation and management is decided by the members who also participate in the production, and the distribution of income is based both on work (labor input) and on shares (capital input).

**Joint-operation Enterprises** refer to economic units that are established by joint investment by two or more corporate enterprise or institution of the same or different types of ownership on voluntary, equal and mutual-beneficial basis. They include state-owned joint-operation enterprises, collective joint-operation enterprises, state-collective joint-operation enterprises, other joint-operation etc.

**有限责任公司**　是指根据《中华人民共和国公司登记管理条例》规定登记注册，由两个以上，五十个以下的股东共同出资，每个股东以其所认缴的出资额对公司承担有限责任，公司以其全部资产对其债务承担责任的经济组织。包括国有独资公司以及其他有限责任公司。

**股份有限公司**　是指根据《中华人民共和国公司登记管理条例》规定登记注册，其全部注册资本由等额股份构成并通过发行股票筹集资本，股东以其认购的股份对公司承担有限责任，公司以其全部资产对其债务承担责任的经济组织。

**私营企业**　是指由自然人投资设立或由自然人控股，以雇佣劳动为基础的营利性经济组织。包括按照《公司法》、《合伙企业法》、《私营企业暂行条例》以及《个人独资企业法》规定登记注册的私营独资企业、私营合伙企业、私营有限责任公司、私营股份有限公司和个人独资企业。

**轻工业**　指主要提供生活消费品和制作手工工具的工业。按其所使用的原料不同，可分为两大类：(1) 以农产品为原料的轻工业，是指直接或间接以农产品为基本原料的轻工业。主要包括食品制造、饮料制造、烟草加工、纺织、缝纫、皮革和毛皮制作、造纸以及印刷等工业；(2) 以非农产品为原料的轻工业，是指以工业品为原料的轻工业。主要包括文教体育用品、化学药品制造、合成纤维制造、日用化学制品、日用玻璃制品、日用金属制品、手工工具制造、医疗器械制造、文化和办公用机械制造等工业。

**重工业**　指为国民经济各部门提供物质技术基础的主要生产资料的工业。按其生产性质和产品用途，可以分为下列三类：(1) 采掘（伐）工业，是指对自然资源的开采，包括石油开采、煤炭开采、金属矿开采、非金属矿开采和木材采伐等工业；(2) 原材料工业，指向国民经济各部门提供基本材料、动力和燃料的工业。包括金属冶炼及加工、炼焦及焦炭化学、化工原料、水泥、人造板以及电力、石油和煤炭加工等工业；(3) 加工工业，是指对工业原材料进行再加工制造的工业。包括装备国民经济各部门的机械设备制造工业、金属结构、水泥制品等工业，以及为农业提供的生产资料如化肥、农药等工业。

根据上述划分原则，修理业中以重工业产品为修理作业对象的划为重工业，反之划为轻工业。

**Share-holding Liability Corporations**　refers to economic units registered in accordance with the Regulation of the People's Republic of China on the Registration of Corporation Enterprises, assets are collected by above two investors, bellow 50 investors, each investor bears limited liability to the corporation depending on the holding of shares, and the corporation bears liability to its debt to the maximum of its total assets. They include state-owned enterprises and other share-holding liability corporations.

**Share-holding Corporations Ltd.**　refer to economic units registered in accordance with the Regulation of the People's Republic of China on the Management of Registration of Corporation Enterprises, with total registered capital divided into equal shares and raised through issuing stocks. Each investor bears limited liability to the corporation depending on the holding of shares, and the corporation bears to its debt to the maximum of its total assets

**Private Enterprises**　refer to economic units invested or controlled (by holding the majority of the shares) by natural persons who hire labors for profit-making activities. Included in this category are private limited liability corporations, private share-holding corporations ltd., private partnership and private sole investment enterprises registered in accordance with the Corporation Law, Partnership Enterprise Law, Tentative Regulation on Private Enterprises and Individual Proprietorship Enterprise Law.

**Light Industry**　refers to the industry that produces consumer goods and hand tools. It consists of two categories, depending on the materials used: (1) Industries using farm products as raw materials. These are branches of light industry which directly or indirectly use farm products as basic raw materials, including the manufacture of food and beverages, tobacco processing, textile, clothing, fur and leather manufacturing, paper making, printing, etc. (2) Industries using non farm products as raw materials. These are branches of light industry which use manufactured goods as raw materials, including the manufacture of cultural, educational articles and sports goods, chemicals, synthetic fiber, chemical products for daily use, glass products for daily use, metal products for daily use, hand tools, medical apparatus and instruments, and the manufacture of cultural and clerical machinery.

**Heavy Industry**　refers to the industry whose produces capital goods, and provides various sectors of the national economy with necessary material and technical basis. It consists of the following three branches according to the purpose of production or the use of products: (1) Mining, quarrying and logging industry refers to the industry that extracts natural resources, including extraction of petroleum, coal, metal and non metal ores and logging. (2) Raw materials industry refers to the industry that provides various sectors of the national economy with raw materials, fuels and power. It includes smelting and processing of metals, coking and coke chemistry, chemical materials and building materials such as cement, plywood, and power, petroleum refining and coal processing. (3) Manufacturing industry refers to the industry that processes raw materials. It includes machine manufacturing industry which equips sectors of the national economy, industries of metal structure and cement products, industries producing means of agricultural production, such as chemical fertilizers and pesticides.

根据上述划分原则，修理业中以重工业产品为修理作业对象的划为重工业，反之划为轻工业。

According to the above principle of classification, the repairing trades that are engaged primarily in repairing products of heavy industry are classified into heavy industry while these engaged in repairing products of light industry are classified into light industry.

**资产总计** 指企业过去的交易或者事项形成的、由企业拥有或者控制的、预期会给企业带来经济利益的资源。资产一般按流动性分为流动资产和非流动资产。其中流动资产可分为货币资金、交易性金融资产、应收票据、应收账款、预付款项、其他应收款、存货等；非流动资产可分为长期股权投资、固定资产、无形资产及其他非流动资产等。

**Total Assets** refer to all resources that are owned or controlled by enterprises through previous trades or transactions with expectation of making economic profits. Classified by the degree of liquidity, total assets include current assets and non-current assets. Current assets can be classified into monetary capital, trading financial assets, notes receivable, accounts receivable, advanced payments, other receivables and inventories. Non-current assets can be divided into long-term equity investment, fixed assets, intangible assets and other non-current assets. Data on this indicator can be obtained from the year-end figures of total assets in the Balance Sheet of accounting records.

**流动资产合计** 资产满足以下条件之一应归为流动资产：(1)预计在一个正常营业周期中变现、出售或耗用，主要包括存货、应收账款等；(2)主要为交易目的而持有；(3)预计在资产负债表日起一年内(含一年)变现；(4)自资产负债日起一年内，交换其他资产或清偿负债的能力不受限制的现金或现金等价物。包括货币资金、应收票据、应收账款、存货等项目。

**Total Current Assets** refer to the assets that meet one of the following requirements: (1) expected to be cashed, sold or used in a normal operation cycle, mainly including inventory and accounts receivable; (2) be owned for trading purpose mainly; (3) expected to be cashed in one year (including one year) from the day of the Balance Sheet; (4) unlimited cash or cash equivalents that can be exchanged with other assets or being capable of settling debts during one year since the day of the Balance Sheet. Included are monetary capital, notes receivable, accounts receivable and inventories. Data on this indicator can be obtained from the year-end figures of total current assets in the Balance Sheet of accounting records.

**负债合计** 指企业过去的交易或者事项形成的，预期会导致经济利益流出企业的现时义务。负债一般按偿还期长短分为流动负债和非流动负债。来源于会计"资产负债表"中"负债合计"项目的期末余额数。

**Total Liabilities** refer to payable liabilities of enterprises that accumulated from previous trades or transactions with expectation of economic profits leaking out. In terms of payment, it can be divided into liquid liabilities and long-term liabilities. Data on this indicator can be obtained from the year-end figures of total liabilities in the Balance Sheet of accounting records.

**应收账款** 指企业因销售商品、提供劳务等经营活动所形成的债权，包括应向客户收取的货款、增值税款和为客户代垫的运杂费等。

**Accounts Receivable** refers to creditor's rights formed by business activities such as selling goods, providing labor, which include payment for goods that should be charged to the customer, value-added tax and advance freight for the clients. It comes from the ending balance of accounts receivable in balance sheet.

**存货** 指企业在日常活动中持有以备出售的产成品或商品、处在生产过程中的在产品、在生产过程或提供劳务过程中耗用的材料或物料等，通常包括原材料、在产品、半成品、产成品、商品以及周转材料等。

**Inventories** refers to finished goods or commodities held in preparation for sale in enterprises' daily activities, goods in the production process, material or the physical materials consumed in the production process or in the process of providing labor, usually include raw materials, goods in the production process, semi-finished products, finished products, goods and materials in flow. It comes from the ending balance of inventory in balance sheet.

**产成品** 指企业已经完成全部生产过程并验收入库，可以按照合同规定的条件送交订货单位，或者可以作为商品对外销售的产品。

**Finished Goods** refers to the products that the enterprises have completed all of the production process and accepted and put in storage, and can be sent to the ordering units in accordance with the contract stipulations, or can be on sale. It come from the debit balance of Finished Products of accounting.

**营业收入** 指企业经营主要业务和其他业务所确认的收入总额。营业收入包括"主营业务收入"和"其他业务收入"。

**Revenue from Principal Business** refers to the income confirmed of an enterprise from the principal business of selling products and providing labor services. Data on this indicator can be obtained from the year-end credit balance of "revenue from principal business" in the accounting record of enterprise (before carryover).

**营业成本** 指企业经营主要业务和其他业务所发生的成本总额。包括企业（单位）在报告期内从事销售商品、提供劳务等日常活动发生的各种耗费。包括“主营业务成本”和“其他业务成本”。

**销售费用** 指企业在销售商品和材料、提供劳务的过程中发生的各种费用，包括保险费、包装费、展览费和广告费、商品维修费、预计产品质量保证损失、运输费、装卸费等以及为销售本企业商品而专设的销售机构（含销售网点、售后服务网点等）的职工薪酬、业务费、折旧费等经营费用。

**管理费用** 指企业为组织和管理企业生产经营所发生的费用，包括企业在筹建期间内发生的开办费、董事会和行政管理部门在企业经营管理中发生的，或者应当由企业统一负担的公司经费等。

**财务费用** 指企业为筹集生产经营所需资金等而发生的筹资费用，包括企业生产经营期间发生的利息支出（减利息收入）、汇兑损失（减汇兑收益）以及相关的手续费等。

**利润总额** 指企业在一定会计期间的经营成果，是生产经营过程中各种收入扣除各种耗费后的盈余，反映企业在报告期内实现的盈亏总额。来源于会计“利润表”中“利润总额”项目的本年累计数。

**Cost of Principal Business** refers to the total cost occurred from the principal business of the enterprise. Data can be obtained from the year-end debit balance of "cost of principal business" in the accounting record of enterprise (before carryover).

**Selling Expense** refers to the cost during the sale of goods and materials, providing labour services, including insurance, packing, exhibition fees and advertising fees, merchandise maintenance costs, expected product quality guarantee loss, transportation fees, handling fees, and operating expenses for the sales of the company's products such as employee compensation, business expenses, depreciation costs for dedicated sales offices (including sales outlets, after-sales service outlets, etc.).

**Administrative Expense** refers to the expenses for the organization and management of enterprise operating, including the start-up costs during the construction of enterprises, funds occurred during enterprises operating by board of directors and executive management in the enterprise management, or burden by enterprises. It comes from current amount of management cost in income statement.

**Financial Expenses** refers to cost of raising fund for enterprises to raise funds for production and operation, including interest payments (a reduction in interest income), exchange loss (less exchange gains) and related fees during the period of production. It comes from current amount of financial expenses in income statement.

**Total Profits** refers to the operation results in a certain accounting period, and it is the balance of various incomes minus various spending in the course of operation, reflecting the total profits and losses of enterprises in reference period. Data are obtained from the amount of total profits in the profit statement of the accounting record of enterprise.

第十五篇

# 建筑业

## CONSTRUCTION

（编辑：陈李全）

# 简要说明

（本篇内容由自治区统计局投资处调查提供，电话：0771-2441315）

**一、本篇资料的主要内容**

建筑业企业基本情况，建筑业企业所属产业活动单位基本情况，从业人员及工资总额情况，财务状况，生产经营情况，信息化和电子商务交易情况等。

**二、统计范围和统计原则**

2019年年报的统计范围为广西区内具有建筑业资质的所有独立核算建筑业企业（包括没有工作量的建筑业企业）及所属产业活动单位，建筑业企业资质执行住房和城乡建设部新的资质管理办法，辖区内有资质的建筑业企业按照法人单位注册地原则进行统计。

**三、资料来源和报送方法**

建筑业企业生产经营情况表、财务状况表、房屋竣工面积及价值表及劳务分包建筑业企业生产经营情况表的统计资料取自具有建筑业资质的所有独立核算建筑业企业的基层表，具有建筑业资质的所有独立核算建筑业企业直接从网上报送。

# 15—1 主要年份三级及三级以上建筑业企业主要指标

## Major Indicators of the Third and Higher Grade Construction Enterprises in Main Years

| 指 标 | Item | 2000 | 2005 | 2010 | 2015 | 2016 | 2017 | 2018 | 2019 |
|---|---|---|---|---|---|---|---|---|---|
| 企业个数（个） | Number（unit） | 1078 | 1047 | 1160 | 1152 | 1203 | 1326 | 1481 | 1703 |
| #国有及国有控股企业 | State-owned and State-holding Enterprises | 260 | 216 | 169 | 137 | 135 | 134 | 135 | 139 |
| 城镇集体企业 | Urban Collective-owned Enterprises | 623 | 314 | 229 | 167 | 157 | 172 | 145 | 144 |
| 1. 内资企业 | 1. Domestic Enterprises | 1067 | 1042 | 1153 | 1149 | 1201 | 1324 | 1481 | 1703 |
| 2. 港澳台商投资企业 | 2.Funded from Hong Kong，Macao and Taiwan | 4 | 4 | 5 | 3 | 2 | 2 | 0 | 0 |
| 3. 外商投资企业 | 3. Foreign Funded Enterprises | 7 | 1 | 2 | 0 | 0 | 0 | 0 | 0 |
| 总产值（亿元） | Gross Output Value（10 000 yuan） | 150.92 | 425.21 | 1222.31 | 2953.42 | 3434.33 | 4209.72 | 4401.25 | 5407.31 |
| #国有及国有控股企业 | State-owned and State-holding Enterprises | 88.82 | 248.35 | 645.72 | 1335.06 | 1516.96 | 1709.64 | 1954.48 | 2349.51 |
| 城镇集体企业 | Urban Collective-owned Enterprises | 46.62 | 63.89 | 117.02 | 192.34 | 203.91 | 235.77 | 220.86 | 257.82 |
| 1. 内资企业 | 1. Domestic Enterprises | 150.27 | 422.85 | 1200.77 | 2952.50 | 3434.06 | 4206.05 | 4401.25 | 5407.31 |
| 2. 港澳台商投资企业 | 2.Funded from Hong Kong，Macao and Taiwan | 0.067 | 0.17 | 0.88 | 0.92 | 0.27 | 3.67 | 0 | 0 |
| 3. 外商投资企业 | 3. Foreign Funded Enterprises | 0.581 | 2.19 | 20.65 | 0 | 0 | 0 | 0 | 0 |
| 年末从业人员（万人） | Number of Employed Persons（10 000 persons） | 33.3 | 43.0 | 59.06 | 85.67 | 113.29 | 139.29 | 122.37 | 141.97 |
| #国有及国有控股企业 | State-owned and State-holding Enterprises | 16.1 | 20.4 | 26.4 | 35.02 | 43.02 | 46.43 | 51.50 | 52.41 |
| 城镇集体企业 | Urban Collective-owned Enterprises | 13.5 | 10.5 | 7.39 | 6.83 | 7.75 | 7.99 | 7.56 | 7.60 |
| 1. 内资企业 | 1. Domestic Enterprises | 15.5 | 42.8 | 58.01 | 85.65 | 113.27 | 139.09 | 122.37 | 141.97 |
| 2. 港澳台商投资企业 | 2.Enterprises Funded by Enterprises from Hong Kong，Macao and Taiwan | … | 0.03 | 0.01 | 0.02 | 0.02 | 0.17 | 0 | 0 |
| 3. 外商投资企业 | 3. Foreign Funded Enterprises | 0.1 | 0.1 | 1.03 | 0 | 0 | 0 | 0 | 0 |
| 房屋建筑施工面积（万平方米） | Floor Space of Buildings Under Construction（10 000 sq.m） | 2327.5 | 5518.1 | 10742.3 | 23431.97 | 26463.48 | 25305.93 | 26135.05 | 29487.83 |
| 房屋建筑竣工面积（万平方米） | Floor Space of Buildings Completed（10 000 sq.m） | 1188.7 | 2209.7 | 4093.82 | 7720.70 | 7933.69 | 8438.74 | 8480.06 | 8685.74 |

# 15—2 主要年份国有及国有控股建筑企业主要指标

## Major Indicators of State-owned and State-holding Construction Enterprises in Main Years

| 指 标 | Item | 2000 | 2005 | 2010 | 2015 | 2016 | 2017 | 2018 | 2019 |
|---|---|---|---|---|---|---|---|---|---|
| 企业个数（个） | Number of Enterprises (unit) | 260 | 216 | 169 | 137 | 135 | 134 | 134 | 139 |
| 计算建筑业劳动生产率的平均人数（万人） | Average Number of Staff and Workers to Calculate Labor Productivity (10 000 persons) | 15.6 | 19.7 | 25.1 | 38.7 | 40.6 | 46.4 | 48.4 | 48.5 |
| 建筑业总产值（万元） | Gross Output Value of Construction (10 000 yuan) | 888224 | 2483506 | 6457240 | 13350594 | 15169598 | 17096397 | 19544833 | 23495064 |
| 竣工产值（万元） | Output Value of Construction Completed (10 000 yuan) | 824396 | 1600790 | 3109693 | 6927922 | 6657249 | 8239957 | 9542049 | 12000359 |
| 房屋建筑施工面积（万平方米） | Floor Space of Buildings Under Construction (10 000 sq.m) | 1050.1 | 2380.9 | 4640.4 | 11767.78 | 12794.31 | 13194.08 | 14056.78 | 15348.09 |
| #本年新开工 | Newly Started Buildings in the Year | 416.6 | 1069 | 1658.8 | 2388.66 | 2531.94 | 3161.98 | 3082.33 | 3295.61 |
| 房屋建筑竣工面积（万平方米） | Floor Space of Buildings Completed (10 000 sq.m) | 464.9 | 808.1 | 1260.6 | 2157.42 | 2426.74 | 2485.23 | 2901.31 | 3160.25 |
| #住 宅 | Residential Building | 281.6 | 529.6 | 844.2 | 1284.77 | 1543.74 | 1777.04 | 2176.23 | 2190.08 |
| 年末自有机械设备总台数（台） | Number of Machinery and Equipment Owned at Year-end (set) | 42514 | 46905 | 36782 | 37146 | 31656 | 33944 | 33062 | 26844 |
| 年末自有机械设备净值（万元） | Net Value of Machinery and Equipment Owned at Year-end (10 000 yuan) | 125314 | 174423 | 183742 | 185266 | 160287 | 139898 | 138336 | 126770 |
| 年末自有机械设备总功率（万千瓦） | Total Power of Machinery and Equipment Owned at Year-end (10 000 kw) | 98.2 | 104.6 | 107.4 | 114.3 | 88.9 | 82.1 | 91.6 | 83.8 |
| 年末固定资产原值（万元） | Original Value of Fixed Assets (10 000 yuan) | 751637 | 758096 | 782614 | 1033633 | 1362935 | 1095886 | 1034578 | 1174118 |
| 年末固定资产净值（万元） | Net Value of Fixed Assets (10 000 yuan) | 597232 | 505996 | 477123 | 577324 | 852362 | 576104 | 577846 | - |
| 本年固定资产折旧（万元） | Depreciation of Fixed Assets (10 000 yuan) | 20662 | 32117 | 53040 | 64642 | 62764 | 65729 | 81958 | 105287 |
| 利润总额（万元） | Total Profits (10 000 yuan) | 440 | 15102 | 51373 | 127681 | 200782 | 218349 | 305148 | 420416 |
| 利税总额（万元） | Total Pre-tax Profits (10 000 yuan) | 30485 | 95195 | 251929 | 511979 | 366429 | 366528 | 401567 | 451306 |
| 按建筑业总产值计算的劳动生产率（元/人） | Overall Labor Productivity in Terms of Gross Output Value (yuan/person) | 56937 | 125917 | 257132 | 344720 | 373289 | 368255 | 404019 | 484409 |
| 按竣工面积计算的劳动生产率（平方米/人） | Overall Labor Productivity in Terms of Floor Space of Buildings Completed (sq.m/person) | 29.8 | 41 | 50.2 | 55.7 | 59.72 | 53.5 | 60.0 | 65.2 |
| 产值利润率（%） | Ratio of Profit to Gross Output Value (%) | 0.1 | 0.6 | 0.8 | 1.0 | 1.3 | 1.3 | 1.5 | 1.8 |
| 产值利税率（%） | Ratio of Pre-tax Profit to Gross Output Value (%) | 3.4 | 3.8 | 3.9 | 3.8 | 2.4 | 2.1 | 2.1 | 1.9 |
| 房屋建筑面积竣工率（%） | Rate of Floor Space of Buildings Completed (%) | 44.3 | 33.9 | 27.2 | 18.3 | 19.0 | 18.8 | 20.6 | 20.6 |
| 技术装备率（元/人） | Value of Machines per Laborer (yuan/person) | 7784 | 8843 | 6960 | 5292 | 3726 | 3139 | 2686 | 2419 |
| 动力装备率（千瓦/人） | Power of Machines per Laborer (kw/person) | 6 | 5 | 4 | 3 | 2 | 2 | 2 | 1.7 |

# 15—3 主要年份地方国有建筑企业主要指标
## Major Indicators of Local State-owned Construction Enterprises in Main Years

| 指 标 | Item | 2000 | 2005 | 2010 | 2015 | 2016 | 2017 | 2018 | 2019 |
|---|---|---|---|---|---|---|---|---|---|
| 企业个数（个） | Number of Enterprises（unit） | 238 | 200 | 156 | 96 | 128 | 83 | 83 | 70 |
| 计算建筑业劳动生产率的平均人数（万人） | Average Number of Staff and Workers to Calculate Labor Productivity（10 000 persons） | 13.3 | 16.7 | 20.3 | 28.1 | 28.8 | 26.37 | 21.81 | 19.51 |
| 建筑业总产值（万元） | Gross Output Value of Construction（10 000 yuan） | 691699 | 1949218 | 4878699 | 9059867 | 9941288 | 9001850 | 8359283 | 9452467 |
| 竣工产值（万元） | Output Value of Construction Completed（10 000 yuan） | 601947 | 1213806 | 2560959 | 5425079 | 4602114 | 4388651 | 4420475 | 5080693 |
| 房屋建筑施工面积（万平方米） | Floor Space of Buildings Under Construction（10 000 sq.m） | 1004.7 | 2203.8 | 4415.9 | 9265.25 | 10034.17 | 7800.23 | 6464.94 | 6014.35 |
| #本年新开工 | Newly Started Buildings in the Year | 400.3 | 961.1 | 1490.9 | 2015.00 | 1785.32 | 1812.48 | 1824.69 | 1267.60 |
| 房屋建筑竣工面积（万平方米） | Floor Space of Buildings Completed（10 000 sq.m） | 444.3 | 702.3 | 1238.1 | 1669.52 | 1935.13 | 1496.42 | 1252.45 | 1361.99 |
| #住 宅 | Residential Building | 273.2 | 446.7 | 838.5 | 965.83 | 1262.45 | 1113.34 | 974.35 | 967.62 |
| 年末自有机械设备总台数（台） | Number of Machinery and Equipment Owned at Year-end（set） | 34428 | 34397 | 23962 | 19042 | 16406 | 15748 | 9435 | 8608 |
| 年末自有机械设备净值 （万元） | Net Value of Machinery and Equipment Owned at Year-end（10 000 yuan） | 93670 | 107045 | 86709 | 114434 | 107069 | 66828 | 55407 | 67699 |
| 年末自有机械设备总功率（万千瓦） | Total Power of Machinery and Equipment Owned at Year-end（10 000 kw） | 74.9 | 63.2 | 57.6 | 59.5 | 56.55 | 38.45 | 26.04 | 28.04 |
| 年末固定资产原值（万元） | Original Value of Fixed Assets（10 000 yuan） | 647397 | 427785 | 423670 | 488910 | 781761 | 392748 | 240373 | 232610 |
| 年末固定资产净值（万元） | Net Value of Fixed Assets（10 000 yuan） | 532899 | 299639 | 298090 | 321051 | 551868 | 205292 | 181826 | - |
| 本年固定资产折旧（万元） | Depreciation of Fixed Assets（10 000 yuan） | 14028 | 3118 | 15029 | 25981 | 23454 | 23583 | 30485 | 57775 |
| 利润总额（万元） | Total Profits（10 000 yuan） | 3789 | 7854 | 33002 | 85246 | 184145 | 119066 | 162108 | 220793 |
| 利税总额（万元） | Total Pre-tax Profits（10 000 yuan） | 25426 | 61464 | 186674 | 344675 | 320443 | 226393 | 211159 | 246208 |
| 按建筑业总产值计算的劳动生产率（元/人） | Overall Labor Productivity in Terms of Gross Output Value（yuan/person） | 52007 | 116991 | 239954 | 322102 | 345646 | 341323 | 383292 | 484605 |
| 按竣工面积计算的劳动生产率（平方米/人） | Overall Labor Productivity in Terms of Floor Space of Buildings Completed（sq.m /person） | 33 | 42.2 | 60.9 | 59.4 | 67.3 | 56.7 | 57.4 | 69.8 |
| 产值利润率（%） | Ratio of Profit to Gross Output Value（%） | 0.5 | 0.4 | 0.7 | 0.9 | 1.9 | 1.3 | 5.1 | 3.8 |
| 产值利税率（%） | Ratio of Pre-tax Profit to Gross Output Value（%） | 3.7 | 3.2 | 3.8 | 3.8 | 3.2 | 2.5 | 2.5 | 2.6 |
| 房屋建筑面积竣工率（%） | Rate of Floor Space of Buildings Completed（%） | 44.2 | 31.9 | 28 | 18.0 | 19.3 | 19.2 | 19.4 | 22.6 |
| 技术装备率（元/人） | Value of Machines per Laborer（yuan/person） | 6788 | 6425 | 3900 | 4472 | 3646 | 2827 | 3995 | 4155 |
| 动力装备率（千瓦/人） | Power of Machines per Laborer（kw/person） | 5 | 4 | 3 | 2 | 2 | 1 | 1 | 1.4 |

# 15—4 建筑企业生产情况（2019年）

## Major Production Indicators of Construction Enterprises（2019）

| 指 标 | Item | 总计 Total | #国有经济 State-owned Economic | 中央企业 Central | 地方企业 Local | #城镇集体经济 Urban Collec-tive-owned Economic |
|---|---|---|---|---|---|---|
| 企业个数（个） | Number of Enterprises（unit） | 1703 | 92 | 22 | 70 | 144 |
| #亏损企业个数 | Number of Loss-making Enterprises | 334 | 25 | 6 | 19 | 21 |
| 建筑业总产值（万元） | Gross Output Value of Construction（10 000 yuan） | 54073065 | 13614695 | 4162228 | 9452467 | 2578188 |
| 建筑工程 | Construction Projects | 46285862 | 10806026 | 3280824 | 7525202 | 2384819 |
| 安装工程 | Installation Projects | 4441695 | 1564795 | 671062 | 893733 | 93222 |
| 其他 | Others | 3345508 | 1243874 | 210341 | 1033533 | 100147 |
| 竣工产值（万元） | Output Value of Construction Completed（10 000 yuan） | 26609969 | 6620932 | 1540239 | 5080693 | 1482862 |
| 房屋建筑施工面积（万平方米） | Floor Space of Buildings Under Construction（10 000 sq.m） | 29487.83 | 6393.33 | 378.98 | 6014.35 | 1749.22 |
| #本年新开工 | Newly Started Buildings in the Year | 10627.31 | 1414.16 | 146.56 | 1267.60 | 791.45 |
| #投标承包 | Number of Bidding Projects | 0 | 0 | 0 | 0 | 0 |
| 房屋建筑竣工面积（万平方米） | Floor Space of Buildings Completed（10 000 sq.m） | 8685.74 | 1454.59 | 92.60 | 1361.99 | 779.87 |
| #住宅面积 | Residential Buildings | 5336.00 | 1025.11 | 57.50 | 967.62 | 396.66 |
| 年末自有机械设备总台数（台） | Number of Machinery and Equipment Owned at Year-end（set） | 149642 | 20869 | 12261 | 8608 | 16713 |
| 年末自有机械设备总功率（万千瓦） | Total Power of Machinery and Equipment Owned at Year-end（10 000 kw） | 343.26 | 69.76 | 41.72 | 28.04 | 34.97 |
| 年末自有机械设备净值（万元） | Net Value of Machinery and Equipment Owned at Year-end（10 000 yuan） | 528586 | 107495 | 39796 | 67699 | 47356 |
| 计算建筑业劳动生产率的平均人数（万人） | Average Number of Staff and Workers to Calculate Labor Productivity（10 000 persons） | 142.84 | 24.67 | 5.17 | 19.51 | 7.58 |

# 15—5　按主要行业分组的建筑企业生产情况（2019年）
## Major Production Indicators of Construction Enterprises by Sector（2019）

| 指　标 | Item | 总计 Total | 房屋建筑业 Housing Industry | 土木工程建筑业 Civil Engineering | 建筑安装业 Construction and Installation | 建筑装饰和其他建筑业 Architectual Ornament and Others |
|---|---|---|---|---|---|---|
| 企业个数（个） | Number of Enterprises（unit） | 1703 | 1088 | 381 | 126 | 108 |
| #亏损企业个数 | Number of Loss-making Enterprises | 334 | 209 | 73 | 30 | 22 |
| 建筑业总产值（万元） | Gross Output Value of Construction（10 000 yuan） | 54073065 | 40205787 | 12289116 | 1144479 | 433682 |
| 建筑工程 | Construction Projects | 46285862 | 35277173 | 10171916 | 456818 | 379955 |
| 安装工程 | Installation Projects | 4441695 | 2563390 | 1248485 | 609480 | 20341 |
| 其他 | Others | 3345508 | 2365224 | 868716 | 78181 | 33386 |
| 竣工产值（万元） | Output Value of Construction Completed（10 000 yuan） | 26609969 | 19891859 | 6005505 | 537229 | 175376 |
| 房屋建筑施工面积（万平方米） | Floor Space of Buildings Under Construction（10 000 sq.m） | 29487.83 | 28246.57 | 1122.48 | 90.20 | 28.57 |
| #本年新开工 | Newly Started Buildings in the Year | 10627.31 | 10239.68 | 366.01 | 6.11 | 15.52 |
| #投标承包 | Number of Bidding Projects | 0 | 0 | 0 | 0 | 0 |
| 房屋建筑竣工面积（万平方米） | Floor Space of Buildings Completed（10 000 sq.m） | 8685.74 | 8262.25 | 367.08 | 53.18 | 3.23 |
| #住宅面积 | Residential Buildings | 5336.00 | 5042.66 | 259.53 | 33.05 | 0.75 |
| 年末自有机械设备总台数（台） | Number of Machinery and Equipment Owned at Year-end（set） | 149642 | 122230 | 22376 | 3482 | 1554 |
| 年末自有机械设备总功率（万千瓦） | Total Power of Machinery and Equipment Owned at Year-end（10 000 kw） | 343.26 | 246.00 | 91.23 | 3.87 | 2.16 |
| 年末自有机械设备净值（万元） | Net Value of Machinery and Equipment Owned at Year-end（10 000 yuan） | 528586 | 348840 | 166773 | 6909 | 6065 |
| 计算建筑业劳动生产率的平均人数（万人） | Average Number of Staff and Workers to Calculate Labor Productivity（10 000 persons） | 142.84 | 117.75 | 21.01 | 2.78 | 1.31 |

# 15—6 建筑企业主要财务状况（2019年）

# Major Financial Indicators of Construction Enterprises（2019）

单位：万元 （10 000 yuan）

| 指 标 | Item | 总计 Total | #国有经济 State-owned Economic | 中央企业 Central | 地方企业 Local | #城镇集体经济 Urban Collective-owned Economic |
|---|---|---|---|---|---|---|
| 实收资本合计 | Total Capital Hold | 6658818 | 1759743 | 949938 | 809806 | 241261 |
| 流动资产合计 | Total Circulating Funds | 25932748 | 8477700 | 4185548 | 4292152 | 621630 |
| 固定资产合计 | Total Fixed Assets | 0 | 0 | 0 | 0 | 0 |
| 固定资产原价 | Original Value of Fixed Assets | 2547844 | 853086 | 620476 | 232610 | 132692 |
| 累计折旧 | Add Up Depreciation | 1201357 | 463692 | 385303 | 78389 | 39370 |
| #本年折旧 | Depreciation of the Year | 211975 | 84913 | 27138 | 57775 | 3879 |
| **资产总计** | **Total Assets** | **32378845** | **11847950** | **6403045** | **5444904** | **905150** |
| 流动负债合计 | Total Liquid Liabilities | 18981911 | 7506480 | 4322376 | 3184104 | 412006 |
| 非流动负债合计 | Total Non-liquid Liabilities | 2043627 | 1205496 | 522547 | 682949 | 8816 |
| 所有者权益合计 | Total Creditors Equity | 10463991 | 3113434 | 1556493 | 1556942 | 427334 |
| 主营业务收入 | Income from Major Business | 41528730 | 11667637 | 4257617 | 7410020 | 1762698 |
| 主营业务成本 | Cost of Major Business | 38707227 | 10918086 | 4002120 | 6915966 | 1617652 |
| 主营业务税金及附加 | Taxes and Extra Charges of Major Business | 349556 | 43052 | 10311 | 32741 | 41894 |
| **其他业务利润** | **Other Profits** | **46410** | **18077** | **9829** | **8249** | **805** |
| 管理费用 | Management Expenses | 1155381 | 317552 | 169701 | 147850 | 46845 |
| 财务费用 | Property Expenses | 311052 | 167166 | 96674 | 70492 | 3288 |
| 利润总额 | Total Profits | 1014041 | 279317 | 58525 | 220793 | 45243 |
| 利税总额 | Total Pre-tax Profits | 1325518 | 284583 | 38375 | 246208 | 98262 |

# 15—7　按主要行业分组的建筑企业财务状况（2019年）
## Major Financial Indicators of Construction Enterprises by Sector（2019）

单位：万元　　　　(10 000 yuan)

| 指　标 | Item | 总计 Total | 房屋建筑业 Housing Industry | 土木工程建筑业 Civil Engineering | 建筑安装业 Construction and Installation | 建筑装饰和其他建筑业 Architectual Ornament and Others |
|---|---|---|---|---|---|---|
| 实收资本合计 | Total Capital Hold | 6658818 | 3836935 | 2503471 | 224373 | 94038 |
| 流动资产合计 | Total Circulating Funds | 25932748 | 15375360 | 9237763 | 991515 | 328110 |
| 固定资产合计 | Total Fixed Assets | 0 | 0 | 0 | 0 | 0 |
| 固定资产原价 | Original Value of Fixed Assets | 2547844 | 1249104 | 1119074 | 133411 | 46255 |
| 累计折旧 | Add Up Depreciation | 1201357 | 479092 | 639693 | 59842 | 22731 |
| #本年折旧 | Depreciation of the Year | 211975 | 75717 | 112899 | 16573 | 6787 |
| 资产总计 | Total Assets | 32378845 | 17827414 | 13019036 | 1122232 | 410163 |
| 流动负债合计 | Total Liquid Liabilities | 18981911 | 10571309 | 7400933 | 763302 | 246367 |
| 非流动负债合计 | Total Non-liquid Liabilities | 2043627 | 831548 | 1157835 | 34216 | 20029 |
| 所有者权益合计 | Total Creditors Equity | 10463991 | 5626852 | 4392405 | 322361 | 122372 |
| 主营业务收入 | Income from Major Business | 41528730 | 28274678 | 11542220 | 1243574 | 468258 |
| 主营业务成本 | Cost of Major Business | 38707227 | 26638202 | 10519032 | 1128648 | 421344 |
| 主营业务税金及附加 | Taxes and Extra Charges of Major Business | 349556 | 280343 | 60479 | 5876 | 2858 |
| 其他业务利润 | Other Profits | 46410 | 25397 | 20037 | 843 | 133 |
| 管理费用 | Management Expenses | 1155381 | 634395 | 423433 | 69709 | 27844 |
| 财务费用 | Property Expenses | 311052 | 175736 | 120841 | 13223 | 1253 |
| 利润总额 | Total Profits | 1014041 | 503688 | 463973 | 30094 | 16286 |
| 利税总额 | Total Pre-tax Profits | 1325518 | 950663 | 327033 | 30919 | 16903 |

# 15—8 各种分组的建筑企业主要经济效益指标（2019年）

# Major Economic Efficiency Indicators of Construction Enterprises by Various Groups（2019）

| 指标 | Item | 劳动生产率 Labor Productivity | | | 房屋建筑面积竣工率（%） Rate of Floor Space of Buildings Completed（%） | 资产利润率（%） | 资产利税率（%） | 产值利润率（%） | 产值利税率（%） |
|---|---|---|---|---|---|---|---|---|---|
| | | 按总产值计算（元/人） Calculated by Gross Output Value（yuan/person） | 按竣工产值计算（元/人） Calculated by Completed Output Value（yuan/person） | 按房屋竣工面积计算（平方米/人） Calculated by Floor Space of Building Completed（sq.m/person） | | Ratio of Profit to Funds（%） | Ratio of Per-tax Profit to Funds（%） | Ratio of Profit to Gross Output Value（%） | Ratio of Pre-tax Profit to Gross Output Value（%） |
| 总 计 | Total | 378546 | 186287 | 60.81 | 29.5 | 3.1 | 4.1 | 1.9 | 2.5 |
| 按经济类型分 | By Economic units | | | | | | | | |
| #国有经济 | State-owned Economic | 551839 | 268364 | 58.96 | 22.8 | 2.4 | 2.4 | 2.1 | 2.1 |
| 中央企业 | Central Enterprises | 805696 | 298149 | 17.93 | 24.4 | 0.9 | 0.6 | 1.4 | 0.9 |
| 地方企业 | Local Enterprises | 484605 | 260475 | 69.83 | 22.6 | 4.1 | 4.5 | 2.3 | 2.6 |
| 集体经济 | Collective-owned Economic | 340310 | 195732 | 102.94 | 44.6 | 5.0 | 10.9 | 1.8 | 3.8 |
| 按企业资质等级分 | By the Classes of Enterprises | | | | | | | | |
| 0、一级 | Zero，One Classes | 393441 | 190862 | 58.86 | 24.3 | 2.8 | 3.4 | 1.6 | 1.9 |
| 二、三级 | Two，Three Classes | 348695 | 177195 | 64.78 | 48.0 | 3.7 | 5.5 | 2.5 | 3.7 |
| 按行业分 | By Sector | | | | | | | | |
| 房屋建筑业 | Building Construction | 341461 | 168938 | 70.17 | 29.3 | 2.8 | 5.3 | 1.3 | 2.4 |
| 土木工程建筑业 | Civil Engineering | 585001 | 285881 | 17.47 | 32.7 | 3.6 | 2.5 | 3.8 | 2.7 |
| 建筑安装业 | Construction | 411920 | 193359 | 19.14 | 59.0 | 2.7 | 2.8 | 2.6 | 2.7 |
| 建筑装饰和其他建筑业 | Installation | 330500 | 133650 | 2.46 | 11.3 | 4.0 | 4.1 | 3.8 | 3.9 |

## 主要统计指标解释

**建筑业统计单位** 指从事房屋、构筑物建造和设备安装活动的法人企业。

**建筑业总产值** 建筑业总产值是以货币表现的建筑业企业在一定时期内生产的建筑业产品和提供的服务的总和。建筑业总产值包括：

（1）建筑工程产值：指列入建筑工程预算内的各种工程价值。

（2）安装工程产值：指设备安装工程价值，不包括被安装设备本身价值。

（3）其他产值：建筑业总产值中除建筑工程、安装工程以外的产值。包括房屋构筑物修理产值、非标准设备制造产值、总包企业向分包企业收取的管理费以及不能明确划分的施工活动所完成的产值。

**竣工产值** 指以货币表现的建筑业生产所形成的成品的价值。竣工产值一般是以单位工程为对象，当该工程按照设计所规定工程内容全部完成，达到了设计规定的交工条件，经有关部门检查验收鉴定合格的单位工程价值。竣工产值包括报告期内竣工单位工程从开工到竣工的全部自行完成的价值。如果一个单位工程跨两个年度施工，其竣工价值应当包括上年度完成的价值。竣工产值不包括附属辅助企业或内部核算的其他单位为外单位生产和服务的价值。

**房屋建筑施工面积** 是指报告期内施工的全部房屋建筑面积，它包括本期新开工的面积、上期跨入本期继续施工的房屋面积、上期停缓建在本期恢复施工的房屋面积、本期竣工的房屋面积以及本期施工后又停缓建的房屋面积。

**房屋竣工面积** 是指在报告期内房屋建筑按照设计要求已全部完工，达到了使用条件，经检查验收鉴定合格的房屋建筑面积。计算房屋竣工面积，必须严格执行房屋竣工验收标准。

## Explanatory Notes on Main Statistical Indicators

**Statistical Unit in Construction Industry** refers to corporate enterprise engaged in the construction of buildings and structures and in the installation of equipment.

**Gross Output Value of Construction** refers to total of construction products and services, expressed in money terms, produced or rendered by construction and installation enterprises during a given period of time. It includes:

(1) Output value of construction projects, that is the value of projects covered by the project budgets;

(2) Output value of installation projects, that is the value of the installation equipment (excluding the value of the equipment to be installed);

(3) Output value of others, refers to the output value of construction industry excluding of construction projects and installation projects. It includes: output value of repairs of buildings or structures; output value of non-standard equipment manufacturing; overhead expenses received by contracted enterprises the sub-contracted enterprises and the completed output value of construction activities that have no clear definition.

**Output Value Completed** refers to the value of the finished products make from construction producing that displays with the currency. It is the value of unit projects completed, which has come up to the designed standards and has been checked and accepted as qualified project by related departments. Output value completed includes the value of unit project completed that is all finished by itself from going into operation to completing during the report period. If the project of a unit is stepped for two years, its completed value should include the value that is finished in prior year. Output value completed does not include the value of attaching auxiliary enterprises or other checked-inside units that produce and serve for the other unit.

**Floor Space of Buildings Under Construction** refers to floor space of buildings under construction during the reference period including newly started buildings, buildings started earlier and continued during the reference period and buildings suspended earlier but has restarted during the reference period, buildings completed during the reference period, and building under construction and then suspended during the reference period.

**Floor Space of Buildings Completed** refers to the floor space of buildings that are completed in reference period in accordance with the requirements of the design, up to the standard for putting into use, and have been checked and accepted by concerned departments as qualified ones.

**自有机械设备年末总功率** 是指本企业（或单位）自有施工机械、生产设备、运输设备以及其他设备等列为固定资产的生产性机械设备年末总功率，按设定能力或查定能力计算。包括机械本身的动力和为该机械服务的单独动力设备，如电动机等。计量单位用千瓦，动力换算可按1马力=0.735千瓦折合成千瓦数。电焊机、变压器、锅炉不计算动力。

**自有机械设备净值** 是指本企业（或单位）自有机械设备经过使用、磨损后实际存在的价值，即原值减去折旧后的净额。

**房屋建筑面积竣工率** 是指报告期内房屋建筑竣工面积占同期房屋建筑施工面积的比重。

**技术装备率** 指在报告期末自有机械设备净值与期末从业人数的比重。

**动力装备率** 指在报告期末自有机械设备总功率与期末从业人数的比重。

**产值利润率** 指在报告期内每百元产值所实现的利润。它的计算方法是：利润总额除以建筑业总产值。

**产值利税率** 指在报告期内每百元产值所实现的利税。它的计算方法是：利税总额除以建筑业总产值。

**Total Power of Machinery and Equipment Owned by the End of Year** refers to the total power of machinery and equipment owned by the enterprises, and listed as the fixed assets of the enterprises by the end of the year, including machinery and equipment for construction, production and transportation. The power of the machinery is calculated on basis of the designed or verified capacity covering the power of the machinery / equipment and the separate power equipment serving the machinery / equipment (such as electric motors). The unit used for the calculation of power is kilowatt, with horsepower converted to kilowatt by 1 horsepower = 0.735 kilowatt. Arc welding generator, voltage transformer and boiler don't calculate power.

**Net Value of Machinery and Equipment Owned** refers to the actual value of machinery and equipment owned by the enterprises after being used and broken, is obtained by deducting net value after depreciation from original value.

**Rate of Floor Space of Buildings Completed** refers to the proportion of the floor space of buildings completed in certain period of time to the floor space of buildings under construction in the same period.

**Rate of Technical Equipment** refers to the proportion of the net value of self-owned mechanical equipment and the number of employees at the end of reporting period.

**Rate of Power Equipment** refers to the proportion of the total power of self-owned mechanical equipment and the number of employees at the end of reporting period.

**Ratio of Profit to Gross Output Value** refers to the profits that per 100 yuan make during the reporting period. It can be calculated as: total profits divide gross output value of construction.

**Ratio of Tax and Profit to Gross Output Value** refers to tax and profits that per 100 yuan make during the reporting period. It can be calculated as: total tax and profits divide gross output value of construction.

## 第十六篇

# 批发和零售业

# WHOLESALE AND RETAIL TRADES

（编辑：闫室丞）

# 简要说明

（本篇资料由自治区统计局贸经处调查整理，电话：0771-5846015）

## 一、本篇资料主要内容

主要包括限额以上批发和零售业法人企业基本情况、经营状况，批发和零售业连锁企业基本情况，亿元以上商品交易市场基本情况，个体工商业发展情况，社会消费品零售总额等统计资料。限额以上批发和零售业统计单位是指：批发业年主营业务收入2000万元及以上，零售业年主营业务收入500万元及以上。

## 二、数据来源及调查方法

本篇数据按国家统计报表制度规定的调查方法获取。

（一）限额以上批发和零售业法人企业、批发和零售业连锁企业基本情况、经营状况：数据主要来源于限额以上批发和零售业法人企业、批发和零售业连锁经营企业。对限额以上批发和零售业法人企业、批发和零售业连锁经营企业进行全数调查。

（二）亿元以上商品交易市场基本情况：数据主要来源于亿元以上商品交易市场。对亿元以上商品交易市场进行全数调查。

（三）个体工商业发展情况，数据来自于自治区市场监督管理局。

（四）社会消费品零售总额：数据主要来源于限额以上单位和限额以下单位（注：包括法人单位、产业活动单位、个体经营户）。对限额以上单位进行全数调查，对限额以下单位进行抽样调查。

## 三、其他情况说明

1993—2018年广西社会消费品零售总额数据已按第四次经济普查资料数据进行了修订。

# 16—1 限额以上批发和零售业企业基本情况（2019年）

# Basic Conditions of Enterprises above Designated Size in Wholesale and Retail Trades （2019）

| 项 目 | Item | 2017 | | 2018 | | 2019 | |
|---|---|---|---|---|---|---|---|
| | | 法人企业(个) Corporation Enterprises (unit) | 年末从业人员(人) Year-end Persons Employed (person) | 法人企业(个) Corporation Enterprises (unit) | 年末从业人员(人) Year-end Persons Employed (person) | 法人企业(个) Corporation Enterprises (unit) | 年末从业人员(人) Year-end Persons Employed (person) |
| 总 计 | Total | 3624 | 205096 | 3940 | 205705 | 4418 | 208197 |
| 一、批发业 | Ⅰ.Wholesale | 1331 | 74139 | 1538 | 76559 | 1823 | 77784 |
| 1.按登记注册类型分组 | 1. Grouped by Status of Registration | | | | | | |
| 内资企业 | Domestic Funded Enterprises | 1321 | 73914 | 1529 | | 1807 | 75515 |
| 国有企业 | State-owned Industry | 50 | 9060 | 41 | 8657 | 37 | 8427 |
| 集体企业 | Collective-owned Industry | 20 | 1454 | 14 | 1191 | 6 | 630 |
| 股份合作企业 | Cooperative Enterprises | 1 | 29 | 2 | 29 | | |
| 联营企业 | Joint Ownership Enterprises | | | | | | |
| 有限责任公司 | Limited Liability Corporations | 357 | 26199 | 417 | 29730 | 438 | 26238 |
| 国有独资公司 | Sole State-funded Corporations | 64 | 7500 | 68 | 7277 | 81 | 6425 |
| 其他有限责任公司 | Other Limited Liability Corporations | 293 | 18699 | 349 | 22453 | 357 | 19813 |
| 股份有限公司 | Share Holding Enterprises | 39 | 7188 | 38 | 6750 | 38 | 6495 |
| 私营企业 | Private Enterprises | 844 | 29218 | 1005 | 29061 | 1273 | 32591 |
| 私营独资企业 | Private-funded Enterprises | 6 | 179 | 6 | 45 | 6 | 54 |
| 私营合伙企业 | Private Partnership Enterprises | 2 | 10 | 1 | 2 | | |
| 私营有限责任公司 | Private Limited Liability Corporations | 814 | 26482 | 976 | 28004 | 1244 | 31621 |
| 私营股份有限公司 | Private Share Holding Enterprises | 22 | 2547 | 22 | 1010 | 23 | 916 |
| 其他企业 | Others Enterprises | 10 | 766 | 12 | 981 | 15 | 1134 |
| 港、澳、台商投资企业 | Enterprises with Funds from Hong Kong, Macao and Taiwan | 4 | 72 | 5 | 60 | 7 | 111 |
| 合资经营企业 | Joint Venture Enterprises | | | 2 | 48 | 2 | 52 |
| 合作经营企业 | Cooperative Enterprises | | | | | | |
| 独资经营企业 | Enterprises with Sole Investment | 4 | 72 | 2 | 10 | 5 | 59 |
| 投资股份有限公司 | Share-holding Corporations Ltd. with Investment | | | | | | |
| 其他港澳台投资企业 | Others Enterprises with Funds from Hong Kong, Macao and Taiwan | | | 1 | 2 | | |
| 外商投资企业 | Foreign-investment Enterprise | 6 | 153 | 4 | 100 | 9 | 2158 |
| 中外合资经营企业 | Joint Venture Enterprises | 2 | 99 | 1 | 71 | 2 | 263 |
| 中外合作经营企业 | Cooperative Enterprises | | | | | | |
| 外资企业 | Enterprises with Sole Foreign Investment | 4 | 54 | 3 | 29 | 4 | 303 |
| 外商投资股份有限公司 | Share-holding Corporations Ltd. with Foreign Investment | | | | | 3 | 1592 |
| 其他外商投资企业 | Others Foreign Funded Enterprises | | | | | | |
| 2.按批发行业小类分组 | 2. Grouped by Sector of Wholesale | | | | | | |
| 农、林、牧、渔产品批发业 | Wholesale of the Agricultural, Forestry, Animal and Fishery Products | 86 | 2696 | 88 | 2507 | 86 | 1730 |
| 食品、饮料及烟草制品批发业 | Wholesale of Food, Beverage and Tobacco Products | 205 | 19416 | 218 | 18776 | 253 | 20875 |
| #米、面制品及食用油批发业 | Wholesale of Rice, Flour Products and Edible Oil | 36 | 3663 | 39 | 2388 | 40 | 2403 |

## 16-1 续表1 continued

| 项 目 | Item | 2017 | | 2018 | | 2019 | |
|---|---|---|---|---|---|---|---|
| | | 法人企业(个) Corporation Enterprises (unit) | 年末从业人员(人) Year-end Persons Employed (person) | 法人企业(个) Corporation Enterprises (unit) | 年末从业人员(人) Year-end Persons Employed (person) | 法人企业(个) Corporation Enterprises (unit) | 年末从业人员(人) Year-end Persons Employed (person) |
| 烟草制品批发业 | Wholesale of Tobacco Products | 14 | 7114 | 14 | 7125 | 14 | 7015 |
| 纺织、服装及家庭用品批发业 | Wholesale of Textile, Garments and Daily Necessities | 99 | 5958 | 114 | 6027 | 103 | 4692 |
| #服装批发业 | Wholesale of Garments | 11 | 560 | 13 | 521 | 11 | 590 |
| 文化、体育用品及器材批发业 | Wholesale of Culture, Sports Goods and Apparatus | 24 | 744 | 24 | 849 | 33 | 1035 |
| 医药及医疗器材批发业 | Wholesale of Medicine and Medical Apparatus | 147 | 11658 | 170 | 12835 | 200 | 13969 |
| 矿产品、建材及化工产品批发业 | Wholesale of Mineral Products, Building Materials and Chemical Products | 555 | 24926 | 665 | 25697 | 834 | 23845 |
| #煤炭及制品批发业 | Wholesale of Coal and Related Products | 65 | 1264 | 61 | 981 | 75 | 1333 |
| 石油及制品批发业 | Wholesale of Petroleum and Related Products | 80 | 12779 | 91 | 12693 | 95 | 10618 |
| 金属及金属矿批发业 | Wholesale of Metal and Metallic Ore | 166 | 3783 | 221 | 4872 | 270 | 5143 |
| 建材批发业 | Wholesale of Building Materials | 101 | 2043 | 143 | 2569 | 214 | 3166 |
| 化肥批发业 | Wholesale of Chemical Fertilizer | 64 | 2518 | 53 | 2125 | 56 | 1225 |
| 机械设备、五金产品及电子产品批发业 | Wholesale of Mechanical Equipment, Hardware, Electrical Equipment and Electronic Products | 183 | 8269 | 224 | 8020 | 268 | 9611 |
| #汽车及零配件批发业 | Wholesale of Motor Vehicles | 43 | 1840 | 63 | 2653 | 74 | 2314 |
| 计算机、软件及辅助设备批发业 | Wholesale of Computer, Software and Auxiliary Equipment | 30 | 913 | 30 | 820 | 31 | 943 |
| 贸易经纪与代理 | Trade Manager and Acting as Agent | 5 | 47 | 1 | 8 | 5 | 91 |
| 其他批发业 | Others | 27 | 425 | 34 | 1840 | 41 | 1936 |
| 二、零售业 | Ⅱ. Retail Trades | 2293 | 130957 | 2402 | 129146 | 2595 | 130413 |
| 1. 按登记注册类型分组 | 1.Grouped by Status of Registration | | | | | | |
| 内资企业 | Domestic Funded Enterprises | 2241 | 120367 | 2357 | 118262 | 2550 | 119549 |
| 国有企业 | State-owned Industry | 33 | 1946 | 28 | 1514 | 17 | 982 |
| 集体企业 | Collective-owned Industry | 33 | 1426 | 11 | 268 | 9 | 181 |
| 股份合作企业 | Cooperative Enterprises | 1 | 30 | 1 | 31 | 2 | 57 |
| 联营企业 | Joint Ownership Enterprises | | | | | | |
| 国有联营企业 | State Joint Ownership Enterprises | | | | | | |
| 集体联营企业 | Collective Joint Ownership Enterprises | | | | | | |
| 国有与集体联营企业 | Joint State-Collective Ownership Enterprises | | | | | | |
| 其他联营企业 | Other Joint Ownership Enterprises | | | | | | |
| 有限责任公司 | Limited Liability Corporations | 621 | 45613 | 621 | 44827 | 619 | 45357 |
| 国有独资公司 | Sole State-funded Corporations | 78 | 3618 | 84 | 3919 | 86 | 3522 |
| 其他有限责任公司 | Other Limited Liability Corporations | 543 | 41995 | 537 | 40908 | 533 | 41835 |
| 股份有限公司 | Share Holding Enterprises | 45 | 8705 | 52 | 8904 | 45 | 7744 |
| 私营企业 | Private Enterprises | 1506 | 62585 | 1642 | 62694 | 1855 | 65198 |
| 私营独资企业 | Private-funded Enterprises | 90 | 1618 | 97 | 1683 | 104 | 1416 |
| 私营合伙企业 | Private Partnership Enterprises | 13 | 446 | 15 | 440 | 17 | 523 |
| 私营有限责任公司 | Private Limited Liability Corporations | 1361 | 58403 | 1495 | 59374 | 1701 | 62040 |
| 私营股份有限公司 | Private Share Holding Enterprises | 42 | 2118 | 35 | 1197 | 33 | 1219 |
| 其他企业 | Others | 2 | 62 | 2 | 24 | 3 | 30 |

## 16-1 续表2 continued

| 项 目 | Item | 2017 | | 2018 | | 2019 | |
|---|---|---|---|---|---|---|---|
| | | 法人企业(个) Corporation Enterprises (unit) | 年末从业人员(人) Year-end Persons Employed (person) | 法人企业(个) Corporation Enterprises (unit) | 年末从业人员(人) Year-end Persons Employed (person) | 法人企业(个) Corporation Enterprises (unit) | 年末从业人员(人) Year-end Persons Employed (person) |
| 港、澳、台商投资企业 | Enterprises with Funds from Hong Kong, Macao and Taiwan | 42 | 8727 | 35 | 7247 | 36 | 6502 |
| 合资经营企业 | Joint Venture Enterprises | 12 | 3630 | 10 | 2162 | 9 | 1609 |
| 合作经营企业 | Cooperative Enterprises | 1 | 167 | 1 | 151 | 1 | 122 |
| 独资经营企业 | Enterprises with Sole Investment | 23 | 3594 | 19 | 3801 | 20 | 3777 |
| 投资股份有限公司 | Share-holding Corporations Ltd. with Investment | 1 | 45 | 1 | 39 | 1 | 11 |
| 其他港澳台投资企业 | Others Enterprises with Funds from Hong Kong, Macao and Taiwan | 5 | 1291 | 4 | 1094 | 5 | 983 |
| 外商投资企业 | Foreign-investment Enterprise | 10 | 1863 | 10 | 3637 | 9 | 4362 |
| 中外合资经营企业 | Joint Venture Enterprises | 1 | 205 | 1 | 195 | 1 | 215 |
| 中外合作经营企业 | Cooperative Enterprises | 1 | 10 | 1 | 10 | 1 | 10 |
| 外资企业 | Enterprises with Sole Foreign Investment | 5 | 1368 | 6 | 3187 | 5 | 3934 |
| 外商投资股份有限公司 | Share-holding Corporations Ltd. with Foreign Investment | 2 | 211 | 1 | 204 | 1 | 163 |
| 其他外商投资企业 | Others Foreign Funded Enterprises | 1 | 69 | 1 | 41 | 1 | 40 |
| 2.按零售行业小类分组 | 2. Grouped by Sector of Retail Trades | | | | | | |
| 综合零售业 | Comprehensive Retail | 339 | 44879 | 347 | 43607 | 361 | 45928 |
| #百货零售业 | Retail of Consumer Goods | 136 | 18580 | 126 | 14382 | 131 | 13789 |
| 超级市场零售业 | Retail of Supermarket | 178 | 25162 | 197 | 27303 | 205 | 30819 |
| 食品、饮料及烟草制品专门零售业 | Special Retail of Food , Beverage and Tobacco Products | 163 | 4727 | 189 | 5212 | 215 | 4421 |
| 纺织、服装及日用品专门零售业 | Special Retail of Textile , Garments and Daily Necessities | 67 | 2488 | 77 | 3190 | 82 | 3219 |
| #服装零售业 | Retail of Garments | 18 | 745 | 20 | 1305 | 20 | 1418 |
| 文化、体育用品及器材专门零售业 | Special Retail of Culture , Sports Goods and Apparatus | 129 | 5073 | 127 | 4784 | 137 | 4786 |
| #体育用品及器材零售业 | Retail of Sports Goods and Apparatus | 3 | 896 | 3 | 924 | 5 | 952 |
| 图书、报刊零售业 | Retail of Books and Newspapers | 83 | 2975 | 85 | 2884 | 88 | 2868 |
| 医药及医疗器材专门零售业 | Special Retail of Medicine and Medical Apparatus | 123 | 17975 | 122 | 18093 | 135 | 19120 |
| #西药零售业 | Retail of Western Medicines | 95 | 15116 | 97 | 16299 | 108 | 17230 |
| 中药零售业 | Retail of Chinese Medicines | 19 | 2667 | 16 | 1632 | 17 | 1724 |
| 汽车、摩托车、零配件和燃料及其他动力零售业 | Special Retail of Motor Vehicles, Motor-cycles, Parts, Fuel and Other Powers | 927 | 37210 | 972 | 36551 | 1033 | 35418 |
| #汽车新车零售业 | Retail of Motor Vehicles | 728 | 32944 | 770 | 32232 | 806 | 30577 |
| 机动车燃油零售业 | Fuel Retail of Motor Vehicles | 93 | 2366 | 109 | 2680 | 130 | 3313 |
| 家用电器及电子产品专门零售业 | Special Retail of Household Appliances and Electronic Products | 363 | 12324 | 375 | 11779 | 402 | 11061 |
| #日用家电零售业 | Retail of Home Electronic and Electrical Appliances | 130 | 5835 | 144 | 5662 | 150 | 4964 |
| #计算机、软件及辅助设备零售业 | Retail of Computer , Software and Auxiliary Equipments | 118 | 2510 | 128 | 2782 | 136 | 2729 |
| 通信设备零售 | Retail of Communication Apparatus | 43 | 2157 | 55 | 2136 | 66 | 2343 |
| 五金、家具及室内装饰材料专门零售业 | Special Retail of Hardware, Furniture and Indoor Renovation Material | 81 | 1459 | 87 | 1310 | 105 | 1489 |
| 货摊、无店铺及其他零售业 | Retail without Shop and Others | 97 | 4598 | 106 | 4620 | 125 | 4971 |

# 16—2 主要年份限额以上批发和零售业企业商品购进、销售和库存总额

## Total Purchases, Sales and Stock of Enterprises above Designated in Wholesale and Retail Sale Trade in Main Years

单位：万元　　(10 000 yuan)

| 项　目 | Item | 2000 | 2005 | 2010 | 2015 | 2016 | 2017 | 2018 | 2019 |
|---|---|---|---|---|---|---|---|---|---|
| 一、法人企业数（个） | Number of Corporation Enterprises (unit) | 681 | 902 | 1465 | 2920 | 3178 | 3624 | 3940 | 4418 |
| 二、年末从业人员（人） | Number of Persons Employed at Year-end (person) | 100057 | 119358 | 122788 | 180103 | 188602 | 205096 | 205705 | 208197 |
| 三、商品购进总额 | Ⅰ. Total Purchases | 3890602 | 11143383 | 24393191 | 48709342 | 56399803 | 66307177 | 74755273 | 96071046 |
| #进　口 | Imports | 66953 | 136366 | 399495 | 949068 | 993713 | 1910310 | 1140325 | 1819298 |
| 四、商品销售总额 | Ⅱ. Total Sales | 4181138 | 11682006 | 25892641 | 57516783 | 64032093 | 74307630 | 83027228 | 104100431 |
| 1.批　发 | 1.Wholesale | 3071302 | 8699573 | 18000452 | 39614680 | 44244014 | 52724015 | 61674203 | 81545439 |
| #出　口 | Exports | 371065 | 331529 | 465449 | 1802295 | 2340145 | 3225646 | 1838154 | 2673703 |
| 2.零　售 | 2.Retail | 1109836 | 2982433 | 7892189 | 17902103 | 19788078 | 21583615 | 20996595 | 22372580 |
| 五、年末库存总额 | Ⅲ. Total Inventory at Year-end | 394164 | 694048 | 1887898 | 3792495 | 4708162 | 4518135 | 4780403 | 5550527 |

# 16—3 限额以上批发和零售业企业商品购进、销售、库存总额（2019年）

## Total Purchases, Sales and Stock of Enterprises above Designated in Wholesale and Retail Sale Trade by Sector （2019）

| 项 目 | Item | 购进总额 Total Purchases | #进口 Imports | 销售总额 Total Sales 合计 Total | 批发 Wholesale | #出口 Exports | 零售 Retail Sale | 年末库存总额 Total Inventory at Year-end |
|---|---|---|---|---|---|---|---|---|
| 总 计 | Total | 96071046.4 | 1819298.0 | 104100430.6 | 81545438.5 | 2673703.4 | 22372580.3 | 5550527.1 |
| 一、批发业 | Ⅰ. Wholesale | 78909494.7 | 1526760.4 | 83963457.9 | 79143156.0 | 2652326.1 | 4639336.1 | 3573471.0 |
| 1.按登记注册类型分组 | 1. Grouped by Status of Registration | | | | | | | |
| 内资企业 | Domestic Funded Enterprises | 77867257.2 | 1453282.5 | 80913300.2 | 76938633.8 | 2597678.9 | 3793700.6 | 3514359.7 |
| 国有企业 | State-owned Industry | 3587910.6 | 593.1 | 5701870.1 | 5398426.6 | 244.1 | 303443.5 | 277024.1 |
| 集体企业 | Collective-owned Industry | 78673.2 | 260.0 | 86906.9 | 79527.6 | | 7379.3 | 7930.0 |
| 股份合作企业 | Cooperative Enterprises | | | | | | | |
| 联营企业 | Joint Ownership Enterprises | | | | | | | |
| 有限责任公司 | Limited Liability Corporations | 49994843.6 | 909515.0 | 48912236.3 | 47421067.0 | 192887.7 | 1453660.9 | 1629726.6 |
| 国有独资公司 | Sole State-funded Corporations | 19647244.5 | 71173.9 | 17291324.4 | 16415891.7 | 9265.4 | 875432.7 | 628250.1 |
| 其他有限责任公司 | Other Limited Liability Corporations | 30347599.1 | 838341.1 | 31620911.9 | 31005175.3 | 183622.3 | 578228.2 | 1001476.5 |
| 股份有限公司 | Share Holding Enterprises | 3011433.1 | 0.1 | 3180356.7 | 1901524.3 | 12522.0 | 1263149.0 | 237503.4 |
| 私营企业 | Private Enterprises | 21136482.4 | 542362.3 | 22966479.2 | 22076558.9 | 2392025.1 | 762146.3 | 1361694.7 |
| 私营独资企业 | Private-fundedEnterprises | 44250.4 | | 51028.0 | 50250.2 | | 777.8 | 336.6 |
| 私营合伙企业 | Private Partnership Enterprises | | | | | | | |
| 私营有限责任公司 | Private Limited Liability Corporations | 20735548.3 | 542362.3 | 22526799.4 | 21644866.0 | 2382873.3 | 758281.9 | 1334524.7 |
| 私营股份有限公司 | Private Share Holding Enterprises | 356683.7 | | 388651.8 | 381442.7 | 9151.8 | 3086.6 | 26833.4 |
| 其他企业 | Others Enterprises | 57914.3 | 552.0 | 65451.0 | 61529.4 | | 3921.6 | 480.9 |
| 港、澳、台商投资企业 | Enterprises with Funds from Hong Kong, Macao and Taiwan | 396244.9 | 54634.0 | 415274.0 | 413971.6 | 54269.2 | 1302.4 | 2879.8 |
| 合资经营企业 | Joint Venture Enterprises | 8688.9 | | 12473.1 | 12327.8 | | 145.3 | 1513.4 |
| 合作经营企业 | Cooperative Enterprises | | | | | | | |
| 独资经营企业 | Enterprises with Sole Investment | 387556.0 | 54634.0 | 402800.9 | 401643.8 | 54269.2 | 1157.1 | 1366.4 |
| 投资股份有限公司 | Share-holding Corporations Ltd. with Investment | | | | | | | |
| 其他港澳台投资企业 | Others Enterprises with Funds from Hong Kong, Macao and Taiwan | | | | | | | |

# 16—3　续表1　continued

单位：万元　　　　(10 000 yuan)

| 项　目 | Item | 购进总额 Total Purchases | #进口 Imports | 销售总额 Total Sales 合计 Total | 批发 Whole-sale | #出口 Exports | 零售 Retail Sale | 年末库存总额 Total Inventory at Year-end |
|---|---|---|---|---|---|---|---|---|
| 外商投资企业 | Foreign-investment Enterprise | 645992.6 | 18843.9 | 2634883.7 | 1790550.6 | 378.0 | 844333.1 | 56231.5 |
| 中外合资经营企业 | Joint Venture Enterprises | 22995.7 | | 254767.3 | 128235.3 | | 126532.0 | 2696.9 |
| 中外合作经营企业 | Cooperative Enterprises | | | | | | | |
| 外资企业 | Enterprises with Sole Foreign Investment | 622996.9 | 18843.9 | 630437.3 | 354765.2 | 378.0 | 275672.1 | 53534.6 |
| 外商投资股份有限公司 | Share-holding Corporations Ltd. with Foreign Investment | | | 1749679.1 | 1307550.1 | | 442129.0 | |
| 其他外商投资企业 | Others Foreign Funded Enterprises | | | | | | | |
| **2.按批发行业小类分组** | **2. Grouped by Sector of Wholesale** | | | | | | | |
| 农、林、牧、渔产品批发业 | Wholesale of the Agricultural, Forestry, Animal and Fishery Products | 1348469.8 | 62883.9 | 1432013.9 | 1421505.8 | 90187.5 | 10508.1 | 258015.9 |
| 食品、饮料及烟草制品批发业 | Wholesale of Food, Beverages and Tobacco Products | 11824170.2 | 220563.5 | 13660720.5 | 13531884.7 | 786543.0 | 90540.2 | 486994.2 |
| #米、面制品及食用油批发业 | Wholesale of Rice, Flour Products and Edible Oil | 984446.1 | 1014.3 | 1146063.1 | 1139466.7 | | 2677.0 | 100173.9 |
| 烟草制品批发业 | Wholesale of Tobacco Products | 3201575.0 | 418.1 | 4669293.1 | 4667654.5 | | 1638.6 | 160625.7 |
| 纺织、服装及家庭用品批发业 | Wholesale of Textile, Garments and Daily Necessities | 2006383.1 | 209405.4 | 2093735.1 | 1966184.9 | 438100.3 | 78656.8 | 227622.3 |
| #服装批发业 | Wholesale of Garments | 306029.1 | 209379.2 | 320269.0 | 302682.8 | 233734.7 | 12060.2 | 19535.4 |
| 文化、体育用品及器材批发业 | Wholesale of Culture, Sports Goods and Apparatus | 638620.4 | | 673946.4 | 670394.0 | 20247.2 | 3376.6 | 56727.6 |
| 医药及医疗器材批发业 | Wholesale of Medicine and Medical Apparatus | 3893421.9 | 45921.4 | 4601487.4 | 4363843.9 | | 228094.4 | 308407.5 |
| 矿产品、建材及化工产品批发业 | Wholesale of Mineral Products, Building Materials and Chemical Products | 53210685.2 | 917909.8 | 54996604.6 | 51236816.0 | 540065.3 | 3715869.2 | 1615559.1 |
| #煤炭及制品批发业 | Wholesale of Coal and Related Products | 3320327.0 | 510028.5 | 3595843.5 | 3531620.7 | 244.1 | 44295.4 | 154128.7 |
| 石油及制品批发业 | Wholesale of Petroleum and Related Products | 12780715.4 | 29217.7 | 12415636.3 | 8971318.3 | 14457.1 | 3444236.9 | 528538.0 |
| 金属及金属矿批发业 | Wholesale of Metal and Metallic Ore | 25778892.4 | 303127.5 | 26943610.7 | 26734054.3 | 66535.0 | 209246.0 | 630431.2 |
| 建材批发业 | Wholesale of Building Materials | 7567984.3 | 58975.4 | 7866028.9 | 7833963.2 | 204564.3 | 13110.8 | 174241.3 |
| 化肥批发业 | Wholesale of Chemical Fertilizer | 455403.4 | | 586160.8 | 580167.7 | 1681.3 | 1347.5 | 55058.0 |
| 机械设备、五金产品及电子产品批发业 | Wholesale of Mechanical Equipment, Hardware and Electrical Equipment and Electronic Product | 4368437.3 | 64603.9 | 4777848.0 | 4434862.9 | 756731.8 | 336270.7 | 446556.9 |
| #汽车及零配件批发业 | Wholesale of Motor Vehicles and Parts | 1190388.1 | 2397.2 | 1320926.9 | 1211952.9 | 11764.7 | 108705.2 | 144060.9 |
| 计算机、软件及辅助设备批发业 | Wholesale of Computer, Soft-ware and Auxiliary Equipment | 195462.1 | 2988.7 | 214661.1 | 176162.7 | 7314.5 | 38498.4 | 39797.3 |
| 贸易经纪与代理 | Trade Manager and Acting as Agent | 46323.9 | 4386.9 | 47594.2 | 47594.2 | 7594.3 | | 3768.3 |
| 其他批发业 | Others | 1572982.9 | 1085.6 | 1679507.8 | 1470069.6 | 12856.7 | 176020.1 | 169819.2 |

# 16—3 续表2 continued

单位：万元 (10 000 yuan)

| 项目 | Item | 购进总额 Total Purchases | #进口 Imports | 销售总额 Total Sales 合计 Total | 批发 Wholesale | #出口 Exports | 零售 Retail Sale | 年末库存总额 Total Inventory at Year-end |
|---|---|---|---|---|---|---|---|---|
| 二、零售业 | Ⅱ. Retail Trades | 17161551.7 | 292537.6 | 20136972.7 | 2402282.5 | 21377.3 | 17733244.2 | 1977056.1 |
| 1.按登记注册类型分组 | 1. Grouped by Status of Registration | | | | | | | |
| 内资企业 | Domestic Funded Enterprises | 15910358.6 | 231480.4 | 18700954.3 | 2378437.8 | 18739.8 | 16321070.5 | 1866528.7 |
| 国有企业 | State-owned Industry | 67846.1 | | 86005.0 | 22110.5 | | 63894.5 | 8674.7 |
| 集体企业 | Collective-owned Industry | 9804.7 | | 16449.2 | 375.0 | | 16074.2 | 6185.9 |
| 股份合作企业 | Cooperative Enterprises | 2077.0 | | 2501.8 | 471.2 | | 2030.6 | 52.5 |
| 联营企业 | Joint Ownership Enterprises | | | | | | | |
| 有限责任公司 | Limited Liability Corporations | 7078136.0 | 98558.4 | 8625217.0 | 718757.1 | | 7906422.9 | 793906.5 |
| 国有独资公司 | Sole State-funded Corporations | 556532.9 | | 622874.4 | 164323.6 | | 458550.8 | 57218.4 |
| 其他有限责任公司 | Other Limited Liability Corporations | 6521603.1 | 98558.4 | 8002342.6 | 554433.5 | | 7447872.1 | 736688.1 |
| 股份有限公司 | Share Holding Enterprises | 2164320.7 | 364.2 | 2364227.3 | 943125.5 | 2098.5 | 1421101.8 | 140138.8 |
| 私营企业 | Private Enterprises | 6586853.4 | 132557.8 | 7603944.1 | 693598.5 | 16641.3 | 6908936.6 | 917528.7 |
| 私营独资企业 | Private-funded Enterprises | 99597.0 | | 125141.1 | 5622.0 | | 119446.1 | 8797.4 |
| 私营合伙企业 | Private Partnership Enterprises | 29965.1 | | 37060.3 | 2349.2 | | 34711.1 | 1004.1 |
| 私营有限责任公司 | Private Limited Liability Corporations | 6346151.4 | 132557.8 | 7305522.6 | 651376.4 | 16641.3 | 6652810.2 | 886834.9 |
| 私营股份有限公司 | Private Share Holding Enterprises | 111139.9 | | 136220.1 | 34250.9 | | 101969.2 | 20892.3 |
| 其他企业 | Others Enterprises | 1320.7 | | 2609.9 | | | 2609.9 | 41.6 |
| 港、澳、台商投资企业 | Enterprises with Funds from Hong Kong, Macao and Taiwan | 1017735.1 | 55073.6 | 1164045.2 | 23770.5 | 2637.5 | 1140274.7 | 73619.7 |
| 合资经营企业 | Joint Venture Enterprises | 378251.7 | 44084.0 | 373058.2 | 1232.9 | | 371825.3 | 33013.8 |
| 合作经营企业 | Cooperative Enterprises | 5242.0 | | 7001.2 | | | 7001.2 | 342.0 |
| 独资经营企业 | Enterprises with Sole Investment | 479763.7 | 10989.6 | 573771.0 | 17620.5 | | 556150.5 | 36567.9 |
| 投资股份有限公司 | Share-holding Corporations Ltd. with Investment | 180.7 | | 511.7 | | | 511.7 | 14.1 |
| 其他港澳台投资企业 | Others Enterprises with Funds from Hong Kong, Macao and Taiwan | 154297.0 | | 209703.1 | 4917.1 | 2637.5 | 204786.0 | 3681.9 |

# 16—3　续表3　continued

单位：万元　　　　(10 000 yuan)

| 项　目 | Item | 购进总额 Total Purchases | #进口 Imports | 销售总额 Total Sales 合计 Total | 批发 Wholesale | #出口 Exports | 零售 Retail Sale | 年末库存总额 Total Inventory at Year-end |
|---|---|---|---|---|---|---|---|---|
| 外商投资企业 | Foreign-investment Enterprise | 233458.0 | 5983.6 | 271973.2 | 74.2 | | 271899.0 | 36907.7 |
| 中外合资经营企业 | Joint Venture Enterprises | 22065.9 | | 23272.4 | | | 23272.4 | 2406.0 |
| 中外合作经营企业 | Cooperative Enterprises | 3024.0 | | 3486.2 | 74.2 | | 3412.0 | 140.5 |
| 外资企业 | Enterprises with Sole Foreign Investment | 188274.2 | 1599.2 | 220648.4 | | | 220648.4 | 31854.7 |
| 外商投资股份有限公司 | Share-holding Corporations Ltd. with Foreign Investment | 13093.9 | | 13347.9 | | | 13347.9 | 506.5 |
| 其他外商投资企业 | Others Foreign Funded Enterprises | 7000.0 | 4384.4 | 11218.3 | | | 11218.3 | 2000.0 |
| **2. 按零售行业小类分组** | 2. Grouped by Secctor of Retail Trades | | | | | | | |
| 综合零售业 | Comprehensive Retail | 2840377.3 | 11581.8 | 3457212.7 | 172453.0 | 11010.3 | 3284759.7 | 399093.0 |
| #百货零售业 | Retail of Consumer Goods | 1237050.7 | 10522.6 | 1504224.2 | 49361.8 | 10402.2 | 1454862.4 | 137568.2 |
| 超级市场零售业 | Retail of Supermarket | 1558572.6 | 191.3 | 1886494.4 | 115163.2 | 23.2 | 1771331.2 | 253010.8 |
| 食品、饮料及烟草制品专门零售业 | Special Retail of Food, Beverage and Tobacco Products | 344819.5 | 3335.1 | 448667.8 | 147477.5 | 1912.5 | 301190.3 | 55679.2 |
| 纺织、服装及日用品专门零售业 | Special Retail of Textile , Garments and Daily Necessities | 218338.2 | 53.4 | 284822.2 | 37102.7 | 937.7 | 247719.5 | 46376.5 |
| #服装零售业 | Retail of Garments | 67755.2 | 53.4 | 91924.6 | 10223.1 | | 81701.5 | 19653.7 |
| 文化、体育用品及器材专门零售业 | Special Retail of Culture, Sports Goods and Apparatus | 523355.6 | | 578264.0 | 116713.9 | 2098.5 | 461550.1 | 112869.7 |
| #体育用品及器材零售业 | Retail of Sports Goods and Apparatus | 128137.6 | | 155695.0 | 69630.1 | | 86064.9 | 50716.8 |
| 图书、报刊零售业 | Retail of Books and Newspapers | 338747.7 | | 349238.4 | 25370.8 | | 323867.6 | 45125.2 |
| 医药及医疗器材专门零售业 | Special Retail of Medicine and Medical Apparatus | 2512841.8 | 1599.2 | 2783075.3 | 1065424.8 | 13.3 | 1717538.7 | 247474.4 |
| #西药零售业 | Retail of Western Medicines | 2450231.6 | 1599.2 | 2701974.0 | 1047039.9 | | 1654822.3 | 233014.5 |
| 中药零售业 | Retail of Chinese Medicines | 46341.2 | | 57035.3 | 6713.4 | 13.3 | 50321.9 | 12703.6 |
| 汽车、摩托车、零配件和燃料及其他动力零售业 | Special Retail of Motor Vehicles, Motorcycles, Parts, Fuel and Other Powers | 8763120.7 | 273597.0 | 10245250.1 | 607315.4 | 95.4 | 9637861.7 | 930503.3 |
| #汽车新车零售业 | Retail of Motor Vehicles | 7796029.8 | 270657.7 | 8532662.8 | 320561.5 | 95.4 | 8212101.3 | 858936.6 |
| 机动车燃油零售业 | Fuel Retail of Motor Vehicle | 772220.3 | | 1442474.7 | 259445.9 | | 1182955.8 | 37781.4 |
| 家用电器及电子产品专门零售业 | Special Retail of Household Appliances and Electronic Products | 1277479.6 | 1498.6 | 1525902.1 | 179322.5 | 2637.5 | 1345318.4 | 155500.4 |
| #日用家电零售业 | Retail of Home Electronic and Electrical Appliances | 742662.1 | | 870938.4 | 66749.8 | | 803590.9 | 77739.4 |
| 计算机、软件及辅助设备零售业 | Retail of Computer, Software and Auxiliary Equipments | 212793.9 | 804.5 | 253133.2 | 61237.9 | | 191858.3 | 30724.1 |
| 通信设备零售 | Retail of Communication Apparatus | 195190.7 | | 243222.0 | 32954.4 | | 209641.1 | 25390.6 |
| 五金、家具及室内装饰材料专门零售业 | Special Retail of Hardware, Furniture and Indoor Renovation Materials | 128065.0 | | 156564.5 | 23812.5 | | 132752.0 | 13729.8 |
| 货摊、无店铺及其他零售业 | Retail without Shop and Others | 553154.0 | 872.5 | 657214.0 | 52660.2 | 2672.1 | 604553.8 | 15829.8 |

# 16—4 限额以上批发和零售业企业主要财务指标（2019年）

单位：万元

| 项 目 | Item | 流动资产小计 Circulating Funds | #存货 Deposit Products | 固定资产原价 Original Value of Fixed Assets | 累计折旧 Add Up Depreciation | #本年折旧 Depreciation of the Year | 资产合计 Total Assets | 负债合计 Total Liabilities |
|---|---|---|---|---|---|---|---|---|
| 总 计 | Total | 37303350.7 | 5348152.3 | 4297401.8 | 1657966.4 | 275277.2 | 50846278.9 | 36484276.1 |
| 一、批发业 | Ⅰ. Wholesale | 29669043.2 | 3532744.5 | 2666230.5 | 997553.2 | 162268.8 | 40821233.8 | 29700013.6 |
| 1.按登记注册类型分组 | 1. Grouped by Status of Registration | | | | | | | |
| 内资企业 | Domestic Funded Enterprises | 28483823.1 | 3507710.7 | 2423166.2 | 890784.3 | 153294.5 | 39280865.0 | 28557305.4 |
| 国有企业 | State-owned Industry | 973123.1 | 298147.0 | 461877.0 | 230168.3 | 21948.4 | 1389774.9 | 377900.4 |
| 集体企业 | Collective-owned Industry | 36244.1 | 8358.4 | 1795.7 | 1447.6 | 580.5 | 37066.8 | 26486.6 |
| 股份合作企业 | Cooperative Enterprises | | | | | | | |
| 联营企业 | Joint Ownership Enterprises | | | | | | | |
| 有限责任公司 | Limited Liability Corporations | 17755530.7 | 1682059.1 | 1043132.6 | 305757.0 | 56795.0 | 23953439.9 | 17808050.7 |
| 国有独资公司 | Sole State-funded Corporations | 6332000.1 | 668424.3 | 552769.5 | 177544.6 | 23298.5 | 9934199.1 | 7148686.3 |
| 其他有限责任公司 | Other Limited Liability Corporations | 11423530.6 | 1013634.8 | 490363.1 | 128212.4 | 33496.5 | 14019240.8 | 10659364.4 |
| 股份有限公司 | Share Holding Enterprises | 1472276.5 | 261592.0 | 440226.9 | 187121.3 | 30142.8 | 4308022.2 | 2512510.8 |
| 私营企业 | Private Enterprises | 8240574.6 | 1255821.6 | 470152.2 | 164518.0 | 43524.0 | 9574150.9 | 7825219.4 |
| 私营独资企业 | Private-funded Enterprises | 9258.7 | 506.5 | 79.0 | 46.6 | 16.8 | 9281.9 | 7511.5 |
| 私营合伙企业 | Private Partnership Enterprises | | | | | | | |
| 私营有限责任公司 | Private Limited Liability Corporations | 7978220.3 | 1234397.7 | 408505.6 | 138934.9 | 38056.2 | 9029926.8 | 7543206.3 |
| 私营股份有限公司 | Private Share Holding Enterprises | 253095.6 | 20917.4 | 61567.6 | 25536.5 | 5451.0 | 534942.2 | 274501.6 |
| 其他企业 | Others Enterprises | 6074.1 | 1732.6 | 5981.8 | 1772.1 | 303.8 | 18410.3 | 7137.5 |
| 港、澳、台商投资企业 | Enterprises with Funds from Hong Kong, Macao and Taiwan | 116754.3 | 3572.4 | 3069.6 | 862.8 | 226.5 | 119410.4 | 96134.4 |
| 合资经营企业 | Joint Venture Enterprises | 5848.2 | 1493.4 | 2568.2 | 522.2 | 140.1 | 8314.1 | 2967.3 |
| 合作经营企业 | Cooperative Enterprises | | | | | | | |
| 独资经营企业 | Enterprises with Sole Investment | 110906.1 | 2079.0 | 501.4 | 340.6 | 86.4 | 111096.3 | 93167.1 |
| 投资股份有限公司 | Share-holding Corporations Ltd. with Investment | | | | | | | |
| 其他港澳台投资企业 | Others Enterprises with Funds from Hong Kong, Macao and Taiwan | | | | | | | |

## Main Financial Indicators of Enterprises above Designated in Wholesale and Retail Sale Trade （2019）

（10 000 yuan）

| 所有者权益合计 Total Creditors Equity | #实收资本 Capital Hold | 营业收入 Business Revenue | 主营业务收 Business Income of the Main Products | 营业成本 Business Cost | 税金及附加 Business Tax and Extra Charges | 销售费用 Operating Cost | 管理费用 Manage-ment Expenses | 财务费用 Financial Expenses | #利息费用 Interest Expenses | 营业利润 Business Profits | 利润总额 Gross Profits |
|---|---|---|---|---|---|---|---|---|---|---|---|
| 14221377.8 | 7527202.0 | 93871129.5 | 93081316.4 | 88077208.3 | 779645.2 | 2422170.9 | 1284982.8 | 457059.5 | 429055.2 | 1190843.9 | 1276114.2 |
| 10994443.8 | 5888100.6 | 75429411.0 | 74986214.7 | 71748223.6 | 724578.3 | 1274343.5 | 760174.4 | 381444.4 | 379951.9 | 838797.9 | 901275.2 |
| 10596783.2 | 5857666.3 | 72704363.9 | 72313090.7 | 69166565.9 | 721296.5 | 1197043.5 | 744898.4 | 373234.7 | 376997.6 | 803785.0 | 867570.4 |
| 1011874.5 | 37166.1 | 5111742.1 | 5078321.9 | 3881773.3 | 563064.5 | 124810.7 | 196874.9 | −19766.0 | 4593.0 | 409391.2 | 424276.2 |
| 10580.2 | 1605.4 | 82936.0 | 82320.6 | 73984.7 | 776.6 | 1147.1 | 2881.0 | 30.9 | 32.8 | 4115.6 | 4116.1 |
| 6141639.7 | 4334107.9 | 43491978.3 | 43281808.0 | 42273755.3 | 55778.7 | 468015.9 | 247171.3 | 282713.0 | 274201.4 | 298673.4 | 313618.8 |
| 2789442.3 | 1952624.2 | 15230063.4 | 15123923.5 | 14825459.5 | 18394.5 | 163605.9 | 89570.6 | 144105.3 | 141195.5 | 28327.8 | 52967.2 |
| 3352197.4 | 2381483.7 | 28261914.9 | 28157884.5 | 27448295.8 | 37384.2 | 304410.0 | 157600.7 | 138607.7 | 133005.9 | 270345.6 | 260651.6 |
| 1780513.0 | 254879.7 | 2850784.6 | 2774325.6 | 2670725.0 | 4728.6 | 137217.7 | 33714.0 | 23205.3 | 15075.8 | −14806.2 | 4208.3 |
| 1640903.0 | 1225271.6 | 21099050.3 | 21028442.1 | 20204343.8 | 96569.2 | 464700.4 | 262921.7 | 86888.7 | 83093.1 | 103421.5 | 118360.2 |
| 1770.4 | 1390.0 | 45108.9 | 45108.9 | 45017.3 | 470.9 | 270.8 | 466.8 | 108.7 | 28.9 | −1225.7 | 1566.6 |
| 1379127.5 | 1112211.8 | 20683340.7 | 20618187.5 | 19819714.3 | 95562.1 | 451855.2 | 247612.1 | 79700.4 | 75986.3 | 63028.6 | 74523.8 |
| 260005.1 | 111669.8 | 370600.7 | 365145.7 | 339612.2 | 536.2 | 12574.4 | 14842.8 | 7079.6 | 7077.9 | 41618.6 | 42269.8 |
| 11272.8 | 4635.6 | 67872.6 | 67872.5 | 61983.8 | 378.9 | 1151.7 | 1335.5 | 162.8 | 1.5 | 2989.5 | 2990.8 |
| 23276.0 | 16934.3 | 372767.5 | 372755.4 | 365551.7 | 283.7 | 1467.3 | 1518.8 | 1879.4 | 1669.5 | 2097.9 | 2243.3 |
| 5346.8 | 2657.5 | 11027.5 | 11023.6 | 8479.4 | 59.3 | 900.8 | 859.5 | 1.9 |  | 726.7 | 861.6 |
| 17929.2 | 14276.8 | 361740.0 | 361731.8 | 357072.3 | 224.4 | 566.5 | 659.3 | 1877.5 | 1669.5 | 1371.2 | 1381.7 |

# 16—4 续表1

单位：万元

| 项 目 | Item | 流动资产小计 Circulating Funds | #存货 Deposit Products | 固定资产原价 Original Value of Fixed Assets | 累计折旧 Add Up Deprecia-tion | #本年折旧 Deprecia-tion of the Year | 资产合计 Total Assets | 负债合计 Total Liabilities |
|---|---|---|---|---|---|---|---|---|
| 外商投资企业 | Foreign-investment Enterprise | 1068465.8 | 21461.4 | 239994.7 | 105906.1 | 8747.8 | 1420958.4 | 1046573.8 |
| 中外合资经营企业 | Joint Venture Enterprises | 21293.4 | 5932.3 | 27314.1 | 8849.4 | 972.3 | 61966.6 | 21781.5 |
| 中外合作经营企业 | Cooperative Enterprises | | | | | | | |
| 外资企业 | Enterprises with Sole Foreign Investment | 26141.6 | 7890.5 | 55302.9 | 21467.2 | 1984.9 | 120131.2 | 55116.2 |
| 外商投资股份有限公司 | Share-holding Corporations Ltd. with Foreign Investment | 1021030.8 | 7638.6 | 157377.7 | 75589.5 | 5790.6 | 1238860.6 | 969676.1 |
| 其他外商投资企业 | Others Foreign Funded Enterprises | | | | | | | |
| 2.按批发行业小类分 | 2. Grouped by Sector of Wholesale | | | | | | | |
| 农、林、牧、渔产品批发业 | Wholesale of the Agricultural, Forestry, Animal and Fishery Products | 796858.8 | 272068.0 | 85245.3 | 28871.3 | 3857.0 | 979963.3 | 813856.7 |
| 食品、饮料及烟草制品批发业 | Wholesale of Food, Beverages and Tobacco Products | 4904700.9 | 475445.3 | 552940.7 | 267006.3 | 29003.3 | 6806769.6 | 4533762.8 |
| #米、面制品及食用油批发业 | Wholesale of Rice, Flour Products and Edible Oil | 673404.6 | 54581.1 | 38262.5 | 10407.1 | 2664.2 | 945571.4 | 637300.9 |
| 烟草制品批发业 | Wholesale of Tobacco Products | 765860.0 | 176537.5 | 338137.9 | 178908.7 | 16779.7 | 1005210.8 | 160077.7 |
| 纺织、服装及家庭用品批发业 | Wholesale of Textile, Garments and Daily Necessities | 1401154.9 | 151231.5 | 34582.9 | 13520.1 | 1892.4 | 1482298.6 | 1351113.8 |
| #服装批发业 | Wholesale of Garments | 51072.6 | 15388.1 | 1132.2 | 660.8 | 82.4 | 51767.3 | 46102.3 |
| 文化、体育用品及器材批发业 | Wholesale of Culture, Sports Goods and Apparatus | 536593.1 | 84884.4 | 27678.2 | 10516.9 | 1437.4 | 804481.6 | 495263.2 |
| 医药及医疗器材批发业 | Wholesale of Medicine & Medical Apparatus | 2476621.0 | 339715.8 | 155450.4 | 59264.9 | 12939.1 | 2745635.2 | 2161614.2 |
| 矿产品、建材及化工产品批发业 | Wholesale of Mineral Products, Building Materials and Chemical Products | 16931327.4 | 1630092.8 | 1530928.6 | 531221.4 | 88862.6 | 24783603.1 | 17619158.6 |
| #煤炭及制品批发业 | Wholesale of Coal and Related Products | 1773236.3 | 147298.4 | 110490.3 | 22812.6 | 4374.0 | 2575460.9 | 1762384.1 |
| 石油及制品批发业 | Wholesale of Petroleum and Related Products | 3131114.5 | 506475.6 | 1021726.5 | 386822.8 | 49057.5 | 6255914.0 | 4385767.5 |
| 金属及金属矿批发业 | Wholesale of Metal and Metallic Ore | 7581911.2 | 611819.2 | 255816.9 | 70126.9 | 9855.2 | 10474443.3 | 7253637.7 |
| 建材批发业 | Wholesale of Building Materials | 2693559.3 | 204468.6 | 69113.3 | 12951.9 | 6982.5 | 3396484.0 | 2554551.1 |
| 化肥批发业 | Wholesale of Chemical Fertilizer | 150742.8 | 51335.4 | 8184.2 | 3281.6 | 600.4 | 170725.6 | 132261.1 |
| 机械设备、五金产品及电子产品批发业 | Wholesale of Mechanical Equipment, Hardware and Electrical Equipment and Electronic Product | 2020894.7 | 388190.0 | 112481.4 | 49028.6 | 11948.0 | 2210831.8 | 1733626.7 |
| #汽车及零配件批发业 | Wholesale of Motor Vehicles and Parts | 698447.3 | 138815.7 | 18410.4 | 9905.5 | 1471.6 | 758643.8 | 564358.0 |
| 计算机、软件及辅助设备批发业 | Wholesale of Computer, Software and Auxiliary Equipment | 59301.0 | 17521.0 | 1487.6 | 879.6 | 192.4 | 60340.9 | 39864.1 |
| 贸易经纪与代理 | Trade Manager and Acting as Agent | 9747.2 | 3768.3 | 253.6 | 114.7 | 99.2 | 10025.4 | 8364.2 |
| 其他批发业 | Others | 591145.2 | 187348.4 | 166669.4 | 38009.0 | 12229.8 | 997625.2 | 983253.4 |

continued

(10 000 yuan)

| 所有者权益合计 Total Creditors Equity | #实收资本 Capital Hold | 营业收入 Business Revenue | 主营业务收入 Business Income of the Main Products | 营业成本 Business Cost | 税金及附加 Business Tax and Extra Charges | 销售费用 Operating Cost | 管理费用 Management Expenses | 财务费用 Financial Expenses | #利息费用 Interest Expenses | 营业利润 Business Profits | 利润总额 Gross Profits |
|---|---|---|---|---|---|---|---|---|---|---|---|
| 374384.6 | 13500.0 | 2352279.6 | 2300368.6 | 2216106.0 | 2998.1 | 75832.7 | 13757.2 | 6330.3 | 1284.8 | 32915.0 | 31461.5 |
| 40185.1 | 5000.0 | 222839.8 | 217361.3 | 199473.9 | 221.4 | 10052.2 | 1887.8 | 619.5 | 157.7 | 5834.6 | 5709.3 |
| 65015.0 | 8500.0 | 547188.8 | 533963.7 | 524712.7 | 567.3 | 19238.9 | 3669.4 | 1280.7 | 69.5 | -1837.2 | -2164.5 |
| 269184.5 |  | 1582251.0 | 1549043.6 | 1491919.4 | 2209.4 | 46541.6 | 8200.0 | 4430.1 | 1057.6 | 28917.6 | 27916.7 |
| 166106.6 | 122896.4 | 1339990.7 | 1338509.8 | 1303588.8 | 1723.4 | 23877.2 | 14642.8 | 8558.7 | 10566.1 | -2839.6 | 14974.1 |
| 2262046.6 | 803340.1 | 12319049.7 | 12243905.9 | 10872804.9 | 570043.4 | 230459.8 | 256429.1 | 17146.3 | 54785.5 | 483761.2 | 503884.1 |
| 308086.2 | 134998.2 | 1067652.5 | 1063405.2 | 1019512.0 | 736.1 | 36663.8 | 12314.0 | 4622.6 | 14533.4 | -3623.9 | 9546.1 |
| 845133.1 | 25470.7 | 4124786.2 | 4105299.2 | 2944734.8 | 562136.7 | 92002.2 | 187216.2 | -24886.9 |  | 401935.1 | 401959.6 |
| 125065.0 | 53014.5 | 1925568.2 | 1888613.0 | 1822025.5 | 3166.4 | 54884.8 | 30726.0 | 3722.1 | 5187.4 | 17766.0 | 18465.4 |
| 5170.6 | 4590.5 | 310567.9 | 309340.9 | 300329.8 | 1231.8 | 7159.9 | 1515.8 | 222.5 | 199.0 | 256.9 | 346.6 |
| 309132.5 | 145326.6 | 627233.1 | 625703.8 | 576375.0 | 741.2 | 27025.6 | 14732.5 | 321.7 | 1976.7 | 11395.9 | 8696.0 |
| 581316.0 | 352532.4 | 4169561.0 | 4155736.6 | 3756547.3 | 9182.2 | 165232.7 | 112467.7 | 28541.2 | 16779.1 | 98845.1 | 95202.4 |
| 7151322.0 | 4198135.7 | 48993813.9 | 48714616.0 | 47678782.3 | 115438.0 | 633052.3 | 241843.7 | 297885.8 | 269779.1 | 186265.8 | 212376.0 |
| 807289.3 | 373105.5 | 3222874.6 | 3204968.7 | 3095666.6 | 4555.1 | 77733.3 | 30602.4 | 39061.2 | 24114.1 | -13798.8 | -12673.3 |
| 1867273.6 | 795918.6 | 11086804.5 | 10940285.5 | 10540896.2 | 12368.8 | 333089.5 | 68043.0 | 28927.0 | 18178.8 | 104429.3 | 116631.1 |
| 3220348.2 | 2107072.3 | 23765073.2 | 23696163.0 | 23438589.2 | 22276.4 | 106761.0 | 75563.2 | 145891.7 | 148641.8 | 14407.3 | 28724.8 |
| 838115.6 | 599834.7 | 7125130.4 | 7094171.1 | 6945438.9 | 69708.3 | 56027.0 | 36681.8 | 46896.3 | 45163.8 | 85469.7 | 83070.3 |
| 34347.6 | 22306.8 | 548451.2 | 548378.6 | 518440.1 | 2502.2 | 17405.1 | 5648.0 | 1755.5 | 1299.7 | 4670.6 | 4897.7 |
| 383499.9 | 174052.7 | 4506567.1 | 4473633.9 | 4226611.5 | 10924.9 | 125758.5 | 71524.5 | 10166.6 | 11034.5 | 61754.5 | 62877.6 |
| 103176.2 | 70893.6 | 1219680.1 | 1200953.7 | 1170995.8 | 1209.0 | 24970.5 | 11734.0 | 4654.1 | 4825.6 | 4850.2 | 5278.9 |
| 20476.8 | 13797.4 | 195314.2 | 193613.8 | 180896.5 | 258.1 | 5464.9 | 5328.1 | 630.6 | 561.8 | 1934.9 | 2018.5 |
| 1661.2 | 1750.0 | 46548.8 | 46524.8 | 45839.9 | 26.0 | 920.0 | 346.8 | 88.6 | 22.6 | -686.2 | -608.9 |
| 14294.0 | 37052.2 | 1501078.5 | 1498970.9 | 1465648.4 | 13332.8 | 13132.6 | 17461.3 | 15013.4 | 9820.9 | -17464.8 | -14591.5 |

# 16—4 续表2

单位：万元

| 项 目 | Item | 流动资产小计 Circulating Funds | #存货 Deposit Products | 固定资产原价 Original Value of Fixed Assets | 累计折旧 Add Up Depreciation | #本年折旧 Depreciation of the Year | 资产合计 Total Assets | 负债合计 Total Liabilities |
|---|---|---|---|---|---|---|---|---|
| 二、零售业 | Ⅱ. Retail Trades | 7634307.5 | 1815407.8 | 1631171.3 | 660413.2 | 113008.4 | 10025045.1 | 6784262.5 |
| 1.按登记注册类型分组 | 1. Grouped by Status of Registration | | | | | | | |
| 内资企业 | Domestic Funded Enterprises | 7228976.0 | 1724250.6 | 1384315.2 | 563179.5 | 98354.0 | 9398074.0 | 6428758.0 |
| 国有企业 | State-owned Industry | 54517.7 | 9828.9 | 8259.5 | 4392.3 | 328.9 | 69525.9 | 68838.5 |
| 集体企业 | Collective-owned Industry | 8876.8 | 1761.4 | 2561.4 | 1057.6 | 142.8 | 11955.3 | 7241.6 |
| 股份合作企业 | Cooperative Enterprises | 466.9 | 2.7 | 255.0 | 77.3 | 6.0 | 835.2 | 439.8 |
| 联营企业 | Joint Ownership Enterprises | | | | | | | |
| 有限责任公司 | Limited Liability Corporations | 3133592.5 | 693619.6 | 491605.6 | 238216.4 | 38082.2 | 4116279.4 | 2662435.3 |
| 国有独资公司 | Sole State-funded Corporations | 262543.1 | 49649.5 | 74703.1 | 36907.8 | 4591.3 | 446887.2 | 217923.2 |
| 其他有限责任公司 | Other Limited Liability Corporations | 2871049.4 | 643970.1 | 416902.5 | 201308.6 | 33490.9 | 3669392.2 | 2444512.1 |
| 股份有限公司 | Share Holding Enterprises | 1024606.0 | 136101.7 | 398771.4 | 132242.5 | 13296.4 | 1504087.0 | 860777.1 |
| 私营企业 | Private Enterprises | 3006285.8 | 882746.1 | 482449.2 | 187141.3 | 46461.1 | 3694263.9 | 2828294.0 |
| 私营独资企业 | Private-funded Enterprises | 37857.3 | 8924.4 | 12858.2 | 3461.6 | 1032.9 | 54628.4 | 28980.1 |
| 私营合伙企业 | Private Partnership Enterprises | 9240.9 | 1139.4 | 2939.4 | 1317.4 | 162.1 | 12369.0 | 5824.0 |
| 私营有限责任公司 | Private Limited Liability Corporations | 2894382.2 | 851256.5 | 447563.3 | 175012.1 | 43979.2 | 3530898.6 | 2725999.7 |
| 私营股份有限公司 | Private Share Holding Enterprises | 64805.4 | 21425.8 | 19088.3 | 7350.2 | 1286.9 | 96367.9 | 67490.2 |
| 其他企业 | Others Enterprises | 630.3 | 190.2 | 413.1 | 52.1 | 36.6 | 1127.3 | 731.7 |
| 港、澳、台商投资企业 | Enterprises with Funds from Hong Kong, Macao and Taiwan | 321978.4 | 56141.6 | 216125.5 | 85271.1 | 11772.8 | 498007.6 | 272703.0 |
| 合资经营企业 | Joint Venture Enterprises | 91814.4 | 16260.3 | 122312.9 | 32304.5 | 5004.7 | 201642.0 | 139787.8 |
| 合作经营企业 | Cooperative Enterprises | 8920.0 | 1402.1 | 325.0 | 207.7 | 10.0 | 9120.1 | 4251.3 |
| 独资经营企业 | Enterprises with Sole Investment | 115215.0 | 34918.3 | 64425.7 | 31140.1 | 5069.0 | 163707.3 | 76577.3 |
| 投资股份有限公司 | Share-holding Corporations Ltd. with Investment | 260.0 | 14.1 | 1228.3 | 482.1 | 57.1 | 1007.3 | 817.0 |
| 其他港澳台投资企业 | Others Enterprises with Funds from Hong Kong, Macao and Taiwan | 105769.0 | 3546.8 | 27833.6 | 21136.7 | 1632.0 | 122530.9 | 51269.6 |

continued

(10 000 yuan)

| 所有者权益合计 Total Creditors Equity | #实收资本 Capital Hold | 营业收入 Business Revenue | 主营业务收入 Business Income of the Main Products | 营业成本 Business Cost | 税金及附加 Business Tax and Extra Charges | 销售费用 Operating Cost | 管理费用 Management Expenses | 财务费用 Financial Expenses | #利息费用 Interest Expenses | 营业利润 Business Profits | 利润总额 Gross Profits |
|---|---|---|---|---|---|---|---|---|---|---|---|
| 3226934.0 | 1639101.4 | 18441718.5 | 18095101.7 | 16328984.7 | 55066.9 | 1147827.4 | 524808.4 | 75615.1 | 49103.3 | 352046.0 | 374839.0 |
| 2955212.5 | 1531581.6 | 17159342.2 | 16854970.6 | 15278083.7 | 49030.1 | 996397.1 | 486751.5 | 68225.0 | 45903.4 | 303182.5 | 324767.0 |
| 687.4 | 5501.7 | 77462.6 | 76495.9 | 66425.8 | 537.7 | 5665.5 | 3629.0 | 206.0 | 161.3 | 1786.2 | 2821.3 |
| 4705.4 | 551.0 | 14923.1 | 14923.1 | 11745.9 | 43.6 | 936.4 | 862.0 | 166.0 | 34.2 | 1229.8 | 1269.1 |
| 395.4 | 185.4 | 2323.1 | 2207.5 | 1722.7 | 7.1 | 274.8 | 252.4 | 10.1 | 8.0 | 57.8 | 57.9 |
| 1451382.9 | 639032.2 | 7974027.4 | 7807934.4 | 7070223.8 | 19493.6 | 523296.5 | 168997.9 | 18231.3 | 12648.9 | 177903.2 | 189999.1 |
| 228558.0 | 134837.0 | 572943.4 | 558214.9 | 473242.0 | 2154.9 | 47973.7 | 22365.7 | 1286.2 | 1427.5 | 25158.4 | 28878.5 |
| 1222824.9 | 504195.2 | 7401084.0 | 7249719.5 | 6596981.8 | 17338.7 | 475322.8 | 146632.2 | 16945.1 | 11221.4 | 152744.8 | 161120.6 |
| 643309.9 | 164471.2 | 2104049.6 | 2077497.0 | 1920806.4 | 7532.6 | 58368.3 | 57645.4 | 13639.3 | 10498.2 | 64655.4 | 65949.6 |
| 854423.0 | 721715.1 | 6983946.5 | 6873302.8 | 6204866.6 | 21415.4 | 407830.9 | 255177.5 | 35971.2 | 22551.7 | 57415.6 | 64487.3 |
| 23144.3 | 9492.4 | 113643.5 | 113636.4 | 97218.0 | 448.5 | 5488.8 | 5039.7 | 864.3 | 551.7 | 4445.4 | 4390.7 |
| 6545.0 | 2957.2 | 33523.1 | 33523.1 | 28787.3 | 89.7 | 1956.7 | 1437.2 | 105.1 | 31.9 | 994.3 | 985.5 |
| 795971.9 | 691602.7 | 6707993.5 | 6597701.9 | 5966333.8 | 18949.5 | 392579.4 | 241399.7 | 33690.8 | 21596.9 | 53106.2 | 59762.2 |
| 28761.8 | 17662.8 | 128786.4 | 128441.4 | 112527.5 | 1927.7 | 7806.0 | 7300.9 | 1311.0 | 371.2 | -1130.3 | -651.1 |
| 308.5 | 125.0 | 2609.9 | 2609.9 | 2292.5 | 0.1 | 24.7 | 187.3 | 1.1 | 1.1 | 134.5 | 182.7 |
| 225559.5 | 93450.9 | 1030533.2 | 994704.2 | 862255.7 | 5454.4 | 102771.5 | 31831.1 | 4446.6 | 3319.8 | 40896.0 | 41614.9 |
| 62109.1 | 46372.6 | 307002.4 | 291786.8 | 265121.8 | 1106.3 | 18510.9 | 12880.1 | 3511.7 | 3435.3 | 6352.1 | 6644.9 |
| 4868.8 | 409.9 | 6250.1 | 6220.1 | 5621.0 | 22.1 | 300.1 | 214.0 | 22.1 |  | 70.8 | 70.1 |
| 87130.0 | 39000.6 | 527158.1 | 517181.4 | 447074.3 | 3227.5 | 55164.9 | 13620.2 | 1193.2 | -120.4 | 22747.4 | 23174.6 |
| 190.3 | 1000.0 | 486.8 | 486.8 | 275.4 | 3.0 | 119.4 | 191.0 | 1.4 |  | 211.4 | 212.6 |
| 71261.3 | 6667.8 | 189635.8 | 179029.1 | 144163.2 | 1095.5 | 28676.2 | 4925.8 | -281.8 | 4.9 | 11514.3 | 11512.7 |

# 16—4 续表3

单位：万元

| 项　目 | Item | 流动资产小计 Circulating Funds | #存货 Deposit Products | 固定资产原价 Original Value of Fixed Assets | 累计折旧 Add Up Depreciation | #本年折旧 Deprecia-tion of the Year | 资产合计 Total Assets |
|---|---|---|---|---|---|---|---|
| 外商投资企业 | Enterprises With Foreign Investment | 83353.1 | 35015.6 | 30730.6 | 11962.6 | 2881.6 | 128963.5 |
| 中外合资经营企业 | Joint Venture Enterprises | 2383.9 | 2110.5 | 1600.0 | 1097.0 | 108.1 | 3258.0 |
| 中外合作经营企业 | Cooperative Enterprises | 9420.1 | 176.1 | 218.2 | 207.1 | 2.1 | 10521.0 |
| 外资企业 | Enterprises with Sole Foreign Investment | 63643.4 | 30321.5 | 24582.8 | 9415.3 | 2498.3 | 103330.1 |
| 外商投资股份有限公司 | Share-holding Corporations Ltd. with Foreign Investment | 4870.2 | 604.4 | 807.8 | 742.7 | 67.7 | 5018.3 |
| 其他外商投资企业 | Others Foreign Funded Enterprises | 3035.5 | 1803.1 | 3521.8 | 500.5 | 205.4 | 6836.1 |
| 2.按零售行业小类分组 | 2. Grouped by Sector of Retail Trades | | | | | | |
| 综合零售业 | Comprehensive Retail | 1074943.4 | 285952.2 | 737545.9 | 310464.2 | 38261.1 | 1875116.8 |
| #百货零售业 | Retail of Consumer Goods | 529249.2 | 92454.3 | 525954.3 | 183935.6 | 19598.4 | 1084039.4 |
| 超级市场零售业 | Retail of Supermarket | 519724.3 | 187462.9 | 207415.5 | 124377.4 | 17991.1 | 759787.0 |
| 食品、饮料及烟草制品专门零售业 | Special Retail of Food , Beverages and Tobacco Products | 248137.1 | 55629.4 | 35865.6 | 12134.5 | 2578.6 | 372188.8 |
| 纺织、服装及日用品专门零售业 | Special Retail of Textile , Garments and Daily Necessities | 455780.9 | 43683.9 | 4987.4 | 2760.3 | 1023.2 | 592107.4 |
| #服装零售业 | Retail of Garments | 36393.9 | 18792.7 | 2362.8 | 1238.7 | 434.0 | 42555.9 |
| 文化、体育用品及器材专门零售业 | Special Retail of Culture, Sports Goods and Apparatus | 341532.6 | 87123.2 | 82554.8 | 37077.8 | 5006.6 | 471572.6 |
| #体育用品及器材零售业 | Retail of Sports Goods and Apparatus | 45857.8 | 40392.0 | 5646.4 | 2766.1 | 1532.1 | 59436.6 |
| 图书、报刊零售业 | Retail of Books and Newspars | 239625.6 | 29586.1 | 71686.9 | 31248.6 | 3212.3 | 351242.1 |
| 医药及医疗器材专门零售业 | Special Retail of Medicine and Medical Apparatus | 1348174.9 | 247206.9 | 108294.3 | 30261.6 | 8805.0 | 1637423.7 |
| #西药零售业 | Retail of Western Medicines | 1302372.3 | 232888.9 | 106151.8 | 29033.3 | 8142.3 | 1588076.5 |
| 中药零售业 | Retail of Chinese Medicines | 31443.2 | 12701.8 | 1052.5 | 475.1 | 236.4 | 34274.3 |
| 汽车、摩托车、零配件和燃料及其他动力零售业 | Special Retail of Motor Vehicles, Motorcycles, Parts, Fuel and Other Powers | 3168080.7 | 912798.7 | 525204.7 | 219458.7 | 48951.5 | 3838795.5 |
| #汽车新车零售业 | Retail of Motor Vehicles | 2815468.8 | 835531.9 | 448975.3 | 192012.6 | 42328.3 | 3318902.2 |
| 机动车燃油零售业 | Fuel Retail of Motor Vehicle | 239403.8 | 41813.9 | 65621.9 | 22068.5 | 4492.4 | 393817.9 |
| 家用电器及电子产品专门零售业 | Special Retail of Household Appliances and Electronic Products | 729703.3 | 148203.3 | 56125.8 | 19948.9 | 3681.3 | 834690.5 |
| #日用家电零售业 | Retail of Home Electronic and Electrical Appliances | 384276.9 | 73165.9 | 19775.8 | 9767.9 | 1219.6 | 427324.5 |
| 计算机、软件及辅助设备零售业 | Retail of Computer, Software and Auxiliary Equipments | 158897.3 | 28284.9 | 9403.0 | 4769.3 | 1082.8 | 168896.7 |
| 通信设备零售 | Retail of Communication Apparatus | 76864.9 | 24099.9 | 3043.3 | 1119.6 | 173.7 | 88053.8 |
| 五金、家具及室内装饰材料专门零售业 | Special Retail of Hardware, Furniture and Indoor Renovation Material | 75834.5 | 15674.9 | 11156.7 | 2656.9 | 1026.3 | 100776.8 |
| 货摊、无店铺及其他零售业 | Retail without Shop and Others | 192120.1 | 19135.3 | 69436.1 | 25650.3 | 3674.8 | 302373.0 |

continued

(10 000 yuan)

| 负债合计 Total Liabilities | 所有者权益合计 Total Creditors Equity | #实收资本 Capital Hold | 营业收入 Business Revenue | 主营业务收入 Business Income of the Main Products | 营业成本 Business Cost | 税金及附加 Business Tax and Extra Charges | 销售费用 Operating Cost | 管理费用 Management Expenses | 财务费用 Financial Expenses | #利息费用 Interest Expenses | 营业利润 Business Profits | 利润总额 Gross Profits |
|---|---|---|---|---|---|---|---|---|---|---|---|---|
| 82801.5 | 46162.0 | 14068.9 | 251843.1 | 245426.9 | 188645.3 | 582.4 | 48658.8 | 6225.8 | 2943.5 | −119.9 | 7967.5 | 8457.1 |
| −7787.4 | 11045.4 | | 20885.1 | 20414.4 | 16407.7 | 52.7 | 2225.6 | 480.6 | 38.8 | | 1681.7 | 1709.0 |
| 5241.0 | 5280.0 | 796.0 | 3151.2 | 3151.2 | 2594.0 | 10.2 | 266.0 | 182.2 | 12.0 | | 100.1 | 98.1 |
| 78177.2 | 25152.9 | 10644.6 | 202505.3 | 198941.9 | 148174.3 | 437.6 | 43215.5 | 4941.2 | 2862.5 | −151.3 | 6051.1 | 6506.5 |
| 1962.9 | 3055.4 | 1000.0 | 15275.1 | 12991.7 | 11810.2 | 28.2 | 2441.2 | 285.6 | −5.3 | | 715.2 | 732.5 |
| 5207.8 | 1628.3 | 1628.3 | 10026.4 | 9927.7 | 9659.1 | 53.7 | 510.5 | 336.2 | 35.5 | 31.4 | −580.6 | −589.0 |
| | | | | | | | | | | | | |
| 1324779.3 | 549181.8 | 291097.1 | 3110329.1 | 2945048.2 | 2530864.7 | 13413.5 | 396259.4 | 132036.1 | 19842.0 | 11757.9 | 37480.5 | 43410.4 |
| 720450.3 | 363225.0 | 173662.5 | 1298862.9 | 1220605.3 | 1037194.1 | 9939.9 | 150032.1 | 70770.5 | 8950.8 | 8352.0 | 25924.2 | 26751.7 |
| 576024.3 | 182971.1 | 110288.6 | 1745140.3 | 1660779.4 | 1442681.9 | 3267.7 | 233304.8 | 56929.5 | 10545.3 | 3230.6 | 13898.5 | 18846.3 |
| 263661.5 | 106386.4 | 81172.9 | 423354.5 | 421396.4 | 365695.0 | 1508.8 | 19696.2 | 23528.9 | 3677.7 | 2161.8 | 8974.0 | 9507.3 |
| 367095.7 | 224794.3 | 45031.6 | 260386.4 | 259998.0 | 201369.0 | 967.9 | 39884.2 | 11673.4 | 367.8 | −1586.3 | 13885.5 | 14970.4 |
| 45625.5 | −3069.6 | 4344.2 | 81861.6 | 81687.8 | 59721.0 | 384.0 | 21825.7 | 3671.7 | 129.6 | 235.7 | −1487.8 | −1244.3 |
| 239917.1 | 231655.5 | 132639.5 | 553217.8 | 539784.8 | 440116.6 | 3607.7 | 53076.8 | 29448.3 | 248.9 | 445.1 | 27545.9 | 30093.2 |
| 55753.2 | 3683.4 | 2093.6 | 138307.2 | 138293.5 | 119017.2 | 132.7 | 12996.7 | 3791.2 | 31.5 | 21.7 | 2337.8 | 2274.5 |
| 135459.5 | 215782.6 | 118669.0 | 348109.7 | 335460.9 | 263772.5 | 1817.5 | 36613.2 | 21806.3 | −180.1 | 84.7 | 24027.3 | 26551.9 |
| 1087026.4 | 549477.0 | 118144.1 | 2457047.6 | 2443256.9 | 2132086.1 | 7522.5 | 161617.5 | 66863.3 | 13153.5 | 9588.5 | 87934.8 | 91274.2 |
| 1052715.9 | 534836.9 | 110004.1 | 2381986.1 | 2368863.7 | 2074626.2 | 7267.2 | 152363.0 | 60168.4 | 12883.1 | 9424.6 | 85289.0 | 88574.8 |
| 25841.2 | 8433.1 | 5104.0 | 52881.0 | 52212.7 | 40339.8 | 159.3 | 7734.9 | 4414.8 | 67.3 | 70.4 | 1353.8 | 1361.9 |
| 2659427.8 | 1173003.8 | 716655.2 | 9498529.1 | 9365238.7 | 8803423.0 | 22289.1 | 329976.4 | 182113.5 | 30518.4 | 21397.4 | 132545.5 | 140289.7 |
| 2398371.0 | 915179.4 | 603119.9 | 7799111.5 | 7684148.4 | 7257691.5 | 20117.0 | 259253.4 | 152386.4 | 27153.6 | 19000.3 | 82513.7 | 89633.6 |
| 193748.6 | 200021.3 | 98192.8 | 1445128.6 | 1427076.2 | 1317018.6 | 1860.9 | 60065.7 | 18250.3 | 2519.8 | 1822.3 | 48480.8 | 48656.0 |
| 605428.0 | 227004.2 | 153701.7 | 1379118.8 | 1366582.3 | 1213503.1 | 3250.8 | 84044.5 | 49664.5 | 7068.6 | 4728.3 | 18717.0 | 19263.4 |
| 337631.8 | 89409.1 | 45675.9 | 765687.0 | 762600.1 | 683202.5 | 1640.6 | 49050.9 | 18559.6 | 4123.2 | 3160.6 | 5806.7 | 5621.7 |
| 92599.7 | 76223.0 | 57376.4 | 247632.9 | 245164.8 | 204454.9 | 769.6 | 12967.6 | 17278.9 | 884.8 | 600.4 | 9501.4 | 9863.4 |
| 60379.3 | 27674.5 | 32213.3 | 223260.3 | 217667.8 | 201835.9 | 316.1 | 13287.1 | 7694.9 | 625.1 | 295.1 | 2019.0 | 2500.6 |
| 69064.1 | 31586.8 | 22059.5 | 143937.5 | 142670.8 | 124627.7 | 844.8 | 7256.3 | 7610.5 | 472.3 | 161.4 | 3163.6 | 3201.8 |
| 167862.6 | 133844.2 | 78599.8 | 615797.7 | 611125.6 | 517299.5 | 1661.8 | 56016.1 | 21869.9 | 265.9 | 449.2 | 21799.2 | 22828.6 |

# 16－5 按登记注册类型分连锁批发和零售企业基本情况（2019年）

## Basic Condictions of Chain-retail Enterprises by Categories of Registration （2019）

| 项 目 | Item | 总店数（个）Number of Head Offices | 门店总数（个）Number of Stores（unit） | 年末从业人数（人）Engaged Persons（10 000 persons） | 年末零售营业面积（平方米）Operating Area（10 000 sq.m） | 商品销售总额（万元）Total Sales of Commodities（10 000 yuan） | 商品购进总额（万元）Total Purchases Value（10 000 yuan） | 统一配送商品购进额（万元）Centralized Purchases and Delivery（10 000 yuan） |
|---|---|---|---|---|---|---|---|---|
| 总 计 | Total | 84 | 6493 | 36399 | 4504689 | 8249106 | 7844251 | 7566166 |
| 内资企业 | Domestic Funded Enterprises | 81 | 6074 | 33788 | 4005347 | 7357358 | 6980806 | 6702721 |
| 国有企业 | State-owned Industry | 1 | 144 | 744 | 164400 | 625148 | 625148 | 509312 |
| 集体企业 | Collective-owned Industry | | | | | | | |
| 股份合作企业 | Cooperative Enterprises | | | | | | | |
| 联营企业 | Joint Ownership Enterprises | | | | | | | |
| 有限责任公司 | Limited Liability Corporations | 33 | 3432 | 17340 | 1763479 | 4348528 | 4320581 | 4292335 |
| 国有独资公司 | Sole State-funded Corporations | 11 | 793 | 3772 | 1287741 | 3451811 | 3405372 | 3405372 |
| 其他有限责任公司 | Other Limited Liability Corporations | 22 | 2639 | 13568 | 475738 | 896718 | 915209 | 886962 |
| 股份有限公司 | Share Holding Enterprises | 19 | 773 | 7035 | 1866163 | 2069752 | 1725888 | 1603517 |
| 私营企业 | Private Enterprises | 28 | 1725 | 8669 | 211305 | 313930 | 309190 | 297558 |
| 私营独资企业 | Private-funded Enterprises | | | | | | | |
| 私营合伙企业 | Private Partnership Enterprises | | | | | | | |
| 私营有限责任公司 | Private Limited Liability Corporations | 26 | 1698 | 8319 | 206732 | 272543 | 261414 | 249782 |
| 私营股份有限公司 | Private Share Holding Enterprises | 2 | 27 | 350 | 4573 | 41387 | 47776 | 47776 |
| 其他企业 | Others Enterprises | | | | | | | |
| 港、澳、台商投资企业 | Enterprises with Funds from Hong Kong，Macao and Taiwan | | | | | | | |
| 合资经营企业（港或澳、台资） | Joint Venture Enterprises | | | | | | | |
| 合作经营企业（港或澳、台资） | Cooperative Enterprises | | | | | | | |
| 港、澳、台商独资经营企业 | Enterprises with Sole Investment | | | | | | | |
| 港、澳、台商投资股份有限公司 | Share-holding Corporations Ltd. with Investment | | | | | | | |
| 其他港澳台商投资 | Others Enterprises with Funds from Hong Kong，Macao and Taiwan | | | | | | | |
| 外商投资企业 | Enterprises with Foreign Investment | 3 | 419 | 2611 | 499342 | 891748 | 863445 | 863445 |
| 中外合资经营企业 | Joint Venture Enterprises | | | | | | | |
| 中外合作经营企业 | Cooperative Enterprises | | | | | | | |
| 外资企业 | Enterprises with Sole Foreign Investment | 2 | 418 | 1995 | 499342 | 635828 | 607525 | 607525 |
| 外商投资股份有限公司 | Share-holding Corporations Ltd. with Foreign Investment | 1 | 1 | 616 | | 255920 | 255920 | 255920 |
| 其他外商投资 | Others Foreign Funded Enterprises | | | | | | | |

# 16－6　亿元以上商品交易市场基本情况（2019年）
# Basic Conditions of Commodity Exchange Markets of Transaction Value over 100 Million Yuan（2019）

| 项　目 | Item | 市场数量（个）Number of Markets (unit) | 摊位数（个）Number of Booths (unit) | 营业面积（平方米）Operating Area (sq.m) | 成交额（万元）Turnover (10 000 yuan) |
|---|---|---|---|---|---|
| 总　计 | Total | 67 | 74132 | 3437168 | 12769283 |
| 1.综合市场 | Integrated Markets | 20 | 37476 | 1018950 | 3610785 |
| 工业消费品综合市场 | Industrial Consumable Comprehensive Markets | 1 | 5340 | 200000 | 100545 |
| 农产品综合市场 | Farm Produce Comprehensive Markets | 12 | 22511 | 629434 | 3077416 |
| 其他综合市场 | Other Comprehensive Markets | 7 | 9625 | 189516 | 432824 |
| 2.专业市场 | Special Markets | 47 | 36656 | 2418218 | 9158498 |
| 生产资料市场 | Production Markets | 12 | 4909 | 707811 | 4180628 |
| #农用生产资料市场 | Agricultural Production Markets | 2 | 710 | 52000 | 196000 |
| 木材市场 | Wood Markets | 1 | 170 | 100000 | 17732 |
| 建材市场 | Building Material Markets | 5 | 1291 | 168180 | 138170 |
| 金属材料市场 | Metal Material Markets | 2 | 1388 | 247631 | 3560000 |
| 机械设备市场 | Mechanical Equipment Markets | 1 | 500 | 30000 | 81000 |
| 其他生产资料市场 | Others | 1 | 850 | 110000 | 187726 |
| 农产品市场 | Farm Produce Markets | 14 | 14872 | 738557 | 2612463 |
| #粮油市场 | Grain and Oil Markets | | | | |
| 肉禽蛋市场 | Meat，Poultry and Eggs Markets | 5 | 7726 | 103992 | 651011 |
| 水产品市场 | Aquatic Products Markets | 1 | 371 | 13000 | 38599 |
| 蔬菜市场 | Vegetables Markets | 3 | 2123 | 305000 | 702077 |
| 干鲜果品市场 | Dried and Fresh Melons and Fruits Markets | 2 | 889 | 82050 | 128302 |
| 其他农产品市场 | Others | 3 | 3763 | 234515 | 1092474 |
| 食品、饮料及烟酒市场 | Food，Beverages，Tobacco and Liquor Markets | 4 | 981 | 30183 | 181429 |
| #食品饮料市场 | Food and Beverages Markets | | | | |
| 茶叶市场 | Tea Markets | 2 | 240 | 12500 | 130150 |
| 其他食品饮料及烟酒市场 | Others | 2 | 741 | 17683 | 51279 |
| 纺织、服装、鞋帽市场 | Textiles，Clothing，Shoes and Hats Markets | 8 | 10741 | 398581 | 673593 |
| #服装市场 | Clothing Markets | 5 | 7962 | 325621 | 557371 |
| 其他纺织服装鞋帽市场 | Others | 3 | 2779 | 72960 | 116222 |
| 电器、通讯器材、电子设备市场 | Electrical Appliances，Communication Appliances and Electronical Appliances Markets | 1 | 780 | 20678 | 81380 |
| #计算机及辅助设备市场 | Computer and Accessory Equipment Markets | 1 | 780 | 20678 | 81380 |
| 医药、医疗用品及器材市场 | Medicine，Medical Materials and Medical Instruments Markets | 1 | 1116 | 23000 | 960000 |
| #中药材市场 | Traditional Chinese Medicinal Materials Markets | 1 | 1116 | 23000 | 960000 |
| 家具、五金及装饰材料市场 | Furniture，Hardware and Decoration Materials Markets | 5 | 2866 | 463608 | 381723 |
| #家具市场 | Furniture Markets | 2 | 1476 | 208108 | 236916 |
| 装饰材料市场 | Decoration Materials Markets | 2 | 990 | 205500 | 76807 |
| 厨具、盥洗设备市场 | Kitchen Utensils，Washing Equipements Markets | | | | |
| 五金材料市场 | Hardware Materials Markets | 1 | 400 | 50000 | 68000 |
| 其他装修市场 | Others | | | | |
| 汽车、摩托车及零配件市场 | Cars，Motorcycles and Spare Parts Markets | 2 | 391 | 35800 | 87282 |
| #汽车市场 | Cars Markets | 1 | 56 | 26000 | 79156 |
| 摩托车市场 | Motorcycles Markets | 1 | 335 | 9800 | 8126 |

# 16—7 社会消费品零售总额及指数

## Total Retail Sales of Consumer Goods and Relate Indices

| 年份<br>Year | 绝对数（万元）<br>Absolute Number（10 000 yuan） | 指数（上年=100）<br>Relate Indices（Preceding year=100） |
|---|---|---|
| 1978 | 335918 | |
| 1980 | 457228 | 117.9 |
| 1985 | 886005 | 129.1 |
| 1990 | 1754369 | 103.2 |
| 1991 | 2002276 | 114.1 |
| 1992 | 2436189 | 121.7 |
| 1993 | 3136905 | 128.8 |
| 1994 | 3957947 | 126.2 |
| 1995 | 4919345 | 124.3 |
| 1996 | 5623946 | 114.3 |
| 1997 | 6171840 | 109.7 |
| 1998 | 6699356 | 108.5 |
| 1999 | 7191902 | 107.4 |
| 2000 | 7777957 | 108.1 |
| 2001 | 8435005 | 108.4 |
| 2002 | 9206357 | 109.1 |
| 2003 | 10286618 | 111.7 |
| 2004 | 11675341 | 113.5 |
| 2005 | 13373878 | 114.5 |
| 2006 | 15355179 | 114.8 |
| 2007 | 18240974 | 118.8 |
| 2008 | 22522647 | 123.5 |
| 2009 | 26114597 | 115.9 |
| 2010 | 30834656 | 118.1 |
| 2011 | 36184000 | 117.3 |
| 2012 | 41622469 | 115.0 |
| 2013 | 47086520 | 113.1 |
| 2014 | 52693426 | 111.9 |
| 2015 | 57714969 | 109.5 |
| 2016 | 63497565 | 110.0 |
| 2017 | 70379797 | 110.8 |
| 2018 | 76635181 | 108.9 |
| 2019 | 82008671 | 107.0 |

注：本表数据1993-2018年已按第四次经济普查资料进行修订。

Note：The data in this table from 1993 to 2018 was adjusted by the 4th Economic Census.

# 16—8 各市社会消费品零售总额

## Total Retail Sales of Consumer Goods by City

单位：万元 (10 000 yuan)

| 地区 | Region | 2008 | 2009 | 2010 | 2011 | 2012 | 2013 | 2014 | 2015 | 2016 | 2017 | 2018 | 2019 |
|---|---|---|---|---|---|---|---|---|---|---|---|---|---|
| 全 区 | Total | 2252.26 | 2611.46 | 3083.47 | 3618.40 | 4162.25 | 4708.65 | 5269.34 | 5771.50 | 6349.76 | 7037.98 | 7663.52 | 8200.87 |
| 南宁市 | Nanning | 620.29 | 720.96 | 868.45 | 1024.19 | 1188.40 | 1358.78 | 1518.07 | 1673.36 | 1846.54 | 2053.33 | 2234.27 | 2327.80 |
| 柳州市 | Liuzhou | 327.47 | 379.58 | 455.43 | 536.50 | 618.20 | 703.82 | 792.82 | 868.77 | 956.07 | 1054.64 | 1152.16 | 1333.15 |
| 桂林市 | Guilin | 266.34 | 307.06 | 362.92 | 424.63 | 486.17 | 542.16 | 608.14 | 664.83 | 732.73 | 808.38 | 879.43 | 967.47 |
| 梧州市 | Wuzhou | 115.25 | 132.38 | 143.81 | 161.53 | 177.54 | 193.86 | 209.56 | 224.36 | 234.00 | 252.39 | 266.34 | 300.74 |
| 北海市 | Beihai | 85.67 | 100.98 | 116.73 | 139.34 | 161.80 | 186.72 | 210.66 | 233.53 | 262.56 | 296.22 | 321.88 | 344.65 |
| 防城港市 | Fangchenggang | 39.14 | 43.93 | 52.86 | 62.65 | 73.07 | 83.77 | 94.85 | 105.20 | 117.03 | 130.75 | 143.27 | 148.76 |
| 钦州市 | Qinzhou | 111.26 | 131.82 | 155.72 | 182.39 | 208.61 | 232.93 | 259.79 | 282.64 | 312.64 | 341.36 | 369.88 | 401.28 |
| 贵港市 | Guigang | 137.57 | 156.73 | 179.09 | 205.89 | 231.96 | 257.16 | 281.87 | 299.29 | 325.40 | 355.95 | 376.12 | 412.42 |
| 玉林市 | Yulin | 217.98 | 254.64 | 299.39 | 352.79 | 408.71 | 465.53 | 525.70 | 578.26 | 634.81 | 701.58 | 776.05 | 735.82 |
| 百色市 | Baise | 87.04 | 102.52 | 122.70 | 146.57 | 172.39 | 198.83 | 226.92 | 253.23 | 286.10 | 326.59 | 358.79 | 386.72 |
| 贺州市 | Hezhou | 53.70 | 60.24 | 71.27 | 82.63 | 93.63 | 103.37 | 114.79 | 124.91 | 135.13 | 148.79 | 161.63 | 173.03 |
| 河池市 | Hechi | 92.61 | 105.55 | 120.47 | 139.99 | 157.67 | 175.19 | 195.12 | 210.26 | 228.93 | 255.36 | 277.60 | 296.57 |
| 来宾市 | Laibin | 49.91 | 56.76 | 66.23 | 76.79 | 86.60 | 93.21 | 101.10 | 106.92 | 114.41 | 126.96 | 136.10 | 145.65 |
| 崇左市 | Chongzuo | 48.05 | 58.32 | 68.40 | 82.51 | 97.51 | 113.32 | 129.95 | 145.93 | 163.41 | 185.67 | 210.01 | 226.80 |

注：本表数据1993-2018年已按第四次经济普查资料进行修订。

Note: The data in this table from 1993 to 2018 was adjusted by the 4th Economic Census.

# 16—9 主要年份个体工商业发展情况

| 指标 | Item | 1995 | 2000 | 2005 |
|---|---|---|---|---|
| 一、户数（户） | Number of Households (household) | 923679 | 967512 | 1015941 |
| 按城乡分 | by Urban and Rural | | | |
| 城镇 | Urban | 362450 | 451020 | 558987 |
| 农村 | Rural | 561229 | 516492 | 456954 |
| 按行业分 | by Sector | | | |
| 农林牧渔业 | Agriculture, Forestry, Animal Husbandry and Fishery | 2432 | 12888 | 15414 |
| 制造业 | Manufacturing | 76662 | 85900 | 71105 |
| 建筑业 | Construction | 762 | 1164 | 1234 |
| 批发和零售业 | Wholesale and Retail Trade | 546260 | 529569 | 619773 |
| 交通运输、仓储和邮政业 | Transport, Storage and Postal Service | 82886 | 85435 | 112534 |
| 住宿和餐饮业 | Hotels and Catering Services | | | 85031 |
| 租赁和商务服务业 | Leasing and Business Services | | | 8658 |
| 居民服务、修理和其他服务业 | Residents Services, Repairing and Other Services | | | 78261 |
| 文化、体育和娱乐业 | Culture, Sports and Entertainment | | | 6847 |
| 二、从业人员（人） | Number of Employed Persons (person) | 1307050 | 1394187 | 1635767 |
| 按城乡分 | by Urban and Rural | | | |
| 城镇 | Urban | 529941 | 678565 | 897945 |
| 农村 | Rural | 777109 | 715622 | |
| 按行业分 | by Sector | | | |
| 农林牧渔业 | Agriculture, Forestry, Animal Husbandry and Fishery | 3515 | 23066 | 30040 |
| 制造业 | Manufacturing | 139534 | 146868 | 152766 |
| 建筑业 | Construction | 1759 | 3627 | 2710 |
| 批发和零售业 | Wholesale and Retail Trade | 732757 | 726665 | 945430 |
| 交通运输、仓储和邮政业 | Transport, Storage and Postal Service | 104559 | 117835 | 138763 |
| 住宿和餐饮业 | Hotels and Catering Services | | | 174077 |
| 租赁和商务服务业 | Leasing and Business Services | | | 13662 |
| 居民服务、修理和其他服务业 | Residents Services, Repairing and Other Services | | | 126714 |
| 文化、体育和娱乐业 | Culture, Sports and Entertainment | | | 13456 |

注：1.本表数据来自自治区工商行政管理局。

2. 1995、2000年无住宿和餐饮业、租赁和商务服务业、居民服务修理和其他服务业、文化体育和娱乐业数据。

Note: 1. The data in the table comes from Guangxi Administration for Industry and Commerce.

2. There is no data on "Hotels and Catering Services", "Leasing and Business Services", "Residents Services, Repairing and Other Services" and "Culture, Sports and Entertainment" in 1995 and 2000.

# Development of Individual Industrial and Commercial Enterprises in Main Years

| 2010 | 2011 | 2012 | 2013 | 2014 | 2015 | 2016 | 2017 | 2018 | 2019 |
|---|---|---|---|---|---|---|---|---|---|
| 1158725 | 1141622 | 1173252 | 1243444 | 1375799 | 1493192 | 1543576 | 1688950 | 1916401 | 2153876 |
| 772103 | 837283 | 768197 | 929419 | 1038234 | 1129739 | 1179604 | 1271626 | 1401140 | 1572630 |
| 386622 | 304339 | 405055 | 314025 | 337565 | 363453 | 363972 | 417324 | 515261 | 581246 |
| 15600 | 16671 | 17132 | 18108 | 17994 | 20449 | 27443 | 37416 | 50109 | 66734 |
| 71804 | 64128 | 60681 | 60415 | 62311 | 64192 | 65529 | 71956 | 83476 | 96104 |
| 2183 | 2213 | 2246 | 2683 | 3382 | 4102 | 4736 | 5691 | 7062 | 9044 |
| 750112 | 757149 | 716542 | 833537 | 933560 | 1013120 | 1035289 | 1083444 | 1175814 | 1269158 |
| 110416 | 95636 | 149214 | 93631 | 96772 | 79091 | 57931 | 80282 | 113939 | 135663 |
| 86229 | 85323 | 90840 | 102371 | 114636 | 144685 | 165933 | 200861 | 242509 | 287834 |
| 11765 | 12555 | 12954 | 13982 | 15662 | 17234 | 19811 | 23905 | 28924 | 36999 |
| 88774 | 87770 | 89294 | 96424 | 109136 | 124889 | 138180 | 158527 | 160486 | 195969 |
| 6887 | 6522 | 6653 | 6496 | 6795 | 6607 | 6797 | 7249 | 7182 | 9164 |
| 2231412 | 2172283 | 2296637 | 2492428 | 2811454 | 3079374 | 3432599 | 3833882 | 4359380 | 5031673 |
| 1410110 | 1566973 | 1391497 | 1677987 | 1906493 | 2124167 | 2524130 | 2703029 | 3042654 | 3505409 |
| 821302 | 605310 | 905140 | 814441 | 904961 | 955207 | 908469 | 1130853 | 1316726 | 1526264 |
| 33017 | 36215 | 41514 | 48835 | 54852 | 62497 | 86658 | 112544 | 147504 | 192662 |
| 227193 | 223490 | 204294 | 215910 | 227211 | 228584 | 241250 | 270414 | 317981 | 378072 |
| 5702 | 5484 | 5781 | 6940 | 8599 | 10873 | 13232 | 16279 | 19721 | 25814 |
| 1325885 | 1280985 | 1196093 | 1444283 | 1659230 | 1810012 | 2024016 | 2151853 | 2319815 | 2562373 |
| 154101 | 139274 | 339393 | 153356 | 157604 | 118939 | 87815 | 130960 | 179929 | 222355 |
| 226910 | 222327 | 224595 | 304023 | 346542 | 434021 | 497267 | 600864 | 720539 | 887707 |
| 20667 | 23383 | 25721 | 28659 | 32645 | 36985 | 45350 | 55459 | 65670 | 82173 |
| 166122 | 169895 | 174652 | 223546 | 255618 | 298550 | 353378 | 408757 | 440696 | 522710 |
| 23133 | 23900 | 25128 | 25543 | 27723 | 28320 | 31135 | 36412 | 38053 | 43297 |

## 主要统计指标解释

**商品购进额** 指从本企业以外的单位和个人购进（包括从国外直接进口）作为转卖或加工后转卖的商品金额（含增值税）。本指标反映批发和零售业从国内外市场上购进商品的总价。商品购进包括：（1）从工农业生产者、批发和零售业、住宿和餐饮业、出版社或报社的出版发行部门和其他服务业等企事业单位和个体经营户购进的商品；（2）从机关、社会团体购进的商品；（3）从海关、市场管理部门购进的缉私和没收的商品；（4）从居民收购的废旧商品等。不包括：（1）企业为本单位自身经营用，不是作为转卖而购进的商品，如材料物资、包装物、低值易耗品、办公用品等；（2）未通过买卖行为而收入的商品，如接受其他部门移交的商品、借入的商品、收入代其他单位保管的商品、其他单位赠送的样品、加工回收的成品等；（3）经本单位介绍，由买卖双方直接结算，本单位只收取手续费的业务；（4）销售退回和买方拒付货款的商品；（5）商品溢余；（6）期货交易商品。

**商品销售额** 指对本单位以外的单位和个人出售的商品金额（包括售给本单位消费用的商品，含增值税），在批发和零售业中，本指标反映在国内市场上销售商品以及出口商品的总价。商品销售包括：（1）售给个人和社会集团消费用的商品；（2）售给农业、工业、建筑业、服务业等国民经济各行业用于生产、经营用的商品，包括售予批发和零售业作为转卖或加工后转卖的商品；（3）对国（境）外直接出口的商品。不包括：（1）未通过买卖行为付出的商品，如因机构变动移交给其他企业单位的商品、借出的商品、归还受其他单位委托代保管的商品、付出的加工原料和赠送给其他单位的样品等；（2）促销返券所销售的、不计入营业收入的商品；（3）经本单位介绍，由买卖双方直接结算，本单位只收取手续费的业务；（4）未发生所有权转移的商品预付卡销售，如加油卡；（5）汽车维修、电话卡销售等服务性经济活动；（6）购货退回的商品；（7）商品损耗和损失；（8）出售本单位自用的废旧物资。（9）期货交易商品；（10）自来水供应企业、电力企业、天然气供应企业提供的水、电、气。

**批发额** 指售给国民经济各行业用于生产、经营用的商品金额。

**零售额** 指售给个人用于生活消费和社会集团用于公共消费的商品金额。

## Explanatory Notes on Main Statistical Indicators

**Total Purchases of Commodities** refer to the total value of purchases of commodities by enterprises (establishments) from other establishments or individuals (including direct import from abroad) for the purpose of re-selling, either with or without further processing of the commodities purchased. This indicator is used to show the total value of purchases of commodities by wholesale and retail establishments from domestic and overseas markets. The purchases include: (1) commodities purchased from agricultural and industrial producers, wholesaler, retailer, publishing house and other service business; (2) commodities purchased from institutions and government departments; (3) confiscated goods purchased from the customs authorities or market management agencies; (4) second-hand goods and waste purchased from residents; The commodities exclude, (1) commodities purchased by enterprises (establishment) for use in their own business operation, commodities obtained without buying or selling procedures such as materials, consumable goods of low value, office appliance, etc.; (2) received goods without trading, such as goods handed over from others, borrowed goods, preserved goods for others, donated goods from others, processed and retrieved goods, etc.; (3) goods of direct settlement between buyer and seller with handling fees introduced by others; (4) goods returned of refused to pay by buyer; (5) excessive goods; (6) future trading goods.

**Total Sales of Commodities** refer to value of commodities sold by the establishments to other establishments and individuals (including goods sold for self consumption and the value-added taxes). This indicator is used to show the total value of sales of commodities at domestic markets and export. The sales include: (1) commodities sold to individual and social institutions for their consumption; (2) commodities sold to establishments in all industries for their production and operation, including agriculture, industry, construction and catering services including commodities sold to wholesale and retail establishment for re-selling, with or without further processing; (3) commodities for direct export to abroad. Excluded are: (1) commodities transferred without buying or selling procedures, such as hand-over commodities to other enterprises with institution changing, lent commodities, returned commodities that had been administered by other enterprises, processing raw materials sent out and samples present to other enterprises etc. (2) goods sold with promotional vouchers and not included in operating income; (3) goods of direct settlement between buyer and seller with handling fees introduced by others; (4) goods without transfer of ownership occurring in sale of prepaid card, such as gas filling card; (5) service economic activities, such as automobile maintenance and telephone card sales; (6) goods returned after purchase; (7) damaged and spoiled goods; (8) waste and used goods of self use; (9) future trading goods; (10) water, electricity and gas provided by water supply enterprises, electric power enterprises and natural gas supply enterprises.

**Sales of Wholesale Trades** refer to the amount value of commodities sold to various national economic industries for producing and operating.

**Sales of Retail Trades** refer to the amount value of commodities sold to individual consumption and to social institutions for public consumption.

**期末商品库存额** 对于批发和零售业法人单位和个体经营户，是指报告期末取得所有权的全部商品金额（含增值税）；对于批发和零售业产业活动单位，是指报告期末实际在库且归属法人具有所有权的全部商品金额（含增值税）。这个指标反映批发和零售业的商品库存情况，以及对市场商品供应的保证程度。库存商品包括：（1）存放在本单位（如门市部、批发站、采购站、经营处）的仓库、货场、货柜和货架中的商品；（2）挑选、整理、包装中的商品；（3）已记入购进而尚未运到本单位的商品，即发货单或银行承兑凭证已到而货未到的商品；（4）寄放他处的商品，如因购货方拒绝付款而暂时存在购货方的商品；（5）委托其他单位代销（未作销售或调出）尚未售出的商品；（6）代其他单位购进尚未交付的商品。不包括：（1）所有权不属于本单位的商品，如商品已作销售但买方尚未取走的商品，代替他人保管、运输、加工的商品，代其他单位销售（未做购进或调入）而未售出的商品；（2）委托外单位加工的商品（包括本单位所属加工厂和其他生产单位加工生产尚未收回成品的商品）；（3）外贸企业代理其他单位从国外进口，尚未付给订货单位的商品；（4）代国家储备部门保管的商品。

**Total Stock of Commodities of the End of Period** For the legal entities and self-employed individuals engaged in wholesale and retail trade, it refers to total commodities possessed at the end of report periods (including value-added taxes); to wholesale and retail corporation units, it refers to total commodities actually in stock and possessed at the end of report periods (including value-added taxes). This indicator reflects the commodity stock level of various wholesale and retail enterprises and the potential for market supply. It includes: (1) commodities located in storage, garages, counters, and shelves of operating units (such as sale stores, wholesale centers, and operating offices) of wholesale and retail enterprises; (2) commodities in the process of being selected, sorted, and packed; (3) commodities not arrived but recorded as purchase in the account, i.e. commodities not arrived but payment receipts for the commodities from the sellers or the banks arrived; (4) commodities deposited in other places rather than places mentioned above, for instance: commodities in the hold of purchasers temporarily due to the refusal of payment and commodities not taken back after going through the formalities; (5) commodities entrusted to other units to sell but not sold yet; (6) commodities purchased for other units but not delivered yet. Commodities not included as: (1) stock are those not owned by the enterprises (units), for example goods have been sold but have not been taken away by the buyer, goods that have been kept, transported and processed by others and goods that sold (not purchased or transferred) on behalf of other units but have not been sold; (2) commodities entrusted outside units to process (including commodities produced but not recalled finished products, which processed by processing factory affiliated to self company and other production units); (3) imported commodities of agency of foreign trade enterprise but not yet delivered to ordering units, (4) finally those put in stock on behalf of the state material reserves units.

**亿元以上商品交易市场** 指年成交额在亿元及以上的商品交易市场。商品交易市场是指经有关部门和组织批准设立，有固定场所、设施，有经营管理部门和监管人员，若干市场经营者入内，常年或实际开业三个月以上，集中、公开、独立地进行生活消费品、生产资料等现货商品交易以及提供相关服务的交易场所，包括各类消费品市场、生产资料市场等。

**Volume of Transaction at Large Commodity Markets with Transaction Value over 100 Million Yuan** refers to the commodity markets with an annual transaction at and above 100 million yuan markets approved by the industrial and commercial administration departments. There are fixed sites, facilities, managers and administration offices, where there is certain number of traders to operate for three months and above or all the year, where the commodities including the articles for daily consumption and capital goods and service are traded in centralized, independent and open way. Such market includes markets of daily goods and production materials market.

**连锁总店（总部）** 负责连锁企业资源（商号、商誉、经营模式、服务标准、管理模式等等）的开发、配置、控制或使用等功能的企业核心管理机构。连锁经营是指经营同类商品或服务，使用统一商号的若干店铺，在同一总店（总部）的管理下，采取统一采购或特许经营等方式，实现规模效益的组织形式，包括直营连锁、特许连锁和自愿连锁三种形式。

**Head Chain Store (Headquarter)** refers to the core managing institution in charge of development, allocation, controlling or using chain enterprise' s resources (such as firms, business credits, operating modes, servicing standards and managing modes etc.). Chain operation refers to the type of organization of several stores selling the same commodities or providing the same services use a uniform firm, and they under the management of the same head store (headquarter), realizing scaled efficient by modes of uniform purchases or franchise operating. The modes of chain operation include Regular Chain, Franchise Chain and Voluntary Chain.

直营连锁是指连锁店铺由连锁公司全资或控股开设，在总部的直接控制下，开展统一经营的连锁经营形式；特许连锁是指拥有注册商标、企业标志、专利、专有技术等经营资源的企业（特许人），以合同形式将其拥有的经营资源许可其他经营者（被特许人）使用，被特许人按合同约定在统一的经营模式下开展经营，并向特许人支付特许经营费用的连锁经营形式；自愿连锁是指若干个店铺或企业自愿组合起来，在不改变各自资产所有权关系的情况下，以同一个品牌形象面对消费者，以共同进货为纽带开展的连锁经营形式。

**社会消费品零售总额** 指企业（单位、个体户）通过交易直接售给个人、社会集团非生产、非经营用的实物商品金额，以及提供餐饮服务所取得的收入金额。个人包括城乡居民和入境人员，社会集团包括机关、社会团体、部队、学校、企事业单位、居委会或村委会等。

Regular Chain refers to chain that are invested or controlled by the headquarters. They operate under direct and unified management from the headquarters. Franchise chain refers to chain that enterprises (franchisees) owning operating resources like registered trade mark, enterprise' s symbols, patents and special techniques license their resources to other operators (franchisees) in type of contracts. Franchisors operate in uniform operation mode according to contracts, and pay the franchised fees to licensing units. Voluntary Chain refers to chain that various stores or enterprises combine together voluntarily, and face the consumers with the same brand image while the own ship of assets did not changed.

**Total Retail Sales of Consumer Goods** refer to the summary of retail sales of commodities sold directly by wholesale and retail trades, catering services and other service industries to individual consumption and to social institutions for public consumption. Individual includes urban and rural households and foreigners arrival. Social institutions include departments, social institutions, armies, schools, enterprises and public institutions, neighborhood committees or village committees etc..

第十七篇

# 住宿餐饮业和旅游

# HOTELS，CATERING SERVICES AND TOURISM

（编辑：钟业宁　秦辰榕）

# 简要说明

（本篇资料由自治区统计局贸经处整理，电话：0771-5862669）

**一、本篇资料的主要内容**

（一）主要包括限额以上住宿和餐饮业基本情况、经营情况、财务状况等方面的统计资料。限额以上住宿和餐饮业统计单位是指：年主营业务收入200万元及以上。

（二）主要包括旅游机构、人数、消费、景区情况等方面的统计资料。

**二、数据来源及调查方法**

本篇资料中限额以上住宿和餐饮业法人企业统计数据是根据国家《住宿和餐饮业统计报表制度》，采用全面调查的方法进行搜集和加工整理而得。

旅游产业有关数据来自于广西壮族自治区文化和旅游厅。

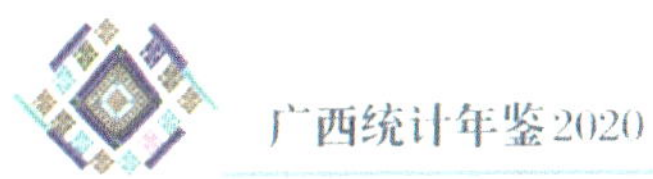


# 17—1 限额以上住宿和餐饮业企业基本情况（2019年）
# Basic Conditions of Hotels and Catering Serviceabove Designated Size （2019）

| 项 目 | Item | 2017 | | 2018 | | 2019 | |
|---|---|---|---|---|---|---|---|
| | | 法人企业（个）Corporation Enterprises（unit） | 年末从业人员（人）Year-end Persons Employed（person） | 法人企业（个）Corporation Enterprises（unit） | 年末从业人员（人）Year-end Persons Employed（person） | 法人企业（个）Corporation Enterprises（unit） | 年末从业人员（人）Year-end Persons Employed（person） |
| 总 计 | Total | 912 | 77637 | 997 | 79850 | 1166 | 86109 |
| 一、住宿业 | Ⅰ. Accommodation | 566 | 46720 | 635 | 49421 | 751 | 51556 |
| 1. 按登记注册类型分组 | 1. Grouped by Status of Registration | | | | | | |
| 内资企业 | Domestic Funded Enterprises | 548 | 42180 | 617 | 44583 | 731 | 46630 |
| 国有企业 | State-owned Industry | 43 | 5024 | 41 | 5020 | 36 | 4426 |
| 集体企业 | Collective-owned Industry | 5 | 255 | 5 | 245 | 3 | 114 |
| 股份合作企业 | Cooperative Enterprises | 1 | 28 | 1 | 29 | 1 | 26 |
| 联营企业 | Joint Ownership Enterprises | | | | | | |
| 国有联营企业 | State Joint Ownership Enterprises | | | | | | |
| 集体联营企业 | Collective Joint Ownership Enterprises | | | | | | |
| 国有与集体联营企业 | Joint State-Collective Ownership Enterprises | | | | | | |
| 其他联营企业 | Other Joint Ownership Enterprises | | | | | | |
| 有限责任公司 | Limited Liability Corporations | 146 | 13886 | 176 | 15105 | 193 | 15341 |
| 国有独资企业 | Sole State-funded Corporations | 5 | 674 | 10 | 1267 | 12 | 1521 |
| 其他有限责任公司 | Other Limited Liability Corporations | 141 | 13212 | 166 | 13838 | 181 | 13820 |
| 股份有限公司 | Share Holding Enterprises | 21 | 2686 | 20 | 2362 | 19 | 1721 |
| 私营企业 | Private Enterprises | 331 | 20204 | 373 | 21723 | 478 | 24907 |
| 私营独资企业 | Private-funded Enterprises | 33 | 1531 | 30 | 1285 | 29 | 1156 |
| 私营合伙企业 | Private Partnership Enterprises | 19 | 829 | 18 | 779 | 15 | 524 |
| 私营有限责任公司 | Private Limited Liability Corporations | 262 | 16670 | 315 | 19044 | 423 | 22381 |
| 私营股份有限公司 | Private Share Holding Enterprises | 17 | 1174 | 10 | 615 | 11 | 846 |
| 其他企业 | Others | 1 | 97 | 1 | 99 | 1 | 95 |
| 港、澳、台商投资企业 | Enterprises with Funds from Hong Kong, Macao and Taiwan | 17 | 4473 | 17 | 4523 | 17 | 4486 |
| 合资经营企业 | Joint Venture Enterprises | 3 | 627 | 3 | 545 | 3 | 472 |
| 合作经营企业 | Cooperative Enterprises | 1 | 485 | 2 | 923 | 1 | 203 |
| 独资经营企业 | Enterprises with Sole Investment | 13 | 3361 | 12 | 3055 | 13 | 3811 |
| 投资股份有限公司 | Share-holding Corporations Ltd. with Investment | | | | | | |
| 其他港澳台投资企业 | Others | | | | | | |
| 外商投资企业 | Foreign-investment Enterprise | 1 | 67 | 1 | 315 | 3 | 440 |
| 中外合资经营企业 | Joint Venture Enterprises | 1 | 67 | | | 1 | 58 |
| 中外合作经营企业 | Cooperative Enterprises | | | | | | |
| 外资企业 | Enterprises with Sole Foreign Investment | | | | | 1 | 65 |
| 外商投资股份有限公司 | Share-holding Corporations Ltd. with Foreign Investment | | | | | | |
| 其他外商投资企业 | Others Foreign Investment Enterprises | | | | | 1 | 317 |
| 2. 按住宿业行业小类分 | 2. Grouped By Sector of Accommodation | | | | | | |
| 旅游饭店 | Tourist Hotel | 364 | 35316 | 391 | 37433 | 426 | 37544 |
| 一般旅馆 | General Hotel | 190 | 10777 | 230 | 11377 | 305 | 12995 |
| 民宿服务 | Homestay | 1 | 25 | 1 | 27 | 1 | 25 |
| 露营地服务 | Camp | | | | | 1 | 83 |
| 其他住宿业 | Other Accommodation Service | 11 | 602 | 13 | 584 | 18 | 909 |

# 17—1 续表 continued

| 项目 | Item | 2017 | | 2018 | | 2019 | |
|---|---|---|---|---|---|---|---|
| | | 法人企业（个）Corporation Enterprises (unit) | 年末从业人员（人）Year-end Persons Employed (person) | 法人企业（个）Corporation Enterprises (unit) | 年末从业人员（人）Year-end Persons Employed (person) | 法人企业（个）Corporation Enterprises (unit) | 年末从业人员（人）Year-end Persons Employed (person) |
| 二、餐饮业 | Ⅱ. Catering Trades | 346 | 30917 | 362 | 30429 | 415 | 34553 |
| 1.按登记注册类型分组 | 1. Grouped by Status of Registration | | | | | | |
| 内资企业 | Domestic Funded Enterprises | 338 | 25221 | 354 | 24536 | 410 | 28901 |
| 国有企业 | State-owned Industry | 10 | 557 | 9 | 423 | 7 | 210 |
| 集体企业 | Collective-owned Industry | 4 | 226 | 2 | 103 | 2 | 94 |
| 股份合作企业 | Cooperative Enterprises | 2 | 145 | 2 | 112 | 1 | 66 |
| 联营企业 | Joint Ownership Enterprises | | | | | | |
| 国有联营企业 | State Joint Ownership Enterprises | | | | | | |
| 集体联营企业 | Collective Joint Ownership Enterprises | | | | | | |
| 国有与集体联营企业 | Joint State-Collective Ownership Enterprises | | | | | | |
| 其他联营企业 | Other Joint Ownership Enterprises | | | | | | |
| 有限责任公司 | Limited Liability Corporations | 81 | 9290 | 77 | 8991 | 81 | 10121 |
| 国有独资企业 | Sole State-funded Corporations | 1 | 292 | 2 | 290 | 3 | 305 |
| 其他有限责任公司 | Other Limited Liability Corporations | 80 | 8998 | 75 | 8701 | 78 | 9816 |
| 股份有限公司 | Share Holding Enterprises | 8 | 625 | 9 | 458 | 6 | 295 |
| 私营企业 | Private Enterprises | 233 | 14378 | 255 | 14449 | 313 | 18115 |
| 私营独资企业 | Private-funded Enterprises | 47 | 2090 | 41 | 1746 | 41 | 1621 |
| 私营合伙企业 | Private Partnership Enterprises | 6 | 226 | 5 | 203 | 6 | 236 |
| 私营有限责任公司 | Private Limited Liability Corporations | 173 | 11679 | 205 | 12357 | 263 | 16130 |
| 私营股份有限公司 | Private Share Holding Enterprises | 7 | 383 | 4 | 143 | 3 | 128 |
| 其他企业 | Others | | | | | | |
| 港、澳、台商投资企业 | Enterprises with Funds from Hong Kong, Macao and Taiwan | 6 | 514 | 6 | 600 | 4 | 386 |
| 合资经营企业 | Joint Venture Enterprises | 2 | 252 | 2 | 327 | 2 | 255 |
| 合作经营企业 | Cooperative Enterprises | | | | | | |
| 独资经营企业 | Enterprises with Sole Investment | 4 | 262 | 4 | 273 | 2 | 131 |
| 投资股份有限公司 | Share-holding Corporations Ltd. with Investment | | | | | | |
| 其他港澳台投资企业 | Others | | | | | | |
| 外商投资企业 | Foreign-investment Enterprise | 2 | 5182 | 2 | 5293 | 1 | 5266 |
| 中外合资经营企业 | Joint Venture Enterprises | 1 | 165 | 1 | 63 | | |
| 中外合作经营企业 | Cooperative Enterprises | | | | | | |
| 外资企业 | Enterprises with Sole Foreign Investment | 1 | 5017 | 1 | 5230 | 1 | 5266 |
| 外商投资股份有限公司 | Share-holding Corporations Ltd. with Foreign Investment | | | | | | |
| 其他外商投资企业 | Others Foreign Investment Enterprises | | | | | | |
| 2.按餐饮业行业小类分 | 2. Grouped By Sector of Catering | | | | | | |
| 正餐服务业 | Dinner | 321 | 20824 | 337 | 19595 | 362 | 21220 |
| 快餐服务业 | Fast Food | 16 | 9682 | 16 | 9663 | 27 | 10789 |
| 饮料及冷饮服务业 | Beverage and Cold Drink | 6 | 253 | 4 | 168 | 5 | 289 |
| 餐饮配送及外卖送餐服务 | Catering Distribution and Delivery | | | | | 12 | 1057 |
| 其他餐饮业 | Others | 2 | 95 | 5 | 1003 | 9 | 1198 |

# 17—2 限额以上住宿和餐饮业企业经营情况（2019年）

## Business of Enterprises above Designated Size of Hotels and Catering Services（2019）

单位：万元 (10 000 yuan)

| 项　目 | Item | 营业额 Business Revenue | 客房收入 From Hotels | 餐费收入 From Catering |
|---|---|---|---|---|
| 总　计 | Total | 1586127 | 609510 | 836518 |
| 一、住宿业 | Ⅰ. Accommodation | 956184 | 583767 | 281716 |
| 1.按登记注册类型分组 | 1. Grouped by Status of Registration | | | |
| 内资企业 | Domestic Funded Enterprises | 840420 | 530148 | 227030 |
| 国有企业 | State-owned Industry | 65553 | 18316 | 20849 |
| 集体企业 | Collective-owned Industry | 1878 | 1248 | 67 |
| 股份合作企业 | Cooperative Enterprises | 301 | 228 | 0 |
| 联营企业 | Joint Ownership Enterprises | | | |
| 有限责任公司 | Limited Liability Corporations | 302740 | 182290 | 88456 |
| 国有独资企业 | Sole State-funded Corporations | 23461 | 11609 | 10303 |
| 其他有限责任公司 | Other Limited Liability Corporations | 279280 | 170681 | 78153 |
| 股份有限公司 | Share Holding Enterprises | 31137 | 15316 | 12872 |
| 私营企业 | Private Enterprises | 437927 | 312149 | 104507 |
| 私营独资企业 | Private-funded Enterprises | 18758 | 11603 | 6657 |
| 私营合伙企业 | Private Partnership Enterprises | 7152 | 5192 | 1880 |
| 私营有限责任公司 | Private Limited Liability Corporations | 399900 | 288037 | 91407 |
| 私营股份有限公司 | Private Share Holding Enterprises | 12117 | 7318 | 4562 |
| 其他企业 | Others | 883 | 602 | 280 |
| 港、澳、台商投资企业 | Enterprises with Funds from Hong Kong, Macao and Taiwan | 107486 | 49506 | 50679 |
| 合资经营企业 | Joint Venture Enterprises | 7136 | 4720 | 2058 |
| 合作经营企业 | Cooperative Enterprises | 4258 | 1477 | 2042 |
| 独资经营企业 | Enterprises with Sole Investment | 96092 | 43309 | 46579 |
| 投资股份有限公司 | Share-holding Corporations Ltd. with Investment | | | |
| 其他港澳台投资企业 | Others | | | |
| 外商投资企业 | Foreign-investment Enterprise | 8277 | 4112 | 4006 |
| 中外合资经营企业 | Joint Venture Enterprises | 1197 | 723 | 474 |
| 中外合作经营企业 | Cooperative Enterprises | | | |
| 外资企业 | Enterprises with Sole Foreign Investment | 721 | 711 | 10 |
| 外商投资股份有限公司 | Share-holding Corporations Ltd. with Foreign Investment | | | |
| 其他外商投资企业 | Others Foreign Investment Enterprises | 6359 | 2678 | 3522 |
| 2.按住宿业行业小类分 | 2.Grouped By Sector of Accommodation | | | |
| 旅游饭店 | Tourist Hotel | 698375 | 382796 | 234942 |
| 一般旅馆 | General Hotel | 245641 | 190974 | 44894 |
| 民宿服务 | Homestay | 465 | 446 | 19 |
| 露营地服务 | Camp | 339 | 186 | 98 |
| 其他住宿业 | Other Accommodation Services | 11365 | 9365 | 1763 |

# 17—2　续表　continued

单位：万元　　(10 000 yuan)

| 项　目 | Item | 营业额 Business Revenue | 客房收入 From Hotels | 餐费收入 From Catering |
|---|---|---|---|---|
| 二、餐饮业 | Ⅱ. Catering Trades | 629944 | 25743 | 554802 |
| 1.按登记注册类型分组 | 1. Grouped by Status of Registration | | | |
| 内资企业 | Domestic Funded Enterprises | 535642 | 25743 | 462340 |
| 国有企业 | State-owned Industry | 3809 | 1012 | 2515 |
| 集体企业 | Collective-owned Industry | 1657 | | 1632 |
| 股份合作企业 | Cooperative Enterprises | 1297 | 21 | 1234 |
| 联营企业 | Joint Ownership Enterprises | | | |
| 有限责任公司 | Limited Liability Corporations | 204738 | 9245 | 168693 |
| 国有独资企业 | Sole State-funded Corporations | 6620 | 1747 | 4688 |
| 其他有限责任公司 | Other Limited Liability Corporations | 198119 | 7497 | 164006 |
| 股份有限公司 | Share Holding Enterprises | 6153 | 1150 | 3911 |
| 私营企业 | Private Enterprises | 317987 | 14316 | 284355 |
| 私营独资企业 | Private-funded Enterprises | 23225 | 2841 | 20059 |
| 私营合伙企业 | Private Partnership Enterprises | 2936 | 756 | 2142 |
| 私营有限责任公司 | Private Limited Liability Corporations | 289353 | 10095 | 260307 |
| 私营股份有限公司 | Private Share Holding Enterprises | 2474 | 624 | 1847 |
| 其他企业 | Others | | | |
| 港、澳、台商投资企业 | Enterprises with Funds from Hong Kong, Macao and Taiwan | 7430 | | 7430 |
| 合资经营企业 | Joint Venture Enterprises | 4093 | | 4093 |
| 合作经营企业 | Cooperative Enterprises | | | |
| 独资经营企业 | Enterprises with Sole Investment | 3338 | | 3338 |
| 投资股份有限公司 | Share-holding Corporations Ltd. with Investment | | | |
| 其他港澳台投资企业 | Others | | | |
| 外商投资企业 | Foreign-investment Enterprise | 86872 | | 85032 |
| 中外合资经营企业 | Joint Venture Enterprises | | | |
| 中外合作经营企业 | Cooperative Enterprises | | | |
| 外资企业 | Enterprises with Sole Foreign Investment | 86872 | | 85032 |
| 外商投资股份有限公司 | Share-holding Corporations Ltd. with Foreign Investment | | | |
| 其他外商投资企业 | Others Foreign Investment Enterprises | | | |
| 2.按餐饮业行业小类分 | 2. Grouped By Sector of Catering | | | |
| 正餐服务业 | Dinner | 394306 | 25727 | 350999 |
| 快餐服务业 | Fast Food | 167132 | | 163601 |
| 饮料及冷饮服务业 | Beverage and Cold Drink | 5197 | | 3554 |
| 餐饮配送及外卖送餐服务 | Catering Distribution and Delivery | 29525 | | 18784 |
| 其他餐饮业 | Others | 33784 | 16 | 17864 |

# 17—3 限额以上住宿和餐饮业企业主要财务指标（2019年）

单位：万元

| 项 目 | Item | 流动资产小计 Circulating Funds | #存货 Deposit Products | 固定资产原价 Original Value of Fixed Assets | 累计折旧 Add Up Depreciation | #本年折旧 Depreciation of the Year | 资产合计 Total Assets | 负债合计 Total Liabilities |
|---|---|---|---|---|---|---|---|---|
| 总 计 | Total | 1504227 | 57481 | 2167170 | 891307 | 102472 | 3554552 | 2755816 |
| 一、住宿业 | Ⅰ. Accommodation | 1260516 | 35833 | 1981247 | 813561 | 89493 | 3106087 | 2416877 |
| 1.按登记注册类型分组 | 1. Grouped by Status of Registration | | | | | | | |
| 内资企业 | Domestic Funded Enterprises | 1120887 | 25064 | 1318798 | 519720 | 70407 | 2549347 | 1989369 |
| 国有企业 | State-owned Industry | 68297 | 1322 | 168645 | 102213 | 4106 | 221860 | 142843 |
| 集体企业 | Collective-owned Industry | 1626 | 4 | 2412 | 1496 | 56 | 2639 | 1639 |
| 股份合作企业 | Cooperative Enterprises | 343 | 48 | 2050 | 1573 | 82 | 830 | 891 |
| 联营企业 | Joint Ownership Enterprises | | | | | | | |
| 其他联营企业 | Other Joint Ownership Enterprises | | | | | | | |
| 有限责任公司 | Limited Liability Corporations | 341204 | 7606 | 626905 | 216107 | 28128 | 987044 | 715812 |
| 国有独资企业 | Sole State-funded Corporations | 11835 | 596 | 42992 | 13426 | 1728 | 38951 | 38166 |
| 其他有限责任公司 | Other Limited Liability Corporations | 329369 | 7010 | 583913 | 202681 | 26401 | 948094 | 677646 |
| 股份有限公司 | Share Holding Enterprises | 54749 | 1774 | 67509 | 36075 | 7402 | 126510 | 82890 |
| 私营企业 | Private Enterprises | 654614 | 14302 | 451261 | 162252 | 30629 | 1210255 | 1045120 |
| 私营独资企业 | Private-funded Enterprises | 13217 | 464 | 20761 | 8236 | 1491 | 30308 | 11555 |
| 私营合伙企业 | Private Partnership Enterprises | 6027 | 226 | 20272 | 8138 | 1683 | 23972 | 11858 |
| 私营有限责任公司 | Private Limited Liability Corporations | 628658 | 13026 | 396581 | 142805 | 26862 | 1133990 | 1010299 |
| 私营股份有限公司 | Private Share Holding Enterprises | 6713 | 586 | 13647 | 3073 | 593 | 21985 | 11407 |
| 其他企业 | Others | 53 | 8 | 15 | 5 | 3 | 208 | 175 |
| 港、澳、台商投资企业 | Enterprises with Funds from Hong Kong, Macao and Taiwan | 134174 | 10735 | 632946 | 293724 | 19022 | 512976 | 420217 |
| 合资经营企业 | Joint Venture Enterprises | 11679 | 133 | 91730 | 32257 | 1301 | 76836 | 97631 |
| 合作经营企业 | Cooperative Enterprises | 3658 | 83 | 20148 | 16478 | 849 | 7599 | 7883 |
| 独资经营企业 | Enterprises with Sole Investment | 118836 | 10518 | 521068 | 244989 | 16872 | 428541 | 314702 |
| 投资股份有限公司 | Share-holding Corporations Ltd. with Investment | | | | | | | |
| 其他港澳台投资企业 | Others Foreign Investment Enterprises | | | | | | | |
| 外商投资企业 | Foreign-investment Enterprise | 5455 | 34 | 29504 | 117 | 65 | 43764 | 7292 |
| 中外合资经营企业 | Joint Venture Enterprises | 1650 | 14 | | | | 1650 | 1742 |
| 中外合作经营企业 | Cooperative Enterprises | | | | | | | |
| 外资企业 | Enterprises with Sole Foreign Investment | 34 | 11 | 106 | 106 | 58 | 3230 | 2942 |
| 外商投资股份有限公司 | Share-holding Corporations Ltd. with Foreign Investment | | | | | | | |
| 其他外商投资企业 | Others | 3772 | 9 | 29398 | 12 | 7 | 38884 | 2608 |
| 2.按住宿业行业小类分组 | 2.Grouped By Sector of Accommodation | | | | | | | |
| 旅游饭店 | Tourist Hotel | 958856 | 29208 | 1748880 | 739156 | 75107 | 2525610 | 1964489 |
| 一般旅馆 | General Hotel | 268296 | 6050 | 214082 | 71451 | 13309 | 520621 | 398824 |
| 民宿服务 | Homestay | 231 | 24 | 19 | 19 | 19 | 2915 | 883 |
| 露营地服务 | Camp | 7813 | 167 | 113 | 36 | 11 | 15474 | 13024 |
| 其他住宿业 | Other Accommodation Services | 25319 | 385 | 18154 | 2900 | 1048 | 41466 | 39656 |

# Main Financial Indicators of Enterprises above Designated Size for Hotels and Catering Services (2019)

(10 000 yuan)

| 所有者权益合计 Total Creditors Equity | #实收资本 Capital Hold | 营业收入 Business Revenue | 主营业务收 Business Income of the Main Products | 营业成本 Business Cost | 税金及附加 Business Tax and Extra Charges | 销售费用 Operating Cost | 管理费用 Management Expenses | 财务费用 Financial Expenses | #利息费用 Interest Expenses | 营业利润 Business Profits | 利润总额 Gross Profits |
|---|---|---|---|---|---|---|---|---|---|---|---|
| 788437 | 1085862 | 1517795 | 1484788 | 659690 | 23529 | 476440 | 353993 | 62793 | 44763 | -36069 | -45812 |
| 684894 | 892208 | 921319 | 900311 | 334918 | 17877 | 297751 | 291508 | 55454 | 41206 | -57355 | -69935 |
| 555662 | 624223 | 801418 | 781262 | 307495 | 14758 | 262416 | 239846 | 44607 | 34377 | -48833 | -60837 |
| 80890 | 49300 | 62666 | 57007 | 22691 | 2229 | 24235 | 16788 | 3173 | 3098 | -3672 | -2533 |
| 1000 | 761 | 1823 | 1823 | 363 | 32 | 841 | 552 | -10 |  | 45 | 15 |
| -61 | 81 | 301 | 236 | 9 | 3 | 124 | 205 | 2 |  | -42 | -41 |
|  |  |  |  |  |  |  |  |  |  |  |  |
| 267390 | 254370 | 285400 | 279011 | 112347 | 4422 | 86757 | 94027 | 19945 | 15357 | -12610 | -26866 |
| 785 | 18900 | 22462 | 21827 | 10525 | 219 | 7278 | 7597 | 944 | 909 | -4475 | -3986 |
| 266606 | 235470 | 262939 | 257184 | 101822 | 4202 | 79479 | 86430 | 19002 | 14448 | -8135 | -22880 |
| 43620 | 49474 | 28921 | 27693 | 13318 | 2953 | 7895 | 7689 | 568 | 475 | -1726 | -1974 |
| 162789 | 270237 | 421403 | 414649 | 158547 | 5112 | 142053 | 120462 | 20925 | 15448 | -30864 | -29479 |
| 18729 | 12230 | 18254 | 18129 | 9861 | 268 | 3733 | 3097 | 515 | 418 | 762 | 762 |
| 10964 | 4216 | 7258 | 7119 | 3159 | 128 | 1560 | 1441 | 449 | 203 | 193 | 256 |
| 122518 | 240834 | 384491 | 378064 | 140012 | 4582 | 134175 | 114257 | 19728 | 14618 | -33090 | -31994 |
| 10578 | 12957 | 11400 | 11337 | 5515 | 133 | 2584 | 1666 | 234 | 210 | 1271 | 1497 |
| 34 |  | 902 | 842 | 220 | 7 | 512 | 125 | 3 |  | 36 | 40 |
| 92760 | 226107 | 112068 | 111279 | 24265 | 3109 | 34754 | 49165 | 10596 | 6592 | -9208 | -9784 |
| -20795 | 31312 | 7344 | 6913 | 1905 | 167 | 2565 | 2880 | 2280 | 2461 | -2314 | -2341 |
| -284 | 13909 | 3991 | 3991 | 1324 | 33 | 2662 | 331 | 227 | -3 | -590 | -509 |
| 113839 | 180886 | 100733 | 100376 | 21037 | 2909 | 29528 | 45954 | 8088 | 4134 | -6303 | -6934 |
| 36472 | 41877 | 7834 | 7770 | 3157 | 11 | 581 | 2497 | 251 | 236 | 686 | 687 |
| -93 | 500 | 1125 | 1061 | 45 | 5 | 91 | 545 | 2 |  | -77 | -76 |
| 288 | 288 | 721 | 721 | 162 |  | 85 | 79 | 236 | 236 |  |  |
| 36277 | 41089 | 5987 | 5987 | 2950 | 7 | 404 | 1874 | 13 |  | 763 | 763 |
| 558246 | 768128 | 671691 | 653527 | 231670 | 15831 | 220386 | 219223 | 47168 | 36072 | -42458 | -55705 |
| 120356 | 116646 | 238232 | 235538 | 98262 | 1981 | 71784 | 69001 | 7704 | 5016 | -11795 | -11192 |
| 2033 |  | 275.2 | 275 | 123 | 6 |  | 52 | 34 |  | 60 | 60 |
| 2450 | 3009 | 338.7 | 339 | 246 |  | 390 | 13 | 333 |  | -644 | -644 |
| 1809 | 4425 | 10782 | 10633 | 4617 | 59 | 5191 | 3219 | 215 | 118 | -2518 | -2455 |

# 17—3 续表

单位：万元

| 项 目 | Item | 流动资产小计 Circulating Funds | #存货 Deposit Products | 固定资产原价 Original Value of Fixed Assets | 累计折旧 Add Up Depreciation | #本年折旧 Depreciation of the Year | 资产合计 Total Assets |
|---|---|---|---|---|---|---|---|
| 二、餐饮业 | Ⅱ.Catering Trades | 243711 | 21648 | 185923 | 77746 | 12979 | 448465 |
| 1.按登记注册类型分组 | 1.Grouped by Status of Registration | | | | | | |
| 内资企业 | Domestic Funded Enterprises | 235747 | 20792 | 171763 | 71523 | 11286 | 417249 |
| 国有企业 | State-owned Industry | 1656 | 104 | 5931 | 4391 | 80 | 5644 |
| 集体企业 | Collective-owned Industry | 123 | 3 | 110 | 105 | 1 | 126 |
| 股份合作企业 | Cooperative Enterprises | 1760 | 16 | 935 | 685 | 42 | 2350 |
| 联营企业 | Joint Ownership Enterprises | | | | | | |
| 有限责任公司 | Limited Liability Corporations | 86766 | 5812 | 77746 | 27460 | 4939 | 171095 |
| 国有独资企业 | Sole State-funded Corporations | 3242 | 397 | 1131 | 761 | 157 | 4071 |
| 其他有限责任公司 | Other Limited Liability Corporations | 83524 | 5415 | 76616 | 26699 | 4782 | 167023 |
| 股份有限公司 | Share Holding Enterprises | 5993 | 1262 | 4903 | 2197 | 253 | 8950 |
| 私营企业 | Private Enterprises | 139448 | 13595 | 82138 | 36686 | 5971 | 229084 |
| 私营独资企业 | Private-funded Enterprises | 17136 | 3299 | 14004 | 6296 | 512 | 26918 |
| 私营合伙企业 | Private Partnership Enterprises | 2372 | 46 | 1362 | 494 | 85 | 3262 |
| 私营有限责任公司 | Private Limited Liability Corporations | 119449 | 10222 | 66392 | 29853 | 5370 | 198043 |
| 私营股份有限公司 | Private Share Holding Enterprises | 491 | 29 | 380 | 43 | 4 | 861 |
| 其他企业 | Others | | | | | | |
| 港、澳、台商投资企业 | Enterprises with Funds from Hong Kong, Macao and Taiwan | 3210 | 37 | 1669 | 980 | 834 | 4632 |
| 合资经营企业 | Joint Venture Enterprises | 772 | 19 | 434 | 203 | 141 | 1022 |
| 合作经营企业 | Cooperative Enterprises | | | | | | |
| 独资经营企业 | Enterprises with Sole Investment | 2438 | 19 | 1235 | 777 | 693 | 3609 |
| 投资股份有限公司 | Share-holding Corporations Ltd. with Investment | | | | | | |
| 其他港澳台投资企业 | Others | | | | | | |
| 外商投资企业 | Foreign-investment Enterprise | 4755 | 819 | 12491 | 5243 | 859 | 26585 |
| 中外合资经营企业 | Joint Venture Enterprises | | | | | | |
| 中外合作经营企业 | Cooperative Enterprises | | | | | | |
| 外资企业 | Enterprises with Sole Foreign Investment | 4755 | 819 | 12491 | 5243 | 859 | 26585 |
| 外商投资股份有限公司 | Share-holding Corporations Ltd. with Foreign Investment | | | | | | |
| 其他外商投资企业 | Others Foreign Investment Enterprises | | | | | | |
| 2.按餐饮业行业小类分组 | 2.Grouped By Sector of Catering | | | | | | |
| 正餐服务业 | Dinner | 193132 | 16913 | 135406 | 51756 | 8387 | 340604 |
| 快餐服务业 | Fast Food | 19863 | 2251 | 39263 | 19842 | 3825 | 66201 |
| 饮料及冷饮服务业 | Beverage and Cold Drink | 6787 | 181 | 6867 | 4036 | 395 | 11043 |
| 餐饮配送及外卖送餐服务 | Catering Distribution and Delivery | 14187 | 337 | 1477 | 852 | 81 | 16840 |
| 其他餐饮业 | Others | 9743 | 1966 | 2911 | 1261 | 290 | 13777 |

continued

(10 000 yuan)

| 负债合计 Total Liabilities | 所有者权益合计 Total Creditors Equity | #实收资本 Capital Hold | #个人资本 Personal Capital | 营业收入 Business Revenue | 主营业务收入 Business Income of the Main Products | 营业成本 Business Cost | 税金及附加 Business Tax and Extra Charges | 销售费用 Operating Cost | 管理费用 Management Expenses | 财务费用 Financial Expenses | #利息费用 Interest Expenses | 营业利润 Business Profits | 利润总额 Gross Profits |
|---|---|---|---|---|---|---|---|---|---|---|---|---|---|
| 338939 | 103543 | 193655 | 24495 | 596476 | 584477 | 324773 | 5652 | 178689 | 62485 | 7339 | 3557 | 21286 | 24123 |
| 323574 | 87692 | 189852 | 24435 | 507724 | 495725 | 281262 | 5542 | 154940 | 55606 | 7384 | 3552 | 6738 | 9305 |
| 4495 | -20 | 2106 | | 3561 | 3548 | 1898 | 75 | 1077 | 949 | 10 | 25 | -262 | -253 |
| 29 | 98 | 50 | | 1618 | 1618 | 833 | 8 | 303 | 359 | 0 | | 62 | 65 |
| 2199 | 151 | 26 | 26 | 1226 | 1226 | 884 | 4 | 2 | 188 | 4 | 4 | 145 | 145 |
| 137560 | 34209 | 22081 | 2572 | 193698 | 188690 | 94403 | 1134 | 74732 | 16090 | 4489 | 1660 | 3515 | 3594 |
| 4143 | -1334 | 3526 | | 6603 | 6295 | 2238 | 13 | 2795 | 1942 | 102 | 98 | -251 | -178 |
| 133417 | 35542 | 18555 | 2572 | 187096 | 182395 | 92165 | 1121 | 71938 | 14147 | 4387 | 1561 | 3766 | 3772 |
| 8614 | 336 | 16307 | 440 | 6117 | 6117 | 4002 | 26 | 893 | 1001 | 125 | 114 | 61 | 69 |
| 170678 | 52918 | 149283 | 21397 | 301503 | 294526 | 179243 | 4296 | 77933 | 37019 | 2757 | 1749 | 3218 | 5685 |
| 14071 | 12847 | 5334 | 3575 | 22086 | 21895 | 13435 | 1496 | 4348 | 1644 | 222 | 67 | 1634 | 1808 |
| 1170 | 2092 | 1754 | 365 | 2925 | 2903 | 1478 | 84 | 493 | 222 | 18 | 5 | 104 | 127 |
| 155129 | 37426 | 141943 | 17206 | 274042 | 267331 | 163235 | 2674 | 72510 | 34977 | 2445 | 1617 | 1001 | 3270 |
| 308 | 553 | 252 | 252 | 2451 | 2397 | 1094 | 42 | 582 | 176 | 73 | 60 | 479 | 479 |
| 3335 | 1297 | 1568 | 60 | 7241 | 7241 | 3497 | 72 | 3354 | 448 | 16 | 5 | -145 | -130 |
| 1411 | -389 | 130 | 60 | 4093 | 4093 | 2297 | 19 | 2035 | 17 | 7 | | -283 | -275 |
| 1924 | 1686 | 1438 | | 3149 | 3149 | 1200 | 53 | 1319 | 431 | 9 | 5 | 138 | 145 |
| 12030 | 14555 | 2235 | | 81511 | 81511 | 40014 | 38 | 20395 | 6431 | -61 | | 14693 | 14947 |
| 12030 | 14555 | 2235 | | 81511 | 81511 | 40014 | 38 | 20395 | 6431 | -61 | | 14693 | 14947 |
| | | | | | | | | | | | | | |
| 274946 | 59898 | 179352 | 22258 | 375977 | 368719 | 214049 | 5280 | 108744 | 43054 | 6077 | 2911 | 2283 | 3500 |
| 38081 | 28120 | 6328 | 451 | 156989 | 156889 | 73798 | 123 | 54663 | 11599 | 674 | 74 | 16261 | 16269 |
| 5165 | 5878 | 2059 | 349 | 4904 | 4285 | 1422 | 80 | 2681 | 370 | 344 | 348 | 6 | 1521 |
| 14332 | 2508 | 2009 | 838 | 27460 | 23542 | 15876 | 101 | 6380 | 4577 | 192 | 177 | 469 | 483 |
| 6415 | 7140 | 3908 | 600 | 31146 | 31042 | 19628 | 68 | 6221 | 2884 | 53 | 47 | 2266 | 2349 |

# 17—4 主要年份限额以上住宿和餐饮业企业经营情况

## Business Circumstance of Enterprises above Designated Size es in Major Years

单位：万元 (10 000 yuan)

| 项　目 | Item | 2000 | 2005 | 2010 | 2015 | 2016 | 2017 | 2018 | 2019 |
|---|---|---|---|---|---|---|---|---|---|
| 一、法人企业数（个） | Number of Corporation Enterprises (unit) | 85 | 393 | 581 | 828 | 841 | 912 | 997 | 1166 |
| 二、年末从业人员（人） | Year-end Number of Persons Employed (person) | 21621 | 59652 | 70818 | 75538 | 74288 | 77637 | 79850 | 86109 |
| 三、营业额（万元） | Business Revenue (10 000 yuan) | 70028 | 352590 | 675506 | 1003531 | 1083573 | 1243131 | 1350653 | 1586127 |
| 四、客房间数（间） | Number of Guest Rooms (room) | | | 63915 | 115733 | 204719 | 262564 | 166821 | 150037 |
| 五、床位数（个） | Number of Beds (bed) | | 80315 | 112690 | 189627 | 323589 | 437085 | 266174 | 233828 |
| 六、餐位数（位） | Number of Catering Seatings (seat) | | 213534 | 292875 | 399120 | 416588 | 947127 | 755051 | 726366 |
| 七、年末餐饮营业面积（平方米） | Area of Catering Business (sq.m) | | 680358 | 812365 | 1916088 | 1976210 | 2300859 | 2687885 | 4409237 |

注：1. 2005年住宿业为星级以上住宿企业，未设置"客房间数"指标。

2. 2000年统计范围为限额以上餐饮业，未包括住宿业；未设置四至七项指标。

Note: 1. The data on hotel in 2005 refers to the hotels above star rate, and the indicator of "Number of Guest Rooms" has not been set

2. The statistical range in 2000 is the catering enterprises above designated size, excluding hotel enterprises, and the relative indicators have not been set.

# 17—5　旅游机构数（2019年）

## Number of Tourism Institutions （2019）

单位：家　　　　　　　　　　　　　　　　　　　　　　　　　　(unit)

| 城市 | City | 旅游管理部门 Tourist Management Departments | 旅行社 Travel Agencies | 星级饭店 Star-rated Hotels | 五星 5 Star | 四星 4 Star | 三星 3 Star | 二星 2 Star |
|---|---|---|---|---|---|---|---|---|
| 总　计 | Total | 321 | 899 | 470 | 12 | 110 | 281 | 67 |
| 区直 | | 4 | — | — | — | — | — | — |
| 南宁市 | Nanning | 31 | 151 | 51 | 2 | 13 | 32 | 4 |
| 柳州市 | Liuzhou | 22 | 51 | 36 | 2 | 9 | 19 | 6 |
| 桂林市 | Guilin | 43 | 365 | 63 | 5 | 14 | 34 | 10 |
| 梧州市 | Wuzhou | 10 | 28 | 32 | | 3 | 17 | 12 |
| 北海市 | Beihai | 13 | 76 | 32 | 1 | 7 | 20 | 4 |
| 防城港市 | Fangchenggang | 13 | 39 | 23 | | 5 | 18 | |
| 钦州市 | Qinzhou | 14 | 13 | 18 | 1 | | 17 | |
| 贵港市 | Guigang | 13 | 20 | 11 | | 5 | 6 | |
| 玉林市 | Yulin | 20 | 31 | 25 | | 8 | 11 | 6 |
| 百色市 | Baise | 42 | 18 | 34 | | 9 | 25 | |
| 贺州市 | Hezhou | 14 | 20 | 25 | | 6 | 18 | 1 |
| 河池市 | Hechi | 40 | 36 | 56 | | 12 | 32 | 12 |
| 来宾市 | Laibin | 17 | 38 | 16 | 1 | 2 | 11 | 2 |
| 崇左市 | Chongzuo | 25 | 13 | 48 | | 17 | 21 | 10 |

注：旅游管理部门主要包括旅游行政主管部门、独立法人的二层机构和旅游行业协会（往年只统计了旅游行政主管部门）。

Note：Tourist Management Departments mainly include departments of tourism administration， two-layer organizations operated by indepentent legal person and tourism associations. （Only data of departments of tourism administration were collected in the previous years.）

# 17—6 主要年份旅游人数及消费

## Number of Visitors and Tourism Consumption in Main Years

| 指 标 | Item | 2000 | 2005 | 2010 | 2015 | 2016 | 2017 | 2018 | 2019 |
|---|---|---|---|---|---|---|---|---|---|
| 接待入境旅游者人数（人次） | Number of Oversea Visitor Arrivals (person-time) | 1240265 | 1461605 | 2502363 | 4500562 | 4825160 | 5124381 | 5623253 | 6239568 |
| 港澳和台湾同胞 | Compatriots from Hong Kong, Macao & Taiwan | 730706 | 585557 | 1088493 | 2108234 | 2305390 | 2570577 | 2921363 | 3291555 |
| 外国人 | Foreigners | 506288 | 873103 | 1413870 | 2392328 | 2519770 | 2553804 | 2701890 | 2948013 |
| #越南 | Vietnam | 66327 | 140396 | 292332 | 453556 | 482492 | 484933 | 533262 | 615763 |
| 马来西亚 | Malaysia | 11672 | 145537 | 190128 | 281679 | 287182 | 277124 | 285399 | 331633 |
| 韩国 | South Korea | 86769 | 57304 | 94461 | 369949 | 403583 | 308493 | 317074 | 320692 |
| 印度尼西亚 | Indonesia | 14351 | 19065 | 67624 | 121311 | 129923 | 134718 | 155604 | 176202 |
| 新加坡 | Singapore | 6174 | 15545 | 53995 | 151725 | 154324 | 149314 | 156924 | 168290 |
| 美国 | United States | 58517 | 78709 | 101540 | 125262 | 134230 | 135248 | 149837 | 145905 |
| 泰国 | Thailand | 8256 | 48322 | 30552 | 105457 | 96006 | 100714 | 110856 | 127080 |
| 英国 | United Kingdom | 15795 | 24757 | 53996 | 62462 | 69710 | 80695 | 86648 | 99005 |
| 法国 | France | 40519 | 43425 | 85921 | 63252 | 67551 | 75047 | 76871 | 86734 |
| 日本 | Japan | 86469 | 91117 | 84576 | 48944 | 59578 | 65388 | 67844 | 79483 |
| 德国 | Germany | 27802 | 32045 | 51535 | 51057 | 53482 | 57084 | 65458 | 70032 |
| 加拿大 | Canada | 6376 | 15969 | 38181 | 57282 | 63026 | 74386 | 65719 | 59676 |
| 菲律宾 | The Philippines | | | 6778 | 37297 | 39395 | 50447 | 54999 | 59780 |
| 澳大利亚 | Australia | 7782 | 20036 | 45321 | 42282 | 51748 | 48771 | 49892 | 55008 |
| 印度 | India | | | 4428 | 28069 | 32371 | 37007 | 36914 | 42143 |
| 意大利 | Italy | 8732 | 15079 | 17164 | 23387 | 28810 | 31212 | 35963 | 35639 |
| 俄罗斯 | Russia | | | 2950 | 13507 | 15923 | 20667 | 24469 | 26086 |
| 新西兰 | New Zealand | 1440 | 3168 | 8626 | 13519 | 15114 | 16775 | 20477 | 24374 |
| 国内游客人数（万人次） | Number of Domestic Visitors (10 000 person-times) | 3951 | 6493 | 14074 | 33661 | 40419 | 51812 | 67767 | 86995 |
| 国际旅游外汇消费（亿美元） | Foreign Exchange from International Tourism (100 million dollars) | 3.07 | 3.59 | 8.07 | 19.17 | 21.64 | 23.96 | 27.78 | 35.11 |
| 国内旅游消费（亿元） | Domestic Tourism Consumption (100 million yuan) | 146.8 | 277.8 | 898.1 | 3136.4 | 4047.7 | 5418.6 | 7436.1 | 9998.8 |
| 旅游总消费（亿元） | Total Tourism Expenditure (100 million yuan) | 168.6 | 303.7 | 952.9 | 3254.2 | 4191.4 | 5580.4 | 7619.9 | 10241.4 |
| 星级饭店数（个） | Number of Star-rated Hotels (unit) | 162 | 350 | 423 | 466 | 472 | 457 | 457 | 470 |

注：2000年及以前的星级饭店总数为涉外饭店数。

Note: The number of star-rated hotels before 2000 refers to the number of hotels for foreign tourists.

# 17—7　主要年份各市接待入境旅游者人数

## Number of Overseas Visitor Arrivals Receipts by City in Main Years

单位：人次

| 城市 | City | 2010 | | 2015 | | 2016 | | 2017 | | 2018 | | 2019 | |
|---|---|---|---|---|---|---|---|---|---|---|---|---|---|
| | | 合计 Total | 外国人 Foreigners | 合计 Total | 外国人 Foreigners | 合计 Total | 外国人 Foreigners | 合计 Total | 外国人 Foreigners | 合计 Total | 外国人 Foreigners | 合计 Total | 外国人 Foreigners |
| 南宁市 | Nanning | 167527 | 123267 | 510850 | 396336 | 555424 | 422601 | 591288 | 407692 | 644327 | 406654 | 689900 | 423448 |
| 柳州市 | Liuzhou | 81100 | 59153 | 181221 | 126170 | 188769 | 134079 | 200355 | 149927 | 241911 | 173409 | 262622 | 180753 |
| 桂林市 | Guilin | 1486202 | 897491 | 2163406 | 1216381 | 2333247 | 1287124 | 2489026 | 1329359 | 2746996 | 1418994 | 3145903 | 1609793 |
| 梧州市 | Wuzhou | 90017 | 8736 | 196278 | 16172 | 202724 | 17985 | 209257 | 15387 | 220582 | 16025 | 237268 | 20637 |
| 北海市 | Beihai | 73008 | 37249 | 129053 | 65264 | 135536 | 66498 | 145410 | 76008 | 160644 | 89796 | 176872 | 93634 |
| 防城港市 | Fangchenggang | 70122 | 66388 | 160987 | 150294 | 168593 | 156605 | 176622 | 163625 | 186585 | 171927 | 197533 | 181832 |
| 钦州市 | Qinzhou | 24367 | 2950 | 53573 | 7300 | 61916 | 8350 | 68793 | 9438 | 76089 | 3429 | 83680 | 3743 |
| 贵港市 | Guigang | 40485 | 9992 | 86921 | 11897 | 90678 | 11216 | 96278 | 9950 | 102328 | 10232 | 107720 | 10264 |
| 玉林市 | Yulin | 33128 | 10209 | 105432 | 19511 | 122301 | 26173 | 136733 | 28058 | 154466 | 30845 | 172621 | 31465 |
| 百色市 | Baise | 26741 | 7466 | 73928 | 37585 | 78164 | 39002 | 83155 | 41160 | 90892 | 45565 | 96974 | 48666 |
| 贺州市 | Hezhou | 164018 | 41557 | 351569 | 64722 | 376544 | 52380 | 389077 | 29412 | 422460 | 24902 | 455134 | 22181 |
| 河池市 | Hechi | 30155 | 9935 | 100570 | 35080 | 106764 | 34262 | 112560 | 33122 | 119786 | 33741 | 128589 | 35877 |
| 来宾市 | Laibin | 8163 | 3703 | 19629 | 6437 | 21586 | 6373 | 22733 | 5752 | 25028 | 5337 | 26635 | 4909 |
| 崇左市 | Chongzuo | 207330 | 135774 | 367145 | 239179 | 382914 | 257122 | 403094 | 254914 | 431159 | 271034 | 458117 | 280811 |

# 17—8 主要年份各市国际旅游消费

## International Tourism Expenditure by City in Main Years

单位：万元 (10 000 yuan)

| 城市 | City | 2000 | 2005 | 2010 | 2015 | 2016 | 2017 | 2018 | 2019 |
|---|---|---|---|---|---|---|---|---|---|
| 南宁市 | Nanning | 5736 | 20320 | 37858 | 125962 | 154268 | 175520 | 191190 | 262264 |
| 柳州市 | Liuzhou | 1031 | 9560 | 18241 | 44579 | 52866 | 63892 | 80811 | 92919 |
| 桂林市 | Guilin | 188712 | 191951 | 341244 | 638154 | 784966 | 888722 | 1008636 | 1425035 |
| 梧州市 | Wuzhou | 3004 | 3195 | 15589 | 43284 | 50068 | 54143 | 61352 | 68458 |
| 北海市 | Beihai | 8367 | 5326 | 14768 | 31259 | 36992 | 41032 | 47663 | 56310 |
| 防城港市 | Fangchenggang | | | 11731 | 32476 | 38570 | 42681 | 47896 | 56176 |
| 钦州市 | Qinzhou | | | 5589 | 11929 | 16221 | 18719 | 21859 | 26193 |
| 贵港市 | Guigang | | | 8129 | 20157 | 23744 | 26870 | 30605 | 34914 |
| 玉林市 | Yulin | | | 9947 | 28799 | 38049 | 41312 | 48182 | 58970 |
| 百色市 | Baise | | | 7298 | 18031 | 21978 | 24202 | 28774 | 32989 |
| 贺州市 | Hezhou | | | 28408 | 73613 | 89936 | 97727 | 113312 | 129387 |
| 河池市 | Hechi | | | 7744 | 25541 | 30666 | 34009 | 39193 | 46756 |
| 来宾市 | Laibin | | | 2368 | 5545 | 6653 | 7361 | 8288 | 9659 |
| 崇左市 | Chongzuo | | | 39591 | 78582 | 92097 | 101294 | 110375 | 126171 |

# 17—9 主要年份各市接待入境旅游者平均每人消费额

## Per Capita Expenditure of Overseas Visitor Arrivals by City in Main Years

单位：元 (yuan)

| 城市 | City | 2000 | 2005 | 2010 | 2015 | 2016 | 2017 | 2018 | 2019 |
|---|---|---|---|---|---|---|---|---|---|
| 南宁市 | Nanning | 1258 | 2439 | 2260 | 2466 | 2777 | 2968 | 2967 | 3801 |
| 柳州市 | Liuzhou | 509 | 2830 | 2249 | 2460 | 2801 | 3189 | 3341 | 3538 |
| 桂林市 | Guilin | 1986 | 1918 | 2296 | 2950 | 3364 | 3571 | 3672 | 4530 |
| 梧州市 | Wuzhou | 603 | 849 | 1732 | 2205 | 2470 | 2587 | 2781 | 2885 |
| 北海市 | Beihai | 2197 | 1762 | 2023 | 2422 | 2729 | 2822 | 2967 | 3183 |
| 防城港市 | Fangchenggang | | | 1673 | 2017 | 2288 | 2417 | 2567 | 2844 |
| 钦州市 | Qinzhou | | | 2294 | 2227 | 2620 | 2721 | 2873 | 3129 |
| 贵港市 | Guigang | | | 2008 | 2319 | 2618 | 2791 | 2991 | 3242 |
| 玉林市 | Yulin | | | 3003 | 2732 | 3111 | 3021 | 3119 | 3417 |
| 百色市 | Baise | | | 2729 | 2439 | 2812 | 2911 | 3166 | 3401 |
| 贺州市 | Hezhou | | | 1732 | 2094 | 2388 | 2512 | 2682 | 2843 |
| 河池市 | Hechi | | | 2568 | 2540 | 2872 | 3021 | 3272 | 3636 |
| 来宾市 | Laibin | | | 2901 | 2825 | 3082 | 3238 | 3311 | 3631 |
| 崇左市 | Chongzuo | | | 1910 | 2140 | 2405 | 2513 | 2560 | 2754 |

# 17—10 各市接待国内游客人数

## Number of Domestic Visitors by City

单位：万人次 (10 000 persons-times)

| 城市 | City | 2010 | 2014 | 2015 | 2016 | 2017 | 2018 | 2019 |
|---|---|---|---|---|---|---|---|---|
| 南宁市 | Nanning | 3542.70 | 6905.19 | 8159.14 | 9499.62 | 11001.08 | 13094.60 | 15209.74 |
| 柳州市 | Liuzhou | 1300.25 | 2605.43 | 2901.14 | 3297.26 | 4018.78 | 5336.40 | 6976.65 |
| 桂林市 | Guilin | 2097.71 | 3737.84 | 4253.61 | 5152.55 | 7983.89 | 10640.61 | 13519.07 |
| 梧州市 | Wuzhou | 655.91 | 1279.13 | 1527.79 | 1727.66 | 2205.06 | 3123.46 | 4197.05 |
| 北海市 | Beihai | 938.43 | 1770.67 | 2143.69 | 2473.24 | 3069.82 | 3935.24 | 5278.85 |
| 防城港市 | Fangchenggang | 550.08 | 1168.40 | 1345.77 | 1568.79 | 2016.35 | 2746.71 | 3651.69 |
| 钦州市 | Qinzhou | 469.33 | 868.31 | 1077.07 | 1801.21 | 2564.30 | 3641.70 | 4988.03 |
| 贵港市 | Guigang | 623.02 | 1266.25 | 1435.85 | 1666.60 | 2090.70 | 2733.31 | 3591.84 |
| 玉林市 | Yulin | 712.55 | 1653.75 | 2027.02 | 2787.85 | 3989.88 | 5243.63 | 6970.25 |
| 百色市 | Baise | 952.24 | 1997.80 | 2321.92 | 2716.69 | 3265.21 | 4208.38 | 5582.65 |
| 贺州市 | Hezhou | 487.43 | 1257.17 | 1526.53 | 1775.52 | 2171.47 | 3210.58 | 4299.17 |
| 河池市 | Hechi | 728.01 | 1530.09 | 1841.95 | 2154.20 | 2635.58 | 3410.39 | 4493.01 |
| 来宾市 | Laibin | 353.36 | 1197.65 | 1539.39 | 1806.63 | 2260.28 | 2830.02 | 3510.53 |
| 崇左市 | Chongzuo | 662.48 | 1327.35 | 1560.50 | 1991.54 | 2539.48 | 3612.36 | 4726.46 |

# 17—11 各市国内旅游消费

## Tourist Consumption of Domestic Visitors by City

单位：亿元 (100 million yuan)

| 城市 | City | 2010 | 2014 | 2015 | 2016 | 2017 | 2018 | 2019 |
|---|---|---|---|---|---|---|---|---|
| 南宁市 | Nanning | 234.78 | 598.73 | 729.93 | 903.24 | 1109.80 | 1368.42 | 1699.02 |
| 柳州市 | Liuzhou | 88.59 | 229.09 | 281.02 | 351.48 | 443.49 | 598.14 | 814.75 |
| 桂林市 | Guilin | 134.17 | 373.77 | 453.51 | 558.81 | 882.89 | 1290.89 | 1731.75 |
| 梧州市 | Wuzhou | 50.02 | 123.22 | 153.78 | 192.68 | 240.33 | 343.42 | 463.86 |
| 北海市 | Beihai | 67.17 | 173.11 | 219.74 | 284.34 | 364.52 | 499.67 | 694.63 |
| 防城港市 | Fangchenggang | 27.89 | 76.73 | 97.40 | 125.37 | 164.83 | 235.40 | 329.39 |
| 钦州市 | Qinzhou | 27.04 | 75.67 | 101.12 | 172.02 | 252.68 | 370.08 | 519.21 |
| 贵港市 | Guigang | 34.53 | 107.53 | 135.62 | 176.79 | 235.16 | 319.62 | 433.81 |
| 玉林市 | Yulin | 49.55 | 147.53 | 196.44 | 277.74 | 415.49 | 576.60 | 803.94 |
| 百色市 | Baise | 56.64 | 156.01 | 200.02 | 259.59 | 334.46 | 456.00 | 624.99 |
| 贺州市 | Hezhou | 34.87 | 124.96 | 162.44 | 208.38 | 262.84 | 384.90 | 538.73 |
| 河池市 | Hechi | 43.32 | 144.39 | 179.60 | 230.51 | 297.22 | 407.05 | 548.22 |
| 来宾市 | Laibin | 15.86 | 70.59 | 101.18 | 133.12 | 180.23 | 242.19 | 325.14 |
| 崇左市 | Chongzuo | 33.66 | 93.66 | 124.59 | 173.58 | 234.67 | 343.71 | 471.38 |

# 17—12 各市旅游总消费
## Total Tourist Consumption by City

单位：亿元 （100 million yuan）

| 城市 | City | 2010 | 2014 | 2015 | 2016 | 2017 | 2018 | 2019 |
|---|---|---|---|---|---|---|---|---|
| 南宁市 | Nanning | 238.57 | 608.79 | 742.53 | 918.67 | 1127.35 | 1387.54 | 1725.24 |
| 柳州市 | Liuzhou | 90.42 | 233.14 | 285.48 | 356.77 | 449.88 | 606.22 | 824.05 |
| 桂林市 | Guilin | 168.30 | 432.07 | 517.33 | 637.30 | 971.76 | 1391.75 | 1874.25 |
| 梧州市 | Wuzhou | 51.58 | 127.24 | 158.11 | 197.69 | 245.75 | 349.55 | 470.71 |
| 北海市 | Beihai | 68.64 | 176.03 | 222.86 | 288.04 | 368.62 | 504.43 | 700.27 |
| 防城港市 | Fangchenggang | 29.07 | 79.75 | 100.64 | 129.23 | 169.10 | 240.19 | 335.01 |
| 钦州市 | Qinzhou | 27.60 | 76.75 | 102.31 | 173.64 | 254.55 | 372.26 | 521.83 |
| 贵港市 | Guigang | 35.34 | 109.41 | 137.64 | 179.16 | 237.85 | 322.68 | 437.30 |
| 玉林市 | Yulin | 50.54 | 150.12 | 199.32 | 281.55 | 419.62 | 581.42 | 809.83 |
| 百色市 | Baise | 57.37 | 157.66 | 201.82 | 261.79 | 336.88 | 458.88 | 628.29 |
| 贺州市 | Hezhou | 37.71 | 131.59 | 169.80 | 217.37 | 272.62 | 396.23 | 551.67 |
| 河池市 | Hechi | 44.10 | 146.57 | 182.16 | 233.58 | 300.62 | 410.97 | 552.89 |
| 来宾市 | Laibin | 16.10 | 71.09 | 101.74 | 133.79 | 180.97 | 243.02 | 326.10 |
| 崇左市 | Chongzuo | 37.62 | 100.95 | 132.45 | 182.79 | 244.79 | 354.74 | 483.99 |

# 17—13　广西国家A级旅游景区一览表（2019年）
# National A-Grade Scenic Spots in Guangxi （2019）

| 类别 Classification | 风景名胜区名称 | Name | 所在地 | Location |
|---|---|---|---|---|
| AAAAA | 南宁青秀山风景旅游区 | Qingxiu Mountain Scenic Spot of Nanning | 南宁市 | Nanning |
| | 桂林漓江景区 | Lijiang River Scenic Spot of Guilin | 桂林市 | Guilin |
| | 桂林乐满地景区 | Lemandi Scenic Spot of Guilin | | |
| | 桂林独秀峰・王城景区 | Duxiu Peak and Imperial City Scenic Spot of Guilin | | |
| | 桂林两江四湖・象山景区 | Two Rivers Four Lakes and Xiangshan Scenic Spot of Guilin | | |
| | 百色起义纪念园 | Memorial Park of Baise Upring | 百色市 | Baise |
| | 德天瀑布景区 | Detian Transnational Waterfall Scenic Spot in Daxin County | 崇左市 | Chongzuo |
| AAAA | 南宁嘉和城景区 | Jiahe Town Scenic Spot of Nanning | 南宁市 | Nanning |
| | 南宁九曲湾温泉景区 | Jiuquwan Hotspring Scenic Spot of Nanning | | |
| | 广西八桂田园 | Bagui Fields and Gardens of Guangxi | | |
| | 南宁市动物园 | Nanning Zoo | | |
| | 广西药用植物园 | Guangxi Medicinal Botanical Garden | | |
| | 南宁大明山风景旅游区 | Damingshan Mountain Scenic Spot of Nanning | | |
| | 广西科技馆 | Guangxi Science and Technology Museum | | |
| | 广西民族博物馆 | Guangxi Ethnographical Museum | | |
| | 南宁市乡村大世界景区 | World of Countryside of Nanning | | |
| | 南宁市武鸣区伊岭岩景区 | Yilingyan Rock Scenic Spot of Wuming in Nanning | | |
| | 南宁市良凤江森林旅游区 | Liangfengjiang Forest Tourist Area of Nanning | | |
| | 广西规划馆景区 | Guangxi Planning Exhibition Hall | | |
| | 南宁市民歌湖景区 | Minge Lake of Nanning | | |
| | 隆安县龙虎山旅游景区 | Longhu Mountain Scenic Spot of Long' an County | | |
| | 南宁市凤岭儿童公园 | Fengling Children' s Park of Nanning | | |
| | 南宁马山金伦洞景区 | Jinlun Cave Scenic Spot of Mashan County in Nanning | | |
| | 上林县金莲湖景区 | Jinlian Lake Scenic Spot of Shanglin County | | |
| | 南宁市人民公园 | People's Park in Nanning City | | |
| | 南宁花花大世界景区 | Huahua Flower World in Nanning City | | |
| | 南宁昆仑关旅游风景区 | Kunlun Pass Scenic Spot of Nanning | | |
| | 南宁上林县大龙湖景区 | Dalong Lake Scenic Spot of Shanglin County in Nanning | | |
| | 九龙瀑布景区 | Jiulong Waterfall Scenic Spot | | |
| | 水锦・顺庄 | Shuijin Shunzhuang Scenic Spot | | |
| | 龙门水都景区 | Longmen Watertown Scenic Spot | | |
| | 广西马山弄拉旅游景区 | Nongla Tourism Scenic Spot in Mashan County in Guangxi | | |
| | 南宁园博园景区 | Garden Expo Scenic Spot in Nanning | | |
| | 南宁万达茂景区 | Wandamao Scenic Spot in Nanning | | |
| | 南宁市那贵坡樱花园 | Cherry Blossom Garden in Naguipo in Nanning | | |
| | 南宁金花茶公园 | Golden Camellia Park of Nanning | | |
| | 广西百益上河城旅游景区 | | | |
| | 邕宁区蒲津公园 | | | |
| | 融晟天河海悦城 | | | |
| | 青秀区花雨湖生态休闲旅游区 | Huayu Lake Natural Scenic Spot of Qingxiu District | | |
| | 古辣稻花香里旅游区 | | | |

注：2019年广西共有旅游景区557个，其中5A级7个，4A级247个，3A级290个，2A级13个。

Note: There are 557 national 2A-grade scenic spots in Guangxi in 2019, including 7 5A scenic spots, 247 4A scenic spots, 290 3A scenic spots and 13 2A scenic spots.

## 7—13 续表1 continued

| 类别 Classification | 风景名胜区名称 | Name | 所在地 Location | |
|---|---|---|---|---|
| AAAA | 柳州龙潭景区 | Longtan Scenic Spot of Liuzhou | 柳州市 | Liuzhou |
| | 柳侯公园 | Liuhou Park | | |
| | 柳州立鱼峰风景区 | Yufeng Mountain Scenic Spot of Liuzhou | | |
| | 三江程阳侗族八寨景区 | Dong Bazhai Scenic Spot of Sanjiang Chengyang | | |
| | 柳州博物馆 | Liuzhou Museum | | |
| | 广西鹿寨香桥岩风景区 | Xiangqiao Rock Scenic Spot of Luzhai County in Guangxi | | |
| | 柳州市三江县丹洲景区 | Danzhou Scenic Spot of Sanjiang County in Liuzhou | | |
| | 柳州文庙景区 | Confucian Temple Scenic Spot of Liuzhou | | |
| | 柳州城市规划展览馆 | Liuzhou Urban Planning Exhibition Hall | | |
| | 柳州市马鹿山奇石博览园景区 | Malu Hill Stones Exposition Garden of Liuzhou | | |
| | 柳州市三江县大侗寨景区 | Dadongzhai Scenic Spot in Sanjiang County of Liuzhou | | |
| | 柳州市工业博物馆景区 | Industrial Museum Scenic Spot of Liuzhou | | |
| | 柳州市百里柳江旅游景区 | Liujiang River Scenic Spot of Liuzhou | | |
| | 柳州市园博园景区 | Liuzhou Garden Expro Scenic Spot | | |
| | 柳州市融安石门仙湖旅游景区 | Liuzhou Rongan Xianhu Shimen Tourist Attractions | | |
| | 柳州柳城知青城景区 | Zhiqing Town Scenic Spot of Liucheng in Liuzhou | | |
| | 柳州都乐岩景区 | Dule Cave Scenic Spot of Liuzhou | | |
| | 柳州市融水·元宝山龙女沟景区 | Longnv Ravine Scenic Spot of Yuanbao Mountain of Rongshui County in Liuzhou | | |
| | 柳江县凤凰河生态旅游度假区 | Fenghuang River Original Scenic Spot of Liujiang County | | |
| | 柳州市动物园 | The Liuzhou City Zoo | | |
| | 柳州融水·民族体育公园 | Folk Sports Park of Rongshui County in Liuzhou | | |
| | 柳州雀儿山公园景区 | Que'er Moutain Park of Liuzhou | | |
| | 柳州融水老君洞景区 | Rongshui Laojun Hole Scenic Spot of Liuzhou | | |
| | 三江县仙人山 | Xianren Mountain Scenic Spot in Shanjiang County | | |
| | 柳州融水双龙沟原始森林度假区 | Shuanglonggou Primeval Forest Resort in Rongshui of Liuzhou | | |
| | 螺蛳粉产业园 | River Snail Rice Noodle Industrial Area in Lizhou | | |
| | 鹿寨·祥荷乡韵 | Xianghe Xiangyu Lotus Scenic Spot | | |
| | 卡乐星球欢乐世界·柳州 | Happy World Scenic Spot of Colorful Planet of Liuzhou | | |
| | 鹿寨县中渡古镇景区 | Zhongdu Ancient Town in Luzhai County | | |
| | 柳州市柳工机械股份有限公司旅游景区 | Scenic Spot of Guangxi Liugong Machinery Co., Ltd | | |
| | 上汽通用五菱宝骏基地 | SAIC-GM-Wuling Baojun Base | | |
| | 螺蛳粉小镇 | | | |
| | 梦鸣苗寨民俗文化体验园 | | | |
| | 仙草堂生态灵芝透明工厂 | | | |
| | 克里湾水乐园 | | | |
| | 七星景区 | Qixing Scenic Spot | 桂林市 | Guilin |
| | 芦笛景区 | Ludi Scenic Spot | | |
| | 桂林世外桃源景区 | Shiwaitaoyuan Scenic Spot of Guilin | | |
| | 桂林冠岩景区 | Guanyan Rock Scenic Spot of Guilin | | |
| | 桂林愚自乐园景区 | Art Garden in Yuzi Fairyland of Guilin | | |
| | 桂林银子岩旅游度假区景区 | Yinzi Rock Scenic Spot of Guilin | | |
| | 桂林古东瀑布景区 | Gudong Waterfall Scenic Spot of Guilin | | |
| | 兴安灵渠景区 | Lingqu Scenic Spot of Xing'an County | | |

# 7—13　续表2　continued

| 类别 Classification | 风景名胜区名称 | Name | 所在地 | Location |
|---|---|---|---|---|
| AAAA | 桂林龙胜温泉旅游度假区景区 | Longsheng Hotspring Scenic Spot of Guilin | 桂林市 | Guilin |
| | 桂林丰鱼岩旅游度假区景区 | Fengyu Rock Scenic Spot of Guilin | | |
| | 桂林穿山景区 | Chuanshan Scenic Spot of Guilin | | |
| | 桂林尧山景区 | Yaoshan Mountain Scenic Spot of Guilin | | |
| | 荔浦荔江湾景区 | Lijiang Bay Scenic Spot of Lipu | | |
| | 阳朔图腾古道・聚龙潭景区 | Totem Ancient Road and Julong Lake Scenic Spot of Yangshuo County | | |
| | 永福金钟山旅游度假区景区 | Jinzhongshan Hill Tourist Scenic Spot of Yongfu County | | |
| | 龙胜龙脊梯田景区 | Longji Rice Terrace Scenic Spot of Longsheng County | | |
| | 桂林市南溪山景区 | Nanxishan Hill Scenic Spot of Guilin | | |
| | 桂林经典刘三姐大观园景区 | Scenery Park of Liusanjie in Guilin | | |
| | 桂林阳朔县蝴蝶泉旅游景区 | Butterfly Spring Scenic Spot in Yangshuo County of Guilin | | |
| | 桂林西山景区 | Guilin Xishan Scenic Spot | | |
| | 桂林市逍遥湖景区 | Xiaoyao Lake Scenic Spot in Guilin | | |
| | 桂林罗山湖玛雅水上乐园景区 | Maya Water World of Luoshan Lake in Liuzhou | | |
| | 桂林市猫儿山景区 | Mao'er Moutain Scenic Spot of Guilin City | | |
| | 阳朔西街景区 | Yangshuo West Street Scenic Spot | | |
| | 桂林红溪景区 | Hongxi Scenic Spot in Guilin | | |
| | 桂林资江•天门山景区 | Zijiang River and Tianmen Mountain Scenic Spot of Guilin | | |
| | 桂林八角寨景区 | Bajiaozhai Scenic Spot in Guilin | | |
| | 桂林资江灯谷景区 | Zijiang Light Valley Scenic Spot | | |
| | 恭城三庙两馆景区 | Three Temples and Two Hall Scenic Spot in Gongcheng County | | |
| | 恭城红岩村景区 | Hongyan Village Scenic Spot in Gongcheng County | | |
| | 桂林在水一汸景区 | | | |
| | 桂林新区环城水系景区 | | | |
| | 红军长征突破湘江烈士纪念碑园景区 | Memorial Park for the Battle of the Red Army Breaking Through the Xiangjiang River of Xing'an County | | |
| | 红军长征湘江战役新圩狙击战纪念园 | | | |
| | 灵川县大圩古镇景区 | | | |
| | 灵川县漓水人家景区 | Lishui Family Scenic Spot in Lingchuan County | | |
| | 大碧头国际旅游度假区景区 | | | |
| | 红军长征湘江战役纪念园景区 | | | |
| | 桂林全州县湘山・湘源历史文化旅游区景区 | | | |
| | 梧州骑楼城—龙母庙景区 | City of Arcade–Longmu Temple Scenic Spot of Wuzhou | 梧州市 | Wuzhou |
| | 藤县石表山休闲旅游景区 | Shibiao Hill Scenic Spot of Tengxian | | |
| | 蒙山县永安王城景区 | Yongan Ancient City Scenic Spot of Mengshan County | | |
| | 梧州苍海旅游区 | Canghai Scenic Spot of Wuzhou | | |
| | 蒙山县长坪水韵瑶寨景区 | Changpin Shuiyun Yaozhai Scenic Spot of Mengshan County | | |
| | 蒙山县梁羽生公园 | Liang Yusheng Park of Mengshan County | | |
| | 梧州市军事体育文化园景区 | Military Sport Culture Park in Wuzhou | | |
| | 梧州李济深故里文化旅游区 | Li Jishen Hometown Culture Scenic Spot in Wuzhou | | |
| | 梧州天龙顶山地公园景区 | Wuzhou Tianlong Peak National Moutain Area | | |
| | 白云山公园 | Baiyun Hill Park | | |
| | 蒙山县天书侠谷 | Tianshu Valley of Mengshan County | | |
| | 岑溪市东山文化公园景区 | Cenxi Museum Dongshan Park | | |

# 7—13 续表3 continued

| 类别 Classification | 风景名胜区名称 | Name | 所在地 | Location |
|---|---|---|---|---|
| AAAA | 北海银滩景区 | Yintan Coast Scenic Spot of Beihai | 北海市 | Beihai |
| | 北海海底世界 | Submarine World of Beihai | | |
| | 北海海洋之窗 | Oceanorama of Beihai | | |
| | 北海涠洲岛火山国家地质公园鳄鱼山景区 | E'yushan Hill Scenic Spot of Weizhoudao Island National Geopark | | |
| | 北海老城景区 | Oldtown Scenic Spot of Beihai | | |
| | 北海金海湾红树林生态旅游区 | Jinhaiwan Mangrove Forest Scenic Spot in Beihai | | |
| | 北海园博园 | Beihai Garden Expo Scenic Spot | | |
| | 北海汉闾文化园 | Hanlv Cultural World in Beihai | | |
| | 星岛湖景区 | | | |
| | 涠洲岛圣堂景区 | Shengtang Scenic Spot of Beihai | | |
| | 上思十万大山国家森林公园景区 | Shiwandashan Mountain National Forest Park of Shangsi County | 防城港市 | Fangchenggang |
| | 防城港东兴市京岛风景名胜区 | Jingdao Island Scenic Spot of Dongxing City in Fangchenggang | | |
| | 防城港市江山半岛白浪滩旅游景区 | Bailangtan Beach in Jiangshan Peninsula of Fangchenggang | | |
| | 防城港西湾旅游景区 | Western Bay Tourism Area of Fangchenggang | | |
| | 上思县百鸟乐园景区 | Shiwandashan Mountain Paradise of Birds of Shangsi County | | |
| | 东兴国门景区 | | | |
| | 钦州三娘湾景区 | Sanniang Bay Scenic Spot of Qinzhou | 钦州市 | Qinzhou |
| | 钦州刘冯故居景区 | Former Residence of Liuyongfu & Fengzicai Scenic Spot of Qinzhou | | |
| | 钦州八寨沟旅游景区 | Bazhai Ravine Scenic Spot of Qinzhou | | |
| | 钦州市浦北县五皇山景区 | Wuhuang Hill Scenic Spot of Pubei County in Qinzhou | | |
| | 钦州园博园景区 | Qinzhou Garden Expo Park | | |
| | 钦州市灵山县六峰山风景名胜区 | Liufeng Hill Scenic Spot of Lingshan in Qinzhou City | | |
| | 钦州市浦北县越州天湖景区 | Yuezhou Tianhu Lake Scenic Spot in Pubei County of Qinzhou | | |
| | 钦州市林湖森林公园 | Linhu Forest Park of Qinzhou City | | |
| | 钦州市大芦古村文化生态旅游区 | Dalu Ancient Village Culture Original Scenic Spot of Qinzhou City | | |
| | 钦州市那雾山森林公园 | Nawushan Mountain Forest Park of Qinzhou | | |
| | 西山风景名胜区 | Xishan Hill Scenic Spot of Guiping | 贵港市 | Guigang |
| | 广西龙潭国家森林公园 | Longtan National Forest Park of Guiping | | |
| | 太平天国金田起义地址景区 | The Site of the Jintian Uprising of the Taiping Heavenly Kingdom of Guiping City | | |
| | 雄森动物大世界 | Xiongshen Animal World | | |
| | 龚州公园 | Gongzhou Park | | |
| | 荷美覃塘景区 | Qintang Beautiful Lotus Scenic Spot | | |
| | 北帝山旅游区 | Beiti Mountain Scenic Spot in Pingnan County | | |
| | 贵港市园博园 | | | |
| | 广西平天山国家森林公园 | Guangxi Pingtian Moutain National Forest Park | | |
| | 九凌湖旅游风景区 | Jiuling Lake Tourism Scenic Spot | | |
| | 兴业鹿峰山风景区 | Lufeng Mountain Scenic Spot of Xingye | 玉林市 | Yulin |
| | 陆川谢鲁温泉休闲景区 | Xielu Hotspring Scenic Spot of Luchuan | | |
| | “五彩田园”现代特色农业示范区 | Wucaitianyuan Modern Featured Agricultrue Demonstration Distrct | | |

# 7—13 续表4 continued

| 类别 Classification | 风景名胜区名称 | Name | 所在地 | Location |
|---|---|---|---|---|
| AAAA | 大容山国家森林公园 | DaRong Mountain National Forest Park | 玉林市 | Yulin |
| | 玉林云天旅游文化城 | Yuntian Tourism Folk Cultural World | | |
| | 容州古城 | Rongzhou Ancient City | | |
| | 玉林容县都峤山风景区 | Duqiao Mountain Scenic Spot of Rong County | | |
| | 铜石岭国际旅游度假区 | Tongshiling Mountain International Scenic Spot | | |
| | 北流市会仙河公园 | Beiliu City Huixianhe Park | | |
| | 六万大山森林公园 | Liuwandashan Moutain Forest Park | | |
| | 民国小镇 | Minguo Town . Rongzhou | | |
| | 靖西通灵大峡谷景区 | Tongling Canyon Scenic Spot of Jingxi | 百色市 | Baise |
| | 百色乐业大石围天坑群景区 | Leye Dashiwei Sky Hole Cluster Scenic Spot of Baise | | |
| | 古龙山大峡谷景区 | Gulong Mountain Canyon Cluster Natural Scenic Spot | | |
| | 百色大王岭景区 | Dawang Hill Scenic Spot of Baise | | |
| | 凌云茶山金字塔景区 | Pyramid of Tea Hill Scenic Spot of Lingyun County | | |
| | 百色市德保县吉星岩景区 | Jixing Rock Scenic Spot in Debao County of Baise | | |
| | 百色市德保红叶森林旅游景区 | Red Leaves Forest Tourism Scenic Spot in Debao County of Baise | | |
| | 百色市平果黎明通天河旅游景区 | Baise Pingguo Liming Tongtian River Scenic Area | | |
| | 百色市田州古城景区 | Tianzhou Ancient Town Scenic Spot of Baise | | |
| | 百色西林县宫保府景区 | Gongbao Palace Scenic Spot in Xilin County of Baise | | |
| | 百色靖西市鹅泉旅游景区 | Baise Jingxi E'quan Spring Scenic Spot | | |
| | 凌云环浩坤湖山水生态体验区景区 | Surrounding Haokun Lake Landscape Experience Area in Lingyun County | | |
| | 百色欢乐小镇景区 | Happy Town Scenic Spot in Baise | | |
| | 靖西市旧州景区 | Jiuzhou Scenic Spot in Jingxi City | | |
| | 凌云县泗城州府景区 | Sicheng Literature Temple of Lingyun County | | |
| | 田东县湿地公园景区 | Wetland Park in Tiandong County | | |
| | 靖西锦绣古镇景区 | | | |
| | 靖西小城故事景区 | | | |
| | 姑婆山旅游区 | Gupo Mountain Tourism Spot | 贺州市 | Hezhou |
| | 黄姚古镇景区 | Huangyao Town Scenic Spot | | |
| | 十八水原生态景区 | Shibashui Original Scenic Spot | | |
| | 玉石林景区 | Jade Stone Forest Scenic Spot | | |
| | 南山茶海景区 | Tea Garden of Nanshan | | |
| | 黄姚花海景区 | Flower Garden of Huangyao Town | | |
| | 富川神仙湖景区 | Shenxian Lake Scenic Spot in Fuchun County | | |
| | 南乡西溪森林温泉景区 | Xixi Stream Forest and Hotspring Scenic Sport | | |
| | 桂江生态旅游景区 | Guijiang River Ecological Tourism Spot | | |
| | 大桂山国家森林景区 | | | |
| | 富川生态高值农业科技示范园景区 | | | |
| | 富川神剑石林景区 | | | |
| | 钟山百里水墨画廊景区 | | | |
| | 巴马盘阳河景区 | Panyang River Scenic Spot of Bama County | 河池市 | Hechi |
| | 巴马水晶宫景区 | Crystal Palace Scenic Spot of Bama County | | |
| | 广西凤山国家地质公园景区 | Fengshan National Geopark in Guangxi | | |
| | 河池市东兰红色旅游区 | Red Tourism Area in Donglan County of Hechi | | |
| | 河池市宜州刘三姐故里旅游区 | Liusanjie's Homeland Scenic Spot in Yizhou City of Hechi | | |
| | 天峨龙滩大峡谷 | Longtan Grand Canyon Scenic Spot of Tian'e County | | |

# 7—13 续表5 continued

| 类别 Classification | 风景名胜区名称 | Name | 所在地 | Location |
|---|---|---|---|---|
| AAAA | 宜州会仙山景区 | Huixian Mountain Scenic Spot of Yizhou City | 河池市 | Hechi |
| | 南丹歌娅思谷景区 | Geyasigu Baiku Yao Original Folkcustom Scenic Spot of Nandan County | | |
| | 大化七百弄国家地质公园景区 | Qibainong National Geopark in Dahua County | | |
| | 南丹丹泉洞天酒文化旅游景区 | Danquan Dongtian Liquor Cultrue Scenic Spot of Guangxi | | |
| | 宜州拉浪生态休闲区 | Lalang Woodland Scenic Spot of Yizhou City | | |
| | 宜州怀远古镇 | Huaiyuan Town Scenic Spot of Yizhou City | | |
| | 河池市珍珠岩风景区 | Zhenzhu Rock Scenic Spot in Hechi | | |
| | 环江牛角寨瀑布群景区 | Niujiaozhai Waterfalls Scenic Spot of Huanjiang County | | |
| | 环江木伦喀斯特生态旅游景区 | Mulun Karst Ecological Tourism Scenic Spot in Huanjiang County | | |
| | 广西红水河都安三岛湾国际度假区 | Hongshuihe River, Du'an Sandaowan International Resort in Guangxi | | |
| | 巴马洞天福地景区 | Cave Paradise Scenic Spot in Bama | | |
| | 广西罗城棉花天坑度假区 | | | |
| | 巴马长寿岛景区 | Changshou Island Scenic Spot of Bama County | | |
| | 大化奇美水城景区 | | | |
| | 金秀莲花山旅游景区 | Lianhua Mountain Scenic Spot of Jinxiu County | 来宾市 | Laibin |
| | 来宾市象州古象旅游区 | Guxiang Scenic Spot of Xiangzhou County in Laibin | | |
| | 来宾市金秀圣堂湖景区 | Shengtang Lake Scenic Spot of Jinxiu County in Laibin | | |
| | 金秀县圣堂山景区 | Shengtang Moutain Scenic Spot of Jinxiu County | | |
| | 金秀县山水瑶城景区 | Shanshuiyaocheng Scenic Spot of Jinxiu County | | |
| | 忻城县薰衣草庄园景区 | Lavender Villa Scenic Spot of Xincheng County | | |
| | 来宾金秀银杉森林公园 | Silver Fir Park Scenic Spot of Jinxiu County in Laibin | | |
| | 金秀县古沙沟景区 | Gusha Gully Scenic Spot of Jinxiu County | | |
| | 凭祥友谊关景区 | Youyiguan Scenic Spot of Pingxiang City | 崇左市 | Chongzuo |
| | 凭祥红木文博城景区 | Rosewood Exposition of Pingxiang City | | |
| | 龙州起义纪念园景区 | Memorial of Longzhou Uprising of Longzhou County | | |
| | 大新县明仕景区 | Mingshi Scenic Spot of Daxin County | | |
| | 左江花山岩画景区 | Huashan Scenic Spot of Ningming County | | |
| | 崇左石景林．园博园 | Shijinglin Garden Expo Park in Chongzuo | | |
| | 崇左大新德天．老木棉景区 | Detian Laomumian Garden of Daxin County | | |
| | 大新龙宫仙境景区 | Longgongxianjing Scenic Spot of Daxin County | | |
| | 龙州县小连城景区 | Xiaoliancheng Scenic Spot of Longzhou County | | |
| | 龙州县左江景区 | Zuojiang River Scenic Spot of Longzhou County | | |
| | 广西派阳山森林公园 | Paiyang Mountain Forest Park of Guangxi | | |
| | 扶绥县龙谷湾景区 | Longguwan Scenic Spot in Fusui County | | |
| | 大新县安平仙河景区 | Anping Xianhe Scenic Spot in Daxian County | | |
| | 左江斜塔景区 | Leaning Tower Scenic Spot Across Zuojiang River | | |
| | 大新县大阳幽谷景区 | Dayang Yougu Valley Scenic Spot in Daxin County | | |
| | 崇左白头叶猴生态旅游区 | White-headed Langur National Natural Protection Area in Chongzuo | | |
| | 江州区雨花石景区 | Riverstones Scenic Spot in Jiangzhou District of Chongzuo | | |
| | 国际•如意岛生态景区 | International Ruyi Island Ecological Park | | |
| | 龙州县发现弄岗景区 | Found Nonggang Scenic Spot in Longzhou County | | |
| | 凭祥市大连城景区 | Daliancheng Defense Scenic Spot of Pingxiang City | | |
| | 天等丽川森林公园景区 | | | |

# 7—13　续表6　continued

| 类别 Classification | 风景名胜区名称 | Name | 所在地 | Location |
|---|---|---|---|---|
| AAA | 横县西津湖景区 | Xijin Lake Scenic Spot in Hengxian County | 南宁市 | Nanning |
| | 南宁市大王滩风景区 | Dawang Beach Scenic Spot of Nanning | | |
| | 南宁市凤凰谷景区 | Fenghuang Valley Scenic Spot of Nanning | | |
| | 南宁海底世界景区 | Sea World Scenic Spot of Nanning | | |
| | 南宁金湖地王云顶观光旅游景区 | Top Tour of Diwang Building of Nanning | | |
| | 宾阳县白鹤观旅游度假区 | Baihe Taoist Temple Scenic Spot in Binyang County | | |
| | 南宁市华南城景区 | Huanancheng Scenic Spot of Nanning | | |
| | 上林县鼓鸣寨养生旅游度假区 | Guming Village Healthy Tourism Resort of Shanglin County | | |
| | 上林县禾田农耕文化园 | Hetian Farming Culture Garden of Shanglin County | | |
| | 上林县霞客桃园壮乡旅游度假区 | Xiaketaoyuan Zhuang Minority Village for Tourism of Shanglin County | | |
| | 南宁市江南区扬美古镇景区 | Yangmei Ancient Town of Jiangnan District in Nanning City | | |
| | 横县中华茉莉园景区 | Chinese Jasmine Garden of Hengxian County | | |
| | 上林县云里湖景区 | Yunli Lake Scenic Spot of Shanglin County | | |
| | 上林县万古茶园景区 | Wangu Tea Garden Scenic Spot of Shanglin County | | |
| | 横县莲塘圣茶谷景区 | Shengcha Tea Garden of Liantang in Hengxian County | | |
| | 兴宁区狮山公园 | Shishan Park of Xingning District | | |
| | 广西农垦明阳向阳红现代农业庄园 | Sunny Farm | | |
| | 南宁海王生命与健康科普馆 | Neptunus Group's Science Museum | | |
| | 广西金花茶业工业旅游园 | Golden Camellia Park of Nanning | | |
| | 横县西津国家湿地公园沙埠景区 | Shabu Scenic Spot of Xijin National Weland Park in Hengxian County | | |
| | 马山县三甲攀岩小镇 | Sanjia Rock Climbing Town in Mashan County | | |
| | 马山县小都百旅游景区 | Xiaodubai Tourism Scenic Spot in Mashan County | | |
| | 马山县灵阳寺旅游景区 | Lingyang Temple Tourism Area in Mashan County | | |
| | 马山县古朗瑶乡金银花公园 | Honeysuckle Park in Gulang Yao Village of Mashan County | | |
| | 南宁市新秀公园 | Xinxiu Park in Nanning | | |
| | 顶蛳山田园风光区 | Dingshishan Idyllic Scenery Area | | |
| | 福瑞生态休闲农场 | Furui Leisure Ecological Farm | | |
| | 广西香流溪谷农业生态旅游区 | Xiangliuxigu Agriculture Ecological Tourism Area in Guangxi | | |
| | 徐汉林红色教育基地示范点 | Xu Hanlin Reveloution Educational Base Demonstration Site | | |
| | 南宁不孤湖景区 | Buguhu Lake Scenic Spot in Nanning | | |
| | 横县顺来茉莉花茶展览馆 | | | |
| | 南宁市江南公园 | | | |
| | 西乡塘区芦仙山风景区 | | | |
| | 西乡塘区美丽南方老木棉·匠园 | | | |
| | 南宁市花卉公园 | | | |
| | 南宁博物馆 | | | |
| | 武鸣区大明山汉江欢乐谷 | | | |
| | 柳州花果山生态景区 | Huaguo Mountain Natural Scenic Spot of Liuzhou | 柳州市 | Liuzhou |
| | 三江石门冲景区 | Shimenchong Scenic Spot of Sanjiang County | | |
| | 柳州市君武森林公园景区 | Junwu Forest Park of Liuzhou City | | |
| | 鹿寨月岛湖景区 | Yuedao Lake Scenic Spot of Luzhai County | | |
| | 融水雨卜苗寨景区 | Yubu Miaotse Scenic Spot of Rongshui County | | |
| | 融水老子山景区 | Laozi Hill Scenic Spot of Rongshui County | | |
| | 融水县田头苗寨景区 | Tiantou Miaotse Scenic Spot of Rongshui County | | |
| | 柳城县红马山景区 | Hongma Hill Scenic Spot in Liucheng County | | |

## 7—13 续表7 continued

| 类别 Classification | 风景名胜区名称 | Name | 所在地 | Location |
| --- | --- | --- | --- | --- |
| AAA | 柳州市万聚休闲农庄 | Leisure Farm Wanju of Liuzhou City | 柳州市 | Liuzhou |
| | 三江县冠洞景区 | Guandong Cave Scenic Spot in Sanjiang County | | |
| | 柳城古砦仫佬族乡民俗风情旅游区 | Guzhai Mulam Folklore Scenic Spot of Liucheng County | | |
| | 融水龙宝大峡谷景区 | Longbao Canyon Scenic Spot of Rongshui County | | |
| | 融水石上人家景区 | Village-on-rock Scenic Spot of Rongshui County | | |
| | 三江产口景区 | Chankou Scenic Spot of Sanjiang County | | |
| | 三江侗族博物馆 | Museum of Dong Minority of Sanjiang County | | |
| | 融安县沙子石岩生态旅游景区 | Shazishi Cave Original Scenic Spot of Rong'an County | | |
| | 柳江县百朋镇下伦荷花景区 | Xialun Lotus Garden of Baipeng Town of Liujiang County | | |
| | 融水田塘瑶寨景区 | Tiantang Yao Minority Scenic Spot of Rongshui County | | |
| | 鹿寨拉沟乡五家景区 | Wujia Scenic Spot of Lagou in Luzhai County | | |
| | 鹿寨县鹿鸣谷景区 | Luming Valley Scenic Spot in Luzhai County | | |
| | 鹿寨县山楂之恋景区 | Love the Hornthorn Scenic Spot in Luzhai County | | |
| | 鹿寨县笑缘景区 | Xiaoyuan Scenic Spot in Luzhai County | | |
| | 鹿寨县文化艺术中心 | Culture Arts Center in Luzhai County | | |
| | 融水·西洞景区 | Rongshui Xidong Cave Scenic Spot | | |
| | 临桂十二滩漂流景区 | Twelve Beach Drift Scenic Spot of lingui | 桂林市 | Guilin |
| | 荔浦天河瀑布景区 | Tianhe Waterfall Scenic Spot of Lipu County | | |
| | 灵川龙门瀑布景区 | Longmen Waterfall County Scenic Spot of Lingchuan County | | |
| | 平乐仙家温泉景区 | Xianjia Hotspring Scenic Spot of Pingle County | | |
| | 桂林多耶古寨-蛇王李景区 | Guilin ? Village-Snake King Li Scenic Spot | | |
| | 灵川县江头景区 | Jiang Tou Lingchuan County Area | | |
| | 桂林旅苑景区 | Lvyuan Scenic Spot of Guilin | | |
| | 桂林芦笛岩鸡血玉文化艺术中心景区 | Jixue Jade Culture & Art Centro of Ludi Cave in Guilin | | |
| | 龙胜县白面瑶寨景区 | Baimian Yao Minority Scenic Spot of Longsheng County | | |
| | 龙胜艺江南中国红玉文化园景区 | Yijiangnan Chinese Red Jade Cultural Garde of Longsheng County | | |
| | 桂林崇华中医街景区 | Chonghua Chinese Medicine Street in Guilin | | |
| | 全州县炎井温泉景区 | Yanjing Hotspring Scenic Spot of Quanzhou County | | |
| | 桂林神龙谷青岚度假区景区 | ShenLong Water Paradise Resort | | |
| | 万福广场·休闲旅游城景区 | Wanfu Plaza Leisure Tourism Town | | |
| | 荔浦县马岭鼓寨民族风情园景区 | Malingguzhai Nationality Park in Lipu County | | |
| | 荔浦县柘村景区 | Ripe Tangerines Rural Tourism Area of Lipu | | |
| | 资源县宝鼎景区 | Baoding Scenic Spot in Ziyuan County | | |
| | 塘洞景区 | Tangdong Cave Scenic Spot | | |
| | 恭城龙虎关景区 | Longhu Pass Scenic Spot in Gongcheng County | | |
| | 恭城矮寨景区 | Aizhai Scenic Spot in Gongcheng County | | |
| | 恭城社山景区 | Sheshan Mountain Scenic Spot in Gongcheng County | | |
| | 罗汉果小镇景区 | Momordica Grosvenori Town | | |
| | 抱璞文化展示中心景区 | Baopu Culture Exibition Center | | |
| | 象山区侗情水庄景区 | Dong Shui Village Scenic Spot in Xiangshan District | | |
| | 永福县凤山景区 | Fengshan Mountain Scenic Spot in Yongfu County | | |
| | 桂林市瓦窑小镇景区 | | | |

## 7—13　续表8　continued

| 类别 Classification | 风景名胜区名称 | Name | 所在地 | Location |
|---|---|---|---|---|
| AAA | 桂林黄沙秘境大峡谷景区 | | 桂林市 | Guilin |
| | 美国飞虎队桂林遗址公园景区 | | | |
| | 李宗仁故居景区 | | | |
| | 会仙喀斯特国家湿地公园景区 | | | |
| | 黄岭景区 | | | |
| | 杨溪景区 | | | |
| | 瑶族文化村景区 | | | |
| | 北洞源景区 | | | |
| | 灌阳唐景崧故里景区 | | | |
| | 桂林希宇·欢乐城景区 | | | |
| | 八路军桂林办事处路莫村物资转运站景区 | | | |
| | 桂林国际茶花谷旅游休闲度假区景区 | | | |
| | 桂林湘山酿酒生态园景区 | | | |
| | 藤县黎寨蝴蝶谷景区 | Lizhai Butterfly Valley of Tengxian County | 梧州市 | Wuzhou |
| | 梧州市珠山景区 | Zhushan Hill Scenic Spot of Wuzhou | | |
| | 梧州市中山公园 | Zhongshan Park of Wuzhou | | |
| | 蒙山县夏宜醉美瑶乡 | Zzuimei Yao Minority Village of Xiayi in Wuzhou | | |
| | 蒙山县西炮台公园 | Xipaotai Park of Wuzhou City | | |
| | 蒙山县石燕山景区 | Shiyanshan Mountain | | |
| | 蒙山县古皮橙柿亲情谷 | Gupi Orange and Persimmon Valley | | |
| | 蒙山县东乡积翠景区 | Dongxiang Jicui Scenic Spot | | |
| | 蒙山县羽生谷休闲养生基地 | Yushen Valley Leisure and Health Base | | |
| | 蒙山县丝绸工业旅游景区 | Sile Industrial Tourism Scenic Spot in Mengshan County | | |
| | 苍梧县六堡茶生态旅游景区 | Liubao Tea Ecological Tourism Scenic Spot | | |
| | 大江埠民俗风情村 | Dajiangbu Folk Custom Village in BeiHai | 北海市 | Beihai |
| | 北海贝雕博物馆 | Museum of Shell Carving in Beihai City | | |
| | 北海南珠博物馆 | Museum of Nanzhu Pearl in Beihai City | | |
| | 槐园景区 | Huaiyuan Garden Scenic Spot in Beihai City | | |
| | 合浦县东坡亭景区 | Dongpo Pavilion Scenic Spot of Hepu County | | |
| | 合浦县古海角景区 | Guhaijiao Scenic Spot of Hepu County | | |
| | 合浦县观音山生态旅游区 | Guanyin Mountain Eco-tourism Area of Hepu County | | |
| | 合浦县曲樟客家土围城 | Quzhang Hakkas Clay Castle | | |
| | 合浦县永安大士阁景区 | Yongan Dashi Pavilion Scenic Spot | | |
| | 合浦县梦唤滨海体育文化园 | Dreamlike Coastal Sports Culture Park | | |
| | 合浦县东园家酒产业园 | Dongyuanjia Wine Industry Park | | |
| | 合浦县四方岭考古遗址景区 | Sifangling Archaeological Site | | |
| | 涠洲岛石螺口景区 | Shiluokou Scenic Spot | | |
| | 涠洲岛城仔景区 | Chengzai Scenic Spot | | |
| | 涠洲岛滴水丹屏景区 | Dishui Danping Scenic Spot | | |
| | 涠洲岛湿地公园景区 | Wetland Park | | |
| | 北海生巴达科技旅游区 | | | |
| | 北海白龙珍珠城景区 | | | |

# 7—13 续表9 continued

| 类别 Classification | 风景名胜区名称 | Name | 所在地 | Location |
|---|---|---|---|---|
| AAA | 东兴陈公馆景区 | Chen Mansion Scenic Spot of Dongxing | 防城港市 | Fangchenggang |
| | 东兴市意景园旅游景区 | Yijingyuan Garden Scenic Spot in Dongxing City | | |
| | 东兴市百业东兴·红木社区旅游购物景区 | Baiyedongxing Rosewood Tourism and Shopping Area of Dongxing City | | |
| | 东兴市北仑河口景区 | Beilun River Scenic Spot in Dongxing City | | |
| | 钦州龙门群岛海上生态公园 | Longmen Archipelago Natural Ocean Park of Qinzhou | 钦州市 | Qinzhou |
| | 钦州市浦北县文昌景区 | Wenchang Scenic Spot of Pubei County in Qinzhou | | |
| | 钦州市浦北县大朗书院景区 | Dalang Ancient College of Pubei County in Qinzhou | | |
| | 钦州坭兴陶艺术馆 | Nixing Pottery Art Gallery Scenic Spot of Qinzhou | | |
| | 钦州市登峰陶艺馆 | Dengfeng Pottery Art Gallery in Qinzhou City | | |
| | 广西钦州保税港区国际商品直销中心旅游景区 | International Merchandise Outlet of Bonded Port Area in Qinzhou City | | |
| | 钦州市白石湖景区 | Baishi Lake Scenic Spot in Qinzhou City | | |
| | 钦州市钦北区碗窑梨花谷景区 | Wanyao Pear Valley Scenic Spot of Qinbei District in Qinzhou City | | |
| | 广西钦州市浦北县公猪脊景区 | Gongzhuji Scenic Spot of Pubei County in Qinzhou City | | |
| | 北部湾大学景区 | Binhai Campus Scenic Spot of Qinzhou University | | |
| | 中国广西东盟商贸城 | Guangxi ASEAN Business City in Qinzhou | | |
| | 钦州市千年古陶城景区 | Millennium Antique Pottery Scenic Spot in Qinzhou | | |
| | 钦州市浦北县柑子根党支部旧址景区 | Ganzigen Party Branch Site in Pubei County | | |
| | 广西钦州北部湾望海岭国际滑翔伞基地 | Beibu Gulf Hailing International Paraglider Base in Qinzhou | | |
| | 钦州湾辣椒槌滨海旅游度假区 | Lajiaochui Costal Tourist Resort in Qinzhou | | |
| | 钦州钦北区王岗山景区 | | | |
| | 大藤峡景区 | Dateng Canyon Scenic Spot of Guiping City | 贵港市 | Gugang |
| | 北回归线标志公园 | Park of the Sign of the Tropic of Cancer of Guiping City | | |
| | 中山公园 | Zhongshan Park of Guiping City | | |
| | 革命烈士纪念碑公园 | Guiping Revolutionary Martyrs Monument Park | | |
| | 滨江文化公园 | Guiping Riverside Cultural park | | |
| | 东塔景区 | Guiping East Tower Spot | | |
| | 罗丛岩景区 | Guiping Luocong Rock Spot | | |
| | 平南江北诗词文化公园 | | | |
| | 平南大安古建筑群景区 | | | |
| | 平南大新石硖龙眼母本园景区 | | | |
| | 平南畅岩怀古景区 | | | |
| | 平南梁嵩状元纪念馆景区 | | | |
| | 平南都兴屯黄花岗烈士纪念公园 | | | |
| | 平南安怀石硖龙眼生态旅游景区 | | | |
| | 平南大王余甘果生态园景区 | | | |
| | 平南大五顶森林养生景区 | | | |
| | 贵港市体育中心 | | | |
| | 贵港市马草江生态公园 | | | |
| | 贵港市民族文化公园 | | | |
| | 贵港市博物馆 | | | |

# 7—13 续表10 continued

| 类别 Classification | 风景名胜区名称 | Name | 所在地 | Location |
|---|---|---|---|---|
| AAA | 贵港市青牛谷景区 | | 贵港市 | Gugang |
| | 贵港市凉水山景区 | | | |
| | 贵港市达开湖景区河净片区 | | | |
| | 港北区龙岩景区 | | | |
| | 覃塘古风岩景区 | | | |
| | 覃塘三里罗村景区 | | | |
| | 覃塘花山茶海景区 | | | |
| | 覃塘凤凰山景区 | | | |
| | 覃塘布山古郡景区 | | | |
| | 覃塘五指山景区 | | | |
| | 北流市勾漏洞景区 | Goulou Hole Scenic Spot of Beiliu | 玉林市 | Yulin |
| | 陆川龙珠湖风景名胜区 | Longzhu Lake Scenic Spot of Luchuan County | | |
| | 玉林市龟山公园景区 | Guishan Hill Scenic Spot of Yulin | | |
| | 容县天堂湖温泉度假山庄 | Tiantanghu Hotspring Holiday Village of Rongxian County in Yulin | | |
| | 玉林市狮子山公园 | Shizi Hill Park of Yulin | | |
| | 容县抗日烈士纪念馆 | Memorial Hall for Anti-Japanese Martyrs of Rongxian County | | |
| | 北流市扶新佰仁生态旅游风景区 | Fuxinbairen Original Scenic Spot of Beiliu City | | |
| | 容县兰花生态园 | Orchid Eco-park of Rongxian County | | |
| | 容县黄绍竑故居 | Huang Shaohong's Former Residence | | |
| | 容县沙田柚王国 | Plantation of Shatian Pomelo in Rongxian County | | |
| | 容县都峤山森林公园 | Duqiao Moutain Forest Park | | |
| | 容县绿碧山 | Lvbi Moutain Scenic Spot | | |
| | 北流市城西公园 | Beiliu City Chengxi Park | | |
| | 北流市梧村狮峰生态旅游区 | Wucun Shifeng Eco- tourism Resort of Beiliu | | |
| | 北流市陶瓷名城 | Beiliu famous ceramic city | | |
| | 北流市陶瓷小镇 | Beiliu Ceramic Town | | |
| | 北流市九龙湾生态旅游度假区 | Jiulongwan Eco-tourism Resort in Beiliu City | | |
| | 北流市容心谷生态旅游度假区 | Rongxin Valley Ecological Tourist Resort | | |
| | 北流市金斗岭生态旅游度假区 | Beiliucity jindou ridge Eco-tourism Resort | | |
| | 博白县宴石山风景区 | The banquet Mountain Scenic Area in Bobai County | | |
| | 玉林园博园 | Garden Expo Scenic Spot in Yulin | | |
| | 玉林市博物馆 | Yulin Museum | | |
| | 克拉湾水上乐园 | Kelawan Water Park | | |
| | 世客城景区 | Shikecheng Scenic Spot | | |
| | 水月岩旅游景区 | Shuiyue Rock Tourism Scenic Spot | | |
| | 田东十里莲塘景区 | Shili Lotus Scenic Spot of Tiandong | 百色市 | Baise |
| | 凌云县泗城文庙景区 | Sicheng Literature Temple of Lingyun County | | |
| | 田东县右江工农民主政府旧址景区 | The Site of Youjiang Former Workers and Peasants Democratic Government of Tiandong County | | |
| | 凌云县纳灵河谷景区 | Naling Valley of Lingyun County | | |
| | 乐业县罗妹莲花洞景区 | Luomei Lotus Cave Scenic Spot in Leye County of Baise | | |
| | 靖西龙潭湿地公园 | Longtan Lake Wetland Park of Jingxi City | | |
| | 田阳敢壮山布洛陀遗址景区 | The Site of Buluotuo on Ganzhuang Mountain of Tianyang County | | |
| | 靖西市渠洋湖景区 | Quyang River Scenic Spot of Jingxi City | | |
| | 乐业布柳河仙人桥景区 | Xianren Bridge over the Buliu River of Leye County in Baise | | |
| | 靖西市旧蒙福峒山生态旅游景区 | Ho Chi Minh Cave Ecological Tourism Scenic Spot in Jingxi City | | |

## 7—13 续表11 continued

| 类别 Classification | 风景名胜区名称 | Name | 所在地 | Location |
| --- | --- | --- | --- | --- |
| AAA | 乐业县红七红八军纪念馆景区 | The Seventh and Eighth Red Army Memorial in Leye County | 百色市 | Baise |
| | 乐业县龙云山故事小镇景区 | Longyunshan Mountain Story Town Scenic Spot in Leye County | | |
| | 乐业凤山世界地质公园景区 | Leye-Fengshan World Geological Park | | |
| | 凌云县水源洞景区 | Shuiyuan Karst Cave in Lingyun County | | |
| | 凌云县博物馆景区 | Lingyun Museum | | |
| | 凌云县独秀峰景区 | Duxiu Peak Scenic Spot in Lingyun County | | |
| | 那坡县感驮岩景区 | | | |
| | 紫云仙境景区 | Ziyun Scenic Spot | 贺州市 | Hezhou |
| | 贺州博学园景区 | Boxue Park Scenic Spot | | |
| | 故乡茶博园景区 | Homeland Tea Expo Garden Scenic Spot | | |
| | 黄姚诗画姚江景区 | Paradise Garden Scenic Spot of Huangyao Town | | |
| | 贺州市博物馆 | Museum of Hezhou City | | |
| | 客家围屋景区 | Scenic Spot of Hakka Buildings | | |
| | 中共广西省工委历史博物馆 | Guangxi Work Committee History Museum | | |
| | 走马观画无边界景区 | Zouma View Painting No Boundary Tourist Center Scenic Spot | | |
| | 平桂文化体育中心景区 | | | |
| | 富川瑞光公园景区 | | | |
| | 富川秀水状元村景区 | | | |
| | 贺州市华润循环经济工业旅游区 | | | |
| | 富川古明城景区 | | | |
| | 富川罗丰景区 | | | |
| | 钟山状元峰景区 | | | |
| | 南丹温泉公园 | Hotspring Park of Nandan | 河池市 | Hechi |
| | 河池市天峨县龙滩水电站景区 | Longtan Hydroelectric Station of Tian' e County | | |
| | 南丹白裤瑶生态博物馆 | Eco-museum of Baiku Yao in Nandan County | | |
| | 金城江小三峡旅游景区 | Xiaosanxia Scenic Spot in Jinchengjiang | | |
| | 南丹铜江公园景区 | Tongjiang River Scenic Spot of Nandan County | | |
| | 金城江公园 | Jinchengjiang Park | | |
| | 巴马仁寿源景区 | Renshouyuan Scenic Spot of Bama County | | |
| | 宜州古龙河漂流 | Gulong River Rafting Scenic Spot of Yizhou distret | | |
| | 罗城成龙湖公园 | Chenglong Lake Park of Luocheng County | | |
| | 巴马西山景区 | Western Hill Red Tourism Scenic Spot of Bama Coutny | | |
| | 宜州嘉联丝绸工业园 | Jialian Silk Industry Park of Yizhou district | | |
| | 巴马活泉水文化景区 | Huoquan Spring Cultural Scenic Spot of Bama Coutny | | |
| | 都安密洛陀文化公园 | Du'an Miluotuo Cultural Park | | |
| | 东兰壮乡英雄园 | | | |
| | 东兰神仙生态旅游区 | | | |
| | 东兰民间铜鼓收藏馆 | | | |
| | 东兰天宝山景区 | | | |
| | 大化县滇桂黔边纵队桂西区指挥部旧址 | | | |
| | 凤山县革命烈士公园 | | | |
| | 武宣百崖大峡谷景区 | Baiya Canyon Scenic Spot of Wuxuan | 来宾市 | Laibin |
| | 忻城莫土司衙署景区 | Ancient Government Office of Mo Tusi of Xincheng County | | |
| | 忻城县盘鹤岭森林公园 | Panhe Mountain Forest Park of Xincheng County | | |
| | 金秀县青山瀑布景区 | Qingshan Waterfall Scenic Spot of Jinxiu County | | |
| | 来宾市桂中水城盘古公园 | Pangu Park of Waters in Mid-Guangxi in Laibin City | | |
| | 忻城县神秘湖景区 | Mysterious Lake Scenic Spot of Xincheng County | | |
| | 合山市国家矿山公园 | National Mine Park of Heshan City | | |
| | 合山28号铁轨·十里花廊景区 | The No.28 Railroad Scenic Spot of Heshan City | | |

# 7—13　续表12　continued

| 类别 Classification | 风景名胜区名称 | Name | 所在地 | Location |
|---|---|---|---|---|
| AAA | 兴宾区红河红景区 | Honghehong Scenic Spot in Xingbin District | 来宾市 | Laibin |
| | 象州县象郡文化公园 | Xiangjun Culture Park in Xiangzhou County | | |
| | 武宣县下莲塘景区 | Xialiantang Scenic Spot in Wuxuan County | | |
| | 合山市红河公园景区 | Honghe Park in Heshan City | | |
| | 合山市奇石文化公园 | Strange Stones Gallery of Heshan City | | |
| | 象州县罗秀镇纳禄景区 | Nalu Scenic Spot in Luoxiu Town of Xiangzhou County | | |
| | 忻城马泗都宜忻革命根据地景区 | Duyixin Revolution Base in Masi Village of Xincheng County | | |
| | 合山市百年老矿·第一口井历史文化景区 | Century-old Mine and the First Well History and Culture Scenic Spot in Heshan City | | |
| | 忻城县红水河生态旅游区 | | 崇左市 | Chongzuo |
| | 逐羊景区 | Zhuyang Scenic Spot | | |
| | 凭祥市兰花谷景区 | Park of Orchids Valley of Pingxiang City | | |
| | 凭祥市浦寨文化旅游不夜城景区 | The Never-Sleep-City Cultural Scenic Spot of Puzhai Town of Pingxiang City | | |
| | 凭祥市平岗岭地下长城景区 | Pinggangling Greatwall Underground Scenic Spot of Pingxiang City | | |
| | 凭祥市世界珍稀林木生态园景区 | The World's Rare Trees Original Scenic Spot of Pingxiang City | | |
| | 大新县小灵珑景区 | Xiaolinglong Scenic Spot of Daxin County | | |
| | 大新县凤凰岭 | Fenghuang Valley Scenic Spot of Daxin County | | |
| | 大新县黑水河景区 | | | |
| | 扶绥县炎鑫景区 | Yanxin Scenic Spot of Fusui County | | |
| | 龙州县胡志明展馆 | Ho Chi Minh Memorial Site of Longzhou County | | |
| | 宁明县狮子头森林公园 | Shizitou Forest Park in Ningming County | | |
| | 崇左市壮族博物馆 | Chongzuo Museum of Zhuang Ethnic Group | | |
| | 龙州县业秀园景区 | Yexiu Park in Longzhou County | | |
| | 龙州（水陇-甫茶）红军路景区 | Shuilong-fucha Red Army Road Scenic Spot in Longzhou County | | |
| | 龙州县独山景区 | Dushan Mountain Scenic Spot in Longzhou County | | |
| | 凭祥市城市规划展览馆 | City Planning Exhibition Hall of Pingxiang City | | |
| | 龙州县跑马洞景区 | Paoma Cave Scenic Spot in Longzhou County | | |
| | 天等县都康田园景区 | Dukang Countryside Scenic Spot in Tiandeng County | | |
| AA | 防城港火山岛景区 | Volcano Island Scenic Spot of Fangchenggang | 防城港市 | Fangchenggang |
| | 钦州市北部湾坭兴玉陶景区 | The Nixing Potery Scenic Spot of Beibu Gulf in Qinzhou | 钦州市 | Qinzhou |
| | 钦州市灵山县锦泉生态旅游度假村 | Jinquan Original Holiday Village of Lingshan County in Qinzhou City | | |
| | 玉林市欢天喜地园艺乐园 | Huantianxidi Gardening Paradise in Yulin | 玉林市 | Yulin |
| | 罗城青明山庄园景区 | Qingming Villa Scenic Spot of Luocheng County | 河池市 | Hechi |
| | 罗城县武阳江景区 | WuYang River Scenic Spot of Luocheng County | | |
| | 大化莲花山景区 | Lianhua Mountain Scenic Spot of Dahua County | | |
| | 罗城剑江景区 | Jianjiang River Scenic Spot | | |
| | 都安八仙乐园 | Baxian Fairyland Scenic Spot of Du'an County | | |
| | 象州县凉泉景区 | Liangquan Scenic Spot of Xiangzhou County | 来宾市 | Laibin |
| | 来宾市金海公园 | Jinhai Park in Laibin | | |
| | 桂中第一支部 | The 1st Party Branch of Mid Guangxi | | |
| | 广西武宣县文庙景区 | The Confucian Temple of Wuxuan County in Guangxi | | |

## 主要统计指标解释

**营业额** 指住宿和餐饮业单位在经营活动中因提供服务或销售商品等取得的全部收入（含增值税），收入主要来源于提供客房、餐费服务、商品销售和其他服务，如商务服务。不包括多产业法人企业附营的其他行业产业活动单位的餐费收入、商品销售收入等各项收入。

**客房收入** 指住宿和餐饮业单位在经营活动中因提供住宿服务取得的收入（含增值税）。不包括多产业法人企业附营的其他行业产业活动单位的客房收入。

**餐费收入** 指本单位为顾客提供就餐服务取得的收入（含增值税）。包括：经烹饪、调制加工后出售的各种食品，如主食、炒菜、凉拌菜等的收入。不包括多产业法人企业附营的其他行业产业活动单位的餐费收入。

**商品销售额** 指对本单位以外的单位和个人出售的商品金额（包括售给本单位消费用的商品，含增值税）。在住宿和餐饮业中，本指标反映住宿和餐饮业单位出售商品的销售总额（含增值税），不包括法人企业附营的其他行业产业活动单位的商品销售额。

**其他收入** 指提供客房、餐饮服务、商品销售以外的其他服务获得的收入（含增值税），如商务服务、健身娱乐等。

**游客** 指任何为休闲、娱乐、观光、度假、探亲访友、就医疗养、购物、参加会议或从事经济、文化、体育、宗教活动，离开常住国（或常住地）到其他国家（或地区），其连续停留时间不超过12个月，并且在其他国家（或其他地区）的主要目的不是通过所从事的活动获取报酬的人。游客不包括因工作或学习在两地有规律往返的人。按出游地分国际游客（即海外游客）和国内游客，按出游时间分为过夜游客和一日游游客。

**入境游客** 指报告期内来中国（大陆）观光、度假、探亲访友、就医疗养、购物、参加会议或从事经济、文化、体育、宗教活动的外国人、港澳台同胞等游客（即入境旅游人数）。统计时，入境游客按每入境一次统计1人次。入境游客包括入境过夜游客和入境一日游游客。

## Explanatory Notes on Main Statistical Indicators

**Business Revenue** refers to the total revenue (including value-added tax) of hotels and catering units from services providing or goods selling in operating activities, including incomes from hotels, incomes from catering services, incomes from sales of goods and other incomes. It does not include revenue such as meal fees, selling of commodities of other industrial units affiliated with multi-industrial legal entities.

**Incomes from Hotels** refers to the incomes (including value-added tax) of hotels and catering units gained for providing lodging services through business activities. It excludes the hotel incomes of other industrial units affiliated with multi-industrial legal entities.

**Incomes from Catering Services** refers to the incomes (including value-added tax) of hotels and catering units gained for providing catering services in operating activities, including various foods being sold after cooking and concocting, such as income from staple food, stir-fry food and salad etc.. It excludes the catering incomes of other industrial units affiliated with multi-industrial legal entities.

**Sales of Goods** refers to value of goods sold to other units or individuals (including the goods sold to the unit inside, and including value-added tax). This indicator reflects the total sales (including value-added tax) of goods of hotels and catering units. It excludes the sales of goods incomes of other industrial units affiliated with multi-industrial legal entities.

**Other Incomes** refers to the other incomes in the turnover beside the incomes from hotels, catering services and sales of goods (including value-added tax), such as commercial services, fitness and entertainment.

**Tourists** refers to the persons leaving their resident countries (or resident districts) for other countries (or districts) for the purposes of leisure, entertainment, sight-seeing, vacation, visiting relatives or friends, medical treatment, shopping, attending conference, or to engage in economic, cultural, sports and religious activities, continuously staying for less than 12 months, and not having the main purpose of being paid by their activities. Tourists excludes the persons regularly traveling round for studying or working, and is divided into international tourists (overseas tourists) and domestic tourists by tourism destination, overnight tourists and one-day tourists by the length of their visiting periods.

**Number of Visitor Arrivals** refers to the number of tourists of foreigners, Chinese compatriots from Hong Kong, Macao and Taiwan who come to China (mainland) within the reference period for sight-seeing, vacation, visiting relatives, medical treatment, shopping, attending conference, or to engage in economic, cultural, sports and religious activities. In compiling statistics, each time of visitor arrival is counted as one person-time. The number of visitor arrivals includes the number of overnight visitor arrivals and one-day visitor arrivals.

**国内游客**　指报告期内在中国（大陆）观光游览、度假、探亲访友、就医疗养、购物、参加会议或从事经济、文化、体育、宗教活动的中国（大陆）居民，其出游的目的不是通过所从事的活动谋取报酬。统计时，国内游客按每出游一次统计1人次。国内游客包括国内过夜旅游者和国内一日游游客。

**Number of Domestic Tourists** refers to the number of Chinese (mainland) residents who travel within China (mainland) for sight-seeing, vacation, visiting relatives, medical treatment, shopping, attending conference, or to engage in economic, cultural, sports and religious activities. The purpose of travel is not to earn reward from the activity. In compiling statistics, each time of traveling is counted as one person-time. Domestic tourists include overnight visitors of China and one-day visitors of China.

**旅游消费**　游客（入境游客和国内游客）在旅游过程中（由游客或游客的代表为游客）支付的一切支出就是国内（省、市、区）的旅游消费。旅游支出应包括过夜游客和一日游游客在整个游程中行、游、住、食、购、娱，以及为亲友、家人购买纪念品、礼品等方面的旅游支出，不包括为商业的购物、购买房、地、车船等资本性或交易性的投资、馈赠亲友的现金及给公共机构的捐赠。旅游消费包括国际旅游（外汇）消费和国内旅游消费。

**Tourist Consumption** refers to the total expenditure in domestic (province, city and district) paid by tourists or delegates of tourists (visitor arrivals and domestic tourists) during their journeys. It should include the tourist overnight or one-day expenditure for transportation, visiting, accommodation, catering, shopping, entertainment, purchasing gifts and souvenirs for families and friends during the whole journey, and exclude shopping for business purposes, capital or trading investment for buying real estates, lands, motor vehicles and ships, cash given to relatives and friends, and donations for public institutions. Tourist income includes foreign exchange earnings from international tourism (foreign exchange) and income from domestic tourism.

**国际旅游（外汇）消费**　入境游客在中国（大陆）境内旅行、游览过程中用于交通、参观游览、住宿、餐饮、购物、娱乐等全部花费。

**International Tourism (Foreign Exchange) Expenditure** refers to the total expenditure of foreigners, overseas Chinese, Chinese compatriots from Hong Kong, Macao and Taiwan during their stay in the mainland of China on transportation, sighting, accommodation, food, shopping and entertainment.

**国内旅游消费**　指国内游客在国内旅行、游览过程中用于交通、参观游览、住宿、餐饮、购物、娱乐等全部花费。

**Domestic Tourist Expenditure** refers to expenditure of domestic tourists on transportation, sighting, accommodation, food, shopping and entertainment while they travel.

第十八篇

# 交通、运输和邮电通信业

# TRANSPORTATION, POSTAL AND TELECOMMUNICATION SERVICES

（编辑：邓海梅　利　杰）

# 简要说明

（本篇资料由自治区统计局服务业处整理，电话：0771-2637862、5879923）

**一、本篇资料主要内容及来源**

（一）民用车辆保有量情况（公安厅交通管理局、自治区农机中心）；

（二）交通运输和港口基础设施及生产情况（交通运输厅、中国铁路南宁局、广西机场管理集团）；

（三）邮政电信业基础设施及生产情况（自治区通信管理局、自治区邮政管理局）。

**二、其他情况说明**

1. 2006年起，国家交通部将村道纳入公路里程统计范围，公路里程数据与往年不可比。

2. 2019年起，公路货运、港口统计口径调整，二者数据与往年均不可比。

3. 2016年起，电信业务总量按2015年不变价格计算，数据与往年不可比。

4. 2014年起，邮政快递网点、邮路总长度、邮政汽车三个指标包含快递服务企业数据，之前仅含邮政公司数。

# 18—1　主要年份民用车辆保有量

## Possession of Civil Vehicles in Main Years

| 指　标 | Item | 2000 | 2005 | 2010 | 2015 | 2016 | 2017 | 2018 | 2019 |
|---|---|---|---|---|---|---|---|---|---|
| 一、汽车（万辆） | Civil Motor Vehicles（10 000 units） | 29.13 | 63.54 | 155.73 | 366.52 | 427.34 | 504.33 | 590.40 | 675.72 |
| #私人 | Private | 13.27 | 33.49 | 111.71 | 316.66 | 378.12 | 452.65 | 533.62 | 615.13 |
| 1. 载客汽车（万辆） | Number of Buses and Cars（100 000 units） | 15.23 | 38.00 | 113.13 | 302.56 | 360.24 | 431.16 | 509.85 | 587.41 |
| #私人 | Private | 6.03 | 21.07 | 88.01 | 274.28 | 332.77 | 402.74 | 478.19 | 553.04 |
| 载客量（万客位） | Passenger Vehicles Seats （10 000 sets） | 192.57 | | 793.31 | 1861.34 | 2186.99 | 2583.88 | 3018.35 | 3428.69 |
| 大型（万辆） | Large （10 000 units） | 1.70 | 2.45 | 3.22 | 3.33 | 3.44 | 3.62 | 3.87 | 3.92 |
| #私人 | Private | 0.53 | 0.19 | 0.12 | 0.02 | 0.02 | 0.03 | 0.03 | 0.03 |
| 载客量（万客位） | Passenger Vehicles Seats （10 000 sets） | 68.60 | | 125.95 | 144.86 | 152.07 | 161.81 | 176.49 | 180.63 |
| 轿车（万辆） | Car （10 000 units） | | 16.03 | 62.81 | 176.65 | 208.76 | 251.03 | 300.64 | 354.21 |
| #私人 | Private | | 9.48 | 52.68 | 164.28 | 196.69 | 238.29 | 285.82 | 337.55 |
| 2. 载货汽车（万辆） | Ordinary Trucks （10 000 units） | 13.16 | 19.48 | 36.82 | 58.71 | 62.13 | 68.45 | 75.88 | 83.21 |
| #私人 | Private | 7.15 | 8.45 | 20.00 | 38.99 | 42.11 | 46.83 | 52.36 | 58.99 |
| 载重量（万吨位） | General Trucks （10 000 tons） | 58.20 | | 127.93 | 182.40 | 191.20 | 215.02 | 245.14 | 268.51 |
| 大（重）型（万辆） | Large （10 000 units） | 7.38 | 9.36 | 8.97 | 13.51 | 14.43 | 16.75 | 19.17 | 20.94 |
| #私人 | Private | 3.98 | 3.55 | 3.14 | 5.10 | 5.51 | 6.49 | 7.41 | 8.49 |
| 载重量（万吨位） | General Trucks （10 000 tons） | 39.70 | | 83.01 | 128.93 | 136.14 | 156.13 | 182.49 | 202.48 |
| 3. 其他汽车（万辆） | Other Special Motor Vehicles（10 000 units） | 0.75 | 6.05 | 5.78 | 5.24 | 4.98 | 4.72 | 4.67 | 5.10 |
| #私人 | Private | 0.09 | 3.97 | 3.69 | 3.40 | 3.24 | 3.08 | 3.06 | 3.09 |
| 二、拖拉机（万辆） | Wheel Tractor （10 000 units） | 29.17 | 49.07 | 37.95 | 47.82 | 47.85 | 45.73 | 37.89 | 36.97 |
| #私人 | Private | 28.37 | 49.79 | 37.95 | 47.82 | 47.85 | 45.73 | 37.89 | 36.97 |
| 三、摩托车（万辆） | Motorcycles （10 000 units） | 160.15 | 433.80 | 638.52 | 671.96 | 561.20 | 654.33 | 623.16 | 622.13 |
| #私人 | Private | 145.57 | 425.97 | 633.02 | 668.75 | 558.40 | 651.19 | 620.06 | 618.41 |
| 普通（万辆） | Motor Bikes （10 000 units） | 145.50 | 414.12 | 633.40 | 667.73 | 558.73 | 650.63 | 619.79 | 604.03 |
| #私人 | Private | 137.09 | 407.31 | 627.93 | 664.53 | 555.94 | 647.49 | 616.70 | 600.37 |
| 四、挂车（万辆） | Trailers （10 000 units） | 0.45 | 0.89 | 1.46 | 2.92 | 3.36 | 4.19 | 4.83 | 5.68 |
| #私人 | Private | 0.22 | 0.28 | 0.38 | 0.96 | 1.16 | 1.47 | 1.69 | 2.01 |

说明：根据2006年口径，2005年民用汽车拥有量及其中私人民用汽车拥有量数据已做调整，不再包含农机部门的三轮汽车和低速汽车。

Note: The number of Civil Motor Vehicles and Private Civil Motor Vehicles in 2005 have been adjusted according to the new standard in 2006, and exclude the motor pedicabs and low-speed motor vehicles belong to the Agricultual Machinery Department.

# 18—2 主要年份民用运输船舶拥有量

## Possession of Civil Transport Vessels in Main Years

| 指　标 | Item | 2000 | 2005 | 2010 | 2015 | 2016 | 2017 | 2018 | 2019 |
|---|---|---|---|---|---|---|---|---|---|
| **运输船舶总数（艘）** | Ⅰ. Motor Transport Vessels (unit) | 8472 | 8307 | 8800 | 9000 | 8756 | 7964 | 7833 | 6532 |
| #私人 | Private | 3978 | 3450 | 3493 | 2877 | 2706 | 2536 | 2302 | 887 |
| 载客量（万客位） | Passenger Vehicles Seats (set) | 8.37 | 8.97 | 11.21 | 12.00 | 11.78 | 10.37 | 10.22 | 2.87 |
| 净载重量（万吨位） | Net Deadweight Capacity (ton) | 84.93 | 203.60 | 514.00 | 819.74 | 890.21 | 883.28 | 946.15 | 1051.89 |
| 总功率（万千瓦） | Total Power (kw) | 41.16 | 67.47 | 148.54 | 208.41 | 213.82 | 208.32 | 214.73 | 219.73 |
| 1. 客船（艘） | 1.Passenger Vessels (unit) | 1872 | 2269 | 2725 | 2462 | 2297 | 2031 | 1899 | 345 |
| #私人 | Private | 1456 | 1684 | 2168 | 1934 | 1814 | 1644 | 1414 | 9 |
| 载客量（万客位） | Passenger Vehicles Seats (set) | 7.41 | 8.83 | 11.07 | 11.83 | 11.62 | 10.13 | 9.98 | 2.67 |
| 2. 客货船（艘） | 2.Passenger and Cargo Vessels (unit) | 166 | 5 | 5 | 4 | 4 | 5 | 5 | 4 |
| #私人 | Private | 143 | 1 | | | | | | |
| 载客量（万客位） | Passenger Vehicles Seats (set) | 0.96 | 0.14 | 0.14 | 0.17 | 0.17 | 0.24 | 0.24 | 0.19 |
| 净载重量（万吨位） | Net Deadweight Capacity (ton) | 0.24 | 0.00 | 0.26 | 0.40 | 0.40 | 0.45 | 0.45 | 0.40 |
| 3. 货船（艘） | 3.Cargo Boat (unit) | 6403 | 6030 | 6060 | 6532 | 6453 | 5928 | 5929 | 6183 |
| #私人 | Private | 2379 | 1765 | 1325 | 943 | 892 | 892 | 888 | 878 |
| 净载重量（万吨位） | Net Deadweight Capacity (ton) | 84.69 | 203.46 | 513.13 | 819.34 | 889.80 | 881.11 | 945.69 | 1051.49 |

# 18—3 主要年份港口基本情况

## Basic Statistics of Ports Above Designated Size of Inland and Coast in Main Years

| 指　标 | Item | 码头长度（米） Length of Quay Lines (m) | | | | | | | |
|---|---|---|---|---|---|---|---|---|---|
| | | 2000 | 2005 | 2010 | 2015 | 2016 | 2017 | 2018 | 2019 |
| **全区港口** | | – | – | – | – | – | – | – | 73984 |
| 内河港口 | Navigable Inland Waterways | | | 17386 | 23451 | 24490 | 24338 | 24407 | 33888 |
| 南宁港 | Nanning Port | 2197 | 1643 | 3417 | 5796 | 5796 | 5796 | 5894 | 5619 |
| 柳州港 | Liuzhou Port | 1150 | 1056 | 751 | 1556 | 1724 | 1892 | 1892 | 1892 |
| 桂林港 | Guilin Port | – | – | – | – | – | – | – | 4170 |
| 梧州港 | Wuzhou Port | 6376 | 4234 | 3970 | 5250 | 5250 | 4930 | 4832 | 5230 |
| 贵港港 | Guigang Port | 5150 | 5951 | 7083 | 7745 | 8529 | 8529 | 8529 | 8637 |
| 百色港 | Baise Port | – | – | – | – | – | – | – | 2635 |
| 贺州港 | Hezhou Port | – | – | – | – | – | – | – | 1076 |
| 河池港 | Hechi port | – | – | – | – | – | – | – | 197 |
| 来宾港 | Laibin Port | | | 2165 | 3104 | 3191 | 3191 | 3260 | 3260 |
| 崇左港 | Chongzuo Port | – | – | – | – | – | – | – | 1172 |
| **广西北部湾港** | Ports of Beibu Gulf in Guangxi | | | 24868 | 35937 | 37197 | 37953 | 38567 | 40096 |
| 北海港域 | Beihai Port | 1900 | 2504 | 5142 | 6739 | 7672 | 7672 | 7672 | 7672 |
| 防城港域 | Fangchenggang Port | 3211 | 4080 | 12194 | 15260 | 15587 | 16343 | 16343 | 17326 |
| 钦州港域 | Qinzhou Port | 1730 | 3696 | 7532 | 13938 | 13938 | 13938 | 14552 | 15098 |

注：1. 2019年港口统计口径调整，由规模以上港口调整为全部港口，数据与往年不可比。

Note: The data since 2019 is incomparable with the former years.

# 18—4 主要年份运输线路里程

## Length of Transportation Routes in Main Years

单位：公里 (km)

| 指 标 | Item | 2000 | 2005 | 2010 | 2015 | 2016 | 2017 | 2018 | 2019 |
|---|---|---|---|---|---|---|---|---|---|
| 一、铁路营业里程 | Length of Railways in Operation | 3109 | 3097 | 3174 | 5086 | 5141 | 5191 | 5202 | 5206 |
| #高铁里程 | Length of High-speed Rail | | | | 1703 | 1751 | 1771 | 1771 | 1792 |
| 复线里程 | Length of Double Track Lines | 408 | 482 | 455 | 2400 | 2434 | 2644 | 2680 | 2676 |
| 电气化里程 | Length of Electric Lines | | | 779 | 3066 | 3289 | 3374 | 3394 | 3510 |
| 二、铁路正线延展里程 | Extensive Length of Railway Lines | 3349 | 3462 | 3675 | 7501 | 7596 | 7809 | 7895 | 7896 |
| 三、公路里程 | Length of Highways | 52910 | 62003 | 101782 | 117993 | 120547 | 123259 | 125449 | 127819 |
| #高速公路里程 | Length of Expressway | 812 | 1411 | 2574 | 4288 | 4603 | 5259 | 5563 | 6026 |
| 四、内河航道通航里程 | Length of Navigable Inland Waterways | | 5591 | 5591 | 5873 | 5873 | 5873 | 5873 | 5873 |

# 18—5 主要年份港口货物吞吐量

## Cargo Handled at Ports Above Designated Size in Main Years

单位：万吨 (10 000 tons)

| 港口名称 | Name of Ports | 2000 | 2005 | 2010 | 2015 | 2016 | 2017 | 2018 | 2019 |
|---|---|---|---|---|---|---|---|---|---|
| 全区港口 | Total Volume of Cargo Handled in Ports above Designated Size | 2879 | 6877 | 18575 | 31421 | 32041 | 34449 | 37866 | 37916 |
| 内河港口 | Ports of Navigable Inland Waterways | 1112 | 3208 | 6652 | 10939 | 11649 | 12586 | 13880 | 12349 |
| 南宁港 | Nanning Port | 58 | 73 | 485 | 1004 | 1312 | 1380 | 736 | 796 |
| 柳州港 | Liuzhou Port | 36 | 56 | 189 | 234 | 129 | 98 | 45 | 46 |
| 桂林港 | Guilin Port | – | – | – | – | – | – | – | – |
| 梧州港 | Wuzhou Port | 85 | 403 | 1601 | 3202 | 3385 | 3634 | 4002 | 2856 |
| 贵港港 | Guigang Port | 468 | 1507 | 3807 | 5334 | 5763 | 6322 | 7003 | 8063 |
| 百色港 | Baise Port | – | – | – | – | – | – | – | – |
| 贺州港 | Hezhou Port | – | – | – | – | – | – | – | – |
| 河池港 | Hechi port | – | – | – | – | – | – | – | – |
| 来宾港 | Laibin Port | – | – | 569 | 1166 | 1061 | 1152 | 2093 | 504 |
| 崇左港 | Chongzuo Port | – | – | – | – | – | – | – | 84 |
| 广西北部湾港 | Ports of Beibu Gulf in Guangxi | 1768 | 3669 | 11923 | 20482 | 20392 | 21862 | 23986 | 25568 |
| 北海港域 | Beihai Port | 265 | 437 | 1251 | 2468 | 2750 | 3169 | 3387 | 3496 |
| 防城港域 | Fangchenggang Port | 919 | 2006 | 7650 | 11504 | 10688 | 10355 | 10448 | 10141 |
| 钦州港域 | Qinzhou Port | 140 | 511 | 3022 | 6510 | 6954 | 8338 | 10151 | 11931 |

注：1. 2019年港口统计口径调整，由规模以上港口调整为全部港口，数据与往年不可比。

Note: The data since 2019 is incomparable with the former years.

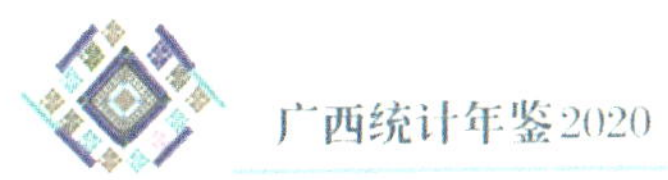



# 18—6 全社会客运量及旅客周转量（1978-2019年）

## Total Passenger Traffic and Turnover of Passenger Traffic （1978-2019）

| 年份 Year | 客运量（万人） Passenger Traffic （10 000 persons） | 铁路 Railways | 公路 Highways | 水运 Waterways | 民航 Civil Aviation |
|---|---|---|---|---|---|
| 1978 | 6398 | 1368 | 4628 | 383 | 10 |
| 1980 | 9369 | 1869 | 7054 | 429 | 17 |
| 1985 | 20018 | 2456 | 16993 | 526 | 43 |
| 1990 | 26272 | 2391 | 22826 | 984 | 69 |
| 1991 | 24685 | 2346 | 21175 | 1089 | 75 |
| 1992 | 27262 | 2703 | 23189 | 1273 | 95 |
| 1993 | 39398 | 2980 | 33968 | 2344 | 106 |
| 1994 | 34274 | 3030 | 29954 | 1177 | 113 |
| 1995 | 34317 | 2819 | 30024 | 1192 | 283 |
| 1996 | 36066 | 2385 | 32582 | 805 | 294 |
| 1997 | 38343 | 2495 | 34752 | 802 | 294 |
| 1998 | 39670 | 2576 | 36006 | 786 | 302 |
| 1999 | 41009 | 2496 | 37412 | 779 | 322 |
| 2000 | 42952 | 2508 | 39321 | 766 | 357 |
| 2001 | 44451 | 2270 | 41020 | 755 | 373 |
| 2002 | 45868 | 2148 | 42459 | 850 | 410 |
| 2003 | 43595 | 1936 | 40524 | 785 | 350 |
| 2004 | 48870 | 1938 | 45578 | 861 | 439 |
| 2005 | 52197 | 2037 | 48740 | 883 | 536 |
| 2006 | 56635 | 2347 | 52609 | 1023 | 656 |
| 2007 | 61716 | 2578 | 57213 | 1119 | 806 |
| 2008 | 64745 | 2937 | 60645 | 340 | 823 |
| 2009 | 69740 | 2956 | 65045 | 302 | 1077 |
| 2010 | 76967 | 3163 | 72208 | 395 | 1201 |
| 2011 | 84431 | 3383 | 79300 | 417 | 1331 |
| 2012 | 91656 | 3310 | 86449 | 470 | 1427 |
| 2013 | 50846 | 3275 | 45606 | 394 | 1571 |
| 2014 | 49926 | 4770 | 42841 | 512 | 1803 |
| 2015 | 50986 | 7046 | 41522 | 533 | 1885 |
| 2016 | 50765 | 8388 | 39750 | 561 | 2066 |
| 2017 | 51056 | 9838 | 38083 | 657 | 2478 |
| 2018 | 50696 | 11100 | 36134 | 697 | 2766 |
| 2019 | 49990 | 11777 | 34539 | 770 | 2904 |

# 18—6 续表 continued

| 年份<br>Year | 旅客周转量（亿人公里）<br>Turnover of Passenger Traffic<br>（100 million passenger-km） | 铁路<br>Railways | 公路<br>Highways | 水运<br>Waterways |
|---|---|---|---|---|
| 1978 | 41.20 | 21.64 | 16.89 | 2.67 |
| 1980 | 60.25 | 31.11 | 25.05 | 4.09 |
| 1985 | 127.77 | 55.72 | 66.50 | 5.55 |
| 1990 | 174.79 | 66.79 | 101.21 | 6.76 |
| 1991 | 183.70 | 71.33 | 105.18 | 7.19 |
| 1992 | 223.94 | 83.19 | 133.39 | 7.31 |
| 1993 | 283.77 | 112.00 | 164.04 | 7.72 |
| 1994 | 289.39 | 118.59 | 165.32 | 5.48 |
| 1995 | 298.41 | 112.14 | 180.78 | 5.49 |
| 1996 | 323.69 | 93.79 | 225.97 | 3.93 |
| 1997 | 378.18 | 94.40 | 280.32 | 3.46 |
| 1998 | 386.97 | 91.77 | 292.63 | 2.57 |
| 1999 | 440.19 | 105.36 | 332.30 | 2.52 |
| 2000 | 464.96 | 114.48 | 347.94 | 2.54 |
| 2001 | 490.92 | 116.23 | 372.07 | 2.63 |
| 2002 | 502.42 | 117.02 | 382.70 | 2.70 |
| 2003 | 475.09 | 105.46 | 367.35 | 2.27 |
| 2004 | 529.43 | 116.18 | 410.64 | 2.61 |
| 2005 | 573.08 | 131.73 | 438.77 | 2.58 |
| 2006 | 625.34 | 150.90 | 471.43 | 3.01 |
| 2007 | 714.27 | 174.05 | 536.93 | 3.29 |
| 2008 | 753.27 | 188.10 | 563.52 | 1.65 |
| 2009 | 787.42 | 167.44 | 618.28 | 1.70 |
| 2010 | 879.23 | 182.13 | 695.32 | 1.78 |
| 2011 | 973.01 | 194.48 | 776.51 | 2.01 |
| 2012 | 1047.98 | 187.72 | 857.98 | 2.28 |
| 2013 | 611.32 | 193.67 | 415.73 | 1.92 |
| 2014 | 670.05 | 236.96 | 430.60 | 2.48 |
| 2015 | 731.75 | 318.22 | 410.82 | 2.71 |
| 2016 | 743.83 | 351.08 | 390.05 | 2.70 |
| 2017 | 778.31 | 404.61 | 370.38 | 3.32 |
| 2018 | 816.65 | 462.26 | 351.10 | 3.29 |
| 2019 | 817.45 | 481.29 | 332.66 | 3.50 |

# 18—7 全社会货运量及货物周转量（1978—2019年）
## Total Freight Traffic and Turnover of Freight Traffic （1978—2019）

| 年份<br>Year | 货运量（万吨）<br>Freight Traffic<br>（10 000 tons） | 铁路<br>Railways | 公路<br>Highways | 水运<br>Waterways | 民航<br>Civil Aviation |
|---|---|---|---|---|---|
| 1978 | 5885 | 2118 | 2697 | 1070 | |
| 1980 | 4496 | 1833 | 1772 | 891 | 0.10 |
| 1985 | 12909 | 2224 | 9898 | 787 | 0.58 |
| 1990 | 19888 | 3798 | 14711 | 1338 | 0.50 |
| 1991 | 22469 | 3920 | 17146 | 1403 | 0.70 |
| 1992 | 23457 | 4167 | 17567 | 1666 | 0.90 |
| 1993 | 35509 | 4434 | 27723 | 3352 | 1.00 |
| 1994 | 28132 | 4920 | 20391 | 2820 | 1.00 |
| 1995 | 28622 | 5072 | 20686 | 2862 | 1.60 |
| 1996 | 29441 | 5166 | 22386 | 1887 | 1.70 |
| 1997 | 31473 | 5315 | 24349 | 1808 | 1.00 |
| 1998 | 32671 | 5364 | 25482 | 1823 | 1.80 |
| 1999 | 30862 | 5293 | 23720 | 1846 | 3.20 |
| 2000 | 31270 | 5843 | 23514 | 1910 | 3.38 |
| 2001 | 33267 | 6316 | 23747 | 2024 | 3.76 |
| 2002 | 33392 | 6636 | 24325 | 2423 | 7.64 |
| 2003 | 33457 | 6516 | 24164 | 2774 | 3.80 |
| 2004 | 37118 | 7860 | 25822 | 3432 | 4.20 |
| 2005 | 41025 | 8517 | 27861 | 4642 | 4.80 |
| 2006 | 45454 | 9374 | 30525 | 5549 | 5.60 |
| 2007 | 50152 | 10503 | 32920 | 6722 | 6.90 |
| 2008 | 84950 | 9861 | 64884 | 10198 | 6.80 |
| 2009 | 95076 | 9564 | 75766 | 9738 | 8.03 |
| 2010 | 113445 | 7052 | 93552 | 12832 | 9.49 |
| 2011 | 136143 | 6770 | 113549 | 15813 | 11.00 |
| 2012 | 161368 | 6846 | 135112 | 19398 | 12.24 |
| 2013 | 151155 | 6916 | 124677 | 19549 | 12.94 |
| 2014 | 137794 | 6687 | 108270 | 22824 | 13.30 |
| 2015 | 149727 | 5779 | 119194 | 24741 | 13.36 |
| 2016 | 160774 | 5898 | 128247 | 26615 | 14.11 |
| 2017 | 174656 | 6634 | 139602 | 28405 | 14.61 |
| 2018 | 190668 | 7140 | 153389 | 30123 | 15.74 |
| 2019 | 183052 | 8405 | 142749 | 31881 | 16.85 |

注：2019年公路货运量、货物周转量统计口径调整，数据与往年不可比。

Note：The data of freight and turnover of freight traffic since 2019 is incomparable with the former years.

## 18—7　续表　continued

| 年份<br>Year | 货物周转量（亿吨公里）<br>Turnover of Freight Traffic<br>（100 million ton-km） | 铁路<br>Railways | 公路<br>Highways | 水运<br>Waterways |
|---|---|---|---|---|
| 1978 | 183.78 | 153.93 | 7.54 | 22.31 |
| 1980 | 160.46 | 132.52 | 5.77 | 22.17 |
| 1985 | 276.26 | 200.52 | 47.30 | 28.44 |
| 1990 | 428.02 | 268.17 | 116.95 | 42.82 |
| 1991 | 429.61 | 286.31 | 91.62 | 51.68 |
| 1992 | 487.27 | 310.98 | 102.72 | 64.42 |
| 1993 | 511.96 | 335.21 | 103.23 | 73.51 |
| 1994 | 588.98 | 348.14 | 140.36 | 100.48 |
| 1995 | 592.93 | 351.61 | 143.39 | 97.93 |
| 1996 | 606.12 | 346.30 | 170.58 | 89.23 |
| 1997 | 642.30 | 366.73 | 183.48 | 92.08 |
| 1998 | 695.35 | 413.46 | 190.48 | 91.41 |
| 1999 | 698.20 | 414.60 | 202.10 | 81.50 |
| 2000 | 770.61 | 485.14 | 209.44 | 76.03 |
| 2001 | 799.42 | 504.15 | 212.10 | 83.16 |
| 2002 | 860.74 | 540.92 | 218.51 | 101.31 |
| 2003 | 942.55 | 606.39 | 217.10 | 119.06 |
| 2004 | 1095.66 | 713.35 | 235.62 | 146.69 |
| 2005 | 1208.91 | 777.73 | 258.43 | 172.75 |
| 2006 | 1338.95 | 846.02 | 286.85 | 206.08 |
| 2007 | 1516.55 | 928.94 | 302.23 | 285.34 |
| 2008 | 2210.23 | 912.86 | 799.96 | 497.41 |
| 2009 | 2365.62 | 825.25 | 934.70 | 605.67 |
| 2010 | 2926.77 | 891.33 | 1173.45 | 861.99 |
| 2011 | 3478.23 | 895.38 | 1494.04 | 1088.81 |
| 2012 | 4110.64 | 860.01 | 1878.29 | 1372.34 |
| 2013 | 3856.37 | 809.43 | 1857.18 | 1189.76 |
| 2014 | 3869.91 | 770.85 | 1902.70 | 1196.36 |
| 2015 | 4061.82 | 674.53 | 2122.60 | 1264.69 |
| 2016 | 4260.41 | 679.03 | 2248.46 | 1332.92 |
| 2017 | 4613.32 | 709.68 | 2456.69 | 1446.95 |
| 2018 | 4983.78 | 710.09 | 2683.05 | 1590.64 |
| 2019 | 3989.18 | 752.84 | 1470.88 | 1765.46 |

# 18—8 公路线路长度（按等级分类，1978—2019年）
# Total Length of Highways (Grouped by Class, 1978—2019)

单位：公里 (km)

| 年份<br>Year | 公路里程总计<br>Total Length of Highways | 等级公路合计<br>Expressway and Class I to IV Highway | 高速<br>Expressway | 一级<br>Class I | 二级<br>Class Ⅱ | 三级<br>Class Ⅲ | 四级<br>Class IV | 等外<br>Below Class Ⅳ | 公路等级里程占总里程（%）<br>Proportion of Expressway and Class I to IV Highway in Total Length of Highways (%) |
|---|---|---|---|---|---|---|---|---|---|
| 1978 | 29773 | | | | | | | 14996 | |
| 1979 | 30692 | 13771 | | | 83 | 1341 | 12347 | 16921 | 44.87 |
| 1980 | 31624 | 14703 | | | 83 | 1348 | 13272 | 16921 | 46.49 |
| 1981 | 31823 | 14902 | | | 83 | 1373 | 13446 | 16921 | 46.83 |
| 1982 | 32156 | 15264 | | | 83 | 1465 | 13716 | 16892 | 47.47 |
| 1983 | 32529 | 15740 | | | 84 | 1531 | 14125 | 16789 | 48.39 |
| 1984 | 32757 | 16061 | | | 84 | 1531 | 14446 | 16696 | 49.03 |
| 1985 | 32972 | 16329 | | | 104 | 1633 | 14592 | 16643 | 49.52 |
| 1986 | 33222 | 16703 | | | 105 | 1670 | 14928 | 16519 | 50.28 |
| 1987 | 33928 | 17604 | | | 139 | 1763 | 15702 | 16324 | 51.89 |
| 1988 | 35400 | 19193 | | | 202 | 1803 | 17188 | 16207 | 54.22 |
| 1989 | 35945 | 19829 | | | 214 | 1875 | 17740 | 16116 | 55.16 |
| 1990 | 36214 | 20098 | | 8 | 358 | 2031 | 17701 | 16116 | 55.50 |
| 1991 | 36660 | 20711 | | 11 | 428 | 1919 | 18353 | 15949 | 56.49 |
| 1992 | 37291 | 21488 | | 11 | 682 | 1917 | 18878 | 15803 | 57.62 |
| 1993 | 38495 | 22754 | | 11 | 1035 | 1910 | 19798 | 15741 | 59.11 |
| 1994 | 39550 | 23890 | | 48 | 1074 | 2017 | 20751 | 15660 | 60.40 |
| 1995 | 40904 | 25509 | | 66 | 1330 | 2163 | 21950 | 15395 | 62.36 |
| 1996 | 42696 | 27375 | | 66 | 1448 | 2222 | 23639 | 15321 | 64.12 |
| 1997 | 45378 | 30283 | 193 | 189 | 1670 | 2208 | 26023 | 15095 | 66.73 |
| 1998 | 51073 | 43319 | 439 | 389 | 2107 | 16741 | 23643 | 7754 | 84.82 |
| 1999 | 51378 | 43671 | 575 | 389 | 2319 | 16721 | 23667 | 7707 | 85.00 |
| 2000 | 52910 | 45430 | 812 | 442 | 2628 | 16620 | 24928 | 7480 | 85.86 |
| 2001 | 54752 | 40192 | 822 | 449 | 4316 | 5213 | 29392 | 14560 | 73.40 |
| 2002 | 56297 | 42155 | 822 | 449 | 4773 | 5348 | 30763 | 14142 | 74.86 |
| 2003 | 58451 | 45284 | 1011 | 482 | 5351 | 5611 | 32829 | 13167 | 77.47 |
| 2004 | 59704 | 47304 | 1157 | 514 | 5783 | 5337 | 34314 | 12400 | 79.23 |
| 2005 | 62003 | 51046 | 1411 | 546 | 6299 | 5813 | 36977 | 10957 | 82.33 |
| 2006 | 90318 | 52101 | 1545 | 705 | 6847 | 5589 | 37415 | 38216 | 57.69 |
| 2007 | 94202 | 62861 | 1879 | 733 | 7325 | 5625 | 47296 | 31340 | 66.73 |
| 2008 | 99273 | 73051 | 2181 | 818 | 8114 | 6311 | 55624 | 26221 | 73.58 |
| 2009 | 100491 | 77154 | 2395 | 827 | 8559 | 6889 | 58484 | 23337 | 76.78 |
| 2010 | 101782 | 81239 | 2574 | 876 | 8646 | 7942 | 61200 | 20543 | 79.82 |
| 2011 | 104889 | 87296 | 2754 | 944 | 9132 | 8261 | 66205 | 17592 | 83.23 |
| 2012 | 107906 | 91583 | 2883 | 984 | 9720 | 8320 | 69676 | 16322 | 84.87 |
| 2013 | 111384 | 96343 | 3305 | 1008 | 10392 | 8258 | 73380 | 15041 | 86.50 |
| 2014 | 114900 | 100647 | 3722 | 1026 | 10618 | 8334 | 76947 | 14252 | 87.60 |
| 2015 | 117993 | 105019 | 4288 | 1079 | 11147 | 8269 | 80236 | 12974 | 89.00 |
| 2016 | 120547 | 108947 | 4603 | 1372 | 11934 | 8016 | 83021 | 11600 | 90.38 |
| 2017 | 123259 | 112619 | 5259 | 1443 | 12714 | 8296 | 84907 | 10640 | 91.37 |
| 2018 | 125449 | 115702 | 5563 | 1554 | 13156 | 8676 | 86753 | 9748 | 92.23 |
| 2019 | 127819 | 118793 | 6026 | 1591 | 13789 | 8950 | 88437 | 9026 | 92.94 |

注：1. 从2001年起以第二次全国公路普查数据为调整基数。
2. 2006年度国家交通部将村道纳入公路里程统计范围，与往年数据不可比。

Note: 1. The data in the table have been readjusted based on the data of the Second National Highway Census since 2001.
2. Since 2006, the Ministry of Transportation has broght the country roads under the statistical range of highway length, thus the data in 2006 is incomparable with the former years.

# 18—9 主要年份邮电通信水平
# Level of Postal and Telecommunications Services in Main Years

| 指 标 | Item | 2000 | 2005 | 2010 | 2014 | 2015 | 2016 | 2017 | 2018 | 2019 |
|---|---|---|---|---|---|---|---|---|---|---|
| 平均每人每年发函件数（件） | Per Capita Annul Average Number of Letters (piece) | 3.6 | 2.4 | 1.4 | 1.1 | 0.8 | 0.6 | 0.6 | 0.6 | 0.5 |
| 平均每人订有报刊数（件） | Annul Average Number of Newspapers and Magazines Per Capita Subscribed (piece) | 9.5 | 4.0 | 6.2 | 8.1 | 8.2 | 7.9 | 7.7 | 7.4 | 6.0 |
| 平均每万人拥有电话机数（部） | Average Number of Telephone Subscribers per 10 000 Persons Owned (set) | 1102 | 3853 | 6177 | 8558 | 8572 | 8522 | 9607 | 10772 | 11004 |
| 设有邮电局、所乡（镇）比重（%） | Proportion of Townships with Post and Telecommunication Office (%) | 90.3 | 91.3 | 95.5 | 100.0 | 100.0 | 100.0 | 100.0 | 100.0 | 100.0 |
| 通电话的乡（镇）比重（%） | Proportion of Townships with Telephone Communication (%) | 100.0 | 100.0 | 100.0 | 100.0 | 100.0 | 100.0 | 100.0 | 100.0 | 100.0 |
| 按固定班期投递邮件的乡（镇）比重（%） | Proportion of Townships with Delivery by Regularly Time (%) | 99.9 | 98.7 | 100.0 | 100.0 | 100.0 | 100.0 | 100.0 | 100.0 | 100.0 |
| 通电话的行政村比重（%） | Proportion of Administrative Village with Telephone Communication (%) | 91.5 | 99.1 | 100.0 | 100.0 | 100.0 | 100.0 | 100.0 | 100.0 | 100.0 |
| 互联网宽带接入通达的行政村比重（%） | Proportion of Administrative Village with Broadband Internet (%) | | | | | | 98.1 | 99.4 | 100.0 | 100.0 |

说明：表中2019年电信数据为快报数。

# 18—10 主要年份邮政和电信主要指标

## Major Indicators of Postal and Telecommunications Sevices in Main Years

| 指　　标 | Item | 2000 | 2005 | 2010 | 2015 | 2016 | 2017 | 2018 | 2019 |
|---|---|---|---|---|---|---|---|---|---|
| 邮政行业各类营业网点 | Number of Post and Telecommunication Offices (unit) | 1674 | 1613 | 1518 | 4849 | 6166 | 7631 | 8024 | 9461 |
| #快递服务网点（处） | Express Serveices Offices (unit) | | | 263 | 2739 | 4461 | 6067 | 6485 | 6989 |
| 邮路及快递网路总长度（单程，万公里） | Total Length of Postal Route and Express Network (one way, 10 000 km) | 17.70 | 17.86 | 19.44 | 54.55 | 64.24 | 78.70 | 100.96 | 93.29 |
| 邮政行业汽车（辆） | Postal Vehicles (unit) | 1084 | 1318 | 1554 | 4315 | 5436 | 6074 | 6246 | 6607 |
| 光缆线路长度（万公里） | Length of Optical Cable Lines (10 000 km) | — | 15.29 | 32.28 | 65.29 | 88.94 | 109.35 | 135.79 | 175.85 |
| #长途光缆线路长度（万公里） | Length of Long-distance Optical Cable Lines (10 000 km) | 1.38 | 3.21 | 3.49 | 3.90 | 3.89 | 3.92 | 4.20 | 4.03 |
| 电信业务总量（亿元）* | Telecommunication Services (100 million yuan) | 92.05 | 311.15 | 779.23 | 608.10 | 388.96 | 711.88 | 2051.51 | 3587.75 |
| 邮政业务总量（亿元）* | Post (100 million yuan) | 4.31 | 11.72 | 28.58 | 43.64 | 63.70 | 88.04 | 126.77 | 159.43 |
| 快递业务量（万件） | Express (10 000 pcs) | | | 2278 | 12541 | 22835 | 31750 | 48101 | 56386 |
| 函件（亿件） | Number of Letters (100 million pcs) | 1.67 | 1.20 | 0.72 | 0.36 | 0.28 | 0.30 | 0.29 | 0.23 |
| 报刊期发数（万份） | Newspapers and Magazines Circulation (10 000 copies) | 667.40 | 340.10 | 360.22 | 396.70 | 331.96 | 324.93 | 417.83 | 284.76 |
| 订销报纸累计数（万份） | Total Number of Newspaper Subscribed and Sold (10 000 copies) | 40934 | 22387 | 27900 | 36060 | 35237 | 34795 | 33748 | 32592 |
| 订销杂志累计数（万份） | Total Number of Magazines Subscribed and Sold (10 000 copies) | 3324 | 2490 | 3825 | 3295 | 2781 | 2648 | 2566 | 2318 |
| 固定电话年末户数（万户） | Number of Subscribers of Fixed-line Telephone (10 000 subscribers) | 319.10 | 869.40 | 708.90 | 439.67 | 348.94 | 307.71 | 260.81 | 330.70 |
| 移动电话用户合计（万户） | Number of Mobile Telephone Subscribers (10 000 subscribers) | 166.86 | 1021.00 | 2214.50 | 3594.96 | 3774.15 | 4385.08 | 5045.33 | 5127.50 |
| #3G移动电话用户数（万户） | 3G Mobile Telephone Subscribers | | | 98 | 666.72 | 442.90 | 368.09 | 436.57 | 101.10 |
| #4G移动电话用户数（万户） | 4G Mobile Telephone Subscribers | | | | 1297.60 | 2325.27 | 3131.72 | 3671.97 | 4271.90 |
| 互联网用户数（万户） | Number of Subscribers of Internet (10 000 subscribers) | 23.80 | 186.00 | 1579.60 | 3521.63 | 3961.35 | 4771.64 | 5465.86 | 6134.60 |
| #互联网宽带接入用户数 | Subscribers of Broadband Internet Access | 23.20 | 80.00 | 330.10 | 715.78 | 789.95 | 1050.97 | 1230.57 | 1684.40 |
| 移动互联网用户数 | Subscribers of Mobile Internet | | | 1240.30 | 2798.31 | 3163.95 | 3713.35 | 4235.29 | 4450.20 |
| #手机上网用户数（万户） | Subscribers of Surfing the Internet with Mobile Phone | | | | 2788.30 | 3116.58 | 3628.50 | 4115.25 | 4439.00 |
| 移动互联网接入流量（万GB） | Accessflow of Mobile Internet (10 000 GB) | | | | 10157 | 21703 | 63283 | 228840 | 422040 |

注：1. 2016年起，电信业务总量按2015年不变价格计算，数据与之前年份不可比。表中2019年电信数据为快报数。
2. 2014年起，邮政营业网点、邮路总长度、邮政汽车三个指标包含快递服务企业数据，之前仅含邮政公司数。

Note: 1. The datas of Tele communication since 2016 is incomparable uith the former years. And it is quick statistics datas in 2019.
2. Data of "Number of Post and Telecommunication Offices", "Total Length of Postal Route" and "Postal Vehicles" include data of express services since 2014, before then was data of China Post only.

## 主要统计指标解释

**铁路营业里程**　又称营业长度（包括正式营业和临时营业里程），指办理客货运输业务的铁路正线总长度。凡是全线或部分建成双线及以上的线路，以第一线的实际长度计算；复线、站线、段管线、岔线和特殊用途线以及不计算运费的联络线都不计算营业里程。

**公路里程**　指在一定时期内实际达到《公路工程技术标准JTG B01-2003》规定的技术等级的公路，并经公路主管部门正式验收交付使用的公路里程数。包括大、中城市的郊区公路，以及公路通过小城镇（指县城、集镇）街道的公路里程和公路桥梁长度、隧道长度、渡口的宽度以及分期修建的公路已验收交付使用的里程，不包括大中城市的街道、厂矿、林区生产用道和农业生产用道的里程。两条或多条公路共同经由同一路段，只计算一次，不得重复计算里程长度。按公路技术等级分为等级公路和等外公路，其中等级公路分为高速公路、一级公路、二级公路、三级公路和四级公路。

**内河航道通航里程**　指在一定时期内，能通航运输船舶及排筏的天然河流、湖泊水库、运河及通航渠道的长度。包括全年季节性通航累计三个月以上的航道，不包括仅供零散流放竹、木排的河道。两省以河为界的航道里程，双方均按一半计算，以免重复。该指标可以反映内河水运网的规模、水平和发展情况。

**铁路旅客运量**　指一定时期内使用铁路客车运送的旅客人数。铁路旅客运量的计算方法：不论票价多少或行程长短，均按单程计算为一人次；不足购票年龄免购客票的儿童，不计算运量；月、季票按每月往返各21人次计算。

**铁路旅客周转量**　指一定时期内使用铁路客车运送的旅客人数与运输距离的乘积之和。计算公式为：

旅客周转量（人公里）=Σ（实际运送的每一乘客×该旅客出发站与到达站间距离）=实际运送的旅客人数×旅客平均运程

**铁路货物运量**　指使用铁路货车实际运送的货物重量。

**铁路货物周转量**　指一定时期内使用铁路货车完成的货物运量与运送距离的乘积之和。计算公式为：

货物周转量（吨公里）=Σ（每批货物重量×该批货物的运送距离）=实际运送货物吨数×货物平均运程

## Explanatory Notes on Main Statistical Indicators

**Length of Railways in Operation**　refers to the total length of the trunk line for passenger and freight transportation (including both full operation and temporary operation). The calculation is based on the actual length of the first line if this line has a full or partial double (or more). Not included are double tracks, station sidings, tracks under the charge of stations, branch lines, special-purpose lines and non-payable connecting lines.

**Length of Highways**　refers to the length of highways which are built in conformity with the grades specified by the highway engineering standard Highways WTBZ-Technical Standard JTG B01-2003 and have been formally checked and accepted by the departments of highways and put into use. The length of highways includes that of the suburb highways at large and medium-sized cities, highways passing through streets at small cities and towns, and also the length of bridges, tunnels, ferry piers, and the checked and accepted length of the installment highways being put to use. It does not include the length of streets in big and medium-sized cities and highways built for the production purpose at factories, mines, forest areas and agricultural areas. If two or more highways go the same section of the way, the length of the section is only calculated for once and no duplication is allowed. According to the technical grade, they are divided into grade highways and off-grade highways, and grade highways include express highways, Class I, Class II, Class III and Class IV.

**Length of Navigable Inland Waterways**　It refers to he length of the natural rivers, lakes, reservoirs, canals, and ditches open to navigation during a given period, which enables transportation by ships and rafts. It includes the channels open to navigation for over an accumulated period of 3 months in a year, yet this does not include the river courses which are only used to float odd logs and bamboo rafts. For fear of repeating calculation, the length of waterways of boundary rivers between two provinces is reckon in a half for each province. This indicator can reflect the scale, level and development situation of the inland waterway network.

**Railway Passenger Traffic**　refers to the volume of passenger transported with railway within a specific period of time. It is calculated by the principle that one person can be counted only once in one trip and takes no account of the ticket price and traveling distance. The free tickets for under-aged children are not calculated in. Monthly tickets and season tickets are calculated as 21 person-times per month.

**Turnover of Railway Passenger Traffic**　refers to the summary of products of the number of passengers transported with railway trains and the distance of transportation within a specific period of time. It is calculated as:

Turnover of Passenger Traffic (person-km) = Σ (each passenger actually transported × distance between this passenger' s starting and arriving station) =number of passengers actually transported × average distance of passengers transported

**Railway Freight Traffic**　refers to the weight of goods actually transported with railway goods trains.

**Turnover of Railway Freight Traffic**　refers to the summary of products of the volume of goods transported with railway goods trains and the distance of transportation within a specific period of time. The calculating formula is:

Turnover of Freight Traffic (ton-km) = Σ (weight of each batch of goods× distance of this batch of goods transported) = tonnage of goods actually transported × average distance of goods transported

**公路客运量** 指公路运输企业及由其组织的其它单位在一定时期内实际运送的旅客人数。公路客运量的计算方法：不论乘车路程远近和票价的多少，以客票为依据，"人"为计量单位；不足购票年龄的免票儿童不计算客运量。

**公路旅客周转量** 指一定时期内由各种公路运输工具实际运送的旅客人数与相应的运送距离的乘积之和。计算公式为：

旅客周转量（人公里）=∑（实际运送的每一旅客×该旅客出发站与到达站间距离）

**公路货运量** 指一定时期内由各种公路运输工具实际运送到目的地并卸完的货物数量。反映公路货运量的指标有发送货物吨数、到达货物吨数和运送货物吨数。

**公路货物周转量** 指一定时期内由各种公路运输工具实际完成的货物运量与相应的运送距离的乘积之和。计算公式为：

货物周转量（吨公里）=∑（每批货物重量×该批货物的运送距离）

**水路客运量** 指水运企业及由其组织的其他单位在一定时期内实际运送的旅客人数。

**水路旅客周转量** 指水运企业和由其组织的其他单位在一定时期内实际运送的旅客人数与相应的运送距离的乘积之和。

**水路货运量** 指在一定时期内由各种水运工具实际运送的货物数量，包括内河、江海、远洋货运量。

**水路货物周转量** 指一定时期内由各种水路运输工具实际完成的货物运量与相应的运送距离的乘积之和。

**港口货物吞吐量** 指经由水路进、出港区范围，并经过装卸的货物数量。按货物流向分为进港吞吐量和出港吞吐量，按货物的贸易性质分为内贸和外贸吞吐量。按货物的类别分，可根据现行的交通行业标准《运输货物分类和代码》分类。

**民用航空客运量** 指公共航空运输飞行所载运的旅客人数。成人和儿童各按一人计算，婴儿不计人数。每一特定航班的每一旅客只计算一次。唯一例外的是，乘坐定期航班既经过国内航段又经过国际航段的旅客，同时计算一个国内旅客和一个国际旅客。不定期航班运送的旅客每一特定航班（同一航班）只计算一次。

**Highway Passenger Traffic** refers to volume of passenger transported with highway transportation enterprises and other units being organized by highway transportation enterprises within a specific period of time. It is calculated by the principle that one person can be counted as "one person" and takes no account of the traveling distance and ticket price, according to the ticket. The free tickets for under-aged children are not calculated in.

**Turnover of Highway Passenger Traffic** refers to the summary of products of the number of passengers actually transported with kinds of highway conveyances and the distance of transportation within a specific period of time. It is calculated as:

Turnover of Passenger Traffic (person-km) = ∑ (each passenger actually transported × distance between this passenger's starting and arriving station)

**Highway Freight Traffic** refers to the volume of goods actually transported to destinations and completely discharged with kinds of highway conveyances within a specific period of time. To reflecting Highway Freight Traffic, there are indicators such as the tonnage of goods sending off, the tonnage of goods receiving and the tonnage of goods transporting.

**Turnover of Highway Freight Traffic** refers to the summary of products of the volume of goods actually transported with kinds of highway conveyances and the distance of transportation within a specific period of time. The calculating formula is:

Turnover of Freight Traffic (ton-km) = ∑ (weight of each batch of goods × distance of this batch of goods transported)

**Waterway Passenger Traffic** refers to the volume of passenger transported with waterway transportation enterprises and other units being organized by highway transportation enterprises within a specific period of time.

**Turnover of Waterway Passenger Traffic** refers to the summary of products of the number of passengers actually transported with waterway transportation enterprises and other units being organized by waterway transportation enterprises the distance of transportation within a specific period of time.

**Waterway Freight Traffic** refers to the volume of goods actually transported with kinds of waterway conveyances within a specific period of time. It includes the freight traffic of inland rivers, seas and oceans.

**Turnover of Waterway Freight Traffic** refers to the summary of products of the volume of goods actually transported with kinds of waterway conveyances and the distance of transportation within a specific period of time.

**Volume of Freight Handled in Coastal Ports** refers to the volume of cargo passing in and out of the harbor area of the major coastal ports and having been loaded and unloaded. The volume of freight handled may be classified by direction of flow as freight for import and freight for export, or by nature of cargo as freight for domestic trade and freight for foreign trade. It can also be classified by the classification of cargo, or the current transport standard of Classification and Coding for Freight.

**Civil Aviation Passenger Traffic** refers to the volume of passenger transported with public air transportation. An adult or child is counted as one person, and babies are not calculated in. One passenger in a certain flight is just counted once. The exception is that one passenger taking a fix-date flight both including domestic part and international part is calculated as one domestic passenger and one international passenger contemporarily. Passengers transported by non-regular flights are only counted once for per specific flight (same flight).

**民用航空货邮运量**　指公共航空运输飞行所载运的货物、邮件重量，货物包括外交信袋和快件。原始数据以吨位计算单位，保留一位小数。每一特定航班（同一航班）的货邮只计算一次，不能按航段重复计算。但对于既经过国内航段、又经过国际航段运输的货邮，则同时统计为国内货邮和国际货邮。不定期航班运输的货物每一特定航班（同一航班）只计算一次。

**Civil Aviation Freight Traffic of Goods and Posts**　refers to the weight of goods and posts transported with public air transportation, which goods include diplomatic pouch and express mail. The original data will be calculated by the unit of tons. The goods and posts of one certain flight can be just counted once. The exception is that the goods and posts taking a fix-date flight both including domestic part and international part are calculated as one domestic goods and posts and one international goods and posts contemporarily. Freight transported by non-regular flights are only counted once for per specific flight (same flight).

**电信业务总量**　指以货币形式表现的电信企业为社会提供各类电信服务的总数量。计算方法为各类电信业务的实物量分别乘以相应的不变单价，求出各类电信业务的货币量后加总求得。该指标反映了一定时期电信通信业务发展的总成果，是观察电信通信业务发展变化总趋势的综合性指标。

**Business Volume of Telecommunications**　refers to the total amount of telecommunication services, expressed in value terms, provided by the telecommunications departments for society. The calculation method is that the actual quantity of various telecommunication services multiplies by the corresponding constant unit price, and summed up after calculating the monetary quantity of all kinds of telecommunication services. This indicator reflects the overall results of development of telecommunication services in a certain period, and it is an important indicator for researching construction and development of business volume of telecommunications.

**邮政行业业务总量**　指以货币形式表现的邮政企业为社会提供各类邮政通信服务或其他服务的总数量。计算方法为各类邮政通信服务业务的实物量分别乘以相应的不变单价，求出各类业务的货币量后加总求得。该指标反映了一定时期邮政通信业务发展的总成果，是观察邮政通信业务发展变化总趋势的综合性指标。

**Business Volume of Post**　refers to the total amount of postal services, expressed in value terms, provided by the departments for society. The calculation method is that the actual quantity of various postal services multiplies by the corresponding constant unit price, and summed up after calculating the monetary quantity of all kinds of postal services. This indicator reflects the overall results of development of postal services in a certain period, and it is an important indicator for researching construction and development of business volume of post.

## 第十九篇

# 教育、科技和文化

# EDUCATION, SCIENCE, TECHNOLOGY AND CULTURE

（编辑：卢启函　柴　桦）

# 简要说明

（本篇资料由自治区统计局社科处整理，电话：0771-5848983/2441305）

**一、本篇资料主要内容及来源**

一、本篇资料的主要内容及来源

（一）学校、学生等教育情况（广西壮族自治区教育厅）

（二）科技活动基本情况（广西壮族自治区科技厅）

（三）文化及相关产业、部门情况（广西壮族自治区文化和旅游厅）

（四）广播电视事业发展情况（广西壮族自治区广播电视局）

（五）图书、报纸及杂志出版情况（自治区党委宣传部新闻出版局）

# 19—1 主要年份各类学校基本情况

## Basic Statistics of Schools by Type in Main Years

| 项 目 | Item | 1995 | 2000 | 2005 | 2010 | 2015 | 2016 | 2017 | 2018 | 2019 |
|---|---|---|---|---|---|---|---|---|---|---|
| 培养研究生单位（所） | Institutions of Postgraduate Education (unit) | 9 | 9 | 9 | 11 | 13 | 13 | 13 | 14 | 14 |
| 毕业生人数（人） | Graduates (person) | 228 | 444 | 1652 | 5396 | 8444 | 8840 | 9000 | 9500 | 9867 |
| 招生人数（人） | New Student Enrollment (person) | 318 | 912 | 4561 | 7720 | 9619 | 10025 | 11000 | 13000 | 14329 |
| 在校学生数（人） | Student Enrollment (person) | 747 | 2057 | 10711 | 20823 | 26731 | 27713 | 29400 | 34000 | 38222 |
| 普通高等学校（所） | Regular Institutions of Higher Education (unit) | 27 | 30 | 51 | 70 | 70 | 73 | 74 | 76 | 78 |
| 毕业生人数（万人） | Graduates (10 000 persons) | 1.78 | 2.02 | 6.49 | 13.81 | 18.27 | 18.94 | 21.07 | 21.40 | 23.31 |
| 招生人数（万人） | New Student Enrollment (10 000 persons) | 2.04 | 4.72 | 11.67 | 18.38 | 24.14 | 25.95 | 27.99 | 30.40 | 38.09 |
| 在校学生数（万人） | Student Enrollment (10 000 persons) | 6.00 | 11.79 | 33.83 | 56.75 | 75.12 | 81.03 | 86.67 | 94.20 | 107.64 |
| 专任教师（人） | Number of Full-time Teachers (person) | 7542 | 9326 | 19610 | 31650 | 38625 | 41502 | 43246 | 45211 | 48726 |
| 普通中等专业学校（所） | Regular Specialized Secondary Schools (unit) | 123 | 127 | 93 | 357 | 280 | 276 | 271 | 249 | 248 |
| 毕业生人数（万人） | Graduates (10 000 persons) | 3.83 | 4.17 | 4.96 | 16.36 | 23.19 | 22.44 | 19.97 | 18.60 | 19.64 |
| 招生人数（万人） | New Student Enrollment (10 000 persons) | 4.07 | 4.10 | 5.96 | 38.09 | 25.69 | 25.63 | 25.28 | 24.80 | 25.94 |
| 在校学生数（万人） | Student Enrollment (10 000 persons) | 11.67 | 15.87 | 17.04 | 80.95 | 73.64 | 69.86 | 68.68 | 67.80 | 68.03 |
| 专任教师（人） | Number of Full-time Teachers (person) | 7797 | 8800 | 7040 | 20469 | 20151 | 20733 | 20942 | 20311 | 20430 |
| 技工学校（所） | Skilled Workers' Schools (unit) | 120 | 82 | 55 | 54 | 48 | 43 | 44 | 44 | 43 |
| 毕业生人数（万人） | Graduates (10 000 persons) | 2.05 | 1.60 | 1.80 | 3.41 | 2.56 | 2.51 | 2.85 | 2.98 | 3.43 |
| 招生人数（万人） | New Student Enrollment (10 000 persons) | 3.07 | 1.80 | 3.13 | 5.14 | 5.56 | 5.55 | 5.18 | 4.89 | 5.71 |
| 在校学生数（万人） | Student Enrollment (10 000 persons) | 6.39 | 4.14 | 7.97 | 10.82 | 10.97 | 11.16 | 12.15 | 12.18 | 12.09 |
| 专任教师（人） | Number of Full-time Teachers (person) | 3780 | 3405 | 3879 | 3622 | 4694 | 4623 | 4537 | 4748 | 4771 |
| 普通中学（所） | Regular Secondary Schools (unit) | 3077 | 3019 | 2887 | 2437 | 2284 | 2262 | 2217 | 2211 | 2243 |
| 毕业生人数（万人） | Graduates (10 000 persons) | 48.73 | 74.07 | 93.89 | 86.56 | 88.48 | 91.81 | 91.92 | 93.60 | 100.82 |
| 招生人数（万人） | New Student Enrollment (10 000 persons) | 76.73 | 109.84 | 107.06 | 97.22 | 97.95 | 103.58 | 106.29 | 110.60 | 115.43 |

# 19—1 续表 continued

| 项 目 | Item | 1995 | 2000 | 2005 | 2010 | 2015 | 2016 | 2017 | 2018 | 2019 |
|---|---|---|---|---|---|---|---|---|---|---|
| 在校学生数（万人） | Student Enrollment（10 000 persons） | 194.05 | 285.63 | 303.87 | 275.79 | 282.88 | 290.64 | 300.94 | 316.20 | 329.59 |
| 专任教师（人） | Number of Full-time Teachers（person） | 97749 | 126660 | 152381 | 160840 | 169741 | 176797 | 185744 | 196926 | 205495 |
| 普通高中（所） | Senior Secondary Schools（unit） | 437 | 464 | 529 | 463 | 445 | 450 | 460 | 468 | 490 |
| 毕业生人数（万人） | Graduates（10 000 persons） | 6.60 | 8.20 | 19.35 | 23.90 | 25.73 | 26.85 | 28.18 | 29.60 | 32.70 |
| 招生人数（万人） | New Student Enrollment（10 000 persons） | 7.84 | 15.34 | 25.69 | 27.07 | 31.04 | 33.85 | 35.07 | 36.80 | 39.42 |
| 在校学生数（万人） | Student Enrollment（10 000 persons） | 20.93 | 36.93 | 69.96 | 75.40 | 86.57 | 91.89 | 97.48 | 103.60 | 109.10 |
| 专任教师（人） | Number of Full-time Teachers（person） | 14344 | 18913 | 35249 | 42120 | 50733 | 53370 | 55988 | 59520 | 63091 |
| 普通初中（所） | Junior Secondary Schools（unit） | 2640 | 2555 | 2358 | 1974 | 1839 | 1812 | 1757 | 1743 | 1753 |
| 毕业生人数（万人） | Graduates（10 000 persons） | 42.13 | 65.87 | 74.54 | 62.66 | 62.75 | 64.96 | 63.74 | 64 | 68.12 |
| 招生人数（万人） | New Student Enrollment（10 000 persons） | 68.89 | 94.50 | 81.37 | 70.15 | 66.91 | 69.73 | 71.22 | 73.80 | 76.01 |
| 在校学生数（万人） | Student Enrollment（10 000 persons） | 173.12 | 248.70 | 233.91 | 200.39 | 196.31 | 198.75 | 203.46 | 212.60 | 220.49 |
| 专任教师（人） | Number of Full-time Teachers（person） | 83405 | 107747 | 117132 | 118720 | 119008 | 123427 | 129756 | 137406 | 142404 |
| 普通小学（所） | Regular Primary Schools（unit） | 16005 | 16109 | 15500 | 13942 | 11849 | i0173 | 8454 | 8054 | 8036 |
| 毕业生人数（万人） | Graduates（10 000 persons） | 81.05 | 103.70 | 84.42 | 71.82 | 67.36 | 69.85 | 71.36 | 73.1 | 75.24 |
| 招生人数（万人） | New Student Enrollment（10 000 persons） | 107.48 | 76.76 | 73.46 | 74.11 | 77.08 | 81.29 | 83.7 | 85.97 | 93.29 |
| 在校学生数（万人） | Student Enrollment（10 000 persons） | 639.92 | 536.79 | 452.79 | 430.06 | 440.10 | 451.37 | 463.75 | 476.80 | 495.03 |
| 专任教师（人） | Number of Full-time Teachers（person） | 194780 | 198977 | 204788 | 220183 | 221962 | 224260 | 237848 | 257773 | 267128 |
| 幼儿园（所） | Kindergartens（unit） | 2555 | 3846 | 3152 | 5349 | 10397 | 11013 | 11787 | 12544 | 13112 |
| 在园儿童（万人） | Student Enrollment（10 000 persons） | 100.07 | 72.84 | 88.78 | 118.53 | 206.90 | 209.64 | 213.99 | 219.80 | 216.77 |
| 专任教师（人） | Number of Full-time Teachers（person） | 22956 | 22942 | 22395 | 31109 | 68407 | 74163 | 82306 | 89464 | 95805 |

注：2005年以后的普通中等专业学校统计范围为中等职业教育（学校）。

Note: The statistical range of "Regular Specialized Secondary Schools" refers to vocational schools for secondary edcation after 2005.

## 19—2　普通高等学校本科学生数（2019年）

## Student Statistics in Institutions of Higher Education by Field of Study（2019）

单位：人　　　　(person)

| 项目 | Item | 毕业生数 Graduates | 招生人数 New Student Enrollment | 在校学生数 Student Enrollment | 预计毕业生数 Number of Expecting Graduates |
|---|---|---|---|---|---|
| 总　计 | Total | 108080 | 143228 | 522722 | 129526 |
| 哲　学 | Philosophy | 92 | 121 | 427 | 107 |
| 经济学 | Economics | 5664 | 5685 | 23423 | 6326 |
| 法　学 | Law | 3457 | 4381 | 15056 | 3650 |
| 教育学 | Education | 5640 | 7569 | 27841 | 6857 |
| 文　学 | Literature | 10889 | 16098 | 57839 | 13438 |
| 历史学 | History | 347 | 581 | 1795 | 372 |
| 理　学 | Science | 6227 | 8474 | 31227 | 7363 |
| 工　学 | Engineering | 28936 | 40896 | 146982 | 37426 |
| 农　学 | Agriculture | 558 | 1136 | 4029 | 826 |
| 医　学 | Medicine | 9571 | 11904 | 48244 | 10171 |
| 管理学 | Administration | 22928 | 25523 | 94979 | 26460 |

## 19—3　普通高等学校专科学生数（2019年）

## Student Statistics in Institutions of Higher Education by Field of Study（2019）

单位：人　　　　(person)

| 项目 | Item | 在校学生数 Student Enrollment | 毕业生数 Graduates | 招生人数 New Student Enrollment | 预计毕业生数 Number of Expecting Graduates |
|---|---|---|---|---|---|
| 总　计 | Total | 550736 | 124007 | 236433 | 149459 |
| #女性 | Female | 261686 | 66669 | 103059 | 69555 |
| 农林牧渔大类 | Agriculture, Forestry, Animal Husbandry and Fishery | 7952 | 1922 | 3400 | 2340 |
| 资源环境与安全大类 | Resources, environment and Security | 6325 | 846 | 3251 | 1391 |
| 能源动力与材料大类 | Energy and Material | 7051 | 1970 | 2513 | 2364 |
| 土木建筑大类 | Construction | 67471 | 14909 | 32301 | 16888 |
| 水利大类 | Water Conservancy | 1544 | 483 | 560 | 501 |
| 装备制造大类 | Manufacture | 54034 | 12192 | 22892 | 14848 |
| 生物与化工大类 | Biology and chemical industry | 1370 | 324 | 610 | 356 |
| 轻工纺织大类 | Light and Textile Industry | 501 | 136 | 215 | 120 |
| 食品药品与粮食大类 | Food and drug, Grain | 6465 | 1757 | 2633 | 1915 |
| 交通运输大类 | Transportation | 36005 | 7851 | 15757 | 9040 |
| 电子信息大类 | Electronic Information | 57854 | 11100 | 25129 | 15393 |
| 医药卫生大类 | Medical and Health Care | 50068 | 11781 | 20021 | 13710 |
| 财经商贸大类 | Finance Economy and Trading | 119200 | 28917 | 53248 | 32632 |
| 旅游大类 | Tourism | 20538 | 4371 | 9382 | 5312 |
| 文化艺术大类 | Culture and Art | 25771 | 4893 | 11753 | 6355 |
| 新闻传播大类 | News Communication | 3456 | 653 | 1484 | 813 |
| 教育与体育大类 | Education and Physical | 73672 | 16996 | 26956 | 22023 |
| 公安与司法大类 | Public Security and Justice | 5962 | 1865 | 1473 | 2302 |
| 公共管理与服务大类 | Public Management and Service | 5497 | 1041 | 2855 | 1156 |

# 19—4 中等职业专业学校分科学生数（2019年）

## Number of Students by Field of Study in Secondary Vocational Schools（2019）

单位：人 (person)

| 项目 | Item | 毕业生数 Graduates | 招生数 New Student Enrollment | 初中毕业 Graduates from Junior Secondary Schools | 在校学生数 Student Enrollment | 预计毕业生数 Number of Expecting Graduates |
|---|---|---|---|---|---|---|
| 合　计 | Total | 196423 | 259391 | 190850 | 680286 | 210574 |
| 农林牧渔类 | Agriculture, Forestry, Animal Husbandry and Fishery | 10845 | 11489 | 5889 | 31819 | 11191 |
| 资源环境类 | Resoures and Environment | 73 | 155 | 130 | 301 | 66 |
| 能源与新能源类 | Energy and New Energy | 56 | 365 | 289 | 751 | 96 |
| 土木水利类 | Construction and Water Conservancy | 5773 | 8115 | 6060 | 19300 | 6162 |
| 加工制造类 | Processing and Manufacturing | 28434 | 33258 | 22645 | 91690 | 29121 |
| 石油化工类 | Petrochemical Engineering | 168 | 368 | 361 | 1395 | 653 |
| 轻纺食品类 | Textile and Food | 582 | 2009 | 999 | 3422 | 648 |
| 交通运输类 | Transportation | 32908 | 39202 | 29253 | 110025 | 35235 |
| 信息技术类 | Information Technique | 29239 | 39502 | 26779 | 106531 | 33892 |
| 医药卫生类 | Medical and Health Care | 17019 | 22413 | 18106 | 56482 | 16417 |
| 休闲保健类 | Leisure and Health Keeping | 834 | 2342 | 1594 | 5351 | 1347 |
| 财经商贸类 | Finance and Business | 27966 | 34717 | 25717 | 89245 | 27541 |
| 旅游服务类 | Tourism Services | 12807 | 22009 | 17514 | 55002 | 16292 |
| 文化艺术类 | Culture and Art | 7936 | 13783 | 9072 | 33249 | 9001 |
| 体育与健身 | Sports and Body Building | 768 | 1708 | 1511 | 3735 | 969 |
| 教育类 | Education | 17870 | 20922 | 19973 | 57951 | 18790 |
| 司法服务类 | Jurisdiction Services | 607 | 338 | 302 | 935 | 285 |
| 公共管理与服务类 | Public Administration and Services | 2080 | 3224 | 1430 | 6475 | 1923 |
| 其他 | Others | 458 | 3472 | 3226 | 6627 | 945 |

# 19—5　主要年份教师负担学生数

## Student-teacher Ratio of School by Field in Main Years

单位：人　　(person)

| 指标 | Item | 1995 | 2000 | 2005 | 2010 | 2015 | 2016 | 2017 | 2018 | 2019 |
|---|---|---|---|---|---|---|---|---|---|---|
| 普通高等学校 | Regular Institutions of Higher Education | | | | | | | | | |
| 教师人数 | Number of Teachers | 7542 | 9326 | 19610 | 32616 | 38625 | 41502 | 44325 | 45211 | 48726 |
| 平均每个教师负担学生数 | Student-teacher Ratio | 8.0 | 12.6 | 17.2 | 17.9 | 18.1 | 19.5 | 20.0 | 20.8 | 22.09 |
| 中等学校 | Secondary Schools | | | | | | | | | |
| 教师人数 | Number of Teachers | 116084 | 145397 | 171287 | 184931 | 194586 | 237213 | 211223 | 221985 | 230696 |
| 平均每个教师负担学生数 | Student-teacher Ratio | 19.2 | 20.6 | 20.2 | 19.9 | 18.9 | 15.2 | 18.1 | 14.8 | 17.76 |
| 小学 | Primary Schools | | | | | | | | | |
| 教师人数 | Number of Teachers | 194780 | 198977 | 204788 | 220183 | 221962 | 224260 | 237848 | 257773 | 267128 |
| 平均每个教师负担学生数 | Student-teacher Ratio | 32.9 | 27.0 | 22.1 | 19.5 | 19.8 | 20.1 | 19.5 | 18.5 | 18.5 |

注：中等学校包括初中、普通高中、普通中专、职业高中、技工学校。
Note: Secondary school includes junior secondary schools, senior secondary schools, specialized secondary schools, vocational secondary schools and skilled workers' schools.

# 19—6 主要年份各级各类教育平均每万人在校学生数

## Number of Students Enrollment by Level and Type per 10 000 Persons in Main Years

单位：人　　(person)

| 指标 | Item | 1995 | 2000 | 2005 | 2010 | 2015 | 2016 | 2017 | 2018 | 2019 |
|---|---|---|---|---|---|---|---|---|---|---|
| 1. 高等学校 | Institutions of Higher Education | 25.0 | 46.0 | 99.3 | 156.9 | 215.9 | 225.9 | 260.26 | 250.37 | 245.73 |
| 普通高校 | Regular Institutions of Higher Education | 13.0 | 25.0 | 69.2 | 123.3 | 156.6 | 173.2 | 235.13 | 191.23 | 217.02 |
| 成人高校 | Adult Education Schools | 12.0 | 21.0 | 27.9 | 33.6 | 53.7 | 52.7 | 51.48 | 59.14 | 28.71 |
| 2. 高中阶段 | Step of Senior Schools | 135.0 | 158.0 | 232.0 | 363.0 | 358.2 | 357.3 | 340.1 | 347.95 | 357.12 |
| #中职学校 | Vocational Secondary Schools | | | 75.7 | 199.4 | 177.7 | 167.4 | 140.6 | 137.64 | 137.16 |
| 普通高中 | Regular Senior Secondary Schools | 47.0 | 78.0 | 143.1 | 163.8 | 180.5 | 189.9 | 199.5 | 210.31 | 219.96 |
| 3. 初中阶段 | Step of Junior Schools | 387.0 | 535.0 | 479.3 | 435.3 | 409.3 | 410.8 | 416.5 | 431.59 | 444.54 |
| #普通初中 | Regular Junior Secondary Schools | 385.0 | 528.0 | 478.5 | 435.3 | 409.3 | 410.8 | 416.5 | 431.59 | 444.54 |
| 4. 小学 | Primary Schools | 1424.0 | 1139.0 | 926.1 | 934.3 | 917.6 | 933.0 | 949.3 | 967.93 | 998.04 |
| 5. 幼儿园 | Kindergartens | 189.0 | 155.0 | 181.6 | 257.5 | 431.4 | 433.3 | 438.1 | 446.20 | 437 |

# 19—7 主要年份各级成人教育在校学生数

## Student Enrollment in Various Adult Education in Main Years

单位：人 (person)

| 项　目 | Item | 1995 | 2000 | 2005 | 2010 | 2015 | 2016 | 2017 | 2018 | 2019 |
|---|---|---|---|---|---|---|---|---|---|---|
| 成人高等学校 | Adult Education Schools | 52200 | 100992 | 136579 | 166095 | 270202 | 268958 | 251528 | 304619 | 305128 |
| 广播电视大学 | Ratio and TV Universities | 12142 | 13784 | | 673 | 1141 | 1092 | 931 | 1630 | 6496 |
| 职工（农民）高等学校 | Schools of Higher Education for Staff, Workers (Peasants) | 5518 | 3180 | | 543 | 262 | 153 | 114 | 171 | 249 |
| 管理干部学院 | Colleges for Management Cadres | 4142 | 10502 | | 11540 | 11001 | 11311 | 1809 | 1853 | 0 |
| 教育学院 | Pedagogical Colleges | 10995 | 6421 | | 6883 | 7956 | 10053 | 6926 | 9460 | 10091 |
| 普通高等学校举办 | Run by Institutions of Higher Schools | 19403 | 67105 | 115699 | 146456 | 249842 | 246349 | 241748 | 291325 | 288292 |

# 19—8 主要年份义务教育普及程度

## Level of Compulsory Education Popularization in Main Years

单位：% (%)

| 指　标 | Item | 1995 | 2000 | 2005 | 2010 | 2015 | 2016 | 2017 | 2018 | 2019 |
|---|---|---|---|---|---|---|---|---|---|---|
| 小学学龄儿童入学率 | Percentage of School-age Children Enrolled | 98.2 | 98.7 | 99.1 | 99.4 | 99.4 | 99.6 | 99.8 | 99.8 | 99.8 |
| 男童 | Male Students | 98.8 | 98.7 | 99.1 | 99.4 | 99.4 | 99.6 | 99.8 | 99.7 | 99.8 |
| 女童 | Female Students | 97.5 | 98.6 | 99.0 | 99.3 | 99.4 | 99.6 | 99.8 | 99.8 | 99.8 |
| 初中毛入学率 | Crude Percentage of Children Enrolled in Junior Schools | 66.3 | 91.7 | 101.9 | 106.7 | 109.2 | 110.0 | 112.5 | 115.2 | 115.9 |
| 男生 | Male Students | 69.3 | 92.4 | 102.2 | 106.8 | 109.5 | 110.4 | 112.8 | 115.5 | 116.3 |
| 女生 | Female Students | 62.8 | 90.9 | 101.6 | 106.5 | 108.9 | 109.6 | 112.2 | 114.9 | 115.5 |
| 小学生辍学率 | Drop-out Rate of Primary Students | 3.0 | 0.8 | 1.5 | 2.1 | 0.4 | 0.1 | 0.03 | 0.01 | -0.01 |
| 男生 | Male Students | 2.9 | 0.9 | 1.6 | 2.3 | 0.4 | 0.1 | 0.1 | 0.03 | … |
| 女生 | Female Students | 3.2 | 0.8 | 1.3 | 1.9 | 0.3 | 0.03 | -0.1 | -0.02 | -0.03 |
| 普通初中辍学率 | Drop-out Rate of Regular Junior Students | 7.4 | 5.0 | 5.6 | 6.6 | 1.9 | 1.4 | 1.5 | 0.6 | 0.2 |
| 男生 | Male Students | 8.4 | 5.5 | 6.7 | 8.0 | 2.5 | 1.7 | 1.9 | 0.7 | 0.2 |
| 女生 | Female Students | 6.2 | 4.3 | 4.3 | 5.0 | 1.2 | 1.1 | 1.0 | 0.4 | 0.2 |
| 小学毕业生升学率 | Percentage of Graduates of Primary Schools Entering Junior Secondary Schools | 85.9 | 92.6 | 96.5 | 97.7 | 99.3 | 99.8 | 99.8 | 100.9 | 101.0 |
| 男生 | Male Students | 89.1 | 93.9 | 96.9 | 96.9 | 98.7 | 99.4 | 99.5 | 100.9 | 101.1 |
| 女生 | Female Students | 81.9 | 91.1 | 96.0 | 98.6 | 100.0 | 100.3 | 100.1 | 100.9 | 101.0 |
| 初中毕业生升学率 | Percentage of Graduates of Junior Secondary Schools Entering Senior Secondary Schools | | 39.8 | 58.4 | 79.6 | 83.6 | 90.3 | 92.4 | 96.3 | |
| 小学生五年保留率 | Percentage of 5-year Primary Schools Maintained | 73.5 | 91.6 | 96.7 | 88.4 | 91.0 | 96.8 | 99.2 | 99.3 | 102.5 |
| 男生 | Male Students | 73.3 | 91.9 | 96.6 | 87.7 | 90.4 | 96.6 | 99.2 | 99.2 | 102.4 |
| 女生 | Female Students | 73.7 | 91.1 | 96.7 | 89.0 | 91.6 | 97.0 | 99.2 | 99.5 | 102.7 |
| 普通初中生三年保留率 | Percentage of 3-year Junior Secondary Schools Maintained | 83.5 | 82.0 | 83.6 | 82.0 | 94.7 | 96.3 | 95.8 | 97.7 | 99.4 |
| 男生 | Male Students | 79.4 | 79.8 | 80.5 | 78.0 | 93.6 | 95.1 | 94.6 | 96.9 | 99.5 |
| 女生 | Female Students | 89.5 | 84.8 | 87.2 | 86.4 | 95.9 | 97.8 | 97.0 | 98.5 | 99.4 |

# 19—9 主要年份科技活动基本情况

## Basic Statistics for Scientific and Technological Activities in Main Years

| 指 标 | Item | 2000 | 2005 | 2010 | 2015 | 2016 | 2017 | 2018 | 2019 |
|---|---|---|---|---|---|---|---|---|---|
| 科技机构数（个） | Number of Scientific and Technological Research Institutions（unit） | 732 | 639 | 714 | 842 | 825 | 860 | 828 | 866 |
| #科技部门属科研机构 | Institutions of Research and Technological Development | 234 | 209 | 138 | 124 | 118 | 119 | 113 | 108 |
| 大中型工业企业属技术开发机构 | Technological Development Institutions in Large and Medium Industrial Enterprises | 181 | 122 | 211 | 234 | 189 | 193 | | |
| 全日制高等院校属科研机构 | Institutions of Research in Full-time Universities and Colleges | 131 | 74 | 159 | 285 | 314 | 363 | 384 | 348 |
| 科技活动人员数（万人） | Number of Persons Engaged in Scientific and Technological Activities（10 000 persons） | 4.86 | 5.67 | 8.91 | 11.37 | 12.08 | | | |
| #R&D活动人员折合全时人员（人年） | Number of Full-time Personnel Converted from the Persons Engaged in Research and Development Activities（person-year） | 13015 | 17996 | 33982 | 38535 | 39903 | 36857 | 39961 | 47420 |
| 研究与发展经费内部支出（万元） | Inner Expenditure of Funds for Research and Development（10 000 yuan） | 83597 | 146745 | 628695 | 1059124 | 1177487 | 1421787 | 1448530 | 1671326 |
| （一）按活动类型分 | By Type of Activities | | | | | | | | |
| # 基础研究支出 | Expenditure for Basic Research | 5443 | 9488 | 36005 | 108296 | 120475 | 173376 | 173697 | 149890 |
| 应用研究支出 | Expenditure for Application Research | 14786 | 39076 | 95585 | 131781 | 148577 | 193218 | 173413 | 168625 |
| 试验发展支出 | Expenditure for Experimental Development | 63367 | 93048 | 497105 | 819047 | 908435 | 1055194 | 1101420 | 1352811 |
| （二）按支出用途分 | By Use of Expenditure | | | | | | | | |
| #日常性支出 | # Ordinary Expenditure | 53976 | 141611 | 526983 | 912865 | 1030691 | 1269675 | 1207146 | 1464668 |
| # 人员劳务费 | #Fees for Personel Labor Service | 39621 | 39202 | 150318 | 326517 | 345391 | 388145 | 387734 | 462905 |
| （三）按资金来源分 | By Resource of Funds | | | | | | | | |
| # 政府资金 | Funds from Government | 19198 | 32549 | 152128 | 249685 | 272643 | 384486 | 425970 | 450522 |
| 企业资金 | Funds from Enterprises | 56972 | 105062 | 451914 | 759182 | 851352 | 971908 | 950800 | 1161496 |
| 境外资金 | Funds from Foreign Countries | 149 | 270 | 866 | 335 | 743 | 746 | 2306 | 1891 |

# 19—10 工业企业科技活动基本情况（2019年）

单位:万元

| 指 标 | Item | 人员情况 R&D人员折合全时当量合计（人年） Number of Full-time Personnel Converted from the Persons Engaged in R&D Activities (person-year) 2019年 | 2018年 |
|---|---|---|---|
| 总计 | Total | 22102 | 17228 |
| 一、按企业规模分组 | Ⅰ.Grouped by Size | | |
| 大型 | Large-scale Industrial Enterprises | 13565 | 11096 |
| 中型 | Medium-scale Industrial Enterprises | 4476 | 3428 |
| 小型 | Small-scale Industrial Enterprises | 4003 | 2680 |
| 微型 | Micro-enterprises | 58 | 23 |
| 二、按登记注册类型分组 | Ⅱ.Grouped by Type of Registration | | |
| 内资企业 | Domestically-funded Enterprises | 14384 | 11037 |
| 国有企业 | State-owned Enterprises | 28 | 61 |
| 集体企业 | Collective-owned Enterprises | 28 | 14 |
| 有限责任公司 | Limited Liability Corporations | 7729 | 5579 |
| 股份有限公司 | Share Holding Enterprises | 2891 | 2439 |
| 私营企业 | Private Enterprises | 3709 | 2944 |
| 港、澳、台商投资企业 | Enterprises with Funds from Hong Kong, Macao or Taiwan | 1430 | 883 |
| 合资经营企业（港或澳、台资） | Joint Equity (Funds from Hong Kong, Macao or Taiwan) | 752 | 702 |
| 港、澳、台商独资经营企业 | Enterprises Wholly Owned by Hong Kong, Macao or Taiwan | 673 | 163 |
| 外商投资企业 | Foreign Funded Enterprises | 6288 | 5307 |
| 中外合资经营企业 | Sino-foreign Joint Equity | 4582 | 3964 |
| 外资企业 | Wholly Foreign-owned Enterprises | 632 | 179 |
| 外商投资股份有限公司 | Foreign-funded Share Holding Enterprises | 1073 | 1164 |
| 三、按国民经济行业中类分组 | Ⅲ.By Sector | | |
| 采矿业 | Mining | 147 | 149 |
| 黑色金属矿采选业 | Ferrous Metals Mining & Dressing | 126 | 118 |
| 有色金属矿采选业 | Nonferrous Metals Mining & Dressing | 14 | 7 |
| 非金属矿采选业 | Nonmetal Minerals Mining & Dressing | 7 | 22 |
| 制造业 | Manufacturing | 21615 | 16632 |
| 农副食品加工业 | Farm & Sideline Products Processing | 641 | 314 |
| 食品制造业 | Food Production | 338 | 210 |
| 酒、饮料和精制茶制造业 | Beverage Production | 450 | 406 |
| 烟草制品业 | Tobacco Processing | 205 | 208 |
| 纺织业 | Textile Industry | 136 | 203 |

# Basic Statistics for Scientific & Technical Activities Organized by Industrial Enterprises (2019)

(10 000 yuan)

| Personnel Situation | | | | | | | |
|---|---|---|---|---|---|---|---|
| 其中：研究人员 Researchers | | #①基础研究人员 Basic Research | | ②应用研究人员 Application Research | | ③试验发展人员 Testing Develop-ment | |
| 2019年 | 2018年 | 2019年 | 2018年 | 2019年 | 2018年 | 2019年 | 2018年 |
| 8348 | 6482 | 18 | 6 | 588 | 471 | 21497 | 16751 |
| | | | | | | | |
| 5981 | 4550 | 9 | 3 | 373 | 208 | 13184 | 10884 |
| 1201 | 1081 | | | 113 | 235 | 4363 | 3193 |
| 1143 | 839 | 8 | 3 | 101 | 26 | 3894 | 2651 |
| 23 | 12 | 1 | | 1 | 1 | 56 | 22 |
| | | | | | | | |
| 4889 | 4235 | 18 | 6 | 540 | 276 | 13827 | 10755 |
| 11 | 33 | | | | | 28 | 61 |
| 6 | 2 | | | | 3 | 28 | 11 |
| 2724 | 2176 | 9 | 3 | 439 | 175 | 7281 | 5401 |
| 1143 | 1026 | 5 | | 36 | 6 | 2850 | 2433 |
| 1005 | 998 | 4 | 3 | 66 | 91 | 3640 | 2850 |
| 377 | 261 | | | 34 | 20 | 1396 | 864 |
| 301 | 239 | | | | 20 | 752 | 682 |
| 75 | 19 | | | 34 | | 638 | 163 |
| 3081 | 1986 | | | 14 | 175 | 6274 | 5132 |
| 2324 | 1459 | | | 2 | | 4581 | 3964 |
| 203 | 63 | | | | | 632 | 179 |
| 554 | 464 | | | 12 | 175 | 1061 | 989 |
| | | | | | | | |
| 46 | 63 | | | | 0 | 147 | 149 |
| 38 | 52 | | | | | 126 | 118 |
| 7 | 3 | | | | 0 | 14 | 7 |
| 1 | 6 | | | | | 7 | 22 |
| 8234 | 6167 | 18 | 6 | 588 | 470 | 21010 | 16156 |
| 175 | 76 | | | 18 | 0 | 623 | 314 |
| 74 | 56 | | 3 | 1 | 26 | 337 | 181 |
| 103 | 106 | | | 5 | 7 | 445 | 399 |
| 117 | 108 | | | | 11 | 205 | 197 |
| 21 | 20 | | | | | 136 | 203 |

# 19—10 续表1

| 指 标 | Item | 人员情况 R&D人员折合全时当量合计（人年）Number of Full-time Personnel Converted from the Persons Engaged in R&D Activities（person-year） 2019年 | 2018年 |
|---|---|---|---|
| 皮革、毛皮、羽毛及其制品和制鞋业 | Leather, Fur, Feather & Related Products & Shoes Manufacturing | 65 | 6 |
| 木材加工和木、竹、藤、棕、草制品业 | Processing of Timbers,Manufacture of Wood,Bamboo,Rattan, Palm,and Straw Products | 225 | 74 |
| 造纸和纸制品业 | Papermaking & Paper Products | 404 | 131 |
| 印刷和记录媒介复制业 | Printing & Record Duplicating | 99 | 47 |
| 化学原料和化学制品制造业 | Raw Chemical Materials & Chemical Products | 794 | 692 |
| 医药制造业 | Medical & Pharmaceutical Products | 543 | 636 |
| 橡胶和塑料制品业 | Rubber Products | 314 | 252 |
| 非金属矿物制品业 | Nonmetal Mineral Products | 1037 | 484 |
| 黑色金属冶炼和压延加工业 | Smelting & Pressing of Ferrous Metals | 1080 | 852 |
| 有色金属冶炼和压延加工业 | Smelting & Pressing of Nonferrous Metals | 1009 | 519 |
| 金属制品业 | Metal Products | 348 | 162 |
| 通用设备制造业 | General Equipment Manufacturing | 1395 | 1397 |
| 专用设备制造业 | For Special Purposes Equipment Manufacturing | 2350 | 1843 |
| 汽车制造业 | Automobile Manufacturing | 8085 | 6348 |
| 铁路、船舶、航空航天和其他运输设备制造业 | Railway,Ships, Aerospace & other Transport Equipment Manufacturing | 3 | 6 |
| 电气机械和器材制造业 | Electric Equipment & Machinery | 707 | 576 |
| 计算机、通信和其他电子设备制造业 | Communicaition Equipment,Computer & other Electronic Equipment Manufacturing | 1173 | 912 |
| 仪器仪表制造业 | Instruments, Meters Cultural & Office Machinery | 63 | 176 |
| 电力、热力、燃气及水生产和供应业 | Production & Supply of Electric Power, Gas & Water | 341 | 446 |
| 电力、热力生产和供应业 | Production & Supply of Electric Power & Steam | 339 | 442 |
| 四、按经济成分分组 | Ⅳ.Group by economic composition | | |
| 公有经济 | Public economy | 11773 | 9792 |
| 非公有经济 | Non-public economy | 10329 | 7436 |
| 五、按企业控股情况分组 | Ⅴ.Grouping by company holding | | |
| 国有控股 | State-owned | 11473 | 9399 |
| 集体控股 | Collective-owned | 300 | 393 |
| 私人控股 | Individual-owned | 6084 | 4660 |
| 港澳台商控股 | Hong Kong, Macao or Taiwan-owened | 875 | 394 |
| 外商控股 | Foreign-owned | 2011 | 1466 |
| 其他 | Others | 1360 | 916 |

continued

| Personnel Situation | | | | | | | |
|---|---|---|---|---|---|---|---|
| 其中：研究人员 Researchers | | #①基础研究人员 Basic Research | | ②应用研究人员 Application Research | | ③试验发展人员 Testing Develop-ment | |
| 2019年 | 2018年 | 2019年 | 2018年 | 2019年 | 2018年 | 2019年 | 2018年 |
| 8 | 3 | | | | | 65 | 6 |
| 44 | 17 | | | 1 | | 225 | 74 |
| 109 | 49 | | | | | 404 | 131 |
| 16 | 8 | | | | | 99 | 47 |
| 197 | 214 | | | 2 | 5 | 792 | 687 |
| 246 | 282 | 4 | | 31 | 3 | 509 | 632 |
| 68 | 55 | | | 7 | | 308 | 252 |
| 157 | 100 | | | 17 | 28 | 1020 | 456 |
| 320 | 341 | | | 133 | | 948 | 852 |
| 236 | 145 | 9 | 3 | 23 | 22 | 976 | 493 |
| 65 | 46 | | | | | 348 | 162 |
| 684 | 557 | | | 12 | 175 | 1383 | 1222 |
| 1077 | 841 | | | 35 | 28 | 2314 | 1816 |
| 3916 | 2470 | | | 133 | 66 | 7952 | 6282 |
| 1 | 3 | | | | 1 | 3 | 5 |
| 195 | 202 | | | 21 | 10 | 686 | 566 |
| 343 | 367 | 4 | | 128 | 87 | 1041 | 826 |
| 21 | 59 | 1 | | | | 62 | 176 |
| 69 | 252 | | | | | 341 | 446 |
| 68 | 251 | | | | | 339 | 442 |
| 5377 | 3952 | 10 | 3 | 345 | 88 | 11417 | 9700 |
| 2971 | 2530 | 7 | 3 | 242 | 383 | 10080 | 7051 |
| 5322 | 3828 | 10 | 3 | 345 | 85 | 11118 | 9311 |
| 55 | 124 | | | | 3 | 300 | 389 |
| 1654 | 1540 | 7 | 3 | 139 | 102 | 5938 | 4556 |
| 153 | 91 | | | 34 | | 840 | 394 |
| 836 | 574 | | | 12 | 175 | 1999 | 1291 |
| 329 | 325 | | | 57 | 106 | 1303 | 810 |

# 19—10 续表2

| 指标 | Item | R&D经费支出情况 | | | |
|---|---|---|---|---|---|
| | | R&D经费内部支出合计（万元）Inner Expenditure of R&D Funds | | 其中：①经常费支出 Recurrent Expenditure | |
| | | 2019年 | 2018年 | 2019年 | 2018年 |
| 总计 | Total | 1044742.2 | 891031.1 | 990996.2 | 804899.3 |
| 一、按企业规模分组 | Ⅰ.Grouped by Size | | | | |
| 大型 | Large-scale Industrial Enterprises | 769246.0 | 658682.7 | 745837.2 | 592678.8 |
| 中型 | Medium-scale Industrial Enterprises | 133611.2 | 142428.0 | 128204.0 | 131247.9 |
| 小型 | Small-scale Industrial Enterprises | 140404.8 | 89241.1 | 115671.6 | 80362.7 |
| 微型 | Micro-enterprises | 1480.2 | 679.3 | 1283.4 | 609.9 |
| 二、按登记注册类型分组 | Ⅱ.Grouped by Type of Registration | | | | |
| 内资企业 | Domestically-funded Enterprises | 658367.7 | 568234.5 | 634579.0 | 532026.2 |
| 国有企业 | State-owned Enterprises | 457.4 | 1761.7 | 457.4 | 1598.5 |
| 集体企业 | Collective-owned Enterprises | 243.5 | 502.2 | 185.1 | 436.4 |
| 有限责任公司 | Limited Liability Corporations | 376568.8 | 307242.5 | 362775.2 | 281748.6 |
| 股份有限公司 | Share Holding Enterprises | 102297.0 | 101176.9 | 98414.5 | 98103.0 |
| 私营企业 | Private Enterprises | 178801.0 | 157551.2 | 172746.8 | 150139.7 |
| 港、澳、台商投资企业 | Enterprises with Funds from Hong Kong, Macao or Taiwan | 51886.1 | 29251.6 | 51333.7 | 24726.1 |
| 合资经营企业（港或澳、台资） | Joint Equity （Funds from Hong Kong, Macao or Taiwan） | 27080.0 | 21045.4 | 26655.2 | 18788.7 |
| 港、澳、台商独资经营企业 | Enterprises Wholly Owned by Hong Kong, Macao or Taiwan | 24291.8 | 7502.1 | 24164.2 | 5233.3 |
| 外商投资企业 | Foreign Funded Enterprises | 334488.4 | 293545.0 | 305083.5 | 248147.0 |
| 中外合资经营企业 | Sino-foreign Joint Equity | 270263.7 | 226329.6 | 242372.9 | 186257.2 |
| 外资企业 | Wholly Foreign-owned Enterprises | 12140.7 | 4844.0 | 10648.0 | 4413.7 |
| 外商投资股份有限公司 | Foreign-funded Share Holding Enterprises | 52084.0 | 62371.4 | 52062.6 | 57476.1 |
| 三、按国民经济行业中类分组 | Ⅲ.By Sector | | | | |
| 采矿业 | Mining | 3640.3 | 7846.6 | 2922.5 | 6094.1 |
| 黑色金属矿采选业 | Ferrous Metals Mining & Dressing | 2483.3 | 2528.5 | 1889.9 | 2505.2 |
| 有色金属矿采选业 | Nonferrous Metals Mining & Dressing | 1076.4 | 876.9 | 952.0 | 487.9 |
| 非金属矿采选业 | Nonmetal Minerals Mining & Dressing | 80.6 | 531.6 | 80.6 | 469.5 |
| 制造业 | Manufacturing | ######## | 876470.4 | 982612.2 | 794279.8 |
| 农副食品加工业 | Farm & Sideline Products Processing | 38363.4 | 15697.6 | 37483.1 | 15089.8 |
| 食品制造业 | Food Production | 24395.0 | 5656.7 | 5435.2 | 5230.0 |
| 酒、饮料和精制茶制造业 | Beverage Production | 10160.2 | 9304.0 | 10041.5 | 8800.1 |
| 烟草制品业 | Tobacco Processing | 14600.4 | 17427.6 | 14600.4 | 17400.0 |
| 纺织业 | Textile Industry | 4194.3 | 4550.1 | 4108.9 | 3831.1 |

continued

| R&D Financial Situation | | | | | | | | | |
|---|---|---|---|---|---|---|---|---|---|
| #人员劳务费 Remuneration | | ②资产性支出 Capital Expenditure | | 其中：土地与建筑物 Land & Construction | | 仪器和设备 Instruments & Equipment | | #①基础研究支出 Basic Research | |
| 2019年 | 2018年 | 2019年 | 2018年 | 2019年 | 2018年 | 2019年 | 2018年 | 2019年 | 2018年 |
| 288472.3 | 239534.2 | 53746.0 | 86131.8 | 3126.6 | 2178.0 | 50619.4 | 83953.8 | 409.4 | 62.9 |
| 228534.1 | 173867.9 | 23408.8 | 66003.9 | 2659.3 | 1968.0 | 20749.5 | 64035.9 | 349.7 | 22.0 |
| 32661.2 | 41053.6 | 5407.2 | 11180.1 | 237.2 | 124.4 | 5170.0 | 11055.7 | | |
| 26992.2 | 24457.4 | 24733.2 | 8878.4 | 228.9 | 68.8 | 24504.3 | 8809.6 | 47.4 | 40.9 |
| 284.8 | 155.3 | 196.8 | 69.4 | 1.2 | 16.8 | 195.6 | 52.6 | 12.3 | |
| 152891.4 | 140775.1 | 23788.7 | 36208.3 | 1365.7 | 1227.8 | 22423.0 | 34980.5 | 409.4 | 62.9 |
| 337.7 | 779.5 | | 163.2 | | 1.9 | | 161.3 | | |
| 123.1 | 321.7 | 58.4 | 65.8 | 0.2 | | 58.2 | 65.8 | | |
| 90339.4 | 79692.6 | 13793.6 | 25493.9 | 789.9 | 1030.1 | 13003.7 | 24463.8 | 349.7 | 22.0 |
| 31315.8 | 34290.9 | 3882.5 | 3073.9 | 329.8 | 143.5 | 3552.7 | 2930.4 | 35.1 | |
| 30775.4 | 25690.4 | 6054.2 | 7411.5 | 245.8 | 52.3 | 5808.4 | 7359.2 | 24.6 | 40.9 |
| 10339.4 | 9312.4 | 552.4 | 4525.5 | 216.0 | 9.7 | 336.4 | 4515.8 | | |
| 6053.4 | 6358.9 | 424.8 | 2256.7 | 212.8 | 8.8 | 212.0 | 2247.9 | | |
| 4267.9 | 2915.1 | 127.6 | 2268.8 | 3.2 | 0.9 | 124.4 | 2267.9 | | |
| 125241.5 | 89446.7 | 29404.9 | 45398.0 | 1544.9 | 940.5 | 27860.0 | 44457.5 | | |
| 98145.3 | 68332.3 | 27890.8 | 40072.4 | 1484.4 | 915.8 | 26406.4 | 39156.6 | | |
| 5370.4 | 1098.8 | 1492.7 | 430.3 | 39.1 | 24.4 | 1453.6 | 405.9 | | |
| 21725.8 | 20015.6 | 21.4 | 4895.3 | 21.4 | 0.3 | | 4895.0 | | |
| 727.4 | 1051.5 | 717.8 | 1752.5 | | 26.3 | 717.8 | 1726.2 | | |
| 499.4 | 244.7 | 593.4 | 23.3 | | | 593.4 | 23.3 | | |
| 168.0 | 367.1 | 124.4 | 389.0 | | | 124.4 | 389.0 | | |
| 60.0 | 193.9 | | 62.1 | | 5.9 | | 56.2 | | |
| 287311.6 | 238233.0 | 46351.3 | 82190.6 | 3114.0 | 2151.7 | 43237.3 | 80038.9 | 409.4 | 62.9 |
| 4731.1 | 3543.9 | 880.3 | 607.8 | 125.2 | 6.1 | 755.1 | 601.7 | | |
| 2604.4 | 1835.1 | 18959.8 | 426.7 | 49.6 | 21.4 | 18910.2 | 405.3 | | 40.9 |
| 2102.5 | 3012.7 | 118.7 | 503.9 | 14.3 | 61.7 | 104.4 | 442.2 | | |
| 4322.2 | 4559.3 | | 27.6 | | | | 27.6 | | |
| 865.9 | 743.9 | 85.4 | 719.0 | 9.5 | | 75.9 | 719.0 | | |

# 19—10 续表3

| 指 标 | Item | R&D经费支出情况 | | | |
|---|---|---|---|---|---|
| | | R&D经费内部支出合计（万元）Inner Expenditure of R&D Funds | | 其中：①经常费支出 Recurrent Expenditure | |
| | | 2019年 | 2018年 | 2019年 | 2018年 |
| 皮革、毛皮、羽毛及其制品和制鞋业 | Leather, Fur, Feather & Related Products & Shoes Manufacturing | 792.1 | 463.9 | 614.3 | 459.2 |
| 木材加工和木、竹、藤、棕、草制品业 | Processing of Timbers,Manufacture of Wood, Bamboo,Rattan,Palm,and Straw Products | 5633.1 | 3762.3 | 5433.4 | 3313.7 |
| 造纸和纸制品业 | Papermaking & Paper Products | 30452.3 | 43668.8 | 29608.2 | 10603.1 |
| 印刷和记录媒介复制业 | Printing & Record Duplicating | 1425.9 | 2086.2 | 1420.3 | 2054.6 |
| 化学原料和化学制品制造业 | Raw Chemical Materials & Chemical Products | 26373.1 | 30967.2 | 25073.3 | 27940.8 |
| 医药制造业 | Medical & Pharmaceutical Products | 21372.8 | 18096.3 | 18361.4 | 16932.6 |
| 橡胶和塑料制品业 | Rubber Products | 8341.1 | 8510.8 | 8295.7 | 7524.8 |
| 非金属矿物制品业 | Nonmetal Mineral Products | 36961.0 | 18258.7 | 36327.7 | 16566.3 |
| 黑色金属冶炼和压延加工业 | Smelting & Pressing of Ferrous Metals | 196409.2 | 117270.4 | 195594.0 | 106161.4 |
| 有色金属冶炼和压延加工业 | Smelting & Pressing of Nonferrous Metals | 67932.3 | 89819.9 | 65126.2 | 88397.7 |
| 金属制品业 | Metal Products | 8018.6 | 5041.3 | 7181.8 | 5023.7 |
| 通用设备制造业 | General Equipment Manufacturing | 60672.8 | 70890.9 | 60630.1 | 65671.0 |
| 专用设备制造业 | For Special Purposes Equipment Manufacturing | 84876.4 | 78697.2 | 81821.3 | 75362.3 |
| 汽车制造业 | Automobile Manufacturing | 326079.9 | 264316.2 | 315899.4 | 253377.0 |
| 铁路、船舶、航空航天和其他运输设备制造业 | Railway,Ships, Aerospace & other Transport Equipment Manufacturing | 266.9 | 140.0 | 233.0 | 140.0 |
| 电气机械和器材制造业 | Electric Equipment & Machinery | 32449.8 | 30056.5 | 31580.2 | 27514.7 |
| 计算机、通信和其他电子设备制造业 | Communicaition Equipment,Computer & other Electronic Equipment Manufacturing | 23174.8 | 33617.5 | 22530.5 | 29139.8 |
| 仪器仪表制造业 | Instruments, Meters Cultural & Office Machinery | 1021.2 | 3464.8 | 945.0 | 3201.6 |
| 电力、热力、燃气及水生产和供应业 | Production & Supply of Electric Power, Gas & Water | 12138.4 | 6714.1 | 5461.5 | 4525.4 |
| 电力、热力生产和供应业 | Production & Supply of Electric Power & Steam | 11807.0 | 6244.2 | 5130.7 | 4090.2 |
| 四、按经济成分分组 | Ⅳ.Group by economic composition | | | | |
| 公有经济 | Public economy | 579175.8 | 474462.8 | 556019.3 | 446072.6 |
| 非公有经济 | Non-public economy | 465566.4 | 416568.3 | 434976.9 | 358826.7 |
| 五、按企业控股情况分组 | Ⅴ.Grouping by company holding | | | | |
| 国有控股 | State-owned | 567190.2 | 456986.8 | 544106.4 | 429074.0 |
| 集体控股 | Collective-owned | 11985.6 | 17476.0 | 11912.9 | 16998.6 |
| 私人控股 | Individual-owned | 273682.7 | 241881.5 | 264485.4 | 228962.8 |
| 港澳台商控股 | Hong Kong, Macao or Taiwan-owened | 36941.4 | 22274.0 | 36441.2 | 17772.4 |
| 外商控股 | Foreign-owned | 111732.9 | 112512.1 | 91351.8 | 74105.0 |
| 其他 | Others | 43209.4 | 39900.7 | 42698.5 | 37986.5 |

continued

| R&D Financial Situation | | | | | | | | | |
|---|---|---|---|---|---|---|---|---|---|
| #人员劳务费 Remuneration | | ②资产性支出 Capital Expenditure | | 其中：土地与建筑物 Land & Construction | | 仪器和设备 Instruments & Equipment | | #①基础研究支出 Basic Research | |
| 2019年 | 2018年 | 2019年 | 2018年 | 2019年 | 2018年 | 2019年 | 2018年 | 2019年 | 2018年 |
| 378.1 | 259.7 | 177.8 | 4.7 | | | 177.8 | 4.7 | | |
| 866.9 | 654.5 | 199.7 | 448.6 | 7.1 | 0.8 | 192.6 | 447.8 | | |
| 1761.0 | 1281.0 | 844.1 | 33065.7 | 20.9 | | 823.2 | 33065.7 | | |
| 429.0 | 606.1 | 5.6 | 31.6 | 5.6 | | | 31.6 | | |
| 4234.3 | 7193.8 | 1299.8 | 3026.4 | 34.5 | 4.9 | 1265.3 | 3021.5 | | |
| 6565.4 | 5454.3 | 3011.4 | 1163.7 | 63.2 | 1.6 | 2948.2 | 1162.1 | 24.6 | |
| 1800.2 | 1765.2 | 45.4 | 986.0 | 20.7 | 10.7 | 24.7 | 975.3 | | |
| 7326.3 | 5382.3 | 633.3 | 1692.4 | 4.9 | 40.6 | 628.4 | 1651.8 | | |
| 25526.3 | 13046.8 | 815.2 | 11109.0 | 472.6 | 900.7 | 342.6 | 10208.3 | | |
| 4671.4 | 8455.8 | 2806.1 | 1422.2 | 267.4 | 15.6 | 2538.7 | 1406.6 | 349.7 | 22.0 |
| 2496.2 | 1604.9 | 836.8 | 17.6 | 7.2 | 0.4 | 829.6 | 17.2 | | |
| 25277.4 | 23240.2 | 42.7 | 5219.9 | 34.3 | 3.1 | 8.4 | 5216.8 | | |
| 29637.3 | 29816.3 | 3055.1 | 3334.9 | 211.2 | 141.4 | 2843.9 | 3193.5 | | |
| 144923.4 | 102469.1 | 10180.5 | 10939.2 | 1696.2 | 923.8 | 8484.3 | 10015.4 | | |
| 56.2 | 44.8 | 33.9 | | 1.1 | | 32.8 | | | |
| 4593.5 | 6927.0 | 869.6 | 2541.8 | 53.1 | 4.0 | 816.5 | 2537.8 | | |
| 10320.7 | 14063.7 | 644.3 | 4477.7 | 1.4 | 12.9 | 642.9 | 4464.8 | 22.3 | |
| 489.4 | 1139.8 | 76.2 | 263.2 | 1.0 | 1.3 | 75.2 | 261.9 | 12.8 | |
| 433.3 | 249.7 | 6676.9 | 2188.7 | 12.6 | | 6664.3 | 2188.7 | | |
| 273.4 | 137.4 | 6676.3 | 2154.0 | 12.0 | | 6664.3 | 2154.0 | | |
| 198945.7 | 150845.7 | 23156.5 | 28390.2 | 2453.4 | 2035.0 | 20703.1 | 26355.2 | 362.5 | 22.0 |
| 89526.6 | 88688.5 | 30589.5 | 57741.6 | 673.2 | 143.0 | 29916.3 | 57598.6 | 46.9 | 40.9 |
| 197481.9 | 147581.5 | 23083.8 | 27912.8 | 2449.3 | 2032.5 | 20634.5 | 25880.3 | 362.5 | 22.0 |
| 1463.8 | 3264.2 | 72.7 | 477.4 | 4.1 | 2.5 | 68.6 | 474.9 | | |
| 47950.2 | 45850.7 | 9197.3 | 12918.7 | 430.5 | 106.3 | 8766.8 | 12812.4 | 46.9 | 40.9 |
| 5957.1 | 5536.9 | 500.2 | 4501.6 | 163.8 | 4.1 | 336.4 | 4497.5 | | |
| 28115.0 | 22733.4 | 20381.1 | 38407.1 | 47.1 | 24.7 | 20334.0 | 38382.4 | | |
| 7504.3 | 14567.5 | 510.9 | 1914.2 | 31.8 | 7.9 | 479.1 | 1906.3 | | |

# 19—10 续表4

| 指标 | Item | R&D经费支出情况 | | | |
|---|---|---|---|---|---|
| | | ②应用研究支出 Application Research | | ③试验发展支出 Testing Development | |
| | | 2019年 | 2018年 | 2019年 | 2018年 |
| 总计 | Total | 11979.6 | 16612.4 | 1032353.2 | 874355.8 |
| 一、按企业规模分组 | Ⅰ.Grouped by Size | | | | |
| 大型 | Large-scale Industrial Enterprises | 7961.0 | 6820.2 | 760935.3 | 651840.5 |
| 中型 | Medium-scale Industrial Enterprises | 1508.2 | 8170.2 | 132103.0 | 134257.8 |
| 小型 | Small-scale Industrial Enterprises | 2498.0 | 1403.3 | 137859.4 | 87796.9 |
| 微型 | Micro-enterprises | 12.4 | 218.7 | 1455.5 | 460.6 |
| 二、按登记注册类型分组 | Ⅱ.Grouped by Type of Registration | | | | |
| 内资企业 | Domestically-funded Enterprises | 11204.9 | 11566.0 | 646753.4 | 556605.6 |
| 国有企业 | State-owned Enterprises | | | 457.4 | 1761.7 |
| 集体企业 | Collective-owned Enterprises | | 136.5 | 243.5 | 365.7 |
| 有限责任公司 | Limited Liability Corporations | 9800.9 | 9580.1 | 366418.2 | 297640.4 |
| 股份有限公司 | Share Holding Enterprises | 305.5 | 510.2 | 101956.4 | 100666.7 |
| 私营企业 | Private Enterprises | 1098.5 | 1339.2 | 177677.9 | 156171.1 |
| 港、澳、台商投资企业 | Enterprises with Funds from Hong Kong, Macao or Taiwan | 538.6 | 669.1 | 51347.5 | 28582.5 |
| 合资经营企业（港或澳、台资） | Joint Equity (Funds from Hong Kong, Macao or Taiwan) | | 669.1 | 27080.0 | 20376.3 |
| 港、澳、台商独资经营企业 | Enterprises Wholly Owned by Hong Kong, Macao or Taiwan | 538.6 | | 23753.2 | 7502.1 |
| 外商投资企业 | Foreign Funded Enterprises | 236.1 | 4377.3 | 334252.3 | 289167.7 |
| 中外合资经营企业 | Sino-foreign Joint Equity | 46.1 | | 270217.6 | 226329.6 |
| 外资企业 | Wholly Foreign-owned Enterprises | | | 12140.7 | 4844.0 |
| 外商投资股份有限公司 | Foreign-funded Share Holding Enterprises | 190.0 | 4377.3 | 51894.0 | 57994.1 |
| 三、按国民经济行业中类分组 | Ⅲ.By Sector | | | | |
| 采矿业 | Mining | | 1.7 | 3640.3 | 7844.9 |
| 黑色金属矿采选业 | Ferrous Metals Mining & Dressing | | | 2483.3 | 2528.5 |
| 有色金属矿采选业 | Nonferrous Metals Mining & Dressing | | 1.7 | 1076.4 | 875.2 |
| 非金属矿采选业 | Nonmetal Minerals Mining & Dressing | | | 80.6 | 531.6 |
| 制造业 | Manufacturing | 11979.6 | 16610.7 | ######## | 859796.8 |
| 农副食品加工业 | Farm & Sideline Products Processing | 1573.3 | 24.7 | 36790.1 | 15672.9 |
| 食品制造业 | Food Production | 16.2 | 965.9 | 24378.8 | 4649.9 |
| 酒、饮料和精制茶制造业 | Beverage Production | 175.7 | 1053.3 | 9984.5 | 8250.7 |
| 烟草制品业 | Tobacco Processing | | 153.7 | 14600.4 | 17273.9 |
| 纺织业 | Textile Industry | | | 4194.3 | 4550.1 |

continued

| R&D Financial Situation | | | | | | | | | |
|---|---|---|---|---|---|---|---|---|---|
| 其中：①政府资金 Government Funds | | ②企业资金 Funds from Enterprises | | ③境外资金 Foreign Funds | | ④其他资金 Others | | R&D经费外部支出合计 Exterior Expend-iture | |
| 2019年 | 2018年 | 2019年 | 2018年 | 2019年 | 2018年 | 2019年 | 2018年 | 2019年 | 2018年 |
| 45066.7 | 49653.2 | 999672.2 | 819540.8 | | 1704.8 | 3.3 | 20132.3 | 74192.6 | 46292.2 |
| 28432.4 | 29570.5 | 740813.6 | 613224.0 | | 627.0 | | 15261.2 | 63670.9 | 40042.1 |
| 8451.2 | 14089.2 | 125160.0 | 125693.4 | | 904.5 | | 1740.9 | 5770.2 | 4195.1 |
| 8149.6 | 5893.5 | 132255.2 | 80044.1 | | 173.3 | | 3130.2 | 4751.5 | 2055.0 |
| 33.5 | 100.0 | 1443.4 | 579.3 | | | 3.3 | | | |
| 29700.5 | 36784.5 | 628663.9 | 509797.1 | | 1620.3 | 3.3 | 20032.6 | 43825.0 | 27435.9 |
| 16.5 | 376.2 | 440.9 | 1385.5 | | | | | 14.3 | 45.6 |
| 36.6 | | 206.9 | 502.2 | | | | | | |
| 13390.9 | 18515.5 | 363177.9 | 284941.1 | | 1250.6 | | 2535.3 | 30715.0 | 16766.7 |
| 11558.9 | 10983.9 | 90738.1 | 73021.2 | | 369.7 | | 16802.1 | 9591.3 | 9332.3 |
| 4697.6 | 6908.9 | 174100.1 | 149947.1 | | | 3.3 | 695.2 | 3504.4 | 1291.3 |
| 476.6 | 3563.4 | 51409.5 | 25504.0 | | 84.5 | | 99.7 | 217.8 | 292.4 |
| 308.3 | 3512.4 | 26771.7 | 17348.8 | | 84.5 | | 99.7 | 210.4 | 260.9 |
| 166.0 | 51.0 | 24125.8 | 7451.1 | | | | | 7.4 | 31.5 |
| 14889.6 | 9305.3 | 319598.8 | 284239.7 | | | | | 30149.8 | 18563.9 |
| 2709.6 | 6778.6 | 267554.1 | 219551.0 | | | | | 10711.9 | 7425.3 |
| 501.6 | 576.8 | 11639.1 | 4267.2 | | | | | 1381.8 | 208.4 |
| 11678.4 | 1949.9 | 40405.6 | 60421.5 | | | | | 18056.1 | 10930.2 |
| 605.8 | 504.1 | 3034.5 | 7242.8 | | | | 99.7 | 91.8 | 271.2 |
| 399.6 | 368.1 | 2083.7 | 2160.4 | | | | | 26.5 | 155.5 |
| 192.0 | 121.0 | 884.4 | 755.9 | | | | | 48.9 | 56.8 |
| 14.2 | 15.0 | 66.4 | 416.9 | | | | 99.7 | 16.4 | 45.1 |
| 44160.3 | 48846.8 | 984799.9 | 805886.2 | | 1704.8 | 3.3 | 20032.6 | 65520.2 | 42502.3 |
| 1489.5 | 495.8 | 36873.9 | 14368.3 | | 84.5 | | 749.0 | 527.3 | 109.0 |
| 218.5 | 492.7 | 24176.5 | 5093.3 | | | | 70.7 | 821.8 | 102.4 |
| 304.5 | 226.0 | 9855.7 | 9037.2 | | | | 40.8 | 96.2 | 28.0 |
| | | 14600.4 | 17427.1 | | | | 0.5 | 2060.2 | 1587.0 |
| 65.0 | 45.2 | 4129.3 | 4504.9 | | | | | 6.2 | 13.0 |

# 19—10 续表5

| 指 标 | Item | R&D经费支出情况 | | | |
|---|---|---|---|---|---|
| | | ②应用研究支出 Application Research | | ③试验发展支出 Testing Development | |
| | | 2019年 | 2018年 | 2019年 | 2018年 |
| 皮革、毛皮、羽毛及其制品和制鞋业 | Leather, Fur, Feather & Related Products & Shoes Manufacturing | | | 792.1 | 463.9 |
| 木材加工和木、竹、藤、棕、草制品业 | Processing of Timbers,Manufacture of Wood, Bamboo,Rattan,Palm,and Straw Products | 30.8 | | 5602.3 | 3762.3 |
| 造纸和纸制品业 | Papermaking & Paper Products | | | 30452.3 | 43668.8 |
| 印刷和记录媒介复制业 | Printing & Record Duplicating | | | 1425.9 | 2086.2 |
| 化学原料和化学制品制造业 | Raw Chemical Materials & Chemical Products | 10.6 | 307.1 | 26362.5 | 30660.1 |
| 医药制造业 | Medical & Pharmaceutical Products | 335.4 | 130.6 | 21012.8 | 17965.7 |
| 橡胶和塑料制品业 | Rubber Products | 71.1 | | 8270.0 | 8510.8 |
| 非金属矿物制品业 | Nonmetal Mineral Products | 353.4 | 358.3 | 36607.6 | 17900.4 |
| 黑色金属冶炼和压延加工业 | Smelting & Pressing of Ferrous Metals | 1215.5 | | 195193.7 | 117270.4 |
| **有色金属冶炼和压延加工业** | **Smelting & Pressing of Nonferrous Metals** | **996.9** | **2289.2** | **66585.7** | **87508.7** |
| 金属制品业 | Metal Products | | | 8018.6 | 5041.3 |
| 通用设备制造业 | General Equipment Manufacturing | 190.0 | 4377.3 | 60482.8 | 66513.6 |
| 专用设备制造业 | For Special Purposes Equipment Manufacturing | 376.4 | 1131.7 | 84500.0 | 77565.5 |
| 汽车制造业 | Automobile Manufacturing | 2561.0 | 1004.5 | 323518.9 | 263311.7 |
| 铁路、船舶、航空航天和其他运输设备制造业 | Railway,Ships, Aerospace & other Transport Equipment Manufacturing | | 60.0 | 266.9 | 80.0 |
| 电气机械和器材制造业 | Electric Equipment & Machinery | 167.3 | 96.3 | 32282.5 | 29960.2 |
| 计算机、通信和其他电子设备制造业 | Communicaition Equipment,Computer & other Electronic Equipment Manufacturing | 3682.2 | 4637.7 | 19470.3 | 28979.8 |
| 仪器仪表制造业 | Instruments, Meters Cultural & Office Machinery | | | 1008.4 | 3464.8 |
| 电力、热力、燃气及水生产和供应业 | Production & Supply of Electric Power, Gas & Water | | | 12138.4 | 6714.1 |
| **电力、热力生产和供应业** | **Production & Supply of Electric Power & Steam** | | | **11807.0** | **6244.2** |
| 四、按经济成分分组 | Ⅳ.Group by economic composition | | | | |
| 公有经济 | Public economy | 5279.6 | 5090.0 | 573533.7 | 469350.8 |
| 非公有经济 | Non-public economy | 6700.0 | 11522.4 | 458819.5 | 405005.0 |
| 五、按企业控股情况分组 | Ⅴ.Grouping by company holding | | | | |
| 国有控股 | State-owned | 5279.6 | 4953.5 | 561548.1 | 452011.3 |
| 集体控股 | Collective-owned | | 136.5 | 11985.6 | 17339.5 |
| 私人控股 | Individual-owned | 5495.4 | 1886.7 | 268140.4 | 239953.9 |
| 港澳台商控股 | Hong Kong, Macao or Taiwan-owened | 538.6 | | 36402.8 | 22274.0 |
| 外商控股 | Foreign-owned | 190.0 | 4377.3 | 111542.9 | 108134.8 |
| 其他 | Others | 476.0 | 5258.4 | 42733.4 | 34642.3 |

continued

| R&D Financial Situation | | | | | | | | | |
|---|---|---|---|---|---|---|---|---|---|
| 其中：①政府资金 Government Funds | | ②企业资金 Funds from Enterprises | | ③境外资金 Foreign Funds | | ④其他资金 Others | | R&D经费外部支出合计 Exterior Expend-iture | |
| 2019年 | 2018年 | 2019年 | 2018年 | 2019年 | 2018年 | 2019年 | 2018年 | 2019年 | 2018年 |
| | | 792.1 | 463.9 | | | | | | |
| 168.5 | 131.9 | 5464.6 | 3630.4 | | | | | 60.0 | 24.4 |
| 93.2 | | 30359.1 | 43668.8 | | | | | 54.3 | 990.1 |
| 10.0 | 67.0 | 1415.9 | 2019.2 | | | | | | |
| 1915.9 | 1579.0 | 24457.2 | 27864.8 | | | | 1523.4 | 263.3 | 542.3 |
| 4470.7 | 2189.4 | 16898.8 | 15810.9 | | 84.7 | 3.3 | 11.3 | 8919.3 | 7631.0 |
| 1074.7 | 1244.6 | 7266.4 | 7204.3 | | | | 61.9 | 130.9 | 6.3 |
| 449.2 | 2523.4 | 36511.8 | 15437.0 | | | | 298.3 | 135.1 | 137.8 |
| 2685.2 | 2747.5 | 193724.0 | 114522.9 | | | | | | |
| 3087.0 | 3362.0 | 64845.3 | 86374.4 | | | | 83.5 | 312.1 | 358.0 |
| 55.5 | 50.0 | 7963.1 | 4991.3 | | | | | 141.1 | 7.2 |
| 11996.5 | 2551.7 | 48676.3 | 68131.6 | | 134.6 | | 73.0 | 18584.2 | 12438.4 |
| 6725.7 | 9320.3 | 78150.7 | 53672.4 | | 414.9 | | 15289.6 | 1649.1 | 1418.8 |
| 4339.5 | 15382.5 | 321740.4 | 247531.3 | | 686.4 | | 716.0 | 28811.3 | 16162.1 |
| | | 266.9 | 140.0 | | | | | | |
| 2250.5 | 3679.6 | 30199.3 | 25286.6 | | 105.5 | | 984.8 | 1079.3 | 394.4 |
| 1786.1 | 2270.2 | 21388.7 | 31217.5 | | | | 129.8 | 1630.7 | 122.9 |
| 174.6 | 229.3 | 846.6 | 3235.5 | | | | | 61.5 | 260.1 |
| 300.6 | 302.3 | 11837.8 | 6411.8 | | | | | 8580.6 | 3518.7 |
| 0.6 | 2.0 | 11806.4 | 6242.2 | | | | | 8580.6 | 3518.7 |
| 17903.8 | 30025.3 | 561272.0 | 426726.5 | | 1253.3 | | 16457.7 | 41692.0 | 23608.7 |
| 27162.9 | 19627.9 | 438400.2 | 392814.3 | | 451.5 | 3.3 | 3674.6 | 32500.6 | 22683.5 |
| 17801.7 | 29339.3 | 549388.5 | 410649.3 | | 1253.3 | | 15744.9 | 41548.6 | 23246.1 |
| 102.1 | 686.0 | 11883.5 | 16077.2 | | | | 712.8 | 143.4 | 362.6 |
| 13117.8 | 14631.6 | 260561.6 | 224758.8 | | 199.9 | 3.3 | 2291.2 | 11448.1 | 9566.4 |
| 647.3 | 1334.6 | 36294.1 | 20854.9 | | 84.5 | | | 217.4 | 234.6 |
| 12488.2 | 2551.7 | 99244.7 | 109960.4 | | | | | 19648.2 | 12137.5 |
| 909.6 | 1110.0 | 42299.8 | 37240.2 | | 167.1 | | 1383.4 | 1186.9 | 745.0 |

# 19—11 主要年份工业企业科技活动情况

| 指 标 | Item | 2000 | 2007 |
|---|---|---|---|
| 大中型工业企业（个） | Number of Enterprises（unit） | | |
| #有研发机构的单位数 | Units Engaged in Scientific & Technological Activities | 293 | 191 |
| #有R&D活动的单位数 | Units Engaged in New Products Developing Activities | | 138 |
| 科技活动人员（万人） | Personnel Engaged in Scientific & Technological Activities（10 000 persons） | 2.15 | 2.68 |
| 研究与发展经费内部支出（万元） | Inner Expenditure of Funds for Research & Development（10 000 yuan） | | |
| （一）按活动类型分 | By Type of Activities | | |
| # 基础研究支出 | Expenditure for Basic Research | 171 | 3748 |
| 应用研究支出 | Expenditure for Application Research | 5601 | 26154 |
| 试验发展支出 | Expenditure for Experimental Development | 50462 | 117480 |
| （二）按支出用途分 | By Use of Expenditure | | |
| #日常性支出 | Ordinary Expenditure | 42987 | 147382 |
| # 人员劳务费 | Fees for Personel Labor Service | 16912 | 31817 |
| （三）按资金来源分 | By Resource of Funds | | |
| # 政府资金 | Funds from Government | 2930 | 5704 |
| 企业资金 | Funds from Enterprises | 48390 | 140294 |
| 境外资金 | Funds from Foreign Countries | 132 | 68 |
| 新产品开发经费支出（万元） | Expenditure for New Product Development（10 000 yuan） | 50304 | 174798 |
| 科技活动产出情况 | Output from Scientific & Technological Activities | | |
| 专利申请数（项） | Patent Applications Examined（item） | 162 | 627 |
| #发明专利 | Patent for Invention | 20 | 190 |
| 拥有有效发明专利数（项） | Number of Patent for Invention Owned（item） | 78 | 233 |
| 技术改造和技术获取情况 | Technological Transformation & Technical Acquisition | | |
| 技术改造经费支出（万元） | Expenditure for Technological Transformation（10 000 yuan） | 126898 | 713690 |
| 引进境外技术经费支出（万元） | Expenditure for Technological Recommendation from Foreign Countries（10 000 yuan） | 27910 | 8180 |
| 引进技术的消化吸收经费支出（万元） | Expenditure for Technological Digesting & Absorbing（10 000 yuan） | 754 | 3411 |
| 购买境内技术经费支出（万元） | Expenditure for Buying Domestic Technological（10 000 yuan） | 6657 | 3779 |

# Statistics for Technical Activities of Large & Medium Industrial Enterprises in Main Years

| 2010 | 2011 | 2012 | 2013 | 2014 | 2015 | 2016 | 2017 | 2018 | 2019 |
|---|---|---|---|---|---|---|---|---|---|
| | | | | | | | | | |
| 232 | 290 | 168 | 186 | 173 | 139 | 121 | 117 | 105 | 102 |
| 167 | 218 | 232 | 225 | 233 | 214 | 219 | 235 | 193 | 207 |
| 3.78 | 4.88 | 5.22 | 5.37 | 5.48 | 4.83 | 4.98 | 4.88 | 4.72 | 5.57 |
| 438669 | 586791 | 702225 | 817063 | 848808 | 769190 | 827248 | 935996 | 891031 | 1044742 |
| | | | | | | | | | |
| 167 | 4043 | 443 | 602 | 370 | 386 | 276 | | 63 | 409 |
| 9083 | 16275 | 13799 | 6525 | 23160 | 22162 | 17978 | 14680 | 16612 | 11980 |
| 429420 | 566332 | 687984 | 809937 | 825278 | 746643 | 808994 | 921316 | 874356 | 1032353 |
| | | | | | | | | | |
| 378741 | 489188 | 605937 | 660528 | 740385 | 684371 | 750524 | 862915 | 804899 | 990996 |
| 91657 | 129971 | 150140 | 202106 | 230884 | 242333 | 236884 | 263583 | 239534 | 288472 |
| | | | | | | | | | |
| 22168 | 26354 | 33403 | 36970 | 38907 | 32000 | 33126 | 36617 | 49653 | 45067 |
| 413173 | 557087 | 666371 | 777281 | 796270 | 732074 | 788248 | 896603 | 819541 | 999672 |
| 161 | 44 | 65 | 66 | 369 | 75 | 204 | 459 | 1705 | |
| 460413 | 740320 | 771269 | 849395 | 850464 | 903957 | 905498 | 1120030 | 1091022 | 1445180 |
| | | | | | | | | | |
| 1591 | 2067 | 3025 | 4468 | 4840 | 4613 | 5555 | 5428 | 6239 | 6373 |
| 488 | 737 | 1333 | 2234 | 2423 | 2005 | 2660 | 2502 | 2559 | 2634 |
| 950 | 932 | 1499 | 1889 | 2670 | 3731 | 6010 | 6557 | 6846 | 8176 |
| | | | | | | | | | |
| 1374075 | 1308777 | 1540035 | 1223981 | 850900 | 915924 | 795169 | 789279 | 634776 | 1748773 |
| 8137 | 15298 | 2619 | 3599 | 12392 | 5697 | 4210 | 8060 | 6315 | 6729 |
| 5988 | 12430 | 6087 | 3605 | 6329 | 2621 | 1952 | 3183 | 5274 | 402 |
| 12092 | 26678 | 11598 | 12881 | 16032 | 11610 | 6951 | 32623 | 12811 | 19973 |

# 19—12 主要年份县及县以上政府部门所属研究与开发机构基本情况

# Basic Statistics on Governmental Department Research and Development Institutions at and above County Level in Main Years

| 项　目 | Item | 1995 | 2000 | 2005 | 2010 | 2015 | 2016 | 2017 | 2018 | 2019 |
|---|---|---|---|---|---|---|---|---|---|---|
| 机构数（个） | Number of Institutions（unit） | 230 | 224 | 210 | 207 | 195 | 166 | 165 | 150 | 168 |
| 从事科技活动人员（人） | Number of Persons Engaged in Scientific and Technological Activities（person） | 9227 | 7954 | 7574 | 8757 | 10034 | 7418 | 7516 | 7454 | 10571 |
| #科学家、工程师 | Scientists and Engineers | 5048 | 4787 | 4461 | | | | | | |
| #大学本科及以上学历 | Bachelor Degree or above | | | | 5400 | 7449 | 5505 | 5692 | 5494 | 8388 |
| 经费筹集总额（万元） | Funds for Scientific and Technological Activities（10 000 yuan） | 44526 | 54820 | 72749 | 187190 | 278240 | 456973 | 511634 | 553479 | 688668 |
| #政府拨款 | Funds from Government | 16910 | 31272 | 60359 | 136474 | 224073 | 240075 | 280262 | 302982 | 357362 |
| 经费使用总额（万元） | Expenditure of Funds for Scientific and Technological Activities（10 000 yuan） | 39087 | 53090 | 73823 | 170741 | 274085 | 242160 | 280336 | 294103 | 399331 |
| #固定资产购建支出 | Purchases of Fixed Assets | 8910 | 7818 | 12445 | 28939 | 52689 | 51678 | 53570 | 70693 | 62661 |

注：1. 2009年，指标“科学家工程师”取消，改为“大学本科及以上学历”（县属机构使用“大专以上学历”）。2011年，均使用“大学本科及以上学历”。

2. 2016年度数据口径已剔除转制院所数据（因科技厅报表改版，转制院所报表已为企业报表，不属于政府部门属机构，科技部不作汇总）。

Note：1. The indicator of “Scientists and Engineers” has been canceled since 2009, and it was replaced by “Bachelor Degree or above”（it is changed as “Junior College Degree or above” in county level institutions）. Both indicators were replaced by “Bachelor Degree or above” since 2011.

2. The statistical range of 2016 excluding data from reformed institutions（due to the revision of reports inside the Science and Technology Department, reports of reformed institutions become part of enterprises' report instead of government's report, the Science and Technology Department has no response for the summary）.

# 19—13　县及县以上政府部门所属研究与开发机构情况（2019年）

# Basic Statistics on Governmental Department Research and Development Institutions at and above County Level（2019）

| 项　目 | Item | 机构数（个）Number of Institutions（unit） | 从事科技活动人员合计（人）Personnel in Scientific and Technological Activities（person） | #大学本科及以上学历 Bachelor Degree or above | 经费筹集总额（万元）Funds for Scientific and Technological Activities（10 000 yuan） | #政府拨款 Funds from Government | 经费使用总额（万元）Total Expenditure（10 000 yuan） |
|---|---|---|---|---|---|---|---|
| 总　计 | Total | 168 | 10571 | 8388 | 688668 | 357362 | 399331 |
| 一、按单位类型分 | By Unit Type | | | | | | |
| 科学研究与技术开发机构 | Institutions of Scientific Research and Technological Development | 152 | 10174 | 8054 | 677536 | 348596 | 390464 |
| 科技情报与文献机构 | Scientific and Technological Information and Literature Institutions | 16 | 397 | 334 | 11132 | 8766 | 8867 |
| 二、按隶属关系分 | By Relationship | | | | | | |
| 中央属 | Central | 7 | 620 | 517 | 57412 | 31265 | 40012 |
| 自治区属 | Autonomous | 51 | 5404 | 4455 | 443395 | 212765 | 240522 |
| 地（市）属 | Prefectural | 61 | 1724 | 1224 | 59131 | 35277 | 36239 |
| 县属 | County | 49 | 2823 | 2192 | 128730 | 78055 | 82558 |
| 三、按学科领域分 | By Programmes | | | | | | |
| 自然科学 | Natural Sciences | 16 | 1612 | 1343 | 86807 | 57757 | 71243 |
| 农业科学 | Agricultural Sciences | 78 | 3775 | 2604 | 163168 | 131974 | 139472 |
| 医药科学 | Medical Sciences | 12 | 1773 | 1509 | 273790 | 77865 | 86002 |
| 工程与技术科学 | Engineering and Technology | 33 | 2600 | 2215 | 139940 | 68989 | 82043 |
| 人文与社会科学 | Humanities and Social Sciences | 29 | 811 | 717 | 24963 | 20777 | 20571 |

注：科技部汇总表上没有将县属机构按学科领域分组，所以这里的“按学科领域分”只包含了市级以上政府部门属机构数据。

Note：Since the summary table given by the Science and Technology Department didn’t have data of county’s institutions by programmes, so the related data of this table only include the institutions in cities.

# 19—14 县及县以上政府部门所属研究与开发机构课题情况（2019年）

# Projects of Governmental Department Research and Development Institutions at and above County Level （2019）

| 项 目 | Item | 课题数（项）Projects（unit） | 投入人员（人年）Personnel Engaged in Projects（person-year） | #研究人员 Researchers | 投入经费（万元）Funds of Projects（10 000 yuan） |
|---|---|---|---|---|---|
| 总 计 | Total | 2971 | 5404 | | 98258 |
| 按单位类型分 | By Unit Type | | | | |
| 科学研究与技术开发机构 | Institutions of Scientific Research and Technological Development | 2910 | 5224 | | 97069 |
| 科技情报与文献机构 | Scientific and Technological Information and Literature Institutions | 61 | 179 | | 1190 |
| 按活动类型分 | By Activity Type | | | | |
| 基础研究 | Basic Research | 690 | 1019 | | 18579 |
| 应用研究 | Application Research | 709 | 1306 | | 21855 |
| 实验发展 | Testing Development | 875 | 1558 | | 33485 |
| 研究与实验发展成果应用 | Application of R&D Achievement | 325 | 620 | | 10289 |
| 科技服务 | Technological Services | 372 | 902 | | 14051 |

注：1.投入的人员和经费为直接投入数据，不包括间接投入数据。

2.课题数的汇总缺县属机构按活动类型分的数据。

3."研究人员"缺所有汇总数据。

Note：1. The data on Personnel engaged and Funds of Projects is direct input, excluding indirect input.

2. The summary data of projects by activity type in the county agency are missing.

3. All the summary data of "Researchers" are missing.

## 19—15 县及县以上政府部门所属研究与开发机构成果情况（1990-2019年）

## Achievement of Governmental Department Research and Development Institutions at and above County Level（1990-2017）

| 年份<br>Year | 科学著作（种）<br>Scientific and Technological Works （10 000 words） | 科学论文（篇）<br>Scientific and Technological Works （unit） |
|---|---|---|
| 1990 | 887 | 579 |
| 1991 | 1520 | 675 |
| 1992 | 881 | 945 |
| 1993 | 1027 | 1072 |
| 1994 | 841 | 1135 |
| 1995 | 583 | 1274 |
| 1996 | 35 | 1403 |
| 1997 | 23 | 1691 |
| 1998 | 50 | 1505 |
| 1999 | 79 | 1525 |
| 2000 | 84 | 1839 |
| 2001 | 62 | 1456 |
| 2002 | 58 | 1400 |
| 2003 | 51 | 1673 |
| 2004 | 34 | 1756 |
| 2005 | 50 | 1918 |
| 2006 | 62 | 2274 |
| 2007 | 58 | 2331 |
| 2008 | 62 | 2550 |
| 2009 | 63 | 2736 |
| 2010 | 72 | 3104 |
| 2011 | 39 | 3178 |
| 2012 | 48 | 3342 |
| 2013 | 87 | 3328 |
| 2014 | 102 | 3868 |
| 2015 | 96 | 3731 |
| 2016 | 108 | 3024 |
| 2017 | 85 | 2897 |
| 2018 | 106 | 3619 |
| 2019 | 118 | 3784 |

注：1999年以后科学著作计量单位为：种；1990年科学著作、科学论文不包含科技情报与文献机构数。

Note：Since 1999，the term of scientific and technological works is Kind； In the year of 1990，scientific and technological works and papers exclude ones from scientific and technological information and literature institutions.

# 19—16 文化及相关产业机构和从业人员（2019年）

## Institutions, Staff and Workers of Cultural and Relevant Industries （2019）

| 项 目 | Item | 总计 Total | | 文化部门 Cultural Departments | | 其他部门 Other Departments | |
|---|---|---|---|---|---|---|---|
| | | | | 合计 Total | | | |
| | | 机构数（个） Number of Institutions（unit） | 从业人员数（人） Number of Staff and Workers（person） | 机构数（个） Number of Institutions（unit） | 从业人员数（人） Number of Staff and Workers（person） | 机构数（个） Number of Institutions（unit） | 从业人员数（人） Number of Staff and Workers（person） |
| 总 计 | Total | 8201 | 85422 | 1947 | 17770 | 6254 | 67652 |
| 艺术业 | Art | 163 | 5744 | 38 | 1521 | 125 | 4223 |
| 图书馆业 | Library | 116 | 1680 | 116 | 1680 | | |
| 群众文化服务业 | Service for Mass Culture | 1298 | 5145 | 1298 | 5145 | | |
| 艺术教育业 | Art Education | 2 | 128 | 2 | 128 | | |
| 文化市场经营机构（不含非公有制艺术表演团体） | Units in Operation in Culture Market（excluding non-public-owned art peformance groups） | 4757 | 29915 | | | 4757 | 29915 |
| 文艺科研 | Culture and Art Researching | 9 | 196 | 9 | 196 | | |
| 文物业 | Cultural Relics | 215 | 2754 | 180 | 2555 | 35 | 199 |
| 其他文化产业 | Other Industries | | | | | | |

注：统计范围为文化系统，以下各表相同。

Note：The statistical range is the cultural system, and the same as the continued tables.

# 19—17 文化及相关产业增加值（2019年）

# Added Value of Culture and Relevant Industries （2019）

单位：万元　　　　(10 000 yuan)

| 项　目 | Item | 总产出 Total Output | 中间消耗 Consump-tion Therein | 增加值 Added Value | 劳动者报酬 Remunera-tion for Labors | 生产税净额 Net Value of Produc-tion Tax | 固定资产折旧 Depreciation of Fixed Assets | 营业盈余 Surplus of Operation |
|---|---|---|---|---|---|---|---|---|
| 总计 | Total | 774858.4 | 290141.6 | 484716.8 | 366129.8 | 12316.4 | 28180.9 | 78089.7 |
| 艺术业 | Art | 72653.0 | 47102.7 | 25550.3 | 18049.2 | 4623.8 | 2469.9 | 407.4 |
| #艺术表演团体 | Art Performance Groups | 71087.6 | 46306.5 | 24781.1 | 17585.7 | 4584.8 | 2325.3 | 285.3 |
| 艺术表演场馆 | Art Performance Places | 19192.3 | 7995.1 | 11197.2 | 6960.3 | 923.1 | 144.6 | 3169.2 |
| 图书馆 | Library | 59981.8 | 18928.2 | 41053.6 | 33380.0 | 37.6 | 7621.0 | 15.0 |
| 群众文化 | Mass Culture | 78790.9 | 7930.4 | 70860.5 | 62437.8 | 33.3 | 8388.7 | 0.7 |
| 艺术教育 | Art Education | 4085.0 | 1204.0 | 2881.0 | 2514.6 | 24.5 | 341.9 | 0.0 |
| 文化市场经营机构 | Operating Units of Culture Marlcet | 302527.1 | 102382.3 | 200144.8 | 147200.4 | 6594.5 | 0.0 | 46349.9 |
| 动漫企业 | Comic and Animation | 2934.7 | 1263.5 | 1671.2 | 1042.7 | 92.6 | 254.7 | 281.2 |
| 文艺科研 | Culture and Art Research | 5305.0 | 1521.1 | 3783.9 | 3720.0 | 2.9 | 60.7 | 0.3 |
| 文物业 | Relic Industry | 48567.7 | 20048.5 | 28519.2 | 23898.2 | 80.1 | 4289.9 | 251.0 |
| 其他文化及相关产业 | Other Culture and Relative Industries | 200013.2 | 89760.9 | 110252.3 | 73886.9 | 827.1 | 4754.1 | 30784.2 |

# 19—18 文化部门主要文化产业单位基本情况

## Basic Situation of Major Units of Culture Industries in Culture Department

| 项　目 | Item | 1995 | 2000 | 2005 | 2010 | 2015 | 2016 | 2017 | 2018 | 2019 |
|---|---|---|---|---|---|---|---|---|---|---|
| **艺术表演团体** | **Art Performance Groups** | | | | | | | | | |
| 机构数（个） | Number of Institutions (unit) | 117 | 118 | 118 | 141 | 92 | 100 | 108 | 112 | 95 |
| 从业人员（人） | Employees (person) | 4408 | 4518 | 4352 | 4946 | 4613 | 4716 | 4747 | 4727 | 3897 |
| 国内演出场次（千场次） | Times of Domestic Performance (1000 performances) | 10.87 | 13.40 | 12.34 | 14.93 | 13.17 | 11.98 | 14.33 | 17.03 | 18.42 |
| 国内演出观众人次（千人次） | Person-times of Audiences of Domestic Performance (1 000 person-times) | 9867 | 16184 | 13182 | 15076 | | 8484 | 9732 | 11182 | 10391 |
| 本年收入合计（万元） | Total Income in This Year (10 000 yuan) | 3806 | 6503 | 12018 | 23855 | 65365 | 15470 | 61343 | 74169 | 82027 |
| #财政补助收入 | Income from Financial Allowance | 2589 | 4913 | 9022 | 17951 | 24937 | 12726 | 21728 | 22284 | 30740 |
| 演出收入 | Income from Performance | 507 | 717 | 1550 | 3679 | 34801 | 30885 | 7255 | 34602 | 410751 |
| 本年支出合计（万元） | Total Expenditure in This Year (10 000 yuan) | 3670 | 6492 | 11761 | 23871 | 54129 | 14710 | 50294 | 54832 | 74149 |
| **公共图书馆** | **Public Library** | | | | | | | | | |
| 机构数（个） | Number of Institutions (unit) | 99 | 94 | 95 | 108 | 112 | 114 | 115 | 116 | 116 |
| 从业人员（人） | Employees (person) | 1335 | 1540 | 1459 | 1509 | 1509 | 1589 | 1660 | 1675 | 1680 |
| 总藏量（千册/件） | Total Collection of Books (1 000 copies/collects) | 12430 | 13122 | 14908 | 18809 | 26063 | 27195 | 27860 | 27499 | 29015 |
| 总流通人次（千人次） | Total Circulation Person-times (1 000 person-times) | 8090 | 9268 | 12257 | 13428 | 20652 | 20670 | 23443 | 23846 | 21131 |
| 书刊外借册次（千册次） | Copy-time of Lending Books (1 000 copy-times) | 5281 | 6878 | 7614 | 7328 | 11550 | 11418 | 11829 | 11553 | 5585 |
| 本年收入合计（万元） | Total Income in This Year (10 000 yuan) | 1821 | 3361 | 6305 | 13320 | 35997 | 33215 | 47748 | 38644 | 45266 |
| #财政补助收入 | Income from Financial Allowance | 1563 | 2851 | 5469 | 12191 | 32734 | 29939 | 45983 | 37156 | 43378 |
| 本年支出合计（万元） | Total Expenditure in This Year (10 000 yuan) | 1769 | 3077 | 6288 | 13369 | 35915 | 32947 | 45992 | 39978 | 44243 |
| #图书购置费 | Expenditure for Book Purchasing | 291 | 520 | 674 | 1676 | | 3757 | 4017 | 4238 | 4610 |
| 本年新购图书（千册） | New Books Purchased in This Year (1 000 copies) | 157 | 201 | 260 | 563 | 1492 | 1316 | 1281 | 1730 | 1516 |

注：本表中艺术表演团体基本情况数据自2010年开始，将在广西文化市场管理机构登记办证的艺术表演单位纳入统计范畴。

Note: The data on the basic situation of art performance groups has brought the art performance units of culture market in Guangxi into the statistical range since 2010.

## 19-16续表 continued

| 项 目 | Item | 1995 | 2000 | 2005 | 2010 | 2015 | 2016 | 2017 | 2018 | 2019 |
|---|---|---|---|---|---|---|---|---|---|---|
| **群众文化** | Mass Culture | | | | | | | | | |
| 群艺馆机构数（个） | Number of Institutions of Mass Culture（unit） | 14 | 15 | 15 | 15 | 15 | 15 | 15 | 15 | 15 |
| 从业人员（人） | Employees（person） | 319 | 337 | 335 | 345 | 519 | 543 | 547 | 536 | 536 |
| 举办展览个数（个） | Number of Exhibitions Held（unit） | 57 | 53 | 84 | 70 | 151 | 114 | 113 | 125 | 3219 |
| 组织文艺活动次数（次） | Times of Culture and Art Actions Organized（time） | 119 | 276 | 289 | 1264 | 1288 | 1075 | 2330 | 2537 | 41910 |
| 本年收入合计（万元） | Total Income in This Year（10 000 yuan） | 611 | 849 | 1454 | 4055 | 129517 | 136940 | 13375 | 16398 | 1723 |
| #财政补助收入 | Income from Financial Allowance | 332 | 567 | 1249 | 3372 | 11299 | 12216 | 12621 | 14022 | 16111 |
| 本年支出合计（万元） | Total Expenditure in This Year（10 000 yuan） | 652 | 877 | 1515 | 4006 | 11817 | 12303 | 14207 | 17225 | 16971 |
| 文化馆机构数（个） | Number of Insitutions of Cultural Centers（unit） | 98 | 99 | 100 | 107 | 108 | 109 | 109 | 109 | 109 |
| 从业人员（人） | Employees（person） | 1280 | 1273 | 1195 | 1145 | 1595 | 1596 | 1613 | 1584 | 536 |
| 举办展览个数（个） | Number of Exhibitions Held（unit） | 316 | 730 | 340 | 354 | 608 | 618 | 601 | 613 | 1568 |
| 组织文艺活动次数（次） | Times of Culture and Art Actions Organizated（time） | 1288 | 2166 | 2249 | 4740 | 6600 | 7351 | 8594 | 8523 | 2898 |
| 本年收入合计（万元） | Total Income in This Year（10 000 yuan） | 1248 | 1509 | 2607 | 6743 | 18663 | 20238 | 20994 | 22182 | 22719 |
| #财政补助收入 | Income from Financial Allowance | 897 | 1234 | 2258 | 6443 | 16706 | 18268 | 19522 | 21154 | 21858 |
| 本年支出合计（万元） | Total Expenditure in This Year（10 000 yuan） | 1218 | 1485 | 2537 | 6672 | 17639 | 19492 | 20388 | 21630 | 21856 |
| 文化站机构数（个） | Number of Insitutions of Cultural Stations（unit） | 1412 | 1294 | 1139 | 1162 | 1168 | 1168 | 1174 | 1173 | 1174 |
| 从业人员（人） | Employees（person） | 1835 | 1777 | 2273 | 2585 | 3168 | 3399 | 3076 | 3059 | 3041 |
| **博物馆** | Museum | | | | | | | | | |
| 机构数（个） | Number of Institutions（unit） | 37 | 39 | 49 | 64 | 124 | 125 | 132 | 131 | 131 |
| 从业人员（人） | Employees（person） | 566 | 667 | 753 | 1096 | 1996 | 2013 | 2212 | 2255 | 2201 |
| 文物藏品（件、套） | Collection of Relics（unit，set） | 180956 | 170336 | 239327 | 279452 | 422677 | 342356 | 254298 | 305269 | 315125 |
| #一级品 | 1st Class | 296 | 293 | 279 | 312 | 360 | 320 | 298 | 298 | 299 |
| 举办展览（个） | Number of Exhibitions Held（unit） | 102 | 102 | 126 | 194 | 445 | 277 | 570 | 552 | 311 |
| 参观人次（千人次） | Number of Visitors（1 000 person-times） | 1443 | 1802 | 1442 | 7441 | 16555 | 19516 | 18279 | 17537 | 1994 |
| #未成年人参加人次 | Juveniles | | | | 2067 | 5115 | 5638 | 5212 | 4568 | 505 |
| #外宾人次 | Foreign Visitors | 41 | 34 | 37 | | | | 374 | 703 | |
| 本年收入合计（万元） | Total Income in This Year（10 000 yuan） | 906 | 1792 | 4905 | 17239 | 40712 | 44058 | 44880 | 53224 | 39440 |
| #财政补助收入 | Income from Financial Allowance | 611 | 976 | 2430 | 14244 | 29745 | 40251 | 43011 | 43010 | 36121 |
| 门票收入 | Income from Ticket | 51 | 122 | 229 | 39 | | | | | |
| 本年支出合计（万元） | Total Expenditure in This Year（10 000 yuan） | 899 | 1852 | 4326 | 14344 | 38965 | 36106 | 41629 | 45575 | 45900 |

注：1. 公共图书馆中自2013年起“图书购置费”为“新增藏量购置费”，“本年新购图书”为“本年新增藏量”
2. 博物馆中自2013年起“举办展览”为“临时展览”。

Note：1. The indicator of “Expenditure for Books Purchasing” of Public Library since 2013 is changed to “Expenditure for New Added Collection” “New Books Purchasing in This Year” is changed to “New Added Collection in This Year”.
2. The indicator of “Number of Exhibitions Held” of Museum since 2013 is changed to “Temporary Exhibitions Held”.

# 19—19 各市公共图书馆基本情况（2019年）

| 地 区 | Region | 机构数（个）Number of Institutions (unit) | 从业人员（人）Employed Persons (person) | 总藏量（千册）Library Holdings (1000 copies) | 当年购买的报刊种类（种）Newspapers and Periodicals Purchased in the Year (kind) | 总流通人次（千人次）Total Circulation of Persons (1000 person-times) |
|---|---|---|---|---|---|---|
| 广西壮族自治区 | Guangxi | 116 | 1,680 | 29015.26 | 33402 | 21131.24 |
| 自治区本级 | Autonomous Region Level | 3 | 312 | 8384.79 | 4785 | 3703.21 |
| 南宁市 | Nanning | 14 | 235 | 3138.54 | 4576 | 2396.39 |
| 柳州市 | Liuzhou | 11 | 158 | 2100.44 | 2480 | 726.25 |
| 桂林市 | Guilin | 13 | 87 | 1666.63 | 2097 | 982.14 |
| 梧州市 | Wuzhou | 5 | 95 | 1164.36 | 1142 | 831.00 |
| 北海市 | Beihai | 3 | 88 | 765.40 | 695 | 387.56 |
| 防城港市 | Fangchenggang | 5 | 46 | 995.08 | 782 | 932.77 |
| 钦州市 | Qinzhou | 5 | 74 | 880.00 | 1957 | 611.82 |
| 贵港市 | Guigang | 6 | 45 | 1325.18 | 1408 | 1365.13 |
| 玉林市 | Yulin | 8 | 116 | 2003.90 | 2139 | 1718.24 |
| 百色市 | Baise | 13 | 143 | 2233.27 | 3256 | 474.51 |
| 贺州市 | Hezhou | 5 | 66 | 899.50 | 1321 | 513.27 |
| 河池市 | Hechi | 11 | 85 | 1325.65 | 3497 | 492.12 |
| 来宾市 | Laibin | 7 | 69 | 1244.84 | 1790 | 410.31 |
| 崇左市 | Chongzuo | 7 | 61 | 887.67 | 1477 | 5586.54 |

## Basic Situation of Public Libraries by City （2019）

| 为读者举办各种活动 Activities Held for Readers | | | | 本年支出合计（万元） Total Cost of the Year （10 000 yuan） | 资产合计（万元） Total Capitals （10 000 yuan） | 实际使用公用房屋建筑面积（千平方米） Area of Public Building Actual Used （sq.m） |
|---|---|---|---|---|---|---|
| 组织各类讲座次数（次） Number of Lectures Held （time） | 参加人次（千人次） Number of Persons Attending （1000 person-times） | 举办展览（次） Number of Exhibitions Held （time） | 参观人次（千人次） Number of Persons Visiting （1000 person-times） | | | |
| 1793 | 316.30 | 1218 | 2890.86 | 44242.9 | 120231.7 | 473.04 |
| 328 | 63.84 | 80 | 995.04 | 13987.9 | 54311.1 | 106.33 |
| 363 | 75.23 | 217 | 282.92 | 6728.3 | 13651 | 71.72 |
| 118 | 8.88 | 99 | 221.19 | 2742.1 | 7190 | 33.35 |
| 116 | 18.88 | 77 | 102.07 | 1434.0 | 2110 | 18.71 |
| 145 | 49.06 | 61 | 88.77 | 1029.6 | 2295 | 19.09 |
| 95 | 13.93 | 102 | 239.00 | 2942.5 | 4068 | 23.16 |
| 90 | 22.44 | 16 | 22.30 | 913.1 | 2694 | 16.54 |
| 62 | 4.42 | 51 | 44.79 | 3199.2 | 9933 | 19.41 |
| 83 | 11.01 | 62 | 34.54 | 1249.0 | 2711 | 18.88 |
| 82 | 5.10 | 62 | 80.63 | 2090.5 | 6421 | 30.26 |
| 95 | 7.99 | 160 | 331.69 | 2742.0 | 6643 | 29.84 |
| 34 | 10.53 | 45 | 111.17 | 1778.8 | 1694 | 13.86 |
| 66 | 7.60 | 81 | 207.50 | 1205.1 | 2703 | 28.62 |
| 43 | 2.68 | 54 | 83.53 | 1031.4 | 1590 | 30.61 |
| 73 | 14.71 | 51 | 45.74 | 1169.4 | 2220 | 12.68 |

# 19—20 主要年份广播事业发展情况

| 项 目 | Item | 1995 | 2000 | 2005 |
|---|---|---|---|---|
| 基本情况 | Basic Statistics | | | |
| 中短波转播发射台（座） | Medium-and-short-wave Broadcasting Transmision Stations and Relaying Stations（set） | 24 | 25 | 21 |
| 调频转播发射台（座） | Frequency Modulation Broadcasting Transmision Stations and Relaying Stations（set） | 32 | 100 | 89 |
| 节目（套） | Programmes（unit） | 31 | 34 | 60 |
| 全年公共广播节目播出时间（小时） | Broadcasting Hours Throughout the Year（hour） | 117560 | 158714 | 257463 |
| 广播综合人口覆盖率（%） | Listener Rating（%） | 66.3 | 85.2 | 88.7 |
| 制作广播节目（小时） | Broadcasting Programmes Producing（hour） | 47053 | 90269 | 165012 |
| 新闻资讯节目 | News and Information Programmes | 6801 | 11186 | 23447 |
| 专题服务节目 | Subject Service Programmes | 11999 | 23109 | 46634 |
| 综艺益智 | Comprehensive Entertainment Programmes | 17362 | 27912 | 60556 |
| 广播剧节目 | Radio Play Programmes | | | 769 |
| 广告节目 | Advertisement Programmes | | 2323 | 15326 |
| 其他节目 | Other Programmes | 10891 | 25739 | 18280 |

# Basic Statistics on Broadcasting in Main Years

| 2010 | 2011 | 2012 | 2013 | 2014 | 2015 | 2016 | 2017 | 2018 | 2019 |
|---|---|---|---|---|---|---|---|---|---|
| 20 | 20 | 20 | 20 | 20 | 20 | 20 | 20 | 20 | 20 |
| 150 | 154 | 155 | 261 | 392 | 604 | 712 | 769 | 835 | 882 |
| 63 | 64 | 63 | 65 | 70 | 72 | 74 | 75 | 75 | 74 |
| 276733 | 297125 | 313741 | 324793 | 358518 | 376961 | 401239 | 421299 | 426426 | 429282 |
| 95.0 | 95.2 | 96.1 | 96.2 | 96.6 | 96.7 | 96.9 | 97.2 | 97.6 | 97.81 |
| 176577 | 169407 | 188949 | 188549 | 221858 | 220838 | 232673 | 237853 | 235235 | 221404 |
| 36670 | 36598 | 37629 | 36504 | 42427 | 41919 | 44128 | 44272 | 52004 | 45238 |
| 43832 | 40140 | 41324 | 35929 | 39176 | 34445 | 39469 | 43931 | 42995 | 43066 |
| 62601 | 57348 | 71827 | 67584 | 74870 | 61424 | 68564 | 82162 | 92862 | 81699 |
| 409 | 770 | 645 | 484 | 1131 | 1035 | 939 | 1438 | 750 | 1259 |
| 13071 | 12793 | 13779 | 15800 | 18140 | 17851 | 18923 | 14941 | 15942 | 14588 |
| 19994 | 21758 | 23745 | 32246 | 46111 | 64163 | 60651 | 51108 | 30683 | 35552 |

## 19—21 主要年份电视事业发展情况

| 项　目 | Item | 1995 | 2000 | 2005 |
|---|---|---|---|---|
| 基本情况 | Basic Statistics | | | |
| 电视转播台（座） | Television Relaying Stations（set） | 1009 | 237 | 65 |
| 节目（套） | Programmes（unit） | 20 | 23 | 39 |
| 全年公共电视节目播出时间（小时） | Television Broadcasting Hours of Whole Year（hour） | 42572 | 74166 | 276597 |
| 电视综合人口覆盖率（%） | Viewer Rating（%） | 79.5 | 90.0 | 93.5 |
| 制作电视节目 | Programmes Producing | 5732 | 15200 | 60033 |
| 新闻资讯节目（小时） | News and Information Programmes（hour） | 1591 | 2793 | 17833 |
| 专题服务节目（小时） | Subject Service Programmes（hour） | 1387 | 3357 | 12123 |
| 综艺益智节目（小时） | Comprehensive Entertainment | 768 | 2999 | 7793 |
| 影视剧节目（小时） | Programmes（hour） | | | 692 |
| 广告节目（小时） | TV Play Programmes（hour） | | 4011 | 15168 |
| 其他节目（小时） | Advertisement Programmes（hour） | 1986 | 2040 | 6424 |
| 电视剧（部/集） | Other Programmes（hour） | 3/21 | 11/80 | 9/448 |
| 动画电视（小时） | TV Plays（collection/episode） | | | |

## 19—22 主要年份图书、报纸及杂志出版情况

| 项　目 | Item | 1995 | 2000 | 2005 | 2010 |
|---|---|---|---|---|---|
| 图书 | Books | | | | |
| 种数（种） | Number of Publications（kind） | 2694 | 2739 | 3500 | 7344 |
| 印数（万册） | Printed Copies（10 000 copies） | 25397 | 23691 | 18818 | 24810 |
| 印张（千印张） | Printed Sheets（1000 sheets） | 1031173 | 1153943 | 1331175 | 1545018 |
| 报纸 | Newspapers | | | | |
| 种数（种） | Number of Publications（kind） | 66 | 60 | 50 | 55 |
| 印数（万份） | Printed Copies（10 000 copies） | 47475 | 56008 | 58222 | 69560 |
| 印张（千印张） | Printed Sheets（1000 sheets） | 451524 | 834192 | 1668812 | 2855711 |
| 期刊 | Magazines | | | | |
| 种数（种） | Number of Publications（kind） | 159 | 191 | 180 | 183 |
| 印数（万册） | Printed Copies（10 000 copies） | 4630 | 5242 | 5571 | 4268 |
| 印张（千印张） | Printed Sheets（1000 sheets） | 129001 | 149238 | 277555 | 176235 |

## Basic Statistics on Television Stations in Main Years

| 2010 | 2011 | 2012 | 2013 | 2014 | 2015 | 2016 | 2017 | 2018 | 2019 |
|---|---|---|---|---|---|---|---|---|---|
| 128 | 129 | 129 | 128 | 128 | 128 | 128 | 128 | 128 | 90 |
| 41 | 41 | 41 | 41 | 41 | 42 | 41 | 41 | 41 | 41 |
| 481171 | 485287 | 529407 | 543051 | 548710 | 576257 | 595786 | 596046 | 604617 | 606051 |
| 97.0 | 97.2 | 97.7 | 98.0 | 98.2 | 98.3 | 98.4 | 98.6 | 98.8 | 98.92 |
| 80594 | 102763 | 88403 | 106334 | 104166 | 97532 | 82568 | 93848 | 73036 | 77787 |
| 25367 | 26792 | 27042 | 34943 | 34540 | 33830 | 32398 | 32698 | 29926 | 34340 |
| 15071 | 18801 | 23711 | 24981 | 27125 | 25481 | 21663 | 16227 | 15373 | 12915 |
| 9101 | 11933 | 8527 | 12014 | 12855 | 9041 | 5826 | 8592 | 5431 | 5445 |
| 416 | 71 | 306 | 117 | 91 | 104 | 509 | 481 | 876 | 28 |
| 21730 | 21565 | 21566 | 22156 | 20584 | 20665 | 15557 | 18860 | 14223 | 14511 |
| 8909 | 23601 | 7250 | 12120 | 8968 | 8411 | 6615 | 6989 | 7205 | 10547 |
| 10/341 | 3/114 | 9/404 | 2/52 | 4/108 | 2/60 | 4/156 | 5/240 | 7/278 | |
| 3 | 1 | 1 | 71 | 4 | 45 | 277 | 28 | 12 | 22 |

## Basic Statistics of Books, Newspaper and Magazines in Main Years

| 2011 | 2012 | 2013 | 2014 | 2015 | 2016 | 2017 | 2018 | 2019 |
|---|---|---|---|---|---|---|---|---|
| 7695 | 8667 | 8795 | 13146 | 7537 | 7419 | 7319 | 6855 | 6096 |
| 26820 | 28796 | 34376 | 39773 | 29978 | 29193 | 29022 | 29878 | 31796 |
| 1733915 | 1927385 | 2400209 | 2854019 | 2165681 | 2075167 | 2107198 | | |
| 54 | 55 | 54 | 54 | 54 | 53 | 53 | 49 | 48 |
| 67229 | 69546 | 71812 | 72972 | 68974 | 64275 | 57997 | 54325 | 51427 |
| 2639518 | 2565130 | 2516898 | 2326772 | 2082133 | 1738851 | 1395607 | 1254842 | 1083904 |
| 184 | 184 | 179 | 182 | 180 | 181 | 181 | 180 | 180 |
| 4470 | 4516 | 4870 | 4808 | 4754 | 4236 | 4090 | 3772 | 3644 |
| 188643 | 179985 | 201151 | 196245 | 193264 | 180387 | 177766 | 164638 | 159048 |

## 主要统计指标解释

**普通高等学校** 指按国家规定的设置标准和审批程序批准建立的，通过全国普通高等教育统一招生考试，招收高中毕业生为主要培养对象，实施高等学历教育的全日制大学、独立设置的学院和高等专科学校、高等职业学校和其他机构。

大学、独立设置的学院主要实施本科及本科层次以上教育。高等专科学校、高等职业学校实施专科层次教育。其他机构是承担国家普通招生计划任务不计校数的机构。包括普通高等学校分校和批准筹建的普通高等学校等（注：高等学校在校学生数均不包括在校研究生）。

**成人高等学校** 指按国家规定的设置标准和审批程序批准举办的，通过全国成人高等教育统一招生考试，招收具有高中毕业或同等学历的人员为主要培养对象，利用函授、业余、脱产的多种形式对其实施高等学历教育的学校。包括职工高等学校、农民高等学校、管理干部学院、教育学院、独立函授学院、广播电视大学、其他机构。

**中等职业教育** 调整后的中等职业学校是指将普通中等专业学校（中等技术学校、中等师范学校）、成人中等专业学校、职业高中学校、其他机构等各种实施中等职业教育的办学类型，通过合并、共建、联办、划转等形式调整为统一的办学类型。

**艺术表演团体** 指由文化部门主办或实行行业管理（经文化市场行政部门审批或已申报登记并领取相关许可证），专门从事表演艺术等活动的各类专业艺术表演团体，含民间职业剧团。不包括群众业余文艺表演团体。

**艺术表演场馆** 指由文化部门主办或实行行业管理（经文化市场行政部门审批或已申报登记并领取相关许可证），有观众席、舞台、灯光设备，公共售票、专供文艺团体演出的文化活动场所。

**广播节目综合人口覆盖率** 是指根据国家广电总局制定的《广播电视人口覆盖率统计技术标准和方法》，在对象区内采用无线、有线、卫星等技术手段能够收听到包括中央、省、地市、县广播节目其中任意一套的人口数与全国总人口的比。

**电视节目综合人口覆盖率** 是指根据国家广电总局制定的《广播电视人口覆盖率统计技术标准和方法》，在对象区内采用无线、有线、卫星等技术手段能够收看到包括中央、省、地市、县级电视节目中任意一套的人口数与全国总人口的比。

## Explanatory Notes on Main Statistical Indicators

**Regular Institutions of Higher Education** refer to educational establishments set up according to the government evaluation and approval procedures, enrolling graduates from senior secondary schools through national higher education admission examination. It includes full-time universities, colleges, high professional schools and other institutions.

Universities and Independently Established Colleges provide undergraduate and above courses. Institutions of higher professional education and institutions of higher vocational education primarily provide professional trainings, and others refer to educational establishments which are responsible for enrolling higher education students under the State Plan but not enumerated in the total number of schools, including branches of ordinary institutions for higher learning and ordinary institutions of higher learning approved for preparation. (Note: the number of students in institutions of higher learning does not include graduate students.)

**Institutions of Higher Learning for Adults** refer to educational establishments, set up in line with relevant rules approved by the government, enrolling staff and workers with senior secondary school or equivalent education, and providing higher education courses in many forms of full-time, part-time, spare-time, or correspondence for adults. Professionals thus trained receive a qualification equivalent to graduates studying regular courses at regular universities, colleges and professional colleges. Institutions of higher learning for adults include Radio and TV universities, schools of high education for staff and workers and peasants, college for management cadres, pedagogical colleges, and independent correspondence colleges.

**Secondary Vocational Education** Secondary vocational school after adjustment refers to all kinds of schools provided secondary vocational education, including ordinary secondary specialized school (secondary technical school, secondary normal school), secondary professional school for adults, vocational high school and other institutions, which is unified school type after adjustment through mergering, joint construction, joint office, transferring and other forms.

**Arts Performance Troupe** refers to the various professional performing arts groups, which sponsored by the cultural society (approved by the cultural administration authority, or registered and permitted with the relative certificate), including non-governmental troupes. The mass amateur arts performance troupes are not included.

**Arts Performance Places** refer to the various sites for cultural activities, which sponsored by the cultural sectors or guided by the cultural society (approved by the cultural market administration, or registered and permitted with the relative certificate), with the facility of auditorium, stage and lighting, and selling tickets in public.

**The Population Coverage Rate of Radio** refers to the percentage of the whole country' s population who can receive radio programmes transmitted by national, provincial, municipal or county stations through wireless, cable or satellite techniques, according to Statistical Standard and Method on Television and Radio Coverage of Population established by the State Administration of Radio and Television.

**The Population Coverage Rate of Television** refers to the percentage of the whole country' s population who can receive television programmes transmitted by national, provincial, municipal or county stations through wireless, cable or satellite techniques, according to Statistical Standard and Method on Television and Radio Coverage of Population established by the State Administration of Radio and Television.

**科技活动**　指在自然科学、农业科学、医药科学、工程与技术科学、人文与社会科学领域（简称科学技术领域）中，与科技知识的产生、发展、传播和应用密切相关的有组织的活动。可分为科学研究与试验发展（R&D）、科学研究与试验发展成果应用及相关的科技服务三类活动。

**Scientific and Technological Activities（S&T Activities）** refer to organized activities which are closely related with the creation，development，dissemination，and application of the scientific and technical knowledge in the fields of natural sciences，agricultural science，medical science，engineering and technological science，humanities and social sciences（referred to as scientific and technological fields）. S&T activities can be classified into three categories：research and development（R&D）activities，application of R&D results，and related S&T services.

**科学研究与试验发展（R&D）**　指在科学技术领域，为增加知识总量、以及运用这些知识去创造新的应用而进行的系统的创造性的活动，包括基础研究、应用研究、试验发展三类活动。

**Research and Development（R&D）** refers to systematic and creative activities in the field of science and technology aiming at increasing the knowledge and using the knowledge for new application. R&D includes three categories of activities：basic research，applied research and experiments and development.

**基础研究**　指为获得关于现象和可观察事实的基本原理的新知识（揭示客观事物的本质、运动规律，获得新发现、新学说）而进行的实验性或理论性研究，它不以任何专门或特定的应用或使用为目的。其成果以科学论文和科学著作为主要形式。

**Basic Research** refers to empirical or theoretical research aiming at obtaining new knowledge on the fundamental principles of phenomena of observable facts to reveal the nature and law of movement of objects and to acquire new discoveries or new theories. Basic research takes no specific or designated application as the aim of the research are mainly released or disseminated in the form of scientific papers or monographs.

**应用研究**　指为获得新知识而进行的创造性研究，主要针对某一特定的目的或目标。应用研究是为了确定基础研究成果可能的用途，或是为达到预定的目标探索应采取的新方法（原理性）或新途径。其成果形式以科学论文、专著、原理理性模型或发明专利为主。

**Applied Research** refers to creative research aiming at obtaining new knowledge on a specific objective or target. Purpose of the applied research is to identity the possible use of results from basic research，or to explore new（fundamental）methods of new approaches. Results of applied research are expressed in the form of scientific papers，monographs，fundamental models or invention patents.

**试验发展**　指利用从基础研究、应用研究和实际经验所获得的现有知识，为产生新的产品、材料和装置，建立新的工艺、系统和服务，以及对已产生和建立的上述各项作实质性的改进而进行的系统性工作。其成果形式主要是专利、专有技术，具有新产品基本特征的产品原型或具有新装置基本特征的原始样机等。在社会科学领域，试验发展是指把通过基础研究、应用研究获得的知识转变成可以实施的计划（包括为进行检验和评估实施示范项目）的过程。人文科学领域没有对应的试验发展活动。

**Experiments and Development** refer to systematic activities aiming at using the knowledge form basic and applied researches or form practical experience to develop new products，materials and equipment，to establish new production process，systems and services，or to make substantial improvement on the existing products，process or services. Results of experiment and development activities are embodied in patents，exclusive technology，and monotype of new products or equipment. In social sciences，experiment and development activities refer to the process of converting the knowledge from basic or applied researches into feasible programs（including conduct of demonstration projects for assessment and evaluation）. There is on experiment and development activities in the science of humanities.

**R&D人员**　指单位内部从事基础研究，应用研究和试验发展三类活动的人员。包括直接参加上述三类项目活动的人员以及这三类项目的管理人员和直接服务人员。为研发活动提供直接服务的人员包括直接为研发活动提供资料文献、材料供应、设备维护等服务的人员。

**R&D Personnel** refer to persons engaged in research，management and supporting activities of R&D，including persons in the project teams，persons engaged in the management of S&T activities of enterprises and supporting staff providing direct service to the research projects. It includes personnel who provide direct services for R&D activities，such as documents，material supply and equipment maintenance etc.

**政府资金**　指从各级政府部门获得的计划用于科技活动的经费，包括科学事业费、科技三项费、科研基建费、科学基金、教育等部门事业费中计划用于科技活动的经费以及政府部门预算外资金中计划用于科技活动的经费等。

**Government Funds** refer to funds obtained from government agencies at all levels to be used for S&T activities，including fund for scientific undertakings，three kinds of fund for S&T activities，fund for capital construction for scientific researches，science fund，funds from education expenditures by education departments for S&T activities，and extra-budget fund from government agencies for S&T activities.

第二十篇

# 体育、卫生与社会福利

# SPORT，PUBLIC HEALTH AND SOCIAL WELFARE

（编辑：卢启函）

# 简要说明

（本篇资料由自治区统计局社会科技处整理，电话：0771-2441305/5848983）

**一、本篇资料主要内容及来源**

（一）体育事业发展情况（广西壮族自治区体育局）

（二）卫生事业基本情况（广西壮族自治区卫生健康委员会）

（三）社会福利、救济和殡葬管理等情况（广西壮族自治区民政厅）

（四）残疾人工作情况（广西壮族自治区残疾人联合会）

# 20—1　主要年份体育事业发展情况
## Statistics on Sports in Main Years

| 项　目 | Item | 2000 | 2005 | 2010 | 2015 | 2016 | 2017 | 2018 | 2019 |
|---|---|---|---|---|---|---|---|---|---|
| 体育系统从业人员（人） | Number of Staff and Workers in Sports System (person) | 3335 | 3917 | 5183 | 4457 | 4440 | 3981 | 5418 | 3972 |
| #优秀运动队 | Splendid Sports Team | | 1110 | 1535 | 956 | 1056 | 963 | 1025 | 1005 |
| 体育运动学校 | Physical Education and Sports Schools | 180 | | 199 | 512 | 535 | 476 | 834 | 469 |
| 业余体校 | Spare Time Sports Schools | 1028 | 1119 | 1886 | 793 | 790 | 732 | 1172 | 705 |
| 训练基地 | Training Bases | 184 | 129 | 127 | 300 | 285 | 280 | 301 | 265 |
| 体育场馆 | Sports Places | 272 | 213 | 248 | 272 | 256 | 277 | 331 | 228 |
| 举办综合运动会次数（次） | Number of Comprehensive Athletic Meetings Held (time) | | 0 | 4 | 1 | 1 | 1 | 2 | 1 |
| 举办单项比赛次数（次） | Number of Single Game Items Held (time) | | 23 | 34 | 30 | 28 | 305 | 312 | 1560 |
| 举办全民健身活动次数（次） | Number of Exercises Held for All the People (time) | | 2675 | 3265 | 511 | 2685 | 2819 | 2845 | 726 |
| #1000人以上的活动 | Activities Above 1000 Persons | | 448 | 973 | 511 | 664 | 85 | 88 | 1490 |
| 举办全民健身活动人数（万人） | Number of Persons Taking Part in Exercises Held for All the People (10 000 persons) | | 331 | 454 | 130 | 218 | 229 | 232 | 23 |
| 等级运动员发展人数（人） | Number of Athletes in Grades (person) | 2552 | 707 | 1711 | 607 | 882 | 644 | 863 | 929 |
| #国际级健将 | International Masters of Sports | | 4 | 7 | 0 | 0 | 0 | 3 | 0 |
| 运动健将 | Masters of Sports | 27 | 36 | 45 | 7 | 1 | 0 | 48 | 0 |
| 一级运动员 | First Grade Sportsmen | 41 | 75 | 184 | 31 | 336 | 170 | 220 | 400 |
| 二级运动员 | Second Grade Sportsmen | 354 | 592 | 1475 | 370 | 545 | 494 | 592 | 529 |
| 等级裁判员发展人数（人） | Number of Referees in Grades (person) | 2154 | 865 | 1894 | 2170 | 1357 | | 1234 | 891 |
| #国家级裁判 | National Referees | 10 | 11 | 1 | 10 | 0 | 10 | 14 | 7 |
| 一级裁判员 | First Grade Referees | | 78 | 113 | 233 | 33 | | 36 | 57 |
| 二级裁判员 | Second Grade Referees | | 776 | 1780 | 1934 | 1324 | | 1184 | 827 |

# 20—2 运动队体育比赛成绩（2019年）
## Scores of Sports Groups in Sport Matches (2019)

单位：个　(unit)

| 项　目 | Item | 名次 Position | | | | | | | | 破记录情况 Situation of Record Breaking |
|---|---|---|---|---|---|---|---|---|---|---|
| | | 1 | 2 | 3 | 4 | 5 | 6 | 7 | 8 | |
| 世界三大赛 | The Three Worldwide Big Matches | 10 | 6 | 3 | | 2 | | | | 1 |
| 一般国际比赛 | Common Worldwide Matches | 12 | 11 | 9 | 1 | 2 | | 1 | 2 | |
| 亚洲大赛 | Big Matches of Asia | 17 | 9 | 5 | 2 | | 1 | 2 | 2 | 3 |
| 全国大赛 | National Big Matches | 65 | 51 | 91 | 48 | 54 | 42 | 28 | 20 | 7 |
| 全国青少年比赛 | National Matches of Youth | 79 | 85 | 96 | 80 | 97 | 79 | 36 | 41 | |
| 一般国内大赛 | Common National Matches | 10 | 15 | 15 | 11 | 20 | 9 | 10 | 9 | |
| 合　计 | Total | 193 | 177 | 219 | 142 | 175 | 131 | 77 | 74 | |

# 20—3 主要年份卫生事业基本情况
## Basic Situation of Public Health in Main Years

| 项　目 | Item | 1995 | 2000 | 2005 | 2010 | 2015 | 2016 | 2017 | 2018 | 2019 |
|---|---|---|---|---|---|---|---|---|---|---|
| 一、各类卫生机构、卫生技术人员 | Health Care Institutions and Medical Technical Personnel by Type | | | | | | | | | |
| 卫生机构数（个） | Number of Health Care Institutions (unit) | 5571 | 13707 | 9432 | 10341 | 11770 | 11991 | 12288 | 12477 | 12837 |
| #医院、卫生院 | Hospitals | 1709 | 1868 | 1753 | 1728 | 1794 | 1810 | 1853 | 1888 | 1939 |
| 社区卫生服务中心（站） | Community Sanitation Service Center | | | 156 | 285 | 277 | 279 | 300 | 310 | 316 |
| 疗养院 | Sanatoriums | 11 | 8 | 8 | 5 | 5 | 5 | 5 | 5 | 5 |
| 门诊部、诊所、医务室 | Clinics | 3333 | 11361 | 7050 | 7891 | 9255 | 9403 | 9700 | 9843 | 10398 |
| 卫生监督所（局） | Sanitation Supervision Agencies | | | 63 | 109 | 112 | 111 | 114 | 117 | 119 |
| 专科疾病防治院（所、站） | Specialized Prevention Hospitals (Stations) | 66 | 66 | 62 | 43 | 41 | 37 | 34 | 34 | 31 |
| 医学学科研究机构 | Research Institutions of Medical Science | 26 | 22 | 15 | 14 | 13 | 14 | 13 | 13 | 12 |
| 其他卫生机构 | Others | 126 | 147 | 41 | 28 | 15 | 15 | 14 | 11 | 17 |
| 病床总数（张） | Total Number of Beds (bed) | 83963 | 85422 | 93767 | 143695 | 214485 | 224710 | 240713 | 255940 | 277357 |
| #医院、卫生院病床数 | Hospitals | 78788 | 82975 | 87061 | 133887 | 199712 | 209021 | 224114 | 238485 | 258213 |
| 每千人中医院、卫生院病床数（张） | Number of Hospital Beds per 1000 Persons (bed) | 1.73 | 1.74 | 1.77 | 2.60 | 4.06 | 4.32 | 5.00 | 4.8 | 5.2 |
| 卫生技术人员（人） | Medical Technical Personnel (person) | 116547 | 127036 | 129210 | 185715 | 274663 | 289865 | 305316 | 320906 | 341429 |
| #执业医师、执业助理医师 | Licensed Doctors and Licensed Assistant Doctors | 41305 | 45981 | 54652 | 67314 | 91580 | 96678 | 101141 | 105974 | 115091 |
| 注册护士 | Registered Nurses | 35636 | 40331 | 44604 | 69906 | 113202 | 122595 | 131711 | 140412 | 152390 |
| 每千人中有卫生技术人员数（人） | Number of Medical Technical Personnel per 1000 Persons (person) | 2.56 | 2.67 | 2.63 | 3.60 | 5.73 | 5.99 | 6.00 | 6.5 | 6.88 |
| 疾病预防控制中心（防疫站）（个） | Center for Disease Control and Prevention (Epidemic Prevention Stations) (unit) | 132 | 136 | 106 | 105 | 115 | 115 | 117 | 118 | 118 |
| 卫生技术人员（人） | Medical Technical Personnel (person) | 5152 | 5340 | 4839 | 4852 | 5735 | 6004 | 6003 | 5848 | 7510 |
| 妇幼保健院（所、站）（个） | Women and Children Care Agencies (unit) | 81 | 103 | 103 | 103 | 104 | 103 | 104 | 104 | 105 |
| 卫生技术人员（人） | Medical Technical Personnel (person) | 2190 | 5879 | 7193 | 12763 | 19380 | 20790 | 23082 | 24751 | 31098 |
| 乡镇卫生院（个） | Rural Hospitals (unit) | 1273 | 1134 | 1295 | 1278 | 1267 | 1267 | 1264 | 1264 | 1261 |
| 床位数（张） | Number of Beds (bed) | 18470 | 12720 | 20963 | 44974 | 59406 | 60541 | 63035 | 65278 | 69930 |
| 卫生技术人员（人） | Medical Technical Personnel (person) | 23829 | 20134 | 28258 | 43687 | 58007 | 59957 | 62357 | 64270 | 78662 |
| 乡村医生和卫生员人数（人） | Doctors or Health Workers in Rural Areas (person) | 44617 | 47099 | 36236 | 36386 | 36101 | 34981 | 34151 | 32648 | 33587 |
| 二、医院病床使用情况 | Utilization of Hospital Beds | | | | | | | | | |
| 病床周转次数（次） | Turnover of Beds (time) | 19 | 19 | 25 | 42 | 37 | 36 | 36 | 36 | 38.9 |
| 病床工作日数（日） | Days Per Bed in Use (day) | 264 | 219 | 256 | 300 | 328 | 321 | 321 | 320 | 302 |
| 病床使用率（%） | Utilization Rate of Beds (%) | 73 | 60 | 70 | 82 | 90 | 88 | 88 | 88 | 83 |
| 出院者平均住院日数（日） | Average Hospitalization Period (day) | 14 | 11 | 10 | 7 | 9 | 9 | 9 | 9 | 7.6 |
| 参合率（%） | Participation Rate of NCMS (%) | | | | 93.1 | 99.2 | 99.3 | | | |

注：1. 本表的卫生机构数不含村卫生室和计生机构。
　　2. 1995年、2000年的执业医师、执业助理医师为中医师、西医师、中西医结合医师，注册护士为护师、护士。

Note: 1. The indicator "Number of Health Care Institutions" in this table excludes village clinics and institutions of family planning.
　　2. The licensed doctors and licensed assistant doctors in 1995, 2000 refer to doctors of Chinese medicine, doctors of Western medicine, senior doctors who integrate traditional Chinese therapeutics with Western therapeutics in practice, registered nurses refer to primary nurses and nurses.

## 20—4 医疗机构诊疗人次和入院人数（2019年）
## Number of Hospital Patients and Admissions （2019）

| 医院类别 | Hospital Type | 诊疗人次数（万人次）Total Number of Patients Treated（10 000 person-times） | #门、急诊 Out-patients and Emergency Patients | 入院人数（万人）Hospital Admissions（10 000 persons） | 每百名门急诊的入院人数（人）Hospital Admissions Per 100 Patient-times（person） |
|---|---|---|---|---|---|
| 总计 | Total | 26131.17 | 25403.47 | 1046.44 | 21.10 |
| 医院 | Hospital | 11030.35 | 10707.5 | 667.66 | 13.46 |
| 疗养院 | Sanatoriums | 5.19 | 4.45 | 1 | 0.02 |
| 社区卫生服务中心 | Community Sanitation Service Center | 884.49 | 836.78 | 5.28 | 0.11 |
| 卫生院 | Rural Hospitals | 4637.3 | 4468.38 | 287.88 | 5.80 |
| 门诊部 | Out-patients Department | 230.36 | 229.14 | 0.01 | |
| 妇幼保健院（所、站） | Hospitals for Maternity and Child Care | 2191.94 | 2146.66 | 83.8 | 1.69 |
| 专科疾病防治院（所、站） | Specialized Stations | 86.94 | 85.03 | 0.79 | 0.02 |

## 20—5 提供住宿的社会服务机构和设施情况（2019年）
## Basic Statistics of Adopting Social Welfare and facilities Units （2019）

| 指标名称 | Item | 2019 |
|---|---|---|
| 提供住宿的社会服务机构和设施 | Social Welfares and facilities provides lodging （unit） | 12334 |
| 床位总数 | Number of Beds （bed） | 230222 |
| 年末在院（收养）人数 | Number of Persons （adopt） at year end （person） | 64795 |
| （一）提供住宿的养老服务机构和设施 | Social Welfare Homes for the Elderly （unit） | 12217 |
| 养老机构和设施床位数 | Number of Beds （bed） | 221472 |
| 其中：1.养老机构和设施床位数 | Number of Beds in geriatric nursing home （bed） | 71522 |
| 2.社区服务设施床位数 | Number of Beds in communities （bed） | 146570 |
| 收养人数 | Number of adoption （person） | 60425 |
| 每千人口老年人拥有养老床位数 | Number of adoption elderly Personnel per 1000 Persons （person） | 30 |
| （二）为智障与精神病人提供收留抚养服务的机构 | Social Welfare Homes for Mental Patients （unit） | 4 |
| 床位数 | Number of Beds （bed） | 2467 |
| 年末在院人数 | Number of Persons at year end （person） | 2295 |
| （三）为儿童提供收留抚养和救助服务的机构 | Social Welfare Homes for Children （unit） | 45 |
| 床位数 | Number of Beds （bed） | 3673 |
| 年末在院人数 | Number of Persons at year end （person） | 1513 |
| （四）其它提供住宿的服务机构 | Others | 68 |
| 床位数 | Number of Beds （bed） | 2610 |

# 20—6 主要年份社会救济对象享受救济情况

## Basic Statistics of Persons Receiving Subsidies or Relief Funds in Main Years

| 项 目 | Item | 2000 | 2005 | 2010 | 2015 | 2016 | 2017 | 2018 | 2019 |
|---|---|---|---|---|---|---|---|---|---|
| 一、城镇居民最低生活保障人数（人） | Population Receiving Lowest Cost-of-living in Urban Area （person） | 108173 | 568957 | 601935 | 385308 | 226134 | 190843 | 119902 | 305127 |
| 城镇居民最低生活保障家庭数（户） | Number of Families Receiving Lowest Cost-of-living in Urban Area （household） | | 273349 | 306368 | 198698 | 121741 | 102814 | 69741 | 139137 |
| 城镇临时救济人次数（人次） | Population Receiving Temporary Almsgiving in Urban Area （person-time） | 31226 | 67043 | 4732 | 7402 | | | | |
| 二、农村居民最低生活保障人数（人） | Population Receiving Lowest Cost-of-living in Rural Area （person） | 204293 | 42745 | 3156789 | 2921414 | 2905689 | 2539255 | 1822053 | 2470539 |
| 农村居民最低生活保障家庭数（户） | Number of Families Receiving Lowest Cost-of-living in Rural Area （household） | | 26019 | 1296975 | 1179258 | 1019010 | 890723 | 643466 | 839749 |
| 三、农村传统定期定量救济人数（人） | Population Receiving Traditional Relief in Rural Area （person） | 50292 | 470169 | 6308 | 118118 | 112853 | 111903 | | |
| 农村临时救济人次数（人次） | Population Receiving Temporary Almsgiving （person-time） | 1298570 | 2058208 | 6308 | | | | | |
| 四、农村五保户供养人数（人） | Population Enjoying the Five Guarantees （person） | | | 327349 | 280486 | 269643 | 250418 | 238906 | |
| 农村五保户供养户数（户） | Households Enjoying the Five Guarantees （household） | | | 320567 | | | | | |

注：医疗救助情况，民政部从2013年开始使用新口径，数据与2012年以前不可比。

Note：The new statistical range of Medical Assitatnce is used by Ministry of Civil Affairs since 2013， and it is not comparable with the data before 2012.

# 20—7　主要年份殡葬管理情况

## Condition of Burial Administration in Main Years

| 项 目 | Item | 2011 | 2012 | 2013 | 2014 | 2015 | 2016 | 2017 | 2018 | 2019 |
|---|---|---|---|---|---|---|---|---|---|---|
| 一、单位数（个） | Number of Units （unit） | 68 | 71 | 75 | 107 | 108 | 97 | 89 | 87 | 92 |
| 二、年末职工人数（人） | Number of Staff and Workers in Year-end （person） | 1549 | 1513 | 1435 | 1942 | 2075 | 2032 | 1886 | 1867 | 1991 |
| 四、业务活动 | Operation | | | | | | | | | |
| （一）火化炉数（台） | Number of Cremators （unit） | 76 | 88 | 88 | 91 | 99 | 104 | 110 | 110 | 113 |
| （二）全年处理遗体数（具） | Annual Number of Remains Dealed （body） | 58212 | 70044 | 71536 | 77139 | 78448 | 82200 | 85653 | 89351 | 97025 |
| （三）穴位数（个） | Number of Graves （unit） | 138249 | 138549 | 121945 | 255235 | 348434 | 378223 | 349263 | 368188 | 309556 |
| #本年销售穴位数 | # Annual Number of Sold Graves | 23496 | 8884 | 9948 | 9372 | 14058 | 15469 | 13231 | 12919 | 14750 |
| （四）安葬数（具） | Number of Remains Buried （body） | 43805 | 88555 | 94365 | 122806 | 212613 | 229221 | 180216 | 181583 | 202552 |
| #本年安葬数 | # Annual Number of Buried Remains | 3529 | 5935 | 6291 | 7482 | 13649 | 15876 | 14260 | 13958 | 15817 |

# 20—8 广西残疾人工作主要情况

## The Major Situation of the Disabled Work in Guangxi Autonomous Region

| 指 标 | Item | 2017 | 2018 | 2019 |
|---|---|---|---|---|
| 一、康 复 | Rehabilitation | | | |
| 康复机构数（个） | Number of Rehabilitation Institutions （unit） | 220 | 363 | 423 |
| 其中：残联办 | Disabled Persons' Office | 110 | 104 | 97 |
| 卫生办 | Health office | 56 | 186 | 212 |
| 民政办 | Civil Affairs Office | 8 | 14 | 17 |
| 教育办 | Education Office | 8 | 11 | 21 |
| 民 办 | Civilian | 27 | 35 | 58 |
| 其他 | Others | 11 | 13 | 18 |
| 康复机构在岗人员（人） | On Duty Personnel of Rehabilitation Institutions （person） | 6868 | 8700 | 9476 |
| 其中：业务人员 | Business Personnel | 4620 | 6211 | 6365 |
| 管理人员 | Management | 713 | 1048 | 1075 |
| 其他人员 | Other Personnel | 1535 | 1441 | 2036 |
| 二、教育 | Education | | | |
| 专项资助残疾人接受学前教育（人） | Special Funding for Disabled People to Receive Preschool Education （person） | 2135 | 2050 | 2180 |
| 特殊教育普通高中在校生（人） | Students Enrollment Receiving Special Education in Ordinary Senior Schools （person） | 44 | 91 | 82 |
| 残疾人中等职业学校在校生（人） | Disabled Students Enrollment in Vacational Secondary Schools （person） | 219 | | |
| 普通高等教育院校录取残疾考生（人） | Enrolled at Schools of Higher Education （person） | 315 | 297 | 290 |
| 三、就业 | Employment | | | |
| 就业残疾人数 | Employment Disability | 322419 | 326384 | 309661 |
| 其中：按比例就业 | Proportional Employment | 9034 | 9631 | 9457 |
| 个体就业 | Engaged Persons | 14600 | 14395 | 13297 |
| 公益性岗位就业 | Public Welfare Post Employment | 2018 | 1948 | 1675 |
| 从事农业种养加工 | Engaged in Agricultural Cultivation and Processing | 226523 | 229001 | 218133 |
| 灵活就业 | Flexible Employment | 24792 | 27558 | 63319 |
| 四、社会保障 | Social Security | | | |
| 符合参加城乡社会养老保险的残疾居民（人） | Disabled Residents who are Eligible to Participate in Urban and Rural Social Retirement Insurance （person） | 1412722 | 1201875 | 1215861 |
| 实际参加城乡社会养老保险的残疾居民（人） | Disabled Residents who Actually Participate in Urban and Rural Social Retirement Insurance （person） | 1122555 | 1020119 | 938238 |
| 其中：（一）领取待遇 | Receiving Treatment | 591910 | 520091 | 422292 |
| （二）60岁以下参加城乡社会养老保险的残疾居民（人） | Disabled Residents Under 60 Years Old Who Participate in Urban and Rural Social Retirement Insurance （person） | 530645 | 500028 | 515946 |
| 五、培训 | Training | | | |
| 本年度实用技术培训（人次） | Practical Technical Training This Year （person） | 29944 | 25801 | 13223 |
| 其中：扫盲教育（人） | Literacy Education （person） | 1186 | 1053 | 987 |
| 六、文化 | Culture | | | |
| 公共图书馆盲文及盲人有声读物图书室 | Braille in Public Library and Sound Book Library for the Blind | 19 | 32 | 30 |
| 其中：省级 | Provincial Level | 1 | 1 | 1 |
| 地市级 | City Level | 9 | 10 | 11 |
| 县（市、区）级 | County （City, District） Level | 9 | 21 | 18 |

## 主要统计指标解释

**等级运动员人数**　指经考核正式批准授予等级运动员称号的人数。运动员等级分为国际级运动健将、运动健将、一级运动员、二级运动员、三级运动员、少年级运动员。

**等级裁判员人数**　指经考核正式批准授予等级裁判员称号的人数。裁判员等级分为国际裁判、国家级裁判、一级裁判、二级裁判、三级裁判。

**卫生机构**　是指从卫生行政部门取得《医疗机构执业许可证》，或从民政、工商行政、机构编制管理部门取得法人单位登记证书，为社会提供医疗保健、疾病控制、卫生监督服务或从事医学科研和教育等工作的单位。

**卫生技术人员**　包括执业助理医师、注册护士、药剂人员、检验和影像人员等卫生专业人员。不包括从事管理工作的卫生技术人员。

**执业医师**　指具有《医师执业证》及其“级别”为“执业医师”且实际从事医疗、预防保健工作的人员，不包括实际从事管理工作的执业医师。执业医师类别分为临床、中医、口腔和公共卫生。

**执业助理医师**　指具有《医师执业证》及其“级别”为“执业助理医师”且实际从事医疗、预防保健工作的人员，不包括实际从事管理工作的执业助理医师。执业助理医师类别分为临床、中医、口腔和公共卫生。

**注册护士**　指具有注册护士证书且实际从事护理工作的人员，不包括从事管理工作的护士。

**农村定期定量救济**　指由民政部门发给农村收入水平很低、生活确有困难的五保户、贫困户的生活救济。

## Explanatory Notes on Main Statistical Indicators

**Number of Athletes in Grades**　refers to the number of athletes who have been given titles through examination. The titles of athletes include international masters of sports，masters of sports，first grade，second grade and third grade sportsmen and young athletes.

**Number of Referees in Grades**　refers to the number of referees who have been given titles after examination. They are classified as international referees，national referees and referees of the first，second and third grades.

**Health Care Institutions**　refer to the units which have been qualified the Certification of Health Care Institution or qualified the Certification of Corporate Unit by the civil affairs，administration for industry and commerce，commission office for public sector，and units provided medical and health care，disease control，health supervision and services or medical research and education etc..

**Medical Technical Personnel**　refers to the professional staff engaged in health care，including licensed assistant doctors，registered nurses，pharmacists，laboratory technicians，imaging staff etc.，excluding the medical technical personnel engaged in managerial job.

**Licensed Doctors**　refer to the medical workers who have obtained the licenses of qualified doctors and are employed in medical treatment，disease prevention or healthcare institutions，excluding the licensed doctors engaged in management job. The licensed doctors are divided into the following categories：clinician，Chinese medicine physicians，oral cavity and public health physicians.

**Licensed Assistant Doctors**　refer to the medical workers who have obtained the licenses of qualified assistant doctors and are employed in medical treatment，disease prevention or healthcare institutions，excluding the licensed assistant doctors engaged in management job. The licensed assistant doctors are divided into the following categories：clinician，Chinese medicine physicians，oral cavity and public health physicians.

**Registered Nurses**　refer to personnel qualified registered nurse certification and actually engaged in nursing work，excluding nurses engaged in management job.

**Regular Rotation Relief in Rural Areas**　refers to livelihood relief by Civil Administration Department to households enjoying five guarantees and family in financial or material difficulties that have low income and difficulty in life in rural areas.

第二十一篇

# 区域经济

# ECONOMIC ZONES

（编辑：黄浩洲）

# 简 要 说 明

（本篇资料由自治区统计局综合处整理，电话：0771-5848296）

**一、本篇资料主要内容**

（一）广西各经济区主要指标数据。

北部湾经济区（4市）指南宁、北海、防城港、钦州4市合计；

北部湾经济区（6市）指南宁、北海、防城港、钦州、玉林、崇左6市合计；

桂西资源富集区（3市）指百色、河池、崇左3市合计；

珠江-西江经济带广西七市指南宁、柳州、梧州、贵港、百色、来宾、崇左7市合计。

**二、备注说明**

1.全社会固定资产投资包含固定资产投资和农户投资两部分，本表数据自2014年起为固定资产投资数据。

3.国内生产总值、社会消费品零售总额等指标的历史数据根据2018年第四次全国经济普查结果进行了修订。

# 21—1 各个经济区域主要经济指标及占全区比重

| 指 标 | Item | 2017<br>北部湾经济区（4市）<br>The Beibu Gulf Economic Zone (4 cities) | 北部湾经济区（6市）<br>The Beibu Gulf Economic Zone (6 cities) | 桂西资源富集区<br>The Resource-rich Area of Western Guangxi |
|---|---|---|---|---|
| 土地面积（平方公里） | Local Land Area (sq.km) | 43223 | 73379 | 87009 |
| 土地面积占比（%） | Percentage of Local Land Area (%) | 18.2 | 30.9 | 36.6 |
| 年末常住人口（万人） | Population at the Year-end (10 000 persons) | 1303.68 | 2093.44 | 925.68 |
| 年末常住人口占比（%） | Percentage of Population at the Year-end (%) | 26.7 | 42.9 | 18.9 |
| 城镇化率（%） | Urbanization Rate (%) | 54.96 | 51.42 | 37.04 |
| 地区生产总值（亿元） | Gross Domestic Product (100 million yuan) | 7400.11 | 10007.27 | 3003.98 |
| 第一产业 | Primary Industry | 918.95 | 1377.11 | 529.45 |
| 第二产业 | Secondary Industry | 3314.39 | 4446.74 | 1419.02 |
| #工业 | Industry | 2658.52 | 3557.90 | 1193.17 |
| 第三产业 | Tertiary Industry | 3166.77 | 4183.42 | 1055.51 |
| 地区生产总值指数（上年=100） | Indices of Gross Domestic Product (preceding year = 100) | 108.3 | 108.3 | 108.7 |
| 第一产业 | Primary Industry | 104.0 | 103.9 | 104.3 |
| 第二产业 | Secondary Industry | 109.0 | 109.0 | 109.8 |
| #工业 | Industry | 109.7 | 109.3 | 109.7 |
| 第三产业 | Tertiary Industry | 109.0 | 109.2 | 109.7 |
| 地区生产总值占比（%） | Percentage of Gross Domestic Product (%) | 36.0 | 48.7 | 14.6 |
| 第一产业占比（%） | Percentage of Primary Industry (%) | 31.7 | 47.4 | 18.2 |
| 第二产业占比（%） | Percentage of Secondary Industry (%) | 35.0 | 47.0 | 15.0 |
| #工业 | Industry | 34.1 | 45.6 | 15.3 |
| 第三产业占比（%） | Percentage of Tertiary Industry (%) | 38.7 | 51.2 | 12.9 |
| 公共财政预算收入（亿元） | Public Budget Income (100 million yuan) | 496.90 | 636.52 | 152.79 |
| 公共财政预算支出（亿元） | Public Budget Expenditure (100 million yuan) | 1131.96 | 1705.21 | 927.06 |
| 公共财政预算收入占比（%） | Percentage of Public Budget Income (%) | 30.8 | 39.4 | 9.5 |
| 公共财政预算支出占比（%） | Percentage of Public Budget Expenditure (%) | 23.0 | 34.7 | 18.9 |
| 社会消费品零售总额（亿元） | Total Retail Sales of Consumer Goods (100 million yuan) | 2821.66 | 3708.91 | 767.62 |
| 社会消费品零售总额占比（%） | Percentage of Total Retail Sales of Consumer Goods (%) | 40.1 | 52.7 | 10.9 |
| 进出口（亿元） | Total Exports and Imports (100 million USD) | 1946.94 | 3319.40 | 1546.80 |
| #出口 | Exports | 623.29 | 1540.46 | 1045.36 |
| 进出口占比（%） | Percentage of Total Exports and Imports (%) | 50.4 | 85.9 | 40.0 |
| #出口 | Exports | 33.6 | 83.0 | 56.3 |

说明：1.北部湾经济区（4市）指南宁、北海、防城港、钦州4市合计，北部湾经济区（6市）指南宁、北海、防城港、钦州、玉林、崇左6市合计，桂西资源富集区指百色、河池、崇左3市合计，珠江-西江经济带广西七市指南宁、柳州、梧州、贵港、百色、来宾、崇左7市合计。

## Main Economic Indicators and Percentage of Each Economic Zone

| | 2018 | | | | 2019 | | | |
|---|---|---|---|---|---|---|---|---|
| 珠江-西江经济带广西七市 The Zhujiang River-Xijiang River Economic Belt（7 cities） | 北部湾经济区（4市）The Beibu Gulf Economic Zone（4 cities） | 北部湾经济区（6市）The Beibu Gulf Economic Zone（6 cities） | 桂西资源富集区 The Resource-rich Area of Western Guangxi | 珠江-西江经济带广西七市 The Zhujiang River-Xijiang River Economic Belt（7 cities） | 北部湾经济区（4市）The Beibu Gulf Economic Zone（5 cities） | 北部湾经济区（6市）The Beibu Gulf Economic Zone（7 cities） | 桂西资源富集区 The Resource-rich Area of Western Guangxi | 珠江-西江经济带广西七市 The Zhujiang River-Xijiang River Economic Belt（8 cities） |
| 130785 | 43223 | 73379 | 87009 | 130785 | 43223 | 73379 | 87009 | 130785 |
| 55.0 | 18.2 | 30.9 | 36.6 | 55.0 | 18.2 | 30.9 | 36.6 | 55.0 |
| 2651.80 | 1319.18 | 2114.09 | 931.45 | 2676.88 | 1333.32 | 2132.13 | 936.13 | 2697.26 |
| 54.3 | 26.8 | 42.9 | 18.9 | 54.3 | 26.9 | 43.0 | 18.9 | 54.4 |
| 51.87 | 56.0 | 52.5 | 38.0 | 52.8 | 57.22 | 53.55 | 38.6 | 53.71 |
| 12227.83 | 7228.99 | 9860.94 | 2981.56 | 12165.95 | 7864.86 | 10305.09 | 2896.33 | 12556.22 |
| 1454.18 | 964.68 | 1430.44 | 545.40 | 1507.06 | 1108.17 | 1601.37 | 604.37 | 1687.99 |
| 5775.76 | 2685.94 | 3693.07 | 1263.01 | 4997.70 | 2385.39 | 3068.38 | 969.49 | 4302.61 |
| 4851.69 | 1981.82 | 2733.54 | 1019.17 | 3991.95 | 1676.05 | 2122.21 | 761.01 | 3250.20 |
| 4997.89 | 3578.36 | 4737.43 | 1173.16 | 5661.19 | 4371.30 | 5635.35 | 1322.48 | 6565.62 |
| 107.9 | 106.1 | 106.8 | 108.2 | 106.5 | 106.0 | 106.4 | 107.9 | 105.2 |
| 104.2 | 105.0 | 105.0 | 105.0 | 105.0 | 105.0 | 104.7 | 106.7 | 105.4 |
| 107.2 | 103.5 | 104.9 | 110.5 | 104.1 | 106.2 | 107.1 | 110.3 | 104.2 |
| 107.4 | 103.7 | 105.4 | 112.4 | 104.1 | 105.2 | 106.2 | 109.6 | 102.4 |
| 109.7 | 108.6 | 109.1 | 107.6 | 109.2 | 106.1 | 106.4 | 106.8 | 105.9 |
| 59.5 | 35.5 | 48.4 | 14.6 | 59.7 | 37.0 | 48.4 | 13.6 | 59.0 |
| 50.1 | 32.1 | 47.7 | 18.2 | 50.2 | 32.4 | 46.8 | 17.7 | 49.3 |
| 61.1 | 33.2 | 45.6 | 15.6 | 61.7 | 33.7 | 43.3 | 13.7 | 60.8 |
| 62.2 | 31.5 | 43.4 | 16.2 | 63.4 | 31.8 | 40.2 | 14.4 | 61.6 |
| 61.1 | 38.6 | 51.1 | 12.6 | 61.0 | 40.6 | 52.3 | 12.3 | 60.9 |
| 791.11 | 528.67 | 665.85 | 155.70 | 833.73 | 553.81 | 698.64 | 173.73 | 901.78 |
| 2274.5 | 1222.76 | 1848.84 | 1003.55 | 2482.83 | 1353.08 | 2062.11 | 1159.63 | 2828.40 |
| 49.0 | 31.4 | 39.6 | 9.3 | 49.6 | 30.6 | 38.6 | 9.6 | 49.8 |
| 46.3 | 23.0 | 34.8 | 18.9 | 46.7 | 23.1 | 35.2 | 19.8 | 48.3 |
| 4355.54 | 3069.29 | 4055.36 | 846.40 | 4733.78 | 3222.50 | 4185.11 | 910.09 | 5133.28 |
| 61.9 | 40.1 | 52.9 | 11.0 | 61.8 | 39.3 | 51.0 | 11.1 | 62.6 |
| 2398.43 | 2008.33 | 3518.88 | 1720.94 | 2691.68 | 2051.08 | 3984.63 | 2185.51 | 3235.98 |
| 1417.80 | 698.51 | 1817.37 | 1274.19 | 1735.68 | 814.15 | 2139.43 | 1539.26 | 2041.41 |
| 62.0 | 48.9 | 85.7 | 41.9 | 65.5 | 43.7 | 84.9 | 46.6 | 68.9 |
| 76.4 | 32.1 | 83.5 | 58.6 | 79.8 | 31.3 | 82.4 | 59.3 | 78.6 |

Note: 1. The Beibu Gulf Economic Zone（4 cities）includes 4 cities of Nanning, Beihai, Fangchenggang and Qinzhou, the Beibu Gulf Economic Zone（6 cities）includes 6 cities of Nanning, Beihai, Fangchenggang, Qinzhou, Yulin and Chongzuo, the Resource-rich Area of Western Guangxi includes 3 cities of Baise, Hechi and Chongzuo, and the Zhujiang River-Xijiang River Economic Belt（7 cities）includes 7 cities of Nanning, Liuzhou, Wuzhou, Guigang, Baise, Laibin and Chongzuo.

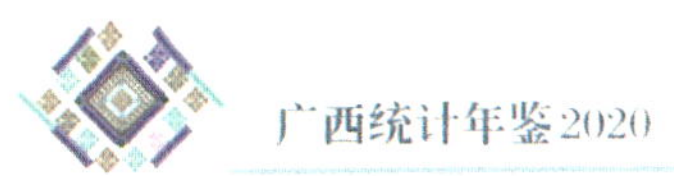



# 21—2 北部湾经济区主要经济指标（4市，2006-2019年）

## Main Economic Indicators of the Beibu Gulf Economic Zone （4 cities, 2006-2019）

| 年份<br>Year | 地区生产总值（亿元）<br>Gross Domestic Product<br>（100 million yuan） | 第一产业<br>Primary Industry | 第二产业<br>Secondary Industry | 第三产业<br>Tertiary Industry | #工业<br>Industry |
|---|---|---|---|---|---|
| 2006 | 1418.09 | 314.25 | 484.67 | 619.16 | 381.40 |
| 2007 | 1764.60 | 371.74 | 615.46 | 777.40 | 496.05 |
| 2008 | 2156.01 | 417.90 | 778.79 | 959.32 | 630.11 |
| 2009 | 2492.99 | 443.36 | 912.17 | 1137.46 | 724.33 |
| 2010 | 3042.75 | 511.24 | 1198.05 | 1333.45 | 954.80 |
| 2011 | 3770.17 | 635.08 | 1545.18 | 1589.92 | 1228.75 |
| 2012 | 4268.59 | 678.30 | 1787.21 | 1803.08 | 1408.75 |
| 2013 | 4817.43 | 742.96 | 2097.47 | 1977.00 | 1660.52 |
| 2014 | 5448.72 | 768.70 | 2385.35 | 2294.67 | 1880.28 |
| 2015 | 5867.15 | 810.31 | 2530.03 | 2526.83 | 1990.31 |
| 2016 | 6488.07 | 873.39 | 2810.80 | 2803.88 | 2231.66 |
| 2017 | 7400.11 | 918.95 | 3314.39 | 3166.77 | 2658.52 |
| 2018 | 7228.99 | 964.68 | 2685.94 | 3578.36 | 1981.82 |
| 2019 | 7864.86 | 1108.17 | 2385.39 | 4371.30 | 1676.05 |
| 地区生产总值指数（上年=100） Index of Gross Domestic Product （preceding year=100） | | | | | |
| 2006 | 116.0 | 106.7 | 126.0 | 113.9 | 129.9 |
| 2007 | 117.7 | 106.7 | 123.2 | 118.8 | 126.3 |
| 2008 | 115.6 | 104.5 | 117.8 | 118.8 | 119.1 |
| 2009 | 116.0 | 105.5 | 120.3 | 116.7 | 117.8 |
| 2010 | 115.6 | 105.1 | 122.1 | 114.0 | 121.3 |
| 2011 | 115.4 | 105.2 | 123.6 | 112.0 | 124.6 |
| 2012 | 113.5 | 105.4 | 120.3 | 109.5 | 120.8 |
| 2013 | 110.5 | 104.7 | 115.0 | 107.7 | 114.8 |
| 2014 | 109.5 | 103.5 | 112.8 | 107.6 | 113.2 |
| 2015 | 109.1 | 103.9 | 110.8 | 108.7 | 111.2 |
| 2016 | 107.8 | 103.5 | 108.1 | 108.8 | 108.1 |
| 2017 | 108.3 | 104.0 | 109.0 | 109.0 | 109.7 |
| 2018 | 106.1 | 105.0 | 103.5 | 108.6 | 103.7 |
| 2019 | 106.0 | 105.0 | 106.2 | 106.1 | 105.2 |

## 21—2 续表1 continued

| 年份 Year | 全社会固定资产投资（亿元）Investment in Fixed Assets (100 million yuan) | 公共财政预算收入（亿元）Public Budget Income (100 million yuan) | 公共财政预算支出（亿元）Public Budget Expenditure (100 million yuan) | 社会消费品零售总额（亿元）Total Retail Sales of Consumer Goods (100 million yuan) | 进出口（亿美元）Total Exports and Imports (100 million USD) | #出口 Exports |
|---|---|---|---|---|---|---|
| 2006 | 722.25 | 86.34 | 156.96 | 576.92 | | |
| 2007 | 965.03 | 109.96 | 203.54 | 686.24 | 40.84 | 18.29 |
| 2008 | 1292.30 | 137.20 | 272.35 | 856.36 | 60.55 | 28.45 |
| 2009 | 1994.51 | 177.16 | 361.15 | 997.68 | 66.39 | 34.76 |
| 2010 | 2796.72 | 228.65 | 454.88 | 1193.76 | 76.94 | 35.38 |
| 2011 | 3671.74 | 277.22 | 544.25 | 1408.56 | 113.11 | 46.13 |
| 2012 | 4513.52 | 339.98 | 672.64 | 1631.88 | 148.90 | 55.31 |
| 2013 | 4246.04 | 384.02 | 738.99 | 1862.20 | 149.50 | 58.50 |
| 2014 | 4810.12 | 415.19 | 813.54 | 2083.37 | 191.17 | 78.85 |
| 2015 | 5623.51 | 447.06 | 990.42 | 2294.74 | 240.88 | 99.41 |
| 2016 | 6386.86 | 468.02 | 1058.70 | 2538.77 | 1491.99 | 539.37 |
| 2017 | 7169.25 | 496.90 | 1131.96 | 2821.66 | 1946.94 | 623.29 |
| 2018 | 10.0% | 528.67 | 1222.76 | 3069.29 | 2008.33 | 698.51 |
| 2019 | 9.0% | 553.81 | 1353.08 | 3222.50 | 2051.08 | 814.15 |

注：1.全社会固定资产投资包含固定资产投资和农户投资两部分，本表数据自2014年起为固定资产投资数据，2018年后为增速。
2. 2016年起，外贸进出口数据以人民币计价。

Note: 1. The "Total Investment in Fixed Assets" includes two parts: investment in fixed assets and investment from rural households. The data in this table refers to the investment in fixed assets since 2014, and it is growth rate from 2018.
2. The data of import and export value of foreign trade was calculated by RMB since 2016.

# 21—3 北部湾经济区主要经济指标（6市，2006-2019年）

# Main Economic Indicators of the Beibu Gulf Economic Zone（6 cities, 2006-2019）

| 年份<br>Year | 地区生产总值（亿元）<br>Gross Domestic Product<br>（100 million yuan） | 第一产业<br>Primary Industry | 第二产业<br>Secondary Industry | 第三产业<br>Tertiary Industry | #工业<br>Industry |
|---|---|---|---|---|---|
| 2006 | 2025.71 | 488.59 | 702.43 | 834.68 | 571.96 |
| 2007 | 2500.52 | 574.88 | 885.16 | 1040.48 | 733.14 |
| 2008 | 3031.82 | 648.84 | 1110.78 | 1272.20 | 920.92 |
| 2009 | 3480.84 | 682.36 | 1296.72 | 1501.76 | 1056.28 |
| 2010 | 4275.37 | 797.82 | 1720.55 | 1756.99 | 1406.46 |
| 2011 | 5281.97 | 993.87 | 2201.18 | 2086.92 | 1793.96 |
| 2012 | 5901.17 | 1050.45 | 2486.50 | 2364.23 | 1997.19 |
| 2013 | 6600.52 | 1136.22 | 2872.33 | 2591.97 | 2305.20 |
| 2014 | 7439.95 | 1164.76 | 3254.45 | 3020.74 | 2592.44 |
| 2015 | 7995.88 | 1224.51 | 3440.47 | 3330.92 | 2726.33 |
| 2016 | 8808.10 | 1319.21 | 3786.52 | 3702.36 | 3009.90 |
| 2017 | 10007.27 | 1377.11 | 4446.74 | 4183.42 | 3557.90 |
| 2018 | 9860.94 | 1430.44 | 3693.07 | 4737.43 | 2733.54 |
| 2019 | 10305.09 | 1601.37 | 3068.38 | 5635.35 | 2122.21 |
| 地区生产总值指数（上年=100） Index of Gross Domestic Product （preceding year=100） | | | | | |
| 2006 | 115.6 | 107.2 | 124.6 | 113.9 | 127.5 |
| 2007 | 117.1 | 106.4 | 122.8 | 118.5 | 125.1 |
| 2008 | 114.7 | 104.9 | 117.2 | 117.5 | 118.2 |
| 2009 | 115.4 | 105.6 | 119.5 | 116.4 | 117.2 |
| 2010 | 115.4 | 105.5 | 122.0 | 113.8 | 121.0 |
| 2011 | 114.1 | 105.4 | 120.8 | 111.5 | 121.1 |
| 2012 | 112.8 | 105.6 | 118.9 | 109.4 | 118.9 |
| 2013 | 110.4 | 104.5 | 114.8 | 107.7 | 114.5 |
| 2014 | 109.2 | 103.5 | 112.3 | 107.5 | 112.3 |
| 2015 | 109.0 | 103.2 | 110.7 | 109.0 | 110.7 |
| 2016 | 107.8 | 103.2 | 108.3 | 109.0 | 108.0 |
| 2017 | 108.3 | 103.9 | 109.0 | 109.2 | 109.3 |
| 2018 | 106.8 | 105.0 | 104.9 | 109.1 | 105.4 |
| 2019 | 106.4 | 104.7 | 107.1 | 106.4 | 106.2 |

# 21—3 续表1 continued

| 年份 Year | 全社会固定资产投资（亿元） Investment in Fixed Assets（100 million yuan） | 公共财政预算收入（亿元） Public Budget Income （100 million yuan） | 公共财政预算支出（亿元） Public Budget Expenditure（100 million yuan） | 社会消费品零售总额（亿元） Total Retail Sales of Consumer Goods （100 million yuan） | 进出口（亿美元） Total Exports and Imports（100 million USD ） | #出口 Exports |
|---|---|---|---|---|---|---|
| 2006 | 948.46 | 112.60 | 225.08 | 755.16 | 35.91 | 18.66 |
| 2007 | 1262.91 | 143.14 | 297.74 | 900.43 | 53.86 | 29.07 |
| 2008 | 1708.15 | 179.55 | 396.80 | 1122.38 | 81.03 | 45.07 |
| 2009 | 2651.40 | 228.40 | 527.42 | 1310.64 | 98.60 | 62.69 |
| 2010 | 3721.12 | 291.79 | 658.80 | 1561.54 | 118.73 | 72.62 |
| 2011 | 4879.07 | 356.33 | 804.52 | 1843.87 | 170.21 | 96.37 |
| 2012 | 6049.93 | 445.04 | 981.52 | 2138.09 | 226.12 | 126.95 |
| 2013 | 5692.24 | 506.98 | 1081.28 | 2441.06 | 256.44 | 158.98 |
| 2014 | 6482.47 | 552.45 | 1192.49 | 2739.01 | 342.98 | 213.87 |
| 2015 | 7647.19 | 594.33 | 1461.28 | 3018.92 | 446.72 | 245.02 |
| 2016 | 8685.37 | 613.58 | 1579.12 | 3336.99 | 1518.67 | 561.52 |
| 2017 | 9829.08 | 636.52 | 1705.21 | 3708.91 | 3319.40 | 1540.46 |
| 2018 | 11.4% | 665.85 | 1848.84 | 4055.36 | 3518.88 | 1817.37 |
| 2019 | 9.6% | 698.64 | 2062.11 | 4185.11 | 3984.63 | 2139.43 |

注：1. 全社会固定资产投资包含固定资产投资和农户投资两部分，本表数据自2014年起为固定资产投资数据，2018年后为增速。
2. 2016年起，外贸进出口数据以人民币计价。

Note：1. The "Total Investment in Fixed Assets" includes two parts： investment in fixed assets and investment from rural households. The data in this table refers to the investment in fixed assets since 2014，and it is growth rate from 2018.
2. The data of import and export value of foreign trade was calculated by RMB since 2016.

# 21—4 桂西资源富集区主要经济指标（2006-2019年）

# Main Economic Indicators of the Resource-rich Area of Western Guangxi（2006-2019）

| 年份 Year | 地区生产总值（亿元）Gross Domestic Product（100 million yuan） | 第一产业 Primary Industry | 第二产业 Secondary Industry | 第三产业 Tertiary Industry | #工业 Industry |
|---|---|---|---|---|---|
| 2006 | 734.79 | 200.91 | 305.00 | 228.89 | 252.69 |
| 2007 | 902.79 | 227.97 | 397.20 | 277.63 | 339.30 |
| 2008 | 1054.10 | 249.30 | 481.09 | 323.70 | 416.40 |
| 2009 | 1139.99 | 259.91 | 499.04 | 381.04 | 418.82 |
| 2010 | 1435.10 | 317.93 | 679.37 | 437.79 | 581.10 |
| 2011 | 1667.90 | 390.45 | 772.83 | 504.62 | 661.29 |
| 2012 | 1778.46 | 406.43 | 805.51 | 566.51 | 678.94 |
| 2013 | 1917.12 | 432.27 | 870.62 | 614.23 | 727.51 |
| 2014 | 2168.84 | 443.22 | 972.73 | 752.89 | 802.61 |
| 2015 | 2281.27 | 465.25 | 986.30 | 829.72 | 807.13 |
| 2016 | 2537.69 | 500.77 | 1105.25 | 931.67 | 912.96 |
| 2017 | 3003.98 | 529.45 | 1419.02 | 1055.51 | 1193.17 |
| 2018 | 2981.56 | 545.40 | 1263.01 | 1173.16 | 1019.17 |
| 2019 | 2896.33 | 604.37 | 969.49 | 1322.48 | 761.01 |
| 地区生产总值指数（上年=100） Index of Gross Domestic Product（preceding year=100） | | | | | |
| 2006 | 115.1 | 106.7 | 123.6 | 113.1 | 124.1 |
| 2007 | 115.6 | 103.6 | 122.7 | 116.8 | 125.5 |
| 2008 | 112.8 | 106.0 | 118.6 | 110.5 | 122.7 |
| 2009 | 112.0 | 104.5 | 113.3 | 115.8 | 110.5 |
| 2010 | 113.7 | 105.9 | 118.8 | 111.8 | 118.0 |
| 2011 | 107.0 | 104.8 | 107.4 | 107.9 | 107.9 |
| 2012 | 106.8 | 105.9 | 106.6 | 107.8 | 105.6 |
| 2013 | 108.3 | 104.6 | 111.1 | 106.6 | 110.7 |
| 2014 | 108.3 | 103.9 | 111.0 | 107.1 | 110.4 |
| 2015 | 107.0 | 103.4 | 106.6 | 110.0 | 106.3 |
| 2016 | 107.6 | 103.5 | 107.4 | 110.1 | 107.2 |
| 2017 | 108.7 | 104.3 | 109.8 | 109.7 | 109.7 |
| 2018 | 108.2 | 105.0 | 110.5 | 107.6 | 112.4 |
| 2019 | 107.9 | 106.7 | 110.3 | 106.8 | 109.6 |

## 21—4　续表1　continued

| 年份 Year | 全社会固定资产投资（亿元）Investment in Fixed Assets（100 million yuan） | 公共财政预算收入（亿元）Public Budget Income（100 million yuan） | 公共财政预算支出（亿元）Public Budget Expenditure（100 million yuan） | 社会消费品零售总额（亿元）Total Retail Sales of Consumer Goods（100 million yuan） | 进出口（亿美元）Total Exports and Imports（100 million USD） | #出口 Exports |
|---|---|---|---|---|---|---|
| 2006 | 509.25 | 41.88 | 123.74 | 154.86 | 11.61 | 7.40 |
| 2007 | 627.55 | 53.54 | 173.66 | 184.72 | 16.33 | 11.06 |
| 2008 | 665.11 | 64.14 | 232.01 | 227.69 | 24.09 | 18.10 |
| 2009 | 1020.23 | 70.38 | 274.92 | 266.39 | 37.26 | 30.06 |
| 2010 | 1310.50 | 83.01 | 342.11 | 311.56 | 47.77 | 37.45 |
| 2011 | 1616.39 | 93.25 | 409.29 | 369.07 | 62.91 | 50.46 |
| 2012 | 1810.06 | 118.24 | 520.32 | 427.57 | 81.68 | 71.80 |
| 2013 | 1676.96 | 140.16 | 564.31 | 487.34 | 113.56 | 101.83 |
| 2014 | 1787.09 | 149.24 | 638.88 | 551.99 | 159.02 | 137.33 |
| 2015 | 2109.31 | 154.55 | 755.21 | 609.42 | 221.65 | 154.03 |
| 2016 | 2296.83 | 153.60 | 833.79 | 678.44 | 1386.91 | 820.17 |
| 2017 | 2650.11 | 152.79 | 927.06 | 767.62 | 1546.80 | 1045.36 |
| 2018 | 0.8% | 155.70 | 1003.55 | 846.40 | 1720.94 | 1274.19 |
| 2019 | 11.2% | 387.96 | 1728.81 | 910.09 | 2185.51 | 1539.26 |

注：1. 全社会固定资产投资包含固定资产投资和农户投资两部分，本表数据自2014年起为固定资产投资数据，2018年后为增速。
2. 2016年起，外贸进出口数据以人民币计价。

Note：1. The “Total Investment in Fixed Assets” includes two parts：investment in fixed assets and investment from rural households. The data in this table refers to the investment in fixed assets since 2014，and it is growth rate from 2018.
2. The data of import and export value of foreign trade was calculated by RMB since 2016.

# 21—5 珠江-西江经济带广西七市主要经济指标（2006-2019年）
# Main Economic Indicators of the Zhujiang River-Xijiang River Economic Belt （7 cities，2006-2019）

| 年份 Year | 地区生产总值（亿元）Gross Domestic Product （100 million yuan） | 第一产业 Primary Industry | 第二产业 Secondary Industry | 第三产业 Tertiary Industry | #工业 Industry |
|---|---|---|---|---|---|
| 2006 | 2720.33 | 535.40 | 1138.77 | 1046.16 | 968.32 |
| 2007 | 3315.59 | 622.86 | 1449.82 | 1242.91 | 1252.45 |
| 2008 | 3960.79 | 696.91 | 1781.41 | 1482.47 | 1538.98 |
| 2009 | 4522.50 | 727.35 | 2055.33 | 1739.83 | 1750.10 |
| 2010 | 5611.10 | 859.82 | 2736.76 | 2014.52 | 2353.01 |
| 2011 | 6806.61 | 1067.24 | 3356.56 | 2382.82 | 2870.66 |
| 2012 | 7635.59 | 1130.95 | 3773.94 | 2730.70 | 3205.87 |
| 2013 | 8451.39 | 1218.24 | 4244.34 | 2988.81 | 3599.10 |
| 2014 | 9343.02 | 1233.24 | 4531.33 | 3578.44 | 3804.76 |
| 2015 | 9873.72 | 1295.86 | 4622.06 | 3955.08 | 3852.38 |
| 2016 | 10784.30 | 1395.22 | 4986.48 | 4402.60 | 4168.83 |
| 2017 | 12227.83 | 1454.18 | 5775.76 | 4997.89 | 4851.69 |
| 2018 | 12165.95 | 1507.06 | 4997.70 | 5661.19 | 3991.95 |
| 2019 | 12556.22 | 1687.99 | 4302.61 | 6565.62 | 3250.20 |
| 地区生产总值指数（上年=100） Index of Gross Domestic Product（preceding year=100） | | | | | |
| 2006 | 115.5 | 107.1 | 122.5 | 113.0 | 124.5 |
| 2007 | 116.3 | 105.6 | 122.5 | 115.1 | 124.3 |
| 2008 | 113.1 | 104.7 | 116.3 | 113.4 | 117.4 |
| 2009 | 115.3 | 105.2 | 119.0 | 115.2 | 117.2 |
| 2010 | 115.2 | 105.4 | 120.5 | 112.5 | 120.1 |
| 2011 | 111.3 | 105.5 | 114.0 | 110.2 | 113.5 |
| 2012 | 111.7 | 106.0 | 114.4 | 110.2 | 114.1 |
| 2013 | 109.6 | 104.9 | 112.2 | 107.7 | 112.0 |
| 2014 | 107.7 | 103.4 | 108.6 | 108.1 | 108.6 |
| 2015 | 107.7 | 103.7 | 107.4 | 109.4 | 107.2 |
| 2016 | 107.3 | 103.4 | 106.8 | 109.1 | 106.8 |
| 2017 | 107.9 | 104.2 | 107.2 | 109.7 | 107.4 |
| 2018 | 106.5 | 105.0 | 104.1 | 109.2 | 104.1 |
| 2019 | 105.2 | 105.4 | 104.2 | 105.9 | 102.4 |

# 21—5 续表1 continued

| 年份 Year | 全社会固定资产投资（亿元） Investment in Fixed Assets（100 million yuan） | 公共财政预算收入（亿元） Public Budget Income（100 million yuan） | 公共财政预算支出（亿元） Public Budget Expenditure（100 million yuan） | 社会消费品零售总额（亿元） Total Retail Sales of Consumer Goods（100 million yuan） | 进出口亿美元） Total Exports and Imports（100 million USD） | #出口 Exports |
|---|---|---|---|---|---|---|
| 2006 | 1315.03 | 153.48 | 322.85 | 949.47 | 35.05 | 21.09 |
| 2007 | 1672.24 | 187.56 | 420.75 | 1124.62 | 48.59 | 31.90 |
| 2008 | 2121.82 | 239.94 | 558.21 | 1385.56 | 71.81 | 48.60 |
| 2009 | 3293.76 | 294.72 | 709.68 | 1607.26 | 86.77 | 62.54 |
| 2010 | 4597.06 | 369.56 | 911.03 | 1904.10 | 101.42 | 65.03 |
| 2011 | 5983.92 | 437.36 | 1076.92 | 2233.99 | 119.98 | 82.26 |
| 2012 | 7772.67 | 571.95 | 1348.79 | 2572.59 | 164.87 | 111.36 |
| 2013 | 7169.31 | 647.89 | 1463.46 | 2918.98 | 202.86 | 140.40 |
| 2014 | 7950.42 | 692.17 | 1600.72 | 3260.29 | 241.67 | 178.71 |
| 2015 | 9315.31 | 732.05 | 1873.95 | 3571.87 | 311.74 | 201.03 |
| 2016 | 10437.26 | 765.75 | 2070.61 | 3925.93 | 1985.66 | 1115.24 |
| 2017 | 11948.18 | 791.11 | 2274.50 | 4355.54 | 2398.43 | 1417.80 |
| 2018 | 10.9% | 833.73 | 2482.83 | 4733.78 | 2691.68 | 1735.68 |
| 2019 | 9.6% | 901.78 | 2828.40 | 5133.28 | 3235.98 | 2041.41 |

注：1.全社会固定资产投资包含固定资产投资和农户投资两部分，本表数据自2014年起为固定资产投资数据，2018年后为增速。

2.2016年起，外贸进出口数据以人民币计价。

Note：1. The "Total Investment in Fixed Assets" includes two parts： investment in fixed assets and investment from rural households. The data in this table refers to the investment in fixed assets since 2014， and it is growth rate from 2018.

2. The data of import and export value of foreign trade was calculated by RMB since 2016.

## 第二十二篇

# 各市基本情况

# BASIC STATISTICS OF CITIES

（编辑：黄浩洲）

# 简要说明

（本篇资料由自治区统计局综合处整理，电话：0771-5893401）

**一、本篇资料主要内容及来源**

（一）14个地级市主要基本情况（自治区统计局、各市统计局）。

（二）广西农垦社会经济主要情况（广西农垦集团）。

**二、备注说明**

1.部分指标数据由各市统计局向本市有关单位和部门收集。

2.为保持地区生产总值数据的历史可比性，按照核算制度规定并遵循国际惯例，地区生产总值历史数据需要根据2018年第四次全国经济普查结果进行系统修订。截止本书出版前，各市历史数据修订工作仍在进行中，故本篇2018年及以前年度各市数据为未修订数。

3. 2018年，广西农垦局完成了垦区集团化、农场企业化改革，将垦区企业办社会（包括“三供一业”）职能移交地方管理；2019年，将新兴产业园、西江产业园、热作所、南亚热作所、金光农场“场带队”（坛蓬、草塘2个村委）移交地方管理。以上单位移交地方管理后，不再纳入垦区综合统计的调查范围，因此，2018年、2019年垦区全社会主要经济指标数据（地区生产总值、从业人员人数等）同比大幅度减少，与往年不具可比性。

# 22—1 各市社会经济主要指标（2019年）

| 指 标 | Item | 南宁市 Nanning | 柳州市 Liuzhou | 桂林市 Guilin |
|---|---|---|---|---|
| 行政区域土地面积（平方公里） | Administrative Region Land Area（sq.km） | 22099 | 18597 | 27667 |
| 地区生产总值（当年价，亿元） | Gross Domestic Product（At current prices，100 million yuan） | 4506.56 | 3128.35 | 2105.56 |
| 第一产业增加值 | Primary Industry | 507.27 | 223.47 | 486.90 |
| 第二产业增加值 | Secondary Industry | 1044.97 | 1551.91 | 474.98 |
| 第三产业增加值 | Tertiary Industry | 2954.32 | 1352.96 | 1143.68 |
| #工业 | Industry | | 1338.69 | 285.29 |
| 人均地区生产总值（元） | Per Capita GDP（yuan） | 61738 | 77056 | 39037 |
| 地区生产总值指数（%，上年=100） | Indices of Gross Domestic Product（%，preceding year=100） | 105.0 | 102.4 | 106.5 |
| 第一产业增加值 | Primary Industry | 105.3 | 105.1 | 106.0 |
| 第二产业增加值 | Secondary Industry | 104.4 | 99.3 | 107.2 |
| 第三产业增加值 | Tertiary Industry | 105.2 | 105.8 | 106.5 |
| #工业 | Industry | 101.0 | 98.2 | 105.5 |
| 人均地区生产总值指数（%，上年=100） | Indices of Per Capita GDP（%，preceding year=100） | 103.6 | 101.4 | 105.9 |
| 户籍年末总人口（万人） | Total Population at Year-end （10 000 persons） | 781.97 | 393.52 | 540.60 |
| 男性 | Male | 406.23 | 202.81 | 279.50 |
| 女性 | Female | 375.74 | 190.71 | 261.10 |
| 出生人口（万人） | Birth（10000 person） | 10.04 | 4.48 | 6.01 |
| 死亡人口（万人） | Death（10000 person） | 3.51 | 2.04 | 3.24 |
| 年末总户数（万户） | Total Households at Year-end（10 000 households） | 236.02 | 115.67 | 165.65 |
| 就业人员（万人） | Employed Persons（10 000 persons） | | | 39.55 |
| 城镇登记失业率（%） | Urban Registered Unemployment Rate（%） | 2.70 | 3.16 | 2.66 |
| 城镇非私营就业人员（万人） | Number of Employed Persons in Urban Units（10 000 persons） | 109.01 | 62.60 | 39.55 |
| #国有单位 | State-owned Units | 40.17 | 17.43 | 19.73 |
| 城镇集体单位 | Urban Collective-owned Units | 0.92 | 0.54 | 0.93 |
| 城镇私营单位就业人数（万人） | Number of Employed Persons in Urban Private Enterprises（10 000 persons） | 145.73 | | |
| 城镇在岗职工（含劳务派遣）年平均工资（元） | Average Wages of Employed Persons in Urban Units（yuan） | 90986 | 77035 | 74339 |
| 国有单位 | State-owned Units | 102912 | 90059 | 83041 |
| 城镇集体单位 | Urban Collective-owned Units | 62362 | 69237 | 56658 |
| 房地产开发投资额（亿元） | Investment in Real Estate Development（100 million yuan） | 1461.08 | 465.52 | 364.25 |
| 商品房销售额（亿元） | Sales of Commercial Houses （100 million yuan） | 1517.49 | 511.20 | 450.80 |
| #住宅 | Residential Buildings | 1329.23 | 458.41 | 409.91 |

# Main Social and Economic Indicators by City（2019）

| 梧州市 Wuzhou | 北海市 Beihai | 防城港市 Fangchenggang | 钦州市 Qinzhou | 贵港市 Guigang | 玉林市 Yulin | 百色市 Baise | 贺州市 Hezhou | 河池市 Hechi | 来宾市 Laibin | 崇左市 Chongzuo |
|---|---|---|---|---|---|---|---|---|---|---|
| 12572 | 3989 | 6238 | 10897 | 10602 | 12824 | 36201 | 11753 | 33476 | 13382 | 17332 |
| 991.40 | 1300.8 | 701.23 | 1356.27 | 1257.53 | 1679.77 | 1257.78 | 700.11 | 878.10 | 654.15 | 760.46 |
| 162.03 | 211.70 | 109.42 | 279.78 | 215.35 | 323.00 | 245.18 | 134.28 | 188.99 | 164.50 | 170.20 |
| 341.56 | 557.82 | 330.83 | 451.77 | 459.79 | 469.29 | 508.45 | 244.87 | 247.32 | 182.20 | 213.70 |
| 487.82 | 531.28 | 260.98 | 624.72 | 582.38 | 887.48 | 504.15 | 320.96 | 441.78 | 307.45 | 376.56 |
| 280.61 | 499.61 | 273.08 | 319.88 | 358.32 |  | 417.39 | 157.65 |  | 122.87 | 148.83 |
| 32303 | 76955 | 73163 | 40922 | 28451 | 28647 | 34194 | 33676 | 24703 | 29215 | 36129 |
| 104.2 | 108.1 | 105.4 | 107.8 | 109.0 | 107.2 | 109.0 | 111.8 | 106.0 | 104.3 |  |
| 105.4 | 104.1 | 105.1 | 105.3 | 104.9 | 103.6 | 107.1 | 104.4 | 107.8 | 104.5 | 104.9 |
| 99.7 | 109.2 | 105.9 | 107.2 | 114.2 | 109.0 | 110.6 | 119.7 | 106.6 | 104.7 | 114.1 |
| 107.2 | 108.6 | 104.8 | 109.3 | 106.6 | 107.7 | 108.3 | 109.5 | 104.9 | 104.0 | 107.2 |
| 96.9 | 109.3 | 105.2 | 107.2 | 115.0 | 108.5 | 110.1 | 115.6 | 105.6 | 100.8 | 113.9 |
| 103.5 | 106.9 | 104.1 | 107.1 | 108.3 | 106.6 | 108.4 | 11.0 | 105.4 | 103.7 |  |
| 353.30 | 180.21 | 100.37 | 417.66 | 564.58 | 736.97 | 422.68 | 247.59 | 433.80 | 269.79 | 252.32 |
| 187.86 | 94.23 | 54.10 | 227.60 | 299.90 | 394.91 | 219.82 | 130.53 | 225.96 | 141.82 | 133.17 |
| 165.44 | 85.98 | 46.26 | 190.10 | 264.68 | 342.05 | 202.86 | 117.06 | 207.83 | 127.97 | 119.15 |
| 4.67 | 2.31 | 1.44 | 5.73 | 7.35 | 10.94 | 4.98 | 3.53 | 5.38 | 3.02 | 2.88 |
| 1.96 | 0.54 | 0.52 | 1.88 | 2.26 | 3.90 | 2.80 | 1.39 | 3.37 | 1.59 | 1.47 |
| 99.86 | 45.59 | 25.78 | 100.04 | 158.07 | 209.79 | 110.06 | 65.39 | 125.39 | 78.99 | 71.01 |
|  | 33.06 | 63.41 |  | 222.27 |  |  |  | 41.04 |  |  |
| 2.68 | 2.78 | 1.55 | 2.61 | 2.10 | 2.34 | 2.25 | 2.42 | 2.40 | 3.23 | 2.56 |
| 16.98 | 13.83 | 7.36 | 21.02 | 17.96 | 29.51 | 21.52 | 11.31 | 18.13 | 12.85 | 13.24 |
| 10.17 | 7.32 | 4.55 | 11.52 | 0.26 | 17.40 | 15.20 | 8.20 | 12.83 | 8.30 | 8.67 |
| 0.45 | 1.05 | 0.03 | 1.12 | 0.43 | 2.69 | 0.62 | 0.12 | 0.29 | 0.46 | 0.18 |
|  | 18.00 | 8.04 |  |  |  |  |  | 7.85 |  |  |
| 66677 | 74639 | 78165 | 66847 | 73816 | 71968 | 74379 | 76481 | 78486 | 69576 | 70650 |
| 72652 | 87589 | 76098 | 77403 | 99134 | 77812 | 78956 | 79469 | 85214 | 75474 | 75835 |
| 56417 | 57018 | 22671 | 49363 | 45980 | 54278 | 62567 | 66871 | 61178 | 62457 | 37536 |
| 118.29 | 203.88 | 111.05 | 147.12 | 197.78 | 328.48 | 109.92 | 87.78 | 46.00 | 90.54 | 82.73 |
| 176.14 | 287.05 | 184.31 | 174.61 | 247.52 | 336.60 | 158.76 | 102.71 | 61.80 | 65.56 | 91.69 |
| 168.09 | 267.75 | 165.69 | 158.51 | 231.57 | 309.41 | 130.27 | 92.76 | 52.91 | 56.89 | 82.02 |

# 22—1 续表

| 指 标 | Item | 南宁市 Nanning | 柳州市 Liuzhou | 桂林市 Guilin |
|---|---|---|---|---|
| 商品房屋销售面积（万平方米） | Selling Space of Commercial Houses（10 000 sq.m） | 1805.23 | 651.82 | 701.77 |
| #住宅 | Residential Buildings | 1550.33 | 582.32 | 651.90 |
| 公共财政预算收入（亿元） | Public Budget Income（100 million yuan） | 370.93 | 221.45 | 152.79 |
| #税收收入 | Tax Revenue | 271.21 | 124.43 | 75.32 |
| #国内增值税 | Value-added Tax | 79.79 | 42.84 | 24.54 |
| 改征增值税 | | | | |
| 企业所得税 | Enterprises Income Tax | 50.03 | 14.69 | 11.33 |
| 个人所得税 | Individual Income Tax | 10.01 | 2.76 | 2.95 |
| **一般公共预算支出（亿元）** | **Public Budget Expenditure（100 million yuan）** | **787.71** | **498.87** | **495.70** |
| #教育支出 | Expenditure for Education | 141.16 | 79.17 | 76.57 |
| 社会保障和就业支出 | Expenditure for Social Security and Employment | 92.45 | 60.96 | 74.30 |
| 医疗卫生（与计划生育）支出 | Expenditure for Medical and Health Care | 76.91 | 40.96 | 59.79 |
| 农林水利事务支出 | Expenditure for Affairs of Agriculture，Forestry and Water Resources | 79.47 | 59.12 | 47.29 |
| 农村居民人均可支配收入（元） | Per Capita Disposable Income of Rural Households（yuan） | 15047 | 14715 | 16045 |
| 农村居民人均消费性支出（元） | Per Capita Living Expenditure of Rural Households（yuan） | 12528 | 10902 | 10773 |
| #食品烟酒支出 | Expenditure for Food，Tabacco and Liquor | 3933 | 4361 | 3963 |
| **城镇居民人均可支配收入（元）** | **Per Capital Disposable Income of Urban Households（yuan）** | **37675** | **37358** | **37178** |
| 城镇居民人均消费性支出（元） | Per Capita Living Expenditure of Urban Households（yuan） | 20143 | 24023 | 22450 |
| #食品烟酒支出 | Expenditure for Food，Tabacco and Liquor | 6436 | 9376 | 7705 |
| 农村人均住房面积（平方米） | Per Capita Living Floor Space of Rural Households（sq.m） | | 51.0 | |
| 城镇人均住房建筑面积（平方米） | Per Capita Living Building Space of Urban Households（sq.m） | | 41.2 | 48.9 |
| 乡镇村户数（万户） | Rural Households（10 000 households） | | 66.96 | 111.29 |
| 常用耕地面积（千公顷） | Daily Cultivated Area（1000 hectares） | | | |

注：2014年起农民人均纯收入调整口径为农村居民人均可支配收入，各表同。

Note：The indicator of "per capita net income of rural households" was replaced by "Per Capita Disposable Income of Rural Households" since 2014，same as other tables.

continued

| 梧州市 Wuzhou | 北海市 Beihai | 防城港市 Fangchenggang | 钦州市 Qinzhou | 贵港市 Guigang | 玉林市 Yulin | 百色市 Baise | 贺州市 Hezhou | 河池市 Hechi | 来宾市 Laibin | 崇左市 Chongzuo |
|---|---|---|---|---|---|---|---|---|---|---|
| 358.61 | 403.25 | 311.50 | 361.00 | 398.03 | 662.18 | 363.27 | 195.78 | 134.15 | 164.81 | 200.75 |
| 340.79 | 380.43 | 280.89 | 336.14 | 383.13 | 620.05 | 315.94 | 181.75 | 119.25 | 148.49 | 185.49 |
| 84.62 | 78.09 | 47.41 | 57.38 | 62.69 | 111.09 | 94.01 | 36.16 | 45.98 | 34.35 | 33.74 |
| 39.80 | 53.27 | 32.59 | 37.60 | 47.16 | 61.11 | 51.03 | 23.06 | 25.39 | 20.08 | 20.86 |
| 9.64 | 17.77 | 11.85 | 8.81 | 18.12 | 17.96 | 11.11 | 6.89 | 11.01 | 3.68 | 4.31 |
| 5.19 | | | | | | 6.65 | 3.55 | | 3.20 | 3.71 |
| 3.88 | 6.11 | 4.62 | 3.17 | 7.16 | 7.18 | 4.63 | 2.05 | 2.66 | 1.78 | 2.43 |
| 0.82 | 0.84 | 0.61 | 0.66 | 0.89 | 1.33 | 0.94 | 0.55 | 0.81 | 0.43 | 0.49 |
| 293.66 | 200.53 | 139.53 | 225.09 | 293.09 | 418.98 | 478.74 | 220.12 | 390.28 | 189.40 | 292.25 |
| 57.52 | 37.02 | 19.87 | 50.49 | 64.03 | 94.10 | 80.98 | 38.89 | 65.28 | 31.66 | 37.83 |
| 30.45 | 18.34 | 16.78 | 31.21 | 43.51 | 53.82 | 53.68 | 22.20 | 45.98 | 24.69 | 31.99 |
| 28.71 | 18.01 | 11.23 | 28.97 | 37.39 | 51.80 | 52.01 | 25.62 | 42.56 | 22.67 | 29.46 |
| 25.19 | 20.71 | 9.26 | 17.59 | 33.07 | 39.40 | 108.02 | 37.53 | 95.94 | 31.39 | 57.19 |
| 13474 | 15510 | 15962 | 14149 | 15289 | 16348 | 12195 | 12737 | 10141 | 12810 | 13320 |
| 9086 | 10875 | 13119 | 9140 | 10081 | 11979 | 9002 | 9233 | 8051 | 10873 | 8685 |
| 2971 | 3638 | 4593 | 3526 | 4016 | 3594 | 3183 | 3229 | 2650 | 3666 | 3179 |
| 33518 | 36602 | 36385 | 35732 | 32916 | 36133 | 32784 | 33179 | 29665 | 34950 | 33297 |
| 23602 | 22875 | 24815 | 20898 | 21029 | 21535 | 19977 | 18736 | 19592 | 20195 | 20291 |
| 7779 | 9121 | 7796 | 7250 | 7761 | 7756 | 6525 | 6563 | 6322 | 6989 | 8360 |
| 51.8 | 53.0 | 42.2 | 48.8 | 50.9 | | 45.1 | 59.0 | 54.4 | | 53.0 |
| 51.9 | 47.0 | 49.0 | 58.9 | 48.3 | | 47.8 | 56.0 | 48.3 | 47.0 | 48.3 |
| 79.80 | 28.24 | 18.28 | 90.56 | 130.37 | 161.43 | 86.07 | 52.84 | 99.73 | 54.95 | 54.63 |
| | | | 21.26 | 319.06 | | 449.10 | 161.94 | | 323.40 | |

# 22—1 续表1

| 指 标 | Item | 南宁市 Nanning | 柳州市 Liuzhou |
|---|---|---|---|
| 农业机械总动力（万千瓦） | Total Agricultural Machinery Power（10 000 kw） | 502.75 | 231.03 |
| 化肥使用量（折纯量、万吨） | Consumption of Chemical Fertilizers（Pure quantity，10 000 tons） | 46.16 | 18.61 |
| 农村用电量（亿千瓦时） | Electricity Consumed in Rural Areas（100 million kwh） | 14.12 | 9.81 |
| 有效灌溉面积（千公顷） | Irrigated Area（1 000 hectares） | 216.00 | 107.65 |
| 农作物总播种面积（不含食用菌）（千公顷） | Total Sown Area of Farm Crops（exclude musshrooms）（1 000 hectares） | 977.07 | 381.55 |
| #粮食作物 | Grain Crops | 419.43 | 143.50 |
| 粮食产量（万吨） | Grain Output（10 000 tons） | 205.46 | 72.01 |
| 甘蔗产量（万吨） | Output of Sugarcane（10 000 tons） | 1181.82 | 642.38 |
| 油料产量（万吨） | Output of Oil Plants（10 000 tons） | 15.57 | 3.17 |
| 蔬菜产量（含食用菌）（万吨） | Output of Vegetables（10 000 tons） | 654.67 | 271.30 |
| 园林水果产量（万吨） | Output of Fruits（10 000 tons） | 336.96 | 107.50 |
| 肉类总产量（万吨） | Total Output of Meat（10 000 tons） | 58.80 | 20.02 |
| 奶类产量（万吨） | Output of Milk（10 000 tons） | 1.48 | 0.55 |
| 禽蛋产量（万吨） | Output of Eggs（10 000 tons） | 3.73 | 1.86 |
| 水产品产量（万吨） | Output of Aquatic Products（10 000 tons） | 22.00 | 6.71 |
| 规模以上工业企业单位数（个） | Number of Up-scale Industrial Enterprises（unit） | 1000 | 944 |
| 规模以上工业企业资产总计（亿元） | Total Assets of Up-scale Industrial Enterprises（100 million yuan） | 2741.71 | 3222.25 |
| 规模以上工业企业负债合计（亿元） | Total Liabilities of Up-scale Industrial Enterprises（100 million yuan） | 1802.95 | 2207.37 |
| 规模以上工业企业所有者权益（亿元） | Owner' s Equity of Up-scale Industrial Enterprises（100 million yuan） | 938.76 | 1015.17 |
| 规模以上工业企业营业收入（亿元） | Business Income of the Major Products of Up-scale Industrial Enterprises（100 million yuan） | 2311.04 | 3971.51 |
| 规模以上工业企业利润总额（亿元） | Total Profits of Up-scale Industrial Enterprises（100 million yuan） | 114.84 | 118.56 |
| 规模以上工业企业本年应交增值税（亿元） | Value Added Tax Payable of Up-scale Industrial Enterprises（100 million yuan） | 48.61 | 90.51 |
| 规模以上工业企业从业人员年平均人数（万人） | Annual Average Number of Employed Persons of Up-scale Industrial Enterprises（10 000 persons） | 17.94 | 21.56 |
| 建筑企业单位数（个） | Number of Construction Enterprises（unit） | 449 | 122 |
| 从事建筑业活动平均人数（万人） | Annual Average Number of Persons Employed in Construction Enterprises（10 000 persons） | 42.84 | 22.38 |
| 建筑业总产值（亿元） | Gross Output Value of Construction（100 million yuan） | 1938.96 | 914.70 |

continued

| 桂林市 Guilin | 梧州市 Wuzhou | 北海市 Beihai | 防城港市 Fangchenggang | 钦州市 Qinzhou | 贵港市 Guigang | 玉林市 Yulin | 百色市 Baise | 贺州市 Hezhou | 河池市 Hechi | 来宾市 Laibin | 崇左市 Chongzuo |
|---|---|---|---|---|---|---|---|---|---|---|---|
| 542.43 | 138.28 | 149.73 | 74.91 | 196.44 | 391.15 | 343.94 | 306.81 | 125.55 | 325.02 | 211.27 | 277.60 |
| 68.48 | 6.83 | 5.91 | 5.33 | 21.90 | 19.49 | 15.12 | 12.29 | 7.11 | 13.91 | 85.47 | 29.76 |
| 10.79 | 6.20 | 2.34 | 1.36 | 9.03 | 11.77 | 15.46 | 13.78 | 6.33 | 11.59 | 8.88 | 4.99 |
| 214.87 | 71.95 | 50.79 | 29.88 | 78.90 | 162.56 | 141.34 | 111.30 | 64.36 | 83.03 | 101.30 | 66.13 |
| 690.89 | 281.52 | 171.91 | 116.94 | 83.20 | 443.86 | 489.16 | 456.41 | 242.01 | 460.09 | 392.00 | 520.33 |
| 330.01 | 135.95 | 64.97 | 43.88 |  | 286.41 | 283.46 | 251.37 | 114.93 | 245.16 | 149.63 | 113.13 |
| 169.01 | 67.79 | 30.05 | 17.00 | 90.28 | 143.98 | 158.64 | 107.29 | 59.41 | 95.03 | 68.71 | 47.34 |
| 28.75 | 11.26 | 261.60 | 303.94 | 327.65 | 253.84 | 160.89 | 293.14 | 13.02 | 309.52 | 1083.29 | 2619.56 |
| 8.09 | 4.35 | 4.65 | 0.73 | 2.82 | 12.36 | 6.21 | 1.97 | 3.35 | 1.67 | 3.94 | 2.76 |
| 514.94 | 271.60 | 107.83 | 34.65 | 185.25 | 212.11 | 400.35 | 292.18 | 221.52 | 180.76 | 156.52 | 128.45 |
| 678.29 | 83.27 | 13.80 | 11.24 | 214.56 | 43.67 | 122.04 | 153.60 | 107.95 | 61.78 | 120.25 | 85.25 |
| 50.55 | 19.39 | 11.03 | 4.46 | 31.90 | 32.20 | 77.27 | 23.29 | 15.52 | 20.57 | 13.32 | 10.80 |
| 0.09 | 0.10 | 0.21 | 0.32 | 3.83 | 0.67 | 0.49 | 0.00 | 2.14 | 0.00 | 0.43 | 0.43 |
| 5.75 | 1.86 | 2.32 | 0.67 | 2.64 | 3.10 | 7.44 | 2.98 | 0.88 | 1.00 | 0.47 | 1.43 |
| 10.08 | 7.91 | 113.85 | 53.13 | 56.30 | 19.71 | 13.86 | 12.34 | 6.33 | 6.51 | 5.78 | 5.78 |
| 518 | 424 | 264 | 159 | 327 | 697 | 534 | 356 | 240 | 221 | 220 | 313 |
| 1159.62 | 743.57 | 1100.38 | 1792.04 | 994.01 | 760.52 | 918.68 | 1792.97 | 550.12 | 817.81 | 602.68 | 700.05 |
| 686.01 | 408.70 | 664.32 | 1195.39 | 524.58 | 412.89 | 536.25 | 1301.79 | 345.03 | 583.23 | 497.05 | 435.54 |
| 473.61 | 334.03 | 436.06 | 596.65 | 469.43 | 347.30 | 382.42 | 491.23 | 205.09 | 234.58 | 105.43 | 264.31 |
| 690.75 | 895.35 |  | 1097.13 | 1276.33 | 1033.71 | 963.50 | 1093.88 | 432.14 | 470.54 | 409.50 | 593.48 |
| 56.96 | 95.28 |  | 49.34 | 37.07 | 73.30 | 64.87 | 55.33 | 20.57 | 38.77 | 5.58 | 42.46 |
| 18.52 | 45.27 |  | 34.24 | 15.85 | 25.38 | 17.19 | 31.00 | 17.16 | 19.96 | 8.54 | 13.50 |
| 9.37 | 8.43 | 6.20 | 3.45 | 5.73 | 9.84 | 11.42 | 6.86 | 3.10 | 4.47 | 3.69 | 5.45 |
| 134 | 57 | 65 | 90 | 110 | 73 | 161 | 148 | 62 | 77 | 62 | 89.00 |
| 10.50 | 1.54 | 2.90 | 15.81 | 19.14 | 15.09 | 11.98 | 3.18 | 1.26 | 2.45 | 2.51 | 2.54 |
| 472.37 | 55.90 | 126.88 | 176.59 | 516.73 | 215.65 | 537.98 | 105.18 | 60.00 | 102.65 | 123.37 | 60.40 |

# 22—1 续表2

| 指 标 | Item | 南宁市 Nanning |
|---|---|---|
| 房屋建筑施工面积（万平方米） | Floor Space of Buildings Under Construction（10 000 sq.m） | 8582.40 |
| 房屋建筑竣工面积（万平方米） | Floor Space of Buildings Completed（10 000 sq.m） | 2166.57 |
| 公路里程（公里） | Length of Highways（km） | 13149 |
| #等级公路 | Length of Expressway and Class I to IV Highway | 12653 |
| 民用汽车拥有量（辆） | Number of Civil Motor Vehicles Owned（vehicle） | 1761627 |
| #私人汽车 | Private Motor Vehicles | 1544993 |
| 邮政业务总量（亿元） | Business Volume of Post Service（100 million yuan） | 13.14 |
| 电信业务总量（亿元） | Business Volume of Telecommunications Service（100 million yuan） | 768.20 |
| 固定电话用户（万户） | Local Telephone Subscribers（10 000 subscribers） | 52.16 |
| 移动电话用户（万户） | Number of Mobile Telephone Subscribers（10 000 subscribers） | 1083.56 |
| 互联网用户数（万户） | Number of Internet Subscribers（10 000 subscribers） | 660.39 |
| **社会消费品零售总额（亿元）** | **Total Retail Sales of Consumer Goods（100 million yuan）** | |
| 限额以上批发和零售业法人企业数（个） | Number of Corporation Enterprises above Designated Size in Wholesale and Retail Trades（unit） | 1198 |
| 限额以上批发和零售业年末从业人数（人） | Number of Year-end Employed Persons above Designated Size in Wholesale and Retail Trades（person） | 81866 |
| 限额以上批发和零售业商品销售额（亿元） | Sales of Goods above Designated Size of Wholesale and Retail Trades（100 million yuan） | 4956.16 |
| 限额以上住宿和餐饮业法人企业数（个） | Number of Corporation Enterprises above Designated Size in Hotel and Catering（unit） | 322 |
| 限额以上住宿和餐饮业年末从业人数（人） | Number of Year-end Employed Persons above Designated Size in Hotel and Catering（person） | 41152 |
| 限额以上住宿和餐饮业营业额（亿元） | Turnover above Designated Size of Hotel and Catering（100 million yuan） | 82.11 |
| **进出口总额（人民币，万元）** | **Total Import and Export（RMB，10 000 yuan）** | **7477891** |
| 进口额 | Import | 3838836 |
| 出口额 | Export | 3639055 |
| 实际外商直接投资（万美元） | Foreign Actual Direct Investment（USD 10 000） | 31018 |
| 入境国际旅游者人数（万人次） | Number of International Tourists Through Guangxi（10 000 person-times） | 68.99 |
| #外国人 | Foreigners | 42.34 |
| 国际旅游外汇收入（万美元） | Foreign Exchange Earnings From International Tourism（USD 10 000） | 37955.76 |
| 国内旅游人数（万人次） | Number of Domestic Tourists（10 000 person-times） | 15209.74 |
| 国内旅游总收入（亿元） | Total Domestic Tourism Receipts（100 million yuan） | 1699.02 |
| 星级饭店数（个） | Total Number of Star Grade Hotel（unit） | 51 |
| 金融机构本外币存款（亿元） | Saving Deposit in RMB and Foreign Currencies of Financial Institutions（100 million yuan） | 10785.00 |
| 金融机构人民币存款（亿元） | Saving Deposit in RMB of Financial Institutions（100 million yuan） | 10718.32 |
| #住户存款 | Deposit of Households | 3960.31 |

continued

| 柳州市 Liuzhou | 桂林市 Guilin | 梧州市 Wuzhou | 北海市 Beihai | 防城港市 Fangcheng gang | 钦州市 Qinzhou | 贵港市 Guigang | 玉林市 Yulin | 百色市 Baise | 贺州市 Hezhou | 河池市 Hechi | 来宾市 Laibin | 崇左市 Chongzuo |
|---|---|---|---|---|---|---|---|---|---|---|---|---|
| 3046.18 | 3926.67 | 350.14 | 1651.70 | 628.99 | 1374.66 | 1406.74 | 2779.12 | 361.04 | 153.45 | 242.98 | 913.45 | 169.97 |
| 129.98 | 917.55 | 100.45 | 91.58 | 269.50 | 898.90 | 380.51 | 1393.11 | 231.78 | 94.39 | 126.26 | 160.74 | 117.23 |
| 9066 | 14580 | 7076 | | 3204 | 7335 | 8380 | 10031 | 18196 | 5173 | 13678 | 7308 | 7392 |
| | 12866 | 6905 | | 2996 | 7011 | 7490 | 8209 | 17757 | 5164 | 13398 | 5888 | 7070 |
| 796307 | 703696 | 274065 | 303548 | 155007 | 751807 | 427409 | 669400 | 394785 | 226107 | 325873 | 232455 | 191722 |
| 702141 | 647601 | 256337 | 270033 | 139835 | 335738 | 405263 | 635000 | 367613 | 212651 | 305549 | 222740 | 180178 |
| 15.86 | 10.95 | 5.96 | 3.66 | 3.31 | 4.82 | 7.16 | 16.97 | 4.52 | 2.55 | 3.82 | 2.74 | 4.42 |
| 335.08 | 373.10 | 182.37 | 15.55 | 83.19 | 212.14 | 232.29 | 332.31 | 259.84 | 131.55 | 234.65 | 145.11 | 149.61 |
| 31.35 | 27.33 | 13.96 | 17.26 | 10.07 | 25.96 | 18.45 | 27.07 | 19.85 | 6.27 | 11.42 | 6.14 | 7.98 |
| 473.75 | 530.75 | 281.09 | 222.24 | 119.90 | | 357.12 | 517.67 | 35.42 | 190.96 | 340.07 | 210.98 | 219.38 |
| 145.35 | 162.15 | 73.62 | 67.74 | 34.51 | | 96.51 | 339.63 | 105.58 | 50.27 | 90.33 | 57.08 | 60.15 |
| | 967.47 | | 344.65 | 148.76 | | 412.42 | | 386.72 | 173.03 | 296.57 | 145.65 | 226.80 |
| 601 | 403 | 246 | 156 | 97 | 207 | 220 | 300 | 348 | 92 | 270 | 95 | 225 |
| 26051 | 20638 | 8747 | 6337 | 3200 | 8374 | 7228 | 14528 | 11204 | 5288 | 9545 | 3572 | 4802 |
| 1560.16 | 471.11 | 216.99 | 233.13 | 277.41 | 443.56 | 247.21 | 426.20 | 473.29 | 212.65 | 407.87 | 121.89 | 451.52 |
| 104 | 201 | 46 | 57 | 34 | 37 | 43 | 71 | 130 | 16 | 42 | 19 | 43 |
| 9372 | 14008 | 1841 | 3324 | 1987 | 2126 | 2313 | 4794 | 4967 | 1654 | 2328 | 1334 | 2331 |
| 16.03 | 26.92 | 8.59 | 6.65 | 3.75 | 2.93 | 3.12 | 8.20 | 7.40 | 2.17 | 2.64 | 1.77 | 3.82 |
| 2191028 | 705771 | 658629 | 2941002 | 8049484 | 2042392 | 389127 | 401653 | 2618062 | 143773 | 303147 | 91259 | 18933912 |
| 1343228 | 82805 | 311577 | 1652234 | 5636335 | 1241847 | 189057 | 151232 | 304528 | 38958 | 226480 | 15987 | 5931537 |
| 847800 | 622966 | 347052 | 1288768 | 2413149 | 800544 | 200070 | 250420 | 2313534 | 104815 | 76667 | 75272 | 13002374 |
| 9937 | 6272 | 3404 | 11366 | 3971 | 13205 | 4748 | 8579 | 5162 | 911 | 1098 | 8436 | 5673 |
| 26.26 | 314.59 | 23.73 | 17.68 | 19.75 | 8.37 | 10.77 | 17.26 | 9.70 | 45.51 | 12.86 | 2.66 | 45.81 |
| 18.08 | 160.98 | 2.07 | 9.36 | 18.18 | 0.37 | 1.03 | 3.15 | 4.87 | 2.22 | 3.59 | 0.49 | 28.08 |
| 13447.56 | 206235.83 | 9907.42 | 8149.32 | 8129.92 | 3790.77 | 5052.93 | 8534.29 | 4774.29 | 18725.29 | 6766.63 | 1397.81 | 18259.85 |
| 6976.65 | 13519.07 | 4197.05 | 5278.85 | 3651.69 | 4988.03 | 3591.84 | 6970.25 | 5582.65 | 4299.17 | 4493.01 | 3510.53 | 4726.46 |
| 814.75 | 1731.75 | 463.86 | 694.63 | 329.39 | 519.21 | 433.81 | 803.94 | 624.99 | 551.67 | 548.22 | 325.14 | 471.38 |
| 36 | 60 | 32 | 32 | 23 | 14 | 11 | 25 | 30 | 25 | 56 | 14 | 47 |
| 3916.71 | 3624.70 | 1364.03 | 1250.35 | 779.23 | 1184.89 | 1498.79 | 2206.23 | 1361.94 | 793.22 | 1213.81 | 751.12 | 915.99 |
| 3890.77 | 3603.49 | 1361.17 | 1238.83 | 775.53 | 1182.14 | 1497.76 | 2204.61 | 1360.91 | 792.72 | 1212.73 | 750.65 | 915.35 |
| 1827.03 | 2237.57 | 885.85 | 727.96 | 433.94 | 795.60 | 1101.89 | 1636.07 | 882.66 | 517.19 | 851.61 | 466.81 | 614.70 |

# 22—1 续表3

| 指标 | Item | 南宁市 Nanning | 柳州市 Liuzhou |
|---|---|---|---|
| 金融机构本外币贷款（亿元） | Loans in RMB and Foreign Currencies of Financial Institutions (100 million yuan) | 14420.77 | 3226.06 |
| 金融机构人民币贷款（亿元） | Loans in RMB of Financial Institutions (100 million yuan) | 13964.35 | 3218.76 |
| 境内贷款 | Domestic Loans | 13918.31 | 3218.52 |
| 短期贷款 | Short-term Loans | 2253.35 | 128.17 |
| 中长期贷款 | Medium and Long-term Loans | 10985.30 | 1157.74 |
| 境外贷款 | Overseas Loans | 46.04 | 0.24 |
| 幼儿园数（所） | Number of Kindergartens (unit) | 1804 | 908 |
| 在园儿童数（万人） | Student Enrollment (10 000 persons) | 32.56 | 14.98 |
| 普通小学学校数（所） | Number of Regular Primary Schools (unit) | 1106 | 349 |
| 普通小学专任教师数（人） | Full-time Teachers in Regular Primary Schools (person) | 40022 | 17202 |
| 普通小学招生数（万人） | New Student Enrollment in Regular Primary Schools (10 000 persons) | 14.69 | 4.87 |
| 普通小学在校学生数（万人） | Regular Primary Student Enrollment (10 000 persons) | 73.09 | 31.81 |
| 普通小学毕业生数（万人） | Graduates of Regular Primary Schools (10 000 persons) | 10.30 | 4.60 |
| 普通中学学校数（所） | Number of Regular Secondary Schools (unit) | 342 | 158 |
| 普通中学专任教师数（人） | Full-time Teachers in Regular Secondary Schools (person) | 30036 | 15676 |
| 普通中学招生数（万人） | New Student Enrollment in Secondary Schools (10 000 persons) | 16.02 | 8.10 |
| 普通中学在校学生数（万人） | Student Enrollment in Regular Secondary Schools (10 000 persons) | 45.14 | 22.88 |
| 普通中学毕业生数（万人） | Graduates in Regular Secondary Schools (10 000 persons) | 13.72 | 6.87 |
| 普通高等学校数（所） | Regular Institutions of Higher Education (unit) | 34 | 6 |
| 普通高等学校专任教师数（人） | Full-time Teachers in Regular Institutions of Higher Education (person) | 21407 | 4818 |
| 普通高等学校招生数（万人） | New Student Enrollment in Regular Institutions of Higher Education (10 000 persons) | 18.36 | 4.58 |
| 普通高等学校在校学生数（万人） | Student Enrollment in Regular Institutions of Higher Education (10 000 persons) | 51.01 | 12.71 |
| 普通高等学校毕业生数（万人） | Graduates in Regular Institutions of Higher Education (10 000 persons) | 11.81 | 3.39 |
| 公共图书馆（个） | Public Libraries (unit) | 14 | 11 |
| 公共博物馆（所） | Museums (unit) | 5 | 58 |
| 卫生机构数（个） | Number of Health Institutions (unit) | 4830 | 2452 |
| #医院、卫生院 | Hospitals, Village Clinics | 256 | 160 |
| 卫生机构床位数（张） | Number of Beds in Health Institutions (bed) | 54347 | 26025 |
| #医院、卫生院 | Hospitals, Village Clinics | 50651 | 24139 |
| 卫生机构人员数（人） | Number of Employed Personnel in Health Institutions (person) | 90737 | 42467 |
| #卫生技术人员 | Medical and Technical Personnel | 74625 | 35141 |
| #执业医师、执业助理医师 | Licensed Doctors, Licensed Assistant Doctors | 26995 | 11939 |
| 注册护士 | Registered Nurses | 33985 | 16351 |

continued

| 桂林市 Guilin | 梧州市 Wuzhou | 北海市 Beihai | 防城港市 Fangcheng gang | 钦州市 Qinzhou | 贵港市 Guigang | 玉林市 Yulin | 百色市 Baise | 贺州市 Hezhou | 河池市 Hechi | 来宾市 Laibin | 崇左市 Chongzuo |
|---|---|---|---|---|---|---|---|---|---|---|---|
| 2831.36 | 1040.89 | 866.32 | 716.13 | 860.40 | 1134.76 | 1658.96 | 1148.49 | 591.48 | 799.04 | 609.30 | 593.46 |
| 2829.19 | 1038.55 | 841.84 | 705.31 | 857.75 | 1134.74 | 1658.40 | 1148.10 | 591.47 | 797.50 | 609.11 | 593.45 |
| 2829.05 | 1038.28 | 841.78 | 705.22 | 860.21 | 1134.58 | 1658.27 | 1148.08 | 591.45 | 797.50 | 609.10 | 593.38 |
| 330.94 | 193.44 | 59.28 | 38.83 | 64.70 | 72.92 | 388.52 | 279.71 | 131.81 | 176.84 | 38.84 | 137.49 |
| 1064.86 | 840.18 | 493.62 | 246.72 | 385.78 | 639.90 | 1256.41 | 847.94 | 456.33 | 600.25 | 219.55 | 453.05 |
| 0.15 | 0.27 | 0.06 | 0.08 | 0.19 | 0.16 | 0.13 | 0.01 | 0.01 | 3.17 | 0.01 | 0.07 |
| 1050 | 718 | 398 | 321 | 315 | 1133 | 1961 | 1292 | 610 | 1082 | 1010 | 557 |
| 18.14 | 13.41 | 8.25 | 4.74 | 13.71 | 20 | 31.06 | 17.36 | 9.73 | 15.73 | 8.89 | 8.42 |
| 537 | 524 | 326 | 515 | 1004 | 817 | 1294 | 429 | 321 | 694 | 219 | 267 |
| 23483 | 17066 | 8868 | 5944 | 38099 | 24481 | 33749 | 18894 | 12125 | 21083 | 10420 | 10459 |
| 7.33 | 6.58 | 3.26 | 2.15 | 7.85 | 8.57 | 13.22 | 5.70 | 4.42 | 6.57 | 3.71 | 3.27 |
| 39.93 | 31.40 | 17.04 | 10.72 | 40.46 | 48.19 | 70.53 | 33.32 | 23.61 | 37.28 | 20.21 | 17.44 |
| 6.32 | 4.86 | 2.58 | 1.58 | 5.74 | 7.49 | 9.92 | 6.00 | 3.32 | 6.09 | 3.06 | 3.00 |
| 214 | 124 | 99 | 47 | 130 | 218 | 269 | 160 | 104 | 187 | 81 | 78 |
| 17628 | 9774 | 2250 | 3940 | 14664 | 22212 | 26722 | 15439 | 9204 | 13930 | 8806 | 7383 |
| 9.37 | 4.85 | 3.99 | 2.18 | 8.31 | 13 | 15.65 | 8.97 | 4.53 | 9.04 | 4.79 | 4.50 |
| 26.37 | 14.13 | 11.63 | 6.21 | 85.27 | 37 | 45.04 | 26.00 | 12.94 | 26.12 | 13.74 | 12.55 |
| 7.67 | 4.49 | 3.68 | 1.84 | 7.49 | 11.76 | 14.00 | 7.73 | 4.11 | 8.06 | 4.19 | 3.61 |
| 12 | 2 | 4 | 1 | 2 | 0 | 1 | 6 | 1 | 2 | 2 | 8 |
| 9449 | 1366 | 2250 | 99 | 1291 | 0 | 1029 | 3531 | 805 | 998 | 813 | 3780 |
| 6.73 | 1.19 |  | 0.20 | 0.97 | 0 | 0.36 | 2.40 | 0.48 | 0.99 | 1.15 | 4.02 |
| 21.63 | 2.88 | 5.05 | 0.49 | 2.48 | 0 | 1.71 | 6.62 | 1.75 | 2.81 | 2.42 | 8.57 |
| 5.38 | 0.52 |  | 0.00 | 0.55 | 0 | 0.44 | 1.39 | 0.39 | 0.64 | 0.40 | 1.47 |
| 14 | 5 | 3 | 5 | 5 | 6 | 8 | 13 | 5 | 11 | 7 | 7 |
| 27 | 5 | 1 | 2 |  | 5 | 4 | 15 | 4 | 11 | 6 | 5 |
| 4632 | 1661 | 1060 | 681 | 552 | 4082 | 3019 | 2640 | 1193 | 2333 | 1497 | 1292 |
| 73 | 105 | 28 | 44 | 89 | 143 | 166 | 212 | 95 | 190 | 101 | 119 |
| 24552 | 16083 | 9397 | 4182 | 15010 | 19752 | 31122 | 20891 | 9817 | 20288 | 12601 | 9201 |
| 17919 | 15245 | 6420 | 3913 |  | 19634 | 29229 | 19190 | 9176 | 19262 | 11620 | 8224 |
| 46054 | 27193 |  | 8322 | 28083 | 31310 | 39951 | 32094 | 16331 | 29410 | 16451 | 17102 |
| 35355 | 20422 | 11627 | 6280 | 20388 | 22732 | 30162 | 24301 | 12103 | 23155 | 12597 | 12490 |
| 12608 | 6643 | 4127 | 2185 | 6302 | 7862 | 10147 | 7291 | 3958 | 7178 | 4055 | 3801 |
| 15636 | 9233 | 5162 | 2721 | 9336 | 9735 | 13053 | 10646 | 5412 | 10376 | 5146 | 5598 |

# 22—2 南宁市主要经济指标情况（1978-2019年）
# Main Economic Indicators of Nanning（1978-2019）

| 年份 year | 生产总值（按当年价格，亿元）Gross Domestic Product (current prices, 100 million yuan) | 第一产业 Primary Industry | 第二产业 Secondary Industry | #工业 Industry | 第三产业 Tertiary Industry | 生产总值指数（上年=100）Indices of Gross Domestic Product (Preceding year=100) | 第一产业 Primary Industry | 第二产业 Secondary Industry | #工业 Industry | 第三产业 Tertiary Industry |
|---|---|---|---|---|---|---|---|---|---|---|
| 1978 | 14.74 | 6.19 | 5.22 | 4.75 | 3.33 | 111.5 | 110.3 | 112.1 | 108.1 | 112.6 |
| 1979 | 10.68 | 2.90 | 5.17 | 4.73 | 2.61 | 119.7 | 111.1 | 134.1 | 133.9 | 106.2 |
| 1980 | 18.01 | 7.01 | 7.00 | 6.45 | 4.00 | 105.5 | 105.3 | 108.0 | 112.6 | 101.7 |
| 1981 | 12.44 | 3.32 | 5.62 | 5.02 | 3.50 | 109.0 | 109.2 | 102.2 | 102.6 | 121.9 |
| 1982 | 13.72 | 4.11 | 5.99 | 5.26 | 3.62 | 108.8 | 120.2 | 107.2 | 105.6 | 102.0 |
| 1983 | 14.95 | 4.11 | 6.58 | 5.82 | 4.26 | 108.8 | 98.1 | 110.7 | 111.5 | 115.8 |
| 1984 | 15.38 | 4.12 | 6.51 | 5.65 | 4.75 | 100.0 | 98.3 | 96.4 | 95.6 | 107.4 |
| 1985 | 30.93 | 11.83 | 10.84 | 9.59 | 8.27 | 112.7 | 103.4 | 122.1 | 117.7 | 113.1 |
| 1986 | 35.15 | 12.64 | 12.72 | 11.10 | 9.79 | 107.9 | 101.4 | 111.7 | 110.1 | 114.1 |
| 1987 | 42.05 | 14.64 | 15.67 | 13.75 | 11.75 | 112.6 | 105.2 | 117.6 | 118.3 | 114.2 |
| 1988 | 53.78 | 17.88 | 19.13 | 16.67 | 16.76 | 109.7 | 92.8 | 109.0 | 108.3 | 129.6 |
| 1989 | 62.04 | 19.16 | 21.92 | 20.06 | 20.96 | 107.4 | 107.7 | 102.8 | 108.0 | 114.9 |
| 1990 | 70.88 | 23.10 | 24.84 | 22.83 | 22.94 | 109.6 | 111.1 | 111.6 | 112.1 | 107.8 |
| 1991 | 79.32 | 23.91 | 27.46 | 25.20 | 27.95 | 106.3 | 100.6 | 106.9 | 106.7 | 111.6 |
| 1992 | 91.81 | 27.77 | 30.47 | 27.59 | 33.56 | 112.7 | 115.1 | 109.3 | 107.9 | 114.3 |
| 1993 | 134.62 | 34.44 | 49.93 | 43.65 | 50.25 | 123.5 | 106.9 | 134.4 | 129.7 | 128.3 |
| 1994 | 187.23 | 49.10 | 67.51 | 57.80 | 70.61 | 116.5 | 107.7 | 119.6 | 117.1 | 120.7 |
| 1995 | 235.81 | 61.52 | 80.79 | 65.22 | 93.49 | 114.5 | 112.6 | 114.9 | 108.3 | 115.7 |
| 1996 | 267.20 | 69.05 | 84.59 | 66.64 | 113.56 | 111.4 | 105.9 | 110.4 | 107.7 | 116.5 |
| 1997 | 304.49 | 78.59 | 92.22 | 70.98 | 133.69 | 112.5 | 113.9 | 108.8 | 106.3 | 115.2 |
| 1998 | 339.55 | 83.44 | 99.73 | 76.71 | 156.38 | 111.5 | 108.4 | 110.3 | 110.3 | 114.8 |
| 1999 | 356.99 | 85.26 | 101.99 | 77.23 | 169.73 | 109.4 | 107.4 | 108.1 | 106.4 | 111.7 |
| 2000 | 377.94 | 87.66 | 105.37 | 79.09 | 184.91 | 107.7 | 100.7 | 104.6 | 105.4 | 113.9 |
| 2001 | 418.17 | 90.74 | 113.16 | 85.25 | 214.26 | 108.8 | 102.2 | 106.4 | 106.7 | 113.2 |
| 2002 | 463.18 | 94.35 | 125.56 | 93.39 | 243.27 | 110.9 | 107.7 | 112.0 | 112.2 | 111.6 |
| 2003 | 521.78 | 99.70 | 152.35 | 109.62 | 269.73 | 110.9 | 103.7 | 119.3 | 113.4 | 109.4 |
| 2004 | 619.12 | 107.68 | 193.38 | 137.83 | 318.06 | 113.2 | 105.9 | 118.2 | 116.8 | 113.1 |
| 2005 | 727.90 | 124.25 | 231.21 | 165.18 | 372.44 | 113.4 | 108.2 | 115.6 | 115.0 | 114.0 |
| 2006 | 880.11 | 144.34 | 297.31 | 221.29 | 438.46 | 116.8 | 108.4 | 125.3 | 129.9 | 114.4 |
| 2007 | 1089.07 | 178.00 | 372.27 | 284.09 | 538.80 | 117.4 | 107.3 | 121.2 | 124.2 | 117.9 |
| 2008 | 1320.43 | 203.11 | 457.94 | 352.27 | 659.39 | 114.7 | 105.3 | 114.8 | 116.9 | 117.4 |
| 2009 | 1524.71 | 212.38 | 527.46 | 395.80 | 784.88 | 115.1 | 105.8 | 117.0 | 113.5 | 116.3 |
| 2010 | 1800.26 | 244.43 | 651.88 | 483.78 | 903.94 | 114.2 | 105.7 | 117.8 | 115.9 | 113.7 |
| 2011 | 2211.44 | 305.55 | 829.61 | 612.59 | 1076.28 | 113.5 | 105.7 | 118.3 | 118.1 | 112.2 |
| 2012 | 2503.18 | 322.96 | 960.75 | 706.11 | 1219.48 | 112.3 | 105.2 | 118.1 | 118.7 | 109.6 |
| 2013 | 2803.54 | 349.93 | 1110.89 | 820.60 | 1342.73 | 110.3 | 104.8 | 114.6 | 114.8 | 108.1 |
| 2014 | 3148.32 | 354.69 | 1251.54 | 923.49 | 1542.09 | 108.5 | 104.2 | 109.9 | 110.3 | 108.2 |
| 2015 | 3410.08 | 371.10 | 1345.15 | 1000.37 | 1693.83 | 108.6 | 104.1 | 110.4 | 111.4 | 107.9 |
| 2016 | 3703.33 | 395.93 | 1426.50 | 1063.14 | 1880.90 | 107.0 | 103.2 | 105.8 | 105.6 | 108.8 |
| 2017 | 4118.83 | 404.18 | 1599.50 | 1189.89 | 2115.15 | 108.0 | 104.1 | 108.6 | 109.5 | 108.4 |
| 2018 | 4026.91 | 421.31 | 1225.78 | 780.32 | 2379.81 | 105.4 | 104.3 | 102.2 | 107.8 | 101.6 |
| 2019 | 4506.56 | 507.27 | 1044.97 |  | 2954.32 | 105.0 | 105.3 | 104.4 | 101.0 | 105.2 |

## 22—2 续表　continued

| 年份 Year | 固定资产投资（不含农户）（亿元）Investment in Fixed Assets (excluding rural registents) (100 million yuan) | 社会消费品零售总额（亿元）Total Retail Sales of Consumer Goods (100 million yuan) | 进出口（万美元）Total Import and Export (USD 10 000) | #出口 Exports | 财政收入（亿元）Finance Revenue (100 million yuan) | #一般公共预算收入 Public Budget Reveue | 一般公共预算支出 Public Budget Expenditure (100 million yuan) | 城镇居民人均可支配收入（元）Per Capita Disposable Income of Urban Households (yuan) | 农村居民人均可支配收入（元）Per Capita Disposable Income of Rural Households (yuan) |
|---|---|---|---|---|---|---|---|---|---|
| 1978 | 1.77 | 3.47 | | | 2.01 | 2.01 | 0.71 | | 88 |
| 1979 | 2.47 | 4.02 | | | 1.98 | 1.98 | 0.60 | | 105 |
| 1980 | 1.67 | 4.94 | | | 2.37 | 2.37 | 0.74 | 386 | 107 |
| 1981 | 1.34 | 5.50 | | | 2.45 | 2.45 | 0.74 | 445 | 135 |
| 1982 | 1.65 | 6.24 | | | 2.60 | 2.60 | 0.81 | 478 | 158 |
| 1983 | 1.96 | 6.93 | | | 2.63 | 2.63 | 0.77 | 513 | 239 |
| 1984 | 2.39 | 8.42 | | | 2.74 | 2.74 | 0.95 | 624 | 316 |
| 1985 | 4.46 | 11.72 | | | 3.54 | 3.54 | 1.80 | 716 | 367 |
| 1986 | 5.93 | 12.50 | | | 3.89 | 3.89 | 2.67 | 851 | 404 |
| 1987 | 6.80 | 15.16 | | | 4.41 | 4.41 | 2.90 | 949 | 461 |
| 1988 | 9.15 | 20.59 | | | 5.11 | 5.11 | 4.05 | 1166 | 521 |
| 1989 | 7.39 | 23.79 | | | 5.74 | 5.74 | 3.94 | 1274 | 574 |
| 1990 | 7.59 | 25.16 | 13732 | 9983 | 6.39 | 6.39 | 4.77 | 1454 | 624 |
| 1991 | 8.44 | 30.63 | 15884 | 11153 | 7.01 | 7.01 | 4.84 | 1659 | 683 |
| 1992 | 11.36 | 36.76 | 15903 | 10121 | 7.35 | 7.35 | 4.84 | 2106 | 778 |
| 1993 | 23.65 | 52.09 | 23324 | 9463 | 10.65 | 10.65 | 6.69 | 3081 | 912 |
| 1994 | 33.90 | 66.79 | 25234 | 9424 | 15.02 | 7.35 | 8.58 | 4543 | 1093 |
| 1995 | 56.35 | 83.99 | 17594 | 6988 | 17.11 | 9.12 | 9.46 | 5544 | 1326 |
| 1996 | 64.39 | 100.66 | 13703 | 6210 | 19.05 | 10.36 | 10.58 | 5973 | 1553 |
| 1997 | 74.78 | 115.36 | 36368 | 29434 | 21.58 | 11.68 | 11.95 | 5931 | 1788 |
| 1998 | 82.36 | 128.64 | 39753 | 33228 | 24.52 | 13.16 | 13.99 | 6570 | 1942 |
| 1999 | 88.08 | 137.14 | 57100 | 40094 | 27.01 | 14.97 | 17.29 | 6847 | 2079 |
| 2000 | 113.17 | 212.43 | 66164 | 51238 | 36.46 | 21.65 | 29.07 | 7448 | 1791 |
| 2001 | 121.41 | 231.35 | 53733 | 43053 | 45.29 | 29.19 | 34.86 | 7906 | 1954 |
| 2002 | 145.56 | 256.78 | 49668 | 40746 | 52.53 | 31.28 | 45.26 | 8796 | 2111 |
| 2003 | 190.36 | 288.45 | 65792 | 51143 | 61.06 | 36.24 | 52.50 | 9162 | 2231 |
| 2004 | 262.76 | 332.05 | 63625 | 52421 | 74.63 | 43.25 | 62.12 | 8059 | 2467 |
| 2005 | 362.90 | 380.34 | 71916 | 57716 | 100.22 | 45.20 | 73.55 | 9203 | 2680 |
| 2006 | 447.22 | 438.20 | 92853 | 71681 | 120.36 | 56.62 | 93.08 | 10193 | 3033 |
| 2007 | 560.22 | 518.81 | 128596 | 101316 | 150.84 | 70.15 | 118.00 | 11877 | 3462 |
| 2008 | 693.44 | 647.46 | 186666 | 158604 | 191.17 | 92.88 | 166.08 | 14446 | 4001 |
| 2009 | 1043.91 | 757.01 | 278735 | 238172 | 231.37 | 120.46 | 203.55 | 16254 | 4385 |
| 2010 | 1483.02 | 905.93 | 220407 | 158638 | 300.88 | 156.10 | 261.28 | 18032 | 5005 |
| 2011 | 2018.95 | 1073.15 | 251042 | 166236 | 363.52 | 186.29 | 301.85 | 20005 | 5848 |
| 2012 | 2585.18 | 1255.59 | 414678 | 251734 | 422.00 | 229.72 | 376.51 | 22561 | 6777 |
| 2013 | 2475.01 | 1442.84 | 442117 | 235270 | 473.66 | 256.25 | 418.40 | 24817 | 7685 |
| 2014 | 2933.87 | 1616.90 | 481410 | 261702 | 526.59 | 274.85 | 465.77 | 26540 | 9489 |
| 2015 | 3366.89 | 1786.68 | 585153 | 325095 | 572.48 | 297.05 | 527.69 | 28531 | 10409 |
| 2016 | 3824.73 | 1980.36 | 628556 | 319017 | 613.87 | 312.79 | 586.98 | 30728 | 11398 |
| 2017 | 4307.95 | 2204.16 | 607.09 | 275.69 | 687.98 | 332.15 | 646.31 | 33217 | 12515 |
| 2018 | – | 2214.69 | 738.79 | 355.09 | 753.20 | 358.96 | 697.93 | 35276 | 13654 |
| 2019 | – | | 747.79 | 363.91 | 800.69 | 370.93 | 787.71 | 37675 | 15047 |

注：1.城镇居民人均可支配收入2004年（含2004年）以前为城市居民人均可支配收入。
2.2000年以后农民人均纯收入统计口径调整。2014年后口径调整为农村居民人均可支配收入。
3.2017年起，外贸进出口数据以人民币计价，单位为亿元。

Note: 1.The statistical range of indicator "Per Capita Disposable Income of Urban Households" is the household in cities in and before 2004.
2.After 2000, the statistical range of Per Capita Net Income of Farmers has been adjusted. And after 2014, it was adjusted into Per Capita Disposable Income of Rural Households.
3. The data of import and export value of foreign trade was calculated by RMB (100 million yuan) since 2017.

# 22—3 柳州市主要经济指标情况（1978-2019年）
## Main Economic Indicators of Liuzhou（1978-2019）

| 年份 year | 生产总值（按当年价格，亿元）Gross Domestic Product (current prices, 100 million yuan) | 第一产业 Primary Industry | 第二产业 Secondary Industry | #工业 Industry | 第三产业 Tertiary Industry | 生产总值指数（上年=100）Indices of Gross Domestic Product (Preceding year=100) | 第一产业 Primary Industry | 第二产业 Secondary Industry | #工业 Industry | 第三产业 Tertiary Industry |
|---|---|---|---|---|---|---|---|---|---|---|
| 1978 | 9.89 | 2.70 | 4.86 | 4.53 | 2.33 | 106.6 | 104.7 | 106.4 | 107.2 | 109.5 |
| 1979 | 10.87 | 2.76 | 5.31 | 4.94 | 2.80 | 104.5 | 98.8 | 106.8 | 108.1 | 106.6 |
| 1980 | 12.26 | 3.16 | 6.11 | 5.67 | 2.99 | 112.9 | 104.8 | 116.7 | 116.5 | 114.2 |
| 1981 | 13.47 | 3.73 | 6.56 | 6.09 | 3.18 | 106.4 | 110.7 | 104.9 | 106.2 | 105.0 |
| 1982 | 14.10 | 3.99 | 6.68 | 6.23 | 3.43 | 105.2 | 103.4 | 105.0 | 105.6 | 107.3 |
| 1983 | 16.29 | 4.31 | 7.76 | 7.27 | 4.23 | 109.9 | 105.5 | 108.9 | 109.0 | 116.1 |
| 1984 | 18.74 | 4.57 | 9.14 | 8.40 | 5.04 | 114.0 | 101.8 | 121.1 | 120.4 | 112.5 |
| 1985 | 23.16 | 5.18 | 11.53 | 10.77 | 6.45 | 120.1 | 102.2 | 127.9 | 128.2 | 119.6 |
| 1986 | 26.87 | 5.94 | 13.57 | 12.50 | 7.36 | 113.2 | 105.7 | 118.5 | 119.4 | 107.3 |
| 1987 | 35.51 | 6.93 | 18.87 | 17.27 | 9.72 | 117.0 | 108.9 | 115.4 | 114.2 | 126.4 |
| 1988 | 42.78 | 8.12 | 21.53 | 19.79 | 13.13 | 107.6 | 96.5 | 105.4 | 105.9 | 118.9 |
| 1989 | 49.01 | 9.61 | 24.06 | 22.43 | 15.34 | 102.7 | 111.2 | 100.8 | 101.8 | 102.3 |
| 1990 | 52.80 | 11.98 | 24.23 | 22.88 | 16.59 | 102.8 | 106.4 | 100.6 | 101.0 | 104.9 |
| 1991 | 61.67 | 11.97 | 28.85 | 26.41 | 20.85 | 111.5 | 98.1 | 113.9 | 113.5 | 117.0 |
| 1992 | 76.34 | 13.73 | 36.49 | 33.42 | 26.12 | 119.2 | 115.1 | 120.2 | 120.5 | 120.2 |
| 1993 | 105.48 | 16.23 | 56.71 | 52.77 | 32.54 | 110.3 | 105.0 | 123.0 | 123.8 | 101.7 |
| 1994 | 141.56 | 21.04 | 78.94 | 72.80 | 41.57 | 115.1 | 100.7 | 130.7 | 130.4 | 105.6 |
| 1995 | 177.64 | 29.25 | 93.46 | 85.68 | 54.93 | 116.5 | 114.7 | 117.8 | 116.8 | 115.8 |
| 1996 | 178.75 | 31.93 | 82.52 | 73.56 | 64.30 | 102.2 | 108.3 | 98.7 | 97.4 | 104.0 |
| 1997 | 201.07 | 33.54 | 91.26 | 82.07 | 76.27 | 115.0 | 110.8 | 110.4 | 110.8 | 122.8 |
| 1998 | 216.86 | 34.74 | 96.04 | 87.48 | 86.08 | 107.9 | 101.8 | 105.6 | 106.7 | 113.0 |
| 1999 | 228.37 | 35.60 | 99.09 | 91.10 | 93.68 | 107.3 | 106.8 | 105.9 | 106.3 | 109.1 |
| 2000 | 251.56 | 37.36 | 107.26 | 99.70 | 106.93 | 109.0 | 105.3 | 108.7 | 109.6 | 110.7 |
| 2001 | 283.68 | 39.40 | 119.84 | 111.59 | 124.45 | 111.1 | 106.8 | 112.2 | 112.8 | 111.4 |
| 2002 | 314.63 | 42.86 | 135.51 | 124.07 | 136.27 | 113.7 | 106.9 | 117.8 | 115.8 | 111.7 |
| 2003 | 361.57 | 44.61 | 168.73 | 150.61 | 148.23 | 111.9 | 104.6 | 117.2 | 112.4 | 108.7 |
| 2004 | 440.83 | 54.56 | 226.06 | 203.54 | 160.21 | 114.2 | 107.9 | 120.4 | 120.5 | 109.0 |
| 2005 | 512.00 | 58.95 | 266.11 | 241.78 | 186.95 | 114.0 | 107.3 | 117.5 | 118.6 | 111.6 |
| 2006 | 622.34 | 65.75 | 345.79 | 319.71 | 210.79 | 115.2 | 108.0 | 121.0 | 122.5 | 109.3 |
| 2007 | 755.12 | 77.20 | 437.93 | 407.55 | 239.99 | 115.6 | 106.8 | 119.4 | 119.9 | 112.2 |
| 2008 | 905.26 | 85.52 | 543.66 | 505.78 | 276.08 | 114.1 | 105.1 | 118.6 | 119.2 | 109.0 |
| 2009 | 1046.05 | 90.45 | 636.43 | 588.07 | 319.18 | 116.3 | 105.4 | 120.1 | 119.1 | 112.4 |
| 2010 | 1315.31 | 109.48 | 839.96 | 776.84 | 365.87 | 115.8 | 105.4 | 120.4 | 119.9 | 109.8 |
| 2011 | 1579.72 | 135.86 | 1003.68 | 923.21 | 440.17 | 110.8 | 105.7 | 111.7 | 111.3 | 110.3 |
| 2012 | 1820.61 | 147.38 | 1147.36 | 1055.69 | 525.87 | 111.5 | 106.1 | 111.7 | 111.6 | 112.6 |
| 2013 | 2010.05 | 159.29 | 1274.93 | 1166.65 | 575.84 | 110.0 | 105.0 | 111.6 | 111.0 | 107.6 |
| 2014 | 2208.51 | 160.01 | 1312.54 | 1191.11 | 735.90 | 108.5 | 103.3 | 108.5 | 108.6 | 109.7 |
| 2015 | 2298.62 | 167.10 | 1300.11 | 1174.93 | 831.41 | 107.2 | 103.3 | 105.2 | 105.2 | 112.4 |
| 2016 | 2476.94 | 179.46 | 1361.81 | 1232.52 | 935.67 | 107.3 | 103.1 | 105.7 | 105.9 | 110.5 |
| 2017 | 2755.64 | 189.49 | 1487.08 | 1345.13 | 1079.07 | 107.1 | 103.7 | 104.4 | 104.5 | 111.6 |
| 2018 | 3053.65 | 195.00 | 1608.66 | 1454.20 | 1249.99 | 106.4 | 104.9 | 102.6 | 102.4 | 111.9 |
| 2019 | 3128.35 | 223.47 | 1551.91 | 1338.69 | 1352.96 | 102.4 | 105.1 | 99.3 | 98.2 | 105.8 |

# 22—3 续表 continued

| 年份 Year | 固定资产投资（不含农户）（亿元） Investment in Fixed Assets (excluding rural registents) (100 million yuan) | 社会消费品零售总额（亿元） Total Retail Sales of Consumer Goods (100 million yuan) | 进出口（万美元） Total Import and Export (USD 10 000) | #出口 Exports | 财政收入（亿元） Finance Revenue (100 million yuan) | #一般公共预算收入 Public Budget Reveue | 一般公共预算支出 Public Budget Expenditure (100 million yuan) | 城镇居民人均可支配收入（元） Per Capita Disposable Income of Urban Households (yuan) | 农村居民人均可支配收入（元） Per Capita Disposable Income of Rural Households (yuan) |
|---|---|---|---|---|---|---|---|---|---|
| 1978 | 1.23 | 3.63 | | | 2.79 | 2.79 | 1.15 | | 82 |
| 1979 | 0.96 | 3.93 | | | 2.99 | 2.99 | 0.73 | | 91 |
| 1980 | 1.73 | 4.75 | | | 2.96 | 2.96 | 0.79 | 384 | 81 |
| 1981 | 1.33 | 5.45 | | | 3.24 | 3.24 | 0.80 | 431 | 103 |
| 1982 | 1.68 | 6.04 | | | 3.41 | 3.41 | 0.96 | 467 | 159 |
| 1983 | 1.81 | 6.61 | | | 2.92 | 2.92 | 0.97 | 489 | 254 |
| 1984 | 2.99 | 7.30 | | | 3.34 | 3.34 | 1.17 | 586 | 270 |
| 1985 | 4.88 | 9.43 | | | 4.37 | 4.37 | 1.95 | 668 | 316 |
| 1986 | 5.37 | 10.96 | | | 4.91 | 4.91 | 3.32 | 841 | 352 |
| 1987 | 8.67 | 12.54 | | | 5.76 | 5.76 | 3.95 | 966 | 392 |
| 1988 | 9.76 | 16.97 | | | 6.43 | 6.43 | 4.10 | 1119 | 453 |
| 1989 | 7.63 | 18.25 | | | 7.23 | 7.23 | 4.88 | 1260 | 518 |
| 1990 | 6.59 | 18.84 | | | 7.55 | 7.55 | 5.26 | 1515 | 586 |
| 1991 | 10.71 | 21.66 | | | 7.81 | 7.69 | 5.35 | 1794 | 694 |
| 1992 | 15.64 | 26.54 | | | 8.40 | 8.40 | 5.72 | 2105 | 783 |
| 1993 | 35.34 | 39.75 | | | 13.10 | 13.10 | 9.22 | 3267 | 890 |
| 1994 | 45.78 | 48.38 | | | 17.07 | 6.92 | 8.35 | 3912 | 1120 |
| 1995 | 38.68 | 60.48 | | | 18.78 | 8.26 | 9.71 | 4508 | 1440 |
| 1996 | 40.54 | 63.06 | | | 18.34 | 7.78 | 11.68 | 4805 | 1701 |
| 1997 | 41.36 | 72.65 | | | 20.90 | 9.32 | 12.06 | 5457 | 2035 |
| 1998 | 46.17 | 74.45 | | | 25.74 | 13.05 | 13.95 | 5552 | 2155 |
| 1999 | 45.46 | 77.43 | | | 27.93 | 13.93 | 16.60 | 5328 | 2183 |
| 2000 | 44.83 | 81.15 | | | 33.09 | 16.86 | 19.48 | 5740 | 1658 |
| 2001 | 50.77 | 94.57 | 21317 | 14022 | 42.20 | 21.76 | 27.43 | 7547 | 1797 |
| 2002 | 75.78 | 102.86 | 26813 | 14632 | 49.00 | 23.24 | 30.77 | 7928 | 1954 |
| 2003 | 109.37 | 90.90 | 28454 | 13922 | 58.19 | 27.13 | 38.37 | 8370 | 2082 |
| 2004 | 141.32 | 175.50 | 59342 | 19236 | 67.74 | 29.81 | 43.73 | 9155 | 2250 |
| 2005 | 171.76 | 200.25 | 69599 | 21250 | 80.19 | 28.18 | 49.48 | 9556 | 2534 |
| 2006 | 200.69 | 230.50 | 101256 | 39472 | 95.20 | 34.85 | 62.61 | 11002 | 2914 |
| 2007 | 302.04 | 274.08 | 133110 | 68613 | 116.38 | 40.37 | 74.93 | 12866 | 3497 |
| 2008 | 430.30 | 344.33 | 202586 | 93049 | 140.13 | 52.44 | 96.36 | 14474 | 3956 |
| 2009 | 681.86 | 400.98 | 167882 | 36484 | 157.64 | 61.41 | 127.48 | 16017 | 4330 |
| 2010 | 1004.88 | 480.00 | 281894 | 62952 | 201.18 | 74.64 | 155.03 | 17766 | 4935 |
| 2011 | 1304.57 | 568.80 | 278372 | 92446 | 229.60 | 89.45 | 184.29 | 19615 | 5721 |
| 2012 | 1683.13 | 661.84 | 311234 | 90678 | 260.18 | 113.55 | 221.17 | 22181 | 6746 |
| 2013 | 1566.71 | 758.42 | 288429 | 87472 | 285.06 | 125.12 | 240.58 | 24355 | 7663 |
| 2014 | 1810.94 | 858.20 | 226825 | 80197 | 316.55 | 133.16 | 261.61 | 26193 | 9221 |
| 2015 | 2082.89 | 944.11 | 222657 | 77924 | 343.81 | 146.68 | 309.72 | 28184 | 10125 |
| 2016 | 2338.61 | 1045.13 | 1353756 | 459085 | 370.16 | 159.16 | 339.56 | 30270 | 11107 |
| 2017 | 2697.20 | 1155.64 | 172.24 | 54.25 | 403.82 | 179.79 | 374.56 | 32661 | 12151 |
| 2018 | – | 1266.58 | 173.09 | 60.33 | 436.20 | 193.78 | 424.43 | 34849 | 13451 |
| 2019 | – | | 219.10 | 84.78 | 436.31 | 221.45 | 498.87 | 37358 | 14715 |

注：1.城镇居民人均可支配收入2004年（含2004年）以前为城市居民人均可支配收入。
2. 2000年以后农民人均纯收入统计口径调整。2014年后口径调整为农村居民人均可支配收入。
3. 2017年起，外贸进出口数据以人民币计价，单位为亿元。

Note：1.The statistical range of indicator "Per Capita Disposable Income of Urban Households" is the household in cities in and before 2004.
2.After 2000, the statistical range of Per Capita Net Income of Farmers has been adjusted. And after 2014, it was adjusted into Per Capita Disposable Income of Rural Households.
3. The data of import and export value of foreign trade was calculated by RMB（100 million yuan） since 2017.

# 22—4 桂林市主要经济指标情况（1978-2019年）

## Main Economic Indicators of Guilin（1978-2019）

| 年份 year | 生产总值（按当年价格，亿元）Gross Domestic Product（current prices，100 million yuan） | 第一产业 Primary Industry | 第二产业 Secondary Industry | #工业 Industry | 第三产业 Tertiary Industry | 生产总值指数（上年=100）Indices of Gross Domestic Product（Preceding year =100） | 第一产业 Primary Industry | 第二产业 Secondary Industry | #工业 Industry | 第三产业 Tertiary Industry |
|---|---|---|---|---|---|---|---|---|---|---|
| 1978 | 11.22 | 4.87 | 3.96 | 3.66 | 2.39 | 111.2 | 105.1 | 109.9 | 109.7 | 123.8 |
| 1979 | 12.57 | 5.70 | 4.32 | 3.94 | 2.55 | 108.3 | 111.1 | 107.8 | 106.1 | 103.3 |
| 1980 | 13.76 | 6.11 | 4.73 | 4.26 | 2.92 | 103.7 | 97.9 | 109.2 | 108.3 | 107.6 |
| 1981 | 14.54 | 6.44 | 4.85 | 4.28 | 3.25 | 103.3 | 102.9 | 99.9 | 98.4 | 109.8 |
| 1982 | 15.96 | 7.36 | 4.95 | 4.36 | 3.65 | 107.4 | 109.0 | 103.6 | 103.6 | 110.0 |
| 1983 | 17.71 | 8.26 | 5.35 | 4.77 | 4.10 | 107.4 | 107.4 | 106.1 | 107.6 | 109.2 |
| 1984 | 19.69 | 8.54 | 6.02 | 5.26 | 5.13 | 109.9 | 100.5 | 114.4 | 114.5 | 120.9 |
| 1985 | 24.42 | 10.47 | 7.54 | 6.55 | 6.40 | 114.9 | 107.4 | 121.1 | 118.1 | 118.4 |
| 1986 | 28.54 | 11.30 | 9.31 | 7.89 | 7.93 | 109.5 | 102.3 | 113.0 | 113.5 | 114.9 |
| 1987 | 34.47 | 12.92 | 11.37 | 9.16 | 10.19 | 110.4 | 100.7 | 111.8 | 108.1 | 120.6 |
| 1988 | 41.82 | 16.08 | 13.21 | 11.00 | 12.53 | 105.3 | 101.7 | 105.6 | 107.3 | 108.7 |
| 1989 | 45.06 | 16.96 | 14.23 | 12.22 | 13.87 | 100.8 | 104.9 | 100.4 | 102.7 | 97.1 |
| 1990 | 49.88 | 20.45 | 14.44 | 12.36 | 15.00 | 103.0 | 102.4 | 101.7 | 102.0 | 105.3 |
| 1991 | 57.13 | 22.20 | 17.01 | 15.06 | 17.93 | 113.5 | 109.3 | 116.8 | 120.9 | 116.1 |
| 1992 | 70.87 | 25.95 | 23.27 | 20.42 | 21.64 | 117.8 | 110.3 | 131.4 | 132.2 | 114.2 |
| 1993 | 96.93 | 32.33 | 35.29 | 30.65 | 29.31 | 119.8 | 107.9 | 137.2 | 138.5 | 118.2 |
| 1994 | 134.28 | 50.33 | 43.41 | 37.88 | 40.54 | 112.4 | 111.2 | 113.1 | 113.7 | 113.0 |
| 1995 | 178.03 | 65.00 | 57.62 | 49.75 | 55.41 | 118.5 | 119.4 | 117.4 | 114.9 | 118.9 |
| 1996 | 223.11 | 80.71 | 69.17 | 59.33 | 73.22 | 121.0 | 116.8 | 120.3 | 119.9 | 126.7 |
| 1997 | 247.31 | 90.03 | 74.85 | 64.18 | 82.42 | 111.9 | 118.2 | 106.9 | 106.5 | 110.7 |
| 1998 | 259.64 | 90.67 | 82.92 | 70.89 | 86.05 | 107.8 | 102.7 | 113.7 | 113.8 | 107.4 |
| 1999 | 278.32 | 96.27 | 85.33 | 72.39 | 96.72 | 109.5 | 106.2 | 109.2 | 108.5 | 113.3 |
| 2000 | 302.49 | 99.50 | 93.57 | 79.49 | 109.42 | 110.1 | 105.2 | 111.3 | 111.7 | 113.6 |
| 2001 | 332.53 | 104.96 | 101.41 | 86.81 | 126.16 | 109.8 | 107.3 | 109.1 | 110.5 | 112.7 |
| 2002 | 360.78 | 107.50 | 112.47 | 95.60 | 140.81 | 109.2 | 102.5 | 111.6 | 110.9 | 112.8 |
| 2003 | 391.54 | 105.63 | 139.89 | 117.51 | 146.02 | 109.8 | 106.0 | 112.1 | 110.2 | 110.5 |
| 2004 | 459.16 | 118.05 | 170.73 | 143.52 | 170.38 | 113.1 | 109.2 | 115.9 | 115.8 | 113.4 |
| 2005 | 512.03 | 119.89 | 186.99 | 155.67 | 205.15 | 113.6 | 107.9 | 118.8 | 119.9 | 112.7 |
| 2006 | 595.52 | 133.42 | 234.83 | 200.34 | 227.27 | 112.2 | 106.5 | 116.3 | 117.8 | 111.8 |
| 2007 | 724.05 | 157.72 | 290.76 | 250.60 | 275.56 | 114.8 | 105.8 | 121.2 | 122.7 | 113.7 |
| 2008 | 851.59 | 171.42 | 357.46 | 308.71 | 322.71 | 112.9 | 106.0 | 118.2 | 119.7 | 111.1 |
| 2009 | 948.23 | 177.90 | 412.00 | 354.05 | 358.33 | 113.8 | 105.3 | 117.6 | 116.7 | 113.9 |
| 2010 | 1103.56 | 203.31 | 492.35 | 417.93 | 407.89 | 113.8 | 104.8 | 120.7 | 120.2 | 110.3 |
| 2011 | 1327.57 | 247.11 | 615.08 | 519.85 | 465.37 | 111.8 | 105.2 | 118.7 | 118.9 | 106.7 |
| 2012 | 1485.02 | 271.84 | 697.46 | 585.55 | 515.71 | 113.1 | 106.7 | 119.3 | 119.8 | 108.0 |
| 2013 | 1657.90 | 299.44 | 792.87 | 662.66 | 565.59 | 111.0 | 105.2 | 115.5 | 115.3 | 107.3 |
| 2014 | 1826.27 | 320.63 | 865.05 | 717.27 | 640.59 | 108.0 | 104.9 | 109.9 | 110.0 | 106.6 |
| 2015 | 1942.90 | 339.59 | 900.98 | 745.22 | 702.33 | 108.0 | 104.4 | 108.2 | 108.1 | 109.2 |
| 2016 | 2054.82 | 361.27 | 916.74 | 750.07 | 776.81 | 107.0 | 104.5 | 106.6 | 106.3 | 108.7 |
| 2017 | 2045.18 | 381.83 | 791.94 | 609.71 | 871.41 | 103.9 | 104.3 | 99.5 | 98.7 | 108.5 |
| 2018 | 2003.61 | 393.51 | 621.83 | 423.84 | 988.26 | 106.9 | 105.5 | 104.9 | 105.2 | 108.9 |
| 2019 | 2105.56 | 486.90 | 474.98 | 285.29 | 1143.68 | 106.5 | 106.0 | 107.2 | 105.5 | 106.5 |

## 22—4 续表 continued

| 年份 Year | 固定资产投资（不含农户）（亿元） Investment in Fixed Assets (excluding rural registents) (100 million yuan) | 社会消费品零售总额（亿元） Total Retail Sales of Consumer Goods (100 million yuan) | 进出口（万美元） Total Import and Export (USD 10 000) | #出口 Exports | 财政收入（亿元） Finance Revenue (100 million yuan) | #一般公共预算收入 Public Budget Reveue | 一般公共预算支出 Public Budget Expenditure (100 million yuan) | 城镇居民人均可支配收入（元） Per Capita Disposable Income of Urban Households (yuan) | 农村居民人均可支配收入（元） Per Capita Disposable Income of Rural Households (yuan) |
|---|---|---|---|---|---|---|---|---|---|
| 1978 | 0.91 | 4.17 | | | 0.92 | | | | |
| 1979 | 0.98 | 4.74 | | | 0.94 | | | | |
| 1980 | 1.48 | 5.60 | | | 0.96 | | | | |
| 1981 | 1.38 | 6.00 | | | 1.09 | | | | |
| 1982 | 1.73 | 6.34 | | | 1.24 | | | | |
| 1983 | 1.73 | 6.70 | | | 1.40 | | | | |
| 1984 | 1.76 | 8.03 | | | 1.56 | | | | |
| 1985 | 3.27 | 11.02 | | | 1.74 | | | | |
| 1986 | 5.75 | 12.17 | | | 2.07 | | | | |
| 1987 | 8.77 | 15.17 | | | 2.74 | | | | |
| 1988 | 9.58 | 19.88 | 435 | 435 | 3.72 | | | | |
| 1989 | 7.60 | 20.71 | 1841 | 1653 | 4.65 | | | | |
| 1990 | 7.34 | 22.22 | 2696 | 1791 | 5.07 | | | | 513 |
| 1991 | 7.50 | 24.86 | 4143 | 2737 | 8.03 | | | | 689 |
| 1992 | 12.71 | 28.84 | 5185 | 4278 | 8.87 | | | | 735 |
| 1993 | 25.36 | 37.57 | 8404 | 5736 | 9.48 | | | | 872 |
| 1994 | 33.09 | 50.75 | 9204 | 8454 | 12.86 | | | | 1137 |
| 1995 | 42.58 | 67.28 | 19114 | 16360 | 15.32 | | | | 1575 |
| 1996 | 53.02 | 82.49 | 23661 | 14763 | 17.97 | | | | 2075 |
| 1997 | 58.62 | 90.30 | 24253 | 16044 | 20.68 | | | | 2347 |
| 1998 | 63.20 | 95.92 | 23945 | 13300 | 22.73 | 14.76 | 19.92 | | 2570 |
| 1999 | 69.83 | 104.17 | 20887 | 11267 | 23.16 | 15.21 | 21.77 | | 2673 |
| 2000 | 79.23 | 113.52 | 26167 | 12909 | 24.22 | 15.89 | 24.15 | | 2878 |
| 2001 | 88.51 | 124.12 | 21277 | 11940 | 29.52 | 20.52 | 30.92 | | 2063 |
| 2002 | 97.41 | 136.04 | 23813 | 14158 | 32.90 | 20.19 | 36.57 | | 2195 |
| 2003 | 111.05 | 103.95 | 26227 | 16488 | 37.04 | 22.13 | 40.95 | | 2354 |
| 2004 | 146.90 | 142.88 | 35468 | 23861 | 42.74 | 25.52 | 45.09 | 8149 | 2638 |
| 2005 | 198.73 | 164.78 | 44155 | 30843 | 51.61 | 24.78 | 54.62 | 9268 | 3003 |
| 2006 | 260.87 | 191.17 | 58426 | 42871 | 59.33 | 29.70 | 64.80 | 10713 | 3391 |
| 2007 | 403.05 | 228.79 | 79243 | 53074 | 72.50 | 36.32 | 84.67 | 12908 | 3908 |
| 2008 | 485.96 | 284.77 | 101058 | 69541 | 85.55 | 45.18 | 117.15 | 14636 | 4465 |
| 2009 | 659.35 | 330.92 | 73600 | 51547 | 97.64 | 55.15 | 141.71 | 16221 | 4833 |
| 2010 | 908.56 | 391.53 | 90743 | 62220 | 121.08 | 67.08 | 183.59 | 17949 | 5487 |
| 2011 | 1140.53 | 462.36 | 95655 | 71700 | 141.94 | 80.75 | 232.67 | 19882 | 6325 |
| 2012 | 1462.40 | 536.35 | 97487 | 78858 | 163.56 | 106.01 | 261.33 | 22300 | 7328 |
| 2013 | 1390.32 | 604.03 | 92370 | 75889 | 180.37 | 111.00 | 286.56 | 24552 | 8361 |
| 2014 | 1627.30 | 682.87 | 94327 | 77225 | 195.18 | 123.89 | 304.43 | 26189 | 10090 |
| 2015 | 1970.83 | 751.96 | 88271 | 77420 | 209.19 | 134.53 | 356.04 | 28101 | 11089 |
| 2016 | 2131.62 | 836.45 | 89500 | 78700 | 223.76 | 145.33 | 399.03 | 30124 | 12176 |
| 2017 | 2234.24 | 928.12 | 70.01 | 58.95 | 239.54 | 144.16 | 434.71 | 32534 | 13345 |
| 2018 | – | 995.54 | 72.76 | 62.58 | 257.01 | 150.85 | 455.86 | 34649 | 14626 |
| 2019 | – | 967.47 | 70.58 | 62.30 | 258.79 | 152.79 | 495.70 | 37178 | 16045 |

注：1. 城镇居民人均可支配收入2004年（含2004年）以前为城市居民人均可支配收入。
2. 2000年以后农民人均纯收入统计口径调整。2014年后口径调整为农村居民人均可支配收入。
3. 2017年起，外贸进出口数据以人民币计价，单位为亿元。

Note: 1.The statistical range of indicator "Per Capita Disposable Income of Urban Households" is the household in cities in and before 2004.
2.After 2000, the statistical range of Per Capita Net Income of Farmers has been adjusted. And after 2014, it was adjusted into Per Capita Disposable Income of Rural Households.
3. The data of import and export value of foreign trade was calculated by RMB (100 million yuan) since 2017.

# 22—5 梧州市主要经济指标情况（1978-2019年）
# Main Economic Indicators of Wuzhou（1978-2019）

| 年份 year | 生产总值（按当年价格，亿元）Gross Domestic Product (current prices, 100 million yuan) | 第一产业 Primary Industry | 第二产业 Secondary Industry | #工业 Industry | 第三产业 Tertiary Industry | 生产总值指数（上年=100）Indices of Gross Domestic Product (Preceding year=100) | 第一产业 Primary Industry | 第二产业 Secondary Industry | #工业 Industry | 第三产业 Tertiary Industry |
|---|---|---|---|---|---|---|---|---|---|---|
| 1978 | 6.07 | 3.07 | 1.77 | 1.64 | 1.22 | 125.2 | 109.8 | 172.9 | 175.3 | 117.0 |
| 1979 | 6.32 | 3.17 | 1.87 | 1.68 | 1.28 | 113.8 | 123.4 | 107.7 | 105.7 | 101.3 |
| 1980 | 6.99 | 3.42 | 2.11 | 1.91 | 1.46 | 105.6 | 107.3 | 103.4 | 103.0 | 104.5 |
| 1981 | 7.88 | 3.46 | 2.46 | 2.22 | 1.96 | 109.2 | 93.4 | 116.0 | 116.8 | 130.5 |
| 1982 | 9.07 | 4.23 | 2.73 | 2.43 | 2.11 | 106.2 | 111.7 | 106.3 | 160.1 | 104.6 |
| 1983 | 9.85 | 4.50 | 2.81 | 2.52 | 2.49 | 105.2 | 104.0 | 100.8 | 99.7 | 113.5 |
| 1984 | 10.62 | 5.03 | 2.89 | 2.59 | 2.70 | 105.7 | 107.4 | 102.5 | 103.2 | 106.0 |
| 1985 | 12.68 | 5.75 | 3.54 | 3.14 | 3.40 | 97.4 | 110.5 | 116.1 | 114.0 | 115.4 |
| 1986 | 14.41 | 6.20 | 4.02 | 3.58 | 4.18 | 127.8 | 107.3 | 107.7 | 109.1 | 117.1 |
| 1987 | 17.91 | 7.68 | 5.17 | 4.65 | 5.06 | 113.2 | 111.8 | 114.3 | 115.9 | 114.4 |
| 1988 | 21.96 | 9.16 | 6.43 | 5.71 | 6.36 | 109.2 | 103.9 | 112.5 | 110.9 | 114.1 |
| 1989 | 25.35 | 10.61 | 7.25 | 6.48 | 7.49 | 106.1 | 108.1 | 105.0 | 107.5 | 104.6 |
| 1990 | 30.69 | 13.08 | 7.09 | 6.36 | 10.52 | 119.7 | 114.5 | 104.6 | 102.0 | 142.9 |
| 1991 | 35.02 | 14.31 | 7.86 | 7.04 | 12.85 | 117.3 | 114.5 | 113.9 | 118.7 | 125.1 |
| 1992 | 45.24 | 17.51 | 11.03 | 9.75 | 16.70 | 116.6 | 111.1 | 109.4 | 106.4 | 129.5 |
| 1993 | 59.36 | 21.16 | 17.51 | 15.67 | 20.69 | 120.5 | 109.0 | 155.1 | 162.0 | 112.7 |
| 1994 | 73.24 | 27.81 | 21.77 | 19.29 | 23.66 | 104.4 | 102.6 | 114.6 | 114.1 | 98.0 |
| 1995 | 86.27 | 32.72 | 25.00 | 21.75 | 28.56 | 105.9 | 106.9 | 105.5 | 103.3 | 105.0 |
| 1996 | 96.55 | 35.96 | 28.98 | 25.69 | 31.60 | 108.5 | 106.1 | 115.8 | 118.0 | 104.4 |
| 1997 | 107.21 | 37.57 | 33.95 | 29.91 | 35.69 | 112.4 | 105.2 | 119.3 | 119.0 | 113.9 |
| 1998 | 112.00 | 38.85 | 34.19 | 29.63 | 38.96 | 105.5 | 99.7 | 105.0 | 104.2 | 112.9 |
| 1999 | 115.78 | 39.95 | 34.67 | 30.51 | 41.16 | 108.2 | 107.5 | 107.3 | 108.9 | 109.7 |
| 2000 | 127.08 | 41.77 | 38.51 | 33.27 | 46.79 | 108.1 | 101.9 | 110.2 | 108.9 | 112.1 |
| 2001 | 139.05 | 43.13 | 41.64 | 35.86 | 54.28 | 108.4 | 105.2 | 107.8 | 108.1 | 111.8 |
| 2002 | 153.16 | 46.10 | 47.06 | 39.86 | 60.00 | 110.2 | 106.8 | 111.5 | 109.7 | 111.9 |
| 2003 | 162.00 | 40.22 | 56.02 | 46.32 | 65.76 | 109.5 | 100.8 | 120.2 | 116.5 | 107.6 |
| 2004 | 196.61 | 47.74 | 75.93 | 60.42 | 72.95 | 114.2 | 109.7 | 124.8 | 119.9 | 108.1 |
| 2005 | 228.40 | 49.83 | 97.61 | 81.07 | 80.96 | 114.6 | 105.8 | 121.0 | 119.4 | 114.1 |
| 2006 | 270.42 | 52.96 | 126.23 | 109.40 | 91.22 | 114.6 | 105.2 | 123.0 | 127.6 | 110.2 |
| 2007 | 319.57 | 59.67 | 165.00 | 145.61 | 94.91 | 115.6 | 102.8 | 126.6 | 129.0 | 108.4 |
| 2008 | 400.12 | 66.45 | 215.50 | 190.96 | 118.17 | 114.9 | 104.1 | 123.6 | 124.9 | 107.0 |
| 2009 | 453.65 | 69.53 | 246.60 | 215.91 | 137.52 | 117.6 | 106.6 | 123.7 | 122.9 | 113.0 |
| 2010 | 579.28 | 79.96 | 341.23 | 304.60 | 158.10 | 117.8 | 104.8 | 125.3 | 126.8 | 110.2 |
| 2011 | 742.49 | 96.02 | 465.84 | 422.43 | 180.62 | 114.3 | 105.6 | 119.6 | 120.9 | 107.4 |
| 2012 | 832.58 | 104.84 | 525.22 | 479.88 | 202.52 | 113.6 | 105.1 | 117.5 | 119.0 | 108.5 |
| 2013 | 991.71 | 115.32 | 654.83 | 605.03 | 221.55 | 113.2 | 104.8 | 116.8 | 117.5 | 107.9 |
| 2014 | 1062.00 | 117.18 | 646.06 | 595.31 | 298.76 | 106.0 | 102.1 | 107.0 | 107.8 | 105.0 |
| 2015 | 1078.65 | 122.44 | 623.96 | 572.62 | 332.25 | 108.3 | 103.9 | 108.1 | 108.4 | 110.6 |
| 2016 | 1175.65 | 131.31 | 679.35 | 627.01 | 364.99 | 107.6 | 103.3 | 108.6 | 109.2 | 107.2 |
| 2017 | 1338.10 | 136.41 | 785.71 | 729.57 | 415.98 | 106.7 | 104.4 | 105.2 | 105.5 | 110.4 |
| 2018 | 932.49 | 144.72 | 343.39 | 291.96 | 444.38 | 101.8 | 105.9 | 92.4 | 90.6 | 109.2 |
| 2019 | 991.40 | 162.03 | 341.56 | 280.61 | 487.82 | 104.2 | 105.4 | 99.7 | 96.9 | 107.2 |

# 22—5 续表 continued

| 年份 Year | 固定资产投资（不含农户）（亿元）Investment in Fixed Assets (excluding rural registents) (100 million yuan) | 社会消费品零售总额（亿元）Total Retail Sales of Consumer Goods (100 million yuan) | 进出口（万美元）Total Import and Export (USD 10 000) | #出口 Exports | 财政收入（亿元）Finance Revenue (100 million yuan) | #一般公共预算收入 Public Budget Reveue | 一般公共预算支出 Public Budget Expenditure (100 million yuan) | 城镇居民人均可支配收入（元）Per Capita Disposable Income of Urban Households (yuan) | 农村居民人均可支配收入（元）Per Capita Disposable Income of Rural Households (yuan) |
|---|---|---|---|---|---|---|---|---|---|
| 1978 | 0.33 | 2.53 | | | 0.90 | 0.90 | 0.60 | 442 | 85 |
| 1979 | 0.40 | 2.78 | | | 0.82 | 0.82 | 0.56 | 449 | 88 |
| 1980 | 0.50 | 3.30 | | | 0.95 | 0.95 | 0.61 | 458 | 94 |
| 1981 | 0.58 | 3.61 | | 16735 | 1.04 | 1.04 | 0.71 | 459 | 93 |
| 1982 | 0.84 | 3.79 | | 16577 | 1.06 | 1.06 | 0.75 | 486 | 133 |
| 1983 | 0.90 | 4.01 | | 16374 | 1.05 | 1.05 | 0.81 | 472 | 230 |
| 1984 | 0.88 | 4.40 | | 14713 | 1.14 | 1.14 | 1.02 | 589 | 264 |
| 1985 | 1.31 | 6.15 | | 15454 | 1.42 | 1.42 | 1.21 | 776 | 327 |
| 1986 | 2.00 | 7.17 | | 19573 | 1.54 | 1.54 | 1.77 | 942 | 385 |
| 1987 | 2.41 | 8.57 | 29089 | 20611 | 1.89 | 1.89 | 1.95 | 1093 | 453 |
| 1988 | 3.32 | 10.82 | 28502 | 19393 | 2.34 | 2.34 | 2.43 | 1571 | 516 |
| 1989 | 3.94 | 11.74 | 23785 | 18333 | 2.62 | 2.62 | 2.86 | 1724 | 555 |
| 1990 | 4.10 | 12.10 | 22940 | 19171 | 2.71 | 2.71 | 3.26 | 1890 | 598 |
| 1991 | 5.00 | 13.89 | 24707 | 19556 | 3.44 | 3.44 | 3.49 | 2314 | 662 |
| 1992 | 9.72 | 17.53 | 37416 | 23636 | 3.75 | 3.75 | 4.02 | 2315 | 803 |
| 1993 | 16.51 | 23.10 | 44064 | 24692 | 5.16 | 5.16 | 4.92 | 3246 | 1054 |
| 1994 | 19.55 | 31.61 | 47494 | 26422 | 4.07 | 3.29 | 5.32 | 4309 | 1247 |
| 1995 | 24.86 | 37.76 | 42880 | 23103 | 6.61 | 4.13 | 5.85 | 4909 | 1565 |
| 1996 | 21.48 | 42.49 | 24490 | 16105 | 7.58 | 4.65 | 6.36 | 4945 | 2015 |
| 1997 | 23.10 | 46.21 | 21211 | 13956 | 8.18 | 5.31 | 6.87 | 4934 | 2212 |
| 1998 | 23.95 | 48.27 | 18951 | 9781 | 8.84 | 5.92 | 8.25 | 4838 | 2302 |
| 1999 | 13.42 | 52.17 | 17340 | 9818 | 9.08 | 6.16 | 8.96 | 5415 | 2394 |
| 2000 | 20.73 | 57.55 | 19569 | 12400 | 9.88 | 6.87 | 10.27 | 5221 | 2442 |
| 2001 | 26.32 | 63.32 | 10621 | 14300 | 11.32 | 8.12 | 13.76 | 5838 | 1784 |
| 2002 | 30.14 | 69.54 | 15406 | 18293 | 12.59 | 8.20 | 16.46 | 6282 | 1897 |
| 2003 | 41.70 | 76.40 | 21223 | 21975 | 14.26 | 9.17 | 19.25 | 6785 | 2007 |
| 2004 | 73.04 | 71.31 | 37304 | 25724 | 17.64 | 11.94 | 22.02 | 7062 | 2292 |
| 2005 | 99.89 | 85.55 | 45805 | 29260 | 20.25 | 11.99 | 27.21 | 8118 | 2575 |
| 2006 | 121.94 | 98.04 | 44051 | 29073 | 23.08 | 13.71 | 33.84 | 9449 | 2879 |
| 2007 | 151.37 | 115.59 | 51494 | 32191 | 27.03 | 15.27 | 43.66 | 11362 | 3252 |
| 2008 | 198.31 | 146.54 | 50845 | 36114 | 32.42 | 18.13 | 50.91 | 13268 | 3854 |
| 2009 | 330.37 | 171.09 | 55835 | 38763 | 40.06 | 23.49 | 71.71 | 14747 | 4218 |
| 2010 | 468.42 | 191.77 | 64221 | 44548 | 56.13 | 32.42 | 90.96 | 16427 | 4879 |
| 2011 | 631.65 | 224.08 | 79616 | 52508 | 76.14 | 44.91 | 118.55 | 18239 | 5651 |
| 2012 | 858.09 | 257.21 | 121038 | 44127 | 101.02 | 73.83 | 159.21 | 20563 | 6592 |
| 2013 | 850.30 | 292.30 | 176506 | 49932 | 118.23 | 85.74 | 175.95 | 22537 | 7475 |
| 2014 | 926.36 | 328.30 | 124948 | 50777 | 122.42 | 90.45 | 184.05 | 23944 | 8592 |
| 2015 | 1061.33 | 364.93 | 567181 | 285673 | 123.74 | 92.37 | 214.73 | 25548 | 9322 |
| 2016 | 1168.51 | 395.95 | 61037 | 39424 | 127.59 | 95.61 | 227.99 | 27260 | 10142 |
| 2017 | 1330.15 | 445.87 | 60.24 | 29.46 | 121.09 | 84.55 | 242.30 | 29359 | 11085 |
| 2018 | – | 484.72 | 50.83 | 30.11 | 121.77 | 79.96 | 261.63 | 31209 | 12238 |
| 2019 | – | | 65.86 | 34.71 | 131.88 | 84.62 | 293.66 | 33518 | 13474 |

注：1. 城镇居民人均可支配收入2004年（含2004年）以前为城市居民人均可支配收入。
2. 2000年以后农民人均纯收入统计口径调整。2014年后口径调整为农村居民人均可支配收入。
3. 2017年起，外贸进出口数据以人民币计价，单位为亿元。

Note: 1.The statistical range of indicator "Per Capita Disposable Income of Urban Households" is the household in cities in and before 2004.
2.After 2000, the statistical range of Per Capita Net Income of Farmers has been adjusted. And after 2014, it was adjusted into Per Capita Disposable Income of Rural Households.
3. The data of import and export value of foreign trade was calculated by RMB (100 million yuan) since 2017.

# 22—6 北海市主要经济指标情况（1978-2019年）
# Main Economic Indicators of Beihai（1978-2019）

| 年份 year | 生产总值（按当年价格，亿元）Gross Domestic Product (current prices, 100 million yuan) | 第一产业 Primary Industry | 第二产业 Secondary Industry | #工业 Industry | 第三产业 Tertiary Industry | 生产总值指数（上年=100）Indices of Gross Domestic Product (Preceding year=100) | 第一产业 Primary Industry | 第二产业 Secondary Industry | #工业 Industry | 第三产业 Tertiary Industry |
|---|---|---|---|---|---|---|---|---|---|---|
| 1978 | 2.86 | 1.72 | 0.78 | 0.73 | 0.35 | 100.8 | 98.8 | 101.9 | 101.2 | 109.6 |
| 1979 | 3.21 | 1.82 | 1.92 | 0.86 | 0.47 | 103.7 | 101.1 | 102.7 | 102.3 | 118.4 |
| 1980 | 3.67 | 1.86 | 1.19 | 0.99 | 0.61 | 110.4 | 104.5 | 123.4 | 110.9 | 116.7 |
| 1981 | 3.77 | 1.94 | 1.16 | 1.04 | 0.67 | 105.4 | 104.8 | 99.6 | 107.5 | 116.4 |
| 1982 | 4.44 | 2.48 | 1.14 | 1.01 | 0.83 | 108.4 | 115.8 | 99.5 | 97.0 | 95.1 |
| 1983 | 4.79 | 2.51 | 1.28 | 1.12 | 1.00 | 107.7 | 104.4 | 116.1 | 111.8 | 109.8 |
| 1984 | 5.16 | 2.33 | 1.45 | 1.24 | 1.38 | 110.2 | 98.0 | 100.4 | 108.4 | 171.4 |
| 1985 | 6.83 | 3.04 | 2.27 | 1.65 | 1.52 | 107.8 | 93.8 | 140.1 | 128.2 | 111.8 |
| **1986** | **8.01** | **3.28** | **2.77** | **2.10** | **1.96** | **117.7** | **105.7** | **128.3** | **126.1** | **128.8** |
| 1987 | 9.47 | 3.98 | 3.02 | 2.24 | 2.47 | 103.3 | 110.4 | 105.0 | 106.8 | 105.1 |
| 1988 | 12.08 | 5.01 | 3.75 | 3.16 | 3.32 | 110.0 | 105.6 | 120.5 | 124.1 | 106.1 |
| 1989 | 13.81 | 6.30 | 3.94 | 3.43 | 3.57 | 104.6 | 109.2 | 101.2 | 103.2 | 101.4 |
| 1990 | 17.61 | 8.05 | 4.78 | 4.19 | 4.78 | 125.6 | 138.9 | 108.4 | 107.2 | 123.0 |
| 1991 | 21.21 | 9.52 | 5.92 | 5.08 | 5.77 | 107.9 | 98.1 | 116.7 | 114.0 | 117.8 |
| 1992 | 31.55 | 11.94 | 9.82 | 7.37 | 9.79 | 142.1 | 115.5 | 164.3 | 150.0 | 162.3 |
| 1993 | 54.31 | 15.03 | 20.51 | 12.78 | 18.77 | 146.3 | 104.3 | 179.2 | 162.0 | 160.4 |
| 1994 | 75.45 | 19.72 | 28.24 | 20.94 | 27.49 | 118.1 | 111.6 | 123.7 | 140.0 | 116.6 |
| 1995 | 88.26 | 26.16 | 27.61 | 21.04 | 34.49 | 102.6 | 117.9 | 89.2 | 89.6 | 108.1 |
| **1996** | **91.62** | **29.23** | **24.04** | **18.63** | **40.03** | **102.6** | **105.7** | **94.3** | **97.9** | **108.7** |
| 1997 | 95.33 | 29.99 | 26.03 | 21.85 | 39.31 | 101.6 | 101.1 | 101.0 | 105.6 | 102.4 |
| 1998 | 102.63 | 32.58 | 30.02 | 24.19 | 40.03 | 109.4 | 108.7 | 115.0 | 111.8 | 105.2 |
| 1999 | 107.63 | 34.96 | 29.75 | 24.63 | 42.97 | 106.9 | 107.4 | 103.7 | 105.9 | 109.6 |
| 2000 | 113.67 | 35.46 | 31.81 | 26.98 | 46.40 | 107.7 | 103.8 | 110.0 | 112.7 | 108.6 |
| 2001 | 123.44 | 37.39 | 33.87 | 29.26 | 52.18 | 109.3 | 103.4 | 115.6 | 119.8 | 109.4 |
| 2002 | 134.39 | 39.43 | 36.77 | 31.05 | 58.19 | 110.4 | 104.6 | 113.5 | 112.3 | 112.3 |
| 2003 | 140.14 | 39.08 | 42.82 | 33.29 | 58.24 | 111.8 | 102.9 | 123.6 | 116.4 | 110.7 |
| 2004 | 155.53 | 42.76 | 51.92 | 44.57 | 60.85 | 111.3 | 103.1 | 120.2 | 123.7 | 110.7 |
| 2005 | 164.61 | 51.76 | 49.81 | 41.64 | 63.04 | 121.9 | 107.9 | 137.8 | 139.9 | 123.9 |
| **2006** | **179.25** | **56.08** | **59.32** | **50.36** | **63.85** | **110.9** | **104.2** | **118.9** | **120.9** | **110.2** |
| 2007 | 225.95 | 63.53 | 71.79 | 61.32 | 90.62 | 117.9 | 104.8 | 128.0 | 130.6 | 119.5 |
| 2008 | 276.50 | 70.60 | 96.60 | 82.50 | 109.30 | 116.8 | 103.7 | 125.8 | 126.0 | 117.8 |
| 2009 | 321.06 | 77.07 | 118.40 | 100.70 | 125.60 | 116.2 | 104.7 | 123.0 | 122.0 | 116.5 |
| 2010 | 401.41 | 87.17 | 167.88 | 144.92 | 146.36 | 117.6 | 103.7 | 132.3 | 133.5 | 110.0 |
| 2011 | 496.60 | 115.50 | 207.40 | 176.10 | 173.80 | 118.2 | 103.1 | 131.9 | 132.9 | 111.4 |
| 2012 | 630.09 | 127.37 | 303.75 | 267.77 | 198.97 | 121.7 | 104.3 | 138.3 | 141.9 | 108.7 |
| 2013 | 735.00 | 142.81 | 373.65 | 332.78 | 218.53 | 113.3 | 104.1 | 119.1 | 119.8 | 108.1 |
| 2014 | 856.54 | 149.49 | 454.51 | 407.81 | 252.54 | 112.4 | 101.9 | 118.7 | 119.7 | 105.7 |
| 2015 | 891.94 | 159.35 | 450.13 | 401.25 | 282.46 | 111.4 | 103.2 | 113.2 | 113.9 | 111.4 |
| 2016 | 1006.98 | 175.09 | 516.14 | 464.42 | 315.75 | 108.6 | 104.1 | 109.6 | 109.9 | 109.7 |
| 2017 | 1229.84 | 190.54 | 668.66 | 612.00 | 370.64 | 110.2 | 103.7 | 110.5 | 111.3 | 113.3 |
| 2018 | 1213.30 | 201.22 | 583.19 | 522.02 | 428.89 | 108.3 | 105.7 | 106.5 | 107.0 | 111.7 |
| 2019 | 1300.80 | 211.70 | 557.82 | 499.61 | 531.28 | 108.1 | 104.1 | 109.2 | 109.3 | 108.6 |

## 22—6 续表 continued

| 年份 Year | 固定资产投资（不含农户）（亿元）Investment in Fixed Assets (excluding rural registents) (100 million yuan) | 社会消费品零售总额（亿元）Total Retail Sales of Consumer Goods (100 million yuan) | 进出口（万美元）Total Import and Export (USD 10 000) | #出口 Exports | 财政收入（亿元）Finance Revenue (100 million yuan) | #一般公共预算收入 Public Budget Reveue | 一般公共预算支出 Public Budget Expenditure (100 million yuan) | 城镇居民人均可支配收入（元）Per Capita Disposable Income of Urban Households (yuan) | 农村居民人均可支配收入（元）Per Capita Disposable Income of Rural Households (yuan) |
|---|---|---|---|---|---|---|---|---|---|
| 1978 | 0.27 | 1.15 | 3005 | 3005 | 0.32 | 0.32 | 0.21 | | |
| 1979 | 0.29 | 1.31 | 3040 | 3040 | 0.33 | 0.33 | 0.23 | | |
| 1980 | 1.01 | 1.67 | 3893 | 3893 | 0.37 | 0.37 | 0.30 | | |
| 1981 | 0.61 | 1.94 | 3676 | 3676 | 0.40 | 0.40 | 0.33 | | |
| 1982 | 0.64 | 2.24 | 3948 | 3948 | 0.45 | 0.45 | 0.34 | | |
| 1983 | 0.55 | 2.46 | 4192 | 4191 | 0.46 | 0.46 | 0.31 | 539 | 239 |
| 1984 | 1.06 | 2.75 | 3731 | 3731 | 0.52 | 0.52 | 0.54 | 754 | 316 |
| 1985 | 2.03 | 3.84 | 10236 | 9218 | 0.78 | 0.78 | 0.73 | 828 | 400 |
| 1986 | 2.77 | 4.69 | 8409 | 7389 | 0.86 | 0.86 | 1.21 | 998 | 417 |
| 1987 | 2.65 | 5.00 | 10634 | 9218 | 0.93 | 0.93 | 1.14 | 1122 | 458 |
| 1988 | 3.01 | 6.77 | 8353 | 6929 | 1.10 | 1.10 | 1.10 | 1296 | 546 |
| 1989 | 2.35 | 6.74 | 16828 | 8794 | 1.32 | 1.32 | 1.65 | 1376 | 586 |
| 1990 | 3.11 | 7.07 | 14510 | 8998 | 1.59 | 1.59 | 1.82 | 1591 | 738 |
| 1991 | 3.85 | 7.86 | 17182 | 8462 | 1.95 | 1.95 | 2.25 | 1910 | 786 |
| 1992 | 10.05 | 9.72 | 24409 | 9430 | 2.85 | 2.85 | 2.70 | 2727 | 869 |
| 1993 | 36.58 | 15.42 | 13865 | 9318 | 5.68 | 5.68 | 5.27 | 4516 | 1281 |
| 1994 | 34.75 | 18.61 | 16592 | 8373 | 6.77 | 5.33 | 6.88 | 5649 | 1635 |
| 1995 | 25.81 | 21.57 | 39655 | 8260 | 8.30 | 5.87 | 7.96 | 6365 | 2224 |
| 1996 | 17.48 | 24.01 | 26976 | 7768 | 7.69 | 4.95 | 6.08 | 6396 | 2348 |
| 1997 | 17.58 | 26.30 | 32096 | 10406 | 8.41 | 5.46 | 5.95 | 6558 | 2394 |
| 1998 | 24.11 | 28.68 | 19381 | 15178 | 9.70 | 6.63 | 8.26 | 6301 | 2366 |
| 1999 | 25.65 | 31.16 | 16812 | 13250 | 10.69 | 7.56 | 8.79 | 6483 | 2427 |
| 2000 | 21.83 | 34.01 | 7403 | 4876 | 10.20 | 6.54 | 8.98 | 6167 | 2155 |
| 2001 | 19.94 | 37.34 | 7327 | 5040 | 10.68 | 6.85 | 10.72 | 7013 | 2265 |
| 2002 | 26.60 | 40.75 | 10782 | 6738 | 11.63 | 7.19 | 13.33 | 7692 | 2454 |
| 2003 | 43.06 | 34.24 | 14429 | 8668 | 13.06 | 8.27 | 13.21 | 8015 | 2587 |
| 2004 | 51.40 | 40.71 | 15073 | 10656 | 15.32 | 9.72 | 14.63 | 8773 | 2790 |
| 2005 | 51.40 | 46.24 | 20079 | 13770 | 19.27 | 10.86 | 17.77 | 9520 | 3180 |
| 2006 | 67.24 | 53.41 | 29172 | 19574 | 23.10 | 14.04 | 24.98 | 10380 | 3414 |
| 2007 | 87.40 | 64.36 | 49838 | 30671 | 30.03 | 19.02 | 33.57 | 12334 | 3846 |
| 2008 | 200.30 | 82.08 | 71075 | 43863 | 27.03 | 14.34 | 31.26 | 13989 | 4309 |
| 2009 | 321.85 | 95.40 | 79643 | 47351 | 35.75 | 17.22 | 50.99 | 15134 | 4697 |
| 2010 | 485.26 | 108.00 | 137122 | 83948 | 47.10 | 27.51 | 63.04 | 16798 | 5426 |
| 2011 | 603.19 | 127.29 | 171242 | 113143 | 57.50 | 37.06 | 84.64 | 18656 | 6249 |
| 2012 | 725.36 | 146.51 | 207820 | 118382 | 100.10 | 41.13 | 98.73 | 21202 | 7227 |
| 2013 | 674.90 | 167.03 | 269833 | 136611 | 113.60 | 42.11 | 99.47 | 23407 | 8239 |
| 2014 | 797.71 | 185.81 | 350016 | 175176 | 127.39 | 47.25 | 104.97 | 25618 | 9719 |
| 2015 | 932.54 | 202.99 | 379048 | 189211 | 142.99 | 47.61 | 131.76 | 27514 | 10623 |
| 2016 | 1011.10 | 262.56 | 310157 | 167007 | 166.31 | 50.07 | 150.06 | 29412 | 11622 |
| 2017 | 1099.68 | 296.22 | 230.84 | 116.25 | 200.67 | 64.34 | 157.54 | 31912 | 12749 |
| 2018 | – | 321.88 | 320.75 | 166.32 | 225.19 | 71.68 | 175.53 | 34325 | 14617 |
| 2019 | – | 344.65 | 294.10 | 128.88 | 242.27 | 78.09 | 200.53 | 36602 | 15510 |

注：1.城镇居民人均可支配收入2004年（含2004年）以前为城市居民人均可支配收入。
2.2000年以后农民人均纯收入统计口径调整。2014年后口径调整为农村居民人均可支配收入。
3.2017年起，外贸进出口数据以人民币计价，单位为亿元。

Note：1.The statistical range of indicator "Per Capita Disposable Income of Urban Households" is the household in cities in and before 2004.
2.After 2000，the statistical range of Per Capita Net Income of Farmers has been adjusted. And after 2014，it was adjusted into Per Capita Disposable Income of Rural Households.
3. The data of import and export value of foreign trade was calculated by RMB（100 million yuan） since 2017.

# 22—7 防城港市主要经济指标情况（1978-2019年）
# Main Economic Indicators of Fangchenggang（1978-2019）

| 年份 year | 生产总值（按当年价格，亿元）Gross Domestic Product (current prices, 100 million yuan) | 第一产业 Primary Industry | 第二产业 Secondary Industry | #工业 Industry | 第三产业 Tertiary Industry | 生产总值指数（上年=100）Indices of Gross Domestic Product (Preceding year=100) | 第一产业 Primary Industry | 第二产业 Secondary Industry | #工业 Industry | 第三产业 Tertiary Industry |
|---|---|---|---|---|---|---|---|---|---|---|
| 1993 | 17.49 | 6.12 | 4.33 | 3.00 | 7.04 | 124.8 | 100.2 | 150.6 | 148.6 | 134.2 |
| 1994 | 24.66 | 8.95 | 7.51 | 5.71 | 8.20 | 122.3 | 120.9 | 151.6 | 160.3 | 104.9 |
| 1995 | 29.26 | 11.73 | 7.01 | 5.60 | 10.52 | 112.2 | 115.2 | 106.4 | 113.3 | 115.1 |
| 1996 | 36.66 | 13.96 | 10.27 | 8.17 | 12.43 | 116.8 | 121.0 | 126.4 | 122.3 | 105.3 |
| 1997 | 44.64 | 18.11 | 12.08 | 9.72 | 14.45 | 115.1 | 116.5 | 118.1 | 118.4 | 110.7 |
| 1998 | 49.04 | 19.27 | 13.12 | 10.30 | 16.65 | 112.0 | 109.3 | 111.8 | 109.5 | 114.8 |
| 1999 | 52.05 | 19.46 | 14.06 | 11.35 | 18.54 | 108.2 | 104.5 | 107.3 | 108.2 | 112.6 |
| 2000 | 55.03 | 19.99 | 14.28 | 11.57 | 20.77 | 107.4 | 100.6 | 111.0 | 113.2 | 110.0 |
| 2001 | 60.03 | 20.18 | 16.12 | 13.12 | 23.72 | 108.8 | 103.3 | 114.2 | 114.9 | 110.5 |
| 2002 | 66.53 | 20.40 | 20.05 | 17.41 | 26.09 | 113.1 | 102.7 | 129.6 | 138.6 | 110.6 |
| 2003 | 72.53 | 20.70 | 21.41 | 18.09 | 30.42 | 110.7 | 106.2 | 116.1 | 114.9 | 109.8 |
| 2004 | 83.32 | 21.67 | 27.38 | 22.34 | 34.28 | 111.7 | 104.8 | 118.9 | 114.3 | 110.8 |
| 2005 | 99.14 | 26.04 | 35.22 | 29.72 | 37.87 | 116.0 | 105.3 | 130.9 | 135.6 | 111.0 |
| 2006 | 122.78 | 29.54 | 48.55 | 41.23 | 44.70 | 119.8 | 107.6 | 132.9 | 133.2 | 116.0 |
| 2007 | 162.91 | 32.87 | 72.71 | 64.34 | 57.33 | 120.8 | 105.7 | 127.3 | 130.3 | 123.5 |
| 2008 | 213.34 | 36.45 | 99.38 | 87.94 | 77.50 | 120.2 | 104.9 | 120.7 | 120.3 | 127.9 |
| 2009 | 251.04 | 39.88 | 124.93 | 109.73 | 86.23 | 122.6 | 104.7 | 136.2 | 136.0 | 116.5 |
| 2010 | 320.42 | 47.43 | 159.77 | 138.19 | 113.21 | 117.8 | 105.7 | 120.1 | 117.4 | 119.9 |
| 2011 | 413.77 | 57.79 | 217.63 | 187.32 | 138.35 | 115.3 | 105.8 | 119.0 | 117.4 | 114.0 |
| 2012 | 443.99 | 61.16 | 233.56 | 197.64 | 149.28 | 112.2 | 105.7 | 117.8 | 117.8 | 106.5 |
| 2013 | 530.40 | 67.30 | 295.36 | 255.59 | 167.74 | 112.4 | 105.5 | 117.9 | 119.5 | 105.9 |
| 2014 | 588.89 | 70.57 | 340.36 | 298.41 | 177.96 | 110.4 | 101.6 | 115.2 | 117.1 | 105.2 |
| 2015 | 620.71 | 75.49 | 353.00 | 310.52 | 192.23 | 110.2 | 103.7 | 112.6 | 113.8 | 107.8 |
| 2016 | 676.04 | 82.60 | 386.26 | 340.88 | 207.18 | 109.1 | 104.0 | 111.5 | 112.1 | 106.5 |
| 2017 | 741.62 | 89.27 | 421.23 | 369.45 | 231.12 | 106.7 | 103.9 | 106.4 | 106.3 | 108.3 |
| 2018 | 662.09 | 103.92 | 313.28 | 261.83 | 244.89 | 107.4 | 106.0 | 107.2 | 108.4 | 108.2 |
| 2019 | 701.23 | 109.42 | 330.83 | 273.08 | 260.98 | 105.4 | 105.1 | 105.9 | 105.2 | 104.8 |

注：2013年更新为全国第三次经济普查数据。

Note: The data in 2013 has been adjusted according to the 3rd National Economic Census.

## 22—7 续表 continued

| 年份 Year | 固定资产投资（不含农户）（亿元） Investment in Fixed Assets (excluding rural registents) (100 million yuan) | 社会消费品零售总额（亿元） Total Retail Sales of Consumer Goods (100 million yuan) | 进出口（万美元） Total Import and Export (USD 10 000) | #出口 Exports | 财政收入（亿元） Finance Revenue (100 million yuan) | #一般公共预算收入 Public Budget Reveue | 一般公共预算支出 Public Budget Expenditure (100 million yuan) | 城镇居民人均可支配收入（元） Per Capita Disposable Income of Urban Households (yuan) | 农村居民人均可支配收入（元） Per Capita Disposable Income of Rural Households (yuan) |
|---|---|---|---|---|---|---|---|---|---|
| | 8.56 | 6.70 | 1738 | 1049 | 2.92 | 2.92 | 2.71 | | 877 |
| 1994 | 10.41 | 9.83 | 3730 | 2417 | 3.64 | 2.30 | 4.08 | | 1020 |
| 1993 | 13.13 | 12.79 | 17715 | 10863 | 3.84 | 2.47 | 4.72 | | 1443 |
| 1996 | 11.39 | 14.86 | 19800 | 10146 | 4.04 | 2.62 | 3.97 | 4508 | 1855 |
| 1997 | 11.88 | 16.56 | 30353 | 23214 | 4.51 | 3.04 | 4.38 | 5122 | 2269 |
| 1998 | 14.42 | 17.93 | 41202 | 28015 | 5.21 | 3.69 | 5.43 | 5456 | 2503 |
| 1999 | 14.69 | 19.38 | 33083 | 21789 | 5.42 | 3.86 | 5.47 | 5591 | 2626 |
| 2000 | 15.23 | 20.94 | 24073 | 12593 | 4.13 | 3.26 | 4.74 | 6200 | 1844 |
| 2001 | 17.53 | 22.66 | 10459 | 1855 | 4.53 | 3.61 | 6.61 | 6661 | 2026 |
| 2002 | 16.03 | 24.29 | 34444 | 5742 | 5.03 | 3.57 | 7.54 | 7664 | 2163 |
| 2003 | 19.70 | 18.29 | 48685 | 7358 | 5.61 | 3.84 | 8.37 | 7869 | 2334 |
| 2004 | 30.40 | 19.67 | 73486 | 8358 | 6.78 | 4.72 | 9.14 | 6324 | 2517 |
| 2005 | 42.96 | 22.41 | 84953 | 9924 | 8.04 | 4.51 | 10.22 | 7254 | 2704 |
| 2006 | 68.96 | 25.99 | 102900 | 11610 | 10.59 | 5.21 | 13.92 | 9113 | 3172 |
| 2007 | 103.53 | 31.28 | 145857 | 19495 | 15.76 | 7.74 | 19.08 | 12159 | 3791 |
| 2008 | 146.32 | 39.14 | 220775 | 30660 | 21.92 | 11.70 | 26.22 | 14364 | 4474 |
| 2009 | 254.10 | 43.93 | 216891 | 39202 | 27.39 | 18.47 | 40.10 | 16067 | 4930 |
| 2010 | 376.84 | 52.86 | 279774 | 77906 | 35.12 | 22.69 | 52.57 | 17831 | 5628 |
| 2011 | 491.27 | 62.65 | 410586 | 94431 | 44.35 | 28.30 | 60.77 | 19722 | 6502 |
| 2012 | 550.39 | 73.07 | 489826 | 82804 | 52.38 | 35.55 | 74.73 | 22203 | 7539 |
| 2013 | 475.45 | 83.77 | 430030 | 107839 | 59.26 | 40.71 | 88.48 | 24423 | 8557 |
| 2014 | 499.91 | 94.85 | 546866 | 150522 | 65.33 | 45.45 | 97.52 | 25727 | 10038 |
| 2015 | 549.74 | 105.20 | 860140 | 231166 | 70.64 | 52.05 | 131.72 | 27579 | 10992 |
| 2016 | 600.14 | 117.03 | 875753 | 169314 | 75.61 | 55.65 | 127.60 | 29758 | 12113 |
| 2017 | 672.77 | 130.75 | 768.54 | 115.06 | 74.51 | 47.60 | 120.47 | 32079 | 13373 |
| 2018 | - | 143.27 | 721.49 | 118.28 | 82.76 | 43.98 | 127.34 | 34325 | 14617 |
| 2019 | - | 148.76 | 804.95 | 241.31 | 87.86 | 47.41 | 139.53 | 36385 | 15962 |

注：1.城镇居民人均可支配收入2004年（含2004年）以前为城市居民人均可支配收入。

2.2000年以后农民人均纯收入统计口径调整。2014年后口径调整为农村居民人均可支配收入。

3.2017年起，外贸进出口数据以人民币计价，单位为亿元。

Note: 1.The statistical range of indicator "Per Capita Disposable Income of Urban Households" is the household in cities in and before 2004.

2.After 2000, the statistical range of Per Capita Net Income of Farmers has been adjusted. And after 2014, it was adjusted into Per Capita Disposable Income of Rural Households.

3. The data of import and export value of foreign trade was calculated by RMB (100 million yuan) since 2017.

# 22—8 钦州市主要经济指标情况（1978-2019年）
# Main Economic Indicators of Qinzhou（1978-2019）

| 年份 year | 生产总值指数（上年=100） Indices of Gross Domestic Product（Preceding year =100） | 第一产业 Primary Industry | 第二产业 Secondary Industry | #工业 Industry | 第三产业 Tertiary Industry | 生产总值指数（上年=100） Indices of Gross Domestic Product（Preceding year=100） | 第一产业 Primary Industry | 第二产业 Secondary Industry | #工业 Industry | 第三产业 ertiary Industry |
|---|---|---|---|---|---|---|---|---|---|---|
| 1978 | 4.46 | 2.80 | 0.85 | 0.70 | 0.80 | 107.0 | 97.1 | 137.7 | 116.7 | 121.3 |
| 1979 | 4.80 | 2.93 | 0.99 | 0.80 | 0.88 | 108.3 | 106.1 | 114.0 | 114.8 | 109.9 |
| 1980 | 6.15 | 4.01 | 1.15 | 0.93 | 0.99 | 122.0 | 127.6 | 115.5 | 114.3 | 110.6 |
| 1981 | 6.50 | 4.15 | 1.26 | 1.00 | 1.06 | 106.9 | 107.3 | 111.0 | 112.6 | 101.0 |
| 1982 | 7.79 | 5.38 | 1.22 | 0.95 | 1.19 | 113.6 | 120.7 | 93.0 | 90.2 | 110.2 |
| 1983 | 8.20 | 5.39 | 1.34 | 1.02 | 1.46 | 104.2 | 100.0 | 107.7 | 109.0 | 118.9 |
| 1984 | 8.40 | 5.26 | 1.42 | 1.07 | 1.72 | 95.6 | 88.3 | 105.0 | 104.4 | 114.0 |
| 1985 | 9.72 | 5.93 | 1.76 | 1.39 | 2.03 | 105.8 | 99.7 | 116.6 | 120.9 | 114.1 |
| 1986 | 11.79 | 7.20 | 2.25 | 1.82 | 2.34 | 111.8 | 108.2 | 125.4 | 126.8 | 108.9 |
| 1987 | 14.48 | 8.66 | 2.78 | 2.33 | 3.03 | 112.6 | 111.5 | 116.1 | 118.5 | 111.8 |
| 1988 | 16.70 | 9.12 | 3.36 | 2.81 | 4.22 | 101.4 | 90.1 | 106.3 | 107.3 | 124.7 |
| 1989 | 18.85 | 10.03 | 3.60 | 3.03 | 5.21 | 111.9 | 119.3 | 95.8 | 94.8 | 113.2 |
| 1990 | 23.92 | 13.33 | 4.07 | 3.46 | 6.52 | 119.8 | 108.7 | 136.8 | 143.1 | 128.0 |
| 1991 | 28.50 | 14.91 | 4.97 | 4.30 | 8.62 | 118.4 | 113.5 | 117.8 | 119.4 | 129.0 |
| 1992 | 38.79 | 21.28 | 7.19 | 5.82 | 10.33 | 132.1 | 139.5 | 140.7 | 135.1 | 113.7 |
| 1993 | 52.65 | 26.73 | 12.30 | 9.83 | 13.61 | 113.4 | 102.1 | 154.4 | 157.9 | 109.7 |
| 1994 | 70.12 | 37.74 | 15.03 | 12.36 | 17.35 | 110.0 | 113.5 | 108.4 | 109.9 | 104.3 |
| 1995 | 86.89 | 47.03 | 16.41 | 13.73 | 23.45 | 107.0 | 105.9 | 98.4 | 98.3 | 118.5 |
| 1996 | 97.82 | 51.81 | 17.54 | 14.00 | 28.47 | 108.9 | 102.7 | 115.0 | 112.4 | 116.1 |
| 1997 | 109.58 | 57.86 | 20.46 | 16.33 | 31.26 | 113.8 | 116.9 | 111.1 | 109.6 | 110.5 |
| 1998 | 118.23 | 62.98 | 22.29 | 17.58 | 32.96 | 111.9 | 112.0 | 116.4 | 116.7 | 108.0 |
| 1999 | 122.86 | 66.01 | 22.06 | 17.46 | 34.78 | 110.5 | 115.6 | 102.5 | 102.1 | 108.0 |
| 2000 | 131.25 | 68.69 | 23.49 | 19.49 | 39.07 | 104.7 | 101.9 | 103.4 | 106.9 | 111.5 |
| 2001 | 142.55 | 72.79 | 26.28 | 21.22 | 43.48 | 108.7 | 107.4 | 112.7 | 109.8 | 108.6 |
| 2002 | 148.12 | 71.02 | 29.02 | 22.98 | 48.08 | 110.9 | 109.8 | 112.1 | 109.9 | 111.9 |
| 2003 | 152.89 | 70.02 | 34.98 | 28.62 | 47.89 | 106.4 | 101.3 | 113.2 | 111.5 | 111.0 |
| 2004 | 171.25 | 72.67 | 43.99 | 35.91 | 54.60 | 113.3 | 113.3 | 116.2 | 114.8 | 111.3 |
| 2005 | 188.02 | 76.45 | 51.50 | 41.65 | 60.08 | 114.9 | 107.2 | 138.7 | 143.4 | 111.0 |
| 2006 | 235.95 | 84.29 | 79.50 | 68.52 | 72.15 | 115.1 | 105.3 | 131.4 | 136.4 | 113.6 |
| 2007 | 286.67 | 97.34 | 98.69 | 86.30 | 90.65 | 116.9 | 107.4 | 124.6 | 127.6 | 120.6 |
| 2008 | 345.75 | 107.77 | 124.85 | 107.37 | 113.13 | 115.4 | 103.4 | 121.3 | 120.3 | 122.0 |
| 2009 | 396.18 | 114.04 | 141.38 | 118.10 | 140.76 | 115.2 | 105.8 | 119.6 | 116.4 | 119.2 |
| 2010 | 520.67 | 132.21 | 218.51 | 187.91 | 169.90 | 118.0 | 104.9 | 130.6 | 131.4 | 115.5 |
| 2011 | 646.65 | 156.00 | 290.70 | 252.90 | 199.91 | 120.1 | 105.1 | 136.6 | 140.3 | 110.7 |
| 2012 | 691.32 | 166.81 | 289.15 | 237.24 | 235.35 | 111.8 | 106.5 | 114.4 | 111.5 | 111.6 |
| 2013 | 753.74 | 181.77 | 316.85 | 250.12 | 255.13 | 107.9 | 104.6 | 110.3 | 107.3 | 106.3 |
| 2014 | 854.96 | 193.95 | 338.94 | 250.57 | 322.07 | 109.8 | 104.0 | 113.6 | 110.8 | 107.5 |
| 2015 | 944.42 | 204.37 | 381.75 | 278.17 | 358.31 | 108.4 | 103.9 | 108.4 | 105.7 | 111.4 |
| 2016 | 1102.05 | 220.10 | 481.90 | 363.22 | 400.05 | 109.0 | 103.5 | 111.3 | 109.9 | 109.7 |
| 2017 | 1309.82 | 234.95 | 625.01 | 487.18 | 449.86 | 108.8 | 103.9 | 111.2 | 111.9 | 108.9 |
| 2018 | 1291.96 | 245.28 | 533.14 | 389.85 | 513.54 | 106.0 | 105.5 | 101.4 | 102.3 | 110.2 |
| 2019 | 1356.27 | 279.78 | 451.77 | 319.88 | 624.72 | 107.8 | 105.3 | 107.2 | 107.2 | 109.3 |

## 22—8 续表 continued

| 年份 Year | 固定资产投资（不含农户）（亿元）Investment in Fixed Assets (excluding rural registents) (100 million yuan) | 社会消费品零售总额（亿元）Total Retail Sales of Consumer Goods (100 million yuan) | 进出口（万美元）Total Import and Export (USD 10 000) | #出口 Exports | 财政收入（亿元）Finance Revenue (100 million yuan) | #一般公共预算收入 Public Budget Reveue | 一般公共预算支出 Public Budget Expenditure (100 million yuan) | 城镇居民人均可支配收入（元）Per Capita Disposable Income of Urban Households (yuan) | 农村居民人均可支配收入（元）Per Capita Disposable Income of Rural Households (yuan) |
|---|---|---|---|---|---|---|---|---|---|
| 1978 | 0.51 | 1.66 | | | 0.40 | 0.40 | 0.46 | | 117 |
| 1979 | 0.57 | 1.93 | | | 0.42 | 0.42 | 0.44 | | 136 |
| 1980 | 0.66 | 2.37 | | | 0.47 | 0.47 | 0.5 | | 182 |
| 1981 | 0.61 | 2.59 | | | 0.67 | 0.67 | 0.54 | | 206 |
| 1982 | 0.89 | 2.95 | | | 0.74 | 0.74 | 0.55 | | 244 |
| 1983 | 1.01 | 3.29 | | | 0.61 | 0.61 | 0.51 | | 259 |
| 1984 | 0.92 | 3.67 | | | 0.60 | 0.60 | 0.65 | | 250 |
| 1985 | 0.78 | 4.49 | | | 0.65 | 0.65 | 0.82 | 620 | 278 |
| 1986 | 1.30 | 5.11 | | | 0.81 | 0.81 | 1.26 | 745 | 302 |
| 1987 | 1.27 | 6.14 | | | 0.93 | 0.93 | 1.4 | 865 | 455 |
| 1988 | 1.96 | 7.70 | | | 1.12 | 1.12 | 1.63 | 1242 | 506 |
| 1989 | 1.82 | 9.31 | | | 1.35 | 1.35 | 3.01 | 1507 | 494 |
| 1990 | 1.69 | 9.77 | | | 1.62 | 1.62 | 2.32 | 1640 | 655 |
| 1991 | 2.45 | 13.07 | | | 2.04 | 2.04 | 2.58 | 1852 | 663 |
| 1992 | 5.59 | 15.56 | | | 2.28 | 2.28 | 2.68 | 2095 | 800 |
| 1993 | 12.61 | 21.65 | | | 3.41 | 3.41 | 3.49 | 3091 | 985 |
| 1994 | 13.28 | 20.50 | | | 3.91 | 2.22 | 3.61 | 4030 | 1231 |
| 1995 | 14.16 | 25.18 | | | 4.39 | 2.68 | 3.97 | 4635 | 1670 |
| 1996 | 15.50 | 28.39 | | | 4.93 | 3.20 | 4.69 | 5098 | 1930 |
| 1997 | 15.47 | 32.29 | | | 5.70 | 3.84 | 5.51 | 5027 | 2174 |
| 1998 | 20.76 | 35.42 | | | 6.64 | 4.67 | 6.29 | 5433 | 2362 |
| 1999 | 20.80 | 39.06 | | | 7.44 | 5.79 | 7.68 | 5672 | 2475 |
| 2000 | 23.02 | 42.81 | 3357 | 1146 | 8.26 | 6.72 | 9.27 | 5692 | 2092 |
| 2001 | 28.93 | 47.37 | 1772 | 1208 | 8.35 | 5.52 | 11.68 | 6328 | 2278 |
| 2002 | 35.30 | 51.23 | 3202 | 2059 | 9.24 | 6.23 | 13.25 | 6734 | 2442 |
| 2003 | 44.50 | 55.87 | 4320 | 3598 | 10.19 | 6.99 | 15.59 | 7437 | 2610 |
| 2004 | 63.00 | 62.47 | 9056 | 5191 | 11.75 | 7.84 | 16.78 | 7922 | 2783 |
| 2005 | 89.85 | 70.76 | 19846 | 11415 | 14.11 | 9.08 | 20.87 | 8942 | 3091 |
| 2006 | 117.88 | 80.72 | 44040 | 13458 | 17.17 | 10.47 | 24.91 | 10041 | 3405 |
| 2007 | 165.93 | 95.32 | 84089 | 31384 | 23.56 | 13.04 | 32.37 | 12057 | 3934 |
| 2008 | 248.91 | 124.01 | 127008 | 51370 | 32.00 | 18.28 | 48.80 | 14106 | 4444 |
| 2009 | 374.65 | 145.09 | 88572 | 22566 | 38.02 | 21.01 | 66.51 | 15768 | 4843 |
| 2010 | 451.60 | 172.19 | 131101 | 32558 | 58.37 | 22.36 | 78.00 | 17356 | 5340 |
| 2011 | 558.34 | 204.27 | 298225 | 87518 | 123.10 | 25.57 | 96.98 | 19248 | 6167 |
| 2012 | 652.59 | 237.56 | 376656 | 100190 | 139.20 | 33.58 | 122.67 | 21600 | 7140 |
| 2013 | 609.72 | 268.82 | 353042 | 105243 | 136.12 | 44.95 | 134.26 | 23695 | 8054 |
| 2014 | 726.95 | 303.25 | 533447 | 201112 | 138.31 | 47.64 | 141.27 | 25501 | 9172 |
| 2015 | 866.23 | 333.5 | 582738 | 247574 | 162.23 | 50.34 | 192.54 | 27363 | 10016 |
| 2016 | 950.89 | 373.63 | 442813 | 161508 | 154.08 | 49.50 | 200.08 | 29360 | 10947 |
| 2017 | 1088.85 | 411.75 | 340.47 | 116.29 | 145.08 | 52.81 | 205.94 | 31415 | 11801 |
| 2018 | - | 443.34 | 227.33 | 58.81 | | 54.10 | 222.08 | 33488 | 12816 |
| 2019 | - | | 204.33 | 80.05 | 160.04 | 57.38 | 225.09 | 35732 | 14149 |

注：1.城镇居民人均可支配收入2004年（含2004年）以前为城市居民人均可支配收入。
2. 2000年以后农民人均纯收入统计口径调整。2014年后口径调整为农村居民人均可支配收入。
3. 2017年起，外贸进出口数据以人民币计价，单位为亿元。

Note：1.The statistical range of indicator "Per Capita Disposable Income of Urban Households" is the household in cities in and before 2004.
2.After 2000，the statistical range of Per Capita Net Income of Farmers has been adjusted. And after 2014，it was adjusted into Per Capita Disposable Income of Rural Households.
3. The data of import and export value of foreign trade was calculated by RMB（100 million yuan） since 2017.

# 22—9 贵港市主要经济指标情况（1996-2019年）
## Main Economic Indicators of Guigang（1996-2019）

| 年份 year | 生产总值（按当年价格，亿元）Gross Domestic Product（current prices，100 million yuan） | 第一产业 Primary Industry | 第二产业 Secondary Industry | #工业 Industry | 第三产业 Tertiary Industry | 生产总值指数（上年=100）Indices of Gross Domestic Product（Preceding year=100） | 第一产业 Primary Industry | 第二产业 Secondary Industry | #工业 Industry | 第三产业 Tertiary Industry |
|---|---|---|---|---|---|---|---|---|---|---|
| 1996 | 108.26 | 50.95 | 19.70 | 18.17 | 37.60 | 100.5 | 94.7 | 91.9 | 91.6 | 116.1 |
| 1997 | 111.58 | 52.03 | 20.58 | 19.26 | 38.98 | 106.7 | 108.9 | 106.5 | 107.8 | 104.2 |
| 1998 | 113.66 | 51.73 | 21.58 | 20.06 | 40.35 | 107.6 | 108.7 | 106.6 | 106.3 | 106.9 |
| 1999 | 115.38 | 51.31 | 21.98 | 20.54 | 42.08 | 105.6 | 106.8 | 103.2 | 103.5 | 105.7 |
| 2000 | 120.81 | 51.17 | 24.87 | 23.16 | 44.77 | 104.3 | 98.3 | 109.8 | 109.5 | 108.1 |
| 2001 | 132.35 | 52.59 | 28.11 | 25.98 | 51.65 | 108.5 | 104.7 | 113.4 | 112.9 | 110.0 |
| 2002 | 139.82 | 52.92 | 29.94 | 27.24 | 56.96 | 110.8 | 109.5 | 111.3 | 110.3 | 111.9 |
| 2003 | 156.92 | 52.51 | 38.58 | 33.98 | 65.83 | 111.4 | 104.9 | 125.0 | 121.4 | 110.6 |
| 2004 | 191.18 | 62.21 | 53.52 | 46.24 | 75.45 | 112.8 | 106.9 | 123.9 | 121.0 | 111.5 |
| 2005 | 222.82 | 66.01 | 72.63 | 60.23 | 84.19 | 116.2 | 107.4 | 137.8 | 133.2 | 109.3 |
| 2006 | 260.02 | 70.08 | 88.85 | 75.17 | 101.09 | 112.9 | 105.1 | 120.3 | 122.6 | 112.7 |
| 2007 | 330.56 | 83.30 | 127.51 | 111.25 | 119.75 | 117.0 | 102.9 | 133.2 | 136.4 | 112.4 |
| 2008 | 386.82 | 96.34 | 153.46 | 133.62 | 137.02 | 111.3 | 105.2 | 111.8 | 112.0 | 115.0 |
| 2009 | 437.73 | 96.92 | 182.21 | 158.37 | 158.61 | 115.2 | 104.8 | 120.7 | 120.2 | 115.6 |
| 2010 | 544.66 | 108.05 | 248.25 | 218.78 | 188.35 | 114.0 | 104.6 | 120.6 | 120.8 | 112.0 |
| 2011 | 630.82 | 138.79 | 264.49 | 228.92 | 227.54 | 106.1 | 105.4 | 105.2 | 104.4 | 107.8 |
| 2012 | 679.18 | 148.68 | 273.38 | 229.15 | 257.13 | 110.2 | 106.1 | 112.0 | 110.4 | 110.1 |
| 2013 | 742.01 | 160.76 | 303.35 | 253.11 | 277.90 | 108.2 | 104.9 | 111.1 | 110.7 | 106.2 |
| 2014 | 805.40 | 162.14 | 325.50 | 270.65 | 317.75 | 105.2 | 103.0 | 105.2 | 105.2 | 106.4 |
| 2015 | 865.20 | 173.95 | 348.50 | 285.89 | 342.75 | 107.5 | 103.8 | 108.5 | 107.0 | 107.9 |
| 2016 | 958.76 | 190.01 | 393.20 | 319.38 | 375.55 | 107.9 | 103.8 | 110.0 | 108.4 | 107.9 |
| 2017 | 1082.18 | 193.65 | 465.86 | 378.53 | 422.68 | 109.0 | 104.2 | 111.3 | 111.3 | 108.8 |
| 2018 | 1169.88 | 198.21 | 494.04 | 396.51 | 477.63 | 110.0 | 105.4 | 111.7 | 112.9 | 110.5 |
| 2019 | 1257.53 | 215.35 | 459.79 | 358.32 | 582.38 | 109 | 104.9 | 114.2 | 115 | 106.6 |

## 22—9　续表　continued

| 年份 Year | 固定资产投资（不含农户）（亿元）Investment in Fixed Assets（excluding rural registents）（100 million yuan） | 社会消费品零售总额（亿元）Total Retail Sales of Consumer Goods（100 million yuan） | 进出口（万美元）Total Import & Export（USD 10 000） | #出口 Exports | 财政收入（亿元）Finance Revenue（100 million yuan） | #一般公共预算收入 Public Budget Reveue | 一般公共预算支出 Public Budget Expenditure（100 million yuan） | 城镇居民人均可支配收入（元）Per Capita Disposable Income of Urban Households（yuan） | 农村居民人均可支配收入（元）Per Capita Disposable Income of Rural Households（yuan） |
|---|---|---|---|---|---|---|---|---|---|
| 1996 | 7.75 | 45.39 | 6432 | 4560 | 6.42 | 4.19 | 5.22 | | 1906 |
| 1997 | 9.06 | 43.90 | 7063 | 5359 | 6.46 | 4.21 | 5.35 | | 2103 |
| 1998 | 12.26 | 46.79 | 3115 | 2502 | 7.24 | 4.98 | 6.58 | | 2179 |
| 1999 | 13.04 | 49.37 | 1173 | 749 | 7.41 | 5.39 | 7.33 | | 2114 |
| 2000 | 17.29 | 53.67 | 1892 | 1628 | 8.03 | 5.81 | 8.12 | | 1868 |
| 2001 | 21.09 | 58.58 | 1553 | 1122 | 9.00 | 6.46 | 10.97 | | 1979 |
| 2002 | 29.47 | 63.46 | 5046 | 2513 | 10.03 | 6.59 | 12.88 | | 2091 |
| 2003 | 36.35 | 70.70 | 5666 | 4254 | 12.04 | 8.09 | 15.47 | | 2228 |
| 2004 | 58.61 | 75.61 | 6306 | 5130 | 14.31 | 9.56 | 18.42 | 6209 | 2399 |
| 2005 | 129.43 | 85.62 | 7777 | 5443 | 17.05 | 9.21 | 22.01 | 7642 | 2693 |
| 2006 | 149.56 | 96.68 | 9544 | 6144 | 19.08 | 10.97 | 27.33 | 8938 | 2961 |
| 2007 | 155.90 | 113.52 | 11474 | 8515 | 23.02 | 12.29 | 35.31 | 10717 | 3472 |
| 2008 | 220.07 | 137.57 | 16388 | 9525 | 29.07 | 15.62 | 47.44 | 12666 | 4049 |
| 2009 | 290.18 | 156.73 | 14324 | 11131 | 34.03 | 19.53 | 64.24 | 13915 | 4504 |
| 2010 | 385.29 | 179.09 | 17386 | 12090 | 40.02 | 21.44 | 90.80 | 15531 | 5289 |
| 2011 | 430.02 | 205.89 | 27228 | 14033 | 43.33 | 21.69 | 106.07 | 17017 | 6257 |
| 2012 | 552.24 | 231.96 | 23144 | 10609 | 50.03 | 26.57 | 126.24 | 19314 | 7253 |
| 2013 | 496.26 | 257.16 | 22123 | 12143 | 57.42 | 31.22 | 140.46 | 21361 | 8189 |
| 2014 | 611.41 | 281.87 | 30603 | 18703 | 66.11 | 36.45 | 146.84 | 23252 | 9624 |
| 2015 | 778.61 | 299.29 | 32258 | 13281 | 72.75 | 42.57 | 186.38 | 24880 | 10558 |
| 2016 | 841.69 | 325.40 | 28527 | 15816 | 78.96 | 47.62 | 212.55 | 26771 | 11572 |
| 2017 | 983.81 | 355.95 | 23.88 | 11.03 | 90.03 | 50.41 | 233.82 | 28806 | 12544 |
| 2018 | – | 376.12 | 27.60 | 13.24 | 106.57 | 57.22 | 263.81 | 30506 | 13786 |
| 2019 | – | 412.42 | 38.91 | 18.91 | 126.10 | 62.69 | 292.98 | 32916 | 15289 |

注：1.城镇居民人均可支配收入2004年（含2004年）以前为城市居民人均可支配收入。
2.2000年以后农民人均纯收入统计口径调整。2014年后口径调整为农村居民人均可支配收入。
3.2017年起，外贸进出口数据以人民币计价，单位为亿元。

Note：1.The statistical range of indicator "Per Capita Disposable Income of Urban Households" is the household in cities in and before 2004.
2.After 2000，the statistical range of Per Capita Net Income of Farmers has been adjusted. And after 2014，it was adjusted into Per Capita Disposable Income of Rural Households.
3. The data of import and export value of foreign trade was calculated by RMB（100 million yuan） since

# 22—10 玉林市主要经济指标情况（1978-2019年）
## Main Economic Indicators of Yulin （1978-2019）

| 年份 year | 生产总值（按当年价格，亿元）Gross Domestic Product (current prices, 100 million yuan) | 第一产业 Primary Industry | 第二产业 Secondary Industry | #工业 Industry | 第三产业 Tertiary Industry | 生产总值指数（上年=100）Indices of Gross Domestic Product (Preceding year=100) | 第一产业 Primary Industry | 第二产业 Secondary Industry | #工业 Industry | 第三产业 Tertiary Industry |
|---|---|---|---|---|---|---|---|---|---|---|
| 1978 | 9.12 | 5.79 | 1.66 | 1.43 | 1.67 | 102.0 | 101.2 | 107.6 | 116.1 | 97.2 |
| 1979 | 9.18 | 5.75 | 1.61 | 1.30 | 1.82 | 99.7 | 93.9 | 95.9 | 90.5 | 127.3 |
| 1980 | 10.42 | 6.76 | 1.66 | 1.41 | 2.00 | 110.8 | 109.9 | 94.4 | 112.7 | 113.5 |
| 1981 | 11.64 | 7.45 | 1.89 | 1.59 | 2.30 | 112.8 | 112.1 | 114.5 | 113.3 | 113.5 |
| 1982 | 13.86 | 9.01 | 2.17 | 1.84 | 2.69 | 118.5 | 120.7 | 113.2 | 106.1 | 116.7 |
| 1983 | 14.36 | 9.01 | 2.34 | 1.94 | 3.01 | 100.7 | 95.6 | 108.5 | 100.5 | 109.9 |
| 1984 | 15.45 | 9.41 | 2.58 | 2.02 | 3.46 | 106.4 | 101.3 | 109.1 | 94.8 | 117.7 |
| 1985 | 17.63 | 10.11 | 3.42 | 2.92 | 4.10 | 105.2 | 93.9 | 120.5 | 167.7 | 119.4 |
| 1986 | 20.74 | 11.55 | 4.32 | 3.64 | 4.87 | 112.4 | 108.7 | 121.9 | 125.5 | 111.9 |
| 1987 | 26.98 | 14.67 | 5.75 | 4.92 | 6.56 | 120.9 | 111.9 | 128.9 | 133.9 | 130.0 |
| 1988 | 33.57 | 18.31 | 7.31 | 6.23 | 7.95 | 106.6 | 101.4 | 114.8 | 113.7 | 107.8 |
| 1989 | 35.97 | 19.62 | 7.78 | 6.51 | 8.58 | 101.2 | 108.8 | 101.9 | 106.0 | 89.9 |
| 1990 | 41.13 | 23.99 | 8.24 | 6.79 | 8.90 | 109.1 | 107.8 | 103.3 | 107.3 | 117.0 |
| 1991 | 50.40 | 27.30 | 11.31 | 9.61 | 11.79 | 112.6 | 106.4 | 128.9 | 129.0 | 118.9 |
| 1992 | 65.31 | 30.29 | 18.97 | 16.69 | 16.04 | 126.6 | 109.3 | 156.1 | 156.1 | 135.0 |
| 1993 | 97.97 | 36.08 | 36.67 | 33.29 | 25.22 | 125.2 | 103.8 | 143.2 | 153.1 | 117.5 |
| 1994 | 134.92 | 52.92 | 49.25 | 45.40 | 32.75 | 115.6 | 119.0 | 112.5 | 112.1 | 115.4 |
| 1995 | 156.08 | 63.65 | 50.71 | 46.01 | 41.71 | 111.2 | 110.0 | 113.1 | 113.5 | 110.0 |
| 1996 | 168.34 | 72.91 | 51.46 | 46.67 | 43.97 | 104.5 | 106.0 | 101.9 | 101.8 | 103.6 |
| 1997 | 173.51 | 77.16 | 51.58 | 47.14 | 44.77 | 104.3 | 107.0 | 101.3 | 101.2 | 104.7 |
| 1998 | 187.40 | 80.87 | 57.77 | 52.88 | 48.76 | 109.2 | 106.5 | 111.2 | 112.4 | 110.6 |
| 1999 | 191.15 | 80.37 | 57.10 | 52.59 | 53.68 | 106.5 | 107.4 | 102.8 | 103.3 | 111.0 |
| 2000 | 199.64 | 78.42 | 60.70 | 55.58 | 60.52 | 106.1 | 98.5 | 109.4 | 109.4 | 112.9 |
| 2001 | 213.91 | 81.59 | 61.17 | 55.55 | 71.14 | 107.4 | 105.1 | 107.8 | 107.9 | 110.1 |
| 2002 | 231.70 | 80.61 | 71.50 | 65.34 | 79.59 | 110.4 | 105.8 | 116.7 | 117.6 | 110.1 |
| 2003 | 258.45 | 79.68 | 84.99 | 77.24 | 93.78 | 108.3 | 98.0 | 116.8 | 116.4 | 111.9 |
| 2004 | 312.68 | 99.49 | 101.03 | 87.80 | 112.16 | 115.2 | 112.3 | 122.1 | 117.2 | 110.8 |
| 2005 | 352.60 | 100.62 | 120.80 | 104.41 | 131.19 | 113.1 | 106.8 | 117.5 | 116.8 | 114.6 |
| 2006 | 410.96 | 107.62 | 148.64 | 129.90 | 154.70 | 113.5 | 107.0 | 119.2 | 120.1 | 113.4 |
| 2007 | 501.39 | 128.88 | 187.06 | 164.60 | 185.45 | 115.2 | 105.1 | 121.6 | 122.4 | 116.5 |
| 2008 | 602.83 | 149.49 | 230.32 | 201.70 | 223.02 | 112.8 | 105.8 | 114.7 | 114.7 | 115.4 |
| 2009 | 683.49 | 152.06 | 277.14 | 241.11 | 254.29 | 114.8 | 106.2 | 120.7 | 119.3 | 114.0 |
| 2010 | 840.25 | 171.73 | 373.39 | 324.14 | 295.13 | 115.7 | 105.7 | 123.7 | 122.5 | 112.8 |
| 2011 | 1019.94 | 213.81 | 458.59 | 395.50 | 347.55 | 111.0 | 105.4 | 113.7 | 113.0 | 110.9 |
| 2012 | 1102.08 | 229.20 | 482.33 | 404.39 | 390.55 | 110.9 | 106.1 | 114.6 | 113.3 | 108.7 |
| 2013 | 1210.44 | 243.57 | 526.26 | 421.03 | 451.61 | 110.0 | 104.2 | 113.8 | 112.9 | 107.8 |
| 2014 | 1341.52 | 248.78 | 591.66 | 479.53 | 501.08 | 108.4 | 103.4 | 111.3 | 110.3 | 106.7 |
| 2015 | 1445.91 | 259.14 | 635.83 | 509.64 | 550.94 | 108.9 | 101.4 | 111.1 | 110.2 | 109.4 |
| 2016 | 1553.83 | 278.16 | 665.03 | 521.11 | 610.64 | 108.0 | 102.1 | 109.6 | 108.2 | 109.0 |
| 2017 | 1466.32 | 276.87 | 500.97 | | 688.48 | 107.1 | 103.3 | 106.4 | 107.4 | 109.1 |
| 2018 | 1503.54 | 268.22 | 429.24 | | 806.08 | 107.2 | 105.3 | 105.6 | 105.6 | 110.0 |
| 2019 | 1679.77 | 323.00 | 469.29 | | 887.48 | 107.2 | 103.6 | 109.0 | 108.5 | 107.7 |

# 22—10 续表 continued

| 年份 Year | 固定资产投资（不含农户）（亿元） Investment in Fixed Assets (excluding rural registents) (100 million yuan) | 社会消费品零售总额（亿元） Total Retail Sales of Consumer Goods (100 million yuan) | 进出口（万美元） Total Import and Export (USD 10 000) | #出口 Exports | 财政收入（亿元） Finance Revenue (100 million yuan) | #一般公共预算收入 Public Budget Reveue | 一般公共预算支出 Public Budget Expenditure (100 million yuan) | 城镇居民人均可支配收入（元） Per Capita Disposable Income of Urban Households (yuan) | 农村居民人均可支配收入（元） Per Capita Disposable Income of Rural Households (yuan) |
|---|---|---|---|---|---|---|---|---|---|
| 1978 | 0.39 | 3.11 | | | 0.89 | | 0.68 | | |
| 1979 | 0.46 | 3.50 | | | 0.79 | | 0.69 | | |
| 1980 | 0.46 | 3.93 | | | 0.87 | | 0.77 | | |
| 1981 | 0.35 | 4.36 | | | 1.06 | | 0.92 | | |
| 1982 | 0.82 | 5.03 | | | 1.22 | | 0.93 | | |
| 1983 | 1.20 | 5.83 | | | 1.15 | | 0.93 | | |
| 1984 | 0.62 | 7.15 | | | 1.06 | | 1.07 | | |
| 1985 | 0.99 | 8.85 | | | 1.41 | | 1.61 | | |
| 1986 | 1.40 | 10.25 | | | 1.46 | | 1.94 | | |
| 1987 | 1.98 | 12.49 | | | 1.95 | | 2.28 | | |
| 1988 | 3.89 | 17.56 | | | 2.69 | | 3.04 | | |
| 1989 | 2.46 | 22.02 | 1010 | | 2.95 | | 3.52 | | |
| 1990 | 2.38 | 23.15 | 2083 | | 3.23 | | 4.01 | | |
| 1991 | 7.52 | 25.88 | 2471 | | 3.70 | | 4.35 | | |
| 1992 | 12.92 | 29.18 | 5542 | | 4.21 | | 4.89 | | |
| 1993 | 21.46 | 34.53 | 6409 | | 7.24 | | 6.74 | | |
| 1994 | 34.65 | 47.49 | 17887 | | 9.32 | 5.36 | 8.54 | | |
| 1995 | 42.03 | 61.34 | 19100 | | 11.16 | 6.82 | 10.72 | | |
| 1996 | 39.77 | 72.84 | 18482 | | 12.54 | 8.19 | 10.82 | | |
| 1997 | 26.11 | 76.48 | 18145 | | 13.19 | 9.04 | 11.44 | | |
| 1998 | 29.43 | 80.73 | 23280 | 21149 | 13.95 | 9.59 | 12.44 | | |
| 1999 | 25.79 | 83.39 | 6690 | 6324 | 15.24 | 10.85 | 14.11 | | |
| 2000 | 28.15 | 75.77 | 17854 | 17163 | 16.65 | 12.09 | 16.11 | | 1736 |
| 2001 | 30.03 | 82.62 | 9800 | 8400 | 15.44 | 10.53 | 18.86 | | 1839 |
| 2002 | 33.86 | 90.53 | 13280 | 9945 | 18.32 | 10.87 | 20.84 | | 1959 |
| 2003 | 48.33 | 99.63 | 26001 | 17510 | 21.43 | 12.06 | 24.07 | | 2035 |
| 2004 | 92.30 | 113.97 | 30143 | 21422 | 25.42 | 14.13 | 26.76 | 7136 | 2259 |
| 2005 | 131.31 | 130.80 | 36916 | 25866 | 28.64 | 14.86 | 31.97 | 8297 | 2573 |
| 2006 | 176.11 | 151.39 | 34807 | 26705 | 33.68 | 17.74 | 40.42 | 10175 | 3041 |
| 2007 | 230.68 | 180.96 | 37023 | 29780 | 40.68 | 20.88 | 54.89 | 12202 | 3536 |
| 2008 | 290.69 | 224.88 | 44214 | 31665 | 47.75 | 25.57 | 71.59 | 14156 | 4123 |
| 2009 | 444.61 | 262.92 | 35401 | 21663 | 54.67 | 30.61 | 96.21 | 15827 | 4531 |
| 2010 | 615.56 | 307.24 | 45148 | 31594 | 68.96 | 36.84 | 129.37 | 17642 | 5302 |
| 2011 | 792.18 | 362.81 | 63457 | 34069 | 85.86 | 48.94 | 159.73 | 19590 | 6269 |
| 2012 | 1004.26 | 422.83 | 58807 | 35843 | 100.36 | 65.57 | 192.65 | 22171 | 7269 |
| 2013 | 974.78 | 482.91 | 41679 | 28992 | 113.81 | 75.48 | 203.73 | 24366 | 8272 |
| 2014 | 1154.39 | 545.71 | 48681 | 32224 | 128.17 | 88.81 | 229.10 | 25984 | 10320 |
| 2015 | 1332.12 | 600.34 | 45092 | 32872 | 139.57 | 97.16 | 285.76 | 28089 | 11404 |
| 2016 | 1467.10 | 660.43 | 40427 | 33567 | 148.95 | 104.81 | 317.55 | 30083 | 12590 |
| 2017 | 1689.33 | 728.86 | 33.99 | 25.04 | 160.18 | 105.55 | 351.63 | 32159 | 13597 |
| 2018 | – | 788.40 | 34.86 | 25.70 | 171.25 | 106.13 | 367.96 | 33960 | 14984 |
| 2019 | – | | 40.17 | 25.04 | 178.23 | 111.09 | 418.98 | 36133 | 16348 |

注：1.城镇居民人均可支配收入2004年（含2004年）以前为城市居民人均可支配收入。
2.2000年以后农民人均纯收入统计口径调整。2014年后口径调整为农村居民人均可支配收入。
3.2017年起，外贸进出口数据以人民币计价,单位为亿元。

Note: 1.The statistical range of indicator "Per Capita Disposable Income of Urban Households" is the household in cities in and before 2004.
2.After 2000, the statistical range of Per Capita Net Income of Farmers has been adjusted. And after 2014, it was adjusted into Per Capita Disposable Income of Rural Households.
3. The data of import and export value of foreign trade was calculated by RMB (100 million yuan) since 2017.

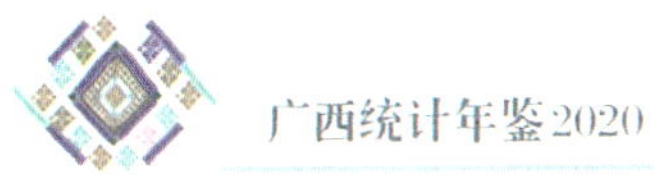



# 22—11 百色市主要经济指标情况（1978-2019年）
# Main Economic Indicators of Baise（1978-2019）

| 年份 year | 生产总值（按当年价格，亿元）Gross Domestic Product (current prices,100 million yuan) | 第一产业 Primary Industry | 第二产业 Secondary Industry | #工业 Industry | 第三产业 Tertiary Industry | 生产总值指数（上年=100）Indices of Gross Domestic Product (Preceding year=100) | 第一产业 Primary Industry | 第二产业 Secondary Industry | #工业 Industry | 第三产业 Tertiary Industry |
|---|---|---|---|---|---|---|---|---|---|---|
| 1978 | 6.15 | 3.92 | 1.09 | 0.93 | 1.14 | 112.9 | 111.7 | 115.2 | 106.7 | 114.2 |
| 1979 | 6.53 | 4.06 | 1.15 | 0.98 | 1.32 | 107.1 | 104.9 | 108.7 | 109.3 | 112.0 |
| 1980 | 6.74 | 4.10 | 1.23 | 0.99 | 1.41 | 96.4 | 94.8 | 99.0 | 97.3 | 98.6 |
| 1981 | 7.46 | 4.67 | 1.25 | 1.04 | 1.54 | 110.8 | 117.2 | 93.5 | 96.2 | 109.0 |
| 1982 | 8.38 | 5.34 | 1.30 | 1.07 | 1.74 | 106.6 | 106.4 | 102.3 | 100.8 | 110.5 |
| 1983 | 9.09 | 5.64 | 1.46 | 1.20 | 1.99 | 107.9 | 104.6 | 112.5 | 113.0 | 113.7 |
| 1984 | 9.40 | 5.47 | 1.56 | 1.30 | 2.37 | 98.7 | 90.9 | 106.7 | 110.2 | 113.3 |
| 1985 | 10.56 | 5.99 | 1.80 | 1.50 | 2.77 | 102.5 | 99.9 | 108.3 | 107.5 | 103.9 |
| 1986 | 12.85 | 7.41 | 2.16 | 1.89 | 3.28 | 110.3 | 110.4 | 108.8 | 114.2 | 111.0 |
| 1987 | 15.21 | 8.26 | 2.96 | 2.57 | 3.99 | 110.3 | 104.8 | 124.1 | 122.4 | 111.7 |
| 1988 | 17.87 | 9.52 | 3.42 | 2.87 | 4.93 | 103.7 | 101.7 | 104.2 | 101.5 | 107.0 |
| 1989 | 19.92 | 10.60 | 3.83 | 3.34 | 5.49 | 101.3 | 103.0 | 104.4 | 106.4 | 96.0 |
| 1990 | 23.14 | 11.84 | 4.35 | 3.73 | 6.95 | 103.3 | 101.0 | 103.3 | 102.1 | 107.5 |
| 1991 | 26.91 | 13.41 | 5.54 | 4.59 | 7.96 | 108.7 | 105.3 | 119.4 | 113.4 | 107.8 |
| 1992 | 31.04 | 14.12 | 7.04 | 5.39 | 9.88 | 111.3 | 105.2 | 120.9 | 115.0 | 114.8 |
| 1993 | 41.56 | 18.31 | 10.69 | 7.42 | 12.56 | 112.7 | 108.0 | 124.3 | 116.7 | 111.4 |
| 1994 | 58.68 | 26.50 | 13.54 | 10.33 | 18.64 | 115.3 | 112.4 | 112.7 | 122.0 | 121.9 |
| 1995 | 77.13 | 32.62 | 20.53 | 15.66 | 23.98 | 116.3 | 112.6 | 127.7 | 122.7 | 112.7 |
| 1996 | 89.18 | 37.10 | 23.20 | 20.43 | 28.88 | 114.4 | 114.5 | 112.6 | 130.7 | 115.7 |
| 1997 | 97.14 | 40.49 | 24.50 | 21.11 | 32.15 | 113.1 | 112.0 | 115.3 | 114.3 | 112.7 |
| 1998 | 106.08 | 44.56 | 27.04 | 23.09 | 34.48 | 110.9 | 112.2 | 112.0 | 111.6 | 108.3 |
| 1999 | 112.02 | 47.28 | 28.66 | 24.17 | 36.08 | 109.1 | 109.4 | 110.5 | 109.4 | 107.3 |
| 2000 | 119.50 | 47.85 | 32.43 | 26.81 | 39.22 | 107.2 | 103.1 | 107.8 | 105.6 | 110.7 |
| 2001 | 128.37 | 49.45 | 35.25 | 28.42 | 43.67 | 107.1 | 101.0 | 111.4 | 110.3 | 111.1 |
| 2002 | 143.97 | 48.09 | 47.43 | 37.25 | 48.45 | 113.1 | 104.7 | 130.4 | 129.4 | 108.1 |
| 2003 | 162.13 | 50.32 | 58.38 | 47.28 | 53.43 | 112.9 | 103.4 | 129.9 | 133.2 | 106.2 |
| 2004 | 203.76 | 61.04 | 82.83 | 69.22 | 59.89 | 115.9 | 106.0 | 127.4 | 129.9 | 112.2 |
| 2005 | 239.36 | 63.91 | 105.70 | 88.06 | 69.75 | 115.2 | 106.1 | 120.3 | 118.8 | 117.1 |
| 2006 | 297.28 | 67.32 | 149.11 | 126.14 | 80.85 | 115.0 | 103.8 | 122.8 | 121.6 | 112.5 |
| 2007 | 352.73 | 79.98 | 176.49 | 151.47 | 96.26 | 115.4 | 104.0 | 122.2 | 124.1 | 113.8 |
| 2008 | 416.24 | 88.07 | 217.61 | 189.29 | 110.56 | 113.4 | 103.2 | 120.2 | 123.7 | 109.7 |
| 2009 | 452.86 | 90.77 | 225.78 | 191.66 | 136.31 | 114.8 | 104.1 | 119.8 | 119.1 | 113.8 |
| 2010 | 573.99 | 105.21 | 313.89 | 273.49 | 154.80 | 115.0 | 104.9 | 121.1 | 121.4 | 110.5 |
| 2011 | 656.71 | 125.61 | 357.84 | 312.26 | 173.26 | 106.5 | 104.6 | 107.7 | 108.3 | 105.2 |
| 2012 | 755.24 | 137.14 | 414.21 | 361.92 | 203.89 | 109.2 | 107.4 | 109.7 | 109.1 | 109.6 |
| 2013 | 803.58 | 148.76 | 432.59 | 373.87 | 222.22 | 108.6 | 105.3 | 110.1 | 109.8 | 107.2 |
| 2014 | 917.95 | 158.71 | 490.02 | 417.90 | 269.22 | 108.4 | 104.2 | 109.9 | 108.7 | 107.8 |
| 2015 | 980.42 | 169.38 | 511.68 | 433.61 | 299.36 | 108.1 | 104.7 | 107.3 | 106.7 | 111.8 |
| 2016 | 1114.31 | 182.25 | 594.73 | 508.74 | 337.33 | 108.8 | 103.9 | 109.5 | 109.2 | 110.2 |
| 2017 | 1361.76 | 189.24 | 789.33 | 690.07 | 383.20 | 108.8 | 104.5 | 109.5 | 109.6 | 109.8 |
| 2018 | 1176.77 | 195.18 | 563.49 | 458.04 | 418.11 | 107.1 | 105.2 | 109.1 | 110.9 | 105.3 |
| 2019 | 1257.78 | 245.18 | 508.45 | | 504.15 | 109.0 | 107.1 | 110.6 | 110.1 | 108.3 |

## 22—11　续表　continued

| 年份 Year | 固定资产投资（不含农户）（亿元）Investment in Fixed Assets (excluding rural registents) (100 million yuan) | 社会消费品零售总额（亿元）Total Retail Sales of Consumer oods (100 million yuan) | 进出口（万美元）Total Import and Export (USD 10 000) | #出口 Exports | 财政收入（亿元）Finance Revenue (100 million yuan) | #一般公共预算收入 Public Budget Reveue | 一般公共预算支出 Public Budget Expenditure (100 million yuan) | 城镇居民人均可支配收入（元）Per Capita Disposable Income of Urban Households (yuan) | 农村居民人均可支配收入（元）Per Capita Disposable Income of Rural Households (yuan) |
|---|---|---|---|---|---|---|---|---|---|
| 1978 | 0.58 | 2.05 | | | 0.54 | 0.54 | 0.83 | | 57 |
| 1980 | 0.95 | 2.75 | | | 0.47 | 0.47 | 0.96 | | 64 |
| 1985 | 1.47 | 4.56 | | | 0.77 | 0.77 | 1.87 | | 139 |
| 1986 | 1.33 | 5.56 | | | 0.87 | 0.87 | 2.29 | | 166 |
| 1987 | 1.53 | 6.56 | | | 1.14 | 1.14 | 2.74 | | 191 |
| 1988 | 2.76 | 8.46 | | | 1.42 | 1.42 | 3.07 | | 218 |
| 1989 | 2.09 | 8.64 | | | 1.67 | 1.67 | 3.53 | | 259 |
| 1990 | 2.74 | 8.91 | | | 1.95 | 1.95 | 3.84 | 1546 | 283 |
| 1991 | 4.67 | 10.36 | | | 2.23 | 2.23 | 4.03 | 1620 | 330 |
| 1992 | 8.77 | 14.57 | | | 2.36 | 2.36 | 4.85 | 2002 | 382 |
| 1993 | 18.47 | 14.14 | 62 | 62 | 3.74 | 3.74 | 5.42 | 2703 | 483 |
| 1994 | 20.63 | 18.76 | 986 | 986 | 4.53 | 2.71 | 6.34 | 4017 | 643 |
| 1995 | 27.92 | 23.55 | 1736 | 1552 | 5.78 | 3.70 | 8.55 | 5035 | 909 |
| 1996 | 13.31 | 24.67 | 1985 | 1805 | 7.13 | 4.56 | 8.07 | 5180 | 1261 |
| 1997 | 13.75 | 27.40 | 4259 | 3014 | 8.57 | 5.42 | 9.53 | 5049 | 1642 |
| 1998 | 18.80 | 29.83 | 4392 | 3335 | 10.04 | 6.90 | 12.01 | 5495 | 1848 |
| 1999 | 21.38 | 31.82 | 2770 | 1460 | 11.24 | 7.62 | 13.50 | 5607 | 1985 |
| 2000 | 29.46 | 34.02 | 2433 | 1393 | 12.78 | 8.18 | 14.68 | 5747 | 1183 |
| 2001 | 37.32 | 36.82 | 3210 | 2205 | 14.67 | 9.38 | 20.64 | 6806 | 1258 |
| 2002 | 58.08 | 39.99 | 11439 | 5484 | 16.69 | 9.54 | 23.55 | 7215 | 1331 |
| 2003 | 76.31 | 43.72 | 13358 | 7090 | 20.10 | 11.64 | 27.00 | 7378 | 1403 |
| 2004 | 102.74 | 43.65 | 17110 | 4775 | 24.80 | 14.15 | 32.82 | 6687 | 1550 |
| 2005 | 175.56 | 48.77 | 18560 | 6943 | 32.37 | 15.23 | 39.74 | 8077 | 1783 |
| 2006 | 249.92 | 57.48 | 32489 | 12104 | 40.08 | 20.19 | 52.73 | 9887 | 2110 |
| 2007 | 293.66 | 69.36 | 43980 | 17046 | 50.08 | 26.79 | 75.19 | 12197 | 2463 |
| 2008 | 325.45 | 87.04 | 48921 | 33994 | 55.10 | 29.46 | 98.48 | 13169 | 2820 |
| 2009 | 530.15 | 102.52 | 37238 | 26212 | 56.85 | 28.55 | 111.46 | 14573 | 3064 |
| 2010 | 639.71 | 122.70 | 39415 | 20264 | 72.32 | 33.86 | 137.67 | 15976 | 3461 |
| 2011 | 764.01 | 146.57 | 42887 | 25521 | 84.07 | 39.69 | 162.89 | 17384 | 4052 |
| 2012 | 1000.07 | 172.39 | 50866 | 29286 | 98.11 | 56.58 | 214.85 | 19561 | 4774 |
| 2013 | 845.44 | 198.83 | 59786 | 38667 | 107.69 | 65.70 | 231.69 | 21458 | 5409 |
| 2014 | 895.23 | 226.92 | 72850 | 53059 | 108.70 | 70.91 | 261.13 | 23359 | 7677 |
| 2015 | 1051.22 | 253.23 | 164091 | 113945 | 114.51 | 72.98 | 310.99 | 25041 | 8452 |
| 2016 | 1061.40 | 286.10 | 200104 | 142771 | 123.22 | 79.48 | 341.16 | 26919 | 9348 |
| 2017 | 1226.41 | 326.59 | 189.03 | 150.66 | 135.05 | 82.50 | 376.52 | 29126 | 10171 |
| 2018 | - | 358.79 | 217.97 | 176.81 | 145.87 | 84.72 | 393.72 | 30611 | 11086 |
| 2019 | - | 386.72 | 261.81 | 231.35 | 152.54 | 94.01 | 478.93 | 32784 | 12195 |

注：1.城镇居民人均可支配收入2004年（含2004年）以前为城市居民人均可支配收入。
2.2000年以后农民人均纯收入统计口径调整。2014年后口径调整为农村居民人均可支配收入。
3.2017年起，外贸进出口数据以人民币计价,单位为亿元。

Note: 1.The statistical range of indicator "Per Capita Disposable Income of Urban Households" is the household in cities in and before 2004.
2.After 2000, the statistical range of Per Capita Net Income of Farmers has been adjusted. And after 2014, it was adjusted into Per Capita Disposable Income of Rural Households.
3. The data of import and export value of foreign trade was calculated by RMB (100 million yuan) since 2017.

# 22—12 贺州市主要经济指标情况（2002-2019年）

## Main Economic Indicators of Hezhou （2002-2019）

| 年份 year | 生产总值（按当年价格，亿元）Gross Domestic Product（current prices,100 million yuan） | 第一产业 Primary Industry | 第二产业 Secondary Industry | #工业 Industry | 第三产业 Tertiary Industry | 生产总值指数（上年=100）Indices of Gross Domestic Product（Preceding year=100） | 第一产业 Primary Industry | 第二产业 Secondary Industry | #工业 Industry | 第三产业 Tertiary Industry |
|---|---|---|---|---|---|---|---|---|---|---|
| 2002 | 110.26 | 42.54 | 30.68 | 27.74 | 37.04 | 107.6 | 102.0 | 109.0 | 108.9 | 113.7 |
| 2003 | 114.98 | 40.71 | 38.24 | 31.86 | 36.03 | 110.5 | 104.9 | 116.6 | 112.6 | 112.1 |
| 2004 | 139.50 | 49.43 | 54.28 | 44.77 | 35.79 | 112.6 | 106.3 | 122.8 | 116.5 | 108.9 |
| 2005 | 141.07 | 51.25 | 48.52 | 35.38 | 41.30 | 114.6 | 105.2 | 123.9 | 121.7 | 109.8 |
| 2006 | 162.15 | 53.61 | 61.40 | 46.40 | 47.15 | 113.3 | 105.1 | 118.6 | 119.8 | 114.3 |
| 2007 | 205.43 | 48.39 | 100.39 | 83.19 | 56.65 | 115.0 | 105.0 | 120.5 | 122.4 | 116.5 |
| 2008 | 227.36 | 55.28 | 104.30 | 84.00 | 67.77 | 106.4 | 103.9 | 106.1 | 106.0 | 108.8 |
| 2009 | 249.22 | 56.31 | 112.07 | 85.21 | 80.84 | 112.6 | 104.3 | 113.8 | 107.8 | 117.2 |
| 2010 | 296.87 | 63.68 | 139.57 | 105.91 | 93.62 | 113.1 | 104.5 | 119.6 | 119.2 | 110.0 |
| 2011 | 356.40 | 78.92 | 165.09 | 124.77 | 112.39 | 110.6 | 105.2 | 113.5 | 114.6 | 109.8 |
| 2012 | 394.21 | 85.43 | 183.53 | 136.10 | 125.25 | 109.0 | 106.2 | 110.9 | 109.1 | 108.0 |
| 2013 | 423.85 | 92.58 | 196.30 | 143.55 | 134.97 | 108.7 | 104.4 | 112.0 | 112.2 | 106.1 |
| 2014 | 448.97 | 98.59 | 192.02 | 134.23 | 158.36 | 106.1 | 104.2 | 105.5 | 105.6 | 108.1 |
| 2015 | 468.11 | 103.14 | 188.68 | 126.87 | 176.29 | 107.6 | 104.0 | 106.6 | 105.5 | 111.2 |
| 2016 | 518.19 | 111.44 | 211.55 | 144.67 | 195.20 | 108.1 | 104.1 | 110.0 | 110.6 | 108.3 |
| 2017 | 548.83 | 115.76 | 210.91 | 132.15 | 222.16 | 105.3 | 104.3 | 101.6 | 97.1 | 109.9 |
| 2018 | 609.83 | 123.95 | 203.62 | 137.38 | 282.25 | 108.9 | 105.2 | 109.4 | 115.2 | 110.4 |
| 2019 | 700.11 | 134.28 | 244.87 | 157.65 | 320.96 | 111.8 | 104.4 | 119.7 | 115.6 | 109.5 |

## 22—12　续表 continued

| 年份 Year | 固定资产投资（不含农户）（亿元）Investment in Fixed Assets (excluding rural registents) (100 million yuan) | 社会消费品零售总额（亿元）Total Retail Sales of Consumer Goods (100 million yuan) | 进出口（万美元）Total Import and Export (USD 10 000) | #出口 Exports | 财政收入（亿元）Finance Revenue (100 million yuan) | #一般公共预算收入 Public Budget Reveue | 一般公共预算支出 Public Budget Expenditure (100 million yuan) | 城镇居民人均可支配收入（元）Per Capita Disposable Income of Urban Households (yuan) | 农村居民人均可支配收入（元）Per Capita Disposable Income of Rural Households (yuan) |
|---|---|---|---|---|---|---|---|---|---|
| 2002 | 12.51 | 32.62 | 9901 | 7731 | 6.26 | 3.67 | 10.25 | | 1793 |
| 2003 | 22.49 | 22.79 | 11671 | 9011 | 7.06 | 4.63 | 12.76 | | 1894 |
| 2004 | 45.98 | 28.96 | 11251 | 9401 | 8.78 | 5.98 | 13.89 | 6415 | 2090 |
| 2005 | 82.96 | 32.68 | 11220 | 9290 | 11.22 | 6.95 | 17.23 | 7516 | 2351 |
| 2006 | 106.10 | 37.03 | 10281 | 8760 | 13.56 | 8.50 | 21.84 | 8619 | 2682 |
| 2007 | 133.66 | 43.86 | 9853 | 8614 | 15.81 | 9.72 | 28.43 | 10790 | 3093 |
| 2008 | 159.19 | 53.7 | 10558 | 9502 | 16.01 | 8.52 | 35.47 | 12772 | 3458 |
| 2009 | 254.68 | 60.24 | 14085 | 12749 | 18.15 | 10.39 | 47.98 | 14151 | 3776 |
| 2010 | 363.3 | 71.27 | 10953 | 9140 | 22.08 | 12.13 | 61.23 | 15802 | 4298 |
| 2011 | 464.71 | 82.63 | 15499 | 11580 | 26.65 | 14.02 | 78.91 | 17606 | 4963 |
| 2012 | 591.58 | 93.63 | 15589 | 9061 | 32.04 | 19.21 | 97.69 | 19855 | 5823 |
| 2013 | 483.19 | 103.37 | 19951 | 7220 | 35.76 | 21.95 | 107.26 | 21682 | 6557 |
| 2014 | 566.02 | 114.79 | 17306 | 7351 | 40.60 | 24.41 | 118.32 | 23613 | 8033 |
| 2015 | 662.05 | 124.91 | 64051 | 45190 | 47.14 | 28.97 | 154.75 | 25219 | 8820 |
| 2016 | 650.83 | 135.13 | 51915 | 38479 | 50.9 | 32.42 | 161.15 | 26883 | 9552 |
| 2017 | 722.02 | 148.79 | 4.84 | 3.91 | 53.11 | 30.89 | 181.60 | 28899 | 10498 |
| 2018 | – | 161.63 | 9.90 | 3.83 | 58.16 | 32.50 | 192.75 | 30864 | 11548 |
| 2019 | – | 173.03 | 14.38 | 10.48 | 68.31 | 36.16 | 220.12 | 33179 | 12737 |

注：1.城镇居民人均可支配收入2004年（含2004年）以前为城市居民人均可支配收入。
2. 2000年以后农民人均纯收入统计口径调整。2014年后口径调整为农村居民人均可支配收入。
3. 2017年起，外贸进出口数据以人民币计价,单位为亿元。

Note: 1.The statistical range of indicator "Per Capita Disposable Income of Urban Households" is the household in cities in and before 2004.
2.After 2000, the statistical range of Per Capita Net Income of Farmers has been adjusted. And after 2014, it was adjusted into Per Capita Disposable Income of Rural Households.
3. The data of import and export value of foreign trade was calculated by RMB (100 million yuan) since 2017.

# 22—13 河池市主要经济指标情况（1978-2019年）
## Main Economic Indicators of Hechi （1978-2019）

| 年份 year | 生产总值（按当年价格，亿元）Gross Domestic Product（current prices,100 million yuan） | 第一产业 Primary Industry | 第二产业 Secondary Industry | #工业 Industry | 第三产业 Tertiary Industry | 生产总值指数（上年=100）Indices of Gross Domestic Product（Preceding year=100） | 第一产业 Primary Industry | 第二产业 Secondary Industry | #工业 Industry | 第三产业 Tertiary Industry |
|---|---|---|---|---|---|---|---|---|---|---|
| 1978 | 5.67 | 2.53 | 1.69 | 1.40 | 1.46 | 108.9 | 95.8 | 126.8 | 120.6 | 133.7 |
| 1979 | 6.57 | 3.14 | 2.02 | 1.71 | 1.42 | 103.1 | 102.1 | 112.0 | 108.3 | 95.4 |
| 1980 | 7.82 | 3.89 | 2.19 | 1.85 | 1.73 | 107.7 | 103.4 | 110.0 | 106.2 | 116.3 |
| 1981 | 7.58 | 3.84 | 1.90 | 1.67 | 1.84 | 95.9 | 98.2 | 85.2 | 93.8 | 104.1 |
| 1982 | 8.44 | 4.52 | 1.89 | 1.68 | 2.31 | 109.6 | 117.4 | 94.5 | 95.6 | 107.6 |
| 1983 | 8.56 | 4.17 | 2.23 | 1.94 | 2.16 | 100.9 | 94.9 | 113.5 | 112.0 | 104.3 |
| 1984 | 9.84 | 4.71 | 2.68 | 2.23 | 2.46 | 109.3 | 105.7 | 115.8 | 112.4 | 111.1 |
| 1985 | 12.72 | 5.49 | 4.33 | 3.72 | 2.90 | 121.7 | 107.5 | 159.8 | 152.8 | 112.8 |
| 1986 | 14.25 | 6.02 | 4.74 | 3.83 | 3.49 | 100.8 | 98.4 | 93.5 | 92.9 | 116.3 |
| 1987 | 17.34 | 7.11 | 5.84 | 4.69 | 4.39 | 115.9 | 109.5 | 121.6 | 102.5 | 120.2 |
| 1988 | 20.78 | 8.90 | 6.74 | 5.70 | 5.15 | 100.4 | 96.8 | 102.4 | 107.1 | 103.8 |
| 1989 | 24.43 | 10.08 | 8.24 | 6.86 | 6.11 | 115.9 | 125.7 | 114.0 | 115.8 | 103.7 |
| 1990 | 27.91 | 11.43 | 8.65 | 7.43 | 7.83 | 108.0 | 112.0 | 105.6 | 106.2 | 123.4 |
| 1991 | 31.56 | 12.59 | 9.18 | 7.98 | 9.79 | 109.8 | 108.1 | 103.7 | 104.9 | 119.0 |
| 1992 | 37.17 | 14.41 | 10.86 | 9.37 | 11.90 | 111.3 | 105.9 | 115.8 | 117.1 | 114.2 |
| 1993 | 51.33 | 17.86 | 18.12 | 16.04 | 15.35 | 121.0 | 108.6 | 145.7 | 151.1 | 112.1 |
| 1994 | 73.14 | 24.75 | 27.16 | 23.89 | 21.23 | 121.1 | 111.1 | 133.4 | 132.8 | 117.3 |
| 1995 | 98.89 | 30.24 | 37.70 | 32.89 | 30.95 | 118.5 | 110.6 | 122.4 | 120.1 | 121.9 |
| 1996 | 108.77 | 35.20 | 36.32 | 31.34 | 37.24 | 105.0 | 104.4 | 99.2 | 98.3 | 114.0 |
| 1997 | 122.84 | 39.04 | 40.90 | 34.00 | 42.91 | 110.3 | 110.8 | 109.3 | 106.8 | 111.1 |
| 1998 | 130.03 | 42.52 | 43.62 | 35.01 | 43.89 | 110.9 | 108.5 | 112.6 | 110.9 | 111.1 |
| 1999 | 137.75 | 43.70 | 46.08 | 37.37 | 47.97 | 109.3 | 106.7 | 110.8 | 111.8 | 109.8 |
| 2000 | 141.39 | 41.81 | 56.31 | 48.95 | 43.27 | 108.0 | 102.9 | 111.0 | 111.5 | 108.6 |
| 2001 | 145.31 | 43.05 | 54.58 | 45.53 | 47.68 | 103.8 | 104.3 | 98.1 | 93.1 | 109.2 |
| 2002 | 137.64 | 42.94 | 42.00 | 32.17 | 52.69 | 95.2 | 102.0 | 74.6 | 65.6 | 108.8 |
| 2003 | 148.58 | 44.34 | 46.08 | 34.17 | 58.16 | 106.9 | 104.1 | 108.4 | 103.5 | 108.3 |
| 2004 | 178.45 | 54.58 | 58.68 | 43.32 | 65.20 | 113.7 | 110.2 | 122.2 | 118.5 | 109.4 |
| 2005 | 206.96 | 58.55 | 76.08 | 57.36 | 72.34 | 113.5 | 107.9 | 124.7 | 126.2 | 108.3 |
| 2006 | 248.89 | 64.80 | 100.87 | 78.48 | 83.22 | 114.1 | 107.2 | 122.1 | 123.4 | 111.1 |
| 2007 | 319.31 | 73.86 | 144.43 | 120.07 | 101.02 | 116.7 | 105.5 | 122.2 | 127.3 | 119.2 |
| 2008 | 367.31 | 80.26 | 166.45 | 142.63 | 120.60 | 113.0 | 103.8 | 117.3 | 121.2 | 114.3 |
| 2009 | 382.77 | 82.20 | 165.86 | 136.33 | 134.72 | 108.2 | 104.2 | 105.3 | 100.1 | 114.5 |
| 2010 | 468.74 | 97.87 | 216.29 | 180.08 | 154.58 | 112.5 | 105.8 | 117.0 | 114.7 | 111.4 |
| 2011 | 511.96 | 119.81 | 211.65 | 173.39 | 180.50 | 104.1 | 103.6 | 100.8 | 101.5 | 109.1 |
| 2012 | 492.71 | 126.34 | 174.34 | 132.96 | 192.02 | 99.3 | 104.9 | 93.2 | 90.5 | 103.9 |
| 2013 | 528.62 | 133.78 | 189.78 | 143.02 | 205.06 | 106.0 | 103.9 | 108.1 | 107.0 | 104.9 |
| 2014 | 601.17 | 137.23 | 205.26 | 152.07 | 258.68 | 108.2 | 103.7 | 112.4 | 113.1 | 105.9 |
| 2015 | 618.03 | 140.81 | 200.01 | 147.14 | 277.21 | 104.5 | 102.2 | 103.7 | 104.0 | 106.8 |
| 2016 | 657.18 | 150.99 | 199.82 | 147.09 | 306.36 | 104.9 | 103.2 | 101.2 | 101.4 | 108.5 |
| 2017 | 722.59 | 158.92 | 219.11 | 157.21 | 344.56 | 107.8 | 103.9 | 109.5 | 108.4 | 108.8 |
| 2018 | 788.30 | 160.91 | 249.80 | 180.39 | 377.59 | 106.4 | 105.3 | 107.4 | 108.2 | 106.2 |
| 2019 | 878.10 | 188.99 | 247.32 | 总量不对外 | 441.78 | 106.0 | 107.8 | 106.6 | 105.6 | 104.9 |

## 22—13 续表 continued

| 年份 Year | 固定资产投资（不含农户）（亿元） Investment in Fixed Assets (excluding rural registents) (100 million yuan) | 社会消费品零售总额（亿元） Total Retail Sales of Consumer Goods (100 million yuan) | 进出口（万美元） Total Import and Export (USD 10 000) | #出口 Exports | 财政收入（亿元） Finance Revenue (100 million yuan) | #一般公共预算收入 Public Budget Reveue | 一般公共预算支出 Public Budget Expenditure (100 million yuan) | 城镇居民人均可支配收入（元） Per Capita Disposable Income of Urban Households (yuan) | 农村居民人均可支配收入（元） Per Capita Disposable Income of Rural Households (yuan) |
|---|---|---|---|---|---|---|---|---|---|
| 1978 | 1.43 | 2.26 | | | 0.47 | 0.47 | 0.78 | | 54 |
| 1979 | 1.16 | 2.54 | | | 0.42 | 0.42 | 0.78 | | 55 |
| 1980 | 1.14 | 2.73 | | | 0.43 | 0.43 | 0.84 | | 55 |
| 1981 | 0.90 | 2.86 | | | 0.44 | 0.44 | 0.83 | | 61 |
| 1982 | 1.04 | 3.03 | | | 0.45 | 0.45 | 0.92 | | 75 |
| 1983 | 1.36 | 3.59 | | | 0.51 | 0.51 | 1.13 | | 96 |
| 1984 | 1.86 | 4.09 | | | 0.58 | 0.58 | 1.46 | | 133 |
| 1985 | 2.60 | 5.36 | | | 0.76 | 0.76 | 1.76 | | 145 |
| 1986 | 3.54 | 5.80 | | | 0.81 | 0.81 | 2.33 | | 174 |
| 1987 | 4.30 | 6.95 | | | 1.11 | 1.11 | 2.52 | | 214 |
| 1988 | 4.71 | 10.32 | | | 1.39 | 1.39 | 3.03 | | 254 |
| 1989 | 5.64 | 9.98 | | | 1.78 | 1.78 | 3.40 | | 302 |
| 1990 | 5.61 | 9.93 | | | 1.96 | 1.96 | 3.86 | | 332 |
| 1991 | 6.42 | 10.91 | | | 2.20 | 2.20 | 4.20 | | 368 |
| 1992 | 9.16 | 13.14 | | | 2.54 | 2.54 | 4.71 | | 413 |
| 1993 | 14.14 | 15.57 | | 50 | 4.43 | 2.59 | 6.26 | | 519 |
| 1994 | 20.81 | 20.83 | | 846 | 5.70 | 3.21 | 7.17 | | 656 |
| 1995 | 26.02 | 29.02 | 2625 | 2408 | 7.85 | 4.55 | 8.76 | | 900 |
| 1996 | 24.29 | 34.41 | 2586 | 2056 | 9.12 | 5.46 | 9.43 | 3890 | 1170 |
| 1997 | 30.32 | 38.88 | 4027 | 3441 | 10.58 | 6.59 | 11.08 | 3976 | 1591 |
| 1998 | 36.76 | 42.70 | 4869 | 4861 | 11.84 | 7.70 | 13.34 | 4662 | 1748 |
| 1999 | 36.16 | 46.66 | 1730 | 1666 | 13.20 | 8.87 | 15.17 | 4726 | 1885 |
| 2000 | 40.55 | 50.95 | 1834 | 1812 | 14.50 | 9.56 | 16.42 | 4800 | 1386 |
| 2001 | 50.15 | 55.62 | 1350 | 1336 | 18.68 | 12.38 | 23.36 | 5292 | 1384 |
| 2002 | 53.45 | 59.03 | 1348 | 1143 | 16.63 | 9.43 | 23.98 | 5033 | 1419 |
| 2003 | 60.81 | 46.24 | 4115 | 2665 | 16.65 | 9.85 | 25.30 | 5238 | 1497 |
| 2004 | 92.05 | 51.35 | 10369 | 5837 | 20.03 | 12.15 | 28.40 | 6156 | 1727 |
| 2005 | 137.00 | 57.77 | 14567 | 8667 | 23.04 | 11.60 | 33.72 | 7170 | 1912 |
| 2006 | 188.28 | 65.51 | 28276 | 18241 | 27.40 | 13.18 | 43.24 | 8619 | 2186 |
| 2007 | 218.74 | 76.79 | 26083 | 15546 | 34.32 | 14.45 | 58.64 | 10752 | 2592 |
| 2008 | 211.17 | 92.61 | 31406 | 12506 | 40.23 | 17.91 | 80.68 | 12042 | 2944 |
| 2009 | 277.80 | 105.55 | 48624 | 16474 | 40.32 | 21.04 | 93.40 | 13369 | 3183 |
| 2010 | 361.95 | 120.47 | 64621 | 12634 | 47.34 | 22.95 | 120.97 | 14889 | 3599 |
| 2011 | 437.24 | 139.99 | 78614 | 10839 | 50.72 | 23.36 | 142.45 | 16448 | 4118 |
| 2012 | 277.84 | 157.67 | 52444 | 8112 | 44.56 | 22.17 | 175.95 | 17964 | 4620 |
| 2013 | 349.14 | 175.19 | 48148 | 3758 | 50.23 | 26.97 | 198.04 | 19653 | 5198 |
| 2014 | 399.65 | 195.12 | 47929 | 2291 | 54.67 | 29.93 | 226.19 | 20880 | 6432 |
| 2015 | 454.48 | 210.26 | 39168 | 3185 | 56.14 | 31.45 | 259.12 | 22237 | 6927 |
| 2016 | 404.02 | 228.93 | 27558 | 3691 | 62.24 | 33.36 | 289.76 | 23660 | 7509 |
| 2017 | 453.20 | 255.36 | 19.55 | 2.23 | 69.45 | 36.22 | 328.92 | 25647 | 8260 |
| 2018 | - | 277.60 | 27.98 | 4.92 | 77.54 | 39.93 | 352.24 | 27468 | 9177 |
| 2019 | - | 296.57 | 30.31 | 7.67 | 83.91 | 45.98 | 390.28 | 29665 | 10141 |

注：1.城镇居民人均可支配收入2004年（含2004年）以前为城市居民人均可支配收入。

2.2000年以后农民人均纯收入统计口径调整。2014年后口径调整为农村居民人均可支配收入。

3.2017年起，外贸进出口数据以人民币计价,单位为亿元。

Note: 1.The statistical range of indicator "Per Capita Disposable Income of Urban Households" is the household in cities in and before 2004.

2.After 2000, the statistical range of Per Capita Net Income of Farmers has been adjusted. And after 2014, it was adjusted into Per Capita Disposable Income of Rural Households.

3. The data of import and export value of foreign trade was calculated by RMB (100 million yuan) since 2017.

# 22—14 来宾市主要经济指标情况（1978-2019年）
## Main Economic Indicators of Laibin （1978-2019）

| 年份 year | 生产总值（按当年价格，亿元）Gross Domestic Product (current prices, 100 million yuan) | 第一产业 Primary Industry | 第二产业 Secondary Industry | #工业 Industry | 第三产业 Tertiary Industry | 生产总值指数（上年=100）Indices of Gross Domestic Product (Preceding year=100) | 第一产业 Primary Industry | 第二产业 Secondary Industry | #工业 Industry | 第三产业 Tertiary Industry |
|---|---|---|---|---|---|---|---|---|---|---|
| 1978 | 3.60 | 2.32 | 0.71 | 0.59 | 0.57 | 101.9 | | | | |
| 1979 | 3.68 | | | | | 102.4 | | | | |
| 1980 | 3.86 | 2.48 | 0.76 | 0.67 | 0.62 | 102.2 | 101.2 | 115.6 | 95.7 | 111.6 |
| 1981 | 4.28 | | | | | | | | | |
| 1982 | 5.02 | | | | | | | | | |
| 1983 | 5.71 | | | | | | | | | |
| 1984 | 6.36 | | | | | | | | | |
| 1985 | 6.97 | 4.04 | 1.46 | 1.18 | 1.48 | 101.9 | 88.7 | 113.8 | 102.9 | 132.5 |
| 1986 | 7.65 | | | | | | | | | |
| 1987 | 9.43 | | | | | | | | | |
| 1988 | 11.69 | | | | | | | | | |
| 1989 | 14.35 | | | | | | | | | |
| 1990 | 16.78 | 8.98 | 4.54 | 4.07 | 3.26 | 106.3 | 97.4 | 103.5 | 102.9 | 130.4 |
| 1991 | 20.40 | 10.33 | 5.48 | 4.90 | 4.59 | 115.1 | 111.5 | 108.8 | 108.2 | 133.3 |
| 1992 | 23.57 | 12.17 | 6.04 | 5.37 | 5.36 | 110.4 | 109.8 | 109.6 | 109.2 | 112.7 |
| 1993 | 32.77 | 15.38 | 10.03 | 9.06 | 7.36 | 114.6 | | | | |
| 1994 | 45.47 | 21.33 | 14.11 | 12.64 | 10.03 | 103.3 | 97.8 | 108.8 | 107.1 | 108.5 |
| 1995 | 59.31 | 28.80 | 17.98 | 16.19 | 12.53 | 116.3 | 118.8 | 114.1 | 113.1 | 114.0 |
| 1996 | 72.23 | 34.77 | 21.56 | 19.75 | 15.90 | 115.4 | 110.1 | 116.8 | 118.4 | 125.0 |
| 1997 | 79.73 | 37.81 | 23.94 | 21.50 | 17.98 | 112.9 | 114.9 | 110.5 | 107.6 | 112.2 |
| 1998 | 86.89 | 36.86 | 30.37 | 22.38 | 19.67 | 114.9 | 100.9 | 140.6 | 109.7 | 109.0 |
| 1999 | 87.49 | 39.44 | 27.55 | 21.51 | 20.50 | 106.4 | 111.3 | 100.9 | 110.7 | 106.9 |
| 2000 | 98.95 | 42.34 | 33.87 | 30.46 | 22.73 | 104.7 | 102.3 | 101.8 | 115.9 | 114.2 |
| 2001 | 109.21 | 45.55 | 37.39 | 34.42 | 26.27 | 110.9 | 109.3 | 108.1 | 110.6 | 113.2 |
| 2002 | 114.71 | 46.13 | 39.05 | 35.01 | 29.54 | 109.7 | 108.4 | 111.0 | 108.6 | 110.1 |
| 2003 | 126.30 | 48.71 | 44.21 | 39.57 | 33.38 | 110.7 | 106.8 | 115.6 | 115.7 | 110.7 |
| 2004 | 154.75 | 58.91 | 57.13 | 51.45 | 38.71 | 113.1 | 108.6 | 119.7 | 119.9 | 110.8 |
| 2005 | 165.22 | 52.54 | 65.17 | 58.05 | 47.51 | 113.4 | 107.9 | 118.2 | 118.4 | 113.6 |
| 2006 | 200.06 | 65.88 | 77.41 | 69.50 | 56.77 | 113.9 | 108.6 | 116.4 | 116.7 | 116.3 |
| 2007 | 235.64 | 70.10 | 96.86 | 87.23 | 68.68 | 115.3 | 106.4 | 122.2 | 123.4 | 115.1 |
| 2008 | 273.47 | 76.22 | 113.87 | 100.25 | 83.38 | 112.8 | 105.0 | 114.9 | 113.2 | 117.4 |
| 2009 | 303.14 | 80.36 | 129.45 | 109.47 | 93.33 | 112.9 | 104.6 | 116.5 | 112.1 | 114.8 |
| 2010 | 405.22 | 97.83 | 192.35 | 168.00 | 115.04 | 118.0 | 105.0 | 125.0 | 123.1 | 117.8 |
| 2011 | 486.21 | 120.37 | 231.75 | 195.60 | 134.09 | 113.0 | 105.1 | 118.9 | 116.3 | 109.9 |
| 2012 | 514.29 | 127.01 | 236.07 | 189.06 | 151.22 | 111.7 | 107.7 | 114.6 | 112.1 | 109.8 |
| 2013 | 515.57 | 134.45 | 219.51 | 169.21 | 161.61 | 103.0 | 105.1 | 99.5 | 98.0 | 107.8 |
| 2014 | 551.12 | 133.17 | 228.21 | 173.67 | 189.75 | 106.1 | 102.1 | 105.9 | 106.3 | 109.4 |
| 2015 | 557.93 | 136.83 | 218.05 | 158.59 | 203.05 | 103.4 | 102.0 | 102.1 | 99.9 | 106.7 |
| 2016 | 589.11 | 148.60 | 220.20 | 160.92 | 220.31 | 103.9 | 103.0 | 101.5 | 102.0 | 107.1 |
| 2017 | 663.69 | 159.96 | 250.08 | 183.98 | 253.65 | 107.4 | 104.6 | 105.3 | 105.4 | 111.5 |
| 2018 | 615.35 | 151.91 | 173.63 | 122.98 | 289.81 | 107.2 | 105.8 | 105.2 | 104.6 | 109.9 |
| 2019 | 654.15 | 164.50 | 182.20 | 122.87 | 307.45 | 104.3 | 104.5 | 104.7 | 100.8 | 104.0 |

## 22—14 续表 continued

| 年份 Year | 固定资产投资（不含农户）（亿元）Investment in Fixed Assets (excluding rural registents) (100 million yuan) | 社会消费品零售总额（亿元）Total Retail Sales of Consumer Goods (100 million yuan) | 进出口（万美元）Total Import and Export (USD 10 000) | #出口 Exports | 财政收入（亿元）Finance Revenue (100 million yuan) | #一般公共预算收入 Public Budget Reveue | 一般公共预算支出 Public Budget Expenditure (100 million yuan) | 城镇居民人均可支配收入（元）Per Capita Disposable Income of Urban Households (yuan) | 农村居民人均可支配收入（元）Per Capita Disposable Income of Rural Households (yuan) |
|---|---|---|---|---|---|---|---|---|---|
| 1978 | 0.73 | 1.47 | 436 | 436 | 0.52 | 0.20 | 0.39 | | |
| 1979 | 0.68 | 1.59 | | 840 | 0.41 | 0.25 | 0.36 | | |
| 1980 | 0.83 | 1.84 | 979 | 979 | 0.44 | 0.25 | 0.34 | | |
| 1981 | 0.43 | 2.20 | | 935 | 0.46 | 0.24 | 0.36 | | |
| 1982 | 0.47 | 2.28 | | 859 | 0.51 | 0.33 | 0.41 | | |
| 1983 | 0.63 | 2.95 | | 607 | 0.65 | 0.38 | 0.46 | | |
| 1984 | 0.83 | 3.08 | | 414 | 0.74 | 0.38 | 0.81 | | |
| 1985 | 1.06 | 3.70 | 204 | 204 | 0.91 | 0.52 | 0.76 | | 259 |
| 1986 | 1.81 | 3.99 | | 224 | 1.40 | 0.61 | 1.00 | | |
| 1987 | 2.51 | 4.54 | | 455 | 1.88 | 0.86 | 1.38 | | |
| 1988 | 3.75 | 6.12 | | 518 | 2.22 | 1.08 | 1.66 | | |
| 1989 | 2.89 | 7.14 | | 542 | 2.67 | 1.50 | 2.03 | | |
| 1990 | 1.58 | 7.07 | 265 | 265 | 2.19 | 1.65 | 2.43 | | 591 |
| 1991 | 1.27 | 8.04 | | 409 | 2.45 | 1.69 | 2.46 | | 604 |
| 1992 | 2.03 | 8.85 | | 2813 | 3.49 | 2.09 | 3.49 | | 660 |
| 1993 | 4.05 | 7.99 | | 69 | 3.77 | 2.75 | 3.77 | | 794 |
| 1994 | 7.01 | 9.88 | | 245 | 3.97 | 1.80 | 3.94 | | 945 |
| 1995 | 10.04 | 11.54 | 2268 | 2268 | 3.89 | 2.41 | 4.12 | | 1219 |
| 1996 | 11.32 | 12.94 | 5166 | 3630 | 4.90 | 3.01 | 5.24 | | 1512 |
| 1997 | 13.66 | 13.95 | 5718 | 3952 | 6.04 | 3.45 | 5.17 | | 1845 |
| 1998 | 30.86 | 14.33 | 2586 | 1014 | 6.99 | 4.39 | 6.20 | | 1998 |
| 1999 | 27.35 | 16.54 | 10829 | 3537 | 7.63 | 4.91 | 6.85 | | 2142 |
| 2000 | 18.01 | 18.09 | 6009 | 4554 | 8.39 | 5.49 | 8.20 | | 1458 |
| 2001 | 16.52 | 20.06 | 7088 | 4763 | 9.16 | 5.53 | 9.42 | | 1639 |
| 2002 | 24.11 | 22.61 | 7956 | 4969 | 10.23 | 5.35 | 14.15 | | 1769 |
| 2003 | 34.92 | 25.43 | 9034 | 5646 | 11.31 | 5.86 | 14.25 | | 1927 |
| 2004 | 45.62 | 27.12 | 17814 | 10013 | 13.74 | 6.26 | 16.11 | 6428 | 2113 |
| 2005 | 56.89 | 30.49 | 14329 | 7356 | 17.51 | 6.64 | 20.89 | 8166 | 2385 |
| 2006 | 74.65 | 35.02 | 15009 | 8810 | 21.06 | 8.63 | 25.49 | 10051 | 2829 |
| 2007 | 93.90 | 40.98 | 23985 | 13243 | 26.07 | 10.39 | 33.83 | 12089 | 3245 |
| 2008 | 125.77 | 49.91 | 52149 | 20200 | 30.29 | 14.64 | 46.09 | 14037 | 3767 |
| 2009 | 205.01 | 56.76 | 26929 | 16725 | 34.14 | 20.48 | 61.18 | 15609 | 4094 |
| 2010 | 306.90 | 66.23 | 17127 | 10213 | 43.05 | 24.94 | 89.76 | 17334 | 4659 |
| 2011 | 419.58 | 76.79 | 13091 | 3563 | 47.66 | 25.10 | 100.17 | 19233 | 5382 |
| 2012 | 561.80 | 86.60 | 14321 | 6565 | 52.55 | 32.20 | 119.82 | 21499 | 6231 |
| 2013 | 453.22 | 93.21 | 11965 | 4634 | 56.13 | 36.37 | 123.68 | 23563 | 7085 |
| 2014 | 482.83 | 101.10 | 10688 | 4699 | 58.11 | 37.95 | 129.29 | 25391 | 8319 |
| 2015 | 498.15 | 106.92 | 6722 | 4003 | 50.02 | 30.29 | 139.33 | 27067 | 8993 |
| 2016 | 370.91 | 114.41 | 8925 | 6145 | 49.60 | 30.32 | 159.52 | 28962 | 9820 |
| 2017 | 432.16 | 126.96 | 7.73 | 4.25 | 48.25 | 27.64 | 179.78 | 31047 | 10674 |
| 2018 | – | 136.10 | 8.40 | 7.65 | 50.48 | 27.79 | 183.76 | 32910 | 11752 |
| 2019 | – | 145.65 | 9.13 | 7.53 | 57.74 | 34.35 | 189.40 | 34950 | 12810 |

注：1. 城镇居民人均可支配收入2004年（含2004年）以前为城市居民人均可支配收入。

2. 2000年以后农民人均纯收入统计口径调整。2014年后口径调整为农村居民人均可支配收入。

3. 2017年起，外贸进出口数据以人民币计价,单位为亿元。

Note: 1.The statistical range of indicator "Per Capita Disposable Income of Urban Households" is the household in cities in and before 2004.

2.After 2000, the statistical range of Per Capita Net Income of Farmers has been adjusted. And after 2014, it was adjusted into Per Capita Disposable Income of Rural Households.

3. The data of import and export value of foreign trade was calculated by RMB (100 million yuan) since 2017.

# 22—15 崇左市主要经济指标情况（2003-2019年）
# Main Economic Indicators of Chongzuo （2003-2019）

| 年份 year | 生产总值（按当年价格，亿元）Gross Domestic Product（current prices,100 million yuan） | 第一产业 Primary Industry | 第二产业 Secondary Industry | #工业 Industry | 第三产业 Tertiary Industry | 生产总值指数（上年=100）Indices of Gross Domestic Product（Preceding year=100） | 第一产业 Primary Industry | 第二产业 Secondary Industry | #工业 Industry | 第三产业 Tertiary Industry |
|---|---|---|---|---|---|---|---|---|---|---|
| 2003 | 104.22 | 40.96 | 24.97 | 19.31 | 38.28 | 108.3 | 103.8 | 111.5 | 109.9 | 111.9 |
| 2004 | 125.55 | 48.34 | 31.08 | 25.26 | 46.13 | 112.8 | 110.2 | 118.6 | 117.9 | 112.1 |
| 2005 | 151.13 | 55.34 | 43.63 | 36.29 | 52.17 | 113.9 | 108.8 | 129.4 | 130.3 | 107.5 |
| 2006 | 194.03 | 66.45 | 66.58 | 58.13 | 61.00 | 117.1 | 110.1 | 127.8 | 130.4 | 114.5 |
| 2007 | 231.87 | 76.24 | 78.12 | 67.97 | 77.51 | 116.6 | 107.1 | 122.9 | 123.9 | 119.7 |
| 2008 | 272.98 | 81.45 | 101.67 | 89.11 | 89.86 | 111.8 | 105.7 | 118.9 | 119.9 | 110.0 |
| 2009 | 304.36 | 86.94 | 107.41 | 90.83 | 110.01 | 112.6 | 105.1 | 111.6 | 108.1 | 120.1 |
| 2010 | 392.37 | 114.85 | 149.11 | 127.53 | 128.41 | 113.1 | 107.0 | 116.6 | 115.0 | 114.0 |
| 2011 | 491.85 | 144.98 | 197.42 | 169.71 | 149.45 | 110.5 | 106.2 | 116.0 | 115.6 | 108.1 |
| 2012 | 530.51 | 142.95 | 216.96 | 184.06 | 170.60 | 111.8 | 105.2 | 117.4 | 117.4 | 110.4 |
| 2013 | 584.63 | 149.44 | 248.24 | 210.62 | 186.95 | 110.2 | 104.2 | 115.7 | 115.9 | 107.8 |
| 2014 | 649.72 | 147.28 | 277.45 | 232.64 | 224.99 | 108.3 | 103.8 | 111.5 | 111.0 | 107.5 |
| 2015 | 682.82 | 155.06 | 274.61 | 226.38 | 253.15 | 108.0 | 103.2 | 108.1 | 107.6 | 111.5 |
| 2016 | 766.20 | 167.66 | 310.69 | 257.13 | 287.85 | 108.2 | 103.4 | 107.9 | 107.0 | 111.5 |
| 2017 | 907.62 | 181.25 | 398.20 | 334.52 | 328.17 | 109.3 | 104.4 | 110.8 | 110.5 | 110.6 |
| 2018 | 1016.49 | 189.31 | 449.72 | 380.74 | 377.46 | 111.3 | 104.4 | 114.6 | 117.1 | 111.7 |
| 2019 | 760.46 | 170.20 | 213.70 | 148.83 | 376.56 | 108.50 | 104.90 | 114.1 | 113.9 | 107.20 |

## 22—15 续表 continued

| 年份 Year | 固定资产投资（不含农户）（亿元）Investment in Fixed Assets (excluding rural registents (100 million yuan) | 社会消费品零售总额（亿元）Total Retail Sales of Consumer Goods (100 million yuan) | 进出口（万美元）Total Import and Export (USD 10 000) | #出口 Exports | 财政收入（亿元）Finance Revenue (100 million yuan) | #一般公共预算收入 Public Budget Reveue | 一般公共预算支出 Public Budget Expenditure (100 million yuan) | 城镇居民人均可支配收入（元）Per Capita Disposable Income of Urban Households (yuan) | 农村居民人均可支配收入（元）Per Capita Disposable Income of Rural Households (yuan) |
|---|---|---|---|---|---|---|---|---|---|
| 2003 | 32.49 | 20.11 | 26185 | 22009 | 13.01 | 8.86 | 18.38 | - | 1927 |
| 2004 | 40.73 | 23.49 | 32628 | 28005 | 14.84 | 8.31 | 20.61 | 6208 | 2122 |
| 2005 | 52.81 | 27.14 | 49490 | 41380 | 16.74 | 8.46 | 23.78 | 7102 | 2298 |
| 2006 | 71.05 | 31.87 | 55332 | 43609 | 20.50 | 8.51 | 27.77 | 8640 | 2767 |
| 2007 | 115.15 | 38.57 | 93233 | 78026 | 26.94 | 12.30 | 39.83 | 11070 | 3290 |
| 2008 | 128.49 | 48.05 | 160531 | 134526 | 32.07 | 16.77 | 52.85 | 12732 | 3754 |
| 2009 | 212.28 | 58.32 | 286765 | 257935 | 36.73 | 20.79 | 70.06 | 14032 | 4028 |
| 2010 | 308.84 | 68.40 | 373711 | 341557 | 47.54 | 26.16 | 85.53 | 15620 | 4621 |
| 2011 | 415.14 | 82.51 | 507571 | 468275 | 57.65 | 30.23 | 103.11 | 17301 | 5370 |
| 2012 | 532.15 | 97.51 | 713458 | 680593 | 66.00 | 39.49 | 130.99 | 19370 | 6263 |
| 2013 | 482.38 | 113.32 | 1027713 | 975800 | 73.02 | 47.49 | 140.92 | 21289 | 7077 |
| 2014 | 581.49 | 129.95 | 1469407 | 1317965 | 73.16 | 48.40 | 155.51 | 23184 | 7707 |
| 2015 | 691.57 | 145.93 | 2013277 | 1423209 | 75.15 | 50.12 | 185.10 | 24668 | 8308 |
| 2016 | 831.41 | 163.41 | 1857407 | 1086290 | 58.20 | 40.76 | 202.87 | 26605 | 9801 |
| 2017 | 970.50 | 185.67 | 1338.81 | 892.46 | 55.25 | 34.07 | 221.62 | 28813 | 10860 |
| 2018 | - | 210.01 | 1475.69 | 1093.16 | 57.58 | 31.05 | 257.54 | 30916 | 12000 |
| 2019 | - | 226.80 | 1893.39 | 1300.24 | 61.25 | 33.74 | 290.05 | 33297 | 13320 |

注：1.城镇居民人均可支配收入2004年（含2004年）以前为城市居民人均可支配收入。
2. 2000年以后农民人均纯收入统计口径调整。2014年后口径调整为农村居民人均可支配收入。
3.2017年起，外贸进出口数据以人民币计价,单位为亿元。

Note: 1.The statistical range of indicator "Per Capita Disposable Income of Urban Households" is the household in cities in and before 2004.
2.After 2000, the statistical range of Per Capita Net Income of Farmers has been adjusted. And after 2014, it was adjusted into Per Capita Disposable Income of Rural Households.
3. The data of import and export value of foreign trade was calculated by RMB (100 million yuan) since 2017.

# 22—16 广西农垦管区社会经济主要指标
## Main Social and Economic Indicators of Guangxi State Farms

| 指标名称 | Item | 2010年 | 2015年 | 2017年 | 2018年 | 2019年 |
|---|---|---|---|---|---|---|
| 辖区土地面积（平方公里） | Administrative Region Land Area（sq.km） | 1701.84 | 1681.88 | 1607.18 | 1354.35 | 1342.79 |
| 地区生产总值（当年价，亿元） | Gross Domestic Product（At Current Prices，100 million yuan） | 236.88 | 449.59 | 544.08 | 415.17 | 298.36 |
| 第一产业 | Primary Industry | 33.06 | 49.91 | 61.43 | 44.88 | 41.17 |
| 第二产业 | Secondary Industry | 145.79 | 280.90 | 333.00 | 273.77 | 189.92 |
| #工业 | Industry | 113.53 | 218.42 | 263.45 | 230.49 | 168.24 |
| 建筑业 | Construction | 32.26 | 62.48 | 69.55 | 43.28 | 21.68 |
| 第三产业 | Tertiary Industry | 58.03 | 118.78 | 149.65 | 96.51 | 67.27 |
| 地区生产总值构成（%） | Composition of Gross Regional Production（%） | | | | | |
| 第一产业 | Primary Industry | 14.0 | 11.1 | 11.3 | 10.8 | 13.8 |
| 第二产业 | Secondary Industry | 61.5 | 62.5 | 61.2 | 65.9 | 63.7 |
| 第三产业 | Tertiary Industry | 24.5 | 26.4 | 27.5 | 23.3 | 22.5 |
| 年末总人口（万人） | Total Population at Year-end（10 000 persons） | 28.51 | 39.61 | 41.70 | 38.39 | 34.34 |
| 就业人员（万人） | Employed Persons（10 000 persons） | 16.93 | 21.69 | 23.33 | 19.09 | 16.01 |
| 第一产业 | Primary Industry | 5.92 | 6.20 | 6.67 | 5.38 | 5.37 |
| 第二产业 | Secondary Industry | 7.03 | 9.96 | 10.46 | 8.48 | 6.72 |
| 第三产业 | Tertiary Industry | 3.98 | 5.53 | 6.20 | 5.23 | 3.92 |
| 国有单位就业人员（万人） | Number of Employed Persons in State-owned Units（10 000 persons） | 5.76 | 5.99 | 6.07 | 5.48 | 5.16 |
| 在岗职工年末人数（万人） | Number of Staff and Workers at Year-end（10 000 persons） | 3.23 | 2.59 | 2.32 | 2.09 | 2.17 |
| 在岗职工工资总额（万元） | Total Wage of Staff and Workers（10 000 yuan） | 64937 | 91669 | 99551 | 96919 | 115105 |
| 在岗职工平均工资（元） | Average Wage of Staff and Workers（yuan） | 19455 | 34182 | 41964 | 43958 | 51992 |
| 全社会固定资产投资（亿元） | Total Investment in Fixed Assets（100 million yuan） | 131.31 | 300.60 | 329.72 | 204.22 | 91.80 |
| 第一产业 | Primary Industry | 5.50 | 16.40 | 27.24 | 9.71 | 7.96 |
| 第二产业 | Secondary Industry | 79.43 | 119.05 | 135.08 | 120.54 | 42.28 |
| 第三产业 | Tertiary Industry | 46.38 | 165.15 | 167.41 | 73.97 | 41.56 |
| 管区居民人均可支配收入（元） | Per Capita Disposable Income of Household（yuan） | 13310 | 23446 | 27114 | 23275 | 24856 |
| 农林牧渔业从业人口（万人） | Farming，Foresty，Animal Husbandry and Fishery Employed Persons（10 000 person） | 5.92 | 6.20 | 6.67 | 6.04 | 5.37 |
| 常用耕地面积（千公顷） | Daily Cultivated Area（1 000 hectares） | 32.65 | 33.88 | 33.68 | 33.62 | 33.83 |
| 农林牧渔业总产值（当年价，亿元） | Husbandry and Fishery（At current prices，100 million yuan） | 51.56 | 86.54 | 102.36 | 74.82 | 69.02 |
| 农业机械总动力（万千瓦） | Total Agricultural Machinery Power（10 000 kw） | 23.62 | 31.83 | 35.13 | 35.53 | 33.17 |

注：地区生产总值与各业增加值的增长速度按可比价计算；规模以上工业的统计口径2008-2010年为“年主营业务收入500万元及以上的工业法人企业”，2011-2019年为“年主营业务收入2000万元及以上的工业法人企业”。

Note：The growth of “Gross Domestic Product” and other sectors’ added value were calculated by comparable price；the statistical range of Industrial Enterprises Above Designated Size is industrial enterprises which has the prime operating revenue of 5 million yuan and above between 2008 and 2010，and it was replaced by industrial enterprises which has prime operating revenue of 20 million yuan and above since 2011.

## 22—16 续表 continued

| 指标名称 | Item | 2010年 | 2015年 | 2017年 | 2018年 | 2019年 |
|---|---|---|---|---|---|---|
| 化肥使用量（折纯量，万吨） | Consumption of Chemical Fertilizers（Pure quantity，10 000 ton） | 4.97 | 5.27 | 6.02 | 5.98 | 4.81 |
| 农场用电量（万千瓦时） | Electricity Consumed in Farm（10 000 kwh） | 32097 | 52350 | 52694 | 52790 | 53526 |
| 有效灌溉面积（千公顷） | Irrigated Area（1 000 hectares） | 11.52 | 15.37 | 18.29 | 18.30 | 18.51 |
| 农作物总播种面积（千公顷） | Total Sown Area of Farm Crops（1 000 hectares） | 32.39 | 33.51 | 31.04 | 30.34 | 28.35 |
| #甘蔗播种面积（千公顷） | Sown Area of Sugarcane（1 000 hectares） | 22.55 | 22.17 | 20.19 | 20.52 | 20.74 |
| 甘蔗产量（万吨） | Output of Sugarcane（10 000 tons） | 227.75 | 232.83 | 221.64 | 221.69 | 220.57 |
| 剑麻纤维产量（万吨） | Output of Sisal Fiber（10 000 tons） | 1.80 | 1.80 | 1.99 | 1.64 | 0.91 |
| 干毛茶产量（吨） | Output of Primary Tea（ton） | 881 | 770 | 600 | 616 | 736 |
| 水果产量（万吨） | Output of Fruits（10 000 tons） | 16.14 | 30.67 | 36.84 | 38.23 | 33.33 |
| 生猪年末存栏头数（万头） | Number of Pigs in Liverstock（10 000 heads） | 90.15 | 141.44 | 168.51 | 99.71 | 51.36 |
| 肉猪出栏头数（万头） | Number of Slaughtered Fattened Hogs（10 000 heads） | 130.66 | 215.86 | 221.76 | 115.68 | 87.43 |
| 肉类总产量（万吨） | Total Output of Meat（10 000 tons） | 10.07 | 16.53 | 16.99 | 9.65 | 7.22 |
| #猪牛羊肉产量 | Pork，Beef and Mutton | 9.17 | 15.18 | 15.60 | 8.20 | 6.23 |
| 牛奶产量（吨） | Output of Cow Milk（10 000 tons） | 4366 | 4641 | 5334 | 5659 | 6058 |
| 水产品产量（万吨） | Output of Aquatic Products（10 000 ton） | 1.50 | 1.71 | 1.91 | 1.73 | 1.55 |
| 工业企业单位数（规模以上，个） | Number of Industrial Enterprises（Above designated size，unit） | 369 | 347 | 409 | 373 | 325 |
| 工业总产值（规模以上，当年价，亿元） | Gross Industrial Output Value（Above designated size，at current price，100 million yuan） | 266.40 | 588.37 | 707.67 | 609.44 | 508.29 |
| 工业企业增加值（规模以上，当年价，亿元） | Value-added of Industrial Enterprises（Above designated size，at current price，100 million yuan） | 105.99 | 200.88 | 248.06 | 217.31 | 159.87 |
| 工业企业税金（规模以上，亿元） | Taxation Expense of Industrial Enterprises（Above designated size，100 million yuan） | 10.13 | 13.65 | 17.24 | 16.22 | 11.33 |
| 工业企业利润（规模以上，亿元） | Total Profit of industrial Enterprised（Above designated size，100 million yuan） | 20.11 | 31.32 | 38.36 | 30.76 | 21.54 |
| 成品糖产量（万吨） | Machine-made Sugar（10 000 tons） | 61.30 | 80.52 | 64.39 | 73.57 | 111.81 |
| 发酵酒精产量（万吨） | Output of Alcohol（10 000 tons） | 21.47 | 20.39 | 8.73 | 2.65 | 1.65 |
| 剑麻制品产量（万吨） | Sisal Heme Made Products（10 000 tons） | 4.31 | 4.86 | 4.19 | 2.89 | 2.57 |
| 淀粉产量（万吨） | Output of Starch（10 000 tons） | 28.57 | 27.67 | 31.63 | 31.81 | 21.04 |
| 软饮料产量（万吨） | Output of Soft Drink（10 000 tons） | 28.21 | 16.88 | 12.86 | 12.56 | 13.10 |
| 成品茶产量（吨） | Refined Tea（ton） | 2298 | 2463 | 2169 | 2198 | 1603 |
| 人造板产量（万立方米） | Output of Wood-based Plate（10 000 cu.m） | 95.87 | 160.05 | 205.31 | 276.83 | 197.80 |
| 水泥产量（万吨） | Output of Cement（10 000 tons） | 46.46 | 45.31 | 9.50 | 9.95 | 9.50 |
| 饲料产量（万吨） | Output of Feed（10 000 tons） | 31.36 | 73.82 | 92.83 | 62.97 | 70.69 |
| 工农业产品进出口总额（亿元） | Import and Export of Industrial and Agricultural Products（100 million yuan） | 17.10 | 20.47 | 14.63 | 13.81 | 16.49 |
| 年末实有外来投资企业个数（个） | Actual Number of External Investment Enterprises and Project in Year-end（unit） | 759 | 1129 | 1294 | 1259 | 1003 |

## 主要统计指标解释

**铁路营业里程** 又称营业长度（包括正式营业和临时营业里程），指办理客货运输业务的铁路正线总长度。凡是全线或部分建成双线及以上的线路，以第一线的实际长度计算；复线、站线、段管线、岔线和特殊用途线以及不计算运费的联络线都不计算营业里程。

**公路里程** 指在一定时期内实际达到《公路工程技术标准JTG B01-2003》规定的技术等级的公路，并经公路主管部门正式验收交付使用的公路里程数。包括大、中城市的郊区公路，以及公路通过小城镇（指县城、集镇）街道的公路里程和公路桥梁长度、隧道长度、渡口的宽度以及分期修建的公路已验收交付使用的里程，不包括大中城市的街道、厂矿、林区生产用道和农业生产用道的里程。两条或多条公路共同经由同一路段，只计算一次，不得重复计算里程长度。按公路技术等级分为等级公路和等外公路，其中等级公路分为高速公路、一级公路、二级公路、三级公路和四级公路。

**内河航道通航里程** 指在一定时期内，能通航运输船舶及排筏的天然河流、湖泊水库、运河及通航渠道的长度。包括全年季节性通航累计三个月以上的航道，不包括仅供零散流放竹、木排的河道。两省以河为界的航道里程，双方均按一半计算，以免重复。该指标可以反映内河水运网的规模、水平和发展情况。

**铁路旅客运量** 指一定时期内使用铁路客车运送的旅客人数。铁路旅客运量的计算方法：不论票价多少或行程长短，均按单程计算为一人次；不足购票年龄免购客票的儿童，不计算运量；月、季票按每月往返各21人次计算。

**铁路旅客周转量** 指一定时期内使用铁路客车运送的旅客人数与运输距离的乘积之和。计算公式为：

旅客周转量（人公里）=∑（实际运送的每一乘客×该旅客出发站与到达站间距离）=实际运送的旅客人数×旅客平均运程

**铁路货物运量** 指使用铁路货车实际运送的货物重量。

**铁路货物周转量** 指一定时期内使用铁路货车完成的货物运送量与运送距离的乘积之和。计算公式为：

货物周转量（吨公里）=∑（每批货物重量×该批货物的运送距离）=实际运送货物吨数×货物平均运程

## Explanatory Notes on Main Statistical Indicators

**Length of Railways in Operation** refers to the total length of the trunk line for passenger and freight transportation (including both full operation and temporary operation). The calculation is based on the actual length of the first line if this line has a full or partial double (or more). Not included are double tracks, station sidings, tracks under the charge of stations, branch lines, special-purpose lines and non-payable connecting lines.

**Length of Highways** refers to the length of highways which are built in conformity with the grades specified by the highway engineering standard Highways WTBZ-Technical Standard JTG B01-2003 and have been formally checked and accepted by the departments of highways and put into use. The length of highways includes that of the suburb highways at large and medium-sized cities, highways passing through streets at small cities and towns, and also the length of bridges, tunnels, ferry piers, and the checked and accepted length of the installment highways being put to use. It does not include the length of streets in big and medium-sized cities and highways built for the production purpose at factories, mines, forest areas and agricultural areas. If two or more highways go the same section of the way, the length of the section is only calculated for once and no duplication is allowed. According to the technical grade, they are divided into grade highways and off-grade highways, and grade highways include express highways, Class I, Class II, Class III and Class IV.

**Length of Navigable Inland Waterways** It refers to the length of the natural rivers, lakes, reservoirs, canals, and ditches open to navigation during a given period, which enables transportation by ships and rafts. It includes the channels open to navigation for over an accumulated period of 3 months in a year, yet this does not include the river courses which are only used to float odd logs and bamboo rafts. For fear of repeating calculation, the length of waterways of boundary rivers between two provinces is reckon in a half for each province. This indicator can reflect the scale, level and development situation of the inland waterway network.

**Railway Passenger Traffic** refers to the volume of passenger transported with railway within a specific period of time. It is calculated by the principle that one person can be counted only once in one trip and takes no account of the ticket price and traveling distance. The free tickets for under-aged children are not calculated in. Monthly tickets and season tickets are calculated as 21 person-times per month.

**Turnover of Railway Passenger Traffic** refers to the summary of products of the number of passengers transported with railway trains and the distance of transportation within a specific period of time. It is calculated as:

Turnover of Passenger Traffic (person-km) = ∑ (each passenger actually transported × distance between this passenger' s starting and arriving station) = number of passengers actually transported × average distance of passengers transported

**Railway Freight Traffic** refers to the weight of goods actually transported with railway goods trains.

**Turnover of Railway Freight Traffic** refers to the summary of products of the volume of goods transported with railway goods trains and the distance of transportation within a specific period of time. The calculating formula is:

Turnover of Freight Traffic (ton-km) = ∑ (weight of each batch of goods× distance of this batch of goods transported) = tonnage of goods actually transported × average distance of goods transported

**公路客运量**　指公路运输企业及由其组织的其它单位在一定时期内实际运送的旅客人数。公路客运量的计算方法：不论乘车路程远近和票价的多少，以客票为依据，"人"为计量单位；不足购票年龄的免票儿童不计算客运量。

**公路旅客周转量**　指一定时期内由各种公路运输工具实际运送的旅客人数与相应的运送距离的乘积之和。计算公式为：

旅客周转量（人公里）=∑（实际运送的每一旅客×该旅客出发站与到达站间距离）

**公路货运量**　指一定时期内由各种公路运输工具实际运送到目的地并卸完的货物数量。反映公路货运量的指标有发送货物吨数、到达货物吨数和运送货物吨数。

**公路货物周转量**　指一定时期内由各种公路运输工具实际完成的货物运量与相应的运送距离的乘积之和。计算公式为：

货物周转量（吨公里）=∑（每批货物重量×该批货物的运送距离）

**水路客运量**　指水运企业及由其组织的其他单位在一定时期内实际运送的旅客人数。

**水路旅客周转量**　指水运企业和由其组织的其他单位在一定时期内实际运送的旅客人数与相应的运送距离的乘积之和。

**水路货运量**　指在一定时期内由各种水运工具实际运送的货物数量，包括内河、江海、远洋货运量。

**水路货物周转量**　指一定时期内由各种水路运输工具实际完成的货物运量与相应的运送距离的乘积之和。

**港口货物吞吐量**　指经由水路进、出港区范围，并经过装卸的货物数量。按货物流向分为进港吞吐量和出港吞吐量，按货物的贸易性质分为内贸和外贸吞吐量。按货物的类别分，可根据现行的交通行业标准《运输货物分类和代码》分类。

**民用航空客运量**　指公共航空运输飞行所载运的旅客人数。成人和儿童各按一人计算，婴儿不计人数。每一特定航班的每一旅客只计算一次。唯一例外的是，乘坐定期航班既经过国内航段又经过国际航段的旅客，同时计算一个国内旅客和一个国际旅客。不定期航班运送的旅客每一特定航班（同一航班）只计算一次。

**Highway Passenger Traffic**　refers to volume of passenger transported with highway transportation enterprises and other units being organized by highway transportation enterprises within a specific period of time. It is calculated by the principle that one person can be counted as "one person" and takes no account of the traveling distance and ticket price, according to the ticket. The free tickets for under-aged children are not calculated in.

**Turnover of Highway Passenger Traffic**　refers to the summary of products of the number of passengers actually transported with kinds of highway conveyances and the distance of transportation within a specific period of time. It is calculated as:

Turnover of Passenger Traffic (person-km) = ∑ (each passenger actually transported × distance between this passenger's starting and arriving station)

**Highway Freight Traffic**　refers to the volume of goods actually transported to destinations and completely discharged with kinds of highway conveyances within a specific period of time. To reflecting Highway Freight Traffic, there are indicators such as the tonnage of goods sending off, the tonnage of goods receiving and the tonnage of goods transporting.

**Turnover of Highway Freight Traffic**　refers to the summary of products of the volume of goods actually transported with kinds of highway conveyances and the distance of transportation within a specific period of time. The calculating formula is:

Turnover of Freight Traffic (ton-km) = ∑ (weight of each batch of goods × distance of this batch of goods transported)

**Waterway Passenger Traffic**　refers to the volume of passenger transported with waterway transportation enterprises and other units being organized by highway transportation enterprises within a specific period of time.

**Turnover of Waterway Passenger Traffic**　refers to the summary of products of the number of passengers actually transported with waterway transportation enterprises and other units being organized by waterway transportation enterprises the distance of transportation within a specific period of time.

**Waterway Freight Traffic**　refers to the volume of goods actually transported with kinds of waterway conveyances within a specific period of time. It includes the freight traffic of inland rivers, seas and oceans.

**Turnover of Waterway Freight Traffic**　refers to the summary of products of the volume of goods actually transported with kinds of waterway conveyances and the distance of transportation within a specific period of time.

**Volume of Freight Handled in Coastal Ports**　refers to the volume of cargo passing in and out of the harbor area of the major coastal ports and having been loaded and unloaded. The volume of freight handled may be classified by direction of flow as freight for import and freight for export, or by nature of cargo as freight for domestic trade and freight for foreign trade. It can also be classified by the classification of cargo, or the current transport standard of Classification and Coding for Freight.

**Civil Aviation Passenger Traffic**　refers to the volume of passenger transported with public air transportation. An adult or child is counted as one person, and babies are not calculated in. One passenger in a certain flight is just counted once. The exception is that one passenger taking a fix-date flight both including domestic part and international part is calculated as one domestic passenger and one international passenger contemporarily. Passengers transported by non-regular flights are only counted once for per specific flight (same flight).

**民用航空货邮运量** 指公共航空运输飞行所载运的货物、邮件重量，货物包括外交信袋和快件。原始数据以吨位计算单位，保留一位小数。每一特定航班（同一航班）的货邮只计算一次，不能按航段重复计算。但对于既经过国内航段、又经过国际航段运输的货邮，则同时统计为国内货邮和国际货邮。不定期航班运输的货物每一特定航班（同一航班）只计算一次。

**电信业务总量** 指以货币形式表现的电信企业为社会提供各类电信服务的总数量。计算方法为各类电信业务的实物量分别乘以相应的不变单价，求出各类电信业务的货币量后加总求得。该指标反映了一定时期电信通信业务发展的总成果，是观察电信通信业务发展变化总趋势的综合性指标。

**邮政行业业务总量** 指以货币形式表现的邮政企业为社会提供各类邮政通信服务或其他服务的总数量。计算方法为各类邮政通信服务业务的实物量分别乘以相应的不变单价，求出各类业务的货币量后加总求得。该指标反映了一定时期邮政通信业务发展的总成果，是观察邮政通信业务发展变化总趋势的综合性指标。

**Civil Aviation Freight Traffic of Goods and Posts** refers to the weight of goods and posts transported with public air transportation, which goods include diplomatic pouch and express mail. The original data will be calculated by the unit of tons. The goods and posts of one certain flight can be just counted once. The exception is that the goods and posts taking a fix-date flight both including domestic part and international part are calculated as one domestic goods and posts and one international goods and posts contemporarily. Freight transported by non-regular flights are only counted once for per specific flight (same flight).

**Business Volume of Telecommunications** refers to the total amount of telecommunication services, expressed in value terms, provided by the telecommunications departments for society. The calculation method is that the actual quantity of various telecommunication services multiplies by the corresponding constant unit price, and summed up after calculating the monetary quantity of all kinds of telecommunication services. This indicator reflects the overall results of development of telecommunication services in a certain period, and it is an important indicator for researching construction and development of business volume of telecommunications.

**Business Volume of Post** refers to the total amount of postal services, expressed in value terms, provided by the departments for society. The calculation method is that the actual quantity of various postal services multiplies by the corresponding constant unit price, and summed up after calculating the monetary quantity of all kinds of postal services. This indicator reflects the overall results of development of postal services in a certain period, and it is an important indicator for researching construction and development of business volume of post.

第二十三篇

# 县(市、区)基本情况

# BASIC STATISTICS OF COUNTIES (CITIES，EISTRICTS)

（编辑：杨海玲　黄浩洲）

# 简要说明

（本篇资料由自治区统计局农村处、综合处整理，电话：0771-5862758/5893401）

**一、本篇资料主要内容及来源**

（一）广西111个县（市）、区主要社会经济基本情况（自治区统计局、各县、市、区市统计局）。

**二、备注说明**

根据国家统计报表制度，“县域社会经济基本情况表”统计的对象（县、县级市和市辖区）辖区范围内要有一个及以上乡（镇）。由于桂林市秀峰区辖区内没有乡（镇），因此不需要报送县级统计数据，故在历年的《广西统计年鉴》“县域社会经济主要指标”表中未收录。2019年版开始逐步收录。

本篇收录的数据为初步统计数，截止出版前未经国家统计局核定，仅供参考。

# 23-1 111个县（市、区）主要经济指标（2019年）

| 指标 | Item | 兴宁区 Xingning District | 青秀区 Qingxiu District | 江南区 Jiangnan District | 西乡塘区 Xixiangtang District |
|---|---|---|---|---|---|
| 行政区域面积（平方公里） | Administrative Region Land Area（sq.km） | 723 | 865 | 1183 | 1076 |
| 年末常住人口（万人） | Total Population at Year-end （10 000 persons） | 45.80 | 82.86 | 67.13 | 126.20 |
| 地区生产总值（亿元） | Gross Domestic Product（100 million yuan） | 390.31 | 1188.58 | 505.94 | 789.12 |
| 第一产业增加值 | Primary Industry | 13.46 | 20.27 | 29.07 | 32.64 |
| 第二产业增加值 | Secondary Industry | 77.15 | 106.63 | 163.85 | 236.27 |
| 第三产业增加值 | Tertiary Industry | 299.70 | 1061.68 | 313.03 | 520.21 |
| 人均生产总值（元） | Per Capital GDP （yuan） | 86179 | 145249 | 76087 | 62875 |
| 地区生产总值增速（%） | Gross Domestic Product Growth Rate（%） | 4.3 | 6.1 | 4.4 | 3.8 |
| 第一产业增加值增速 | Primary Industry Growth Rate | 6.0 | 2.3 | 5.5 | 3.1 |
| 第二产业增加值增速 | Secondary Industry Growth Rate | 16.7 | 10.1 | 1.8 | 2.6 |
| 第三产业增加值增速 | Tertiary Industry Growth Rate | 1.4 | 5.8 | 5.7 | 4.5 |
| 人均生产总值增速（%） | Per Capital GDP Growth Rate（%） | 1.7 | 3.7 | 2.0 | 2.7 |
| 一般公共预算收入（亿元） | Government Revenue（100 million yuan） | 10.35 | 36.33 | 23.02 | 59.25 |
| 一般公共预算支出（亿元） | Government Expenditure（100 million yuan） | 24.02 | 48.22 | 39.11 | 60.42 |
| 耕地面积（公顷） | Farmland（hectare） | 14663 | 18556 | 37798 | 43988 |
| 设施农业占地面积（公顷） | Protected Agriculture Covered（hectare） | 106 |  | 234 | 200 |
| 耕地灌溉面积（公顷） | Irrigated Area （hectares） | 4720 | 7016 | 14795 | 8927 |
| 农作物总播种面积（公顷） | Total Sown Area of Major Farm Crops （hectare） | 27328 | 37811 | 71257 | 42909 |
| 粮食作物播种面积 | Grain Crops | 10131 | 14345 | 14625 | 11650 |
| #稻谷 | Rice | 7744 | 10528 | 10554 | 6439 |
| 油料 | Oil Crops | 1639 | 2864 | 3415 | 2943 |
| 糖料 | Sugar Crops | 570 | 6163 | 14878 | 3922 |
| 蔬菜 | Vegetables | 9297 | 8724 | 23034 | 17417 |
| 粮食总产量（吨） | Yield of Grain （ton） | 49347 | 79375 | 77919 | 56969 |
| #稻谷 | Rice | 40417 | 59568 | 59286 | 34000 |
| 油料 | Oil-bearing Crops | 4452 | 9316 | 11140 | 8705 |
| 糖料 | Sugar Crops | 39552 | 565709 | 1421386 | 293187 |
| 园林水果（不含瓜类水果） | Fruit | 10045 | 32120 | 68659 | 602017 |
| 肉类总产量（吨） | Output of Meat （ton） | 15721 | 33566 | 15917 | 45793 |
| #猪肉 | Pork | 4641 | 16130 | 7167 | 22629 |
| 禽肉 | Poultry | 10774 | 15052 | 6932 | 20804 |
| 禽蛋（吨） | Eggs （ton） | 3041 | 2389 | 2631 | 3007 |
| 奶类（吨） | Milk （ton） | 617 | 0 | 3631 | 3039 |
| 蔬菜（含食用菌）（吨） | Vegetables （ton） | 185199 | 213766 | 494652 | 364942 |
| 水产品产量（吨） | Aquatic Products （ton） | 6589 | 7755 | 12377 | 14457 |
| "三品一标"农产品（个） | "San pin yi biao" Agricultural Products（unit） | 20 | 14 | 7 | 12 |

注：表中数据均为上报数，截止出版前（2020年9月20日）未经国家审核反馈，仅供参考。

Note: The data in this chapter are report data, has not yet to be verified by the date of publication（2020.9.20）, For reference only.

## Main Social and Economic Indicators by County（2019）

| 良庆区 Liangqing District | 邕宁区 Yongning District | 武鸣区 Wuming County | 隆安县 Long' an County | 马山县 Mashan County | 上林县 Shanglin County | 宾阳县 Binyang County | 横　县 Hengxian County | 城中区 Chengzhong District | 鱼峰区 Yufeng District |
|---|---|---|---|---|---|---|---|---|---|
| 1369 | 1231 | 3389 | 2306 | 2341 | 1871 | 2298 | 3448 | 78 | 474 |
| 39.30 | 29.70 | 58.24 | 32.02 | 41.68 | 36.83 | 83.08 | 91.64 | 17.95 | 54.81 |
| 336.42 | 154.70 | 303.33 | 94.27 | 85.84 | 81.09 | 271.96 | 328.90 | 392.28 | 530.53 |
| 27.23 | 33.65 | 124.11 | 38.27 | 22.84 | 26.17 | 58.79 | 77.09 | 1.26 | 8.21 |
| 97.83 | 40.65 | 69.95 | 22.12 | 19.87 | 12.23 | 80.37 | 124.98 | 139.85 | 297.44 |
| 211.36 | 80.40 | 109.26 | 33.87 | 43.13 | 42.69 | 132.79 | 126.83 | 251.17 | 224.87 |
| 86518 | 52477 | 52289 | 29522 | 20659 | 22086 | 32841 | 35967 | 220132 | 97847 |
| 7.1 | 6.0 | 4.5 | 5.1 | 6.3 | 7.6 | 6.0 | 4.1 | 8.1 | -3.5 |
| 1.0 | 4.6 | 6.3 | 5.2 | 4.6 | 7.1 | 3.6 | 3.3 | 2.5 | 4.9 |
| 2.2 | 4.2 | -0.3 | 6.7 | 11.1 | 14.4 | 9.2 | 4.3 | 7.4 | -9.8 |
| 10.6 | 7.6 | 5.9 | 3.9 | 5.1 | 6.1 | 5.1 | 4.4 | 8.5 | 6.2 |
| 4.8 | 4.0 | 3.6 | 4.3 | 5.6 | 6.9 | 5.3 | 3.6 | 6.4 | -5.3 |
| 13.97 | 5.21 | 16.95 | 2.89 | 2.00 | 3.00 | 13.75 | 11.60 | 10.55 | 99.26 |
| 24.62 | 29.10 | 51.18 | 33.04 | 39.84 | 38.08 | 55.91 | 56.35 | 10.86 | 49.40 |
| 36416 | 44119 | 125973 | 62124 | 46185 | 46856 | 95009 | 110096 | 414 | 10450 |
| 33 | 30 | 65 | 16742 | 1566 | 45 | 3200 | 333 | 0 | 100 |
| 8230 | 10654 | 32775 | 18650 | 9850 | 20354 | 49595 | 37980 | 190 | 2058 |
| 61652 | 66362 | 175297 | 65549 | 63554 | 56463 | 144867 | 164019 | 995 | 18026 |
| 17408 | 26394 | 66589 | 36248 | 39029 | 36774 | 71934 | 74306 | 228 | 7318 |
| 13842 | 19261 | 34124 | 12631 | 14352 | 24006 | 55366 | 53723 | 86 | 4592 |
| 2406 | 4981 | 13954 | 1893 | 1336 | 3265 | 6595 | 5563 | 13 | 801 |
| 18887 | 14337 | 22743 | 7164 | 3520 | 6497 | 19084 | 21188 | 0 | 3384 |
| 15402 | 14319 | 61063 | 14680 | 11475 | 7755 | 35967 | 48162 | 708 | 6200 |
| 83417 | 131535 | 331662 | 159948 | 177360 | 171114 | 351865 | 384054 | 912 | 34402 |
| 68081 | 106863 | 199616 | 69053 | 77840 | 122888 | 297324 | 301467 | 475 | 24430 |
| 5838 | 13612 | 46164 | 4491 | 2655 | 7456 | 20716 | 21155 | 28 | 1785 |
| 1245141 | 1074260 | 1897735 | 540234 | 238930 | 533105 | 1890404 | 2078604 | 0 | 245632 |
| 72886 | 95714 | 1464341 | 560554 | 58149 | 137085 | 112527 | 155533 | 790 | 56535 |
| 40265 | 68814 | 120187 | 38748 | 37228 | 29463 | 60245 | 82087 | 3014 | 6605 |
| 7554 | 16516 | 63921 | 19023 | 24317 | 21828 | 24272 | 40675 | 737 | 3583 |
| 31591 | 50134 | 49317 | 17060 | 9900 | 5605 | 30345 | 37679 | 2269 | 2097 |
| 661 | 784 | 13965 | 1053 | 863 | 4558 | 1852 | 2531 | 0 | 137 |
| 539 | 0 | 475 | 0 | 0 | 0 | 0 | 6527 | 71 | 2027 |
| 410990 | 345351 | 1601017 | 321891 | 294883 | 243185 | 860115 | 1210729 | 9464 | 149851 |
| 10515 | 11274 | 37592 | 12048 | 10048 | 17467 | 33890 | 45947 | 188 | 2337 |
| 5 | 19 | 18 | 6 | 7 | 5 | 6 | 44 | 0 | 3 |

农业数据：江南区含经开区数据；西乡塘区含高新区数据；
武鸣区含东盟区数据；鱼峰区含阳和、柳东新区数据；
玉州区含玉东新区数据。

# 23-1 续表1

| 指 标 | Item | 柳南区 Liunan District | 柳北区 Liubei District | 柳江区 Liujiang County | 柳城县 Liucheng County |
|---|---|---|---|---|---|
| 行政区域面积（平方公里） | Administrative Region Land Area（sq.km） | 164 | 301 | 2537 | 2114 |
| 年末常住人口（万人） | Total Population at Year-end （10 000 persons） | 57.87 | 45.85 | 53.32 | 37.56 |
| 地区生产总值（亿元） | Gross Domestic Product（100 million yuan） | 630.27 | 606.38 | 323.03 | 161.26 |
| 第一产业增加值 | Primary Industry | 2.75 | 10.90 | 48.27 | 51.43 |
| 第二产业增加值 | Secondary Industry | 403.33 | 357.13 | 133.32 | 49.02 |
| 第三产业增加值 | Tertiary Industry | 224.19 | 238.35 | 141.44 | 60.81 |
| 人均生产总值（元） | Per Capital GDP （yuan） | 122098 | 132775 | 54547 | 43060 |
| 地区生产总值增速（%） | Gross Domestic Product Growth Rate（%） | -3.7 | 4.5 | 8.0 | 5.3 |
| 第一产业增加值增速 | Primary Industry Growth Rate | 1.2 | 3.7 | 5.8 | 4.8 |
| 第二产业增加值增速 | Secondary Industry Growth Rate | -6.3 | 3.7 | 7.9 | 4.9 |
| 第三产业增加值增速 | Tertiary Industry Growth Rate | 1.5 | 5.6 | 8.8 | 6.0 |
| 人均生产总值增速（%） | Per Capital GDP Growth Rate（%） | -3.3 | 3.6 | 5.9 | 4.7 |
| 一般公共预算收入（亿元） | Government Revenue（100 million yuan） | 6.88 | 8.29 | 11.53 | 8.28 |
| 一般公共预算支出（亿元） | Government Expenditure（100 million yuan） | 17.15 | 13.79 | 32.51 | 30.58 |
| 耕地面积（公顷） | Farmland（hectare） | 13806 | 8048 | 45294 | 77408 |
| 设施农业占地面积（公顷） | Protected Agriculture Covered（hectare） | 80 | 5838 | 2154 | 363 |
| 耕地灌溉面积（公顷） | Irrigated Area （hectares） | 3875 | 2710 | 12851 | 21941 |
| 农作物总播种面积（公顷） | Total Sown Area of Major Farm Crops （hectare） | 14654 | 11920 | 71498 | 88488 |
| 粮食作物播种面积 | Grain Crops | 5906 | 3100 | 20095 | 28399 |
| #稻谷 | Rice | 4675 | 2245 | 15924 | 23913 |
| 油料 | Oil Crops | 401 | 892 | 831 | 3552 |
| 糖料 | Sugar Crops | 2714 | 1931 | 16286 | 36496 |
| 蔬菜 | Vegetables | 5368 | 5398 | 33062 | 15051 |
| 粮食总产量（吨） | Yield of Grain （ton） | 31717 | 15074 | 99267 | 143944 |
| #稻谷 | Rice | 27673 | 12247 | 84240 | 129676 |
| 油料 | Oil-bearing Crops | 850 | 1786 | 2009 | 9154 |
| 糖料 | Sugar Crops | 217671 | 208068 | 1347194 | 3137714 |
| 园林水果（不含瓜类水果） | Fruit | 18326 | 37702 | 153468 | 336896 |
| 肉类总产量（吨） | Output of Meat （ton） | 11077 | 14638 | 32861 | 39929 |
| #猪肉 | Pork | 5394 | 6455 | 18309 | 25065 |
| 禽肉 | Poultry | 4406 | 7802 | 8709 | 9351 |
| 禽蛋（吨） | Eggs （ton） | 9098 | 3013 | 826 | 1719 |
| 奶类（吨） | Milk （ton） | 130 | 2102 | 523 | 13 |
| 蔬菜（含食用菌）（吨） | Vegetables （ton） | 130043 | 192312 | 923645 | 404984 |
| 水产品产量（吨） | Aquatic Products （ton） | 2607 | 7424 | 10032 | 16588 |
| “三品一标”农产品（个） | “San pin yi biao” Agricultural Products（unit） | 0 | 12 | 2 | 28 |

## Continued

| 鹿寨县 Luzhai County | 融安县 Rong'an County | 融水苗族自治县 Rongshui County | 三江侗族自治县 Sanjiang County | 秀峰区 Xiufeng District | 叠彩区 Diecai District | 象山区 Xiangshan District | 七星区 Qixing District | 雁山区 Yanshan District | 临桂区 Lingui District |
|---|---|---|---|---|---|---|---|---|---|
| 2975 | 2898 | 4638 | 2417 | 43 | 52 | 90 | 71 | 302 | 2247 |
| 35.66 | 30.56 | 42.75 | 31.47 | 16.73 | 19.05 | 29.74 | 31.01 | 14.17 | 48.57 |
| 185.17 | 103.88 | 126.17 | 73.92 | 105.19 | 91.42 | 189.70 | 275.03 | 30.84 | 222.28 |
| 37.25 | 26.08 | 18.31 | 20.53 | 0.63 | 1.53 | 1.32 | 1.86 | 6.39 | 45.66 |
| 81.25 | 33.86 | 44.20 | 13.20 | 14.43 | 12.39 | 63.82 | 100.11 | 5.00 | 60.61 |
| 66.67 | 43.94 | 63.65 | 40.18 | 90.13 | 77.51 | 124.56 | 173.06 | 19.44 | 116.00 |
| 52074 | 34133 | 29616 | 23548 | 63063 | 48142 | 63925 | 88864 | 21892 | 45897 |
| 8.2 | 10.0 | 5.0 | 5.2 | 4.0 | 5.6 | 5.5 | 5.5 | 6.2 | 10.6 |
| 5.3 | 5.8 | 4.1 | 5.1 | 1.5 | -0.1 | -0.3 | -0.3 | 5.1 | 5.4 |
| 13.0 | 12.1 | 2.2 | 8.8 | 2.8 | 6.6 | 6.7 | 4.2 | 15.9 | 14.9 |
| 4.0 | 10.2 | 7.2 | 4.1 | 4.2 | 5.5 | 4.9 | 6.3 | 4.4 | 10.5 |
| 7.5 | 9.0 | 4.1 | 4.6 | 3.3 | 5.0 | 5.0 | 5.0 | 4.9 | 9.8 |
| 6.11 | 5.04 | 5.25 | 4.31 | 6.89 | 4.33 | 7.18 | 13.54 | 1.02 | 19.36 |
| 27.74 | 30.35 | 46.21 | 37.89 | 9.89 | 7.47 | 12.71 | 13.54 | 7.64 | 39.05 |
| 59822 | 26849 | 55969 | 17399 | 433 | 932 | 1424 | 676 | 5425 | 47202 |
| 117 |  | 0 | 16 |  | 0 | 20 |  |  | 941 |
| 19925 | 18071 | 14645 | 11845 | 280 | 0 | 920 | 670 | 3024 | 30940 |
| 71090 | 38030 | 40944 | 25905 | 726 | 2107 | 2438 | 2390 | 9696 | 80535 |
| 26151 | 17397 | 21700 | 13206 | 270 | 337 | 1183 | 451 | 3508 | 43433 |
| 20267 | 14420 | 17317 | 8987 | 270 | 218 | 972 | 334 | 2080 | 34583 |
| 3209 | 2141 | 1269 | 790 | 0 | 33 | 24 | 31 | 286 | 578 |
| 10964 | 3366 | 4873 | 21 | 0 | 2 | 0 |  |  | 567 |
| 23475 | 11572 | 10251 | 6855 | 448 | 1616 | 960 | 1908 | 4678 | 22657 |
| 134111 | 84953 | 107342 | 68407 | 1372 | 1731 | 5634 | 2400 | 14961 | 226236 |
| 112841 | 77087 | 93989 | 58900 | 1372 | 1325 | 4908 | 1969 | 10853 | 207603 |
| 9504 | 3138 | 2048 | 1352 | 0 | 79 | 48 | 98 | 282 | 1297 |
| 713925 | 222279 | 329712 | 1648 | 0 | 241 | 0 | 0 |  | 61227 |
| 170346 | 229830 | 56839 | 14295 | 31 | 192 | 153 | 149 | 48673 | 227563 |
| 29520 | 19634 | 26517 | 16400 | 268 | 1955 | 3279 | 2976 | 17505 | 109210 |
| 17027 | 8240 | 11655 | 6502 | 0 | 893 | 2267 | 1845 | 4786 | 26179 |
| 9017 | 8283 | 12046 | 6375 | 268 | 1005 | 844 | 826 | 12287 | 78858 |
| 2136 | 712 | 220 | 705 | 12 | 180 | 408 | 92 | 2490 | 16373 |
| 634 | 0 | 0 | 0 | 0 | 0 | 233 | 470 |  | 0 |
| 466110 | 195130 | 162351 | 79111 | 10610 | 46438 | 19295 | 60677 | 105303 | 547356 |
| 8846 | 6572 | 7983 | 4565 | 1132 | 93 | 1885 | 525 | 2466 | 14087 |
| 17 | 9 | 0 | 12 | 0 |  | 0 |  | 4 | 6 |

# 23-1 续表2

| 指标 | Item | 阳朔县 Yangshuo County | 灵川县 Lingchuan County | 全州县 Quanzhou County | 兴安县 Xing'an County |
|---|---|---|---|---|---|
| 行政区域面积（平方公里） | Administrative Region Land Area（sq.km） | 1436 | 2302 | 3979 | 2332 |
| 年末常住人口（万人） | Total Population at Year-end （10 000 persons） | 29.15 | 37.81 | 66.98 | 34.83 |
| 地区生产总值（亿元） | Gross Domestic Product（100 million yuan） | 111.65 | 169.42 | 173.32 | 143.35 |
| 第一产业增加值 | Primary Industry | 31.92 | 51.24 | 67.72 | 57.16 |
| 第二产业增加值 | Secondary Industry | 22.10 | 36.18 | 22.93 | 31.19 |
| 第三产业增加值 | Tertiary Industry | 57.63 | 82.00 | 82.67 | 55.00 |
| 人均生产总值（元） | Per Capital GDP （yuan） | 38413 | 44946 | 25932 | 41240 |
| 地区生产总值增速（%） | Gross Domestic Product Growth Rate（%） | 6.1 | 8.8 | 6.7 | 6.7 |
| 第一产业增加值增速 | Primary Industry Growth Rate | 6.7 | 6.0 | 5.8 | 6.1 |
| 第二产业增加值增速 | Secondary Industry Growth Rate | 5.7 | 8.7 | 4.7 | 9.7 |
| 第三产业增加值增速 | Tertiary Industry Growth Rate | 5.8 | 10.5 | 8.0 | 5.6 |
| 人均生产总值增速（%） | Per Capital GDP Growth Rate（%） | 5.5 | 8.0 | 6.4 | 6.2 |
| 一般公共预算收入（亿元） | Government Revenue（100 million yuan） | 5.69 | 11.20 | 5.61 | 8.10 |
| 一般公共预算支出（亿元） | Government Expenditure（100 million yuan） | 24.79 | 39.77 | 46.39 | 28.88 |
| 耕地面积（公顷） | Farmland（hectare） | 16328 | 27807 | 70885 | 26482 |
| 设施农业占地面积（公顷） | Protected Agriculture Covered（hectare） | 1200 | 91 | 360 | 226 |
| 耕地灌溉面积（公顷） | Irrigated Area （hectares） | 13270 | 22843 | 36465 | 20787 |
| 农作物总播种面积（公顷） | Total Sown Area of Major Farm Crops （hectare） | 45151 | 59565 | 125264 | 59261 |
| 粮食作物播种面积 | Grain Crops | 19229 | 26213 | 70713 | 30378 |
| #稻谷 | Rice | 11410 | 16945 | 49031 | 19155 |
| 油料 | Oil Crops | 2060 | 741 | 5745 | 2128 |
| 糖料 | Sugar Crops | 348 | 110 | 485 | 38 |
| 蔬菜 | Vegetables | 15245 | 24614 | 29203 | 17927 |
| 粮食总产量（吨） | Yield of Grain （ton） | 89582 | 134292 | 363426 | 166741 |
| #稻谷 | Rice | 65676 | 108674 | 307239 | 127602 |
| 油料 | Oil-bearing Crops | 4412 | 2015 | 14610 | 6300 |
| 糖料 | Sugar Crops | 30850 | 9097 | 33947 | 1963 |
| 园林水果（不含瓜类水果） | Fruit | 681082 | 608223 | 618545 | 558298 |
| 肉类总产量（吨） | Output of Meat （ton） | 24712 | 52709 | 65420 | 41342 |
| #猪肉 | Pork | 13192 | 24955 | 45047 | 31138 |
| 禽肉 | Poultry | 7897 | 23940 | 15808 | 6938 |
| 禽蛋（吨） | Eggs （ton） | 2302 | 9364 | 7358 | 2805 |
| 奶类（吨） | Milk （ton） | 103 | 0 | 0 | 0 |
| 蔬菜（含食用菌）（吨） | Vegetables （ton） | 349818 | 718415 | 706170 | 452654 |
| 水产品产量（吨） | Aquatic Products （ton） | 7230 | 8995 | 21258 | 10200 |
| "三品一标"农产品（个） | "San pin yi biao" Agricultural Products（unit） | 17 | 21 | 29 | 9 |

## Continued

| 永福县 Yongfu County | 灌阳县 Guanyang County | 龙胜各族自治县 Longsheng County | 资源县 Ziyuan County | 平乐县 Pingle County | 恭城瑶族自治县 Gongcheng County | 荔浦市 Lipu City | 万秀区 Wanxiu District | 长洲区 Changzhou District | 龙圩区 Longxu District |
|---|---|---|---|---|---|---|---|---|---|
| 2795 | 1835 | 2450 | 1941 | 1893 | 2139 | 1760 | 449 | 373 | 971 |
| 24.96 | 24.53 | 16.28 | 15.75 | 39.01 | 26.17 | 36.49 | 32.55 | 21.43 | 29.45 |
| 85.54 | 67.61 | 58.82 | 49.05 | 112.65 | 90.48 | 147.60 | 167.07 | 152.63 | 147.52 |
| 28.88 | 28.17 | 12.41 | 16.45 | 58.22 | 46.44 | 30.90 | 4.79 | 5.36 | 9.79 |
| 14.26 | 11.74 | 13.88 | 7.26 | 10.76 | 11.57 | 42.44 | 69.62 | 37.54 | 78.42 |
| 42.39 | 27.71 | 32.52 | 25.33 | 43.66 | 32.47 | 74.26 | 92.66 | 109.73 | 59.31 |
| 34345 | 27626 | 36273 | 31261 | 28939 | 34655 | 40544 | 51486 | 71589 | 50289 |
| 7.2 | 6.1 | 6.0 | 5.8 | 6.1 | 5.5 | 6.4 | 5.2 | 7.4 | 1.8 |
| 6.2 | 5.8 | 5.4 | 6.2 | 6.5 | 6.3 | 6.4 | 6.9 | 6.0 | 6.4 |
| 13.7 | 5.4 | 4.6 | 6.0 | 7.0 | 4.9 | 6.1 | 2.9 | -1.1 | 0.3 |
| 5.8 | 6.7 | 6.8 | 5.4 | 5.3 | 4.6 | 6.6 | 6.9 | 10.8 | 3.1 |
| 6.6 | 5.6 | 5.4 | 5.0 | 5.7 | 5.0 | 5.9 | 4.8 | 5.8 | 0.4 |
| 3.64 | 2.23 | 2.44 | 2.10 | 4.46 | 3.87 | 10.46 | 4.12 | 4.99 | 3.04 |
| 21.03 | 25.32 | 21.01 | 20.55 | 25.87 | 22.63 | 26.72 | 8.68 | 9.72 | 15.27 |
| 26902 | 19653 | 17740 | 12131 | 20739 | 11634 | 20119 | 4003 | 2737 | 10864 |
| 7 | 934 | 12 | 333 | 60 |  | 10 | 0 | 0 | 0 |
| 17913 | 12009 | 6712 | 6 | 13263 | 211 | 15625 | 2195 | 2162 | 8650 |
| 44976 | 43356 | 24026 | 24281 | 74276 | 43312 | 49530 | 7608 | 10924 | 25086 |
| 22755 | 26265 | 10970 | 9505 | 29395 | 16257 | 19147 | 3833 | 2426 | 14728 |
| 15344 | 17617 | 5342 | 5637 | 16562 | 6363 | 12600 | 3022 | 1539 | 12667 |
| 638 | 2127 | 268 | 499 | 3808 | 5478 | 1510 | 324 | 533 | 1751 |
| 572 | 115 | 0 | 0 | 501 | 34 | 619 | 3 | 5 | 49 |
| 12556 | 10528 | 8512 | 8615 | 28009 | 12306 | 16993 | 2977 | 7426 | 7614 |
| 110361 | 153258 | 59407 | 52722 | 144652 | 65324 | 97968 | 19001 | 11635 | 73000 |
| 86492 | 116704 | 39122 | 38596 | 100378 | 35623 | 68095 | 16798 | 10437 | 70291 |
| 2087 | 4384 | 520 | 1111 | 16465 | 15754 | 11435 | 538 | 1656 | 5658 |
| 41994 | 5022 | 0 | 0 | 51403 | 3702 | 48042 | 236 | 123 | 2713 |
| 501838 | 478602 | 127972 | 81796 | 964471 | 1257153 | 628156 | 18170 | 14120 | 69076 |
| 48746 | 24644 | 11617 | 10532 | 27446 | 22058 | 41060 | 5836 | 6242 | 13707 |
| 26122 | 19419 | 4812 | 4564 | 14749 | 10619 | 26708 | 3449 | 3050 | 7763 |
| 19447 | 3660 | 3460 | 2930 | 8554 | 6787 | 11858 | 1945 | 2959 | 5405 |
| 2019 | 1495 | 857 | 711 | 5878 | 2771 | 2425 | 469 | 730 | 8350 |
| 60 | 0 | 0 | 0 | 0 | 0 | 59 | 304 | 89 | 0 |
| 302162 | 205435 | 142185 | 193028 | 741837 | 191062 | 356961 | 53106 | 138382 | 122590 |
| 5156 | 5388 | 737 | 1249 | 8700 | 6510 | 5200 | 5071 | 7696 | 5668 |
| 6 | 16 | 6 | 8 | 16 | 27 | 47 | 7 |  | 2 |

# 23-1 续表3

| 指 标 | Item | 苍梧县 Cangwu County | 藤 县 Tengxian County | 蒙山县 Mengshan County | 岑溪市 Cenxi City |
|---|---|---|---|---|---|
| 行政区域面积（平方公里） | Administrative Region Land Area（sq.km） | 2782 | 3946 | 1282 | 2770 |
| 年末常住人口（万人） | Total Population at Year-end （10 000 persons） | 33.40 | 88.68 | 20.52 | 81.67 |
| 地区生产总值（亿元） | Gross Domestic Product（100 million yuan） | 48.62 | 207.69 | 75.09 | 191.99 |
| 第一产业增加值 | Primary Industry | 20.25 | 61.02 | 14.81 | 46.02 |
| 第二产业增加值 | Secondary Industry | 10.07 | 53.52 | 30.95 | 60.35 |
| 第三产业增加值 | Tertiary Industry | 18.29 | 93.15 | 29.33 | 85.61 |
| 人均生产总值（元） | Per Capital GDP （yuan） | 14595 | 23463 | 36692 | 23554 |
| 地区生产总值增速（%） | Gross Domestic Product Growth Rate（%） | 6.5 | 4.2 | 8.2 | 0.6 |
| 第一产业增加值增速 | Primary Industry Growth Rate | 6.2 | 4.8 | 7.2 | 4.8 |
| 第二产业增加值增速 | Secondary Industry Growth Rate | 14.4 | -0.7 | 6.8 | -8.7 |
| 第三产业增加值增速 | Tertiary Industry Growth Rate | 3.0 | 6.7 | 10.5 | 5.9 |
| 人均生产总值增速（%） | Per Capital GDP Growth Rate（%） | 5.9 | 3.6 | 7.4 | 0.2 |
| 一般公共预算收入（亿元） | Government Revenue（100 million yuan） | 3.72 | 10.25 | 1.63 | 7.85 |
| 一般公共预算支出（亿元） | Government Expenditure（100 million yuan） | 26.85 | 56.85 | 1.64 | 42.67 |
| 耕地面积（公顷） | Farmland（hectare） | 20870 | 32953 | 12730 | 37006 |
| 设施农业占地面积（公顷） | Protected Agriculture Covered （hectare） | 200 | 14 | 0 | 107 |
| 耕地灌溉面积（公顷） | Irrigated Area （hectares） | 11855 | 23080 | 7812 | 18580 |
| 农作物总播种面积（公顷） | Total Sown Area of Major Farm Crops （hectare） | 35872 | 93483 | 31632 | 76915 |
| 粮食作物播种面积 | Grain Crops | 19522 | 41393 | 10793 | 43257 |
| #稻谷 | Rice | 15778 | 33117 | 7207 | 27788 |
| 油料 | Oil Crops | 1899 | 4653 | 1668 | 3667 |
| 糖料 | Sugar Crops | 80 | 577 | 111 | 836 |
| 蔬菜 | Vegetables | 9328 | 33018 | 17381 | 19306 |
| 粮食总产量（吨） | Yield of Grain （ton） | 102001 | 218829 | 56862 | 196598 |
| #稻谷 | Rice | 91433 | 197684 | 44431 | 161074 |
| 油料 | Oil-bearing Crops | 5939 | 14195 | 5826 | 9703 |
| 糖料 | Sugar Crops | 4664 | 41213 | 8499 | 55150 |
| 园林水果（不含瓜类水果） | Fruit | 171782 | 214933 | 96606 | 248056 |
| 肉类总产量（吨） | Output of Meat （ton） | 21165 | 54448 | 11666 | 80791 |
| #猪肉 | Pork | 12016 | 28631 | 8502 | 30797 |
| 禽肉 | Poultry | 8062 | 24236 | 2715 | 48077 |
| 禽蛋（吨） | Eggs （ton） | 227 | 3642 | 1971 | 3224 |
| 奶类（吨） | Milk （ton） | 0 | 6 | 223 | 427 |
| 蔬菜（含食用菌）（吨） | Vegetables （ton） | 209860 | 1333703 | 279009 | 579473 |
| 水产品产量（吨） | Aquatic Products （ton） | 9102 | 24703 | 9449 | 17470 |
| "三品一标"农产品（个） | "San pin yi biao" Agricultural Products（unit） | 29 | 13 | 15 | 8 |

## Continued

| 海城区 Haicheng District | 银海区 Yinhai District | 铁山港区 Tieshangang District | 合浦县 Hepu County | 港口区 Gangkou District | 防城区 Fangcheng District | 上思县 Shangsi County | 东兴市 Dongxing City | 钦南区 Qinnan District | 钦北区 Qinbei District |
|---|---|---|---|---|---|---|---|---|---|
| 182 | 541 | 503 | 2762 | 410 | 2426 | 2814 | 589 | 2596 | 2217 |
| 38.43 | 21.14 | 15.80 | 94.70 | 18.22 | 39.77 | 21.83 | 16.54 | 58.36 | 72.21 |
| 483.70 | 175.30 | 340.70 | 301.06 | 420.19 | 128.52 | 73.38 | 80.73 | 309.08 | 330.57 |
| 27.10 | 45.81 | 33.23 | 105.56 | 22.49 | 37.48 | 27.46 | 21.98 | 75.09 | 62.62 |
| 192.01 | 24.71 | 275.18 | 65.93 | 264.05 | 34.10 | 20.12 | 13.79 | 58.87 | 112.30 |
| 264.60 | 104.77 | 32.30 | 129.58 | 133.65 | 56.93 | 25.79 | 44.96 | 175.12 | 155.65 |
| 126740 | 84501 | 217009 | 31884 | 232858 | 32418 | 33723 | 49238 | 53207 | 45906 |
| 8.1 | 7.7 | 9.1 | 7.3 | 7.2 | 1.3 | 4.1 | 3.0 | 7.2 | 8.1 |
| 4.3 | 4.6 | 6.1 | 3.3 | 3.4 | 4.8 | 7.3 | 4.7 | 5.0 | 5.5 |
| 6.1 | 20.7 | 9.8 | 12.1 | 7.1 | -4.1 | 14.3 | 2.8 | 1.6 | 7.7 |
| 10.0 | 6.4 | 5.9 | 8.3 | 8.1 | 2.7 | -6.1 | 2.3 | 10.0 | 9.4 |
| 6.6 | 4.6 | 7.8 | 6.7 | 5.1 | 0.5 | 3.2 | 1.0 | 6.1 | 7.5 |
| 9.77 | 7.82 | 2.29 | 9.63 | 7.15 | 4.27 | 3.35 | 5.15 | 5.36 | 5.01 |
| 15.15 | 14.96 | 10.46 | 53.82 | 14.57 | 23.92 | 18.13 | 21.39 | 23.22 | 32.49 |
| 2222 | 21867 | 18672 | 81698 | 3109 | 22279 | 52969 | 5665 | 37475 | |
| 305 | 940 | 80 | 0 | 0 | 50 | 20 | 69 | | |
| 652 | 9447 | 4401 | 36762 | 584 | 13408 | 13312 | 3563 | 10600 | |
| 3573 | 25788 | 21205 | 121346 | 6346 | 48633 | 52651 | 9305 | 77381 | 90083 |
| 916 | 4795 | 5121 | 54135 | 3524 | 24048 | 11042 | 5265 | 32626 | 45418 |
| 176 | 2502 | 2856 | 32382 | 1220 | 15218 | 6634 | 2683 | 20847 | 32691 |
| 421 | 1763 | 2749 | 9986 | 512 | 1547 | 862 | 389 | 1395 | 3762 |
| 67 | 10098 | 4123 | 16869 | 57 | 5043 | 34451 | 203 | 11103 | 11173 |
| 1758 | 5405 | 5142 | 32107 | 2039 | 15749 | 4857 | 3255 | 23249 | 22233 |
| 2863 | 18061 | 22496 | 257056 | 14132 | 93101 | 44879 | 17856 | 141157 | 219168 |
| 677 | 10745 | 12966 | 186676 | 6368 | 64701 | 31179 | 11794 | 105929 | 182396 |
| 1149 | 6791 | 8475 | 30064 | 1628 | 3285 | 1871 | 506 | 3164 | 11601 |
| 6000 | 870020 | 268546 | 1471394 | 2769 | 469742 | 2553894 | 12971 | 638333 | 872656 |
| 14537 | 11192 | 8357 | 103896 | 1591 | 58630 | 41333 | 10840 | 65050 | 353982 |
| 3253 | 9253 | 10563 | 87229 | 2287 | 23349 | 11925 | 6990 | 48205 | 116375 |
| 2056 | 6045 | 5732 | 36868 | 651 | 13136 | 3253 | 3392 | 12002 | 17432 |
| 924 | 3011 | 4386 | 48356 | 1474 | 8273 | 7064 | 3136 | 34903 | 93845 |
| 23 | 764 | 119 | 22251 | 1825 | 3357 | 970 | 586 | 10257 | 1999 |
| 36 | 1345 | 0 | 689 | 0 | 0 | 3242 | 0 | 0 | 0 |
| 51054 | 168181 | 112284 | 746734 | 22353 | 215198 | 61952 | 47016 | 516835 | 588111 |
| 238104 | 246735 | 192454 | 461251 | 229065 | 148992 | 14508 | 138725 | 450727 | 35042 |
| 17 | 47 | 8 | 33 | 0 | 0 | 6 | 16 | | 80 |

# 23-1 续表4

| 指　标 | Item | 灵山县 Lingshan County | 浦北县 Pubei County | 港北区 Gangbei District | 港南区 Gangnan District |
|---|---|---|---|---|---|
| 行政区域面积（平方公里） | Administrative Region Land Area (sq.km) | 3558 | 2526 | 1097 | 1099 |
| 年末常住人口（万人） | Total Population at Year-end （10 000 persons） | 123.33 | 78.51 | 63.34 | 55.49 |
| 地区生产总值（亿元） | Gross Domestic Product（100 million yuan） | 274.73 | 205.12 | 332.63 | 140.89 |
| 第一产业增加值 | Primary Industry | 81.89 | 58.97 | 22.79 | 23.71 |
| 第二产业增加值 | Secondary Industry | 50.12 | 51.88 | 122.99 | 52.86 |
| 第三产业增加值 | Tertiary Industry | 142.73 | 94.27 | 186.85 | 64.32 |
| 人均生产总值（元） | Per Capital GDP （yuan） | 22328 | 26204 | 52745 | 25484 |
| 地区生产总值增速（%） | Gross Domestic Product Growth Rate（%） | 8.6 | 8.6 | 10.1 | 10.9 |
| 第一产业增加值增速 | Primary Industry Growth Rate | 5.0 | 5.6 | 4.6 | 5.6 |
| 第二产业增加值增速 | Secondary Industry Growth Rate | 19.4 | 9.1 | 16.7 | 14.2 |
| 第三产业增加值增速 | Tertiary Industry Growth Rate | 6.8 | 9.9 | 6.8 | 10.1 |
| 人均生产总值增速（%） | Per Capital GDP Growth Rate（%） | 8.0 | 7.8 | 9.0 | 9.9 |
| 一般公共预算收入（亿元） | Government Revenue（100 million yuan） | 8.24 | 6.01 | 10.07 | 5.75 |
| 一般公共预算支出（亿元） | Government Expenditure（100 million yuan） | 59.25 | 44.41 | 25.38 | 24.13 |
| 耕地面积（公顷） | Farmland（hectare） | 80167 | 41235 | 36598 | 41001 |
| 设施农业占地面积（公顷） | Protected Agriculture Covered（hectare） | 476 | 35 | 658 | 1200 |
| 耕地灌溉面积（公顷） | Irrigated Area （hectares） | 38931 | 12620 | 16580 | 16733 |
| 农作物总播种面积（公顷） | Total Sown Area of Major Farm Crops （hectare） | 119748 | 78190 | 38940 | 57148 |
| 粮食作物播种面积 | Grain Crops | 63335 | 41735 | 24462 | 39102 |
| #稻谷 | Rice | 50435 | 32530 | 17779 | 31208 |
| 油料 | Oil Crops | 1881 | 2943 | 2467 | 3333 |
| 糖料 | Sugar Crops | 14423 | 8367 | 5396 | 2931 |
| 蔬菜 | Vegetables | 22905 | 14824 | 5358 | 6111 |
| 粮食总产量（吨） | Yield of Grain （ton） | 323525 | 218778 | 143383 | 216909 |
| #稻谷 | Rice | 290338 | 184583 | 106003 | 185503 |
| 油料 | Oil-bearing Crops | 5223 | 8205 | 14690 | 12038 |
| 糖料 | Sugar Crops | 1141333 | 624197 | 546341 | 267495 |
| 园林水果（不含瓜类水果） | Fruit | 887044 | 839526 | 17960 | 43156 |
| 肉类总产量（吨） | Output of Meat （ton） | 94849 | 59400 | 49690 | 45614 |
| #猪肉 | Pork | 31356 | 30230 | 32221 | 31502 |
| 禽肉 | Poultry | 56556 | 26265 | 16279 | 10183 |
| 禽蛋（吨） | Eggs （ton） | 9228 | 4961 | 3565 | 2239 |
| 奶类（吨） | Milk （ton） | 37482 | 771 | 3632 | 0 |
| 蔬菜（含食用菌）（吨） | Vegetables （ton） | 475919 | 271660 | 153372 | 145894 |
| 水产品产量（吨） | Aquatic Products （ton） | 37643 | 32147 | 13077 | 24714 |
| “三品一标”农产品（个） | “San pin yi biao” Agricultural Products（unit） |  | 0 | 24 | 51 |

## Continued

| 覃塘区 Qintang District | 平南县 Pingnan County | 桂平市 Guiping City | 玉州区 Yuzhou District | 福绵区 Fumian District | 容县 Rongxian County | 陆川县 Luchuan County | 博白县 Bobai County | 兴业县 Xingye County | 北流市 Beiliu City |
|---|---|---|---|---|---|---|---|---|---|
| 1352 | 2984 | 4071 | 436 | 829 | 2255 | 1554 | 3830 | 1468 | 2452 |
| 44.22 | 120.33 | 159.70 | 74.79 | 40.53 | 67.72 | 81.18 | 142.60 | 59.43 | 121.53 |
| 168.47 | 272.64 | 342.90 | 480.10 | 91.30 | 173.78 | 196.38 | 278.98 | 154.99 | 308.95 |
| 28.91 | 65.30 | 74.63 | 20.15 | 28.62 | 44.81 | 40.12 | 88.58 | 43.24 | 57.82 |
| 96.35 | 81.41 | 106.18 | 134.45 | 31.23 | 43.88 | 52.90 | 64.09 | 47.81 | 95.29 |
| 43.20 | 125.92 | 162.10 | 325.50 | 31.45 | 85.09 | 103.36 | 126.31 | 63.94 | 155.84 |
| 38214 | 22704 | 21501 | 64456 | 22591 | 25711 | 24240 | 19602 | 26137 | 25480 |
| 16.0 | 8.6 | 4.5 | 6.8 | 7.5 | 6.8 | 6.6 | 6.8 | 8.0 | 8.8 |
| 4.8 | 4.9 | 4.9 | 5.8 | 5.4 | 4.9 | 3.7 | 1.6 | 4.4 | 4.2 |
| 25.6 | 12.7 | 4.0 | 6.5 | 10.7 | 7.7 | 5.9 | 12.2 | 12.9 | 9.8 |
| 5.4 | 7.8 | 4.5 | 6.9 | 6.2 | 7.3 | 8.0 | 8.1 | 7.0 | 9.8 |
| 15.0 | 8.0 | 4.1 | 5.7 | 6.8 | 6.2 | 6.0 | 6.4 | 7.5 | 8.3 |
| 8.65 | 11.23 | 11.06 | 16.12 | 3.48 | 5.90 | 11.57 | 11.70 | 8.59 | 29.04 |
| 26.36 | 70.50 | 81.77 | 29.71 | 21.77 | 8.38 | 55.10 | 77.44 | 38.14 | 71.67 |
| 65275 | 61000 | 116161 | 11668 | 21544 | 28978 | 32242 | 65434 | 33595 | 41001 |
| 90 | 3 | 425 | 19 | 2 | 15 |  | 66653 | 3 | 493 |
| 23406 | 40000 | 56080 | 11100 | 14918 | 17719 |  | 41109 | 19233 | 28380 |
| 73486 | 109290 | 165003 | 30456 | 45076 | 61042 | 59995 | 142515 | 63497 | 86574 |
| 37972 | 65252 | 101621 | 16963 | 23585 | 36965 | 40831 | 77878 | 35338 | 51898 |
| 23103 | 50671 | 80868 | 14679 | 20554 | 28919 | 33946 | 53798 | 30829 | 42679 |
| 6236 | 8573 | 10266 | 1127 | 1876 | 1585 | 1897 | 5047 | 2210 | 4087 |
| 14634 | 1773 | 2468 | 182 | 2035 | 245 | 1021 | 9282 | 920 | 814 |
| 10833 | 19342 | 35144 | 11123 | 13998 | 17314 | 12151 | 37311 | 16263 | 22614 |
| 200621 | 334990 | 543904 | 97400 | 135569 | 204611 | 234341 | 415341 | 208280 | 290907 |
| 133434 | 295130 | 472149 | 91368 | 123092 | 181814 | 215561 | 324630 | 192621 | 265337 |
| 20699 | 35871 | 40309 | 3858 | 4457 | 3928 | 6699 | 18009 | 6922 | 18241 |
| 1292913 | 164934 | 266713 | 18688 | 209842 | 18563 | 84106 | 1123998 | 77421 | 76286 |
| 20882 | 184078 | 170705 | 32214 | 63714 | 298670 | 77129 | 365539 | 58365 | 324729 |
| 39376 | 80522 | 106816 | 27988 | 64589 | 93739 | 111919 | 189595 | 195118 | 89718 |
| 28276 | 49403 | 61099 | 15184 | 15618 | 36093 | 65608 | 129676 | 47999 | 40528 |
| 9099 | 26585 | 34215 | 12061 | 47525 | 55418 | 45032 | 53340 | 145867 | 45810 |
| 6757 | 7357 | 11102 | 6789 | 26664 | 14807 | 9200 | 6491 | 3608 | 6792 |
| 90 | 472 | 2584 | 17 | 0 | 249 | 127 | 431 |  | 4076 |
| 224557 | 794514 | 825024 | 371334 | 517897 | 448601 | 443363 | 1016987 | 373078 | 832198 |
| 15068 | 73884 | 70389 | 18371 | 11947 | 11100 | 24091 | 37700 | 7665 | 27769 |
| 23 | 3 | 36 | 36 | 0 | 30 |  | 43 | 21 | 0 |

## 23-1 续表5

| 指 标 | Item | 右江区 Youjiang District | 田阳区 Tianyang District | 田东县 Tiandong County | 平果市 Pingguo City |
|---|---|---|---|---|---|
| 行政区域面积（平方公里） | Administrative Region Land Area（sq.km） | 3718 | 2373 | 2811 | 2457 |
| 年末常住人口（万人） | Total Population at Year-end （10 000 persons） | 40.61 | 33.26 | 38.03 | 46.50 |
| 地区生产总值（亿元） | Gross Domestic Product （100 million yuan） | 313.25 | 149.65 | 148.25 | 178.83 |
| 第一产业增加值 | Primary Industry | 35.85 | 38.11 | 40.27 | 20.73 |
| 第二产业增加值 | Secondary Industry | 137.94 | 70.19 | 55.25 | 87.75 |
| 第三产业增加值 | Tertiary Industry | 139.45 | 41.35 | 52.74 | 70.36 |
| 人均生产总值（元） | Per Capital GDP （yuan） | 77373 | 45117 | 39070 | 38544 |
| 地区生产总值增速（%） | Gross Domestic Product Growth Rate（%） | 8.1 | 9.5 | 5.5 | 11.3 |
| 第一产业增加值增速 | Primary Industry Growth Rate | 6.5 | 7.1 | 10.3 | 4.7 |
| 第二产业增加值增速 | Secondary Industry Growth Rate | 6.4 | 13.0 | 1.5 | 15.8 |
| 第三产业增加值增速 | Tertiary Industry Growth Rate | 10.2 | 5.6 | 6.8 | 7.7 |
| 人均生产总值增速（%） | Per Capital GDP Growth Rate（%） | 7.3 | 8.7 | 4.9 | 10.8 |
| 一般公共预算收入（亿元） | Government Revenue（100 million yuan） | 23.35 | 7.60 | 7.54 | 18.05 |
| 一般公共预算支出（亿元） | Government Expenditure（100 million yuan） | 83.76 | 34.75 | 34.22 | 43.27 |
| 耕地面积（公顷） | Farmland（hectare） | 30363 | 31752 | 64676 | 45770 |
| 设施农业占地面积（公顷） | Protected Agriculture Covered （hectare） | 47 | 64 | 127 | 1071 |
| 耕地灌溉面积（公顷） | Irrigated Area （hectares） | 8870 | 16010 | 16350 | 8830 |
| 农作物总播种面积（公顷） | Total Sown Area of Major Farm Crops （hectare） | 45580 | 53655 | 64278 | 40302 |
| 粮食作物播种面积 | Grain Crops | 15197 | 21521 | 23848 | 25121 |
| #稻谷 | Rice | 6089 | 9669 | 11581 | 9497 |
| 油料 | Oil Crops | 998 | 785 | 768 | 477 |
| 糖料 | Sugar Crops | 12000 | 3501 | 15022 | 3759 |
| 蔬菜 | Vegetables | 14313 | 26352 | 22503 | 8644 |
| 粮食总产量（吨） | Yield of Grain （ton） | 69367 | 112377 | 112544 | 103270 |
| #稻谷 | Rice | 33800 | 59717 | 65440 | 50011 |
| 油料 | Oil-bearing Crops | 2349 | 2119 | 1660 | 827 |
| 糖料 | Sugar Crops | 720100 | 205514 | 896959 | 285821 |
| 园林水果（不含瓜类水果） | Fruit | 276199 | 275749 | 363401 | 64451 |
| 肉类总产量（吨） | Output of Meat （ton） | 29249 | 22270 | 27732 | 34109 |
| #猪肉 | Pork | 10207 | 13052 | 13746 | 13283 |
| 禽肉 | Poultry | 17328 | 7308 | 11293 | 18673 |
| 禽蛋（吨） | Eggs （ton） | 408 | 120 | 23102 | 988 |
| 奶类（吨） | Milk （ton） | 0 | 0 | 0 | 0 |
| 蔬菜（含食用菌）（吨） | Vegetables （ton） | 404130 | 821774 | 543391 | 180285 |
| 水产品产量（吨） | Aquatic Products （ton） | 17606 | 16012 | 15592 | 8023 |
| “三品一标”农产品（个） | "San pin yi biao" Agricultural Products（unit） | 14 | 5 | 29 | 8 |

Continued

| 德保县 Debao County | 那坡县 Napo County | 凌云县 Lingyun County | 乐业县 Leye County | 田林县 Tianlin County | 西林县 Xilin County | 隆林各族自治县 Longlin County | 靖西市 Jingxi City | 八步区 Babu District | 平桂区 Pinggui District |
|---|---|---|---|---|---|---|---|---|---|
| 2575 | 2223 | 2047 | 2633 | 5524 | 2997 | 3518 | 3326 | 3774 | 1743 |
| 31.12 | 16.37 | 19.80 | 15.79 | 23.64 | 14.84 | 36.15 | 52.63 | 65.85 | 41.84 |
| 87.31 | 39.42 | 44.97 | 28.54 | 62.43 | 32.44 | 55.16 | 122.42 | 251.60 | 160.70 |
| 12.60 | 9.26 | 10.52 | 9.62 | 21.48 | 14.19 | 14.41 | 18.15 | 36.41 | 24.97 |
| 43.98 | 7.59 | 12.12 | 4.71 | 17.61 | 4.87 | 10.76 | 52.94 | 87.03 | 69.05 |
| 30.73 | 22.57 | 22.34 | 14.21 | 23.34 | 13.38 | 29.98 | 51.33 | 127.58 | 66.09 |
| 28119 | 24163 | 22777 | 18135 | 26479 | 21934 | 15283 | 23301 | 38334 | 38528 |
| 10.5 | 8.8 | 10.1 | 9.1 | 11.0 | 10.2 | 6.0 | 6.5 | 15.0 | 14.2 |
| 3.1 | 2.5 | 8.6 | 5.0 | 8.6 | 16.3 | 3.4 | 3.9 | 2.6 | 5.9 |
| 15.8 | 24.7 | 12.8 | 18.8 | 22.5 | 8.5 | 4.8 | 4.9 | 26.4 | 19.6 |
| 6.4 | 6.7 | 9.2 | 8.8 | 5.1 | 4.2 | 7.7 | 9.3 | 11.4 | 11.1 |
| 10.0 | 8.0 | 9.3 | 8.4 | 10.4 | 9.5 | 5.5 | 6.1 | 14.2 | 13.4 |
| 7.32 | 3.02 | 1.75 | 1.62 | 2.98 | 1.51 | 3.48 | 61.97 | 8.61 | 4.68 |
| 37.45 | 33.32 | 29.22 | 24.57 | 32.09 | 21.54 | 41.03 | 55.79 | 34.89 | 29.24 |
| 40011 | 27350 | 16976 | 25129 | 21542 | 22022 | 50711 | 63312 | 31723 | 27278 |
| 4 | 0 | 0 | 0 | 9 | 8 | 78 | 15 | 624 | 29 |
| 9270 | 2550 | 3490 | 5560 | 10410 | 5020 | 8820 | 16120 | 19940 | 11803 |
| 36139 | 23202 | 20409 | 20188 | 36098 | 21143 | 31165 | 64256 | 74074 | 50467 |
| 24292 | 15812 | 13546 | 11484 | 17625 | 13514 | 21773 | 47638 | 31370 | 20393 |
| 8354 | 4224 | 3717 | 3420 | 4423 | 3204 | 5814 | 11701 | 24682 | 14135 |
| 790 | 273 | 1547 | 2893 | 707 | 1709 | 1460 | 1030 | 3284 | 2803 |
| 1200 | 129 | 324 | 82 | 9893 | 420 | 684 | 1696 | 1327 | 384 |
| 8509 | 4479 | 3788 | 4121 | 6846 | 4288 | 4964 | 8346 | 26220 | 18243 |
| 95185 | 60107 | 49975 | 49364 | 82417 | 54409 | 86938 | 196901 | 162274 | 101776 |
| 47873 | 25583 | 20827 | 16681 | 26659 | 18102 | 34010 | 64931 | 142893 | 83510 |
| 1283 | 378 | 1648 | 2897 | 637 | 2139 | 1972 | 1799 | 8034 | 6514 |
| 47812 | 7362 | 22953 | 2766 | 555395 | 23729 | 45895 | 117086 | 82640 | 28722 |
| 62672 | 15910 | 10682 | 17272 | 63307 | 303587 | 43667 | 39078 | 117622 | 58825 |
| 17909 | 10745 | 10432 | 9156 | 19253 | 9471 | 17783 | 24791 | 43730 | 24620 |
| 8173 | 6218 | 6510 | 4881 | 10370 | 4621 | 9623 | 13708 | 25741 | 14705 |
| 6412 | 2463 | 2549 | 1731 | 5523 | 3176 | 3690 | 7421 | 16470 | 8903 |
| 1343 | 267 | 98 | 517 | 436 | 515 | 1644 | 370 | 3263 | 751 |
| 0 | 0 | 0 | 0 | 0 | 0 | 0 | 0 | 0 | 9 |
| 178583 | 86441 | 78506 | 90551 | 172228 | 76498 | 100211 | 189249 | 744647 | 514958 |
| 1810 | 702 | 900 | 11615 | 3702 | 16039 | 24720 | 6699 | 16137 | 10128 |
| 9 | 9 | 64 | 34 | 7 | 32 | 4 | 5 | 50 | 15 |

# 23-1 续表6

| 指标 | Item | 昭平县 Zhaoping County | 钟山县 Zhongshan County | 富川瑶族自治县 Fuchuan County | 金城江区 Jinchengjiang District |
|---|---|---|---|---|---|
| 行政区域面积（平方公里） | Administrative Region Land Area（sq.km） | 3224 | 1472 | 1540 | 2346 |
| 年末常住人口（万人） | Total Population at Year-end （10 000 persons） | 36.06 | 37.31 | 27.47 | 35.30 |
| 地区生产总值（亿元） | Gross Domestic Product（100 million yuan） | 88.61 | 111.83 | 89.12 | 194.27 |
| 第一产业增加值 | Primary Industry | 25.19 | 19.22 | 28.49 | 15.83 |
| 第二产业增加值 | Secondary Industry | 22.43 | 35.67 | 30.69 | 44.27 |
| 第三产业增加值 | Tertiary Industry | 40.95 | 56.79 | 29.61 | 134.17 |
| 人均生产总值（元） | Per Capital GDP （yuan） | 24645 | 30053 | 32543 | 55214 |
| 地区生产总值增速（%） | Gross Domestic Product Growth Rate（%） | 10.3 | 7.6 | 8.3 | 8.1 |
| 第一产业增加值增速 | Primary Industry Growth Rate | 4.8 | 4.5 | 5.0 | 7.4 |
| 第二产业增加值增速 | Secondary Industry Growth Rate | 22.9 | 7.8 | 15.4 | 8.6 |
| 第三产业增加值增速 | Tertiary Industry Growth Rate | 7.6 | 8.3 | 3.8 | 8.0 |
| 人均生产总值增速（%） | Per Capital GDP Growth Rate（%） | 9.7 | 6.8 | 7.5 | 7.3 |
| 一般公共预算收入（亿元） | Government Revenue（100 million yuan） | 2.80 | 3.62 | 3.34 | 3.05 |
| 一般公共预算支出（亿元） | Government Expenditure（100 million yuan） | 38.99 | 39.52 | 29.24 | 17.66 |
| 耕地面积（公顷） | Farmland（hectare） | 13771 | 37287 | 45162 | 23053 |
| 设施农业占地面积（公顷） | Protected Agriculture Covered（hectare） | 0 | 0 | 42 | 5 |
| 耕地灌溉面积（公顷） | Irrigated Area （hectares） | 10352 | 22001 | 14776 | 11184 |
| 农作物总播种面积（公顷） | Total Sown Area of Major Farm Crops （hectare） | 34343 | 34847 | 48283 | 33907 |
| 粮食作物播种面积 | Grain Crops | 19881 | 22160 | 21122 | 15245 |
| #稻谷 | Rice | 14956 | 17575 | 12808 | 6837 |
| 油料 | Oil Crops | 902 | 1904 | 5331 | 492 |
| 糖料 | Sugar Crops | 98 | 99 | 102 | 4002 |
| 蔬菜 | Vegetables | 9764 | 7221 | 17666 | 10990 |
| 粮食总产量（吨） | Yield of Grain （ton） | 103756 | 119215 | 107035 | 64130 |
| #稻谷 | Rice | 88027 | 102148 | 76860 | 36715 |
| 油料 | Oil-bearing Crops | 1696 | 4905 | 12343 | 785 |
| 糖料 | Sugar Crops | 5918 | 8319 | 4583 | 268204 |
| 园林水果（不含瓜类水果） | Fruit | 104006 | 163051 | 636026 | 54248 |
| 肉类总产量（吨） | Output of Meat （ton） | 20998 | 32171 | 33684 | 12578 |
| #猪肉 | Pork | 10994 | 18211 | 28626 | 6947 |
| 禽肉 | Poultry | 9091 | 11989 | 3978 | 3190 |
| 禽蛋（吨） | Eggs （ton） | 1203 | 1557 | 1992 | 4636 |
| 奶类（吨） | Milk （ton） | 22 | 21380 | 0 | 0 |
| 蔬菜（含食用菌）（吨） | Vegetables （ton） | 299454 | 236994 | 419185 | 303129 |
| 水产品产量（吨） | Aquatic Products （ton） | 15779 | 13981 | 7230 | 4975 |
| "三品一标"农产品（个） | "San pin yi biao" Agricultural Products（unit） | 27 | 53 | 9 | 15 |

Continued

| 宜州区 Yizhou District | 南丹县 Nandan County | 天峨县 Tian'e County | 凤山县 Fengshan County | 东兰县 Donglan County | 罗城仫佬族自治县 Luocheng County | 环江毛南族自治县 Huanjiang County | 巴马瑶族自治县 Bama County | 都安瑶族自治县 Du'an County | 大化瑶族自治县 Dahua County |
|---|---|---|---|---|---|---|---|---|---|
| 3857 | 3905 | 3184 | 1729 | 2437 | 2651 | 4553 | 1976 | 4088 | 2750 |
| 59.00 | 29.59 | 16.50 | 17.22 | 22.66 | 31.41 | 28.46 | 23.80 | 54.28 | 38.14 |
| 122.78 | 98.77 | 66.72 | 28.04 | 41.51 | 56.38 | 55.60 | 75.66 | 67.30 | 71.75 |
| 49.35 | 15.09 | 9.30 | 7.30 | 9.78 | 22.61 | 20.60 | 13.00 | 14.94 | 11.23 |
| 21.26 | 55.85 | 40.59 | 3.18 | 3.96 | 4.44 | 9.34 | 24.69 | 9.82 | 30.32 |
| 52.17 | 27.83 | 16.83 | 17.56 | 27.77 | 29.33 | 25.66 | 37.97 | 42.54 | 30.20 |
| 20855 | 33470 | 40560 | 16333 | 18376 | 17983 | 19572 | 31899 | 12421 | 18864 |
| 4.3 | 7.0 | 3.6 | 6.1 | 5.8 | 5.3 | 5.4 | 11.1 | 7.8 | 2.0 |
| 6.7 | 8.4 | 9.0 | 4.2 | 10.6 | 11.5 | 10.0 | 6.8 | 3.6 | 6.4 |
| 4.4 | 8.8 | 4.2 | 15.2 | 9.7 | -4.6 | 7.3 | 7.8 | 12.8 | 2.7 |
| 1.9 | 2.9 | -1.0 | 5.3 | 3.6 | 2.6 | 0.8 | 15.0 | 8.1 | -0.4 |
| 3.8 | 6.3 | 2.9 | 5.3 | 5.1 | 4.8 | 4.9 | 10.2 | 7.4 | 1.3 |
| 4.83 | 6.75 | 3.05 | 2.08 | 1.58 | 3.01 | 4.33 | 3.69 | 3.32 | 3.83 |
| 34.38 | 29.00 | 18.61 | 28.08 | 30.65 | 34.89 | 35.84 | 33.92 | 58.44 | 40.88 |
| 75858 | 23501 | 11173 | 14632 | 14001 | 44678 | 60248 | 18668 | 37718 | 25318 |
| 0 | 23 | 0 | 31 | 0 | 2 | 44340 | 30 | 39 | 0 |
| 17073 | 5880 | 6918 | 3666 | 4000 | 12397 | 11066 | 3599 | 6893 | 3907 |
| 87950 | 37570 | 23380 | 20952 | 24209 | 58003 | 39432 | 38789 | 60284 | 35613 |
| 41076 | 19526 | 14413 | 12236 | 14176 | 22961 | 21278 | 17560 | 41135 | 25549 |
| 18757 | 8257 | 3443 | 2781 | 5279 | 13382 | 10838 | 4471 | 6836 | 4255 |
| 2409 | 2920 | 771 | 630 | 1387 | 3461 | 756 | 1489 | 85 | 456 |
| 21617 | 1391 | 47 | 45 | 612 | 8612 | 4916 | 2173 | 2796 | 3584 |
| 15091 | 10489 | 5308 | 4967 | 6202 | 15635 | 9105 | 7581 | 8197 | 4773 |
| 184730 | 85066 | 58597 | 41372 | 51982 | 98291 | 116006 | 60249 | 118843 | 71049 |
| 101550 | 50465 | 19802 | 15846 | 22896 | 66675 | 78945 | 20236 | 32371 | 16408 |
| 2470 | 3598 | 727 | 677 | 1010 | 4809 | 884 | 1236 | 73 | 386 |
| 1325783 | 86315 | 1995 | 3218 | 45927 | 507688 | 325337 | 115764 | 192795 | 222131 |
| 125223 | 50736 | 41936 | 14894 | 31030 | 88166 | 120388 | 41266 | 32267 | 17598 |
| 23492 | 21536 | 9424 | 8244 | 13215 | 19839 | 15991 | 19224 | 34949 | 27247 |
| 10850 | 8676 | 6098 | 5380 | 5523 | 11603 | 7367 | 10053 | 19787 | 18689 |
| 5917 | 11161 | 1188 | 1463 | 4828 | 3227 | 3512 | 3114 | 4403 | 3383 |
| 977 | 339 | 436 | 294 | 550 | 613 | 553 | 370 | 695 | 575 |
| 0 | 0 | 0 | 0 | 0 | 0 | 0 | 0 | 0 | 0 |
| 520083 | 225676 | 40325 | 39541 | 70487 | 150046 | 158384 | 127806 | 103952 | 68173 |
| 11700 | 1618 | 12098 | 281 | 4888 | 5333 | 3359 | 3085 | 2645 | 15144 |
| 13 | 32 | 6 | 0 | 0 | 1 | 27 | 13 | 5 | 15 |

# 23-1 续表7

| 指 标 | Item | 兴宾区 Xingbin District | 忻城县 Xincheng County | 象州县 Xiangzhou County |
|---|---|---|---|---|
| 行政区域面积（平方公里） | Administrative Region Land Area（sq.km） | 4403 | 2522 | 1918 |
| 年末常住人口（万人） | Total Population at Year-end （10 000 persons） | 98.04 | 33.32 | 30.26 |
| 地区生产总值（亿元） | Gross Domestic Product（100 million yuan） | 336.08 | 68.53 | 80.34 |
| 第一产业增加值 | Primary Industry | 69.11 | 22.64 | 28.66 |
| 第二产业增加值 | Secondary Industry | 115.63 | 13.28 | 13.07 |
| 第三产业增加值 | Tertiary Industry | 151.34 | 32.61 | 38.61 |
| 人均生产总值（元） | Per Capital GDP （yuan） | 34350 | 20620 | 26629 |
| 地区生产总值增速（%） | Gross Domestic Product Growth Rate（%） | 6.0 | 2.6 | -0.5 |
| 第一产业增加值增速 | Primary Industry Growth Rate | 3.0 | 6.0 | 5.9 |
| 第二产业增加值增速 | Secondary Industry Growth Rate | 10.1 | -3.2 | -20.9 |
| 第三产业增加值增速 | Tertiary Industry Growth Rate | 4.5 | 2.8 | 3.1 |
| 人均生产总值增速（%） | Per Capital GDP Growth Rate（%） | 5.4 | 1.9 | -1.1 |
| 一般公共预算收入（亿元） | Government Revenue（100 million yuan） | 17.63 | 7.07 | 3.64 |
| 一般公共预算支出（亿元） | Government Expenditure（100 million yuan） | 70.55 | 7.07 | 3.24 |
| 耕地面积（公顷） | Farmland（hectare） | 189600 | 60156 | 69727 |
| 设施农业占地面积（公顷） | Protected Agriculture Covered（hectare） | 2412 | 41 | 58666 |
| 耕地灌溉面积（公顷） | Irrigated Area （hectares） | 41022 | 9170 | 19443 |
| 农作物总播种面积（公顷） | Total Sown Area of Major Farm Crops （hectare） | 181790 | 48462 | 64258 |
| 粮食作物播种面积 | Grain Crops | 53756 | 25848 | 30015 |
| #稻谷 | Rice | 35896 | 10290 | 24260 |
| 油料 | Oil Crops | 8100 | 1142 | 1755 |
| 糖料 | Sugar Crops | 74347 | 4845 | 14886 |
| 蔬菜 | Vegetables | 32861 | 10372 | 10666 |
| 粮食总产量（吨） | Yield of Grain （ton） | 246376 | 102475 | 155675 |
| #稻谷 | Rice | 189024 | 51559 | 139090 |
| 油料 | Oil-bearing Crops | 19837 | 3216 | 3314 |
| 糖料 | Sugar Crops | 7226165 | 344943 | 971870 |
| 园林水果（不含瓜类水果） | Fruit | 274206 | 68310 | 411030 |
| 肉类总产量（吨） | Output of Meat （ton） | 59192 | 15914 | 16622 |
| #猪肉 | Pork | 37079 | 7197 | 8051 |
| 禽肉 | Poultry | 11799 | 4093 | 6719 |
| 禽蛋（吨） | Eggs （ton） | 1419 | 533 | 1924 |
| 奶类（吨） | Milk （ton） | 4165 | 0 | 0 |
| 蔬菜（含食用菌）（吨） | Vegetables （ton） | 696630 | 235958 | 234161 |
| 水产品产量（吨） | Aquatic Products （ton） | 27588 | 4977 | 10644 |
| "三品一标"农产品（个） | "San pin yi biao" Agricultural Products（unit） | 19 | 0 | 54 |

Continued

| 武宣县 Wuxuan County | 金秀瑶族自治县 Jinxiu County | 合山市 Heshan City | 江州区 Jiangzhou District | 扶绥县 Fusui County | 宁明县 Ningming County | 龙州县 Longzhou County | 大新县 Daxin County | 天等县 Tiandeng County | 凭祥市 Pingxiang City |
|---|---|---|---|---|---|---|---|---|---|
| 1704 | 2469 | 366 | 2918 | 2841 | 3704 | 2311 | 2747 | 2165 | 645 |
| 37.53 | 13.33 | 11.95 | 34.85 | 40.65 | 35.76 | 22.97 | 31.00 | 33.64 | 12.16 |
| 101.06 | 40.20 | 32.04 | 197.58 | 148.54 | 91.48 | 87.05 | 98.67 | 73.41 | 63.73 |
| 29.67 | 9.87 | 4.56 | 31.79 | 39.28 | 26.59 | 26.42 | 24.79 | 15.23 | 6.04 |
| 22.92 | 9.07 | 10.64 | 57.26 | 52.04 | 23.11 | 18.58 | 31.44 | 16.04 | 15.22 |
| 48.47 | 21.26 | 16.84 | 108.53 | 57.22 | 41.79 | 42.06 | 42.44 | 42.14 | 42.46 |
| 26989 | 30245 | 26857 | 56898 | 36639 | 25644 | 38007 | 31892 | 21857 | 52602 |
| 3.0 | 9.9 | 3.2 | 9.0 | 11.2 | 8.5 | 6.0 | 7.1 | 7.9 | 9.1 |
| 6.3 | 4.2 | 0.3 | 5.4 | 6.6 | 5.3 | 4.5 | 6.2 | 0.3 | 5.2 |
| -5.8 | 32.0 | 9.8 | 14.5 | 19.1 | 14.1 | 3.0 | 10.1 | 8.0 | 18.5 |
| 5.5 | 4.9 | 0.1 | 7.4 | 8.1 | 7.6 | 8.3 | 5.5 | 10.8 | 6.6 |
| 2.4 | 9.1 | 2.8 | 8.1 | 10.6 | 7.9 | 5.4 | 6.6 | 7.5 | 8.1 |
| 6.71 | 1.48 | 1.17 | 4.54 | 6.02 | 2.87 | 2.90 | 1.19 | 3.82 | 4.50 |
| 31.66 | 19.51 | 10.57 | 27.49 | 6.02 | 35.33 | 25.13 | 28.97 | 36.72 | 22.22 |
| 60102 | 13611 | 12298 | 113586 | 132551 | 83210 | 64629 | 68730 | 46476 | 9760 |
| 122 | 1500 | 0 | 0 | 0 | 20 | 0 | 0 | 237 | |
| 23973 | 6690 | 3001 | 10150 | 37070 | 9433 | 8240 | 16290 | 10970 | 3010 |
| 66648 | 18313 | 12521 | 94630 | 138564 | 78529 | 66914 | 74566 | 54329 | 12799 |
| 26350 | 8267 | 5395 | 9935 | 15001 | 15396 | 9781 | 25548 | 33694 | 3775 |
| 19838 | 4096 | 4480 | 5618 | 10135 | 10493 | 2357 | 14161 | 11745 | 2141 |
| 4014 | 824 | 436 | 1582 | 5390 | 1898 | 1660 | 783 | 1134 | 295 |
| 21730 | 27 | 2820 | 75387 | 78145 | 49352 | 42222 | 35576 | 3494 | 5168 |
| 10466 | 4898 | 2416 | 3541 | 17391 | 9224 | 6816 | 6873 | 12072 | 2811 |
| 120233 | 35151 | 27221 | 39257 | 59377 | 63981 | 38659 | 113099 | 143584 | 15465 |
| 98693 | 22951 | 23945 | 26249 | 43964 | 48171 | 14717 | 76301 | 61214 | 9872 |
| 10140 | 1805 | 1069 | 3149 | 12412 | 4162 | 3570 | 1720 | 1810 | 782 |
| 2042911 | 2538 | 244439 | 6177056 | 6809448 | 4895486 | 4024456 | 3542822 | 340236 | 406095 |
| 238248 | 188510 | 22199 | 168531 | 305860 | 54769 | 179023 | 99209 | 31044 | 14055 |
| 30503 | 7145 | 3859 | 8568 | 16044 | 15640 | 6491 | 28953 | 27844 | 4491 |
| 23442 | 4610 | 2006 | 3755 | 10269 | 9937 | 2735 | 16706 | 21937 | 2204 |
| 4216 | 1874 | 1164 | 3473 | 3648 | 4278 | 2279 | 7801 | 4083 | 1833 |
| 442 | 294 | 133 | 178 | 5227 | 336 | 258 | 486 | 7538 | 282 |
| 184 | 0 | 0 | | 4325 | 0 | 0 | 0 | 0 | 0 |
| 260274 | 100933 | 55729 | 66230 | 538202 | 164499 | 137628 | 122404 | 210354 | 46560 |
| 10867 | 1547 | 2193 | 9303 | 15945 | 7483 | 11322 | 8005 | 3192 | 2590 |
| 13 | 18 | 1 | 13 | 4 | 8 | 7 | 8 | 5 | 4 |

# 23-1 续表8

| 指 标 | Item | 兴宁区 Xingning District | 青秀区 Qingxiu District | 江南区 Jiangnan District |
|---|---|---|---|---|
| 规模以上工业企业个数（个） | Number of Industrial Enterprises above Designated Size (unit) | 24 | 29 | 188 |
| 规模以上工业增加值增速（%） | Growth of added value of industries above Designated Size (%) | 9.1 | 54.4 | -6.1 |
| 公路里程（公里） | Length of Domestic Highways (km) | 575 | 732 | 896 |
| 社会消费品零售总额（万元） | Total Retail Sales of Consumer Goods (10 000 yuan) | 5191910 | 5164092 | 2386952 |
| 出口总额（万元） | Total Export (10 000 yuan) | 14822 | 238540 | 1524109 |
| 固定资产投资增速（不含农户）（%） | Fixed Asset Investment Index (excluding rural households) Growth Rate (%) | 13.3 | 16.2 | 16.0 |
| 普通中学数（所） | Number of Regular Secondary Schools (unit) | 16 | 7 | 34 |
| 小学数（所） | Number of Primary Schools (unit) | 51 | 91 | 87 |
| 普通中学专任教师数（人） | Full-time Teachers in Regular Secondary Schools (person) | 739 | 1367 | 1692 |
| 小学专任教师数（人） | Full-time Teachers in Primary Schools (person) | 2078 | 4301 | 3736 |
| 普通中学在校学生数（人） | Student Enrollment in Regular Secondary Schools (person) | 10825 | 11005 | 25677 |
| 小学在校学生数（人） | Primary Student Enrollment (person) | 43558 | 79436 | 82077 |
| 全年专利授权数（件） | Number of patent authorizations throughout the year (unit) |  |  | 52 |
| 公共图书馆图书总藏量（千册） | Public Library total Collection of Books (1 000 copies/collects) | 164 | 560 | 55 |
| 体育场馆个数 | Sports Places (unit) | 128 | 22 | 0 |
| 医疗卫生机构床位数（张） | Number of Beds in Heathcare Institutions (bed) | 4857 | 13639 | 1990 |
| 医疗卫生机构技术人员（人） | Medical & Technical Personnel of Heathcare Institutions (person) | 6494 | 22108 | 4225 |
| #执业（助理）医师 | Practitioner (assistant) Doctors | 2267 | 8091 | 3310 |
| 居民人均可支配收入（元） | Per Capita Annual Disposable Income of Households (yuan) | 37520 | 45655 | 33113 |
| 城镇居民人均可支配收入（元） | Per Capita Disposable Income of Urban Households (yuan) | 41158 | 48286 | 37264 |
| 农村居民人均可支配收入（元） | Per Capita Net Income of Rural Residents (yuan) | 16256 | 16811 | 16552 |
| 农村居民人均消费支出（元） | Per Capita Consumption Expenditure of Rural Households (yuan) | 13575 | 14092 | 11521 |
| 其中：食品烟酒消费支出 | Consumption Expenditure on Food, Tobacco and Liquor | 4668 | 3600 | 4482 |
| 提供住宿的社会工作机构（个） | Social Welfares and facilities provides lodging (unit) | 16 | 10 | 11 |
| 提供住宿的社会工作机构床位（床） | Number of Beds in Adopting Units of Social Welfare (bed) | 1748 | 979 | 709 |
| 城乡居民基本养老保险参保人数 | Number of Basic Pension Insurance for Urban and Rural Residents (person) | 66083 | 65157 | 94879 |
| 城镇居民最低生活保障人数（人） | Number of Urban Residents Receiving Lowest Cost-of-living (person) | 2027 | 7974 | 5519 |
| 农村居民最低生活保障人数（人） | Number of Rural Residents Receiving Lowest Cost-of-living (person) | 5130 | 6015 | 6408 |
| 森林面积（公顷） | Forest Area (hectares) | 39272 | 41340 | 48268 |
| 自然保护区面积（公顷） | Area of Nature Reserve (hectares) |  | 0 |  |
| 垃圾处理站数（个） | Number of Garbage Station (unit) | 5 |  | 10 |

## Continued

| 西乡塘区 Xixiangtang District | 良庆区 Liangqing District | 邕宁区 Yongning District | 武鸣区 Wuming District | 隆安县 Long'an County | 马山县 Mashan County | 上林县 Shanglin County | 宾阳县 Binyang County | 横 县 Hengxian County | 城中区 Chengzhong District | 鱼峰区 Yufeng District |
|---|---|---|---|---|---|---|---|---|---|---|
| 228 | 60 | 29 | 195 | 49 | 18 | 18 | 81 | 115 | 8 | 278 |
| 0.8 | 0.2 | 18.0 | 0.1 | 13.9 | 11.9 | 14.6 | 15.0 | 4.9 | 9.8 | -11.2 |
| 845 | 1030 | 1043 | 1761 | 865 | 1176 | 955 | 1325 | 2041 | 71 | 162 |
| 4295726 | 428376 | 299208 | 908330 | 170449 | 277178 | 242419 | 8 | 1292916 | 2058934 | 2339379 |
| 1584625 | 187378 | 15080 | 48984 | 8857 | 919 | 1898 | 5501 | 8388 | 0 | 6246 |
| 16.6 | 13.1 | 13.2 | 12.7 | 16.7 | 23.7 | 56.3 | 16.1 | 10.3 | 9.6 | 7.4 |
| 43 | 22 | 12 | 27 | 16 | 20 | 16 | 30 | 40 | 6 | 16 |
| 133 | 43 | 73 | 105 | 68 | 105 | 66 | 121 | 207 | 17 | 43 |
| 3564 | 1354 | 1103 | 2555 | 1191 | 1512 | 1618 | 3426 | 3605 | 760 | 1563 |
| 5091 | 2420 | 1716 | 2710 | 1392 | 2069 | 2146 | 3905 | 4602 | 1180 | 2213 |
| 60427 | 19206 | 15213 | 36988 | 22042 | 26484 | 24836 | 51883 | 59472 | 9432 | 20150 |
| 85271 | 41471 | 25698 | 45039 | 32424 | 37557 | 33737 | 74528 | 94219 | 19888 | 40834 |
| 2297 | 266 | 309 | 36 | 81 | 13 | 6 | 79 |  | 0 | 1242 |
| 114 | 89 | 181 | 184 | 116 | 131 | 106 | 215 | 235 | 145 | 253 |
| 63 | 4 | 1 | 1 | 2 | 1 | 3 | 5 | 1 | 9 | 1 |
| 9488 | 3082 | 1907 | 4541 | 1604 | 2113 | 1725 | 4248 | 4390 | 3800 | 5997 |
| 14040 | 3984 | 2111 | 4665 | 1601 | 2694 | 2478 | 4720 | 4404 | 6200 | 6701 |
| 5193 | 1514 | 722 | 1754 | 413 | 683 | 659 | 1511 | 528 | 1880 | 2305 |
| 33969 | 27933 | 22874 | 25774 | 17818 | 16409 | 17491 | 23961 | 23347 | 45260 | 41075 |
| 35940 | 32658 | 34652 | 36309 | 29197 | 29031 | 28528 | 35544 | 35720 | 45342 | 41573 |
| 15147 | 16234 | 15460 | 17483 | 12876 | 11844 | 12251 | 15470 | 15091 | 24835 | 25453 |
| 14909 | 11439 | 12246 | 12170 | 11117 | 13220 | 12185 | 11625 | 11483 |  | 0 |
| 4303 | 4131 | 3991 | 3795 | 3640 | 3887 | 3725 | 3848 | 3537 |  | 0 |
|  | 12 | 9 | 15 | 0 | 14 | 29 | 11 |  | 4 | 3 |
|  | 1486 | 697 | 977 | 0 | 546 | 507 | 960 |  | 465 | 435 |
| 974879 | 69822 | 112352 | 315653 | 185013 | 252657 | 176311 | 409109 | 454025 | 140298 | 55211 |
| 34574 | 2620 | 955 | 4344 | 2684 | 1934 | 273 | 6031 | 7470 | 640 | 6566 |
| 49544 | 6636 | 13025 | 21265 | 20471 | 29900 | 13746 | 30157 | 38273 | 50 | 5668 |
| 27286 | 58506 | 47481 | 147863 | 104767 | 149504 | 62432 | 95646 | 159406 | 3124 | 35706 |
| 1632 | 347 | 0 | 19892 | 2256 | 10040 | 19130 | 0 | 21 | 0 | 0 |
| 1 | 0 | 2 | 6 | 7 | 4 | 10 | 1 | 5 | 0 | 1 |

## 23-1 续表9

| 指 标 | Item | 柳南区 Liunan District | 柳北区 Liubei District | 柳江区 Liujiang County |
|---|---|---|---|---|
| 规模以上工业企业个数（个） | Number of Industrial Enterprises above Designated Size (unit) | 142 | 165 | 125 |
| 规模以上工业增加值增速（%） | Growth of added value of industries above Designated Size (%) | -6.9 | 4.3 | 4.0 |
| 公路里程（公里） | Length of Domestic Highways (km) | 58 | | 1101 |
| 社会消费品零售总额（万元） | Total Retail Sales of Consumer Goods (10 000 yuan) | 3472173 | 1919089 | 627915 |
| 出口总额（万元） | Total Export (10 000 yuan) | 61319 | 4864 | 17856 |
| 固定资产投资增速（不含农户）(%) | Fixed Asset Investment Index (excluding rural households) Growth Rate (%) | 4.3 | 13.5 | 14.5 |
| 普通中学数（所） | Number of Regular Secondary Schools (unit) | 19 | 16 | 13 |
| 小学数（所） | Number of Primary Schools (unit) | 48 | 43 | 87 |
| 普通中学专任教师数（人） | Full-time Teachers in Regular Secondary Schools (person) | 1400 | 1163 | 1356 |
| 小学专任教师数（人） | Full-time Teachers in Primary Schools (person) | 2290 | 1730 | 2116 |
| 普通中学在校学生数（人） | Student Enrollment in Regular Secondary Schools (person) | 21274 | 14722 | 16122 |
| 小学在校学生数（人） | Primary Student Enrollment (person) | 49834 | 30299 | 31208 |
| 全年专利授权数（件） | Number of patent authorizations throughout the year (unit) | 0 | 312 | 170 |
| 公共图书馆图书总藏量（千册） | Public Library total Collection of Books (1 000 copies/collects) | 42 | 1964 | 121 |
| 体育场馆个数 | Sports Places (unit) | 6 | 46 | 1 |
| 医疗卫生机构床位数（张） | Number of Beds in Heathcare Institutions (bed) | 1963 | 2195 | 1538 |
| 医疗卫生机构技术人员（人） | Medical & Technical Personnel of Heathcare Institutions (person) | 4359 | 3619 | 1659 |
| #执业（助理）医师 | Practitioner (assistant) Doctors | 1592 | 1344 | 600 |
| 居民人均可支配收入（元） | Per Capita Annual Disposable Income of Households (yuan) | 42980 | 40363 | 22969 |
| 城镇居民人均可支配收入（元） | Per Capita Disposable Income of Urban Households (yuan) | 42988 | 41357 | 37733 |
| 农村居民人均可支配收入（元） | Per Capita Net Income of Rural Residents (yuan) | 23215 | 18614 | 15090 |
| 农村居民人均消费支出（元） | Per Capita Consumption Expenditure of Rural Households (yuan) | | | 11895 |
| 其中：食品烟酒消费支出 | Consumption Expenditure on Food, Tobacco and Liquor | | | 3286 |
| 提供住宿的社会工作机构（个） | Social Welfares and facilities provides lodging (unit) | 13 | 6 | 12 |
| 提供住宿的社会工作机构床位（床） | Number of Beds in Adopting Units of Social Welfare (bed) | 1546 | 1342 | 475 |
| 城乡居民基本养老保险参保人数 | Number of Basic Pension Insurance for Urban and Rural Residents (person) | 45389 | 19666 | 59025 |
| 城镇居民最低生活保障人数（人） | Number of Urban Residents Receiving Lowest Cost-of-living (person) | 7526 | 55078 | 378 |
| 农村居民最低生活保障人数（人） | Number of Rural Residents Receiving Lowest Cost-of-living (person) | 2414 | 10381 | 7995 |
| 森林面积（公顷） | Forest Area (hectares) | 25006 | 8645 | 90183 |
| 自然保护区面积（公顷） | Area of Nature Reserve (hectares) | 0 | 140 | 0 |
| 垃圾处理站数（个） | Number of Garbage Station (unit) | 0 | 0 | 3 |

Continued

| 柳城县 Liucheng County | 鹿寨县 Luzhai County | 融安县 Rong'an County | 融水苗族自治县 Rongshui County | 三江侗族自治县 Sanjiang County | 秀峰区 Xiufeng District | 叠彩区 Diecai District | 象山区 Xiangshan District | 七星区 Qixing District | 雁山区 Yanshan District | 临桂区 Lingui District |
|---|---|---|---|---|---|---|---|---|---|---|
| 47 | 96 | 46 | 48 | 11 | 10 | 9 | 21 | 73 | 8 | 67 |
| 4.4 | 17.1 | 13.8 | -6.3 | 14.5 | 6.0 | 9.4 | 11.5 | 5.7 | 21.9 | 15.0 |
| 1379 | 1657 | 1198 | 1846 | 1171 | 65 |  | 56 | 79 | 299 | 884 |
| 464737 | 487863 | 367241 | 362351 | 277891 |  | 1476331 |  | 1015805 | 0 | 542341 |
| 18070 | 28982 | 0 | 0 | 0 |  | 0 | 14174 |  |  | 42981 |
| 4.4 | 10.1 | 20.5 | 16.3 | 16.3 | -19.8 | 0.7 | -22.4 | 5.2 | 12.1 | 18.5 |
| 16 | 8 | 14 | 14 | 18 | 2 | 1 | 8 | 3 | 2 | 20 |
| 128 | 65 | 27 | 92 | 227 | 12 | 0 | 23 | 30 | 12 | 126 |
| 1117 | 1077 | 975 | 1524 | 1254 | 81 | 63 | 788 | 180 | 161 | 1882 |
| 1522 | 1455 | 1222 | 1833 | 1792 | 611 | 558 | 1396 | 1453 | 336 | 2647 |
| 10007 | 18879 | 14477 | 27654 | 21480 | 1108 | 692 | 7880 | 2023 | 2278 | 25252 |
| 22891 | 25586 | 17691 | 31014 | 35182 | 12241 | 10170 | 24928 | 23078 | 4656 | 41082 |
| 51 | 23 | 8 | 21 | 2 |  |  | 0 | 1580 |  | 103 |
| 118 | 171 | 140 | 105 | 145 | 995728 |  | 500 | 19 | 21 | 119 |
| 1 | 6 | 1 | 2 | 4 | 1 |  | 1 | 1 |  | 1 |
| 1933 | 1722 | 1491 | 1405 | 1542 | 2532 | 1331 | 4249 | 920 | 102 | 1610 |
| 2118 | 2012 | 1401 | 2154 | 1760 | 4656 | 2465 | 4751 | 2020 | 142 | 2974 |
| 657 | 618 | 504 | 495 | 263 | 1174 | 853 | 1645 | 925 | 37 | 1094 |
| 23943 | 25950 | 20745 | 19850 | 18328 | 37828 | 35766 | 38129 | 39700 | 29241 | 25658 |
| 35290 | 37690 | 31285 | 31040 | 31110 | 37828 | 37808 | 38133 | 40047 | 35213 | 40678 |
| 15436 | 15510 | 14280 | 13909 | 13572 | — | 16341 | 16038 | 19542 | 15118 | 19003 |
| 13655 | 6126 | 10039 | 9718 | 10038 |  |  | 11118 | 13435 | 9273 |  |
| 3651 | 3969 | 4356 | 4241 | 4444 |  |  | 4175 | 4762 | 3688 |  |
| 36 | 11 | 14 | 15 | 6 | 11 |  | 9 | 1 | 6 | 68 |
| 1905 | 585 | 376 | 504 | 335 | 2301 |  | 1201 | 70 | 65 | 960 |
| 141077 | 176800 | 259103 | 262180 | 201198 | 5188 | 449 | 9691 | 10229 |  | 244956 |
| 2340 | 2230 | 2053 | 26729 | 5529 | 7399 | 1609 | 2349 | 14010 | 275 | 6649 |
| 11206 | 18936 | 13709 |  | 24200 | 1614 |  | 363 | 9280 | 2600 | 20299 |
| 94002 | 195386 | 226597 | 367193 | 174157 | 1400 |  | 2570 | 2320 | 14195 | 124320 |
| 0 | 11583 | 5000 | 14543 | 0 |  |  |  |  |  | 8791 |
| 1 | 15 | 3 | 14 | 1 | 2 | 1 | 1 | 5 | 4 | 4 |

# 23-1 续表10

| 指 标 | Item | 阳朔县 Yangshuo County | 灵川县 Lingchuan County | 全州县 Quanzhou County |
|---|---|---|---|---|
| 规模以上工业企业个数（个） | Number of Industrial Enterprises above Designated Size （unit） | 18 | 72 | 44 |
| 规模以上工业增加值增速（%） | Growth of added value of industries above Designated Size（%） | -14.9 | 10.0 | 9.6 |
| 公路里程（公里） | Length of Domestic Highways （km） | 831 | 727 | 2518 |
| 社会消费品零售总额（万元） | Total Retail Sales of Consumer Goods （10 000 yuan） | 354384 |  | 426246 |
| 出口总额（万元） | Total Export（10 000 yuan） |  | 15383 | 0 |
| 固定资产投资增速（不含农户）（%） | Fixed Asset Investment Index （excluding rural households） Growth Rate（%） | 16.0 | 20.0 | 18.9 |
| 普通中学数（所） | Number of Regular Secondary Schools （unit） | 12 | 20 | 25 |
| 小学数（所） | Number of Primary Schools （unit） | 78 | 47 | 294 |
| 普通中学专任教师数（人） | Full-time Teachers in Regular Secondary Schools （person） | 975 | 1323 | 2488 |
| **小学专任教师数（人）** | **Full-time Teachers in Primary Schools （person）** | **1062** | **1559** | **2937** |
| 普通中学在校学生数（人） | Student Enrollment in Regular Secondary Schools （person） | 13643 | 18139 | 40159 |
| 小学在校学生数（人） | Primary Student Enrollment （person） | 20991 | 28177 | 54574 |
| 全年专利授权数（件） | Number of patent authorizations throughout the year（unit） | 36 | 16 | 28 |
| 公共图书馆图书总藏量（千册） | Public Library total Collection of Books（1 000 copies/collects） | 125 | 227 | 225 |
| 体育场馆个数 | Sports Places （unit） | 2 | 1 | 2 |
| 医疗卫生机构床位数（张） | Number of Beds in Heathcare Institutions （bed） | 879 | 1397 | 1987 |
| 医疗卫生机构技术人员（人） | Medical & Technical Personnel of Heathcare Institutions （person） | 1124 | 2216 | 2874 |
| #执业（助理）医师 | Practitioner （assistant） Doctors | 401 | 840 | 1071 |
| 居民人均可支配收入（元） | Per Capita Annual Disposable Income of Households （yuan） | 25917 | 26776 | 22392 |
| **城镇居民人均可支配收入（元）** | **Per Capita Disposable Income of Urban Households （yuan）** | **40436** | **38452** | **35545** |
| 农村居民人均可支配收入（元） | Per Capita Net Income of Rural Residents （yuan） | 18354 | 16933 | 16233 |
| 农村居民人均消费支出（元） | Per Capita Consumption Expenditure of Rural Households （yuan） |  | 9299 | 19436 |
| 其中：食品烟酒消费支出 | Consumption Expenditure on Food, Tobacco and Liquor |  | 3591 | 7310 |
| 提供住宿的社会工作机构（个） | Social Welfares and facilities provides lodging （unit） | 8 | 12 | 213 |
| 提供住宿的社会工作机构床位（床） | Number of Beds in Adopting Units of Social Welfare （bed） | 190 | 466 | 2586 |
| 城乡居民基本养老保险参保人数 | Number of Basic Pension Insurance for Urban and Rural Residents（person） | 151495 | 180217 | 365521 |
| 城镇居民最低生活保障人数（人） | Number of Urban Residents Receiving Lowest Cost-of-living（person） | 2791 | 1139 | 3459 |
| 农村居民最低生活保障人数（人） | Number of Rural Residents Receiving Lowest Cost-of-living （person） | 66888 | 13125 | 31251 |
| 森林面积（公顷） | Forest Area （hectares） | 78178 | 157848 | 244598 |
| 自然保护区面积（公顷） | Area of Nature Reserve （hectares） | 6991 | 56096 | 0 |
| 垃圾处理站数（个） | Number of Garbage Station（unit） | 5 | 5 | 7 |

## Continued

| 兴安县 Xing'an County | 永福县 Yongfu County | 灌阳县 Guanyang County | 龙胜各族自治县 Longsheng County | 资源县 Ziyuan County | 平乐县 Pingle County | 恭城瑶族自治县 Gongcheng County | 荔浦市 Lipu City | 万秀区 Wanxiu District | 长洲区 Changzhou District | 龙圩区 Longxu District |
|---|---|---|---|---|---|---|---|---|---|---|
| 31 | 34 | 24 | 18 | 16 | 39 | 19 | 63 | 68 | 20 | 34 |
| 17.5 | 31.1 | 11.4 | 9.9 | 11.2 | 3.0 | 8.4 | 9.3 | -1.4 | -3.0 | -0.8 |
| 1309 | 745 | 852- | 1013 | 928 | 1010 | 878 | 1113 | 200 | 250 | 288 |
| 546411 | 385343 | 241107 | 117630 | 154423 | 305419 | 352225 |  | 1194953 | 968519 |  |
| 0 | 0 | 0 | 32562 | 0 |  |  | 52800 | 69829 | 94300 | 47330 |
| 11.1 | 17.0 | 13.5 | 13.2 | 10.2 | 23.1 | -12.9 | 31.0 | 12.8 | -1.2 | 17.7 |
| 15 | 13 | 12 | 4 | 2 | 14 | 12 | 10 | 2 | 4 | 11 |
| 105 | 79 | 14 | 61 | 108 | 36 | 23 | 138 | 46 | 43 | 65 |
| 1023 | 859 | 890 | 513 | 599 | 1195 | 917 | 688 | 88 | 120 | 890 |
| 1332 | 1132 | 1274 | 782 | 733 | 1951 | 1365 | 1459 | 1293 | 1145 | 1617 |
| 13674 | 11703 | 11955 | 7304 | 8981 | 20845 | 14743 | 10717 | 1162 | 2476 | 14541 |
| 26490 | 19049 | 18024 | 10252 | 12701 | 32650 | 21451 | 24311 | 23985 | 21137 | 32409 |
| 22 | 54 | 13 | 7 | 19 | 42 | 27 | 56 | 0 |  | 0 |
| 135 | 140 | 128 | 120 | 72 | 167 | 90 | 117 | 0 | 640 | 0 |
| 1 | 3 | 1 | 1 | 6 | 4 | 1 | 1 | 6 | 2 | 0 |
| 1750 | 1307 | 931 | 527 | 540 | 1358 | 1001 | 1522 | 4304 | 888 | 512 |
| 2597 | 1487 | 1077 | 1163 | 900 | 1823 | 1489 | 1885 | 7895 | 952 | 1115 |
| 772 | 468 | 397 | 265 | 226 | 897 | 539 | 687 | 1837 | 382 | 524 |
| 25980 | 23079 | 20175 | 20106 | 19319 | 21778 | 20517 | 25911 | 33026 | 33527 | 21269 |
| 37431 | 37820 | 34603 | 35315 | 34892 | 36024 | 34846 | 37263 | 34914 | 35495 | 30972 |
| 19252 | 15454 | 11950 | 12816 | 12227 | 15339 | 14115 | 16369 | 17238 | 16556 | 13040 |
| 0 | 9258 | 9258 | 11367 | 0 | 9336 |  | 10881 | 9112 | 14533 |  |
| 0 | 3637 | 3637 | 3436 | 0 | 3315 |  | 3689 | 2864 | 4656 |  |
| 76 | 81 | 6 | 105 | 0 | 37 | 1 | 1 | 15 | 7 | 40 |
| 1063 | 1335 | 295 | 1243 | 0 | 525 | 220 | 80 | 1365 | 649 | 531 |
| 107884 | 127593 | 138970 | 91069 | 82023 | 200018 | 142200 | 157958 | 29162 | 22359 | 125947 |
| 1177 | 2017 | 1247 | 1158 | 477 | 1288 | 990 | 1447 | 3365 | 1505 | 1101 |
| 14799 | 18566 | 15857 | 11213 | 12005 | 16008 | 12911 | 13613 | 2768 | 3013 | 10208 |
| 181274 | 228839 | 147049 | 200665 | 160422 | 141166 | 176430 | 132301 | 32146 | 24600 | 68210 |
| 7511 | 82207 | 30373 | 11125 | 9443 | 0 | 60233 | 19504 | 0 | 0 | 0 |
| 1 | 1 | 10 | 1 | 1 | 13 | 17 | 1 | 0 | 1 | 1 |

# 23-1 续表11

| 指　标 | Item | 苍梧县 Cangwu County | 藤 县 Tengxian County |
|---|---|---|---|
| 规模以上工业企业个数（个） | Number of Industrial Enterprises above Designated Size (unit) | 16 | 82 |
| 规模以上工业增加值增速（%） | Growth of added value of industries above Designated Size (%) | 7.7 | -3.3 |
| 公路里程（公里） | Length of Domestic Highways (km) | 1220 | 2109 |
| 社会消费品零售总额（万元） | Total Retail Sales of Consumer Goods (10 000 yuan) | 290144 | |
| 出口总额（万元） | Total Export (10 000 yuan) | 0 | 26241 |
| 固定资产投资增速（不含农户）(%) | Fixed Asset Investment Index (excluding rural households) Growth Rate (%) | 6.8 | 11.8 |
| 普通中学数（所） | Number of Regular Secondary Schools (unit) | 17 | 40 |
| 小学数（所） | Number of Primary Schools (unit) | 72 | 146 |
| 普通中学专任教师数（人） | Full-time Teachers in Regular Secondary Schools (person) | 1438 | 4102 |
| 小学专任教师数（人） | Full-time Teachers in Primary Schools (person) | 1845 | 5189 |
| 普通中学在校学生数（人） | Student Enrollment in Regular Secondary Schools (person) | 20668 | 62714 |
| 小学在校学生数（人） | Primary Student Enrollment (person) | 30925 | 92508 |
| 全年专利授权数（件） | Number of patent authorizations throughout the year (unit) | 70 | 8 |
| 公共图书馆图书总藏量（千册） | Public Library total Collection of Books (1 000 copies/collects) | 119 | 162 |
| 体育场馆个数 | Sports Places (unit) | 1 | 4 |
| 医疗卫生机构床位数（张） | Number of Beds in Heathcare Institutions (bed) | 971 | 3290 |
| 医疗卫生机构技术人员（人） | Medical & Technical Personnel of Heathcare Institutions (person) | 1767 | 2926 |
| #执业（助理）医师 | Practitioner (assistant) Doctors | 364 | 1027 |
| 居民人均可支配收入（元） | Per Capita Annual Disposable Income of Households (yuan) | 14603 | 20656 |
| 城镇居民人均可支配收入（元） | Per Capita Disposable Income of Urban Households (yuan) | 25250 | 30714 |
| 农村居民人均可支配收入（元） | Per Capita Net Income of Rural Residents (yuan) | 9990 | 13406 |
| 农村居民人均消费支出（元） | Per Capita Consumption Expenditure of Rural Households (yuan) | 7451 | 8582 |
| 其中：食品烟酒消费支出 | Consumption Expenditure on Food, Tobacco and Liquor | 2835 | 3312 |
| 提供住宿的社会工作机构（个） | Social Welfares and facilities provides lodging (unit) | 5 | 9 |
| 提供住宿的社会工作机构床位（床） | Number of Beds in Adopting Units of Social Welfare (bed) | 90 | 1198 |
| 城乡居民基本养老保险参保人数 | Number of Basic Pension Insurance for Urban and Rural Residents (person) | 206724 | 449131 |
| 城镇居民最低生活保障人数（人） | Number of Urban Residents Receiving Lowest Cost-of-living (person) | 460 | 3277 |
| 农村居民最低生活保障人数（人） | Number of Rural Residents Receiving Lowest Cost-of-living (person) | 22023 | 82405 |
| 森林面积（公顷） | Forest Area (hectares) | 214666 | 292948 |
| 自然保护区面积（公顷） | Area of Nature Reserve (hectares) | 0 | 0 |
| 垃圾处理站数（个） | Number of Garbage Station (unit) | 17 | 6 |

## Continued

| 蒙山县 Mengshan County | 岑溪市 Cenxi City | 海城区 Haicheng District | 银海区 Yinhai District | 铁山港区 Tieshan-gang District | 合浦县 Hepu County | 港口区 Gangkou District | 防城区 Fangcheng District | 上思县 Shangsi County | 东兴市 Dongxing City | 钦南区 Qinnan District | 钦北区 Qinbei District |
|---|---|---|---|---|---|---|---|---|---|---|---|
| 28 | 109 | 114 | 34 | 23 | 93 | 57 | 37 | 27 | 27 | 74 | 54 |
| 1.6 | -15.0 | 7.7 | 12.5 | 9.9 | 19.3 | 7.0 | -8.0 | 3.3 | 1.4 | 5.5 | 5.7 |
| 543 | 1695 | 91 | 700 | 374 | 1872 | 332 | 1086 | 1204 | 727 | 1013 | 1216 |
|  |  | 1429629 |  |  | 1036330 | 279495 |  | 250674 | 311856 | 965407 | 1320078 |
| 4232 | 8776 | 1149174 | 30330 | 21031 | 95015 | 464463 | 366196 | 0 | 1576222 |  | 29283 |
| 45.4 | 7.3 | -9.3 | 12.9 | 37.0 | 33.6 | 20.6 | -12.2 | 10.4 | -34.2 | -7.5 | 25.7 |
| 11 | 23 | 15 | 13 | 7 | 38 | 7 | 17 | 6 | 8 | 18 | 21 |
| 65 | 424 | 44 | 39 | 51 | 226 | 26 | 64 | 36 | 26 | 161 | 324 |
| 924 | 3829 | 578 | 690 | 506 | 4610 | 334 | 1046 | 508 | 813 | 1301 | 2170 |
| 1006 | 4186 | 3771 | 1273 | 726 | 4657 | 903 | 2043 | 1306 | 1515 | 3855 | 4546 |
| 11637 | 59307 | 5306 | 8256 | 7343 | 68288 | 5400 | 17507 | 8773 | 11260 | 16095 | 35212 |
| 16855 | 95010 | 49947 | 23873 | 13109 | 75756 | 18535 | 40143 | 19701 | 25453 | 70177 | 89129 |
| 56 | 166 | 172 |  | 86 | 143 | 155 | 34 | 34 | 96 | 0 |  |
| 107 | 130 | 320 |  | 0 | 227 | 26 | 99 | 165 | 161 | 3 | 4387 |
| 1 | 3 | 0 | 1 | 0 | 7 | 2 | 3 | 1 | 3 | 1 | 10 |
| 808 | 3869 | 3117 | 332 | 250 | 5483 | 498 | 1096 | 923 | 481 | 1202 | 2200 |
| 987 | 3695 | 5334 | 1291 | 529 | 4611 | 654 | 1646 | 1028 | 1003 | 1288 | 1696 |
| 396 | 1212 | 1756 | 485 | 185 | 1582 | 292 | 489 | 313 | 413 | 375 | 1105 |
| 18276 | 25847 | 37677 | 31378 | 22869 | 23746 |  | 27885 |  | 35936 | 27538 |  |
| 30213 | 34925 | 37700 | 36181 | 35779 | 35906 | 38900 | 37843 | 24967 | 42704 | 36492 | 35387 |
| 11524 | 15981 | 16633 | 17293 | 16189 | 15263 | 17158 | 16404 | 13152 | 19659 | 14627 | 14197 |
| 0 | 11135 | 13553 | 12494 | 11456 | 8025 | 13215 | 11342 |  |  |  | 9145 |
| 0 | 2538 | 4661 | 4275 | 3820 | 2552 | 4583 | 5494 |  |  |  | 3296 |
| 44 | 103 | 7 | 5 | 497 | 103 | 3 | 235 | 13 | 28 | 134 | 13 |
| 476 | 321 | 520 | 532 | 6564 | 1104 | 120 | 1746 | 562 | 338 | 1585 | 428 |
| 90161 | 381912 | 21844 | 57524 | 60263 | 286517 |  | 143620 | 94142 | 54748 | 248400 | 312078 |
| 901 | 5592 | 2309 | 7892 | 497 | 31461 | 423 | 2737 | 1932 | 733 | 3960 | 12969 |
| 11952 | 44973 | 454 | 36431 | 6564 | 295861 | 1334 | 13560 | 10153 | 4167 | 20051 | 230700 |
| 15290 | 186592 | 731 | 6236 | 7382 | 76010 | 10239 | 170478 | 164913 | 34126 |  | 116237 |
| 8258 | 0 | 2383 | 0 | 60 | 8000 | 0 | 29400 | 38133 | 1217 |  | 4194 |
| 6 | 1 | 12 | 1 | 3 | 39 | 0 | 8 | 7 | 6 | 22 | 3 |

# 23-1 续表12

| 指　标 | Item | 灵山县 Lingshan County | 浦北县 Pubei County |
|---|---|---|---|
| 规模以上工业企业个数（个） | Number of Industrial Enterprises above Designated Size (unit) | 72 | 81 |
| 规模以上工业增加值增速（%） | Growth of added value of industries above Designated Size (%) | 25.8 | 13.9 |
| 公路里程（公里） | Length of Domestic Highways (km) | 2489 | 1955 |
| 社会消费品零售总额（万元） | Total Retail Sales of Consumer Goods (10 000 yuan) | 0 | 1000000 |
| 出口总额（万元） | Total Export (10 000 yuan) | 94279 | 484000 |
| 固定资产投资增速（不含农户）（%） | Fixed Asset Investment Index (excluding rural households) Growth Rate (%) | 30.1 | 16.6 |
| 普通中学数（所） | Number of Regular Secondary Schools (unit) | 45 | 26 |
| 小学数（所） | Number of Primary Schools (unit) | 401 | 267 |
| 普通中学专任教师数（人） | Full-time Teachers in Regular Secondary Schools (person) | 4862 | 3331 |
| 小学专任教师数（人） | Full-time Teachers in Primary Schools (person) | 7530 | 4681 |
| 普通中学在校学生数（人） | Student Enrollment in Regular Secondary Schools (person) | 88876 | 49569 |
| 小学在校学生数（人） | Primary Student Enrollment (person) | 157679 | 80059 |
| 全年专利授权数（件） | Number of patent authorizations throughout the year (unit) | 66 | 25 |
| 公共图书馆图书总藏量（千册） | Public Library total Collection of Books (1 000 copies/collects) | 170 | 189 |
| 体育场馆个数 | Sports Places (unit) | 2 | 5 |
| 医疗卫生机构床位数（张） | Number of Beds in Heathcare Institutions (bed) | 5475 | 2692 |
| 医疗卫生机构技术人员（人） | Medical & Technical Personnel of Heathcare Institutions (person) | 5852 | 4015 |
| #执业（助理）医师 | Practitioner (assistant) Doctors | 1412 | 788 |
| 居民人均可支配收入（元） | Per Capita Annual Disposable Income of Households (yuan) | 20728 | 35438 |
| 城镇居民人均可支配收入（元） | Per Capita Disposable Income of Urban Households (yuan) | 35691 | 35438 |
| 农村居民人均可支配收入（元） | Per Capita Net Income of Rural Residents (yuan) | 14108 | 13850 |
| 农村居民人均消费支出（元） | Per Capita Consumption Expenditure of Rural Households (yuan) | 8847 | 8899 |
| 其中：食品烟酒消费支出 | Consumption Expenditure on Food, Tobacco and Liquor | 3375 | 3862 |
| 提供住宿的社会工作机构（个） | Social Welfares and facilities provides lodging (unit) | 508 | 309 |
| 提供住宿的社会工作机构床位（床） | Number of Beds in Adopting Units of Social Welfare (bed) | 5021 | 3411 |
| 城乡居民基本养老保险参保人数 | Number of Basic Pension Insurance for Urban and Rural Residents (person) | 463115 | 857200 |
| 城镇居民最低生活保障人数（人） | Number of Urban Residents Receiving Lowest Cost-of-living (person) | 3221 | 1935 |
| 农村居民最低生活保障人数（人） | Number of Rural Residents Receiving Lowest Cost-of-living (person) | 75981 | 42947 |
| 森林面积（公顷） | Forest Area (hectares) | 178214 | 151225 |
| 自然保护区面积（公顷） | Area of Nature Reserve (hectares) | | 0 |
| 垃圾处理站数（个） | Number of Garbage Station (unit) | 60 | 6 |

## Continued

| 港北区 Gangbei District | 港南区 Gangnan District | 覃塘区 Qintang District | 平南县 Pingnan County | 桂平市 Guiping City | 玉州区 Yuzhou District | 福绵区 Fumian District | 容县 Rongxian County | 陆川县 Luchuan County | 博白县 Bobai County | 兴业县 Xingye County | 北流市 Beiliu City |
|---|---|---|---|---|---|---|---|---|---|---|---|
| 101 | 216 | 185 | 118 | 111 | 94 | 47 | 87 | 69 | 93 | 42 | 120 |
| 19.1 | 18.2 | 32.2 | 12.8 | 1.1 | 5.8 | 21.0 | 9.5 | 4.7 | 16.0 | 18.5 | 12.5 |
| 649 | 905 | 1154 | 1665 | 2606 | 343 | 0 | 1536 | 1671 | 2748 | 1094 | 1687 |
| 2185726 | 551503 | 536512 | 872568 | 1503279 | 3608015 | 210487 | 836738 |  | 1314325 |  | 1321807 |
| 47588 | 15765 | 2218 | 98157 | 25329 | 28604 | 1875 | 5790 | 7880 | 80478 | 1048 | 206236 |
| 8.9 | 8.1 | 15.6 | 13.6 | 8.4 | 10.0 | 13.1 | 4.9 | 13.3 | 14.1 | 13.5 | 14.2 |
| 19 | 20 | 24 | 54 | 75 | 19 | 12 | 31 | 34 | 71 | 29 | 51 |
| 100 | 118 | 133 | 209 | 256 | 90 | 75 | 145 | 166 | 307 | 164 | 362 |
| 2190 | 1952 | 2392 | 5361 | 7499 | 2078 | 1135 | 3064 | 3960 | 6274 | 1982 | 5178 |
| 3631 | 2654 | 2370 | 6784 | 8603 | 2914 | 1637 | 3718 | 5035 | 9598 | 2806 | 8091 |
| 33061 | 29656 | 31722 | 88418 | 121295 | 26319 | 16937 | 54092 | 64536 | 105267 | 36424 | 96107 |
| 79792 | 51961 | 47045 | 126996 | 168787 | 72079 | 32288 | 87414 | 99124 | 174210 | 53631 | 171589 |
| 27 | 16 | 47 | 315 | 432 | 115 | 8 | 217 | 15 | 180 | 179 | 120 |
| 30 | 13 | 0 | 190 | 406 | 87 | 52 | 241 | 469 | 331 | 67 | 236 |
| 3 | 0 | 4 | 5 | 0 | 1 | 0 | 1 | 2 | 21 | 1 | 27 |
| 4923 | 1702 | 1605 | 5178 | 5939 | 1534 | 699 | 3588 | 3277 | 3633 | 18 | 3768 |
| 1592 | 1669 | 1661 | 5963 | 7041 | 1971 | 935 | 3926 | 2866 | 4197 | 1698 | 4091 |
| 1338 | 594 | 547 | 2089 | 2450 | 615 | 350 | 1327 | 880 | 1152 | 628 | 1642 |
| 30600 | 23048 | 24552 | 23289 | 22811 | 36652 | 24782 | 23192 | 22924 | 21321 | 20787 | 29052 |
| 35087 | 33939 | 33129 | 32863 | 32396 | 41680 | 38569 | 33641 | 32744 | 30415 | 30789 | 38316 |
| 15992 | 15573 | 16235 | 14975 | 15592 | 18688 | 15994 | 15604 | 15410 | 15504 | 14675 | 17512 |
|  | 6182 |  | 0 | 9845 | 13800 | 9625 | 10006 | 11397 | 10902 | 10342 | 9883 |
|  | 3714 |  | 0 | 4303 | 4300 | 0 | 3576 | 3480 | 2996 | 3115 | 3865 |
| 9 | 153 | 11 | 184 | 208 | 19 | 192 | 134 | 77 | 363 | 265 | 46 |
| 932 | 2752 | 240 | 4977 | 4516 | 769 | 1802 | 1241 | 1382 | 6045 | 2696 | 720 |
| 192495 | 331179 | 195757 | 518773 | 748716 | 128453 | 147165 | 288860 | 354304 | 588421 | 266245 | 346106 |
| 5111 | 1170 | 620 | 3041 | 5133 | 7472 | 2710 | 5737 | 6938 | 12163 | 4221 | 534 |
| 21277 | 26826 | 24842 | 58499 | 101166 | 11526 | 15208 | 38950 | 45399 | 77867 | 31037 | 12527 |
| 46700 | 38902 | 43700 | 169445 | 198402 | 12221 | 47965 | 168320 | 91236 | 238667 | 91110 | 153691 |
|  | 0 | 0 | 0 | 1897 | 957 | 0 | 2816 |  | 16012 | 473 | 18199 |
| 1 | 0 | 10 | 1 | 1 | 1 | 0 | 18 | 3 | 3 | 9 | 5 |

# 23-1 续表13

| 指　标 | Item | 右江区 Youjiang District | 田阳区 Tianyang District | 田东县 Tiandong County |
|---|---|---|---|---|
| 规模以上工业企业个数（个） | Number of Industrial Enterprises above Designated Size （unit） | 47 | 43 | 34 |
| 规模以上工业增加值增速（%） | Growth of added value of industries above Designated Size（%） | 6.4 | 17.3 | -4.0 |
| 公路里程（公里） | Length of Domestic Highways （km） | 1661 | 1361 | 1498 |
| 社会消费品零售总额（万元） | Total Retail Sales of Consumer Goods （10 000 yuan） | 1001357 | 342692 | 247228 |
| 出口总额（万元） | Total Export（10 000 yuan） | 48779 | 887 | 876 |
| 固定资产投资增速（不含农户）（%） | Fixed Asset Investment Index （excluding rural households） Growth Rate（%） | -4.1 | -37.4 | 55.9 |
| 普通中学数（所） | Number of Regular Secondary Schools （unit） | 20 | 8 | 11 |
| 小学数（所） | Number of Primary Schools （unit） | 50 | 29 | 42 |
| 普通中学专任教师数（人） | Full-time Teachers in Regular Secondary Schools （person） | 2066 | 1053 | 1464 |
| 小学专任教师数（人） | Full-time Teachers in Primary Schools （person） | 2222 | 1286 | 1978 |
| 普通中学在校学生数（人） | Student Enrollment in Regular Secondary Schools （person） | 38001 | 17596 | 24393 |
| 小学在校学生数（人） | Primary Student Enrollment （person） | 37690 | 27777 | 33399 |
| 全年专利授权数（件） | Number of patent authorizations throughout the year（unit） | 200 | 55 | 51 |
| 公共图书馆图书总藏量（千册） | Public Library total Collection of Books（1 000 copies/collects） | 660 | 111 | 151 |
| 体育场馆个数 | Sports Places （unit） | 11 | 2 | 2 |
| 医疗卫生机构床位数（张） | Number of Beds in Heathcare Institutions （bed） | 5600 | 1499 | 2640 |
| 医疗卫生机构技术人员（人） | Medical & Technical Personnel of Heathcare Institutions （person） | 6721 | 1822 | 2518 |
| #执业（助理）医师 | Practitioner （assistant） Doctors | 2092 | 575 | 934 |
| 居民人均可支配收入（元） | Per Capita Annual Disposable Income of Households （yuan） | 28612 | 22121 | 23656 |
| 城镇居民人均可支配收入（元） | Per Capita Disposable Income of Urban Households （yuan） | 35937 | 34050 | 35369 |
| 农村居民人均可支配收入（元） | Per Capita Net Income of Rural Residents （yuan） | 16205 | 14466 | 16146 |
| 农村居民人均消费支出（元） | Per Capita Consumption Expenditure of Rural Households （yuan） | 11673 | 10650 | 9805 |
| 其中：食品烟酒消费支出 | Consumption Expenditure on Food、Tobacco and Liquor | 3896 | 3468 | 3379 |
| 提供住宿的社会工作机构（个） | Social Welfares and facilities provides lodging （unit） | 11 | 11 | 44 |
| 提供住宿的社会工作机构床位（床） | Number of Beds in Adopting Units of Social Welfare （bed） | 1254 | 256 | 616 |
| 城乡居民基本养老保险参保人数 | Number of Basic Pension Insurance for Urban and Rural Residents（person） | 113815 | 192945 | 186397 |
| 城镇居民最低生活保障人数（人） | Number of Urban Residents Receiving Lowest Cost-of-living （person） | 2611 | 1119 | 1269 |
| 农村居民最低生活保障人数（人） | Number of Rural Residents Receiving Lowest Cost-of-living （person） | 9711 | 21042 | 20410 |
| 森林面积（公顷） | Forest Area （hectares） | 297000 | 173000 | 205533 |
| 自然保护区面积（公顷） | Area of Nature Reserve （hectares） | 78577 | 33811 | 0 |
| 垃圾处理站数（个） | Number of Garbage Station（unit） | 1 | 4 | 1 |

## Continued

| 平果市 Pingguo City | 德保县 Debao County | 那坡县 Napo County | 凌云县 Lingyun County | 乐业县 Leye County | 田林县 Tianlin County | 西林县 Xilin County | 隆林各族自治县 Longlin County | 靖西市 Jingxi City | 八步区 Babu District | 平桂区 Pinggui District |
|---|---|---|---|---|---|---|---|---|---|---|
| 58 | 25 | 10 | 23 | 10 | 43 | 9 | 17 | 37 | 54 | 97 |
| 16.7 | 21.1 | 35.8 | -16.5 | 47.5 | 25.0 | -7.7 | -4.1 | 4.4 | 38.1 | 18.0 |
| 1573 | 1445 | 1235 | 1291 | 1661 | 1807 | 916 | 2047 | 1765 | 1129 | 1466 |
|  | 148272 | 97794 | 0 | 91874 | 144600 | 80738 | 201241 | 363178 | 746421 | 393487 |
| 73657 | 10246 | 466024 | 0 |  | 1239 | 534 | 533 | 1451963 | 104800 | 13561 |
| 52.1 | 2.7 | 33.8 | 19.3 | 14.0 | 50.8 | 218.2 | 9.7 | 14.0 | 16.6 | 10.0 |
| 11 | 14 | 10 | 11 | 13 | 15 | 9 | 18 | 20 | 23 | 17 |
| 34 | 27 | 29 | 40 | 55 | 30 | 27 | 51 | 51 | 89 | 69 |
| 1942 | 1113 | 700 | 828 | 678 | 1268 | 756 | 1441 | 1980 | 2410 | 2079 |
| 2215 | 1424 | 956 | 1159 | 1106 | 1236 | 922 | 2196 | 2335 | 3908 | 2075 |
| 34427 | 16434 | 8861 | 11467 | 10643 | 18643 | 11847 | 28685 | 32462 | 32981 | 29260 |
| 41832 | 24506 | 15503 | 19830 | 14730 | 19815 | 14178 | 37649 | 46071 | 77553 | 43218 |
| 91 | 18 | 5 | 20 | 2 | 11 | 2 | 21 | 384 | 150 | 150 |
| 97 | 117 | 111 | 153 | 94 | 99 | 177 | 113 | 240 | 287 | 30 |
| 2 | 1 | 0 | 1 | 1 | 0 | 2 | 3 | 1 | 0 | 2 |
| 2470 | 1447 | 821 | 698 | 580 | 1072 | 621 | 1488 | 1934 | 1196 | 1113 |
| 2982 | 1425 | 1045 | 886 | 596 | 1342 | 862 | 1707 | 2445 | 1966 | 1525 |
| 1049 | 355 | 268 | 213 | 177 | 352 | 180 | 444 | 643 | 845 | 344 |
| 24554 | 18468 | 13783 | 15159 | 15676 | 16864 | 16064 | 15640 | 16793 | 24129 | 22011 |
| 35966 | 34458 | 26372 | 29803 | 31239 | 30776 | 27103 | 32508 | 30699 | 35482 | 31778 |
| 13734 | 11291 | 9138 | 9789 | 9899 | 12354 | 11213 | 9972 | 11347 | 13560 | 12820 |
| 9064 |  | 7178 |  | 8188 | 9180 | 6801 | 9456 | 10446 |  | 0 |
| 3301 |  | 2654 |  | 2761 | 3217 | 2392 | 1943 | 2951 |  | 0 |
| 163 | 2 | 25 | 27 | 1 | 14 | 1 | 43 | 2 | 38 | 41 |
| 2596 | 36 | 742 | 193 | 6 | 214 | 120 | 968 | 12 | 700 | 689 |
| 225513 | 210793 | 118458 | 111109 | 93289 | 140484 | 81479 | 239829 | 337033 | 228285 | 179178 |
| 3703 | 998 | 471 | 1483 | 1169 | 1297 | 622 | 712 | 2761 | 2441 | 2947 |
| 26871 | 42235 | 21874 | 23061 | 12413 | 37995 | 12582 | 45701 | 78264 | 34198 | 22046 |
| 168000 | 182533 | 173800 | 171600 | 218133 | 447600 | 232133 | 250400 | 220133 | 261710 | 128530 |
| 30205 | 31412 | 26299 | 19030 | 22062 | 16922 | 48202 | 19424 | 41978 | 9464 | 3690 |
| 1 | 1 | 1 | 1 | 1 | 1 | 1 | 1 | 1 | 79 | 11 |

# 23-1 续表14

| 指 标 | Item | 昭平县 Zhaoping County | 钟山县 Zhongshan County | 富川瑶族自治县 Fuchuan County | 金城江区 Jinchengjiang District |
|---|---|---|---|---|---|
| 规模以上工业企业个数（个） | Number of Industrial Enterprises above Designated Size （unit） | 17 | 51 | 22 | 29 |
| 规模以上工业增加值增速（%） | Growth of added value of industries above Designated Size（%） | 10.5 | 3.0 | 14.3 | 12.3 |
| 公路里程（公里） | Length of Domestic Highways （km） | 1228 | 732 | 832 | 970 |
| 社会消费品零售总额（万元） | Total Retail Sales of Consumer Goods （10 000 yuan） | 303275 | 456316 | 200717 | 887177 |
| 出口总额（万元） | Total Export（10 000 yuan） | 0 | 1907 | 442 | 4900 |
| 固定资产投资增速（不含农户）（%） | Fixed Asset Investment Index （excluding rural households） Growth Rate（%） | 8.9 | -13.5 | 8.2 | -19.4 |
| 普通中学数（所） | Number of Regular Secondary Schools （unit） | 17 | 21 | 11 | 16 |
| 小学数（所） | Number of Primary Schools （unit） | 210 | 201 | 32 | 44 |
| 普通中学专任教师数（人） | Full-time Teachers in Regular Secondary Schools （person） | 2195 | 1450 | 1105 | 1489 |
| 小学专任教师数（人） | Full-time Teachers in Primary Schools （person） | 1512 | 2321 | 1728 | 1694 |
| 普通中学在校学生数（人） | Student Enrollment in Regular Secondary Schools （person） | 23440 | 22985 | 16441 | 25377 |
| 小学在校学生数（人） | Primary Student Enrollment （person） | 39588 | 44707 | 29434 | 33234 |
| 全年专利授权数（件） | Number of patent authorizations throughout the year（unit） | 31 | 52 | 55 | 62 |
| 公共图书馆图书总藏量（千册） | Public Library total Collection of Books（1 000 copies/collects） | 2100 | 186 | 150 | 269 |
| 体育场馆个数 | Sports Places （unit） | 1 | 1 | 2 | 2 |
| 医疗卫生机构床位数（张） | Number of Beds in Heathcare Institutions （bed） | 5 | 1762 | 1287 | 4313 |
| 医疗卫生机构技术人员（人） | Medical & Technical Personnel of Heathcare Institutions (person) | 5 | 2032 | 1597 | 5094 |
| #执业（助理）医师 | Practitioner （assistant） Doctors | 0 | 658 | 395 | 1721 |
| 居民人均可支配收入（元） | Per Capita Annual Disposable Income of Households （yuan） | 21188 | 20122 | 19596 | 23199 |
| 城镇居民人均可支配收入（元） | Per Capita Disposable Income of Urban Households （yuan） | 32081 | 31744 | 30968 | 37775 |
| 农村居民人均可支配收入（元） | Per Capita Net Income of Rural Residents （yuan） | 12159 | 12274 | 12196 | 11976 |
| 农村居民人均消费支出（元） | Per Capita Consumption Expenditure of Rural Households (yuan) | 12974 | 7875 | 7671 | 9350 |
| 其中：食品烟酒消费支出 | Consumption Expenditure on Food， Tobacco and Liquor | 3485 | 2771 | 2718 | 3133 |
| 提供住宿的社会工作机构（个） | Social Welfares and facilities provides lodging （unit） | 12 | 1 | 92 | 15 |
| 提供住宿的社会工作机构床位（床） | Number of Beds in Adopting Units of Social Welfare （bed） | 66 | 36 | 1116 | 407 |
| 城乡居民基本养老保险参保人数 | Number of Basic Pension Insurance for Urban and Rural Residents（person） | 192104 | 163908 | 172427 | 112194 |
| 城镇居民最低生活保障人数（人） | Number of Urban Residents Receiving Lowest Cost-of-living (person) | 11363 | 13041 | 2628 | 16000 |
| 农村居民最低生活保障人数（人） | Number of Rural Residents Receiving Lowest Cost-of-living (person) | 269816 | 25842 | 20022 | 129373 |
| 森林面积（公顷） | Forest Area （hectares） | 260105 | 94609 | 78078 | 155057 |
| 自然保护区面积（公顷） | Area of Nature Reserve （hectares） | 14336 | 0 | 17560 | 0 |
| 垃圾处理站数（个） | Number of Garbage Station（unit） | 1 | 1 | 2 | 18 |

## Continued

| 宜州区<br>Yizhou District | 南丹县<br>Nandan County | 天峨县<br>Tian'e County | 凤山县<br>Fengshan County | 东兰县<br>Donglan County | 罗城仫佬族自治县<br>Luocheng County | 环江毛南族自治县<br>Huanjiang County | 巴马瑶族自治县<br>Bama County | 都安瑶族自治县<br>Du'an County | 大化瑶族自治县<br>Dahua County |
|---|---|---|---|---|---|---|---|---|---|
| 48 | 27 | 11 | 5 | 6 | 20 | 27 | 15 | 17 | 10 |
| 4.8 | 9.1 | 4.6 | 13.6 | 14.4 | -0.6 | 4.4 | -24.5 | 20.1 | 0.2 |
| 1558 | 1247 | 1358 | 901 | 1403 | 637 | 1187 | 974 | 1775 | 1429 |
| 647884 | 0 |  | 105190 | 189420 |  |  | 175699 | 284912 | 219982 |
| 16900 | 0 | 0 | 0 | 0 | 0 | 462 | 1557 | 17397 | 1107 |
| 15.6 | 10.6 | 29.9 | 10.2 | 8.4 | 19.8 | 25.3 | 16.3 | 18.8 | 29.0 |
| 30 | 15 | 7 | 12 | 12 | 14 | 16 | 15 | 27 | 19 |
| 208 | 142 | 74 | 92 | 59 | 157 | 104 | 59 | 116 | 72 |
| 1926 | 875 | 759 | 556 | 807 | 992 | 1233 | 1162 | 2303 | 1584 |
| 2771 | 2084 | 967 | 1223 | 1363 | 1710 | 1640 | 1838 | 3599 | 2520 |
| 38407 | 20322 | 13428 | 8563 | 12001 | 17750 | 20121 | 20015 | 46976 | 30432 |
| 51713 | 33589 | 14990 | 18962 | 22834 | 27792 | 25691 | 30025 | 67550 | 46677 |
| 132 | 57 | 84 | 14 | 0 | 44 | 62 | 21 | 44 | 32 |
| 129 | 132 | 72 | 88 | 72 | 134 | 85 | 118 | 124 | 70 |
| 2 | 15 | 0 | 1 | 1 | 4 | 3 | 3 | 1 | 1 |
| 4687 | 1192 | 678 | 346 | 1025 | 1301 | 927 | 676 | 2836 | 1747 |
| 4367 | 1510 | 763 | 932 | 819 | 1586 | 1115 | 1185 | 3647 | 1895 |
| 1288 | 438 | 189 | 144 | 277 | 460 | 560 | 315 | 855 | 447 |
| 22241 | 22805 | 16479 | 13012 | 12798 | 13845 | 16551 | 14146 | 15237 | 13708 |
| 37240 | 35931 | 27506 | 25254 | 25692 | 24902 | 29245 | 28189 | 25622 | 25552 |
| 12930 | 11982 | 9784 | 8818 | 8859 | 8915 | 10927 | 9112 | 8956 | 9141 |
| 10167 | 8351 | 8315 | 6762 | 6543 | 6838 | 9362 |  | 6482 | 7702 |
| 3348 | 3031 | 2635 | 2358 | 2081 | 2500 | 2878 |  | 2219 | 2595 |
| 9 | 32 | 10 | 12 | 7 | 13 | 16 | 3 | 5 | 18 |
| 315 | 420 | 327 | 221 | 301 | 464 | 79 | 448 | 1777 | 620 |
| 243229 | 118726 | 78902 | 13876 | 159891 | 201504 | 172076 | 123264 | 284944 | 208836 |
| 2797 | 5291 | 672 | 816 | 595 | 8489 | 1061 | 2642 | 8688 | 3158 |
| 25058 | 34091 | 14186 | 24345 | 21229 | 35356 | 25148 | 23365 | 99315 | 50995 |
| 258316 | 270835 | 260148 | 145260 | 188360 | 186300 | 333145 | 146536 | 310750 | 245220 |
| 0 | 1354 | 42760 | 0 | 0 | 6756 | 16825 | 0 | 0 | 0 |
| 10 | 7 | 7 | 3 | 3 | 2 | 20 | 10 | 34 | 24 |

# 23-1 续表15

| 指　标 | Item | 兴宾区 Xingbin District | 忻城县 Xincheng County | 象州县 Xiangzhou County |
|---|---|---|---|---|
| 规模以上工业企业个数（个） | Number of Industrial Enterprises above Designated Size (unit) | 104 | 15 | 41 |
| 规模以上工业增加值增速（%） | Growth of added value of industries above Designated Size (%) | 11.5 | -13.8 | -32.7 |
| 公路里程（公里） | Length of Domestic Highways (km) | 2933 | 1118 | 790 |
| 社会消费品零售总额（万元） | Total Retail Sales of Consumer Goods (10 000 yuan) | 744138 | 294087 | 302702 |
| 出口总额（万元） | Total Export (10 000 yuan) | 0 | 0 | 1782 |
| 固定资产投资增速（不含农户）（%） | Fixed Asset Investment Index (excluding rural households) Growth Rate (%) | 1.1 | 30.7 | 16.4 |
| 普通中学数（所） | Number of Regular Secondary Schools (unit) | 30 | 7 | 10 |
| 小学数（所） | Number of Primary Schools (unit) | 113 | 24 | 42 |
| 普通中学专任教师数（人） | Full-time Teachers in Regular Secondary Schools (person) | 2552 | 938 | 983 |
| 小学专任教师数（人） | Full-time Teachers in Primary Schools (person) | 4823 | 1475 | 1425 |
| 普通中学在校学生数（人） | Student Enrollment in Regular Secondary Schools (person) | 40618 | 17550 | 15717 |
| 小学在校学生数（人） | Primary Student Enrollment (person) | 97207 | 28445 | 23429 |
| 全年专利授权数（件） | Number of patent authorizations throughout the year (unit) | 203 | 0 | 53 |
| 公共图书馆图书总藏量（千册） | Public Library total Collection of Books (1 000 copies/collects) | 406 | 83 | 143 |
| 体育场馆个数 | Sports Places (unit) | 0 | 6 | 0 |
| 医疗卫生机构床位数（张） | Number of Beds in Heathcare Institutions (bed) | 2405 | 1349 | 2066 |
| 医疗卫生机构技术人员（人） | Medical & Technical Personnel of Heathcare Institutions (person) | 2701 | 1266 | 1629 |
| #执业（助理）医师 | Practitioner (assistant) Doctors | 1137 | 99 | 512 |
| 居民人均可支配收入（元） | Per Capita Annual Disposable Income of Households (yuan) | 24259 | 19373 | 21939 |
| 城镇居民人均可支配收入（元） | Per Capita Disposable Income of Urban Households (yuan) | 35624 | 34677 | 35498 |
| 农村居民人均可支配收入（元） | Per Capita Net Income of Rural Residents (yuan) | 13483 | 12218 | 13238 |
| 农村居民人均消费支出（元） | Per Capita Consumption Expenditure of Rural Households (yuan) | 11324 | 9833 | 11068 |
| 其中：食品烟酒消费支出 | Consumption Expenditure on Food, Tobacco and Liquor | 3732 | 3124 | 3777 |
| 提供住宿的社会工作机构（个） | Social Welfares and facilities provides lodging (unit) | 40 | 14 | 9 |
| 提供住宿的社会工作机构床位（床） | Number of Beds in Adopting Units of Social Welfare (bed) | 1035 | 521 | 183 |
| 城乡居民基本养老保险参保人数 | Number of Basic Pension Insurance for Urban and Rural Residents (person) | 345906 | 198895 | 142605 |
| 城镇居民最低生活保障人数（人） | Number of Urban Residents Receiving Lowest Cost-of-living (person) | 2970 | 1715 | 15030 |
| 农村居民最低生活保障人数（人） | Number of Rural Residents Receiving Lowest Cost-of-living (person) | 38852 | 28507 | 790 |
| 森林面积（公顷） | Forest Area (hectares) | 92000 | 149925 | 87721 |
| 自然保护区面积（公顷） | Area of Nature Reserve (hectares) | 0 | 0 | 101 |
| 垃圾处理站数（个） | Number of Garbage Station (unit) | 19 | 1 | 1 |

Continued

| 武宣县 Wuxuan County | 金秀瑶族自治县 Jinxiu County | 合山市 Heshan City | 江州区 Jiangzhou District | 扶绥县 Fusui County | 宁明县 Ningming County | 龙州县 Longzhou County | 大新县 Daxin County | 天等县 Tiandeng County | 凭祥市 Pingxiang City |
|---|---|---|---|---|---|---|---|---|---|
| 49 | 17 | 0 | 68 | 110 | 44 | 19 | 26 | 11 | 37 |
| -10.6 | 13.3 | 23.0 | 14.6 | 18.2 | 17.1 | 7.3 | 7.1 | 11.7 | 31.0 |
| 1005 | 717 | 274 | 1017 | 983 | 1444 | 967 | 1003 | 974 | 430 |
| 311473 | 111645 | 0 | 366514 | 296116 |  | 249725 | 181815 |  | 348061 |
| 1789 | 2524 | 0 | 55586 | 10421 | 2234505 | 3580699 | 34759 |  | 6772600 |
| 20.6 | 21.6 | 18.5 | 6.3 | 13.3 | 15.8 | 17.4 | 13.4 | 16.0 | 14.3 |
| 12 | 7 | 3 | 15 | 17 | 16 | 6 | 13 | 17 | 3 |
| 25 | 93 | 6 | 21 | 83 | 204 | 24 | 101 | 98 | 36 |
| 1285 | 406 | 346 | 977 | 1525 | 1138 | 569 | 959 | 817 | 341 |
| 1542 | 762 | 558 | 1299 | 2117 | 1805 | 1071 | 1490 | 1611 | 614 |
| 21955 | 6476 | 4598 | 12718 | 23917 | 20921 | 10430 | 16924 | 15995 | 5818 |
| 34456 | 9875 | 9027 | 25402 | 32840 | 30737 | 15994 | 23120 | 28900 | 11318 |
| 0 | 28 | 45 | 173 | 60 | 20 | 32 | 19 | 1 | 30 |
| 83 | 92 | 75 | 201 | 136 | 139 | 208 | 113 | 113 | 70 |
| 1 | 1 | 1 | 1 | 1 | 2 | 1 | 2 | 2 |  |
| 1982 | 908 | 548 | 1915 | 1297 | 1422 | 1125 | 1313 | 1287 | 368 |
| 2101 | 874 | 774 | 2803 | 1714 | 1772 | 1251 | 1339 | 1473 | 665 |
| 647 | 310 | 244 | 838 | 566 | 481 | 319 | 561 | 428 | 172 |
| 21939 | 19817 | 26732 | 25131 | 24106 | 18004 | 18916 | 19871 | 16518 | 26353 |
| 34628 | 35339 | 33808 | 35421 | 35118 | 29831 | 31030 | 34918 | 29058 | 37539 |
| 13389 | 11105 | 13292 | 15181 | 15566 | 12988 | 11889 | 14042 | 11588 | 13354 |
| 10589 | 9882 | 8977 | 9644 | 10364 | 8352 | 8155 | 10032 | 7979 | 8628 |
| 3392 | 3262 | 3353 | 3697 | 4049 | 3300 | 3132 | 4010 | 3159 | 3015 |
| 12 | 1 | 1 | 10 | 13 | 11 | 16 | 41 | 13 | 1 |
| 685 | 572 | 200 | 370 | 246 | 140 | 427 | 1402 | 460 | 80 |
| 178500 | 70585 | 37157 | 148381 | 172300 | 195011 | 130905 | 172065 | 215186 | 56455 |
| 1367 | 434 | 1362 | 1653 | 2140 | 1371 | 799 | 1297 | 2648 | 9167 |
| 19727 | 6976 | 3277 | 12224 | 14777 | 18872 | 8641 | 18578 | 24047 | 39507 |
| 90985 | 211809 | 18508 | 140397 | 106034 | 227174 | 134633 | 176943 | 129527 | 32348 |
| 0 | 25595 | 0 | 93354 | 9890 | 2825 | 24835 | 72322 | 0 | 0 |
| 11 | 1 | 3 |  | 16 | 4 | 20 | 18 | 1 | 14 |

# 附　录
# APPENDIX

# 2019年广西壮族自治区
# 国民经济和社会发展统计公报[1]

广西壮族自治区统计局　国家统计局广西调查总队

2020年3月12日

2019年，全区各级各部门在自治区党委、政府的坚强领导下，坚持以习近平新时代中国特色社会主义思想为指导，深入学习贯彻党的十九大和十九届二中、三中、四中全会精神，全面落实“三大定位”新使命和“五个扎实”新要求，坚持稳中求进工作总基调，深入贯彻新发展理念，落实高质量发展要求，坚持以供给侧结构性改革为主线，持续打好三大攻坚战，统筹稳增长、促改革、调结构、惠民生、防风险、保稳定，扎实做好稳就业、稳金融、稳外贸、稳外资、稳投资、稳预期工作，全区经济运行总体平稳，发展质量继续提升，民生事业持续改善，保持了经济持续健康发展和社会大局稳定，为全面建成小康社会奠定了坚实的基础。

## 一、综 合

初步核算，全年全区生产总值[2]（GDP）21237.14亿元，按可比价计算，比上年增长6.0%。其中，第一产业增加值3387.74亿元，增长5.6%；第二产业增加值7077.43亿元，增长5.7%；第三产业增加值10771.97亿元，增长6.2%。第一、二、三产业增加值占地区生产总值的比重分别为16.0%、33.3%和50.7%，对经济增长的贡献率分别为15.2%、32.5%和52.3%。按常住人口计算，全年人均地区生产总值42964元，比上年增长5.1%。全员劳动生产率[3] 为74497元/人，比上年提高5.8%。

图1　2019年广西三次产业结构

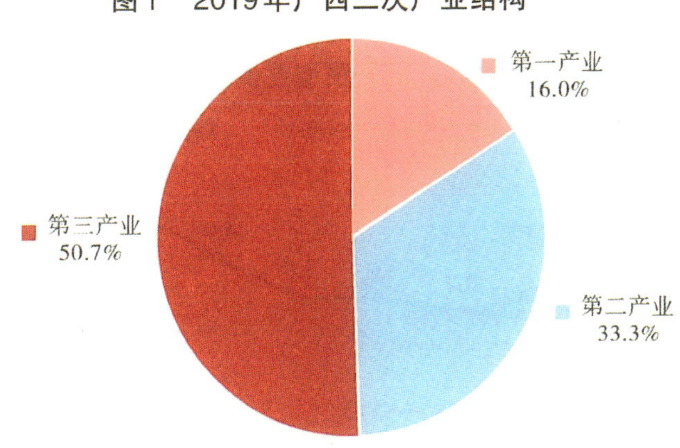


年末全区户籍总人口5695万人，比上年末增加36万人。全区常住人口[4] 4960万人，比上年末增加34万人，其中城镇人口2534.3万人，占常住人口比重（常住人口城镇化率）为51.09%，比上年末提高0.87个百分点。户籍人口城镇化率为32.49%，比上年末提高0.77个百分点。全年出生人口65.6万人，出生率为13.31‰；死亡人口30.8万人，死亡率为6.14‰；自然增长率为7.17‰。

表1　2019年年末广西常住人口数及其构成

| 指 标 | 年末数（万人） | 比重（%） |
| --- | --- | --- |
| 常住人口 | 4960 | |
| 其中：城镇 | 2534.3 | 51.09 |
| 乡村 | 2425.7 | 48.91 |
| 其中：男性 | 2570.2 | 51.82 |
| 女性 | 2389.8 | 48.18 |
| 其中：0-14岁 | 1092.7 | 22.03 |
| 15-64岁 | 3371.3 | 67.97 |
| 65岁及以上 | 496.0 | 10.00 |

图2　2015—2019年广西常住人口城镇化率

年末全区就业人员2853.2万人（按常住人口口径统计），其中城镇就业人员1314.8万人。全年城镇新增就业41.37万人。年末城镇登记失业率为2.60%。全区农民工总量1287.2万人，比上年增长1.1%。其中，外出农民工894.2万人，下降2.0%；本地农民工393.0万人，增长8.8%。

全年全区居民消费价格比上年上涨3.7%。工业生产者出厂价格下降0.7%。工业生产者购进价格下降0.5%。固定资产投资价格上涨2.4%。农产品生产者价格上涨15.5%。

图3　2019年广西居民消费价格月度涨跌幅度

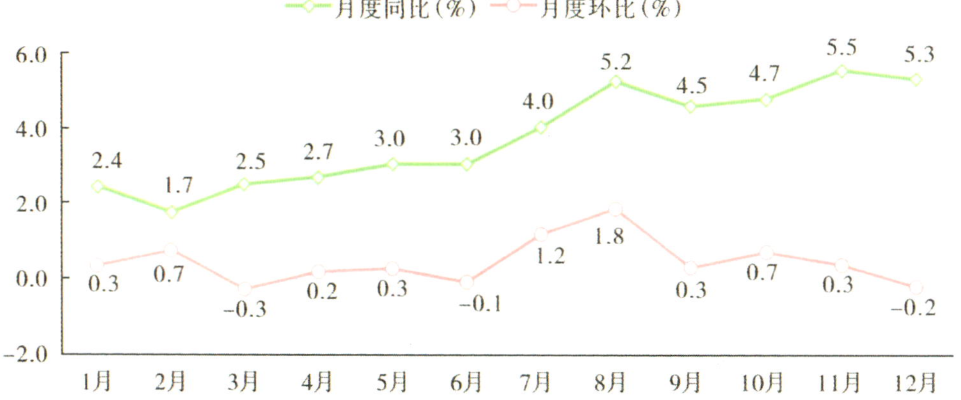

**表2 2019年广西居民消费价格比上年涨跌幅度**

单位：%

| 指 标 | 广西 | 城市 | 农村 |
|---|---|---|---|
| 居民消费价格 | 3.7 | 3.5 | 4.1 |
| 其中：食品烟酒 | 9.5 | 9.1 | 10.3 |
| 衣 着 | 1.7 | 1.8 | 1.4 |
| 居 住 | 1.7 | 1.7 | 1.7 |
| 生活用品及服务 | 1.1 | 1.0 | 1.3 |
| 交通和通信 | -1.9 | -2.0 | -1.6 |
| 教育文化和娱乐 | 2.1 | 1.9 | 2.6 |
| 医疗保健 | 1.8 | 1.7 | 1.9 |
| 其他用品和服务 | 3.0 | 3.2 | 2.6 |

供给侧结构性改革继续深化。年末全区规上工业产成品存货比上年末下降0.1%，产成品存货平均周转天数为18.8天，比上年少0.9天。年末全区商品房待售面积1268.96万平方米，比上年末减少111.23万平方米。其中，商品住宅待售面积702.44万平方米，减少90.01万平方米。全年生态保护和环境治理业、互联网和相关服务业、道路运输业投资比上年分别增长66.3%、11.4%和14.8%。“放管服”改革深入推进，市场主体大量涌现。全年新登记市场主体57.81万户，日均新登记企业1500多户，年末市场主体总数达303.46万户。

发展新动能逐步增强。全年规模以上工业中，高技术制造业[5]增加值比上年增长4.0%，占规模以上工业增加值比重为6.74%。全年规模以上服务业[6]中，软件和信息技术服务业营业收入比上年增长18.8%。全年高技术产业投资[7]比上年增长27.0%，其中高技术制造业和高技术服务业投资分别增长26.5%和27.4%。全年智能电视产量比上年增长2.1倍，手机增长72.1%，电子元件增长11.9%。

脱贫攻坚成效明显。年末全区贫困发生率1.2%，比上年末下降2.1个百分点。全年贫困地区（33个国家贫困县）农村居民人均可支配收入11958元，比上年增长11.1%，扣除价格因素，实际增长6.7%。

**图4 2015—2019年末广西贫困发生率**

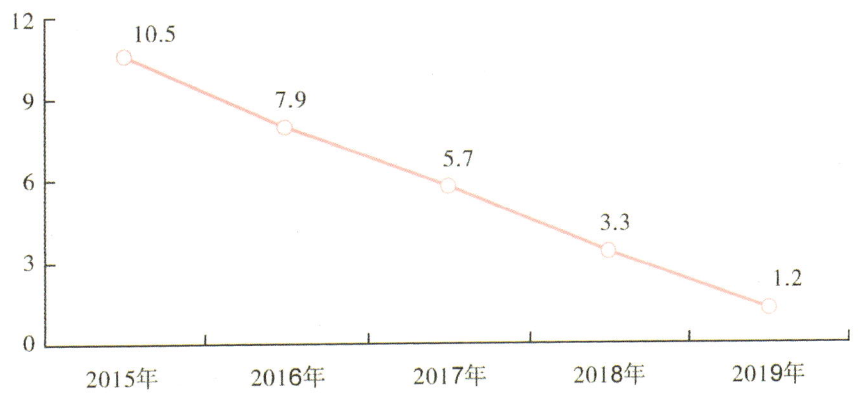

## 二、农业

全年全区粮食种植面积2747千公顷，比上年减少55千公顷。甘蔗种植面积890.23千公顷，增加3.83千公顷。油料种植面积253.65千公顷，增加10.26千公顷。蔬菜种植面积1485.16千公顷，增加45.50千公顷。木薯种植面积178.04千公顷，减少4.21千公顷。果园面积1331.88千公顷，增加68.27千公顷。桑园面积196.89千公顷，减少7.44千公顷。

全年全区粮食总产量1332.0万吨，比上年减少41.0万吨，减产3.0%。其中，春收粮食产量20.0万吨，减产6.1%；早稻产量452.6万吨，减产3.8%；秋粮产量859.4万吨，减产2.5%。全年谷物产量1259.1万吨，减产2.8%。其中，稻谷产量991.9万吨，减产2.4%；玉米产量261.2万吨，减产4.5%。

**图5 2015—2019年广西粮食产量**

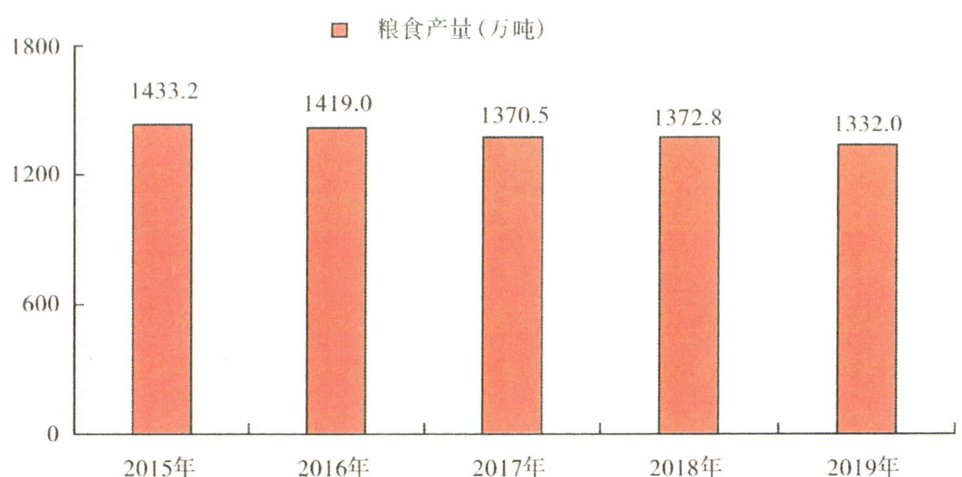


全年全区油料产量71.63万吨，比上年增产7.5%。甘蔗产量7490.65万吨，增产2.7%。蔬菜产量（含食用菌）3636.36万吨，增产6.0%。园林水果产量2140.17万吨，增产19.5%。

全年全区猪牛羊禽肉产量370.8万吨，比上年下降11.4 %。其中，猪肉产量192.1万吨，下降27.2%；牛肉产量12.4万吨，增长0.7%；羊肉产量3.5万吨，增长2.9%；禽肉产量162.9万吨，增长17.3%。禽蛋产量25.1万吨，增长12.4%；牛奶产量8.7万吨，下降1.8%。全年生猪出栏2505.8万头，比上年下降27.7%。年末生猪存栏1599.6万头，比上年末下降30.4%。全年蚕茧产量37.87万吨，比上年增长2.7%。

全年全区水产品产量340.33万吨，比上年增长3.2%。其中，海水产品产量197.68万吨，增长2.8%。

全年全区木材产量3500万立方米，比上年增长10.3%。天然松脂72.09万吨，增长2.4%。油茶籽26.17万吨，增长12.2%。

**表3 2019年主要农产品产量及其增长速度**

| 产品名称 | 产量（万吨） | 比上年增长（%） |
|---|---|---|
| 粮食 | 1332.0 | -3.0 |
| 其中：稻谷 | 991.95 | -2.4 |
| 其中：早稻 | 452.60 | -3.8 |
| 晚稻 | 444.81 | -1.5 |
| 玉米 | 261.21 | -4.5 |
| 油料 | 71.63 | 7.5 |
| 其中：花生 | 67.20 | 7.2 |

| 产品名称 | 产量（万吨） | 比上年增长（%） |
|---|---|---|
| 甘蔗 | 7490.65 | 2.7 |
| 其中：果蔗 | 312.28 | 2.7 |
| 蔬菜（含菌类） | 3636.36 | 6.0 |
| 烤烟 | 1.26 | -12.4 |
| 木薯 | 168.56 | 1.1 |
| 茶叶 | 8.28 | 10.1 |
| 园林水果 | 2140.17 | 19.5 |
| 其中：柑橘类 | 1124.52 | 34.4 |
| 香蕉 | 311.0 | -3.8 |
| 菠萝 | 3.69 | 2.8 |
| 荔枝 | 58.34 | -5.4 |
| 龙眼 | 50.74 | -2.2 |
| 芒果 | 79.81 | 25.5 |
| 火龙果 | 34.95 | 47.0 |
| 百香果 | 31.28 | 42.1 |
| 食用坚果 | 13.10 | 4.3 |
| 肉类总产量 | 380.01 | -11 |
| 猪肉 | 192.11 | -27.2 |
| 禽肉 | 162.85 | 17.3 |
| 蚕茧 | 37.87 | 2.7 |
| 水产品 | 340.33 | 3.2 |
| 其中：海水产品 | 197.68 | 2.8 |

## 三、工业和建筑业

全年全区全部工业增加值比上年增长4.3%。规模以上工业增加值增长4.5%。在规模以上工业中，分经济类型看，国有控股企业增加值增长5.5%；股份制企业增长6.5%，外商及港澳台商投资企业下降0.2%；非公有工业企业增长3.6%。分门类看，采矿业下降11.4%，制造业增长3.8%，电力热力燃气及水生产和供应业增长14.7%。

全年全区规模以上工业中，农副食品加工业增加值比上年下降1.7%，木材加工和木竹藤棕草制品业增长25.5%，石油煤炭及其他燃料加工业增长2.0%，非金属矿物制品业增长7.3%，黑色金属冶炼及压延加工业增长10.8%，有色金属冶炼及压延加工业增长19.7%，专用设备制造业增长9.0%，汽车制造业下降7.4%，电气机械及器材制造业增长0.8%，计算机、通信和其他电子设备制造业增长5.8%，电力、热力生产和供应业增长15.2%。

表4　2019年广西规模以上工业主要产品产量及其增长速度[8]

| 产品名称 | 单 位 | 产 量 | 比上年增长（%） |
| --- | --- | --- | --- |
| 成品糖 | 万吨 | 791.98 | 21.8 |
| 发酵酒精 | 万千升 | 38.20 | 25.0 |
| 卷 烟 | 万箱 | 140.26 | 0.2 |
| 机制纸及纸板 | 万吨 | 323.84 | 8.0 |
| 原 煤 | 万吨 | 356.6 | -23.3 |
| 原 油 | 万吨 | 50.3 | -3.1 |
| 发电量 | 亿千瓦小时 | 1781.2 | 12.0 |
| 其中：火电[9] | 亿千瓦小时 | 1005.8 | 22.0 |
| 水电 | 亿千瓦小时 | 541.2 | -3.5 |
| 粗 钢 | 万吨 | 2662.71 | 18.7 |
| 钢 材 | 万吨 | 3346.74 | 20.7 |
| 十种有色金属 | 万吨 | 373.77 | 25.6 |
| 其中：电解铝 | 万吨 | 227.80 | 31.1 |
| 氧化铝 | 万吨 | 846.46 | 3.6 |
| 水 泥 | 万吨 | 11919.76 | 5.4 |
| 显示器 | 万台 | 1205.44 | -25.6 |
| 电子元件 | 亿只 | 283.92 | 11.9 |
| 化 肥（折100%） | 万吨 | 27.21 | -34.2 |
| 发动机 | 万千瓦 | 18162.94 | -5.9 |
| 汽 车 | 万辆 | 183.03 | -14.9 |
| 铁合金 | 万吨 | 324.79 | 0.8 |

全年全区规模以上工业企业利润比上年下降15.4%[10]。分经济类型看，国有控股企业利润比上年下降28.9%；股份制企业下降17.5%，外商及港澳台商投资企业下降7.1%；非公有制企业下降3.8%。分门类看，采矿业利润比上年下降30.2%，制造业下降17.8%，电力、热力、燃气及水生产和供应业增长14.1%。

全年全区全社会建筑业增加值比上年增长10.4%。全区具有资质等级的总承包和专业承包建筑业企业实现总产值5407.31亿元，比上年增长15.7%。其中国有控股企业2331.59亿元，比上年增长13.6%。

## 四、固定资产投资

全年全区固定资产投资[11]（不含农户）比上年增长9.5%，其中，第一产业投资下降17.9%；第二产业投资增长5.3%，其中工业投资增长11.1%；第三产业投资增长11.8%。基础设施投资增长2.4%，占固定资产投资（不含农户）的比重为24.8%。民间固定资产投资增长13.4%，占固定资产投资（不含农户）的比重为50.7%。六大高耗能行业投资比上年增长17.0%，占固定资产投资（不含农户）的比重为8.8%。

图6 2015—2019年广西固定资产投资增速

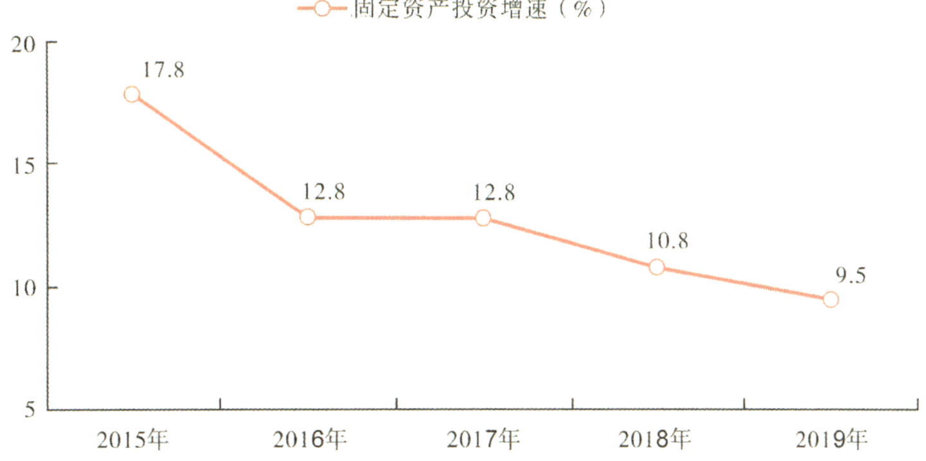


表5 2019年广西分行业固定资产投资（不含农户）增长速度

| 行 业 | 比上年增长（%） |
|---|---|
| 总 计 | 9.5 |
| 农、林、牧、渔业 | -17.9 |
| 采矿业 | 34.3 |
| 制造业 | 9.2 |
| 电力、热力、燃气及水生产和供应业 | 14.0 |
| 建筑业 | -67.8 |
| 交通运输、仓储和邮政业 | 14.4 |
| 信息传输、软件和信息技术服务业 | 28.3 |
| 批发和零售业 | -35.0 |
| 住宿和餐饮业 | -3.6 |
| 金融业 | -13.3 |
| 房地产业 | 23.7 |
| 租赁和商务服务业 | -7.2 |
| 科学研究和技术服务业 | -3.6 |
| 水利、环境和公共设施管理业 | -10.0 |
| 居民服务、修理和其他服务业 | -32.8 |
| 教育 | 18.6 |
| 卫生和社会工作 | 23.0 |
| 文化、体育和娱乐业 | -14.7 |
| 公共管理、社会保障和社会组织 | 32.1 |

全年全区房地产开发投资3814.41亿元，比上年增长27.0%。其中住宅投资982.40亿元，增长5.0%；办公楼投资105.23亿元，增长7.3%；商业营业用房投资321.98亿元，增长0.5%。商品房销售面积

6711.77万平方米，增长8.0%，其中住宅6076.88万平方米，增长8.7%。

表6 2019年广西房地产开发和销售主要指标完成情况及其增长速度

| 指标 | 单位 | 绝对数 | 比上年增长（%） |
|---|---|---|---|
| 投资额 | 亿元 | 3814.41 | 27.0 |
| 其中：住宅 | 亿元 | 982.40 | 5.0 |
| 其中：90平方米及以下 | 亿元 | 549.75 | 6.9 |
| 房屋施工面积 | 万平方米 | 29807.03 | 17.4 |
| 其中：住宅 | 万平方米 | 22061.19 | 19.1 |
| 房屋新开工面积 | 万平方米 | 8218.52 | 35.6 |
| 其中：住宅 | 万平方米 | 6533.95 | 39.9 |
| 房屋竣工面积 | 万平方米 | 2037.85 | -7.1 |
| 其中：住宅 | 万平方米 | 1515.99 | -8.4 |
| 商品房销售面积 | 万平方米 | 6711.77 | 8.0 |
| 其中：住宅 | 万平方米 | 6076.88 | 8.7 |
| 本年资金来源 | 亿元 | 5053.89 | 26.7 |
| 其中：国内贷款 | 亿元 | 693.27 | 37.3 |
| 其中：个人按揭贷款 | 亿元 | 979.11 | 9.9 |

## 五、国内贸易

全年全区社会消费品零售总额比上年增长7.0%。按经营地统计，城镇消费品零售额增长6.9%，乡村消费品零售额增长7.9%。按消费类型统计，商品零售额增长6.9%，餐饮收入额增长8.3%。

图7 2015—2019年广西社会消费品零售总额增速

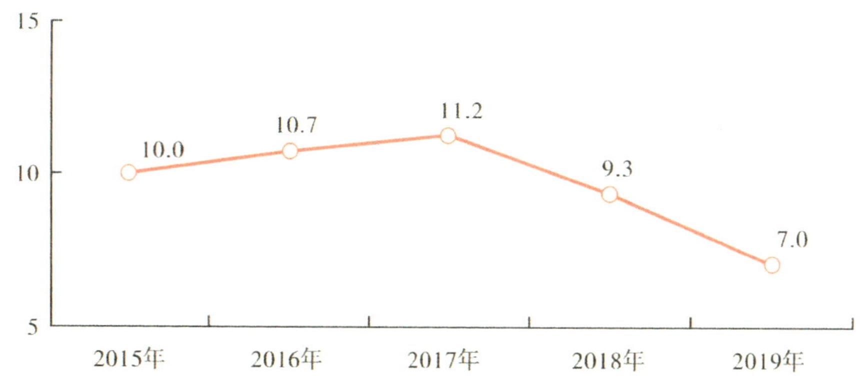


在限额以上单位商品零售额中，粮油、食品、饮料、烟酒类零售额比上年增长6.5%，服装、鞋帽、针纺织品类下降11.7%，化妆品类增长1.6%，金银珠宝类下降7.5%，日用品类下降1.7%，家用电器和音像器材类下降8.5%，中西药品类下降9.4%，文化办公用品类增长4.5%，家具类增长7.4%，通讯器材类下降8.1%，建筑及装潢材料类下降0.4%，石油及制品类增长2.2%，汽车类下降4.8%。

## 六、对外经济

全年全区货物进出口总额4694.70亿元，比上年增长14.4%。其中，出口2597.15亿元，增长19.4%；进口2097.56亿元，增长8.7%。进出口顺差（进口小于出口）499.59亿元，比上年增加252.91亿元。对东盟国家进出口总额2334.65亿元，比上年增长13.3%。其中，出口1402.98亿元，增长11.4%；进口931.68亿元，增长16.3%。

全年全区对外实际投资额（不含银行、证券、保险）3.12亿美元，比上年下降65.3%。全年全区对外承包工程和劳务合作实际完成营业额6.82亿美元，比上年下降5.7%。

图8 2015—2019年广西进出口总额

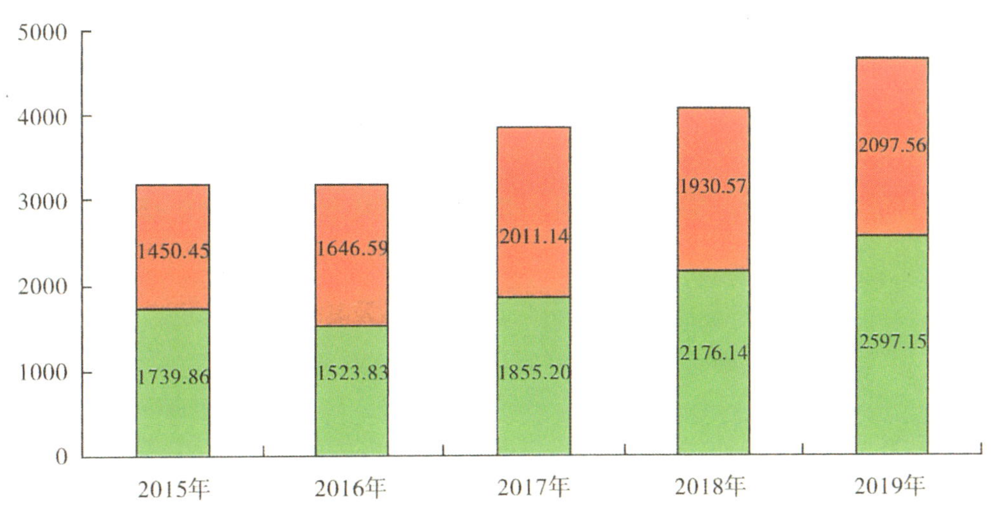


表7 2019年广西货物进出口总额及其增长速度

| 指 标 | 绝对数（亿元） | 比上年增长（%） |
|---|---|---|
| 货物进出口总额 | 4694.70 | 14.4 |
| 其中：一般贸易 | 1656.62 | 20.2 |
| 其中：货物出口额 | 2597.15 | 19.4 |
| 其中：一般贸易 | 816.88 | 48.9 |
| 来料加工 | 15.26 | -56.8 |
| 进料加工 | 433.79 | -9.6 |
| 边境小额贸易 | 1060.53 | 2.7 |
| 货物进口额 | 2097.56 | 8.7 |

表8 2019年广西对主要国家和地区货物进出口总额及其增长速度

| 国家和地区 | 货物出口额（亿元） | 比上年增长（%） | 货物进口额（亿元） | 比上年增长（%） |
|---|---|---|---|---|
| 亚洲 | 2073.28 | 17.9 | 1325.58 | 13.9 |
| 其中：东盟 | 1402.98 | 11.4 | 931.68 | 16.3 |
| 其中：越南 | 1204.59 | 5.5 | 549.32 | -9.5 |
| 其中：中国香港 | 494.22 | 36.9 | 73.45 | 49.4 |
| 日本 | 28.01 | 11.4 | 38.23 | 56.1 |
| 韩国 | 22.54 | 6.4 | 24.77 | -8.1 |
| 非洲 | 37.78 | 3.9 | 121.12 | 22.9 |
| 欧洲 | 195.93 | 64.7 | 73.39 | 23.7 |

| 国家和地区 | 货物出口额（亿元） | 比上年增长（%） | 货物进口额（亿元） | 比上年增长（%） |
|---|---|---|---|---|
| 其中：欧盟 | 179.69 | 70.5 | 39.49 | -10.0 |
| 拉丁美洲 | 55.09 | 37.6 | 369.87 | 4.7 |
| 北美洲 | 203.81 | 4.8 | 78.19 | -45.7 |
| 其中：美国 | 177.33 | -2.9 | 21.44 | -67.3 |
| 大洋洲 | 31.23 | 14.7 | 126.71 | 16.0 |

## 七、财政、金融和保险

全年全区财政收入2969.22亿元，比上年增长6.4%；一般公共预算收入1811.89亿元，增长7.8%，其中税收收入1146.78亿元，增长2.2%，占一般公共预算收入的比重为63.3%。全区一般公共预算支出5849.02亿元，比上年增长10.1%，其中，民生重点领域支出4691.59亿元，增长9.6%，占一般公共预算支出的比重为80.2%。

图9　2015—2019年广西财政收入及其增长速度

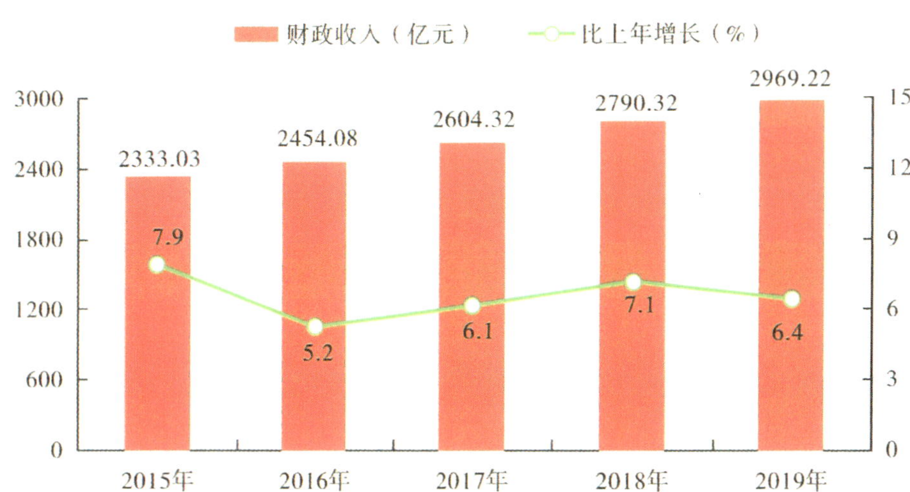


全年全区金融业增加值比上年增长6.2%。年末全区金融机构本外币各项存款余额31646.01亿元，比年初增加1883.22亿元，其中人民币各项存款余额31504.98亿元，增加1912.07亿元。年末金融机构本外币各项贷款余额30497.39亿元，比年初增加3691.24亿元，其中人民币各项贷款余额29988.52亿元，增加3727.52亿元。

表9　2019年广西金融机构本外币存贷款余额及其增长速度

| 指　标 | 年末数（亿元） | 比上年末增长% |
|---|---|---|
| 各项存款余额 | 31646.01 | 6.2 |
| 其中：住户存款 | 16988.67 | 10.8 |
| 其中：人民币 | 16939.19 | 10.8 |
| 非金融企业存款 | 8102.54 | -0.9 |
| 各项贷款余额 | 30497.39 | 14.3 |
| 其中：境内短期贷款 | 5709.63 | 11.3 |
| 境内中长期贷款 | 23308.80 | 15.1 |

年末全区上市公司（A股）数量38家，市价总值2891.44亿元。

全年全区保险公司原保险保费收入644.92亿元，比上年增长5.7%。其中，财产险业务原保险保费收入216.78亿元，下降1.1%；寿险业务原保险保费收入298.96亿元，增长2.2%；健康险和意外险业务原保险保费收入149.17亿元，增长27.2%。支付各类赔款及给付237.93亿元，增长6.3%。其中，财产险业务赔款119.19亿元，增长21.4%；寿险业务给付51.66亿元，下降28.9%；健康险和意外险业务赔款及给付67.07亿元，增长26.6%。

## 八、交通运输和邮电

年末全区公路总里程12.78万公里，比上年末新增0.24万公里；其中，高速公路里程6026公里，比上年末新增463公里。年末铁路营业总里程5206公里，比上年末增加4公里；其中，高速铁路营业里程1792公里。

**表10 2019年广西旅客、货物运输量及其增长速度**

| 指 标 | 单 位 | 绝对数 | 比上年增长（%） |
|---|---|---|---|
| 旅客运输总量 | 亿人次 | 5.00 | -1.4 |
| 旅客运输周转量 | 亿人公里 | 817.45 | 0.1 |
| 货物运输总量 | 亿吨 | 20.53 | 7.6 |
| 货物运输周转量 | 亿吨公里 | 5382.86 | 8.0 |

全年全区货物运输总量20.53亿吨，比上年增长7.6%。货物运输周转量5382.86亿吨公里，增长8.0%。全年港口完成货物吞吐量3.79亿吨，比上年增长27.0%，其中外贸货物吞吐量1.39亿吨，增长9.2%。港口集装箱吞吐量494.68万标准箱，增长34.2%。

全年全区旅客运输总量5.0亿人次，比上年下降1.4%。旅客运输周转量817.45亿人公里，增长0.1%。

年末全区民用汽车保有量675.72万辆，比上年末增长14.5%，其中私人汽车保有量615.13万辆，增长15.3%。轿车保有量354.21万辆，增长17.8%，其中私人轿车337.55万辆，增长18.1%。

全年全区完成邮政业务总量159.44亿元，比上年增长25.8%。邮政业全年完成邮政函件业务0.23亿件，包裹业务41.42万件，快递业务量5.64亿件。全年完成电信业务总量3587.75亿元，比上年增长74.9%。年末全区电话用户总数5458万户，其中移动电话用户5128万户。移动电话普及率上升至103.4部/百人。固定互联网宽带接入用户1684万户，比上年末增加326万户，其中固定互联网光纤宽带接入用户1363万户，增加221万户；移动宽带用户4373万户，增加264万户。年末全区互联网用户6135万户，比上年末增加646万户。互联网宽带接入通达的行政村比重达到100%。全年移动互联网接入流量42.20亿G，比上年增长84.5%。

## 九、居民收入消费和社会保障

全年全区居民人均可支配收入23328元，比上年名义增长8.6%，扣除价格因素，实际增长4.7%。全区居民人均可支配收入中位数[12] 19080元，名义增长5.9%。按常住地分，城镇居民人均可支配收入34745元，比上年名义增长7.1%，扣除价格因素，实际增长3.5%。农村居民人均可支配收入13676元，比上年名义增长10.0%，扣除价格因素，实际增长5.7%。全区农民工人均月收入3909元，比上年增长7.0%。

全年全区居民人均消费支出16418元，比上年名义增长9.9%，扣除价格因素，实际增长6.0%。按常住地分，城镇居民人均消费支出21591元，名义增长7.1%，扣除价格因素，实际增长3.5%；农村居民人均消费支出12045元，名义增长13.5%，扣除价格因素，实际增长9.0%。全区居民恩格尔系数为30.6%，其中城镇为30.5%，农村为30.9%。

图10　2015—2019年广西城乡居民收入

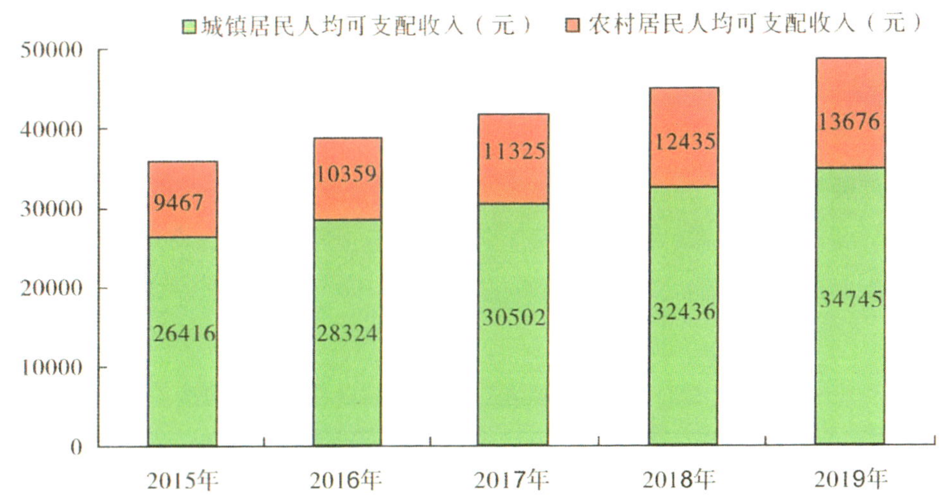


年末全区参加城镇职工（包括企业和机关事业单位）基本养老保险人数869.52万人，比上年末增加43.65万人。参加城乡居民基本养老保险人数1983.68万人，增加94.06万人。参加基本医疗保险人数5207.15万人，增加70.46万人。其中，参加城镇职工基本医疗保险人数620.51万人，增加32.04万人；参加城乡居民基本医疗保险人数4586.64万人，增加38.42万人。参加失业保险人数362.96万人，增加39.44万人。年末全区领取失业保险金人数5.49万人。参加工伤保险人数442.23万人，增加29.63万人，其中参加工伤保险的农民工41.36万人。参加生育保险人数405.93万人，增加39.73万人。

年末全区社会保障卡持卡人数4690.1万人，比上年末增加656.6万人。全区共有30.5万人享受城市居民最低生活保障，247.1万人享受农村居民最低生活保障，24.6万人享受特困人员救助供养。全年民政部门资助186万人参加基本医疗保险，医疗救助108.2万人次。

年末全区共有为儿童提供救助收养服务的机构42个，床位0.4万张，年末收养0.1万人。各类社区服务设施2780个，其中社区服务中心223个，社区服务站2078个。

## 十、科学技术和教育

全年安排科学研究与技术开发计划项目2649项，资助经费81764.8万元。其中，重点研发计划经费19208万元，技术创新引导专项（基金）经费12617.4万元，科技基地和人才专项经费9816万元，自然科学基金10808.46万元。取得省部级以上登记科技成果3491项，其中，应用技术成果2951项，软科学研究成果1项，基础理论成果539项。全年全区获广西科技进步奖项目157项，其中，特别贡献奖1项，自然科学奖24项，技术发明奖24项，科学技术进步奖108项。全年全区专利申请量41974件，比上年下降5.1 %，其中发明专利申请量12460件，比上年下降38.6%。全年全区授权专利22682件，比上年增长10.4%，其中授权发明专利3413件，比上年下降21.1%。每万人口发明专利拥有量为4.6件，比上年增长5.5%。全年共签订技术合同7905项，技术合同成交金额39.43亿元，比上年增长55.5%。

年末全区共有产品检测实验室（指全区获得省级实验室资质认定的检验检测实验室）1397个，国家级检测中心9个，自治区级检测中心31个。全区累计完成产品认证企业个数（有效期内）1377个。全区共有法定计量技术机构86个，全年强制检定计量器具391.8万台（件）。累计制、修订地方标准数2082个，有效期内广西名牌产品数517个，地理标志保护产品1个。

全年全区研究生教育招生1.43万人，在校研究生3.82万人，毕业生0.99万人。普通高等教育招生

38.1万人，在校生107.6万人，毕业生23.3万人。各类中等职业教育（不含技工）招生25.9万人，在校生68.0万人，毕业生19.6万人。普通高中招生39.4万人，在校生109.1万人，毕业生32.7万人。普通初中招生76.0万人，在校生220.5万人，毕业生68.1万人。普通小学招生93.3万人，在校生495.0万人，毕业生75.2万人。特殊教育招生0.7万人，在校生3.77万人，毕业生0.47万人。学前教育在园幼儿216.8万人。九年义务教育巩固率为95.2%，高中阶段毛入学率为90.9%。

**表11 2019年各类教育发展情况**

| 指 标 | 招生人数（万人） | 在校生人数（万人） | 毕业生人数（万人） |
|---|---|---|---|
| 研究生 | 1.43 | 3.82 | 0.99 |
| 普通高等教育 | 38.1 | 107.6 | 23.3 |
| 中等职业教育（不含技工） | 25.9 | 68.0 | 19.6 |
| 普通高中 | 39.4 | 109.1 | 32.7 |
| 普通初中 | 76.0 | 220.5 | 68.1 |
| 普通小学 | 93.3 | 495.0 | 75.2 |
| 特殊教育 | 0.7 | 3.77 | 0.47 |

**十一、文化旅游、卫生健康和体育**

年末全区共有县级以上公共图书馆116个，文化馆124个，博物馆131个，国有艺术表演团体112个。全区共有52个项目列入国家级非物质文化遗产名录，762个项目列入自治区级非物质文化遗产名录。

年末全区共有广播电视台90座。有线广播电视用户641.03万户，数字电视用户635.46万户。年末广播节目综合人口覆盖率为97.81%；电视节目综合人口覆盖率为98.92%。全年出版各类报纸5.0亿份，各类期刊0.38亿册，图书2.9亿册。年末全区共有档案馆161个，已开放各类档案490.1万卷。

全年全区入境过夜游客623.96万人次，比上年增长11.0%；国际旅游（外汇）消费35.11亿美元，增长26.4%。接待国内旅客8.70亿人次，增长28.4%；国内旅游消费9998.82亿元，增长34.5%。旅游总消费10241.44亿元，增长34.4%。

年末全区共有医疗卫生机构33683个，其中医院678个，乡镇卫生院1261个，社区卫生服务中心173个，诊所（卫生所、医务室）10063个，村卫生室19877个，疾病预防控制中心118个，卫生监督所（中心）119个，妇幼保健院（所、站） 105个。年末全区卫生技术人员44.0万人，其中执业医师和执业助理医师11.4万人，注册护士15.2万人，乡村医生和卫生员3.13万人。医疗卫生机构床位27.8万张，其中医院18.9万张，乡镇卫生院7.0万张。

全年全区运动员在世界三大赛中获金银铜牌19枚，其中金牌10枚，银牌6枚，铜牌3枚。

**十二、资源、环境和应急管理**

全年全区国有建设用地供应总量2.6万公顷，比上年下降12.4%。其中，工矿仓储用地0.6万公顷，增长34.1%；住宅用地0.4万公顷，增长2.4%；基础设施用地1.4万公顷，下降27.8%。

全年全区总用水量283.4亿立方米，比上年下降1.5%。其中，生活用水增长1.2%，工业用水增长2.9%，农业用水下降3.3%，生态补水增长7.6%。人均用水量569立方米，比上年下降2.6%。

年末全区共有国家生态文明建设示范市县6个，其中本年新增3个。森林面积1483.9万公顷，森林覆盖率62.45%。活立木蓄积量8.1亿立方米。全年完成造林面积202.5千公顷，其中人工造林面积83.7千公顷，占全部造林面积的41.3%。截至年底，建成自然保护区78个，其中国家级自然保护区23个，自然保护区面积125.7万公顷。新增水土流失治理面积2000.8平方公里。

全年全区电力消费量比上年增长12.0%。重点耗能工业企业单位油气产量综合能耗下降1.0%，机制纸及纸板综合能耗下降9.2%，原油加工单位综合能耗下降6.0%，单位水泥熟料综合能耗上升0.5%，单位电解铝综合能耗下降5.5%，每千瓦时火力发电标准煤耗持平。

全年全区地表水考核断面水质优良率96.2%，地级城市集中式饮用水水源地达标率97.4%，比上年提高4.9个百分点。近岸海域22个海水水质监测点水质优良率90.9%，达到国家一类海水水质标准占77.4%，二类海水水质占13.6%，无三类海水，四类、劣四类海水占9%。

在监测的14个设区市中，空气质量达标以上城市9个，比上年增加3个。城市区域昼间声环境质量较好的市占64.3%，一般的占35.7%。

全年全区平均气温为21.1℃，比上年升高0.1℃，共有3个热带气旋直接影响广西。

年末全区城镇污水处理厂日处理能力476.7万立方米，比上年末增长1.1%；城镇污水处理率95.6%，提高1.4个百分点。城镇生活垃圾无害化处理率99.9%。城镇建成区绿地率34.3%；人均公园绿地面积12.86平方米，增加0.17平方米。

年末全区共有地震台站524个，地震监测台网10个。

全年全区各级气象台共发布气象预警信号12831次，全年自治区气象台发布预警68次。

**注释：**

[1] 本公报中2019年数据均为初步统计数。部分数据因四舍五入的原因，存在总计与分项合计不等的情况。

[2] 地区生产总值、三次产业及相关行业增加值、人均地区生产总值绝对数按现价计算，增长速度按不变价格计算。根据第四次全国经济普查结果，对国内生产总值、三次产业及相关行业增加值等相关指标的历史数据进行了修订。

[3] 全员劳动生产率为地区生产总值（现价）与全部就业人员的比率，增速按可比价计算。根据第四次全国经济普查结果对历史数据进行了修订。

[4] 常住人口指在广西居住半年以上的人口，以及户口在广西、外出广西不满半年或在境外工作学习的人口。

[5] 高技术制造业包括医药制造业，航空、航天器及设备制造业，电子及通信设备制造业，计算机及办公设备制造业，医疗仪器设备及仪器仪表制造业，信息化学品制造业。

[6] 规模以上服务业统计范围包括年营业收入1000万元及以上，或年末从业人员50人及以上的交通运输、仓储和邮政业，信息传输、软件和信息技术服务业，房地产业（不含房地产开发经营），租赁和商务服务业，科学研究和技术服务业，水利、环境和公共设施管理业，教育，卫生和社会工作；年营业收入500万元及以上，或年末从业人员50人及以上的居民服务、修理和其他服务业，文化、体育和娱乐业法人单位。

[7] 高技术产业投资包括医药制造、航空航天器及设备制造等六大类高技术制造业投资和信息服务、电子商务服务等九大类高技术服务业投资。

［8］2018年部分产品产量数据根据第四次全国经济普查结果进行了修订，2019年产量增速按可比口径计算。

［9］火电包括燃煤发电量，燃油发电量，燃气发电量，余热、余压、余气发电量，垃圾焚烧发电量，生物质发电量。

［10］由于统计调查制度规定的口径调整、统计执法、剔除重复数据、企业改革剥离、第四次全国经济普查核实调整等因素，2019年规模以上工业企业财务指标增速及变化按可比口径计算。

［11］根据第四次全国经济普查、统计执法检查和统计调查制度规定，对2018年固定资产投资数据进行修订，2019年增速按可比口径计算。

［12］人均收入中位数是指将所有调查户按人均收入水平从低到高顺序排列，处于最中间位置的调查户的人均收入。

**资料来源：**

本公报中城镇新增就业、登记失业率、社会保障数据来自人力资源社会保障厅；医疗保障数据来自医保局；户籍总人口数据来自公安厅；市场主体数据来自自治区市场监管局；财政数据来自财政厅；物价、城乡居民收入和支出、恩格尔系数、农民工、贫困人口、部分农业数据来自国家统计局广西调查总队；进出口数据来自南宁海关；对外实际投资、对外承包工程和劳务合作等数据来自商务厅；金融数据来自中国人民银行南宁中心支行；保险数据来自中国保险监督委员会广西监管局；公路里程、港口数据来自交通运输厅；旅客、货物运输量和周转量数据来自交通运输厅、中国铁路南宁局集团有限公司和广西机场集团；铁路营业里程、高速铁路数据来自中国铁路南宁分局集团有限公司；汽车保有量数据来自自治区交警总队；邮政业务数据来自自治区邮政管理局；电信业务数据来自自治区通信管理局；教育数据来自教育厅；安排科技计划课题、专利数据、技术合同等数据来自科技厅；质量检验、标准制定修订数据来自自治区质量技术监督局；艺术表演团体、博物馆、公共图书馆、文化馆、娱乐场所、互联网上网服务营业场所（网吧）、非物质文化遗产、旅游数据来自文化和旅游厅；广播电视、报纸、期刊、图书数据来自自治区新闻出版广电局；档案数据来自自治区档案局；卫生数据来自卫生健康委；体育数据来自自治区体育局；社会服务及救助数据来自民政厅；国有建设用地供应数据来自自然资源厅；用水量数据来自水利厅；林业、自然保护区数据来自自治区林业局；环境监测数据来自生态环境厅；城市污水处理、建成区绿地覆盖率来自住房城乡建设厅；气象预警、平均气温、热带气旋数据来自自治区气象局；地震数据来自自治区地震局；其他数据均来自自治区统计局。